西北大学考古学系列教材

隋唐考古

冉万里　编著

科 学 出 版 社
北 京

内容简介

隋唐考古是中国考古学的组成部分，属于典型的历史时期考古学，上承三国两晋南北朝考古，下启宋元考古。这一时期国家统一，政治清明，经济、文化繁荣昌盛，各类遗迹与遗物数量多且丰富多彩。遗址类有世人瞩目的隋大兴唐长安城遗址、洛阳城遗址等；遗物类有色彩绚烂的三彩器、金银器、各类栩栩如生的造像以及反映“丝绸之路”繁荣的异域遗物等。通过学习，不仅可以加深对“汉唐雄风”的理解，触摸隋唐文化的脉搏，更能深刻理解中国古代文化的开放性、包容性、创新性等特征。

本书适合于文物、考古工作者，以及高等院校相关专业的师生阅读、参考。

图书在版编目（CIP）数据

隋唐考古 / 冉万里编著. -- 北京 : 科学出版社, 2024.10. --（西北大学考古学系列教材）. -- ISBN 978-7-03-079598-4

Ⅰ. K871.43

中国国家版本馆CIP数据核字第2024MN8067号

责任编辑：王光明　董　苗 / 责任校对：邹慧卿
责任印制：赵　博 / 封面设计：北京美光设计制版有限公司

科学出版社出版
北京东黄城根北街16号
邮政编码：100717
http://www.sciencep.com
北京厚诚则铭印刷科技有限公司印刷
科学出版社发行　各地新华书店经销

*

2024年10月第　一　版　开本：787 × 1092　1/16
2025年10月第二次印刷　印张：41 3/4　插页：8
字数：990 000

定价：328.00元

（如有印装质量问题，我社负责调换）

前言

考古学的研究对象是遗迹与遗物，而且随着田野考古的不断开展，新的发现层出不穷。也正是这一点，使得考古学成为一门研究古老学问的年轻学科，也是一个魅力无穷的学科。同时它也常常是解决一些历史问题的关键，正如郭沫若所说："地下发掘出的材料每每是决定问题的关键。"[①]王国维也曾说："自古新学问之起，大都由于新发见之赐。"[②]陈寅恪也说："一时代之学术，必有其新材料与新问题。取用此材料，以研求问题，则为此时代学术之新潮流。治学之士，得预于此潮流，谓之预流（借用佛教初果之名）。其未得预者，谓之未入流。此古今学术史之通义，非彼闭门造车之徒，所能同喻者也。"[③]不断涌现的新发现，也决定了考古学是一门知识更新较快也是永远年轻的一门学科。

作为中国考古学重要组成部分的隋唐考古学，首先是中国考古学按照朝代划分的一个阶段，也可以说是一个分支，不仅属于历史考古学的范畴，而且是典型的历史考古学。它所研究的对象不仅仍然是遗迹和遗物，还有其自身的研究特点。这一时期的文献资料数量巨大，为进一步深化研究，揭示当时社会深层次的问题提供了非常便利的条件。同时，与文献资料相结合的问题，不仅是历史考古学研究中的重要课题，而且是中国考古学的一个特色。因为像中国这样古籍如汗牛充栋的国家世界上恐怕再难找出第二个。如何让这一特色能够得到很好的利用并走出中国，走向世界并为世界所承认，则是值得不断探讨的一个问题。

根据《中国大百科全书·考古学卷》对历史考古学的定义：历史考古学是从研究的年代范围上而言的，属于考古学的两大分支之一，研究范围限于有了文献记载以后的人类历史，与史前考古学的界限在于文字的发明。在世界各地，文字的发明有早有晚，所以各地区的史前考古学的年代下限和历史考古学的年代上限各有不同。历史考古学和史前考古学一样，也是以遗迹和遗物为研究对象，但由于历史考古学必须参考文献记录，同时还需要

---

① 郭沫若：《中国古代社会研究·序言》，人民出版社，1954年。

② 王国维：《近三十年中国学问上之新发见》，《女师大学术季刊》第一卷第四期，附录一。

③ 陈寅恪：《陈垣〈敦煌劫余录〉序》，原载《中央研究院历史语言研究所集刊》第一本第二分册，1930年；后收入《金明馆丛稿二编》，上海古籍出版社，1980年，第236页。

结合古文字学、铭刻学、古钱学和古代建筑学等知识，只有这样才能究明历史时代人类社会的历史。从断定绝对年代的手段来讲，历史考古学主要依靠文献记载和年历学的研究，这和史前考古学在很大程度上依靠物理学、化学等自然科学技术有一定区别。隋唐考古学研究的时间范围，主要从隋王朝到后周灭亡（581—960年），包括隋、唐、五代十国。

从隋唐考古学的研究历史来看，早在19世纪末20世纪初，俄、英、德、法、日等国即派遣所谓的探险队，先后进入我国的新疆、甘肃等地，挖掘墓葬、调查古城遗址和石窟寺，掠走大批隋唐时期的文书、壁画、绢画和其他文物。1900年以后，在新疆及近邻地区进行过多次考察的就有英国的斯坦因，瑞典的斯文赫定，德国的格林威德尔、勒柯克，日本的大谷光瑞、橘瑞超，法国的伯希和，俄国的科兹洛夫、奥登堡等。他们发掘的和隋唐时期有关的地点有：吐鲁番的高昌故城、交河故城、阿斯塔那墓群；吉木萨尔的北庭都护府城址。他们从这些遗址盗掘并窃取了大量唐代丝织品和其他珍贵文物。1906—1910年，日本人足立喜六受聘于陕西高等学堂（今西北大学前身），他利用授课之闲，曾部分地实测了长安城遗址，调查了关中唐十八陵，写了《长安史迹考》一书①。日本侵占东北期间，又大规模挖掘了渤海上京龙泉府等遗址——东京城。20世纪40年代，日本人安藤更生还对扬州城址进行了调查。

中国考古学者在新疆吐鲁番交河故城旁的雅尔湖和甘肃敦煌老爷庙发掘了唐墓。1927年，中国、瑞典共同组织成立了西北科学考察团，由北京大学教务长徐旭生担任中方团长，斯文赫定任瑞方团长，黄文弼代表北京大学考古学会参加该团到新疆从事考古工作。其间，黄文弼在吐鲁番附近调查发掘了高昌故城、交河故城遗址及高昌墓地等，在塔里木盆地周围调查了汉唐时期的城堡、寺庙、沟渠和屯戍遗址等。袁复礼在新疆吉木萨尔附近，勘察并实测了唐北庭都护府城址。1929年，在发掘安阳殷墟的同时，还清理了175座隋唐墓葬。1939—1940年，中央研究院历史语言研究所考古组和中央博物院筹备处合作，在云南大理附近调查发掘了南诏时期的几处遗址。后来，又与四川博物馆等单位合作，由冯汉骥、刘复章等于1942年在四川成都发掘了五代前蜀王建墓，并于1964年出版了发掘报告。1937年，中国营造学社在著名建筑学家梁思成率领下，根据敦煌壁画中的五台山图，在山西五台山发现了唐代木构建筑佛光寺大殿。1944—1945年，中央研究院历史语言研究所、中央博物院筹备处、中国地理研究所、北京大学文科研究所等四家单位组织西北科学考察团，参加者向达、夏鼐和阎文儒3人在武威附近发掘了唐代吐谷浑墓葬，在敦煌老爷庙发掘了2座唐墓②。这些早期的隋唐时期的调查和发掘，对以往的古不考三代（夏商周）以下的思想来说，也是一个不小的突破。

与现代考古学相映生辉的传统金石学也有一定发展，特别是隋唐墓志的收藏与研究，格外引人注目。清末民初，罗振玉为隋唐墓志的收集整理做了大量工作，他以在北京古董店购买到的墓志拓片为基础，四处访求，并亲自到河南一带访拓。而后，将自己收藏的拓

① 〔日〕足立喜六著，杨炼译：《长安史迹考》，商务印书馆，1935年。

② 夏鼐：《敦煌考古漫记（二）》，《考古通讯》1955年第2期。

片一一加以录文，陆续编辑成书，刊刻出版。有关著录就有：《芒洛冢墓遗文》《襄阳冢墓遗文》《山左[①]冢墓遗文》《邺下冢墓遗文》《广陵冢墓遗文》《吴中冢墓遗文》《高昌砖录》等。这些著录主要收集了西安、洛阳、襄阳、邺城、扬州、山东等地的出土墓志，其中主要是隋唐时期的墓志。此外，他还编辑了《蒿里[②]遗文目录》《蒿里遗文目录续编补》《墓志征存目录》等，在墓志收集整理方面建功卓著。其中《墓志征存目录》（后由其子罗福颐整理成书）一书共收入隋代墓志目录202件，唐代墓志目录3083件。1924年，于右任收集到晋至宋时期的墓志300方，其中有150方唐代墓志，1930年编写成《鸳鸯七志斋藏石目录》。20世纪30年代，张钫开始收集唐代墓志，仅5年时间就获得1000多方志石，以后又陆续收集到约2000方，并在河南新安私邸的花园内建造了砖券窑洞，将陆续所收集到的墓志镶嵌在壁间，著名国学大师章太炎为其题名“千唐志斋”。1935年，由郭玉堂整理成《千唐志斋藏石目录》。同时，河南省博物馆收集的志石也达千余方，国立北平图书馆和私人藏志石目录也相继出版。1941年，郭玉堂又著《洛阳出土石刻时地记》，对洛阳地区出土墓志的地点、时间进行了详细记录。

20世纪50年代以来，为了适应和配合新中国的大规模基本建设，文化部社会文化事业管理局、中国科学院考古研究所、北京大学三家联合，先后举办了4期考古工作人员训练班，为新中国培养了大量考古工作者，其中就包括大批研究隋唐考古学的学者。中国科学院考古研究所主持编写的《新中国的考古收获》（1961年）首次对隋唐考古进行了简要的综合论述，这标志着隋唐考古已经成为中国考古学不可缺少的重要组成部分。由中国社会科学院考古研究所编写的《新中国的考古发现和研究》（1984年）则更进一步丰富了隋唐考古的内容。此后出版的《中国大百科全书·考古学》（1986年）中，隋唐考古的内容占了相当篇幅。在20世纪80年代以前，出版的隋唐时期的考古报告数量非常有限，主要有《唐长安大明宫》（1959年）、《西安郊区隋唐墓》（1966年）、《唐长安城郊隋唐墓》（1980年）等。

进入21世纪，隋唐长安城及其他地区发现、发掘、调查的帝陵、王公贵族墓葬，多以单独的考古发掘报告的形式出版，形成了近些年来隋唐考古的一道独特风景线，其代表性的报告有《唐代薛儆墓发掘报告》（2000年）、《唐金乡县主墓》（2002年）、《唐节愍太子墓发掘报告》（2004年）、《唐惠庄太子李㧑墓发掘报告》（2004年）、《唐新城长公主墓发掘报告》（2004年）、《唐李宪墓发掘报告》（2005年）、《唐安国相王孺人壁画墓》（2008年）、《五代李茂贞夫妇墓》（2008年）、《唐史道洛墓》（2014年）、《唐顺陵》（2015年）、《唐懿德太子墓发掘报告》（2016年）、《洛阳龙门唐安菩夫妇墓》（2017年）、《唐昭陵韦贵妃墓发掘报告》（2017年）、《太原沙沟隋代斛律彻墓》（2017年）等。而早年出版的《固原南郊隋唐墓地》（1996年）以及《偃师杏园唐墓》（2001年）、《陕西凤翔隋唐墓——1983—1990年田野考古发掘报告》（2008年）、《朝阳隋唐墓葬发现与研究》（2012年）、

---

① 山左，山东省旧时的别称，因在太行山之左（东）而得名。

② 蒿里，古人认为人死后魂魄聚居的地方。

《武昌隋唐墓》（2021年）则提供了几处墓群的埋葬情况。这些为深入研究隋唐时期墓葬制度等方面，提供了丰富的资料。此外，各类重要遗址的考古报告也相继出版，《扬州城——1987—1998年考古发掘报告》（2010年）、《隋唐洛阳城——1959—2001年考古发掘报告》（2014年）、《扬州城遗址考古发掘报告1999—2013年》（2015年）分别展示了洛阳自20世纪50年代至21世纪初，以及扬州城20世纪80年代至21世纪的发掘成果，是隋唐洛阳城和扬州城发掘成果的集大成者。《隋唐洛阳城天堂遗址发掘报告》（2016年），提供了这座武则天时期修建的礼制建筑的概貌。早年出版的《唐华清宫》（1998年）以及《隋仁寿宫·唐九成宫——考古发掘报告》（2008年）为研究唐代离宫提供了重要资料。《青龙寺与西明寺》（2015年）则为唐代长安城寺院布局样式提供了重要参考资料。《唐长安醴泉坊三彩窑址》（2008年）、《巩义黄冶窑》（2016年）则为陶瓷器特别是唐三彩的生产地及其生产过程、产品特征等的研究提供了重要参考资料。《黄河蒲津渡遗址》（2013年）为研究隋唐时期的桥梁、渡口等提供了重要资料。同时，从这些已经出版的考古发掘报告，也可以看出隋唐考古目前的研究状况。

作为中国历史考古学重要组成部分的隋唐考古学，也需要理论和方法的不断创新。近几十年来，前辈学者们进行了艰苦而有成效的探索。以宿白先生为代表，创建了中国石窟寺考古学的理论体系和研究方法[①]，而隋唐则是中国古代石窟寺开凿的非常重要的一个时期，这一理论体系和研究方法，同样适用于隋唐考古学。正如有学者指出的那样："宿白先生在建立中国石窟寺考古学方面，做出了杰出的贡献。……他对中国石窟寺的研究实际上是反映着中国考古学在石窟寺考古研究方面的全部历程。"另外，隋唐考古学的理论探索还包括如何将考古学资料与文献资料完美结合的问题。历史考古学在分区方面的研究，相对于史前时期而言，还是比较薄弱的。20多年前，徐苹芳先生撰文对历史时期考古学研究的分区问题进行了探讨，他指出：中国历史考古学文化分区与史前考古学文化分区，在内容和方法上皆有所不同；在研究中国历史考古学文化分区时，一定要考虑当时人对地理分区的意见；秦汉以后，中央集权制政治体制建立，全国一统的因素大大加强，它对中国历史考古学文化分区起了决定性的作用；中国历史考古学文化内涵丰富，在文化分区方面很难有一个统一的标准；在中国历史考古学文化的分区上，民族的移动，因战乱和自然灾害造成的人口迁徙，都对中国不同地区文化上的差异产生了影响[②]。这一论文对于隋唐考古学文化的分区研究具有实际的指导意义。此前，权奎山在对南方地区隋唐墓葬进行分区和分期研究时，已经开始注意到了墓葬的分区与当时行政区划之间的关系。这些理论探索和实践，都对隋唐考古学的发展起到了推动作用。

"丝绸之路"经过汉魏晋时期的发展，隋唐时期空前繁荣，自然也成为这一时期考古学研究的另一个重要内容。通过几十年来的考古发掘，在各类遗址和墓葬中发现的域外遗

① 徐苹芳：《中国石窟寺考古学的创建历程——读宿白先生〈中国石窟寺研究〉》，《文物》1998年第2期。

② 徐苹芳：《中国历史考古学分区问题的思考》，《考古》2000年第7期。

物或域外色彩浓厚的遗物数量巨大，如数以千计的各类外来金银货币，陶俑中的胡俑，金银器中的高足杯、多曲长杯，长沙窑瓷器上所装饰的卷发外国女郎、装饰阿拉伯文字的扁壶，法门寺塔基地宫出土的伊斯兰玻璃，临潼庆山寺塔基地宫出土的人面铜胡瓶等，无不洋溢着“丝绸之路”的光辉。这是隋唐社会的国际色彩所决定的，也正是隋唐文化的魅力所在。但是，由于隋唐时期的考古发掘中，经常会出土一些精美文物，对这些文物的研究不但必要而且必需，但“忽视理论，脱离历史，把考古学的目标降低到仅限于对古器物本身的欣赏、鉴定和考据”（夏鼐语）[①]，这则是应当引以为戒的，这当然也包括隋唐考古在内。

隋唐考古学的研究中也存在许多应当注意的问题，这些问题往往与其他历史考古学中存在的问题相似。在“世纪之交中国考古学精品战略研讨会”上，学者们指出：目前汉唐宋元考古学中，两汉和唐代考古工作开展较多，宋辽金元明考古学比较薄弱。从总体上看，汉唐宋元考古发掘和研究缺乏统筹规划和宏观控制，薄弱环节和缺环较多；在发掘中有重墓葬轻遗址，重大墓轻小墓，或碰到什么挖什么的倾向，随意性大，学术目的性不够明确；在研究方面，对汉唐宋元考古学课题构成、学科生长点、前沿课题、主攻方向缺乏共识，专题研究和综合研究的广度和力度不够；学科基本建设薄弱，至今尚未建立主要遗迹与遗物的发展演变规律；和其他时期考古学一样，资料整理、编写和出版滞后，经费短缺，人才断层，科技手段落后或缺失。针对存在的问题，学者们认为：汉唐宋元考古学应当加强都城和城址考古、手工业遗址及其产品、帝王陵寝制度和丧葬制度、中外比较和中外交流考古学以及边疆考古学的研究。特别是墓葬研究方面，应当加强墓葬分区、分期和类型研究，从而建立墓葬形制和主要遗物组合以及形制的发展演变序列。这些看法不仅为隋唐考古学的学习和研究指明了方向，也应当在学习中引起足够的重视。

本著作是在吸收前人研究成果上编写而成的。其编写宗旨是从讲述基本知识和基本概念入手，尽量吸收至目前为止已经取得的重要研究成果、新的考古发现资料，使得该著作的使用者，能够通过学习此书，对隋唐考古有一个全面系统的了解，同时也能借助此书展开自主学习。由于能力所限，错误在所难免，敬希方家及使用本书的学生指正。

---

① 王仲殊：《夏鼐先生传略》，《考古学报》1985年第4期。

目录

第三编　手工业遗址和重要遗物

第四编　石窟寺等遗迹和遗物

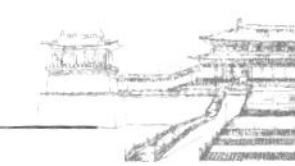

第五编 边疆地区的考古学遗存

第六编 中外文化交流的遗迹和遗物

第一编
重要遗址

第一章　城　　址

城址是隋唐考古所要研究的重要内容之一。现已发现隋唐城址20余处，其中最为重要的是代表当时设计思想和生产力发展水平的隋大兴唐长安城遗址（以下简称长安城）、隋唐洛阳城遗址和隋唐扬州城遗址。其他城址包括州城和都护府或军的所在地，主要有唐北庭都护府城址、交河故城遗址和高昌故城遗址、唐沙州城和寿昌城（二城皆在甘肃敦煌）、唐瓜州城（甘肃安西）、唐单于都护府城（内蒙古和林格尔县土城子）、隋唐胜州城（内蒙古准格尔旗十二连城）、唐天德军城（内蒙古乌拉特前旗阿拉奔乡北古城）、隋大同城（天德军城西南约2千米）、唐丰州城（天德军城西南约30千米）等。此外，根据当地出土墓志及实地调查推断，辽宁朝阳即唐营州之所在，内蒙古伊克昭盟（今鄂尔多斯市）红柳河上大弯沟以西的城川古城，可能即唐宥州城。在华清宫遗址的发掘过程中，也对唐昭应县城（今西安市临潼区）进行了调查与发掘。都城、州府城的城墙一般夯土筑成，在江西南昌发现了唐代砖筑的豫章郡城墙，还发现了模印有“大唐庚子岁”的铭文城砖，说明唐代的郡城城墙已经开始包砖①。在江西高安也发现了一段外表包砖的唐代夯筑城墙②。这些发现，为认识唐代城墙的建筑方式增添了新资料。

第一节　隋唐城址的类型与布局

隋唐城市的建设，继承并发展了魏晋以来都市建设的传统，基本属于封闭式的封建城市，其布局的共同特点是将居民、市全部局限在四周设置有深沟高墙的里坊之内。这种里坊制源自北魏平城，北魏孝文帝迁洛后继续沿用，并被隋唐时期的都城和地方城市所继承。据宿白研究，隋唐时期城址可以分为两大类：一类为都城；一类为地方城市③。

一、都城

隋唐时期都城又可分为两种形式，第一种是长安城。它是当时全国的政治、经济、

---

① 彭适凡：《再论古代南昌城的变迁与发展》，《南方文物》1995年第4期。

② 江西省博物馆、江西省文物考古研究所：《江西省考古五十年》，《新中国考古五十年》，文物出版社，1999年，第224页。

③ 宿白：《隋唐城址类型初探（提纲）》，《纪念北京大学考古专业三十周年论文集（1952—1982）》，文物出版社，1990年，第279—285页。

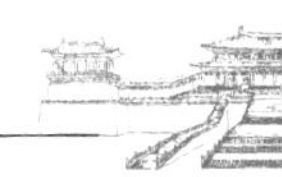

文化中心。始建于隋开皇二年（582年），初名大兴，入唐改为长安。其平面呈长方形，周长36.7千米。宫城置于郭城北部正中，北连禁苑，南接皇城。宫城、皇城以外为里坊区，由11条南北向大街和14条东西向大街将其划分成棋盘式格局，其间布列110坊及东西两市。整体设计思想以宫城、皇城正南门、朱雀大街及郭城南门明德门所在之南北线为中轴，严格按照左右对称原则规划全城街道和坊、市，结构严谨，规划整齐。长安城的这种布局，合乎封建统治者所崇奉的“帝王之居，建中立极”的都城建设理想模式，形象地体现了封建中央集权思想。7世纪以后相继于宫城之东北、东南兴建了大明宫和兴庆宫，但布局并没有因此而发生根本性的改变。长安城的里坊多呈东西向长方形，四周筑高墙，坊内设一横街或十字街。设置十字街的坊，坊内被划分为四大区，每个大区之内再以小十字街分割为4个小区，全坊合计16个小区。永宁坊遗址的发掘，证实这种16个小区布局的坊确实存在。东西市各占两坊之地，市内辟“井”字形街道，临街开店铺，市中心为管理机构，周围也筑有高墙。这种坊市制度，正是封闭式都市所独有的现象。

隋唐都城的第二种形式是东都洛阳城。始建于隋大业元年（605年），其地位仅次于长安城。洛阳城在城址选择、城市规划等方面都与长安城有所不同。该城横跨洛河南北两岸，整体略呈长方形，周长约27.5千米。其宫城、皇城不在郭城北部正中，而置之于城之西北隅地势高亢处。皇城前临洛河，后接宫城。宫城南部及东西两侧为皇城和东西隔城所包围；北部建有前后重叠的二小城。皇城和宫城之东，为南北毗连的东城和含嘉仓城，西为东都苑。洛阳城的主干大道，由皇城之端门通往郭城之定鼎门，同样处于全城西部。洛阳城的坊市分布于宫城、皇城以南和以东地区，虽然也是棋盘式格局，但里坊平面为方形。市场位置与长安东西市呈左右对称布局有所区别，在城东部洛河两侧设南、北二市，在城西南部置西市，三市均傍可通舟船的河渠。隋唐洛阳城将其皇城和宫城建于郭城西北隅，主要是为了区别于长安城，表明其规格逊于长安城一等。而宫城、皇城地处全城最高处，四面又有洛河、禁苑、隔城及二小城护卫，戒备远比长安城严密；里坊沿用北魏旧制，面积小于长安城，有助于强化对居民的控制，这与其既是都城又是战略要地的地位相适应。洛阳城比长安城规模小，却多设一市，并皆傍河渠，说明在设计上比长安城更多地考虑了繁荣工商业的问题。

二、地方城市

隋唐时期大多数地方城市的布局，都是根据两京坊内十字街的设计和洛阳城方正的里坊制度部署的，不论是较大的州城还是较小的县城都是如此。封闭式城市规划的长期存在，是中国封建社会前期商业发展缓慢、商品经济力量不够强大的具体体现，这种城市规划到唐代达到了顶点。随着商业的不断发展，从唐代晚期开始，传统坊市制度的藩篱已逐渐被突破。到宋代，为适应商品经济进一步发展的需要，出现了以京城汴梁为代表的开放式街巷制城市，这是中国古代城市发展史上城市平面布局的又一次划时代变

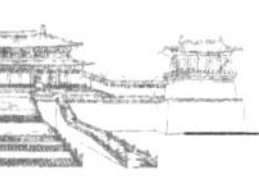

革。在已知的隋唐地方城址中，按照其规模、大小，又可以划分为大型州府城、一般州府城和小型州府城及县城。这类地方城市的布局基本相同，都以十字街分成四区后，每区又设十字街。子城（衙署所在地）在地方城中的位置，仿隋唐洛阳城宫城的做法，一般位于城内西北隅，或者某一隅。

1. 大型州府城

这种城的平面布局呈方形，城内设置16个坊，周长10千米左右。位于北京西南郊的唐代幽州城址即是一例。唐武德七年（624年）于幽州设置大都督府，九年（626年）改都督府，开元十三年（725年）又改为大都督府。唐亡之后，幽州于936年成为契丹辖地，并于此建立南京，其布局因袭唐幽州城而未加以改变。1150年，金扩展其东、西、南三面建中都。金中都遗址已经勘察清楚。在金中都范围之内，可以看到两种街道布局，即里坊式和长巷式，后者分布在前者的东、西、南三面，清楚地表明了这种布局是后来扩展的。唐幽州为16个坊的面积。法源寺所在的坊，由大小十字街道分割成16个小区，其布局尚大体存在。西南一隅是州治所在，也即辽南京宫城所在。16个坊周长近10千米，是当时的大型州城。

另外一个例子是四川成都城。唐武德元年（618年）改蜀郡为益州，龙朔二年（662年）于此设置大都督府。至德二年（757年）置南京于此，上元元年（760年）罢京，置成都府。唐玄宗为躲避“安史之乱”，曾于756—757年居于成都。后来，唐僖宗为了躲避黄巢起义之难，又居成都达四年之久（881—885年）。这两次避难，均以官署为宫，其位置在府城西北隅的高地上。唐城东半部8个坊的痕迹尚可分辨。坊由大小十字街道划分成16个小区。西半部的北部，唐时是宫殿和地方衙署所在地。成都旧城内的唐城遗迹说明，即使到了盛唐时期，在地方城中置宫，其方位还沿袭旧制，选在所在城的西北隅，或是地方衙署所在地，因此，可以推知在西北隅设置衙署应当是地方城制。成都是大都督府所在地，其面积相当于16个坊，是唐代的大型州城。

2. 一般州府城

一般州府城约占4个坊的面积，有大小之别。大的周长6.5千米，小的周长4.5千米，平面都呈方形。城的四面各开一门，内以十字街道分割成4个坊。周长6.5千米的城址，坊的面积大于0.5平方千米；周长4.5千米的城址，坊的面积大约是0.5平方千米。

现在的山西大同，北魏时期曾为都城，称为平城，北魏迁都洛阳以后仍是北方重镇，六镇起义时遭到严重破坏，其后因为战乱而多有废置，直到唐开元二十年（732年）重建云州，置下都督府。云州城在辽金时因设西京而未改形制，明代初年就土城砌筑砖石，实际范围也没有大的改变，至今仍为大同市区内的旧城部分。经过实测，大同旧城东西长1750、南北宽1810米，平面基本呈方形。旧城主要街道是十字街，将全城划分为四个区，每区面积比唐代0.5平方千米的标准坊要大。横街北面西部的区块在明清时期是府衙、总镇署所在地，应当是沿用了前代衙署的旧城。明初在横街北面东部的区内兴建了藩王府。横街以南的两个区内各置十字街道的情况非常清楚，其中东南部又由小十字街道分割成4个小区，还可以进一步在个别小区中看到设有更小的十字街道的情况。整个大同旧城

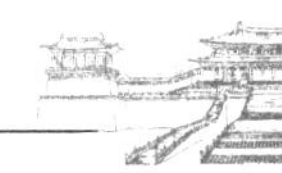

发现了四层十字街道，可以推测这是对唐代旧城的延续，即云州城遗留下来的街区痕迹[①]（图1-1-1-1）。这个现象很重要，它明确反映了唐代地方城市的规划布局，也是采用大小十字街道的区划法。最小的十字街道分割成的小方块，可能就是当时城内的最小居住单位。

黎阳故城遗址位于河南浚县大伾山北麓，在黎阳仓城遗址东约600米处，黎阳仓与黎

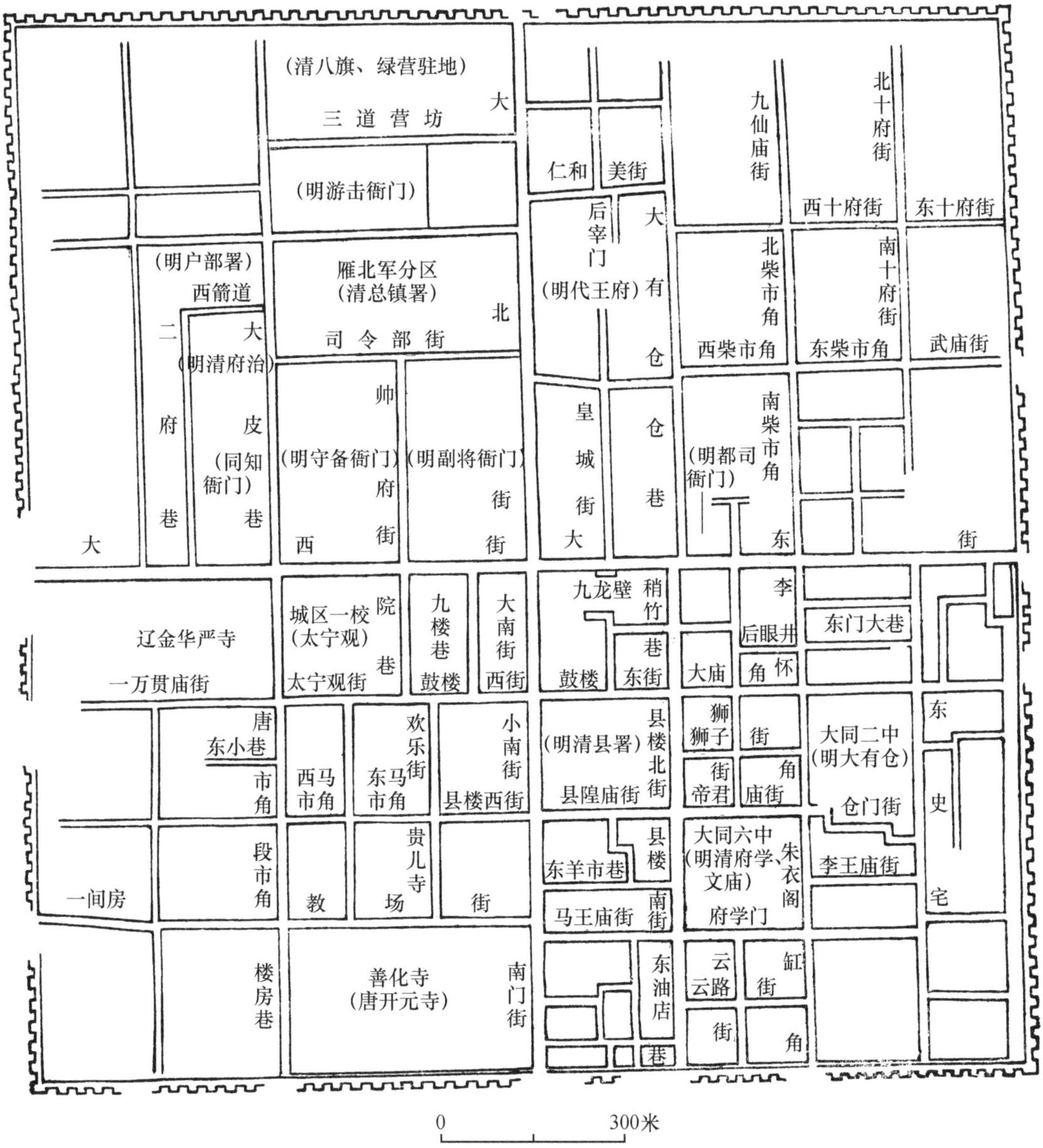

图1-1-1-1 山西大同旧城街巷平面布局图

① 丁晓雷：《大同旧城的形制布局及其所反映的时代特征》，《汉唐与边疆考古研究》（第一辑），科学出版社，1994年，第184—187页。为节省篇幅，文中插图未特别说明者，皆出自页下注释的相关论著。

阳城的相对位置关系明确。现已查明与黎阳城有关的遗迹有城墙、护城河、夯土台基、排水设施和道路等。初步探明黎阳城城址南北长2250、东西宽800米[①]。黎阳城曾置黎州，是黎州总管府治所，后虽废，但其周长约6.1千米的规模相当于一般州城中较大者。

在一些州城中，由于皇帝曾经的巡幸或作为一时的避难之处，也模仿洛阳城的布局，在西北隅设置宫殿。如在内蒙古自治区伊克昭盟（今鄂尔多斯市）准格尔旗托克托西南的黄河南岸发现了隋唐胜州榆林城址。城址东西宽1165、南北长1039米，周长4387米。城址西北隅设子城，子城外东、南两面都有接近方形的坊的遗迹[②]。《隋书·炀帝纪上》记载，大业三年（607年）六月炀帝幸榆林城[③]。《元和郡县图志》卷四记载："隋榆林宫，在州城内，大业二年置，因榆林郡为名。其年，炀帝北巡，陈兵塞表，以威北狄，因幸此宫，突厥启人（民，避唐太宗李世民讳而改为'人'）可汗献马及兵器新帐，因赋诗云云。"[④]城址西北隅的子城应当是胜州榆林宫之所在。唐在胜州设置下都督府，子城大约就成了下都督府和州治所在。

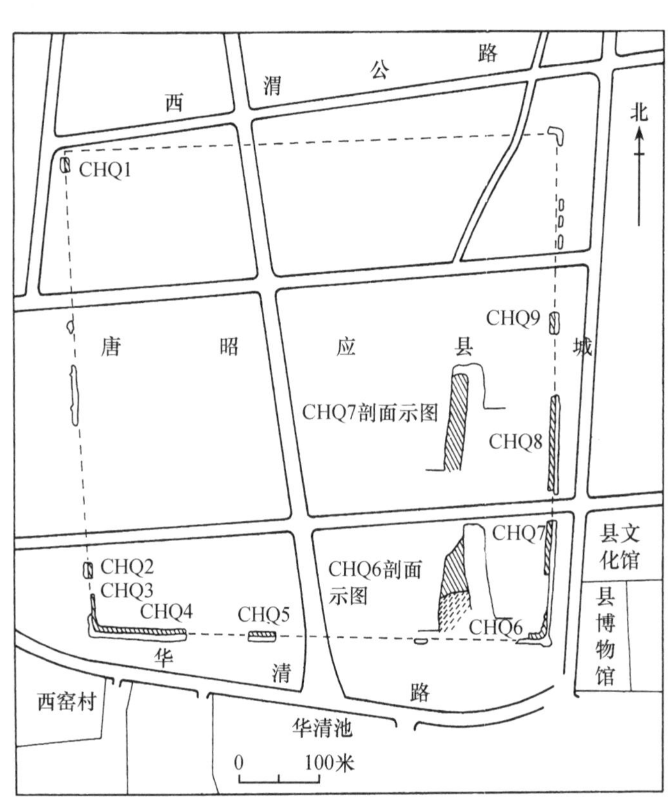

图1-1-1-2　陕西西安临潼区唐昭应县城平面图

3. 小型州府城和县城

这种类型的城大约仅有一坊之地。今北京顺义旧城是唐开元四年（716年）建置的顺州城，城址范围一直沿用到明清。顺州只有一个属县即怀柔县，所以顺州城实际上也就是怀柔县城。该城平面为方形，周长2千米，四门十字街道。一坊面积的城也是唐代县城的制度。如河北吴桥县旧城是唐代安陵县城、山西虞乡镇旧城是唐虞乡县城址、陕西临潼昭应县城[⑤]等，这些沿袭唐代县城旧址的城，后世虽然有所变动，但都保持了方形、周长2千米余、开四门、内置十字街道的基本布局（图1-1-1-2）。

① 国家文物局主编：《2012中国重要考古发现》，文物出版社，2013年，第124—127页。

② 李作智：《隋唐胜州榆林城的发现》，《文物》1976年第2期。

③ （唐）魏徵、令狐德棻：《隋书》，中华书局，1973年，第68—70页。

④ （唐）李吉甫撰，贺次君点校：《元和郡县图志》，中华书局，1983年，上册，第111页。

⑤ 陕西省文物事业管理局　骆希哲编著：《唐华清宫》，文物出版社，1998年，第25页。

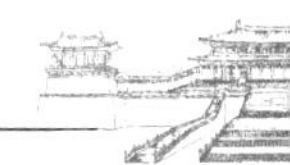

参考书目

[1] 宿白:《隋唐城址类型初探(提纲)》,《纪念北京大学考古专业三十周年论文集(1952—1982)》,文物出版社,1990年。

第二节　重要城址

一、隋大兴唐长安城

隋大兴唐长安城遗址位于今陕西省西安市。该城对地形的选择，据《唐六典》卷七记载："京城左河、华，右陇坻，前终南，后九嵕。""南直终南山子午谷，北据渭水，东临浐川，西次沣水。"①据《隋书·高祖上》记载，隋文帝杨坚取代北周建立隋王朝之后，于开皇二年(582年)六月丙申发布营建新都诏书："朕祗奉上玄，君临万国，属生人之敝，处前代之宫。常以为作之者劳，居之者逸，改创之事，心未遑也。而王公大臣陈献谋策，咸云羲、农以降，至于姬、刘，有当代而屡迁，无革命而不徙。曹、马之后，时见因循，乃末代之宴安，非往圣之宏义。此城从汉，雕残日久，屡为战场，旧经丧乱。今之宫室，事近权宜，又非谋筮从龟，瞻星揆日，不足建皇王之邑，合大众所聚。论变通之数，具幽显之情，同心固请，词情深切。然则京师百官之府，四海归向，非朕一人之所独有。苟利于物，其可违乎！且殷之五迁，恐人尽死，是则以吉凶之土，制长短之命。谋新去故，如农望秋，虽暂劬劳，其究安宅。今区宇宁一，阴阳顺序，安安以迁，勿怀胥怨。龙首山川原秀丽，卉物滋阜，卜食相土，宜建都邑，定鼎之基永固，无穷之业在斯。公私府宅，规模远近，营构资费，随事条奏。"②总之，是因为汉长安城至隋将近八百年，而且久经丧乱残破不堪，制度狭小，所以另行选址建新都，以迎接一个统一的隋王朝的诞生。但《资治通鉴》卷一百七十五在上述原因的基础上，又云"水皆咸卤，不甚宜人"，并解释说"京都地大人众，加以岁久壅底，垫隘秽恶，聚而不泄，则水多咸卤"③，可能也是一个客观原因。文献中还有一些对隋文帝迁都缘由的记载，充满附会之说④，不足为凭。

---

① (唐)李林甫等撰，陈仲夫点校:《唐六典》，中华书局，1992年，第216页。

② (唐)魏徵、令狐德棻:《隋书》，中华书局，1973年，第17、18页。

③ (宋)司马光撰,(元)胡三省音注:《资治通鉴》，中华书局，1956年，第5457页。

④ 如(唐)刘餗撰《隋唐嘉话》卷上记载："隋文帝梦洪水没城，意恶之，乃移都大兴。术者云：'洪水，即唐高祖之名也。'"其言梦洪水的目的，是为李唐代隋张目，属于附会之说(中华书局，1979年，第3页)。这条史料被《资治通鉴》卷一百八十二作为正文引用，但省略了后面的"术者云"(《资治通鉴》，中华书局，1956年，第5695页)。

将新都地址选在汉长安城东南龙首原一带，并命左仆射高颖、将作大匠刘龙、巨鹿郡公贺娄子干、太府少卿高龙叉等总督其事，建筑大师宇文恺领营新都副监负责规划设计和营造。从开皇二年开始兴建，修筑次序依次为：先筑宫城，次筑皇城，再筑郭城。至开皇三年，隋文帝即迁入新都宫城。关于都城名称，据《太平御览》卷一五六引《两京记》云："谓之大兴城。隋文初封大兴公，及登极，县门园池多取其名。"①《长安志》卷七记载："隋曰大兴城。文帝初封大兴公，及即位，以名城、县、门、殿、园、池及寺焉。"②《资治通鉴》卷一百七十九记载："开皇三年，上入新都，名其城曰大兴城，正殿曰大兴殿，宫曰大兴宫，宫北苑曰大兴苑。或曰：帝由大兴郡袭封随（隋）公以登大位，故以名新都宫殿城苑。"③大兴城的面积达84平方千米，是现存明清之西安城的7倍。与中国古代和世界其他各地的古代都城相比较，隋大兴城的面积是世界上最大的。如汉长安城面积35.8、汉洛阳城面积9.56、元大都面积49、明清北京城面积60.6、古罗马13.68、拜占庭11.99、巴格达30.44平方千米，它们都小于隋大兴城。

唐仍以大兴城为都城，并改名为长安城，仅进行了局部改建和扩充。据《长安志》卷七记载："唐曰长安城，亦曰京师城。"④唐长安城的经济、文化，以及对外贸易往来较隋代有较大发展，成为当时世界上最繁荣的国际大都市之一。唐昭宗天祐元年（904年）朱全忠（朱温）迫昭宗迁都洛阳，"毁长安宫室百司及民间庐舍，取其材，浮渭沿河而下，长安自此遂丘墟矣"⑤。在对大明宫遗址发掘的过程中，发现一些灰烬迹象，说明长安城的废毁除人为地拆毁之外，大火焚烧也是一些主要建筑毁灭的一个原因。作为国都长达320余年的隋大兴唐长安城，其主要的宫殿、官署及高等级豪华的宅邸等建筑至此几乎全部废毁了。

隋大兴唐长安城在中国都城发展史上占有特殊的地位，特别是其形制与布局，不但是中国中古时期城市的典型，也影响了邻近国家的都城建设。因此对长安城的研究，具有非常重要的意义。早在盛唐时期，韦述即著有《两京新记》，将长安城的规划和布局作了较详细的叙述。其后，在北宋的宋敏求所著《长安志》中，又作了补充和研究。北宋吕大防作图刻石以期永垂后世，可惜此图仅残存一部分，但仍是保存至今的关于隋大兴唐长安城最古老的地图（图1-1-2-1），有很高的参考价值。如长安城图题记中的数据，与通过钻探所获得的大明宫的长宽数据基本吻合，其准确程度远超其他文献所记；城图中所绘制的大明宫丹凤门为五个门道，与后来第二次对丹凤门遗址的发掘结果相同等等，而这些在其他文献的城图中是看不到的。南宋程大昌所著的《雍录》、赵彦卫所著的《云麓漫钞》，对长安城也进行了研究和阐述。元李好文著有《长安志图》。清人

---

① （宋）李昉等：《太平御览》，中华书局，1960年，第759页。

② （宋）宋敏求撰，辛德勇、郎洁点校：《长安志》，三秦出版社，2013年，第254页。

③ （宋）司马光撰，（元）胡三省音注：《资治通鉴》，中华书局，1956年，第5578页。

④ （宋）宋敏求撰，辛德勇、郎洁点校：《长安志》，三秦出版社，2013年，第254页。

⑤ （宋）司马光撰，（元）胡三省音注：《资治通鉴》，中华书局，1956年，第8626页。

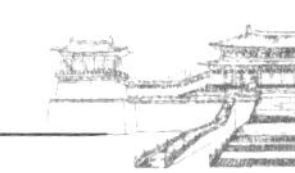

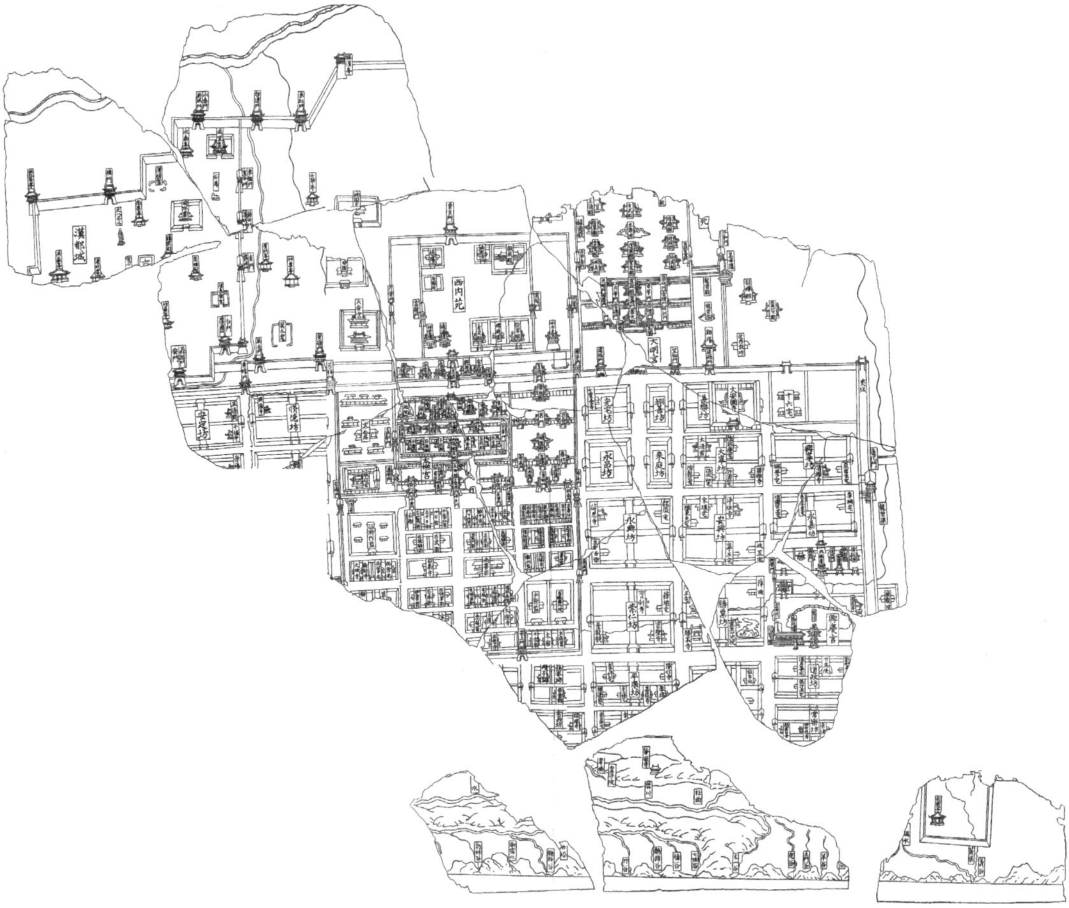

图1-1-2-1 吕大防刻《长安城图》拓片摹本

徐松对长安城做了大量考证研究，著有《唐两京城坊考》。清代王森文曾绘制过《汉唐都城图》，其中的唐城图比较准确地绘制出唐长安城的形制和宫城、皇城、里坊、市等[①]（图1-1-2-2）。李健超利用考古发现的碑志和对文献的爬梳，著有《最新增订唐两京城坊考》一书。作为隋唐都城的长安，对当时边疆地区地方政权的都城建设极有影响。如渤海上京龙泉府城的规划，即仿效长安而设计。再如，日本的平城京和平安京，不仅在形制和布局上仿效长安城，而且如太极殿、朱雀门、朱雀街等名称也是袭用长安城的宫殿、城门和街道的名称。因此，日本学者对长安城的研究也非常热心，并且研究也较深入。20世纪初，足立喜六曾对长安城进行了调查研究，著有《长安史迹考》。1949年以后，陕西省文物管理委员会于1957年进行了初步勘探[②]；1957年以来，中国科学院考古研究所（后改为中国社会科学院考古研究所）又进行了全面勘察和局部发掘。从而对城

① 中国科学院考古研究所西安唐城发掘队：《唐代长安城考古纪略》，《考古》1963年第11期。

② 陕西省文物管理委员会：《唐长安城地基初步探测》，《考古学报》1958年第3期。

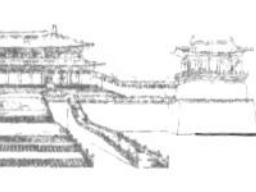

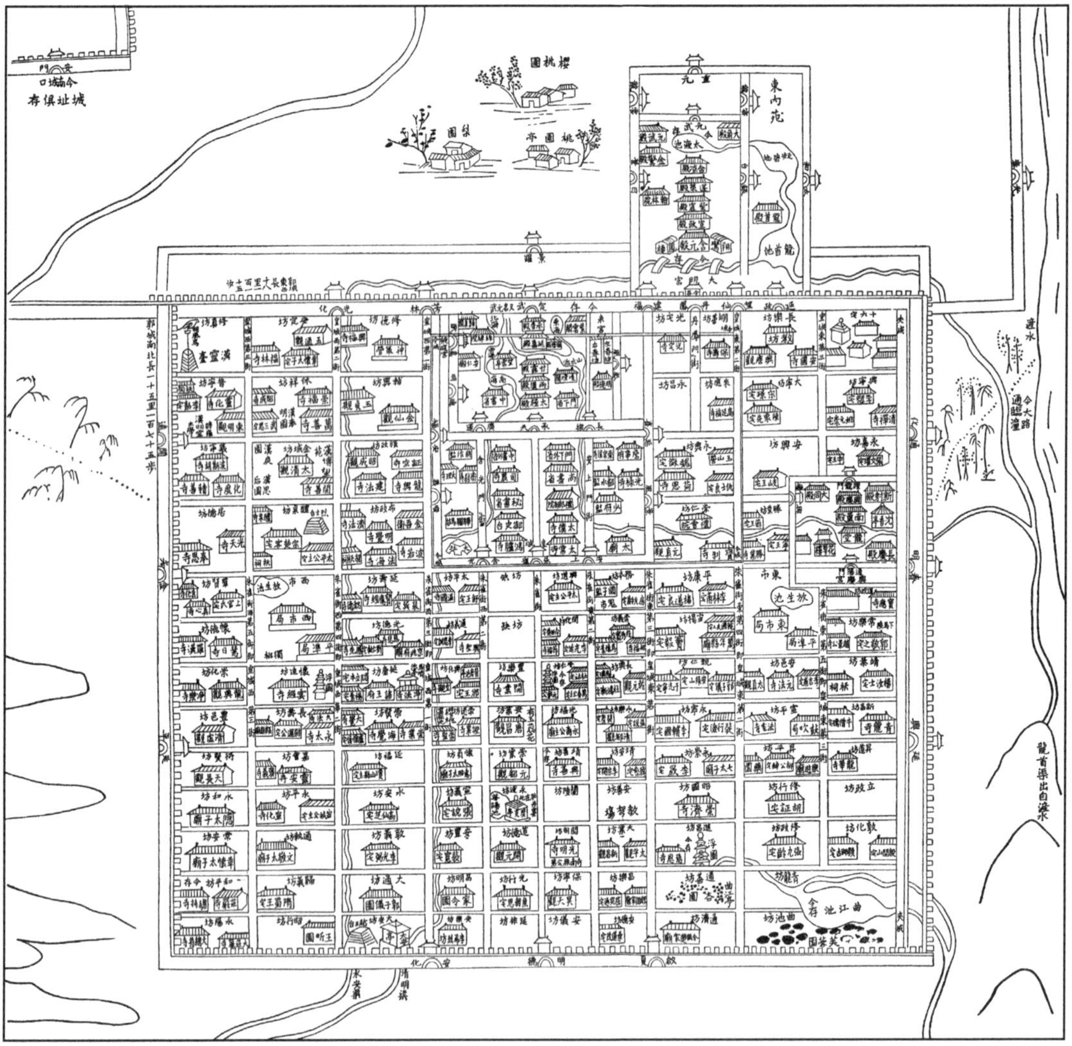

图 1-1-2-2　清王森文《汉唐都城图》唐城部分（摹本）

址的布局、坊市形制、宫殿分布及其建筑基部结构等，有了进一步认识。特别是通过勘察和发掘所获得的有关都城布局上的许多关键性数值，为进一步分析和研究建立了科学基础。

隋大兴唐长安城是由郭城、宫城、皇城和里坊、市等构成。宫城和皇城位于外郭城北部中央，各坊分布在宫城、皇城的左右和皇城以南，东、西两市分别位于皇城的东南和西南，东西对称。整个都城规划整齐，布局严密，是里坊制封闭式城市的典型。正如白居易的《登观音台望城》诗中所概括的那样："百千家似围棋局，十二街如种菜畦。遥认微微入朝火，一条星宿五门西。"[①]也有人认为都城在布局上借用了八卦之相进行规划。如《雍

① 《全唐诗》卷四四八，上海古籍出版社，1986年，第1126页。

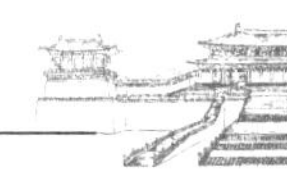

录》卷三记载："宇文恺之营隋都也，曰朱雀街南北尽郭有六条高坡，象乾卦六爻，故于九二置宫殿，以当帝王之居，九三立百司，以应君子之数，九五贵位，不欲常人居之，故置元（玄）都观及兴善寺以镇其地。"①

（一）郭城

郭城，又名罗城，平面呈长方形，东西宽9721、南北长8651.7米，周长36.7千米（图1-1-2-3、图1-1-2-4）。保存在地面上的城墙遗迹，仅在北城玄武门附近和南城安化门处尚各有一小段，残高仅1—2米。其余则仅存墙基部分。城墙全用夯土版筑而成，仅在

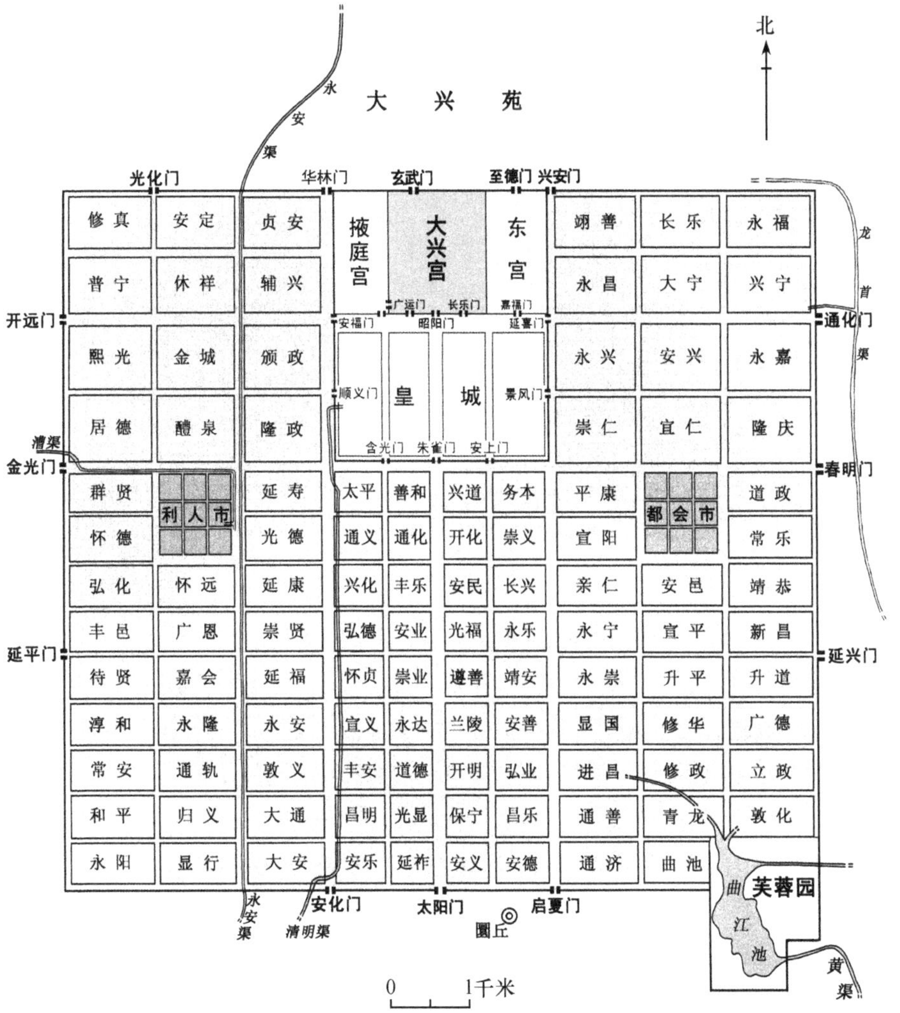

图1-1-2-3 隋大兴城平面图

① （宋）程大昌撰，黄永年点校：《雍录》，中华书局，2002年，第54页。

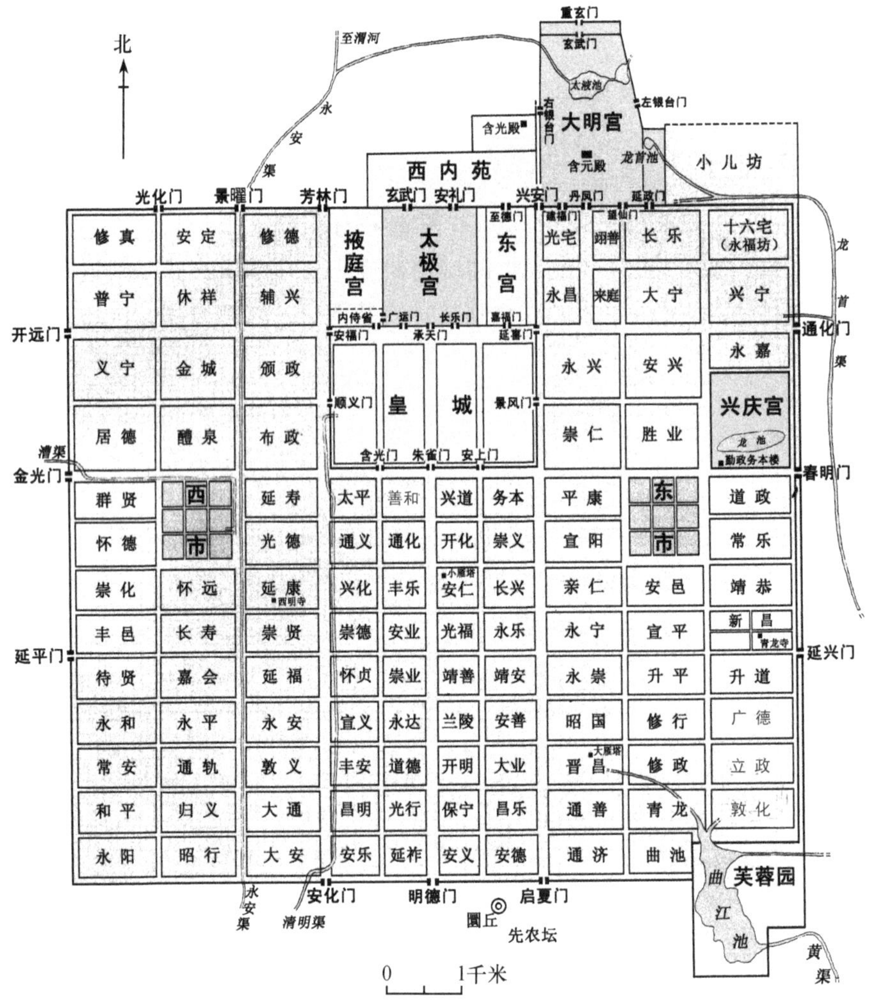

图1-1-2-4　唐长安城平面图

城门处内外表面包砌砖壁。墙宽一般在9—12米左右，有的仅存3—5米。据文献记载，外郭城高一丈八尺（约5.4米）。城墙外侧大约距墙3米许，有与城墙平行的宽9、深4米的城壕。

郭城每面各有3座城门，除北面的芳林门（隋称华林门）、景曜门、光化门和西边的开远门已被现代建筑所压或破坏外，其他各城门均已勘探清楚。东面城门自北而南依次为通化门、春明门、延兴门；南面自西而东依次为安化门、明德门（隋称太阳门）、启夏门；西面自北而南依次为开远门、金光门、延平门；北面自西而东依次为光化门、景曜门、芳林门。郭城城门仅明德门为五门道，其余都是三门道。

明德门位于南面城墙正中，是长安城的正南门，北对皇城的朱雀门和宫城的承天门，位于长安城的中轴线上，规模宏大壮观。门址平面呈长方形，东西长55.5、南北进深17.5米，5个门道，门道均宽5米（图1-1-2-5）。建筑史学家们根据中国古代城门建筑的特点，

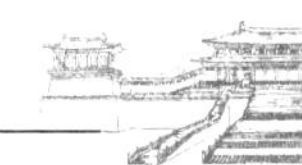

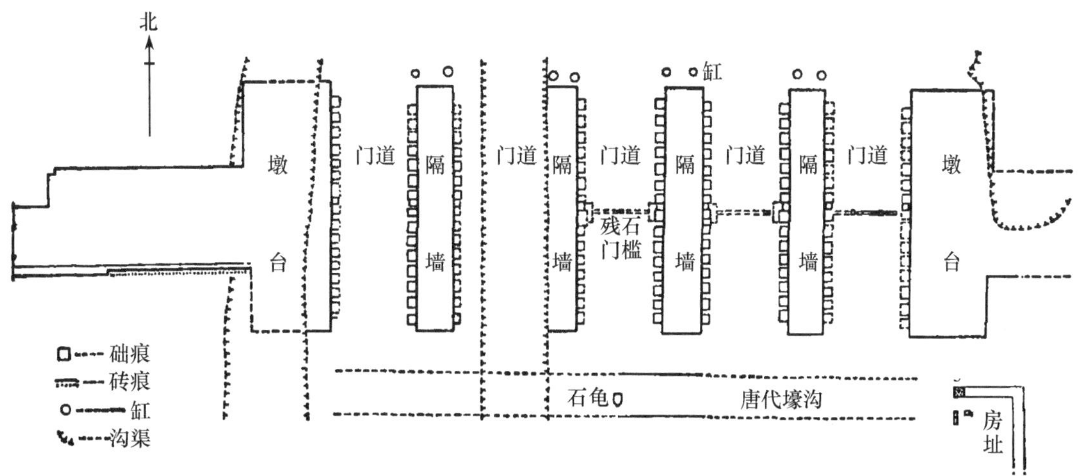

图 1-1-2-5　隋唐长安城明德门遗址平面图

结合壁画以及绘画中的图像资料，对其进行了复原探讨[①]（图 1-1-2-6、图 1-1-2-7）。这种五门道城门，也见于甘肃敦煌莫高窟晚唐第 138 窟北壁壁画[②]（图 1-1-2-8）。明德门的墩台及隔墙均为夯土版筑而成，墩台宽 9.45 米，隔墙厚 2.9 米，表面砌砖。各门道中部置石门限，最东侧门道的门限为青石制作而成，表面光平无纹，残长 3.7、高 0.4、宽 0.26 米，断面呈长方形，门限有车辙沟槽。从车辙数量和位置来看，1 个门道应当有 4 道车辙，即可以两车并行。正中门道石门限雕刻华丽，应当是皇帝御道，其两侧的两门道内有车辙贯通，当

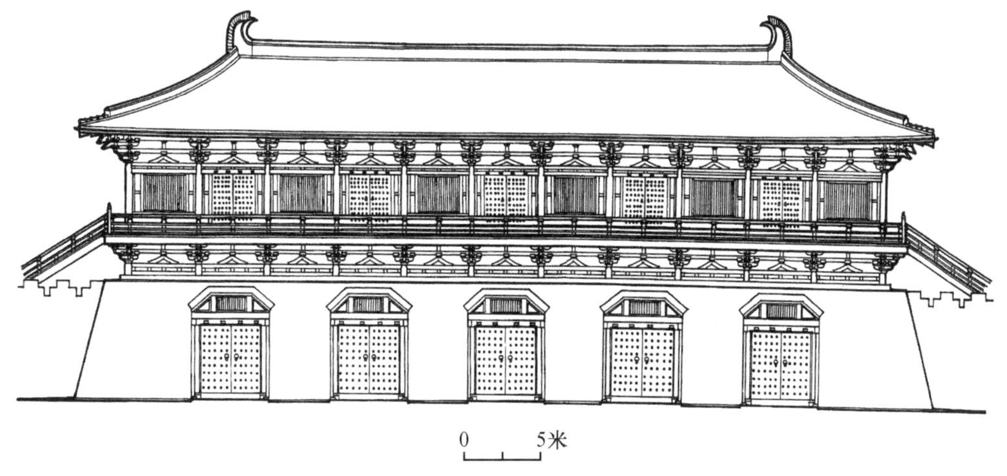

图 1-1-2-6　隋唐长安城明德门立面复原图

① 傅熹年：《唐长安明德门原状的探讨》，《考古》1977 年第 6 期；傅熹年主编：《中国古代建筑史 · 第二卷 · 三国、两晋、南北朝、隋唐、五代建筑》，中国建筑工业出版社，2001 年，第 319 页。

② 敦煌研究院主编：《敦煌石窟艺术全集 · 20 · 建筑画卷》，同济大学出版社，2016 年，第 219 页，图版 214。

图1-1-2-7　隋唐长安城明德门外观复原图

图1-1-2-8　甘肃敦煌莫高窟晚唐第138窟北壁五门道城池壁画

为车马、行人出入通行。门道的两侧都发现了排叉柱的柱础坑，说明其建筑形式是两壁立排叉柱的木构过梁式建筑。虽然柱础石都已无存，但从柱础坑来看，每排柱础15个，左右对称。柱础坑一般都呈方形，边长0.65、深0.4米。各柱础的间距为0.5米左右。础坑底部垫有一层粗砂，以起到稳固柱础及减震作用。在门址东南还发现了一处房屋建筑遗址，宽16、进深约4米，北距城门墩3.6米。与之相对的西南部也钻探出一处房址。据《唐六典》卷八“门下省城门郎条”记载，“城门郎掌京城、皇城、宫殿诸门开阖之节，奉其管钥而出纳之”，有“门仆八百人”。注云：“皇朝城门郎置门仆，分番上下，掌送管钥。”① 在明德门外发现的这两处东西相对的房址，很可能是所谓门仆值班的门房遗址。在考古发掘的唐墓壁画中可以看到值房图像，如唐中宗神龙二年（706年）章怀太子墓第四过洞绘制的坐于值房内的侍卫图像②（图1-1-2-9）。在城门之内（北侧），每个城门隔墙的北边各有水缸2个，共计8个。缸下部埋入当时地面以下约0.6米，埋缸的坑口直径0.7米。仅存最西端的1个水缸，其余都已成残片。城门口放置水缸，可能是以备门仆洒扫城门或防火之用③。另外，在明德门的中门道以南4.5米处曾经发现1件石雕乌龟，长103、宽65、高33厘米。石龟头部向南，前高后低，其头顶因与唐代路面平齐而被行人践踏有所磨损。有人推测是因为明德门一带常有水患，在对明德门外的雨水排放设施进行改造时，安放这只石龟用以压胜④。这一看法也有类似的旁证，如西安博物院藏有1件龟形镇宅石，长32、宽19.5、高17厘米。其背部刻“闭地户，开天门”，底部刻“辛卯记，大中拾年十月廿一日，宅德迁年，人受万岁，神龟为主，镇一宅之内，万灾不起”⑤。既然石神龟可

图1-1-2-9 唐中宗神龙二年（706年）章怀太子墓第四过洞壁画

① （唐）李林甫等撰，陈仲夫点校：《唐六典》，中华书局，1992年，第249页。

② 陕西历史博物馆：《唐墓壁画珍品》，三秦出版社，2011年，第91页，图版61。

③ 中国科学院考古研究所西安工作队：《唐代长安城明德门遗址发掘简报》，《考古》1974年第1期。

④ 杨鸿勋：《唐长安城明德门复原探讨》，《文物》1996年第4期。

⑤ 吴中博物馆（吴文化博物馆）编：《长安——考古所见唐代生活与艺术》，上海古籍出版社，2022年，第56页。

以镇宅，当然也可以作为城门的厌镇之物。西安博物院所藏石龟的年代在晚唐时期，也与这一时期的唐代社会走向衰落，迷信横行有关，所以，笔者推测明德门遗址附近出土石龟的年代大约也应该在中晚唐时期，石龟安置在长安城的正门之南，表面上看是用于厌镇，但却从一个侧面反映出中晚期的唐王朝已经变得不够自信，不再相信自身的实力，反而去依靠虚幻的迷信祈求平安这一微妙的心理变化。这也与当时在诸多城门供养佛像，通过求神拜佛祈求安宁如出一辙，异曲同工[①]。

安化门遗址为一门三道结构，由墩台、门道、隔墙组成，门址东西宽35.4、南北进深13.3米，墩台宽7.3米。门道之内发现疑似排叉柱坑三个。近年来，在安化门两侧还发现了长安城郭城南墙，墙体基槽宽4.1米，但未发现门两侧马道遗迹。

唐代城门与宫殿门皆实行“左入右出”的制度。据《唐六典》卷二十五记载：“凡宫殿门及城门皆左入右出。”[②]

（二）皇城

皇城亦名子城，位于宫城之南，北与宫城相接，与宫城之间隔宽220米的横街，无北墙。东西两墙与宫城的东西两墙相接。平面为规整的长方形，南北长1843.6米，东西与宫城同宽，为2820.3米，周长9.2千米。皇城南面三门，西面二门。正门是南面正中的朱雀门，北对宫城的承天门，南则沿朱雀大街直通外郭城明德门。东面两门虽未探得，但根据对称原则，依据西城两门位置可以确定东面城门的位置。皇城内的街道除北面横街之外，只探得安上门内的南北大街，街宽94米，两侧排水沟宽3米。据文献记载，皇城内有东西向街道7条，南北向街道5条，“各广百步”。各街之间设置中央衙署及其附属机构[③]（图1-1-2-10）。

经过考古发掘，了解到皇城南面西起第一座城门含光门的门址平面呈长方形，长37.4、宽19.6米，三门道，两端为墩台[④]（图1-1-2-11、图1-1-2-12）。这种三门道城门也见于甘肃敦煌莫高窟壁画，它们直观地展示了当时城门的全体风貌，如莫高窟盛唐第172窟南壁绘制的三门道城门[⑤]（图1-1-2-13），莫高窟晚唐第9窟北壁绘制的三个门道的城门[⑥]

---

① 冉万里：《略论唐代城门遗址发现的佛教造像——唐王朝由盛转衰的见证》，《西部考古》（第15辑），科学出版社，2018年，第157—164页。

② （唐）李林甫等撰，陈仲夫点校：《唐六典》，中华书局，1992年，第640页。

③ 傅熹年主编：《中国古代建筑史·第二卷·三国、两晋、南北朝、隋唐、五代建筑》，中国建筑工业出版社，2001年，第321页。

④ 马得志：《唐长安城发掘新收获》，《考古》1987年第4期；中国社会科学院考古研究所西安唐城工作队：《唐长安皇城含光门遗址发掘简报》，《考古》1987年第5期。

⑤ 敦煌研究院主编：《敦煌石窟艺术全集·20·建筑画卷》，同济大学出版社，2016年，第158页，图版146。

⑥ 敦煌研究院主编：《敦煌石窟艺术全集·20·建筑画卷》，同济大学出版社，2016年，第220页，图版216。

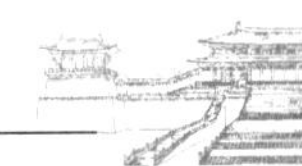

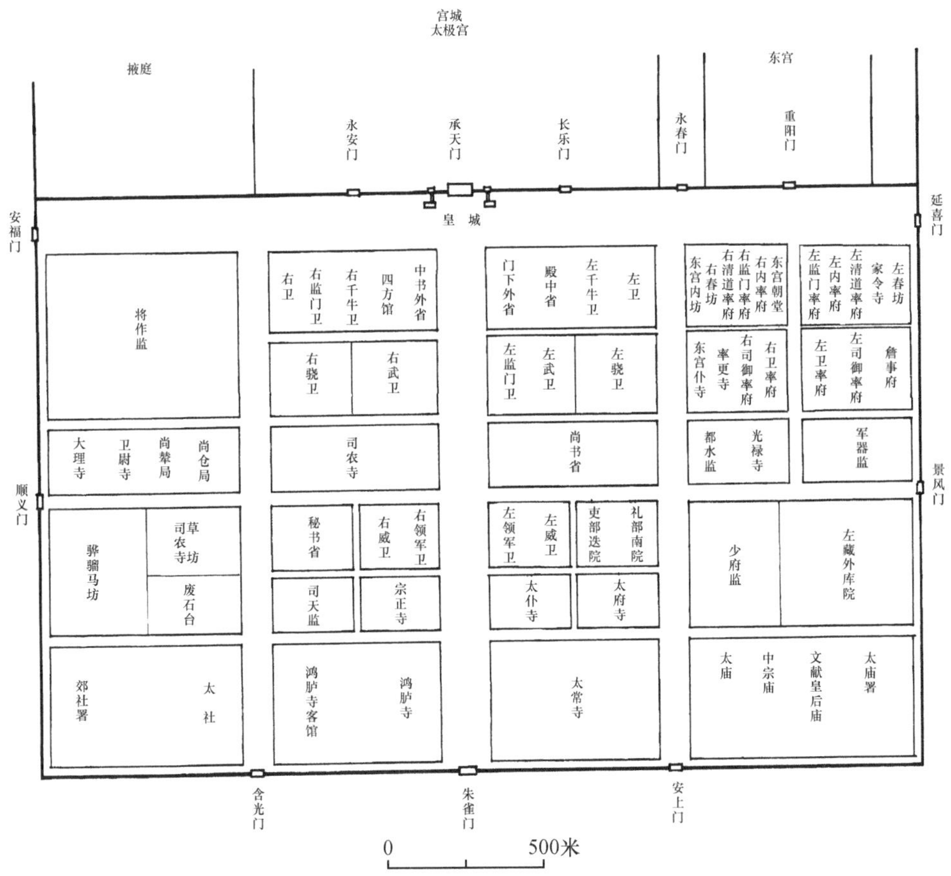

图1-1-2-10 隋唐长安城皇城平面及官署分布图

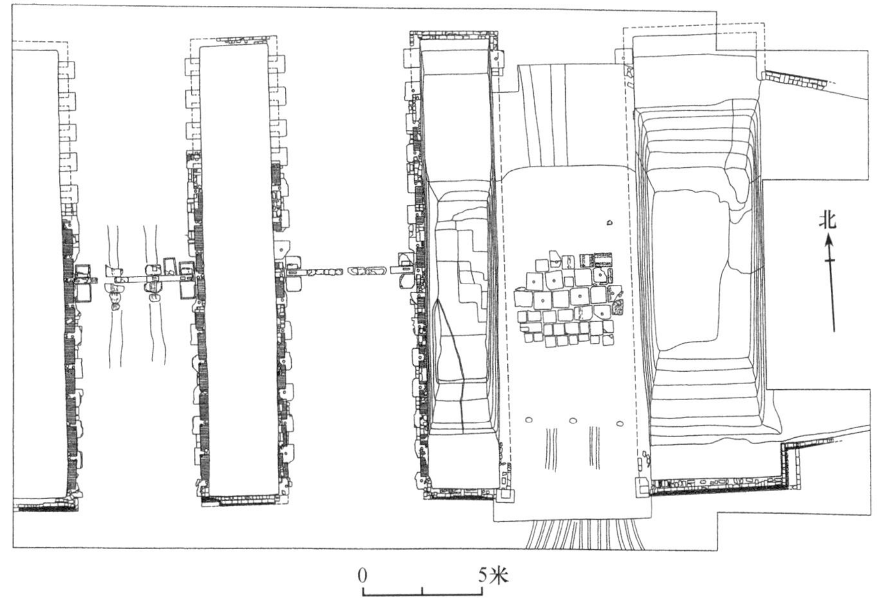

图1-1-2-11 隋唐长安城含光门遗址平面图

图1-1-2-12　隋唐长安城皇城含光门遗址

图1-1-2-13　甘肃敦煌莫高窟盛唐第172窟南壁绘制的三门道城门

（图1-1-2-14）。城门为木构建筑，门道两侧各有柱础石15个。门道的路面北高南低，经实测，北端比南端高出26厘米，目的是便于由城内向城外排水。在以往发掘的城门址中尚无同例，说明当时皇城内的地势较城外高。各门道中间有石门限一道，木板门安在门限的内侧，板门被烧得灰烬尚存，在灰土内发现大型铁泡钉数十个，说明板门上原来钉有铁泡钉。从地层堆积和遗迹现象来看，唐末含光门曾被火烧而废毁，当时中、西二门道未再修

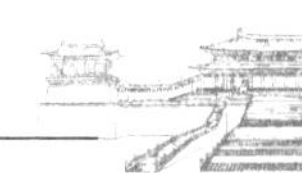

图1-1-2-14 甘肃敦煌莫高窟晚唐第9窟北壁绘制的三门道城门

复，并在其废墟上加筑夯土，将中、西二门道封闭，只修复了东侧门道并一直使用至宋末。宋以后，东门道也被填筑夯土加以封闭，含光门也随即被废而消失，如元李好文的《长安志图》中奉元城已无含光门。含光门的封闭年代，当在元仁宗皇庆元年（1312年）改安西路为奉元路之后、城名奉元城之前。通过考古发掘，进一步证实了含光门东门道封闭于元代。含光门遗址的发掘不仅可以了解皇城城门的建筑制度，对了解唐以后长安城皇城的沿用和修建也有重要价值。

（三）宫城

宫城南连皇城，北接禁苑。平面呈长方形，南北长1492.1、东西宽2820.3米，周长8.6千米多。宫城南面正门隋开皇二年（582年）名广阳门，仁寿元年（601年）改为昭阳门。唐武德元年（618年）改为顺天门，神龙元年（705年）改为承天门；北面为玄武门。承天门遗址东西残长41.7、进深19米，三门道，门基铺石条或石板，这是其他门址所未有的设置。宫城中部为太极宫（隋曰大兴宫），正殿名太极殿（隋曰大兴殿），是皇帝的正衙，位于宫殿区的南部，与承天门南北相对。宫城东部为太子居住的“东宫”。东宫分为中、西、东三部分，依此复原东宫宽度应是830余米。宫城西部是掖庭宫，为宫女居处，东西宽702.5米。掖庭宫之南有内侍省。据记载，掖庭宫之北有太仓，在其位置曾经出土贞观十四年（640年）和贞观二十二年（648年）“和籴粟窖砖”。

（四）三苑

隋大兴唐长安城北有三苑，即禁苑与西内苑、东内苑（图1-1-2-15、图1-1-2-16）[①]。

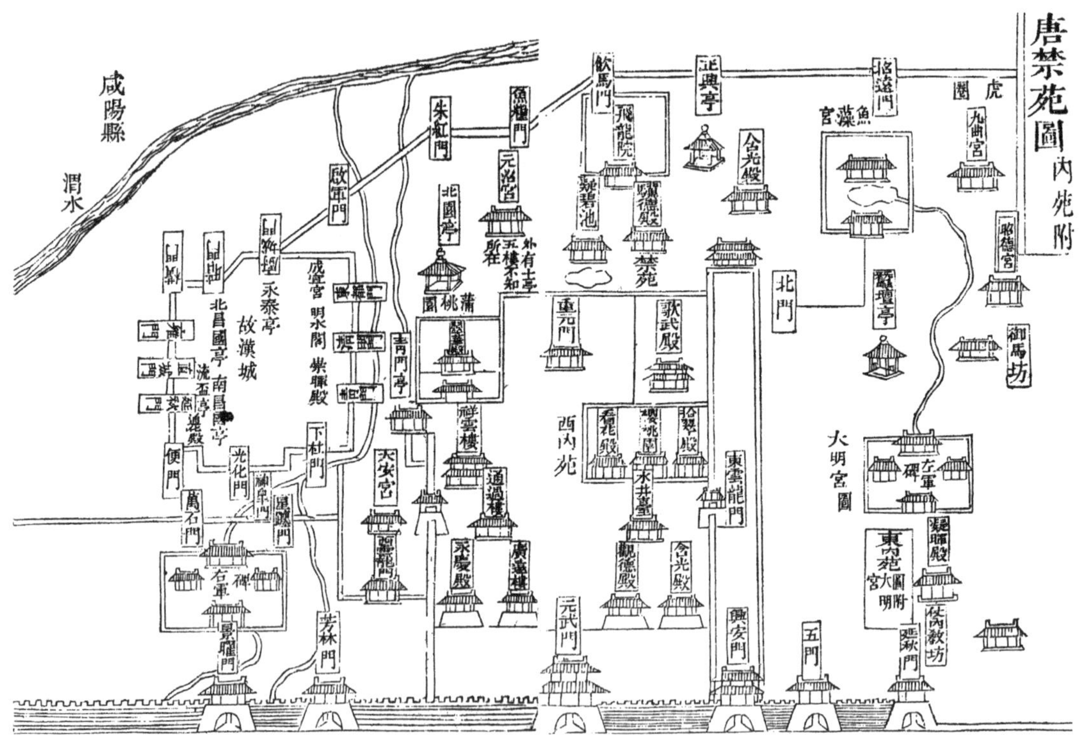

图1-1-2-15 《长安志图》中的隋大兴唐长安城禁苑与西内苑

1. 禁苑

宫城之北为禁苑（隋曰大兴苑），开皇元年置，东接灞水，西面包括汉长安城，北枕渭水，南连京城。据《唐六典》卷七记载：“禁苑在大内宫城之北，北临渭水，东拒浐川，西尽故都城（西汉长安城），其周一百二十里。禽兽、蔬果，莫不毓焉。若祠禴烝尝四时之荐[②]，蛮夷戎狄九宾之享，则蒐狩以为储供焉。”[③]《旧唐书·地理一》记载：“禁苑，在

---

① 文中插图据清乾隆五十二年（1787年）刊刻的经训堂丛书本《长安志图》扫描拼合而成。关于三苑图，又参见拙著图1-1-2-1吕大防刻《长安城图》。

② 古代宗庙四季祭祀的名称，春祭曰祠，夏祭曰禴，秋祭曰尝，冬祭曰烝。

③ （唐）李林甫等撰，陈仲夫点校：《唐六典》，中华书局，1992年，第219页。

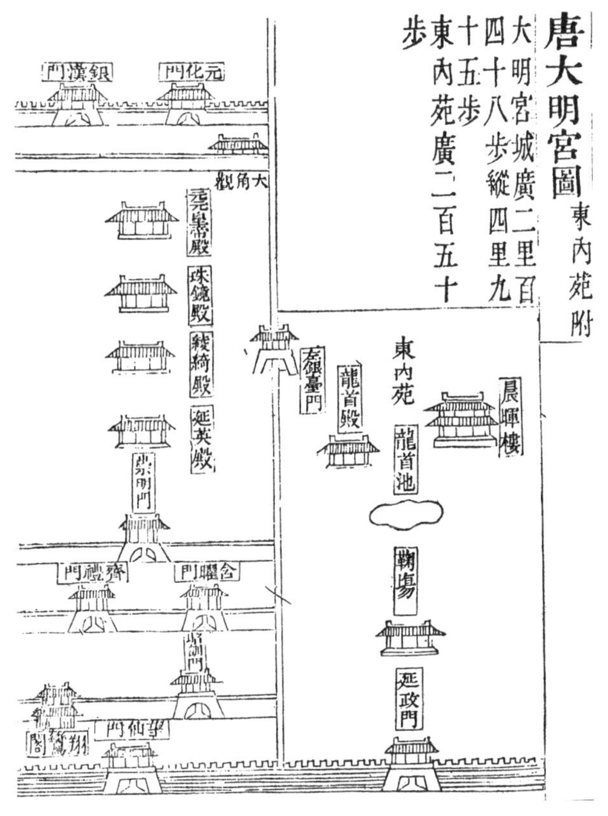

图1-1-2-16 《长安志图》中的唐长安城大明宫与东内苑

皇城之北。苑城东西二十七里，南北三十里，东至灞水，西连故长安城，南连京城，北枕渭水。苑内离宫、亭、观二十四所。汉长安故城东西十三里，亦隶入苑中。苑置西南监及总监，以掌种植。”[①]北宋吕大防的《长安城图》也将汉长安城包括在禁苑之内。《旧唐书·五行志》记载：“宝历二年五月，神策军修苑内古汉宫，掘得白玉床，其长六尺，以献。”[②]同一事也见于《唐会要》卷三十，但记载略有出入：“宝历元年五月，神策军于苑内古长安城中修汉未央宫，掘地获白玉一，长六尺。”[③]这也说明汉长安城包括在禁苑之内。南宋程大昌《雍录》卷九则直接说汉代长安城包括在禁苑之内，其文云：“禁苑也者，隋大兴苑也，其西则汉之长安四城皆在包并之内，苑东距霸而北抵渭，广轮所及，自周一百二十里，而东西二十七里，南北三十二里。”[④]《长安志》卷六亦记载：“（唐）禁苑在宫城之北。隋曰大兴苑。开皇元年置。东西二十七里，南北三十三里。东接灞水，西接长安故城，南连京城，北枕渭水。苑西即太仓，北距中渭桥，与长安故城相接。东西十二

① （后晋）刘昫等：《旧唐书》，中华书局，1975年，第1394页。

② （后晋）刘昫等：《旧唐书》，中华书局，1975年，第1374页。

③ （宋）王溥：《唐会要》，上海古籍出版社，1991年，上册，第656页。

④ （宋）程大昌撰，黄永年点校：《雍录》，中华书局，2002年，第195、196页。

里，南北十三里，亦隶苑中。”“苑中宫亭凡二十四所。”①禁苑既是皇帝游猎的禁区，皇家种植之地，也起着宫城北面的防卫作用。

禁苑设有苑门十座，因其正南为宫城，所以，南面三门偏西，即郭城西北部的光化门、景曜门、芳林门。西面二门，南为延秋门，北为玄武门。北面三门，西为永泰门，中为启运门，东为饮马门。东面二门，北为昭远门，南为光泰门。

据《唐会要》卷三十记载：“(唐宪宗)元和十二年(817年)十二月，诏右神策军以众二千筑夹城，自云韶门过芳林门，西至修德里，以通于兴福佛寺。”②从长安城图来看，这段夹城是沿着禁苑南侧郭城北侧西段修建。皇帝沿夹城自芳林门入城，有两条绝对距离基本一致的路线，一是入城后西折，自修德坊北门至兴福寺；二是入城后南下，自修德坊东门至兴福寺。

2. 西内苑

西内苑，在太极宫(西内)之北，亦称北苑。据《长安志》卷六记载：“内苑，自玄武门外北至重玄门一里，东西与宫城齐。”③徐松认为“西苑之地东出于宫城之东而近东偏者，南北亦不止一里”④。西内苑四面各开一门，东为日营门；西为曰营门；北为重玄门，亦称鱼粮门；南即太极宫的玄武门。关于西内苑的东西门，史料说法不一。据吕大防《长安城图》，西内苑东西两侧有南北向的两重垣墙，日营门和月营门是外垣墙上的东西二门，内垣墙东西也各设一门，均名云龙门，文献中分别称为东云龙门、西云龙门。通过对大明宫遗址的勘探发掘，所获实测数据与吕大防《长安城图》的题记最为接近，可见其所记内容的可信度较高⑤。

西内苑的东墙基址经过了发掘，墙体东西宽3.5米，呈南北走向，距离大明宫西墙73.3米，与大明宫西墙基本平行。南侧与兴安门郭城城墙相衔接，与大明宫西墙构成了一个南北向通行的夹道，这条夹道是从兴安门至大明宫翰林院及后宫的重要通道⑥。

含光殿是西内苑中的宫殿，其遗址东距大明宫西墙约210米，殿基夯土筑成，但采用的是挖基槽的办法，基槽深1.2米，夯土厚1.1米，殿基表面与地面处于同一水平线上。残存殿基南北长33、东西宽13.5米，发现有散水以及大量建筑材料(图1-1-2-17)。在殿基的南侧发现一块石刻，呈方形，边长53.5厘米。表面打磨光滑，其上阴刻楷书文字：“含光殿及毬(球)场等 大唐太和辛亥岁乙未月建”(图1-1-2-18)⑦。大和辛亥岁乙未月即大和五年(831年)十一月。据李好文《长安志图》，西内苑东南有含光殿，但从考古发掘的

---

① (宋)宋敏求撰，辛德勇、郎洁点校：《长安志》，三秦出版社，2013年，第236页。

② (宋)王溥：《唐会要》，上海古籍出版社，1991年，上册，第655页。

③ (宋)宋敏求撰，辛德勇、郎洁点校：《长安志》，三秦出版社，2013年，第237、238页。

④ (清)徐松撰，李健超增订：《最新增订唐两京城坊考》，三秦出版社，2019年，第34页。

⑤ 中国科学院考古研究所编著：《唐长安大明宫》，科学出版社，1959年，第13页。

⑥ 中国社会科学院考古研究所西安唐城工作队：《西安市唐长安城大明宫兴安门遗址》，《考古》2014年第11期。

⑦ 中国科学院考古研究所编著：《唐长安大明宫》，科学出版社，1959年，第51、52页。

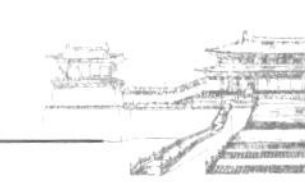

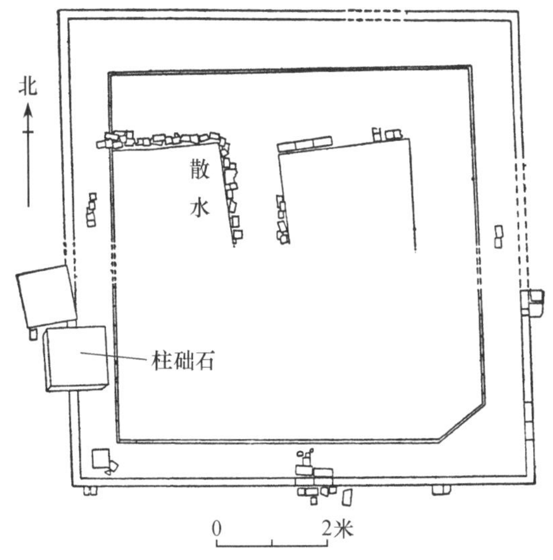

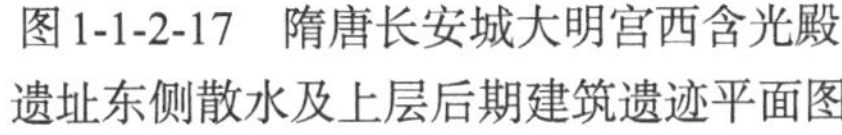
图1-1-2-17　隋唐长安城大明宫西含光殿遗址东侧散水及上层后期建筑遗迹平面图

图1-1-2-18　隋唐长安城大明宫西含光殿遗址出土石刻

含光殿毬场石刻来看，两殿名称一致但位置不符。据考古发掘结果，含光殿当在西内苑东北部，而不是《长安志图》所绘的东南部。

3. 东内苑

东内苑，位于大明宫东南。据《雍录》卷三记载："高宗即太极宫东北取苑地建大明宫，其广袤亦及五里。五里之东，尚有余地，可以为苑，故大明东面有东内苑，苑中有龙首殿、龙首池也。此之内东苑者，包大明宫之东面，而向南直出，与大明宫城之丹凤门相齐。"[①]《长安志》卷六记载，东内苑"南北二里，与大明宫城齐，东西尽一坊之地"[②]。《长安志图》卷上云其"（东西）广二百五十步"[③]。

在三苑中，东内苑面积最小，平面呈南北长、东西窄的纵向长方形。北部有龙首池和龙首殿；唐宪宗元和十三年（818年）二月，"浚龙首池，起承晖殿，雕饰绮焕，徙植佛寺之花木以充焉"[④]；南部有马毬场，是唐宣宗大中九年（855年）毁银台门，填龙首池而修建，也即东内苑的建筑与布局在晚唐时期有所变化。东内苑有三门，南为延政门，北为左银台门，东为太和门。据吕大防刻《长安城图》在东内苑以东有凝晖殿、灵符观、仗内教坊等。而《长安志》《唐两京城坊考》等，均将灵符应圣院、凝晖殿、小儿坊、内教坊、御马坊等包含在了东内苑之内。

经过考古钻探，东内苑遗址已初步探明，位于大明宫东南的突出部分，东西宽304、

① （宋）程大昌撰，黄永年点校：《雍录》，中华书局，2002年，第49页。

② （宋）宋敏求撰，辛德勇、郎洁点校：《长安志》，三秦出版社，2013年，第238页。

③ （宋）宋敏求撰，辛德勇、郎洁点校：《长安志图》，三秦出版社，2013年，第12页。

④ （宋）王溥：《唐会要》，上海古籍出版社，1991年，上册，第656页。

南北约1000米，呈纵长方形。南面正门即大明宫南面最东侧的延政门，北面偏东有一门，通入禁苑。东内苑被大明宫内第二道东西向横墙分割为南北两部分，墙上设置一门，南北可以相通。北部发现的池塘遗址，当即龙首池遗址，其余遗址尚未发现。又据20世纪50年代调查，在龙首池遗址之北100余米，紧接东内苑北墙中部偏西处，村民挖土时发现有多块柱础，说明这里是一座规模较大的宫殿遗址，其范围已不详，但其位置与吕大防刻《长安城图》所标记的龙首殿位置相吻合，推测其可能即是龙首殿遗址。钻探中除上述遗址之外，其余遗址尚未发现，这一结果并非偶然，反而说明东内苑之中原来的建筑等本来就不多，也许就只有龙首池、龙首殿和毬场。这一结果与吕大防刻《长安城图》中标记的东内苑建筑基本吻合，其准确程度又得到一次验证。同时也说明，《长安志》《唐两京城坊考》中所云的一些建筑似乎并不包括在东内苑之内。

至于东内苑到底是大明宫东南隅的一部分，还是一个独立存在，文献多有龃龉，不够明确。而《唐六典》明确记载，大明宫南面最东侧之门为延政门①，而延政门同时又是东内苑的正南门，据此可知，东内苑应该是大明宫东南隅的重要组成部分。又据钻探，大明宫第二道东西向横墙直通至东内苑北部，将其分割为南北两部分，可见东内苑是作为大明宫的一部分而规划和修建的，它与大明宫含元殿、宣政殿与紫宸殿所在位置被东西向横墙分割的意义是一致的，是建筑布局的需要。由此可见，东内苑是大明宫东南隅的一部分，与大明宫的早期建筑同时修建而成。

（五）街道

外郭城内有南北向大街11条，东西向大街14条，其中通南面3门及东西6门的6条街道，是主干大街。6条街除南面通延兴门和延平门的东西大街宽55米外，其余5条街宽皆百米以上，特别是探得明德门内的南北大街朱雀大街宽达150—155米，是现今北京天安门前东西长安街宽度的2倍，这样宏伟的大街在古今世界都城中是绝无仅有的。其他不通城门的各街宽在35—65米之间；顺城街宽为20—25米。各街路面皆起拱，两侧建有宽2.5米左右的排水沟，唯朱雀大街两侧沟宽3.3、深2.1米（图1-1-2-19）。在长安城第七横街与朱雀大街交会之处，发现了横穿朱雀大街的水渠和修建于其上的五座桥梁，它与朱雀门、明德门相对应，对于探讨隋唐长安城的布局以及古代都城在轴线上列置五桥制度的源流有重要意义②。

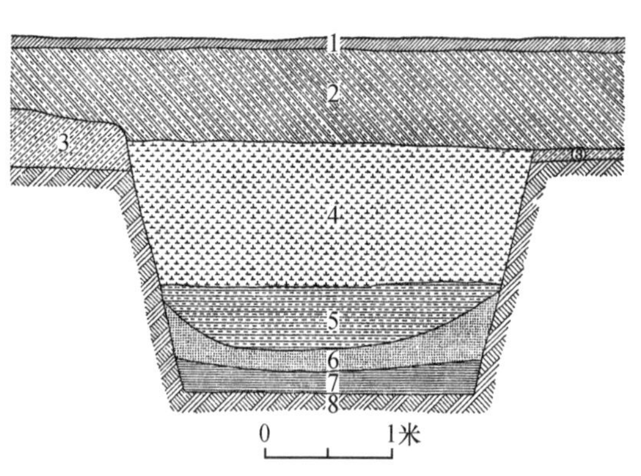

图1-1-2-19　隋唐长安城朱雀大街西侧排水沟剖面图

① （唐）李林甫等撰，陈仲夫点校：《唐六典》，中华书局，1992年，第218页。

② 国家文物局主编：《2022中国重要考古发现》，文物出版社，2023年，第147—150页。

考古发掘表明，朱雀大街的路面上布满车辙[①]（图1-1-2-20），可见这条主干大街当时车辆熙来攘往的情景。同时，考古发掘中还发现了朱雀大街东侧界限，而最新发现的五桥南北向中心线距离朱雀大街东侧界限为63.5米，据此推测朱雀大街的宽度约为127米（不含路旁排水沟），该数据与此前所勘探的朱雀大街宽150—155米有所不同[②]。

图1-1-2-20 隋唐长安城朱雀大街上的车辙

（六）里坊与寺观

里坊是长安城的重要组成部分，隋代称为“里”，唐代称为“坊”，后人则合称为里坊，每个里坊都有名称，形成一个独立而封闭的区域空间。由南北11条和东西14条的街道，纵横交错，将郭城内划为114个区块（指宫城与皇城之外区域，每个区块为一里坊），其中东西两市各占两坊之地（合计4坊），城东南隅1坊被划入芙蓉园内，实际里坊数为109个。唐高宗时修建大明宫，将宫城丹凤门南的翊善、永昌两坊二分为四，析出光宅、来庭二坊，这样长安城的里坊数变为111个。唐玄宗时修建兴庆宫，占了整个隆庆坊（兴庆坊），并向北扩展占据了永嘉坊、胜业坊一部分，这样就减少1坊，长安城的里坊数又变为110个，正与开元时期成书的《唐六典》卷七云“凡一百一十坊”相吻合[③]，此后长安城的里坊数再无大的变化。《长安志》卷七云：“万年、长安二县以此街（朱雀街）为界，万年领街东五十四坊及东市，长安领街西五十四坊及西市。”[④]其中的里坊数多被因循，恐不确。唐玄宗以前的里坊数，万年县领街东55坊（长安城东南隅少1坊，实领54坊）及东市，长安县领街西55坊及西市，合计109坊而不是108坊。但元骆天骧主要依据《长安志》分类编纂的《类编长安志》卷二却云：“万年、长安以此街（朱雀街）为界。城外郭朱雀门街东至明德门五十五坊，万年县治之。”“外郭朱雀门街西至明德门五十五坊，长安县治之。”[⑤]这应该是唐玄宗时期的里坊数。黄永年认为，《类编长安志》所据《长安志》可能是宋刻或金刻足本，其中所录坊名基本按照《长安志》原刻次序，并考证出善和、通化两坊，纠正了《唐两京城坊考》之误[⑥]。但同为元人

① 国家文物局主编：《2012中国重要考古发现》，文物出版社，2013年，第128—131页。

② 国家文物局主编：《2022中国重要考古发现》，文物出版社，2023年，第149页。

③ （唐）李林甫等撰，陈仲夫点校：《唐六典》，中华书局，1992年，第216页。

④ （宋）宋敏求著，辛德勇、郎接点校：《长安志》，三秦出版社，2013年，第256页。

⑤ （元）骆天骧撰，黄永年点校：《类编长安志》，中华书局，1990年，第43、44页。

⑥ 黄永年：《述类编长志》，参见（元）骆天骧撰，黄永年点校：《类编长安志》，中华书局，1990年，第336—338页。

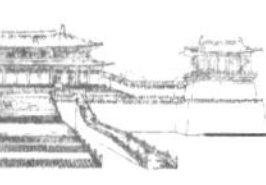

的李好文《长安志图》也云朱雀街街东和街西分别为54坊①。这似乎说明,《长安志》的一些刻印本一开始就误记朱雀街街东和街西分别为54坊，并被元李好文《长安志图》和清徐松《唐两京城坊考》照录②。这一数据不仅误导了古人，同时误导了现在的许多论著。

城内里坊以朱雀大街为界，街东诸坊及东市属万年县管辖，县治在宣阳坊东南隅；街西诸坊及西市属于长安县管辖，县治在长寿坊西南隅。各坊面积不一，朱雀大街两侧的4列坊最小，南北长500—590、东西宽550—700米；在上述4列坊之外至顺城街的6列坊，南北长同前，东西宽1020—1125米；皇城两侧的6列坊最大，南北长660—838、东西宽1020—1125米。坊四周都筑有坊墙，墙基宽2.5—3米，除朱雀大街两侧的4列坊只开东西两门，仅设东西向的一条横街外，其余各坊均四面开门，中设十字街，街宽皆15米左右，个别的宽达20米。在永宁坊东部、安定坊西北部都发掘出了小十字街，并在怀德坊钻探出小十字街的遗迹。在安定坊遗址西北隅发掘出了小十字街（图1-1-2-21），东西向街宽

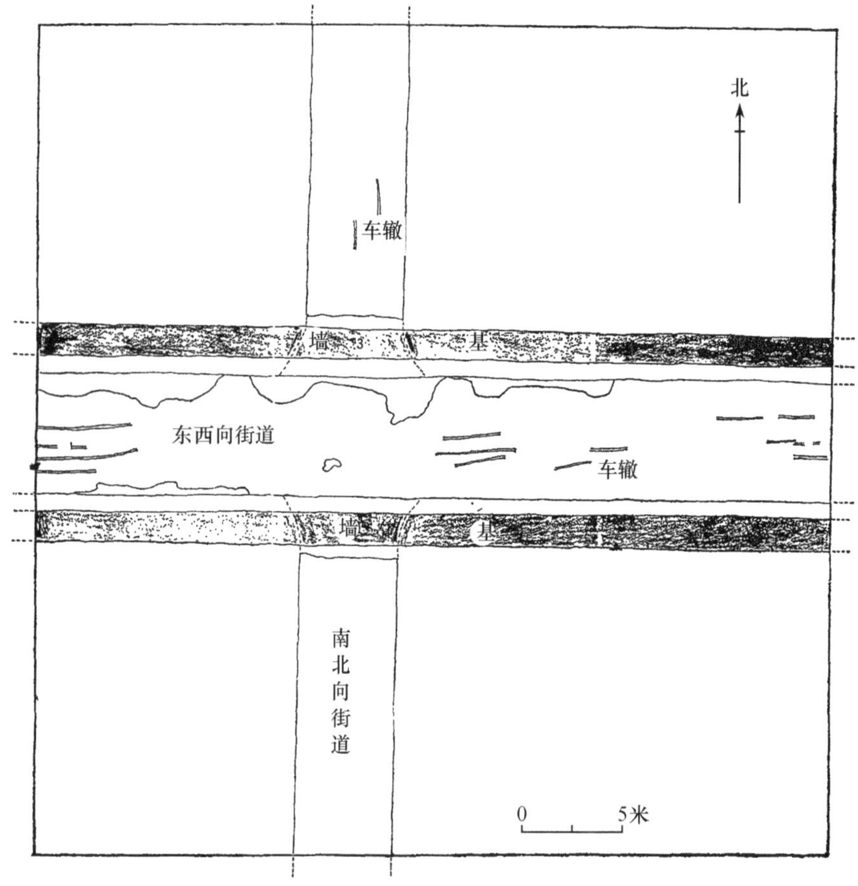

图1-1-2-21　隋唐长安城安定坊西北隅小十字街平面图

① （元）李好文著，辛德勇、郎接点校：《长安志》，三秦出版社，2013年，第18页。

② （清）徐松撰，李健超增订：《最新增订唐两京城坊考》，三秦出版社，2019年，第41页。

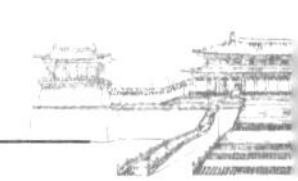

6米，南北向街宽5米，同时勘探出安定坊大十字街的东西向街道宽于其他里坊，宽达20米[①]。这些考古发现说明，在设有十字街的里坊，十字街将一坊划为四区，每区又各有一小十字街，则每坊最终被这些小十字街分为16个小区，而且每个区块当时都有专门的称呼（图1-1-2-22），出入交通比较方便。这些坊内分布着居民住宅、官衙、寺观等。坊门早开晚闭并设兵看守，宵禁后禁止开门出入，以便于控制和管理。

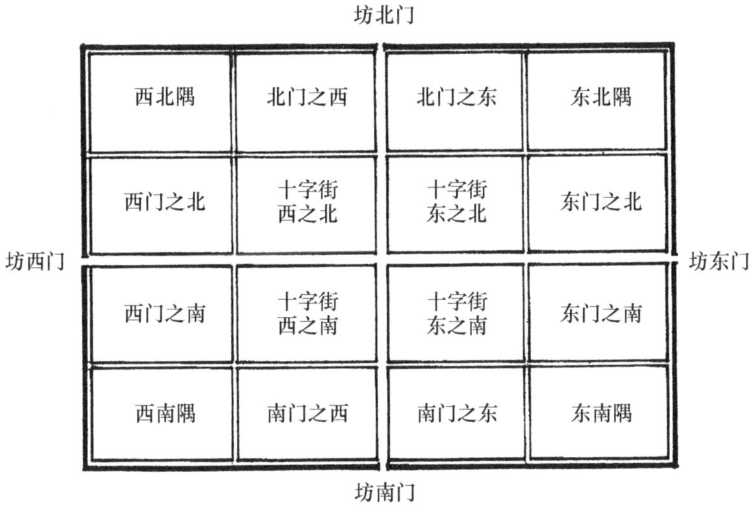

坊北门

西北隅	北门之西	北门之东	东北隅
西门之北	十字街西之北	十字街东之北	东门之北
西门之南	十字街西之南	十字街东之南	东门之南
西南隅	南门之西	南门之东	东南隅

坊西门　坊东门

坊南门

图1-1-2-22　隋唐长安城十字街式里坊平面示意图

关于长安城的早放行和晚宵禁，起初仅靠金吾（禁军、卫军）传呼，来放行或者禁夜行，费时费力。马周则提出，在街衢设鼓以警示众人，事半功倍。据《大唐新语》卷十记载："旧制，京城内金吾晓暝传呼，以戒行者。马周献封章，始置街鼓，俗号'冬冬'，公私便焉。"[②]《隋唐嘉话》卷中记载："旧诸街晨昏传叫，以警行者，代之以鼓，城门入由左，出由右，皆（马）周法也。"[③]又据《唐律疏议》卷二十六引《宫卫令》云："五更三筹，顺天门击鼓，听人行。昼漏尽，顺天门击鼓四百捶讫，闭门。后更击六百捶，坊门皆闭，禁人行。"[④]

由于长安城面积广大，郭城南部各坊始终未能发展起来，据《长安志》卷七"开明坊条"记载："自朱雀门南第六横街以南，率无居人第宅。自兴善寺以南四坊，东西尽郭，虽时有居者，烟火不接，耕垦种植，阡陌相连。"[⑤]《旧唐书·王龟传》记载，中唐以后，

① 中国社会科学院考古研究所西安唐城工作队：《唐长安城安定坊发掘记》，《考古》1989年第4期。
② （唐）刘肃撰，许德楠、李鼎霞点校：《大唐新语》，中华书局，1984年，第149页。
③ （唐）刘餗撰，程毅中点校：《隋唐嘉话》，中华书局，1979年，第19页。
④ （唐）长孙无忌等撰，刘俊文点校：《唐律疏议》，中华书局，1983年，第489、490页。
⑤ （宋）宋敏求撰，辛德勇、郎洁点校：《长安志》，三秦出版社，2013年，第260页。

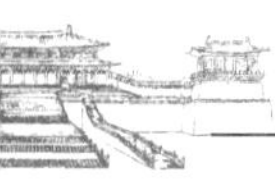

永达里还有“园林深僻处”。至唐后期，唐王朝虽然设想通过在这些地区建家庙使之得到发展，也未能取得成功。

长安城诸坊的设置，还有其寓意。据《长安志》卷七“唐京城”记载：“皇城之东，尽东郭东西三坊。皇城之西，尽西郭东西三坊。南北皆一十三坊，象一年有闰。每坊皆开四门，有十字街四出趣门。皇城之南东西四坊，以象四时，南北九坊，取则《周礼》王城九逵之制。隋《三礼图》见有其像。每坊但开东西二门，中有横街而已。盖以在宫城直南，不欲开北街泄气以冲城阙。棋布栉比，街衢绳直，自古帝京未之有也。”①

佛寺和道观几乎遍布长安各坊，还有其他宗教的寺院如景教、祆教等。佛教自汉传入中国，在魏晋南北朝时期佛教得到迅速发展，寺院建筑大量出现。隋文帝本人大力提倡佛教，鼓励建立寺院，在大兴城兴建之初，对城内寺院已经进行了规划。据《长安志》卷十“颁政坊”记载：“（隋）文帝初移都，便出寺额一百二十枚，于朝堂下制云：‘有能修造，便任取之。’”②并敕令大兴、长安两县各置“县寺”1座。在隋文帝的提倡下，大兴城内寺院林立，多达百余座，其中在崇贤坊竟然立寺8座。隋文帝在利用佛教的同时，也利用道教，大兴城内立有道观10处。据《长安志》卷七“唐京城”引韦述《两京新记》记载，唐玄宗天宝以前，长安城有“僧寺六十四、尼寺二十七、道士观十、女冠观六、波斯寺二、祆祠四。隋大业初有寺一百二十，谓之道场；有道观十，谓之玄坛。天宝后所增，不在其数”③。城中寺观不仅数量大，而且多占据主要街道两侧、岗坡高地和城隅处，有些规模大者甚至占一坊之地。如西南隅的总持寺和庄严寺各占一坊之地，朱雀街左右的兴善寺和玄都观分别占靖善坊和崇业坊全坊，建筑均豪华、壮丽。慈恩寺占晋昌坊的一半，“凡十余院，总一千八百九十七间”④，“敕度三百僧”⑤。慈恩寺塔即著名的大雁塔至今尤为游览胜地（图1-1-2-23）。荐福寺占开化、安仁两坊之地，寺在路北开化坊内，塔（即今之小雁塔）在路南安仁坊西北隅（图1-1-2-24），当时称为“荐福寺浮图院”，院门北开与寺南门隔街相对。隋唐长安城皇城南面四列坊只有一条东西向横街，坊开东西门，而允许荐福寺浮图院院门北开与寺院南门相对，可见荐福寺在当时的地位。近年来，在安仁坊北墙发现一处门址，距离安仁坊西北角仅13米⑥，它与文献记载的浮图院北门的关系值得探讨。密宗道场青龙寺，在东城延兴门里街北的新昌坊内，已经发现塔、佛殿等遗址。长安城内遍布寺院和道观，与南朝的建康城和北魏的洛阳城有相似之处，应当是受了其影响。

---

① （宋）宋敏求撰，辛德勇、郎洁点校：《长安志》，三秦出版社，2013年，第256页。

② （宋）宋敏求撰，辛德勇、郎洁点校：《长安志》，三秦出版社，2013年，第328页。

③ （宋）宋敏求撰，辛德勇、郎洁点校：《长安志》，三秦出版社，2013年，第255页。

④ （唐）慧立、彦悰著，孙毓棠、谢方点校：《大慈恩寺三藏法师传》，中华书局，2000年，第149页。

⑤ （唐）段成式撰，曹中孚校点：《酉阳杂俎续集》卷六《寺塔记下》，《唐五代笔记小说大观》，上海古籍出版社，2000年，上册，第765页。

⑥ 国家文物局主编：《2022中国重要考古发现》，文物出版社，2023年，第148、149页。

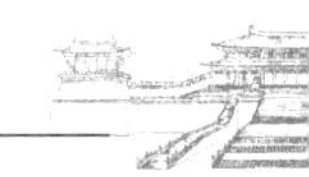

图1-1-2-23 陕西西安唐慈恩寺塔（大雁塔）

图1-1-2-24 陕西西安唐荐福寺塔（小雁塔）

（七）东市、西市

东市、西市是长安城的两个商业区。东市隋称都会市，西市隋称利人市。经过勘探、发掘，已究明其形制和布局，两者平面均呈长方形，四周有版筑夯土墙，每市面积为两坊之地，皆为四街八门之制，“井”字形布局。

东市实测范围南北长1000余米，东西宽924米，大小几与西市相等。部分围墙基址宽6—8米。街道经勘探仅发现西街北部和南街西部各一段，街宽近30米，较西市宽近一倍。市东北隅有不规则椭圆形池址一处，东西径180余米，南北径160米。池周岸经夯筑，据发掘所知，池深3—6米。此池东南80余米处，尚有一较小的椭圆形池址，两池之间有渠道相连。大池的引水渠道在该池东北隅，渠道的方向与兴庆宫“龙池”的西南部对照，池水有可能是由龙池引入。这一池址可能是文献记载的“放生池”。长安城内的商业大都集中在东、西两市，但在各坊中亦有分散的小饮食业、邸店和手工业作坊等。东市内有笔行、赁驴人、杂戏、琵琶名手、卖胡琴者、货锦绣彩帛者、铁行、毕罗肆、肉行、凶肆等，曲内还有临路店。在敦煌藏经洞发现的“上都东市大刁家大印”字样的约属9世纪的印本历日残片和据“京中李家于东市印”的《新集备急灸经》的咸通二年（861年）传抄本，这两件敦煌遗书的发现，说明在唐后期新兴的雕版印刷业在东市也发

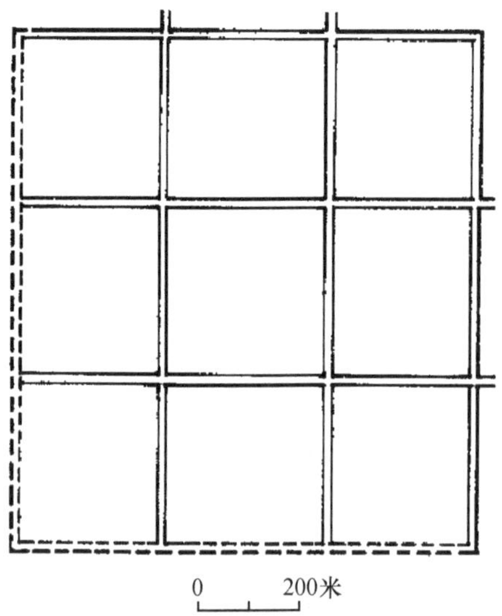

图1-1-2-25 隋唐长安城西市遗址平面图

展起来了[①]。

西市的形制与东市相同，实测南北长1031、东西宽927米。市的北、东两面围墙的基址尚存，宽4米许，而西、南两面的墙基已破坏无存。围墙内有沿墙平行的街道，皆宽14米。市内有宽16米的南北向和东西向平行街道各两条，各街两端开门。4条街道交叉呈“井”字形，将市内划分为9个区（图1-1-2-25），每区四面临街，店铺临街而设。街道有上下叠压的三层路面，下层路面属唐代前期，中层和上层路土属于唐代后期。街道两侧的排水沟分为上下两层，下层沟口宽0.9、底宽0.75米，土壁，壁面附有木板，板外立木柱。上层沟口与沟底均宽1.15、深0.65米，沟壁沟底以砖铺砌。为了便于通行，在每个小区之内，尚有小的巷道，即唐代所谓的“曲”。在巷道的下面有用砖砌筑的暗排水道，通向大街两侧的排水沟内。由此可见，当时对市内区的划分和布局以及排水问题等，均进行了非常完备而周密的规划。通过钻探和发掘得知，在临街之处，房屋基址比较密集，分为圆形和一般建筑。大部分圆形建筑遗迹为地下建筑，底小口大，周壁夯筑而成，表面抹草拌泥和白灰，似乎为储藏室的性质。一般建筑基址，已发掘者面阔4—10米不等，应当是各种店铺的基址。可证当时的商业相当繁荣，所以西市素有“金市”之称。西市的繁荣也反映在开渠潴[②]池以解决运输和用水问题上。在钻探西市和附近里坊时，发现永安渠流经西市东侧时，沿西市南大街北侧向西伸延的长约140、宽约34、深约6米的支渠。这条支渠大约即是《长安志》卷十所云的“（西）市西北有池，长安中沙门法成所穿，支分永安渠以注之，以为放生池”[③]的遗迹。天宝二年（743年），京兆尹韩朝宗又分渭水开漕渠，也是为了漕运。《唐会要》卷八十七记载：“京兆尹韩朝宗分渭水入自金光门，置潭于西市之西街，以贮材木。”唐永泰二年（766年），京兆尹黎干以京城薪炭不给，又自西市凿运水渠，“自京兆府（光德坊）直东至（开化坊）荐福寺东街，至北（务本坊）国子监正东，至于城东街正北，又过景风门、延喜门，入于苑。（渠）阔八尺，深丈余”[④]。西市的繁荣，唐代后期达到极盛，“市内店肆如东市”，文献记载的行业有大衣行、鱼店、卖钱贯人、应募的善射人、酒肆、胡姬酒肆、卜者、卖药人、卖引子药家、药行、油靛店、法烛店、煎饼团子店、秤行、柜坊、食店张家楼、贩粥者、帛肆、绢行、麸行、衣肆、凶肆、寄附铺记、烧炭曝布商、收宝物的胡

① 宿白：《隋唐长安城和洛阳城》，《考古》1978年第6期。

② 潴，音zhu，水停聚的地方。

③ （宋）宋敏求撰，辛德勇、郎洁点校：《长安志》，三秦出版社，2013年，第337页。

④ （宋）王溥：《唐会要》，上海古籍出版社，1991年，下册，第1894页。

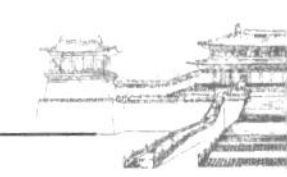

商、波斯邸等[①]。

关于西市多胡商。撰写于开元十年（722年）的《两京新记》卷三中记录了西市附近各坊中修建袄寺的情况：布政坊——胡袄祠、义宁坊——波斯胡寺、醴泉坊——波斯胡寺和袄祠[②]。西安发现的天宝三载（744年）《唐故米国大首领米萨宝墓志》云："米萨宝终于长安县崇化里。"[③]又《西溪丛语》卷上云："唐贞观五年，有传法穆护何禄，将袄教诣阙奏闻，敕令长安崇化坊立袄寺，号大秦寺，又名波斯寺。"[④]可知西市西南崇化坊有袄寺一处。据上可知，西市及其周围聚集了为数不少的中亚、西亚人，他们有的是"商胡""胡客"，也有的是早已定居这里的居民。西市遗址还出土了大量骰子，骰子是双陆的附件，原为中亚、西亚一带流行的玩具，南北朝时传入我国，唐初以降始风行内地，这种玩具与许多珍宝同出，自然让人联想到来自中亚、西亚经营珍宝的胡商[⑤]。

关于市的管理，据《唐六典》卷二十"两京诸市署"记载："两京诸市署：各令一人，从六品上；丞各二人，正八品上。京、都诸市令掌百族交易之事；丞为之贰。""凡市以日午，击鼓三百声而众以会；日入前七刻，击钲三百声而众以散。"[⑥]

（八）大明宫与兴庆宫遗址

隋大兴唐长安城先后修建了三座宫城，分别是太极宫（隋大兴宫）、大明宫和兴庆宫，唐人将宫城称为大内，它们被时人称为三大内。其相对位置为：太极宫居西，大明宫居东，兴庆宫居南，所以，文献中分别将其称为西内、东内和南内。经过考古钻探和发掘者主要为大明宫和兴庆宫遗址，而且这两座宫城系后来所建，所以，这里着重对其进行叙述。

1. 大明宫

大明宫位于太极宫东北面禁苑内的龙首原高地上。始建于贞观八年（634年），是为太上皇李渊避暑而修建的，最初名为永安宫，贞观九年（635年）正月改名为大明宫。高宗龙朔二年（662年）又经扩建，次年迁入大明宫听政，并改名蓬莱宫，从而取代太极宫成为唐代主要朝会之所。神龙元年（705年），又恢复为大明宫。因其在太极宫东北，故又被称为"东内"。关于扩建大明宫的原因，文献记载是因为高宗患风痹症状，太极宫低而潮湿，不利于高宗病症。但尚有其他不可忽视的原因，如太极宫地势低，不利防变，而大明宫则高据岗埠，充分利用了地势特点。《两京新记》卷一记载："（大明宫）北据高岗，南

---

① 宿白：《隋唐长安城和洛阳城》，《考古》1978年第6期。

② （唐）韦述撰，辛德勇辑校：《两京新记辑校》，中华书局，2020年，第93、108、121页。

③ 向达：《唐代长安与西域文明》，生活·读书·新知三联书店，1957年，第95页。

④ （宋）姚宽撰，汤勤福、宋裴飞整理：《西溪丛语》，《全宋笔记·第四编》（三），大象出版社，2008年，第20页。

⑤ 宿白：《隋唐长安城和洛阳城》，《考古》1978年第6期。

⑥ （唐）李林甫等撰，陈仲夫点校：《唐六典》，中华书局，1992年，第542—544页。

望爽垲[①]，视终南如指掌，坊市俯而可窥。”[②]在此选址建宫既适于警卫宫廷内部，又可掌握京城全局。大明宫东西北三面地势开阔，还可根据形势需要，设计修建新的殿堂。

（1）大明宫的形制

大明宫的平面形制，南部呈长方形，北部呈梯形，周长7.6千米，面积3.2平方千米（图1-1-2-26）。宫城除城门附近和拐角处内外表面砌筑有砖之外，其余皆为版筑夯土墙。据1957年的勘探实测，西墙全长为2256米；北墙全长为1135米；东墙曲折；南墙则利用长安城北墙，长1674米。宫城共有11座城门[③]。南面5座城门，正中的丹凤门为正门，其南有丹凤门大街，宽约120步（约合176米）；西边二门，自西而东为兴安门、建福门；东边二门，自东向西为延政门、望仙门。其中丹凤门为5个门道，兴安门及含元殿以东的含

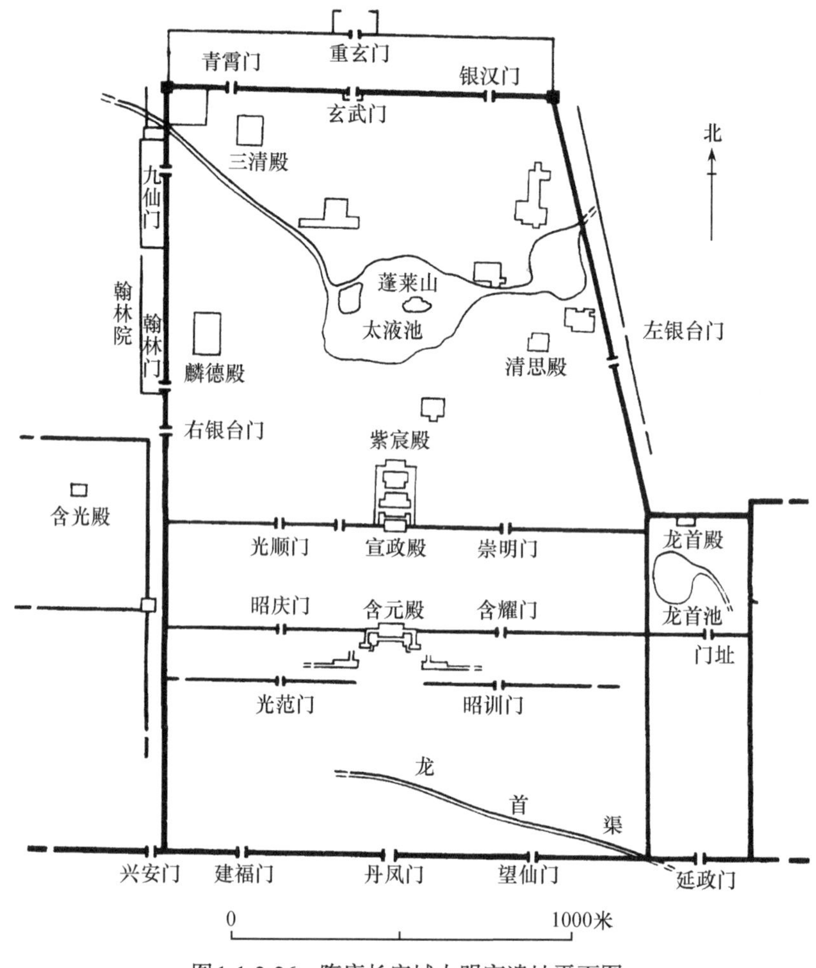

图1-1-2-26　隋唐长安城大明宫遗址平面图

① 垲，音kai，地势高而土质干燥。

② （唐）韦述撰，辛德勇辑校：《两京新记辑校》，中华书局，2020年，第58页。

③ （唐）李林甫等撰，陈仲夫点校：《唐六典》，中华书局，1992年，第218页。

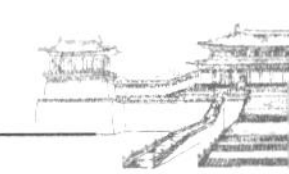

耀门为2个门道，其余各门都是1个门道。北面3座城门，中间的玄武门与北面夹城上的重玄门相对，西为青霄门，东为银汉门。东面1座城门[①]，称为左银台门，门外驻左三军（左羽林军、左龙武军、左神策军）。西面2座城门，南为右银台门，北为九仙门，九仙门外驻右三军（右羽林军、右龙武军、右神策军），是警卫朝廷的所谓“六军”。在北面玄武门之外有统领禁军的所谓“北衙”。据《长安志》卷六原注云：“德宗造门楼，外设两廊，持兵宿卫，谓之北衙。”[②]大明宫南部有3道平行的东西向宫墙，北部有太液池。宫内殿亭等建筑遗址已经勘察到40多处，绝大部分在宫城北部，经考古发掘的有大明宫正衙含元殿遗址和宴会群臣的麟德殿遗址以及与道教有关的三清[③]殿遗址等。发掘证明，大明宫的宫殿布局是以丹凤门至玄武门的南北线为中轴进行设计的，结构严谨，宏伟壮丽，防卫措施十分严密。

（2）含元殿

含元殿是大明宫的主殿，建于龙首原南沿，居高临下，殿基高出其南面地面13米余。殿基东西长75.9、南北宽42.3米，高出周围散水3米余。殿面阔11间，进深4间，每间宽5米。南面原未筑墙，其他三面有夯筑土墙，仅东北角及北壁尚残存部分残迹，墙厚1.3米，表面以白灰粉刷，下部绘红色线脚。殿内柱础已无存，但其坑位遗迹历历可数。考古发掘中还发现已失去原位的覆盆式柱础一个。在殿基四周，有较小的圆形柱洞两排。在1959—1960年的局部发掘中，于含元殿前发现了供上下殿时使用的“龙尾道”遗迹，为3条平行的阶梯和斜坡相间的砖石阶道，长约70米，中间最宽，为25.5米；两侧阶道狭窄，均为4.5米；中间和两侧的阶道间距约为8米[④]。但1995—1996年的发掘证明，含元殿前的所谓“龙尾道”并不在殿南，而是设在殿堂两侧。龙尾道起自殿前广场的平地，沿两阁内侧的坡道经过三层大台，迂回登到殿上[⑤]（图1-1-2-27）。这一发现也与文献记载相符合，如《雍录》卷三引唐韦述《两京新记》云：“含元殿左右有砌道盘上，谓之龙尾道。”[⑥]《长安志》卷六亦云：“（含元）殿左右有砌道盘上，谓之龙尾道。”[⑦]但仍有学者认为，早期龙尾道在含元殿前即正南方，在咸亨元年（670年）曾经对含元殿进行过一次较大修缮，并将正殿名由“蓬莱殿”改为“含元殿”。经过这次修缮，将初建时位于正前方的龙尾道改

① 据前论述，如果将东内苑看作是大明宫的一部分，那么，东内苑的东门太和门也应该看作是大明宫东面的一座城门，即大明宫东面有两座门，南为太和门，北为左银台门。综合起来，大明宫有12座城门，而不是以前所认为的11座城门。

② （宋）宋敏求撰，辛德勇、郎洁点校：《长安志》，三秦出版社，2013年，第239页。

③ 三清：道教所尊的三位神，即玉清元始天尊、上清灵宝道君、太清太上老君。道教认为这三尊神居于天外仙境，称为三清境，即玉清、太清、上清。另外，有“一气化三清”之说，指“三清”都是元始天尊的化身。道教还常以“三清”作为道观的名称。

④ 马得志：《1959—1960年唐大明宫发掘简报》，《考古》1961年第7期。

⑤ 中国社会科学院考古研究所西安唐城工作队：《唐大明宫含元殿遗址1995—1996年发掘报告》，《考古学报》1997年第3期。

⑥ （宋）程大昌撰，黄永年点校：《雍录》，中华书局，2002年，第57页。

⑦ （宋）宋敏求撰，辛德勇、郎洁点校：《长安志》，三秦出版社，2013年，第239、240页。

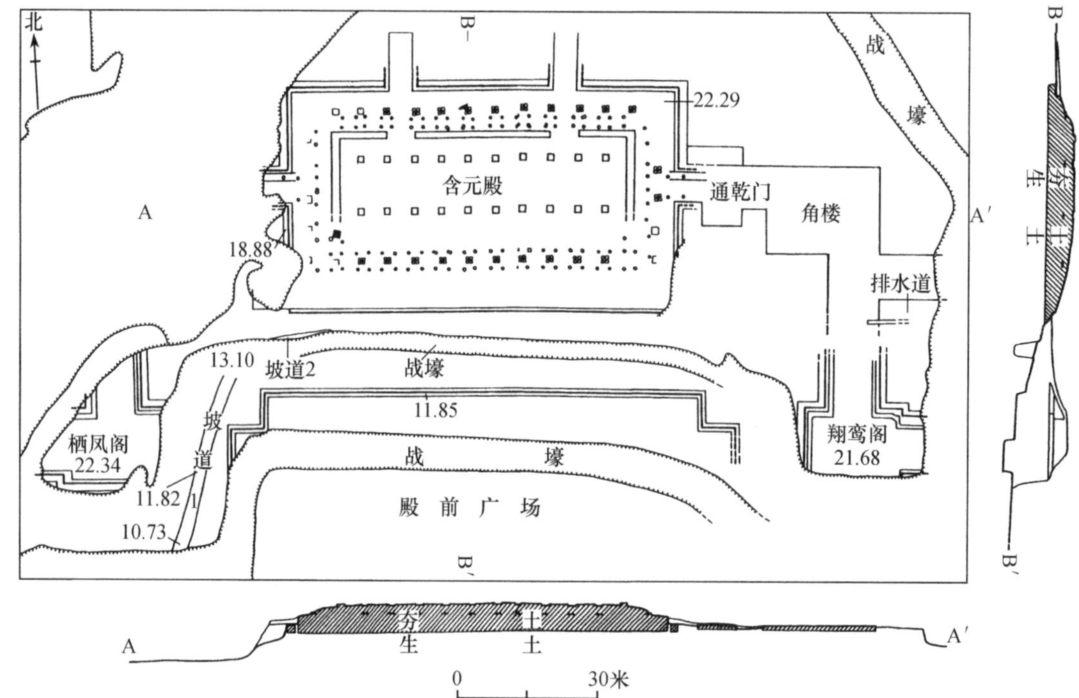

图1-1-2-27 隋唐长安城大明宫含元殿遗址平、剖面图

建到了两侧①。为此，发掘者从地层叠压关系论证了龙尾道不在正殿前的原因②。在含元殿之南还发掘出了殿前广场，它是唐代元正、冬至举行大朝会以及阅兵等大规模活动的地方，平面呈“凸”字形，北端最窄处东西长86.86米，两阁之间相距100.5米，两阁以南则更为广阔。殿前广场自北而南，顺地势呈缓坡状，地面是用不纯净的土填垫起来的，夯层薄厚不匀，越往南夯筑质量越差。

2006年，在含元殿之南130米处发现了龙首渠的支渠③，东西残长400米，渠口宽3.65—4、深1.55—1.6米。关于这条水渠，据《唐两京城城坊考》记载，龙首渠一名浐水渠，“北流至长乐坡西北，分为二渠。东渠北流，经通化门外至京城东北隅，折而西流，入东内苑为龙首池，余水经大明宫下马桥下”④。渠上修建有三座桥梁，东西两侧桥梁正对东西朝堂，中间桥梁正对含元殿的南北中轴线。中间桥梁和西侧桥梁经过了发掘，东侧桥梁也发现了残迹。中间桥梁东西长17、南北宽4.3米。西侧桥梁东西长6.85、南北宽4.65米，在其南北两侧发现早晚两期叠压宽1.2米的砖道，路面原铺设有打磨光滑的方砖和莲

---

① 杨鸿勋：《大明宫》，科学出版社，2013年，第90—99、193—253页。

② 安家瑶：《唐大明宫含元殿龙尾道形制的探讨》，《新世纪的中国考古学：王仲殊先生八十华诞纪念论文集》，科学出版社，2005年，第691—706页；中国社会科学院考古研究所、西安市大明宫遗址区改造保护领导小组：《唐大明宫遗址考古发现与研究》，文物出版社，2007年。

③ 国家文物局主编：《2007中国重要考古发现》，文物出版社，2008年，第124—127页。

④（清）徐松撰，李健超增订：《最新增订唐两京城坊考》，三秦出版社，2019年，第329、330页。

花纹方砖等，两侧道牙保存较好，呈锯齿形的菱角牙子状。在水渠南岸、西侧桥梁南侧还发现了东西向车马道，最大宽13.5米，车辙密集，应是官员上朝前停车或下马形成的。结合文献记载，含元殿前的水渠应是龙首渠折而向西的一条支渠；《长安志》卷六、《唐两京城坊考》卷一等文献在叙述东内苑时，均提到大明宫东内苑附近的“东下马桥”，既有东必然有西，所以，此次发现的东西两侧桥梁应是大明宫的东西下马桥，而中间桥梁是供皇帝行走的御桥；砖道则是供官员上朝的专用道路。这三座桥梁遗址的发现，确定了文献记载的东西下马桥的位置，也验证了清王森文所绘《唐城图》中含元殿前三桥的正确。

对于含元殿的外观和建筑形制，建筑史学家和考古学家进行了复原研究①。但由于不同时期的考古发掘所揭露的遗迹现象有所差异，出现了郭义孚（图1-1-2-28）、傅熹年（图1-1-2-29）、刘敦桢（图1-1-2-30）和杨鸿勋（图1-1-2-31）等先生的代表性复原方案。从这些复原来看，主体建筑的外观复原虽略有差异，但没有根本性的不同，争议也不大，最大的分歧在于龙尾道的位置，它在殿前还是两侧？或者早期的龙尾道在殿前后期改建后则置于两侧？目前的考古发掘资料证明，龙尾道一开始就修建在殿两侧，所以，将含元殿龙

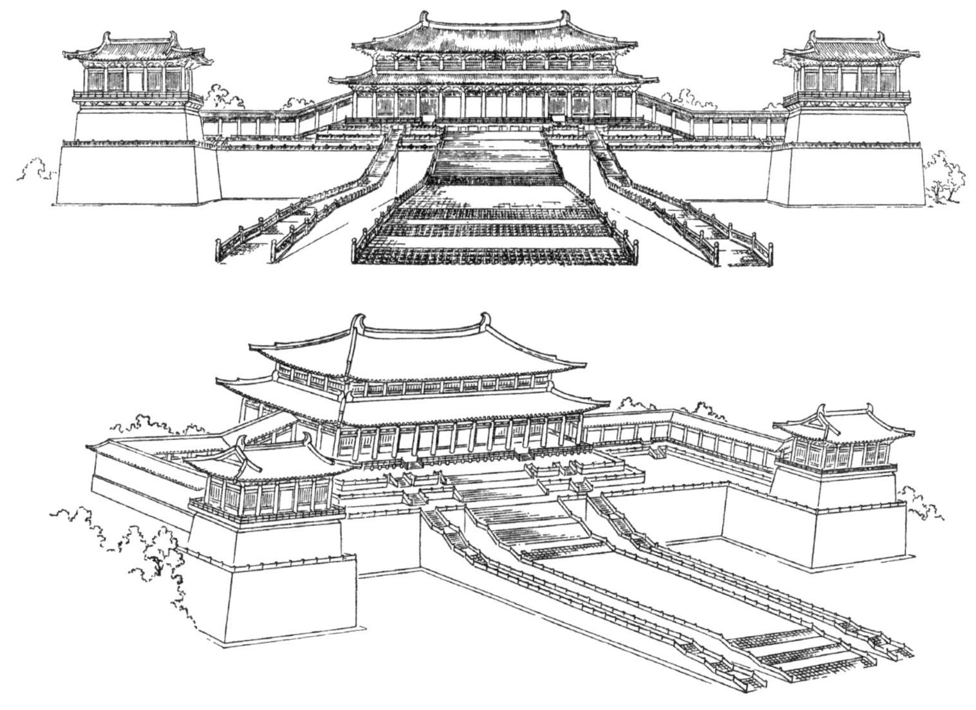

图1-1-2-28　郭义孚含元殿外观复原图

① 郭义孚：《含元殿外观复原》，《考古》1963年第10期；傅熹年：《唐长安大明宫含元殿复原探讨》，《文物》1973年第7期；傅熹年主编：《中国古代建筑史·第二卷·三国、两晋、南北朝、隋唐、五代建筑》，中国建筑工业出版社，2001年，第380—382页；刘敦桢主编：《中国古代建筑史》（第二版），中国建筑工业出版社，1984年，第120页以及第120页与第121页之间的插页；傅熹年：《对含元殿遗址及原状的再探讨》，《文物》1998年第4期；杨鸿勋：《大明宫》，科学出版社，2013年，第249、250页。

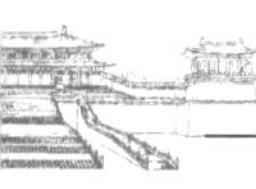

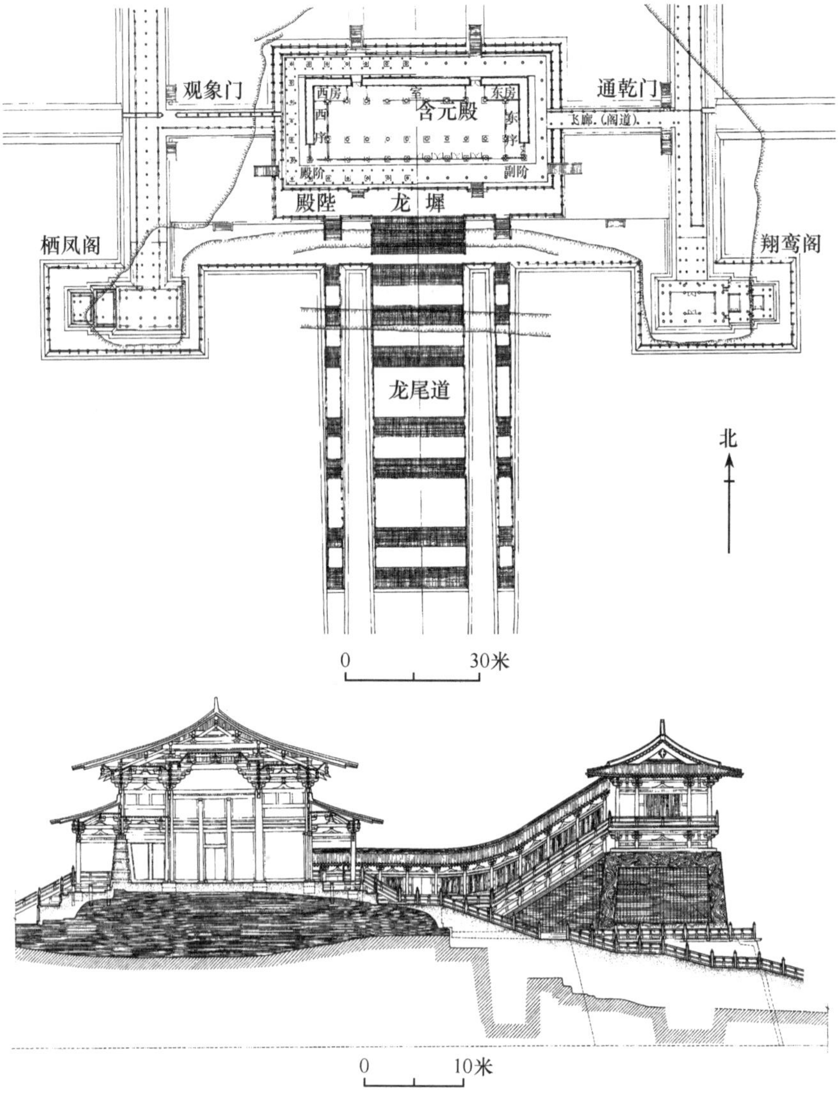

图1-1-2-29　傅熹年含元殿复原图

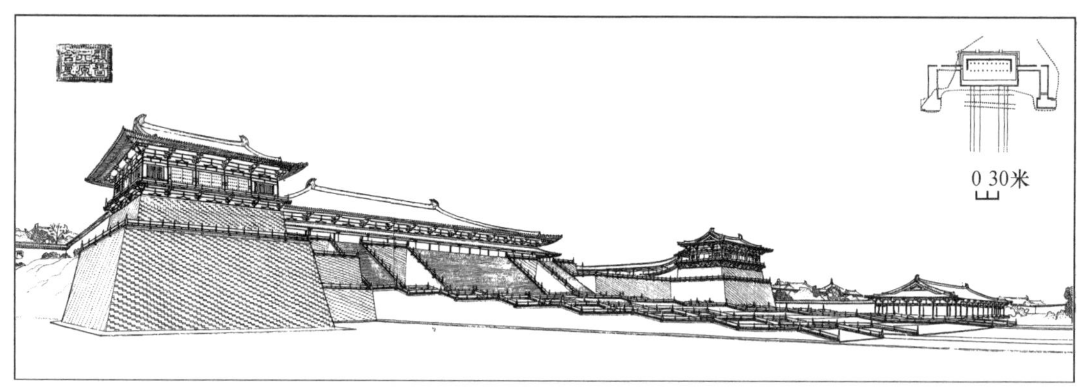

图1-1-2-30　刘敦桢含元殿外观复原图

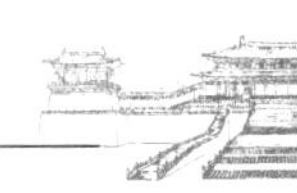

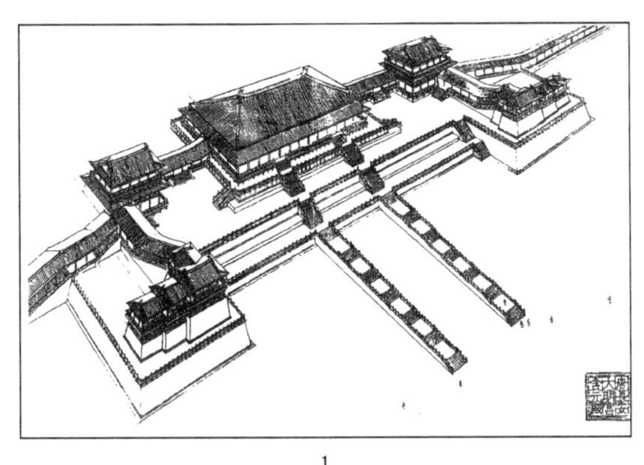

1

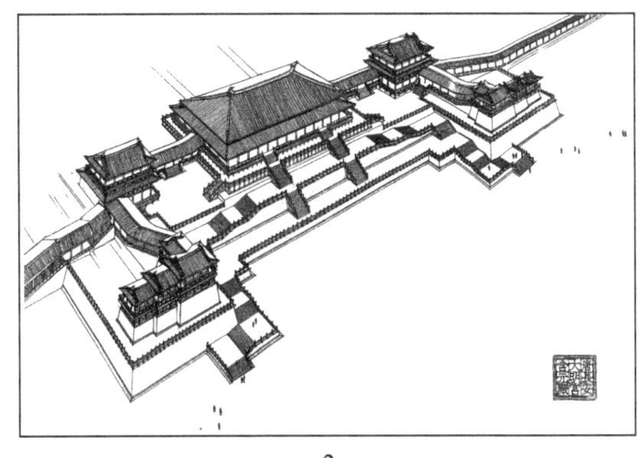

2

图1-1-2-31 杨鸿勋含元殿复原图

1. 含元殿初建时鸟瞰复原图 2. 含元殿龙尾道改建后复原鸟瞰

尾道置于两侧的外观复原[①]（图1-1-2-32），目前被学术界广泛采用，而其他将龙尾道复原在殿前的方案，虽然目前已不再被学术界采用，但却可以反映学术界对含元殿探讨的历史。

图1-1-2-32 隋唐长安城大明宫含元殿遗址平面复原图

（3）麟德殿

麟德殿位于太液池正西的高地上，西距宫墙西墙90米，是举行宴会和接见外国使节之所。文献中还将麟德殿称为三殿，如《册府元龟》卷一百一十记载："大历三年（768年）……宴剑南、陈、郑神策将士三千五百人于三殿。"[②]殿基为夯筑重台，共高5.7米。台基平面呈长方形，四周以青砖镶砌。台基下层，南北长130.41、东西宽77.55、高1.4米。台基上层面积略小，高1.1米。殿基四周铺设散水。重台之上，建有南北毗连的前、中、

① 赵荣主编：《长安丝路东西风》，三秦出版社，2018年，第88页。

② （宋）王钦若等：《册府元龟》，中华书局，1960年，第1312页。

后三殿，中殿左右又各建一方亭台基，后殿左右又各建一长方形楼阁台基，周围绕以回廊，全部建筑南北总长85米。前殿东西宽约58米，面阔11间，进深4间，正中减六柱，前附付阶一间，付阶前有东西阶址。前殿之后有宽6.2米的东西向通道，通道北即为中殿。中殿面阔11间，进深5间。室内以隔墙分为左、中、右三室。前、中两殿和通道，除中殿最西1间铺砖之外，其余地面原铺表面磨光的石块。后殿紧接中殿，两殿之东西山墙相连，后殿面阔同中殿，进深3间。后殿之北，另附一面阔9间、进深3间的建筑物，该建筑无山墙。后殿及其北面建筑，地面原铺方砖。中殿左右各有方形台基一处，即所谓东、西亭址。后殿左右各有一长方形台基，它们分别是郁仪楼、结邻楼的基址，两楼遗址和前述通道之间发现有廊道遗址[①]（图1-1-2-33、图1-1-2-34）。

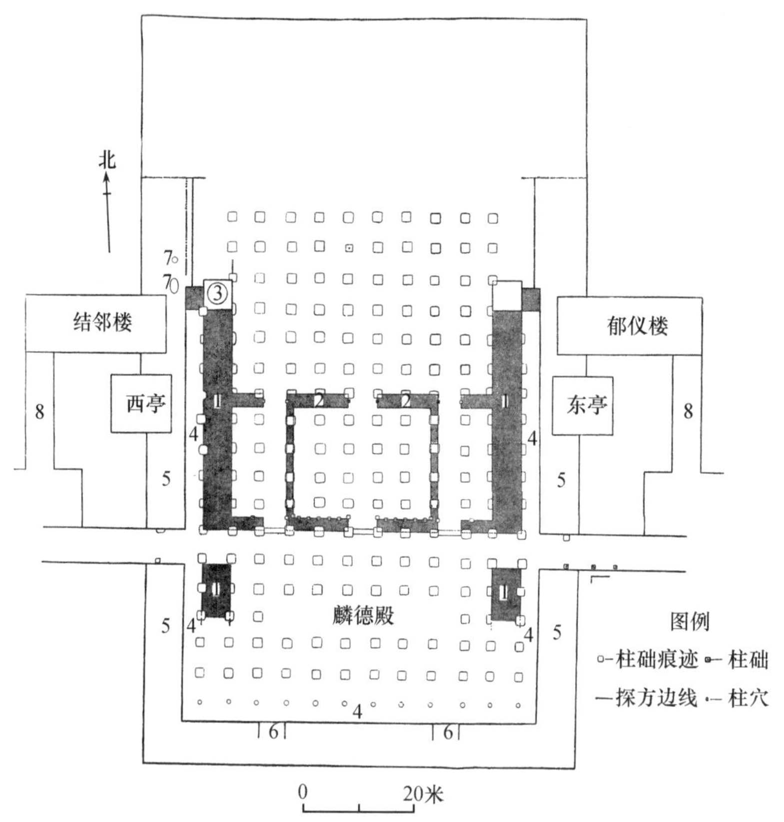

图1-1-2-33　隋唐长安城大明宫麟德殿遗址平面图

1. 山墙　2. 中殿前后墙及间隔墙　3. 西耳室圆形建筑　4. 回廊　5. 散水（第一层台基）
6. 阶道　7. 井　8. 东廊及西廊（重廊）

① 中国科学院考古研究所编著：《唐长安大明宫》，科学出版社，1959年；刘致平、傅熹年：《麟德殿复原的初步研究》，《考古》1963年第7期；傅熹年：《唐长安大明宫含元殿原状的探讨》，《文物》1973年第7期；傅熹年主编：《中国古代建筑史·第二卷·三国、两晋、南北朝、隋唐、五代建筑》，中国建筑工业出版社，2001年，第381—387页；杨鸿勋：《唐大明宫麟德殿复原研究》，《中国考古学研究——夏鼐先生考古五十年纪念论文集（二）》，科学出版社，1986年，第237—253页。

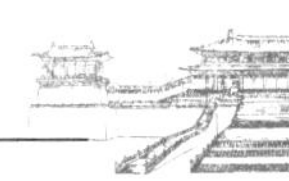

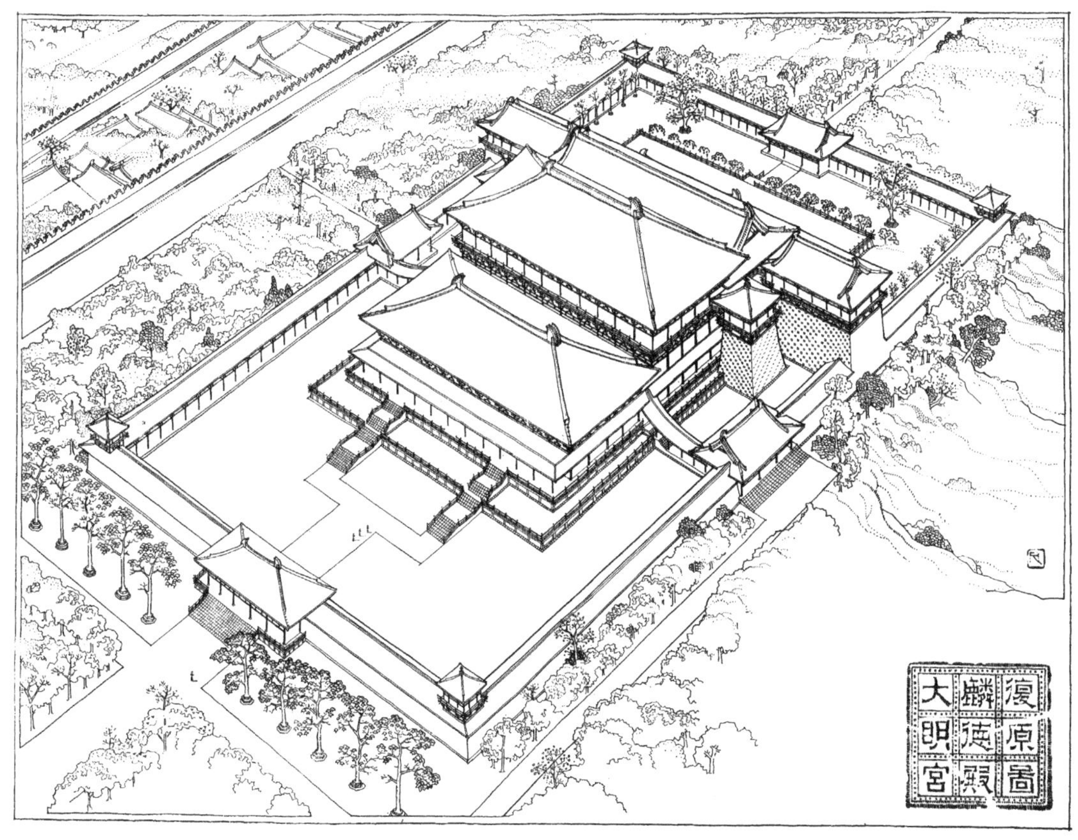

图1-1-2-34　隋唐长安城大明宫麟德殿全景复原图

（4）三清殿

三清殿位于大明宫青霄门内偏东，是一座高台基建筑，台基遗址平面呈长方形，北高南低，现存高度北部为15、南部12.6米。台基平面呈“凸”字形，北宽南窄，南北长78.6、东西宽47.6—53.1米，面积4000多平方米。基坛向上有收分，上部面积近3000平方米（图1-1-2-35）。三清殿是大明宫内唯一一处由平地起筑的大型高台建筑。高台全部用黄土版筑而成，周围包砌壁砖，壁砖均磨砖对缝，表面光洁整齐。壁砖底部铺有二层长条基石，基石的表面也磨制光平。上殿的道路有两条，一条设在南面正中，长14.7、宽3.2米，为踏步阶梯道；另一条设在台基北端的西侧，长44.3米，东宽西窄，平面呈梯形。此道 较长，坡度缓慢，即所谓慢道或称龙尾道。从出土的石作残件可知，道路上面两侧铺有压边条石并设石栏等。遗址中出土很多绿釉琉璃瓦和黄、蓝、绿三彩瓦，青灰色陶瓦数量也很多，还有铜构件及镶嵌在木构件上的鎏金铜饰残片等，此外还出土残铜佛像1件，以及红陶善业泥等[①]。唐代崇尚道教，供养老子，三清殿是当时宫廷内奉祀道教的建筑之一。

① 马得志：《唐长安城发掘新收获》，《考古》1987年第4期。

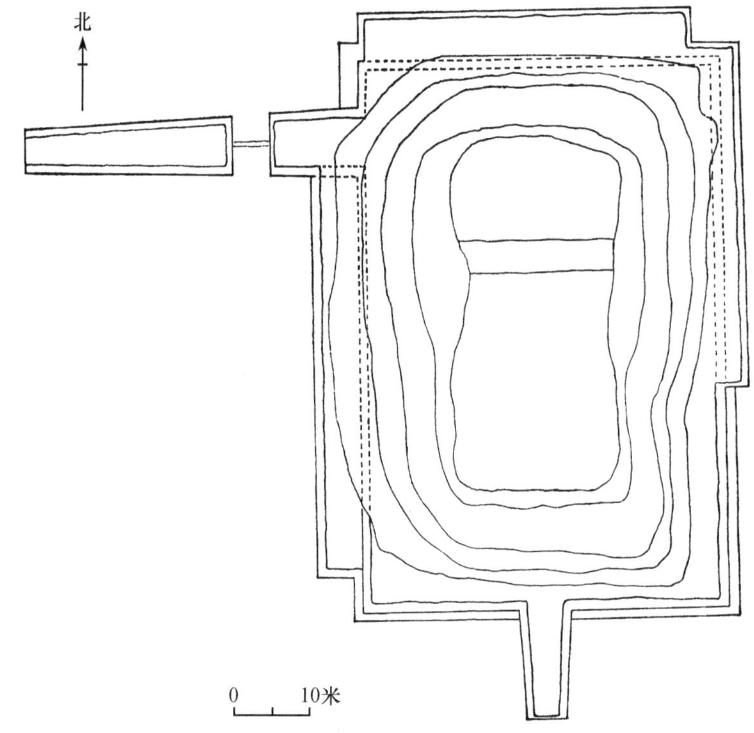

图1-1-2-35 隋唐长安城大明宫三清殿遗址平面图

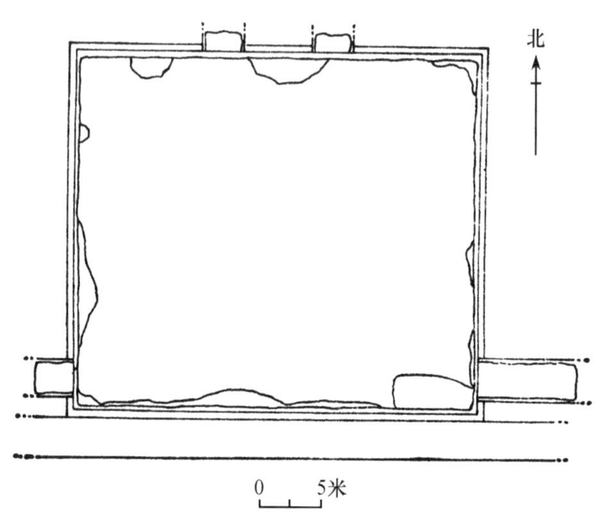

图1-1-2-36 隋唐长安城大明宫清思殿遗址平面图

（5）清思殿

清思殿位于大明宫左银台门内西北280余米处，殿址仅存基坛部分。基坛平面近方形，东西长33、南北宽28.8米。殿堂面阔7间，进深5间（图1-1-2-36）[①]。清思殿建于唐敬宗时期，据《旧唐书》卷一五三《薛存诚传》记载："敬宗荒恣，宫中造清思院新殿，用铜镜三千片、黄白金薄十万番。"[②]发掘中出土铜镜残片17片以及鎏金铜装饰品残片、围棋子等。清思殿是供皇帝游乐、休憩之所。清思院的范围比较广阔，院内只有一座殿堂，位近东城墙，北临太液池。

① 马得志：《唐长安城发掘新收获》，《考古》1987年第4期。

② （后晋）刘昫等：《旧唐书》，中华书局，1975年，第4090页。

（6）朝堂

朝堂为百官候朝之处，两省（门下、中书）官员在朝见之前，分别集于东、西朝堂，然后由御史引导，按照规定的次序入朝。朝堂遗址在大明宫内发现2处，皆位于含元殿前，分别在翔鸾阁和栖凤阁南面约30米处。在翔鸾阁南面者是“东朝堂”，在栖凤阁南面者是“西朝堂”，其位置东西对称。1982年，对东朝堂遗址进行了发掘①。从发掘迹象来看，朝堂曾经改建和扩大，早晚两期重叠在一起（图1-1-2-37）。早期朝堂的建筑比较简单，只是一座大型庑殿和一道东西向的墙垣。朝堂坐北向南，基坛平面呈长方形，东西长73、南北宽12.45、残高0.3—0.6米。基坛四周包砌砖壁，铺有砖散水一周。面阔约15间，进深约2间，在南侧设有三个踏步，间距为24.15米。在朝堂东端中部，有一道宽2米的版筑土墙直向东延伸，这一道墙起着与北面宫廷隔绝的作用（图1-1-2-38）。晚期朝堂是在早期朝堂的基础上修建的，但向东移了16米，又向北扩展了4米，还在西端北侧兴建了一排

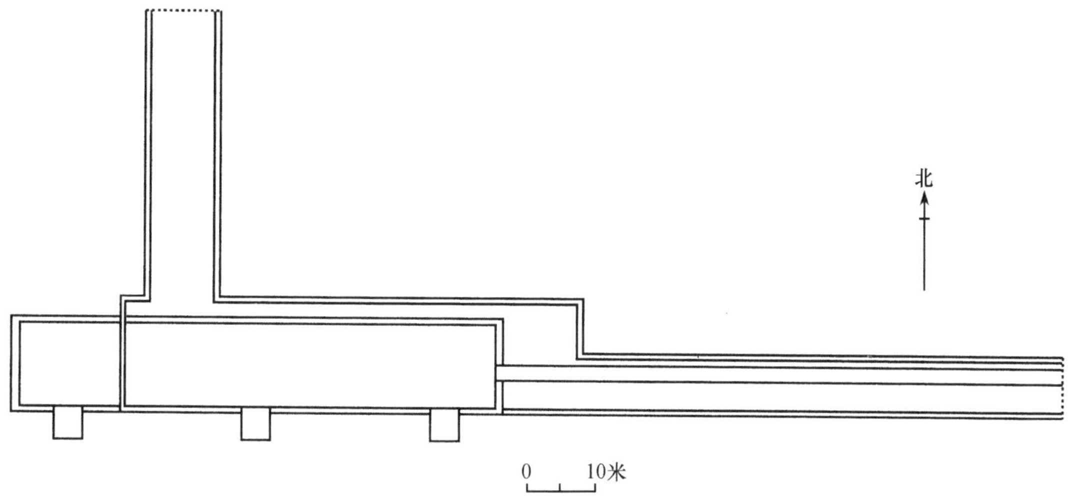

图1-1-2-37　隋唐长安城大明宫东朝堂早晚两期遗址平面图

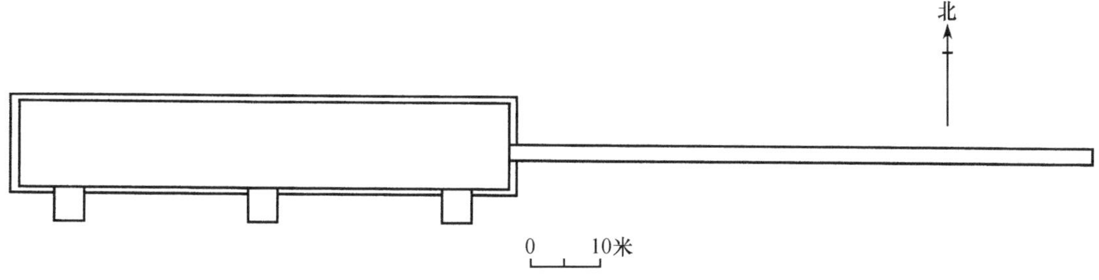

图1-1-2-38　隋唐长安城大明宫东朝堂早期遗址平面图

① 马得志：《唐长安城发掘新收获》,《考古》1987年第4期。

廊庑。改建后的东朝堂东西缩短了5米，长为68米多，但南北却拓宽为16米，面阔可能为13间，进深3间，南侧沿用了早期的两个踏步，为左右阶。东端的东西向隔墙也被废毁，改建为廊，廊址台基宽7.5、长73米，两侧铺散水，百官入朝即可由廊内直入朝堂（图1-1-2-39）。

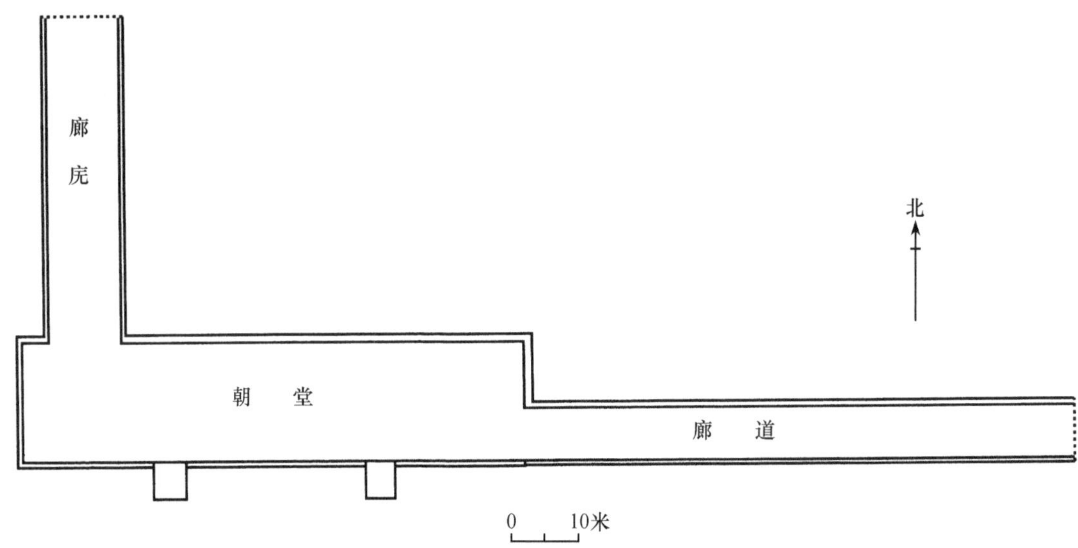

图1-1-2-39　隋唐长安城大明宫东朝堂晚期遗址平面图

（7）翰林院

翰林院遗址，位于大明宫右银台门以北的西夹城内。夹城东西宽55米，南北全长900余米。翰林院占据夹城南部长约400余米的一段。已经发现5座建筑基址，其中3座位于南北向中轴线上，另2座为厢房。翰林院的大门，开在南端东侧的宫墙上（图1-1-2-40）。此门经过发掘，门道宽5.36米，进深8米多，安置有石门限两道，两门限相距2.2米，可知当时安有两道门。门限上凿有车轨沟辙，间距即当时的车轨宽度约为1.35米（以沟辙中间计算）。据记载，门上建有门楼，形制高大。此门即文献记载中的“翰林门”，或称“复门”；又因其位于右银台门之北，故称翰林学士为“北门学士”。唐初所设置的翰林院为内廷供奉之所，将艺能技术之士召于翰林院任供奉之职。到玄宗之时，置翰林待诏供奉，与集贤院学士分掌制诰，其职始重。玄宗又置学士院，并兼翰林之称，遂称为翰林学士，侍直禁廷，专司制诰，甚至参与机密。其后，翰林学士之职渐为显赫，历代相沿，成为文学、儒臣之定职。

（8）太液池

太液池，又名蓬莱池，池近椭圆形，东西长500、南北宽320米。池中有三岛，象征蓬莱、方丈、瀛洲三山。在池中部偏东北处有一个土丘，高5米多，即蓬莱山遗址。蓬莱山以西120米处发现的生土土丘，池东侧也发现了岛屿，它们可能是池中的方丈山、瀛洲

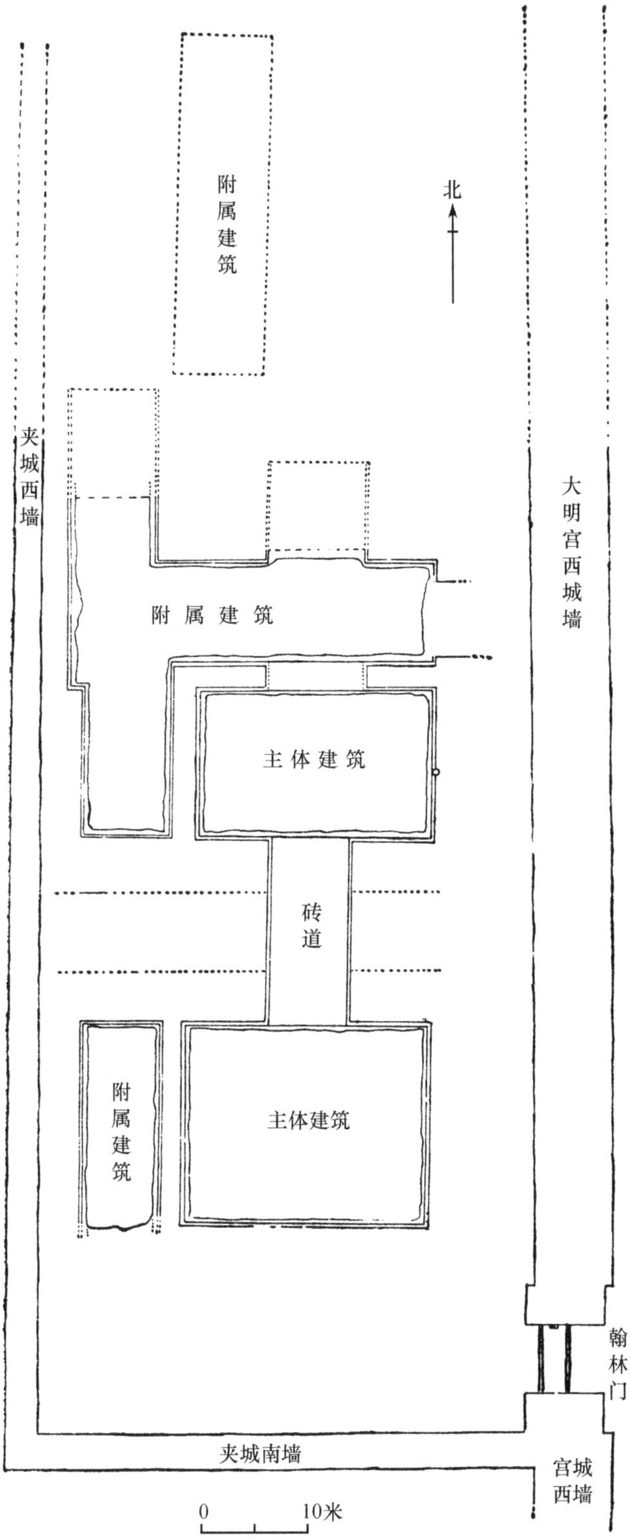

图1-1-2-40　隋唐长安城大明宫翰林院遗址平面图

山。在太液池南岸有宽5米多的夯土建筑遗址，并有大量的砖瓦堆积，可能是元和十二年（817年）闰五月宪宗“新造蓬莱池周廊四百间”[①]的遗迹。

（9）门址

2005年9月—2006年1月，对大明宫丹凤门遗址进行了发掘。发掘结果表明，丹凤门是被火烧后废弃的，各门道的路面与两壁大部分残存明显的火烧痕迹。门址平面呈长方形，共有5个门道（图1-1-2-41），与吕大防刻《长安城图》的丹凤门门道相一致，不仅验证了《长安城图》的准确性，也改变了自20世纪50年代以来所认为的3门道的看法。门址东西长74.5、南北宽（进深）33米，方向北偏东1º20′。城门包砖和墙皮多已被破坏，仅门址西墩台南侧与城墙衔接的转角处，以及由东向西的第四门道两侧以及第五门道东南隔墙底部尚残留少许。从包砖遗痕来看，城门外侧包砖壁厚约1米许。在砖壁外尚有部分散水的铺砖遗痕，散水宽度不详。门道两侧排叉柱之间包砖厚约40—50厘米。5个门道的建筑形式相同，均是两壁立排叉柱的木架构“过梁式”城门。5个门道中除自东向西第一门道的全部、第二门道南部被后期路沟及其他设施破坏外，其余各门道保存相对较好且形制基本清楚。门道东西宽8.5、南北进深33米。各门道之间的夯土隔墙厚约2.9米。门道两侧都有排叉柱的柱础坑，柱础石多已破坏无存。其中在中门道东侧门限以北第一础坑位、第四门道东侧门限以北第一础坑位、第四门道西侧门限以南第一础坑位、第五门道西侧门限以南第一础坑位尚残留长方形础石。础石为青石质，长70—75、宽58.5—62.5、厚32厘米。在础石中央还凿有长方形榫眼。柱础坑位呈长方形，长约80、宽约70厘米，深度不等。各柱础坑位相距多在50厘米左右，础坑的底部都铺一层粗砂，当为稳固柱础所垫。门道的中部略偏南均设有门限。从保存较好的中门道和第五门道门限结构来看，门限中间为木质两端为青石。门限均已烧毁，唯留有长约2.8、宽约0.24、深约0.15米左右的沟槽，沟槽内尚残留有少许木质烧灼痕迹。木质门限两端的青石立颊多无存，唯在中门道和第五门道门限东端残存少许，其中中门道东端的青石立颊残存较多，青石截面呈长方形，表面

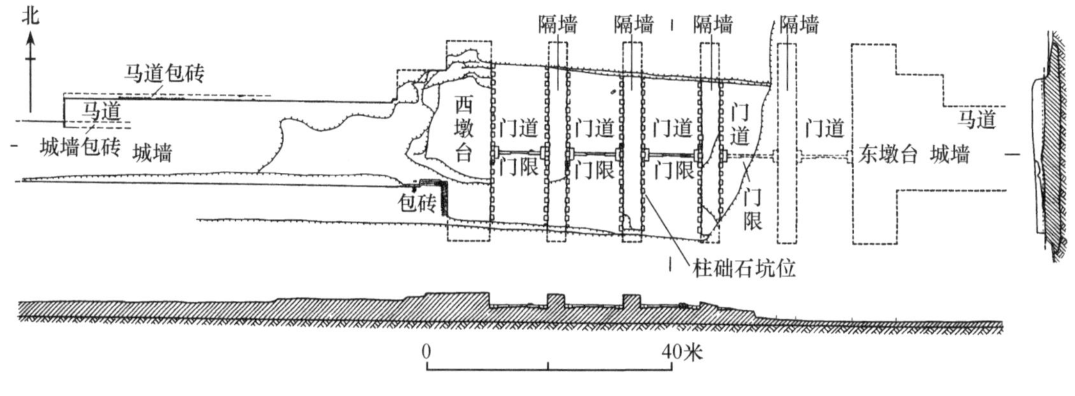

图1-1-2-41　隋唐长安城大明宫丹凤门遗址平面图

① （宋）王溥：《唐会要》，上海古籍出版社，1991年，上册，第655页。

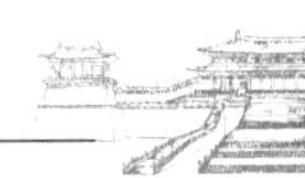

光平无纹饰。东西残长1.38、残高0.76、厚0.4米左右。门道两端的门砧石都已破坏无存，唯留有础石坑位。础坑平面为长方形，南北长1.5、东西宽0.4、深0.4米。每个门道路面均被火烧过，表面非常坚硬。另外，门道路面在门限处较高，由门限向北、南逐渐降低，形成斜坡。路面上未发现车辙痕迹，也未发现有铺砖或铺石痕迹，但路面上的夯窝痕迹明显。推测当时的路面上铺有木板或其他设施。通过这次发掘，澄清了有关丹凤门是文献记载的五个门道还是钻探所知的三个门道的问题。揭露出来的丹凤门遗址规模之大、门道之宽、马道之长，均为目前隋唐考古乃至中国古代城址考古所发现的城门之最，充分体现了唐代建筑的恢宏气派①。

含耀门是大明宫含元殿以东出入宫廷的主要宫门之一，位于含元殿以东第二道宫墙东侧的中部，距离含元殿遗址221米。南对第一道宫墙门昭训门，再南即为与其相对的宫城南面的望仙门。门址平面呈长方形，东西长26.4、南北宽12.5米。有东西两个门道，墩台及门道之间的隔墙皆为版筑黄土，外包青砖，包砖厚30厘米。东西墩台均宽6.2米（含包砖）。东门道宽5.15、进深12.5米；西门道宽4.95、进深也为12.5米（图1-1-2-42）。东门道之内发现车辙痕迹，但西门道却没有发现。两门道之间的隔墙厚3.9、南北长12.5米。门的形制和长安城其他城门基本相同，也是木构架门道。门道内两侧的柱础石及门限皆破坏无存，但柱础石的坑位尚清楚。东门道两侧各有9个柱础石坑位，间距约1米左右，门墩两端与版筑宫墙相接。在东、西二门道靠北处的础石坑位呈长方形，可能是门框的门砧石坑位置。这说明宫门可能安在门道偏北处，而不是中间②。这种双门道的城门形制在甘肃

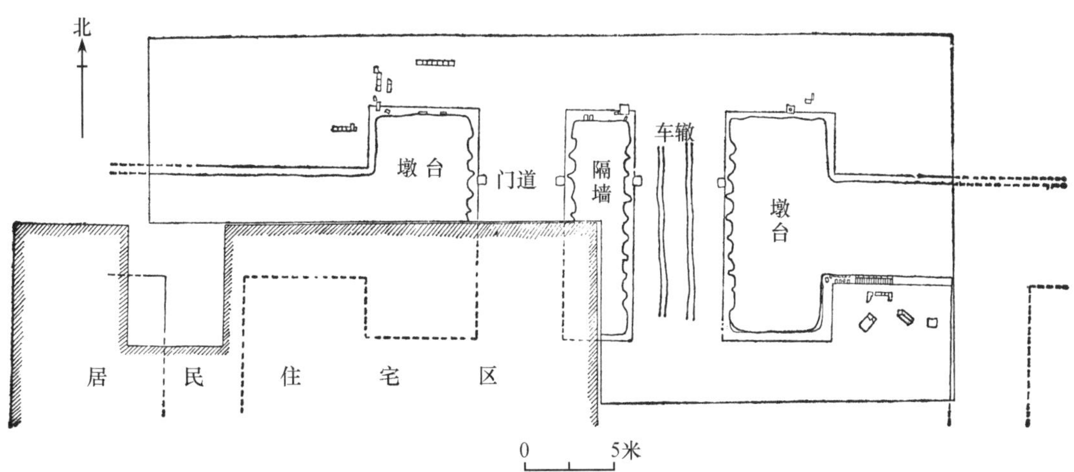

图1-1-2-42 隋唐长安城大明宫含耀门遗址平面图

① 国家文物局主编：《2005中国重要考古发现》，文物出版社，2006年，第135—140页；中国社会科学院考古研究所西安唐城队：《西安市唐长安城大明宫丹凤门遗址的发掘》，《考古》2006年第7期。

② 中国社会科学院考古研究所西安唐城工作队：《陕西唐大明宫含耀门遗址发掘记》，《考古》1988年第11期。

敦煌莫高窟壁画中可以看到，如敦煌莫高窟盛唐第148窟南壁①（图1-1-2-43）、中唐第231窟东壁②（图1-1-2-44）等绘制的双门道城门。

图1-1-2-43　甘肃敦煌莫高窟盛唐第148窟南壁绘制的双门道城门

图1-1-2-44　甘肃敦煌莫高窟中唐第231窟东壁绘制的双门道城门

兴安门位于大明宫西南角，是大明宫“南五门”之一，其遗址分为早晚两个阶段，门墩为夯土版筑而成③。早期为三门道，门址东西长39、南北宽约20米，门道东西宽5.4—5.9米（图1-1-2-45）。早期阶段的兴安门属于长安城的郭城城门之一，与明德门以外的其他郭城城门一样，为一门三门道。晚期的兴安门规模变小，东西长27.9、南北宽18.9米。门道由三个减为两个，门道均宽5.85、进深18.9米（图1-1-2-46）。晚期的兴安门在大明宫兴建以后，由原来出入禁苑的郭城城门变成了由郭城进入大明宫和翰林院的宫门，而且被限定在大明宫西宫墙和西内苑东墙之间，作为郭城城门的作用已经失去，被改建为一门双

① 敦煌研究院主编：《敦煌石窟艺术全集·20·建筑画卷》，同济大学出版社，2016年，第158页，图版145。

② 敦煌研究院主编：《敦煌石窟艺术全集·20·建筑画卷》，同济大学出版社，2016年，第218页，图版212。

③ 中国社会科学院考古研究所西安唐城工作队：《西安市唐长安城大明宫兴安门遗址》，《考古》2014年第11期。

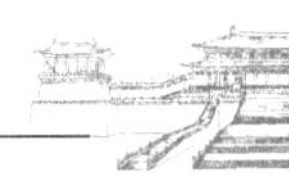

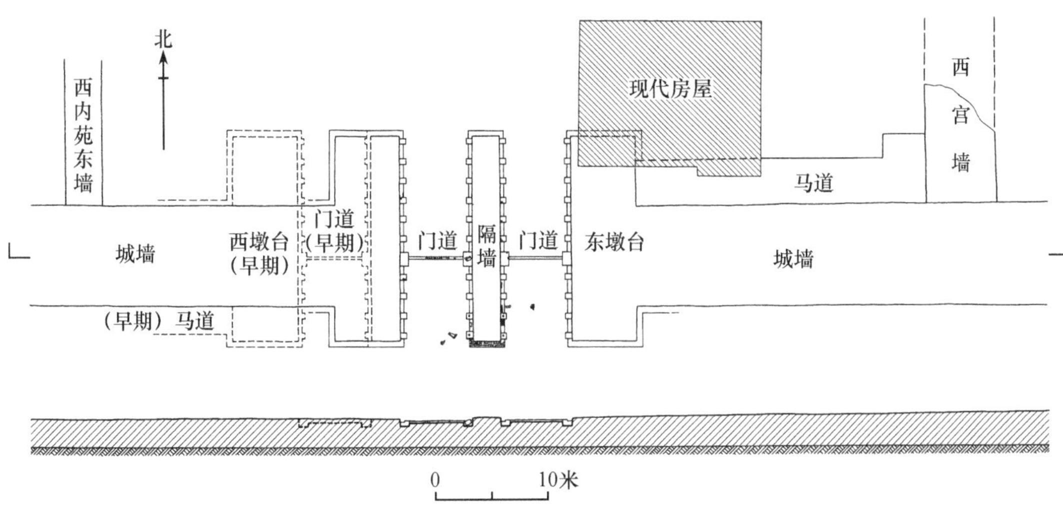

图1-1-2-45　隋唐长安城大明宫兴安门早晚两期遗址平面图

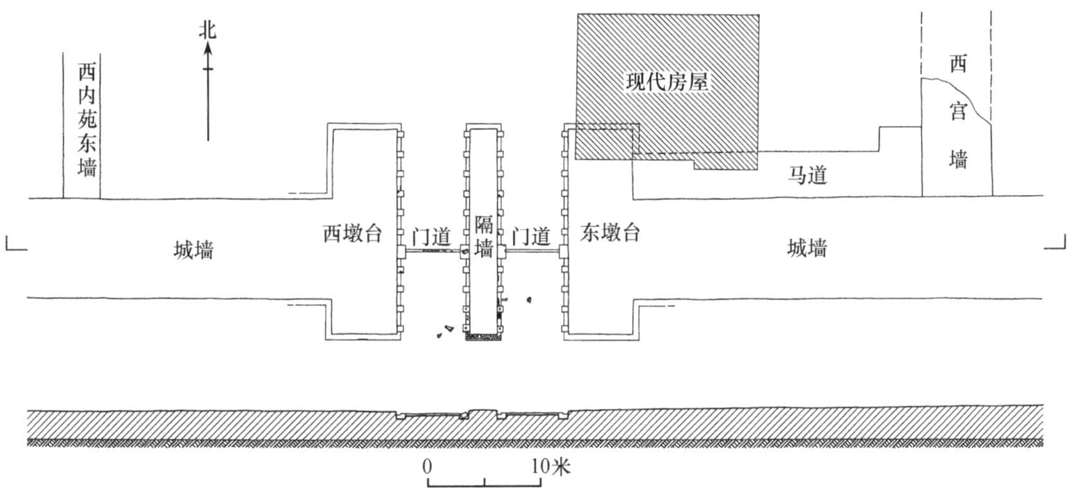

图1-1-2-46　隋唐长安城大明宫兴安门晚期遗址平面图

门道。兴安门规模的缩小，可能是由于其性质的改变，或者所在区域空间不足等原因造成的。

玄武门为单门道（图1-1-2-47），门址东西长34.2、南北宽16.4米，门道宽5米，中间设置一道石门限，门限上凿有车轨沟辙，两辙相距约1.36米（以沟辙中间计算）。在玄武门南侧还有一道内重门（图1-1-2-48、图1-1-2-49），为厅堂式三开间，在其东西两侧以围墙环绕，与玄武门之间形成一个封闭的"瓮城"似的空间范围，起到拱卫大明宫北部的作用。重玄门位于玄武门以北156米处的夹城城墙上，也为单门道（图1-1-2-50），门道宽5.2米左右，门道中间设置三道石门限。这种重门设置，完全是从安全防卫角度考虑的。通过

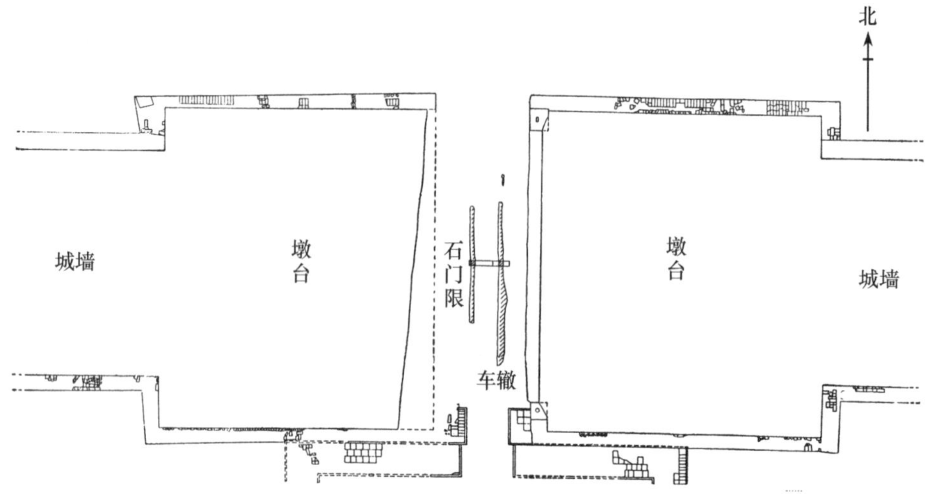

图 1-1-2-47 隋唐长安城大明宫玄武门遗址平面图

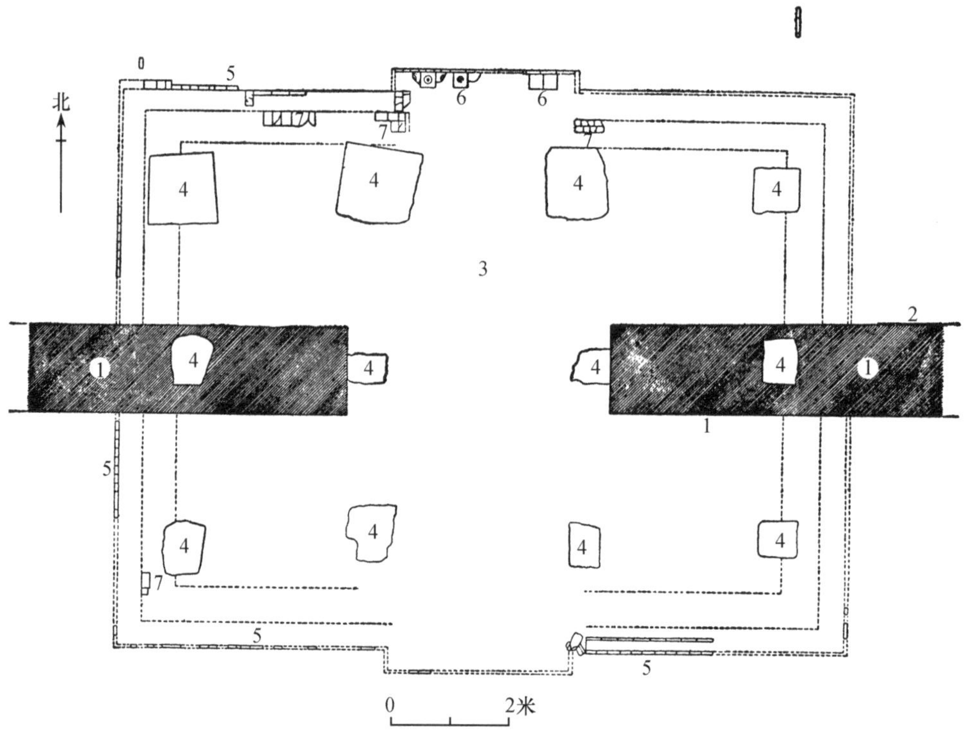

图 1-1-2-48 隋唐长安城大明宫内重门遗址平面图

1. 夯土墙 2. 石灰墙面 3. 门道路土面 4. 柱础石坑位 5. 散水 6. 莲花方砖台阶 7. 砖墙基

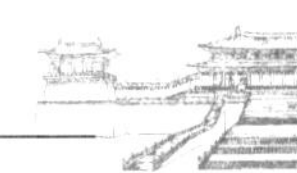

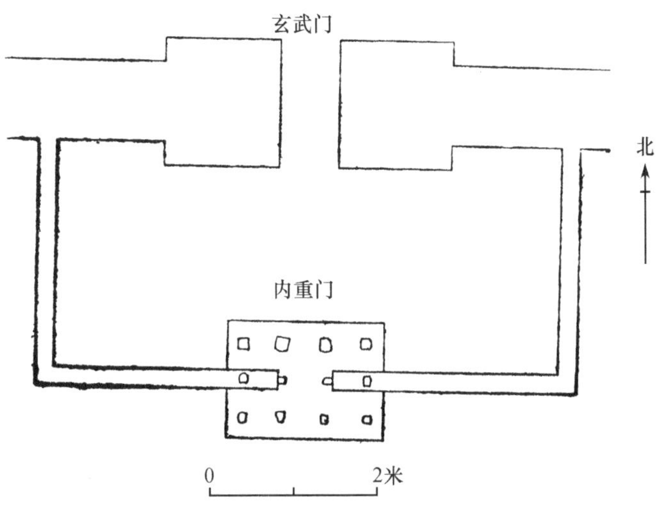

图1-1-2-49 隋唐长安城大明宫玄武门与内重门位置关系图

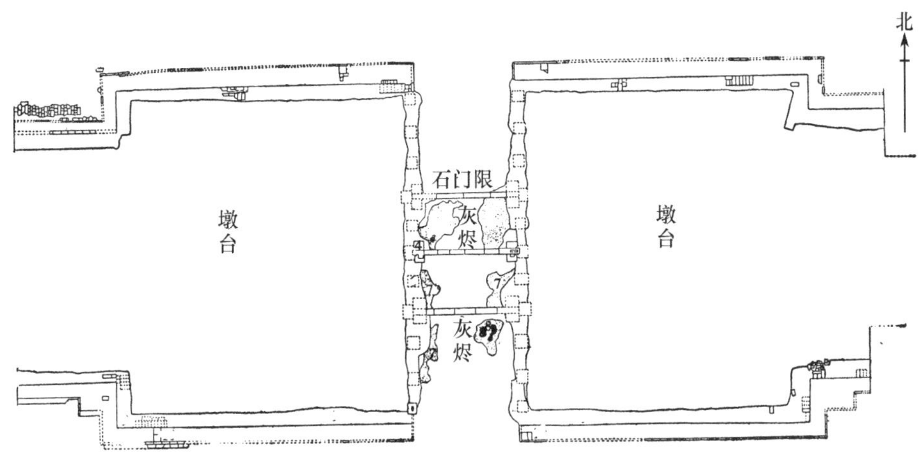

图1-1-2-50 隋唐长安城大明宫重玄门遗址平面图

对玄武门、重玄门及内重门进行复原①（图1-1-2-51），可以看出大明宫北部的这一组城门在保卫措施上极为严密。与五门道、三门道、二门道的城门一样，单门道城门在甘肃敦煌莫高窟壁画中也有其形象，如莫高窟中唐第159窟东壁绘制的单门道城门②（图1-1-2-52）。

银汉门为单门道（图1-1-2-53），无柱础及基座等，仅在城墙之上开一宽2.2米豁口，两侧砌筑厚0.35米的砖壁，门道中央两侧在砖壁之内加砌石壁，门道地面铺砖。

右银台门为单门道，门址长18、宽12.6米，门道宽5.9米，中间设门限一道。门道中间原有铺石的车轨道，因为铺石已被揭掉，形成两条平行的沟槽。

① 傅熹年：《唐长安大明宫玄武门及重玄门复原研究》，《考古学报》1977年第2期。

② 敦煌研究院主编：《敦煌石窟艺术全集·20·建筑画卷》，同济大学出版社，2016年，第219页，图版213。

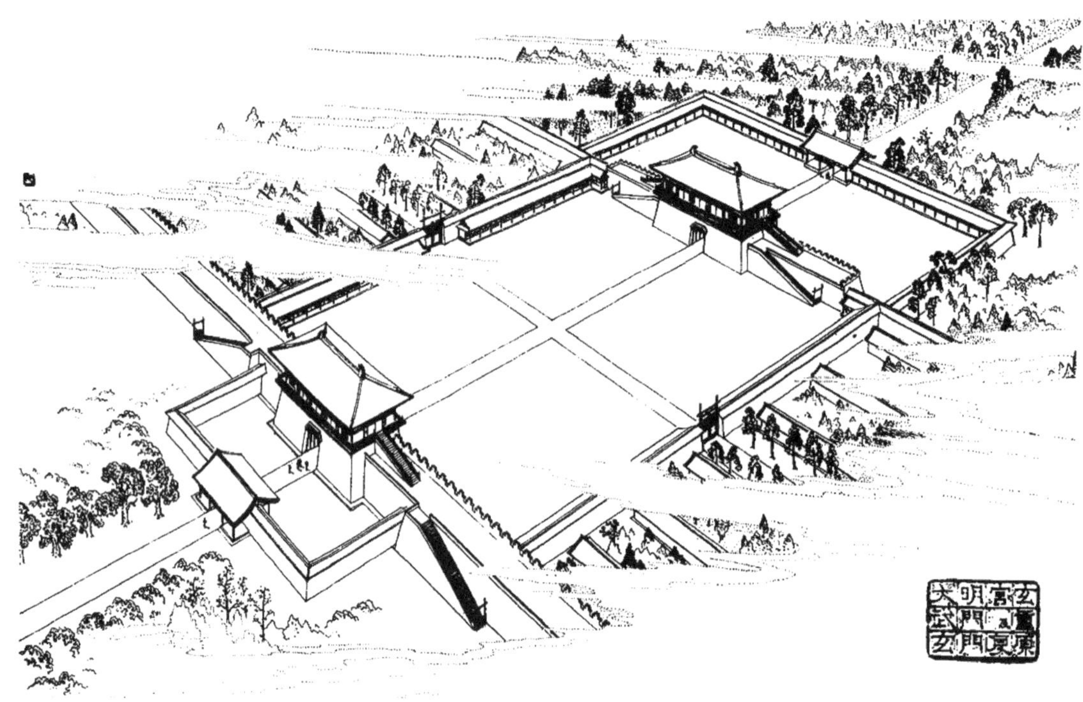

图1-1-2-51　隋唐长安城大明宫玄武门及重玄门、内重门等的复原图

（10）夹城

在唐代后期，还在大明宫北部的北、东、西三面城墙外侧增筑了与宫墙基本平行的夹城。夹城系夯筑而成，基宽4米多，转角处包砖。东西两面夹城距宫城城墙约55米，北面夹城保存较好，距离宫城城墙160米。宫城四壁和北面夹城均设置城门，多数门址已经探出。大明宫筑夹城之事，文献多有记载。据《唐会要》卷三十记载，唐德宗贞元四年（788年）筑夹城；贞元十二年（796年）又筑望仙楼东夹城；“元和二年（807年）六月，诏左神策军，新筑夹城”[①]。

2. 兴庆宫

兴庆宫位于外郭东城墙春明门内街北的隆庆坊，原系玄宗藩邸，玄宗登基后避讳改为兴庆坊，开元二年（714年）置为宫。开元十四年（726年）扩建兴庆宫，在原兴庆坊的基础上，将北侧永嘉坊的西半部、西侧胜业坊的东半部纳入兴庆宫的范围，设置朝堂，开元十六年（728年）竣工，玄宗即常在此听政。

据钻探，兴庆宫平面呈南北向长方形，南北长1250、东西宽1080米，周长4.6千米多。四周城墙夯筑，墙宽5—6米。宫城南墙有两道，间距20米。文献虽然记载取永嘉、胜业坊之半扩建兴庆宫，但据钻探结果，应该是仅占据了其中一部分，“之半”之说只是个约数。天宝十三年（754年）又筑兴庆宫城并起城楼。吕大防刻《长安城图》中较好地

---

① （宋）王溥：《唐会要》，上海古籍出版社，1991年，上册，第654、655页。

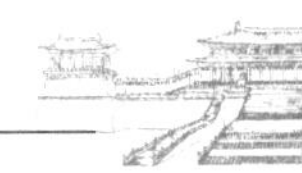

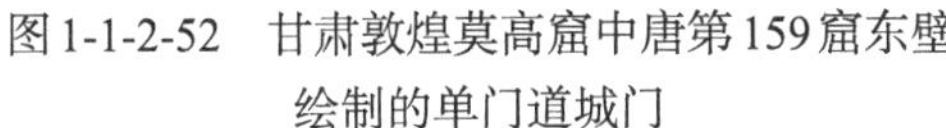

图1-1-2-52　甘肃敦煌莫高窟中唐第159窟东壁绘制的单门道城门

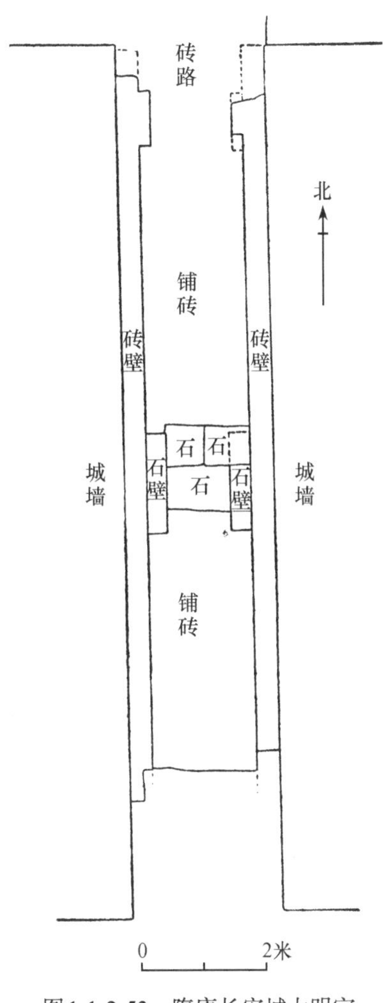

图1-1-2-53　隋唐长安城大明宫银汉门遗址平面图

保存了兴庆宫的平面布局图（图1-1-2-54）①，是难得的珍贵资料。

宫城四面设6门，正门兴庆门在西城墙偏北部，其南为金明门；南墙自西而东为通阳门、明义门；东墙南部为初阳门；北墙中部为跃龙门。已经探出东、西、南三面的门址。其中初阳门门址南北宽23.5、东西进深16.5米；明义门遭到破坏，东距东宫墙125米；通阳门东距明义门520米，门址东西长41、南北进深32米。

依据文献记载，宫城之内被一条东西向宫墙分为南北两部分，北部为宫殿区，南部为皇帝宴游之园林区。钻探发现南区正中为椭圆形水池，池东西长915、南北宽214米，面积182000平方米，应是龙池遗迹（图1-1-2-55）。

① 〔日〕京都文化館：《大唐長安展——京都のはるかな源流をたずねる》，京都文化館，1994年，第27頁，図版5。

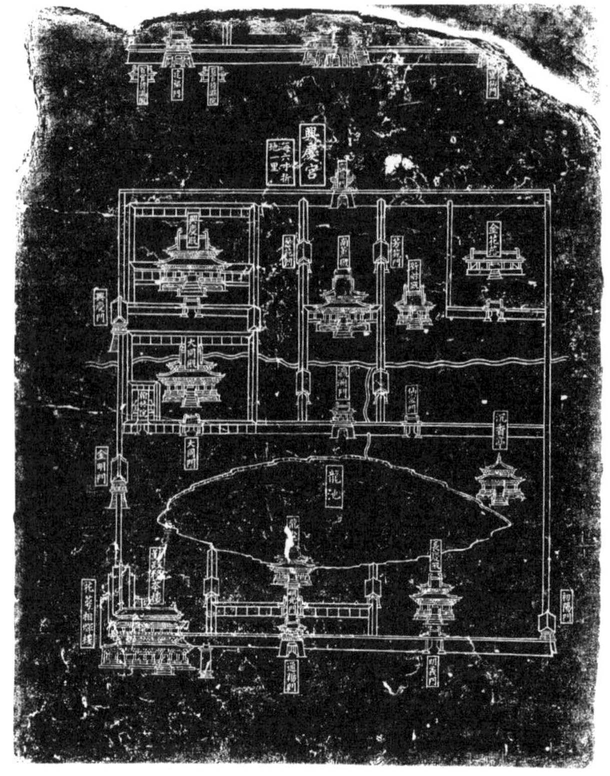

图1-1-2-54　吕大防刻《长安城图》中的兴庆宫图

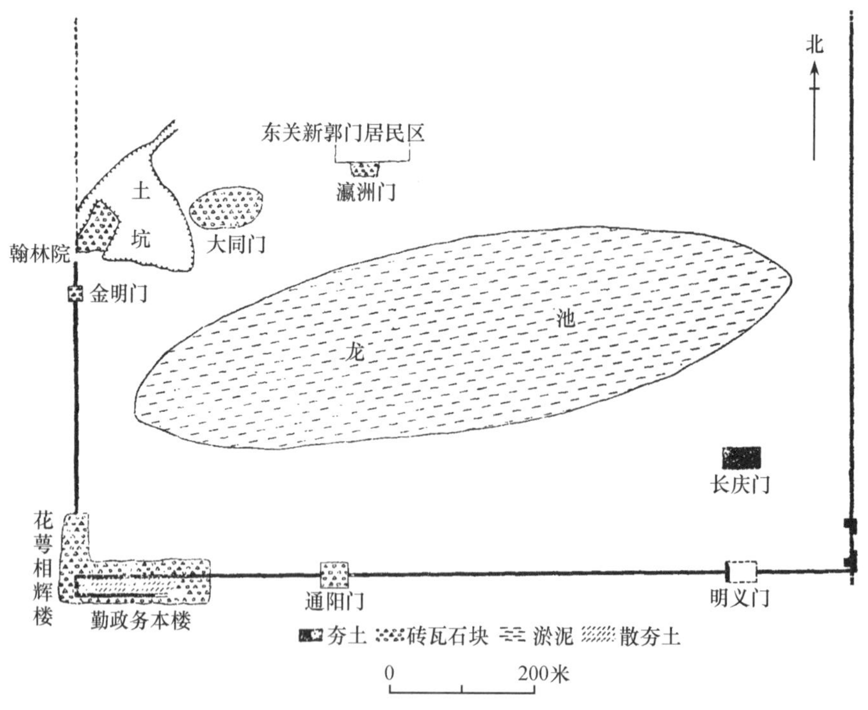

图1-1-2-55　隋唐长安城兴庆宫遗址钻探平面图

在龙池西南曾经发现建筑遗址17处，平面多种多样，既有常见的长方形，也有方形亭址和圆形建筑基址，其中的1号遗址建筑结构比较特殊。该遗址靠近宫城南壁，平面呈长方形，东西长26.5、南北宽19米。面阔5间，进深3间。遗址四周铺设散水。楼基正中的5间，当中1间留作门道，其余4间被筑成两个夹门道而立的长方形建筑台基，用以负荷上层建筑。门道宽4.9米，其内残存两道石门限，门限上均凿有车轨沟辙，间距1.38米。两道石门限表明其原有两道门。据该建筑遗址的位置和形制，推测其为著名的勤政务本楼遗址；17号遗址呈南北向长方形，被推测可能为花萼相辉楼（图1-1-2-56）。在发掘中出土有琉璃瓦及大量莲花纹方砖等，仅莲花纹瓦当就有73种之多，表明其建筑相当豪华壮丽。还有许多带文字及年号的砖瓦，年号多为玄宗时期，如“春明开廿九五月官（瓦）”“天宝二年五月（官瓦）”“天宝三年（官瓦）”“天宝五春明（官瓦）”“春明天四五（载）（月官瓦）”“天八春明官瓦”等，无年号但带文字的砖瓦则有“春明官瓦”“十王宅”“十王宅官瓦”“十王宅内作官瓦”“城东内作官瓦”“春明五月官砖”“城东官砖”“六官东”等[①]

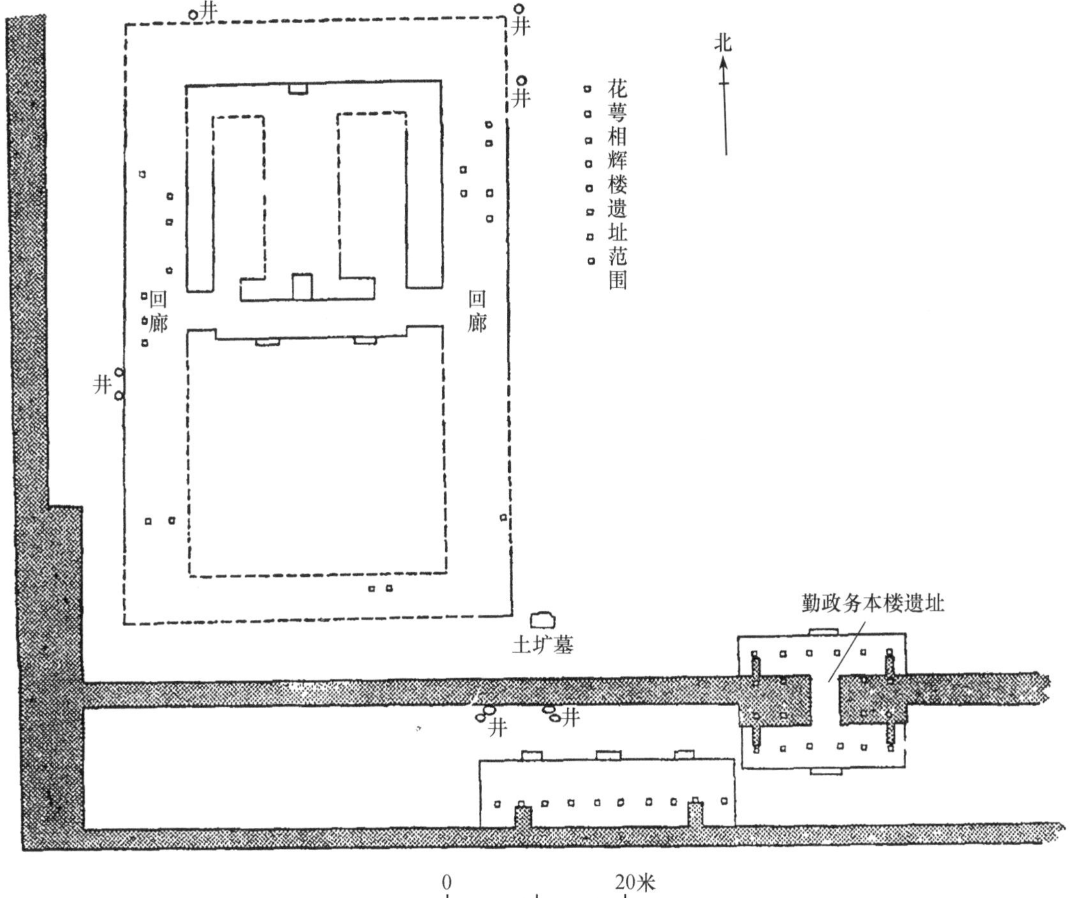

图1-1-2-56 隋唐长安城兴庆宫遗址西南隅遗址分布图

① 马得志：《唐长安兴庆宫发掘记》，《考古》1959年第10期。

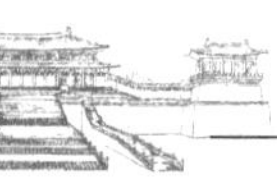

（图1-1-2-57），为判断该建筑的修建年代和性质提供了重要证据。建筑史学家根据考古发掘资料以及图像资料，对勤政务本楼（图1-1-2-58）和花萼相辉楼（图1-1-2-59）进行了复原探讨[①]。

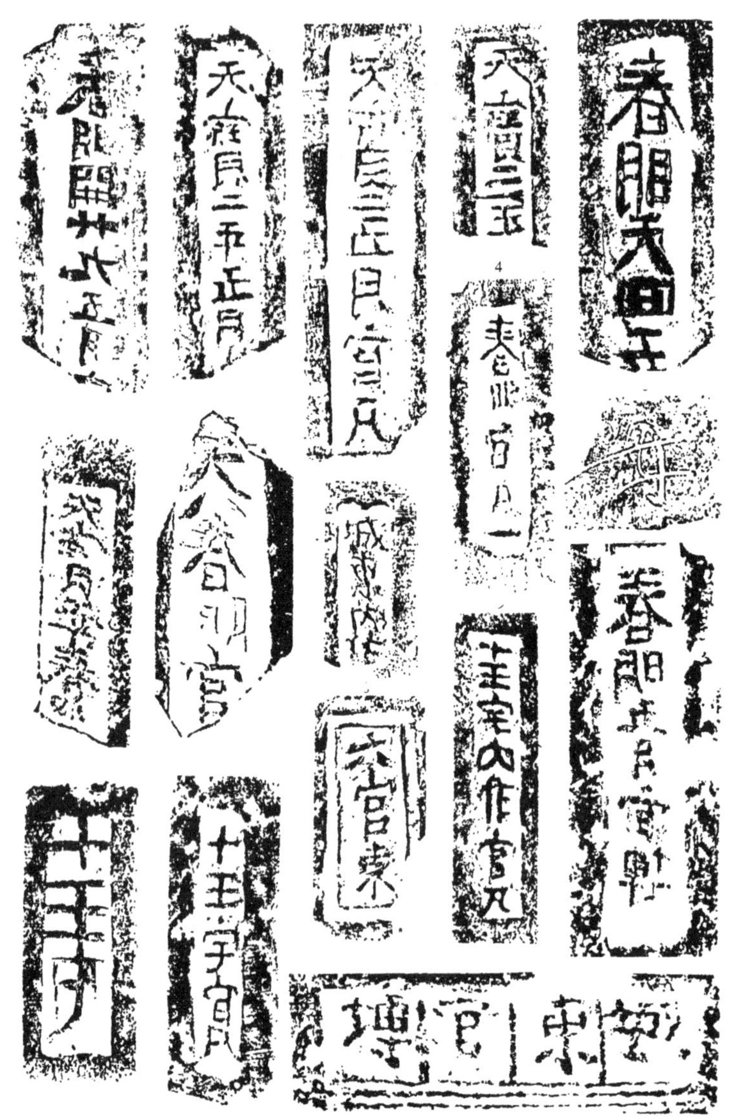

图1-1-2-57　隋唐长安城兴庆宫遗址出土带字砖瓦

唐玄宗时期除修建兴庆宫外，还先后附外郭东墙建筑了北至大明宫、南至芙蓉园曲江池的夹城，以便皇帝往来潜行。夹城，也称为复道。长安城修建夹城最早在开元十四

① 杨鸿勋：《宫殿考古通论》，紫禁城出版社，2009年，第475、478页。

图1-1-2-58 唐兴庆宫勤政务本楼复原盘视图

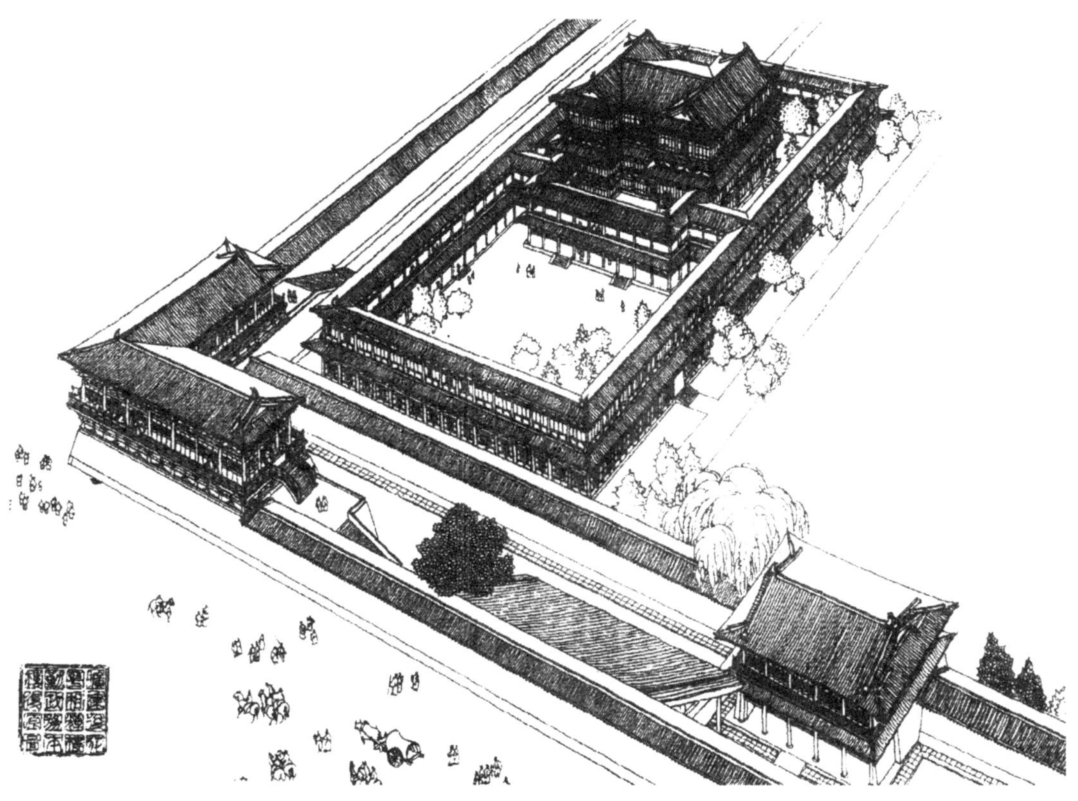

图1-1-2-59 唐兴庆宫花萼相辉楼、勤政务本楼及角楼鸟瞰复原图

年（726年），当时修建了自大明宫东侧至兴庆宫的夹城。据《唐六典》卷七记载："（兴庆宫）即今上龙潜旧宅也。开元初，以为离宫。至十四年，又取永嘉、胜业坊之半以置朝堂，自大明宫东夹罗城复道，经通化门磴道潜通焉。"[①]《旧唐书·地理志》虽未言这段夹城的具体修建年代，但却详细记载了其走向："自东内（大明宫）达南内（兴庆宫），有夹城复道，经通化门达南内。人主往来两宫，人莫知之。"[②]兴庆宫至曲江池一段筑于开元二十年（732年），据《旧唐书·玄宗纪上》记载："[开元二十年（732年）六月] 遣范安及于长安广花萼楼，筑夹城至芙蓉园。"[③]《长安志图》卷上又载："夹城。玄宗以隆庆坊为兴庆宫，附外郭为复道，自大明宫潜通此宫及曲江芙蓉园。又十宅皇子，令中官押之，于夹城起居。西外郭无。后宣宗于夹城南头开便门，自芙蓉园北入青龙寺，俗号新开门。"[④]文献中虽然记载夹城系依附东郭城而建，但夹城城墙是位于郭城之外还是郭城之内，一直不够明确，在各类论著的图示和描述中，或云其在长安城东墙外，或云其在长安城东墙内。20世纪50年代，钻探得知夹城是以兴庆宫为核心修建的，分为南北两段，北段夹城自兴庆宫至大明宫，南段夹城自兴庆宫至芙蓉园，其走向与郭城平行，夹城宽23米，至所经城门则向东靠拢，与城门的间距缩小至10米左右。在春明门南侧，曾经发现从夹城登城楼出入口的建筑。夹城夯筑而成，但比郭城要坚硬。夹城全长7970米，其墙体宽度与郭城相同[⑤]。近年来，通过对长安城遗址东北部的考古发掘，搞清楚了唐长安城东城墙与夹城、十王宅等的位置关系，证明唐玄宗时期夹城修建于长安城东城墙以西即城内。当时为了修建夹城，拆毁了长安城东北部的部分城墙，以便于出入大明宫。考古发掘确认夹城宽23米，其墙基宽5.45米。夹城内还发现夹城修建之后形成的车辙4组，其中两组轨距1.36米，两组轨距1.6米，前者属于唐代常见车辆的轨距，后者则是高等级车辆行驶形成的车辙[⑥]（图1-1-2-60、图1-1-2-61）。

由于兴庆宫和龙池承载着盛唐记忆，唐亡以后，其遗址虽位于城外，但却成为游赏胜地。金元时期的游赏盛况，文献亦有记载。据《类编长安志》卷三云："兴庆宫，经巢寇、五代，至宋湮灭无尽净，唯有一池。至金国，张金紫于池北修众乐堂、流杯亭，以为宾客游宴之所，刻画楼船，上巳、重九，京城仕女[⑦]，修禊宴燕，岁以为常。正大辛卯（1231年）东迁后，遂为农田。兵后，为瓜区、蔬圃。庚子岁（1240年），复以龙首渠水灌之，鲫鱼复生。"同书卷八又云："龙池，兵后水涸，为民田、瓜区、蔬圃十余年。庚子、辛卯

---

① （唐）李林甫等撰，陈仲夫点校：《唐六典》，中华书局，1992年，第219页。

② （后晋）刘昫等：《旧唐书》，中华书局，1975年，第1394页。

③ （后晋）刘昫等：《旧唐书》，中华书局，1975年，第198页。

④ （元）李好文撰，辛德勇、郎洁点校：《长安志图》，三秦出版社，2013年，第18页。

⑤ 陕西省文物管理委员会：《唐长安城地基初步探测》，《考古学报》1958年第3期。

⑥ 西安市文物保护考古研究院：《隋唐长安城东北角夹城及十王宅遗址2020年度发掘简报》，《文博》2021年第1期；西安市文物保护考古研究院：《隋唐长安城东北角夹城及十王宅遗址2021年度发掘简报》，《文博》2022年第1期。具体图像资料系辛龙先生提供。

⑦ 唐亡至金元，时人仍将长安之女称为"京城仕女"，可见都城长安的历史地位及其影响。

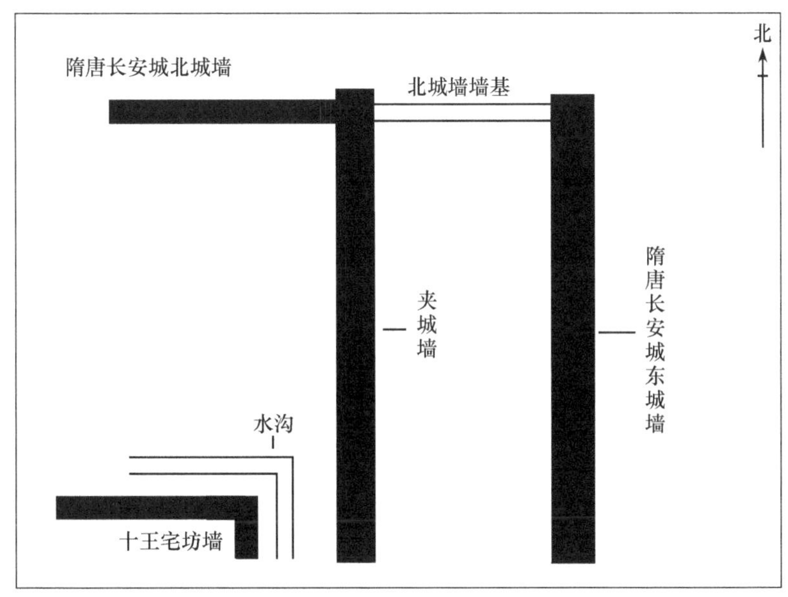

图1-1-2-60 唐长安城东北部夹城与东城墙、北城墙位置关系图

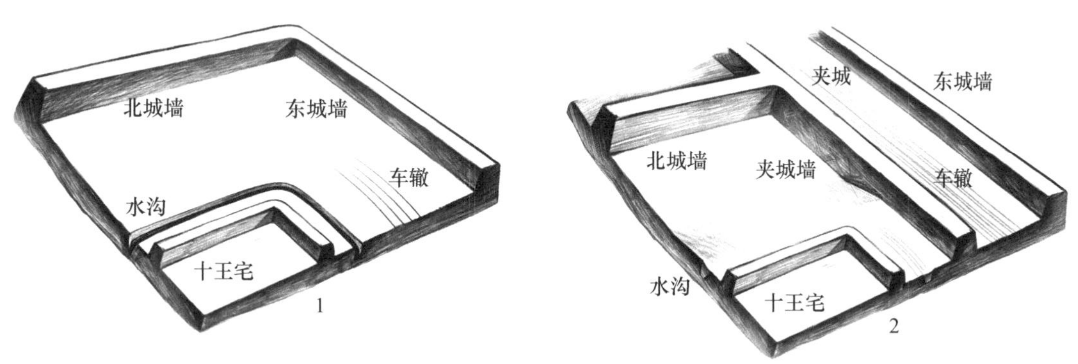

图1-1-2-61 隋唐长安城东北部夹城修建前后布局变化示意图
1. 夹城修建前 2. 夹城修建后

岁，始引龙首渠水灌池，许人占修酒馆。至壬寅（1242年），池水泓澄，四无映带，唯见雁塔影倒于池中，游观者无数，酒炉为之一空。”①

（九）渠水与水井

为了解决城市供水，先后修建了5条渠通往城内，分别为龙首、清明、永安、黄渠、漕渠。隋建大兴城时，开掘了龙首、清明、永安3条渠，分别从城东和城南引浐水、沉水、洨水入城，以解决宫苑环境等用水。3渠的部分渠道已探查清楚。龙首渠从东南引浐水北流，分为2支，南支至通化门北侧入城，然后南折入兴庆宫入龙池；北支至郭城东北

① （元）骆天骧撰，黄永年点校：《类编长安志》，中华书局，1990年，第85、268页。

隅西折入禁苑，注入大明宫东内苑北部之龙首池。清明渠从城南引沉水由安化门西侧进城，经大安坊东折，沿安化门大街东侧北流，至太平坊断缺。据记载，此渠经皇城进入宫城内注为三海（南、西、北三海）。永安渠引洨水从安化门以西1000米处进城，其断续的遗迹沿大安坊之西的南北大街东侧向北，经过西市以东至北城门东侧入禁苑。出城后偏向东北行，渠宽10多米，至大白杨村东北分为2支，一支北去渭河，一支向东从九仙门以北130米处进入大明宫，然后向东南注入太液池。在太液池东端引出一渠东出大明宫东墙偏向东北行，可能是流向鱼藻宫内。此三渠入城处均已经探明，其中龙首渠的穿城涵洞已经发掘，为两个并列的涵洞，用砖石混砌，上部砌筑两重券顶。每洞宽2.5米，洞身长5.5米，地面铺砌石板，洞口竖立方形断面的生铁棍各5根为栅。涵洞入城后合为一渠，宽约6米，两壁陡直，与渠底均用砖铺设①。开凿黄渠，引潏水上游的义谷水为水源注入曲江池，作为曲江池的重要水源。

唐天宝元年（742年）又于西城开了一条漕渠，引潏水自金光门北侧入城，然后南折过金光门大街再东折，至西市东北隅又沿市之东墙向南，至西市南街东端北侧入市。在西市内的一段长140、宽34、深6米。

引水渠之外，城内还开挖了众多水井以解决用水问题。在西安市的城市建设中，发现唐代的水井不在少数，平面均为圆形，井壁有砖壁和土壁两种。引水渠和水井一起构成了隋大兴唐长安城内的供水系统。

（十）风景区

隋大兴唐长安城和此前都城的又一个不同之处，是设有公共游赏的风景区，主要有曲江池，它是当时重要的公共游赏地。

曲江池，隋名芙蓉池，在郭城东南角，处于东西两丘陵之间的峡谷中。池南北狭长，两岸屈曲极不规整，池南北长1700余米，东西最宽处600余米，周长4千多米。池底最深处距现在地表6米多。曲江池引水渠道有两条，分别在池的南北两端的东侧，引黄渠之水入曲江池。由于这里地势高亢，向南起伏延伸形成丘陵地带，因筑城不便，隔于城外。据《雍录》卷六记载："唐曲江本秦隑州，至汉为宣帝乐游庙，亦名乐游苑，亦名乐游原，基地最高，四望宽敞。隋营京城，宇文恺以其地在京城东南隅，地高不便，故阙此地不为居人坊巷，而凿之为池，以厌胜之。"②

隋建新都之时，阻隔曲江池的南半部建离宫，名芙蓉苑（亦作园），唐代沿用，称为"南苑"。此地本秦汉时期的宜春苑。经勘察，知芙蓉苑周围有墙，其东墙北端接外郭城东墙，向南1000余米又西折400米而断缺。西墙在曲江池西侧的山脊处发现有南北长80余米的一段，向北与外郭城南墙北折处相对应。据记载，在曲江池南建有紫云楼、彩霞亭等，可知芙蓉园南面肯定也有围墙，但未发现南墙遗迹。据实测，芙蓉苑东西宽约1400

---

① 陕西省文物管理委员会：《唐长安城地基初步探测》，《考古学报》1958年第3期。

② （宋）程大昌撰，黄永年点校：《雍录》，中华书局，2002年，第132页。

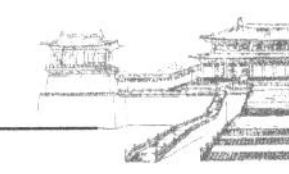

余米，南北长2000多米，周长约7千米。据《雍录》卷六记载：“会黄渠水自城外南来，可以穿城而入，故隋世遂从城外包之入城为芙蓉池，且为芙蓉园也。”[①]又《资治通鉴》卷一百九十四胡三省注引《景龙文馆记》云：“芙蓉园在京师罗城东南隅，本隋世之离宫也；青林重复，绿水弥漫，帝城胜景也。”[②]

芙蓉苑之北的曲江池北半部则是开放的公共游赏地，沿苑墙筑有堤。自池西至通善坊的杏园、慈恩寺一带，水道萦回，花木繁茂，景物优美，尤以荷花为盛。《雍录》卷六云：“刘餗《小说》曰：‘园本古曲江，文帝恶其名曲，改名芙蓉，为其水盛而芙蓉富也。’韩愈诗曰：‘曲江千顷荷花净，平铺红蕖盖明镜。’长安中太平公主于原上置亭游赏，后赐宁、申、岐、薛王。正月晦日，三月三日，九月九日，京城士女咸即此祓禊[③]，帟幕云布，车马填塞，词人乐饮歌诗。”[④]唐诗中也屡有歌咏，既有游赏的写景状物，也有对曲江的怀念，更有因曲江而感怀。如白居易就写有多首：《八月十五日夜湓亭望月》云：“昔年八月十五夜，曲江池畔杏园（一作林）边”[⑤]；《曲江早春》云：“曲江柳条渐无力，杏园伯劳初有声。可怜春浅游人少，好傍池边下马行”[⑥]；《曲江感秋》云：“沙草新雨地，岸柳凉风枝。三年感秋意（一作思），并在曲江池。早蝉已嘹唳，晚荷复离披。前秋去秋思，一一生此时”[⑦]；《曲江忆李十一》云：“李君殁后共谁游，柳岸荷亭两度秋。独绕曲江行一匝，依前还立水边愁”[⑧]。

唐昭宗被朱温胁迫至洛阳后，曲江一带趋于荒芜。据《南部新书》卷庚记载：“曲江池，天祐初，因大风雨，波涛震荡，累日不止。一夕无故其水尽竭。自后宫阙成荆棘矣。今为耕民畜作陂塘，资浇溉之用。每至清明节，都人士女犹有泛舟其间者。”[⑨]

（十一）植被

长安城在设计时非常注意绿化。据文献记载，长安城大街上的植被主要为适合于北方地区气候的槐树、柳树以及白杨、果树。虽然还没有考古发掘的明确证据，但文献中多有记载。据《中朝故事》云：“天街两畔槐树，俗号为槐衙。曲江池畔多柳，亦号为柳

① （宋）程大昌撰，黄永年点校：《雍录》，中华书局，2002年，第132页。

② （宋）司马光撰，（元）胡三省音注：《资治通鉴》，中华书局，1956年，第6103页。

③ 祓禊：也称祓除，也称为禊。是古代人为除灾祛邪而举行的一种仪式。祓除的时间、地点、方式各有不同，通常于岁首在宗庙、社坛中举行，而尤以阴历三月三日（上巳日）在水边祓除最为流行。其方式或举火，或熏香沐浴，或用牲血涂身。隋唐时期，祓禊已经演化为一个聚会性节日，并且得到政府的支持和提倡。

④ （宋）程大昌撰，黄永年点校：《雍录》，中华书局，2002年，第132页。

⑤ 《全唐诗》卷四四〇，上海古籍出版社，1986年，第1096页。

⑥ 《全唐诗》卷四三二，上海古籍出版社，1986年，第1081页。

⑦ 《全唐诗》卷四三二，上海古籍出版社，1986年，第1064页。

⑧ 《全唐诗》卷四四二，上海古籍出版社，1986年，第1104页。

⑨ （宋）钱易撰，黄寿成点校：《南部新书》，中华书局，2002年，第103页。

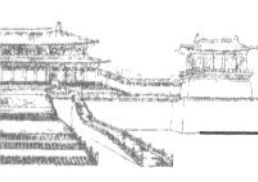

衙。意谓其成行列如排衙也。”[①]所谓天街是指朱雀大街。骆宾王《久戍边城有怀京邑》诗云：“沙塞三千里，京城十二衢。杨沟连凤阙，槐路拟鸿都。”[②]岑参《与高适薛据登慈恩寺浮图》诗云：“青槐夹驰道，宫馆何玲珑。”[③]《旧唐书·韦凑传》记载：“官街树缺，所司植榆以补之。凑曰：‘榆非九衢之玩。’亟命易之以槐。及槐阴成而凑卒，人指树而怀之。”[④]据《太平御览》卷九五四记载：“永崇（避唐玄宗讳，改隆为崇）二年，太平公主降驸马薛绍，以万年县为礼会之所。公主辂车，自兴安门南，至宣阳坊之西街，夜设燎炬，烈焰相属，夹路槐树多有死者。”[⑤]又据《唐会要》卷八十六记载：“贞元元年正月敕：‘宜令京兆府与金吾计会，取城内诸街枯死槐树，充修灞、浐等桥板木等用，仍栽新树充替。’”同书同卷又载：“开元二十八年正月十三日，令两京道路并种果树，令殿中侍御史郑审充使。”[⑥]《历代宅京记》卷六云：“贞观二十年秋七月辛亥，宴五品以上于飞霜殿。殿在玄武门北，因地形高敞，层阁三城（应为‘成’，笔者注），轩栏相注，又引水为洁渌池，树白杨槐柳，以涤炎暑焉。”[⑦]

（十二）礼制建筑及国子监

在隋大兴唐长安城南郊修建有礼制性建筑。据《长安志》卷七记载：“（启夏）门外西南二里有圜丘、先农、藉田三坛。”[⑧]

1. 藉田坛（先农坛）

《隋书·礼仪二》记载：“隋制，于国南十四里启夏门外，置地千亩，为坛，孟春吉亥，祭先农于其上，以后稷配。牲用一太牢。”[⑨]唐太宗时期，将藉田坛建于东郊。武则天时，改藉田坛为先农坛。神龙元年（705年），改先农坛为帝社坛，并于坛西立帝稷坛，礼同太社、太稷，其坛不备方色，所以异于太社。

藉田[⑩]，是指古代天子、诸侯征用民力耕种的田。每逢春耕前，天子、诸侯躬耕藉田，表示对农业的重视，并有劝率天下、勉励务农之意。始于周代，并为以后历代所沿用。

---

① （五代）尉迟偓撰，恒鹤校点：《中朝故事》，《唐五代笔记小说大观》，上海古籍出版社，2000年，下册，第1786页。

② 《全唐诗》卷八〇，上海古籍出版社，1986年，第250页。

③ 《全唐诗》卷一九八，上海古籍出版社，1986年，第464页。

④ （后晋）刘昫等：《旧唐书》，中华书局，1975年，第4748、4749页。

⑤ （宋）李昉等：《太平御览》，中华书局，1960年，第4237页。

⑥ （宋）王溥：《唐会要》，上海古籍出版社，1991年，下册，第1864、1870页。

⑦ （明）顾炎武著，于杰点校：《历代宅京记》，中华书局，1984年，第96页。

⑧ （宋）宋敏求撰，辛德勇、郎洁点校：《长安志》，三秦出版社，2013年，第254、255页。

⑨ （唐）魏徵、令狐德棻：《隋书》，中华书局，1973年，第144页。

⑩ 《汉书·文帝纪》元年应劭注：“古者天子耕藉田千亩，为天下先。藉者，帝王典藉之常也。”韦昭曰：“藉，借也。借民力以治之，以奉宗庙，且以劝率天下使务农也。”

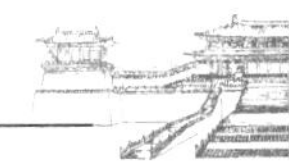

2. 圆丘

圆丘，又名圜丘，元代以后又称为天坛，圆形以象天，是古代皇帝进行祭天活动的礼仪建筑。唐代21位皇帝中，除了顺宗和哀帝外，均在长安城圜丘举行过祀天仪式。唐昭宗龙纪元年（889年）十一月己酉，“有事于南郊”，这是文献记载的最后一次使用圜丘。天祐元年（904年），朱温强迫昭宗迁都洛阳，并废毁了长安城。圆丘的废毁年代也应当在龙纪元年至天祐元年之间，很可能就在天祐元年。圆丘遗址位于唐长安城明德门遗址向东约950米，具体地点在今陕西省西安市雁塔区吴家坟陕西师范大学南区体育场以东。

关于圆丘的修建，据《隋书·礼仪一》记载：“高祖受命，欲新制度。乃命国子祭酒辛彦之议定祀典。为圆丘于国之南，太阳门外道东二里。其丘四成，各高八尺一寸。下成广二十丈，再成广十五丈，又三成广十丈，四成广五丈。再岁冬至之日，祀昊天上帝于其上，以太祖武元皇帝配。”[①]圆丘外建有圆形围墙，四面开门。文献中提及“内壝”，则至少有两重围墙。又据《旧唐书·礼仪志》及《新唐书·礼乐志》所载，唐代圆丘的直径、层数、每层高度均与《隋书·礼仪一》所载相同，如《旧唐书·礼仪一》记载：“武德初，定令：每岁冬至，祀昊天上帝于圆丘，以景帝配。其坛在京城明德门外道东二里。坛制四成，各高八尺一寸，下成广二十丈，再成广十五丈，三成广十丈，四成广五丈。”[②]说明唐沿用隋旧坛，而不改其制。

1999年3—6月，对圆丘遗址进行了发掘[③]。圆丘主体部分是以黄土夯筑而成的圆形高台式坛体建筑。夯层厚14—20厘米，土质坚硬，呈黄色。平面呈四重同心圆形，四层圆形夯土台基叠置而起，圆台面径自下而上逐层均匀递减（图1-1-2-62）。第一层为52.45—53.15米，第二层为40.04—40.89米，第三层为28.35—28.48米，第四层为19.74—20.59米。各层台高也大致相近，第一层为1.85—2.1米，第二层为1.7—1.85米，第三层为1.45—1.75米，第四层为1.75—2.25米。据第一层台下散水外唐代地表推测，早期圆丘总高7.12米，后来增至7.42米。从残存状况推测，其总高最大可达8.12米。环绕每层圆台，以30º夹角均匀设置12个陛阶，陛阶宽1.8—4米。四层共设置48个，据《大唐郊祀录》等文献记载，自北始按顺时针方向依次命名为子陛、丑陛、寅陛、卯陛、辰陛、巳陛、午陛、未陛、申陛、酉陛、戌陛、亥陛。其中的子陛、卯陛、午陛和酉陛，因其所处方位也可分别称为北陛、东陛、南陛、西陛。四层圆台间代表同一时辰的陛阶上下对应，方向一致，外观规整，其中以午陛（南陛）最宽最长。

圆丘的散水、各层台面、台壁及陛阶皆以拌麦秸的白灰涂饰。散水呈缓坡状，宽约3米，环绕于第一层台壁之下。表面涂饰白灰，白灰之下为夯土，夯土厚约0.7米。

---

① （唐）魏徵、令狐德棻：《隋书》，中华书局，1973年，第116页。

② （后晋）刘昫等：《旧唐书》，中华书局，1975年，第819、820页。

③ 中国社会科学院考古研究所西安唐城工作队：《陕西西安唐长安城圜丘遗址的发掘》，《考古》2000年第7期。

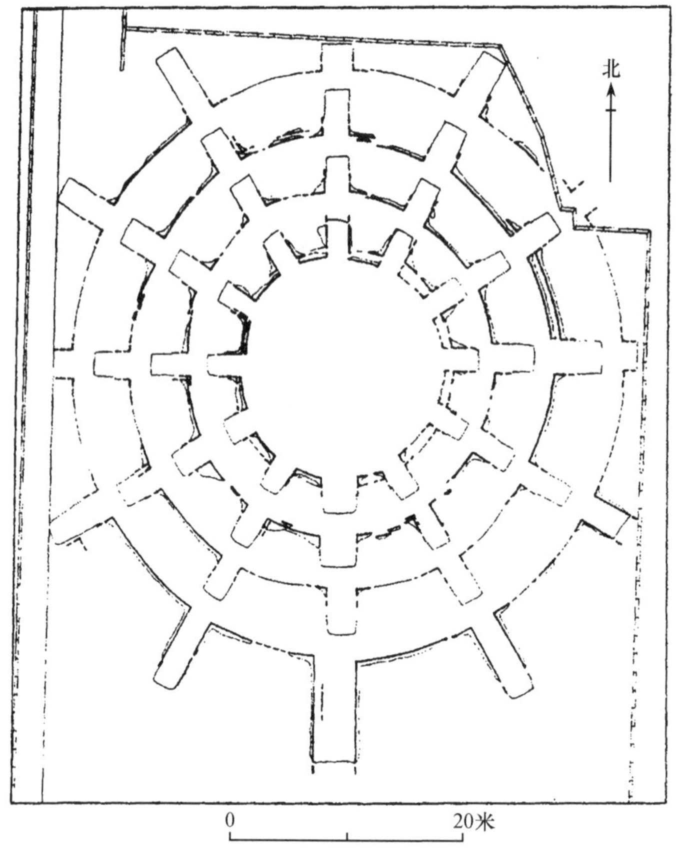

图1-1-2-62　隋唐长安城南郊圆丘遗址平面图

3. 方丘

方丘是祭地之所，也即后世所云的地坛，方形以象地。隋之方丘在宫城北十四里，唐因隋制而不改。此前的梁、陈、北齐时的方丘为一层方坛，底大顶小，四侧壁上部内收。北周方丘为二层八角坛，其围墙也为八角形。隋代所建之方丘，吸收了北周的二层结构，平面形制则吸收了梁、陈、北齐时的方形，有八条阶陛。据《隋书·礼仪一》记载："为方丘于宫城之北十四里。其丘再成，成高五尺，下成方十丈，上成方五丈。夏至之日，祭皇地祇于其上，以太祖配。"①文献中涉及外围墙之事，至少应当有两重围墙。

2021年，对位于西安凤城八路及凤城七路之间、雅荷花园小区南侧残存的不规则黄土残丘进行了考古勘探，发现了琉璃筒瓦、青掍方砖、莲花瓦当、带"天（宝）九年"铭文的板瓦、刻画牛拉单辕犁图案的长方形砖等，结合历史文献，推测该处黄土构筑的土丘极可能是隋大兴唐长安城的方丘遗址。

4. 社稷坛

祭祀土地之神的太社和祭祀五谷之神的太稷是国家的重要祭坛。据《隋书·礼仪二》

---

① （唐）魏徵、令狐德棻：《隋书》，中华书局，1973年，第116、117页。

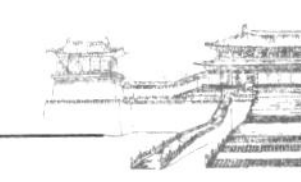

记载："开皇初，社稷并列于含光门内之右，仲春仲秋吉戊，各以一太牢祭焉。"[①]唐代沿用隋代社稷坛不改。

社是土地神，故其上所布土也按五行方色，四周为青（东）、红（南）、白（西）、黑（北），中央为黄，又在中心埋一下部呈方柱形顶面呈方锥状的石块，称为"社主"。唐中宗神龙年间定制，天子太社方五丈，社主长五尺，方二尺，坛四面及四陛按五行方色饰之，其上又覆盖黄土，以象征王者覆被四方。

5. 国子监

《长安志》卷七记载，国子监在务本坊，占坊之西半部，监东开街若两坊，街北直抵皇城南[②]。据《唐六典》卷二十一记载："(国子监）有六学焉：一曰国子，二曰太学，三曰四门，四曰律学、五曰书学、六曰筭（算）六学。"[③]唐天宝四年（745年），玄宗将自己作序、注解并御笔书写的《孝经》刻石立于国子监，称为《石台孝经》。唐文宗开成年间所刻《开成石经》也立于国子监。

唐长安城在昭宗迁洛后，地位一落千丈，由都而为州府，当时驻守长安的节度使韩建修筑了新城。据《长安志图》卷上记载："新城。唐天祐元年，匡国节度使韩建筑。时朱全忠迁昭宗于洛，毁长安宫室百司及民庐舍，长安遂墟。建遂去宫城，又去外郭城，重修子城，即皇城也。南闭朱雀门，又闭延禧、安福门，北开玄武门，是为新城。"[④]对于韩建所筑新城的形制，有不同说法，但从当时的形势来看，应该不会大建。据《长安志图》卷上的记载，应该只是以皇城为基础，将原宫城的南墙作为新城的北墙，也就是将原宫城前的横街纳入，并封闭了几座城门，形成一座比原皇城略大的新城，这一点《长安志图》其实已经表达得很明确了。所谓去宫城、郭城，其意应为放弃，言其以一方节度使之力，不再守护规模巨大的长安城，而专守新城，这也与当时的形势相吻合。至于《长安志图》后面对于城制的描述，是元人李好文看到的韩建之后不断改建形成的，早晚城制混杂在一起，似并不是韩建最初的城制。

综上所述，隋大兴唐长安城在总体上是按照中轴对称原则规划设计的。加上结构严谨、区划整齐，应当是曹魏邺城和北魏洛阳城布局的发展和完善。但在宫城南面另筑皇城是从隋文帝筑大兴城开始的，将宫城与其他区域隔离，从而加强了宫城的防卫。隋大兴唐长安城充分利用了自然地理条件，如都城东部有所谓"六坡"的岗阜高地横贯城内，为了达到控制各坊的政治目的，在这些高地上布置官衙、王府和寺院、道观等，不仅起监督作用，而且增强了城市的立体感。风景区芙蓉园、曲江池与都城融为一体，美化了城市，也提供了游览之所，是古代城市规划的一大创举。

---

① （唐）魏徵、令狐德棻：《隋书》，中华书局，1973年，第143页。

② （宋）宋敏求撰，辛德勇、郎杰点校：《长安志》，三秦出版社，2013年，第262页。

③ （唐）李林甫等撰，陈仲夫点校：《唐六典》，中华书局，1992年，第555页。

④ （元）李好文撰，辛德勇、郎杰点校：《长安志图》，三秦出版社，2013年，第20页。

参考书目

[1]（唐）韦述撰，辛德勇辑校：《两京新记辑校》，三秦出版社，2006年。
[2]（宋）宋敏求：《长安志》，《宋元方志丛刊》（第一册），中华书局，1990年。
[3]（宋）程大昌撰，黄永年点校：《雍录》，中华书局，2002年。
[4]（元）李好文：《长安志图》，《宋元方志丛刊》（第一册），中华书局，1990年。
[5]（元）骆天骧：《类编长安志》，《宋元方志丛刊》（第一册），中华书局，1990年。
[6]（元）骆天骧撰，黄永年点校：《类编长安志》，中华书局，1990年。
[7]（清）徐松撰，张穆校补，方严点校：《唐两京城坊考》，中华书局，1985年。
[8]（清）顾炎武著，于杰点校：《历代宅京记》，中华书局，1984年。
[9] 中国科学院考古研究所编著：《唐长安大明宫》，科学出版社，1959年。
[10] 宿白：《隋唐长安城和洛阳城》，《考古》1978年第6期。
[11] 马得志：《唐代长安与洛阳》，《考古》1982年第6期。
[12] 张永禄：《唐都长安》，西北大学出版社，1987年。
[13] 马得志：《唐长安城发掘新收获》，《考古》1987年第4期。
[14] 傅熹年主编：《中国古代建筑史·第二卷·三国、两晋、南北朝、隋唐、五代建筑》，中国建筑工业出版社，2001年。
[15]（宋）宋敏求撰，（元）李好文撰，辛德勇、郎洁点校：《长安志·长安志图》，三秦出版社，2013年。
[16] 中国社会科学院考古研究所西安市隋唐长安城遗址保护中心、西安市世界遗产监测管理中心：《隋唐长安城遗址（考古资料编）》（上下），文物出版社，2017年。
[17]（清）徐松撰，李健超增订：《最新增订唐两京城坊考》，三秦出版社，2019年。

二、隋唐洛阳城

洛阳城遗址位于河南省洛阳市城区及其近郊。隋炀帝大业元年（605年），诏尚书令杨素、纳言杨达、将作大匠宇文恺等于洛阳营建东京，次年春正月建成。城南对伊阙，北据邙山，东逾瀍河，西临涧水，洛水贯穿其间。《新唐书·地理二》精辟地概括为"都城前直伊阙，后据邙山，左瀍右涧，洛水贯其中，以象河汉"①。洛阳城的名称在隋唐时期前后有所变化，《新唐书·地理二》记载："东都，隋置，武德四年废。贞观六年号洛阳宫，显庆二年曰东都，光宅元年曰神都，神龙元年复曰东都，天宝元年曰东京，上元二年罢京，肃宗元年复为东都。"②规模仅次于大兴城，但平面布局和形制则是隋唐都城的另一种形式。

---

① （宋）欧阳修、宋祁：《新唐书》，中华书局，1975年，第982页。
② （宋）欧阳修、宋祁：《新唐书》，中华书局，1975年，第981、982页。

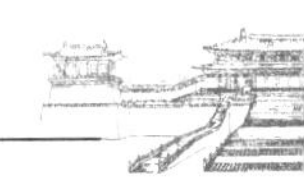

中国科学院考古研究所于1954年对隋唐洛阳城进行了勘察；1959年，又着重勘察了宫城、皇城和周围诸小城的平面布局；1960—1965年，继续勘察了街道、里坊及市的位置，同时对宫城遗址进行了发掘。1982—1986年[①]及1988年[②]，先后对洛阳城乾元门遗址进行了调查发掘。1989—1993年，又对上阳宫园林遗址进行了发掘，发现了水池、廊坊、水榭、石子路、假山及水渠等遗迹[③]。1992—1993年，发掘了履道坊的白居易故居[④]。1997年1月，对郭城东面最南的永通门遗址进行了发掘清理[⑤]。近年来，又对正平坊进行了大面积的发掘。

隋唐洛阳城由郭城、皇城和宫城三部分组成。其中宫城、皇城在郭城的西北角，宫城在皇城之北，宫城北面有曜仪城、圆璧城前后重叠，又有东、西隔城分列左右。皇城东面有东城，其北有含嘉仓城。郭城内东北部及洛水南岸部分为里坊区。其宫城、皇城选择在郭城的西北地势高亢之处，其注意安全防御的色彩远甚于大兴长安城。严格的里坊规划，强化了对城内市民的控制。城内三市的位置都依傍河渠而设置，比大兴长安城更多地考虑了商业的繁荣。

（一）郭城

郭城的城墙全部用夯土筑成，城墙基址宽15—20米。整个城址南宽北窄，形状略近方形，但南北两城墙偏向东北，东城墙偏向西北，西城墙洛水以南部分向外凸出，是沿洛水的弯曲地势兴建的（图1-1-2-63）。经实测，东城墙长约7312、南城墙长约7290、西城墙长约6776、北城墙长约6138米，东西城墙下发现有石板铺砌的下水道。1981年，通过对一段西墙的发掘，得知墙体宽8.7、残高1.6米。墙基有宽9.8、深1.7米的基槽。墙体两侧用砖包砌，墙外加筑有河卵石散水及1.8米宽的砖道，并开挖有一条宽13、深2.5米的护城壕，由此形成了完整的城防体系。

全城共设置8座城门，东、南两面各3座，北面2座，西面无门。东面3座自北而南依次为上东门（隋曰上春门）、建春门（隋曰建阳门）、永通门。南面3座自东而西依次为长夏门、定鼎门（隋曰建国门）、厚载门（隋曰白虎门）。北面2座自东向西依次为安喜门（隋曰喜宁门）、徽安门。经过勘察或发掘的城门遗址有定鼎门、厚载门、建春门、永通门等，这些城门均为一门三门道。其中定鼎门是外郭城南面的中门，也即洛阳城的正门。三个门道均采用梁架结构，门道中部皆置单重石门限。隋代门址仅残存城门墩台与朵楼之间

---

① 中国社会科学院考古研究所洛阳唐城队：《洛阳隋唐东都城1982—1986年考古工作纪要》，《考古》1989年第3期。

② 中国社会科学院考古研究所洛阳唐城队：《唐东都乾元门遗址发掘简报》，《考古》1994年第1期。

③ 中国社会科学院考古研究所洛阳唐城队：《洛阳唐东都上阳宫园林遗址发掘简报》，《考古》1998年第2期。

④ 中国社会科学院考古研究所洛阳唐城队：《洛阳唐东都履道坊白居易故居发掘简报》，《考古》1994年第8期。

⑤ 中国社会科学院考古研究所洛阳唐城队、洛阳市文物工作队：《隋唐洛阳城永通门遗址发掘简报》，《考古》1997年第12期。

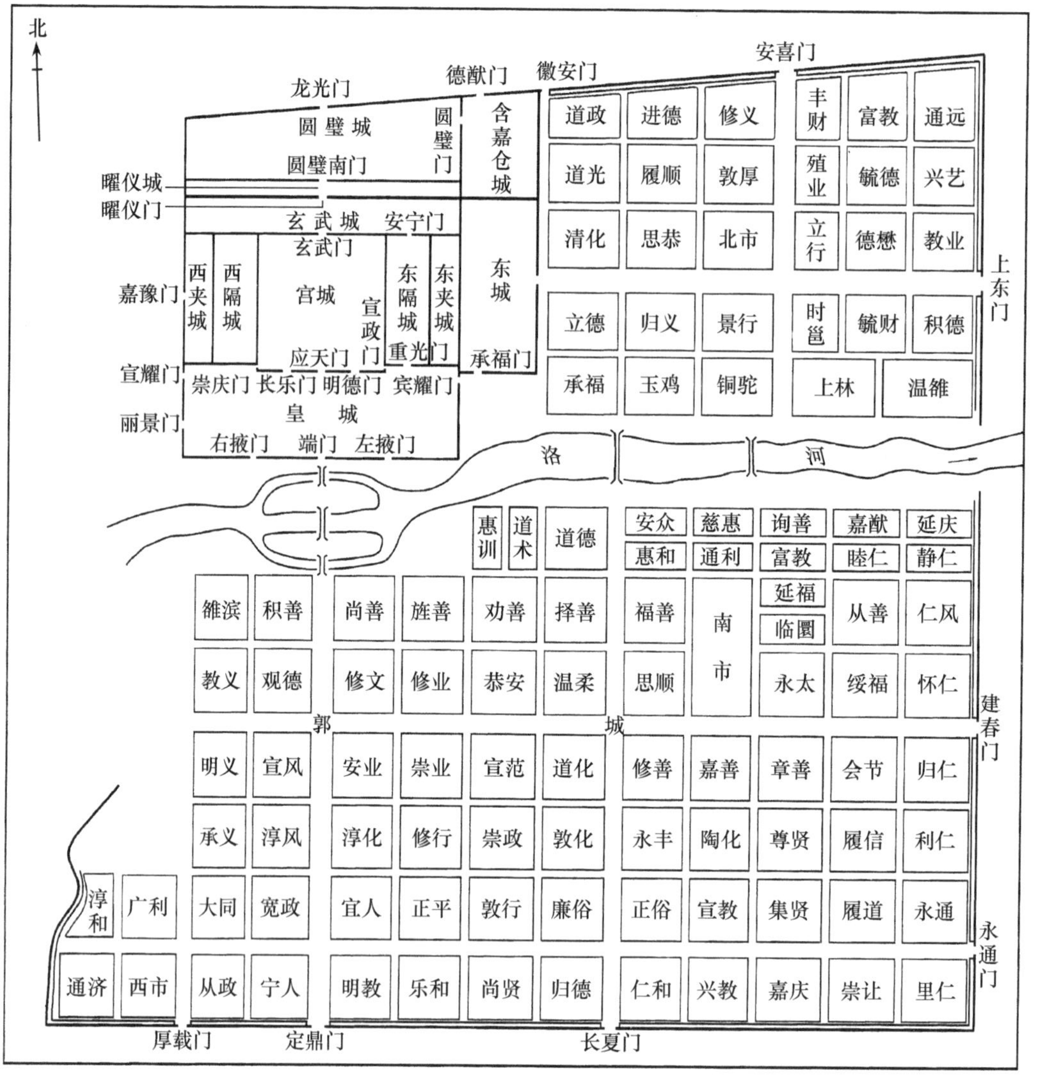

图1-1-2-63　隋唐洛阳城郭城里坊复原图

的连接夯墙、朵楼及城垣夯土。隋代城门墩台较唐代规模小，其基础部分东西两侧皆内收2.4米，东西长39米，南北进深皆为唐代所破坏。墩台与朵楼间城垣宽约5米，朵楼东西长16、南北宽12米。隋代郭城南垣宽仅2.2米。隋代东朵楼东侧有洞穿城垣的砖砌水涵道，其南北进深2.2米，与隋代城垣同宽，东西宽0.62米。涵洞中间有砖砌分水墙。唐代门址亦为三门道过梁式建筑结构，三个门道内残存有柱础石、门砧石等建筑构件。门址宽28米，中间门道宽8米左右，两侧门道各宽7米。门道之间的隔墙皆宽5.6米，门道进深约21米，门道两侧的城门楼墩台宽约8米。两侧马道残长22、南北宽4.7米。两侧朵楼与城门墩台间距33米，朵楼东西长16、南北宽12米[①]（图1-1-2-64）。

① 中国社会科学院考古研究所洛阳唐城队、洛阳市文物工作队：《定鼎门遗址发掘报告》，《考古学报》2004年第1期。

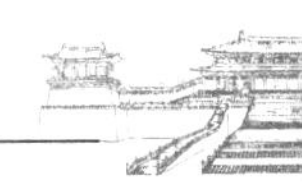

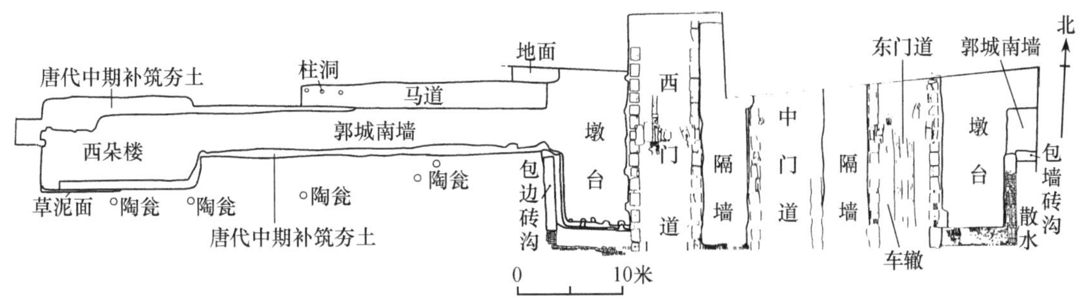

图1-1-2-64　隋唐洛阳城定鼎门唐代中期门址及西朵楼平面图

长夏门位于定鼎门以东2255米处，门址宽约30.5、进深18.5米，三个门道均宽7.5米，门道之间的两堵隔墙均宽4米（图1-1-2-65）。厚载门位于定鼎门以西1060米，门道均宽5.45米。建春门为外郭城东墙的中门，门址宽21米，3个门道均宽5米，门道之间的两堵隔墙均宽3米。郭城东墙南面的永通门门址平面呈长方形，南北长21.75、东西残宽13米，共有三个门道（图1-1-2-66）。南门道宽4.8、东西进深残长12米。门道内发掘出柱础石、排叉柱遗迹、门砧石、门限石、车辙等。柱础石位于门道南北两侧，平面呈长方形，直接安置在门道底部纯净的黄色夯土上。每块柱础的中部，均凿有1个东西长18—22、南北宽10.5—12、深10厘米的长方形卯眼。中门道形制基本同于南门道，南北宽4.95、东西残长6.1米。门道内清理出柱础石、门砧石、立颊、将军石①、门限石、排叉柱遗迹等。门限石长1.25—1.45、宽0.65、厚0.3米。洛阳城街道两侧也进行了很好的绿化，据《河南志》引韦述《两京新记》云："自端门至定鼎门，七里一百三十七步。隋时种樱桃、石榴、榆、柳。中为御道，通泉流渠。今杂植槐、柳等树两行。"②

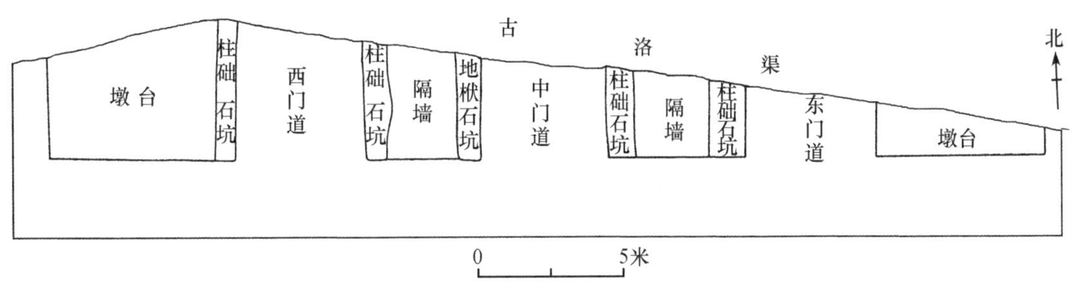

图1-1-2-65　隋唐洛阳城长夏门唐代早期门址平面图

城内街道纵横相交，宽窄相配，形成棋盘式布局。洛河以南有南北向街道12条，东西向街道6条。洛河以北勘察出南北向街道4条，东西向街道3条。街道两旁均有排水沟。其中定鼎门大街是郭城中的主干大街，又称天门街，现存宽度还有121米。城内的住宅区，隋曰"里"，唐改称"坊"。《唐六典》及《旧唐书·地理志》均记载，洛阳东都城

---

① 城门合缝处的下端用来固定门扇的石墩，叫作将军石，言其犹如大将军一样岿然不动。

② （清）徐松辑，高敏点校：《河南志》（第2版），中华书局，2012年，第4页。

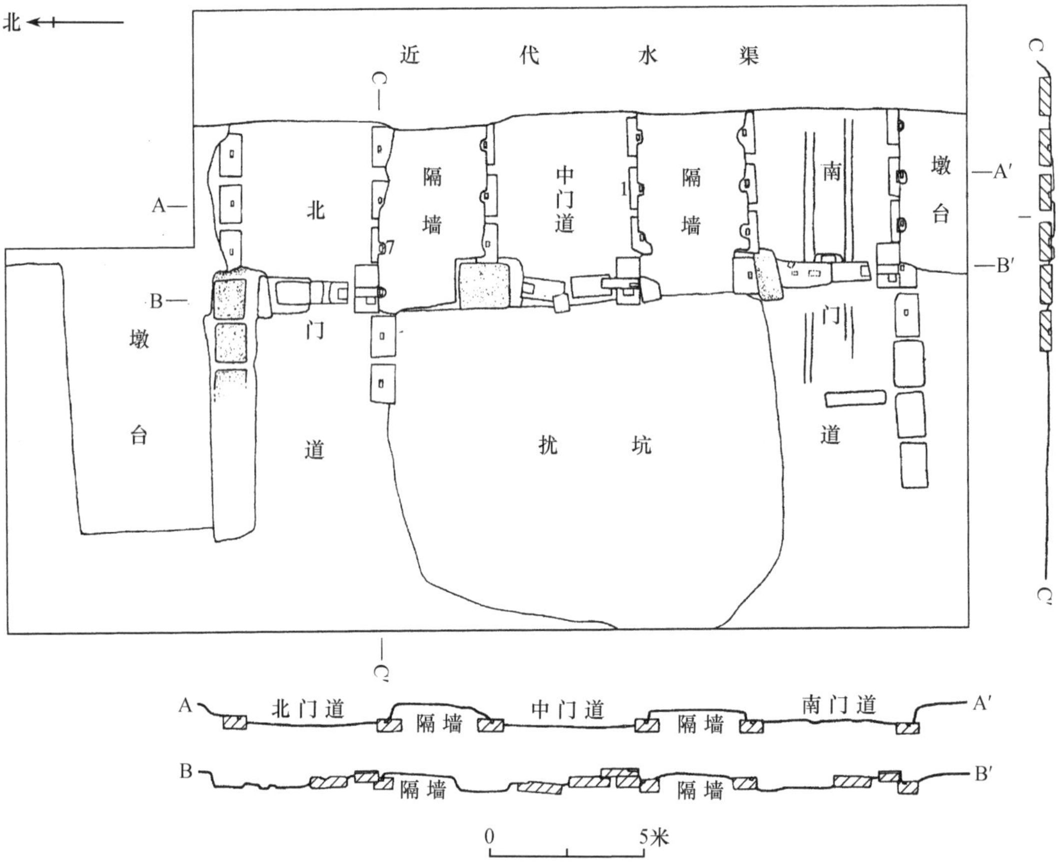

图 1-1-2-66　隋唐洛阳城永通门平、剖面图

内“凡一百三坊，三市居其中焉”，由郭内的纵横街道所构成。已勘察出64坊，其中洛河以南55坊，洛河以北9坊。其余里坊一部分为今洛阳城所叠压，另一部分则被洛河冲刷而无存。坊的平面呈正方形或近方形，长宽在500—580米之间。周围有坊墙，墙正中开门，坊正中设置十字街。如明教坊南临外郭城南城墙，西临定鼎门大街，北为宜人坊，东为乐和坊，北坊墙西段现存240米，西坊墙北段现存114米。坊墙夯筑而成，残宽1.4—2米。坊中有东西向和南北向街道各一条，在坊内十字相交。东西向街长500、宽14米；南北向街残长340（原长530）、宽也为14米。坊内东西街和南北街均与坊外的大街相通，4个坊门开在四面坊墙的中部（图1-1-2-67）。据记载，坊“门并为重楼，饰以丹粉”[①]。

宁人坊（隋称宁民坊，避唐太宗李世民讳改为宁人坊）也发现了坊墙和道路遗迹。遗址南北长约527米，坊东西墙相距约462米。北、西、南三面坊墙分别宽1.1米左右。北、西、南三面坊门分别开在坊墙中心，坊门分别宽3—5米左右。坊门两侧有夯筑墩台，如南坊门东西两侧墩台平面呈长方形，其中西侧墩台和东侧墩台规模相当，均南北长

① （唐）杜宝撰，辛德勇辑校：《大业杂记辑校》，中华书局，2020年，第192页。

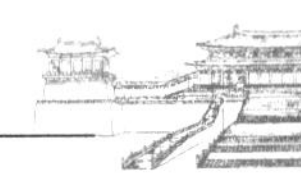

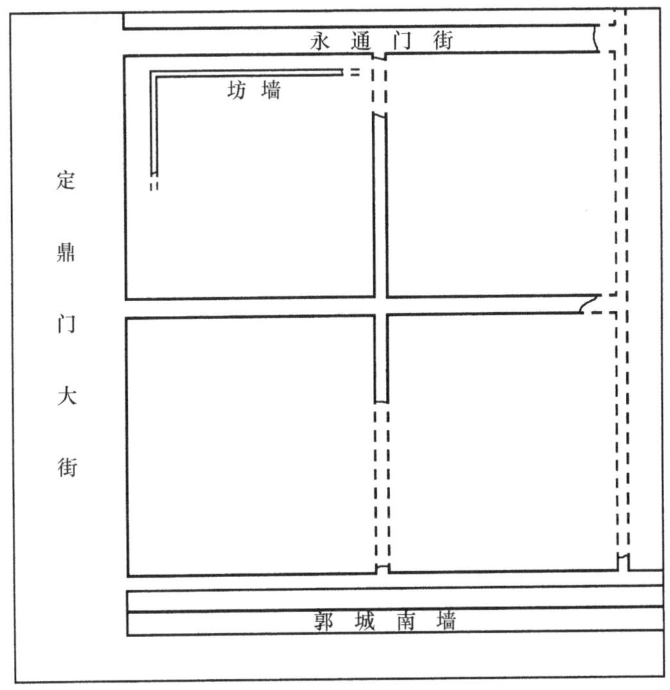

图1-1-2-67 隋唐洛阳城明教坊钻探遗迹复原图

2.2、东西宽1.8米；东西墩台内侧各有一宽0.7米的平台，应为门道两侧门砧的基础部分（图1-1-2-68）；东西墩台间距2.25米。坊内十字街宽8—9米。宁人坊东墙紧邻定鼎门大

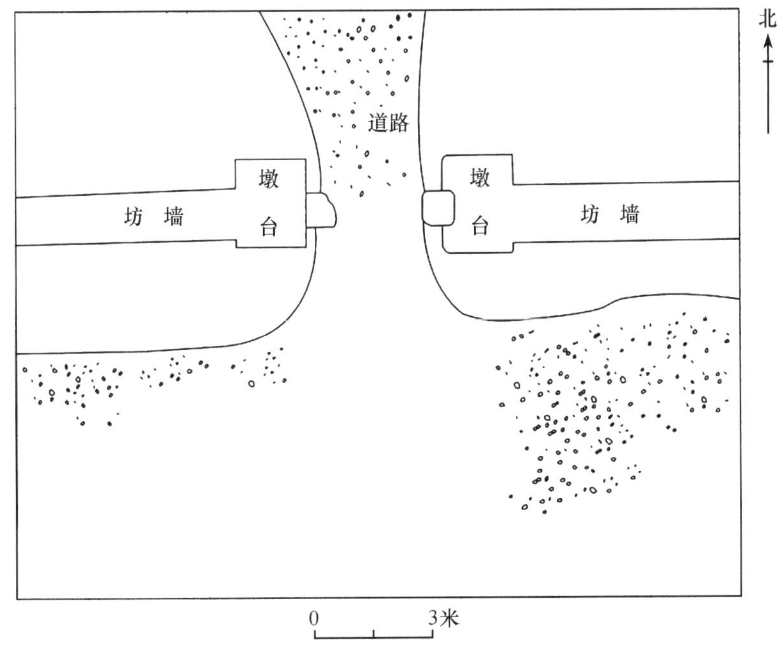

图1-1-2-68 洛阳城宁人坊南坊门遗址平面图

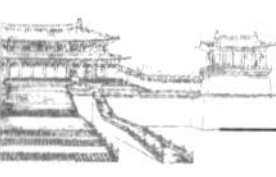

街；南墙距外郭城城墙约50米，与外郭城城墙平行，其间有顺城街[①]。

恭安坊遗址也以十字街分为四个部分，在东南部还发现了十字街南侧的东西向横街。

正平坊经过考古发掘，其东西宽464.6、南北长533.6米。四面坊墙宽1.3—1.43米。坊内街道呈“丁”字形布局，坊分为西半坊、坊东南区和坊东北区三部分（图1-1-2-69）。

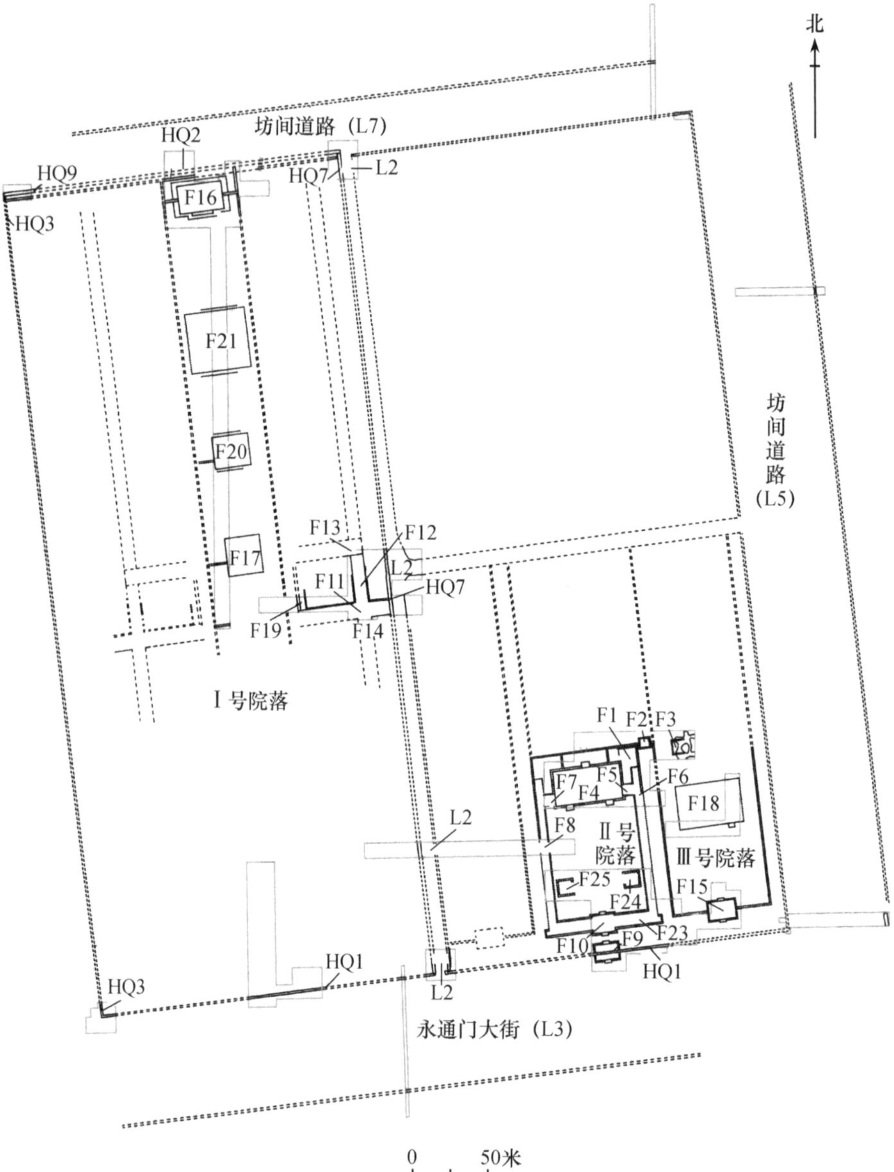

图1-1-2-69　隋唐洛阳城正平坊遗址及遗迹分布平面图

① 洛阳市文物考古研究院、中国社会科学院考古研究所洛阳唐城队：《隋唐洛阳城宁人坊遗址发掘简报》，《洛阳考古》2014年第2期。

南、北坊门由宽约8.7米的街道贯通，坊内东西向街道宽约10米，位于东半坊南北正中。坊西半部为一大型庭院（I号庭院），应为太平公主宅第所在地，呈中轴对称多进式大型院落布局，东西面阔225米，南北进深533.6米。在宅院居中的南北轴线上发现了五座大型夯土建筑台基基址及其附属的院墙、廊房等遗迹。坊东半部则为南北并列的两个大型院落。可能是孔庙、国子监等建筑[①]。这种“丁”字形的里坊布局，应该是对原来的“十”字形布局改变的结果。

与隋大兴唐长安城一样，洛阳城的里坊中也广建佛寺道观，以及中亚、西亚商人等的胡祆寺、波斯胡寺。据《朝野佥载》卷三记载：“河南府立德坊及南市西坊皆有胡祆神庙。每岁商胡祈福，烹猪羊，琵琶鼓笛，酣歌醉舞。”[②]据《河南志》记载，洛阳城修善坊有波斯胡寺，会节坊、立德坊有胡祆寺[③]。

《唐六典》及《旧唐书·地理志》均记载，洛阳城内“三市居中”，即隋丰都市（唐曰南市）、隋通远市（原在唐上林坊之西半部，唐迁至临德坊，曰北市）、隋大同市（唐曰西市，迁至固本坊）。通远市未迁之时，就已经很繁华。据《大业杂记》记载：“（通远）桥跨漕渠，桥南即入通远市。二十门分路入市，市东合漕渠。市周六里，其内郡国舟船舳舻万计。市南临洛水，跨水有临寰桥。”[④]迁至临德坊后，北市占一坊之地，依傍漕渠。据《河南志》记载，漕渠先后流经立德坊南、归义坊西南、景仁（一作行）坊东南，漕渠之上有桥。“大业初造，初曰通济桥。南抵通远市之北西偏门。自此桥之东，皆天下之舟船所集，常万余艘，填满河路，商旅货（贸）易，车马填塞，若西京之崇仁坊。”[⑤]漕渠运输的繁荣，正是隋通远市（唐北市）及通济桥以东区域商业贸易繁荣的写照。在龙门石窟有北市商人凿龛题记[⑥]，如北市香行社像龛题记为：“北市香行社，社官安僧达，录事孙香表、史玄荣……永昌元年（689年）三月八日起手。”北市彩帛行净土堂的龛楣题记为“北市彩帛行净土堂”，旁边有“北市香行王元翼、李谏言、刘义方、王思忠、张□行”。北市丝行像龛所在窟的额部镌刻“北市丝行琢龛”等。由此可见北市工商业繁荣之一斑。南市、西市在洛河以南，其中以南市规模最大，占两坊之地，市内有纵横街道各3条，四面各开3门。据《大业杂记》记载：“丰都市（唐南市），周八里，通门十二。其内一百二十行，三千余肆，甍宇齐平，四望一如，榆柳交阴，通衢相注。市四壁有四百余店，重楼延阁，互相临映。招致商旅，珍奇山积。”[⑦]大同市占一坊之地，据《河南志》记载，隋时大同市所在地“本曰植业坊。隋大业六年，徙大同市于此。凡周四里，市开四门，邸一百四十一

① 国家文物局主编：《考古中国重大项目成果（2021）》，文物出版社，2022年，第163—174页。

② （唐）张鷟撰，赵守俨点校：《朝野佥载》，中华书局，1979年，第64页。

③ （清）徐松辑，高敏点校：《河南志》（第2版），中华书局，2012年，第12、19、27页。

④ （唐）杜宝撰，辛德勇辑校：《大业杂记辑校》，中华书局，2020年，第205页。

⑤ （清）徐松辑，高敏点校：《河南志》（第2版），中华书局，2012年，第142页。

⑥ 龙门文物保管所、北京大学考古系：《中国石窟·龙门石窟》（第二卷），文物出版社，1992年，第267—269页；宿白：《隋唐长安城和洛阳城》，《考古》1978年第6期。

⑦ （唐）杜宝撰，辛德勇辑校：《大业杂记辑校》，中华书局，2020年，第205页。

区，资货六十六行，因乱废”。唐高宗显庆时将大同市迁至固本坊，名曰西市，并“因旧市以名坊”[①]。因洛河冲刷，南、西两市遗迹已荡然无存。

1992年10月至1993年5月，对位于洛阳城东南部永通门内履道坊的唐代大诗人白居易故居进行了发掘[②]。白居易《池上篇》并序中详细描述了其宅第位于履道坊西北隅，“都城风土水木之胜在东南偏，东南之胜在履道里，里之胜在西北隅，西闬北垣第一第，即白氏叟乐天退老之地。地方十七亩，屋宇三之一，水五之一，竹九之一，而岛、树、桥、道间之”[③]。五代后唐同光二年（924年），被改为普明禅院，北宋时称大字寺园，在唐宋两代都是著名的园林。发掘面积达7000平方米，出土了生活用具、文房用具以及建筑构件等2000余件文物，发现了中庭和东西厢房遗址。中庭平面呈方形，东西宽5.5、南北长5.8米，东西两端通过回廊往北与东西厢房相连，回廊各长15.2、宽3.2米。厢房东西相对，各长约8.9、残宽4米。东西厢房往北各连一段回廊，再往北遗迹中断，推测这两段回廊可能与上房相接。中庭南侧散水往南12.6米处有门庭遗址，东西长5.9、南北宽1.45米。由此可推测白居易故居为南有门庭，北有上房，是一座含有前后庭院的两进式院落（图1-1-2-70、图1-1-2-71）。出土经幢上刻有“唐大和九年”及“开国男白居易造此佛顶尊胜大悲”等内容，证明了白居易晚年与佛教的密切关系。在院落南面探出大片池沼淤积土，并发现通过一条小渠道与西侧的伊水渠相通，可能为白居易诗中的南园遗迹。

（二）皇城

皇城亦称太微城或南城，位于郭城的西北隅、宫城的南面，其北墙即宫城的南墙，是衙署之所在。平面形制略呈“凹”字形，东西长2100、南北宽725米（图1-1-2-72）。另一种看法则将围在宫城东、西两侧的夹城也算作皇城的一部分，从而从东西南三面将宫城包围，平面亦呈“凹”字形。据《新唐书·地理二》记载：“皇城长千八百一十七步，广千三百七十八步，周四千九百三十步，其崇三丈七尺，曲折以象南宫垣，名曰太微城。”[④]由于洛水北移，皇城东南部已被冲毁，仅西墙保存较好，长约1670米（含北部夹城西墙），南墙仅存约540米，东墙北段尚存1115米（含北部夹城东墙）。通过钻探、发掘与复原，可知皇城南墙长2100、东西墙长725米。皇城城墙为夯筑，宽约8—10米。东墙内外用砖包砌，其余各面墙体未用砖包砌。

《唐六典》卷七记载，皇城南面三门，中为端门，左为左掖门，右为右掖门。东面一门，即宾耀门。西面二门，南为丽景门，北为宣耀门[⑤]。其中皇城的正门端门和左掖门遗址

---

① （清）徐松辑，高敏点校：《河南志》（第2版），中华书局，2012年，第25页。

② 中国社会科学院考古研究所洛阳唐城队：《洛阳唐东都履道坊白居易故居发掘简报》，《考古》1994年第8期。

③ 《全唐诗》卷四六一，上海古籍出版社，1986年，第1172页。

④ （宋）欧阳修、宋祁：《新唐书》，中华书局，1975年，第982页。

⑤ （唐）李林甫等撰，陈仲夫点校：《唐六典》，中华书局，1992年，第220页。

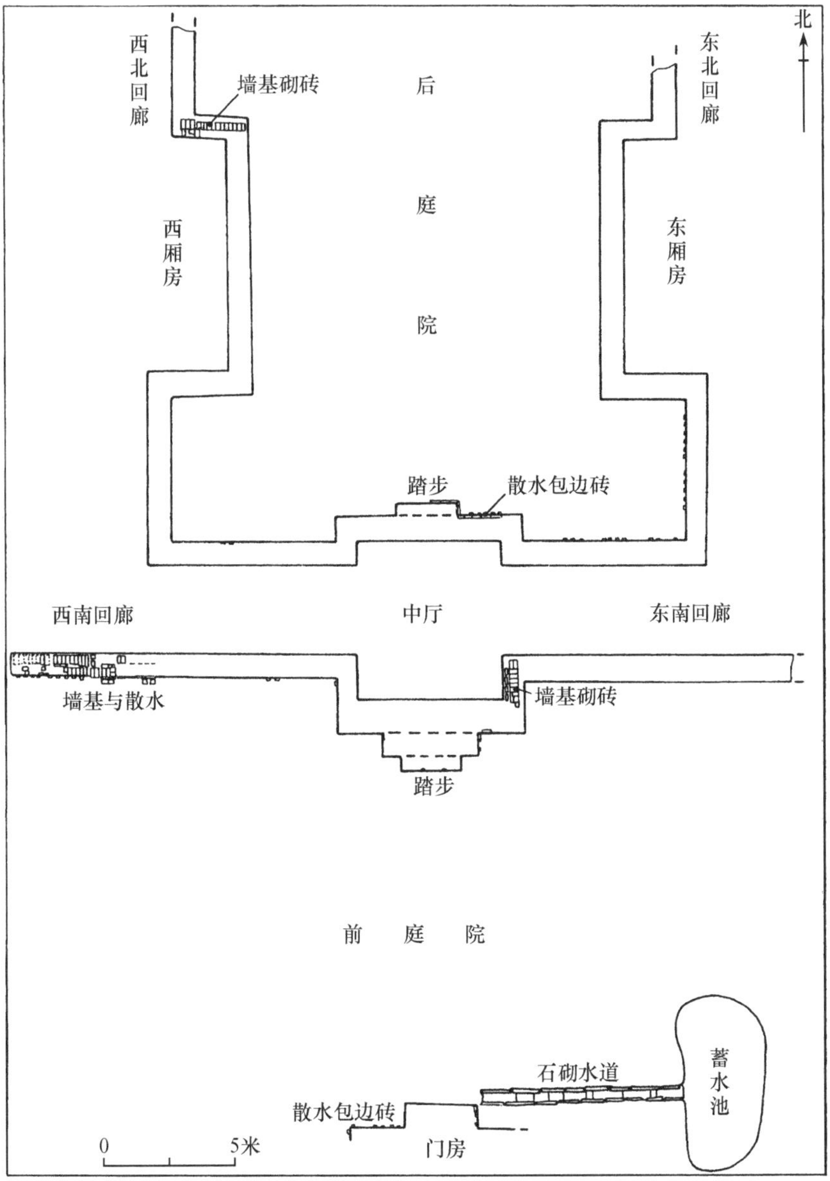

图1-1-2-70 隋唐洛阳城白居易宅第遗址平面图

已不存在。右掖门遗址经过发掘，是洛阳城内保存比较好的一座城门（图1-1-2-73）。门址宽24、进深17.5米，三门道，门道均宽6米。门道之间的两堵隔墙各宽3米，城门残高2.15米。门道两侧采用砖壁夹柱的结构，每侧用13根立柱起架，立架上架过梁，其上建筑门楼。木制门扉设在门道中央，向内开启，门上有门钉和圆泡形门饰，残高3.75、宽1.75米。门道两侧壁面经粉饰。在最中间的柱础石上，有结构完整的门框石、门砧石，门限下面平铺石板3方，在右门道内的石板上留有清晰的车辙痕迹，宽1.25米，印证了当时“左入右出”的制度。

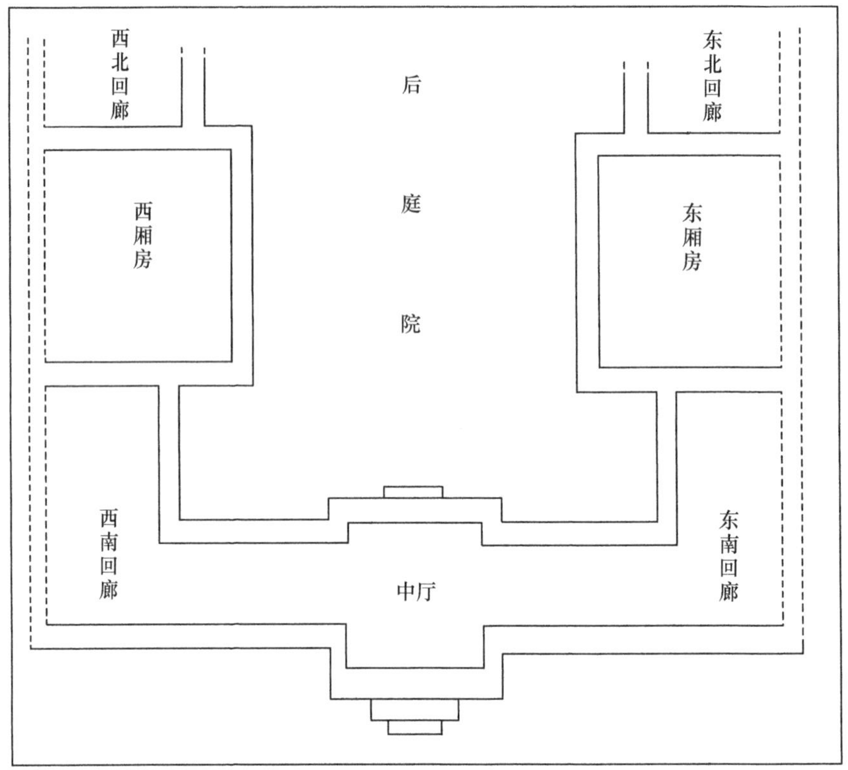

图 1-1-2-71　隋唐洛阳城白居易宅第平面复原图

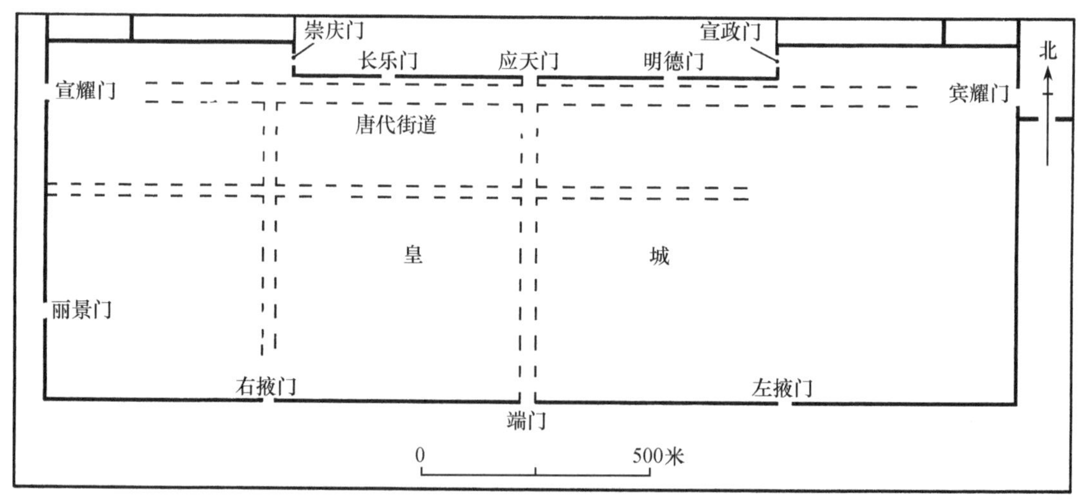

图 1-1-2-72　隋唐洛阳城唐代皇城遗址平面复原图

在皇城内的隋子罗仓发现一排4座仓窖，对其中的2座进行了发掘[①]。据《大业杂记》

① 洛阳博物馆：《洛阳隋唐东都皇城内的仓窖遗址》，《考古》1981年第4期。

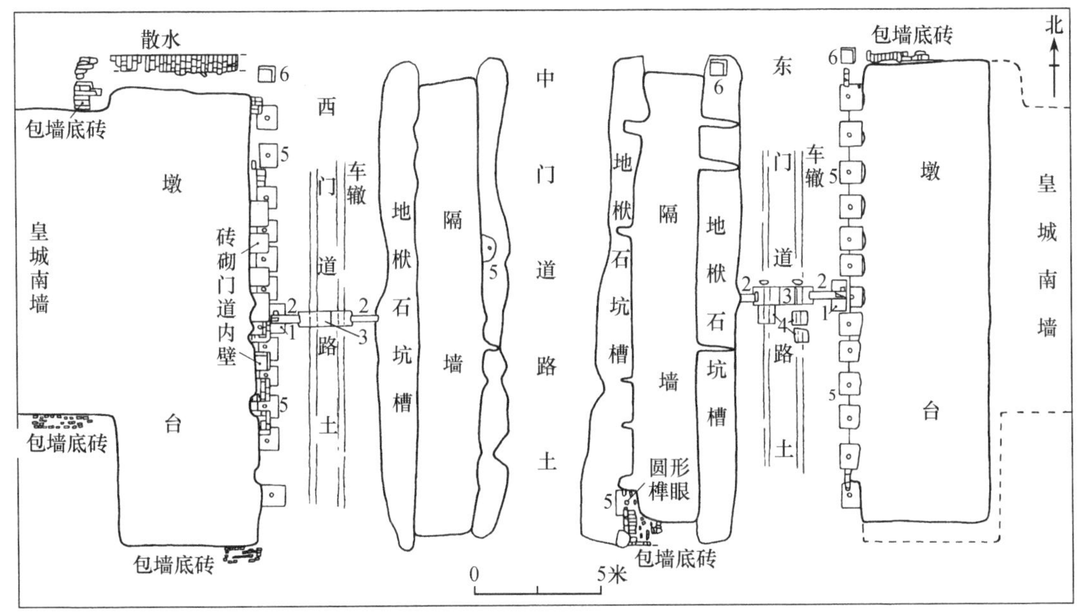

图1-1-2-73　隋唐洛阳城皇城右掖门遗址平面图

记载，在皇城右掖门“街西有子罗仓，仓有盐二十万石。子罗仓西，有粳米六十余窖，窖别受八千石”[①]。发掘证明，子罗仓的粮窖形制和含嘉仓的基本相同。其建筑程序是：先挖一个口大底小的椭圆形土窖，窖底用黄土夯打，夯土上覆有5层防潮层，如1号窖由上而下为蒲席层、锯末碎木混合层、木板层、草层、木板层。与含嘉仓不同的是，子罗仓窖壁上的木板是固定在墙壁上的，并在窖底中心部位发现一竖穴柱洞。推测子罗仓粮窖是在窖底中心部位立柱，以支撑用圆木搭成的伞形顶架，顶架上铺草席和草束，表面涂抹草拌泥，以防雨隔潮。

（三）宫城

在郭城的西北隅、皇城的北面，南北略短，东西稍宽，东北角向南内凹，南面中段向外凸出（图1-1-2-74—图1-1-2-76）。据《新唐书·地理二》记载：“宫城在皇城北，长千六百二十步，广八百有五步，周四千九百二十一步，其崇四丈八尺，以象北辰藩卫，曰紫微城，武后号太初宫。”[②]

宫城由多重小城组成，东墙长2160、南墙长约2100、西墙长约1840、北墙长约2130米，一般宽度在15—16米。

曜仪城在宫城之北，平面呈狭长形，东西长约2100、南北宽约120米。圆壁城在曜仪城之北，平面呈长方形，东西长约2110、东端宽590、西端宽460米。曜仪城北面的圆壁

---

① （唐）杜宝撰，辛德勇辑校：《大业杂记辑校》，中华书局，2020年，第194、195页。

② （宋）欧阳修、宋祁：《新唐书》，中华书局，1975年，第982页。

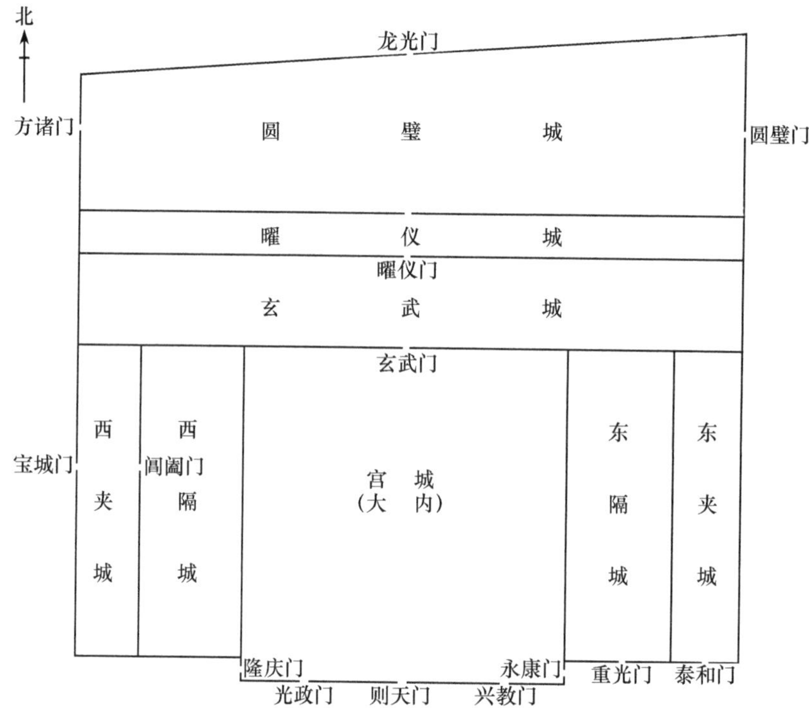

图1-1-2-74　隋唐洛阳城隋代宫城平面及主要城门平面示意图

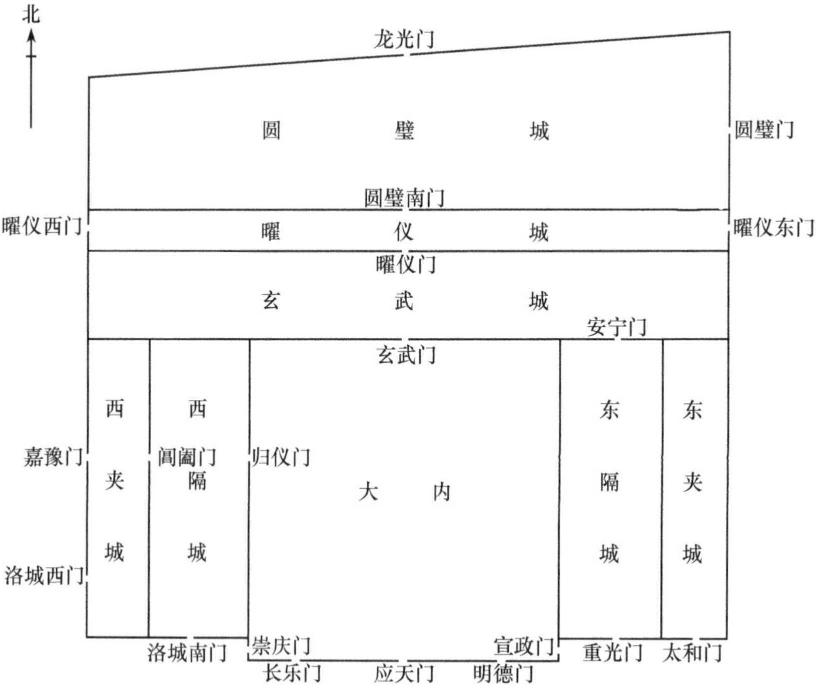

图1-1-2-75　隋唐洛阳城唐代宫城及主要城门平面示意图

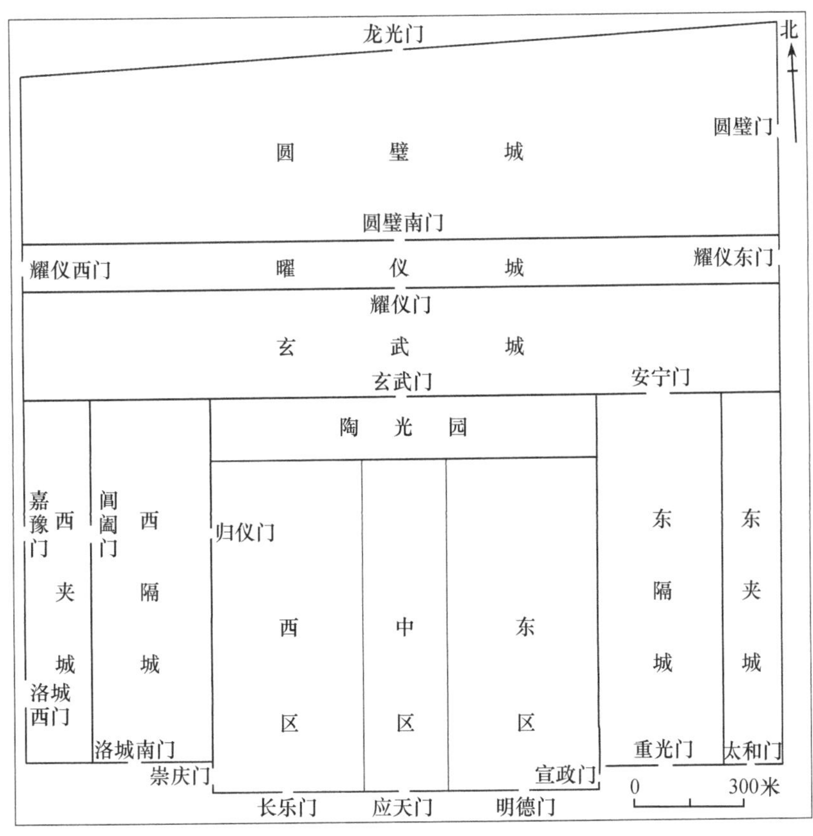

图1-1-2-76　隋唐洛阳城唐代宫城的分区

南门，圆壁城北面的龙光门，均为单门道建筑。在宫城东西两侧，还有长方形小城址各1座，因为与大内相隔而被称为隔城。东、西隔城大小一致，南北均长970、东西均宽350米。在西墙正中稍偏北，发现门址1座，为单门道结构，宽约10米。

大内居于宫城南部正中，城垣夯筑，内外砌砖，平面呈方形，边长1040米。南面正中的应天门，应天门东边的明德门（隋曰兴教门）、西边的长乐门（隋曰光政门），以及北面的玄武门、西面的嘉豫门等均已经勘探出来。东宫在宫城东南隅，自为一城，东西宽330、南北长约1000米。宫城北部有陶光园，西北部有九州池。在宫城内中区中轴线上，由南向北有大片夯土基址，应是宫门遗址及中央各殿的殿址，目前经过调查和发掘的有永泰门遗址、乾元门遗址、明堂遗址及大殿遗址等（图1-1-2-77）。在宫城西部陆续发掘出一些规模较小的殿、亭遗址。在宫城西南发现了夹城城墙，长180米，夯土筑成，夯层一般厚约16—18厘米，城墙夯土质量较宫城要差，土色为纯黄色，夹城西端与外郭城相接[①]，它可能就是文献记载的“丽景夹城”。洛阳城宫城城南墙三座城门均为一门三门道，其余三面城墙的城门则均为单门道。

---

① 洛阳博物馆：《洛阳发现隋唐城夹城城墙》，《考古》1983年第11期。

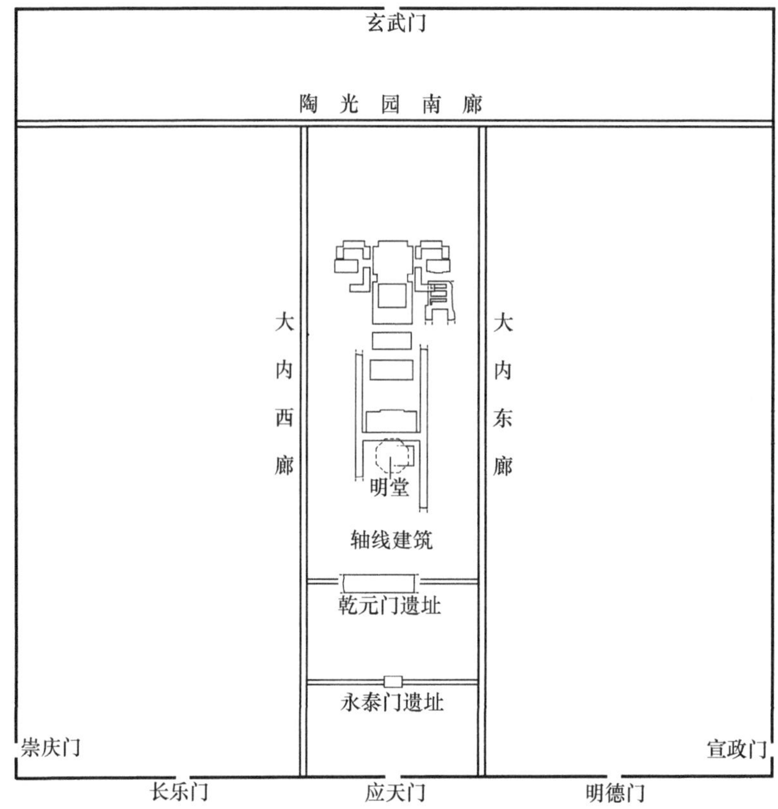

图1-1-2-77　隋唐洛阳城宫城中区中轴线上的重要遗址分布示意图

应天门位于宫城南面正中（隋曰则天门，因避武则天讳而改称应天门，宋代称“五凤楼”），东西两侧有朵楼（阙楼），自朵楼向南凸出对称的两堵夯墙，两者相距83米，各宽17.5米。夯土墙南端阙楼基础呈向东西两侧伸展的曲尺形三出阙（图1-1-2-78）。总体来

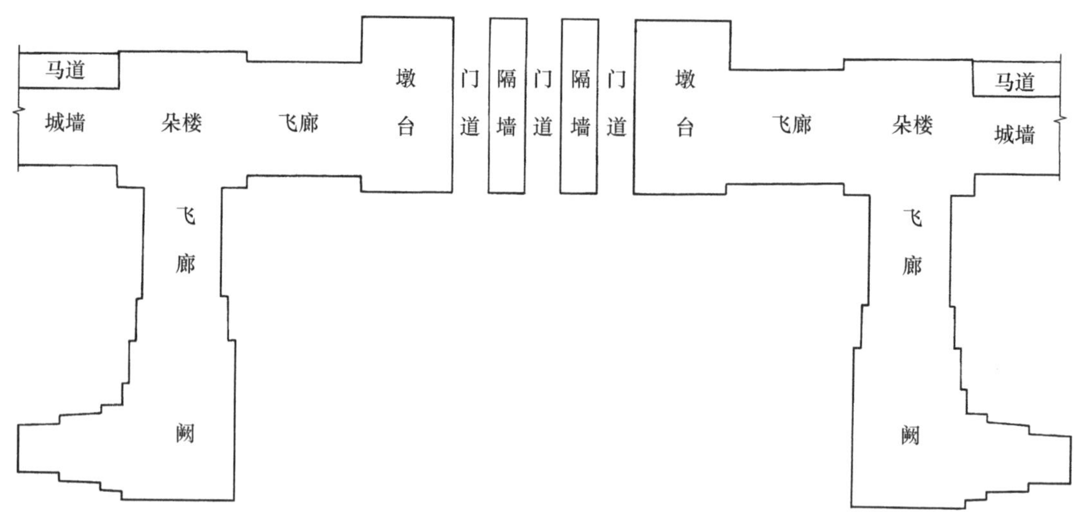

图1-1-2-78　隋唐洛阳城宫城应天门遗址平面复原图

看，应天门以城门及门楼为主体，两侧辅以朵楼，向南伸出高大的曲尺形三出阙，其间以廊庑相连，从而构成规模巨大的建筑群，城门前形成一个三面包围式的“广场”，其建筑样式与文献记载的“左右连阙”相吻合，对后世产生了巨大影响。

崇庆门，隋曰隆庆门，为单门道过梁式建筑结构，门道宽4.4、进深10.3米。在门道内两侧发现柱础石，形制呈方形，中央凿圆形卯眼，为排叉柱柱础石。础石坑平面呈方形，坑下部平铺厚4厘米的纯净黄沙，以起减震作用。门道内路面发现车辙痕迹，间距约1.4米。门道中央有石门限和石门砧（图1-1-2-79）。

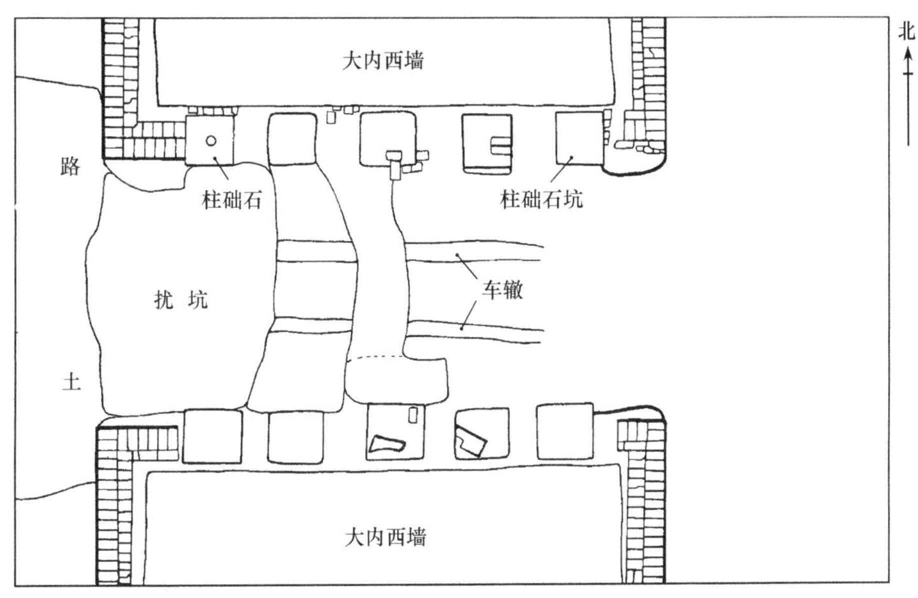

图1-1-2-79 隋唐洛阳城宫城崇庆门遗址平面图

宣政门，隋曰永康门，形制结构与崇庆门相似，也为单门道过梁式建筑结构。唐代门址早晚两期叠压，早期门道进深10.3、宽5.8米，晚期门道进深11.7、宽5.65米。门道内发现长方形的柱础石坑、车道石和路土等（图1-1-2-80）。

玄武门，为单门道过梁式建筑结构，门道宽6.3米，东西两侧为宽13.9、长16.5米的墩台。墩台两侧与城墙相接，城墙南侧有东西向直坡式马道，马道长约50.5米。

九州池是洛阳宫城内的宫廷花园。《两京新记》卷四记载：“九州池在仁智殿之南、归义门之西。其池屈曲，象东海之九州。居地十顷，水深丈余，鸟鱼翔泳，花卉罗植。”[①]九州池遗址位于宫城的西北部、陶光园南250米处，东西长约205、南北宽约130米。在池北东西两侧各有一条宽5米的渠道向北延伸，南面东南角也有1条渠道遗迹，可能是九州池的进水或出水口。在现有的九州池范围之内，已经探明5座小岛，均为生土台基，岛呈椭

① （唐）韦述撰，辛德勇辑校：《两京新记辑校》，中华书局，2020年，第141页。

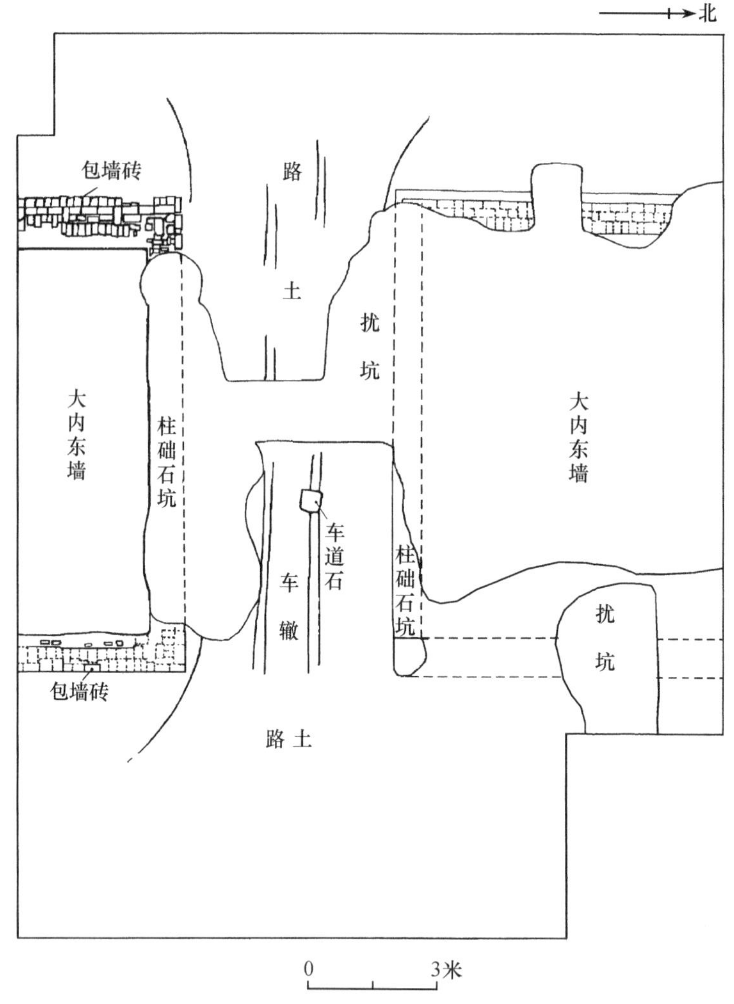

图1-1-2-80　隋唐洛阳城宫城宣政门唐代晚期门址平面图

圆形或近圆形，在其中的3座岛上分别发现亭台建筑遗址各一处①。在九州池周围还陆续发现过不少建筑基址，20世纪60年代初，在池东南部清理亭式建筑和廊房遗址各一处。其中亭式建筑呈八角形，直径为13.2米；廊房遗址共7间，每间长4.43、南北宽3.4米。1982年，在池东侧清理殿亭基址和亭式建筑各一处，殿亭基址呈方形，坐北朝南，残存部分南北长10.5、东西宽7.6米；亭式建筑略呈方形，南北长8.23、东西宽7.5米，四角保存有石柱础或柱础石坑。1987年，在池西南部发掘一处廊房基址，廊房建筑呈东西向，南北并列，其间以甬道相连。在两座廊房的东端，还发现两条并列的砖砌下水道，从东北方向进入九州池。

① 中国社会科学院考古研究所洛阳唐城队：《洛阳东都城1982—1986年考古工作纪要》,《考古》1989年第3期。

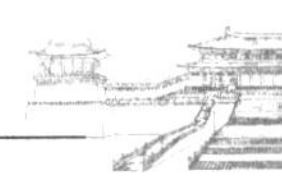

（四）东城及含嘉仓城

东城在宫城之东，平面呈长方形，南北长约1450、东西宽约630米。东城之北有含嘉仓城，平面呈长方形，东西约615、南北约725米。1971年对含嘉仓城遗址进行了钻探和发掘，其城墙为夯筑而成，残存城墙的宽度约17米，每层夯土的厚度约为6—8厘米。仓城之内粮窖分布密集，东西排列成行，行距一般为6—8米，部分行距仅3米左右，也有个别行距宽达15米左右。粮窖之间的距离一般在3—5米，也有个别不足2米。历年来共发掘粮窖19个，其形制一般为口大底小的圆缸形。仓口直径在8—16、最大者18米；底部直径4—12、深5—7米，最深者11.7米（图1-1-2-81）。在已经发掘的160号仓窖中还保留有大半窖炭化谷子，推测该窖当年储存的谷子约50万斤左右。

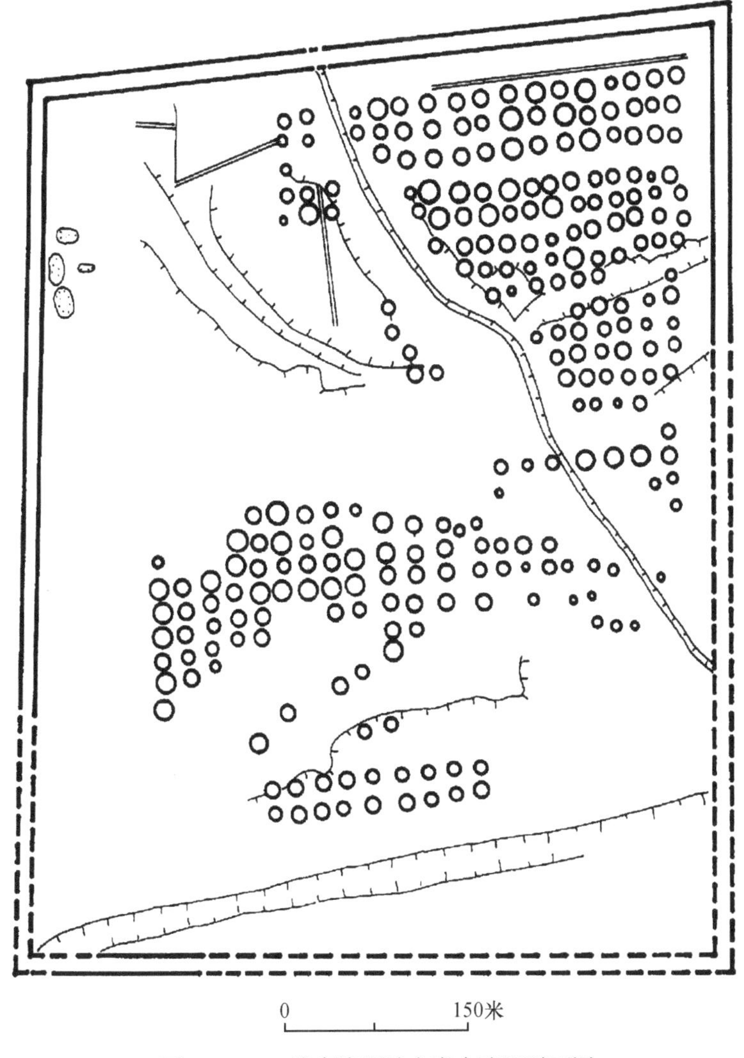

图1-1-2-81　隋唐洛阳城含嘉仓遗址平面图

通过发掘和解剖，可知仓窖的建筑程序是：第一步是挖土窖，并将窖壁和窖底修整光滑；第二步是对窖底进行防潮处理，其处理程序为：一是加固夯实，二是以火烧烤；三是铺设红烧土碎块和黑灰等拌成的混合物。然后，在其上铺设木板和草。这些处理完毕后，再在上面铺席子，席子的编织方法有“人”字形和“十”字形两种（图1-1-2-82）。粮窖周壁都镶有木板，木板作横向排列，可能是便于随着储存粮食的增加而逐渐增高。粮食储存完毕之后，有的在上面铺席子，席子上堆糠草、土加以封闭。有的则在上面用木架、席子、草拌泥等构成伞形顶架，以覆盖粮窖[①]。这种粮窖结构合理，简单坚固，具有较强的防潮和防火性能。它既体现了我国地下储粮的优良传统，也反映了当时人的创造力。在粮窖之内出土了许多铁制生产工具以及30余块带字铭砖，铭砖文字多为阴刻，少数为墨书。这些铭砖详细地记录了每个粮窖的位置、储粮的来源、品种、数量以及入库时间、经手人等，是入仓时的原始记录凭证。据《唐六典》卷十九“太仓署”记载：“凡凿窖、置屋，皆铭砖为庾斛之数，与其年月日，受领粟官吏姓名。又立牌如其铭焉。”[②]《旧唐书·职官三》“太仓署”的记载与之相同[③]。考古发现的实物和文献记载相一致，可以看出当时对粮仓的管理有严密措施。据砖铭记载，粮食入仓时间是在武则天天授、长寿、圣历年间。

图1-1-2-82　洛阳含嘉仓城仓窖发现的席子及其编织方法

① 河南省博物馆、洛阳市博物馆：《洛阳隋唐含嘉仓的发掘》，《文物》1972年第3期；洛阳市文物工作队：《洛阳含嘉仓1988年发掘简报》，《文物》1992年第3期。

② （唐）李林甫等撰，陈仲夫点校：《唐六典》，中华书局，1992年，第526页。

③ （后晋）刘昫等：《旧唐书》，中华书局，1975年，第1886、1887页。

粮食中有江南的租米和华北的租粟，分别来自苏州、楚州、滁州、邢州、冀州、德州、魏州、沧州等地，大多数经漕运进入洛阳。

（五）明堂遗址的发掘

1986年，中国社会科学院考古研究所洛阳唐城工作队在洛阳中州路与定鼎路相交处的东北角，发现武则天时期修建的明堂遗址。殿基用红褐色土夯筑而成，夯土共有五重，平面呈八边形，在中心位置发现一圆形大柱坑，坑口直径9.8、坑底直径6.16、深达4.06米。坑底有4块大青石构成的巨型石础，柱础上刻有细线两周，中心处有一方形柱槽[①]（图1-1-2-83、图1-1-2-84）。该殿基遗址的位置、形制和建筑特点，与文献记载的明堂相符合，因此推测为明堂遗址。

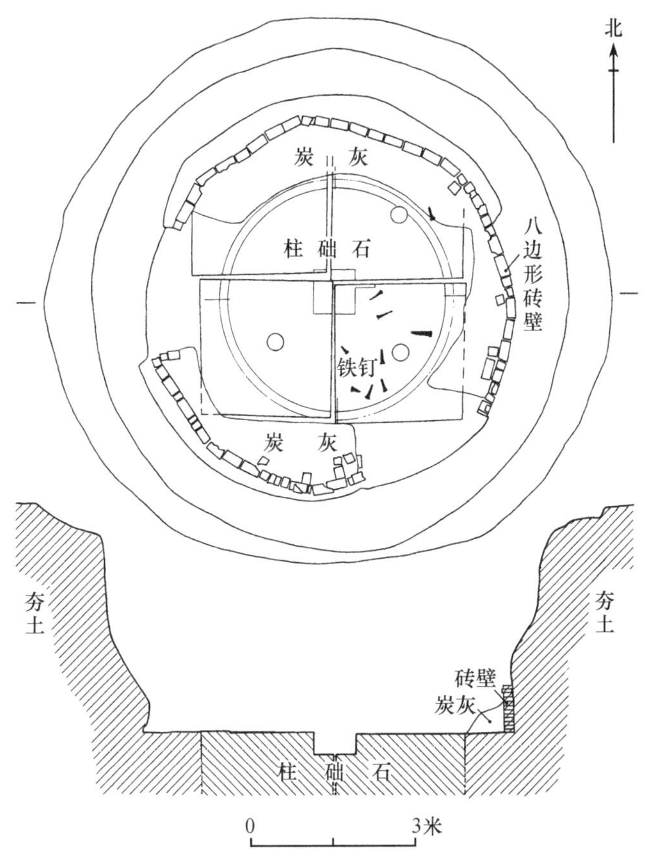

图1-1-2-83　隋唐洛阳城明堂遗址中部柱础坑平、剖面图

① 中国社会科学院考古研究所洛阳唐城队：《唐东都武则天明堂遗址发掘简报》，《考古》1988年第3期；王岩：《关于唐东都武则天明堂遗址的几个问题》，《考古》1993年第10期；傅熹年主编：《中国古代建筑史·第二卷·三国、两晋、南北朝、隋唐、五代建筑》，中国建筑工业出版社，2001年，第407—414页。

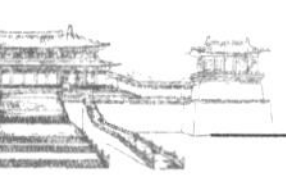

图1-1-2-84 隋唐洛阳城明堂及乾元殿立面复原示意图
1. 武则天时期明堂立面复原示意图 2. 由武则天明堂改建成的乾元殿立面复原示意图

明堂初为隋之乾阳殿，唐高祖武德四年（621年）秦王李世民平定王世充之乱，焚乾阳殿。唐高宗麟德二年（665年）依旧址造乾元殿。武则天垂拱四年（688年）毁乾元殿，于其地造明堂。据《旧唐书·礼仪二》记载，明堂“凡高二百九十四尺，东西南北各三百尺。有三层：下层象四时，各随方色；中层法十二辰，圆盖，盖上盘九龙捧之；上层法二十四气，亦圆盖。亭中有巨木十围，上下通贯，栭、栌、樽（撑）、欂，藉以为本，亘之以铁索。盖为鸑鷟，黄金饰之，势若飞翥。刻木为瓦，夹纻漆之。明堂之下施铁渠，以为辟雍之象，号‘万象神宫’”①。武则天时期，曾经在此宴飨群臣，接受朝贺，发布政令。又于明堂北造天堂，以贮佛像。天册万岁元年（695年）正月，火烧天堂延及明堂。复命更造明堂、天堂。万岁通天元年（696年）三月新明堂建成，号曰“通天宫”。开元五年（717年）唐玄宗幸东都，更明堂为乾元殿。开元十年，复以乾元殿为明堂。开元二十七年，毁明堂上层，改修下层为新殿。开元二十八年，佛光寺起火，延烧廊舍，改新殿为含元殿。

从考古发掘的遗迹来看，文献记载的明堂建于乾元殿旧址，在应天门内即宫城的中轴线上。距离应天门为200步或205步，折合294米或301米。由应天门遗址至发现的遗迹实测距离为405米，且恰在中轴线上。同时考虑到由应天门至乾元殿，中间尚隔有永泰门和乾元门，两门也应当有一定的距离。因此，实际距离与文献的记载比较接近。另外，从基址中心的大型柱坑来看，底部的巨大柱石应当是明堂堂心柱的位置。

（六）天堂建筑基址

1977—1979年，在洛阳定鼎北路和唐宫东路交叉口的东侧，南距明堂遗址约百余米，东距宫城中轴线约50余米之处，发现一圆形高台式建筑遗址，夯土筑成，直径64.8、残高1.2米（图1-1-2-85、图1-1-2-86）。台基周围残存有宽1.4、深0.5米的包边基槽，推测其基座用青石包砌而成。台基上面中部有一大型柱洞，口径14.8、底径13.8、深2.5米。柱

① （后晋）刘昫等：《旧唐书》，中华书局，1975年，第862页。

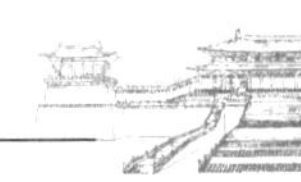

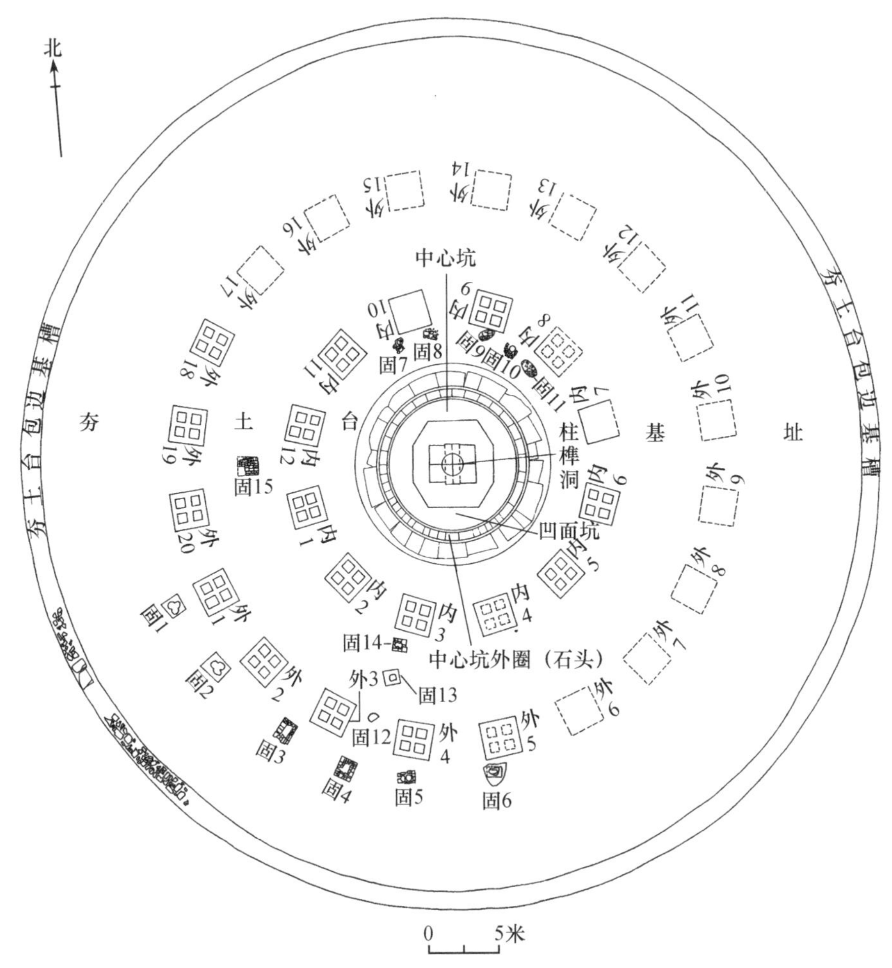

图1-1-2-85 隋唐洛阳城天堂遗址平面复原图

洞周壁全用特制的大型青石块修砌，石缝整齐严密，中部有一周宽0.5米的二层台。柱洞底部用夯土夯成一个正方形凹面，边长4、深0.1米。凹面内是用3块条石组成的方形柱础石，在其中心挖一直径32、深30厘米的榫眼，柱础石表面以榫眼为中心阴刻直径0.89米的圆圈，可知其上原来立有直径0.89米的木柱。围绕柱洞的夯土台上，还排列有内外两圈柱础石。在大型柱洞外6米处，排列内圈柱础石，一周为15个。在内圈柱础石外9米，排列外圈柱础石，一周为23个，每个柱础石间距为4米。柱础石均由上下两层共8块青石组成，其间铺垫厚4—6厘米的细沙，应是为减缓上面建筑物的震动而采取的措施。在对该遗址的发掘过程中，在柱洞底部发现木炭和壁画痕迹，还出土1尊鎏金造像，其背面錾刻“维大唐神龙元年岁次乙巳四月庚戌朔八日丁巳奉为皇帝皇后敬造释迦牟尼佛一铺，用此功德滋助皇帝皇后圣化无穷，永充供养”①。根据其位置及遗址本身的特点，推测该圆形建

① 洛阳市文物考古研究院：《隋唐洛阳城天堂遗址发掘报告》，科学出版社，2016年，图一六，图版六〇。

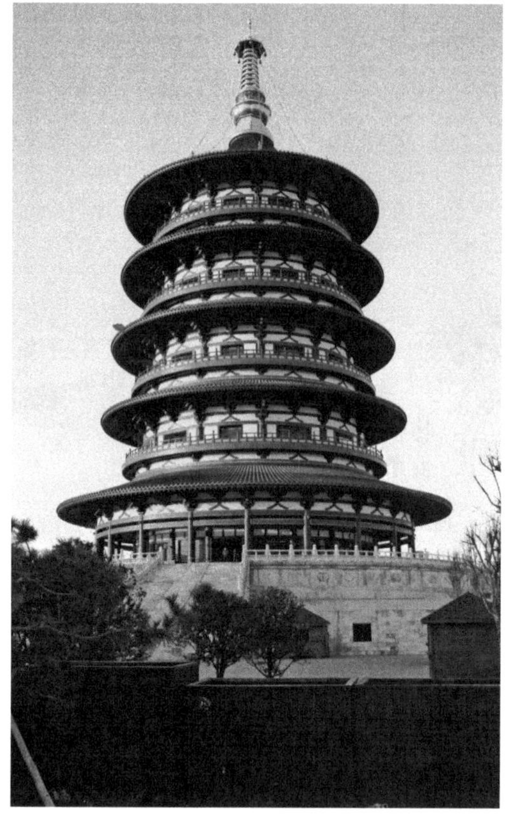

图 1-1-2-86　唐洛阳城武则天时期的天堂复原图

筑基址应该是武则天时期修建的天堂遗址。

（七）西苑与上阳宫

隋大业元年夏五月，在洛阳城西筑东都苑。初名会通苑，先后又改称上林苑、西苑。武德初年改称芳华苑。武则天改东都为神都后，又改称神都苑①。西苑在隋唐之时，范围大小有所变化。隋代的西苑，据《大业杂记》记其“周二百里”②；《河南志》记其“周二百二十九里一百三十八步”③，比周回七十里的洛阳城大得多。唐太宗时，嫌西苑太广，毁之以赐居民，并将其缩小至“周一百二十六里，东面十七里，南面三十九里，西面五十里，北面二十四里”④。又据《唐六典》卷七记载：“禁苑在皇都之西，北拒北邙，西至孝水，南带洛水支渠，谷、洛二水会于其间。”注云：“东面十七里，南面三十九里，西面五十里，北面二十里，周回一百二十六里。”⑤据《唐六典》卷七记载：“开元二十四年，上以为谷、洛二水或泛溢，疲费人功，遂敕河南尹李适之出内库和雇，修三陂以御之，一曰积翠，二曰月陂，三曰上阳。尔后，二水无力役之患。”⑥西苑的详情尚待进一步的考古发掘究明。

据文献记载，隋西苑有十四门。内建十六院，每院东、南、西三面各开一门，院内建宫殿，开池沼，种植名花。每院由一名四品夫人主持，迎接皇帝游幸。每院还附设一屯，与院同名，屯内豢养动物，凿池养鱼，种植瓜果。苑内开凿龙鳞渠，周绕十六院，每院之门均面临龙鳞渠。渠宽二十步，上架飞桥。出院门过桥百步，种植杨柳修竹，名花美草。在苑内造山为海，周十余里，水深数丈，其中有方丈、蓬莱、瀛洲三座仙山，高出水面百余尺，其上分别修建有通真观、集灵台、总仙宫。龙鳞渠绕十六院之后，注入海中。海东建有曲水池，其间有曲水殿，为三月三日上巳日禊饮之所。在十六院之外，还有数十处大

① （清）徐松辑，高敏点校：《河南志》（第2版），中华书局，2012年，第136页。
② （唐）杜宝撰，辛德勇辑校：《大业杂记辑校》，中华书局，2020年，第203页。
③ （清）徐松辑，高敏点校：《河南志》（第2版），中华书局，2012年，第111页。
④ （清）徐松辑，高敏点校：《河南志》（第2版），中华书局，2012年，第136页。
⑤ （唐）李林甫等撰，陈仲夫点校：《唐六典》，中华书局，1992年，第222页。
⑥ （唐）李林甫等撰，陈仲夫点校：《唐六典》，中华书局，1992年，第222页。

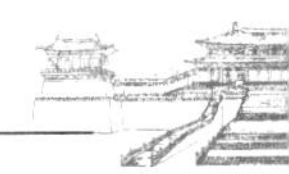

大小小的离宫别馆[①]。

上阳宫位于禁苑之东、皇城的西南隅。唐上元中，由司农卿韦弘机修建。其方圆一里余，正殿为观风殿，正门为提象门，皆向东。另有仙居殿、麟趾殿及亭廊、水榭等，其内广植花木，宛若仙境。高宗及武则天曾经在此听政，中宗复位后，迁武则天于上阳宫，并薨亡于仙居殿。唐玄宗等也常居于此宫。德宗以后，或因洛水泛滥，上阳宫被废弃。1989—1993年，对上阳宫园林遗址进行了发掘，发现了水池、廊房、水榭、石子路、假山等遗迹，以及砖、瓦、鸱尾、垂兽、螭首等建筑构件[②]。该遗址位于皇城南墙以南40米，东距右掖门约250米。东部有一水池，东西残长53、南北3—5、深1.5米左右。地势西高东低，入水口在西侧，用青石铺砌而成。池底经过夯筑，上铺鹅卵石。池岸用太湖石层层垒砌，高低错落，犬牙相间。池中西部有水榭遗迹，岸边发现有廊房、石子路及假山遗迹。位于水池西北岸的假山以青石堆砌而成，底座近圆形，直径2、残高1米。园林西部发现一段南北向水渠遗迹，宽14.6—19米，向南通向古洛水。出土的遗物中有众多的陶、铜建筑构件，其中许多陶构件为黄、绿琉璃制品。此遗迹应当是上阳宫内的园林遗迹，可见上阳宫的确华美无比。

（八）洛阳城的水系

洛阳城本身就是沿洛河南北两岸修建而成，其东面是瀍河，西面是涧河，东南面是伊水，都城内水系发达。与此同时，还开凿了便于漕运的水渠，如通津渠、通济渠、运渠、漕渠、泄城渠等。还有一些水渠是为了满足景观用水，如谷水支渠就是为了满足九州池的景观用水的支渠，这些水渠当然还能兼顾生活用水（图1-1-2-87）。

（九）关于洛水贯都

关于洛水贯都的做法，已经有学者指出，从隋唐三百多年间的实际效果来看，使洛水贯都并非成功之举[③]。首先，洛水不断泛滥，造成严重破坏。《新唐书·五行三》以及《唐会要》卷四十三、四十四记载，永淳元年（682年）五月，“洛水溢，坏天津桥及中桥，漂居民千余家”。如意元年（692年），“洛水溢，损居人五千余家”。神龙元年（705年），“洛水暴涨，坏百姓庐舍二千余家，溺死者数百人”。开元八年（720年），“东都谷、洛、瀍三水溢，损居人九百六十一家，溺死八百一十五人”。开元十四年（726年），“瀍水暴涨入洛，损诸州租船数百艘，损租米十七万二千八百石”[④]。从以上记载可以看出，水患已经

① （唐）杜宝撰，辛德勇辑校：《大业杂记辑校》，中华书局，2020年，第203—205页。

② 中国社会科学院考古研究所：《洛阳唐东都上阳宫园林遗址发掘简报》，《考古》1998年第2期；姜波：《唐东都上阳宫考》，《考古》1998年第2期。

③ 傅熹年主编：《中国古代建筑史·第二卷·三国、两晋、南北朝、隋唐、五代建筑》，中国建筑工业出版社，2001年，第336、337页。

④ （宋）欧阳修、宋祁：《新唐书》，中华书局，1975年，第929页；（宋）王溥：《唐会要》，上海古籍出版社，1991年，上册，第913—917页。

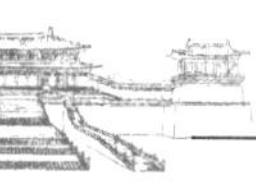

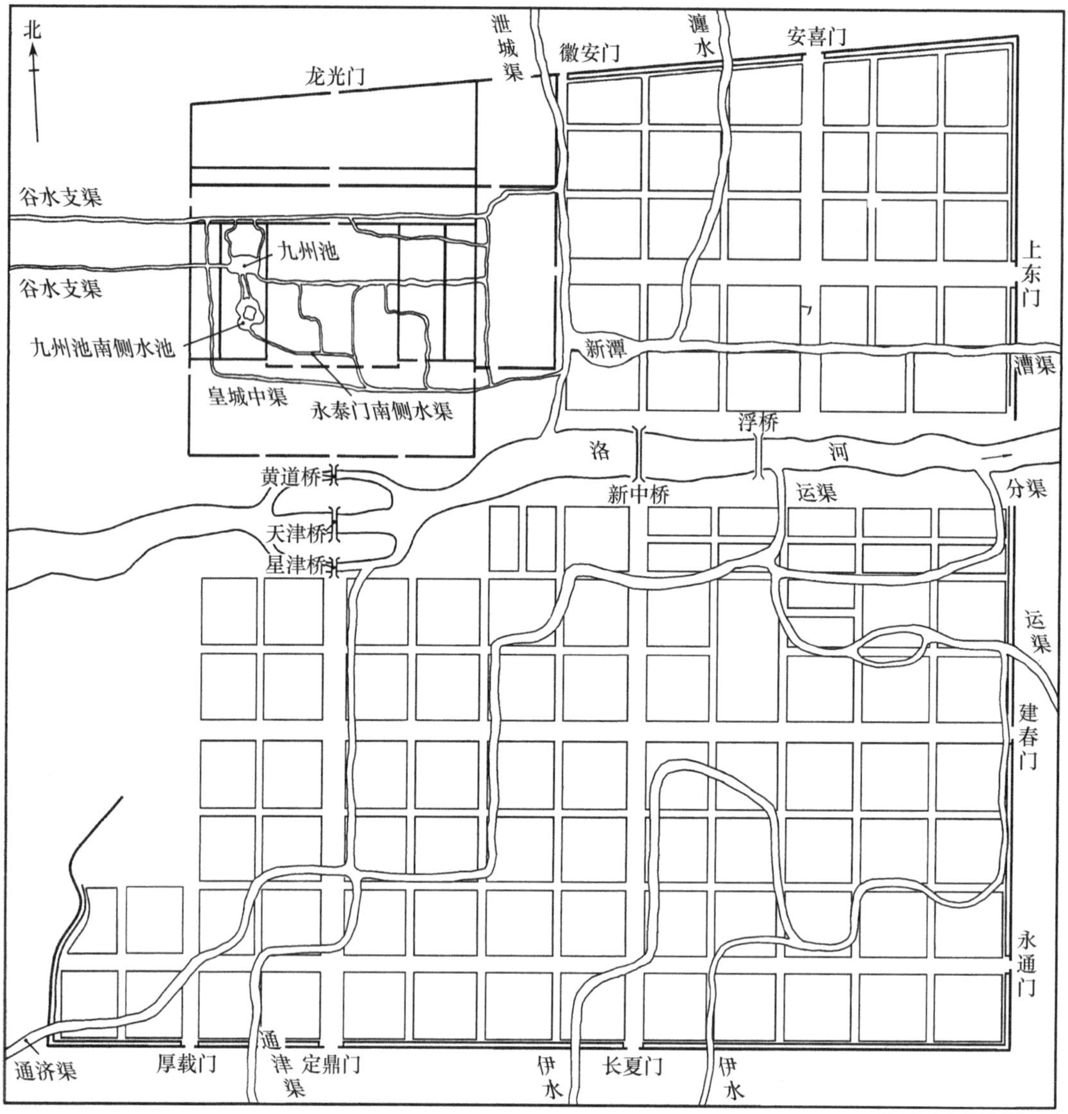

图 1-1-2-87　隋唐洛阳城水系复原图

成为东都洛阳的最大灾难。第二，东都洛阳被洛水分为南北两部分，洛水出入之处成为最大的缺口，枯水期无险可守。隋末杨玄感、李密攻东都，都舍洛南而直攻洛北。隋末唐初与王世充的战争中，唐军占西苑，王世充放弃洛南和洛北坊市，只守宫城和皇城，以皇城南面洛水北岸为主战场。“安史之乱”时，叛军也置洛南不顾，自东面攻入洛北区，西攻上阳宫西苑，孤立的皇城宫城也不能守。巨大的洛南区由于洛水阻隔，对保卫洛北区基本不起作用。所以，不论从城市生活还是从防御的角度来看，让一条不能控制的河流穿城而过，实是一个很大的失策。

据考古资料和文献记载，可知洛阳城在城市规划方面与长安有显著的不同之处：皇城和宫城不在郭城北部正中，而位于郭城西北隅，这样的规划是为了与长安城有所区别，以

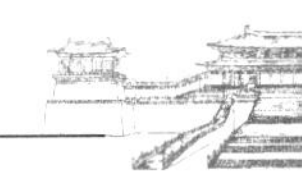

表明洛阳城下京城一等；宫城除南置皇城外，北建重城，西邻禁苑，东接东城。皇城、宫城本身又都内外砌砖。皇城之南并界以洛河。其戒备坚固严密，又远在京师之上；里坊面积缩小，是北魏洛阳城旧坊制的恢复。此外，挟洛河而建、漕运便利也应是重要特征之一。洛阳城的布局特点，充分反映了它在唐代政治、经济生活中的特殊地位。

参考书目

[1] 中国科学院考古研究所洛阳发掘队:《隋唐东都城址的勘查和发掘》,《考古》1961年第3期。

[2] 中国科学院考古研究所洛阳发掘队:《隋唐东都城址的勘查和发掘续记》,《考古》1978年第6期。

[3] 河南省博物馆、洛阳市博物馆:《洛阳隋唐含嘉仓的发掘》,《文物》1972年第3期。

[4] 洛阳博物馆:《隋唐洛阳含嘉仓城德猷门遗址的发掘》,《中原文物》1981年第2期。

[5] 洛阳市文物工作队:《1981年河南洛阳隋唐东都夹城发掘简报》,《中原文物》1983年第2期。

[6] 姜波:《唐东都上阳宫考》,《考古》1998年第2期。

[7] 中国社会科学院考古研究所洛阳唐城队、洛阳市文物工作队:《定鼎门遗址发掘报告》,《考古学报》2004年第1期。

[8] 中国社会科学院考古研究所编著:《隋唐洛阳城——1959—2001年考古发掘报告》，文物出版社，2014年。

[9] 洛阳市文物考古研究院编著:《隋唐洛阳城天堂遗址发掘报告》，科学出版社，2016年。

三、隋唐扬州城

扬州原名吴州，隋开皇九年（589年）改为扬州。隋唐扬州城虽然不属于都城，但由于隋炀帝在此建江都宫，其城市规模也不同于一般地方城市。在西京长安和东都洛阳以外的城市中，扬州城规模最大，也最为重要。早在20世纪40年代，日本人安藤更生就曾到扬州考察城址，写出《唐宋时期的扬州城研究》，并绘制了《扬州城附近要图》。自20世纪50年代以来，南京博物院等对城址进行了多次调查发掘，使得扬州城的考古工作取得了一些进展。自1986年起，中国社会科学院考古研究所、南京博物院、扬州市文化局组成联合考古队，对扬州城址进行了全面勘察和发掘，使隋唐宋时期的扬州城原貌得以完整揭示。隋江都宫（亦即唐代子城的位置）在罗城西北隅蜀岗上，城市布局和洛阳城有相似之处。扬州是隋唐时期江南的一大政治经济中心，商业及国际贸易十分发达。重视水路运输，是扬州城规划上的突出特点之一，而且城内河道纵横，并与流经城下的南北交通大动脉——大运河相通。7世纪时，随着大运河的开通，扬州居水陆要冲，成为当时物资转运的中心之一。“安史之乱”以后，随着全国经济中心的南移，扬州的地位日趋重要，曾为大都督府、淮南节度使、淮南道采访使、盐铁转运使治所，是当时中外交通的重要港口之一。

（一）隋代扬州城遗址

隋扬州城包括罗城、宫城和东城三部分（图1-1-2-88）。

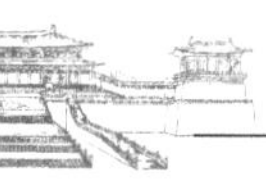

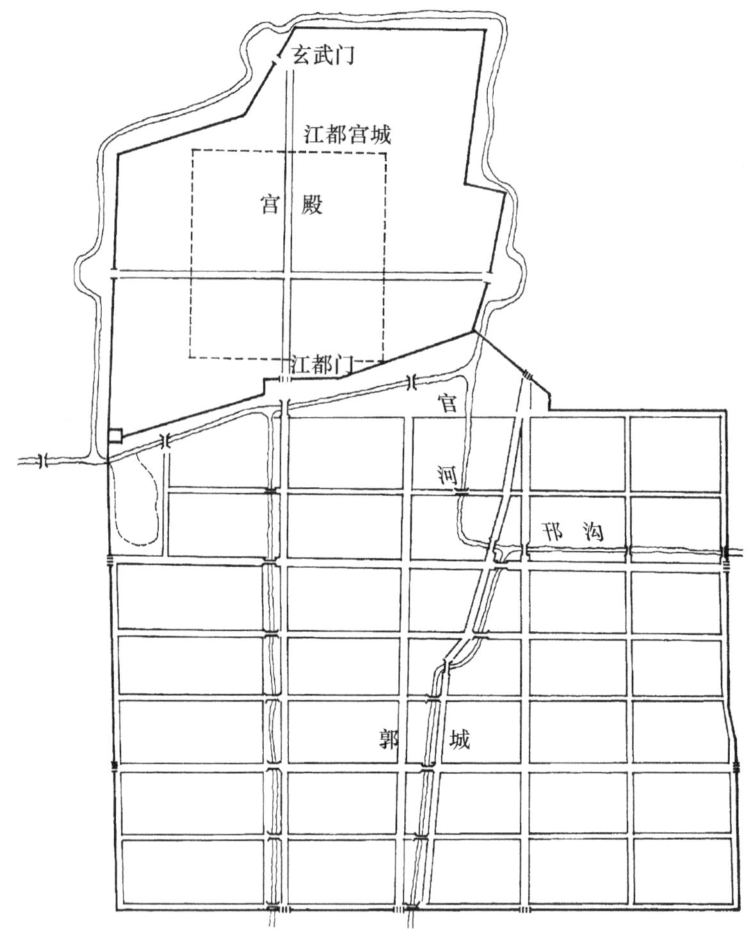

图1-1-2-88 隋代扬州城遗址平面复原图

1. 罗城

关于隋扬州城是否有罗城的问题，一直争论不休。通过考古工作者的努力，在蜀岗以南发现了与隋代罗城有关的城墙遗址5处，如果将这些城墙遗址相连，便可构成一个独立的区域。经过后来的考古钻探，发现了东西相对的两座三门道的城门遗址。其中西门遗址门道进深22米，中间门道宽5米，两侧门道均宽4米，门道之间有厚达4米的墩台。门址两侧夯筑有长34、宽22米的门楼墩台。城门两侧与夯土城墙相连，墙厚9米。从城门形制与结构来看，与蜀岗的宫城南门相似，而与唐代罗城内一些单门道的城门遗址有明显的区别。推测隋代罗城的范围应当毗邻蜀岗，在今瘦西湖、漕河以北一线。

2. 宫城

宫城四至保存完整，大部分夯土城墙高出地表，南城墙因为沿蜀岗南缘夯筑，地面遗迹不甚明显。平面近方形，城外有壕。宫城四面的夯土城墙经过钻探，得知南墙长约1300、西墙长约1400、北墙长约1150米，东墙位置尚不能确定，但其长度大体在1200米左右。全城周长约5.1千米，面积1.8平方千米。宫城四面设门，南门为“江都门”，北门

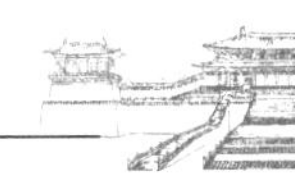

为“玄武门”，东门为“芳林门”，西门名称文献失载，俗称“西华门”。在玄武门之北有一重城，有门名“长林门”。据考古钻探，南门为三门道，中门道宽7米，两侧门道均宽5米，门道之间有厚2.5米的夯土墩台，门道进深14米。城门两侧与城墙相连，城墙厚约9米，城门内外均突出城墙，外表包砖，内侧可能还设置了马道。

据文献记载，江都宫的正殿为成象殿，殿南有成象门，成象门之南即江都门。成象门在唐末尚存，改为府署门，称为行台门或中书门，唐光启二年（886年）塌毁。成象殿后有左右阁门，门内即后殿，殿北为永巷①，永巷之北为后宫。后宫有若干殿，均为寝殿，寝殿两侧还有若干院落。据《资治通鉴》卷一百八十五记载，隋炀帝于大业十二年（616年）至江都后，“荒淫益甚，宫中为百余房，各盛供张，实以美人，日令一房为主人。江都郡丞赵元楷掌供酒馔，帝与萧后及幸姬历就宴饮，酒卮不离口，从姬千余人亦常醉。然帝见天下危乱，意亦扰扰不自安，退朝则幅巾短衣，策杖步游，遍历台馆，非夜不止，汲汲顾景，唯恐不足”②。其中所谓的百余房，实即每房即一个院落。

宫城之西有西苑，有门与宫城相通。据《隋书·裴蕴传》记载：“及司马德戡将为乱，江阳长张惠绍夜驰告之。蕴共惠绍谋，欲矫诏发郭下兵民，尽取荣公来护儿节度，收在外逆党宇文化及等，仍发羽林殿脚，遣范富娄等入自西苑，取梁公萧钜及燕王处分，扣门援帝。”③

3. 东城

东城保存较为完整，与宫城毗邻，平面呈多边形，四周都有夯土城墙，设有城壕。南城墙长约600米，西城墙（即宫城东墙）位置尚不能确定，北城墙长约800米，东城墙为曲尺形，总长1500米。东城周长约4千米，面积约1平方千米左右。东城四面各设1门，四门名称失载。东门俗称“东华门”，门址阙口约20米；西门即宫城的“芳林门”，是连接宫城和东城的主要信道；南门、西门也已探明了具体位置。

（二）唐代扬州城遗址

唐代扬州城包括罗城和子城两部分（图1-1-2-89），总面积约20平方千米。

1. 罗城

罗城是百姓居住的里坊区和工商业所在地，建筑在子城之下的平原上，北部利用了隋扬州城的部分罗城，又向南有所发展，但大部分已被埋在现代扬州城下。平面呈南北向长方形，南北长4200、东西宽3120米，面积约13平方千米，规模大于唐代大型州府城。四面有城墙，结合考古发掘的迹象来看，罗城可能有12座城门，即东、西城墙各4门，南城墙3门，北城墙1门。除北门参佐门之外，其余城门名称失载。但由于客观条件限制，目前仅勘探出7座城门，即西城墙2座，南城墙3座，东城墙1座，北城墙1座。城墙外有护

---

① 永巷：后宫宫女居住的地方。

② （宋）司马光撰，（元）胡三省音注：《资治通鉴》，中华书局，1956年，第5775页。

③ （唐）魏徵、令狐德棻：《隋书》，中华书局，1973年，第1576、1577页。

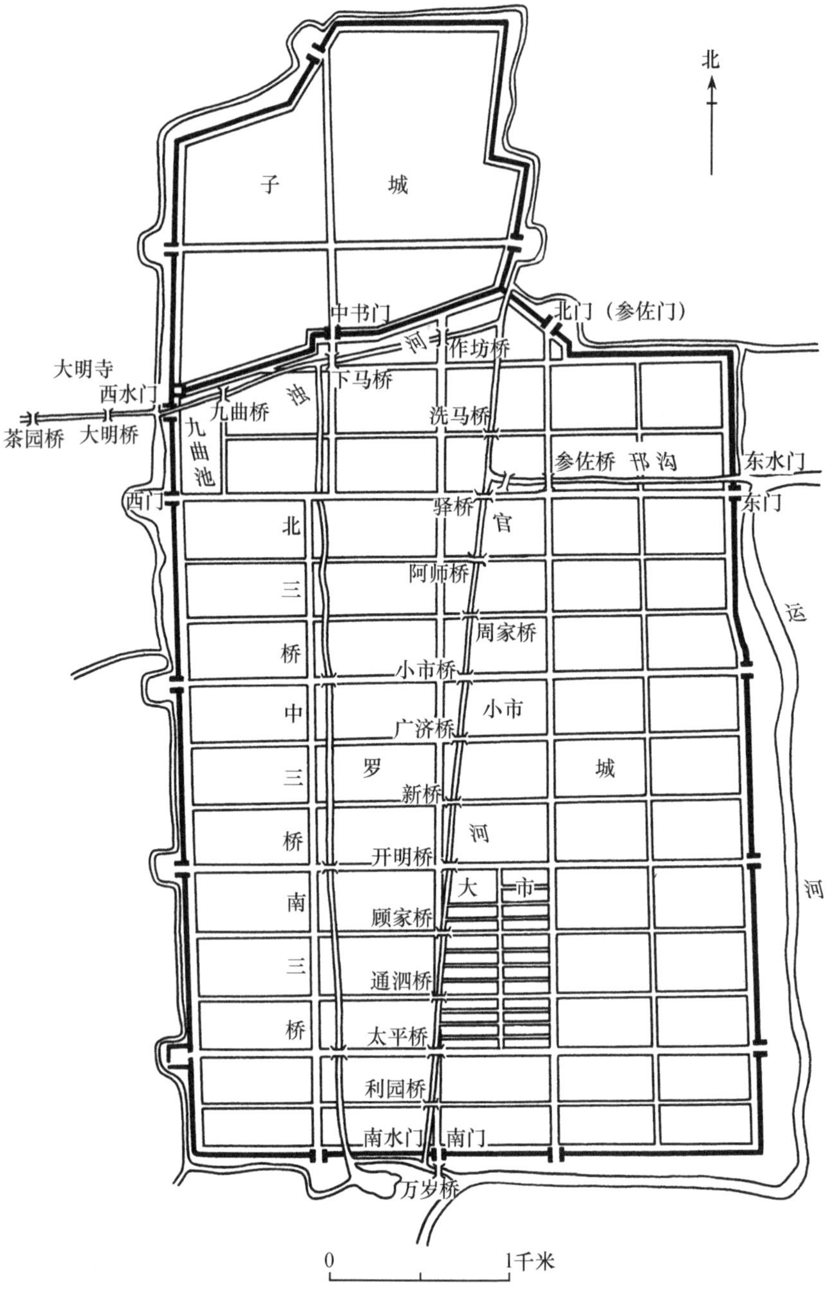

图1-1-2-89　唐扬州城平面图

城河，护城河在城门处均呈向外弧凸的“凸”字形。城门形制有两种：一种为三门道，仅见于东城墙最北端的东门，进深8米，中间门道宽5米，两侧门道宽4米，门道之间有宽2米的墩台；其余城门均为单门道，门道均宽5—6、进深10—22米。凡城门部位，城外一般设置有方形瓮城，瓮城外有月河环绕。正南门瓮城外出阙，建筑考究，现存砖包墙残高近3米，瓮城附近的主要城墙上还修筑了马面。如西城墙南门外的瓮城，南北长158、东西宽

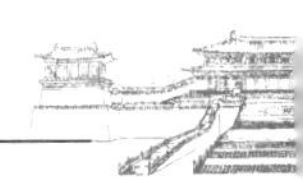

145米。罗城内布局如棋盘状，现已经探明南北向街道6条，东西向街道14条，道路宽5—10米，干道一般较宽并与城门相通。这些东西向和南北向街道，将罗城划分为六十多个区域，也即六十多个里坊。经过复原，罗城东西可分5列坊，南北可分13列坊。每坊东西长约450—600米，南北宽约300米，坊外围绕整齐的街道，坊内设置十字路，均与坊外街道相通。这种里坊设置，当是仿效隋大兴唐长安城及洛阳城的里坊形制，但目前尚未发现坊墙。

据记载，唐代在小市桥附近设小市，在开明桥附近设大市，为集中交易之所，又有“十里长街市井连”之说。

2. 子城

子城，也称为衙城，即官府衙门集中之地。唐扬州大都督府、淮南道官衙府署就位于子城。子城修建在蜀岗之上，范围包括隋江都宫城和东城的全部，这种居高临下的布局形式，与洛阳城非常相似。它不仅可以控制罗城，提高防御能力，又不妨碍罗城手工业、商业的发展，更能体现统治者的尊贵和威严。子城是在吴之邗城、楚之广陵城、汉之吴王濞城和东晋、刘宋广陵城的基础上修建起来的，迄今地面尚有城墙遗迹可寻。总面积约2.8平方千米，一条东西向与一条南北向的主干道在中部十字相交。东西路东起东华门（隋曰东城东门），西至西华门（隋曰宫城西门），全长1860、路宽11米。南北向路南起中书门（隋曰宫城江都门），北至北门（隋曰宫城玄武门），全长1400、路宽10米。除这4座主要城门之外，隋东城的东门和南门入唐后是否继续沿用，尚不能断定。

3. 城内河道、桥梁及排水设施

扬州城的罗城是一座“入郭登桥出郭船”的水城，漕河贯穿城内外，并组织成四通八达的水系，对城市布局和功能的分配产生着重要影响。在罗城内发现4条河道，其中南北向和东西向各2条，名称可知者有浞河、官河、大运河组成部分的邗沟，这些河流均为人工开凿而成。

桥梁是维系扬州城内交通的重要设施，也是扬州城的特色景观之一。据唐杜牧《寄扬州韩绰判官》云：“青山隐隐水迢迢（一作遥遥），秋尽江南草未凋。二十四桥明月夜，玉人何处教吹箫。”①北宋沈括在其《梦溪笔谈·补笔谈》中，对唐代扬州城的主要桥梁进行了坐标式记述②。扬州的“二十四桥”是指架设于浊河上的茶园桥、大明桥、九曲桥、下马桥、作坊桥；架设于官河上的洗马桥、南（驿）桥、阿师桥、周家桥、小市桥（又名宵市桥）、广济桥、新桥、开明桥、顾家桥、通泗桥、太平桥、利园桥、万岁桥、青园桥；架设在邗沟上的参佐桥、某桥（唐名失载，《梦溪笔谈·补笔谈三》漏记）、山光桥、禅智桥（《梦溪笔谈·补笔谈三》漏记）共23座，另1桥失载③（图1-1-2-90）。西部南北向河道有北三桥、中三桥、南三桥由北向南排列，不通船，不在二十四桥之列；双桥，是唐代罗城

① 《全唐诗》卷五二三，上海古籍出版社，1986年，第1327页。

② （宋）沈括撰，金良年点校：《梦溪笔谈》，中华书局，2015年，第311页。

③ 中国社会科学院考古研究所、南京博物院、扬州市文物考古研究所编著：《扬州城——1987—1998年考古发掘报告》，文物出版社，2010年，第59—65页；蒋忠义：《唐代扬州河道与二十四桥考》，《汉唐与边疆考古研究》（第一辑），科学出版社，1994年，第162—168页。

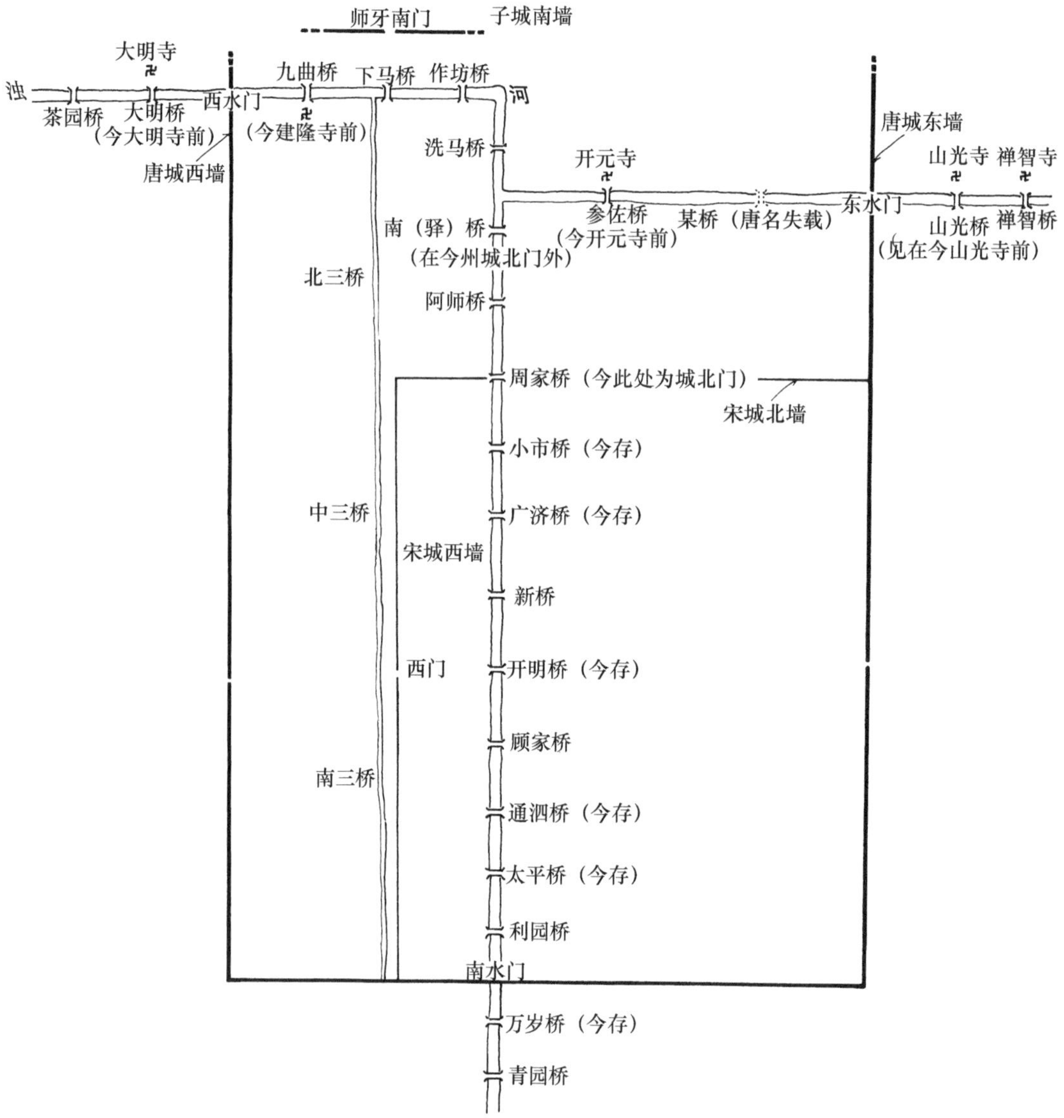

师牙南门
子城南墙
大明寺
浊
茶园桥
大明桥
（今大明寺前）
西水门
唐城西墙
九曲桥
（今建隆寺前）
下马桥
作坊桥
河
洗马桥
开元寺
参佐桥
（今开元寺前）
某桥（唐名失载）
东水门
唐城东墙
山光寺
禅智寺
山光桥
禅智桥
（见在今山光寺前）
南（驿）桥
（在今州城北门外）
北三桥
阿师桥
周家桥（今此处为城北门）
宋城北墙
小市桥（今存）
中三桥
广济桥（今存）
宋城西墙
新桥
西门
开明桥（今存）
顾家桥
南三桥
通泗桥（今存）
太平桥（今存）
利园桥
南水门
万岁桥（今存）
青园桥

图1-1-2-90　据沈括《梦溪笔谈》《入唐求法巡礼行记》绘制的唐宋扬州城二十四桥示意图

西门外的2座著名桥梁，皆在罗城西城壕上，南北并立相距约200余米，亦不在二十四桥之列。

1978年，发掘清理2座唐代桥梁遗迹[①]。其中1号桥的遗迹保存较完整，属于多跨梁式桥，出土6排桥墩，共5跨。每排桥墩残存立柱3—4根，残宽5.4米。根据复原，桥全长36、宽7、高6.5米，桥下净空4米，河面正桥5孔，净跨28米，各孔净跨自西向东分别为第1孔5.6、第2孔4、第3孔8、第4孔5.6、第5孔4.8米，第3孔即桥下中孔为主航道。通

① 扬州博物馆：《扬州唐代木桥遗址清理简报》，《文物》1980年第3期；邹厚本主编：《江苏考古五十年》，南京出版社，2000年，第348、349页。

过对1号桥遗迹的发掘和复原得知，扬州城内的桥梁一般为木桥，由桥台、桥墩、桥身3部分组成。桥台为木结构，由岸边伸向河道，1号桥的桥台东岸长2.5、西岸长2.8、宽7、高5.5米，用黄土夯筑而成。施工时先用木桩和木板构筑桥台的外壁，再向内充填黄土夯实。1号桥的桥墩由5个立柱组成一排架，中柱垂直，两侧柱脚外移，上部皆向内倾斜。上部总宽5.3、下部总宽6.8米。桥身由纵梁、桥面板和栏杆组成。纵梁纵向铺设在桥墩的盖梁上，成为桥梁结构的主要部分，1号桥纵梁每孔6根，全桥共计30根，长度依据跨度而定。桥面板横向铺设在纵梁上，作为桥身的路面，栏杆设在桥面两侧（图1-1-2-91）。有人推测其为顾家桥①。

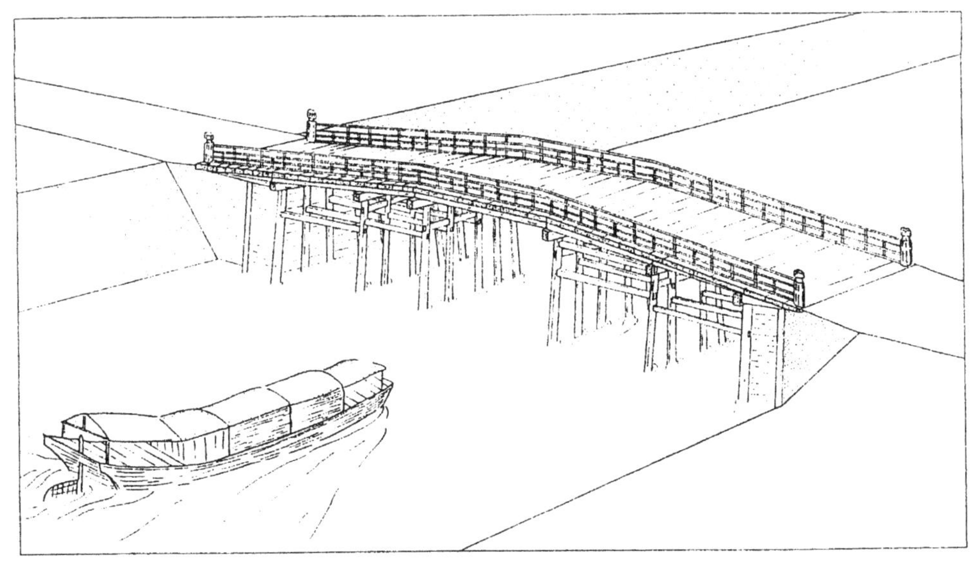

图1-1-2-91　扬州城唐代木桥复原图

扬州地处江淮，少旱多雨。加之城市繁荣，又是一座“水郭”，所以对城市的排水设施是非常重视的。经过考古发掘，已经基本搞清楚了道路和城市排水系统的形式和结构。街道两侧的排水沟直接在生土上开挖，一般与河道相通。1993年发现的一段，上口宽1.9—2.1、底宽1.75米，沟壁以宽70、厚3厘米的杪木板两块上下拼叠，再以木桩固定。木桩为直径20厘米左右的楠木，复原长度约2.2—2.5米。木桩之间的间隔约1.5—2米。在壁板的衔接附近，间隔缩小至30厘米左右（图1-1-2-92）。1999年发现在排水沟上还覆盖有木板。在接近河道驳岸时，木桩明显加密。沟与河的连接处一般先在驳岸板上预留方形孔洞，大小与排水沟相当。孔洞上方凿成弧形以利排水，排水沟末端沟壁木板均穿过方孔，伸入河床驳岸外，以防止流水对驳岸的冲击和渗漏。

1993年，在南城墙基础之下发现一段砖木结构的券顶长条隧道形排水涵洞，洞壁底部铺设宽60、厚18厘米的长方形木板，其上用砖砌筑。壁高1.3、厚0.54米。在洞壁中部距离

① 曲英杰：《古代城市》，文物出版社，2003年，第180页。

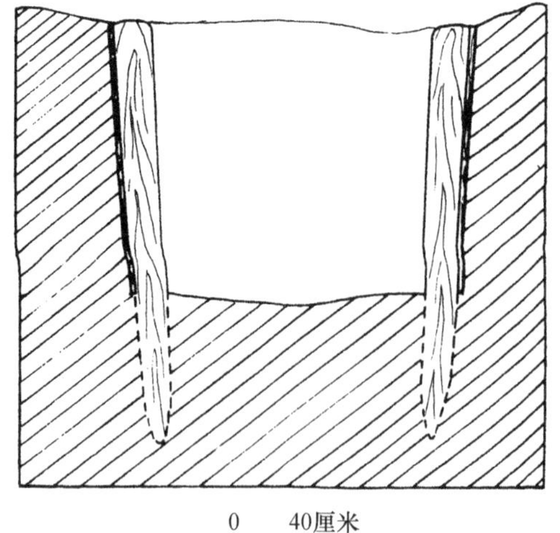

图1-1-2-92　扬州城排水沟剖面图

底部约50厘米的高度处，平铺一层木隔板，两端架在洞壁上，木板长3.5、宽0.4—0.5、厚0.3米，板与板之间留有20厘米的间隙。排水涵洞中部还设置双层木栅栏，以阻止人员出入，起到防护作用。栅栏下有木地栿，其上凿有7个菱形卯眼，卯眼边长9、深7厘米，每个卯眼间隔10厘米，其内插装方木栏干，向上穿过中部隔板，尖状顶端与券顶相接触。涵洞顶部用砖砌成双层券顶，券顶厚44厘米[①]（图1-1-2-93）。涵洞外填有石块和炉渣，其上用土夯筑城墙。考古发现的此段排水涵洞向北与城内一条南北向排水沟相连接，向南可与南城壕相通。

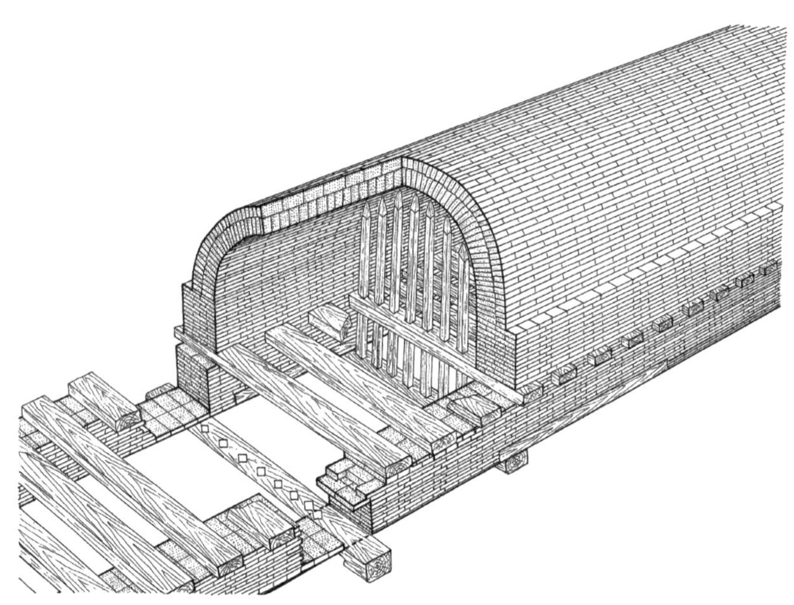
图1-1-2-93　唐扬州城排水涵洞结构复原示意图

4. 扬州城的寺庙遗址

唐代扬州佛教盛行，见于文献记载的寺院有：大明寺、既济寺、开元寺、龙兴寺、惠照寺、崇福寺、延先寺、禅智寺、山光寺、梵寺、白塔寺、古木兰寺、大云寺（长乐寺）等。在扬州城遗址还先后发现一些石造像，并对惠照寺遗址进行了发掘，这些考古发现对于了解

---

① 中国社会科学院考古研究所、南京博物院、扬州市文物考古研究所编著：《扬州城——1987—1998年考古发掘报告》，文物出版社，2010年，第84—88页。

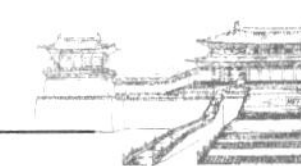

唐代扬州城的寺庙建筑和佛教盛行情况有一定的参考价值，有学者对其进行过一些考证①。

宋代扬州城则在隋唐扬州城的基础上改扩建为三城，即在子城部位修建宝祐城，在罗城的西北部修建夹城，罗城绝大部分则成为宋大城（图1-1-2-94）。

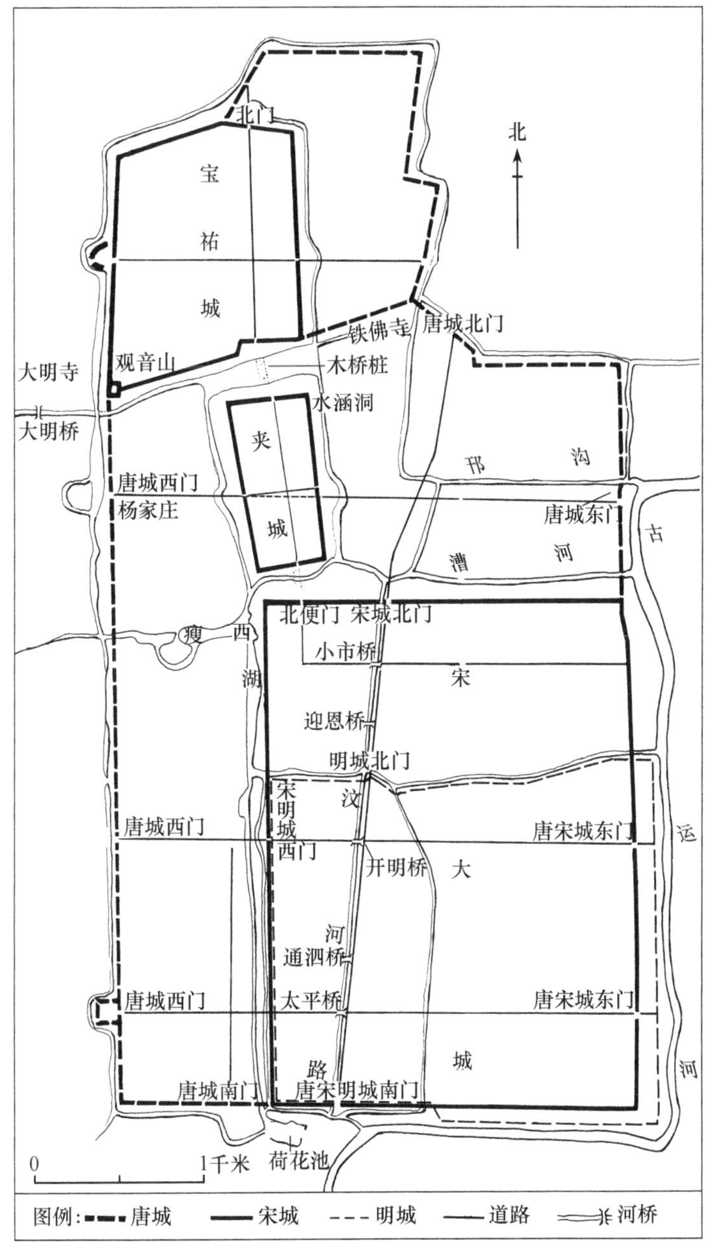

图1-1-2-94 扬州宋三城平面图

① 南京博物院：《扬州唐代寺庙遗址的发现和发掘》，《文物》1980年第3期；罗宗真：《唐代扬州寺庙遗址的初步考析》，《考古》1981年第4期。

参考书目

[1] 中国社会科学院考古研究所、南京博物院、扬州市文化局 扬州城考古队:《扬州城考古工作简报》,《考古》1990年第1期。

[2] 邹厚本主编:《江苏考古五十年》,南京出版社,2000年。

[3] 李裕群:《隋唐时代的扬州城》,《考古》2003年第3期。

[4] 曲英杰:《古代城市》,文物出版社,2003年。

[5] 中国社会科学院考古研究所、南京博物院、扬州市文物考古研究所编著:《扬州城——1987—1998年考古发掘报告》,文物出版社,2010年。

四、隋唐时期的边城遗址

隋唐时期的边城遗址发现数量不少,从已经调查过的边城并结合文献记载来看,边城有一些共同特征[①]:①城墙夯土筑成,只在城门和转角处以砖包砌。城外一般建有城壕,或有水,或无水。《通典·守拒法》记载:"城壕,面阔二丈,深一丈,底阔一丈。"[②]城门外的城壕上建有桥,《通典·守拒法》将这种桥称为"转关桥",据记载,"转关桥,一梁,端著横检,按去其检,桥转关,人马不得过度,皆倾水中"[③]。可知当时城壕上的桥梁已经做成翻板的形式,但其遗迹尚未发现。②边城城墙上大多建有马面。在北庭都护府城址还发现比马面更大的附城设施,其作用和马面相似,上建楼橹,可以作为更大的防守据点或指挥处,宋代称之为"敌台",隋唐时期的名称不详。③为防止敌人进攻时挖掘城墙、城门墩、马面、敌台等设施时引起垮塌,多隔一定高度铺设一层与城墙外表面垂直的水平木椽,称为"纴木"。④城门的修建与内地相同,夹门道修建墩台,墩台两侧壁面直立,设置密布的附壁木柱,以加固壁面,并承托门道上的木构架,这类柱子称为"排叉柱"。排叉柱列上架木枋,两壁木枋之间架设若干道梁架,形成梯形的城门道。门墩台上建平坐,平坐上建城楼。也有不建平坐,而直接修建城楼者。⑤城门一般在门道内安装一重木版门,但边城为了加强防御,多在城门内加置悬门(即后代的闸门),即《通典·守拒法》所云"城门悬板木,为重门"[④]。⑥城门之外修建瓮城。瓮城是后代的名称,是为加强防守,在城门外建小城,方形的称为方城,半圆形的因其形状似瓮,故称瓮城。唐代瓮城只在城门外建一曲尺形或凹形墙,在一个侧面开设一个豁口或侧门,遮住城门正面,防止敌

① 傅熹年主编:《中国古代建筑史·第二卷·三国、两晋、南北朝、隋唐、五代建筑》,中国建筑工业出版社,2001年,第355—359页。

② (唐)杜佑撰,王文锦、王永兴、刘俊文等点校:《通典》,中华书局,1988年,第3895页。

③ (唐)杜佑撰,王文锦、王永兴、刘俊文等点校:《通典》,中华书局,1988年,第3896页。

④ (唐)杜佑撰,王文锦、王永兴、刘俊文等点校:《通典》,中华书局,1988年,第3894页。

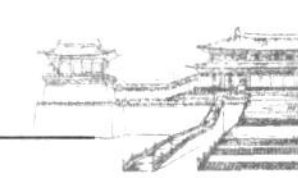

人正面冲击城门，也可以防止敌人望见己方开门出击。《资治通鉴》卷二百九记载，唐中宗景龙二年（708年）三月，朔方道大总管张仁愿在黄河北岸筑三受降城，“不置壅门及备守之具”，取进攻态势。胡三省注云：“壅门，即古之悬门也。或曰：门外筑垣以遮壅城门，今之瓮城是也。壅城之外，又有八卦墙、万人敌，皆以遮壅城门。”[①]从胡三省注的后一说来看，唐代的壅门即瓮城。目前，在北庭都护府城址、榆林城都发现了曲尺形瓮城的遗迹。文献记载说明至迟在7世纪后半叶至8世纪初，已经开始在边城修建瓮城了。⑦唐代边城在城壕之内侧，沿壕内岸建有由矮墙（羊马墙）组成的隔城（羊马城），增加一道防线。据《通典·守拒法》记载：“城外四面壕内，去城十步，更立小隔城，厚六尺，高五尺，仍立女墙。”原注云：“谓之羊马城。”[②]唐代羊马城的实例仅见于北庭都护府城址，羊马城从西、北、东三面围绕北门及其瓮城，与外城的北城墙组成一个封闭的小城，西面有一豁口（可能是门），类似于一座更大的瓮城，夯土筑成，基宽3米，残高2米。由羊马墙组成的羊马城是唐代新出现的城防设施，并一直延续到明代。（宋）陈规《守城录》卷二《守城机要》对宋代羊马城的防御功能进行了详细描述：“盖羊马城之名本防寇贼逼逐人民入城，权暂安泊羊马而已。……遇有缓急，即出兵在羊马墙里做伏兵。……（羊马墙）不可去城太远，太远则大城上抛砖不能过，太近则不可运转长枪。……攻者止能于所填壕上一路直进，守者可于羊马墙内两下夹击，又大城上砖石如雨下击，则是一面攻城，三面受敌。”⑧城的结构多为内外两重城，即外城之内建有子城，以供官署和驻军之用。也有大小相附的城制。城的形制多为方形、长方形，或为不规则形。

（一）北庭都护府城址

北庭都护府遗址位于新疆维吾尔自治区吉木萨尔县北约12千米的护堡子，俗称“破城子”。在汉代为车师后部辖地，唐代初年为西突厥可汗浮图城所在地，可汗遣其叶护屯于此，与高昌相接。贞观十四年（640年）唐平高昌，叶护惧而以城降，唐即于此设置庭州。庭州地处天山北麓，东连伊州、沙州，南接西州，西通弓月城、碎叶镇，是唐在天山以北的政治、军事重镇。武则天长安二年（702年），于此设置北庭都护府，下辖金满、轮台、蒲类（后改为后庭）、西海4县，治所在金满（今新疆吉木萨尔县），统辖西突厥十姓部落诸羁縻州。先天元年（712年），又设置北庭伊西节度使，由北庭都护兼领，统瀚海、天山（驻西州）、伊吾三军共两万人，用以对付突骑施、坚昆的入侵。开元二十一年（733年）改设北庭节度使，辖瀚海、天山、伊吾三军，瀚海军驻在北庭城内。贞元六年（790年）吐蕃攻占北庭，唐对北庭的统治即告结束。北庭都护府的建立，加强和巩固了唐王朝对天山以北、巴尔喀什湖以东及以南地区的统治。高昌回鹘时期，虽然建都高昌，但北庭仍是其重要基地和王族避暑胜地。回鹘王每年4—9月来北庭避暑，当时“城中多楼台卉木”。元时北庭改称别失八里（意为五城），也称“鳖思马”大城，仍为北疆重镇。先后在

---

① （宋）司马光撰，（元）胡三省音注：《资治通鉴》，中华书局，1956年，第6621、6622页。

② （唐）杜佑撰，王文锦、王永兴、刘俊文等点校：《通典》，中华书局，1988年，第3894页。

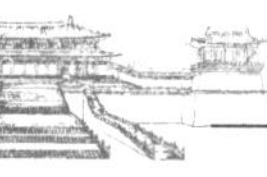

此设立“行尚书省”“宣慰司”“元帅府”等重要机构。关于北庭城的废弃时间，文献失载，但据《明史·西域传》“别失八里”记载，明永乐初年北庭已经荒废。

清嘉庆二十五年（1820年），徐松首先到此调查，发现了唐金满县城残碑等文物。1908年和1914年，日本人大谷光瑞的考察队和英国人斯坦因等分别来到此地，非法进行调查和挖掘，并绘有示意图。1928年，西北科学考察团亦曾进行发掘，并由中国学者袁复礼进行了绘图。1979—1980年，先后两次进行调查和测绘，在城西700多米处发掘了一座高昌回鹘时期的佛寺遗址，出土了大批泥塑像和精美壁画①。1994年11月，对该城址进行了遥感探查，获得了一些新发现。通过对北庭都护府城址进行考古发掘，以实物证明了唐王朝对新疆的有效治理，并保障了丝绸之路的繁荣畅通。

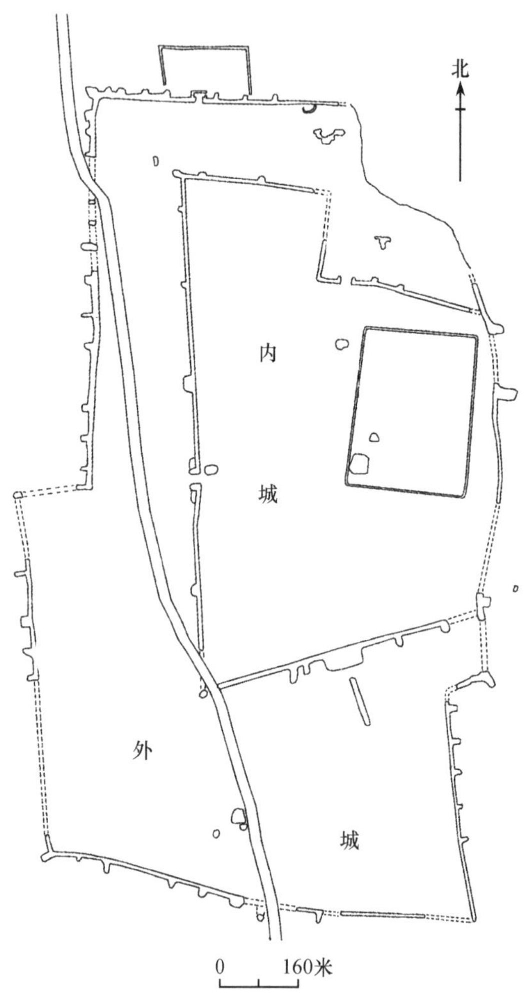

图1-1-2-95　新疆吉木萨尔北庭都护府城址平面图

城内原有的建筑物破坏殆尽，仅存3处残城墙，9处残遗址，其中2处为佛寺遗址。据现存资料分析，外城建于唐太宗贞观年间，唐高宗显庆和唐玄宗开元时期以及高昌回鹘时期曾经多次补修或增筑。城中出土遗物主要为唐代遗物，如金满县城残碑、“蒲夷州之印”、铜镜、石狮子、开元通宝、乾元重宝、莲花纹方砖、莲花纹瓦当及唐代流行的风字砚等。除此之外，还有一些高昌回鹘时期或元代的陶瓷器。

城址平面呈不规整的南北长方形，城墙现存内外两重，城墙均夯筑于原生土上。内外城四角建有角楼，城墙之外建有敌台和密集的马面。外城之北还有低矮的羊马城（图1-1-2-95）。

1. 外城

除东墙外大多保存完好。东墙长1686、南墙长850、西墙长1575、北墙长485米。周长4596米，合1563丈，相当于隋唐时期的一般州府城。墙基残宽5—8、顶宽2—5、残高3—5米。城墙夯层平整，夯层较薄，多数厚5—7厘米，个别达10厘米，坚硬结

① 中国社会科学院考古研究所新疆工作队：《新疆吉木萨尔北庭古城调查》，《考古》1982年第2期；中国社会科学院考古研究所新疆工作队：《新疆吉木萨尔高昌回鹘佛寺遗址》，《考古》1983年第7期；新疆维吾尔自治区文物局编：《新疆古城遗址》，科学出版社，2011年，下册，第394页。

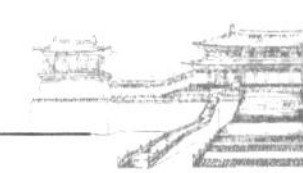

实。夯面上有十分明显的圆形夯窝。除东墙北半部及羊马城北紧邻东坝河外，其余几面城墙均绕有护城河，且与东坝河相通。护城河宽30—40米，最宽处达60米左右，深2—3米。其中东墙基本上沿东坝河走向，由于不断受到河水冲刷，已经大部塌毁。

1928年，西北科学考察团调查之时，还可看出外城四面夯筑城墙各有1座城门，但现存仅北门保存较好，西、南门已遭到破坏，但痕迹尚存，东门无存。北门位于北墙中央略偏西处，现已成豁口，宽8米，仅一个门道，北侧有曲折的瓮城。

马面夯筑而成，结构与相邻城墙一致，夯层土质坚硬结实。其间距多数在60米左右。现北墙、东墙各存7个，南墙6个，西墙14个，共计34个。敌台（楼）现存1座，凸出于西城墙之外，形制同于马面，仅体积较大。平面呈长方形，长22、宽16、高约6米。也为夯筑而成，坚硬结实。顶部尚存两排房址，每排3间，中间用土坯墙隔断。四角角楼现仅东北角、西北角保存较好，其余破坏严重，形制不明。西北角角楼台基长25、宽23、高约11.5米。分上下两部分：距离地面高8.6米以下为夯筑，坚硬结实，薄夯层，小夯窝，与外城墙的土质、夯层结构完全相同；8.6米以上残留有房址遗迹，用土坯砌成。

位于外城南门内侧附近的6号建筑基址，也是一座高台式佛殿基址，东西残长24、南北残宽21、残高6.5米，由上下两部分构成，下部为高大的夯土台基。整个佛殿基址外围发现部分围廊遗迹。

2. 羊马城

羊马城筑于外城北墙中部北门及其瓮城的北侧，从西、北、东三面围在城门及瓮城的外围，平面近似长方形。西、北墙均呈直线状，东墙略呈西北—东南走向。城墙夯筑于原生土上。西墙长约100、基宽3、残高2米，南端和外城北墙第4马面相对，其间有一缺口，可能是城门所在。北墙保存较好，长170、基宽3、残高2米左右。

3. 内城

位于外城中部略偏东北，建于高昌回鹘时期，周长3003米，城墙系夯筑而成，建于原生土上。夯层大多厚10—15厘米，个别的厚达20厘米左右。夯层平夯，无夯窝，不如外城墙坚硬结实。北墙呈曲折状，保存较好，全长818、基宽3—4、高约2米左右。东墙呈直线状，即外城东墙的中段，大部分已塌毁无存，全长560米。南墙呈曲折状，全长610米。西墙呈直线状，大部分只存低矮墙垣，长1015米。内城原有4座城门，仅北门和西门保存较好，东、南两门已残毁无存。北门位于北墙中部，城门已经成为一个缺口，为单门道，门道宽5.5—6米。门道两侧夯筑有城门墩台，夯层坚硬结实，夯层厚8—12厘米，平夯，无夯窝。西墩台基址长21、宽8、残高约7、顶宽5.5—6米；东墩台基址长17、宽8、残高约7、顶宽4.8—6米。在门道的两侧壁上发现对称分布的凹竖槽，这种竖槽结构与长安城城门道发现的柱洞相同，可知其为过梁式木构门洞。

经过勘察，发现外城和内城的构筑方法有明显区别。外城的城墙、马面、敌台、角楼和羊马城，基本上为薄夯层，圆夯窝，坚硬结实。内城的城墙、马面、敌台和角楼都是厚夯层，平夯，无夯窝，较松软。外城的城墙、马面、角楼经过多次修补或增筑，而内城的城墙、马面、角楼、敌台等未发现修补或增筑的痕迹。这说明外城和内城在构筑方法、筑

城年代上都有所不同，外城修建时间早、使用时间长，内城修建时间晚、使用时间短。结合建筑特点，以及城址中曾经发现的唐代和高昌回鹘时期或元代的遗物来看，北庭都护府城现存的外城墙可能始建于唐初，后经两次修补①。内城大约修建于高昌回鹘时期，但修建内城时对外城又进行了一次大规模修补和加固。

在内城西门和北门外侧发现了护城壕遗迹。内城西门护城壕距城墙约20米。护城壕在内城外的不同位置宽度不同，城门附近的护城壕上口宽度为9—10、深2.9米。城门以外的护城壕的上口加宽，上口宽度约20—30米。护城壕出土有唐代联珠纹莲花瓦当等。

4. 高昌回鹘佛寺遗址

高昌回鹘佛寺遗址是北庭都护府遗址的重要发现。佛寺遗址位于北庭都护府城址之西，佛寺平面呈长方形，南北长70.5、东西宽43.8米。地面以下是夯土台基，地面以上全部用土坯砌筑。整个遗址可分为南北两部分，南面是庭院、配殿、僧房、库房等建筑群；北面是以正殿为主体的建筑群，外观呈方塔形。正殿南北长15、东西宽11、残高14.3米。正殿四周环筑洞窟式大龛，每面原应有大龛三层，现仅存二层，龛内建塑像、壁面彩绘壁画（图1-1-2-96）。正殿之南，以正殿踏道口、庭院、平台为中轴线，左右对称排列佛殿以及库房、僧房等附属建筑。南北两部分紧密衔接，构成一个整体。其修建年代在10世纪初即五代宋初之际，废弃似乎是在进入14世纪以后。它规模宏伟，塑像、壁画精美，高昌王等贵族供养像栩栩如生，回鹘文题记到处可见，应当是高昌回鹘在陪都北庭建造的王家寺院②。

（二）单于大都护府城

单于大都护府城遗址位于内蒙古自治区呼和浩特南40千米的和林格尔县，俗称土城子。此地北魏时为盛乐。隋炀帝大业四年（608年），突厥启民可汗请求内附，炀帝命于此地建城造屋以居之。唐贞观四年（630年）平突厥，在其地置云中都护府，唐高宗麟德元年（664年）改为单于大都护府。经过勘探，该城为不规则多边形（图1-1-2-97），东西宽1450、南北长2290、周长约7200米，约合16里100步③，在东、西、北三面城墙居中位置设置城门，城门外有瓮城。其规模相当于隋唐时期一般州府城中的较大者。城内因未发掘，其规划情况不明，仅知其子城在南侧。

城址东南角外延部分有南北二城。南城南北长550、东西宽520米，为汉魏旧城。北内城南北长730、东西宽450米，系大城的子城。北内城和北面大城为北朝晚期和隋唐城，

---

① 《元和郡县图志》卷四十“庭州”条记载：“庭州……后为贼所攻掠，萧条荒废，显庆中重修置……开元中，盖嘉运重加修筑……”

② 中国社会科学院考古研究所编著：《北庭高昌回鹘佛寺壁画》，辽宁美术出版社，1990年，第1—16页。

③ 内蒙古自治区文物工作队：《和林格尔县土城子试掘纪要》，《文物》1961年第9期；内蒙古文物考古研究所：《和林格尔县土城子古城考古发掘主要收获》，《内蒙古文物考古》2006年第1期。

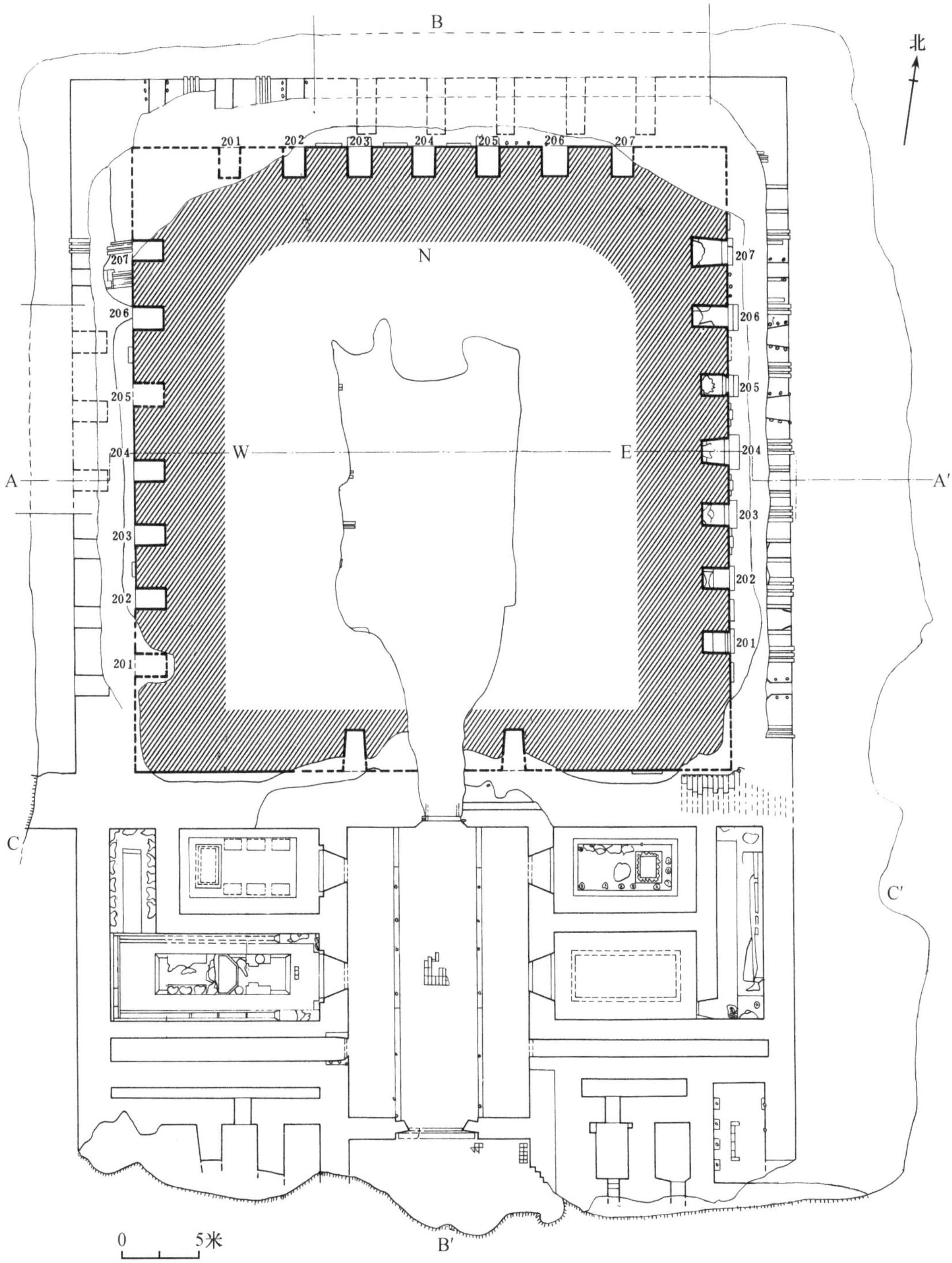

图1-1-2-96 新疆吉木萨尔北庭都护府城高昌回鹘佛寺遗址上层平面图

图1-1-2-97　单于大都护府城平面示意图

应当是隋大城和唐单于都护府城。此城是为了面对北方强敌而设，所以子城设在南方是成立的。

（三）交河故城

交河故城遗址位于新疆维吾尔自治区吐鲁番西约10千米处的雅尔乃孜沟村。黄文弼在对罗布淖尔出土的汉简考释中说，汉时曾在此设交河壁。晋时此地属高昌郡。高昌国时为其一个郡。贞观十四年（640年）以后，为高昌郡的交河县城。后又归回鹘高昌。清徐松曾到此进行过考察，据其《汉书西域传补注》云："《唐书·地理志》交河县有交河水，源出县北天山。今吐鲁番广安城西二十里雅尔湖有故城，周七里，即古交河城。城北三里许，有山谷，一谷出四泉，流迳城东，一谷出五泉，流迳城西，至城南三十余里，入沙而伏。"[①]19世纪末，到中国探险的人大多到该地进行所谓的发掘、考察，使得城址遭到很大破坏。

交河故城建在雅尔乃孜沟中间的土崖上。土崖表面现在距水面约30、南北长1650、东西最宽处约300米，呈西北—东南走向，整体平面呈柳叶形（图1-1-2-98）。建筑遗址主要集中在崖上的中部和南部。由于沟中之水在土崖北端分流，在南端合流，故名交河。《汉书·西域传》记载："车师前国，王治交河城。河水分流绕城下，故号交河。"[②]现在的居民呼其为"雅尔和图"。"雅尔"，突厥语意为"崖岸"；"和图"，蒙古语意为"城"，可合译为"崖城"。由于其地理位置地控天山南麓，北接匈奴，是西去龟兹的交通要道，且土地肥沃适宜耕种，因此，自汉代开通中西交通时开始，便成为中原王朝和北方游牧民族的必争之地。

在城东侧和南端各保留一处延伸到崖下的路口，应是原来的出入通道。东侧通道路口两侧崖壁高约5米以上，两侧崖壁上凿有对称安装门额的方孔，门外是循崖上下的坡道。崖上建筑群外侧没有城墙围绕，只在较低的西南崖边有一段断续的土墙。建筑群中央有一条南北长约350、宽约10米的大街。大街北端是城内最大的佛寺遗址，大街南端和东侧各有巷口通往城外。大街两侧是高而厚的土墙，没有向街的门户。由大街分支出的纵横小巷将建筑群分割为若干区，只在小巷两侧才有院落门户。中央大街以西以北是寺院集中的区域。各寺院的建筑大都左右对称，中央殿堂里都有坛座或龛柱。中央大街以东区域，院落

① （清）徐松著，朱玉麒整理：《西域水道记（外二种）·汉书西域记校补》，中华书局，2005年，第494页。

② （汉）班固撰，（唐）颜师古注：《汉书》，中华书局，1962年，第3921页。

既不方正，房间也很狭窄，各院落的建筑物更少对称布局，推测可能是居民区。

在城址中普遍采用适用本地自然条件的建筑术，即“减地留墙法”，这种建筑技术流行于新疆地区。一般在土崖地面上挖去墙体与台基以外的生土，使所留部分形成墙体与台基。城中建筑物多用生土墙支撑屋顶。多层建筑物则在相对的墙面上对称地挖出椽孔，用椽承接楼板。有的下层是生土墙或券顶窑洞，上层以板筑、泥垛的墙壁支撑木构顶架。屋顶多用泥土覆盖，极少用瓦修葺，反映了当地干燥雨雪极少的气候。城北有塔林。城西南1.5千米的河水右岸有一处佛教寺院，现存7个并列的洞窟——雅尔湖石窟（图1-1-2-99），窟内尚存壁画和回鹘文题记①。

城北部以及城西、南两侧隔河有交河世家大族墓地。墓地以姓氏分别茔域，地面上用自然石块垒成茔墙和封隧的标帜。高昌至唐代的墓葬都是带墓道的洞室墓，埋葬习俗、墓志风格多与中原地区晋唐之际的墓葬相同。

（四）高昌故城

高昌故城遗址位于新疆维吾尔自治区吐鲁番西约50千米的哈拉和卓附近。该城肇始于汉魏晋时期的高昌壁，以后又历高昌郡治、高昌国都、唐西州州治和高昌县治、高昌回鹘国都等几个阶段，前后历时1400余年，俗称“高昌故城”。元末明初荒废。19世纪末至20世纪初，俄国人克列缅茨、德国人格林威德尔、勒柯克、英国人斯坦因、日本人橘瑞超等，先后到高昌城址进行调查和劫掠文物。斯坦因还测绘了高昌故城图。1928年和1930年，黄文弼曾先后两次到此进行调查、发掘。20世纪60年代，阎文儒也曾经进行过调查。

现存城址是高昌回鹘时期在唐代高昌城的基础上改建增筑而成，分为内城、外城（图1-1-2-100）。外城周长约5400米，相当于隋唐时期的一般州府城。平面略呈不规则方形。城墙残高约5—11.5米，夯筑而成，夯层厚

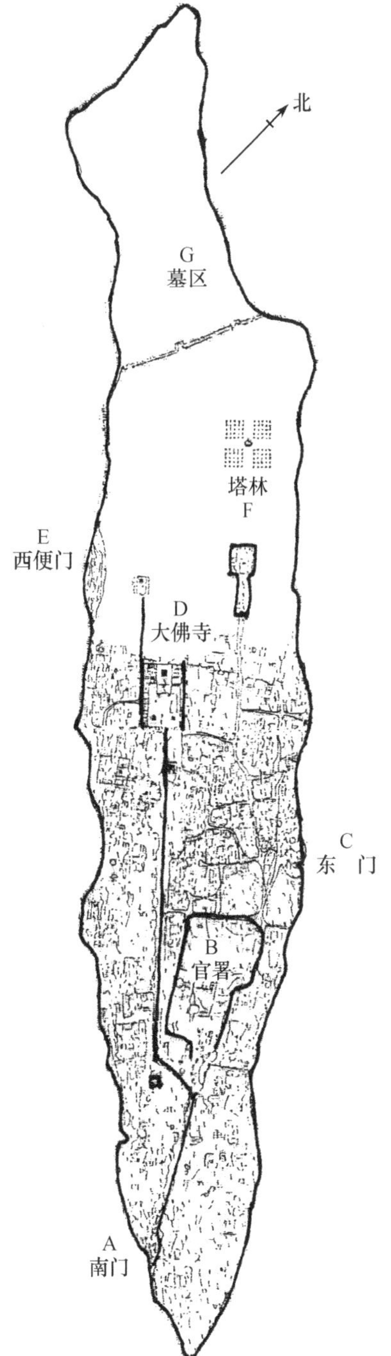

图1-1-2-98 新疆吐鲁番交河故城遗址平面示意图

① 阎文儒：《新疆天山以南的石窟》，《文物》1962年第7、8期合刊；吐鲁番地区文物局、吐鲁番学研究院：《雅尔湖石窟调查简报》，《吐鲁番学研究》2015年第1期。

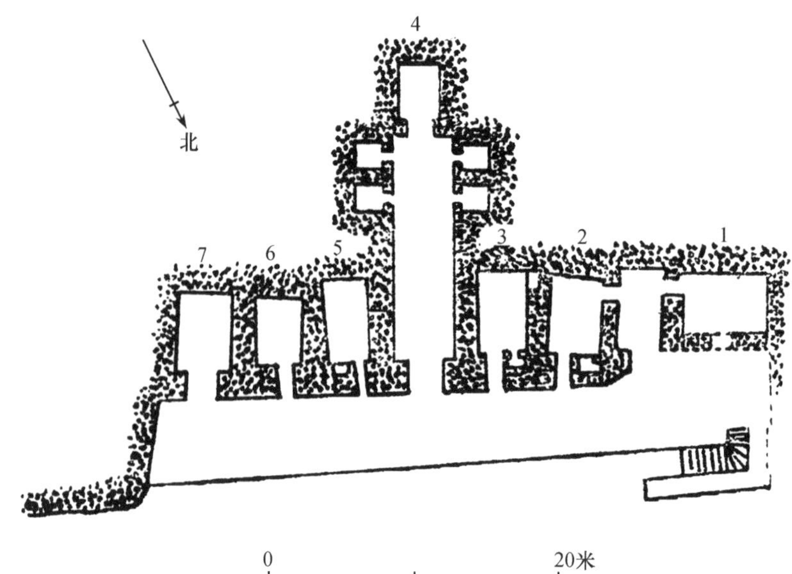

图 1-1-2-99　新疆吐鲁番交河故城雅尔湖石窟平面图

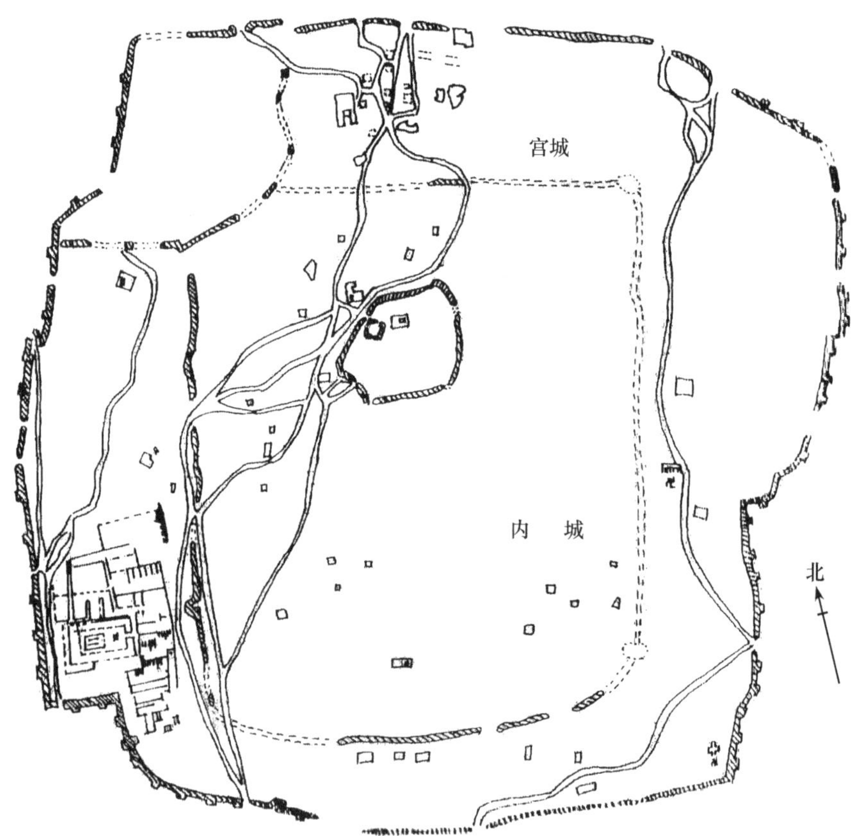

图 1-1-2-100　新疆吐鲁番高昌故城遗址平面示意图

8—12厘米。城墙有弧线及内凹现象，墙外筑有较密集的马面，遗存9个城门缺口[①]，个别城门还有瓮城残迹。其中南墙发现3个城门缺口，东、西、北三面墙各发现2个城门缺口。西面北侧城门之外还有曲折的瓮城。内城大致位于外城中部，城周长约3000米，城墙夯土筑成，平面略呈南北长方形。北墙仅余部分残迹，东墙已毁，城门无存。内城主要为宫城及寺院遗址。外城有寺院和民居遗址。残存遗迹中比较重要的有四处：

（1）内城中部偏北有一座堡垒式建筑，平面略呈不规则圆形，周长约700米。内有残高约15米的土坯塔及一些殿基残迹，俗称“可汗堡”，一般认为是高昌回鹘时期的王宫。有人认为似为宫城。阎文儒认为这个小堡垒式的建筑物，即使是王宫，也是唐以前高昌王的宫城，而不是唐以后高昌回鹘时期的宫城。

（2）外城北部中间有平面呈长方形的建筑基址群，规模较大，周围有夯土筑城的围墙，北墙即利用外城的北墙，南墙即利用内城的北墙，西墙还残存部分残基，东墙已经完全被破坏。关于这处建筑基址，阎文儒认为是高昌回鹘时期的宫城遗址。

（3）外城东南部有塔基和残支提（中心柱）窟，窟内残留壁画。

（4）外城的西南部有面积很大的寺院遗迹，残存有多层龛的塔基及附属建筑残遗迹。

城内遗物种类繁多，其中以高昌回鹘时期的摩尼教壁画、经典、文书，佛教壁画、塑像、经典及不同文书数量最多而且最为著名。高昌回鹘之前的遗物以唐代的居多，但以北凉承平三年（445年）《凉王沮渠安周造寺功德碑》最负盛誉。

（五）胜州榆林城

胜州榆林城遗址位于内蒙古自治区托克托西南约10千米的十二连城乡，北临黄河。最早建于隋开皇七年（587年），当时属云州管辖。开皇二十年（600年）割云州之榆林、富昌、金河三县另置胜州，治所设在榆林。隋大业五年（609年），将胜州改为榆林郡，仍辖榆林、富昌、金河三县。唐贞观三年（629年），仍于此安置胜州，管辖榆林、河滨二县。五代后梁贞明二年（916年），契丹耶律阿保机破振武军，胜州之民皆趋河东，胜州遂废。1963年调查时[②]，发现了唐开元十九年（731年）姜义贞墓，在出土的墓志中有“胜州榆林县归宁乡普静里故人品子姜义贞”“开元十九年……殡在州城南一里”字样，而在该墓以北450米（约合唐1里）处就有一处古城遗址，从而确定了胜州榆林城的位置。

城址平面呈东西向长方形，城址偏东部有一南北向隔墙，将城分为东城（5号城址）和西城（1号城址）两部分。外围城墙系夯筑而成，但夯筑方法略有不同，南墙和隔墙采用平夯筑成，东、西、北三面城墙则采用小圆窝夯筑，反映出它们不是同时兴建的。南墙和隔墙在原城址基础上加筑而成，而东、西、北三面城墙则是利用原来的城墙。南墙保存较好，全长1165、宽约33、高约15米。其中西城（1号城址）南墙长857、东城南墙长308米。隔墙长1039、残高约4—6、宽约30米。在隔墙偏北部有一豁口，很可能是连通

① 关门城门遗迹，也有5个之说，其中南面3个城门缺口，西面2个城门缺口。

② 李作智：《隋唐胜州榆林城的发现》，《文物》1976年第2期。

东、西城的城门遗址。在西城南墙中部也发现城门遗迹，城门遗迹中部尚残存两个土堆，将城门分成三个通道，可知城门当为三门道。城门之外筑瓮城，瓮城门向东。东墙不平直，其南端与隔墙平行，而北端则向东折，全长1019、宽22.5、残高约2米。在东墙之上发现两座城门，城门之外均筑有瓮城，瓮城门均南向（图1-1-2-101）。城周长4387米，合唐代的1492丈，相当于隋唐时期一般州府城中的较小者。

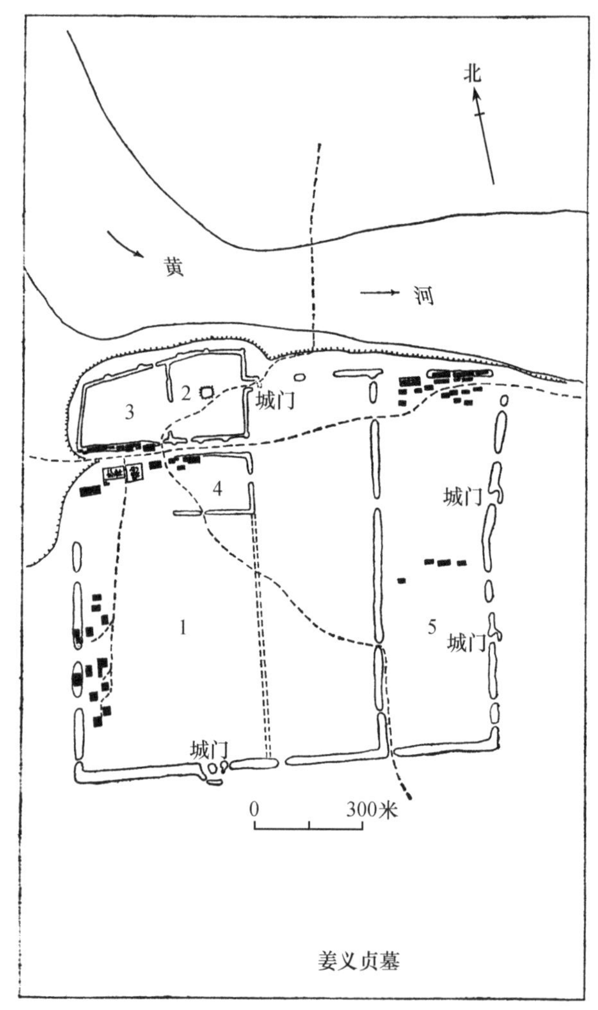

图1-1-2-101　隋唐胜州榆林城平面图

在西城的西北部有一小城（4号城址），面积较小，呈东西向长方形，城墙保存较差，西墙已无存，南北二墙仅存很少部分，东墙尚清楚，长165、高1—2米，平夯筑成，此处当为子城及官署衙门之所在。在该城址西北部还发现东西相连的两座城址（2、3号城址），城墙砖筑，墙外筑有马面，并打破西城的西北角，其年代属于元明时期。

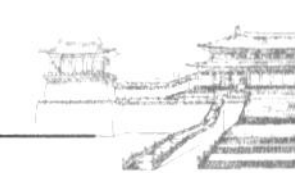

（六）东胜州城

东胜州城遗址位于内蒙古自治区托克托县西北，与隋唐胜州城隔黄河相望。平面略呈斜长方形，南北长2410、东西宽1930、周长8600米，接近于隋唐时期的大型州府城。城内西北部有两座小城，西城被称为“大皇城”，东边的被称为“小皇城”。“小皇城”修建于金代，为东胜州城的子城。而“大皇城”平面略呈长方形，北墙长500、南墙长470、东墙长630、西墙长620米，城墙残高在5—8米。城址下叠压有唐代遗址和遗物。从西墙和北墙的断面来看，至少经过三次夯筑。早期城墙应当属于唐代修筑，并结合文献可以证明，当为东受降城之所在，而后被辽金元的东胜州城沿用，并加以修补和扩建①。

（七）蒲类县城

蒲类县城遗址位于新疆维吾尔自治区奇台县北门外，当地人称“唐朝墩”，是庭州故城即北庭都护府城以东，天山北麓现存唐城遗址中最大的一座。1958年，新疆维吾尔自治区文物普查时发现，该城址东临水磨河，西、南面已经叠压在现在的城镇之下。城址略呈长方形，东西长314、南北残长490米，仅见东门遗迹。城址中心有一圆形土墩，大概是古代中央建筑物的遗留物。城墙残高8、厚7米，仅东、北两段保存完整，均系版筑而成，北城墙夯层厚约8厘米。从该城址出土的遗物来看，其使用期限从唐代至元代。从城的规模来看，应当是北庭都护府下的四县之一。据《太平寰宇记》卷一五六记载的“蒲类，（庭州）东八十里”来看，恰好是北庭都护府城址到奇台县的距离。因此，这座俗名“唐朝墩”的古城即唐蒲类县城址②。

（八）大河古城

大河古城遗址位于新疆维吾尔自治区巴里坤哈萨克自治县大河乡东渠头村东南，城址由东、西两座相连的城址组成，城墙为夯土筑成，城址内的建筑遗迹均已不存。西城为主城，东城为附城，两城东西毗邻（图1-1-2-102）③。据文献记载，唐伊吾军曾屯田驻地甘露川，伊吾军有士兵三千，马三百匹。大河古城可能就是伊吾军屯田甘露川的伊吾军城。

西城遗址位于大河古城西侧，城门设置在西城墙中部偏北部位，可知该城坐东向西。西城四周城墙保存较好，四角各有一角台，其中西北角角台保存较好，其上残存建筑基

---

① 李逸友：《内蒙古托克托城的考古发现》，《文物资料丛刊》（4），文物出版社，1981年，第210—217页。

② 奇台县文化馆：《新疆奇台境内的汉唐遗址调查》，《考古学集刊》（5），中国社会科学出版社，1987年，第206—215页。

③ 西北大学丝绸之路文化遗产与考古学研究中心、新疆维吾尔自治区哈密地区文物局、新疆巴里坤哈萨克自治县文物局：《新疆巴里坤大河古城遗址调查简报》，《西部考古》（第5辑），三秦出版社，2011年，第126—138页。

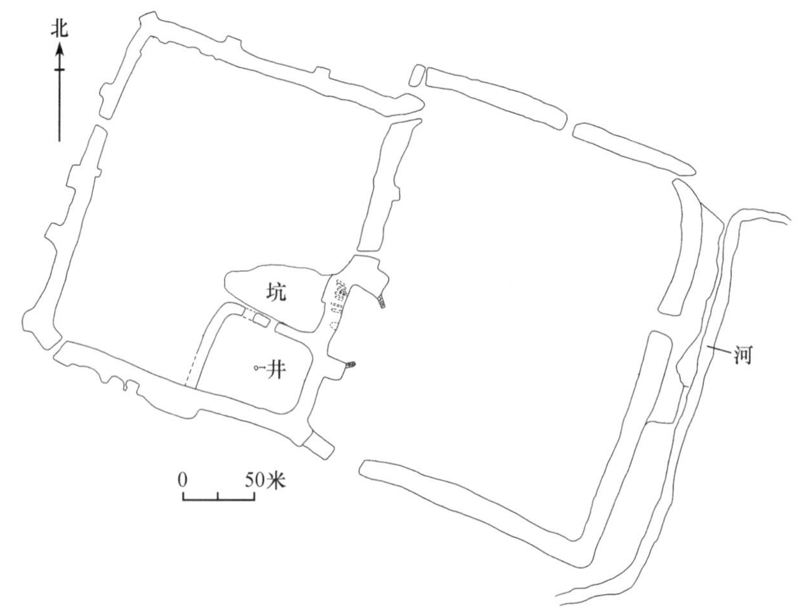

图1-1-2-102　新疆巴里坤哈萨克自治县大河古城平面图

址，其余三个角台保存较差。四面城墙均有马面或敌台，西面城墙等距离分布有3个马面；东面城墙有3个马面；南面城墙有一敌台；北面城墙有2个马面。城内圈东西长170、南北长190米；城外圈东西长192.5、南北长215米。在城东南部，有一大型建筑基址，坐南向北，呈东西向长方形，其中东部略窄于西部，东西长62.5、南北宽47米，其东墙和南墙即利用西城的南墙和东墙的一部分，北墙和西墙另行夯筑，均以黄土夯筑而成，门道开设在北墙中央，推测为官署遗址。这种将官署建在城内一隅的做法，显然模仿了隋唐洛阳城的布局样式。

东城城址平面呈南北向长方形，保存相对较差，城墙较低矮，但较规整，而且顶部平坦呈连续状。东城内圈南北长222.5、东西宽186米，外圈南北长246、东西宽201米（未含西城东墙宽度）。东城的西墙即西城东墙，其余三面城墙夯筑而成，东城墙有一敌台，南北城墙西部各开设一城门。从西城东墙的马面位于东城之内的情况来看，似乎东城的修建年代要晚于西城，具体年代不明。

第二章　离 宫 遗 址

所谓离宫，是指古代皇帝正宫之外临时居住的宫殿，除具有一般宫殿的职能之外，还有避暑、游乐等功能。隋唐时期修建了大量离宫，其中重要的有隋仁寿宫唐九成宫、翠微宫、玉华宫、华清宫等。经过考古发掘并初步厘清布局的离宫遗址有隋仁寿宫唐九成宫遗址、华清宫遗址。

第一节　隋仁寿宫唐九成宫遗址

一、地理位置与历史沿革

隋仁寿宫唐九成宫遗址位于陕西省麟游新城区，距离隋大兴唐长安城约163千米，是隋和唐初的主要离宫之一。宫址所在谷地，有杜水、北马坊河和永安河，三条河流在此交汇，再流向东南与漆水汇合，最后流入渭水。由于这里天然植被茂密，野生动物多，山水环抱，风景优美。海拔近1100米，夏无酷暑，七八月份的平均温度仅21℃，温度、湿度适当，气候凉爽宜人，是避暑的胜地。正如《唐会要》卷三十“九成宫”唐高宗于永徽五年幸万年宫时所云：“此宫非直凉冷宜人，且去京不远。”[①]

隋文帝开皇十三年（593年）二月颁诏在岐州之北营造仁寿宫，任命左仆射杨素为总监、莱州刺史宇文恺检校将作大匠，主持规划设计工作；封德彝为土木监，主管施工事务。至开皇十五年（595年）三月，仁寿宫宣告竣工。据《资治通鉴》卷一七八记载：“夷山堙谷以立宫殿，崇台累榭，宛转相属。役使严急，丁夫多死，疲顿颠仆，推填坑坎，覆以土石，因而筑为平地。死者以万数。”[②]仁寿宫建成伊始，隋文帝立即携皇后来此避暑。“见制度壮丽，大怒曰：‘杨素殚民力为离宫，为吾结怨天下。’”但因独孤皇后很喜欢这座离宫，文帝也转怒为喜，并赏赐了杨素[③]。隋文帝先后6次来仁寿宫避暑，并最终死于此宫。隋亡之后，仁寿宫也随之废弃。

唐代初年，唐高祖李渊和唐太宗李世民忙于征战，无暇避暑。贞观五年（631年），积劳成疾的唐太宗为了避暑养病，诏令以仁寿宫为基础，加以修缮，增筑禁苑、武库、官署，

---

① （宋）王溥：《唐会要》，上海古籍出版社，1991年，上册，第648页。

② （宋）司马光撰，（元）胡三省音注：《资治通鉴》，中华书局，1956年，第5539、5540页。

③ （宋）司马光撰，（元）胡三省音注：《资治通鉴》，中华书局，1956年，第5548页。

图1-2-1-1　隋仁寿宫唐九成宫《九成宫醴泉铭》碑

并改名为九成宫。唐太宗本人前后5次驻跸九成宫，在发现了醴泉之后，立有由魏徵撰文、欧阳询书丹的《九成宫醴泉铭》碑（图1-2-1-1），其书法被誉为楷书之范。唐高宗即位后，前后8次驻跸九成宫，并曾于“永徽二年（651年）九月八日，改九成宫为万年宫。至乾封二年（667年）二月十日，改为九成宫”[①]。高宗之后，武则天久居东都洛阳，玄宗又在骊山扩建了温泉宫，九成宫遂闲置起来。“安史之乱”以后，九成宫虽然仍有官员看守，但已逐渐荒芜，并于开成元年（836年）毁于山洪。唐亡后，九成宫成为一片废墟。1978—1982年，对该遗址进行了多次考察和发掘，基本探明了其布局。1990—1994年对其中的37号殿址进行了发掘[②]。

仁寿宫坐落在杜水北岸，北依碧城山，南对石臼山，东有童山，西邻凤凰山。据《新唐书·地理一》记载，九成宫宫城“周垣千八百步，并置禁苑及府库官寺等”[③]。地势西高东低，天台山被围在宫城之内。遗址有内外两重城垣的残迹，内城是宫城，范围在山谷较平坦的地带。外围城墙，即文献所谓的缭墙，范围较广，包括了周围的山地。宫城内为朝寝宫殿、武库、官寺衙署，宫城之外围墙以内的范围是禁苑（图1-2-1-2）。经过考古勘探，宫城城墙仅发现北墙西段和东墙中段。

二、宫城与外缭墙

经过复原研究，宫城区沿杜水北岸东西500多米长较为平坦的地带进行布局。杜水沿

① （宋）王溥：《唐会要》，上海古籍出版社，1991年，上册，第647页。

② 中国社会科学院考古研究所西安唐城工作队：《隋仁寿宫唐九成宫37号殿址的发掘》，《考古》1995年第12期。

③ （宋）欧阳修、宋祁：《新唐书》，中华书局，1975年，第966页。

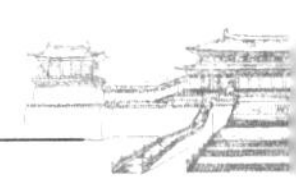

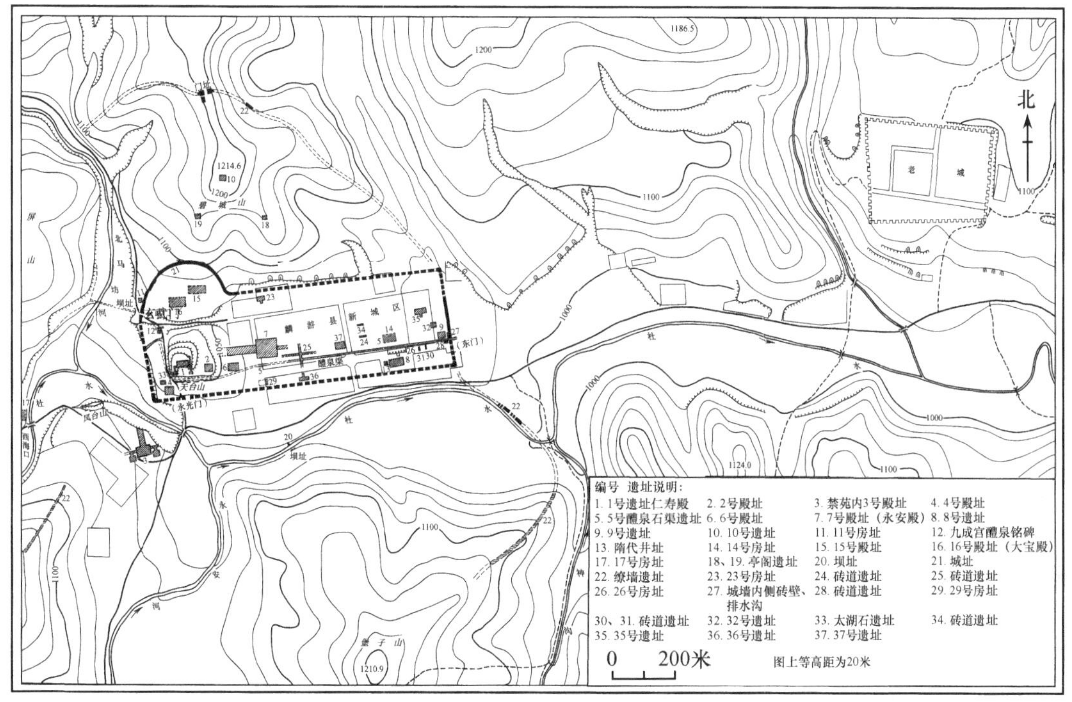

图1-2-1-2　隋仁寿宫唐九成宫遗址实测图

南部堡子山东流，南宫墙即沿杜水北岸修建；北宫墙在北部碧城山下；西宫墙沿由北向南流的马坊河东岸，也就是当时人工湖“西海”的东岸；东墙保存了一段长129.5、宽9米的墙基。勘探表明，隋时的城墙有包砖，沿城墙根有用青石砌筑的排水沟，沟底宽0.43、口宽0.51、深0.58米。沟口两边用青砖铺砌，修饰得很整齐。实测城东西长1030米，推测南北宽约300米，这样，城墙合5里多，与文献所载“千八百步”基本相合。宫城南面正门为永光门，据《唐会要》卷三十“九成宫”记载：“永徽五年（654年）三月，（唐高宗）幸万年宫”，“乃亲制《万年宫铭》并序，七百余字（图1-2-1-3），群臣请刊石，建于永光门。诏从之”[①]。但永光门现已无迹可寻。宫城北门，称为玄武门。据考古勘探，在北宫墙西端已经发现门址，但因修筑公路被破坏殆尽，仅残存部分路土、路面铺石等。

宫城外围有缭墙（围墙）围起来的禁苑，缭墙沿宫城周围山峦的分水岭修建，把制高点围进来，以防止俯瞰宫城和禁苑，同时设置禁卫军，以保卫安全。缭墙范围，南北墙之间的距离约1900余米，南部的东西宽约1700余米，周长约6000米。北面山上的围墙经过发掘，墙基深0.8、宽8.3米，在隋唐地面以上残存约1.5米，东面围墙残高0.3—0.6米。

位于缭墙的一座北门经过考古发掘。门墩台的平面呈长方形，东西长13.96、南北宽10.7米，残高约1.5米（图1-2-1-4）。墩台为夯土版筑，表面包砖，砌法为磨砖对缝[②]，非常

① （宋）王溥：《唐会要》，上海古籍出版社，1991年，上册，第648页。

② 将青砖反复打磨，使之细腻光润，然后对缝铺砌，谓之磨砖对缝。

图1-2-1-3　隋仁寿宫唐九成宫《万年宫铭》碑

工整。墩台中间的门道宽3.76、进深10.7米，门道无砖石铺装，发掘中发现了被火烧成红黑色的路土。门道局部破坏，两侧有条石地栿，地栿在每个排叉柱位向门道壁一侧突出呈础形。地栿宽20厘米，础形部分宽35厘米，加宽部分长55、宽35、厚32厘米。每一个础位中间有一个安插排叉柱柱脚榫的卯眼，卯眼长12、宽9、深8—10厘米。西侧残存6个，东侧残存4个，推测原来每侧各7个。从柱脚榫的卯眼来看，除门道正中门限两侧的排叉柱的柱础为垂直外，其余各柱均向中间倾斜。门道中间有一条石门限，门限高33、厚25厘米，门限两端各有一个立颊的长方形卯眼，卯眼长27、宽17、深7.5厘米。门限两端有门砧石，长1.3、宽0.45、高0.4米。门道两壁的做法是：城门墩台的清水磨砖壁面拐至门道口第一根排叉柱，各排叉柱之间的壁面则改为混水壁面，即在砖壁上涂抹厚1.5厘米的白灰，局部经过维修，共有三层灰面。粉白的柱间壁墙根处，涂有20厘米宽的赭红色踢脚线。在门内东、西两

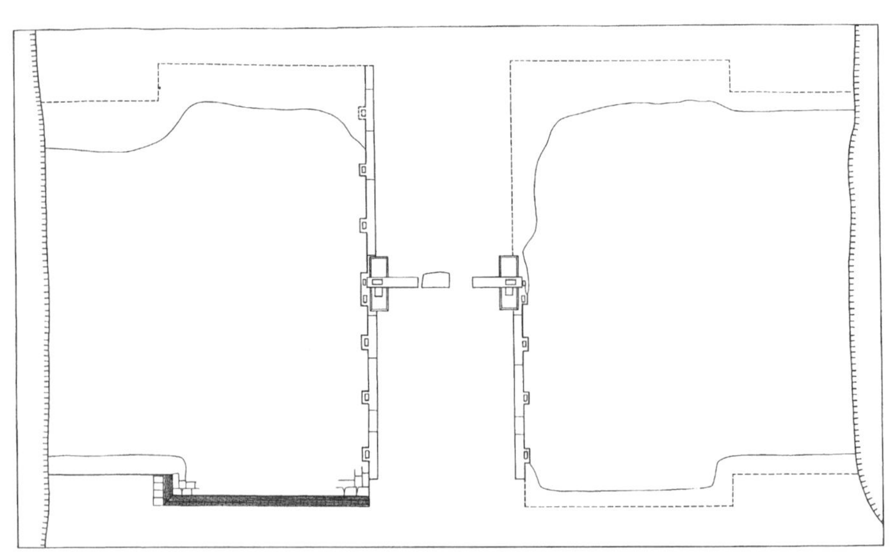
图1-2-1-4　隋仁寿宫唐九成宫缭墙北门遗址平面图

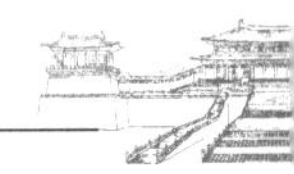

侧发现门卫值房遗迹。由于条件限制，只发掘了西侧值房的局部。发现夯土台基和一排4个柱础石，柱础方40、高20厘米，础面中心有一圆形卵眼。可以推测，左右对称的值房大约各为3开间。

三、重要遗址的发掘

（一）1号殿址

1号殿址位于天台山上，实际上是以天台山为基座的一座宫殿即仁寿殿。天台山底部为不规则方形，南部宽约150余米，北部宽约110余米，南北长150米。通过考古发掘得知，主体殿堂遗址破坏严重，仅残存黄土夯筑的台基，柱础及地面铺砖等已无存。台基周围还残留少量包砖的台壁和砖墁散水。遗址最下层的夯土台基筑在原生土上，平面呈长方形，东西长31米，南面已被破坏成断崖，南北宽度仅存15.2米，高1.2米。在这层夯土台基上再筑台基，外围磨砖对缝包壁。上层台基东西总长29.7、南北残宽13米，周围有宽1.04米的散水。散水的做法是下层铺衬长方形砖，表层铺砌素面方砖3排，为磨砖对缝砌法，边缘再平砌两行条形黑亮的青掍砖。按台基宽度计算，殿面阔7间，估计进深4间（图1-2-1-5）。

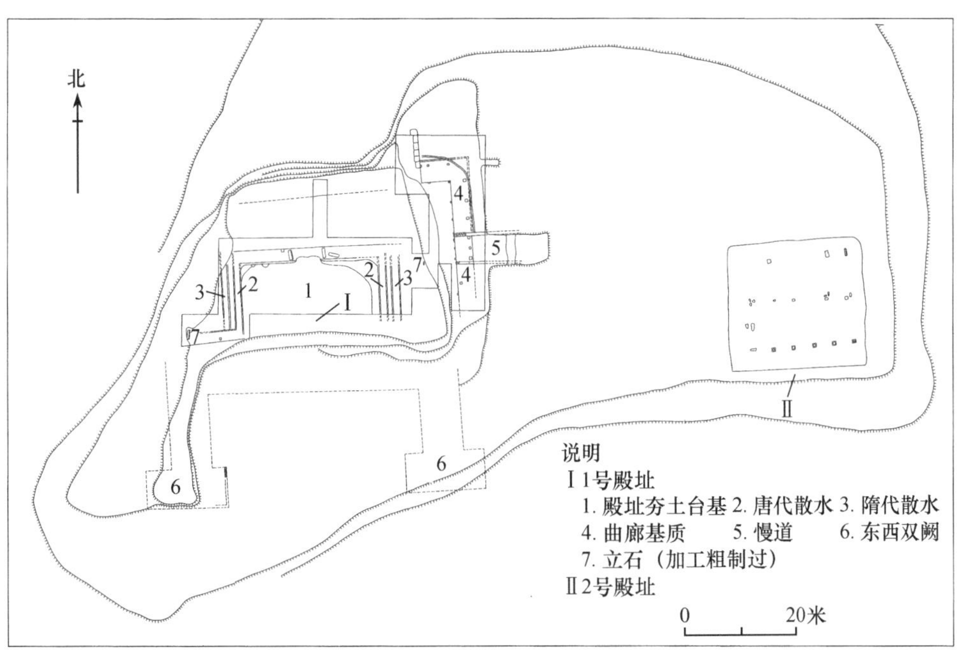

图1-2-1-5　隋仁寿宫唐九成宫1号殿址平面图

（二）3号殿址

3号殿址位于宫城西南部禁苑之内，建筑基址包括殿址和东、西、北三面的三条廊道，殿址南面两侧筑廊道和阙，殿址、廊道及阙均系黄土夯筑而成的高台，其上为建筑（图1-2-1-6）。3号遗址是一座左右连阙三面带廊道的建筑群，从廊道呈缓坡来看，错落有致，与李思训《九成宫纨扇图》中的楼阁建筑基本相一致。

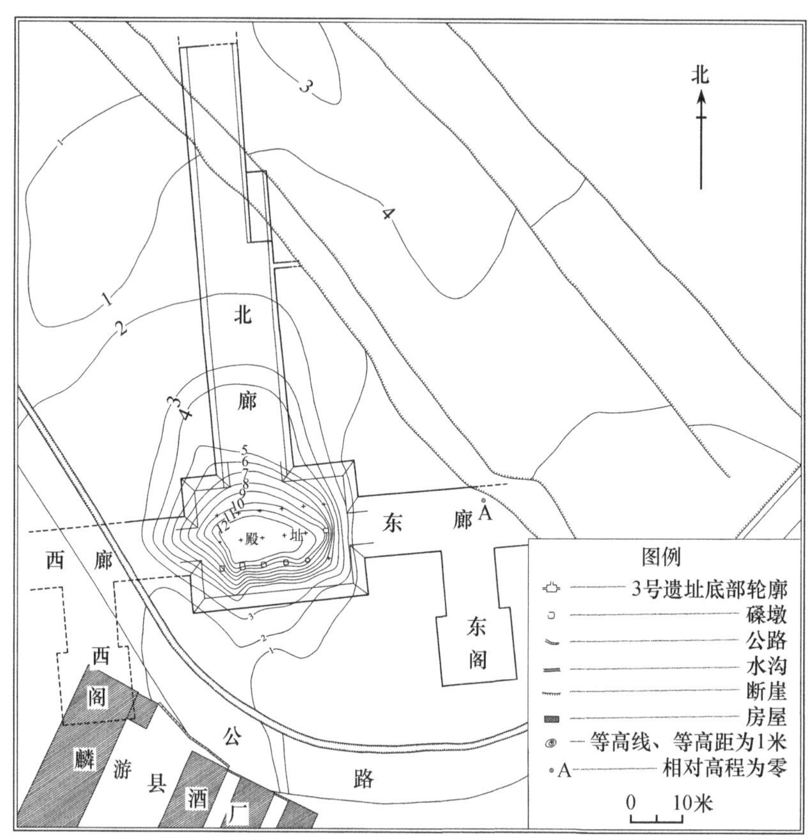

图1-2-1-6　隋仁寿宫唐九成宫3号遗址平面图

殿址的夯土高台平面呈东西向长方形，底部北面东西长34.1、南面东西长34.45米，东西两面南北长均为25.15米。北面廊道的高台呈南高北低的缓坡状，底部宽15.15、上部宽13.9、残高0.3—6.5米，两侧壁砌砖。东西两侧廊道也呈缓坡状，两侧壁砌砖。东廊道底部宽11.2、上部宽10.4、残高2米。西廊道底部宽11.4、上部宽10米。对东西两阙中的东阙进行了发掘。东阙仅存台基，平面略呈方形，东西长14.5、南北宽13.5米。在东阙北面有一条廊道与东廊道相衔接，廊道长12.5、底部宽10.25、上部宽9.2、残高1.9米。

（三）7号遗址

7号遗址位于天台山以东140余米处，现状为高8米多的近方形的大土台，当地人称“梳妆台”。经过考古钻探得知，殿基东西长59.9、南北宽54.7米，残存的夯土台基高出现代地面约7米，由唐代地面至现状残高达16米（图1-2-1-7）。推测可能是独孤皇后居住的永安殿。

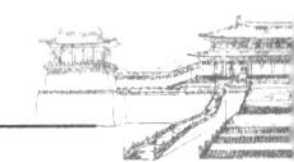

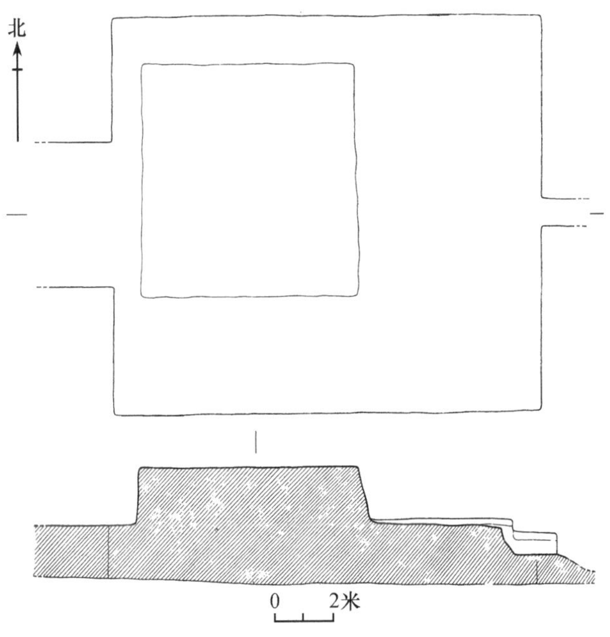

图1-2-1-7 隋仁寿宫唐九成宫7号遗址平、剖面图

（四）37号殿址

37号殿址位于宫城的中部偏东，距离7号殿址120米，坐北朝南。殿基基本保存完整，四面全用石材包砌，部分构件上雕刻精美纹饰。殿基上现存46个（原有48个）青石柱础，柱础底1米见方，都是覆盆式，显露处打磨光滑。东西面阔9间，南北进深6间。宫殿南北当心间都有门，门宽3.48米，其余各间都是墙或槛墙半窗。大部分柱础都保留在原位置，因此殿基的柱网分布十分清楚。台基四周以青石板包砌，台基东西长42.62、南北宽31.72、高出石板散水1.09米。台基四周散水也以石板砌筑而成，石板宽0.7米，外以宽0.2米的条石镶边，总宽度在0.9米。转角散水石和散水镶边石起棱，而且对接工艺水准极高。此殿设置有左右阶（踏步），宽4.4、南北长3.5米，每级踏步面宽0.35、促面高0.11米，复原共有10级（图1-2-1-8）。

（五）醴泉渠

醴泉渠以石砌筑而成，两壁及底部铺砌石板或者石条，石板或石条内侧面及底部表面均凿制平整，外侧面及底部下面则较为粗糙。渠宽（内侧宽度）1.4、深0.61米（图1-2-1-9）。渠向东穿城而出，穿越宫城城墙时砌筑成两条涵洞，即在渠中央加立一道石壁，上面盖石条，涵洞各宽0.56、高0.6米（图1-2-1-10）。

（六）水井与井亭基址

井亭为隋代所建。在唐太宗发现醴泉之后，该井被填埋不用。发掘时发现井内填土

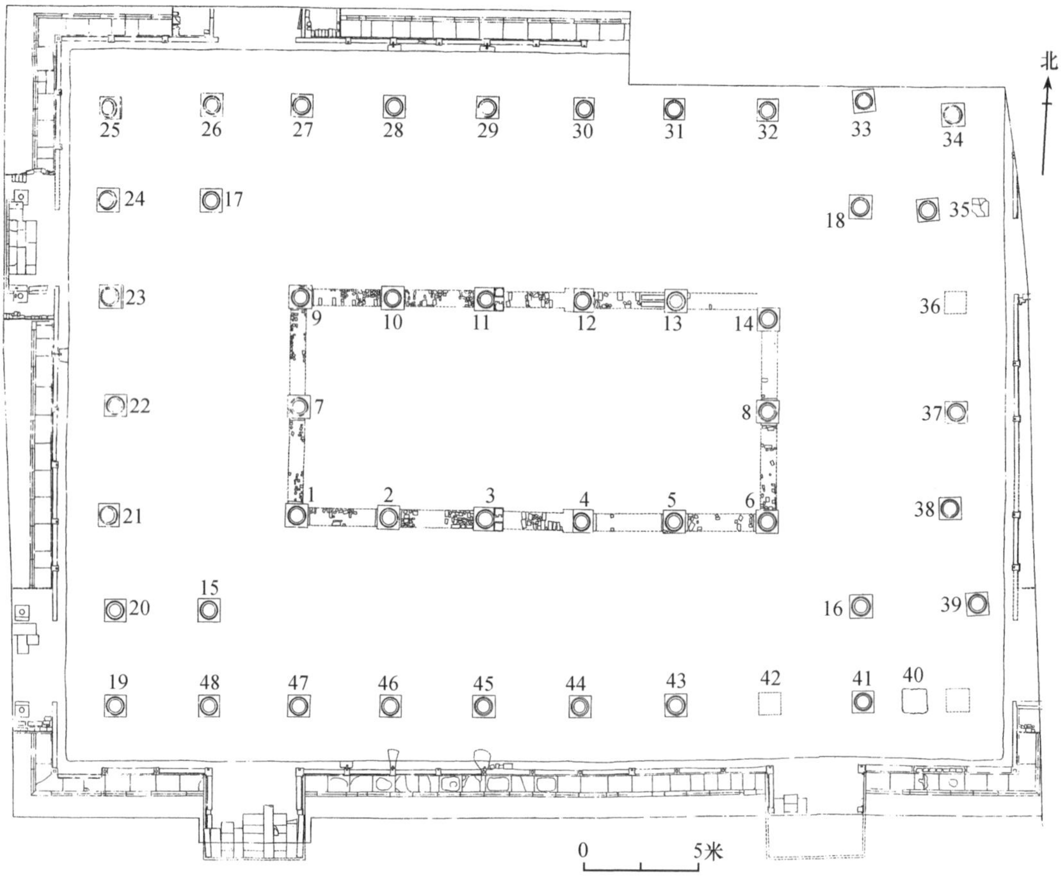

图1-2-1-8　隋仁寿宫唐九成宫37号殿址平面图

图1-2-1-9　隋仁寿宫唐九成宫醴泉渠

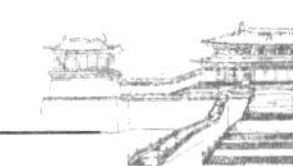

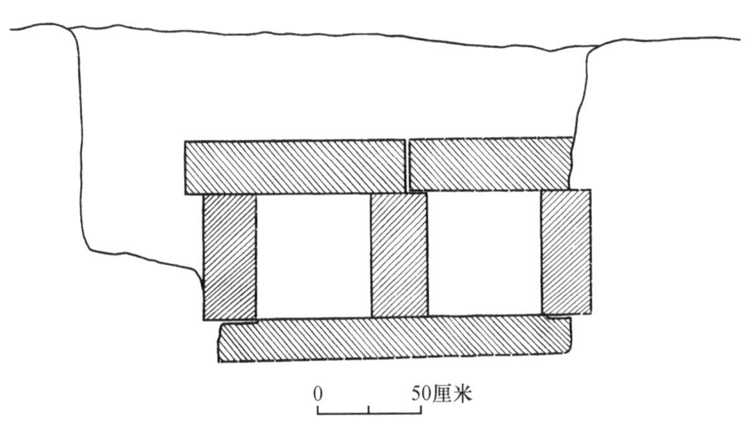

图1-2-1-10 隋仁寿宫唐九成宫醴泉渠宫城城墙下涵洞剖面图

纯净，应当是有计划废弃的。井台为石造，平面呈正方形，长、宽均为5.63米，周围有宽0.92米的散水，全部石面为6.55米见方。正中的圆形井口是用两块长1.9、宽0.95、厚0.2米的大石板刻凿成半圆，然后对接而成。围绕井口凿成下凹1厘米的八瓣折线花瓣图案，凹下去的花瓣图案处理成剁斧麻面，并涂以赭红色漆。井体为直径1米的砖砌圆筒形，发掘至4米余即见水，至8米处井底出水极旺，水质清澈，可以饮用。井口四角有4个精致的覆盆柱础，方座0.58米见方，顶面直径0.26米，中央的圆形卯眼直径0.14米（图1-2-1-11）。

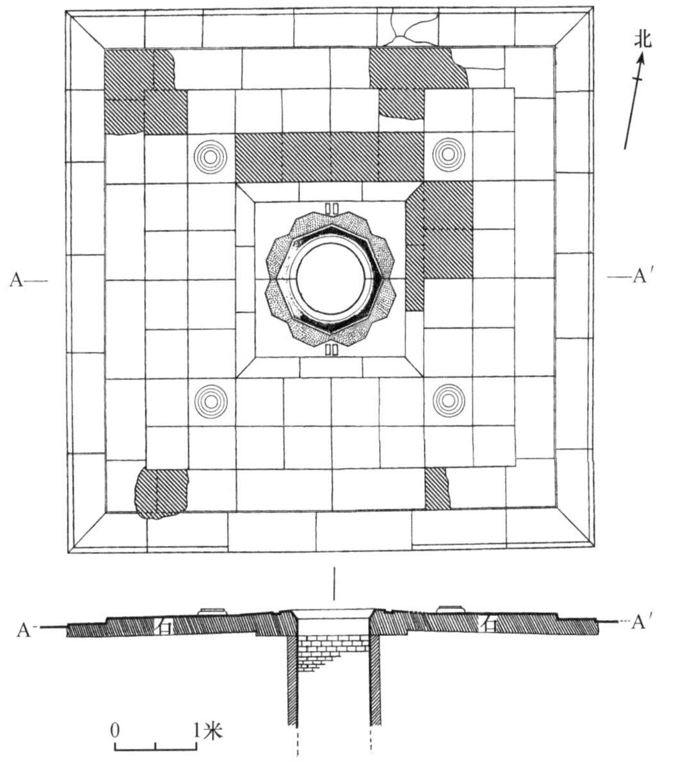

图1-2-1-11 隋仁寿宫唐九成宫井亭平、剖面图

参考书目

[1] 中国社会科学院考古研究所编著:《隋仁寿宫·唐九成宫——考古发掘报告》，科学出版社，2008年。

第二节　唐华清宫遗址

一、地理位置与历史沿革

唐华清宫遗址位于陕西省西安市临潼区。唐太宗李世民于贞观十八年（644年）诏令将作大匠阎立德总度骊山，于是“面山开宇，从旧裁基，营建宫殿，监修御汤”，建成了新的离宫。新宫“疏檐岭际，杭殿岩阴。柱穿流腹，砌裂泉心”。唐太宗临幸，赐名“汤泉宫”。唐高宗于咸亨二年（671年）改“汤泉宫”为“温泉宫”。唐玄宗之时，“以（房）琯雅有巧思”，负责扩建温泉宫。天宝二年（743年），唐玄宗在温泉宫之北置会昌县。天宝六载（747年）十月，改“温泉宫”为“华清宫”，也称为“骊山宫”（图1-2-2-1）。华清宫经过一百多年不断地更新扩建，天宝年间成为它最为辉煌的时期。外围墙中央各设置一门，东门为望京门，西门为开阳门，南门为津阳门，北门为昭阳门。

对该遗址的调查和发掘，始于1982年4月，结束于1995年10月，前后历时14年之

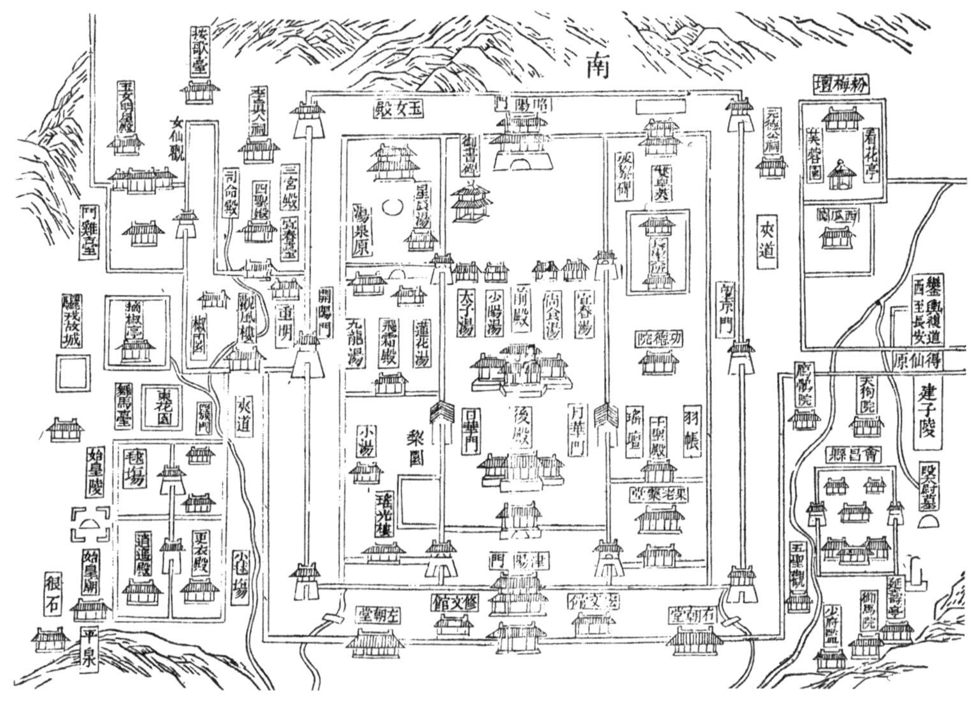

图1-2-2-1　唐华清宫（骊山宫）图

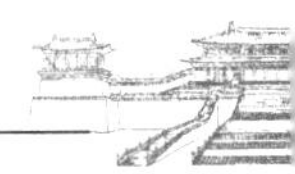

久，共进行了15次考古发掘[①]。搞清楚了华清宫的外围墙（亦称外缭墙）、宫墙及内部结构（图1-2-2-2），并发现了各类汤池遗址。

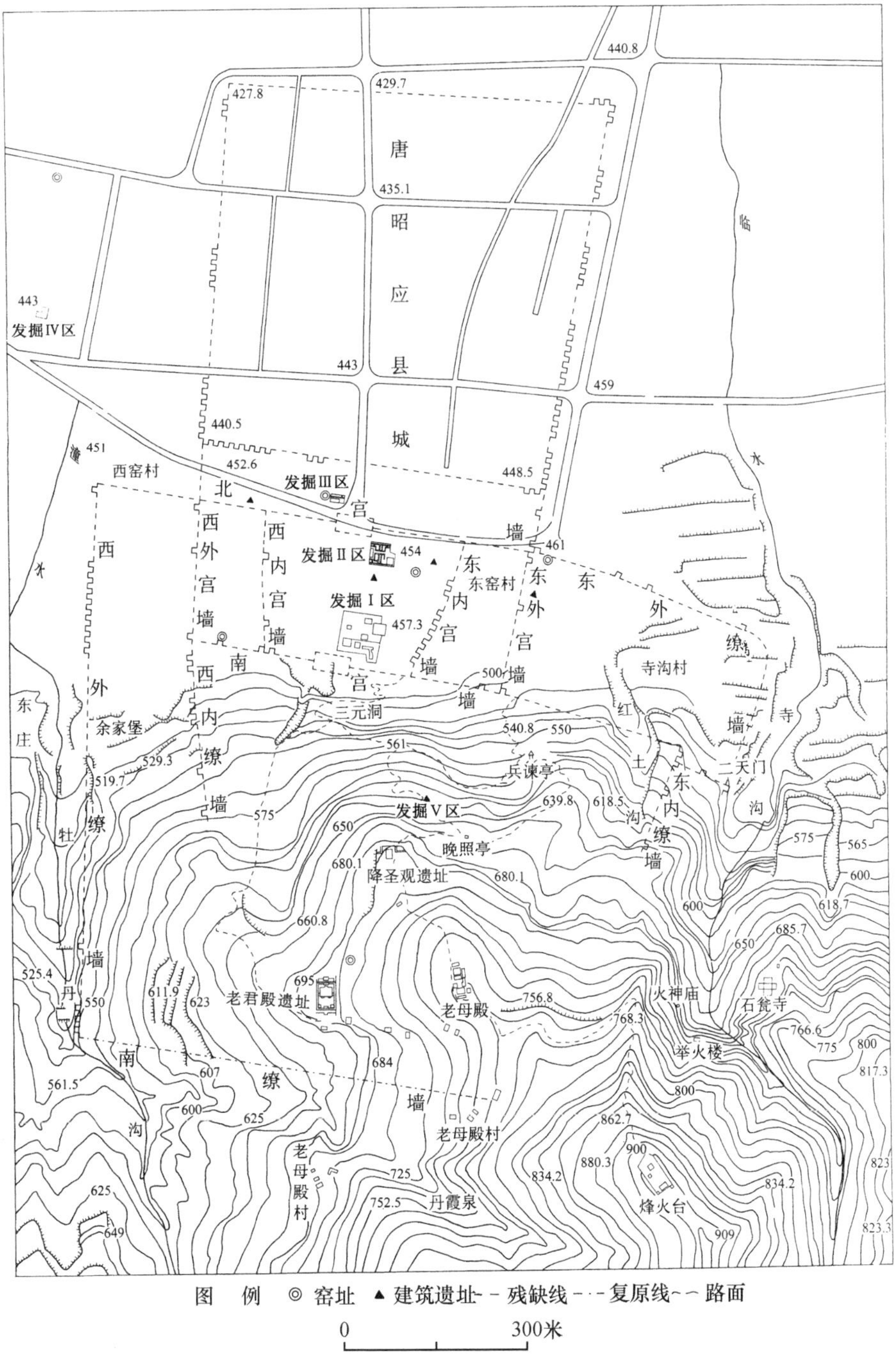

图 例 ◎ 窑址 ▲ 建筑遗址 - - 残缺线 - · - 复原线 ~ - 路面

0 300米

图1-2-2-2 唐华清宫遗址遗迹分布图

① 陕西省文物事业管理局 骆希哲编著：《唐华清宫》，文物出版社，1998年。

二、缭墙遗址

（一）外围墙

华清宫四面设有外围墙，经钻探和调查，东、西墙均为内外两道，南、北墙各为一道。

东墙南北长170、内外墙相距125米，内墙的两侧各有一条宽2.5—3.5、深0.5—1.8米的与墙基平行的取土壕沟。

西墙的外墙南端由于山势崎岖，改为堑壕防卫，堑壕宽5—6、深1.7—5米。内墙距外墙165—190米。内墙两侧各有一宽2—3.5、深0.5—1.45米的取土壕沟。沿墙基出土筒瓦、板瓦及条砖残块，表明原来版筑墙体顶端覆盖有防雨的瓦顶。

（二）宫墙

华清宫四面设有宫墙，其中东、西、南三面宫墙已经钻探清楚，均夯土筑成。东、西宫墙均为内外两道，南宫墙为一道。东宫墙外墙全长约330、内宫墙距外宫墙约110—155、全长约240米。西宫墙的外墙全长330、内宫墙距外宫墙约114—120、全长241米。南宫墙依骊山北山麓修建，全长531米。

在20世纪50年代末扩建华清池以前，在北距今华清池北门公路65米处，东门遗迹尚存南北相对的两座夯门墩台，间距（门道宽）约5米。墩台东西长8—10、南北宽7—9米，壁面有收分，有条砖铺砌的散水，门道为青石板铺砌。在此门的南部发现宽约2.5米的东墙墙基。虽未发现北宫墙，但在今华清池中门西北约75米处发掘出一座门址，此门即北宫门津阳门，可推测此门左右一线即北宫墙，即今华清池北墙之外约3—4米处。

三、汤池遗址

华清宫汤池遗址保存基本完好，共发掘出8个（图1-2-2-3），考证出名称的主要有莲花汤、海棠汤、星辰汤、太子汤、尚食汤、宜春汤等，为探讨唐代的沐浴文化提供了重要资料。

（一）莲花汤

莲花汤又名御汤九龙殿，是唐玄宗御用汤池。平面略呈椭圆形，全用墨玉砌成，东西长10.6、南北宽4.7—6、深1.5—1.54米。从下向上砌成二层台式，上层模拟莲花形，下层为规整的八边形。池北壁居中为御座位置，座下有踏步三级。浴池东西各有入池的踏步二级。正对御座的池南壁，为进水口，进水管道分二支，设置莲花石雕涌水（图1-2-2-4）。

（二）海棠汤

海棠汤位于御汤西北部，池壁用墨玉砌成八瓣海棠花形，池壁为双层结构，外砖内石。池底平面呈八瓣海棠花形，东西长3.1、南北宽2.22米，保存完好，为上下两层结构，

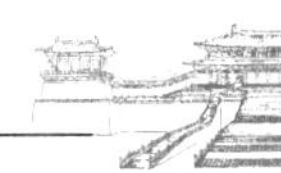

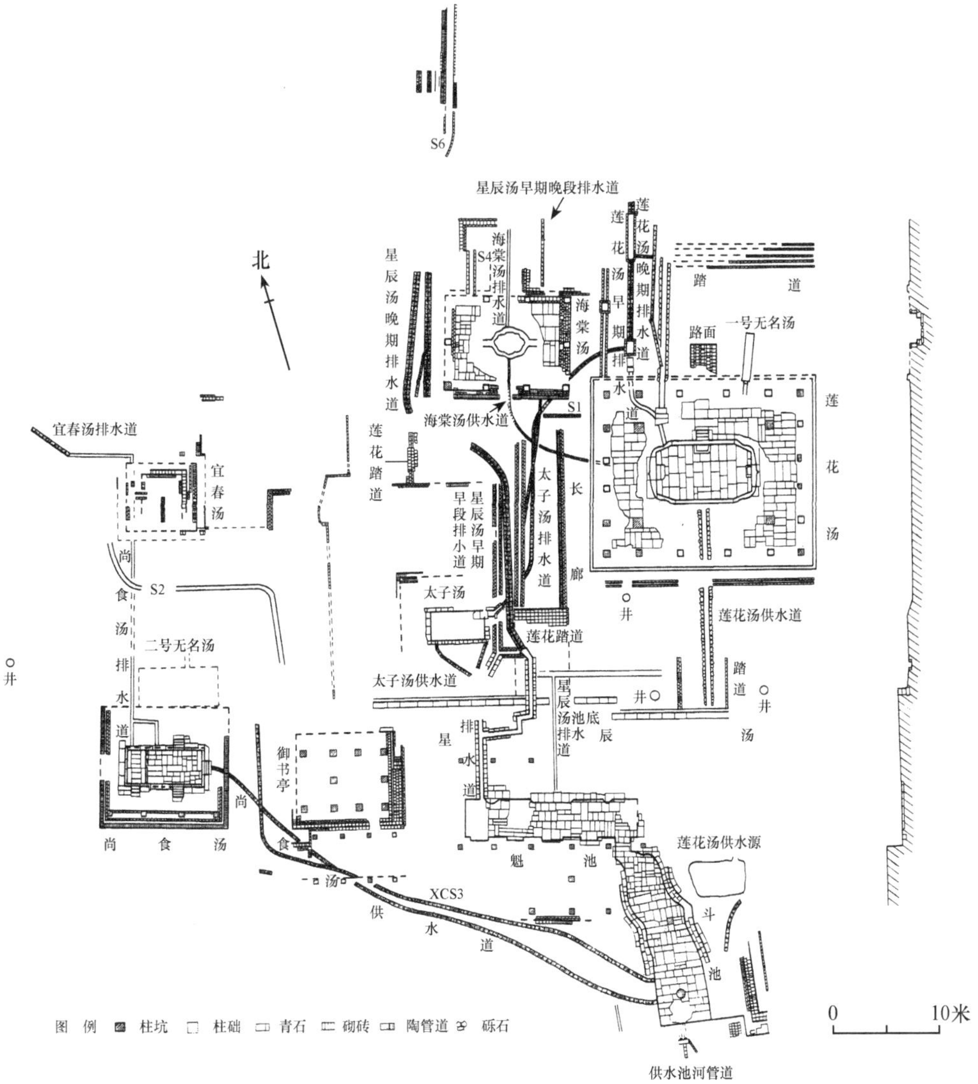

图1-2-2-3 唐华清宫遗址汤池遗址分布图

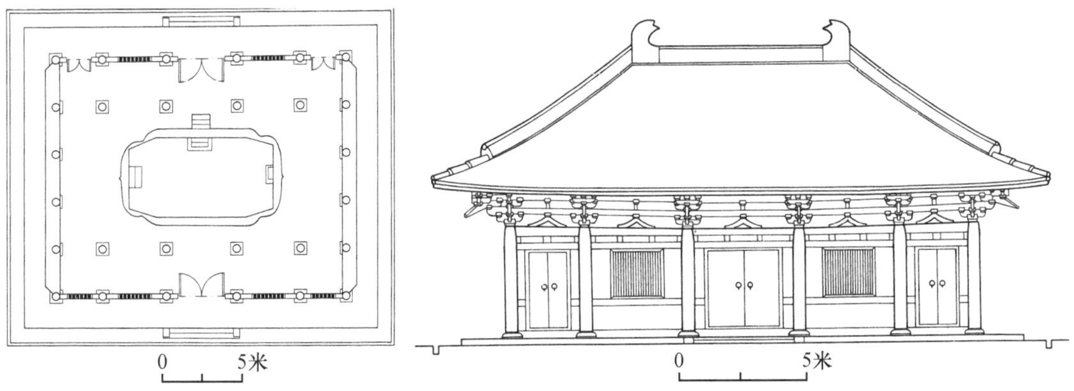

图1-2-2-4 唐华清宫莲花汤平、立面复原图

下层为经过夯打的防渗土层，上铺砌石板。池东西两端设有入池的踏步四级。进水管在池南壁中央埋入，原来池中心也有石刻莲花出水口。据《南部新书》卷己记载："御汤西北角，则妃子汤，面稍狭。汤侧红白石盆四，所刻作菡萏之状，陷于白石面。"[①]《南部新书》中所云"红白石盆四"是指以红白石各4块相间砌筑池壁，加起来刚好8块。又云其"作菡萏形"，是指池壁弧曲呈"菡萏形"，即呈八瓣莲花状，刚好与考古发掘的八瓣海棠形相吻合。海棠汤的方位、形制，文献与考古发掘结果相吻合，推测其可能是杨贵妃沐浴之处（图1-2-2-5、图1-2-2-6）。至于"菡萏形""海棠形"，则是对其形状因人而异的形象比喻，不是问题的根本。

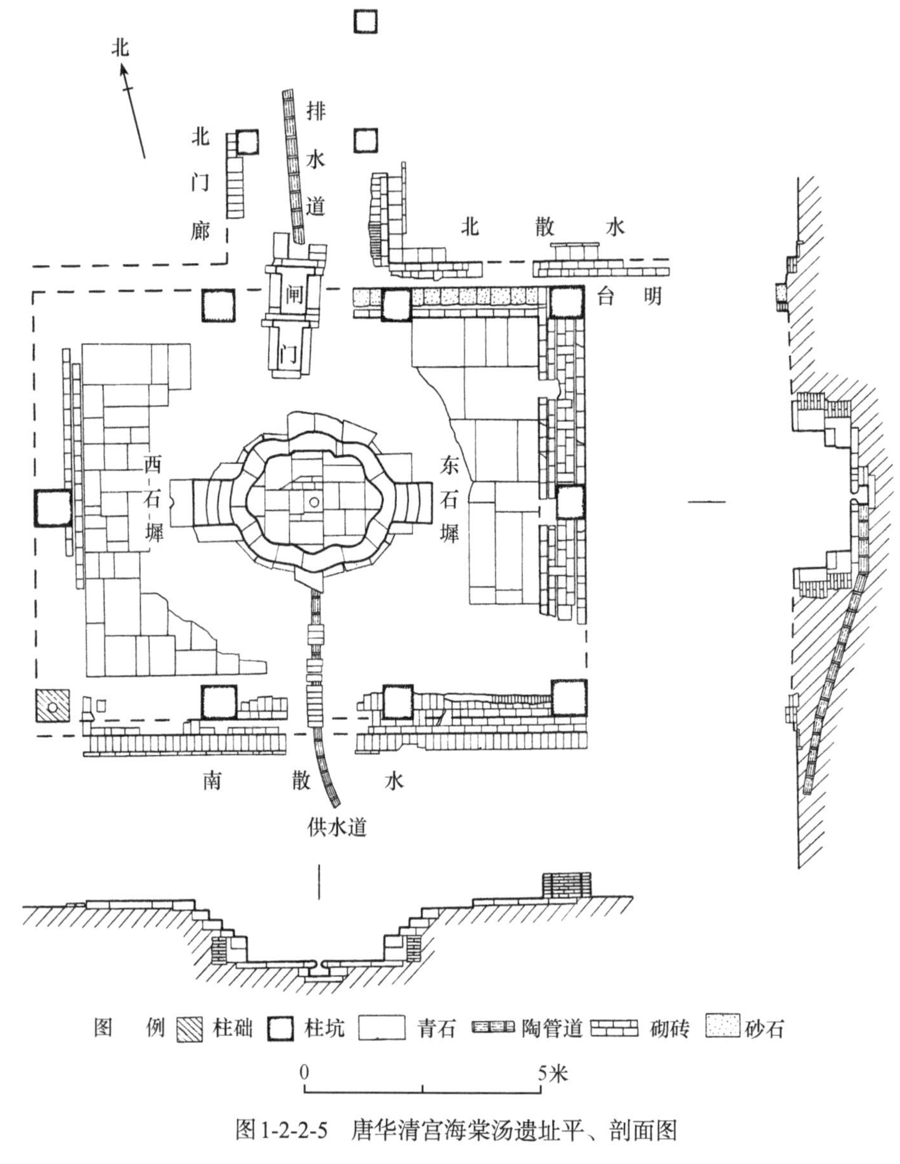

图1-2-2-5 唐华清宫海棠汤遗址平、剖面图

① （宋）钱易撰，黄寿成点校：《南部新书》，中华书局，2002年，第89页。

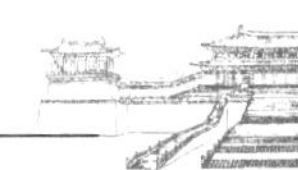

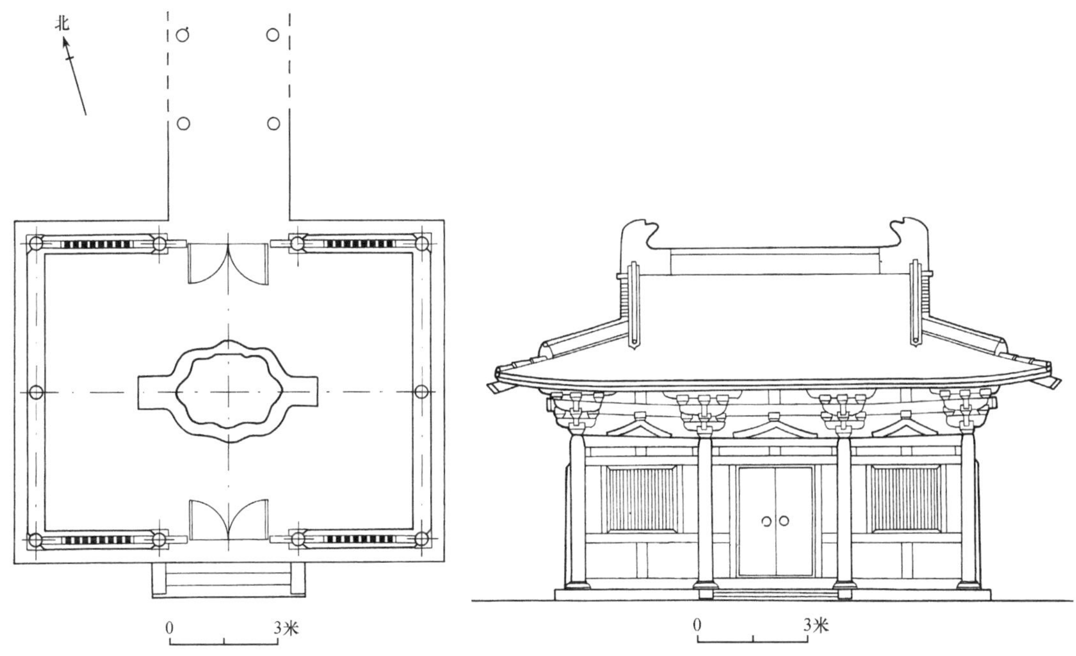

图1-2-2-6 唐华清宫海棠汤平、立面复原图

（三）星辰汤

海棠汤和莲花汤之南为星辰汤，即贞观十八年（644年）阎立德为太宗修建的御汤，汤池南接温泉水源。水源之上是依宫墙而建的玉女殿，传为神女沐浴之所而得名。唐玄宗建造了新御汤之后，原来的御汤“星辰汤”不再用于沐浴，而成为温泉源出水后的一个蓄水池。星辰汤平面神似北斗七星，分为斗池和魁池两部分（图1-2-2-7、图1-2-2-8）。斗池呈东南—西北走向，逶迤蛇行，南宽北窄，保存较为完整。南北全长16.8米，二层台式。魁池呈东西向长方形，位于斗池之北。两个汤池的中间以南北长1.45、东西宽1.45米的流水口连接成一个整体。但斗池底部比魁池底部高出0.27米。

（四）太子汤

太子汤平面呈东西向长方形，用砂石和青石混砌而成，池壁为内石外砖，池底铺砌石板。东西长5.2、南北宽2.77、残深1.2米，面积14.4平方米。在池底与池壁接合处，池底石板和砌砖之间加垫铜钱。汤池的给排水设施完备，排水设施由排水口、闸门和排水管组成。排水管道为外壁装饰绳纹的圆形陶水管，以子母口相套接。另一处供太子使用的汤池为少阳汤。

（五）尚食汤

尚食汤供内官、六部官员沐浴，汤池位于殿宇建筑正中，保存较为完整，呈二层台式，平面呈东西向长方形，东西长7.76—7.88、南北宽3.67—3.85米，面积约30平方米。全部用青石铺砌而成，由一石隔梁隔成东西两池。

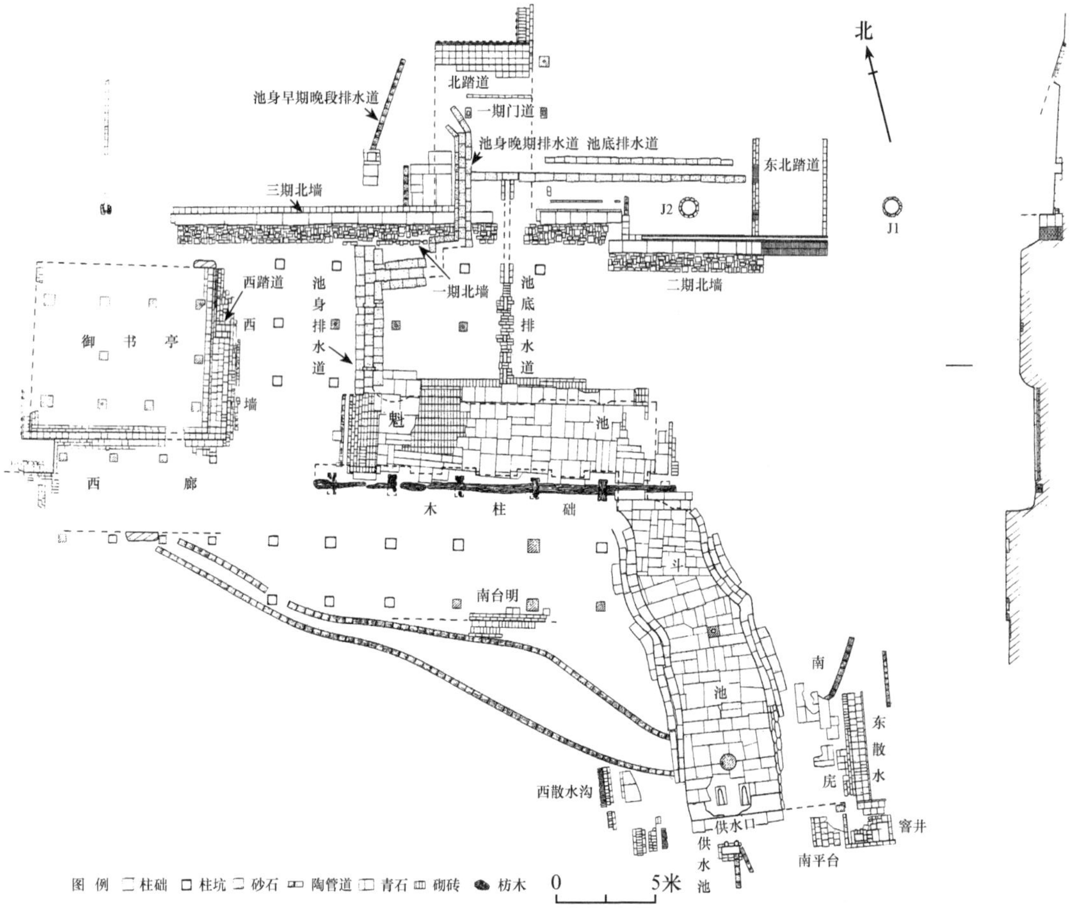

图1-2-2-7　唐华清宫星辰汤遗址平、剖面图

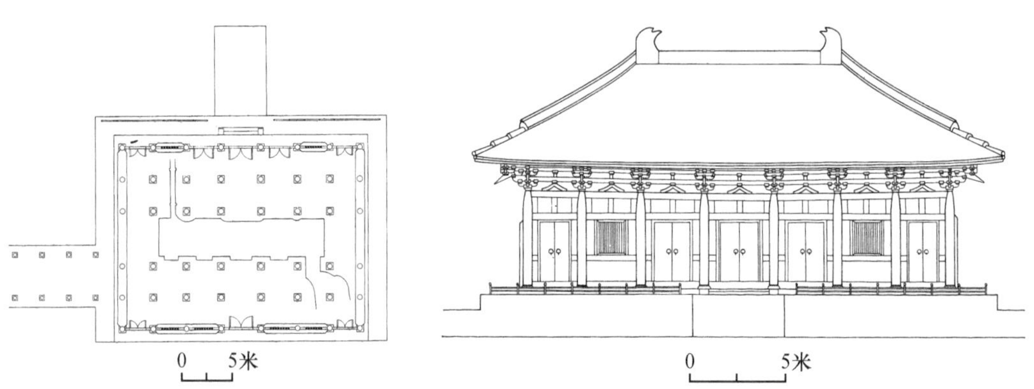

图1-2-2-8　唐华清宫星辰汤平、立面复原图

（六）宜春汤

宜春汤供梨园弟子沐浴。破坏严重，仅清理出南北长3.5、东西宽3—3.3、深约1米的土坑。

参考书目

［1］ 陕西省文物事业管理局　骆希哲编著:《唐华清宫》，文物出版社，1998年。

第三章　其他重要遗址

第一节　三门峡栈道遗迹

从汉至唐，三门峡一带是通往关中地区的漕运要道，大批粮食需要通过水路运往关中。三门峡地段的黄河河床窄而水流湍急，航运非常艰险。从东汉至宋代，特别是在唐代，为使关东漕粮渡此险阻抵达关中，在此修治栈道，凿开元新河，修筑北岸18里陆道并在两端修筑粮仓。这些栈道、粮仓遗迹分布在今河南省三门峡市陕州区境内。1955—1957年，为配合三门峡水库建设工程，黄河水库考古工作队勘察、记录了这些遗迹①。不仅发现了当年的古栈道、开元新河遗迹和河岸崖壁上的摩崖题记，还找到了唐代陆道、集津仓、盐仓等遗迹，为研究三门峡漕运历史和汉唐时期的工程技术提供了重要资料。

三门峡地势两岸夹山，黄河在这里折而向南，在河谷内有两座露出河面的岛屿，西为鬼门岛，东为神门岛，二岛将河水分为三道，犹如给黄河开了三座门，故称“三门”。其中东边的称为人门，中间的称为神门，西边的称为鬼门，只有人门可以勉强行船。古栈道主要开凿在人门左岸，南端起梳妆台附近，向北经人门岛全岛，有12段，总长625米。鬼门右岸有2段。下游的七里沟、杜家庄狮子口两岸还发现7段。栈道开凿在靠近水面的断崖上，底部、侧壁修凿得很平，顶部呈弧形，一般宽1.2、高约2.5米。在栈道侧壁上方凿有牛鼻子形壁孔，各孔的间距为3—11米，可能是在各孔之间横系绳索，以备纤夫牵引船只时把持用力。在栈道侧壁最下部凿有方形壁孔，各孔之间的间距一般在2米左右，应当是用来安放横置的木梁。与方形壁孔相对应，在栈道底部还有向下开凿的底孔，当是横置木梁上的小木桩所安插的榫眼，这样就能使那些横置木梁牢牢固定在方形壁孔和底孔上。在栈道侧壁保留有30多处摩崖题记，记述了有关栈道开凿和行船的情况。题记年代较早的有东汉和平元年（150年）、三国曹魏正始元年（240年）、甘露五年（260年）、西晋泰始四年（268年）、太康二年（281年）和北魏景明四年（503年）等，说明此处栈道至迟在东汉桓帝时期已经开始开凿，魏晋时期已经基本凿成。唐代题记中有“大唐贞观十六年（642年）四月三日，岐州郿县令侯懿、河北县尉古城师、前三门府折冲都尉侯宗等奉敕造船两艘，各六百石，试上三门，记之耳。”“大唐垂拱四年（688年）正月十六日，上柱国马大谅当开三门河道。造字人蔡揔，正月十八日。”等等。1996—1997年，为了配合黄河小浪底水库的建设工程，山西、河南的考古工作者对三峡以东黄河两岸的栈道遗迹进行了调查。在山西平陆、夏县、垣曲三县沿河50余千米的地段内，发现古栈道遗迹40处，累计长

① 中国科学院考古研究所编著：《三门峡漕运遗迹》，科学出版社，1959年。

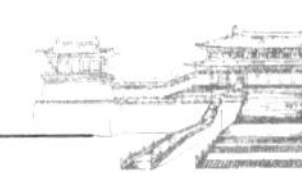

达5000余米[①]。在河南新安县八里胡同峡长约5.5—6千米的黄河南北两岸，发现古栈道遗迹14段[②]。其遗迹包括不同形制的壁孔、底孔、桥槽、历代题记等。题记中最早的是东汉建武十一年（35年），次为曹魏正始九年（248年），而以唐、宋、元、明、清时期的数量最多。

唐代的漕运量增加，除了利用和修治原来已经初具规模的栈道之外，还在人门岛东的岩石中开凿了一条渠道。由于动工修凿于开元二十九年（741年），所以后代名之为“开元新河”。开元新河长280多米，宽6—8、深5—10米。在开元新河两岸的人门岛上发现两处建筑遗址：一处位于全岛的中部，南北长20.2、东西宽15.7米，现存排列有序的方形或圆形柱穴62个；另一处在岛顶的最南端。在开元新河东岸有一处北宋时期的题记：“南鬼门、中夜叉门、北金门、次开元新河，禹庙、开化寺并在金门山上。”所谓夜叉门即指神门，金门即指人门，金门山即指人门岛。从这处题记来看，人门岛上的两处建筑遗址可能就是禹庙、开化寺遗址。开元新河两岸发现摩崖题刻51条，其中1条为唐天宝二年（743年），其余为宋、金、明、清时期所刻。

开元二十一年（733年）为躲避水运之险，还在三门峡左岸凿山开道18里，并在其东端置集津仓，西端安置盐仓。经过考古调查，在龙岩村发现了集津仓遗址，在下仓村附近找到了盐仓遗址。在两仓之间，还发现了一段宽仅1—2米的陆路旧道。

栈道遗迹除三门峡有所发现之外，在山西垣曲、夏县、平陆三县的黄河两岸地段共发现栈道遗迹5000余米。其中包括方形壁孔、牛鼻形壁孔、桥槽孔、底孔2600余个，立式转筒遗迹20余处，历代题记和石刻40余处。这些栈道遗迹始建于汉，盛于唐，唐以后走向衰微。它们的发现，为研究黄河航运史提供了非常重要的资料。

第二节　钱氏捍海塘遗址

隋唐以后，浙江钱塘县治迁到今杭州平陆江干一带，钱塘浪潮严重威胁到它的安全。五代之时，杭州成为吴越国的首府，钱镠为巩固自己的统治，大规模营建海塘，抵御潮水。《吴越备史》记载，后梁开平四年（910年）八月始筑捍海塘。“初定其基而江涛昼夜冲激，沙岸板筑不能就。”开始采用的是传统的板筑方法修筑土塘，但经不住潮水的冲击而失败。钱镠总结经验，采纳工匠建议，一改旧法，采用了“运巨石盛以竹笼，植巨木捍之”的新方法筑塘，终于取得成功。钱氏捍海塘的出现，标志着我国古代筑塘技术进入到一个新阶段。1983年，对位于杭州的五代钱氏修建的捍海塘遗址进行了发掘[③]。捍海塘由石块、竹木和细沙土等材料构筑而成。海塘基础宽25.25、面宽8.75、残高5.05米。属于

① 张庆捷、赵瑞民：《黄河古栈道的新发现与初步研究》，《文物》1998年第8期。

② 河南省文物管理局、水利部小浪底水利枢纽建设管理局移民局编：《黄河小浪底水库文物考古报告集》，黄河水利出版社，1998年。

③ 浙江省文物考古研究所：《五代钱氏捍海塘发掘简报》，《文物》1985年第4期。

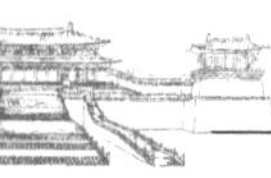

“竹笼石塘结构”，其特点是有扎实稳固的基础、有立于水际的巨大“滉柱”以及建筑讲究的塘面保护层。

基础由护基木桩、“竹笼沉石”等设施筑成，内侧是一排用拉木套接的护基木桩。护基木桩排列密集，间距很小。桩高2、直径0.2米左右，桩尖削成圆锥状，紧贴泥塘斜向打入塘基。在木桩向泥塘一侧，紧贴一道竹篱笆，篱笆上还附贴一层芦苇草席。篱笆长3.8、高1.1米。篱笆用竹篾编织的辫绳捆缚于护基木桩上。在护基木桩上还缚扎一根横木，这根横木将一根根护基连成一体，俗称“位林木”。横木和护基木桩的缚扎也用竹绳。而竹绳难以扎紧，故每扎一道都用一根细长木棍绞紧。护基木桩每隔2米左右，用一根长约3米的拉木加固。拉木放置一头高一头低，高的一头用榫卯勾住“位林木”，低的一头用两根小木桩打入沙土钉住穿过拉木的横闩。护基木桩经过这样加固，可以避免松软地基承重受压向外挤开的后果。

基础的外侧既要解决与内侧相同的松软地基承重受压向外挤开的问题，又要防止潮汐冲击塘岸引起坍塌，因而其建筑结构远比内侧复杂。外侧基础由四排护基木桩和置于这四排护基木桩间的“竹笼沉石”，以及护基木桩外的“竹笼沉石”等部分构成。由里向外的第一排护基木桩到“竹笼沉石”外沿的宽度在7米以上。第一排护基木桩和第四排护基木桩之间是盛满巨石的矩形大竹筐，筐长3、宽2.5、高1.5米左右。在筐的四角均用一根直径约0.1米的木桩固定，在筐的内面用竹筋纵横缚扎夹住，外面用方木做成的木框箍住。这样内外加固，竹筐就不会变形。第二、三排护基木桩插在竹筐之内，并用竹绳和纵向框木相绑，以起到固定位置的作用。在上述设施的基础上，再用长8—9米的大木拉住加固，连接方法和内侧拉木相同，一头用榫卯勾住第四排护基木桩，另一头用两根小木桩固定拉木上的横闩。外侧拉木的间距为2米左右，不同的是上下两层，并在拉木上系有用多根竹篾组成的不加编织的长竹索。

外侧四排护基木桩中的第一、二、三排是垂直打入塘基，而第四排是斜向打入塘基，向内倾斜角为15°左右。桩木由里向外逐渐加长变粗，第一排木桩高2米左右，第三排则在3米左右，这三排木桩排列稀疏，桩木直径都不超过0.25米。但第四排护基木桩粗大，高度在5米以上，直径0.3米左右，排列密集，间距和里侧护基桩相同。

第四排护基木桩外是垒叠的“竹笼沉石”。据《吴越国武肃王捍海塘志》记载：“大竹破之为笼，长数十丈，中实巨石。”文献记载和考古发现的实物基本相同。所谓“竹笼沉石”就是用圆筒状竹笼填充石头制作而成，笼径0.6、长4米以上。它们叠放在里侧紧靠第四排护基桩，上下四、五层，每层3个。在其间也有上下两层拉木将其固定在第四排护基桩上。在第一排护基木桩的里侧有一与内侧相同的竹篱笆和芦苇席，防止沙土遇水流失。在第四排木桩的内面也发现用竹绳缚扎在木桩上的竹篱笆。

滉柱也是捍海塘的重要组成部分。关于滉柱的排列情况，文献记载说法不一，《梦溪笔谈》卷十一云：“钱塘江，钱氏时为石堤，堤外又植大木十余行，谓之‘滉柱’。”[①]《吴

① （宋）沈括撰，金良年点校：《梦溪笔谈》，中华书局，2015年，第117页。

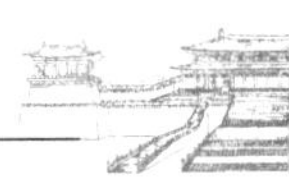

越国武肃王捍海塘志》则云："外用木立于水际，去岸二丈九尺，立九木，作六重，象易既济、未济二卦。"由于发掘面积所限，仅发掘了其中的两排。从考古发掘出的两排滉柱来看，内侧的一排紧贴"竹笼沉石"，内面也有竹篱笆，外侧的一排距离内侧约1米左右。滉柱在海塘所用桩木中最粗大，长度超过6米，直径0.3米以上，稍微细一些的则两根并立。在离塘岸的水际植滉柱，既可以抗击潮水的冲击，又可以使潮水带来的泥沙在这里迂回沉积，保护塘岸。文献所记载的滉柱排列"象易既济、未济二卦"，其中还带有人们祈祷滉柱战胜潮水的心愿。

捍海塘的塘面有很好的保护层。在修建之时，根据塘内外功能和性质的不同，对内外保护层采取了不同的建筑方法。内坡保护层大部分采用含铁量较高的砂石和带炭屑的炉渣状物筑成。这种含铁量较高的砂石遇到盐分便氧化板结，进而形成坚硬牢固的保护层，厚度一般在0.1米。局部地方，保护层用黏黄泥筑打而成，厚度也在0.1米。这一塘面保护层，对保护塘沙避免因雨水冲刷而流失，起到良好的作用。塘外坡是迎水面，它要经受巨大浪潮的冲击。钱氏捍海塘是采用抛石护岸的方法，即在培土筑塘的过程中，外侧铺上一层厚厚的石块，形成石块护塘面。巨大的浪潮经"滉柱"的消能再打击到这层石块上，对泥塘就无损了。

筑塘的步骤和过程为：第一步，打好基础，内外两侧同时进行。外侧先在拟放矩形竹筐的地方铺上竹簟，将护基木桩和滉柱打入塘基和离岸的水中，然后套装"竹筐沉石"，编制"竹笼沉石"，缚扎竹篱笆，连接拉木，形成一个互相牵连的整体。内侧则是先打桩，然后将桩周围的土挖去一部分，形成一条工作槽，再缚扎竹篱笆，扎"位林木"，连接拉木。第二步，填土筑塘，抛石护岸。最后进行塘面加工。

钱氏捍海塘的出现，标志着我国筑塘技术进入了一个新的阶段。此前，在浙江、福建沿海一带修筑的海塘为版筑土塘。钱氏捍海塘采用"竹笼沉石"并固以木桩的方法，是筑塘技术的一大改进。同时，在离岸水际立滉柱也非常科学。在外坡抛石护岸，在内坡和顶面加筑一层坚硬的保护面，是筑塘方法的又一改进。这种筑塘方法沿用时间很长，直到元代，这种"竹笼石塘"才被"木柜石塘"所代替。

第三节　桥梁及其遗址

隋唐时期的桥梁，根据文献记载，可以分为石柱之梁（石桥）、舟梁（浮桥）、木柱之梁（木桥）三大类。

一、石桥

关于石桥，据《唐六典》卷七记载："石柱之梁四，洛三，灞一。洛则天津、永济、中桥，灞则灞桥也。”①

1. 敞肩圆弧拱桥——安济桥

安济桥又名赵州桥，俗名大石桥，建于隋代，是世界上最古老、跨度最大的敞肩圆弧②拱桥（图1-3-3-1）。桥位于河北省赵县城南2.5千米的洨河上，跨南北两岸，桥主孔净跨为37.02、净矢高7.23米，矢跨比为1∶5.12。拱腹线半径为27.31米，拱中心夹角为85°20′33″，是一座很扁的圆弧拱桥。桥总长50.83、总宽9米，主拱券并列28道，拱厚1.03米，拱肋宽各道不等，在25—40厘米之间。拱石长约1米，最大拱石每块重约1吨。在主拱券之上，拱脚处有厚24厘米、拱顶处有厚16厘米的扁厚护拱石。护拱石在空腹段为满铺，实腹段仅镶于桥跨的两侧。拱券外形有如变截面拱。大拱之上，两侧各伏有两个小拱。靠近拱脚处的小拱，净跨为3.8米，另一小拱净跨为2.85米，券石厚65厘米。每个小拱券的东西两外侧，各铺设一层厚约16厘米的护拱石。小拱也为并列砌筑，除南端一小拱为27道并列之外，其余均为与大拱一致的28道，南端小拱券乃后世修缮时所改。

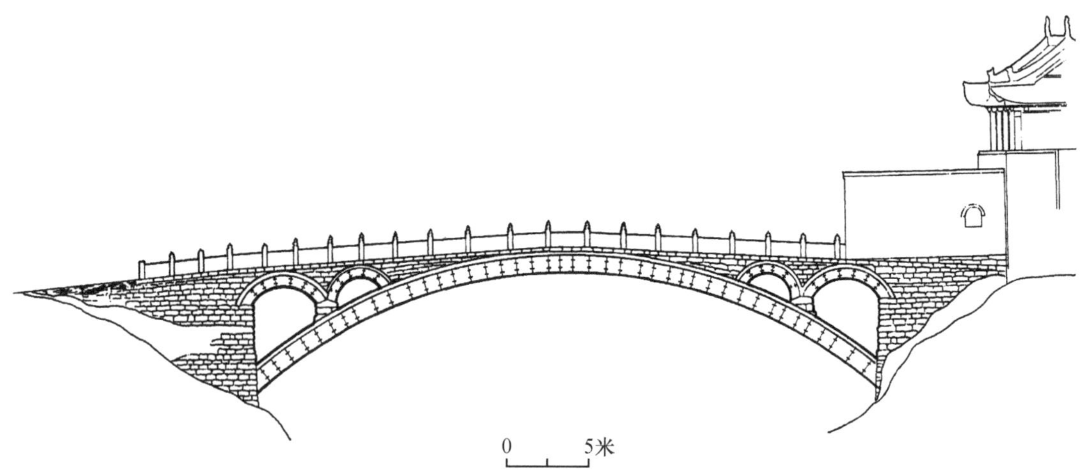

图1-3-3-1　河北省赵县安济桥（赵州桥）立面图

安济桥的技术成就，在世界上第一次创造出敞肩圆弧拱。国外圆弧拱的应用，虽较我国为早，但矢拱比较大，接近于半圆，桥墩上有小拱，但不叠于大拱之上，大拱仍为实腹。真正意义上的敞肩圆拱，西方迟至在19世纪才出现。美国建筑专家伊丽莎白·莫斯克在其《桥梁建筑艺术》一书中称：“（安济桥）结构如此合乎逻辑和美丽，使大部分西方古桥，在对照之下，显得笨重和不明确。”③

---

① （唐）李林甫等撰，陈仲夫点校：《唐六典》，中华书局，1992年，第226页。

② 所谓敞肩，是指拱上建筑由实腹演进为空腹，以一系列小拱垒架于大拱之上。这样可以减轻石拱桥的自重，从而减小拱券厚度和墩台的尺寸，又可以增大桥梁的泄洪能力。所谓圆弧，是指采用小于半圆的弧段，作为拱桥的承重结构。在相同跨度下，可以较半圆拱大幅度地降低桥梁高度；反之，在相同的桥梁高度时，可以得到较半圆拱更大的跨度。

③ 茅以升主编：《中国古桥技术史》，北京出版社，1986年，第77—83页。

2. 小商桥

1982年，发现于河南临颍、郾城两县交界处，是继安济桥后发现的又一座隋代石拱桥[①]。该桥位于颍水上，俗称“隋桥”，是现存唯一一座敞肩式圆弧石拱桥，全长21.3、宽6.45、主拱净跨12.14、矢高3.06米，矢跨比1∶4。主拱两端各有一个小拱，南孔净跨2.85、矢高0.78米，矢跨比为1∶3.6；北孔净跨2.78、矢高0.87米，矢跨比为1∶3.2。主拱、小拱均由20道拱石并列砌筑而成。主拱设拱眉2道，小拱设3道。主拱券石厚0.7、长0.65—1.8米。拱券两面都雕刻有生动精美的龙马、花草、几何图形。主拱券未设横向连结装置，上游北侧微有外倾，纵向可以看见铁腰痕迹。整个石桥为红砂岩砌筑，风化不甚严重。据《清顺治临颍县志》记载：“小商桥，在城南二十五里，跨颍水之上，隋开皇四年建，元大德重修。”

3. 灞桥遗址

灞桥遗址位于陕西省西安市灞河下游，2004年9月对其遗址进行了清理。共有11个桥墩，其排列基本为南北向，平面均呈船形（菱形），皆由长方形石块垒砌而成，东西长9.4—9.6、宽2.36—2.46米；每拱跨度5.2—5.8米。桥墩有分水尖，上饰石雕龙头，墩体之下，自下而上依次铺设石板、方木、栽植柱桩以为基础[②]。据文献记载，此桥建于开皇三年（583年），元代始废。灞桥属于文献中所言的“石柱之梁”。

二、浮桥

浮桥是联结可浮体在江河之上，以解决河流两岸交通的一种特殊桥梁形式。因为主要由舟船构成，又称舟桥。《初学记》卷七云：“凡桥有木梁、石梁，舟梁谓浮桥，即《诗》所谓造舟为梁者也。”[③]《唐六典》卷七记载：“凡天下造舟之梁四，河三，洛一。河则蒲津；大阳；盟津，一名河阳。洛则孝义也。”[④]考古发掘的浮桥遗址主要有蒲津关浮桥遗址。

蒲津关，又名临晋关，地处陕西大荔之东，隔黄河与山西永济蒲州古城相对，控扼蒲津渡口。秦昭王在此初作河桥，其后西魏、隋、唐皆在此连舟为浮桥。唐时称蒲津桥，是唐代黄河的三大浮桥之一。

《元和郡县图志》卷十二记载，蒲坂关，一名蒲津关，“今造舟为梁，其制甚盛，每岁征竹索价谓之桥脚钱，数至二万，亦关河之巨防焉”[⑤]。《唐会要》卷八十六记载：“开元九年（721年）十二月九日，增修蒲津桥，絙以竹苇，引以铁牛，命兵部尚书张说刻石为

---

① 茅以升主编：《中国古桥技术史》，北京出版社，1986年，第83页；河南省古代建筑保护研究所：《河南临颍小商桥调查报告》，《文物》1997年第1期。文中数据据简报，该简报作者通过调查，认为小商桥的修建年代在宋金时期。

② 陕西省考古研究所：《考古年报2004》（内部资料）。

③ （唐）徐坚：《初学记》（第2版），中华书局，2004年，上册，第156页。

④ （唐）李林甫等撰，陈仲夫点校：《唐六典》，中华书局，1992年，第226页。

⑤ （唐）李吉甫撰，贺次君点校：《元和郡县图志》，1983年，上册，第326页。

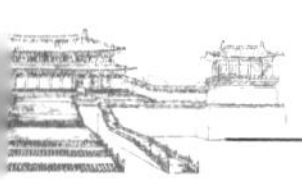

颂。”[①]张说的《蒲津桥赞》对蒲津桥赞道：“开元十有二载（一作九年十二月），皇帝闻之曰：‘嘻，我其虑哉！乃思索其极，敷祐天下，通其变使人不倦。相其宜，授彼有司，俾铁代竹，取坚易脆，图其始而可久，纾其终而就逸，受无疆惟休，亦无疆惟恤。’于是大匠蒇事，百工献艺，赋晋国之一鼓，法周官之六齐。飞廉煽炭，祝融理炉，是炼是烹，亦错亦锻，结而为连锁，镕而为伏牛，偶立于两岸，襟束于中潬。锁以持航，牛以紥揽，亦将厌水物，奠浮梁。又疏其舟间，画其鹢首，必使奔澌不突，积凌不溢。新法既成，永代作则。”[②]

1989年，在蒲州城西门外黄河古道东岸发掘出铁牛和铁人铸像各4尊，4尊铁牛之间有2座形体高大峭拔的铁山，4尊铁牛所在位置的中心部位，还有一根硕大的铁柱深植于地下（图1-3-3-2）。它们应当是开元十二年在桥头上用以结缆系舟、固定浮桥的主要设施，验证了文献记载的正确。蒲津浮桥经唐代改建，沿用至宋、金两代，金末为元兵烧毁[③]。根据考古发掘结果，可知对岸也有同样的一组固定浮桥的设施。

图1-3-3-2　山西省永济市蒲津关铁牛与铁人

三、木桥

据《唐六典》卷七记载：“木柱之梁三，皆渭川也。便桥、中渭桥、东渭桥，此举

① （宋）王溥：《唐会要》，上海古籍出版社，1991年，下册，第1869页。

② （清）董诰等编：《全唐文》卷二二六，中华书局，1983年，第2277页。

③ 樊旺林、李茂林：《唐铁牛与蒲津桥》，《考古与文物》1991年第1期；山西省考古研究所编著，刘永生主编：《黄河蒲津渡遗址》，科学出版社，2013年。

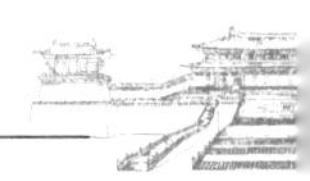

京都之冲要也。"[①] 1978年，在陕西省高陵县耿镇乡白家咀东渭桥遗址出土了唐开元九年（721年）《东渭桥记》石碑。1981—1983年，对唐东渭桥遗址进行了发掘，得知其为一座大型木桥，与文献记载相同。全长548.8、宽11米，清理出22排木柱（约418个）和一批铁石构件，以及分水金刚墙4处[②]。说明东渭桥规模宏大，结构复杂，是中国古代桥梁史上的一个里程碑，特别是《东渭桥记》石碑的出土，为研究唐代桥梁建筑技术提供了重要材料。

第四节　矿业遗址

目前经过考古调查和发掘的矿业遗址主要有冶铁、冶银、冶铜遗址。其中关系到当时社会生产力的冶铁业在南北朝时期冲破了官府的控制，在民间普及开来。唐王朝允许采矿、冶铁由私人经营，官收其税。唐代冶铁业分布很广，据《新唐书·地理志》《元和郡县图志》统计，在山东、河北、河东和剑南，铁矿有四十余处。兖州莱芜西北的韶山，自汉至唐，鼓铸不绝，是一个重要的铁产地。江南铁冶有二十余处，产量也有很大增加。冶铁业的发展，对于铁农具的广泛使用和在一些地区的普及具有重要意义，对农业生产也产生了重大影响。为了促进农业生产，唐王朝还对铁农采取免税政策，极大地促进了当时社会生产力的进步。考古发现的比较重要的唐代矿业遗址有：

河南林县申村冶铁遗址，面积达30万平方米，遗址中北部是冶炼区，至今仍残留炉基21座，遗址南部为生活区。这里的冶铁始于唐，盛于宋元[③]。

江西分宜县湖泽镇凤凰山采矿冶铁遗址，露天开采褐铁矿，其地矿粉、铁渣、铁流散布面积超过15万平方米，发现冶铁炉9座，附近还有与铸造相关的遗存。开采、冶炼的时间始于晚唐，历经五代、宋，最晚至明代[④]。

河北桐柏围山城银矿遗址，分布于银洞坡和破山洞等地，在银洞坡发现古采坑和矿洞21个，破山洞发现较大古矿坑12个；在银洞坡下馆驿村一带可普遍见到古代冶炼遗留下来的炉渣。这里的银矿采冶时间从唐宋一直延续至明清时期[⑤]。

江苏南京九华山古铜矿遗址，位于南京市江宁县汤山镇东北3千米的南山。1985年10月，在开采铜矿的过程中被发现。1987年进行了调查，并确认开掘于唐代中期[⑥]。共发现

---

① （唐）李林甫等撰，陈仲夫点校：《唐六典》，中华书局，1992年，第226页。

② 姜捷：《陕西隋唐考古述要》，《考古与文物》1998年第5期。

③ 杨育彬、袁广阔主编：《20世纪河南考古发现与研究》，中州古籍出版社，1997年，第683页。

④ 新余市博物馆：《江西新余市分宜县古矿冶遗址调查简报》，《南方文物》1992年第2期。

⑤ 杨育彬、袁广阔主编：《20世纪河南考古发现与研究》，中州古籍出版社，1997年，第684、685页。

⑥ 南京博物院：《近十年来江苏考古的新成果》，《文物考古工作十年（1979—1989）》，文物出版社，1991年，第112页；南京市博物馆、南京博物院、南京九华山铜矿：《南京九华山古铜矿遗址调查报告》，《文物》1991年第5期。

暴露的古坑道12段和上下相叠的古采矿场4个，矿场与矿场之间以曲尺形的竖井串通以便通风，矿场四周为纵横交错、层层叠压的井巷，用于运输和通风排水。这种巧妙地利用顶底板结构原理分层开矿的方法，对开掘技术要求很高，而且必须对矿床成因有所认识。当时的开采工具主要为铁锤、铁凿以及用于提升、运输的辘轳架和箩筐等。在矿址附近还发现了当时堆放弃石的场所和焙烤炉。九华山古铜矿的主要成分是硫化汞，与湖北大冶铜绿山的氧化矿不同，在开采、冶炼技术上有较高的要求。铜绿山地区由于地质构造松散，主要采用分层切割开采法，每一巷道及天井四周均有紧密的支护木框架，不仅对巷道、天井起固定作用，同时对下一层的分层切割开采起支护作用。九华山古铜矿的开采则利用坚硬的矿体及基岩，采用空场留柱、分层切割、回填等多种方法进行开采，一般巷道、天井没有支护技术，只在一些巷口断裂破碎带才架设支护框架。调查中发现的开采、运输工具如铁钻、竹篓、残存的冶炼炉壁等，与铜绿山发现的同类遗物相似。说明唐代开采铜矿，继承了传统的开采、冶炼技术。九华山铜矿遗址距离扬州较近，对深入认识扬州作为当时铸铜中心的地位提供了证据。

第五节　粮仓遗址

隋代是我国古代大型国家粮仓建设的顶峰时期，也是我国古代地下储粮技术发展最完备的时期。据《隋书·食货志》记载："开皇三年，朝廷以京师仓廪尚虚，议为水旱之备，于是诏于蒲、陕、虢、熊、伊、洛、郑、怀、邵、卫、汴、许、汝等水次十三州，置募运米丁。又于卫州置黎阳仓，洛州置河阳仓，陕州置常平仓，华州置广通仓，转相灌注。漕关东及汾、晋之粟，以给京师。"①粮仓不仅在都城、各州修建，还在一些转运码头修建，两者的功能有所差异，前者是战略储备，后者则属于转运时的临时仓储。洛阳回洛仓和浚县黎阳仓作为隋代不同类型的大型国家粮仓的代表，它们的遗址首次同时发掘，以丰富的考古新资料全面揭示了我国古代地下储粮技术完备时期的特大型官仓的概貌和储粮技术水平。

一、回洛仓

回洛仓城遗址位于河南省洛阳市小李村、马坡村以西。仓城遗址东西长1140、南北宽355米；仓城内分布仓窖，东西成行、南北成列，约700座。各仓窖形制大小基本一致，如3号仓窖窖口内径10、底径7、深7米，规模巨大。每个仓窖可以储存约55万斤粮食，整个仓城可以储粮3.85亿斤。在仓窖内均未发现粮食朽痕②。

---

① （唐）魏徵、令狐德棻：《隋书》，中华书局，1973年，第683页。
② 国家文物局主编：《2013中国重要考古发现》，文物出版社，2014年，第100—103页。

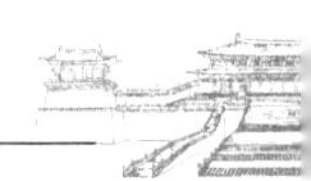

仓城由仓窖区、管理区、道路和漕渠等几部分构成。其中，管理区位于仓城南侧，仓城内有东西、南北方向道路各一条。两条漕渠分别位于仓城西侧和仓城南侧。在C56之内发现一块“大业元年”铭文残砖，为判断其年代提供了有力的证据。

仓窖的修建是先在生土上挖一个开口直径15—17米的环形基槽，然后对基槽进行夯打，从而形成一个坚实的仓窖口。再在夯打后的仓窖口内挖一个口略大于底的缸形仓窖。外围的基槽如“保护罩”，让内层的仓窖更牢固。为了保持仓窖内干燥，工匠在修建时先用火烧烤仓窖壁面，然后在壁面上涂抹一层厚20—25厘米、经过烧烤的青膏泥，再在青膏泥上横铺一层木板，最后在木板上铺一层席子。仓窖底部的处理与壁面相似，首先在底部涂抹厚10—15厘米的青膏泥，其上铺设一层或两层木板，木板之上铺苇席。这样仓窖的修建就完工了，可以储藏粮食。在仓城之内还发现车辙痕迹，说明当时的粮食转运主要靠车。

二、黎阳仓

黎阳仓建立于隋文帝时期，其遗址位于卫州黎阳县（今河南省浚县）西南大伾山麓（今河南省浚县东二里大伾山北）。黎阳仓西濒永济渠，东临黄河，水运极为便利。其仓城依山而建，平面近长方形，东西宽 260 、南北残长 300 米，周长约 1100 米。城墙为夯土筑成，系对原地面略加平整就地夯筑，夯层厚 10—15 厘米，最厚为20 厘米左右。在东城墙东侧 3.5 米左右发现护城壕，宽 3.9 米。在东城墙外侧约10米处还有另外一道壕沟。已探明粮仓中心区仓窖84座，占仓城面积的五分之四。初步推断，黎阳仓修建于隋初，废弃于唐代中期以前，或者早至唐初，这一时期主要为地下储粮阶段[①]。

在仓城北中部发现一处南北向漕运沟渠遗迹，口宽约 8 米，与仓窖的地层年代一致，渠的南端发现有砖砌残墙遗存。在沟渠西北侧，勘探出一东西长 40、南北宽 25 米夯土台基。从仓城总体布局推断，其西北部应为粮仓漕运和管理机构所在位置。

仓窖排列规整有序，呈口大底小的圆形，大小不一。小者直径8米左右，大者14米左右，以10米左右者常见。距现地表最浅3.8米左右，最深7米左右，大多数距地面6米左右。由于仓窖依山而建，仓窖口一般处于大型夯土台基之下，部分仓窖口遭到严重破坏。以目前勘探已确定的84个仓窖平均容积计算，黎阳仓总储量约3360万斤。

回洛仓遗址的发掘，展示了作为隋代都城战略储备和最终消费功能的大型官仓的储粮规模和仓窖形制特征，仓窖大而深，容量大，数量更多等；黎阳仓则显示出其依托黄河和大运河具有中转性质的大型官仓的形制特点，仓窖口大而较浅，便于粮食的储备和转运等。两处粮食仓储遗址的考古发掘，对研究隋代社会经济、政治、工程技术及俸禄制度等，具有重要价值。

---

① 国家文物局主编:《2012中国重要考古发现》，文物出版社，2013年，第124—127页。

第二编 陵墓

第一章　帝　　陵

隋唐时期的帝陵中，隋文帝泰陵和唐十八陵及武则天母杨氏的顺陵俱已进行过反复调查，并发掘清理了唐僖宗的靖陵，勘探发掘了昭陵、乾陵、桥陵等陵陵区内的一批陪葬墓。五代十国陵墓如成都的前蜀王建墓、后蜀孟知祥墓，南京的南唐李昪和李璟的陵墓，广州的南汉王刘晟墓和杭州的吴越王钱氏墓等，也都进行了发掘。

第一节　隋代帝陵

隋代先后有两位皇帝登基执政，即隋文帝杨坚和隋炀帝杨广。

一、隋文帝泰陵

《隋书·后妃列传》记载，隋文帝文献独孤皇后仁寿二年（602年）八月崩，十一月“葬于太陵”（亦作泰陵）[①]。《隋书·高祖纪下》记载，隋文帝杨坚于仁寿四年（604年）秋七月死于仁寿宫，同年十月与皇后独孤氏“合葬于太陵，同坟而异穴”[②]。据《扶风县志》记载：“隋文帝泰陵，在县东南四十五里三峙原上，地九顷余，城垣遗址尚存，殿、庭、门、库久废，历代碑碚折，镌诸朝绅像犹有存者，今并亡矣。”

泰陵位于陕西省扶风县东南的五泉乡王上村（今属杨凌区）旁，封土为陵。封土位于陵园中部略偏东南处，呈长方形覆斗状，夯筑而成，顶部平坦，现高25.1米（图2-1-1-1）。顶部东西长42、南北宽33米；底部现残存东西长155、南北宽153米。底部基础部分呈“凸”字形。在封土南部发现两条南北向的墓道，均为7个天井、7个过洞，间距23.8米。其中西侧墓道南北长78.7米，东侧墓道略短、稍窄[③]。两条墓道的探出，证实了文献记载的隋文帝泰陵同坟而异穴。这种将两座墓葬同葬于一个封土堆之下的做法，与隋炀帝墓相一致，这说明唐代埋葬隋炀帝时，是按照隋代葬制埋葬的。又据炀帝墓采取帝西后东的葬制，可以推测泰陵封土下西侧为文帝墓室，东侧为独孤皇后墓室。

---

① （唐）魏徵、令狐德棻：《隋书》，中华书局，1973年，第1109页。

② （唐）魏徵、令狐德棻：《隋书》，中华书局，1973年，第52、53页。

③ 罗西章：《隋文帝陵、祠勘查记》，《考古与文物》1985年第6期；陕西省考古研究院：《隋文帝泰陵考古调查勘探简报》，《考古与文物》2021年第1期。

图2-1-1-1　隋文帝泰陵封土

经钻探，陵垣平面略呈方形（图2-1-1-2），南北长628.9、东西宽592.7米。墙基宽4.4米。陵垣大部分已毁，唯北面尚有残垣存在，残长约130米，最高处1.2米，最宽处5.5米，夯筑而成，夯层厚约10—12厘米。每面陵垣中部和四角都发现有大量的残砖断瓦，说明应当有门阙和阙楼之类的建筑。门外有一对门阙，门阙平面呈梯形。陵垣外环绕兆沟。

在陵垣东南0.5千米处有文帝祠庙，四周也有围墙，南北长384、东西宽354米。其中南墙宽10.1、东墙宽16.4米。在南北两面墙垣分布有马面6处。南墙正中发现门址。在墙垣内偏南处有《大宋新修隋文帝庙碑》①。

二、扬州曹庄隋炀帝墓

隋炀帝是隋代第二位皇帝，文献记载其陵位于今江苏省扬州市北雷塘村。炀帝于大业

① 罗西章：《隋文帝陵、祠勘查记》，《考古与文物》1985年第6期；张建林：《隋文帝泰陵》，《中国考古学年鉴·2011》，文物出版社，2012年，第481页；陕西省考古研究院：《隋文帝泰陵考古调查勘探简报》，《考古与文物》2021年第1期；冉万里：《隋代帝陵制度研究》，《考古与文物》2021年第1期。

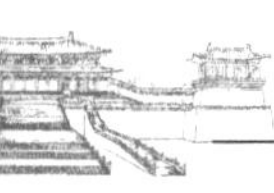

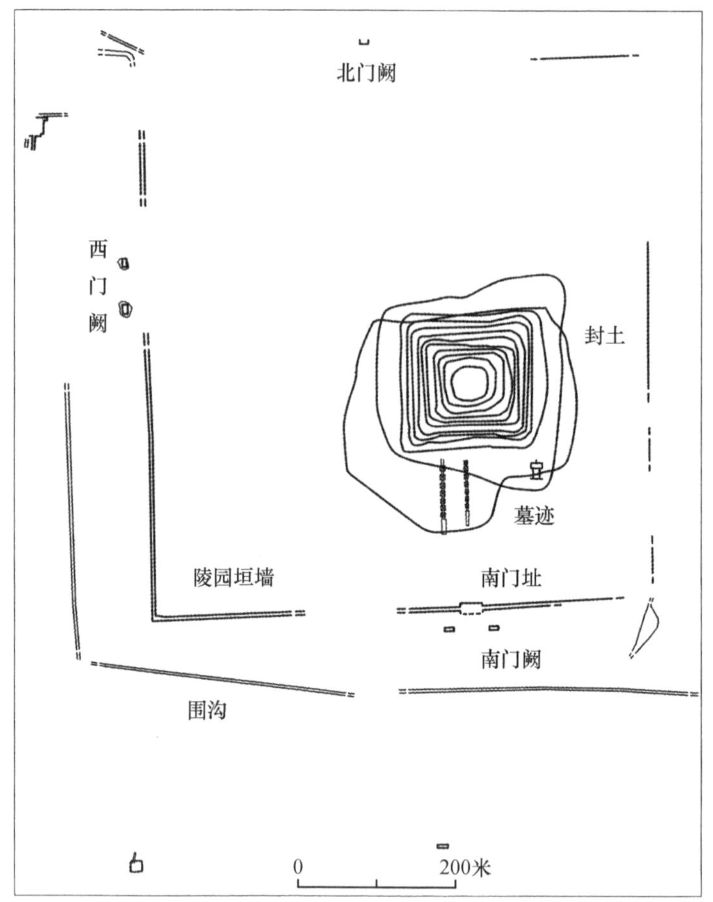

图2-1-1-2　隋文帝泰陵陵园平面实测图

十四年（618年）被宇文化及弑于江都，由宫人草草埋葬在吴公台。另一说是江都太守陈稜求得其柩，略备仪卫，将其葬于江都县（今江都市）西吴公台下。唐平江南，改葬雷塘。雷塘又称雷陂，相传吴王曾在此修钓鱼台。炀帝陵“陵土仅高七八尺，周二三里”，当地人称“皇墓墩”。2013年3月，在江苏省扬州市西湖镇司徒村曹庄发现两座砖室墓，根据墓志确认为隋炀帝及萧后墓①。这一发现彻底解决了关于隋炀帝最后葬地的争论。

《资治通鉴》卷一八五“唐纪一”记载：“帝爱子赵王杲，年十二，在帝侧，号恸不已，虔通斩之，血溅御服。”“萧后与宫人撤漆床板为小棺，与赵王杲同殡于西院流珠堂。”②《资治通鉴》所记“葬流珠堂”一事与出土志文基本吻合。又据《隋书》卷四记载：“（义宁二年，618年）上崩于温室，时年五十。萧后令宫人撤床箦为棺以埋之。化及发后，右御卫将军陈稜奉梓宫于成象殿，葬吴公台下。发殓之始，容貌若生，众咸异之。大唐

① 南京博物院、扬州市文物考古研究所、苏州市考古研究所：《江苏扬州市曹庄隋炀帝墓》，《考古》2014年第7期。

② （宋）司马光撰，（元）胡三省音注：《资治通鉴》，中华书局，1956年，第5781、5782页。

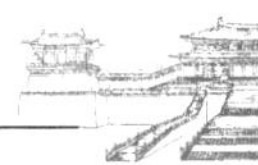

平江南之后，改葬雷塘。”[①]《旧唐书》卷一记载，武德元年九月，“追谥隋太上皇为炀帝”。武德五年八月，“葬隋炀帝于扬州”[②]。据墓志，隋炀帝最后埋葬是在贞观元年（627年）。萧后亡后，唐太宗以后礼将其与炀帝同坟异穴合葬。

（一）墓葬的构筑

墓葬构筑采取先开挖一个大型土坑，在其中用砖砌筑墓室，然后再行夯筑的方法。土坑平面近方形，东西长49、南北宽48米。M1（隋炀帝墓）位于土坑中心，墓室与土坑同时建造，说明M1的营建有预先规划，在M2（萧后墓）营建之前土坑内只有M1；而M2偏于土坑东南隅，打破填埋后的土坑，是二次开挖之后营建，说明M2晚于M1（图2-1-1-3）。

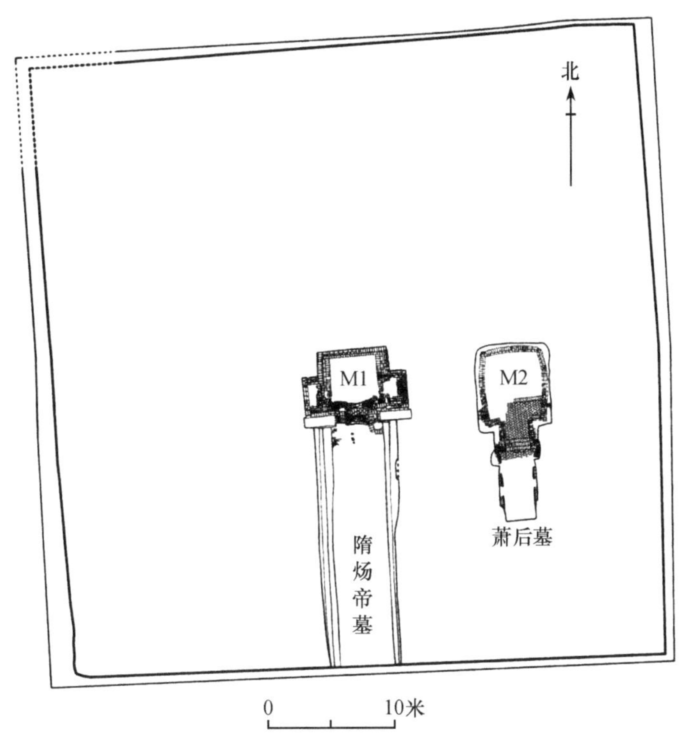

图2-1-1-3　隋炀帝墓平面布局图

（二）墓葬形制

1. 隋炀帝墓

隋炀帝墓为方形砖室墓，由墓道、甬道、主墓室、东耳室、西耳室五部分组成，用砖与隋江都宫城城墙砖相同。出土“隨（隋）故炀帝墓志”1合，还出土了玉器、铜器、陶

① （唐）魏徵、令狐德棻：《隋书》，中华书局，1973年，第93、94页。

② （后晋）刘昫等：《旧唐书》，中华书局，1975年，第8、13页。

器、漆器等遗物近200件（套），其中蹀躞金玉带是带具系统中的最高等级，是目前国内唯一一件最完整的十三环蹀躞带。扬州地区隋唐时期砖室墓的平面形状基本是长方形或腰鼓形，迄今还未发现过方形墓葬，之前六朝时期的墓葬平面多为长方形，而方形墓葬在西安地区的北周、隋墓葬中较为多见，因此，炀帝墓这种形制的墓葬出现在南方地区较为特殊，明显具有北方因素，墓室两侧对称的耳室结构又是典型的南方高等级隋唐墓葬的特征。

墓道长19.5、墓道北端上宽6.42、南端上宽5.9、下宽4.3、残深2米，墓道底部南稍高、北稍低，呈缓坡状，墓道结构特殊，墓壁凹凸不齐，极不规则，上宽下窄，近底部留二层台，墓道底、壁均经火熏烤。墓道中部偏南清理出1架木梯，已完全炭化，长4.1、宽1.2—1.5米，6个格挡。主墓室南北内长3.92、东西内宽3.84、残高2.76米，主墓室四壁用青砖三顺一丁、一顺一丁砌筑，顶部不存，东、西、北壁各有1龛。席纹砖铺地。砖的尺寸为35厘米×18厘米—6.5厘米、34.5厘米×18.4厘米—7.4厘米。

炀帝墓在近东耳室处出土两颗牙齿，属于同一个体，一颗为右侧上颌第三臼齿，一颗为右侧下颌第二臼齿。根据牙齿磨耗判断的齿龄为50岁左右，与隋炀帝被弑杀时的年龄相符。

2. 萧后墓

萧后墓葬形制为鼓腰形土坑砖室墓，由墓道、甬道、主墓室、东耳室、西耳室五部分组成。在主墓室倒塌淤积土中发现了少量的龙纹砖与莲瓣纹砖。随葬有陶瓷、铜铁、漆木、玉等质地的器物600余件（套）。其中的铜编钟、编磬是迄今国内仅见的隋唐时期的实物。鼓腰形墓葬在扬州地区始见于唐代，多为中型砖室墓，而同时期的小型墓葬一般为长方形土坑墓。萧后墓清理出1具人骨骸，颅骨仅存右侧颞骨残片（乳突部），牙齿仅存4颗。经鉴定，墓主人是一位大于56岁、身高约1.5米的女性，与萧后去世时的年龄吻合。

（三）随葬品

1. 陶俑与陶瓷器

隋炀帝墓出土的100多件灰陶执笏文官俑、武士俑、骑马俑、骆驼俑等集中于西耳室，排列有序。部分陶俑脸部具有明显的胡人特征，显示出墓主人的北方文化背景。隋炀帝墓出土有双人首鸟身的墓龙[①]（图2-1-1-4），萧后墓也出土有双人首蛇身的墓龙（图2-1-1-5），具有南方地区隋唐墓葬随葬品的特点。还包括一些陶器，如凭几、埙、盘等。瓷器主要有萧后墓出土的19足辟雍砚台，两侧分别有两个圆筒状笔插（图2-1-1-6）。

---

① 对于墓龙，学界多有探讨。有人认为人首或兽首人龙身者为墓龙；有人认为两人首（兽首）共用一龙（蛇）身，龙（蛇）身平卧者为地轴，而两人首（兽首）共用一龙（蛇）身，龙（蛇）身圆拱起者则为墓龙。参见徐苹芳：《唐宋墓葬中的“明器神煞”与“墓仪制度”——度〈大汉原陵秘葬经〉札记》，《考古》1963年第2期；卢亚辉：《北朝至宋代墓葬出土地轴的考古学研究》，《四川文物》2020年第5期。

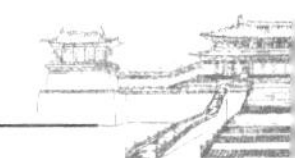

图2-1-1-4　隋炀帝墓出土双人首鸟身墓龙

图2-1-1-5　萧后墓出土双人首蛇身墓龙

图2-1-1-6　萧后墓出土青瓷辟雍砚台

2. 铜器

萧后出土编钟16件（图2-1-1-7），编磬20件（图2-1-1-8），均为铜质。编钟、编磬在隋唐时期为宫廷乐器，据《隋书·音乐下》记载："编钟，小钟也，各应律吕，大小以次，编而悬之。上下皆八，合十六钟，悬于一簨虡。"①簨虡，即簨簴，是用来悬挂钟磬的架子。《孔子家语·曲礼公西赤问》记载："琴瑟张而不平，笙竽备而不和，有钟磬而无簨簴。"王肃注云："簨簴可以悬钟磬也。"《旧唐书》卷二十九记载："高祖登极之后，享宴因隋旧制，用九部之乐，其后分为立坐二部。"②萧后墓出土的铜编钟、编磬是目前国内唯一出土的唐代编钟、编磬实物资料。

---

① （唐）魏徵、令狐德棻：《隋书》，中华书局，1973年，第375页。

② （后晋）刘昫等：《旧唐书》，中华书局，1975年，第1059页。

图2-1-1-7　萧后墓出土铜编钟

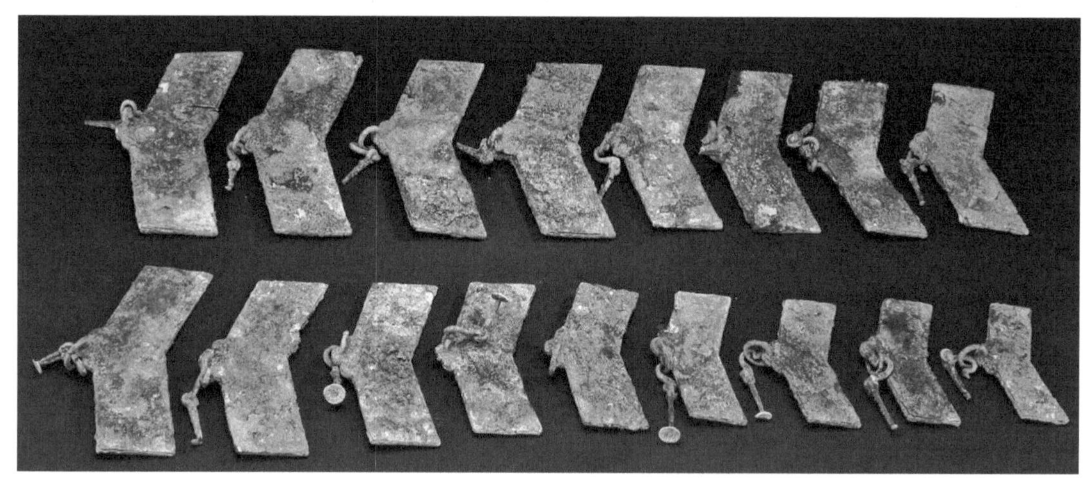

图2-1-1-8　萧后墓出土铜编磬

萧后墓出土的两件铜烛台，通体鎏金，通高19.1、底盘径15、上部盘径10.6厘米（图2-1-1-9）。

3. 玉器

炀帝墓出土了十三环玉带（图2-1-1-10），萧后墓出土了玉璋（图2-1-1-11）。《旧唐书·舆服志》记载："隋代帝王贵臣，多服黄文绫袍，乌纱帽，九环带，乌皮六合靴。百官常服，同于匹庶，皆著黄袍，出入殿省。天子朝服亦如之，惟带加十三环以为差异，盖取于便事。"[①]这说明，炀帝墓出土的十三环玉带是按照皇帝的身份埋葬隋炀帝的。玉璋为青玉质，长22.7、宽3.9、厚0.8厘米。

① （后晋）刘昫等：《旧唐书》，中华书局，1975年，第1951页。

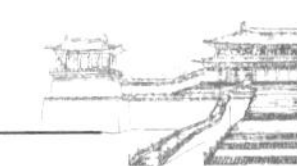

图2-1-1-9　萧后墓出土铜烛台

图2-1-1-10　隋炀帝墓出土十三环玉带

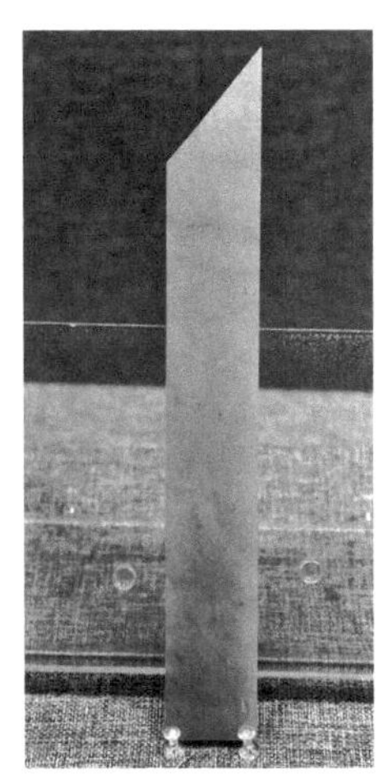

图2-1-1-11　萧后墓出土玉璋

4. 冠饰

萧后墓室内出土1套冠饰，工艺精细，组合复杂。由帽壁、金花、簪（笄）、钗、翅翼等组成，饰件鎏金，镶嵌珠玉，具有很强的礼仪象征，身份等级较高者才能享用。由于现状保存不佳，冠饰品级尚需进一步研究。陕西西安唐开元二十四年（736年）李倕墓曾出土1件冠饰[①]（图2-1-1-12），现已复原，为萧后墓凤冠的修复提供了重要参考。

---

① 陕西省考古研究院：《唐李倕墓发掘简报》，《考古与文物》2015年第6期；陕西省考古研究院编著：《唐李倕墓：考古发掘、保护修复研究报告》，科学出版社，2018年，第83、84页，图版13、图版14。

图2-1-1-12　陕西西安唐开元二十四年（736年）李倕墓出土冠饰

第二节　唐代帝陵

有唐一代，历时约290年（618—907年），先后有21位皇帝登基。其中，唐昭宗李晔被朱全忠挟持到洛阳，死后埋葬在河南省洛阳市偃师区境内，其陵称为和陵。最后一位皇帝唐哀帝李柷葬于山东菏泽，其陵称为温陵。其余19位皇帝的陵墓位于今陕西省境内。由于武则天与唐高宗合葬于乾陵，所以安葬在陕西境内的唐代帝陵共18座，俗称“唐十八陵”（表一），主要分布在渭水北岸的三原、礼泉、乾县、富平、蒲城、泾阳诸县（图2-1-2-1）。唐十八陵在五代时已经被盗，据《旧五代史》卷七十三记载：“温韬，华原人。少为盗……为耀州节度，唐诸陵在境者悉发之，取所藏金宝，而昭陵最固，悉藏

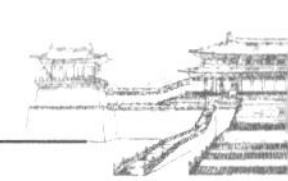

前世图书，钟、王纸墨，笔迹如新。”① 又据《新五代史》卷四十记载：“（温）韬在镇七年，唐诸陵在其境者，悉发掘之，取其所藏金宝，而昭陵最固，韬从埏道下，见宫室制度闳丽，不异人间，中为正寝，东西厢列石床，床上石函中为铁匣，悉藏前世图书，钟、王笔迹，纸墨如新，韬悉取之。遂传人间，惟乾陵风雨不可发。”②

表一 唐十八陵一览表

墓主人（在位年）	陵名	文献记载的地点	葬年	陪葬墓
高祖李渊（618—626年）	献陵	三原县北20千米龙池乡唐朱村	贞观九年（635年）	《唐会要》记25座、《长安志》记23座、乾隆《三原县志》记23座，调查现有67座。勘探数量多于文献记载
太宗李世民（627—649年）	昭陵	礼泉县东北22.5千米九嵕山	贞观十年（636年）葬长孙皇后，贞观廿三年（649年）葬唐太宗	《唐会要》记155座、《长安志》记166座、乾隆《礼泉县志》记203座，调查现有167座
高宗李治（649—683年）武则天（690—705年）	乾陵	乾县北门外6千米梁山	文明元年（684年）葬高宗，神龙二年（706年）葬武则天	《唐会要》记16座、《长安志》记6座、《文献通考》记17座、光绪《乾州志稿》记4座，调查现有17座
中宗李显（683—684年，705—710年）	定陵	富平县北10千米龙泉山（一曰屏风山）	景云元年（710年）	《长安志》记6座、乾隆《富平县志》记6座，调查现有15座
睿宗李旦（684—690年，710—712年）	桥陵	蒲城县西北15千米丰山	开元四年（716年）	《长安志》记6座、《蒲城县志》记13座，调查现有15座
玄宗李隆基（712—756年）	泰陵	蒲城县东北15千米金粟山	广德元年（763年）	《文献通考》记1座、乾隆《蒲城县志》记1座，调查现有1座
肃宗李亨（756—762年）	建陵	礼泉县西北12.5千米武将山	广德元年（763年）	《长安志》记1座、《文献通考》记1座、乾隆《礼泉县志》记1座，调查现有5座
代宗李豫（762—779年）	元陵	富平县西北15千米檀山	大历十四年（779年）	无
德宗李适（779—805年）	崇陵	泾阳县西北20千米嵯峨山	永贞元年（805年）	调查现有43座
顺宗李诵（805年）	丰陵	富平县东北17.5千米金瓮山	元和元年（806年）	《唐书·后妃传》记庄宪皇后葬丰陵，调查现有1座
宪宗李纯（805—820年）	景陵	蒲城县西北15千米金炽山	元和十五年（820年）	《长安志》记3座、《唐会要》记4座、《文献通考》记4座，调查现有1座

① （宋）薛居正等：《旧五代史》，中华书局，1976年，第961页。

② （宋）欧阳修撰，（宋）徐无党注：《新五代史》，中华书局，2013年，第441页。

续表

墓主人（在位年）	陵名	文献记载的地点	葬年	陪葬墓
穆宗李恒（821—824年）	光陵	蒲城县西北10千米尧山	长庆四年（824年）	《长安志》记2座、《唐会要》记2座，调查现有53座
敬宗李湛（824—826年）	庄陵	三原县东北15千米太平乡胡村	大和元年（827年）	《长安志》记1座、《唐会要》记1座，调查现已无存
文宗李昂（827—840年）	章陵	富平县西北10千米天乳山	开成五年（840年）	乾隆《富平县志》记1座，调查现已无存
武宗李炎（840—846年）	端陵	三原县东北15千米神泉乡腾张村	会昌六年（846年）	《新唐书·后妃传》《唐会要》记1座
宣宗李忱（846—859年）	贞陵	泾阳县西北30千米小王山	咸通元年（860年）	《唐会要》记1座，调查现已无存
懿宗李漼（859—873年）	简陵	富平县西北35千米紫金山	乾符元年（874年）	现已无存
僖宗李儇（873—888年）	靖陵	乾县东北7.5千米鸡子堆	文德元年（888年）	现已无存

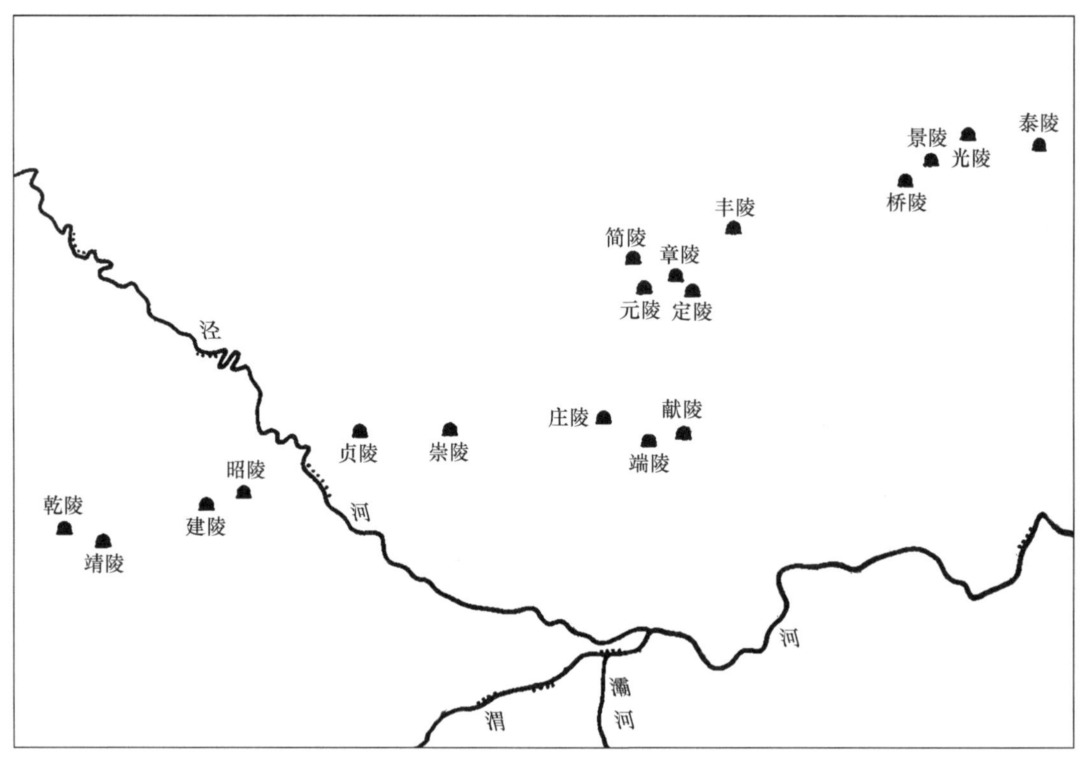

图2-1-2-1　唐十八陵位置分布图

一、唐代帝陵的构筑

（1）以山为陵。既是唐代帝陵的主要建陵方式，也是唐代帝陵的一大特征。这种营建方式最早出现在西汉时期，如河北满城中山靖王刘胜夫妇墓等就是如此。唐代以山为陵是从营建唐太宗昭陵开始的，此后相沿成制。一般是以相对独立的山体作为修建之所，玄宫开凿于山峰南面的半山腰部（图2-1-2-2）。关于山陵的墓道，通过对乾陵和桥陵的墓道进行试掘，其中桥陵墓道水平长70、宽3.78米[①]。墓道中以排列整齐有序的青石条填封，石条以铁细腰（也称为铁栓板）套接，熔铁灌缝，坚固异常。其他诸如定陵、泰陵、建陵、崇陵、简陵等陵的墓道也采取了类似的修筑方法[②]。有关文献也有类似记载，如《资治通鉴》卷二百八记载，中宗神龙元年（705年），“太后将合葬乾陵，给事中严善思上疏，以为：‘乾陵玄宫以石为门，铁锢其缝，今启其门，必须镌凿’”[③]。据调查，乾陵墓道呈南北向的斜坡形，长63.1、宽3.8、深19.5米。全部用石条填砌，从墓道口至墓门共39层，每

图2-1-2-2 唐高宗与武则天合葬的乾陵

① 陕西省文物管理委员会：《唐乾陵勘察记》，《文物》1960年第4期；王世和、楼宇栋：《唐桥陵勘察记》，《考古与文物》1980年第4期。

② 刘庆柱、李毓芳：《陕西唐陵调查报告》，《考古学集刊》（5），中国社会科学出版社，1987年，第216—263页。

③ （宋）司马光撰，（元）胡三省音注：《资治通鉴》，中华书局，1956年，第6597页。

层石条厚0.5米，石条之间用铁细腰嵌住，其上部为夯土。

（2）封土为陵。即依地势高亢之土原营建陵墓。陵台为覆斗形，封土夯筑，形制如汉代帝陵。这种营陵方式是对秦汉以来帝王陵墓建筑形式的继承和发展。陕西境内的十八座唐陵中，只有高祖献陵、敬宗庄陵、武宗端陵（图2-1-2-3）、僖宗靖陵封土为陵。

图2-1-2-3　唐武宗李炎端陵

唐高祖献陵经过钻探，发现其采取了同坟异穴的埋葬方式，与隋文帝泰陵的埋葬方式较为一致，反映了唐初对隋代帝陵制度继承的一面。

唯一经过发掘的唐僖宗靖陵[①]，为研究封土为陵的唐代帝王陵墓制度提供了重要资料。但僖宗是唐代第19位皇帝，他死时唐王朝已接近灭亡，陵墓设施非常简陋，是一座长斜坡墓道单室土洞墓，坐北向南，全长44.7米（图2-1-2-4、图2-1-2-5）。斜坡墓道长35.6、底部宽2.7米，有整齐的台阶。甬道长4.1、宽2.2—2.5米，东西两壁各开两龛。墓室宽5.78、进深4.5米，东、西、南三壁开8龛。棺床以石碑、石块、砖等砌筑而成，长4.4、宽3.1米。墓道两壁残存壁画绘制仪仗（图2-1-2-6）、侍臣、门吏、武士（图2-1-2-7）等，

① 陕西省考古研究院编著：《壁上丹青：陕西出土壁画集》，科学出版社，2009年，下册，第391—397页；〔日〕奈良县立橿原考古学研究所付属博物館編集：《大唐皇帝陵展》，橿原考古学研究所付属博物館，2010年，第102—107頁，图13、图14，图版60。

图2-1-2-4　唐僖宗靖陵封土及发掘后的墓道

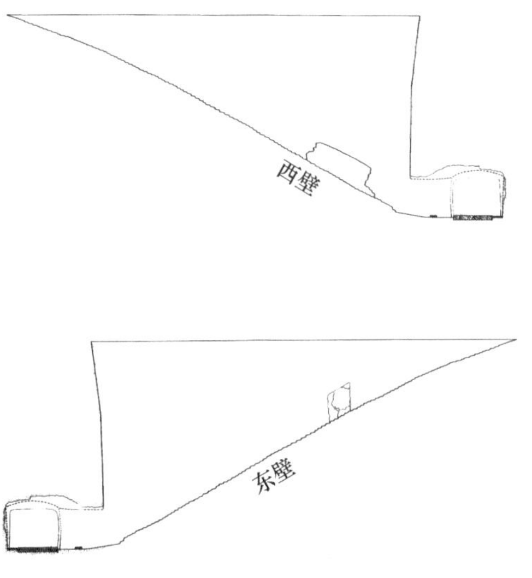

图2-1-2-5　唐僖宗靖陵剖面图

图2-1-2-6　唐僖宗靖陵墓道西壁仪仗图（局部）

图2-1-2-7　唐僖宗靖陵甬道东壁执戟武士图

墓室壁面小龛和甬道小龛中绘十二生肖①图案（图2-1-2-8）。这种在龛内绘制十二生肖图案的做法，在唐墓中尚不多见，但在五代时期王陵中较为普遍，可以看出它们之间的承袭关系。棺床以武则天时期的宠臣杨再思、豆卢钦望等人的墓碑筑成，这反映出唐王朝衰落的程度，似不能作为唐代开国以来帝陵规模和丧葬情况的代表。在靖陵还出土了玻璃带銙、玻璃璧、玻璃佩饰，以及用于放置哀册等的长方形石函等，特别是石函较为罕见，个体较大，底部带有长方形座，座侧镂有壸门，上部呈敞口的盘状长方形。

1

2

图2-1-2-8　唐僖宗靖陵十二生肖图

1. 甬道东壁南壁龛午马　2. 墓室东壁中央壁龛卯兔

---

① 中国古代术数家用十二种动物来配十二地支，十二地支简称“十二支”。子为鼠，丑为牛，寅为虎，卯为兔，辰为龙，巳为蛇，午为马，未为羊，申为猴，酉为鸡，戌为狗，亥为猪。它是纪年的一种方法，两者连起来又可以表方位，如子午线等。在以往，常把墓葬发掘出土的十二支俑、墓志和铜镜等器物之上装饰的十二支图案，习惯性地称为十二生肖俑或十二生肖图案等。但从地支的含义和出土、雕刻十二生肖的位置来看，它们表示的应该是地支或时辰。生肖概念从东汉时期开始出现，就墓葬而言，一个人只有一个生肖，在墓葬中不需要埋葬十二个生肖，这些俑显然不是生肖俑，而表现的应该是十二地支或十二时。所以，应该称之为“十二支（时）俑”“四神十二支（时）镜”“十二支（时）图案”等。鉴于以往的习惯叫法和阅读习惯，拙著未作改变，仅记于此。

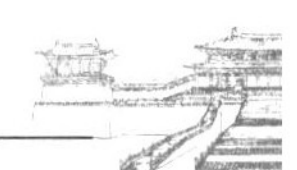

封土为陵的唐陵墓室也有一些例外。如唐敬宗庄陵经过钻探，发现其墓室为长方形竖穴土圹式，土圹南北长32、东西宽17米。在土圹四面各开挖一条墓道，其中南面墓道较长，南北长36、宽5米；其余三面墓道较短①。从钻探结果来看，这种墓室形制与西汉帝陵相似，所不同的是西汉帝陵坐西向东，庄陵坐北向南。

二、唐陵陵园的基本形制和布局

唐代的帝陵陵园坐北朝南，地势北高南低，可分为三个部分：玄宫、神道和乳台以南至鹊台之间的兆域，这三个部分的相对高差在50—100米。唐代帝陵陵园与汉代的有所不同，唐陵陵园以南门为正门，以南北为中轴线，东西对称布局。而汉代帝陵陵园则多以东门为正门。唐代陵园的这种设计受了隋大兴唐长安城布局的影响，并且影响了此后历代帝王陵园的设计，如乾陵陵园布局（图2-1-2-9）。

不论是封土为陵，还是以山为陵，一般在陵园中心筑陵，陵南置献殿，陵四周通常环筑一重墙垣②，墙垣整体呈四方形或不规则形，四面各辟一门。南面为正门，门前设神道，又称“司马道”。也以四神命名四门，东、西、南、北分别为青龙门、白虎门、朱雀门、玄武门。朱雀门以南有三重阙，第一重位于门外；第二重位于神道南端石柱以南，即乳台；乳台之南土阙即鹊台。

陵园四门设包砖土阙。通过对乾陵门阙进行发掘，得知其为三出阙，基础铺石条，其上夯筑阙台，外部包砖。东、西、北三门外各置石狮一对，南门外除置石狮外，由北向南夹神道列置蕃酋像、颂碑、文武侍臣、石马及御马者、鸵鸟、翼兽、石柱等石刻。也有呈不规则形的陵园，如德宗李适崇陵、顺宗李诵丰陵、宣宗李忱贞陵等都呈不规则形。唐高宗和武则天合葬的乾陵，陵园布局较为规整，分为内城和外城，陵台位于内城正中梁山山腰上，内城南面设三重阙，四角也有曲尺形角阙（图2-1-2-10）。内城的南、北、东、西四面城垣长度分别长1450、1450、1582、1438米，均夯筑而成。内城四面各开一门，残存门址均为包砖的三出阙（图2-1-2-11）。在门外与阙之间列置一对石狮（图2-1-2-12）。

据记载，唐陵四神门外有列戟。如《旧唐书·五行志》记载：“（元和）八年（813年）三月丙子，大风拔崇陵上宫衙殿西鸱尾，并上宫西神门六戟竿折，行墙四十间檐坏。”③《唐会要》卷十七“庙灾变”记载：“元和十一年正月，宗正寺奏：‘建陵黄堂南面丹景门，去年十一月，被贼斫破门戟四十七竿。’”“大中五年（851年）十二月，景陵有

① 陕西省考古研究院、三原县文化和旅游局：《唐敬宗庄陵陵园遗址考古勘探发掘简报》，《考古与文物》2021年第1期。

② 在以前的资料中，认为设置有内外两重墙垣，但从实地调查的结果来看，未发现陵园的外重墙垣，确切情况还有待于更深入的考古调查与研究。

③ （后晋）刘昫等：《旧唐书》，中华书局，1975年，第1362页。

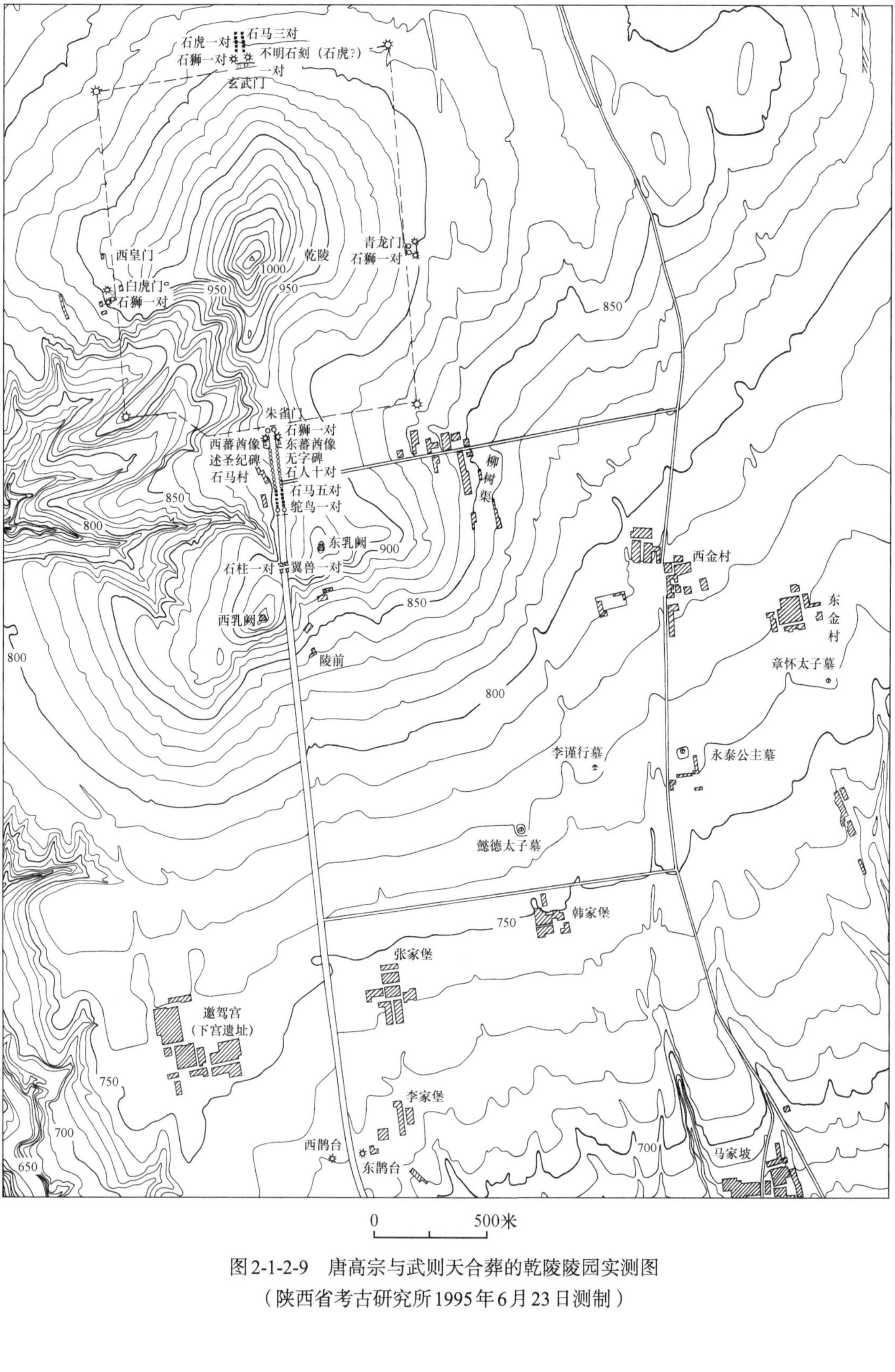

0　500米

图2-1-2-9　唐高宗与武则天合葬的乾陵陵园实测图
（陕西省考古研究所1995年6月23日测制）

贼惊动，斫损神门戟架等。”[①]帝陵神门列戟的数量，文献中未明言，但有可资参照的文献记载。据《唐六典》卷四记载：“凡太庙、太社及诸宫殿门，东宫及一品已下、诸州门，施戟有差：凡太庙、太社及诸宫殿门，各二十四戟。”[②]据太庙、太社和诸宫殿门列戟二十四杆来看，帝陵神门外列戟也应该为二十四杆。根据考古钻探与发掘，在唐陵陵园发现列戟廊遗址，列戟廊位于陵园门外与门阙之间，靠近门阙一侧，对称分布。

三、唐陵石刻

中国古代墓前石刻，最早的实物见于陪葬茂陵的霍去病墓。经过魏晋南北朝时期的发展，到了唐代基本形成定制。据《封氏闻见记》卷六云：“秦汉以来，帝王陵前有石麒麟、石辟邪、石象、石马之属；人臣墓前有石羊、石虎、石人、石柱之属；皆所以表饰坟垄，如生前之义仪卫耳。”[③]唐代陵墓石刻组合的大体固定则始于唐高宗与武则天合葬的乾陵，并成为一种制度和模式。

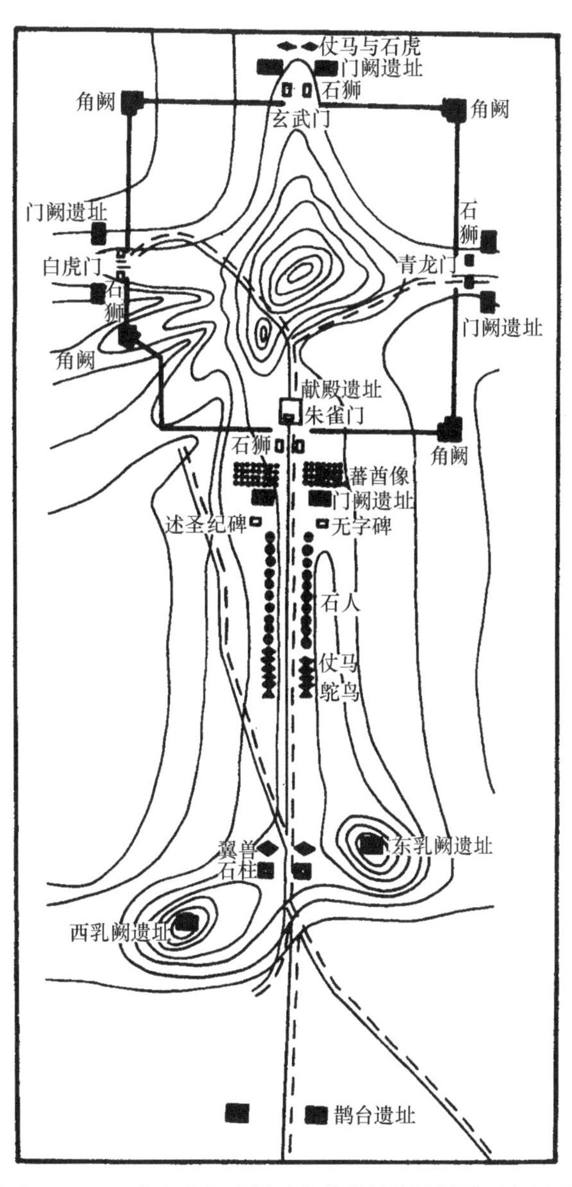

图2-1-2-10　唐高宗与武则天合葬的乾陵陵园平面布局图

（一）石刻种类

唐代初期的帝陵石刻主要包括唐高祖献陵、唐太宗昭陵两座陵墓。这一时期，唐陵的石刻制度尚未形成定制，石刻题材与乾陵以后的诸陵有所不同。如献陵陵园四门各有1对石虎，内城南门之南有石犀和石柱1对。昭陵由于山南地势险峻，石刻群均集中在陵北山后的司马门内，有高宗永徽年间所立“蕃酋”像及昭陵六骏等。自乾陵以后，唐陵石刻群

① （宋）王溥：《唐会要》，上海古籍出版社，1991年，上册，第411、412页。
② （唐）李林甫等撰，陈仲夫点校：《唐六典》，中华书局，1992年，第116页。
③ （唐）封演撰，赵贞信校注：《封氏闻见记校注》，中华书局，2005年，第58页。

图2-1-2-11　唐高宗与武则天合葬的乾陵内城南门西侧门阙

图2-1-2-12　唐高宗与武则天合葬的乾陵内城南门外石狮

组合才基本固定下来，按其性质不同，可以分为以下几类：

1. 石柱

石柱在有些报告中也称为“望柱”“华表”等，而文献中将其称为“墓表”“标”“石柱”[①]。一般位于神道南端，作为其起点的标志。唐陵石柱始于唐高祖献陵，但石柱早晚略有变化。献陵石柱柱头圆雕一蹲踞的狮子形兽，柱础表面浮雕首尾相衔的螭龙[②]（图2-1-2-13），这些特征继承了南朝陵墓石柱的作风。但献陵石柱之上不刻文字，这是与南朝石柱的不同之处，也是其发展变化的结果。太宗昭陵目前尚未发现石柱，自乾陵开始诸陵石柱形制接近，柱头由圆雕狮形兽变成了摩尼宝珠，柱身各面线刻蔓草花纹。呈八棱状柱体，顶端呈莲花宝珠状，下部为莲花形座，与当时的佛座相似，可以看出二者之间相互影响的关系。如乾陵石柱，通高7.47—7.67米，下部由础石和石座组成，础石四周雕刻云纹，石座安置于础石之上，四周雕刻瑞兽纹，石座上有一由覆莲组成的环座，环座中为卯。中部为柱身，柱底有榫，榫插入覆莲环座中的卯内，柱身为八棱形，柱身向上有收分，各棱面线刻缠枝石榴花，为抱合式二方连续图案。上部由宝珠、八棱面盘和仰覆莲座组成，宝珠由八棱面盘托承，盘置于仰莲中，仰莲安置于柱身之上（图2-1-2-14）。唐代宗

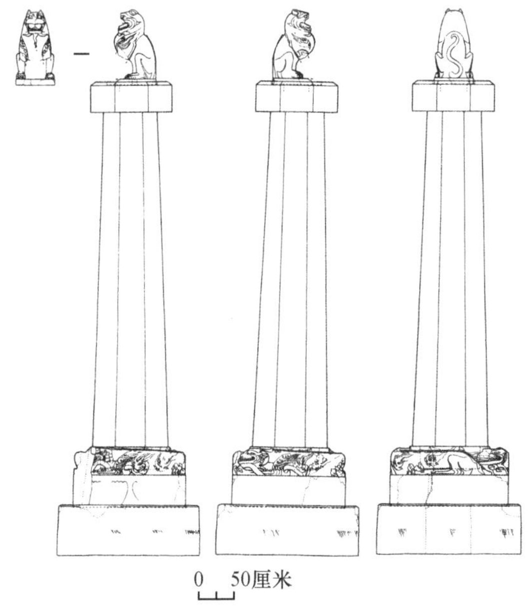

图2-1-2-13 唐高祖献陵神道东侧石柱

图2-1-2-14 唐高宗与武则天合葬的乾陵神道东侧石柱

① 关于石柱，由于其上标明为某人之神道，即所谓墓表。其形象源于汉代，当时称为“墓表”。如北京曾经出土汉幽州书佐秦君墓表，即为石柱形，而且柱身为凹槽状，上部雕刻有横向石板，其上书写“汉故幽州书佐秦君之神道”。石柱柱身下为凹槽、上为凸棱之例，见于山东安丘东汉墓。古人立柱，有时以一束竹竿代替木柱，称为束竹。凸棱实际上来自于束竹。魏晋南北朝时期的石柱，也称为“标”。柱身呈希腊陶立克柱式，有凹槽，与北京汉幽州秦君书佐墓表的柱身、形制一脉相承。这种凹槽柱汉以前未见。不过，汉代已经与罗马有间接交往，这种接近于希腊陶立克柱式之柱身，自汉代传入也不是没有可能。古人立表是在地面上栽桩，柱上用绳缚木板，板上书名。汉、魏晋南北朝时期石柱上部的横向石板和绳纹就是由这种做法演变而来。

② 陕西省考古研究院：《唐高祖献陵陵园遗址考古勘探与发掘简报》，《考古与文物》2013年第5期。

元陵石柱柱头的八棱形底座之上为束腰仰覆莲瓣，束腰部分饰凸起的圆形宝珠，顶部的宝珠呈扁圆形（图2-1-2-15）。

2. 翼兽或翼马

自乾陵开始安置，其后成为定制，仅桥陵翼兽形状略有差异。其身躯部分似马，肩部带双翼，有的呈张口露齿的兽状，有的似鹿头上有角。一般认为是天马，但也有人认为翼马应即古代的龙马[①]。如乾陵的翼马（图2-1-2-16）、武则天母亲杨氏顺陵的翼鹿（图2-1-2-17）、唐睿宗桥陵的翼兽（图2-1-2-18）、唐肃宗建陵的翼马（图2-1-2-19）、唐敬

图2-1-2-15　唐代宗元陵石柱柱头

图2-1-2-16　唐高宗与武则天合葬的乾陵神道西侧翼马

图2-1-2-17　武则天母亲顺陵神道东侧翼鹿

图2-1-2-18　唐睿宗桥陵神道东侧翼兽（田有前拍摄）

① 阎文儒：《关中汉唐陵墓石刻题材及其风格》，《考古与文物》1986年第3期。

宗庄陵的翼马（图2-1-2-20）、唐懿宗简陵的翼马（图2-1-2-21）等。这些翼兽或者翼马形象的差异，反映了它们发展演变的过程。

图2-1-2-19 唐肃宗建陵神道西侧翼马

图2-1-2-20 唐敬宗庄陵神道东侧翼马

图2-1-2-21 唐懿宗简陵神道翼马

3. 犀牛与鸵鸟

唐代帝陵石刻中的犀牛，仅见于唐高祖献陵，共有2尊。其中神道西侧的1尊仍在原地[①]（图2-1-2-22），神道东侧的1尊则移至西安碑林博物馆保存（图2-1-2-23）。石座仍保

① 陕西省考古研究院：《唐高祖献陵陵园遗址考古勘探与发掘简报》，《考古与文物》2013年第5期。

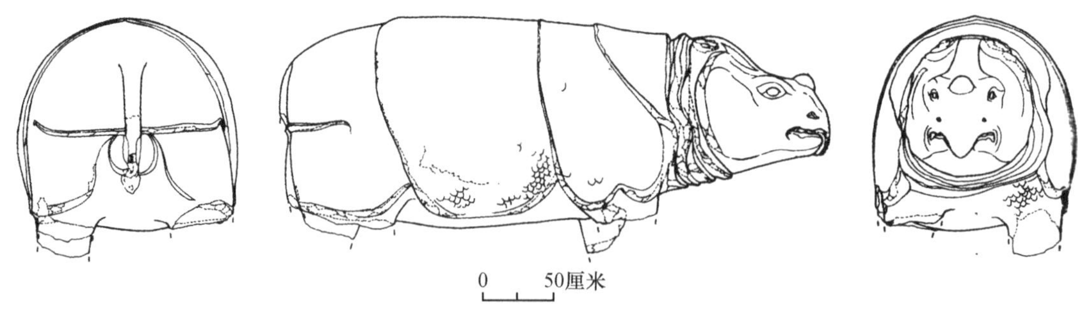

图2-1-2-22 唐高祖献陵神道西侧石犀牛

图2-1-2-23 唐高祖献陵神道东侧石犀牛
（现藏于西安碑林博物馆）

留在原地，长3.5、宽2.05、高0.52米。犀牛高2.12、长3.35米，用重约10吨的整块巨石圆雕而成。犀牛肢体硕壮，细目闭口，吻部之上原有一尖角，现已残。全身用几条粗壮的线条勾勒出坚厚的斑皮，其上又以细线刻出斑皮上的鳞纹。四蹄均为三趾。石犀牛的右前足踏板上原有刻铭，现尚残留“□祖怀远之德”，学界一般认为所刻内容为“高祖怀远之德”。犀牛造型极为生动，反映了雕刻者不仅具有高超的艺术功力，而且对犀牛也有深入了解。踏板上的刻字，则一语道破了陵前安置犀牛的象征意义。

自乾陵开始安置鸵鸟。采用高浮雕技法雕刻于石屏之上，石屏与石座相连，石座下为础石。盛唐鸵鸟雕刻得比较挺拔，或昂首站立，或回首，双耳雕刻在头后两侧。如乾陵神道西侧的鸵鸟，石屏高1.8、宽1.4米，鸵鸟作站立状，昂首挺颈（图2-1-2-24）；唐睿宗桥陵神道东侧的鸵鸟，石屏高、宽约2米，鸵鸟身躯挺拔，呈回首状，足下开始浮雕山岳状纹（图2-1-2-25）。中晚唐帝陵神道两侧的鸵鸟，身躯则略显低矮，并以回首状为主，双

图2-1-2-24 唐高宗与武则天合葬的乾陵神道西侧鸵鸟

图2-1-2-25 唐睿宗桥陵神道东侧鸵鸟

耳雕刻在头顶部，足下大多浮雕以山岳状纹饰作为衬托，如唐肃宗建陵神道西侧的鸵鸟（图2-1-2-26）、唐宪宗景陵神道西侧的鸵鸟（图2-1-2-27）。

图2-1-2-26 唐肃宗建陵神道西侧鸵鸟

图2-1-2-27 唐宪宗景陵神道西侧鸵鸟（田有前拍摄）

鸵鸟与犀牛的象征意义是一致的，只是自乾陵起将犀牛替换成了鸵鸟，虽然动物的种类发生了变化，但仅仅也只是物种的替换，它们所象征的意义是一致的，这也反映了唐陵制度的发展与演变过程。

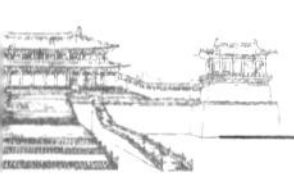

4. 仗马和控马官

一般为5对。马有衔镳，背有鞍鞯，披障泥，备马镫。控马者均身着圆领窄袖袍，脚登靴，腰系带，双手拱握。仗马和控马者的石座、础石四周均雕刻花纹，如乾陵神道东侧的仗马与控马官（图2-1-2-28）。

图2-1-2-28　唐高宗与武则天合葬的乾陵神道东侧仗马与控马官

5. 石人

一般为10对。石人均头戴冠，但冠式不同，有束发冠、进贤冠等。身着宽袖长袍，胡袖过膝，腰系带，脚登靴，双手拄剑，如乾陵神道两侧的石人（图2-1-2-29）。从唐玄宗泰陵开始，东西两列石人的手持物发生了变化，如泰陵东列石人手持笏板，西列石人则双手拄剑，采取左文右武的安置方式。玄宗泰陵与肃宗建陵同年而修，两位皇帝又同年而葬，可见这种刻意对称的做法始于泰陵和建陵。如唐敬宗庄陵神道两侧石人，左（东）文右（西）武（图2-1-2-30）[①]。

6. "蕃酋"像

（1）昭陵"蕃酋"像

据《唐会要》卷二十记载："（贞观）十八年，太宗谓侍臣曰：'昔汉家皆先造山陵，

① 陕西省考古研究院、三原县文化和旅游局：《唐敬宗庄陵陵园遗址考古勘探发掘简报》，《考古与文物》2021年第1期。

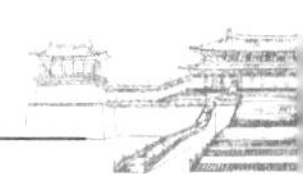

图2-1-2-29 唐高宗与武则天合葬的乾陵神道两侧的石人

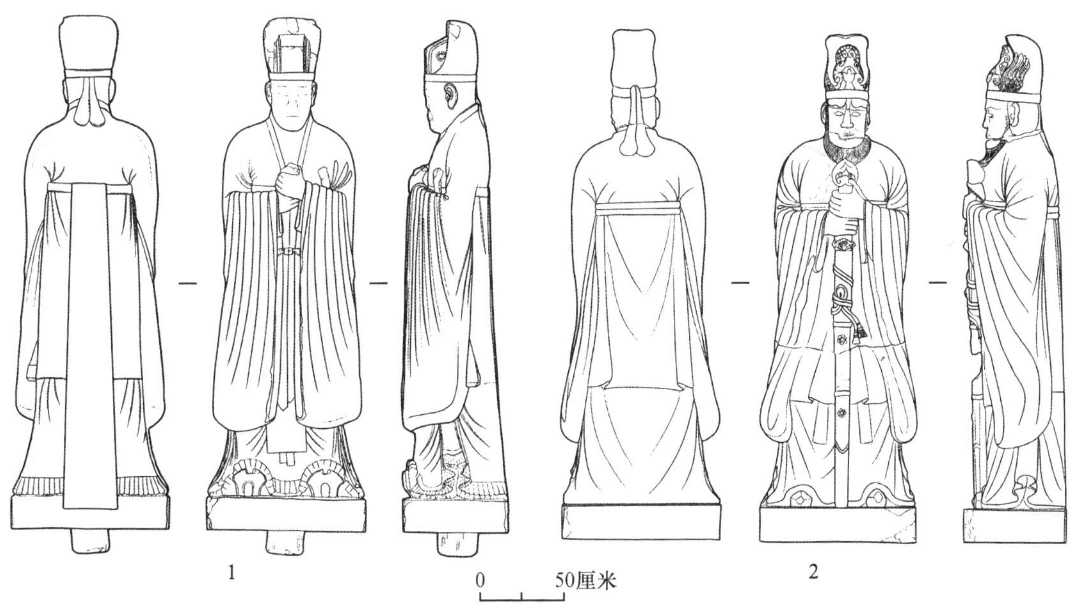

图2-1-2-30 唐敬宗庄陵石人
1. 东侧石人 2. 西侧石人

既达始终，身复亲见，又省子孙经营，不烦费人工，我深以此为是。古者因山为坟，此诚便事，我看九嵕山孤耸回绕，因而傍凿，可置山陵处，朕实有终焉之理。’乃诏曰：‘……今先为此制，务从俭约，于九嵕之上，足容一棺而已。木马涂车，土桴苇籥，事合古典，不为世用。又佐命功臣，深义舟楫，追念在昔，何日忘之。汉氏将相陪陵，又给东园秘器，笃终之义，恩意甚厚。自今以后，功臣密戚及德业佐时者，如有薨亡，宜赐茔地一所，以及秘器，使窀穸之时，丧事无阙。’至二十三年八月十八日，山陵毕。上（唐高宗）欲阐扬先帝徽烈，乃令匠人琢石，写诸蕃君长贞观中擒伏归化者形状，而刻其官名。突厥颉利可汗、左卫大将军阿史那出苾，突厥颉利可汗、右卫大将军阿史那什钵苾，突厥乙弥泥孰候利苾可汗、右武卫大将军阿史那思摩，突厥都布可汗、右卫大将军阿史那社尔，薛延陀真珠昆伽可汗，吐蕃赞普，新罗乐浪郡王金贞德，吐谷浑河源郡王、乌地也拔勒豆可汗慕容诺曷钵，龟兹王诃黎布失毕，于阗王伏阇信，焉耆王龙突骑支，高昌王、左武卫将军麹智盛，林邑王范头黎，帝那伏帝国王阿罗那顺等十四人，列于陵司马北门内，九嵕山之阴，以旌武功。乃又刻石为常所乘破敌马六匹于阙下也。”[①]《资治通鉴》卷一百九十九记载：“蛮夷君长为先帝（太宗）所擒服者颉利等十四人，皆琢石为其像，刻名列于北司马门内。”[②]十四蕃酋石像的形象，清代人林侗曾经有所记述：“凡十四人，拱立于享殿之前。皆深目大鼻，弓刀杂佩。壮哉，诚异观也。”“诸石像高九尺，逾常形。座高三尺许。或兜鍪戎服，或冠裳绂冕，极为伟观。”通过调查和发掘，曾经先后发现了7个石像座，石座上刻有诸蕃君长的名字，分别为“突厥都布可汗右卫大将军阿史那社尔”、“焉耆王龙突骑支”（图2-1-2-31）、“吐蕃赞府”（图2-1-2-32）、“高昌王左武卫将军麹智勇”、“薛延陀真珠毗伽可汗”（图2-1-2-33）、“于阗王伏阇信”（图2-1-2-34）、“婆罗门帝那伏帝国王阿那顺”。2002—2003年，对昭陵北司马门遗址进行了发掘，发现了分属十个蕃酋的个体残躯，服饰和容貌各不相同。其中一块石像残躯上刻有“新罗乐浪郡王”[③]。

图2-1-2-31　唐昭陵焉耆王龙突骑支像座

图2-1-2-32　唐昭陵吐蕃赞府像座

（2）乾陵蕃酋像

位于南神门外阙址北18米处，东西分列。蕃酋像建于神龙元年（705年），现存东列29

① （宋）王溥：《唐会要》，上海古籍出版社，1991年，上册，第457、458页。

② （宋）司马光撰，（元）胡三省音注：《资治通鉴》，中华书局，1956年，第6269页。

③ 国家文物局主编：《2003中国重要考古发现》，文物出版社，2004年，第140—146页；陕西省考古研究所、昭陵博物馆：《2002年度唐昭陵北司马门遗址发掘简报》，《考古与文物》2006年第6期。

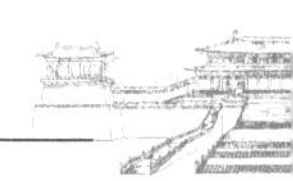

图2-1-2-33　唐昭陵薛延陀真珠毗伽可汗像座

图2-1-2-34　唐昭陵于阗王伏阇信像座

（图2-1-2-35）、西列32人（图2-1-2-36），每列均为南北4行、东西8排，与《长安志图》的记载一致。根据神道东西两列石刻对称情况来看，东西列群像应当各32人，总计64人。石像头部绝大部分已残，有的仅残存半身或两足。石像足部与石座连为一体。石像中每个人物的服饰和发型不尽相同，大多穿窄袖阔裾服装，领子有圆领、大翻领、斜交领，腰束带，脚穿靴，双足并立，两手拱于前，头发有卷发，也有披发。石像背面刻有其国名和官职、姓名等，大部分已经风化剥蚀，有的仍可辨识。如“木俱罕国主斯陀勒”“于阗□尉迟璥”“吐火罗王子特勒羯达健”“使□力贪开□于”“□仙□□河□□延”“吐火□□□□□□督阿史那忠节”等。这些蕃酋像在宋代之时仅存61个，其排列位置东侧蕃酋29人，西侧蕃酋32人。到了明代，这些石像已是仆竖相半，然多无首。到了近代，能见到的石像西侧竖立者21、倒者3，合为24；东侧竖立者16，倒者13，合为29。1949年后，对乾陵蕃酋像进行了妥善保护，使61尊石像恢复了原位。在现存的唐代史籍里，已

图2-1-2-35　唐高宗与武则天合葬的乾陵东侧蕃酋像

图2-1-2-36　唐高宗与武则天合葬的乾陵西侧蕃酋像

经无法找到石像的刻铭。但北宋元祐年间，任陕西转运使的游师雄，“见石像姓名漫灭”，便“访奉天县旧家所藏拓本完好者摹刻四碑”。元人李好文编《长安志图》时，又寻得游师雄所刻三碑，载入图中并云：“石人背刻各人姓名，岁久漫灭。近得游公所刻四碑而亡其一，每碑十六人，各写其衣冠形迹及其名爵，其不知者阙之。今录可知及有阙字者凡三十九人。”[①]清代初年，叶奕苞编《金石录补》，曾经搜得一个乾陵石像刻名的转抄名单，内容、顺序与《长安志图》一样，但个别刻名上又互有差异，其来源也是游师雄所刻碑石拓片。现存刻名实际只有36条，除吐谷浑、吐蕃、突厥首领各二人之外，绝大部分为唐安北、北庭、安西都护府属下的地方官吏或民族首领。陈国灿在岑仲勉研究的基础上对残存的36人刻名进行了考证[②]：

故左威卫大将军兼金微都督仆固乞突
故左卫大将军兼燕然大都督葛塞匐
左威卫大将军兼坚昆都督结䩼（黉）蚕匐肤莫贺咄
故大可汗骠骑大将军行左卫大将军崑陵都护阿史那弥射
十姓可汗阿史那元庆
左威卫将军鹰娑都督鼠尼施处半毒勤德
故右威卫将军兼洁山都督突骑施傍靳
故左武卫将军兼双河都督摄舍提暾护斯
故左威卫大将军兼匐延都督处木昆屈律啜阿史那盎路

① （元）李好文撰，辛德勇、郎洁点校：《长安志图》，三秦出版社，2013年，第49页。
② 陈国灿：《唐乾陵石人像及其衔名的研究》，《文物集刊》（2），文物出版社，1980年，第189—203页。

吐火罗叶护咄伽十姓大首领盐泊都督阿史那忠节
右金吾卫大将军兼大漠都督三姓咽麴叶护昆职
十姓可汗阿史那斛瑟罗
右领军将军兼千泉都督泥孰俟斤阿悉吉度悉波
故右金吾卫将军兼俱兰都督阙俟斤阿悉吉那靳
故右卫将军兼颉利都督拔塞干蓝羡
碎叶州刺史安车鼻施
故左武卫大将军突厥十姓衙官大首领吐屯社利
故右骁卫大将军兼龟兹都督龟兹王白素稽
故右武卫将军兼龟兹都督龟兹王白回地罗徽
龟兹大首领那利自阿力
疏勒王裴夷健密施
于阗王尉迟璥
朱俱半国王斯陀勒
播仙城主何伏帝延
康国王泥涅师师
石国王子石忽那
吐火罗王子特勤羯达健
右骁卫大将军兼波斯都督波斯王卑路斯
波斯大首领南昧
大首领可汗颉利发（残缺）
吐浑青海王驸马都尉慕容诺曷钵
吐浑乐王徒耶钵
吐蕃大酋长赞婆
吐蕃使大论悉曩热
默啜使移力贪汗达干
默啜使葛逻嗔达干

以往认为只有昭陵和乾陵有蕃酋像，但通过勘探和发掘，在定陵、桥陵[①]、泰陵[②]、建陵、崇陵、庄陵（图2-1-2-37）[③]等唐代帝陵也有发现，说明蕃酋像是唐陵石刻中重要的一类。就其位置而言，一般均位于神道石刻最北部，仅因陵而数量有异。与此同时，在唐敬

① 陕西省考古研究院：《唐睿宗桥陵陵园遗址考古勘探、发掘简报》，《考古与文物》2011年第1期。

② 陕西省考古研究院、蒲城县文物局：《唐玄宗泰陵陵园遗址考古勘探、发掘简报》，《考古与文物》2011年第3期。

③ 陕西省考古研究院、三原县文化和旅游局：《唐敬宗庄陵陵园遗址考古勘探发掘简报》，《考古与文物》2021年第1期。

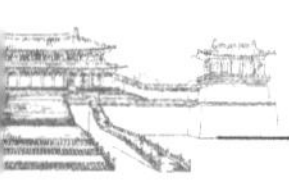

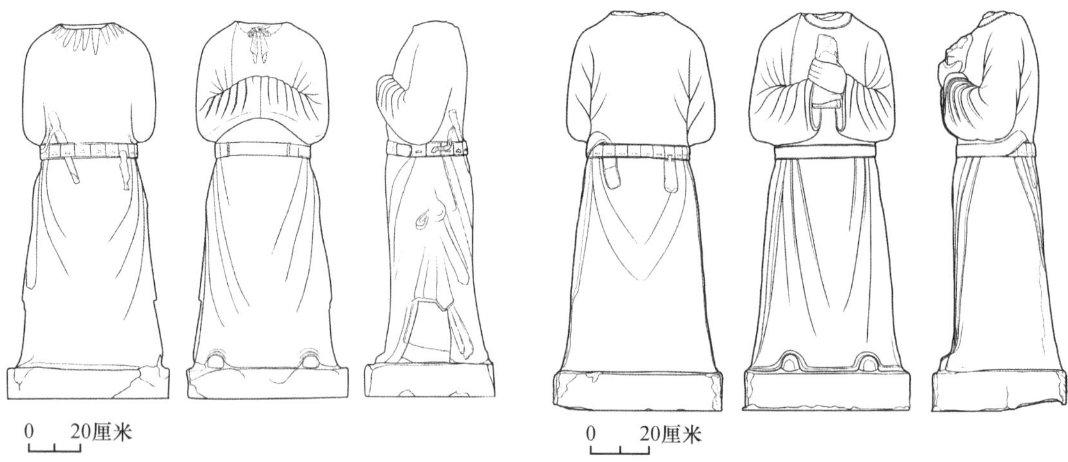

图2-1-2-37　唐敬宗庄陵出土蕃酋像

宗庄陵还发现了蕃酋殿遗址[①]，说明这些蕃酋像当时置于殿堂之内。这充分说明，自唐太宗昭陵开始，在陵前立蕃酋像已经成为一种制度。

7. 石虎与石狮

石狮在唐陵的安置是从唐太宗昭陵开始的，而且狮子为走狮，其中一尊旁边还有驯狮者（图2-1-2-38），此前的献陵则安置石虎（图2-1-2-39）。石虎身躯浑圆，姿态凝重，虎头硕大，颈部粗短，背阔平，四腿伫立，垂尾，腹下透雕，四足与石座相连。雕刻风格继承了魏晋南北朝时期的风格。石虎与石狮作为唐陵的重要石刻之一，一般位于陵园司马门外门阙内侧，左右分列。如唐武宗李炎端陵南门外石狮（图2-1-2-40）。

图2-1-2-38　唐昭陵石狮

① 陕西省考古研究院、三原县文化和旅游局：《唐敬宗庄陵陵园遗址考古勘探发掘简报》，《考古与文物》2021年第1期。

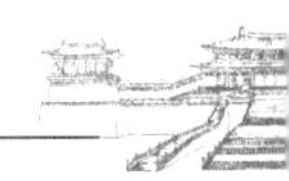

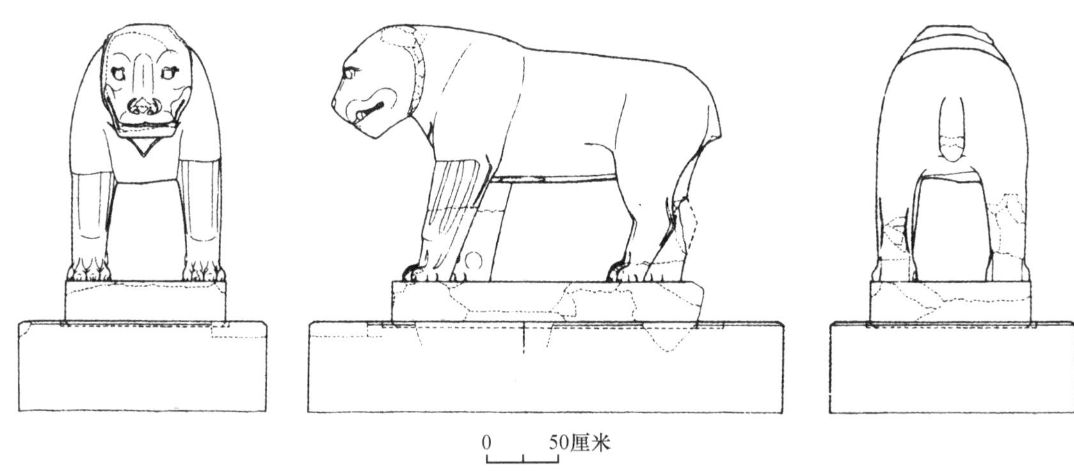

图2-1-2-39 唐献陵陵园南门东侧石虎

图2-1-2-40 唐武宗端陵南门石狮

8. 北门外仗马与石虎

一般在内城北门之外安置三对仗马，也称为北门六马，有的还有控马官。与其他诸陵不同的是，昭陵的六马为浮雕，此后的北门六马为圆雕；昭陵六骏安置在司马门之内，而后来的六马安置在司马门之外。昭陵由于山南地势险峻，石刻群均集中在陵北面的北司马门内，在东西两廊有唐太宗生前所乘的6匹战马的浮雕——昭陵六骏，这六匹骏马的名称分别为：飒露紫、拳毛騧、白蹄乌、特勒（勤）骠、青骓、什伐赤，世称“昭陵六骏”。它们分别高浮雕于六块石板上，每块石板高2.5、宽3米。东廊依次为特勒（勤）骠

（图2-1-2-41，1）、青骓（图2-1-2-41，2）、什伐赤（图2-1-2-41，3），西廊依次为飒露紫（图2-1-2-41，4）、拳毛䯄（图2-1-2-41，5）、白蹄乌（图2-1-2-41，6）。根据《长安志图》卷上记载，其上原来刻有唐太宗撰文、欧阳询书丹的赞语。其中的青骓是平窦建德时所乘，赞语为："足轻电影，神发天机。策兹飞练，定我戎衣。"什伐赤是平王世充、窦建德

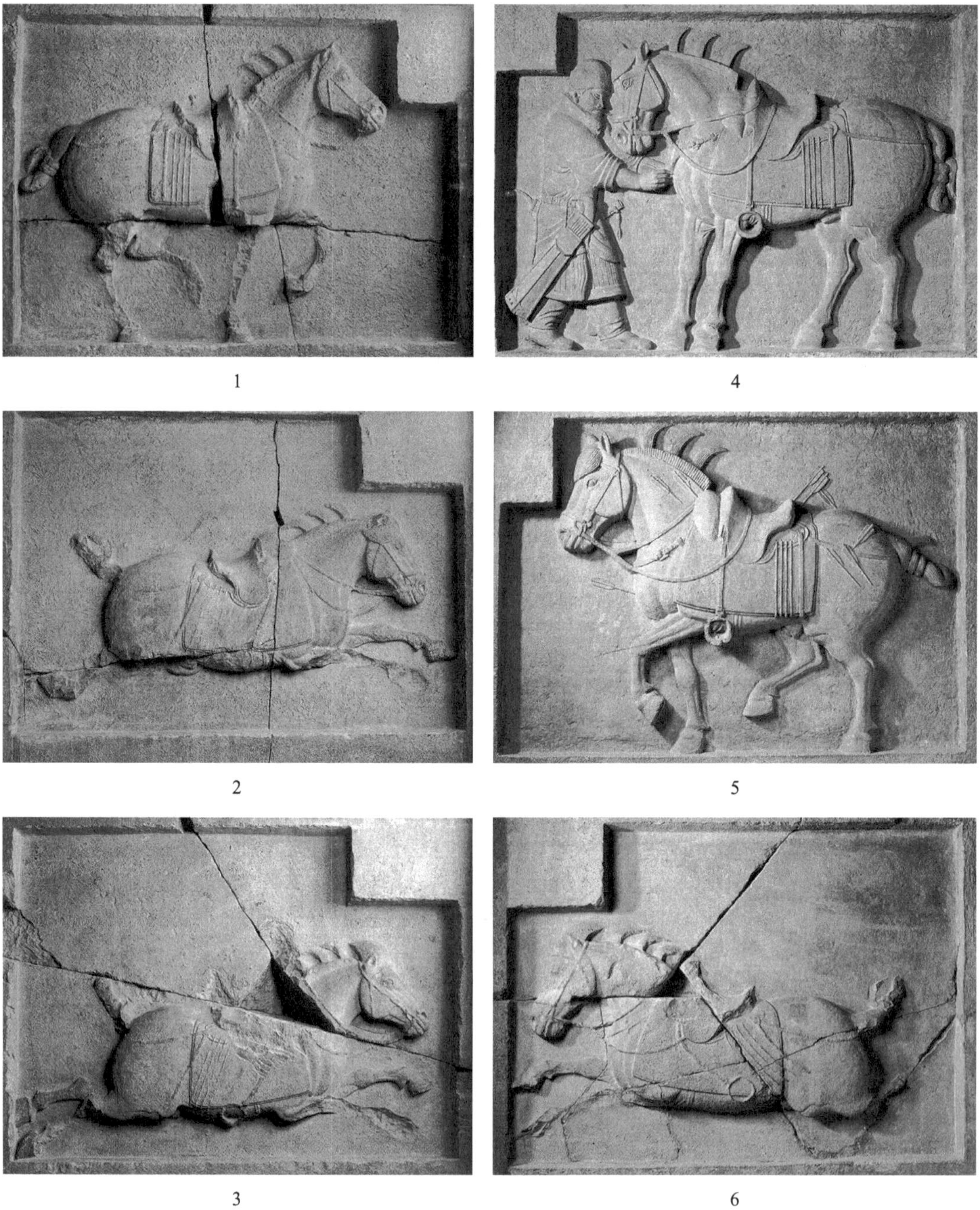

1　4

2　5

3　6

图2-1-2-41　唐昭陵六骏

1. 特勒（勤）骠　2. 青骓　3. 什伐赤　4. 飒露紫（复制品）　5. 拳毛䯄（复制品）　6. 白蹄乌

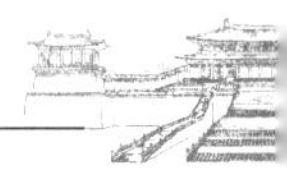

时所乘，赞语为："瀍涧求静，斧钺申威。朱汗骋足，青旌凯归。"特勒（勤）骠是平宋金刚时所乘，赞语为："应策腾空，承声半汉。入险摧敌，乘危济难。"飒露紫是平东都时所乘，赞语为："紫莺超跃，骨腾神骏。气詟（袭）三川，威陵八阵。"拳毛騧是平刘黑闼时所乘，赞语为："月精按辔，天驷横行。弧矢载戢，氛埃廓青（清）。"白蹄乌是平薛仁杲时所乘，赞语为："倚天长剑，追风骏足。耸辔平陇，回鞭（鞍）定蜀。"[①]1914年，六块石雕被毁，其中的飒露紫、拳毛騧两石被盗运出国，现藏美国费城宾夕法尼亚大学博物馆，另四石现藏西安碑林博物馆。昭陵六骏中，呈站立状者三匹，呈奔驰状者三匹，马鬃均剪成三花[②]。昭陵六骏的设立，开创了唐代帝陵陵园北神门外设置仗马（三对）的先例，不同的是此后的帝陵北门仗马从昭陵的高浮雕形式变成了圆雕形式。

在乾陵、景陵北门仗马的南侧还有石虎（图2-1-2-42），虽然目前还不能确定自乾陵以后各陵是否都是如此，但至少可以说明唐代帝陵在献陵以后的陵园中也列置石虎，只是它在帝陵陵园的地位下降，从神道移至陵园北门之外，且个体较小。

图2-1-2-42　唐高宗与武则天合葬的乾陵北门外仗马与石虎

9. 无字碑

无字碑仅见于乾陵、定陵。乾陵无字碑通高7.46、宽1.2米，碑座长3.37、宽2.61

---

① （元）李好文撰，辛德勇、郎洁点校：《长安志图》，三秦出版社，2013年，第48页。又《长安志图》卷上云拳毛騧浮雕中的拔箭者是唐太宗真容，其文云："有石真容自拔箭处。"参见所引《长安志图》第48页。

② 所谓"三花"，是指将马鬃部分剪成三辫。

米。碑首浮雕身躯相交、头部下垂于两侧的八螭，碑身正背面均无文字，故世称无字碑（图2-1-2-43）。碑侧面线刻飞升的云龙，碑座四周线刻狮子、马等兽纹，写实特点突出。考古发掘中，在无字碑四角发现四个柱础石，说明该碑之上原来修建有碑亭。但自宋金开始，此碑始有游人题字，现存题刻42条，起于宋终于明，题记者计39人。据其内容大致可以分为抒情和游记两大类。其中最珍贵的是一段金代题记，用汉文和契丹文（契丹小字）镌刻而成（图2-1-2-44），其内容为：

图2-1-2-43　唐高宗与武则天合葬的乾陵无字碑

图2-1-2-44　唐高宗与武则天合葬的乾陵无字碑上的契丹文（契丹小字）题记及汉语翻译

大金皇弟都统经略郎君行记

大金皇弟都统经略郎君向目（以）疆场，无事猎于梁山之阳。至唐乾陵，殿庑颓然，一无所睹，爰命有司，鸠工修饰。今复谒陵下，绘像一新，回廊四起，不胜欣怿。与醴阳太守酣饮而归。时天会十二年（1134年）岁次甲寅仲冬十有四日。尚书职方郎中黄应期、宥州刺史王圭从行，奉命题，右译前言。

10. 述圣纪碑

仅见于乾陵。碑通高6.91、宽1.2米，碑座长3.37、宽2.61米。碑身五段，连同庑

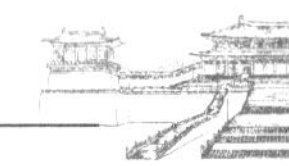

殿顶和碑座共七段，所以又称“七节碑”（图2-1-2-45）。碑首为庑殿式顶盖，庑顶下西南角和东南角各有一浮雕蹲踞力士。碑文系武则天撰文、唐中宗书丹，碑正面刻文，原来字画上“填以金屑”，其余三面平素。碑座四面线雕兽纹，具有浓郁的神异色彩。

值得注意的是，1974年，在唐肃宗建陵内城门外，相继出土2件马首人身、猴首人身的十二生肖石俑，而且其出土位置也与十二生肖的方位相吻合[①]。这两件十二生肖石俑的发现，说明唐代陵园之内自中唐时期开始立十二生肖石俑，这不仅为唐代帝陵石刻增添了新资料，也影响到了朝鲜半岛的新罗王陵，并开创了宋代帝陵设置十二生肖石刻的先河。

（二）石刻的安置原则与时代性

帝陵石刻的安置，遵循对称原则，均夹神道而立。据其组合方式、雕刻艺术等分为三期：

第一期：初唐时期，包括高祖献陵和太宗昭陵。这一时期的石刻形制较大，石刻组合尚未形成定制，但对之后影响较大。

图2-1-2-45　唐高宗与武则天合葬的乾陵述圣纪碑

第二期：盛唐时期，包括高宗与武则天合葬的乾陵、中宗定陵和睿宗桥陵。石刻不仅继承了前一期石刻形制的特点，而且种类和数量大为增加，石刻组合基本形成制度，雕刻艺术十分精湛。

第三期：中晚唐时期，包括玄宗泰陵至僖宗靖陵的十三座唐陵。石刻较以前卑小，组合刻意追求形式上的对称，种类在组合上出现混乱现象，艺术表现上一般有形而无神。

四、唐代帝陵的合葬方式

通过对唐高祖献陵钻探，发现封土之下有两座墓葬，说明唐高祖献陵采用的是同坟异穴的合葬方式。但自唐太宗昭陵开始，皇帝皇后则采用同坟同穴的合葬方式，唐太宗昭陵先葬文德长孙皇后，后葬唐太宗；唐高宗与武则天合葬的乾陵则先葬唐高宗，后葬武则天。

---

① 李浪涛：《唐肃宗建陵出土石生肖俑》，《文物》2003年第1期。

五、陪葬制度

《唐六典》卷十四记载："凡功臣、密戚请陪陵葬者听之，以文武分为左右而列。若父、祖陪陵，子、孙从葬者，亦如之。"[①]由此可见，在唐代能够陪葬帝陵是一种身份和地位的象征，是一种荣誉，在8世纪中叶以前表现得特别突出。唐陵陪葬墓，以初唐时期的献陵和昭陵最多，盛唐时期的乾陵、定陵、桥陵次之，而中晚唐时期的泰陵以后诸陵中陪葬墓数量锐减，或没有陪葬墓。中晚唐时期帝陵陪葬墓的变化，说明这种原来带有荣誉性质的丧葬制度已经不为上层社会所看重，贵族官僚的价值取向已经发生了剧烈变化，其根本原因是唐王朝衰落及其向心力减弱。

陪葬墓的位置，献陵多分布于陵北和东北。从昭陵开始，陪葬墓多分布于陵南和东南。从调查的结果来看，献陵、昭陵、乾陵的陪葬墓数量最多。通过考古发掘也证实，陪葬墓不仅有王公贵族，也有一些不见于文献记载的宫女。近年来，在昭陵陵园发现了宫人的陪葬墓，证实了《唐会要》卷二十一所记载的"若宫人陪葬，则陵户为之成坟"[②]。

六、献殿和寝宫（下宫）的设置

献殿是今人的叫法，但在新、旧《唐书》《通典》《唐会要》等典籍中，都没有这一名称，可知它在唐代不称为献殿，有人认为文献中的"衙殿"即是现在所云的献殿[③]。一般位于内城南门之北，陵台之南，用于祭祀。献是上供祭祀之意，所谓献殿就是祭祀之处。现在一般将帝王陵前所建的祭祀场所称为"献殿"，将太庙、天坛等处的祭祀场所称为"享殿"，两者也可以互相混用。在昭陵献殿遗址曾发现1件鸱尾，高1.5、宽0.65、底长1米，可见其建筑规模之宏伟；据调查，乾陵献殿遗址南北进深18、东西面阔30米。

陵的西南面发现有建筑遗迹，文献称之为"寝宫"（俗称皇城），入宋后称为"下宫"，距离陵的距离不等，一般多为5里，有的则较远（表二）。既是日常供奉的地方，也是当时守陵人员和宫女居住之所。如昭陵寝宫遗址，2004年对其进行了钻探和部分试掘，发现下宫为一组完整的宫殿建筑，外周是近长方形的宫城城墙，南北长304、东西宽238.5米，城墙夯土筑成，厚2.5米左右，外表原有白灰墙皮，顶部覆瓦。寝宫北部用一道东西向内城墙隔出南北宽47.5米的夹城。城墙西北拐角为弧形连接，西南拐角外有加大加宽的护坡。宫城东西两面没有发现城门，南北两面辟有城门，夹城城墙上与北门相对的位置也开设一座重门。三座门址虽破坏较为严重，但总体结构仍然大体可辨，门的基址均为包砖的

---

① （唐）李林甫等撰，陈仲夫点校：《唐六典》，中华书局，1992年，第401页。

② （宋）王溥：《唐会要》，上海古籍出版社，1991年，上册，第479页。

③ 傅熹年主编：《中国古代建筑史·第二卷·三国、两晋、南北朝、隋唐、五代建筑》，中国建筑工业出版社，2001年，第433页注释［15］。

夯土台，结构为庑殿式，与已发掘的陵园北司马门门址结构大体相同。城墙范围内经初步钻探，还发现了纵横分布的夯土墙体遗迹和大量砖瓦堆积。

表二 唐陵封域及下宫统计一览表

陵名	现地点	封内	寝宫（下宫）	资料出处
高祖李渊献陵	三原县大程镇永合村东和富平县城关街道新庄村	20里	去陵5里	《长安志》《陕西唐陵调查报告》
太宗李世民昭陵	礼泉县昭陵镇皇城村北，九嵕山	120里	去陵18里	同上
高宗与武则天乾陵	乾县城关镇石马道村北，梁山	80里	在邀驾宫村附近	同上
中宗李显定陵	富平县宫里镇狮子窝村北，凤凰山	40里	去陵5里，在杜家村北	同上
睿宗李旦桥陵	蒲城县桥陵镇安王村贾家村北，丰山	40里	在梁家巷村附近，位于乳阙（台）西南1370米	同上
玄宗李隆基泰陵	蒲城县椿林镇石道村唐陵村西北，金粟山	76里	去陵5里，在敬母寺村东南	同上
肃宗李亨建陵	礼泉县昭陵镇石马岭村北，索山石马岭（凉马山）	40里	去陵5里	同上
代宗李豫元陵	富平县庄里镇陵里村北，檀山	40里	去陵5里，在元陵堡北	同上
德宗李适崇陵	泾阳县蒋路乡东检村、陵里村北，嵯峨山	40里	去陵5里	同上
顺宗李诵丰陵	富平县曹村镇陵前村北，虎头山	40里	去陵5里	同上
宪宗李纯景陵	蒲城县桥陵镇义龙赵家村东北，金炽山	40里	在西南庄村西北	同上
穆宗李恒光陵	蒲城县尧山镇光陵村辛子坡村北，尧山	40里	去陵5里	同上
敬宗李湛庄陵	三原县陵前镇柴家窑村东	40里	去陵8里	同上
文宗李昂章陵	富平县宫里镇雷村西岭村西北，天乳山（西岭山）	45里	去陵3里	同上
武宗李炎端陵	三原县大程镇桃沟村北	40里	去陵4里	同上
宣宗李忱贞陵	泾阳县兴隆镇崔黄村北，仲山	120里	去陵10里，庙背后村北	同上
懿宗李漼简陵	富平县庄里镇山西窑村东窑村北，虎头山（又名紫金山）	40里	去陵7里	同上
僖宗李儇靖陵	乾县阳峪镇南陵村东南	40里	去陵5里	同上

七、唐十八陵以外的陵墓

唐代在位皇帝的陵墓，除十八陵外，唐昭宗和陵和唐哀帝温陵分别位于河南偃师和山东菏泽，两陵已是荒冢残阳，唐陵绝唱。另外，还有一些被尊称为陵的墓葬，如永康陵、兴宁陵、恭陵、顺陵、让皇帝陵（惠陵），这些陵墓的主人生前虽然未当过皇帝，但死后被追赠皇帝。这其中有些是对祖先的追认，将其墓葬改称为陵；有些则是在墓主人死后追认，并以帝陵制度埋葬，如李弘（碑文为“宏”）被追赠为孝敬皇帝、李宪被追赠为让皇帝。它们也是唐代陵墓制度的重要组成部分，特别是其中一些已经进行了考古发掘，对探讨唐代帝陵的内部结构以及帝陵制度等都有一定的参考价值。从调查资料来看，这些被追赠者的陵墓以及号墓为陵者，都是封土为陵。

（一）和陵

和陵位于洛阳市偃师区顾县镇曲家寨村南地域内，封土为陵，东距唐恭陵1.5千米，与之相比，墓冢规模形制较小，故当地称之为“小冢”。1974年，村民为了扩大耕田，将封土夷为平地，陵前神道石刻多散佚。1984年，对和陵进行了调查和钻探。

和陵坐北朝南，墓室由青石条垒砌拱券，南北长约8、东西宽约4米，距现地表深约11.5米。墓室正南的斜坡墓道南北长约60、宽约3米。在神道正南约500米处地面上，残存一高约2米的石人。

（二）温陵

温陵位于山东省菏泽市定陶县，但至今尚不能确定其具体位置和基本形制。

（三）追尊的帝陵

1. 永康陵

永康陵，是唐高祖李渊祖父李虎之墓，位于陕西省三原陵前乡侯家堡村西南约100米处。李虎是西魏八位柱国大将军之一，死后被追赠为唐国公。唐高祖李渊于武德元年（618年）追尊李虎为太祖景皇帝，增修陵园，陵名永康陵。陵墓封土为陵，封土底部基础近似圆形，顶部呈圆丘形，底部南北长31、东西宽27、高约5米。封土之南为宽约33米的神道，神道两侧列置石刻，原有石柱1对、独角兽1对（图2-1-2-46）、石马2对、石人1对、石狮1对（图2-1-2-47）。

2. 兴宁陵

兴宁陵位于陕西省咸阳市红旗乡后排村的北原，是唐高祖李渊之父李昞之墓。陵墓封土为陵，封土呈圆形，底部直径13、高约5米[①]。封土之南为神道，神道两侧列置石刻，自南而北依次为翼兽2个、鞍马4个、狮子2个，均呈左右对称分布。在石狮与鞍马之间原来有石人3对，相对排列于神道两侧，但已陷于地下。

3. 建初陵与启运陵

位于河北省邢台市隆尧县境内，建初陵与启运陵分别是唐高宗时追尊李渊第四代祖宣皇帝和第三代祖光皇帝的陵墓。陵区破坏严重，仅存一些石刻，有石柱、石马、石狮等，雕刻生动，与陕西的唐代皇家陵墓雕刻遥相媲美，弥足珍贵。陵区的附属建筑光业寺已不存，但幸存有一通《大唐帝陵光业寺大佛堂之碑》，其碑文证实李唐祖籍的“赵郡李”说

---

① 咸阳市博物馆：《唐兴宁陵调查记》，《文物》1985年第3期。

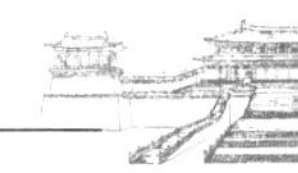

图2-1-2-46 唐永康陵神道独角兽　　图2-1-2-47 唐永康陵神道石狮

当属正确，亦即今河北隆尧应为李唐祖籍[①]。

4. 恭陵

恭陵位于河南省洛阳市偃师区缑氏镇东北2.5千米的滹沱岭上，是唐高宗太子李弘的陵墓。李弘是唐高宗和武则天的长子，生于永徽二年（651年），上元二年（675年）李弘从幸合璧宫，遇鸩死，时年24岁。同年八月葬缑氏，追谥孝敬皇帝，“墓号恭陵，制度尽用天子礼”。1983年曾对其进行过调查[②]，1985年进行复查并对陵园主要遗迹进行了实测和局部钻探[③]。

恭陵封土位于陵园中部，系夯筑而成，呈覆斗形，东西长150、南北宽130、高22米。陵园四周有墙垣围绕，平面呈正方形，边长440米，四角有角阙。墙垣四面正中各置1座门，门外有土阙遗迹，东、西、北门土阙之前各有蹲狮1对，南门土阙之前有立狮1对。神道位于南神门外正南方向，长227、宽50米，两侧有石刻5对，自南而北依次为：石柱1对、翼马1对、石人3对。东列南起第1、第2石人间有高宗亲撰的《孝敬皇帝睿德之纪》碑1通。另外，封土东北约50米处有一方锥形土冢，俗称娘娘冢，应是李弘之妻哀皇后陵（图2-1-2-48）。哀皇后陵中出土的随葬品制作精美，应是甄官署制作。

5. 顺陵

顺陵是武则天母亲杨氏的坟墓，位于陕西省咸阳市渭城区底张镇陈家村西南、龙枣村东北，西南距咸阳约17千米。根据文献记载，杨氏死于咸亨元年（670年）九月，以王礼葬于咸阳，时称杨氏墓。武则天光宅元年（684年）九月，追尊其父武士彟为太师、魏王，母杨氏为魏王妃。十月丙申追谥其父魏王为忠孝，永昌元年（689年）二月尊魏忠孝为周

① 隆尧县文物保管所　李兰珂：《隆尧唐陵、〈光业寺碑〉与李唐祖籍》，《文物》1988年第4期。

② 若是：《唐恭陵调查纪要》，《文物》1985年第3期。

③ 中国社会科学院考古研究所河南第二工作队、河南省偃师县文物管理委员会：《唐恭陵实测纪要》，《考古》1986年第5期。

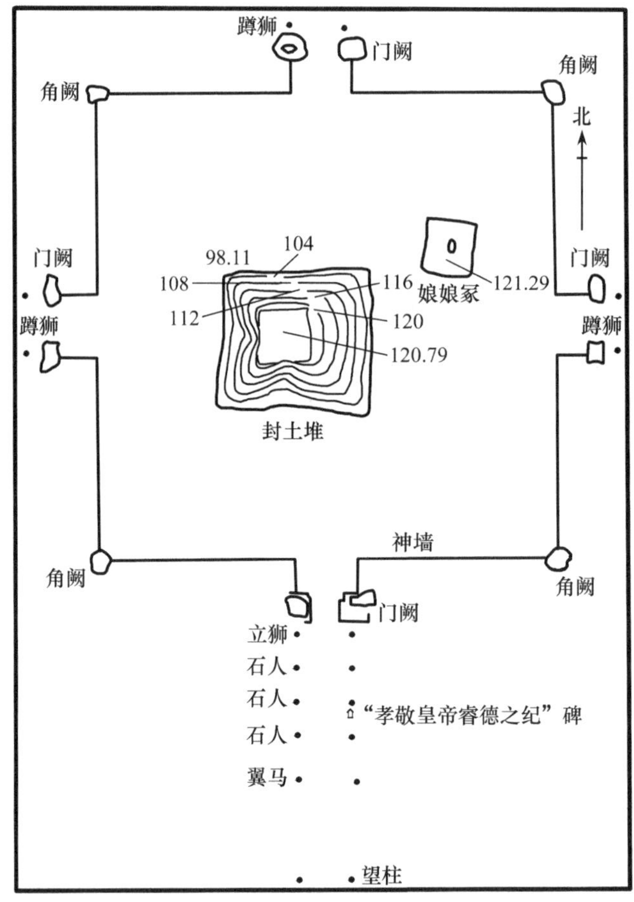

图2-1-2-48　唐恭陵平面实测图

忠孝太皇，母曰忠孝太后，将杨氏墓改称明义陵。天授元年（690年）九月丙戌追忠孝太皇曰太祖孝明高皇帝，母亦随称孝明高皇后，明义陵又改称顺陵。景云元年（710年）七月一日唐睿宗诏废武氏崇恩庙，顺陵名遂废去，翌年五月五日又复称顺陵。到唐玄宗先天二年（713年）又废，并削孝明高皇帝号依旧称太原王，孝明高皇后称太原王妃，从此顺陵称为王妃墓。顺陵先后进行过多次考古调查①。顺陵的石刻有两组，一组是作为人臣埋葬时设置，一组则是被追封为皇后之后设置。

陵园规模较大，分为内外城。外城无墙垣，四门各有石雕蹲狮一对以为标志，四隅有角阙。内城平面近方形，墙垣夯筑而成，仅在南面墙垣正中设置一对门阙。南墙长283、东墙长298、北墙长282.5、西墙长297米。墙基宽1.9—10.5米，夯层厚10—12厘米。

陵墓封土位于内城北半部略偏西处，底部平面呈方形，实测边长为43.7—46.2、高约

---

① 陕西省考古研究所：《唐顺陵勘查记》，《文物》1964年第1期；赵荣、权东计：《唐顺陵遗址现状与形制探讨》，《考古与文物》2002年第4期；陕西省考古研究院、顺陵文物管理所编著：《唐顺陵》，文物出版社，2015年。

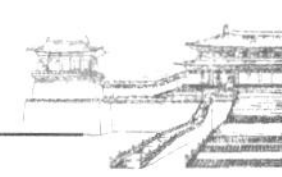

12米。原封土范围东西长约50、南北宽约49米。墓道为斜坡形，长约22、宽约3米。墓道两壁以石灰粉刷，绘有壁画。由于长期受到雨水冲刷，北半部已经塌陷，推测墓室顶部可能已经塌落。

6. 惠陵

惠陵是唐玄宗长兄李宪夫妇的合葬陵墓，位于陕西省蒲城县城西北约4.5千米的三合乡三合村北200米。李宪死后被追封“让皇帝”，陵曰惠陵。惠陵的陵园有内外墙垣，墙垣四角有角阙，神道两侧残存狮子、翼马、石柱等石刻①。

外陵园未经详细勘探，仅知其平面大体呈方形，南面有双阙，其余情况不明。

内陵园呈南北向长方形，东西宽217.5、南北长252.5米。地面墙体已经损坏，墙基部分尚存。墙基系夯筑而成，但未见夯窝，可能为平夯而成。从夯土墙基上方扰土内所包含的白灰墙皮可知，原来的墙垣两面施白灰，灰面厚约0.5—0.7厘米，并以赭红色描绘边框。内陵园南门有门阙两座，位于南门外45米处，两者相对位于神道两侧，间距30米。角阙呈曲尺形，夯筑而成。

惠陵系封土为陵，封土堆位于内陵园正中偏北处，呈覆斗形，底部边长60米，顶部长5.1—5.2、高14米，距离南门阙150、东墙70、西墙75、北墙75米。封土夯筑而成，夯层厚约0.15—0.2米，土质坚硬、干燥。地面残存的神道石刻有翼马1匹、石狮1对、残石柱1个。

惠陵是一座长斜坡墓道单室砖室墓。墓道呈斜坡状，平面呈长方形，长18.9、南宽2.45、北端宽2.15、下宽2.4米（图2-1-2-49、图2-1-2-50）。墓道东西两壁自上而下向外略

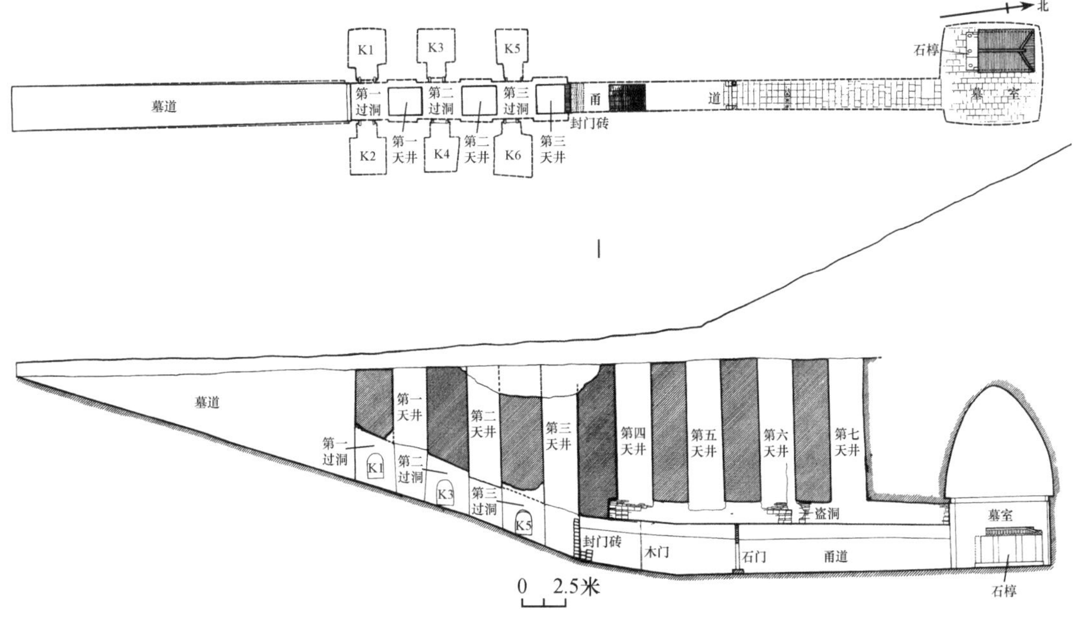

图2-1-2-49 唐李宪惠陵平、剖面图

① 陕西省考古研究所编著：《唐李宪墓发掘报告》，科学出版社，2005年。

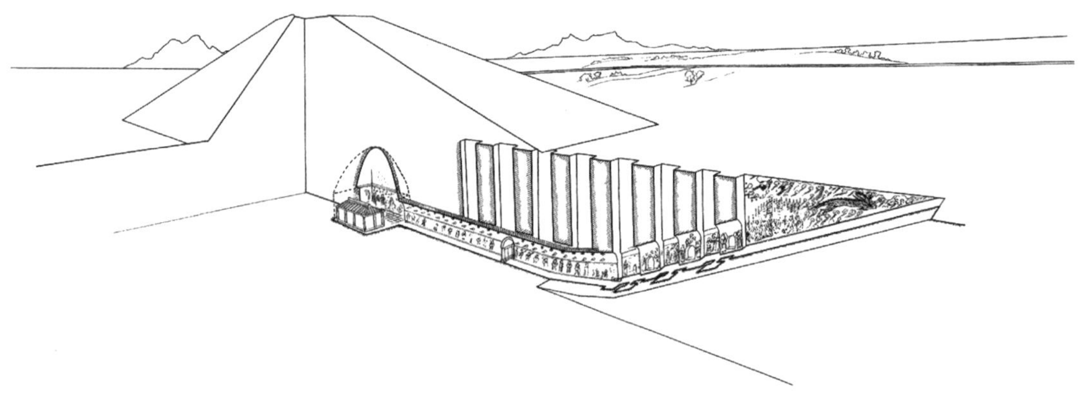

图2-1-2-50　唐李宪惠陵透视图

有扩张。墓道东西两壁及北壁保存完好，表面为白灰墙皮，其上彩绘壁画，自南向北依次为导引飞人、青龙白虎、仪仗出行等。墓道北壁上方绘门楼图（图2-1-2-51）。共计有7个天井、3个过洞、6个壁龛。甬道之内安置石门（图2-1-2-52）。墓室平面呈外弧方形，南北长5.7、东西宽5.65米。四壁壁面向外略有弧度，自上而下也向外稍有扩张。墓室壁面

图2-1-2-51　唐李宪惠陵墓道北壁门楼图

图2-1-2-52　唐李宪惠陵石门

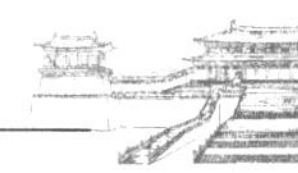

均于草拌泥上涂白灰墙皮，并绘制乐舞等壁画（图2-1-2-53）。葬具使用雕刻精美的石椁（图2-1-2-54）。

图2-1-2-53 唐李宪惠陵墓室东壁乐舞图

图2-1-2-54 唐李宪惠陵出土石椁

第三节 五代王陵

唐亡后，中国历史进入了五代十国时期。五代十国的统治者，均为割据一方的唐朝藩镇，在文化和制度上均为唐代的延续，所以表现在陵墓制度上，仍然沿用唐陵的某些制度。从对割据西南的前蜀、后蜀，割据江南的南唐、吴越、南汉等国陵墓的调查或发掘来看，五代陵墓大都如唐陵一样，是以山为陵或者封土为陵建造起来的。只是限于偏居一隅，政治势力弱小，经济力量不足等客观条件，其陵墓的规模气势已远不及唐陵雄伟壮观。但其内部形制和结构，对于唐代帝陵的研究却具有重要参考价值。

前蜀主王建墓与南唐主李昪、李璟墓，墓室分别为石结构、砖石混合结构和砖结构，皆由前中后三室组成。后蜀孟知祥墓，则是三个并列的穹隆顶圆形石室。南唐二陵墓室四壁影作仿木建筑的柱、枋、斗栱等。棺床建于中室（王建墓）或后室（南唐二陵）。墓内重要的随葬品有哀册、谥册、谥宝等，王建墓后室还出土有象征墓主人的圆雕石坐像。南唐二陵以大量男女陶俑随葬，陶俑种类多，刻画细腻，代表了内宫中不同身份的人物。后周帝王陵墓封土为陵，封土呈覆斗形，墓室砖筑，平面为圆形。五代陵墓的某些制度，又为宋代帝陵所继承。

一、前蜀王建墓

前蜀王建墓位于四川省成都市老西门外高地上，称永陵。1942—1943年，由中央研究院历史语言研究所、前中央博物院筹备处及前四川博物馆共同发掘，主持发掘工作的是冯汉骥、刘复章。根据出土哀册，王建死于光天元年（918年）六月，同年十一月三日入葬。发掘报告《前蜀王建墓发掘报告》由考古学家冯汉骥编写，并于1964年由文物出版社出版，2002年重印[①]。

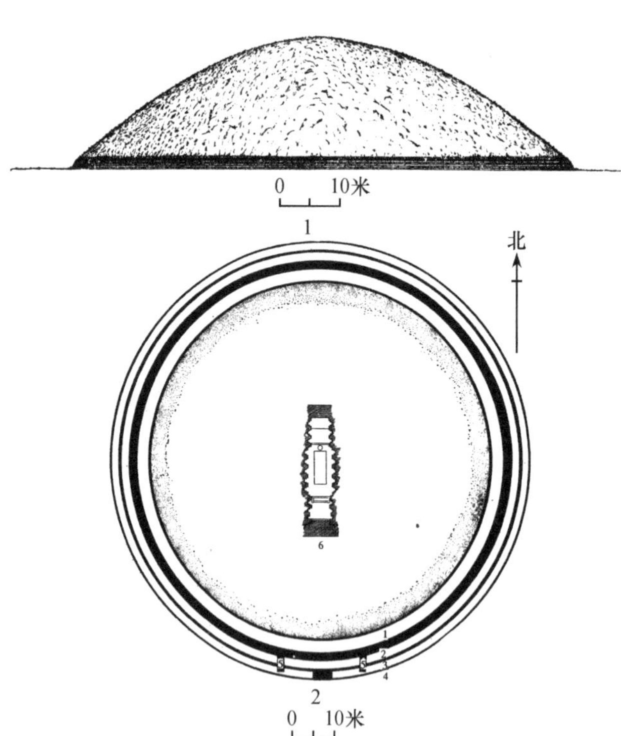

图2-1-3-1　前蜀王建永陵封土及封土、墓室关系图
1. 封土　2. 封土与墓室关系图

封土夯筑，基部周围垒以石条，平面呈圆形，直径80余米，高约15米（图2-1-3-1）。陵台之外，每隔2.5或1.5米有砖基1道，共3道，似为陵垣遗迹。正南面第一、三道砖基之间，建有包砖土墩1对。陵前有无列石，史籍不详。1971年，在陵南约300米处曾经发现唐五代风格的持笏文官石像1躯[②]，说明王建墓前原来列置石人。

墓室向南，建于陵台之下，无

① 冯汉骥：《前蜀王建墓发掘报告》（第2版），文物出版社，2002年。

② 陈古全：《成都永陵出土石人》,《文物》1981年第6期。

墓道，全长30.8米，以14道红砂石砌筑的拱券为骨架，券间铺以石板。拱券及石板表面次第涂抹细泥、白灰，其上再施彩，券顶天青色，墙面朱色。有前、中、后三室，每室安装木门1副，朱漆大木门上有鎏金兽面衔环铺首，各室之间有甬道相通。中室中央偏后有须弥座式石棺床（图2-1-3-2），长7.45、宽3.35、高0.89米，棺床上铺珉[①]玉板一层，玉板上为3层木台级，台级上置棺椁。由于早年被盗，棺椁已经腐朽。棺床四周有或舞或奏的伎乐浮雕（图2-1-3-3），形神毕肖，共24幅。南面刻舞蹈者2幅，弹琵琶、拍板各1幅；东面刻击正鼓、击齐鼓、击和鼓、吹笛、吹筚篥、拍板、击羯鼓、击鞉牢、击鸡娄鼓、击答腊鼓、击毛员鼓的图像10幅；西面刻吹篪、吹排箫、弹筝、吹小筚篥、弹箜篌、吹叶、吹笙、吹贝、击铜钹、击羯鼓的图像10幅；后室修建有高0.79、横长4.4米的石床，床上置王建石雕像和谥宝、哀册、谥册等。王建雕像全高96.5、几高30.5厘米（图2-1-3-4），比例匀称，衣纹线条流畅。头戴折上巾，着帝王常服，浓眉深目，隆准高颧，薄唇大耳，与文献所载王建相貌相符合，堪称古代写实作风石雕的佳作。这种前中后三室结构的墓葬，对探讨唐代帝陵的墓葬结构有一定的参考价值。

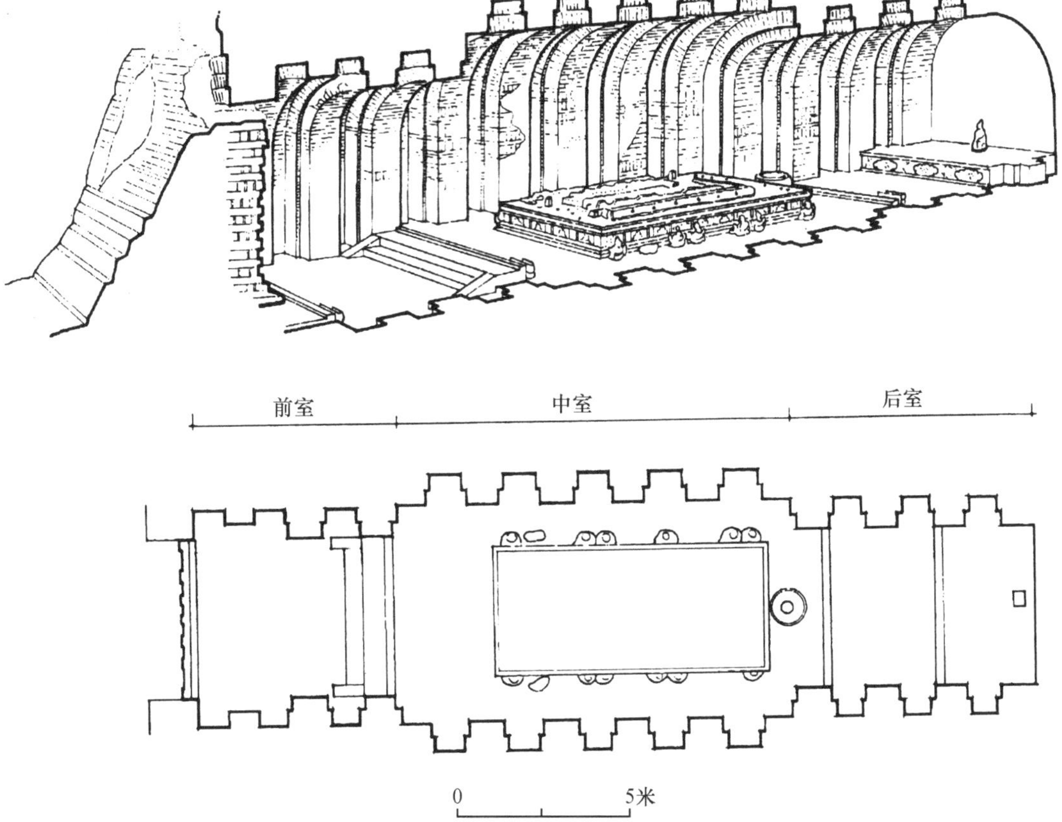

前室 中室 后室

0 5米

图2-1-3-2 四川成都前蜀王建永陵平面及透视图

① 珉，似玉的美石。

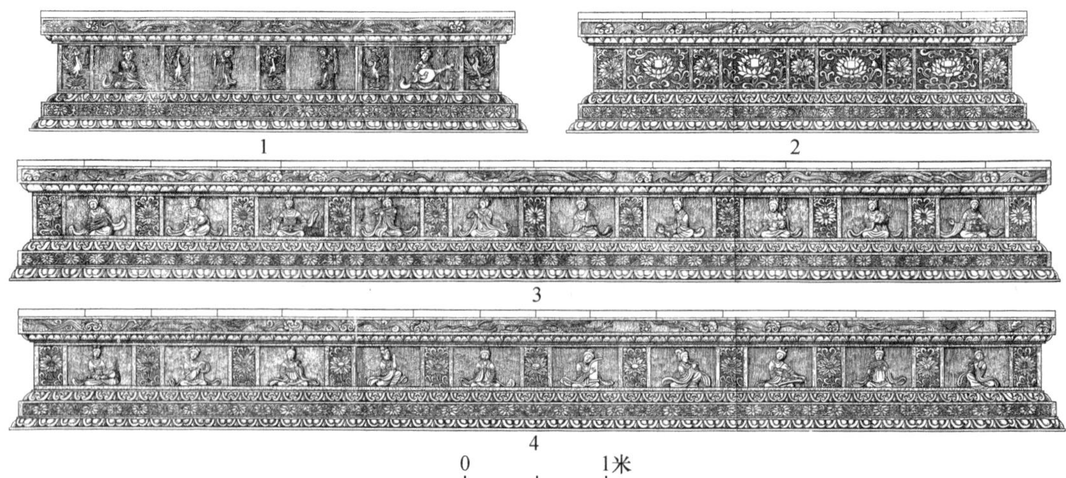

图2-1-3-3　前蜀王建永陵石棺床侧面浮雕

1. 南面（正面）　2. 北面　3. 东面　4. 西面

图2-1-3-4　前蜀王建墓出土王建雕像

该墓早年被盗，仅残存银、铜、漆、玉、石、陶等质地的随葬品30余件。棺内有玉銙、鉈尾和银扣等，为研究当时的带制提供了非常重要的资料。后室所出土的宝盝、谥宝、册匣及玉册，或存原貌，或可复原，是研究唐、五代有关文物制度的宝贵实物资料。银盒、银钵、金银胎漆盒、银平脱朱漆镜奁，装饰繁缛精美，是当时的工艺佳作。

谥宝是刻有皇帝谥号的玉玺。谥宝长11.7、宽10.7、厚3.4厘米，中部略厚，稍呈隆

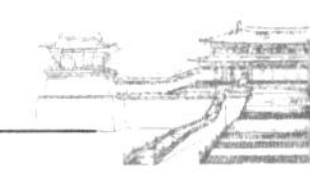

起之状。纽高7.7、径4.2厘米，上部圆雕一动物，头部有角，身腹有鳞甲，尾卷于右。鳞甲上原贴有金，嘴、腹部皆为红色。谥宝四侧刻四神及云气纹。宝下刻谥号“高祖神武圣文孝德明惠皇帝谥宝”十四字。其中“高祖”是其庙号，“神武圣文”是歌颂其文治武功，“孝德明惠”是赞扬其高尚品格。它是迄今为止考古发现所知的帝王陵中出土的为数不多的几方谥宝之一。

宝盝为放置帝王薨亡后的印玺之用。此件宝盝为正方形，分内外两重。发现时木质部分已完全朽坏，只有金属镶边、银饰图案及髹漆痕迹尚存。外层盝盖正中嵌两凤，上下对翔相戏，两旁各有一金甲神，四角有蝶形小花装饰，盝盖侧面四周各嵌两只相对飞翔的长尾鸟，底盒侧面四周各嵌四只相对而飞的小鸳鸯；内层盝盖正中雕凿盘龙，两旁刻金甲神作护卫状，四角嵌忍冬花，盖侧四周各嵌两只相对而飞的长尾鸟，底盒四周各嵌两只相对飞行的飞凤，凤尾作四重之蕉叶形。

哀册共51简，上刻王建的继位人王衍颂扬乃父的追悼文字。

谥册共50简，上刻王衍为王建所上谥号，也是赞美王建的文章。每简长一尺二寸，宽一寸二分，简与简之间联以银丝，首尾结带。册前绘二金甲武士，双手执斧，册尾彩绘两条金龙，若捧护状。

二、后蜀孟知祥墓

后蜀孟知祥墓位于四川省成都市北郊约7千米的磨盘山南麓，所在位置长期以来被误传为一座古代砖瓦窑址。1970年冬，当地农民在深翻改土中发现它是一座大墓。1971年春，由四川省博物馆会同有关单位进行了发掘，最后确认为后蜀孟知祥墓[①]。孟知祥在后唐庄宗时任成都尹、剑南西川节度副使。后唐明宗时（934年），孟知祥自立为帝，国号蜀，建都成都，并于同年病死。

孟知祥墓全部以青石砌筑而成，以石灰作黏合剂，建筑风格特殊，分为羡道和墓室两部分。羡道有22级台阶，与甬道相接。甬道为拱券形，下有闸门、双扇石门及排水沟一条。有三个横向并列的圆形墓室，三室之间有门相通，其顶部均呈圆锥形穹隆顶，穹隆顶正中以蟠龙石封顶，中间主室高8.16、直径6.7米；两侧室高6、直径3.4米（图2-1-3-5）。

墓门为牌楼式建筑，屋脊两端鸱尾，上刻龙凤，龙首吻脊。彩枋四柱，柱上刻青龙、白虎，左右各有一尊身披甲胄、手执剑斧的守门卫士的圆雕石像，高1.1米。两壁彩绘男女宫人图像。

棺床为须弥座式，横置于主室之内，长5.1、宽2.75、高2.1米。底座绕以莲瓣，前后各有裸身卷发的力士5人。中层四方各凿长方形孔数个，用以插入罩棺锦帐之柱。四角各雕身披甲胄、面部各异的高浮雕力士一人，作跪地负棺状。上层四周浮雕双龙戏珠图案，

① 成都市文物管理处：《后蜀孟知祥墓与福庆长公主墓志铭》，《文物》1982年第3期。

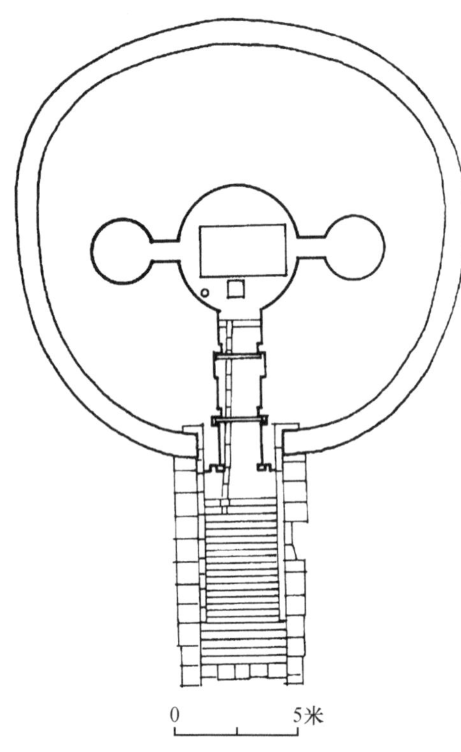

图2-1-3-5 四川成都后蜀孟知祥墓平面图

下方四角各有小铁环一个，均正向棺台四角，据其大小，推测是牵引罩棺锦帐四角用的。在棺床前方左侧，放置孟知祥玉册，棺床前方右侧放置福庆长公主墓志铭一盒。两个侧室之内用以陈放随葬品。

三、南唐陵

位于江苏省南京市江宁区牛首山南麓，与钦陵、顺陵相距50米。1950—1951年，曾昭燏主持进行了发掘，并编写出版《南唐二陵》。这是新中国成立后第一次对帝王陵墓的发掘。近年来，通过钻探获取了一些关于南唐二陵的新资料，发现了陵垣遗迹，其形制呈不规则方形，开设四门，周长约895米。除北墙外，陵垣底部大多利用地势高隆的自然土埂为基础，其上人工堆筑墙体，其中东、西两面及南面东侧陵垣所在的大部分土埂至今仍清晰可见。陵垣或直接在土埂顶部夯筑，或因土埂顶部较窄，在一侧开挖基槽以加宽墙基。在顺陵西南发现一处建筑台基，东西长约90、南北宽64—74、高1—1.2米，可能是园寝中的献殿遗址。同时还发现了可能是南唐后主李煜昭惠国后周氏的懿陵。从墓葬排列来看，明显受到堪舆思想的影响，陵墓自东南向西北鱼贯而列，开创了宋代帝后陵墓排列方式的先河[①]。

（一）钦陵

钦陵是南唐李昪之墓，全长21.48、宽10.45、高5.3米。分前、中、后三室及10个侧室。前中室为砖筑，后室系石砌，均为仿木建筑结构。墓门和三室的壁面上砌凿出柱、枋、斗栱，其上绘制彩绘牡丹、宝相花[②]、莲花、海石榴、云气图案。后室顶部绘天象，地面刻凿象征地理的河川。石棺座侧还雕刻有三爪龙和各种花纹。进门处上方横刻“双龙戏珠”，其下两侧各有一尊披甲持剑的武士雕像，表面原来涂金、彩绘（图2-1-3-6）。

---

① 南京师范大学文物与博物馆学系、南京市文物局、南唐二陵文物管理所：《南京祖堂山南唐陵园考古勘探与试掘简报》，《文物》2015年第3期。

② 所谓宝相花，是中国古代一种装饰图案，主要见于陶瓷器、金银器、铜镜、丝织品等。其构图方式是以某类花卉（如荷花、牡丹、石榴等）组成一个图案装饰，属于非写实类装饰图案。其形状多种多样，有圆形、三角形、四方形等。宝相花的含义来源于佛教的具足圆满之意。

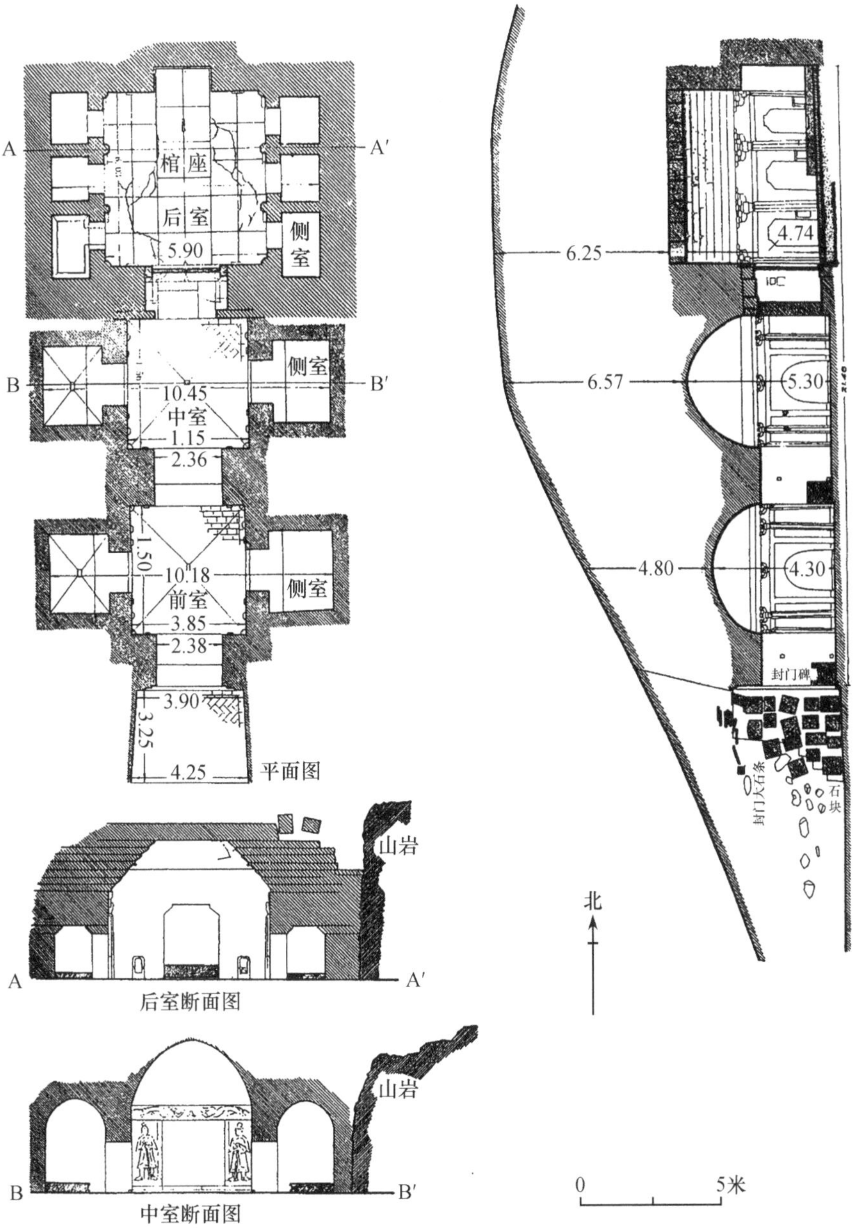

图2-1-3-6 江苏南京南唐李昪钦陵平、剖面图

（二）顺陵

顺陵是南唐李璟之墓，全长21.9、宽10.12、高5.42米，分前、中、后3个主室及8个侧室，全部是砖结构，没有天象和象征地理的河川图像，也没有双龙戏珠和武士等石刻（图2-1-3-7）。

二陵出土文物约600件，其中哀册残片是判定墓主身份的主要依据。钦陵出土玉哀册

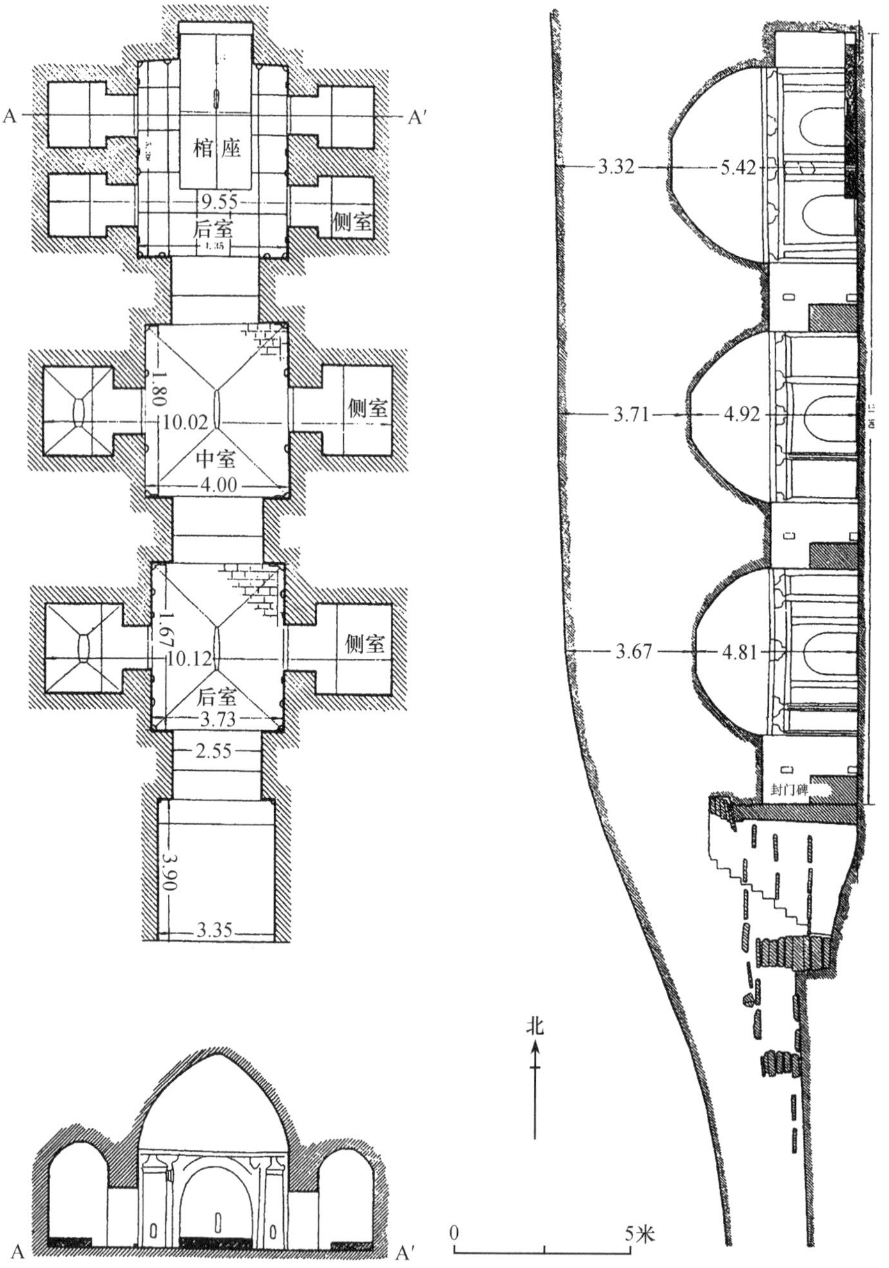

图2-1-3-7　江苏南京南唐李璟顺陵平、剖面图

23片，刻字填金，完整者11片，证实了李昪葬于943年，陵名“钦陵”。顺陵出土石哀册40片，其中有字的20片。二陵还出土大量男女陶俑和各种陶制神怪、动物形象。陶俑中有宫廷内侍、宫官、宿卫、伶人、舞姬等。

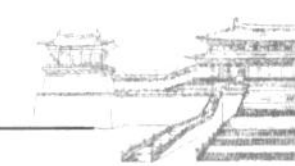

（三）懿陵

懿陵是南唐后主李煜皇后周氏的陵墓。昭惠国后周氏，小字娥皇，俗称大周后，与其妹小周后皆司徒周宗继室所生，皆国色天香，相继册封为李煜国后。昭惠国后周氏多才多艺，通书史，善音律，尤工琵琶。乾德二年（964年）十一月，周氏卒于瑶光殿西室，享年二十九。次年正月葬懿陵，谥昭惠。

在南唐陵园西墙内约8米、顺陵西北约100米的一处缓坡上，发现一座竖穴土坑砖石结构的墓葬（M3），砖室平面呈“中”字形，总长6.84、总宽5.51米，由甬道、墓室及耳室构成，在四壁壁面上砌12个壁龛，放置十二生肖俑。出土银器、玉器、陶瓷器等40余件。推测该墓即是南唐后主李煜昭惠国后周氏的懿陵①。

四、后周帝陵

后周帝陵位于河南省新郑市城北约20千米的郭店镇附近，包括周太祖嵩陵、周世宗庆陵、周恭帝顺陵。经过多年来的考古勘探与调查，初步厘清了后周帝陵的一些问题。就目前所知资料，可知后周帝陵封土为陵，封土呈覆斗形；墓葬形制为长斜坡墓道的单室砖室墓，墓室平面形制为圆形；帝后采取同茔异穴合葬，帝后陵各有陵号；地面不设下宫，不列置石人石兽。在帝陵附近发现的建筑遗址，应该是北宋初年修建的陵庙遗址。在周世宗贞惠皇后刘氏惠陵采集到了汉白玉哀册（图2-1-3-8）。

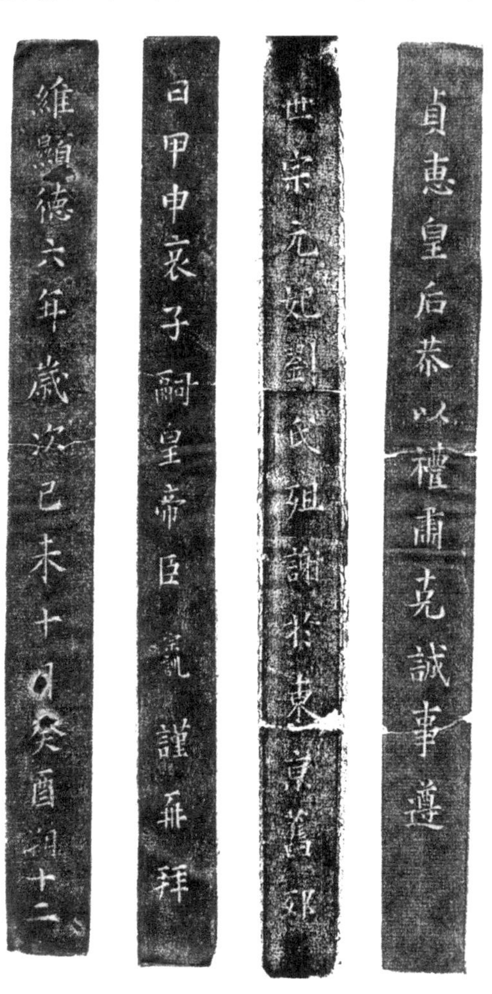

图2-1-3-8　周世宗贞惠皇后刘氏惠陵采集的汉白玉哀册

后周顺陵是周恭帝柴宗训的陵墓，位于河南省新郑市城北约20千米的郭店镇北陵上村东北约200米处，陵冢周长40、高4米。周恭帝柴宗训（953—973年）是周世宗柴荣之子，显德六年（959年）周世宗病死后即帝位。次年正月，殿前都点检赵匡胤发动“陈桥兵变”，建宋代周，以恭帝为郑王，出居房州，宋开

① 南京师范大学文物与博物馆学系、南京市文物局、南唐二陵文物管理所：《南京祖堂山南唐陵园考古勘探与试掘简报》，《文物》2015年第3期。

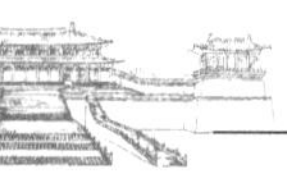

宝六年（973年）死于此地。1991年，顺陵遭到盗掘，考古工作者从盗洞进入墓室进行了勘察[①]。得知该陵由墓道、砖砌甬道和墓室三部分组成。墓室平面呈圆形，穹隆顶，墓室直径6.2、高约7米。在墓室周壁中部墙体上，有6处凸出的叠砌砖，似乎为放灯之用。在甬道和墓室的砖砌壁面上皆涂抹一层白灰，上面绘有彩色的仿木建筑构件和人物图像。由于大部分壁面被盗墓贼铲除或自然剥落，仅在甬道东壁和墓室西壁各存一幅壁画。其中甬道东壁绘一幅“文吏迎侍图”（图2-1-3-9，1），通高1.4、宽1.7米，绘有文吏2人。右侧文吏头戴黑色长角幞头，身穿红色圆领袍服，腰间系玉带，两手握于胸前，目呈侧视状。左侧文吏呈正视状，袍服改为白色，其余则与右侧相同。墓室西壁绘一幅

1

2

3

图2-1-3-9　周恭帝顺陵墓室壁画

1. 甬道东壁文吏迎侍图　2. 墓室西壁柱斧导行图　3. 墓室顶部绘制天象图

① 李书楷：《五代周恭帝顺陵出土壁画》，《中国文物报》1992年4月5日；杨育彬、袁广阔主编：《20世纪河南考古发现与研究》，中州古籍出版社，1997年，第662、663页；郑州大学历史学院、郑州市文物考古研究院、新郑市文物局：《河南新郑后周皇陵考古调查勘探简报》，《考古与文物》2021年第1期。

“武吏端斧图”或“柱斧导行图”（图2-1-3-9，2），通高1.9、宽1.6米，武吏头戴黑色长角幞头，下穿白色束脚长裤，脚着云头靴。头部稍倾斜，面部微露骄横之气，侧身侍立。墓室顶部绘制天象图（图2-1-3-9，3）。

五、南汉帝陵

五代时期，刘岩于后梁贞明三年（917年）称帝于广州，国号大越，改元乾亨，并改广州为兴王府，次年改国号为汉，史称南汉。2003年7月，在广州番禺区发现了两座南汉帝陵，其中一座的前室立有“高祖天皇大帝哀册文”，据此可知此陵为南汉高祖康陵，另外一座被认为是刘岩之兄刘隐的德陵[①]。

（一）康陵

康陵位于大香山南麓，地面设置陵园，坐北向南，南北长约160、东西宽约80米。陵园墙垣夯土筑成，四隅设有角阙，均为一大一小子母阙对角相连。陵门设在南墙正中，东西宽16.4米。陵园内建筑分为地上建筑和地下玄宫两部分，地上建筑包括封土台、神龛、祭台、坡道。玄宫位于山坡南端的一级台阶，为带墓道的竖穴式前中后三室砖室墓（图2-1-3-10）。

封土台为方座圆丘形，由圆台、方座、散水等分层构成。圆台直径10.2、现存高度2.2米，中心以红黄土夯筑而成，内径5.9米。外围用长方形砖纵横交错叠砌，近顶部向上有收分，外侧抹白灰。圆台下为方形基座，边长11.4、高0.15—0.25米。砖砌台壁，台面以边长35厘米的方形白石板铺砌，石板下面铺垫白石灰。方形基座四周有用边长40厘米的方形砖铺砌而成的宽3.2米的散水，总平面为方形，边长17.8—18米。

封土台向南，由南而北分别有坡道、祭台、神龛。坡道由北向南略有倾斜，南北长9.2、东西宽6.7米。祭台设在方形台座南侧，长方形砖土结构，砖砌台壁，东西长5.2、南北宽3、高0.4—0.6米。台面北高南低，以方形白石板铺地，石底抹灰。祭台处发现大量板瓦、筒瓦和瓦当等建筑材料，推测原有房屋建筑。神龛位于封土台南壁正中，宽1.8、进深1.9、残高0.65米。在封土台北部紧接方形基座散水处有一片以大方砖铺砌的地面，与散水面平齐，南高北低，用于行走、活动及排水。

封土台之下为地下玄宫，由墓道、封门、甬道、前室、过道、中室、后室组成。室内全长9.84、宽3.16、高3.28米。墓道为长方形竖穴斜坡式。封门两重，外封门以大石板封堵于甬道口外，甬道为双重券顶，以内封门砖填实。墓室砌重券顶，前室较小，横向，壁面有直棂假窗和小龛。过道砌栏槛。中室平面呈长方形，长2米，与前后室等宽同高。后室有砖砌棺床，每壁各砌14个小龛，后壁有一大龛。墓室墙壁原来均涂抹厚1厘米的石灰面，部分保存较好。个别地方涂有黑色，有的则刻划双线并填以黑色，但脱落严重，图案不明。

① 广州市文物考古研究所：《广州南汉德陵、康陵发掘简报》，《文物》2006年第7期。

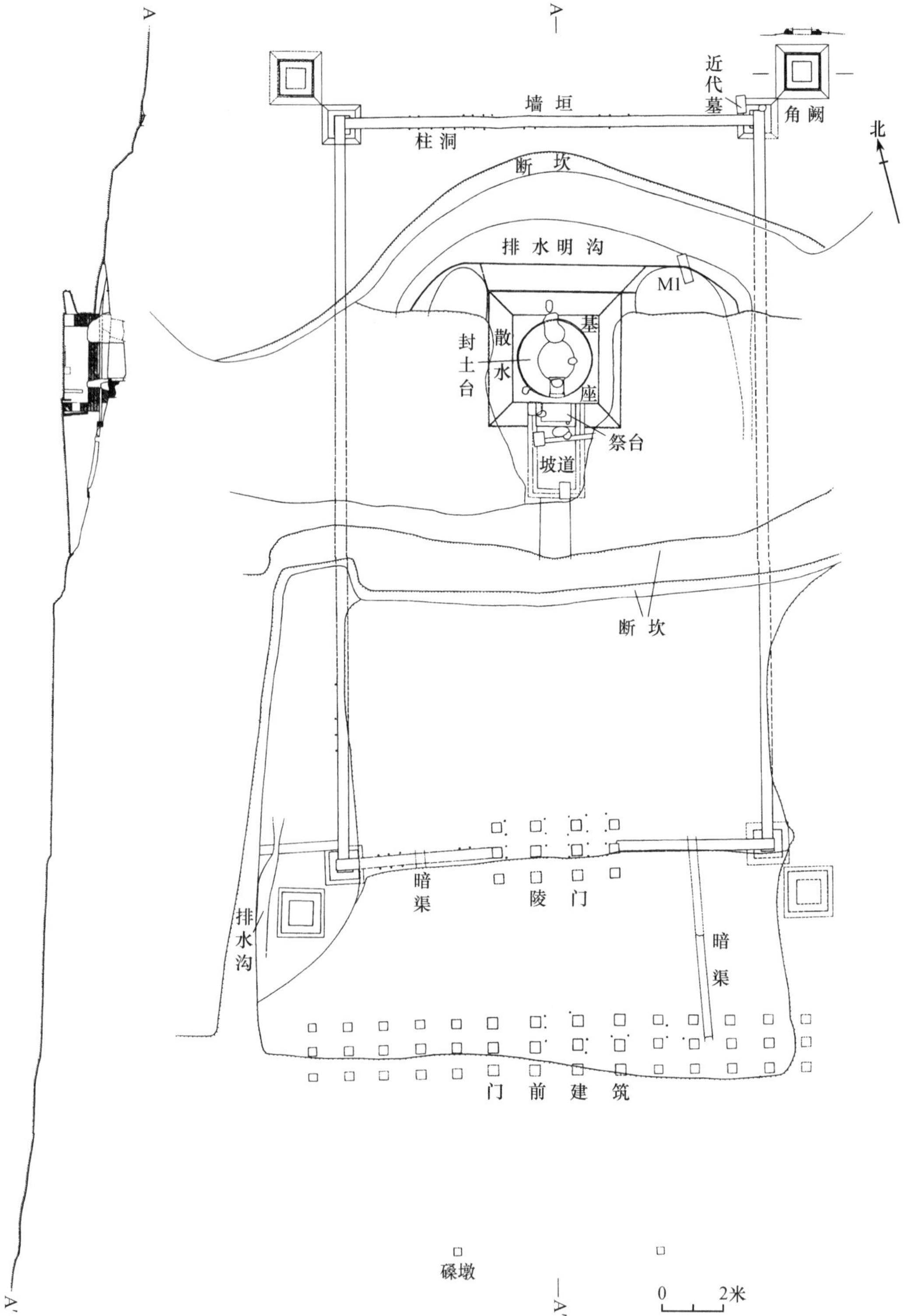

图2-1-3-10　南汉康陵陵园遗迹平、剖面图

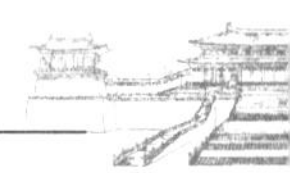

因被盗掘，随葬品残存不多。有罐、碗等陶瓷器残片、石俑残件、银环、开元通宝以及玻璃碗、杯、瓶等。比较特殊的是，随葬品中有陶制的木瓜、香蕉、菠萝、慈姑、荸荠、桃、柿子等。在前室立有"高祖天皇大帝哀册文"一通，形如墓志，高1.15、宽1.54、厚0.2米。哀册文明确记载，高祖刘岩于大有十五年（942年）四月崩，于光天元年（942年）九月埋葬于康陵。

（二）德陵

德陵位于广州市番禺区新造镇北亭村东侧的青岗北坡，当地人称"刘皇冢"或"刘王墓"。陵墓为竖穴土圹砖室结构，由墓道、封门、前室、过道和后室组成，坐南朝北。墓圹南北长26.47、东西宽3.4—5.82米。墓室内全长10.43米，用青灰砖砌筑，室顶以楔形砖砌四重券顶。墓室外券顶下两侧还用条砖垒砌夹墙（图2-1-3-11）。前室平面呈长方形，长6.27、宽3.14、高2.81—3.04米。两侧壁面有两排9个塔形小龛。靠近封门内侧有一块大方石，长1.36、宽1.25米，光素面，似为未刻文字的墓志。前后室之间有用砖砌筑的隔墙。后室平面近方形，南北长3.48、东西宽3.77米，比前室高0.4米。墓道底呈缓坡状，残长12米，内填褐色花土。在接近封门外侧的一端有一砖砌筑的"器物箱"，整齐摆放着青瓷罐和釉陶罐272件，应当是墓前设奠的遗留。其中青瓷罐190件，大小稍有区别，大多数带盖，直口，矮身圆腹，圈足，肩部饰凹弦纹。釉色有天青、淡黄。釉陶罐82件，胎质较软，外施绿色低温釉，有的肩部置四耳。从该墓与康陵的位置来看，两者相距800米，

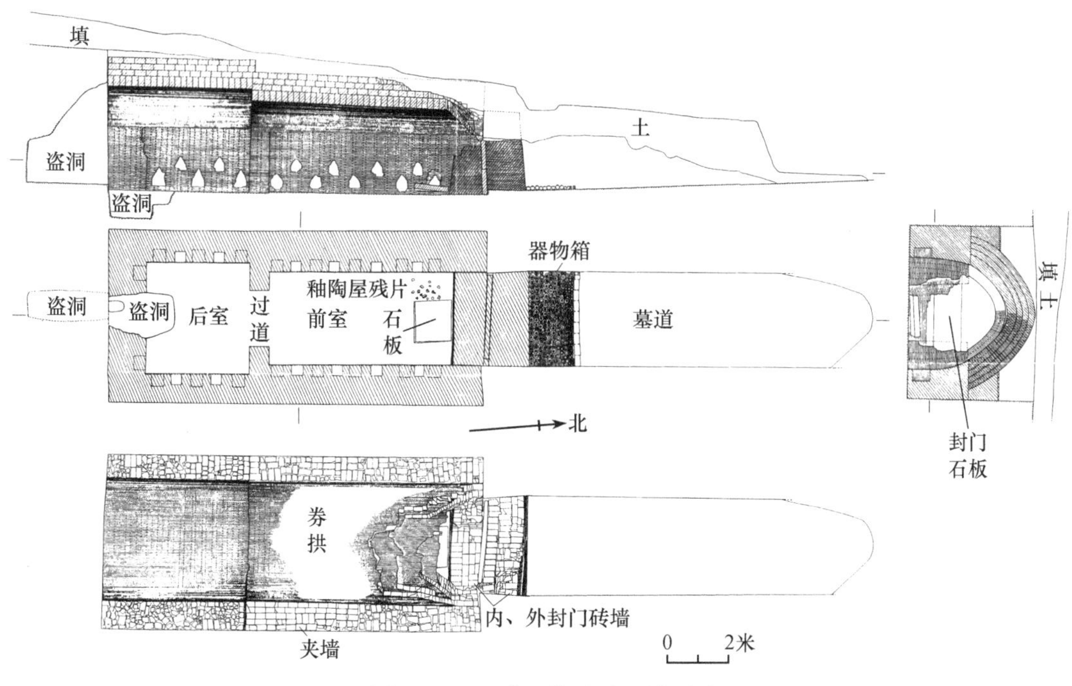

图2-1-3-11 南汉德陵平、剖面图

它们之间的密切关系是显而易见的，很可能是南汉某一王陵或后陵，发掘者推测为刘岩之兄刘隐的德陵。

（三）昭陵

昭陵位于广州市石马村，是一座前后室墓葬，在前室两侧各用砖砌筑8个长方形器物箱，箱内满置青釉瓷罐和灰陶罐，有的陶罐内存有鸡骨、鱼骨或蚌壳。这些器物箱很类似于东周木椁墓中的边箱，在汉代以后的墓葬中罕见[①]。据考证，这座墓很可能就是南汉第三个皇帝刘晟的昭陵[②]。

六、吴越国王陵

从目前已经发掘的吴越国帝王陵墓来看，多为砖室或砖石混筑。吴越国王陵采用的石材，基本以红色砂砾岩为主，这种石材不产于杭州，应当是从外地运来的。封门和门框一般以大块石灰岩凿刻而成。后室都雕刻有四神十二生肖及天象图，内容、布局、施色都完全相同。四壁上沿雕刻宽带状牡丹花纹，每组图案以一大一小的牡丹纹组成，上面着有颜色，大花心施金色，花瓣涂红色，叶着石绿色；小花着色不同，花瓣红色，叶金色。四壁中部为四神浮雕。四壁下部为十二生肖图像，每个图像各居一尖拱形龛。墓室顶部线刻天象图。墓内设有排水设施。在石室之外，又以砖砌筑拱券。耳室多为砖砌筑。其修建过程是先开挖一大型长方形或略呈长方形的竖穴土坑，然后再在其中以砖石砌筑墓室。经过发掘的有钱宽夫妇墓[③]、钱元玩墓[④]、钱元瓘和其妻吴汉月墓、广陵王钱元璙家族墓、钱元瓘元妃马氏的康陵。从钱宽夫妇墓选择的地形来看，颇具特点（图2-1-3-12）。墓葬所在地的地形三面环山，前面平坦，坐西北向东南。墓葬则修建于西北面山顶，整个地形犹如夫妇二人共同坐于一把交椅之上。从目前发掘的吴越国王的陵来看，都采取同茔异穴的丧葬习俗。

（一）钱宽、钱元瓘等的陵墓

钱宽葬于唐光化三年（900年），当时其子钱镠尚未称吴越王，墓室仅具前后室。地面有巨大的封土堆，墓室全长6.78米，分为前后两室，两室之间有短甬道。前室略呈长方形，两侧各砌筑一个耳室。后室平面略呈船形，砌筑多个耳室（图2-1-3-13）。砖棺床置于其中，随葬品中残存瓷器22件以及开元通宝、乾元重宝、铁刀等。墓志置于前室东侧的

---

① 商承祚：《广州石马村南汉墓葬清理简报》，《考古》1964年第6期。

② 麦英豪：《关于广州石马村南汉墓的年代与墓主问题》，《考古》1975年第1期。

③ 浙江省文物考古研究所、浙江省博物馆、杭州市文物考古研究所等：《晚唐钱宽夫妇墓》，文物出版社，2012年。

④ 浙江省文物管理委员会：《杭州、临安五代墓中的天文图和秘色瓷》，《考古》1975年第3期。

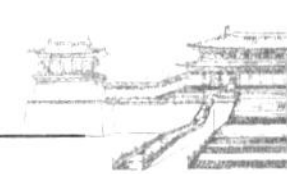

图2-1-3-12 晚唐钱宽夫妇墓地形图

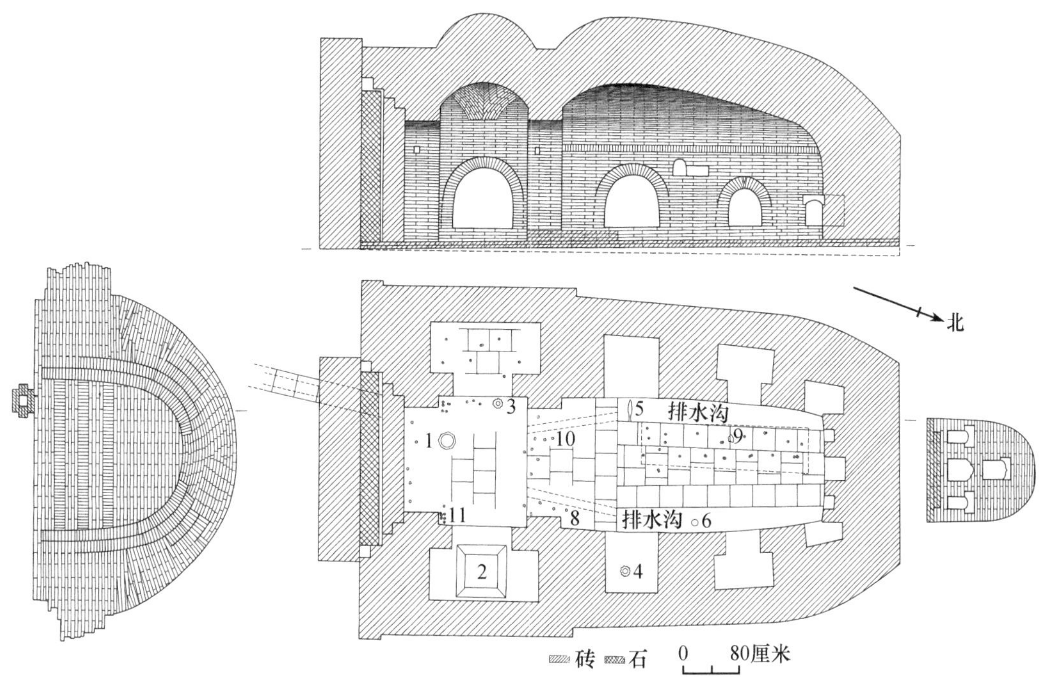

图2-1-3-13 钱宽墓平、剖面图

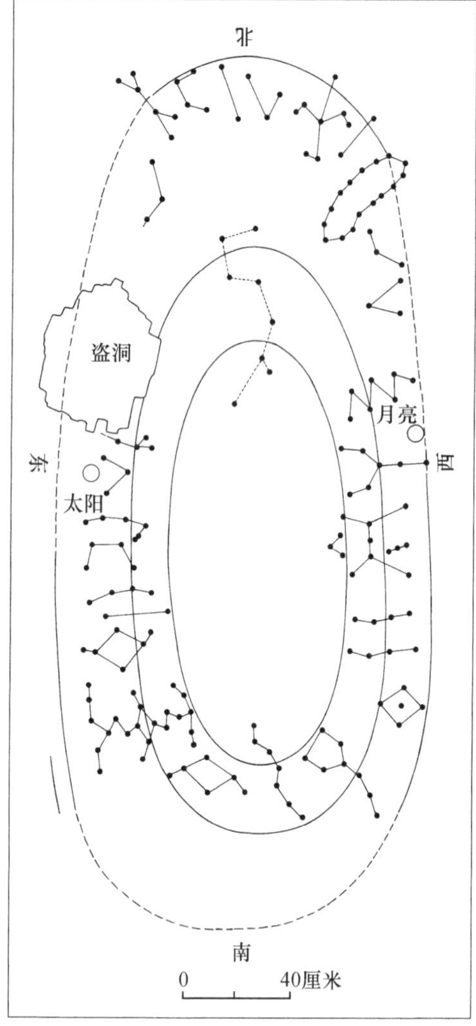

图2-1-3-14　钱宽墓后室天象图

耳室中。后室顶部绘有天象图（图2-1-3-14），星用金箔贴成，同一星座中的星之间以线相连。钱宽夫人水邱氏的墓葬与钱宽墓相距6米，为同茔异穴，墓葬形制也为船形多耳室券顶砖室墓，与钱宽墓基本相同。

第二代吴越王钱元瓘墓是前中后三室的砖石结构，长11.5米。前室两侧砌有砖结构耳室，后室四壁雕刻有四神十二生肖图像。其妻吴汉月墓则是前后室砖室墓，后室四壁均雕刻四神十二生肖。两墓的后室顶部均有线刻天象图（图2-1-3-15）。

在苏州七子山发现一座具有前中后三室的砖石结构墓葬，墓内有排水系统，全长14.34米（图2-1-3-16）。前中两室宽3.05米；后室长5.94、宽2.48米，并砌筑有9个壁龛。后室中央设置棺床，中室附设耳室。推测是吴越王钱镠之子广陵王钱元璙家族的墓葬。随葬品包括陶俑、铜俑、“秘色”瓷器及金银玉饰件等，其中的四男四女铜俑较为罕见①。

（二）康陵

康陵位于浙江省杭州市临安区西南11千米的玲珑镇祥里村，1996年12月，当地农民烧砖取土发现此陵，并由杭州市文物考古所等单位进行了抢救性发掘②。该陵是吴越国第二代国王钱元瓘元妃马氏之陵，葬于天福四年（939年）。康陵修建于松树山东北坡上，墓室修建在平面呈长方形的土圹之内，土圹残长约26.1、宽约11.7米。自墓口至墓底深约7.8米，坑壁平直光滑。墓土圹与墓室之间用黄色土夹灰色黏土分层夯筑填实。墓道一端已遭破坏，残长11.5、宽3.4米。墓道底部为生土，呈斜坡状。墓道两侧壁比较陡直，系板筑而成。墓道内的填土为灰褐色花土，较为疏松，其内包含大量青石块，石块大小不一，分布也无规律。靠近封门处，则为一层灰褐色花土一层石灰夹碎砖封堵墓门，每层厚度约0.5米。墓室分为前、中、后室（图2-1-3-17）。前室以砖砌筑，中后室为双重墓壁，外壁用砖砌成拱券，内壁为石结构。

① 苏州市文管会、吴县文管会：《苏州七子山五代墓发掘简报》，《文物》1981年第2期。

② 杭州市文物考古所、临安市文物馆：《浙江临安五代吴越国康陵发掘简报》，《文物》2000年第2期。

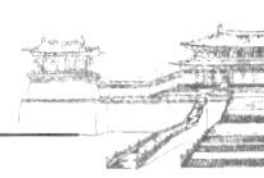

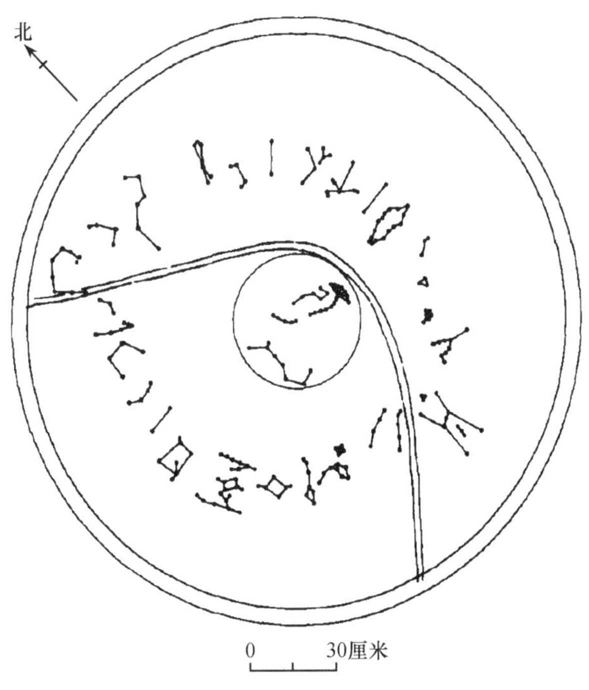

图2-1-3-15 吴越王钱元瓘墓线刻天象图

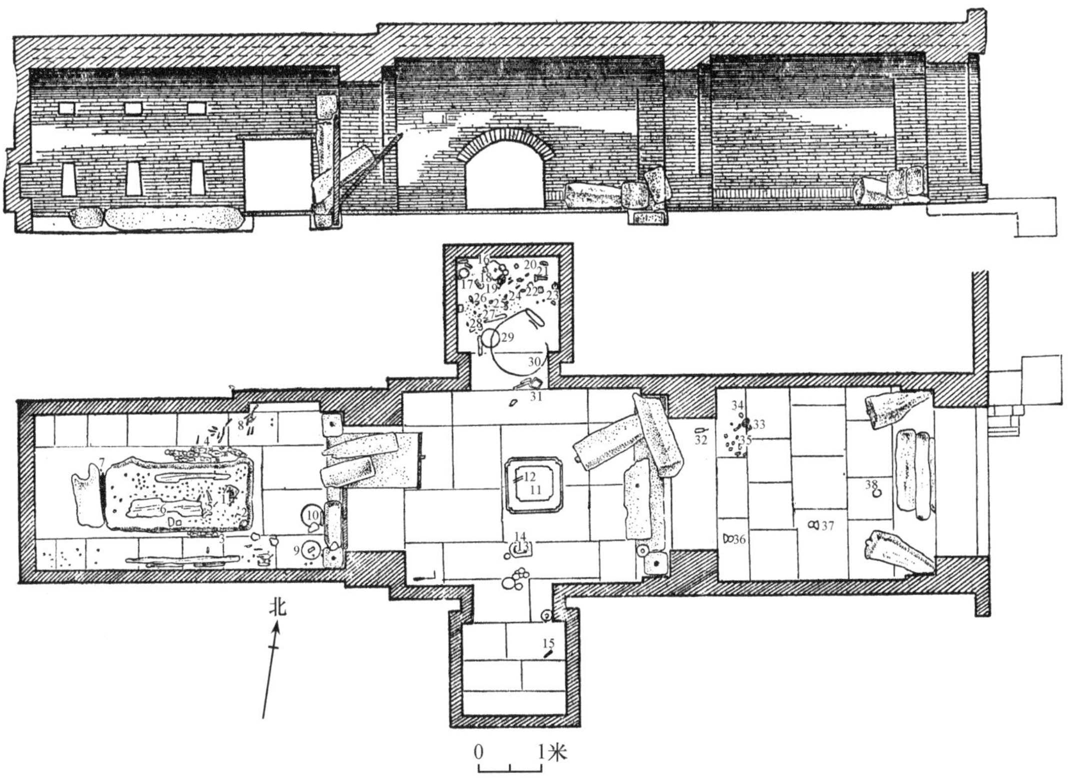

图2-1-3-16 江苏苏州七子山吴越国墓

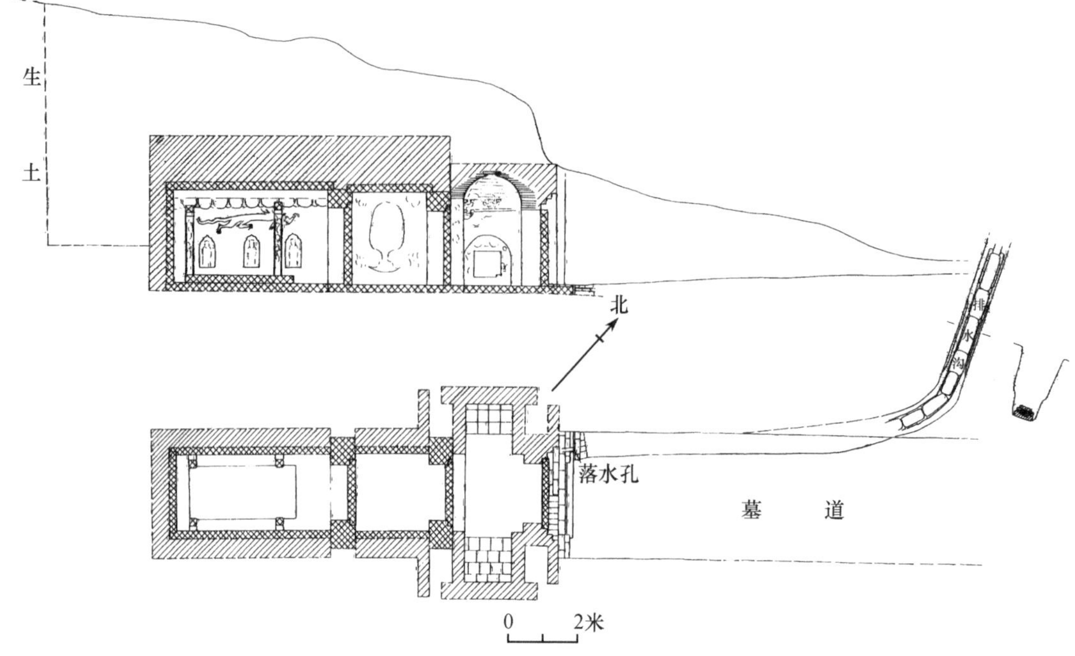

图2-1-3-17　吴越国康陵平、剖面图

前室：平面呈方形，穹隆顶，前后长2.05、宽2.1、高3米。左右各设置一个耳室，均为拱门形。左侧耳室内发现朱红色漆皮和铁锁、铁环、铜环等，推测可能是木箱腐朽后的痕迹。在左耳室正壁墙上镶嵌青灰色石墓志一方。地面用整块红色砂岩铺成，内壁涂抹一层石灰，原绘彩色图案，但已剥落受损。两侧耳室的彩色图案比较清晰，三壁各绘一株朱红色牡丹，高约1.08、宽0.83米。前室左侧及后端转角上方绘有三组斗栱，后侧券门上也绘有朱红色缠枝牡丹花。墓门为拱形红色砂岩石门，高2.2、宽1.77、厚0.2米。墓门及拱券砖面涂抹有厚0.5厘米的石灰面，其上残留有朱红色缠枝牡丹图案。其外有一堵封门墙，高3.1、宽3.45、厚0.7米。采用长方形青灰砖平砌而成。砖与砖之间以石灰嵌缝，十分牢固。

中室：平面呈正方形，边长2.1、高2.05米。平顶，以红色砂岩石板构筑。左右两壁均绘有彩色图案，每壁两上角绘红绿色云气纹，两下角绘红色火焰形图案。两壁中部绘盛开的牡丹，左壁牡丹高1.73米，有花26朵；右壁牡丹高1.8米，有花28朵；均宽1.1米。牡丹花均为红色，花蕊用菱形金箔点缀，以绿叶衬托，根以红绿云气纹组成。在中室置青灰岩石供桌一张。中室墓门为长方形红色砂岩，高2.1、宽1.75、厚0.2米。上端两角为斜角，顶端有两个长方形卯眼。

后室：平面呈长方形，长4.4、宽2.05、高2.55米。平顶，四壁、地面及顶部均以红色砂岩石板砌筑。墓室三壁上部雕刻并彩绘上下两层带状牡丹图案，宽约50厘米。上层为缠枝牡丹，下层在覆莲瓣纹中刻一朵大牡丹花。底色均为红色，用金箔装饰莲瓣边线，白色勾绘花蕊、花叶、花瓣轮廓，牡丹花蕊及花叶绘绿色，花瓣绘红色。色彩艳丽，绘刻

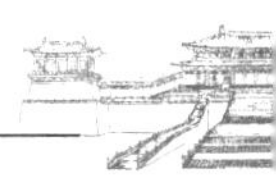

细致、工整；中部分别浅浮雕青龙、白虎，后壁及后室门背面上部分别凿壶门状浅龛，龛内分别雕刻玄武、朱雀；下部及后室门背面下部设置十二个尖拱长方形龛，每面3龛，每龛大小形制相同，高90、宽45厘米。龛内雕刻十二生肖图像，每像各居一龛，人物头戴冠，身穿袍服，怀中分别抱着一个与之对应的动物。棺床以整块红色砂岩制成，置于后室，长3.09、宽1.44、高0.21米。棺床与后壁间隔35厘米，与两侧壁间隔30厘米。其四侧分别刻有三组壶门形图案，并涂以朱红色。棺床的前后两端有上窄下宽的石枋，四根石柱采用抹角方柱形式，前两柱高1.8、后两柱高1.72、边长0.21米。石柱上端略向内倾斜，方柱底端开出深6—8厘米的单边卯口，与棺床侧面相吻合，柱与棺床之间以石块填实加固。方柱与额枋用榫卯连结，额枋呈拱形，长1.9米，两端呈卷云状。额枋两面用金箔贴两只相向展翅飞翔的凤凰，并以绿白两色绘出云彩。方柱上部也用金箔贴出引颈向上飞翔的凤凰，四面均绘有缠枝花图案。后室顶部石板上刻有一幅天象图，用单线阴刻紫微垣和二十八宿，并刻有三个同心圆，表现内规、外规和重规。在同心圆外缘有一道宽4厘米的白色条带穿过，颇似银河。星呈圆形，大多直径为1.2厘米，个别直径0.7厘米。整个星象图绘有218颗星，原来均用金箔贴饰，部分已经脱落。星与星之间用单线相连，连线及三个同心圆原也贴有金箔。图中内规即为天球北极，可见北极、勾陈、华盖、北斗七星。内规与外规之间刻有二十八宿，东方七宿是角、亢、氐、房、心、尾、箕；北斗七宿是斗、牛、女、虚、危、室、壁；西方七宿是奎、娄、胃、昴、毕、觜、参；南方七宿是井、鬼、柳、星、张、翼、轸。所刻位置相当准确。后室墓门为红色砂岩质，形状同于中门，高2.2、宽1.75、厚0.2米。

排水沟：在墓道左侧（北侧）设有排水沟一条，残长16、宽约0.5米。一端自墓门底部左侧沿墓道左侧向外延伸，在长约7米处向左侧斜铺。铺设排水沟时，先开挖口大底小的土沟，然后再在沟底用砖石混砌排水暗沟，排水沟底部铺设石板，石板面中部凿有纵向浅凹槽，槽深1.5、宽20厘米，以利排水。两侧则铺设纵向双层砖。上部用条形青石板铺筑，上部石板长约80、宽45、厚约12厘米。沟内填以小块鹅卵石。

七、闽王王审知墓

闽王王审知墓位于福建省福州市北郊莲花峰南麓，背山面野，依山势辟为5个台地，在最高一层台地的中部东西并列两墓，两墓间距2—7米，同茔不同穴。陵墓坐北朝南，封土近长方形，下垫条石，周围以砖砌筑，内填碎石杂土，长11、高2.2、前宽4.9米，后部逐渐收敛成圆弧形。1981年对墓室进行了清理①。陵墓系凿山而成，然后用花岗岩条石砌筑，由墓室和斜坡墓道组成，墓室券顶，平面略呈长方形，有双重封门。东侧墓全长7.96米，墓室长6.5、宽2.6、高2.96米，安葬王审知。棺床位于墓室正中，在棺床前方有一个

① 福建省博物馆、福州市文物管理委员会：《唐末五代闽王王审知夫妇墓清理简报》，《文物》1991年第5期。

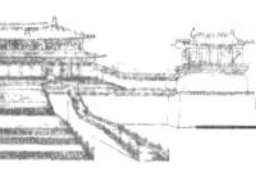

长1.66、宽1.4、深0.38米的长方形凹槽，内置墓志。西侧墓全长7.76米，墓室长6.46、宽2.44、高2.93米，安葬王审知夫人任氏，形制同于东侧墓，所不同的是棺床前方没有安置墓志的凹槽，墓志立于墓室后壁。墓道长8.8、宽2.25米，坡度15° 。在东室墓道的东侧和西室墓道的西侧，各有一条宽、深均0.2米的石砌排水沟，与墓室内的排水沟相通。陵墓前为神道，神道两侧自北向南依次排列石人各2对，石虎、石羊、石狮各1对。

参考书目

［1］ 南京博物院编著：《南唐二陵》，文物出版社，1957年。

［2］ 刘庆柱、李毓芳：《陕西唐陵调查报告》，《考古学集刊》（5），中国社会科学出版社，1987年。

［3］ 陈安利：《唐十八陵》，中国青年出版社，2001年。

［4］ 冯汉骥：《前蜀王建墓发掘报告》（第2版），文物出版社，2002年。

［5］ 国家文物局主编：《2003中国重要考古发现》，文物出版社，2004年。

［6］ 浙江省文物考古研究所、浙江省博物馆、杭州市文物考古研究所等：《晚唐钱宽夫妇墓》，文物出版社，2012年。

［7］ 陕西省考古研究院、顺陵文物管理所编著：《唐顺陵》，文物出版社，2015年。

第二章　墓　　葬

第一节　隋代墓葬

由于隋代墓葬无论在形制还是随葬品的组合方面都存在一定的地区差异，所以，以长江为界将隋墓分为南方和北方两大区域。北方地区多大中型墓，南方地区多中小型墓。

一、隋墓概况

（一）墓葬形制

1. 竖穴土坑墓

竖穴土坑墓平面一般呈长方形，南北方地区均有发现。有的大型竖穴土坑墓还带有较长的墓道，如陕西西安隋李静训墓，墓道为斜坡式，长6.85米；墓室口大底小，开口长6.05、宽5.1米，底部长5.5、宽4.7米①（图2-2-1-1）。

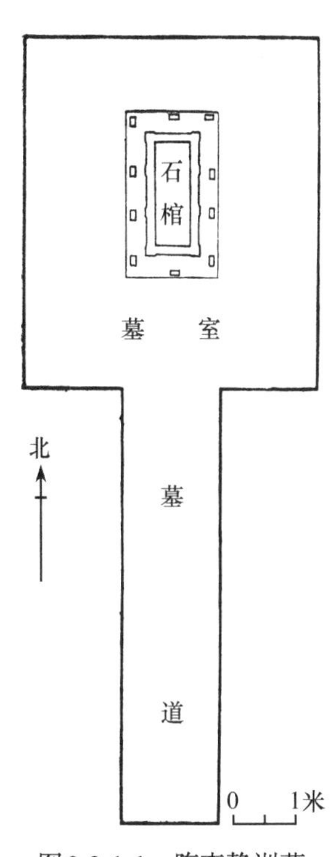

图2-2-1-1　隋李静训墓平面图

2. 竖井式墓道土洞墓

竖井式墓道土洞墓一般规模较小，且无甬道，由墓道和墓室两部分组成，平面形制如铲状或者“T”字形。从其规模和随葬品来看，主要为庶人所使用。如陕西西安郊区发现的隋M109（图2-2-1-2）和M606（图2-2-1-3）②。

3. 斜坡墓道土洞墓

墓室以单室为主。小型墓葬平面呈铲形或者靴形等，由墓道和墓室组成。如陕西西安郊区发现的隋M113（图2-2-1-4）③；陕西西安长安区韩家湾大业四年（608年）苏统师墓（图2-2-1-5）④。较大型的墓葬由斜坡墓道、天井、过道、甬道、墓室等组成。墓道一般位于墓室前部正中或略偏一侧的位置；墓室略呈方形，穹隆顶，墓室之内有棺床。如陕西西安茅坡村隋M21，坐北朝

---

① 中国社会科学院考古研究所编著：《唐长安城郊隋唐墓》，文物出版社，1980年，第3页。

② 中国科学院考古研究所编著：《西安郊区隋唐墓》，科学出版社，1966年，第4—8页。

③ 中国科学院考古研究所编著：《西安郊区隋唐墓》，科学出版社，1966年，第4、5页。

④ 陕西省考古研究院编著：《西安长安区韩家湾墓地发掘报告》，三秦出版社，2018年，第49—55页。

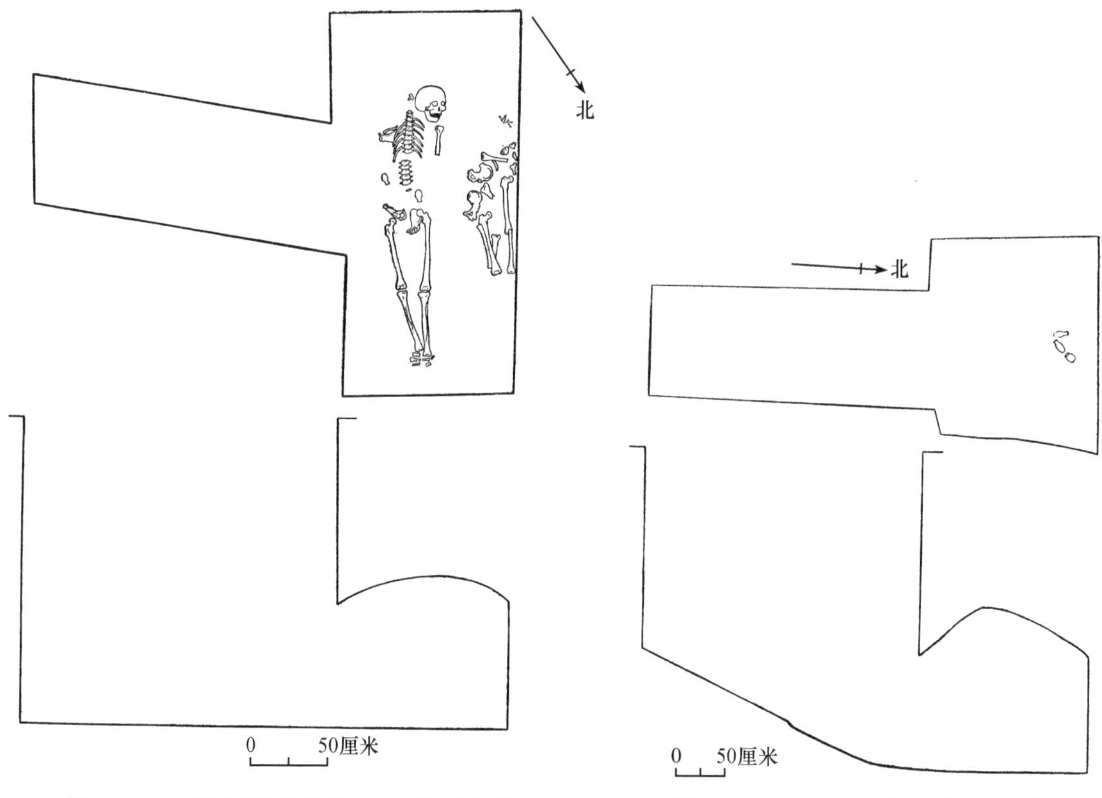

图2-2-1-2 陕西西安郊区隋M109平、剖面图

图2-2-1-3 陕西西安郊区隋M606平、剖面图

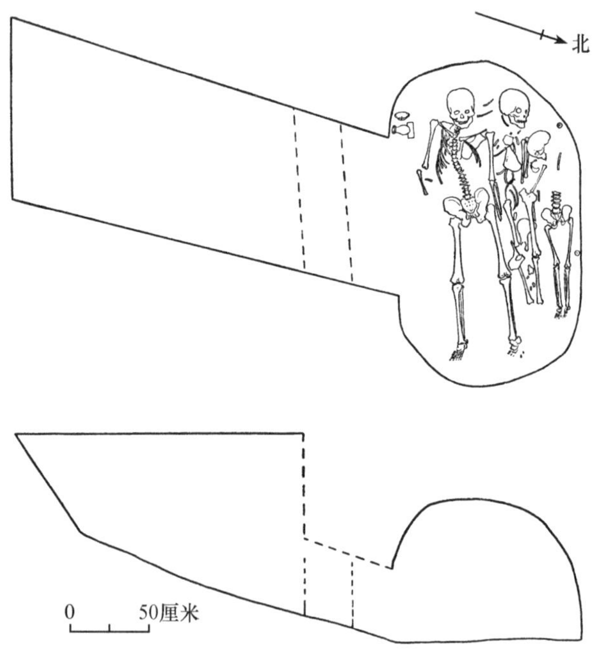

图2-2-1-4 陕西西安郊区隋M113平、剖面图

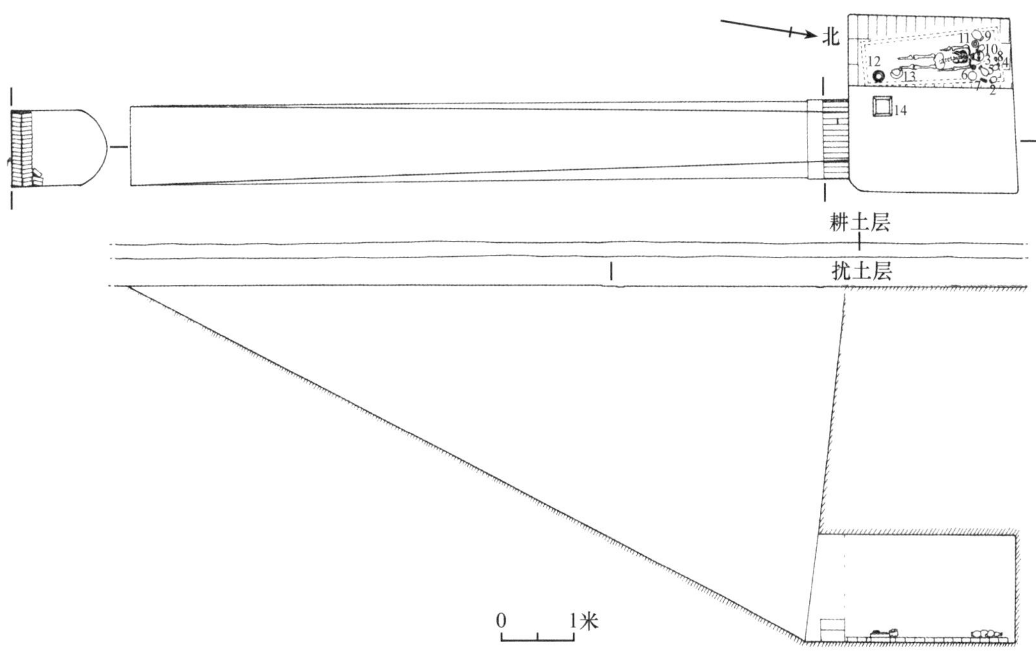

图2-2-1-5　陕西西安长安区韩家湾大业四年（608年）苏统师墓平、剖面图

南，单室土洞。由斜坡墓道、天井、过洞、甬道和墓室组成，水平长42.82米。墓室平面略呈方形，南北长2.62、东西宽2.62—2.8米（图2-2-1-6）①；宁夏固原隋史射勿墓，坐北向南，由斜坡墓道、天井、甬道和墓室组成，水平长29米，墓室平面略呈方形，南部略宽

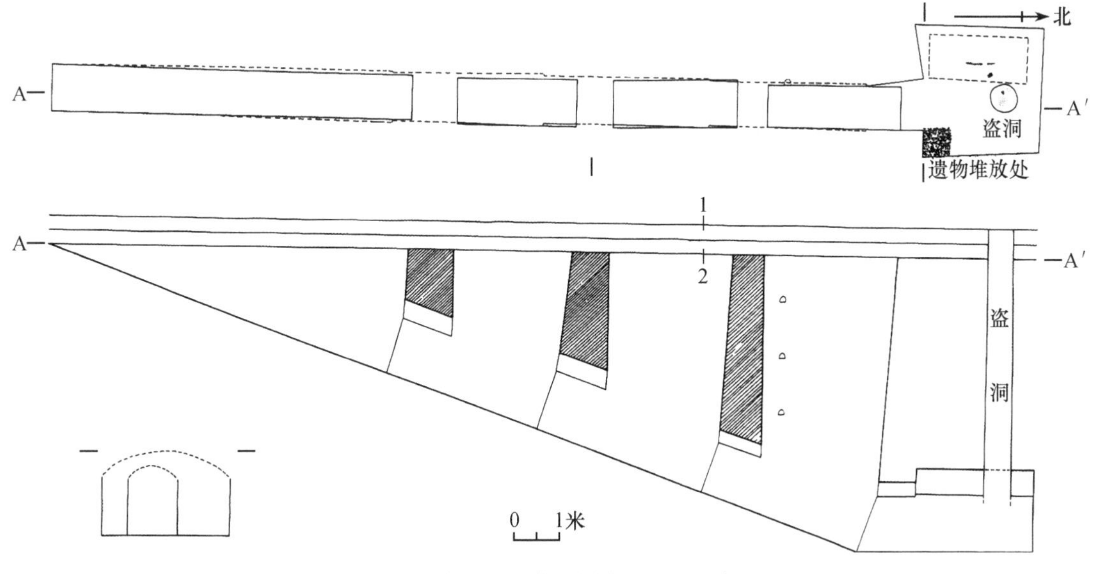

图2-2-1-6　陕西西安茅坡村隋M21平、剖面图

① 陕西省考古研究院：《陕西西安市长安区茅坡村M21发掘简报》，《考古与文物》2018年第3期。

于北部（图2-2-1-7）[①]；陕西西安东郊郭家滩隋大业六年（610年）姬威墓，坐北向南，墓室以南长46.75米，墓室长4.1、宽4米（图2-2-1-8）[②]。

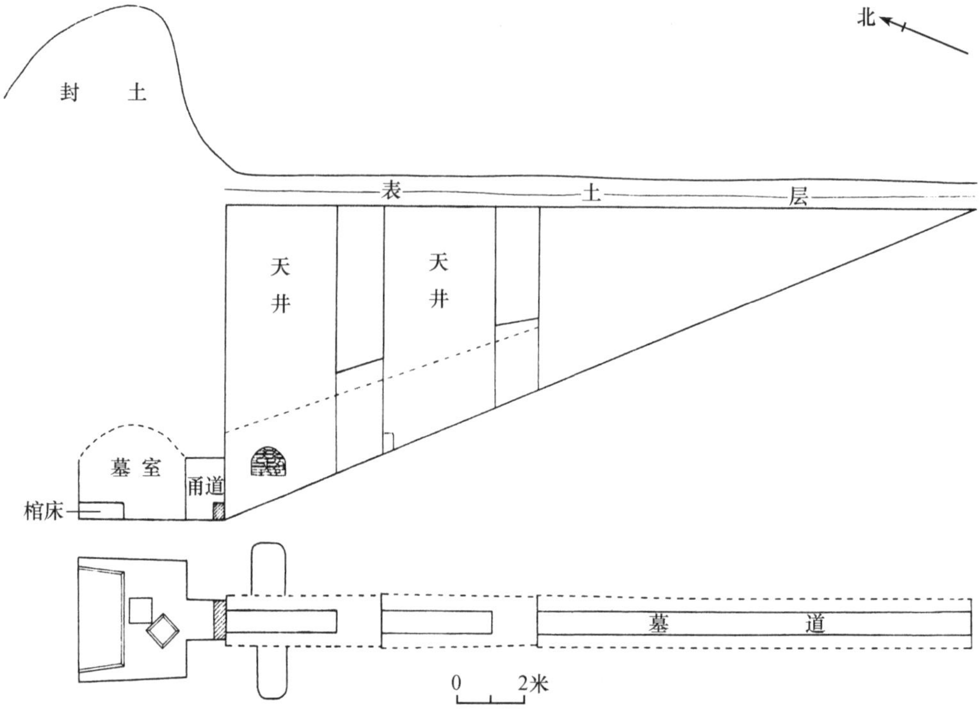

图2-2-1-7　宁夏固原隋史射勿墓平、剖面图

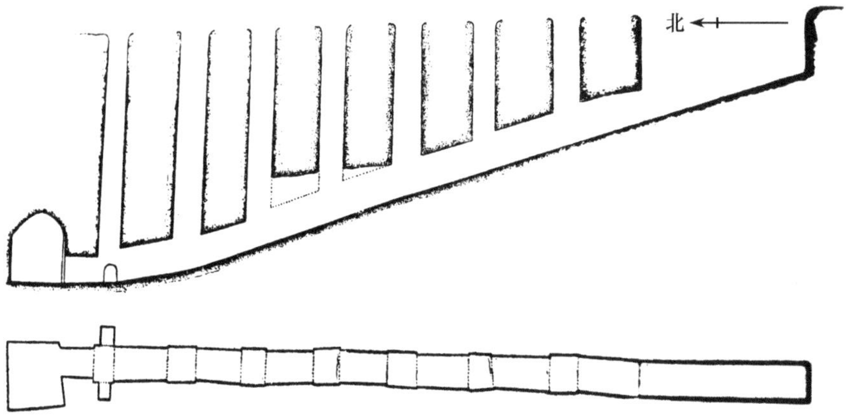

图2-2-1-8　陕西西安郭家滩隋大业六年（610年）姬威墓平、剖面示意图

4. 斜坡墓道砖室墓

与斜坡墓道土洞墓基本相似，甬道、墓室砖筑，墓室近方形，四壁略外弧，穹隆顶，后

① 宁夏回族自治区固原博物馆　罗丰编著：《固原南郊隋唐墓地》，文物出版社，1996年，第7—9页。

② 陕西省文物管理委员会：《西安郭家滩隋姬威墓清理简报》，《文物》1959年第8期。

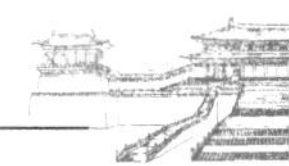

部砌筑棺床。有的墓室平面近圆形，有的墓葬在甬道砌筑耳室。如河南安阳隋开皇十五年（595年）张盛墓，甬道和墓室砖筑，墓室平面近方形，四壁略外弧，长2.8、宽2.9米。墓室北部砖砌棺床。甬道砖筑，拱券形，长1.4米，在其两侧各有一耳室[①]；河南安阳置度村八号隋墓，甬道和墓室砖筑，墓室平面呈弧方形，南北长2.6、东西宽2.84、高3.2米。甬道砖筑，拱券形，长1.62米，两侧各砌筑一小耳室（图2-2-1-9）[②]；陕西潼关税村隋墓水平总长63.8米，由长斜坡墓道、天井、过洞、甬道、墓室组成，该墓可能为废太子杨勇之墓（图2-2-1-10）[③]。

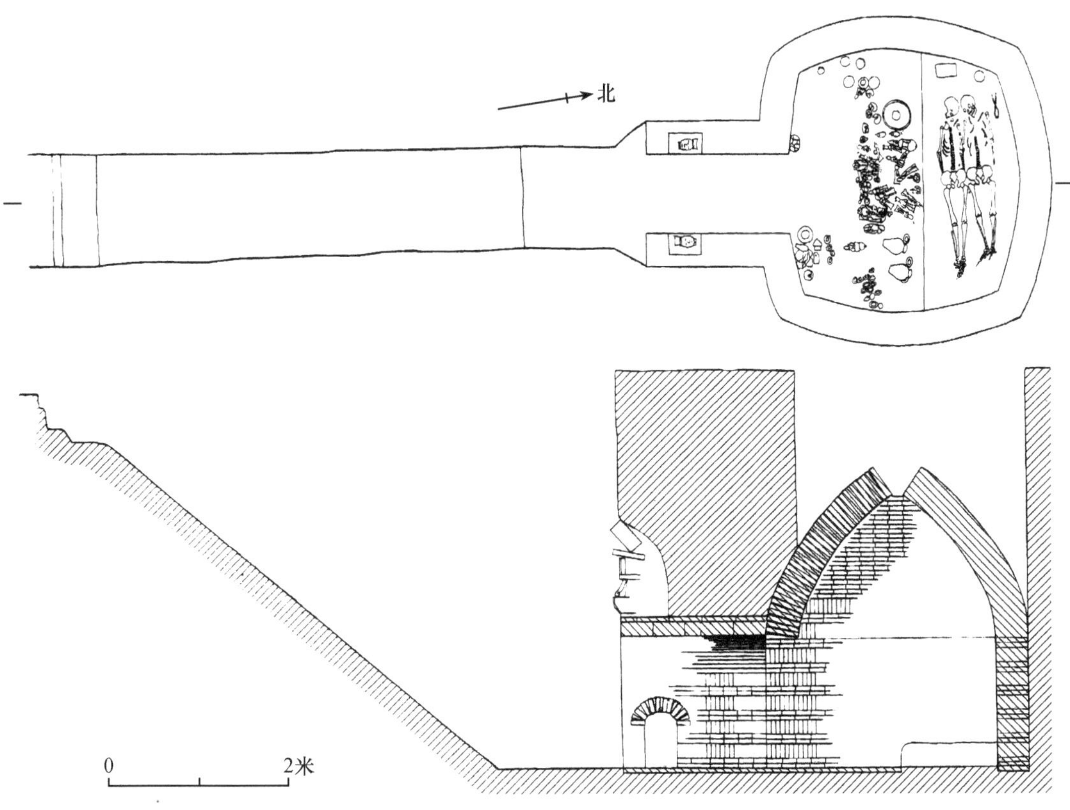

图2-2-1-9　河南安阳置度村八号隋墓平、剖面图

5. 土圹竖穴砖室墓

这类墓葬主要见于南方地区，一般是先开挖一长方形竖穴土坑，在墓坑之内构筑券顶砖室。单室墓数量多，个别前部带有短甬道，墓室平面有长方形（图2-2-1-11）[④]、梯形、

① 考古研究所安阳发掘队：《安阳隋张盛墓发掘记》，《考古》1959年第10期。

② 安阳市文物考古研究所：《河南安阳市置度村八号隋墓发掘简报》，《考古》2010年第4期。

③ 陕西省考古研究院编著：《潼关税村隋代壁画墓》，文物出版社，2013年，第5—17、134—136页。

④ 广东省博物馆、香港中文大学文物馆合办：《广东出土晋至唐文物》，广东省博物馆、香港中文大学文物馆，1985年，第55页。

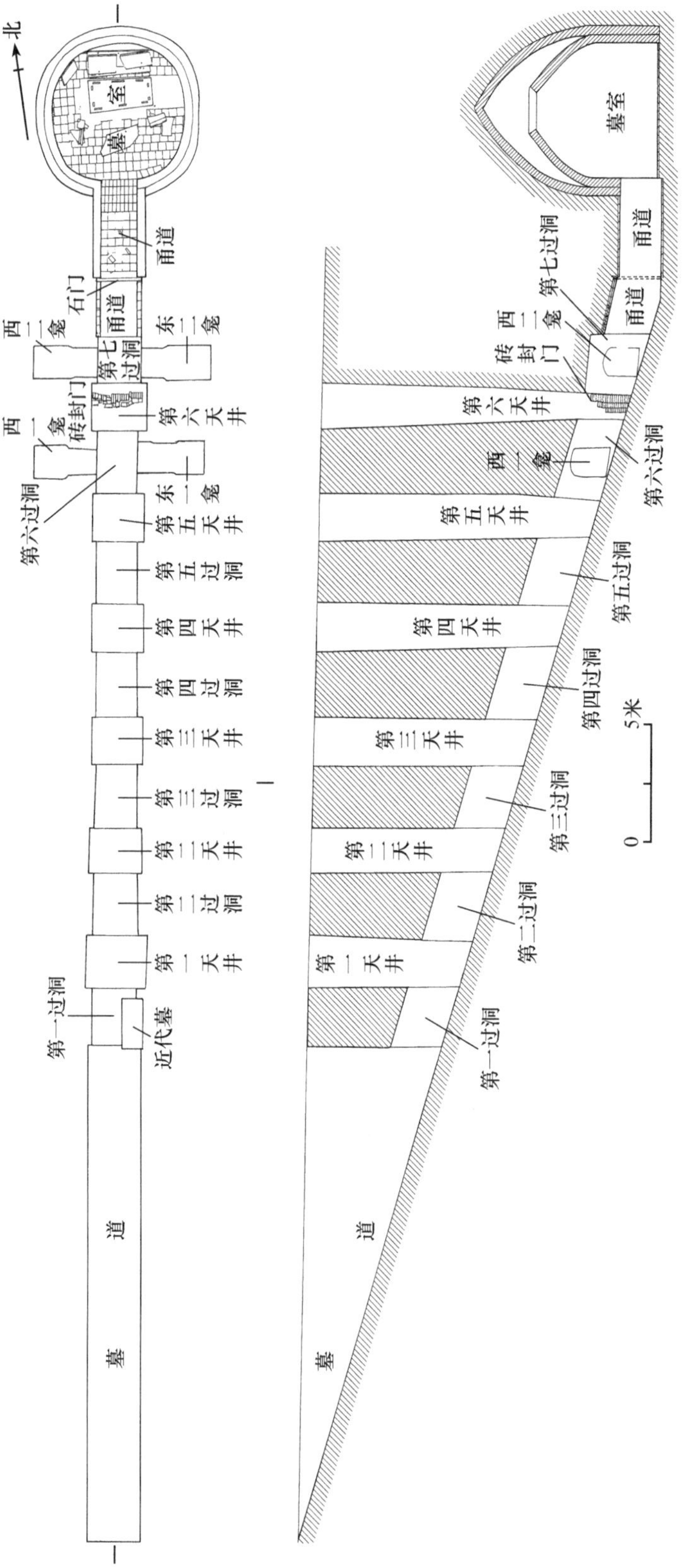

图2-2-1-10　陕西潼关税村隋墓平、剖面图

“凸”字形。前后室墓数量少，主要为双“凸”字形，即由前甬道、前室、后甬道、后室组成（图2-2-1-12）①。有的在墓室两侧砌筑耳室，在后室后壁砌筑壁龛。有的墓葬为双室

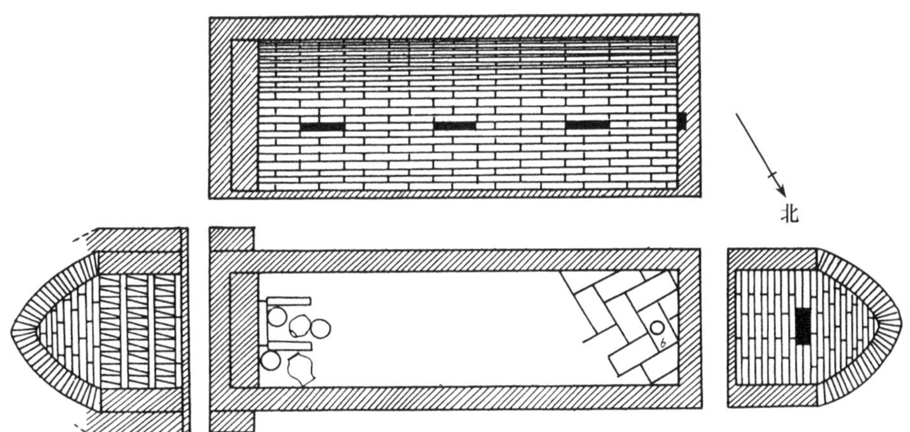

图2-2-1-11　广东韶关隋大业六年（610年）墓平、剖面图

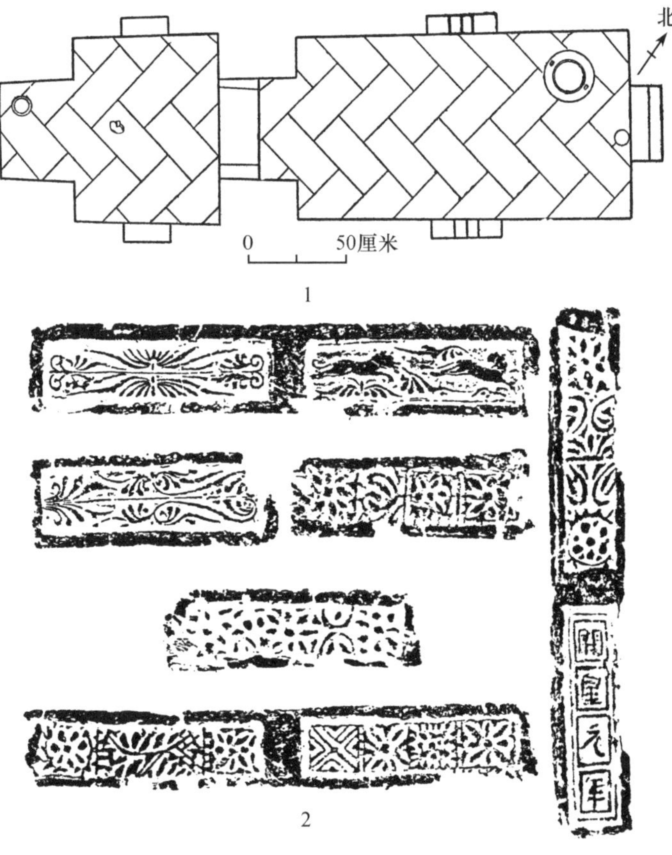

图2-2-1-12　四川新津隋墓（M22）平面及花纹砖拓片
1. 平面图　2. 花纹砖的花纹拓片

① 四川省博物馆：《四川牧马山灌溉渠古墓清理简报》，《考古》1959年第8期。

并列（图2-2-1-13）[①]，个别为三室并列（图2-2-1-14）[②]，主要继承了南朝以来的传统。有的墓葬在砌筑墓室的砖上模印砖画，内容包括植物、人物和各类几何形图案等。

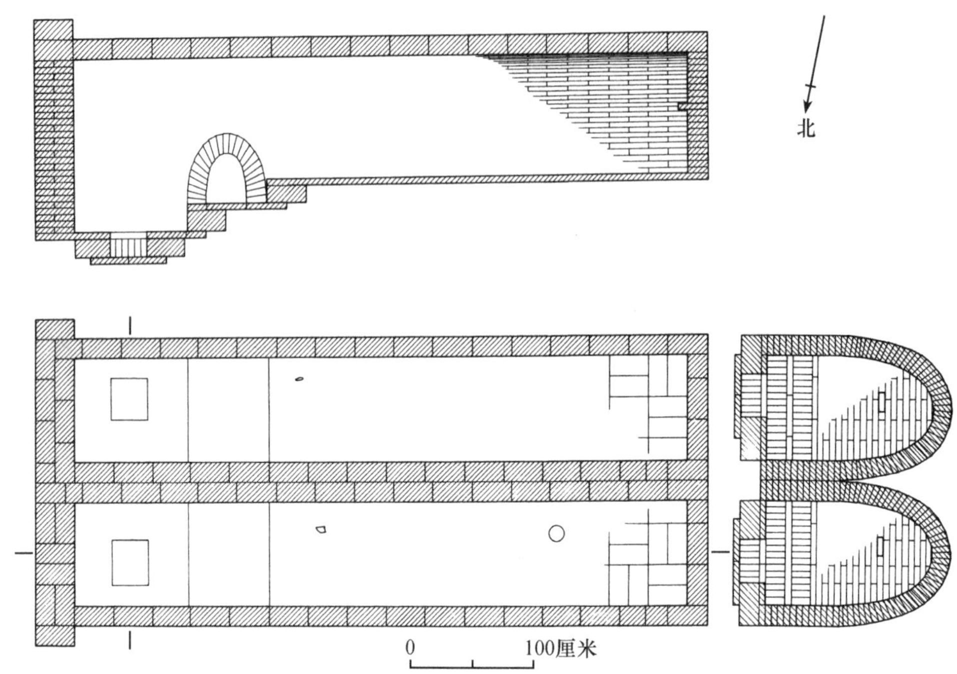

图2-2-1-13　广东乳源泽桥山隋墓（ⅠM42）平、剖面图

除比较流行的墓葬形制之外，在山东发现的一些隋墓保留了北朝旧制，墓室平面呈椭圆形。如山东嘉祥英山开皇四年（584年）二号隋墓（徐之范墓），由墓道、甬道和墓室组成。墓室砖筑，平面呈椭圆形（图2-2-1-15），穹隆顶，墙壁白灰抹面，原来绘壁画。长6.2、宽4.1、残高3.1米[③]。

（二）地面设施

1. 兆沟

在以往的考古发掘中，由于发掘者更多地关注墓葬本身，而对其周围的遗迹现象重视不够，没有也无法认识到隋唐墓葬也存在兆沟。在近些年来的考古发掘中，发现开挖兆沟的隋唐墓葬越来越多，而且成为一种普遍现象。兆沟作为墓田范围的标识，其平面有“凸”字形、方形、长方形等。如隋鹿善夫妇合葬墓的兆沟呈“凸”字形（图2-2-1-16），东西沟长83、南沟长83.5、北沟长76.5米[④]。由于鹿善夫妇分别葬于北周和隋代，其墓葬周围的兆

① 广东省文物考古研究所编著：《乳源泽桥山六朝隋唐墓》，文物出版社，2006年，第125、126页。

② 广东省文物考古研究所编著：《乳源泽桥山六朝隋唐墓》，文物出版社，2006年，第136、137页。

③ 嘉祥县文物管理所：《山东嘉祥英山二号隋墓清理简报》，《文物》1987年第11期。

④ 陕西省考古研究院、咸阳市文物考古研究所：《陕西咸阳隋鹿善夫妇墓发掘简报》，《考古与文物》2013年第4期。

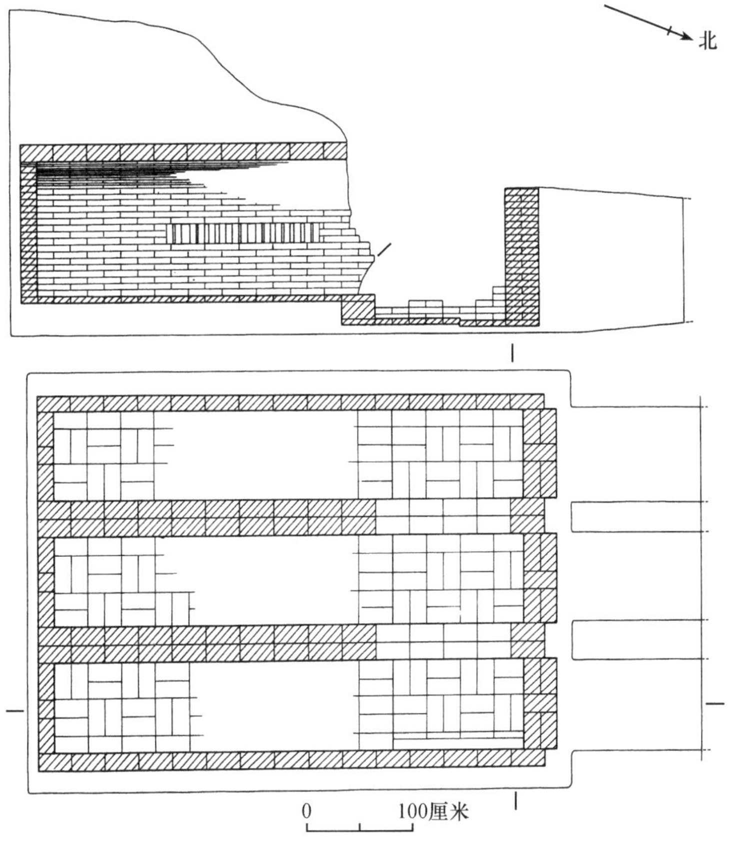

图2-2-1-14 广东乳源桥上隋墓（ⅠM11）平、剖面图

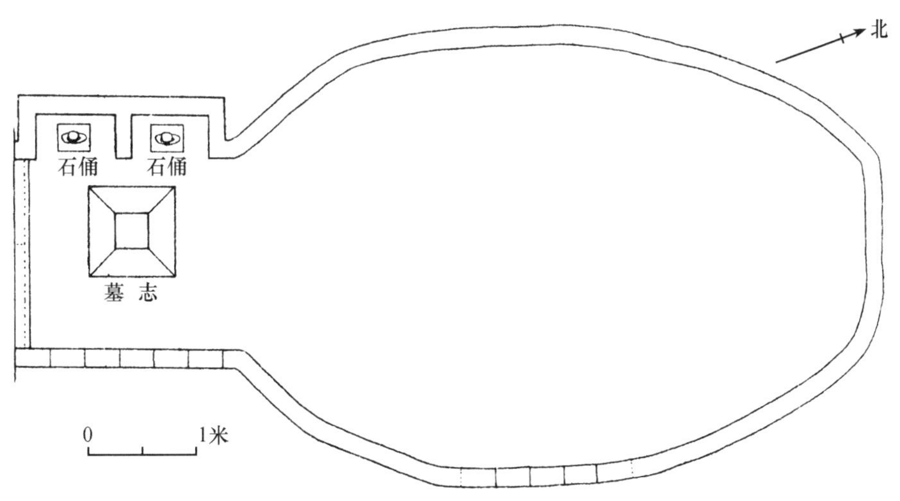

图2-2-1-15 山东嘉祥英山二号隋墓（徐之范墓）平面图

沟，是探讨北周、隋代墓葬兆域制度的重要资料。王韶家族墓外围的兆沟略呈“凸”字形（图2-2-1-17），凸出部分象征墓园入口。兆沟南北长147.7、东西宽138.5米。王韶家族墓园是目前所知规模最大、保存最完整的以兆沟为界限的隋代墓园。墓园内埋葬有王韶、王韶

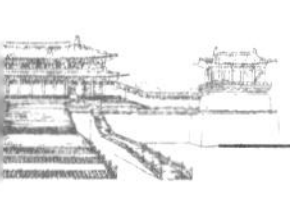

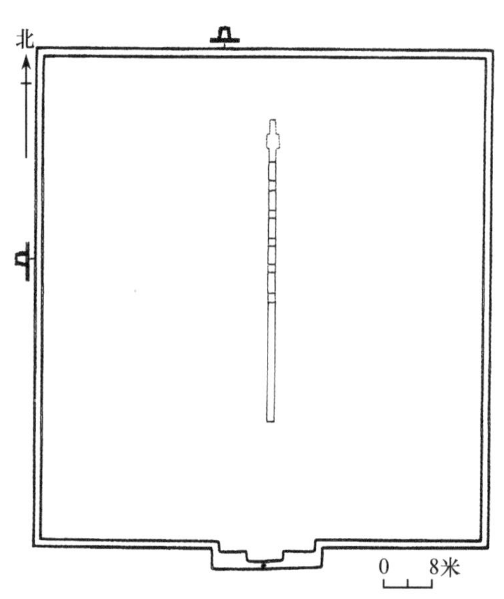

图2-2-1-16　隋鹿善夫妇合葬墓兆沟及墓园平面图

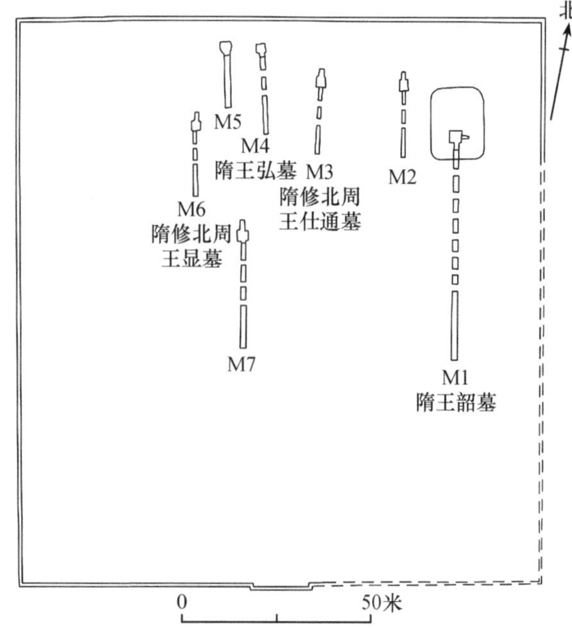

图2-2-1-17　隋王韶家族墓及兆沟平面图

嫡长孙王弘、西魏原州刺史王楷（王韶之父）长子王显、王楷长孙王仕通等数代七人。

2. 坟丘

隋墓地面修建有坟丘。坟丘一般夯筑而成，但由于人为或自然破坏等原因，保存在地面的坟丘不多，多呈圆丘形。如陕西三原双盛村隋李和墓坟丘呈圆丘形，底部直径约4、残高2米（图2-2-1-18）[①]；宁夏固原隋史射勿墓的封土堆呈圆丘形，底部南北直径16、残高

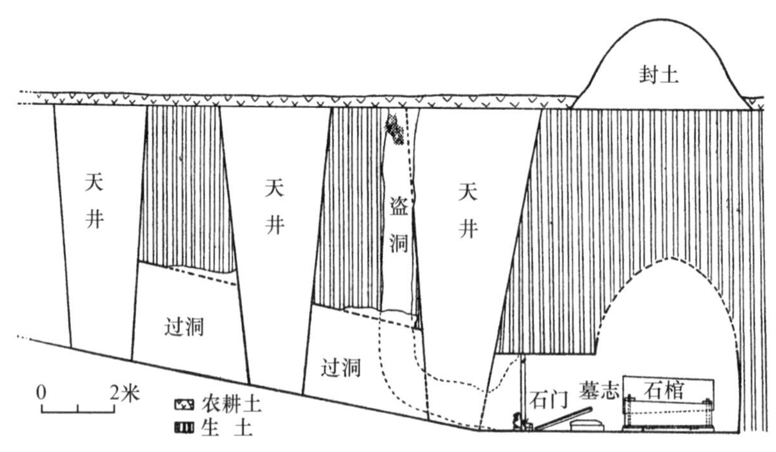

图2-2-1-18　陕西三原双盛村隋李和墓剖面图

① 陕西省文物管理委员会:《陕西省三原县双盛村隋李和墓清理简报》,《文物》1966年第1期。

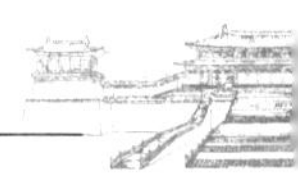

4.7米，夯筑而成，上部疏松，夯层约20厘米，下部坚硬，夯层厚约10厘米[①]。

还有一些较为特殊的隋墓，在墓室之上建楼阁之类的建筑。如陕西西安发掘的隋李静训墓志云“即于坟上构造重阁”，考古发掘中也在其墓上发现了夯土台基，这个台基应当就是墓志中所云“重阁”的建筑基址[②]。

3. 碑碣

关于墓地竖立碑碣，魏晋时期曾经禁止于墓前立碑，但隋代开始又允许立碑碣，并对其样式和尺寸进行了规定。据《隋书·礼仪三》记载：“三品已上立碑，螭首龟趺。趺上高不得过九尺。七品已上立碣，高四尺。圭首方趺。若隐沦道素，孝义著闻者，虽无爵，奏，听立碣。”[③]隋代的碑额文字多为带界格的篆书，文字和界格以剔地平面阳刻技法雕刻而成，内容为亡者的生平事迹，其内容往往与墓志所记基本相同或者略有差异，二者可以相互补充。隋墓的碑碣发现数量较少。山西临猗卓里霍村发现的开皇十四年（594年）梁州刺史陈茂碑，其碑额文字和界格以剔地平面阳刻技法雕刻而成，碑额文字为“大隋上开府梁州使君陈公碑”（图2-2-1-19）[④]。隋代神道碑的形制可参考山西永济韩阳镇下寺村栖岩寺舍利塔碑，其碑额文字为“大隋河东郡首山栖岩道场舍利塔之碑”（图2-2-1-20）[⑤]。

4. 石柱、石人、石兽

虽然隋代没有明确规定在墓前立石人、石兽、石柱，但在考古发掘中发现有立石兽等的现象。如在陕西三原双盛村隋李和墓前发现两尊石羊[⑥]，说明隋墓之前的神道也立石人、石兽之类。在陕西潼关税村隋墓地面发现两个石柱础石，础石下部方形素面，上部为素面覆盆，覆盆中央凿有方形卯眼，应该是石柱的柱础（图2-2-1-21）[⑦]。

图2-2-1-19　隋开皇十四年（594年）梁州刺史陈茂碑

---

① 宁夏回族自治区固原博物馆　罗丰编著：《固原南郊隋唐墓地》，文物出版社，1996年，第7—28页。

② 中国社会科学院考古研究所编著：《唐长安城郊隋唐墓》，文物出版社，1980年，第3页。

③ （唐）魏徵、令狐德棻：《隋书》，中华书局，1973年，第157页。

④ 运城博物馆编：《大河之东：运城博物馆陈列与精品》，山西人民出版社，2018年，第94页。

⑤ 运城博物馆编：《大河之东：运城博物馆陈列与精品》，山西人民出版社，2018年，第95页。

⑥ 陕西省文物管理委员会：《陕西省三原县双盛村隋李和墓清理简报》，《文物》1966年第1期。

⑦ 陕西省考古研究院编著：《潼关税村隋代壁画墓》，文物出版社，2013年，第5页。

图2-2-1-20　山西永济韩阳镇下寺村栖岩寺舍利塔碑

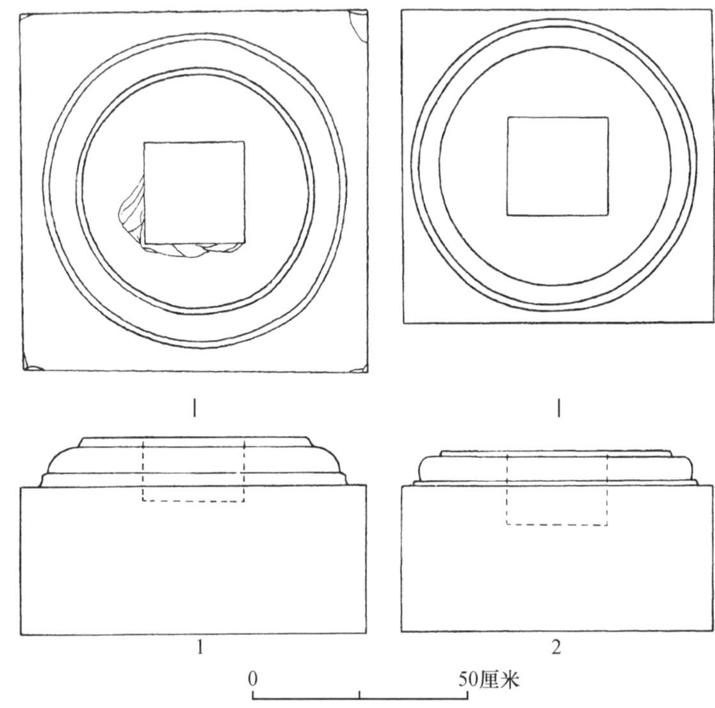

图2-2-1-21　陕西潼关税村隋墓神道石柱础
1. 东侧石柱础　2. 西侧石柱础

（三）葬具与葬俗

1. 石门

隋代高等级墓葬之内设置石门，这种石门的形制与日常生活中的门基本一致，由门楣、门簪、立颊、门扉、门砧、门限组成（图2-2-1-22）。其中门楣即门上方的横梁，入宋称为门额，清代则称为上槛。由于石门在修建过程中，要与顶部呈拱形的甬道等相匹配，所以一些石门有时在门楣上加置一个半圆形部分，从其有时与横向的门楣连在一起雕刻来看，石门上部的半圆形部分实际上也是门楣的组成部分，而不能像以往的报告或者简报中，将横向的称为“门额”，而将半圆形部分称为“门楣”，它们其实都是门楣。据《营造法式》记载，“门楣”与“门额”实际上是同一建筑构件在不同时代的不同叫法而已，不能混为一谈。在一些石门的门楣之上两侧往往有两个圆形或者方形、长方形的孔洞，这是固定门楣后面建筑构件的孔洞，证明其原来有门簪存在。门簪在门楣正面，是固定和装饰石门的构件。立颊是门两侧的护门框架，在清代也称为门框、抱框。门限位于门下方，或固定，或可拆卸，宋代称为地栿，清代则称为下槛。门砧用来安置立颊和门扉，也称为门枕。

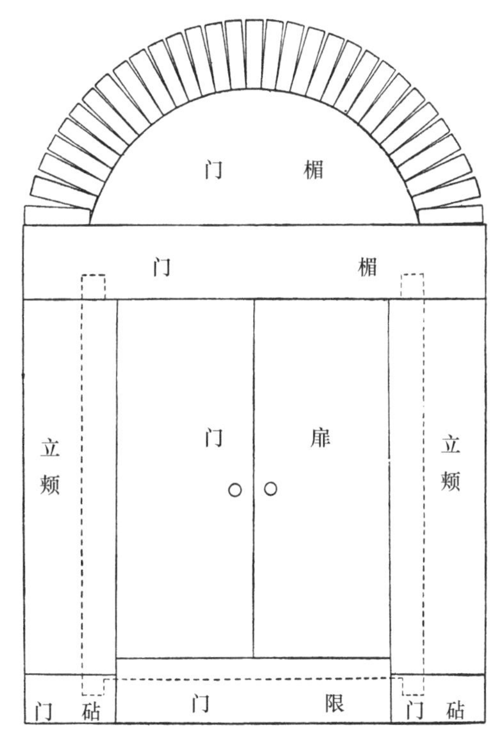

图2-2-1-22 隋唐墓石门示意图

考古发掘中发现了不少隋墓石门。隋代的石门砧前部圆雕蹲狮或者高浮雕伏兽，后部呈方形；门扉上线刻武士图像，并浮雕有数排乳钉。如陕西潼关税村隋墓残存有石门被盗后的痕迹（图2-2-1-23）[①]、陕西三原双盛村隋开皇二年（582年）李和墓（图2-2-1-24）[②]、陕西西安长安区郭杜大居安村隋开皇十二年（592年）郁久闾可婆头墓（图2-2-1-25）[③]、西安郭家滩隋大业六年（610年）姬威墓[④]、西安隋大业六年李椿夫妇合葬墓[⑤]、西咸新区空港新城隋大业九年豆卢贤墓（图2-2-1-26）[⑥]以及河南卫辉隋乞扶令和与郁久闾氏合葬墓（图2-2-1-27）[⑦]、山西太原沙沟隋开皇十七年（597年）斛律彻墓（图2-2-1-28）[⑧]、山东嘉祥英山隋开皇四年（584年）徐之范和徐敏行墓[⑨]等均发现石门。隋墓石门总体上表现出与北朝墓葬石门相似的特征。

隋墓封门多为砖封门，安置石门者也往往在石门外侧再砌筑一道封门砖。

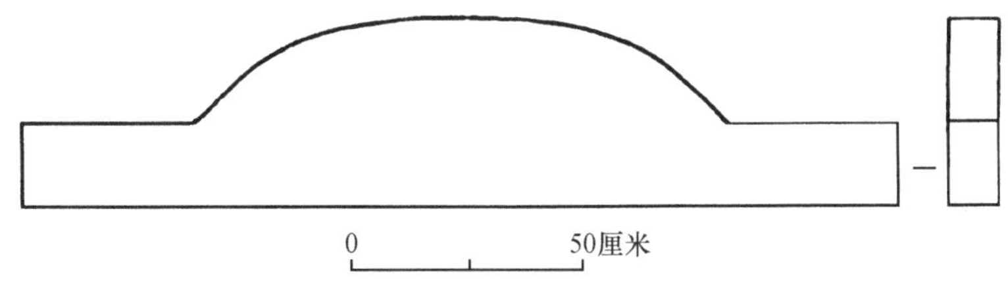

图2-2-1-23 陕西潼关税村隋墓石门楣痕迹图

① 陕西省考古研究院编著：《潼关税村隋代壁画墓》，文物出版社，2013年，第9页。

② 陕西省文物管理委员会：《陕西省三原县双盛村隋李和墓清理简报》，《文物》1966年第1期。

③ 陕西省考古研究院：《长安高阳原隋郁久闾可婆头墓发掘简报》，《文博》2018年第4期。

④ 陕西省文物管理委员会：《西安郭家滩隋姬威墓清理简报》，《文物》1959年第8期。

⑤ 陕西省考古研究所 桑绍华：《西安东郊隋李椿夫妇墓清理简报》，《考古与文物》1986年第3期。

⑥ 西安市文物保护考古研究院：《陕西西咸新区空港新城隋唐豆卢贤家族墓发掘简报》，《考古与文物》2022年第1期。

⑦ 河南省文物局编著：《卫辉大司马墓地》，科学出版社，2015年，第91—95页。

⑧ 山西省考古研究所编著：《太原沙沟隋代斛律彻墓》，科学出版社，2017年，第10页。

⑨ 山东省博物馆：《山东嘉祥英山一号隋墓清理简报——隋代墓室壁画的首次发现》，《文物》1981年第4期；嘉祥县文物管理所：《山东嘉祥英山二号隋墓清理简报》，《文物》1987年第11期。

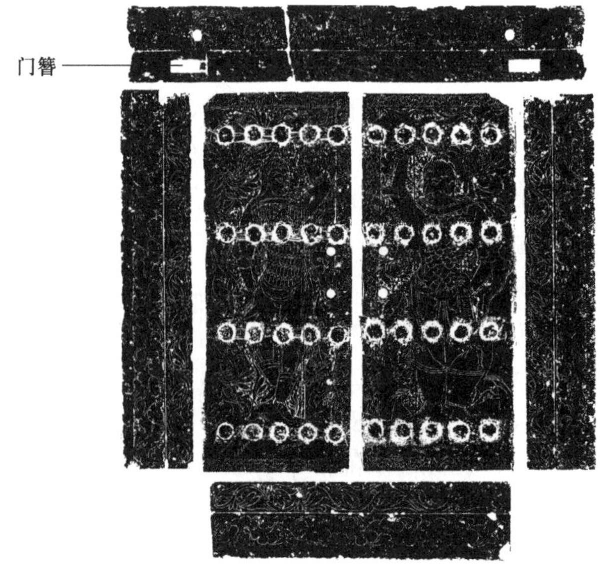

图2-2-1-24 陕西三原双盛村隋李和墓石门

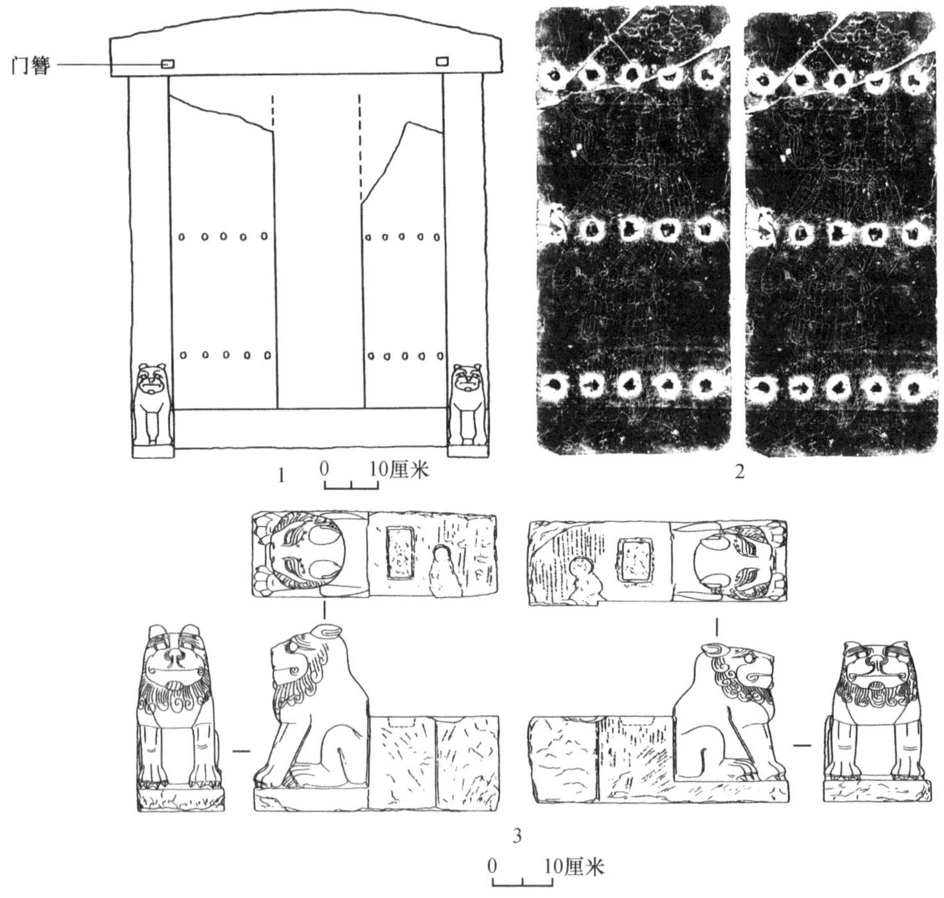

图2-2-1-25 陕西西安长安区郭杜大居安村隋郁久闾可婆头墓石门

1. 石门正视图 2. 石门扉拓片 3. 门砧

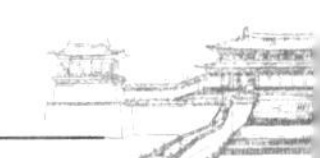

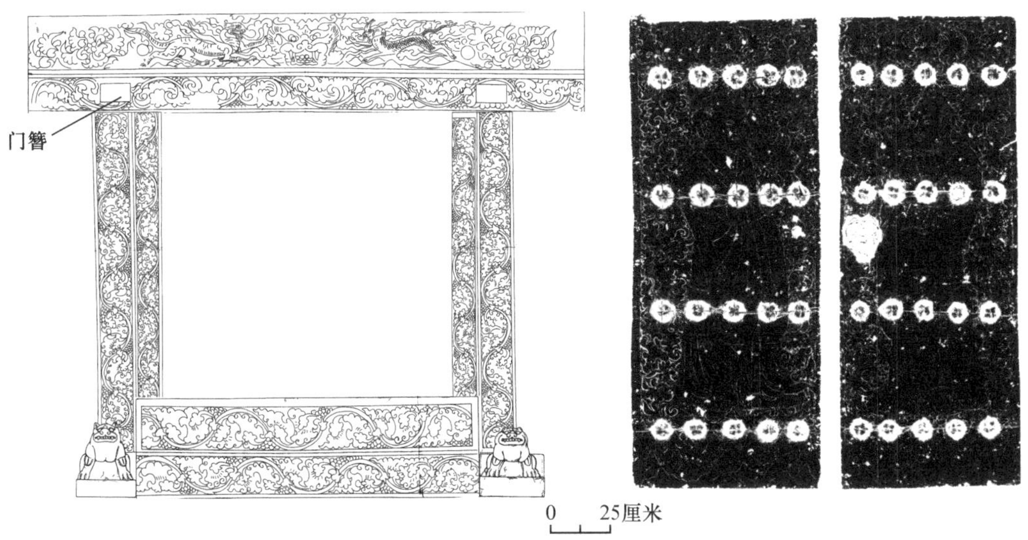

图2-2-1-26 陕西西安西咸新区空港新城隋豆卢贤墓石门

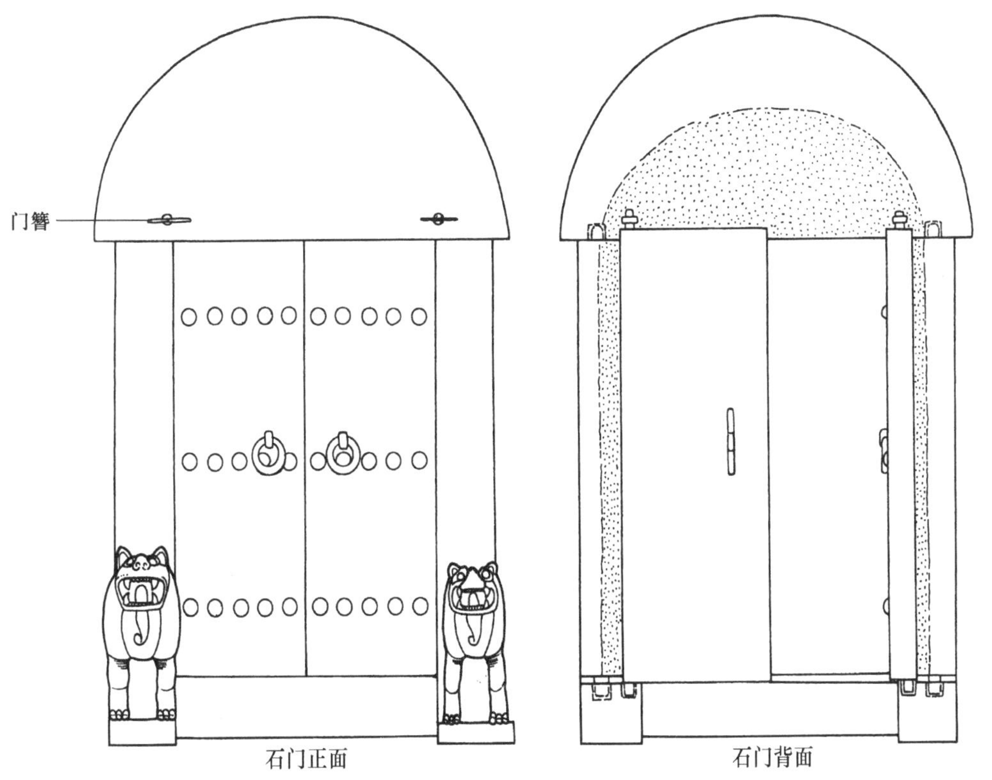

图2-2-1-27 河南卫辉隋乞扶令和与郁久闾氏合葬墓石门

2. 葬具

隋代葬具以木棺为主，也有少数贵族或等级比较高的墓葬使用石棺和石椁。木棺完整者未见报道，发现时多已腐朽。木棺朽痕一般呈前端宽后端窄的梯形。使用石棺或石椁者均为

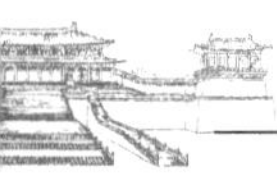

图2-2-1-28　山西太原沙沟隋斛律彻墓石门

贵族墓葬，似乎继承了北朝传统，特别是北周传统。北周石棺的发现数量不在少数，如陕西西安北郊北周李诞墓出土的石棺①。目前，考古发现的隋墓石棺或石椁，比较重要的见于陕西三原隋李和墓、潼关税村隋墓、西安隋李静训墓等。李静训墓石椁以石条砌筑而成，石棺则是歇山式建筑样式（图2-2-1-29）②，椁棺屋顶之上还刻有“开者即死”字样，以吓阻盗掘者。李和墓石棺的形制与木棺无异，只是其上满刻纹样。前挡线刻门及门立颊、武士，后挡刻玄武，两侧刻青龙、白虎，棺盖上线刻伏羲、女娲（图2-2-1-30）③。陕西潼关税村隋墓石棺上线刻有精美的纹饰，是目前所知隋代石棺中的最精美者（图2-2-1-31）④。

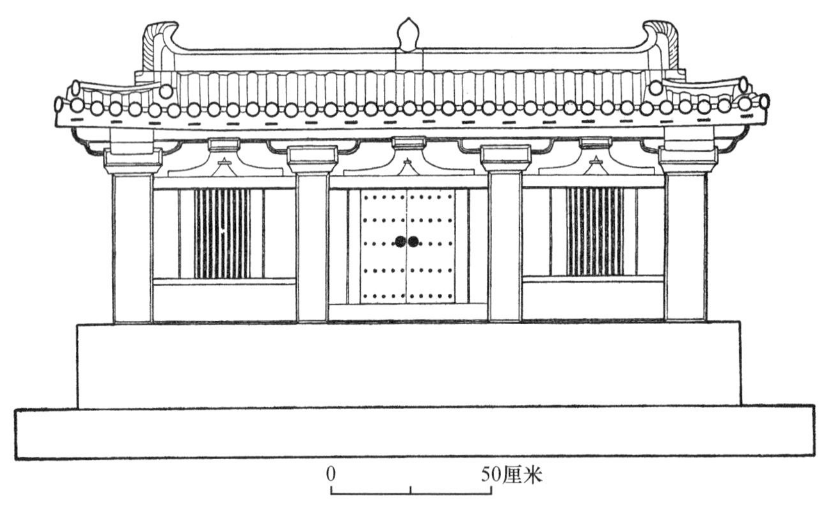

图2-2-1-29　隋李静训墓出土石棺

① 程林泉：《西安北周李诞墓的考古发现与研究》，《西部考古》（第一辑），三秦出版社，2006年，第391—400页。

② 中国社会科学院考古研究所编著：《唐长安城郊隋唐墓》，文物出版社，1980年，第3—10页。

③ 陕西省文物管理委员会：《陕西省三原县双盛村隋李和墓清理简报》，《文物》1966年第1期。

④ 陕西省考古研究院编著：《潼关税村隋代壁画墓》，文物出版社，2013年，第10—17页。

图2-2-1-30　陕西三原双盛村隋李和墓出土石棺

1. 棺盖　2. 前挡（南）3. 后挡（北）4. 右侧（西）5. 左侧（东）

图2-2-1-31　陕西潼关税村隋墓出土石棺

3. 葬俗

（1）归旧茔与家族聚葬

归旧茔是当时重要的葬俗之一。不论贵族官僚，还是一般百姓，都有归葬祖茔的习惯和愿望，即使一时不能办到，也要暂且安置某地，待以后可能之时迁回。如咸阳发现的隋萧绍墓志云，萧绍于隋开皇十七年（597年）终于长安县雅政里宅，而于隋仁寿三年（603年）归葬雍州泾阳县奉贤乡靖民里之旧山，就是一个归旧茔的例子[①]。

与归旧茔相对应，隋代也实行家族聚葬的方式，如河南安阳曾经发现一处大型家族聚葬墓地，并发掘了其中的64座，墓地平面呈三角形，墓葬自南而北呈扇形展开，各墓位次清楚，排列有序[②]。近些年来，在考古发掘中家族墓地不断发现，如陕西西安咸阳空港新城发现的隋唐时期豆卢贤家族墓地，自隋沿用至唐（图2-2-1-32）[③]。

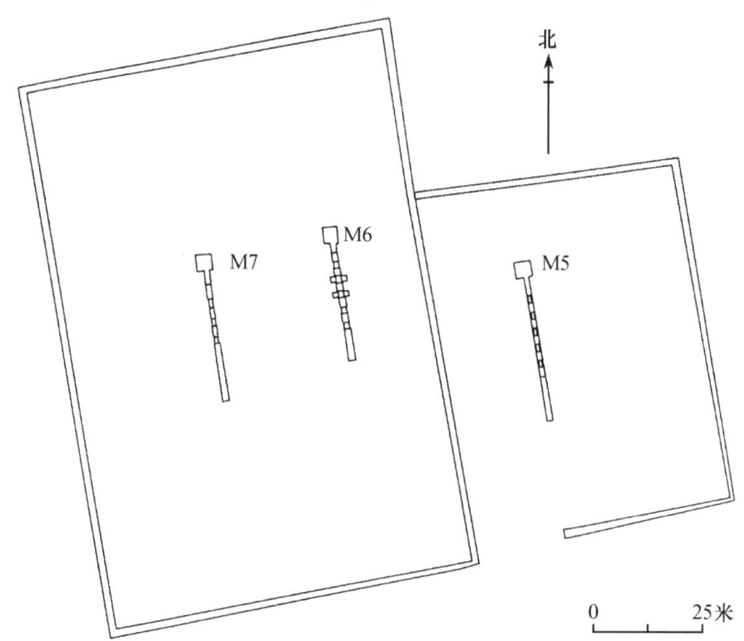

图2-2-1-32　隋唐豆卢贤家族墓地平面图

（2）夫妇合葬与单人葬

除归旧茔、家族聚葬的传统丧葬习俗之外，隋代还流行夫妇同穴合葬的习俗。如河南安阳隋开皇十五年（595年）张盛墓就是一座夫妇同穴合葬墓[④]。在岭南地区则多为同坟而异穴，其埋葬方式为同一坟丘之下分筑墓室，分别安葬，隔墙之上有龛形甬道相通。在流

① 咸阳市文物考古研究所：《咸阳隋代萧绍墓》，《文物》2006年第9期。

② 贾玉俊：《安阳市发现大型隋代家族墓地》，《华夏考古》1994年第1期。

③ 西安市文物保护考古研究院：《陕西西咸新区空港新城隋唐豆卢贤家族墓发掘简报》，《考古与文物》2022年第1期。

④ 考古研究所安阳发掘队：《安阳隋张盛墓发掘记》，《考古》1959年第10期。

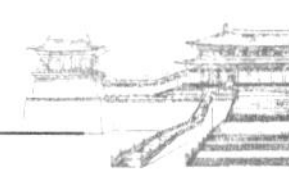

行合葬的同时，还有不少的单人葬，说明单人葬与合葬并存。

（3）口含

含，通“琀”。据《释名·释丧制》云：“含，以珠具（贝）含其口中也。”[①]隋代死者口中含物的习俗，继承和发展了汉魏以来的丧葬习俗，主要使用当时流通的钱币或珠玉，也使用波斯萨珊王朝银币及罗马金币等外来货币。

（4）握

《释名·释丧制》云：“握，以物著尸手中使握之也。”[②]握一般为豚形，多为滑石质，是对南北朝习俗的继承。也有一些手握五铢钱。

（5）朝服而葬

据《隋书·礼仪三》记载：“官人在职丧，听敛以朝服，有封者，敛以冕服，未有官者，白帢单衣。妇人有官品者，亦以其服敛。”[③]考古发掘出土的玉璧或瑗形玉饰、玉璜、半圆形玉饰、串饰等组玉佩的发现，应当与朝服而葬有关。如隋大业十二年（616年）吕思礼墓出土的组玉佩饰件（图2-2-1-33）[④]。

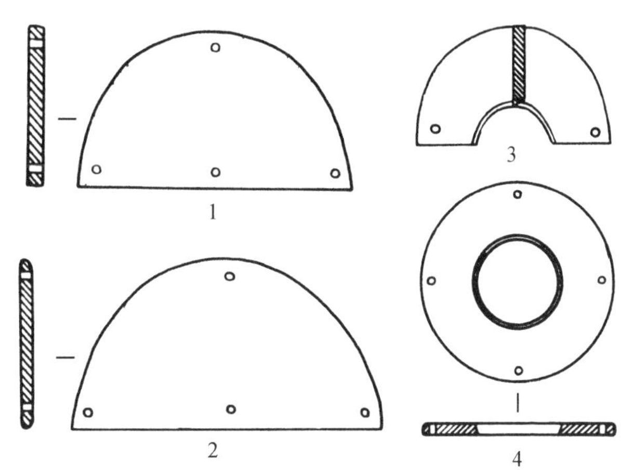

图2-2-1-33　隋吕思礼墓出土组玉佩
1、2. 半圆形玉佩　3. 玉璜　4. 瑗形玉器佩

（6）葬式

自西汉以来仰身直肢葬成为主要葬式，隋代也是如此，考古发掘的隋墓葬式也证明了这一点。隋墓尸骨的安葬方式分为三种情况：一是头南足北，二是头西足东，三是头北足南。在这三种头向中，前两者是主体。结合唐墓尸骨头北足南来看，隋墓葬式表现出逐渐自前两种向第三种过渡的情形。

（四）随葬品

1. 陶器

（1）模型明器

隋墓中随葬模型明器是对汉代以来丧葬习俗的继承，包括井、仓、灶、践碓、磨、碾、牛及牛车、各类动物模型等，以泥质红陶为主，多为模制，个别为手制兼模制，如房屋四壁为手制，屋顶采用模制，然后与四壁粘在一起。

井口部作出仿木结构的井框，身部一般呈方形，有的也呈圆筒状（图2-2-1-34，1—3）。

---

① （汉）刘熙：《释名（附音序、笔画索引）》，中华书局，2016年，第120页。

② （汉）刘熙：《释名（附音序、笔画索引）》，中华书局，2016年，第120、121页。

③ （唐）魏徵、令狐德棻：《隋书》，中华书局，1973年，第156页。

④ 陕西省考古研究所：《隋吕思礼夫妇合葬墓清理简报》，《考古与文物》2004年第6期。

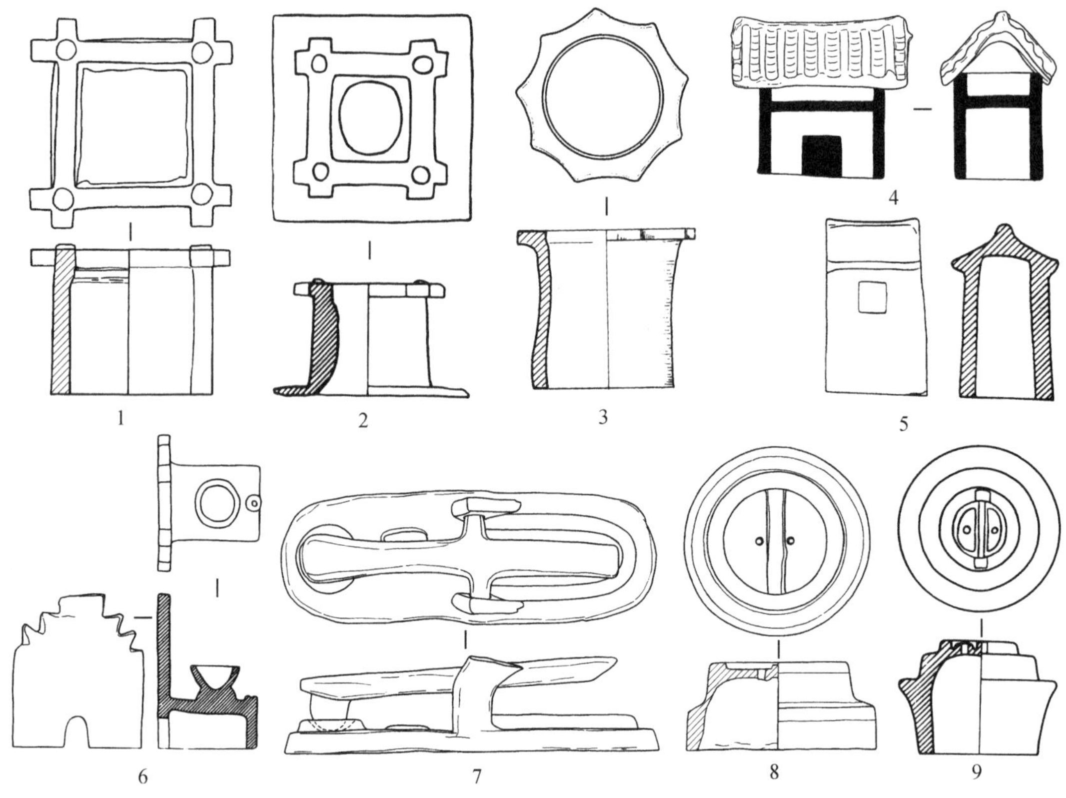

图2-2-1-34　隋墓中常见的陶模型明器

1—3. 井（陕西潼关税村隋墓、陕西西安隋吕思礼墓、山西太原沙沟隋斛律彻墓出土）

4、5. 仓（陕西潼关税村隋墓、陕西西安隋吕思礼墓出土）　6. 灶（陕西西安隋吕思礼墓出土）

7. 践碓（陕西潼关税村隋墓出土）　8、9. 磨（陕西潼关税村隋墓、陕西西安隋吕思礼墓出土）

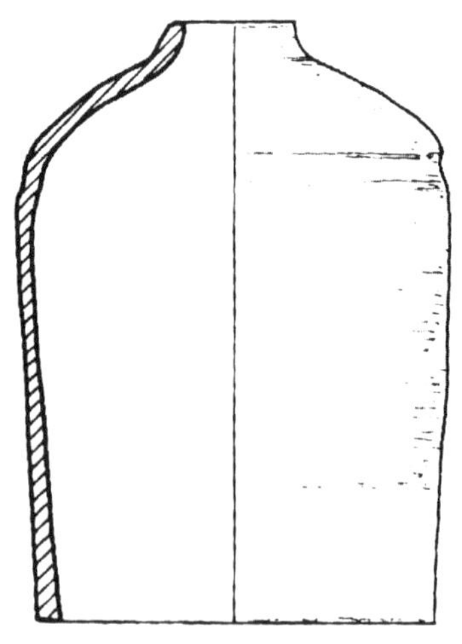

图2-2-1-35　山西太原沙沟隋斛律彻墓出土陶仓（囷）

仓多为两面坡式房屋形（图2-2-1-34，4、5）。河南安阳一带隋墓、山西太原沙沟隋斛律彻墓等还曾发现圆形陶仓（囷）（图2-2-1-35）。这两种不同形制的陶仓，是对当时不同形式粮仓的模拟。

灶的灶台呈方形或长方形，上面中心有一圆形灶眼，上置釜。灶台正面有方形火门，其上方有较高的挡火墙，呈台阶状（图2-2-1-34，6）。

践碓为谷物加工工具，下部有一长方形座板，在座板中部安置支架，在支架上架一活动长柄，柄端系杵，其下为臼。有的在座板表面还模印出其他辅助工具（图2-2-1-34，7）。

磨呈圆形，由上下两块磨盘组成，有的下部制作出束腰形台座（图2-2-1-34，8、9）。

碾一般呈圆形，中心有一圆柱，周围有凹槽，凹槽内置一圆环形碾。碾盘中的圆柱与碾以木相连接，以圆柱为中心碾磨槽中之物。如河南安阳隋开皇十五年（595年）张盛墓（图2-2-1-36）①、桥村隋墓②出土的陶碾。

图2-2-1-36　河南安阳隋张盛墓出土白陶碾、磨及劳作女俑

牛与牛车则是沿袭北朝传统，如山西太原沙沟隋斛律彻墓出土陶牛与牛车（图2-2-1-37）③。

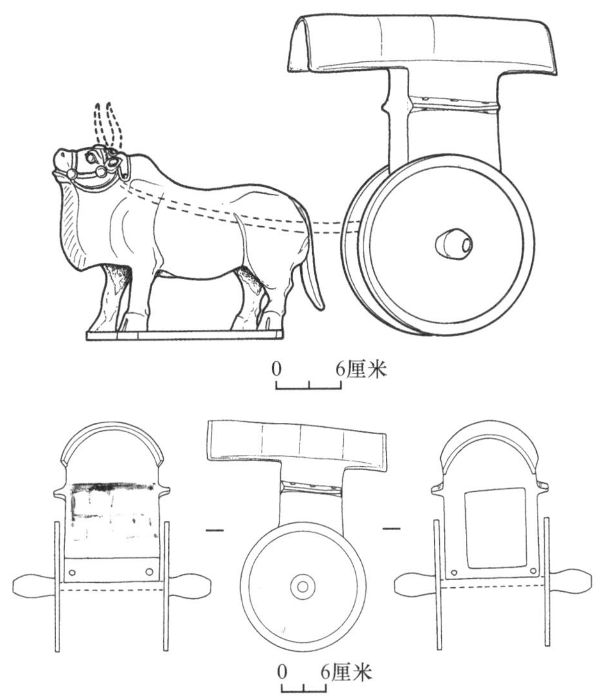

图2-2-1-37　山西太原沙沟隋斛律彻墓出土陶牛与牛车

---

① 河南博物院编著：《汉唐中原——河南文物精品展》，科学出版社，2015年，第134、135页。

② 安阳市文物工作队：《河南安阳市两座隋墓发掘报告》，《考古》1992年第1期。

③ 山西省考古研究所编著：《太原沙沟隋代斛律彻墓》，科学出版社，2017年，第88—90页。

动物模型主要有马、牛、猪、羊、狗、鸡、鸭、鹅等家畜家禽（图2-2-1-38）。这类动物模型分为泥质红陶和泥质灰陶两种陶质，单模或合模制作而成，有的上面施白色粉底，然后施彩绘。其中的陶猪有公猪和子母猪之分，后者一般为母猪侧身躺卧，在其腹部模制几头正在吃奶的小猪，生动形象。

图2-2-1-38　隋墓中常见的陶动物模型

1. 马（陕西潼关税村隋墓出土） 2. 牛（陕西潼关税村隋墓出土） 3—5. 猪（陕西潼关税村隋墓出土） 6、7. 羊（陕西潼关税村隋墓出土） 8、9. 狗（陕西潼关税村隋墓、陕西西安隋吕思礼墓出土） 10、11. 鸡（陕西西安隋吕思礼墓、陕西潼关税村隋墓出土） 12. 鸭（陕西潼关税村隋墓出土） 13. 鹅（陕西潼关税村隋墓出土）

（2）日常生活用品

日常生活用品中的陶器有罐、壶、碗、盒、砚、烛台、莲花尊、熏笼等（图2-2-1-39），有的隋墓中还随葬有釉陶博山炉，其下部为高足盘，炉体下部为盘龙形柄，炉身下部为仰

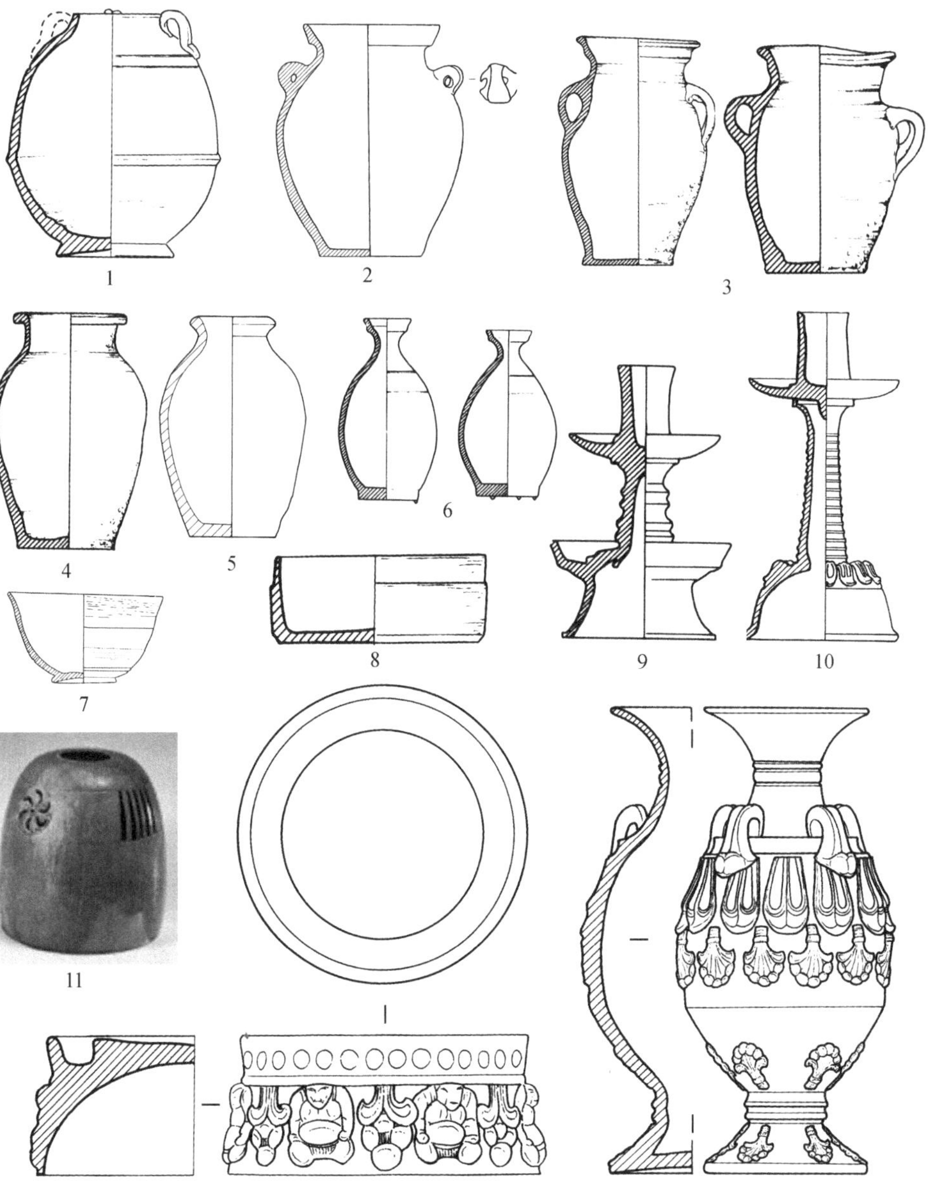

图 2-2-1-39 隋墓出土的陶器

1. 四耳釉陶罐（山西太原沙沟隋斛律彻墓出土） 2、3. 双耳罐（陕西潼关税村隋墓、陕西西安咸阳空港隋元威墓出土） 4、5. 罐（陕西西安咸阳空港隋元威墓、陕西西安隋苏统师墓出土） 6. 盘口壶（陕西西安隋吕思礼墓出土） 7. 碗（陕西西安咸阳空港隋豆卢贤墓出土） 8. 盒（山西太原沙沟隋斛律彻墓出土） 9、10. 烛台（陕西西安隋吕思礼墓、陕西西安隋吕武墓出土） 11. 釉陶熏笼（陕西西安隋丰宁公主墓出土） 12. 砚（山西太原沙沟隋斛律彻墓出土） 13. 莲花尊（山西太原沙沟隋斛律彻墓出土）

图2-2-1-40　陕西西安隋丰宁公主墓出土绿釉博山炉

莲形，上部为宝珠山岳形（图2-2-1-40）[①]。陶质有泥质灰陶、泥质红陶，有的施釉。其中泥质灰陶火候较高，质地坚硬，胎呈青灰色，多为实用器。泥质红陶较松软，火候较低，胎呈橘红色或暗红色。制法以轮制为主，个别器物采用手制。有的器物腹部为轮制，附加的耳部等则采用手制，然后黏接而成。烛台分为两部分，上部为烛盘，盘中有一空心圆筒，以备插烛之用。盘底为圈足，恰好可以套在台座的长颈上。下部为长柄台座，中空，上饰弦纹。座为覆盆形，上饰覆莲瓣。莲花尊继承了北朝因素，口呈喇叭形，束颈，卵圆形腹，喇叭形底。其上堆贴覆莲瓣等各类纹饰，有的颈部还带有耳。

2. 瓷器

瓷器有带耳罐、鸡首壶、高足盘、唾壶、扁壶、盂、杯、钵、砚台、盘、碟、熏笼、博山炉等（图2-2-1-41—图2-2-1-43）。还有一些器物较罕见，如隋李静训墓出土的白瓷双腹龙柄传瓶（图2-2-1-44）。其中有些白瓷的烧造已经达到了相当高的水准，如隋大业四年（608年）苏统师墓出土的透影白瓷杯[②]。

带耳罐，多为四耳，亦有六耳、八耳者。一般矮颈，鼓腹，较矮胖。瘦高者最大径在上部，腹部较修长，下部内收较甚。一般上部施釉，有流釉现象。

鸡首壶，盘口，细颈，双耳，双股龙柄，龙口衔盘口，一侧贴塑鸡首。有的鸡首壶腹部呈环形，如河南博物院收藏1件[③]，这类壶被认为是受到了来自地中海的影响[④]。

高足盘，上部为浅盘，口略外敞，下部为喇叭形细把高圈足。如河南安阳活水村隋开皇七年（587年）韩邕墓出土的青瓷高足盘[⑤]。有的在高足盘之上放置若干小盅，与高足盘组成高足盅盘，如河南安阳隋开皇九年（589年）遂州刺史宋循墓出土的高足盘中放置八盅[⑥]。

唾壶，盘口略外敞，束颈，扁圆腹，矮圈足或假圈足。带盖者的盖为碟形，中有一宝珠形纽。

扁壶，口部为圆形，束颈，双耳，壶身扁平，两面模印相同的花纹，圈足。

---

① 参见《考古与文物》2000年第4期封底及目录部分所附说明文字。

② 陕西省考古研究院：《西安南郊隋苏统师墓发掘简报》，《考古与文物》2010年第3期。

③ 河南省博物院编著：《汉唐中原——河南文物精品展》，科学出版社，2015年，第229页。

④ 葛承雍：《环形壶：从地中海到大兴城——西安隋墓出土环形壶（askos）艺术研究》，《文物》2020年第1期。

⑤ 安阳市博物馆：《安阳活水村隋墓清理简报》，《中原文物》1986年第3期。

⑥ 安阳县文教局：《河南安阳隋墓清理简记》，《考古》1973年第4期。

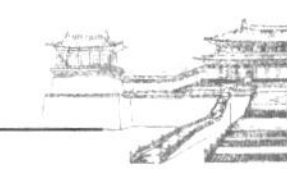

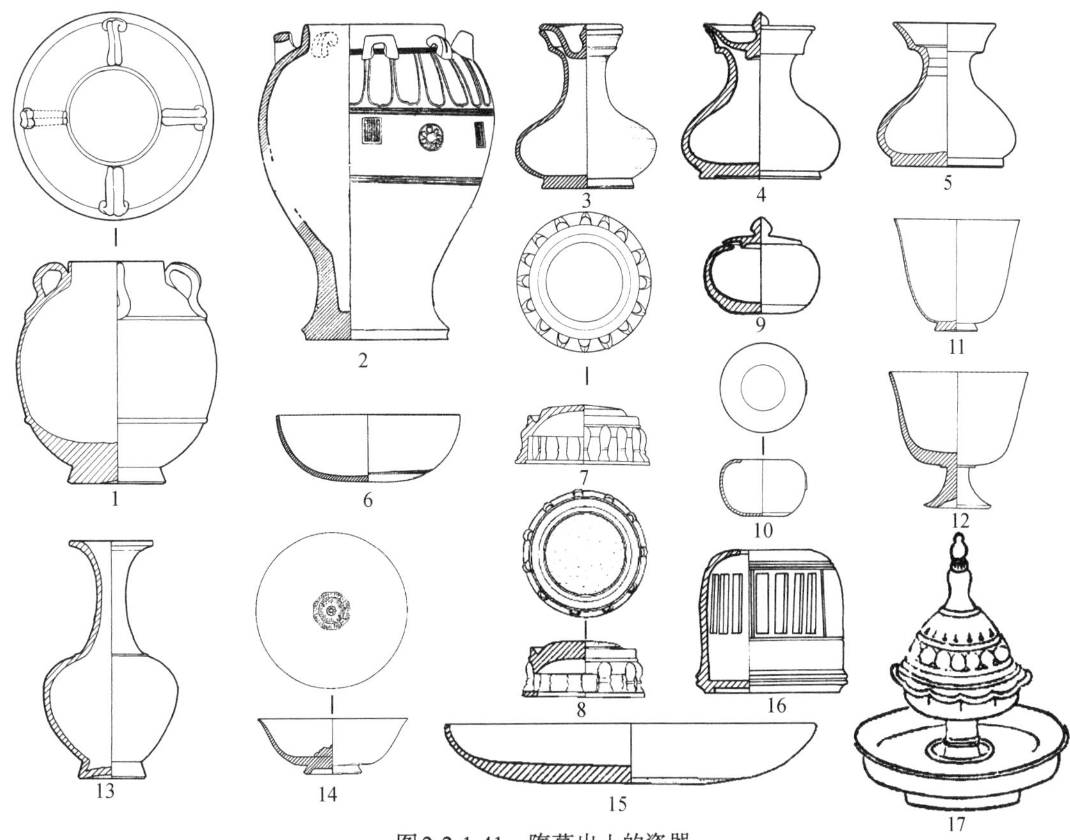

图2-2-1-41 隋墓出土的瓷器

1. 四耳罐（陕西西安隋苏统师墓出土） 2. 白瓷八耳罐（陕西西安隋李静训墓出土） 3. 青瓷唾壶（陕西西安隋元威墓出土） 4、5. 白瓷唾壶（陕西西安隋吕武墓、陕西西安咸阳空港隋豆卢贤墓出土） 6. 白瓷钵（陕西西安咸阳空港隋元威墓出土） 7、8. 白瓷辟雍砚（陕西西安隋苏统师墓、陕西西安隋李裕墓出土） 9、10. 白瓷盂（陕西西安隋吕武墓、陕西西安咸阳空港隋豆卢贤墓出土） 11. 白瓷杯（陕西西安隋苏统师墓出土） 12. 白瓷高足杯（山西太原沙沟隋斛律彻墓出土） 13. 白瓷瓶（陕西西安隋苏统师墓出土） 14. 白瓷盘（陕西西安隋李裕墓出土） 15. 白瓷碟（陕西西安隋李裕墓出土） 16. 白瓷熏笼（陕西西安咸阳空港尉迟运与贺拔氏合葬墓出土） 17. 白瓷博山炉（河南安阳隋张盛墓出土）

盂，多小口内敛，腹部扁圆，底部弧形或小平底，带盖者盖上有圆球形纽。

杯，既有传统的造型，也有仿自西方金银器造型的高足杯。

钵，敞口或口略内敛，弧腹，圜底。内外壁施釉，底无釉。

砚台，以圆形多足的辟雍砚为主。

熏笼，上部整体呈略小的圆筒形，小口，斜直腹，平底，腹上部有几组长条形镂空。

博山炉，下部为高足盘，炉体下部有柄，炉身呈博山形。

3. 金属器

（1）铜器

容器主要有鐎斗、杯、钵、盆等。装饰品有钗、簪、戒指、耳环等，以及梳妆用的铜镜。马具有马镫、马镳、杏叶等。还有一些日杂用器及钱币。与汉墓相比较，隋墓中随葬钱币的数量明显减少，主要有北周铸造的永通万国、五行大布和隋五铢等。

1

2

3

图2-2-1-42　隋墓出土的鸡首壶

1. 陕西西安隋李静训墓出土白瓷双股龙柄鸡首壶　2. 河南博物院藏青瓷环形腹鸡首壶
3. 陕西西安隋李裕墓出土白瓷双股龙柄鸡首壶

1

2

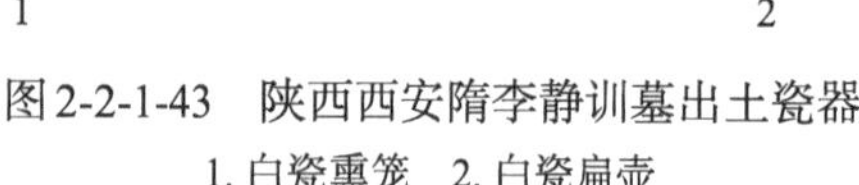

图2-2-1-43　陕西西安隋李静训墓出土瓷器

1. 白瓷熏笼　2. 白瓷扁壶

图2-2-1-44　陕西西安隋李静训墓出土白瓷双腹龙柄传瓶

（2）铁器

隋墓中随葬铁器的数量不多，主要有铁剪等。

（3）金银器

在一些高等级墓葬中发现有随葬金银器的现象，有装饰品、容器、日杂用具等。如陕

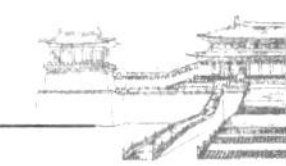

西西安隋李静训墓出土金器11件①，包括项链、手镯、戒指、高足杯等；银器19件，包括盒、勺、盘、筷子、指甲套、波斯萨珊王朝银币等。

4. 墓志

所谓墓志，是指埋入墓葬之中记述死者姓名、家世和生平事迹的文字。由于在志文之后一般附有用韵语所作之铭文，故又称墓志铭。一般多刻于石上，也有的书写或刻于砖上，个别的则用铁铸或瓷土烧制而成。经过魏晋南北朝时期的发展，墓志在隋代基本定形，分志盖和志石两部分，志石呈方形，盖呈盝顶形。也有一些墓志形制特殊，呈龟形，如山西襄垣隋浩喆墓志②。这种龟形墓志在北魏时期已经出现，如元显儁（俊）墓志就呈龟形。志文内容也逐渐形成一种固定文体，首先叙述死者姓名、籍贯和家世谱系；再记其生平事迹，官职履历，并颂扬其政绩德行；最后记其卒葬年月和葬地；志文之后为四字韵语的"铭"，以表达对死者的悼念哀思之情。隋代墓志一般不署撰者、书者姓名，唐代以后才在志文标题下署撰者、书者姓名③。隋代墓志以石质为主，也有陶质和砖质。志盖呈盝顶形，四面有斜刹，其上线刻花纹。志石方形，其正面刻铭文。志盖部分文字多为阳文篆书，采用剔地平面阳刻技法。志文文字以阴刻楷书为主，也有墨书者。如陕西西安长安区隋开皇十二年（592年）郁久闾可婆头墓出土墓志（图2-2-1-45）④。

1

2

图2-2-1-45　陕西西安长安区隋郁久闾可婆头墓出土墓志

1. 志盖　2. 志石

① 中国社会科学院考古研究所编著：《唐长安城郊隋唐墓》，文物出版社，1980年，第16—18页。

② 襄垣县文物博物馆、山西省考古研究所：《山西襄垣隋代浩喆墓》，《文物》2004年第10期。

③ 徐苹芳：《墓志》，《中国大百科全书·考古学》，中国大百科全书出版社，1986年，第341页；宫大中：《邙洛唐志研究》，《中原文物》1983年特刊。

④ 陕西省考古研究院：《长安高阳原隋郁久闾可婆头墓发掘简报》，《文博》2018年第4期。

5. 俑

隋墓中的俑可以分为陶俑和瓷俑两大类，其中以陶俑比较常见，而且数量多。北方地区隋墓出土的陶俑可以分为：镇墓俑中的典型器物有镇墓兽（图2-2-1-46）、武士俑（图2-2-1-47）；仪仗俑主要有甲骑具装俑、骑马奏乐俑、风帽俑、持盾俑、笼冠俑、小冠俑、幞头俑（图2-2-1-48）；仆侍俑有劳作仆役俑、侍女俑（图2-2-1-49），还常见鞍马俑与负载的骆驼俑（图2-2-1-50）等，有些墓葬还出土有坐部伎乐俑（图2-2-1-51）。

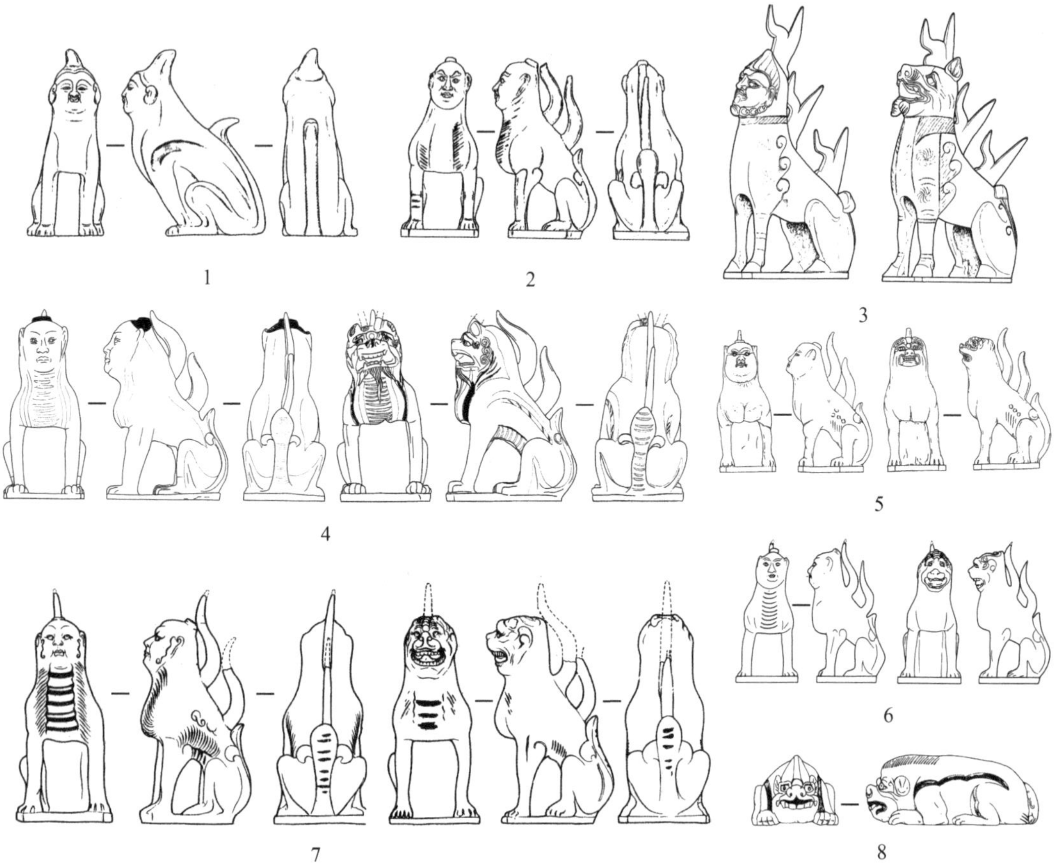

图2-2-1-46　隋墓中出土的镇墓兽

1. 陕西西安咸阳空港隋鹿善墓出土　2. 陕西西安咸阳空港隋元威墓出土　3. 山西太原沙沟隋斛律彻墓出土　4. 陕西潼关税村隋墓出土　5. 陕西西安隋张綝墓出土　6. 陕西西安隋吕思礼墓出土　7. 陕西西安隋宋忻墓出土　8. 陕西西安隋张綝墓出土

镇墓兽一般一墓两件，一为人面，一为兽面，均蹲坐于踏板之上。踏板较薄，上身前倾。有的背部有三根向上弯曲的鬃毛，有的鬃毛末端呈戟状。隋代墓葬中的镇墓兽，与东魏、北齐墓葬中所出者相似，显示了二者之间有较为明显的承袭关系。仅有个别镇墓兽呈俯卧式，这则是继承了北魏、北周的传统。在政治制度上，虽然是隋取北周而代之，但镇墓兽的形制却与北周时期的伏卧式镇墓兽有很大不同。由此可见，隋代镇墓兽在形制上受

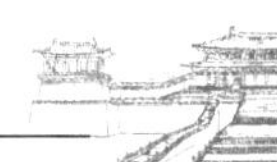

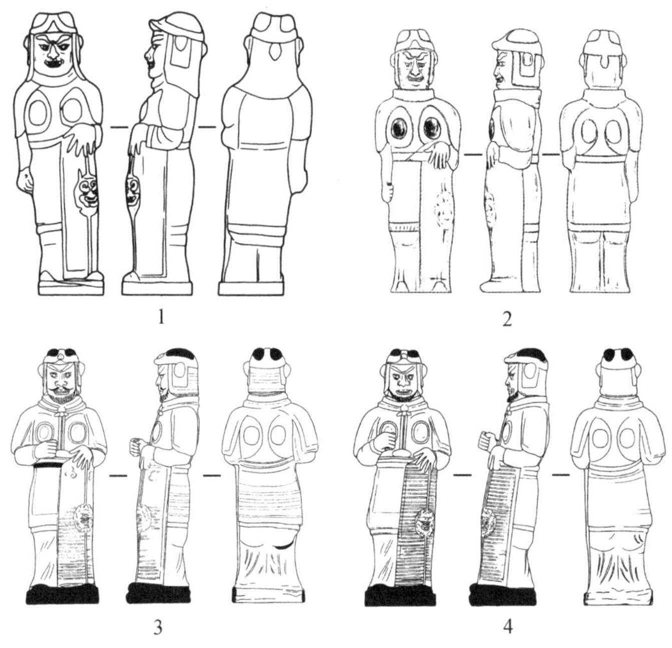

图2-2-1-47　隋墓中出土的武士俑

1. 陕西西安隋吕思礼墓出土　2. 陕西西安咸阳空港隋鹿善墓出土　3、4. 陕西潼关税村隋墓出土

图2-2-1-48　陕西潼关税村隋墓出土的仪仗俑

1、2. 甲骑具装俑　3. 骑马奏乐俑　4. 笼冠俑　5. 小冠俑　6. 幞头俑　7、8. 风帽俑　9. 持盾俑

图2-2-1-49　隋墓中出土的劳作仆役俑及侍女俑

1. 劳作仆役俑（陕西西安隋吕思礼墓出土）

2、3. 侍女俑（山西太原沙沟隋斛律彻墓出土）

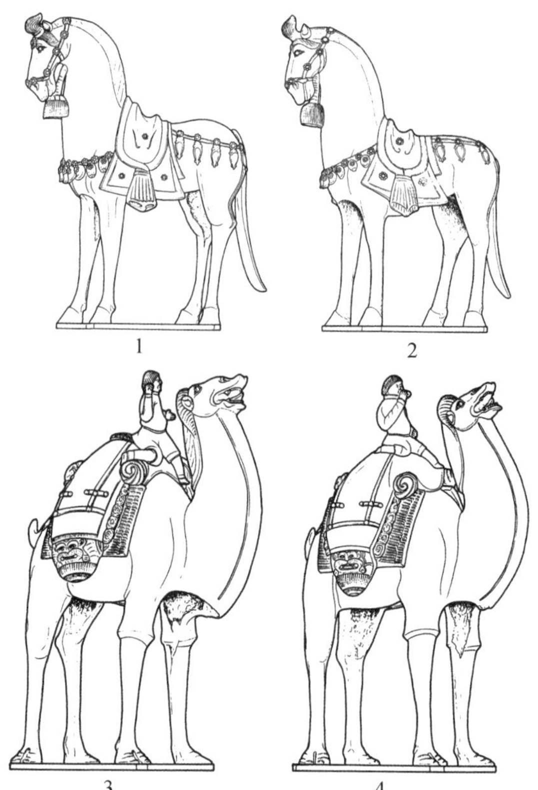

图2-2-1-50　隋墓中出土的鞍马俑及负载骆驼俑

1、2. 鞍马俑（山西太原沙沟隋斛律彻墓出土）

3、4. 负载骆驼俑（山西太原沙沟隋斛律彻墓出土）

图2-2-1-51　河南安阳隋张盛墓出土坐部伎乐俑

了北齐影响，隋墓在制度上也表现出明显的北齐色彩，这也与文献记载相吻合。据《隋书·礼仪三》记载："开皇初，高祖思定典礼。太常卿牛弘奏曰：'圣教陵替，国章残缺，汉、晋为法，随俗因时，未足经国庇人，弘风施化。且制礼作乐，事归元首，江南王俭，偏隅一臣，私撰仪注，多违古法。就庐非东阶之位，凶门岂设重之礼？两萧累代，举国遵行。后魏及齐，风牛本隔，殊不寻究，遥相师祖，故山东之人，浸以成俗。西魏已降，师旅弗遑，宾嘉之礼，尽未详定。今休明启运，宪章伊始，请据前经，革兹俗弊。'诏曰：'可。'弘因奏征学者，撰《仪礼》百卷。悉用东齐《仪注》以为准，亦微采王俭礼。修毕，上之，诏遂班天下，咸使遵用焉。"①在南方地区墓葬中，常见人面鸟身的镇墓兽，这类镇墓兽在河南南阳六朝时期的画像砖上即有出现，并有题名，分别为"千秋""万岁"。

武士俑主要为持盾武士俑，头戴兜鍪、身披明光铠、脚踏薄板的形象，继承了北朝时期北方地区墓葬中武士俑的形象。此外，隋墓中还随葬大量的男俑、女俑、骑马俑（有的为甲骑具装俑）、骆驼俑等。这些俑类以泥质红陶为主，单模或合模制作而成，表面有的施粉白色底，上面施彩绘。

瓷俑在北方地区主要见于河南安阳一带的隋墓，如河南安阳隋开皇十五年（595年）张盛墓出土的白釉黑彩瓷镇墓兽（图2-2-1-52）、武士俑、侍吏俑等。尤其是白釉黑彩瓷侍吏俑在隋瓷中罕见，侍吏俑束发戴冠，身着宽袖长袍，双手握仪刀（图2-2-1-53）；武士俑头戴盔，身着明光铠，腰系带，下着裤。两种俑均脚踏莲花座。河南巩义隋墓也出土了一批以白瓷为主的瓷俑，包括镇墓兽、武士俑、男女侍俑、胡俑、跪拜俑等。在南方地区湖北、湖南一带隋墓中，瓷俑也比较常见，其种类与陶俑相类似。

图2-2-1-52 河南安阳隋张盛墓出土白釉黑彩瓷镇墓兽

在南方地区隋墓中还常见十二生肖俑。十二生肖俑在唐开元以前的中原墓葬中尚少见，而南方两湖地区在隋代已出现成体系的十二生肖俑。中原地区的十二生肖俑很可能是从南方传入的，而南方楚地很可能是这种神灵系统的发源地。这种推断源于两方面的原因：一是两湖一带属楚文化范畴，楚地巫风盛行，"信巫鬼，重淫祀"，神话传说丰富，富有浪漫气息，有神秘的巫文化色彩；二是楚地流行四时四方观念。从考古发现来看，隋代两湖地区的十二生肖俑已完全摆脱了之前的动物形象，十二生肖俑一般为头戴冠身着褒衣

① （唐）魏徵、令狐德棻：《隋书》，中华书局，1973年，第156页。

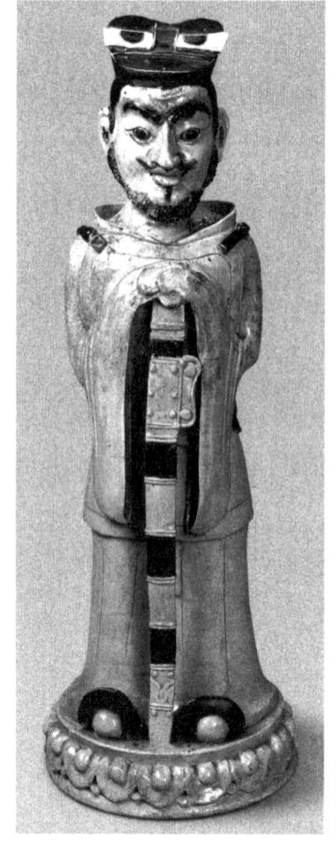
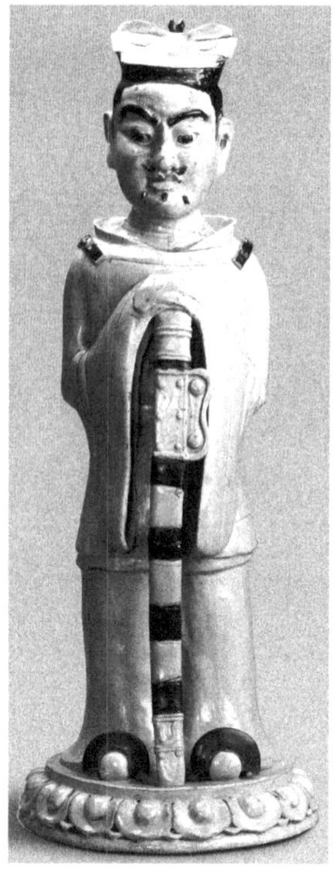

图2-2-1-53　河南安阳隋张盛墓出土白釉黑彩瓷侍吏俑

博带服装的文官形象，拱手盘坐，怀抱或头顶一动物，并开始出现兽首人身的十二生肖俑[①]。如湖北武昌通湘门何家山大业四年（608年）M52（图2-2-1-54，1）、土公山M494（图2-2-1-54，2）出土的十二生肖俑，头戴冠，身着袍服，端坐，怀抱一动物[②]；武昌马房山M17出土的十二生肖俑，身着袍服，端坐，动物首（图2-2-1-54，3）[③]。

除上述主要随葬品外，隋墓之中还随葬有玉石器、玻璃器、漆器、木器、泥质冥币（图2-2-1-55）等器物。特别值得注意的是河南扶沟发现的赵洪达墓[④]，发掘者推断其年代在开元天宝以前，但据墓葬形制、丧葬方式、随葬器物等来看，与河南安阳一带隋墓较相似，因此推断其年代应该在隋至初唐之间。该墓之中发现的镇墓石（图2-2-1-56），对研究隋唐时期镇墓石的演变规律有重要价值。

二、隋墓的分区与研究

（一）北方地区隋墓

北方地区隋墓目前发现的数量不多，主要集中在都城大兴及其周围地区，另外一个重要的地区为河南安阳。

1. 都城大兴及其周围地区

隋都城大兴周围的大型隋墓已经发掘了40多座，还有不少的小型隋墓。其中规模较大、墓主人身份较高的墓葬，反映了隋代贵族官僚主要埋葬于大兴城周围的情况。据《隋书·礼仪三》记载："在京师葬者，去城七里外。"[⑤]即隋大兴城周围的墓葬，都在距城七里

① 李曼丽：《十二生肖俑略说》，《收藏》2007年第9期。

② 湖北省文物考古研究所、湖北省博物馆、北京大学考古文博学院编著：《武昌隋唐墓》，上海古籍出版社，2021年，上册，第10—20、275—277页。

③ 湖北省文物考古研究所、湖北省博物馆、北京大学考古文博学院编著：《武昌隋唐墓》，上海古籍出版社，2021年，上册，第178页。

④ 河南省文化局文物工作队：《河南扶沟县唐赵洪达墓》，《考古》1965年第8期。

⑤ （唐）魏徵、令狐德棻：《隋书》，中华书局，1973年，第157页。

图2-2-1-54　湖北隋墓出土十二生肖俑

1. 申猴［武昌通湘门何家山大业四年（608年）M52出土］

2. 寅虎（武昌土公山M494出土）　3. 寅虎、午马、申猴（武昌马房山M17出土）

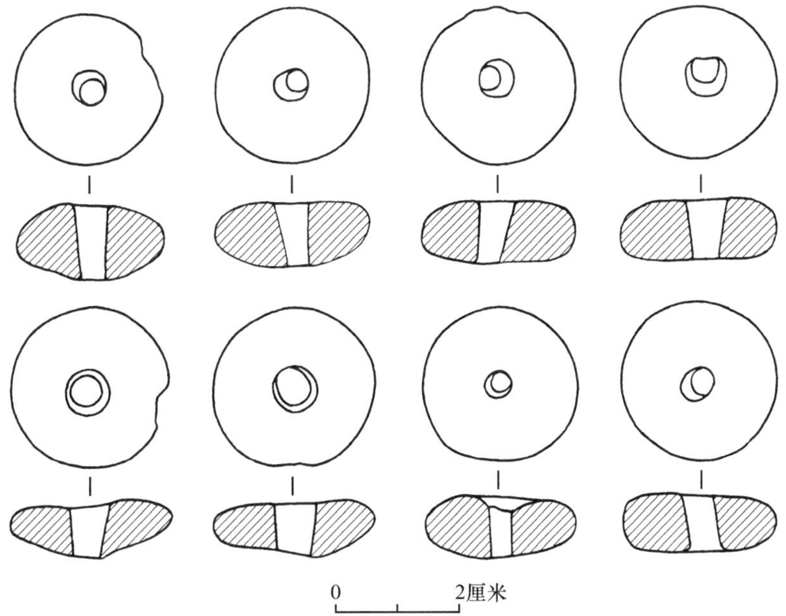

图2-2-1-55　陕西潼关税村隋墓出土泥质冥币

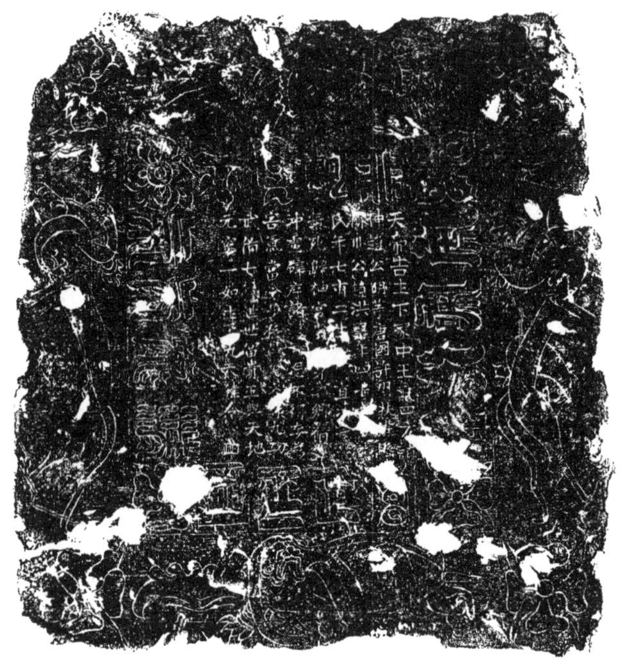

图2-2-1-56　河南扶沟赵洪达墓出土镇墓石

之外。比较有意思的是北周安伽墓墓志云："厝于长安之东，距城七里。"[①]似乎从一个侧面反映了这种距城七里的丧葬规定，始于北周并被隋代所继承。大兴城及其周围的隋墓，在墓葬形制上继承了北周时期流行的长斜坡墓道、多天井、多过洞、带甬道的单室土洞墓或砖室墓，随葬品可以分为仪仗类的陶俑、日常生活类的陶瓷器、陶瓷模型器、金属器等几大类。而其中的镇墓兽和俑类更接近北齐的造型，这也与文献记载的隋代丧葬习俗遵从北齐制度相吻合。

与南方地区隋墓不同，都城大兴及其周围较大型隋墓绘有壁画。目前所知，在陕西和宁夏发现数座隋代壁画墓。这一时期的墓葬壁画，表现出从北朝向唐代过渡的特征，基本上可以将其归为北朝系统。

隋墓壁画题材综合起来看，主要有：①青龙、白虎：在山东嘉祥英山隋徐敏行墓墓室有残存，但位于出行人物上方，而没有绘在墓道前方。②仪仗：绘制于墓道两侧，墓道北壁绘制门楼图[②]。③象征身份的列戟：绘制于天井或过洞入口处墓道两侧。④仕女、人物：主要绘制于墓室壁面。⑤宴饮乐舞：主要绘制于墓室壁面。⑥天象图：绘制于墓室顶部。比较有代表性的隋壁画墓有以下几座：

（1）宁夏固原隋史射勿墓的墓道、天井、过洞和墓室均有壁画，壁画主要为单体人物，或为身着战袍、双手执刀的武士，或为白袍束带、手执笏板的文官（图2-2-1-57）。墓室南壁画一组侍女，可以辨认的约有五人，头部均束高髻，身着长裙，其上装饰红条。壁画中的武士形象与宁夏固原北周李贤墓壁画相似，明显承袭了北周壁画的画法[③]。

（2）陕西潼关税村隋墓壁画，墓道东西两壁绘出行仪仗图，布局对称，各有46个人物、1匹鞍马和1架列戟，自墓道入口至第一过洞之前，各有七组人物。人物皆为男性，

① 陕西省考古研究所编著：《西安北周安伽墓》，文物出版社，2003年，第62页。

② 对于隋唐时期墓葬的墓道北壁上方（第一过洞前壁上方）绘制的建筑图案，在不同的报告或论著中叫法不同，如建筑图案、城门楼、门楼、阙楼等。从其所绘位置来看，第一过洞的入口处象征的是宅第大门，其上部所绘的楼阁建筑，应该象征门楼，这也与事死如生的丧葬观念相吻合。

③ 宁夏回族自治区固原博物馆　罗丰编著：《固原南郊隋唐墓地》，文物出版社，1996年，第19—23页。

图2-2-1-57 宁夏固原隋史射勿墓墓道、天井、过洞壁画
1. 东侧 2. 西侧

平均身高1.25米，头裹幞头，穿圆领直襟，腰系銙带，足蹬靴或鞋，腰间悬挂刀、鞶囊、布袋、弓袋、箭箙等，手中或执弓或擎旗或举仪刀，排队成列。人物姿态不一，面部表情丰富，神态生动。列戟架位于第一过洞入口前面、墓道后部两侧，每架列戟9杆，共计18杆（图2-2-1-58）。墓道北壁绘门楼图，为庑殿顶楼阁建筑（图2-2-1-59）。墓道壁画基本采用线勾手法，填色只有黑、红两色，线条流畅，技法纯熟。墓室顶部绘制天象图（图2-2-1-60）。

图2-2-1-58 陕西潼关税村隋墓墓道东侧壁画

图2-2-1-59　陕西潼关税村隋墓墓道北壁门楼图

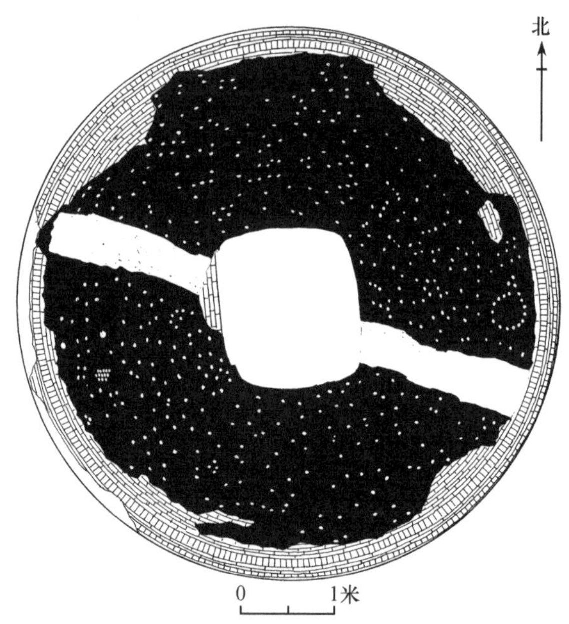

图2-2-1-60　陕西潼关税村隋墓墓室顶部天象图

（3）隋韦协墓壁画，仅存于天井及墓室北壁下部、西壁南角和东壁南角。天井壁画的总体布局呈东西两壁相对称状，绘有仪仗、列戟图，两壁壁画内容略有差异。墓室壁画主要为内侍、侍女等人物①。

（4）陕西西安长安区隋张綝夫妇合葬墓壁画，主要有过洞两侧绘制的戟架、列戟以及墓室壁面绘制的影作木构建筑等②。

隋代的壁画墓除在都城大兴及其周围地区有所发现之外，也见于山东嘉祥徐敏行墓墓室壁面，其内容主要有出行图、宴饮乐舞图等（图2-2-1-61）。从壁画分布情况来看，北壁绘以山水屏风为背景的“宴饮乐舞图”，墓主人夫妇端坐于床榻上，手中各执一高足杯，饮酒观赏乐舞。西壁绘备马出行仪仗图，依次为备马图及携带乐器的人物、持伞扇和行灯的仪仗、二人执缰牵二马。东壁为徐敏行夫人出行图，最前面四女前导，随后是帷屏牛车，应当是女主人乘坐的牛车，由四侍从护卫前行，牛车后为四名女侍捧巾等器物，最后为饲犬人和双犬。南壁墓门左右绘持剑武士，门洞内绘小吏和奴仆。门洞外东西壁绘守门

① 西安市文物保护考古研究院：《隋韦协墓发掘简报》，《文博》2015年第3期。

② 西安市文物保护考古研究院：《西安长安隋张綝夫妇合葬墓发掘简报》，《文物》2018年第1期。

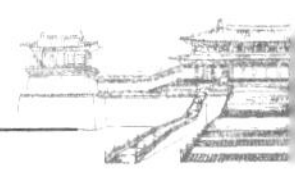

1

2

3

4

5

6

图2-2-1-61 山东嘉祥隋徐敏行墓壁画

1、2. 徐敏行夫人出行图 3. 出行仪仗图 4. 备马出行图 5、6. 徐敏行夫妇宴饮乐舞图人。墓室顶部绘天象图，月中有玉兔捣药[①]。

2. 安阳地区

河南安阳一带的隋墓发掘数量多，1949年以前就发掘隋唐时期墓葬175座，其中大多数为隋墓。20世纪60至70年代又发掘了29座。这些墓葬均为竖井式或斜坡式墓道的单室土洞墓，一般由墓道和墓室两部分组成，其中少数还带有甬道。墓室大部分为拱券顶，少数为穹隆顶。近些年来又陆续有所发现。这一地区的较大型隋墓中较多随葬瓷俑。在墓葬形制等方面，与北齐关系较为密切。根据墓葬形制和随葬品组合的变化，以仁寿为界，分为前后两期：前期自隋初至仁寿年间，瓷器组合以碗、罐为主，碗、罐、杯组合较少见；后期自仁寿年间至隋末，瓷器中碗、罐、杯组合流行，并出现了碗、罐、杯、盘组合形式，有的还增加了瓷瓶。其发展演变规律，为探讨这一地区中小型墓葬的演变规律提供了重要资料。

（二）南方地区隋墓

1. 墓葬概况

南方地区隋墓的构筑方法一般为先开挖竖穴土坑，然后在土坑之内用砖砌券顶墓室，所以，多长方形土圹砖室墓，有的前部砌筑短甬道，使墓葬形制犹如“凸”字形，顶部多为券顶。有的墓葬为双室或三室并列。墓壁设置有小壁龛。墓室之内有模印砖画，这是南朝以来习俗的延续。随葬品主要有各类青瓷器，少见陶器及陶俑，陶俑有镇墓兽、人面鸟身俑、武士俑、骑马俑、乐舞俑等。青瓷器有碗、盘、鸡首壶、盘口壶、四系罐、六系罐、盒、烛台、唾壶、砚等。

2. 墓葬分区

（1）长江上游地区

长江上游的四川地区发现的隋墓数量不多，主要为砖筑。有单室和双室之分。单室墓平面呈长方形或梯形。双室墓平面呈双“凸”字形，由前甬道、前室、后甬道、后室（棺室）组成。有的墓葬在前室、后室左右砌筑有耳室，后壁砌筑壁龛。墓砖花纹图案为草茎纹、几何纹、花瓣纹等。随葬品有青瓷碗、双耳灰陶罐、黑褐色小陶盏托、铜器和铜钱。如四川新津隋墓（M22），为前后室双“凸”字形，砖筑，前后室两侧各砌筑一对耳室，长2.86米。墓砖上模印花纹，其中有“开皇元年”字样[②]。其花纹砖的花纹保留有南朝的因素。

（2）长江中游地区

长江中游地区的隋墓主要有砖室和土坑两种。墓壁砌筑方法为三平一竖或平砖叠砌。墓室之内大都设龛，或为灯龛，或放置十二生肖俑。多数墓葬有排水设施。墓壁镶嵌画像砖，壁面露出的有莲花、四神、侍女、武士、羽人等纹饰。墓砖侧面也模印花纹，有钱纹、叶脉纹、忍冬纹、几何纹等。

---

① 山东省博物馆：《山东嘉祥英山一号隋墓清理简报——隋代墓室壁画的首次发现》，《文物》1981年第4期；《中国墓室壁画全集》编辑委员会编：《中国墓室壁画全集·2·隋唐五代》，河北教育出版社，2011年，第1—6页，图版一—图版六，说明文字参见第1—3页。

② 四川省博物馆：《四川牧马山灌溉渠古墓清理简报》，《考古》1959年第8期。

砖室墓分为长方形单室券顶墓和“凸”字形单室券顶墓，有些大型砖室墓具有前后室并带有耳室。如湖北武汉东湖岳家嘴隋墓（图2-2-1-62）①，是一座大型前后室砖室墓，平面呈“凸”字形。墓室通长7.94米，前室两侧有1对对称的方形耳室；后室后部两侧也对称分布1对方形耳室；棺床位于后室后部，长3.28米；墓砖之上模印花纹。随葬品主要安置在前室，俑有男女俑、十二生肖俑、胡俑、陶马、陶牛等，陶瓷器有碗、鸡首壶、砚、唾壶、高足盘、盘口壶等。

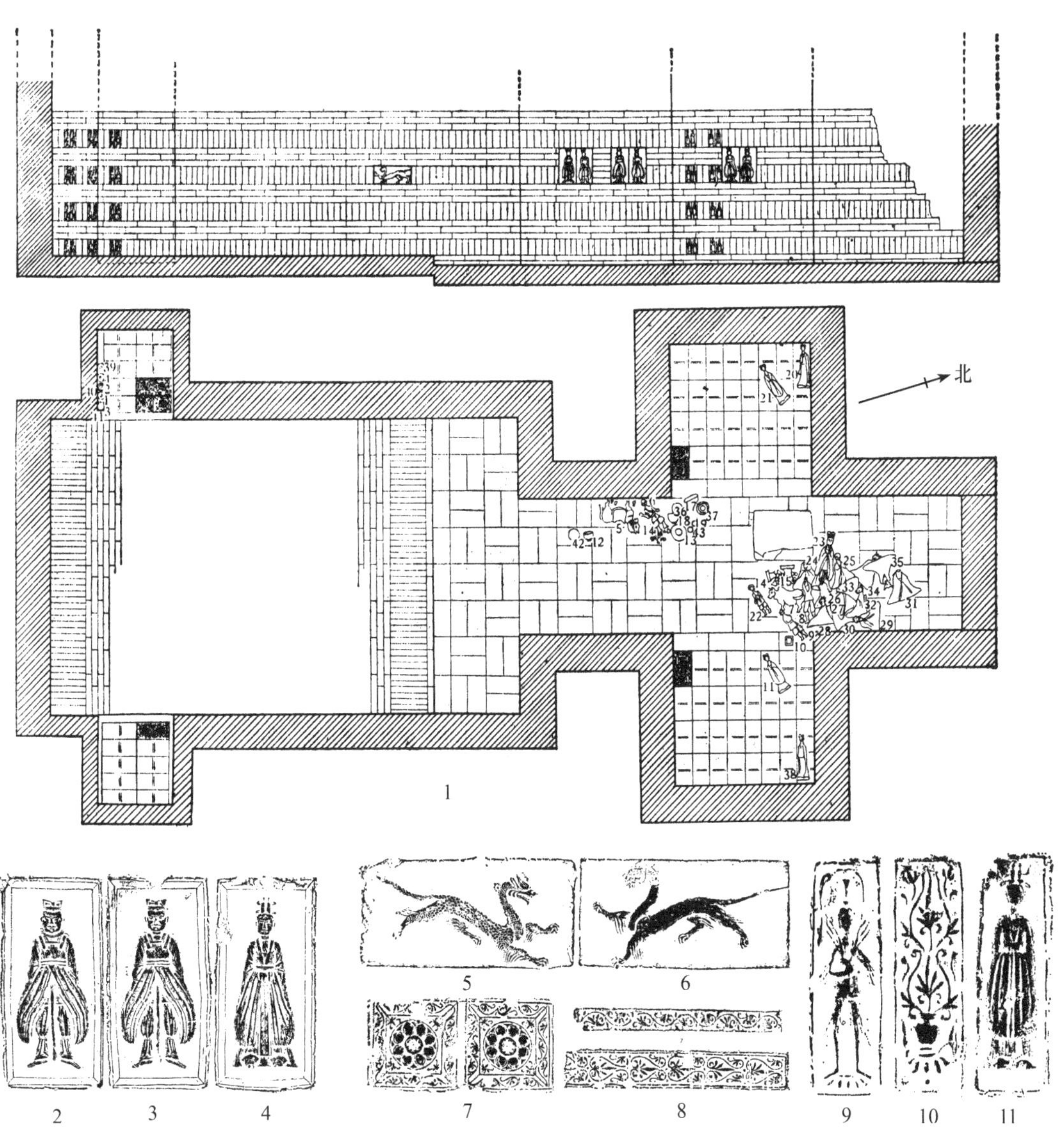

图2-2-1-62　湖北武汉东湖岳家嘴隋墓平、剖面图及出土模印花纹砖

1．墓葬平、剖面图　2．武官　3．文官　4、11．侍女　5．青龙　6．白虎　7．莲花纹铺地砖　8．楔形砖和条砖侧面卷草纹　9．持幡羽人　10．瓶花纹

① 武汉市文物管理处：《武汉市东湖岳家嘴隋墓发掘简报》，《考古》1983年第9期。

土坑墓一般为长方形竖穴式，随葬品有盘口壶、铜钱、铜镜等。

（3）江苏、浙江地区

墓葬分为竖穴土坑墓和砖室墓两种。竖穴土坑墓平面呈长方形或梯形。砖室墓根据墓室的多少可以分为单室、前后室、双室并列以及为数不多的前中后三室几种。其中单室墓数量较多，有长方形、“凸”字形、腰鼓形，墓砖花纹常见钱纹、鱼纹、几何纹等。如江苏铜山茅村发现的长方形砖室墓①，墓主人身份为隋光禄大夫。墓室长6.35、宽2.8米。墓室顶部已被破坏，但从出土的楔形砖来看，推测原来为券顶。随葬品有陶俑和青瓷器以及墓志。前后室墓多呈双“凸”字形，由前甬道、前室、后甬道、后室组成，有的墓室两侧砌筑耳室，后壁砌筑有壁龛。如浙江衢州隋墓（M21），前后室呈双“凸”字形，长6.6、宽2米。后室后部砌筑有壁龛②。双室并列的砖室墓平面均为长方形，如浙江嵊州城郊乡雅致村隋大业二年（606年）双室并列的长方形砖室墓。两个墓室的结构、大小基本一致，内长2.53、宽0.49、高0.72米。顶部为叠涩顶。随葬品主要为青瓷器，有碗、盘口壶等③。此外，也有“凸”字形的前中后三室墓。

（4）赣南地区

发现的隋墓数量较少，根据建筑材料可以分为土坑墓和砖室墓两种。随葬品有盘口壶、铜钱及前代铜镜。竖穴土坑墓平面一般为长方形。砖室墓有单室长方形，也有一定数量的前后室墓，墓室平面呈双“凸”字形，有的墓室后壁砌筑壁龛。如江西清江树槐隋墓（M13），前后室，砖筑而成，平面呈双“凸”字形，长4.73米④；清江岭西隋大业七年（611年）墓，前后室，砖筑而成，平面呈双“凸”字形，后室后壁砌筑两个壁龛，长5.6米⑤。

（5）岭南地区

岭南地区发现的隋墓均为砖室墓，一般以长方形单室砖室墓较多，墓壁砌筑方法均以平砖叠砌。墓壁设有小龛，或凸出半块砖以置灯盏。墓砖纹饰以叶脉纹最为常见，其他有水波、圆弧、花草、网纹等，有些则模印纪年铭文。双室墓有的左右并列，有的平面呈“中”字形。有的墓葬砌筑有壁龛。随葬品安置在墓室前端或前室，后室的棺床后端也有少部分。随葬品主要是青瓷器、铜钱、铜镜、铜装饰品、玻璃器等。青瓷器常见四系罐、六系罐、碗、钵等。

（6）福建地区

福建发现的隋墓较少，主要为砖室墓，墓室平面呈刀形和“凸”字形。如在南安丰州发现的1座，平面呈“凸”字形，由甬道和墓室组成，墓室券顶。后壁设置一小龛。随葬品多安置在墓室前端靠右壁的地方，以瓷器为主。有双耳罐、六耳罐、钵、单管插、四管插、小瓶、虎子、博山炉。其中虎子、四管插、单管插、博山炉在其他地区比较少见。在

---

① 徐州博物馆：《江苏铜山县茅村隋墓》，《考古》1983年第2期。

② 衢州市文化馆：《浙江衢州市隋唐墓清理简报》，《考古》1985年第5期。

③ 嵊县文物管理委员会：《浙江嵊县发现隋代纪年墓》，《文物》1987年第11期。

④ 江西省文物管理委员会：《江西清江隋墓发掘简报》，《考古》1960年第1期。

⑤ 清江博物馆：《江西清江隋墓》，《考古》1977年第2期。

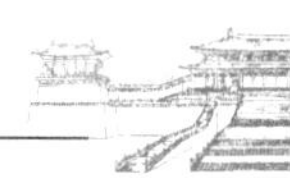

惠安曾厝村也发现2座开皇十七年（597年）砖室墓[①]，结构相同，平面均呈“凸”字形。墓砖侧面模印叶脉纹、鱼纹、钱纹以及纪年文字。随葬品均置于墓室前部棺床之侧。其中M2甬道长0.94、宽0.7、高1.15米，墓室长3.66、宽1.48、高1.97米。墓室后部为砖砌棺床，高0.22米。随葬品有盏托、插器、砚台、唾盂、青瓷香炉等。随葬品与南朝墓葬有很多相似之处。

第二节 唐代墓葬

在唐王朝直接统治的广大区域内均发现唐代墓葬，其中以西安、洛阳地区数量最多，如西安地区已发掘清理数万座以上，洛阳地区也有千余座。其次，如山西太原、辽宁朝阳、新疆吐鲁番、湖北武汉、湖南长沙、江苏扬州、广东北江流域及其沿海地区、福建闽江下游和晋江流域也都是唐代墓葬发现较多的地区。

一、唐墓形制

1. 竖穴土坑墓

在已经发表的唐墓中数量所占比例不大，墓室平面一般呈长方形，或者呈梯形，墓口往往大于墓底。这类墓葬在整个唐代无多大变化，属于一般居民的墓葬，而且南北方地区均有发现。如陕西凤翔南郊发现172座竖穴土坑墓，平面呈梯形或长方形，墓口一般长1.5—2、宽0.35—0.6、深0.3—0.7米，埋葬简单，部分无葬具，少数有随葬品，多数则无（图2-2-2-1）[②]。浙江诸暨发现的唐代竖穴土坑墓[③]，木棺采用整根大木雕凿而成。随葬器物置于棺内两端，主要有青瓷盘口壶、罐、碗等。其中以盘口壶和碗最为常见，双唇罐比较有特色，还有动物模型、模型明器、陶俑。

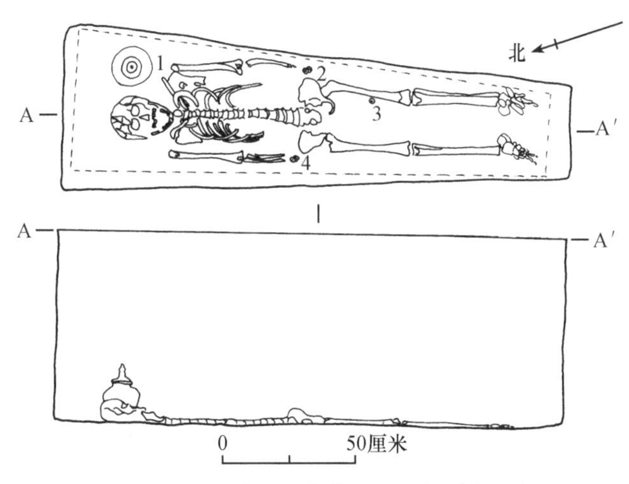

图2-2-2-1 陕西凤翔唐M254平、剖面图

① 泉州市文管会、惠安县博物馆：《福建惠安县曾厝村发现两座隋墓》，《考古》1998年第11期。

② 陕西省考古研究院、西北大学文博学院编著：《陕西凤翔隋唐墓——1983—1990年田野考古发掘报告》，文物出版社，2008年，第94页。

③ 诸暨县文物管理委员会：《浙江诸暨县唐代土坑墓》，《考古》1988年第6期。

2. 长斜坡墓道土洞墓

一般由墓道、过洞、天井、小龛、甬道、墓室等部分组成。根据墓室的多少，可分为单室和双室两类，其中单室墓葬占绝大多数，如陕西西安唐金乡县主墓，坐北向南，由斜坡墓道、3个过洞、3个天井、2个壁龛以及甬道、墓室组成，总长约23米（图2-2-2-2）。双室墓数量极少，仅在西安地区发现3座，分别为唐神龙元年（705年）沙州刺史李思贞墓，长斜坡墓道，前室平面呈正方形，顶部呈拱形；后室平面呈斜方形，穹隆顶；有5个过洞和天井，6个小龛；甬道位于墓室之南偏东。后室西侧砌筑有砖棺床，棺床之上置木棺[①]；唐万岁登封元年（696年）太中大夫、司农少卿、上柱国温思暕墓（图2-2-2-3），长斜坡墓道，4个过洞和天井，4个小龛[②]；唐神龙元年（705年）朝散大夫、使持节严州诸军

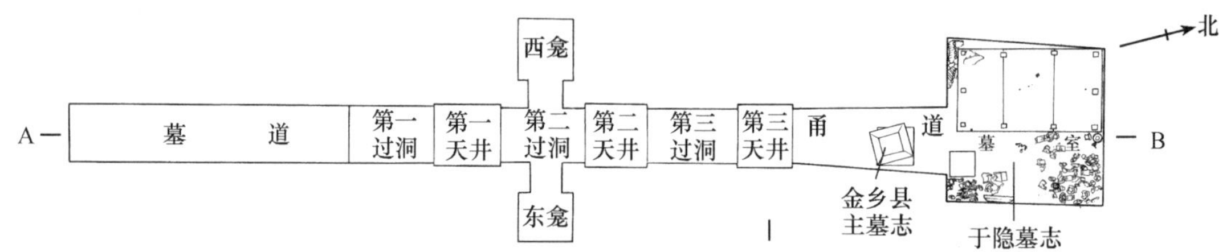

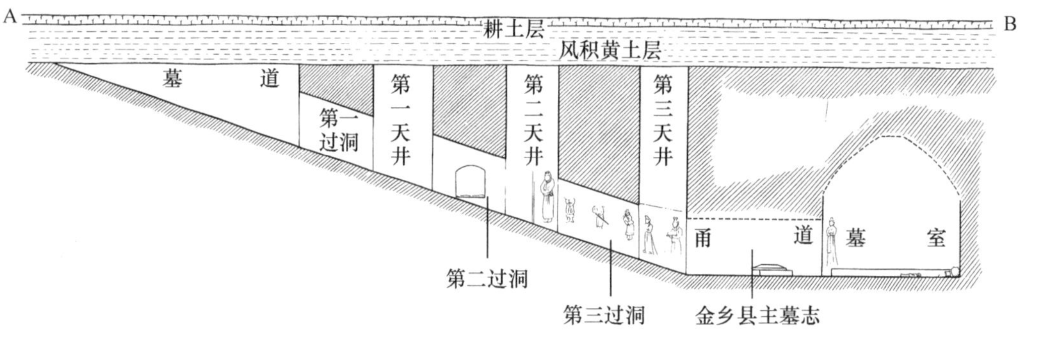

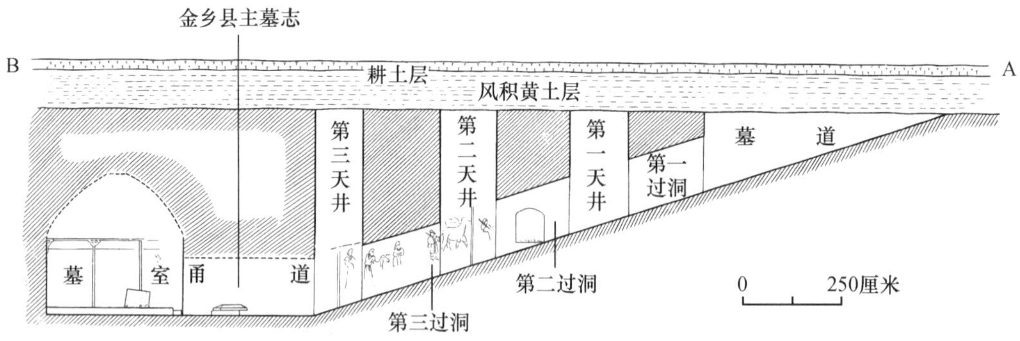

图2-2-2-2 陕西西安唐金乡县主墓平、剖面图

① 陕西省文物保护研究院编著、姜宝莲主编：《二十世纪五十年代陕西考古发掘资料整理研究》，三秦出版社，2015年，上册，第658—669页。

② 西安市文物保护考古所：《西安东郊唐温绰、温思暕墓发掘简报》，《文物》2002年第12期。

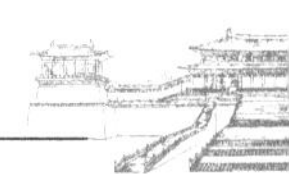

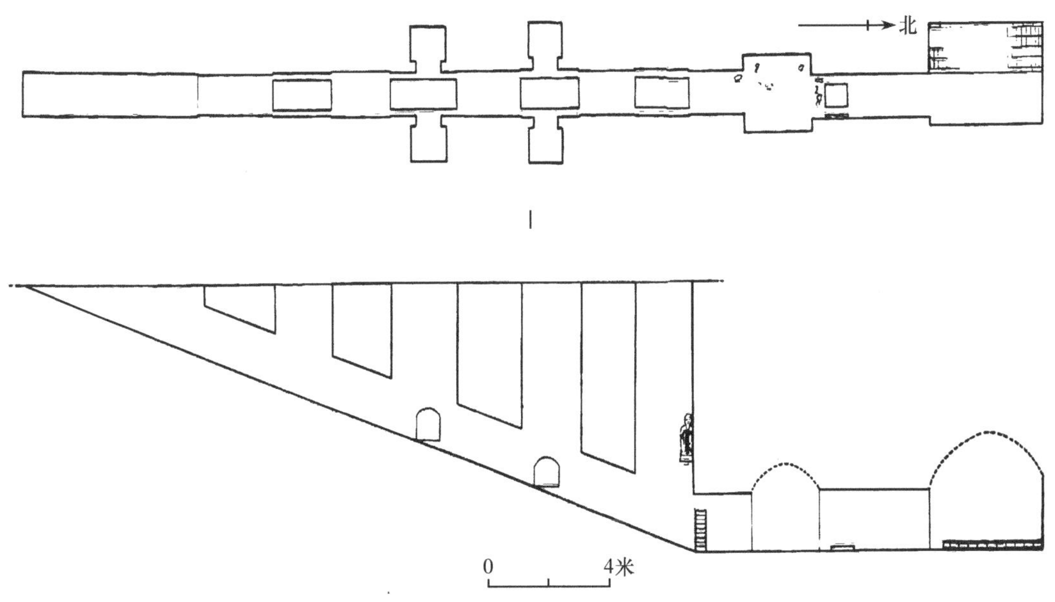

图2-2-2-3 陕西西安唐温思暕墓平、剖面图

事、严州刺史、上柱国华文弘夫妇合葬墓，长斜坡墓道，5个过洞和天井，6个小龛，甬道、墓室四壁及顶部为土壁，地面自前甬道开始铺砖至墓室后部，这一点与前两座有所不同，而介于两者之间①。

3. 长斜坡墓道砖室墓

一般由墓道、过洞、天井、小龛、甬道、墓室等部分组成。根据墓室的多少，可分为单室和双室两类，其中单室墓占绝大多数，其规模也有大小之分。规模较大的单室砖室墓一般墓道较长，过洞和天井较多，如陕西礼泉唐龙朔三年（663年）新城长公主墓（图2-2-2-4）②、礼泉唐乾封元年（666年）韦贵妃墓（图2-2-2-5）③、富平唐上元二年（675年）虢王李凤墓（图2-2-2-6）④、礼泉唐上元二年阿史那忠墓（图2-2-2-7）⑤、蒲城唐开元十二年（724年）惠庄太子李㧑墓（图2-2-2-8）⑥、蒲城唐宝应二年（763年）高力士墓（图2-2-2-9）⑦

① 张全民：《唐严州刺史华文弘夫妇合葬墓》，《文博》2003年第6期。

② 陕西省考古研究所、陕西历史博物馆、礼泉县昭陵博物馆编著：《唐新城长公主墓发掘报告》，科学出版社，2004年，第11—26页。

③ 陕西省考古研究院、昭陵博物馆编著：《唐昭陵韦贵妃墓发掘报告》，科学出版社，2017年，第16—24页。

④ 富平县文化馆、陕西省博物馆、陕西省文物管理委员会：《唐李凤墓发掘简报》，《考古》1977年第5期。

⑤ 陕西省文物管理委员会、礼泉县昭陵文管所：《唐阿史那忠墓发掘简报》，《考古》1977年第2期。

⑥ 陕西省考古研究所编著：《唐惠庄太子李㧑墓发掘报告》，科学出版社，2004年，第9—14页。

⑦ 陕西省考古研究所：《唐高力士墓发掘简报》，《考古与文物》2002年第6期。

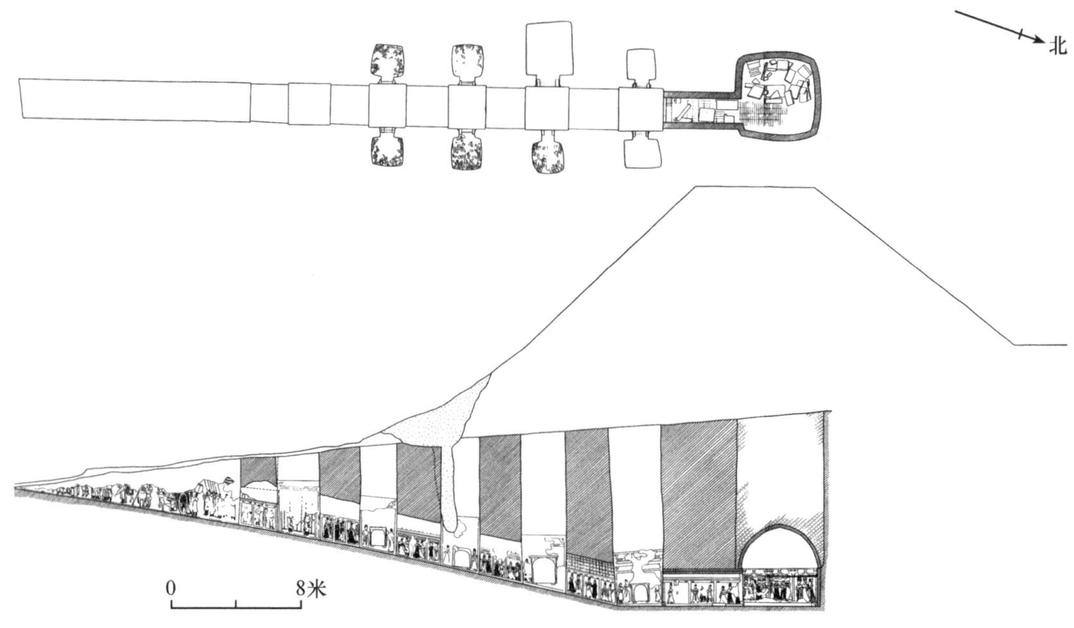

图2-2-2-4　唐新城长公主墓平、剖面图

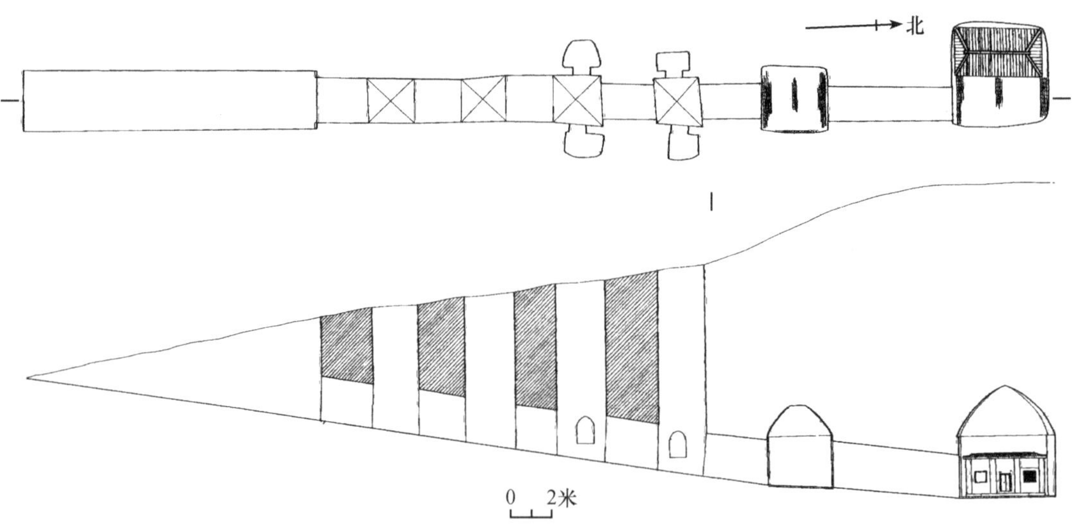

图2-2-2-5　唐韦贵妃墓平、剖面图

等，均属此类。规模较小者，如陕西西安西郊陕棉十厂唐墓（M7）（图2-2-2-10）①、西安唐开元二十四年（736年）韦慎名夫妇墓（图2-2-2-11）②等。

① 陕西省考古研究所：《西安西郊陕棉十厂唐壁画墓清理简报》，《考古与文物》2002年第1期。

② 陕西省考古研究所、西安市文物保护考古所：《唐长安南郊韦慎名墓清理简报》，《考古与文物》2003年第6期。

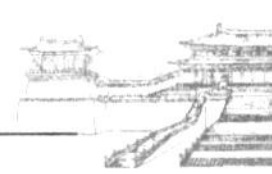

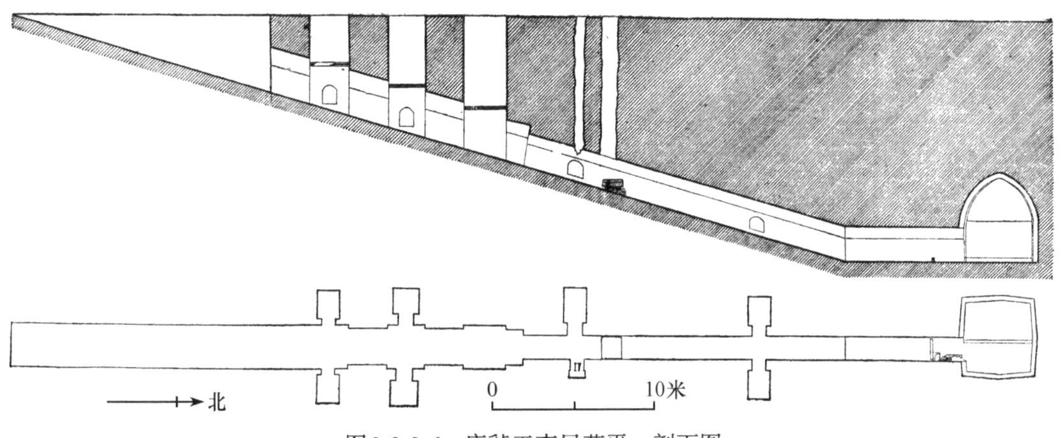

图2-2-2-6　唐虢王李凤墓平、剖面图

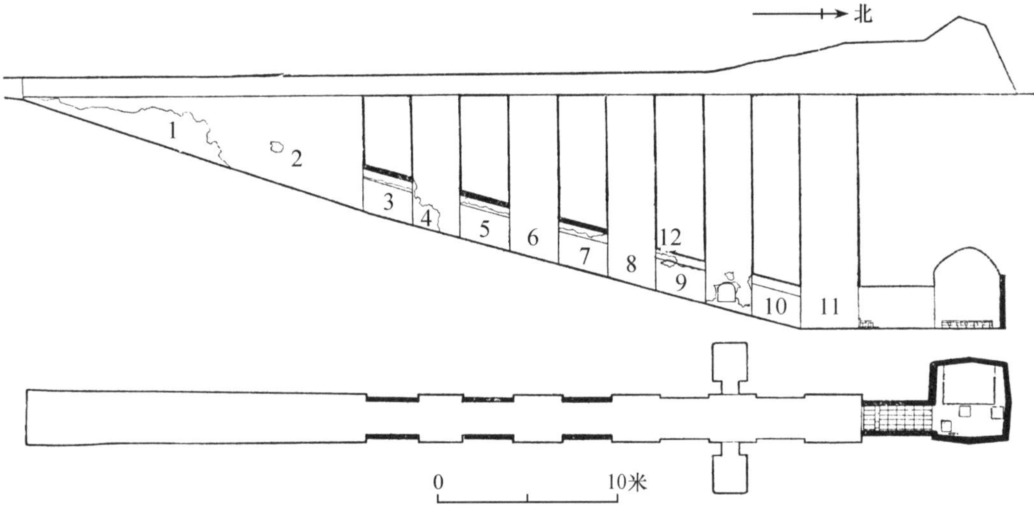

图2-2-2-7　唐阿史那忠墓平、剖面图

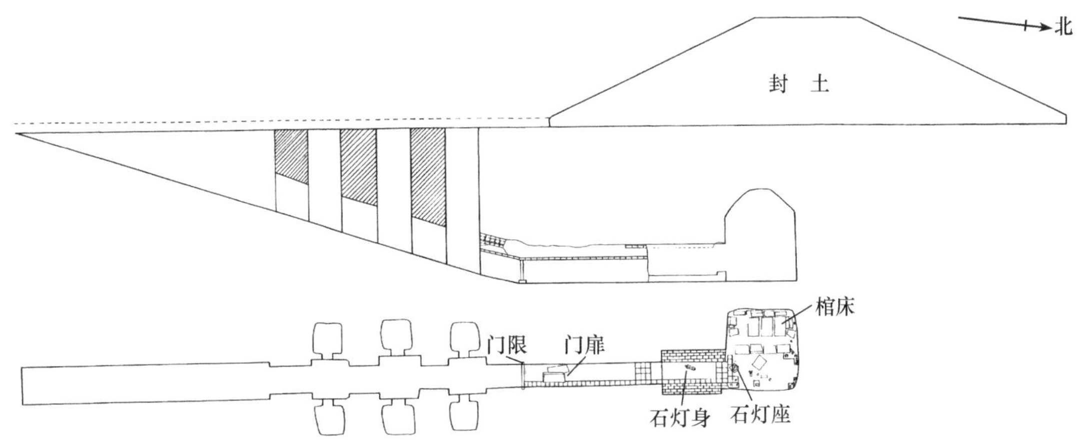

图2-2-2-8　唐惠庄太子李㧑墓平、剖面图

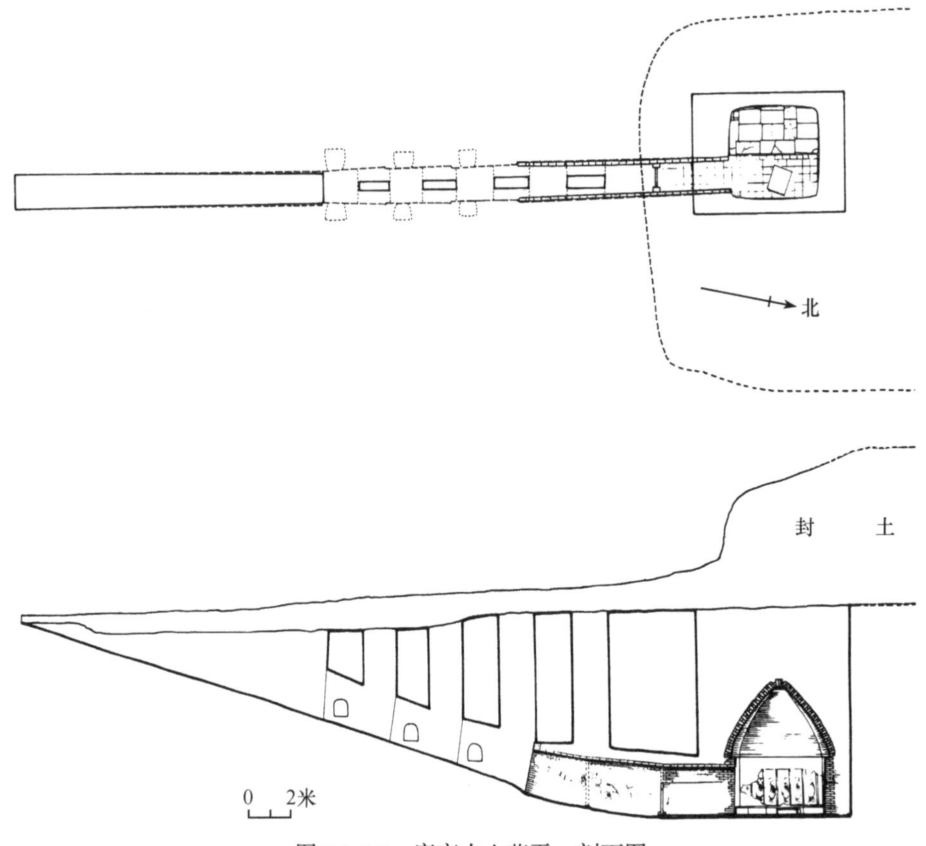

图2-2-2-9　唐高力士墓平、剖面图

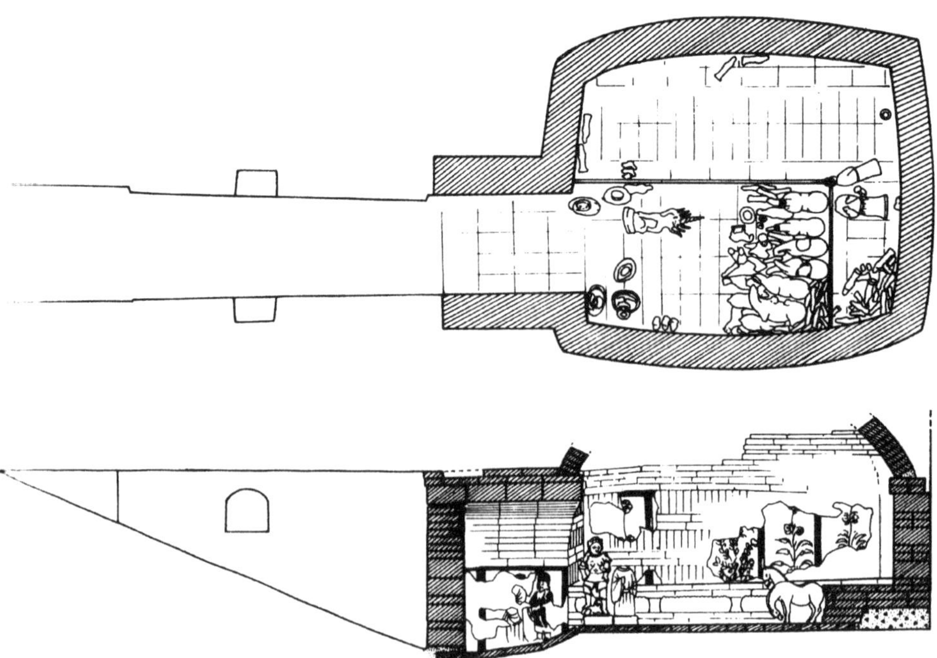

图2-2-2-10　陕西西安西郊陕棉十厂唐墓（M7）平、剖面图

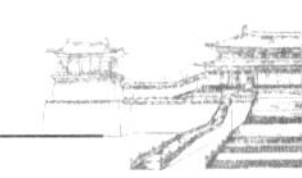

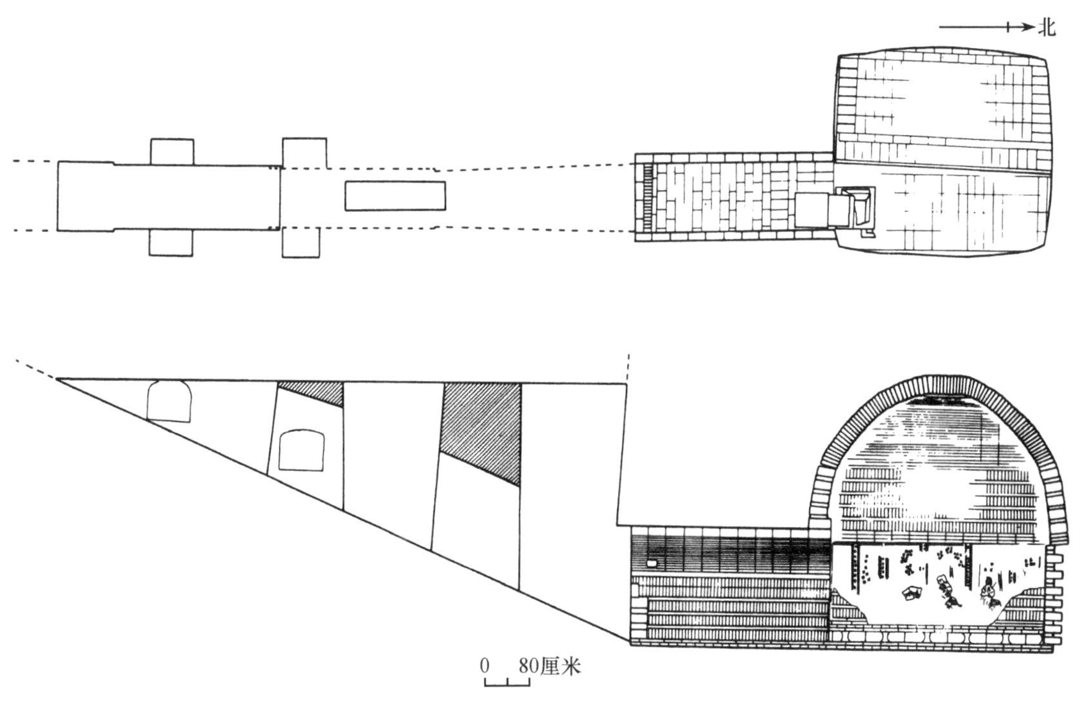

图2-2-2-11 唐韦慎名夫妇墓平、剖面图

双室墓发现的数量较少，这类墓葬一般规模大，墓主人身份都比较高，多属于皇室贵族或有特殊功绩的勋臣[①]，仅极个别的墓主人属于“处士”，身份较低。如陕西富平唐咸亨四年（673年）房陵大长公主墓[②]、乾县唐神龙二年（706年）懿德太子墓（图2-2-2-12）[③]、乾县唐神龙二年（706年）章怀太子墓（图2-2-2-13）[④]、乾县唐神龙二年（706年）永泰公主墓（图2-2-2-14）[⑤]、西安唐景云元年（710年）成王李仁墓（图2-2-2-15）[⑥]、富平唐景云元年（710年）节愍太子墓（图2-2-2-16）[⑦]、咸阳唐景云元年（710年）万泉县主薛氏墓[⑧]、富

① 齐东方：《略论西安地区发现的唐代双室砖墓》，《考古》1990年第9期。

② 安峥地：《唐房陵大长公主墓清理简报》，《文博》1990年第1期。

③ 陕西省考古研究院、乾陵博物馆编著：《唐懿德太子墓发掘报告》，科学出版社，2016年，第24—27页。

④ 陕西省博物馆、乾县文教局唐墓发掘组：《唐章怀太子墓发掘简报》，《文物》1972年第7期。唐中宗神龙二年以雍王身份葬，唐睿宗景云二年（711年）以章怀太子身份与妃房氏合葬。

⑤ 陕西省文物管理委员会：《唐永泰公主墓发掘简报》，《文物》1964年第1期。

⑥ 中国科学院考古研究所编著：《西安郊区隋唐墓》，科学出版社，1966年，第8—13页。成王李仁妃慕容氏开元十四年（726年）与之合葬。

⑦ 陕西省考古研究所、富平县文物管理委员会编著：《唐节愍太子墓发掘报告》，科学出版社，2004年，第15—28页。

⑧ 陕西省文物保护研究院编著、姜宝莲主编：《二十世纪五十年代陕西考古发掘资料整理研究》，三秦出版社，2015年，上册，第191—196页。

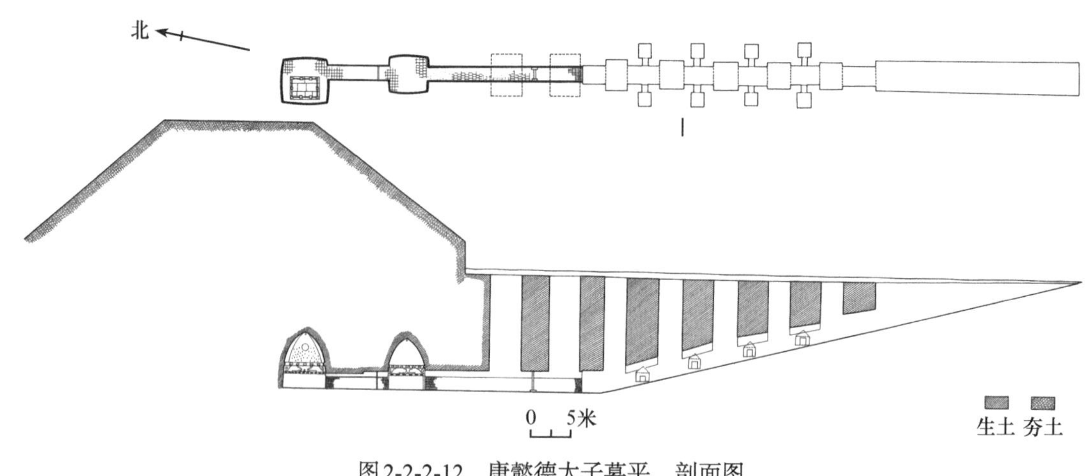

图2-2-2-12　唐懿德太子墓平、剖面图

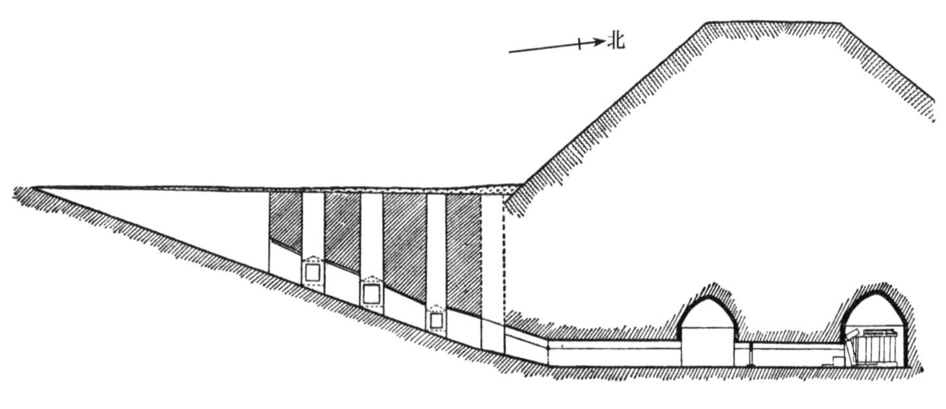

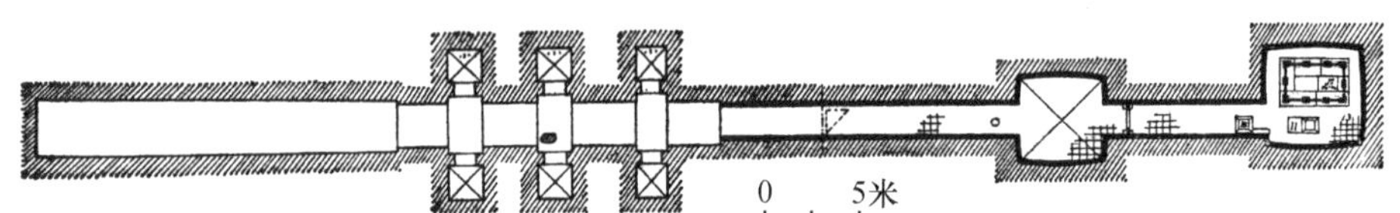

图2-2-2-13　唐章怀太子墓平、剖面图

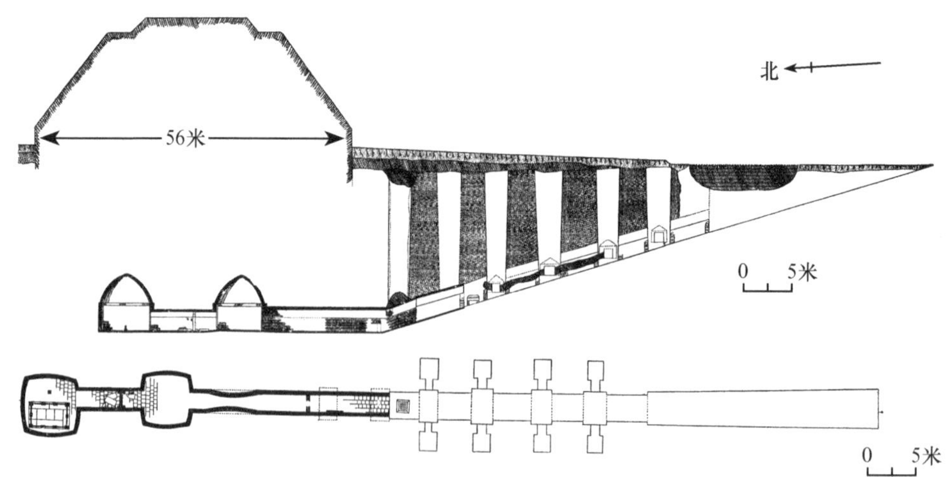

图2-2-2-14　唐永泰公主墓平、剖面图

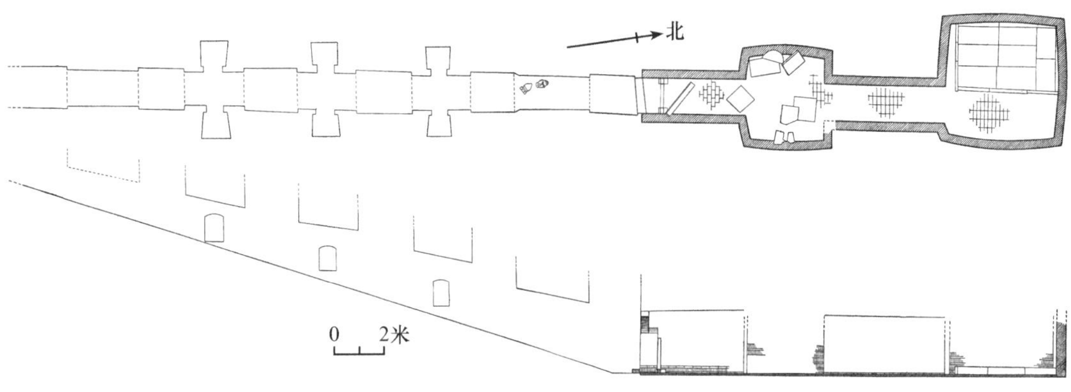

图2-2-2-15　唐成王李仁墓平、剖面图

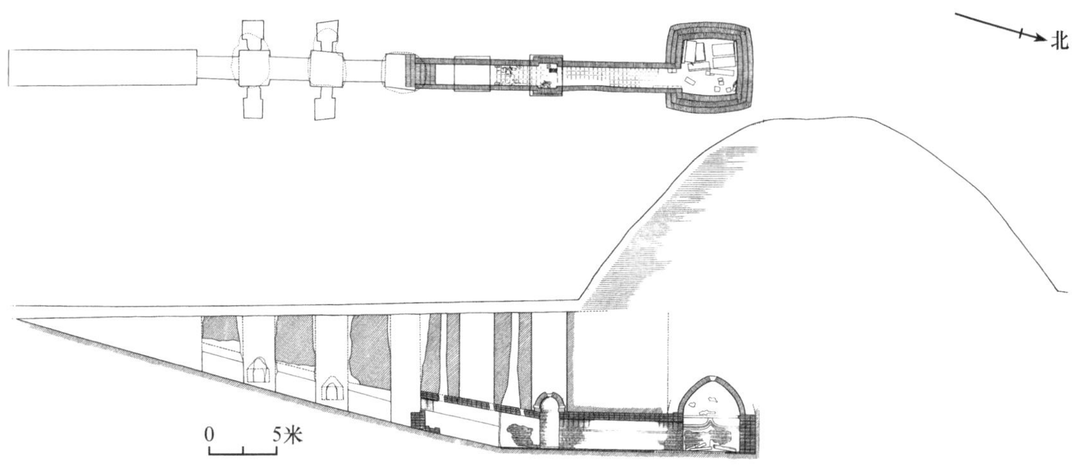

图2-2-2-16　唐节愍太子墓平、剖面图

平开元十五年（727年）嗣虢王李邕墓（图2-2-2-17）[①]、礼泉唐显庆三年（658年）尉迟敬德墓（图2-2-2-18）[②]、礼泉唐麟德元年（664年）郑仁泰墓（图2-2-2-19）[③]、礼泉唐光宅元年（684年）安元寿墓（图2-2-2-20）[④]、西安武周神功元年（697年）康文通墓（图2-2-2-21）[⑤]等。也有极个别墓葬为前中后三室，如在西北大学长安校区所在地高阳原发现的唐高祖李渊之侄陇西郡王李博乂和王妃的合葬墓，全长50余米，有5个过洞和天井，墓室砖筑，为前中后三室。

① 陕西省考古研究院编著：《唐嗣虢王李邕墓发掘报告》，科学出版社，2012年，第13—28页。嗣虢王李邕妃扶余氏开元二十六年（738年）与之合葬。

② 昭陵文物管理所：《唐尉迟敬德墓发掘简报》，《文物》1978年第5期。

③ 陕西省博物馆、礼泉县文教局唐墓发掘组：《唐郑仁泰墓发掘简报》，《文物》1972年第7期。

④ 昭陵博物馆：《唐安元寿夫妇墓发掘简报》，《文物》1988年第12期。

⑤ 西安市文物保护考古所：《唐康文通墓发掘简报》，《文物》2004年第1期。

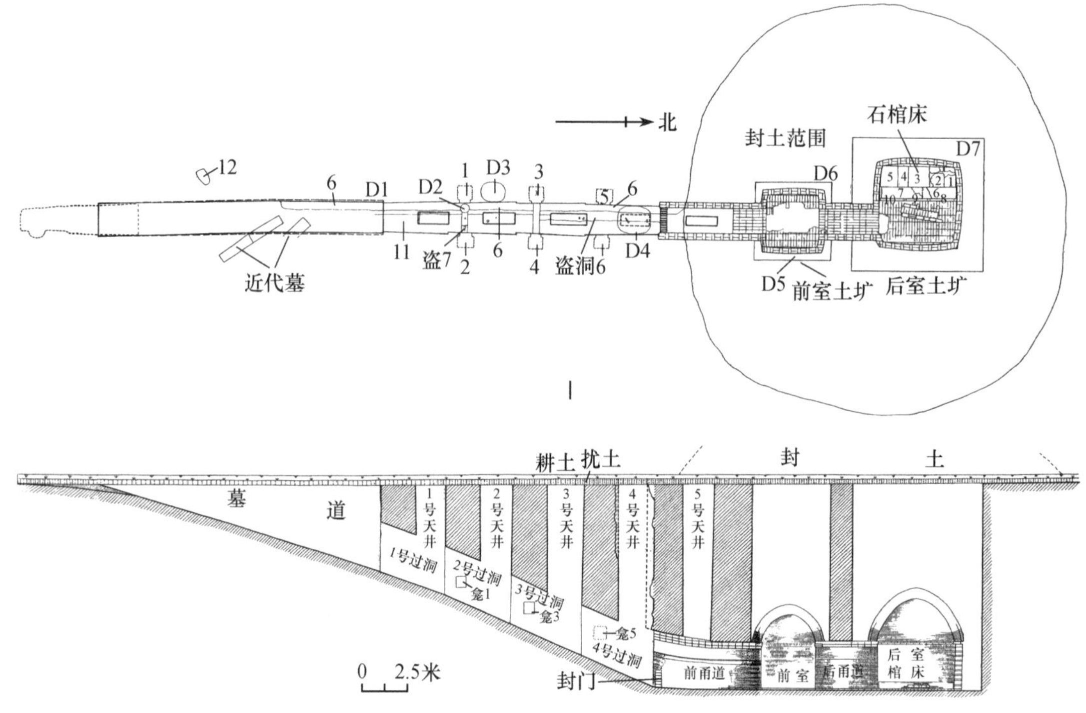

图2-2-2-17　唐嗣虢王李邕墓平、剖面图

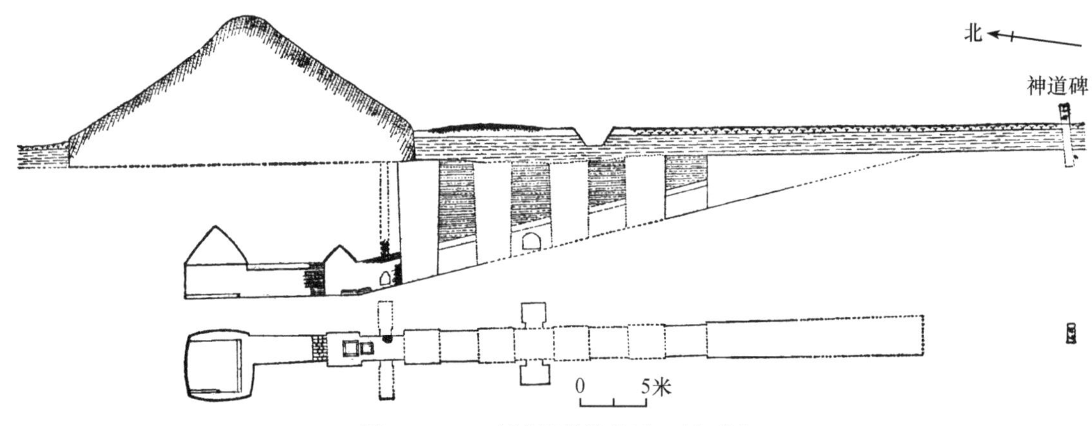

图2-2-2-18　唐尉迟敬德墓平、剖面图

4. 竖井斜坡式或台阶式墓道土洞墓

墓道形制介乎斜坡墓道和竖井式墓道之间，兼具两者特征，上部为竖井式，底部为斜坡状或台阶状。有的墓葬由墓道、甬道和墓室组成，有的墓葬则仅具墓道和墓室两部分。墓室平面呈不规则方形或梯形，规模多为中小型。如陕西西安郊区唐永泰元年（765年）韩氏墓（图2-2-2-22）[①]、陇县原子头唐M21（图2-2-2-23）[②]。

---

① 中国科学院考古研究所编著：《西安郊区隋唐墓》，科学出版社，1966年，第14页。

② 宝鸡市考古工作队、陕西省考古研究所编著：《陇县原子头》，文物出版社，2005年，第195—209页。

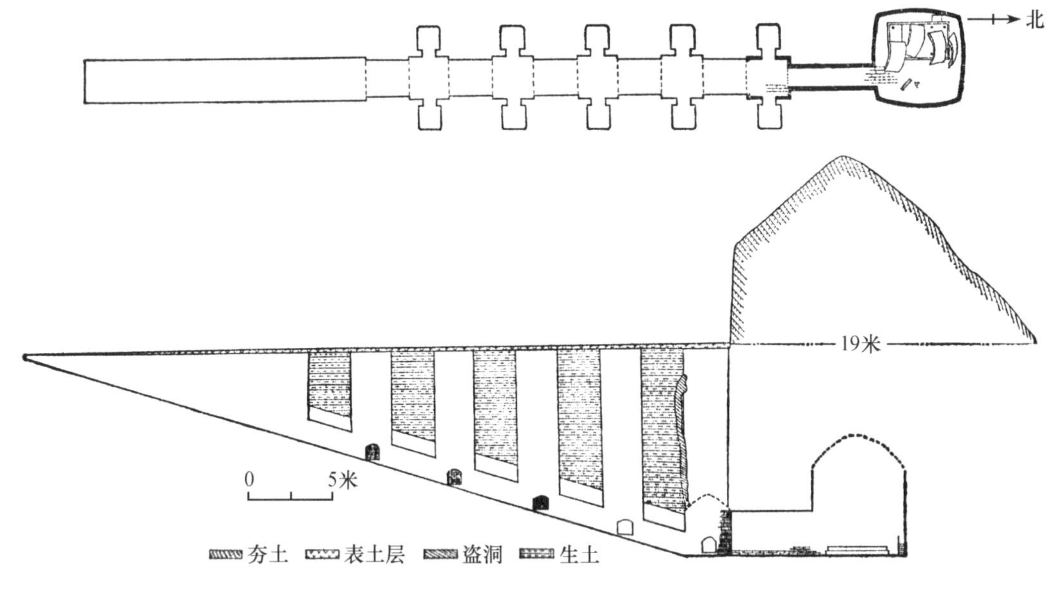

图2-2-2-19　唐郑仁泰墓平、剖面图

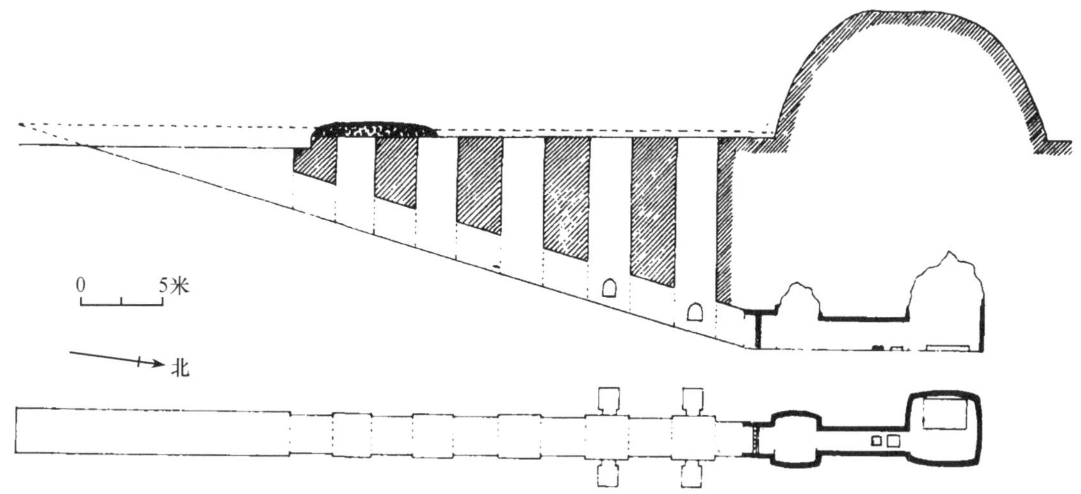

图2-2-2-20　唐安元寿墓平、剖面图

5. 竖井式墓道土洞墓

此类墓葬的墓室平面多为梯形或不规则的梯形，一般在墓道北端开挖墓室。墓葬结构与长斜坡墓道的墓葬基本相同，只是墓道部分呈竖井式。墓道平面呈长方形、近似方形或梯形。有的墓室在四壁下部开挖小龛（一般为12个），主要用以绘制十二生肖图像或放置十二生肖俑，墓葬多为小型。如陕西西安唐乾符三年（876年）曹氏墓（图2-2-2-24）[①]。

① 王自力：《西安唐代曹氏墓及出土的狮形香熏》，《文物》2002年第12期。

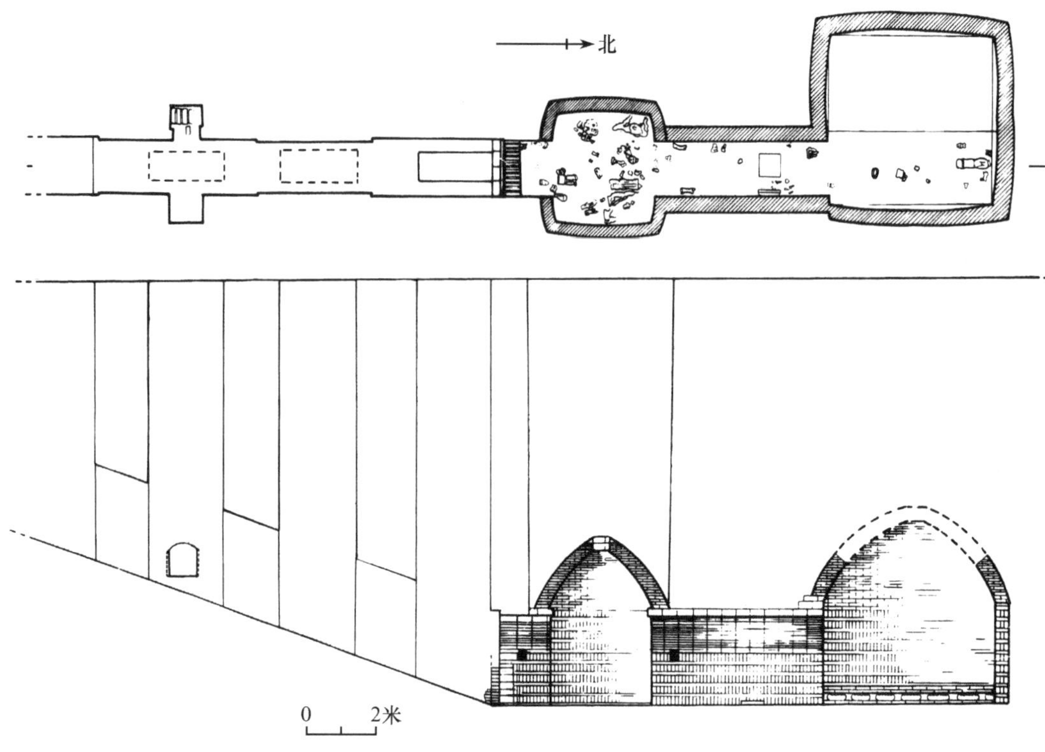

图2-2-2-21　唐康文通墓平、剖面图

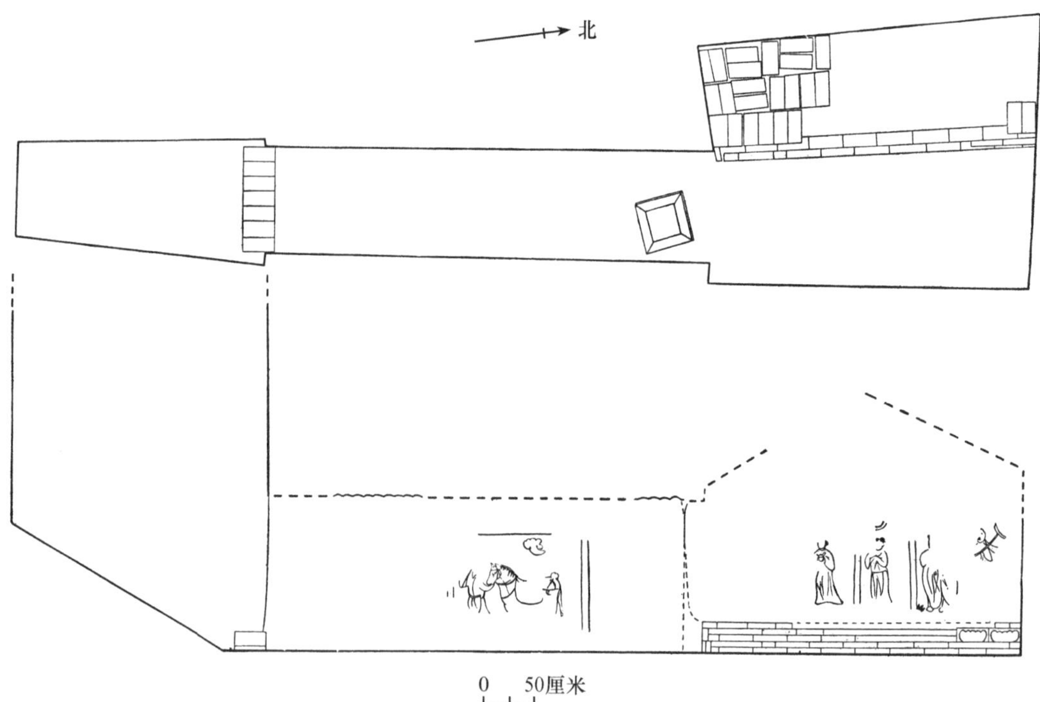

图2-2-2-22　陕西西安唐永泰元年（765年）韩氏墓平、剖面图

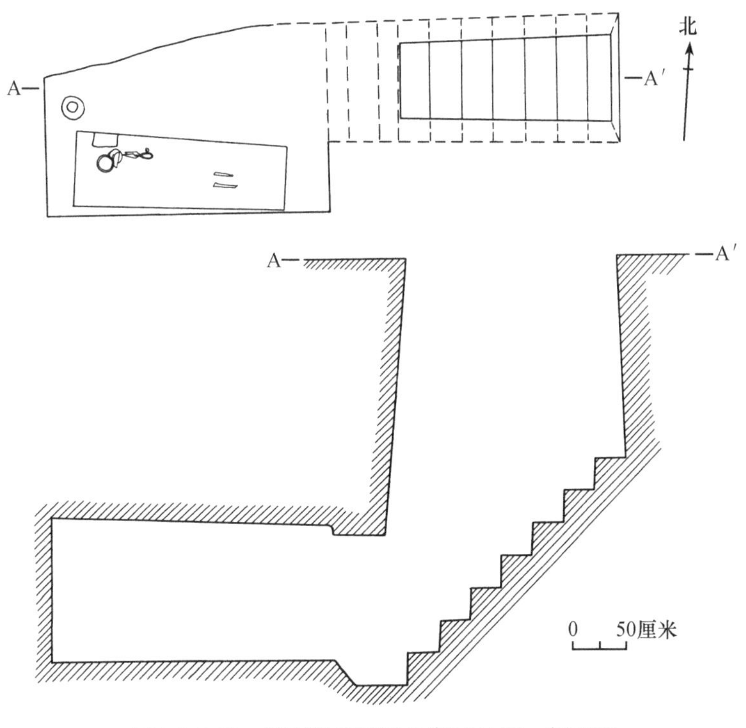

图2-2-2-23 陕西陇县原子头唐M21平、剖面图

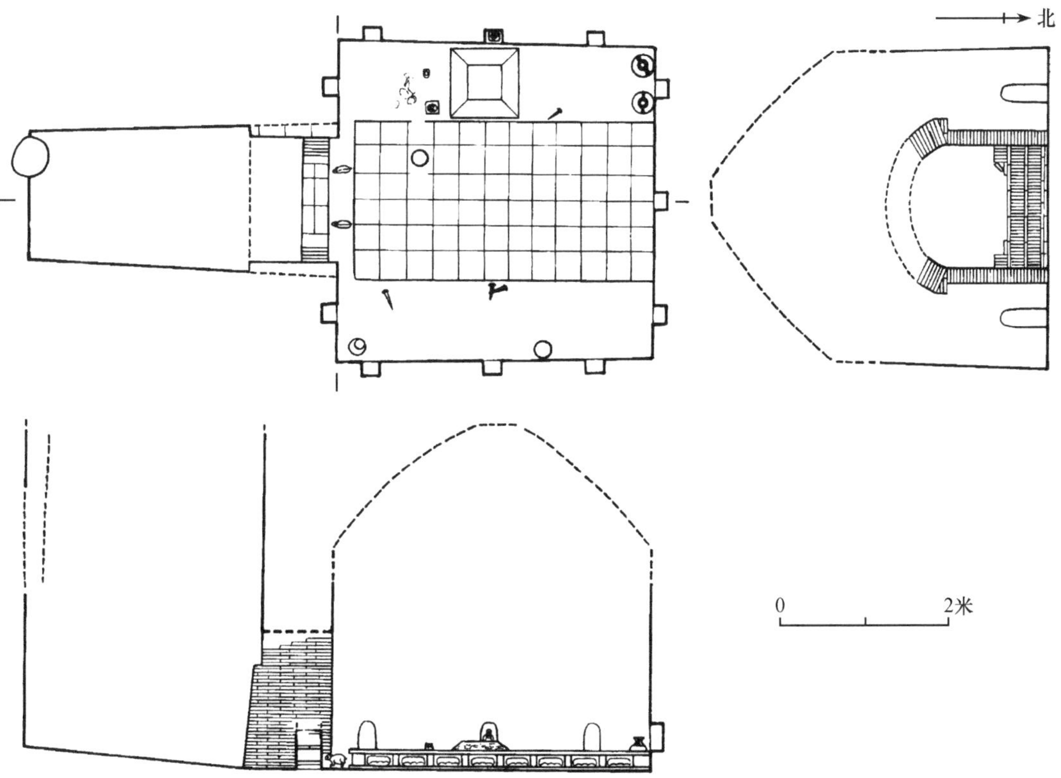

图2-2-2-24 陕西西安唐乾符三年（876年）曹氏墓平、剖面图

6. 竖穴土圹砖室墓

此类墓葬流行于南方地区。一般采用开挖竖穴土圹，然后再在土圹之内砌筑砖室，以单室为主，也有一些前后室墓。单室墓平面形制多样化，有长方形、梯形、“凸”字形、中部外鼓的鼓腰形等，墓室顶部多呈拱券形。前后室墓平面多呈双“凸”字形，即由前甬道、前室、后甬道、后室组成。有的还在墓室两侧砌筑耳室，在后室后壁砌筑壁龛。有的墓内有排水设施。如浙江衢州唐武德八年（625年）M20（图2-2-2-25）①，前后室，砖筑，长4.9米。后室壁上砌筑小龛。合葬者则采用双室或三室并列的同坟异穴合葬形式，有的墓室之间有甬道相通，多见于岭南地区，如广东乳源泽桥山唐墓（ⅠM10）为双室并列（图2-2-2-26）、唐墓（ⅠM18）为三室并列（图2-2-2-27）②。

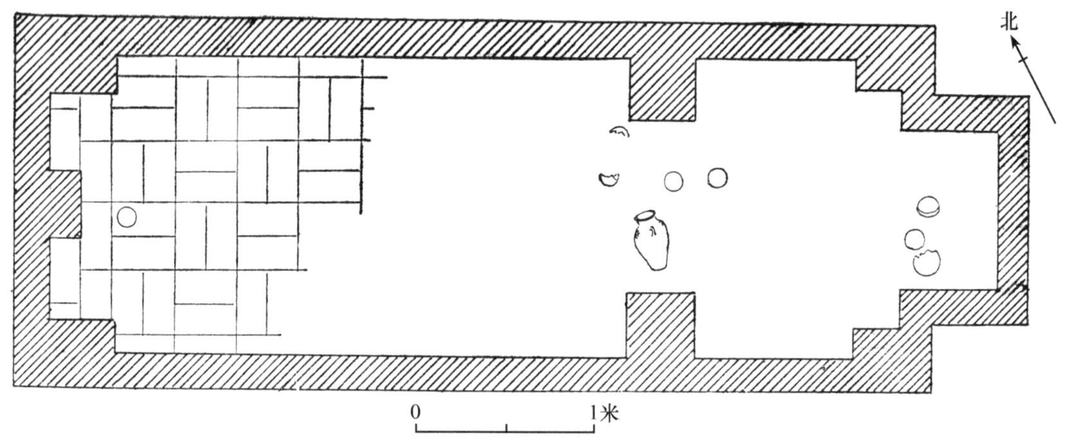

图2-2-2-25　浙江衢州唐武德八年（625年）M20平面图

在唐墓中还有形制颇为特殊的墓葬。如陕西西安高陵区泾渭镇马家湾村南发掘的武则天永昌元年（689年）唐秋官尚书李晦墓，坐北朝南，自南而北依次由长斜坡墓道、7个天井、6个过洞、3条甬道、呈“品”字形排列的3个墓室和覆斗形封土组成（图2-2-2-28）③。李晦的棺椁等并没有放置在墓葬轴线上的前后室，而是在第4个天井西侧壁又开挖一条曲尺形长甬道，并在其末端砌筑出墓室，因其位于墓葬轴线西侧而独立存在，发掘者称之为西侧室，棺椁就放置于该侧室中。这样一来，三个墓室就形成了“品”字形布局，这种唐墓还是首次发现，为唐墓形制增加了新材料。西侧室具有较强的隐蔽性，可能是为了迷惑盗墓者，以达到防止墓葬被盗掘的目的。

唐代墓葬形制和规模有一定的规律可循，这在北方地区特别是在西安地区唐墓中表现得较为明显和突出。从西安地区唐墓形制的发展规律来看，唐代初期流行具有长斜坡墓道多天井单室墓，墓室平面呈方形或横长方形，墓室四壁通常较直而无弧度，是隋代墓葬形

---

① 衢州市文化馆：《浙江衢州市隋唐墓清理简报》，《考古》1985年第5期。

② 广东省文物考古研究所编著：《乳源泽桥山六朝隋唐墓》，文物出版社，2006年，第136—139页。

③ 陕西省考古研究院编著：《壁上丹青：陕西出土壁画集》，科学出版社，2009年，下册，第243—251页。

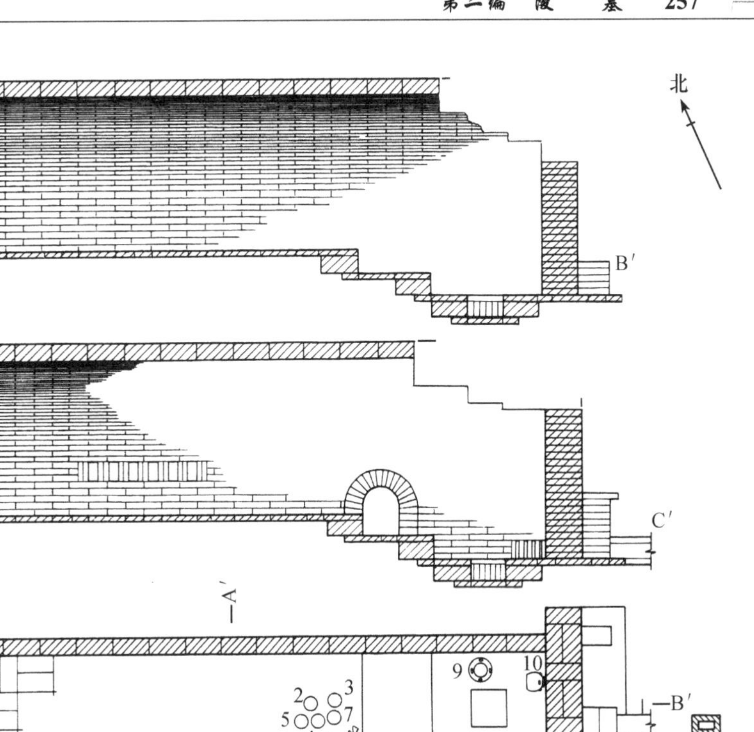

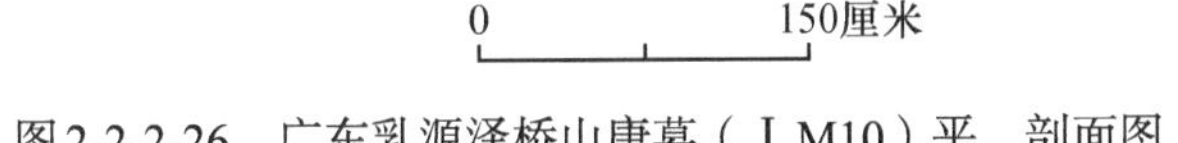

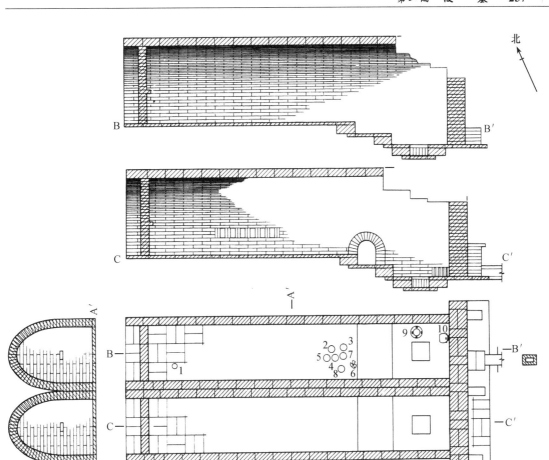

图2-2-2-26　广东乳源泽桥山唐墓（Ⅰ M10）平、剖面图

制的继承和发展。稍后的高宗时期，单室砖室墓的墓室四壁稍微向外弧出，前后室砖室墓开始出现，但其前室面积较后室要小，几乎与天井同大，如麟德、显庆年间的郑仁泰墓、尉迟敬德墓。武则天至中宗时期，单室土洞墓一般为纵长方形墓室，墓道与墓室在一条直线上，形成所谓直背刀形墓。这时的前后室砖室墓如神龙二年（706年）的懿德太子墓、永泰公主墓、章怀太子墓，前后室面积相近，比天井面积大得多，应当是唐代前后室砖室墓的典型样式。在唐玄宗即位之初的先天时期，极个别身份特殊的人物仍用这种前后室砖室墓，如唐玄宗先天元年（712年）迁葬其外祖父窦孝谌时使用了这种墓葬形制，可以视为前期的延续。开元以后，尚未发现此类前后室砖室墓，如与窦孝谌葬于一处的唐玄宗舅父窦希瑊、窦希瓘的墓葬虽然规模巨大，仍然为单室砖室墓。由此可见，开元以后最常见的仍是单室砖室墓和土洞墓。玄宗至代宗时期，单室砖室墓与前一期无太大差别，单室土洞墓却变化明显。这时的单室土洞墓，多为直背刀形墓和墓道偏于一侧的曲背刀形墓，墓道长度逐渐缩短，天井及小龛数量减少，有些墓葬使用了竖井与短斜坡相结合的墓道，有的墓室则由规则长方形改为梯形。德宗以后，各类墓葬普遍采用竖井与短斜坡相结合的墓

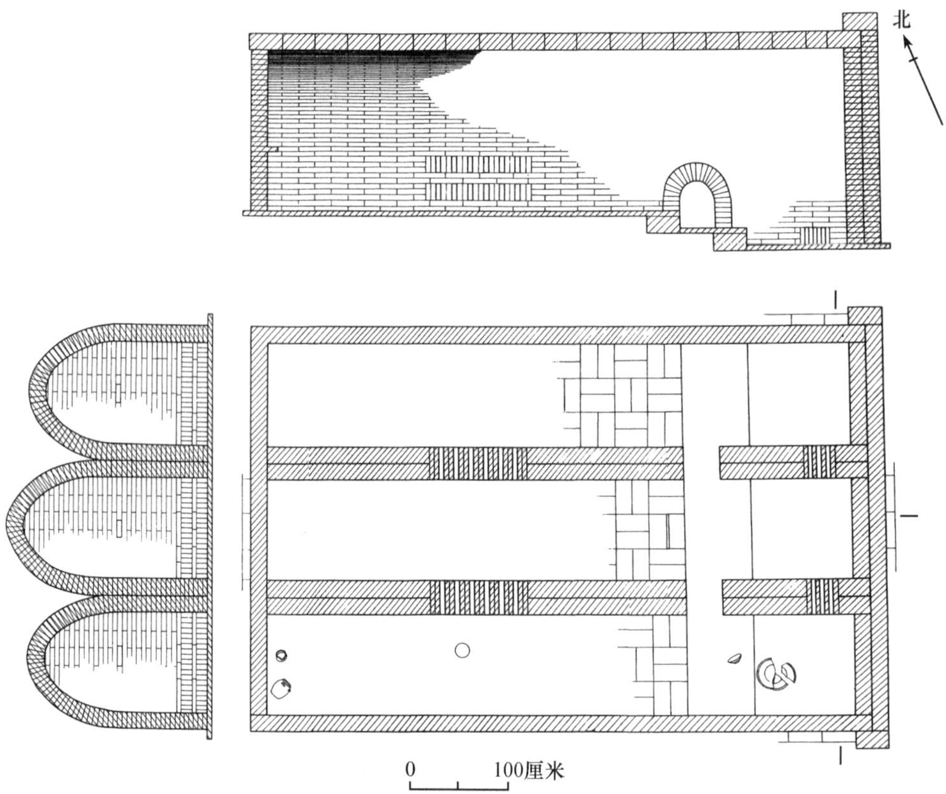

图2-2-2-27　广东乳源泽桥山唐墓（ⅠM18）平、剖面图

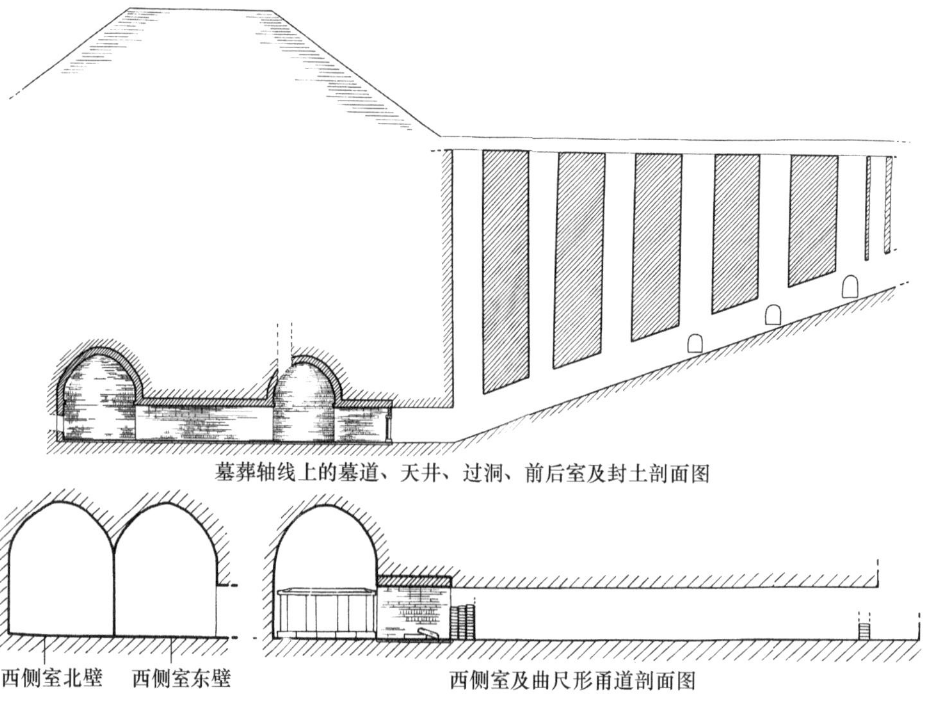

图2-2-2-28　唐秋官尚书李晦墓剖面图

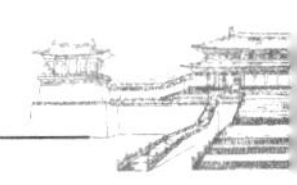

道，竖井部分平面多呈梯形。约在宣宗前后，出现了一种折背刀形墓，墓葬由平面呈梯形的竖井墓道和平面呈梯形的墓室两部分构成，是晚唐时期较有特点的墓葬形制。这一时期带小龛的墓较少，有的还将小龛移到甬道或墓室四壁。

二、唐墓的地面设施

1. 兆沟、墙垣与墓田

墓田是指墓葬的占地面积，唐代不仅对墓田有明确规定，而且其面积早晚也有所变化。据《唐会要》卷三十八记载，开元二十九年对墓田之制进行了缩减。其中一品，茔先方九十步，今减至七十步；二品，先方八十步，今减至六十步；三品，先方七十步，减至五十步；其四品，先方六十步，减至四十步；五品，先方五十步，减至三十步；六品以下，先方二十步，减至十五步；庶人先无文，其地请方七步[①]。《通典》卷八十六所载与之相同。唐墓以兆沟、墙垣等表示墓田的范围，而坟丘、石刻等则为墓园的组成部分。

近些年来，在考古发掘中发现了为数不少的唐墓兆沟，规模有大有小，它们应该是用以表现墓田大小和墓园范围的，对于认识唐代的墓田制度有重要意义。就其形制而言，可以分为“凸”字形和长方形两种。“凸”字形兆沟，如陕西西安咸阳机场二期扩建工程中发现的执失思力墓兆沟周长471.1米，南北长120、东西宽101.5米。其中南兆沟中间凸出，应是象征门阙之所在，长129.6米（图2-2-2-29）[②]。长方形兆沟，如陕西乾县唐懿德太子墓园，经过重新调查和钻探之后，发现封土周围有两重垣墙，外垣墙之外有兆沟环绕（图2-2-2-30）[③]。特别是在西安

图2-2-2-29　唐执失思力墓兆沟

① （宋）王溥：《唐会要》，上海古籍出版社，1991年，上册，第811页。

② 国家文物局主编：《2010中国重要考古发现》，文物出版社，2011年，第136—140页。

③ 陕西省考古研究院、乾陵博物馆编著：《唐懿德太子墓发掘报告》，科学出版社，2016年，第9—19页。

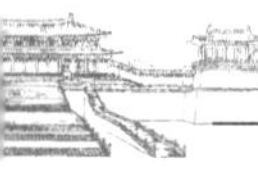

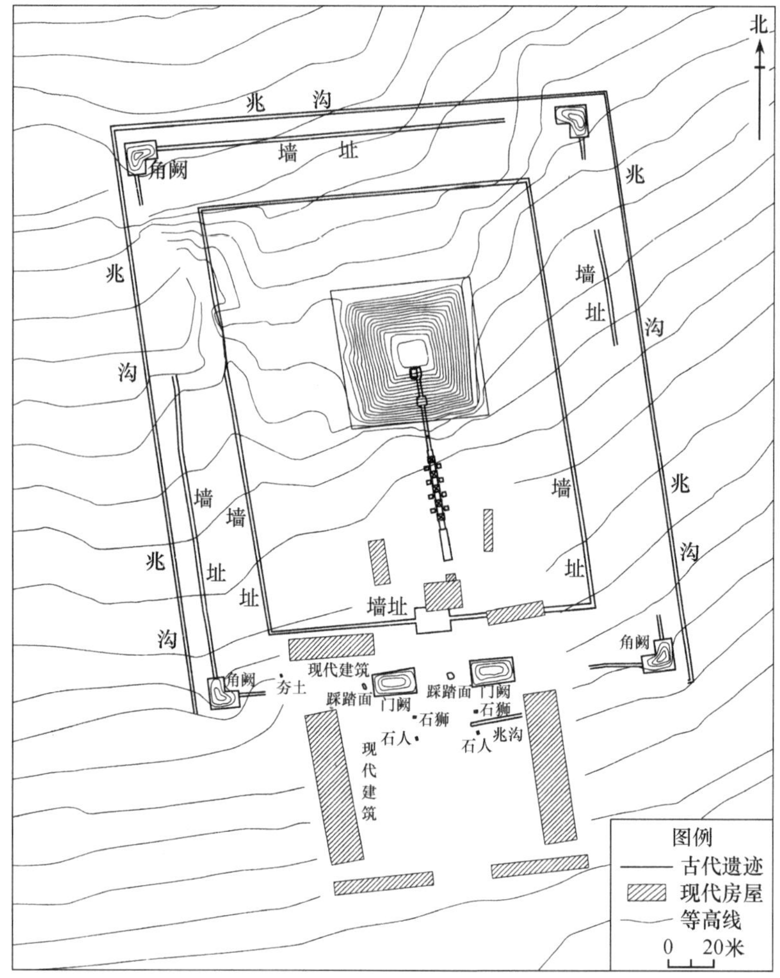

图2-2-2-30　唐懿德太子墓园平面布局图

咸阳机场二期扩建过程中发掘的唐代张氏家族墓中的M92，在长方形兆沟之内埋葬有个体高达60厘米的十二生肖俑①，丰富了对唐墓随葬十二生肖俑的认识。

据《通典》卷一百八记载："其（百官墓田）域及四隅②，四品以上筑阙，五品以上立土堠，余皆封茔而已。"③百官以墙垣表示墓域范围的同时，还以筑阙或土堠等来反映其等级。等级较高的墓园一般由墙垣、角阙、门阙等构成。如《唐故银青光禄大夫嶲州都督长沙郡公赠幽州都督吏部尚书文献公姚府君玄堂记》记载："怀州长史府君（姚崇之祖父）

---

① 陕西省文物局、陕西省考古研究院编：《留住文明——陕西"十一五"期间基本建设考古重要发现（2006—2010）》，三秦出版社，2011年，第189—191页。

② 从上下文并结合考古发现来看，此处所云应该是墓域之门及墓园四隅筑阙及土堠之事。堠是指瞭望敌情的土堡，或者表示里程的土堆，这里与阙相对应，而且修建在墓园的四隅及墓园入口处，应该与阙相似而等级较低，在敦煌莫高窟的墓园壁画中可以见到。

③（唐）杜佑撰，王文锦、王永兴、刘俊文等点校：《通典》，中华书局，1988年，第2811页。

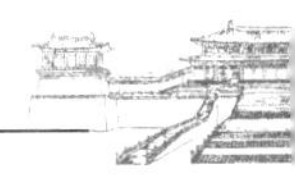

坟高一丈……碑一所，在阙南廿步……文献公（姚崇之父）坟高一丈五尺……阙四所，在茔四隅。”[①]据调查和发掘，高等级墓葬的墓园有的开设南北门，有的仅开设南门。如唐节愍太子李重俊墓园（图2-2-2-31）[②]、唐惠庄太子李㧑墓园（图2-2-2-32）[③]等，四周设一道围墙，四角有角阙，仅开设南门，南门有门阙；唐新城长公主墓园开设南北门，有门阙，四角有角阙（图2-2-2-33）[④]。

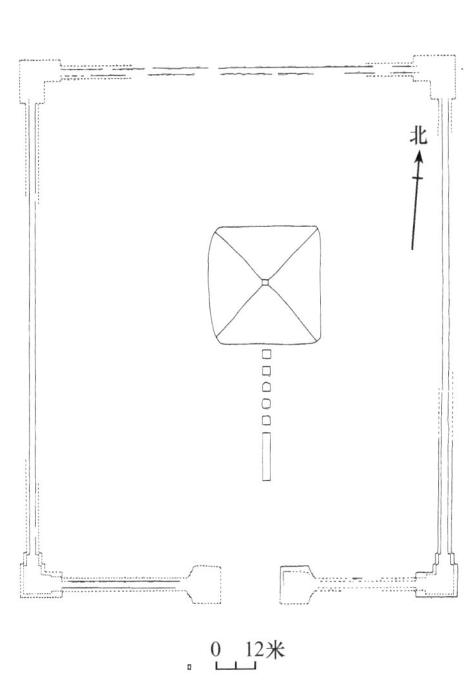

图2-2-2-31　唐节愍太子李重俊墓园平面图

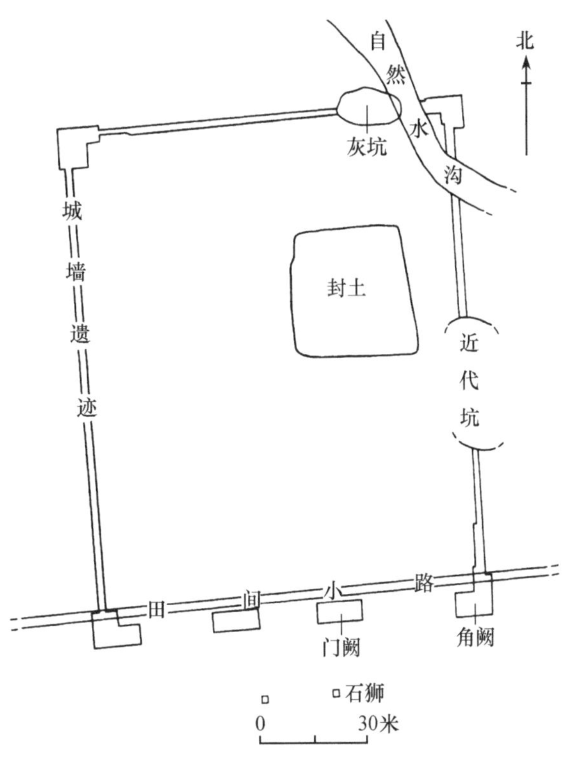

图2-2-2-32　唐惠庄太子李㧑墓园

河西一带唐墓以围墙表示墓域范围。围墙构筑的墓园呈方形或“凸”字形，坟墓位于墙垣的中后部，一面开门，有的还在四角及入口砌筑类似土墩的建筑。方形者前部无通道；“凸”字形者前部有两侧带墙的入口通道，后部为方形墙垣。其形象在甘肃敦煌莫高窟壁画也多见，它们应该是当时河西一带墓园的图像化表现。如敦煌莫高窟中唐第358窟南壁老人入墓图中的墓园呈“凸”字形（图2-2-2-34）[⑤]；甘肃榆林窟第25窟北壁老人入墓

① 河南省文物研究所：《陕县唐代姚懿墓发掘报告》，《华夏考古》1987年第1期。

② 陕西省考古研究所、富平县文物管理委员会编著：《唐节愍太子墓发掘报告》，科学出版社，2004年，第6—11页。

③ 陕西省考古研究所编著：《唐惠庄太子李㧑墓发掘报告》，科学出版社，2004年，第5—8页。

④ 陕西省考古研究所、陕西历史博物馆、礼泉县昭陵博物馆编著：《唐新城长公主墓发掘报告》，科学出版社，2004年，第3—5页。

⑤ 敦煌研究院主编：《敦煌石窟艺术全集·24·民俗画卷》，同济大学出版社，2016年，第175页，图版157。

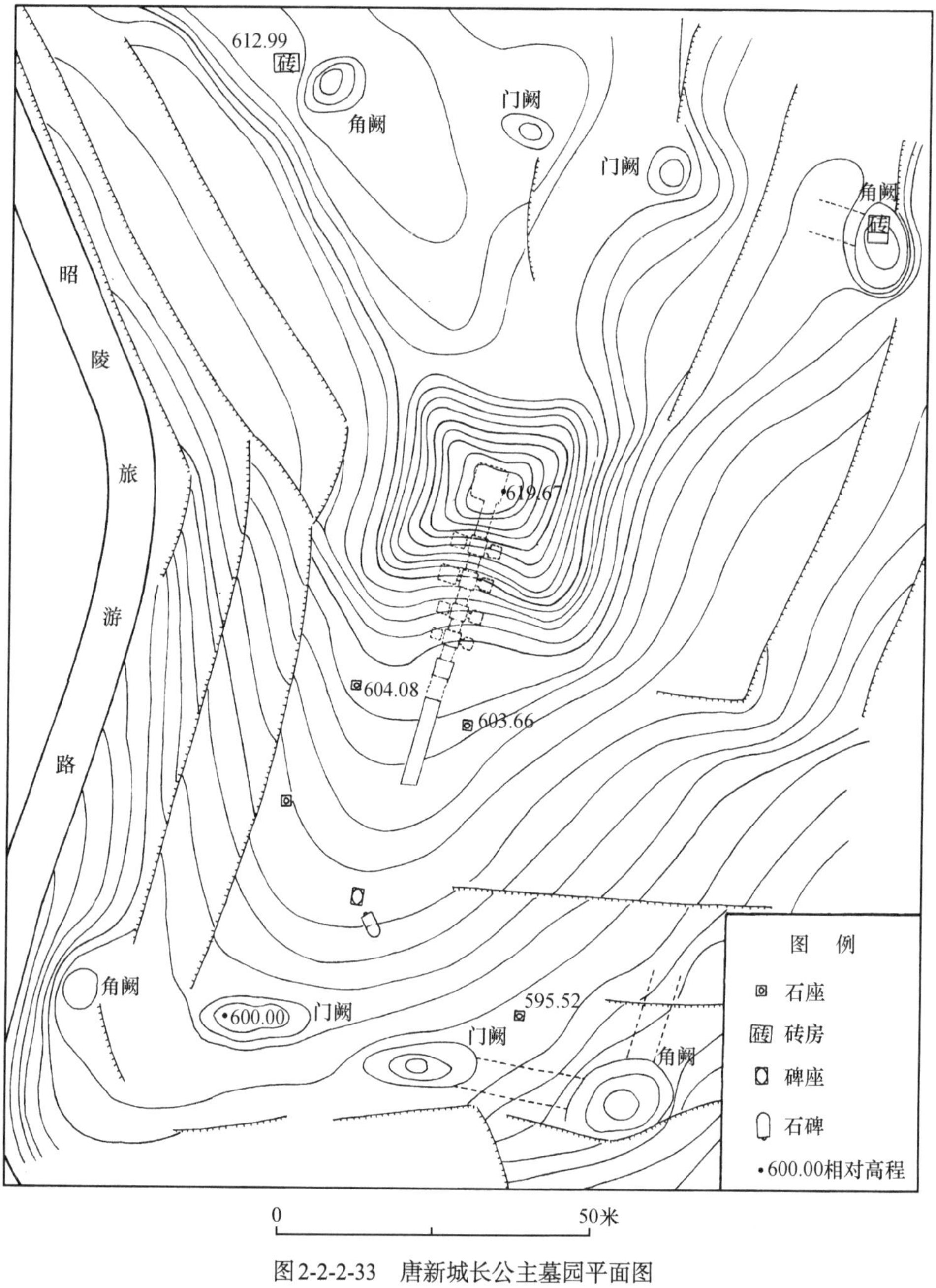

图2-2-2-33　唐新城长公主墓园平面图

图中的墓园呈方形（图2-2-2-35）[①]。这两幅壁画中的墓园未见阙，但在门两侧及四隅有方形的柱状物，它们应该就是文献中所云的“土堠”。

① 敦煌研究院主编：《敦煌石窟艺术全集·24·民俗画卷》，同济大学出版社，2016年，第179页，图版160。

图2-2-2-34　敦煌莫高窟中唐第358窟南壁老人入墓图中的墓园

图2-2-2-35　甘肃榆林窟第25窟北壁老人入墓图中的墓园

2. 坟丘

地面残留坟丘的唐墓不多，坟丘保存相对完整的唐墓主要见于唐代帝陵的陪葬墓。关于坟丘，据《唐会要》卷三十八记载，开元二十九年（741年）曾下诏削减墓田及坟高之制，一品坟高由一丈八尺减为一丈六尺，二品坟高由一丈六尺减为一丈四尺，三品坟高由一丈四尺减为一丈二尺，四品坟高由一丈二尺减为一丈一尺，五品坟高由一丈减为九尺，六品以下坟高由八尺减为七尺，庶人先无文，定为四尺①。《通典》卷八十六所载与之相同。由此可知，开元二十九年以前的坟丘高度，一品坟高一丈八尺，二品一丈六尺，三品一丈四尺，四品一丈二尺，五品一丈，六品以下八尺，对于庶人则没有具体的规定。唐高宗永徽四年（653年）颁布的《律疏》(《唐律疏议》) 也云一品"坟高一丈八尺"②，说明开元二十九年以前坟丘高度变化不大。在敦煌遗书中发现的写本《书仪》云："三品已上坟高一丈二尺，五品已上坟高九尺，七品已上坟高七尺，九品（已）上坟高六尺，庶人坟（下缺）。"写本《书仪》所载尺寸大为削减，可能是元和中所定《曲台新礼》或《续曲台礼》的规定③。

唐代"一品合陪陵葬者，坟高三丈以上，四丈以下"④。唐代的坟丘高度也有一些特例，如唐玄宗外祖父窦孝谌坟高五丈二尺，唐玄宗开元七年（719年），王皇后之父开府仪同三司祁国公王仁皎薨，其子也企图效法窦孝谌坟丘先例，结果因宋璟、苏颋坚决反对而未执行⑤。又据《旧唐书·郭子仪传》记载，唐德宗建中二年（781年）郭子仪死，德宗下诏云，旧制令坟高一丈八尺，诏特加十尺⑥。

从坟丘保存较好的唐代帝陵陪葬墓来看，其坟丘形制主要有三种：①象山形。坟丘一般模拟死者生前建功立业处的山脉形状，属于较特殊的一类。据文献和墓志记载，李靖、李勣、李思摩、阿史那社尔等的墓葬采用这种形制的坟丘。据《旧唐书·李靖传》记载，贞观十四年（640年），李靖妻卒，唐太宗"诏坟茔制度依汉卫（青）、霍（去病）故事，筑阙象突厥内铁山、吐谷浑内积石山形，以旌殊绩"⑦。又据《旧唐书·李勣传》记载，总章二年（669年）李勣卒，"所筑坟一准卫、霍故事，象阴山、铁山及乌德鞬山，以旌破突厥、薛延陀之功"⑧。据调查，李勣墓的封土由三个山岳状封土堆成（图2-2-2-36）⑨。据李思摩墓志记载，贞观二十一年（647年）李思摩死后，太宗下诏"令使人持节册命，陪葬

① （宋）王溥：《唐会要》，上海古籍出版社，1991年，上册，第811页。

② （唐）长孙无忌等撰，刘俊文点校：《唐律疏议》，中华书局，1983年，第488页。

③ 周一良：《敦煌写本书仪中所见的唐代婚丧礼俗》，《文物》1985年第7期。

④ （宋）王溥：《唐会要》，上海古籍出版社，1991年，上册，第810页。

⑤ （宋）司马光撰，（元）胡三省音注：《资治通鉴》，中华书局，1956年，第6735、6736页。

⑥ （后晋）刘昫等：《旧唐书》，中华书局，1975年，第3466页。

⑦ （后晋）刘昫等：《旧唐书》，中华书局，1975年，第2481页。李靖卒于贞观二十三年（649年），陪葬昭陵。其妻卒时，唐太宗下诏"坟茔制度依汉卫、霍故事"，是为李靖与其妻合葬做准备，所旌者李靖也。

⑧ （后晋）刘昫等：《旧唐书》，中华书局，1975年，第2488页。

⑨ 昭陵博物馆：《唐昭陵李勣墓（徐懋功）墓清理简报》，《考古与文物》2000年第3期。

昭陵。赐东园秘器，于司马院外高显处葬，冢象白道山”[①]，但现存地面的坟丘为圆锥形。又据《旧唐书·阿史那社尔传》记载：“(永徽)六年卒，赠辅国大将军、并州都督，陪葬昭陵。起冢以象葱山，仍为立碑，谥曰元。”[②]从现存的情况来看，李靖、李勣墓的坟丘确实如文献所载，其他二人的坟丘并不明显。经过考古发掘的阿史那忠墓[③]，其封土不规则，略呈象山形。虽然其墓葬的封土未见文献记载是否为象山形，但从其生前曾擒突厥颉利可汗，被“时人比之金日磾”，并尚定襄县主等情况来看，阿史那忠墓的封土采用象山形也是有可能的。郭子仪墓现存坟丘虽然为方形覆斗状，但文献记载为“圣祖园陵，所宜陪葬，式墓表文终之德，象山追去病之勋”[④]，可见郭子仪墓最初也是按象山形设计的。②覆斗形，这类坟丘与封土为陵的帝陵封土形制相一致，一般为等级比较高的贵族官僚使用。如前文涉及的懿德太子墓、章怀太子墓、惠庄太子墓等的封土，均为覆斗形。有些覆斗形封土呈二层台式，即所谓重成，如唐神龙二年(706年)永泰公主墓封土。③顶部较平的圆形或顶部较尖突的圆锥形，属于常见的坟丘形制，如唐李寿墓封土为圆锥形，高8、周长61.4米[⑤]；唐尉迟敬德墓封土为圆锥形，较为尖突，直径28.6、高出地面8.8米(距离唐代地面高11.2米)[⑥]；郑仁泰墓封土呈尖突圆锥形，直径约19、高约11米[⑦]；安元寿墓封土为圆丘形，顶部较平，直径17、高8米[⑧]；李承乾墓的封土顶部也略弧而不甚尖突，封土较低矮，当地人称“牛犊冢”，直径6、高2.5米[⑨]。

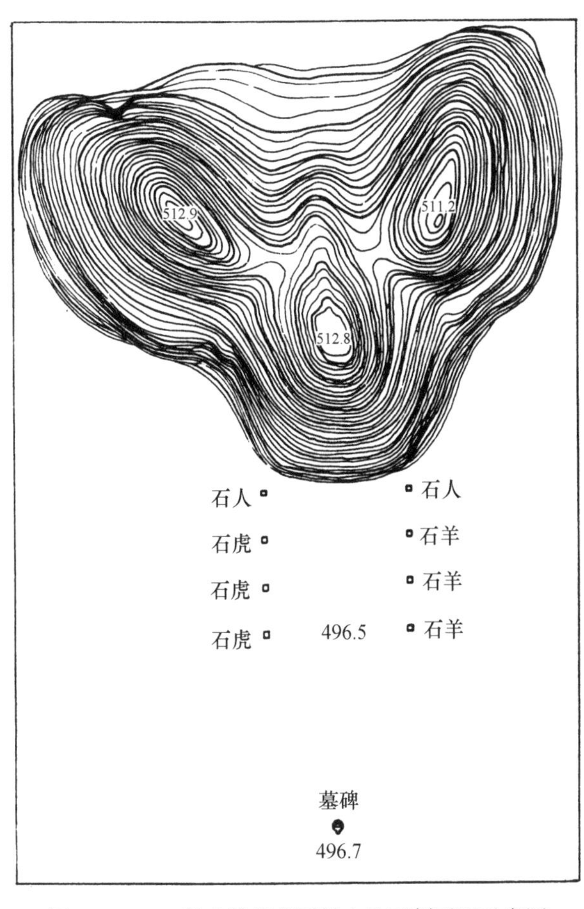

图2-2-2-36 唐李勣墓墓园封土及石刻平面示意图

① 张沛：《李思摩墓志铭》，《昭陵碑石》，三秦出版社，1993年；吴刚主编：《全唐文补遗》(第3辑)，三秦出版社，1996年，第399页。

② (后晋)刘昫等：《旧唐书》，中华书局，1975年，第3290页。

③ 陕西省文物管理委员会、礼泉县昭陵文管所：《唐阿史那忠墓发掘简报》，《考古》1977年第2期。

④ (后晋)刘昫等：《旧唐书》，中华书局，1975年，第3466页。

⑤ 陕西省博物馆、文管会：《唐李寿墓发掘简报》，《文物》1974年第9期。

⑥ 昭陵文物管理所：《唐尉迟敬德墓发掘简报》，《文物》1978年第5期。

⑦ 陕西省博物馆、礼泉县文教局唐墓发掘组：《唐郑仁泰墓发掘简报》，《文物》1972年第7期。

⑧ 昭陵博物馆：《唐安元寿夫妇墓发掘简报》，《文物》1988年第12期。

⑨ 昭陵博物馆：《唐李承乾墓发掘简报》，《文博》1989年第3期。

3. 石刻

石刻是唐墓重要的地面设施，具有一定品级者才可使用。据《唐六典》卷四记载："凡百官葬礼……碑碣之制，五品已上立碑；螭首龟趺，趺上高不过九尺。七品已上立碣；圭首方趺，趺上高不过四尺。若隐沦道素，孝义著闻，虽不仕，亦立碣。凡石人、石兽之类，三品以上用六，五品以上用四。"① 又据《唐律疏议》卷二十六"杂律"记载："坟茔者，'一品方九十步，坟高一丈八尺'。石兽者，'三品已上，六；五品已上，四'。此等之类，具在令文。若有违者，各杖一百。"② 据《唐故银青光禄大夫巂州都督长沙郡公赠幽州都督吏部尚书文献公姚府君玄堂记》记载："怀州长史府君坟高一丈，周回廿三步，石人、石柱、石羊、石兽各二，列在坟南；碑一所，在阙南廿步。""文献公坟高一丈五尺，周回廿五步，石人、石柱、石羊、石兽各二，列在坟南；碑一所，在坟南一十四步。"③

从地面遗存的各类石刻来看，人臣墓前主要列置石柱、石虎、石羊、石人及石碑（图2-2-2-37）。其中的石柱多残缺，柱身一般呈八棱状；底座为方形，上部为覆盆式；柱头

图2-2-2-37　唐新城长公主墓神道石刻

1. 石柱　2. 石虎　3. 石羊　4. 石人　5. 石碑　6. 碑座

---

① （唐）李林甫等撰，陈仲夫点校：《唐六典》，中华书局，1992年，第119、120页。

② （唐）长孙无忌等撰，刘俊文点校：《唐律疏议》，中华书局，1983年，第488页。

③ 河南省文物研究所：《陕县唐代姚懿墓发掘报告》，《华夏考古》1987年第1期。

下部为束腰仰覆莲座，顶部有摩尼宝珠。如唐薛儆墓发现的石柱头（图2-2-2-38）[①]。唐墓前的石刻安置方式主要有两种：一是将石刻对称安置在神道两侧，二是将同类石刻安置于神道一侧。前者是将相同的动物于神道两侧以两两相对的对称形式安置。如李寿墓前对称列置石柱1对、石羊2对、石虎1对、石人1对[②]；武则天之母杨氏顺陵的石刻分为两组，作为人臣埋葬时的石刻自北向南依次为石人1对、石羊2对、石虎2对，石刻两两相对夹神道而立[③]。后者则是将相同的动物分列神道一侧，呈虎羊相对的非对称形式。如李勣墓前除1对石人呈对称状之外，石虎与石羊各3个则分列神道两侧（参见图2-2-2-36）[④]；郑仁泰墓前也发现了3个石虎、3个石羊[⑤]，显然是以非对称的形式将石虎、石羊分列神道两侧。石碣发现数量较少，如山东嘉祥唐徐师謩墓发现1块石碣，石碣由碣身和方趺两部分组成，上部为圭形。方趺长38、宽28、高20厘米。碣通高125、宽23.5厘米。碣上阴刻隶书“大唐贞观十一年兖州任城县徐师謩之墓”[⑥]。

图2-2-2-38 唐薛儆墓发现的石柱头

从存世和考古发现的墓碑来看，墓前所立之碑一般称为“神道碑”或“神道之碑”“碑铭”。如唐玄宗舅父窦希瓘的神道碑全称为“大唐赠司徒毕国公扶风窦府君神道碑”；陪葬于唐睿宗桥陵的鄎国长公主，其墓前所立之碑为张说撰文，唐玄宗隶书，碑额篆书“大唐故鄎国长公主神道之碑”。有的则称为“某某某之碑”或“某某某碑”，如河南三门峡陕州区发现的姚懿墓神道碑，全称为“大唐故巂州都督赠吏部尚书文献公姚府君之碑”[⑦]；陪葬于昭陵的尉迟敬德墓前神道碑，全称为“大唐故司徒郴州都督鄂国公之碑”[⑧]；陪葬于桥陵的代国公主墓前所立之碑，全称为“大唐代国长公主碑”。有的则称为“某某某之碑铭”，陪葬于昭陵的燕妃墓前所立之碑，全称为“大唐越国故太妃燕氏之碑铭”；纪国先妃陆氏墓前所立之碑，全称为“大唐纪国先妃陆氏之碑铭”。碑额的字体以篆书为主，少数为楷书或隶书。碑额的镌刻分为三种形式：一是直接

---

① 山西省考古研究所编著：《唐代薛儆墓发掘报告》，科学出版社，2000年，第17页，图版一三，2。

② 陕西省博物馆、文管会：《唐李寿墓发掘简报》，《文物》1974年第9期。

③ 陕西省考古研究所：《唐顺陵勘查记》，《文物》1964年第1期；陕西省考古研究院、顺陵文物管理所编著：《唐顺陵》，文物出版社，2015年，第52—61页。

④ 昭陵博物馆：《唐昭陵李勣墓（徐懋功）墓清理简报》，《考古与文物》2000年第3期。

⑤ 陕西省博物馆、礼泉县文教局唐墓发掘组：《唐郑仁泰墓发掘简报》，《文物》1972年第7期。

⑥ 李卫星：《山东嘉祥发现唐徐师謩墓》，《考古》1989年第2期。

⑦ 河南省文物研究所：《陕县唐代姚懿墓发掘报告》，《华夏考古》1987年第1期。

⑧ 昭陵文物管理所：《唐尉迟敬德墓发掘简报》，《文物》1978年第5期。此段文字中有关神道碑的资料，未列出处者，系笔者于昭陵、桥陵等地调查所获得。

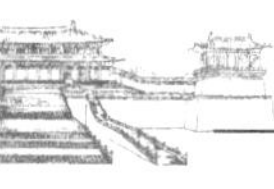

阴刻，如陪葬于昭陵的李勣墓前所立之“大唐故司空上柱国赠太尉英贞武公碑”；二是采用剔地平面阳刻技法镌刻出界格和文字，每个界格之内镌刻一字，如陪葬于昭陵的长乐公主墓前所立之“大唐故长乐公主之碑”；三是以双阴线镌刻出界格，每格之内阴刻文字，如陪葬于昭陵的兰陵公主墓前所立之“大唐故兰陵公主之碑”。

4. 经幢

经幢出现在唐墓的地面设施中，与佛教有密切关系。据《大汉原陵秘葬经》“庶人幢碣仪制”条记载：“凡下五品至庶人，同于祖穴前安石幢，上雕《陀罗尼经》，石柱上刻祖先姓名并月日。石幢长一丈二尺，按一年十二月也；或九尺，按九宫。庶人安之，亡者生天界；生者安之，去大富贵。凡石者，天曹法生有石功曹，安百斤，得子孙大吉也。或云，常以虚丘加冢体，天梁下安之，大吉。安幢幡法，当去穴二百步安之，即吉庆也。”①考古发掘中也出土了一些经幢。如高克从墓石经幢，题记为：“为亡故义昌军监军使、通议大夫、行内侍省掖庭局令、上柱国、赐绯鱼袋高克从。夫人戴氏、长男公球、次子公玙，愿亡者领受功德，建造者罪减福生，同沾此福。维大中二年岁次戊辰三月辛卯日朔二十三日建立。”②此幢出土于高克从墓的墓道之中，是由于墓道塌陷而下沉于地下的；刘文鼐经幢，题记为“彭城郡刘文鼐奉为先亡（父）坟茔处建立尊胜影幢一所”③，幢高151.5厘米；张惠达经幢，题记为“维大唐开成四年岁次己未十月己酉朔二十四日壬申，孤子张惠达等奉为亡考妣坟茔所建立尊胜陀罗尼经幢一所，永为福利”④；西安白鹿原唐M11发现石经幢首、石莲花座以及装饰一佛二菩萨的石墓门⑤。近年来，在西安地区发掘的唐墓中发现了为数不少的经幢，这些经幢出土时大多已沉降或因盗掘、破坏被扔到墓道或墓室之内；仅个别的原置于墓室之内，这种现象则可能与墓主人的宗教信仰有关。

5. 树木

墓地植树是唐代的葬俗之一。据文献记载，唐人墓地主要种植有柏树、松树、楸树等。据《唐故银青光禄大夫州都督长沙郡公赠幽州都督吏部尚书文献公姚府君玄堂记》云：“怀州长史府君坟……柏树七百八十六株。文献公坟……柏树八百六十株。”⑥据《唐会要》卷二十一记载：“元和九年五月，左金吾卫大将军郭钊奏：‘亡祖故尚父子仪，陪葬建陵，欲于坟所种植楸松。’敕：‘如遇年月通便，陵寝修营，宜令所司，许其栽种。’”⑦所以，在已经发现的唐代墓志之中多称墓地为“柏城”。如《大唐故恒山愍王荆州诸军事荆州大都督墓志铭》记载：“王讳承乾，字高明，太宗文武圣皇帝长子，贞观十七年十月一

---

① 徐苹芳：《唐宋墓葬中的“明器神煞”与“墓仪”制度——读〈大汉原陵秘葬经〉札记》，《考古》1963年第2期。

② 陕西地方志编纂委员会编：《陕西省志》第六十六卷《文物志》，三秦出版社，1995年，第254页。

③ 陕西地方志编纂委员会编：《陕西省志》第六十六卷《文物志》，三秦出版社，1995年，第254页。

④ 陕西地方志编纂委员会编：《陕西省志》第六十六卷《文物志》，三秦出版社，1995年，第254页。

⑤ 俞伟超：《西安白鹿原墓葬发掘报告》，《考古学报》1956年第3期。

⑥ 河南省文物研究所：《陕县唐代姚懿墓发掘报告》，《华夏考古》1987年第1期。

⑦（宋）王溥：《唐会要》，上海古籍出版社，1991年，上册，第484页。

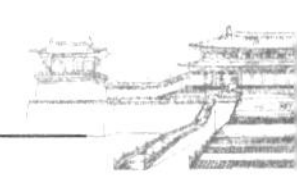

日薨。开元廿五年十二月八日奉敕官供，陪葬昭陵柏城。”[①]

唐代帝陵陵园之内也种植柏树。据《唐会要》卷二十一记载：“会昌二年（842年）四月二十三日敕节文：‘诸陵柏栽，今后每至岁首，委托有司于正月、二月、七月、八月四个月内，择动土利便之日，先下奉陵诸县，分明榜示百姓，至时与设法栽植。毕日，县司与守茔使同检点，据数牒报，典折本户税钱。’”[②]

三、唐墓葬具与葬俗

（一）葬具

1. 木棺

木棺是唐代的重要葬具之一。虽然比较完整的唐代木棺罕见，但却在墓室之内残存朽木、板灰、铁钉等，这都是当时采用木棺进行埋葬的证明。从残痕观察，唐代木棺一般是头部大足部小，平面呈梯形。根据考古发掘出土的石棺以及塔基地宫中出土的金棺银椁，基本可复原木棺形制。木棺一般盖似覆瓦，前后部有挡，底部有长方形座，前端宽于后端，前高后低。甘肃武威天祝周天授二年（691年）吐谷浑慕容智墓出土的木棺即是如此[③]。

2. 石门、石椁、石棺床

使用石门、石棺、石椁的墓葬一般等级都比较高，被认为是唐墓等级的标志之一，而且皆出自殊礼。据《唐六典》卷十八“司仪署”条记载：“凡葬禁以石为棺椁者。其棺椁禁雕镂、彩画、施户牖栏槛者，棺内禁金宝珠玉而敛者。”[④]又据《通典》卷八十五记载：“大唐制，诸葬不得以石为棺椁及石室。其棺椁皆不得雕镂彩画、施户牖栏槛，棺内又不得有金宝珠玉。”[⑤]但也有一些特殊现象，在山东嘉祥发现的一座石室墓，墓室全用青石垒砌而成，墓主人为汉王司马，身份并不是很高，下葬年代在贞观十年（636年），至少说明在初唐时期对于以石为葬的禁止还不严格，或者带有一定地域性特点。

石门一般由门楣[⑥]、门簪、立颊、门扉、门限、门砧等部分组成。唐初墓葬的石门与隋代的相似，门砧前部也圆雕蹲狮，后部呈方形，比较典型的就是唐贞观五年（631年）淮安王李寿墓石门（图2-2-2-39）[⑦]。但初唐以后的石门砧形制发生了变化，门砧前部不再出

① 昭陵博物馆：《唐李承乾墓发掘简报》，《文博》1989年第3期。

② （宋）王溥：《唐会要》，上海古籍出版社，1991年，上册，第488页。

③ 甘肃省文物考古研究所编著：《王国的背影——吐谷浑慕容智墓出土文物》，文物出版社，2022年，第36页，图一九。

④ （唐）李林甫等撰，陈仲夫点校：《唐六典》，中华书局，1992年，第508页。

⑤ （唐）杜佑撰，王文锦、王永兴、刘俊文等点校：《通典》，中华书局，1988年，第2299页。

⑥ 关于门楣，唐陈鸿《长恨传》云：“生女勿悲酸，生男勿欢喜。”“男不封侯女作妃，君看女却为门楣。”参见（宋）李昉等：《太平广记》卷四八十六，中华书局，1961年，第3999页。

⑦ 陕西省博物馆、文管会：《唐李寿墓发掘简报》，《文物》1974年第9期。

图2-2-2-39　唐李寿墓墓门正视图

现隋代流行的蹲狮，多呈长方形，表面线刻纹饰；门扉上也不再雕琢出成排的乳钉。如唐龙朔三年（663年）新城长公主墓石门（图2-2-2-40）、唐乾封元年（666年）韦贵妃墓石门（图2-2-2-41）、唐神龙二年（706年）懿德太子墓石门（图2-2-2-42）和章怀太子墓石门（图2-2-2-43）、唐景云元年（710年）成王李仁墓石门（图2-2-2-44）、唐开元九年（721年）薛儆墓石门（图2-2-2-45）、唐开元十五年（727年）杨执一墓石门（图2-2-2-46）、唐宝应二年（763年）高力士墓石门（图2-2-2-47）、唐兴元元年（784年）唐安公主墓石门（图2-2-2-48）等。

唐墓石椁一般为仿木构建筑样式，顶部呈庑殿顶；面阔三间，以四个方形立柱间隔而成；进深两间，以三个方形立柱间隔而成；底部为较厚的石板。壁面和方形立柱上线刻各种图案。石椁

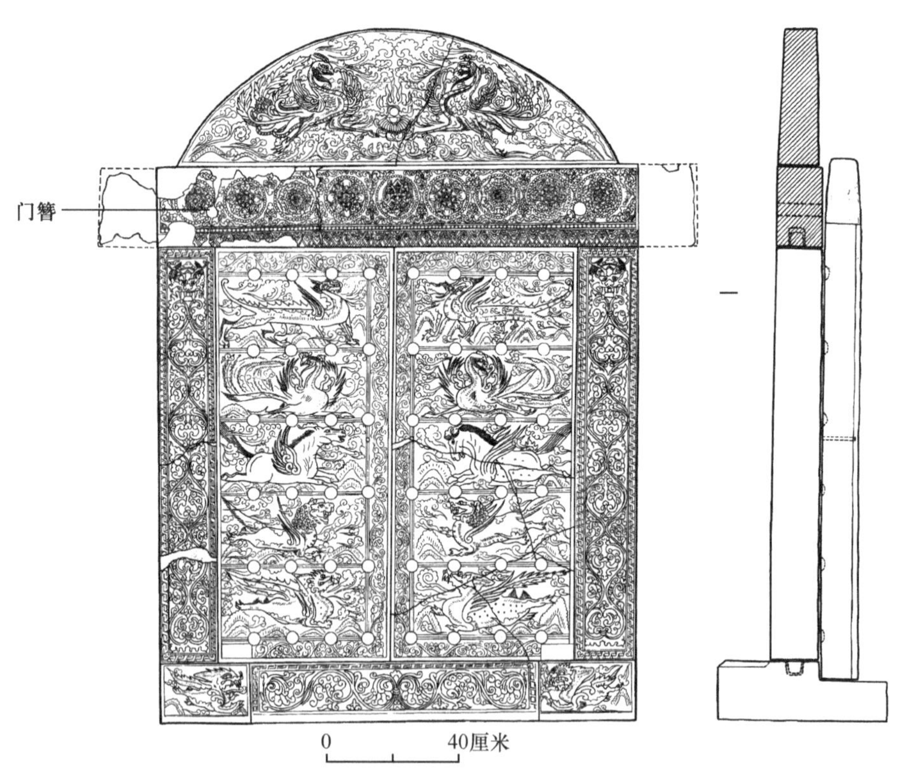

图2-2-2-40　唐新城长公主墓石门

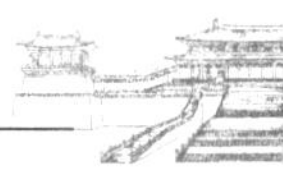

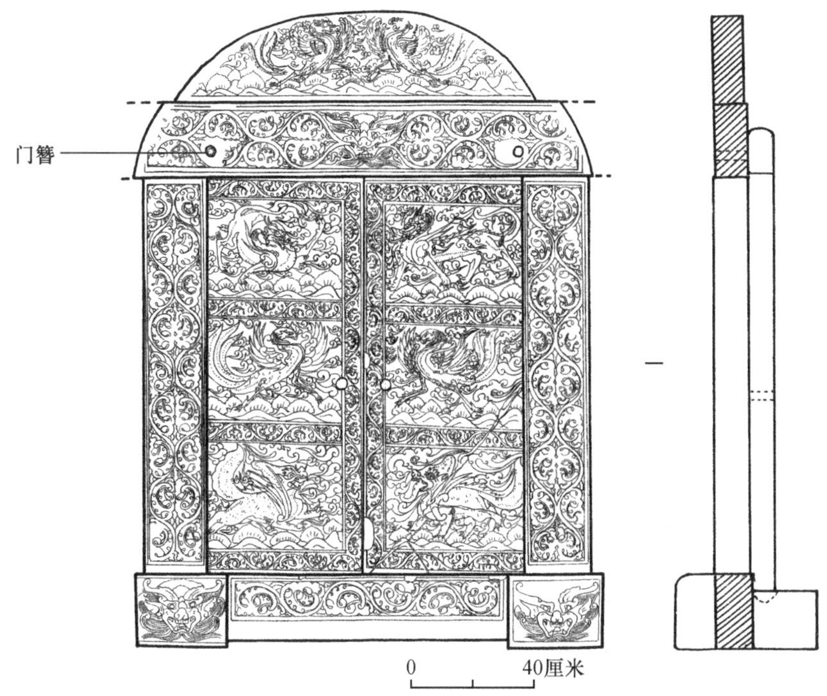

图2-2-2-41　唐韦贵妃墓石门

图2-2-2-42　唐懿德太子墓石门

图 2-2-2-43　唐章怀太子墓石门

图 2-2-2-44　唐成王李仁墓石门复原示意图

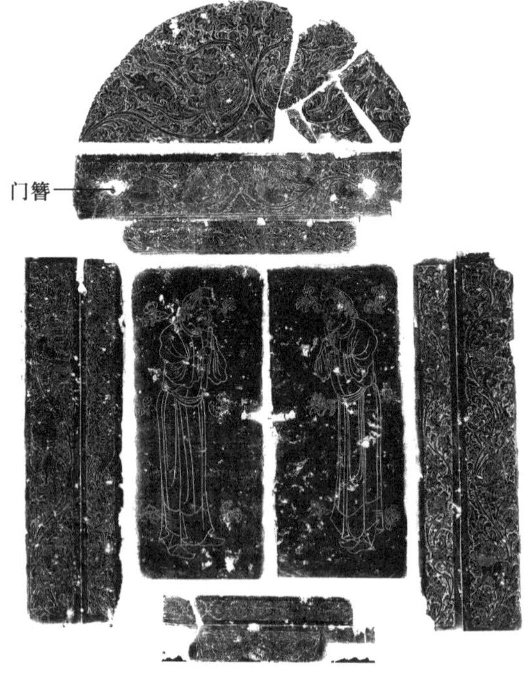

图 2-2-2-45　唐薛儆墓石门

图 2-2-2-46　唐杨执一墓石门复原示意图

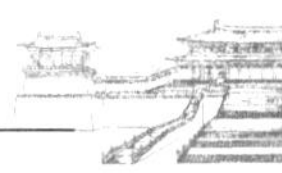

图2-2-2-47 唐高力士墓石门复原示意图

图2-2-2-48 唐唐安公主墓石门复原示意图

是将打磨、雕琢好的石构件以榫卯套合而成。如唐乾封元年（666年）韦贵妃墓石椁（图2-2-2-49）、唐神龙二年（706年）懿德太子墓石椁（图2-2-2-50）、唐开元九年（721

图2-2-2-49 唐韦贵妃墓石椁

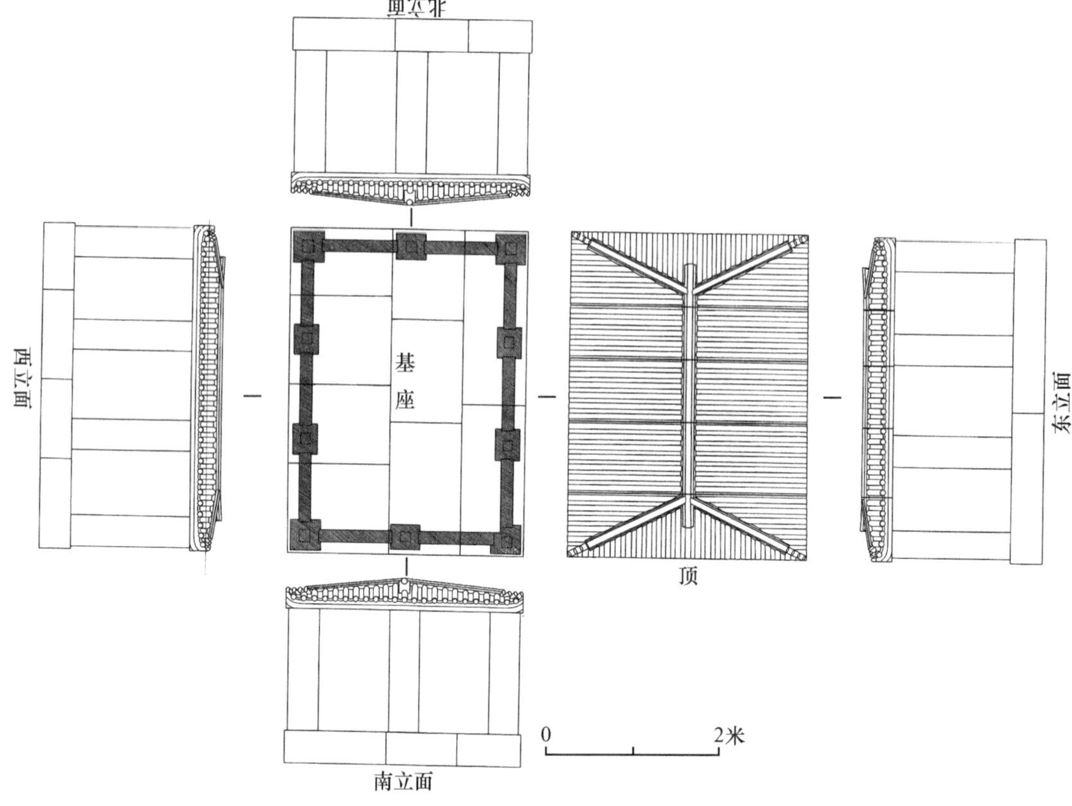

图2-2-2-50　唐懿德太子墓石椁

年）薛儆墓石椁（图2-2-2-51）、唐开元二十六年（738年）武惠妃（贞顺皇后）墓石椁（图2-2-2-52）、唐开元十二年（724年）金乡县主墓石椁（图2-2-2-53）等。唐墓之中的石质葬具以石椁为主，石棺较为罕见，在陕西西安郭杜周长安三年（703年）殷仲容夫妇墓出土石棺一具，呈长方形函状，长2.58、宽0.95、高0.9米[①]。

图2-2-2-51　唐薛儆墓石椁

① 陕西省考古研究所：《唐殷仲容夫妇墓发掘简报》，《考古与文物》2007年第5期。

图2-2-2-52 唐武惠妃（贞顺皇后）墓石椁

作为墓葬等级标志之一的石棺床，在考古发掘中也有不少发现。如唐景云元年（710年）节愍太子李重俊墓石棺床（图2-2-2-54）等。

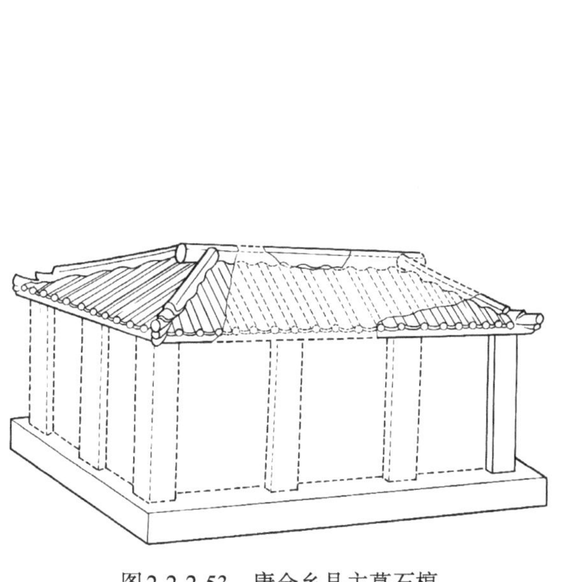

图2-2-2-53 唐金乡县主墓石椁

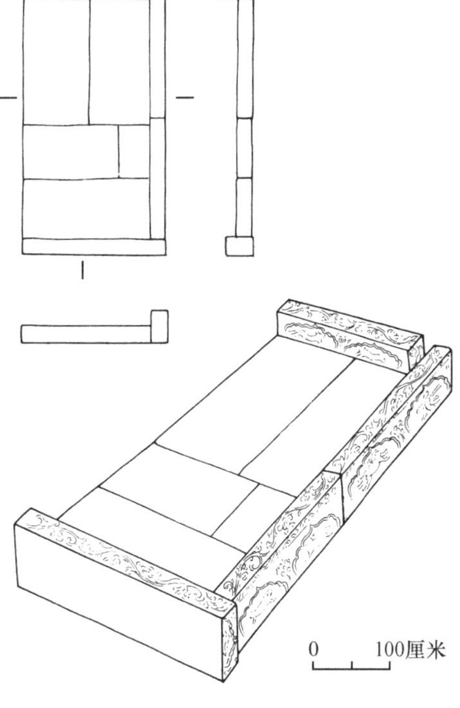

图2-2-2-54 唐节愍太子李重俊墓石棺床及其复原示意图

石门、石棺床与石椁之上多有线刻纹饰，其种类有：①建筑：瓦垄、瓦当、滴水、门、窗等；②朱雀与瑞兽，瑞兽一般雕刻在方形石柱表面；③武士；④男女侍从；⑤伎乐、飞天。石棺床则多见于三品官员以上，也有极个别三品以下官员的墓葬也使用，如安菩、宋氏等人（表三）。

表三　唐墓使用石门、石棺椁、石棺床统计一览表

墓主人	品级	下葬年代	墓葬形制	葬具	资料出处
李寿	淮安靖王（从一品）	贞观五年（631年）	单室砖室墓	石门、歇山顶石椁	《文物》1974年第9期
长乐公主	视正一品	贞观十七年（643年）	单室砖室墓	三道石门、石棺床	《文博》1988年第3期
段简璧	邳国夫人（一品）	永徽二年（651年）	单室砖室墓	石门、石棺床	《文博》1989年第6期
张士贵	辅国大将军（正二品）、荆州都督虢国公（从一品）	显庆二年（657年）	单室砖室墓	石门、石棺床	《考古》1978年第3期
尉迟敬德	司徒（正一品）、并州都督（从二品）、上柱国（正二品）、鄂国公（从一品）	显庆三年（658年）	双室砖室墓	石门、石棺床	《文物》1972年第5期
新城长公主	视正一品	龙朔三年（663年）	单室砖室墓	石门、石棺床、木棺	《考古与文物》1997年第3期；《唐新城长公主墓发掘报告》，科学出版社，2004年
郑仁泰	开国郡公（正二品）	麟德元年（664年）	双室砖室墓	拱顶石椁	《文物》1972年第7期
韦贵妃	贵妃（正一品）	乾封元年（666年）	双室砖室墓	庑殿顶石椁	《唐昭陵韦贵妃墓发掘报告》，科学出版社，2017年
窦及	石州离石府右果毅都尉（正六品上）	咸亨元年（670年）	单室土洞墓	庑殿顶石椁	《考古与文物》2009年第3期
房陵大长公主	视正一品	咸亨四年（673年）	双室砖室墓	石门、石椁	《文博》1990年第1期
李凤	虢王（正一品）	上元二年（675年）	单室砖室墓	石门、石棺床	《考古》1977年第5期
苏孝斌	庆州芳（华）池县令（下县，从七品上）	苏氏亡于仪凤二年（677年），其夫人高氏于垂拱四年（688年）与之合葬	单室土洞墓	庑殿顶石椁	西安市文物保护考古研究院发掘资料
临川长公主	视正一品	永淳元年（682年）	单室砖室墓	石门	《文物》1977年第10期
李晦	右金吾卫大将军（正三品）、秋官（刑部）尚书（正三品）	永昌元年（689年）	"品"字形三室土洞墓	庑殿顶石椁	

续表

墓主人	品级	下葬年代	墓葬形制	葬具	资料出处
契苾明	镇军大将军（从二品）、行左鹰杨卫大将军（正三品）、兼贺兰州都督、上柱国（正二品）、凉国公（从一品）	万岁通天元年（696年）	双室砖室墓	石椁	《文博》1998年第5期
薛绍	右武卫大将军（正三品）、兼散骑常侍（从三品）、驸马都尉（从五品）、平阳县开国子（正五品上）	神龙二年（706年）正月	双室砖室墓	石门、石棺床	陕西省考古研究院发掘资料
李重润	懿德太子	神龙二年（706年）	双室砖室墓	庑殿顶石椁	《文物》1972年第7期
李仙蕙	永泰公主	神龙二年（706年）	双室砖室墓	庑殿顶石椁	《文物》1964年第1期
李贤	雍王（正一品）、章怀太子	神龙二年（706年）以雍王身份葬，景云二年（711年）以章怀太子身份与妃房氏合葬	双室砖室墓	庑殿顶石椁	《文物》1972年第7期
韦洵	汝南郡王（从一品）	景龙二龙（708年）	双室砖室墓	石椁	《考古与文物》1993年第6期
韦泂	淮阳郡王（从一品）	景龙二龙（708年）	双室砖室墓	石椁	《文物》1959年第8期
韦泚	上蔡郡王（从一品）	景龙二年（708年）	双室砖室墓	石椁	《考古与文物》1993年第6期
韦浩	武陵郡王（从一品）	景龙二年（708年）	双室砖室墓	石椁	《考古与文物》1993年第6期
韦玄贞第九女	韦城县主（视正二品）	景龙二年（708年）	双室砖室墓	石椁	《考古与文物》1993年第6期
韦玄贞第十一女	卫南县主（视正二品）	景龙二年（708年）	双室砖室墓	石椁	《考古与文物》1993年第6期
安菩	安国大首领（五品）、定远将军（正五品上）	景龙三年（709年）	单室土洞墓	石门、石棺床（中间填土，外围石条）、木棺	《中原文物》1982年第3期；《洛阳龙门唐安菩夫妇墓》，科学出版社，2017年
万泉县主薛氏	视正二品	景云元年（710年）	双室砖室墓	石门、砖棺床	《文物》1959年第8期；《二十世纪五十年代陕西考古发掘资料整理研究》，三秦出版社，2015年，第191—196页
节愍太子李重俊	太子	景云元年（710年）	双室砖室墓	石棺床	《唐节愍太子墓发掘报告》，科学出版社，2004年

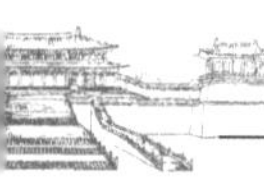

续表

墓主人	品级	下葬年代	墓葬形制	葬具	资料出处
陕西西安侧坡南村M1	身份不明	约与节愍太子墓年代相当	双室砖室墓	庑殿顶石椁	《文博》2022年第1期
李仁	成王（正一品）	景云元年（710年）葬李仁，开元十四年（726年）妃慕容氏与之合葬	双室砖室墓	石门、石棺床	《西安郊区隋唐墓》，科学出版社，1966年，第8、10—13页
窦孝谌	太尉（正一品）、豳国公（从一品）	先天元年（712年）	双室砖室墓	石椁	《2010中国重要考古发现》，文物出版社，2011年，第136—140页
韦顼	银青光禄大夫（从三品）、卫尉卿（从三品）、扶阳县开国公（从二品）、护军事（从三品）	开元六年（718年）	双室砖室墓	石椁	西安碑林博物馆藏
李贞	越王（正一品）	开元六年（718年）	单室砖室墓	石棺床	《文物》1977年第10期
薛儆	驸马都尉（从五品下）、上柱国（正二品）、开国郡公（正二品）、殿中省少监（从四品上）	开元八年（720）	单室砖室墓	庑殿顶石椁	《唐薛儆墓发掘报告》，文物出版社，2000年
执失善光	右监门卫将军（从三品）、上柱国（正二品）、朔方郡开国公（从一品）、兼尚食内供奉	开元十一年（723年）		石门	昭陵博物馆藏
秦守一	楚州刺史上柱国（正二品）、南安县开国公（从一品）、司农卿（从三品）	开元十二年（724年）	单室砖室墓	庑殿顶石椁	《2009中国重要考古发现》，文物出版社，2010年，第142—147页
惠庄太子李㧑	太子	开元十二年（724年）	单室砖室墓	石棺床	《唐惠庄太子李㧑墓发掘报告》，科学出版社，2004年
金乡县主	视正二品	开元十二年（724年）	单室土洞墓	庑殿顶石椁	《唐金乡县主墓》，文物出版社，2002年
阿史那怀道	西突厥可汗	开元十六年（728年）	双室砖室墓	双石门，歇山顶石椁	《中国考古学年鉴·1994》，文物出版社，1997年
冯君衡	潘州刺史（下州，正四品下）	开元十七年（729年）	单室砖室墓	石门	《二十世纪五十年代陕西考古发掘资料整理研究》，三秦出版社，2015年，第686—689页

续表

墓主人	品级	下葬年代	墓葬形制	葬具	资料出处
杨会	上柱国（正二品）	开元二十四年（736年）		歇山顶石椁	《靖边出土唐杨会石棺和墓志》，《考古与文物》1995年第4期
武惠妃（贞顺皇后）	皇后	开元二十六年（738年）	单室砖室墓	庑殿顶石椁	《皇后的天堂——唐敬陵贞顺皇后研究》，文物出版社，2015年
杨思勖	骠骑大将军（从一品）、兼左骁卫大将军（正三品）、知内侍事上柱国（正二品）、虢国公（从一品）	开元二十八年（740年）	单室砖室墓	庑殿顶石椁	《唐长安城郊隋唐墓》，文物出版社，1980年，第65—86页
陕西耀县（今耀州区）药王山唐墓	身份不明	开元时期		石门、庑殿顶石椁，雕刻较粗糙	《考古与文物》2002年增刊
苏思勖	银青光禄大夫（从三品）、行内侍省内侍员外	天宝四年（745年）	单室砖室墓	石门	《西安东郊唐苏思勖墓清理简报》，《考古》1960年第1期
武令璋	壮武将军（正四品下）、行右司御率府副率（从四品上）、使持节银川郡诸军事兼银川太守充押本郡吐蕃党项使、沛县开国男（从五品上）、赐紫金鱼袋上柱国（正二品）	天宝七载（748年）		石椁	《新发现的唐武令璋石椁和墓志》，《考古与文物》2010年第2期
高元珪	左威卫将军（从三品）、上柱国（正二品）	天宝十五载（756年）	单室砖室墓	石门、石棺床、石棺	《文物》1959年第8期
西安长安区东祝村M8		唐玄宗时期	单室砖室墓	庑殿顶石椁	《中国考古网》
史思明	伪皇帝	宝应元年（762年）	横向三室石室墓，主室方形，两侧耳室亦为石构，呈长方形		《文物》1991年第9期
高力士	开府仪同三司（从一品）、内侍监（正三品）、上柱国（正二品）、齐国公（从一品）、赠扬州大都督（从二品）	宝应二年（763年）	单室砖室墓	石门，石棺床，以石板围砌，上面铺石板，中间填土和砖渣及条砖	《考古与文物》2002年第6期
唐安公主	视正一品	兴元元年（784年）	单室砖室墓	石门、石棺床	《文物》1991年第9期

续表

墓主人	品级	下葬年代	墓葬形制	葬具	资料出处
惠昭太子	太子	元和四年（809年）	单室砖室墓	石门、石棺床。墓室地面铺石板，棺床以青石围砌，中间填土，上面铺砖，石门，木棺	《考古与文物》1992年第4期；《唐惠昭太子陵发掘报告》，三秦出版社，1992年
咸阳马跑泉M1	身份不明	时间不明	单室砖室墓	石门	《二十世纪五十年代陕西考古发掘资料整理研究》，三秦出版社，2015年，第189、190页

（二）葬俗

1. 聚族而葬

聚族而葬是中国传统的葬俗之一，唐代继承了这一传统习俗。在当时的经济状况下，血缘关系是维系人与人之间关系的重要纽带，从而使族权得以强化。唐代的归旧茔就是聚族而葬的体现。据考古发现的唐代墓志来看，祔葬先茔的现象非常普遍。如陕西西安郊区M304《唐扬州大都督府司马吴赍妻韩氏墓志》云："他乡瓢泊，谅非吾土；窀穸匪安，灵榇归故。"[①]这反映了归旧茔现象及其思想的存在。这实际上就是"落叶归根"思想的体现。如陕西西安长安区韦氏家族墓、陕西韩城小金盆村发现的唐代白氏家族墓[②]等，都是聚族而葬的家族墓地。

2. 合葬、单人葬与迁葬

唐代夫妇合葬较为盛行。从文献记载和墓志内容来看，当时人对于是否合葬，要进行占卜。如占卜为吉，则可；否则，不进行合葬。这是当时人风水思想的反映。如陪葬昭陵的安元寿夫妇，其夫人翟氏死后30余年才得以与安元寿合葬，就是因为每岁占卜，等待合适时机，所以才"从违卅余年，龟筮今兹协吉"。一般以夫妇同穴合葬为主，也有二人以上的合葬者。南方地区则有同坟而异穴（双室并列）的合葬方式。从骨架排列状况和棺木痕迹来看，二人同穴合葬的墓葬多系双棺并列，头向一致，但也有合葬一棺而且尸骨上下相叠的现象[③]。据《西安郊区隋唐墓》所公布的材料，能够看出骨架数目的墓葬有43座，单身葬者27座，2人合葬者14座（另外墓志记载为合葬的有4座），3人与4人合葬者各1座[④]。这一组资料表明，合葬流行的同时，单人葬所占比例也不低，是与合葬并存的主要葬

① 中国科学院考古研究所编著：《西安郊区隋唐墓》，科学出版社，1966年，第99、100页。
② 呼林贵、任喜来：《陕西韩城小金盆村唐代白氏家族墓清理记》，《考古与文物》1988年第4期。
③ 中国科学院考古研究所编著：《西安郊区隋唐墓》，科学出版社，1966年。
④ 中国科学院考古研究所编著：《西安郊区隋唐墓》，科学出版社，1966年。

式之一。大量单人葬的存在，原因较复杂，既与死亡者成婚与否有关，也可能与当时一些人不主张合葬、宗教信仰等有关。如《唐故邢州任县主簿王君夫人宋氏之墓志铭》记载，天授二年（691年）宋氏临终前“谓诸子曰：‘吾心依释教，情远俗尘，虽非出家，恒希入道。汝为孝子，思吾理言。昔帝女贤妃，尚不从于苍野；王孙达士，犹靡隔于黄墟。归骸反真，合葬非古，与道而化，同穴何为？’”遂葬于其夫茔五十步处[①]。朝议郎周绍业妻赵氏，亡于长安二年（702年），“以府君倾死年深，又持戒行，遗嘱不令合葬坟陇”[②]。有一些人虽然也认为合葬古无此礼，但因循成俗，也主张合葬。

由于当时存在一夫多妻制，又有原配和继室之别，故夫妻合葬颇为讲究。对于当时的合葬情况，有学者根据发现和传世的墓志内容进行了总结，将合葬分为若干种[③]：①与原配合葬。但有两种情况：同穴合葬；同坟异穴。②与原配合葬，继室旁葬。③不与原配，而与继室合葬。④与原配和继室合葬，但可以分为：与原配、继室同穴合葬；与原配、继室同茔异穴；与原配合葬，继室同茔异穴。⑤不与改嫁之妻合葬。

根据考古发掘资料，也有迁葬，迁葬也称改葬。如合葬墓中的骨架往往一具保存较好，另一具或数具凌乱。保存较好者当为一次葬，而凌乱者应系迁葬。文献中对迁葬有明确的记载，而且有一定的仪式。据《通典》卷一百四十记载，举行的仪式有：卜宅、启请、开坟、举柩、奠、升柩车、敛、奠、设灵、进引、告迁、哭柩车位、设遣奠、輀车[④]发、宿止、到墓、虞祭。有些迁葬是为了合葬而进行的。

值得注意的是，当时有些合葬与冥婚有关。所谓冥婚，就是为死去的男女举行婚礼，并将其同穴合葬在一起。关于冥婚，清赵翼《陔余考证》卷三十一《冥婚》对此进行了考证，并列举了懿德太子、韦洵、建宁王琰等人实行冥婚之事。周一良对此也进行过研究[⑤]。据《旧唐书·懿德太子重润传》记载，懿德太子重润，因窃议张易之兄弟何得恣入宫中，被武则天杖杀，时年十九。“中宗即位，追赠皇太子，谥曰懿德，陪葬乾陵，仍为聘国子监丞裴粹亡女为冥婚，与之合葬。”[⑥]又据《唐会要》卷四记载，懿德太子重润，在大足元年被武则天杖杀。“中宗即位，追赠皇太子，谥曰懿德，陪葬乾陵。仍为聘国子监丞裴粹亡女为冥婚，与之合葬。”[⑦]在对懿德太子墓发掘时发现两具骨架，充分证明史书记载的真实性。韦后弟韦洵埋葬时也实行了冥婚，据《新唐书·萧至忠传》记载：“韦后尝为其弟洵与至忠殇女冥婚”，“及韦氏败，遽发韦洵垄，持其女柩归”[⑧]。又据《旧唐书·萧至

① 周绍良、赵超主编：《唐代墓志汇编》（第2版），上海古籍出版社，2022年，上册，第839、840页。

② 周绍良、赵超主编：《唐代墓志汇编》（第2版），上海古籍出版社，2022年，上册，第1330页。

③ 李斌城、李锦绣、张泽咸等编：《隋唐五代社会生活史》，中国社会科学出版社，1998年，第297—299页。

④ 輀（音er）车，同輀车，即丧车。白居易《祭李侍郎文》云：“旌竿举兮輀车动。”

⑤ 周一良：《敦煌写本书仪中所见的唐代婚丧礼俗》，《文物》1985年第7期。

⑥ （后晋）刘昫等：《旧唐书》，中华书局，1975年，第2834、2835页。

⑦ （宋）王溥：《唐会要》，上海古籍出版社，1991年，上册，第54、55页。

⑧ （宋）欧阳修、宋祁：《新唐书》，中华书局，1975年，第4373页。

忠传》记载："韦庶人又为亡弟赠汝南王洵于至忠亡女为冥婚合葬，及韦氏败，至忠发墓，持其女柩归，人以此讥之。"①据《大唐赠并州大都督淮阳王韦君墓志铭》记载，韦洞死时年仅十六，中宗即位后对其改葬。"制以王年未及室，陵椁方孤，求淑魂于高门，代姻无忝；结芳神于厚夜，同穴知安。乃冥婚太子家令清河崔道猷亡第四女为妃而会葬焉，盖古之遗礼也。"②

从上述资料来看，在唐代实行冥婚的多是贵族官僚，说明此种陋习与唐代皇室贵族的提倡不无关系。即使冥婚，也非常讲究门第。根据敦煌文书记载，冥婚还要举行仪式。如斯1725"大唐吉凶书仪"："生人为立良媒，遣通二姓，两家和许，以骨同棺，共就坟陵，是在婚也，一名冥婚。"又据伯3637、伯3849"新定书仪镜"云，实行冥婚时，是按照一定的程序进行的。先由男方发出"冥婚书"，通过媒氏，女方回以"答婚书"。其次，在各自墓前祭奠，诵祭文将婚事通告亡灵，然后开棺迁坟，举行合陵祭，由男家主持曰："吾告厶男厶女之灵，汝等不幸早亡……礼制难越，二灵合筵"，并祝愿"善自和融，以保始终"③。

3. 葬式

自西汉以来，仰身直肢葬成为主要葬式，唐代也继承了这一葬式，考古发掘的唐墓葬式也证明了这一点。

4. 口含

此类习俗是对汉魏以来习俗的继承和发展，上自皇帝，下至平民，死后均有口含，只是所含之物有所差异。皇帝含玉，三品以上含璧，四品、五品含碧，六品以下含贝。考古发掘的唐代口含与文献记载有所差异，其种类主要有银"开元通宝"、铜"开元通宝"、各类珠子、外来货币（主要有输入的各类波斯萨珊王朝银币和东罗马金币）等，其中以铜"开元通宝"最为常见。如陕西西安东郊韩森寨唐天宝四年（745年）宋氏墓，口含12颗水晶珠④；河南洛阳东明小区未被盗掘的唐太和三年（829年）高秀峰墓，在其中一件下颌托附近发现1件玉龙形器，应是作为口含使用的⑤。

5. 握

唐代的握一般都呈豚形，也有一侧刻槽的长条状（亦被称为蚕形）、竹节状的长条形、两端上翘的船形等，多为玉、滑石制品（图2-2-2-55）。尸骨手握开元通宝等货币的现象也较常见。此外，还有以输入的外来货币作为握的现象，但较少见。

6. 铭旌

铭旌（亦作明旌）的使用有久远的历史。据《仪礼·士丧礼》记载："为铭，各以其

---

① （后晋）刘昫等：《旧唐书》，中华书局，1975年，第2970页。
② 周绍良主编：《唐代墓志汇编》，上海古籍出版社，1992年，上册，第1084页。
③ 季羡林主编：《敦煌学大辞典》，上海辞书出版社，1998年，第437页。
④ 张正岭：《西安韩森寨唐墓清理记》，《考古通讯》1957年第5期。
⑤ 洛阳市文物工作队：《洛阳市东明小区C5M1542唐墓》，《文物》2004年第7期。

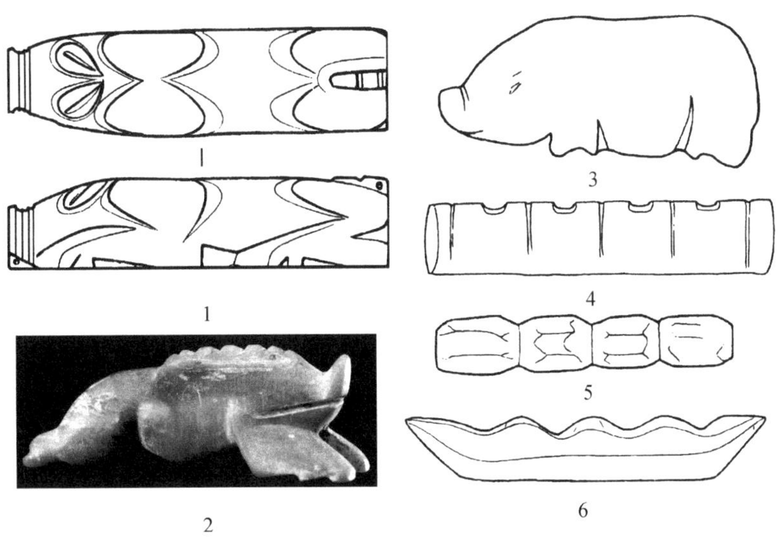

图2-2-2-55 唐墓中出土的握

1、2. 玉豚（陕西西安康文通、茅坡唐墓出土） 3. 滑石豚（河南偃师杏园唐M1004出土）
4. 滑石刻槽长条状握（河南偃师杏园唐M902出土） 5. 滑石竹节形握（河南偃师杏园唐YHM3出土）
6. 滑石船形握（河南偃师杏园唐M2603出土）

物。亡，则以缁长半幅，赪（同赪，音cheng，赤色）末长终幅，广三寸。书铭于末，曰：'某氏某之柩。'竹杠长三尺，置于宇西阶上。"郑玄注云："铭，铭旌也。杂帛为物。大夫、士所建也。以死者为不可别，故以其旗帜识之。"这种铭旌，自商代已有之，据《通典》卷八十四记载："殷制，复兴书铭，自天子达于士，其辞一也。男子称名，妇人书姓与伯仲。"[①]汉代铭旌在甘肃等地也有发现，一般呈长条状，绛红色，上部墨绘日月，日中绘三足乌及九尾狐，月中绘蟾蜍、玉兔，其上竖写墓主人的籍贯、姓名。唐代丧葬中也使用铭旌。如《通典》卷一百三十九引《开元礼纂类》云："施铭旌志石于圹门之内，置设讫，掩户，设关籥，遂复土三。"[②]据《酉阳杂俎前集》卷十三记载，唐代在丧葬过程中，"铭旌出门，众人掣裂将去"[③]。

唐代铭旌的等级、样式、书写的内容等，文献有明确记载。据《唐六典》卷十八"司仪署"记载："凡铭旌，三品已上长九尺，五品以上八尺，六品已下七尺，皆书云'某官、封、姓名之柩'。"[④]又据《通典》卷八十四引《大唐〈元陵仪注〉》云："设铭旌，以

---

① （唐）杜佑撰，王文锦、王永兴、刘俊文等点校：《通典》，中华书局，1988年，第2273页。

② （唐）杜佑撰，王文锦、王永兴、刘俊文等点校：《通典》，中华书局，1988年，第3544页。

③ （唐）段成式撰，曹中孚校点：《酉阳杂俎》，《唐五代笔记小说大观》，上海古籍出版社，2000年，上册，第650页。掣裂铭旌不是全部撕掉，而是撕扯去一部分。这种撕扯铭旌的习俗，在现代陕西关中及其他地区仍存在，尤其是年长者出殡时的铭旌，人们会撕扯一角或一条，作为小孩衣物等的装饰品。

④ （唐）李林甫等撰，陈仲夫点校：《唐六典》，中华书局，1992年，第508页。

绛，广充幅，长二丈九尺，题云‘某尊号皇帝之柩’，立于殿下。其三品以上长九尺，五品以上八尺，六品以下七尺，皆书‘某官封姓君之柩’。具《开元礼》。”[①]又据《通典》卷一百三十八引《开元礼》云：“为铭以绛，广充幅，四品以下广终幅（小字为原注，下同）。长九尺，韬[②]杠。杠，铭旌竿也。杠之长准其绛也。公以上为龙首。四品五品幅长八尺，龙首，韬杠。六品以下幅六尺，韬杠。书曰‘某官封之柩’。在棺曰柩。妇人其夫有官封，云‘某官封夫人姓之柩’。子有官封者，云‘太夫人之柩’。郡县君随其称。若无封者，云‘某姓官之柩’。六品以下亦如之。置于宇西街上。”[③]

从文献记载来看，铭旌上所写内容与墓志铭首题相似，只是将其中的“墓志铭”换成“之柩”，所封之官爵则不变。文献中既云铭旌上写“姓名”，也云写“姓君”，结合墓志铭来看，可能多数写作“某府君”，妇人则云“某氏”。在唐代墓志铭的首题中，“大唐”“唐”并举，官、封爵前多加“故”字，铭旌也应与之相似，只是省略了“故”字，前者据书写者的习惯而定，后者则是由来已久的习惯。皇帝的铭旌为最高等级，其上只写“某尊号皇帝之柩”。王、嗣王、郡王、公主等的墓志铭首题一般不写姓氏，这与文献记载的铭旌上只写“某官封之柩”相吻合，可见这一等级的人物铭旌上应该也不写姓氏。但后妃的墓志铭首题中一般写有姓氏，其铭旌也应写有姓氏。据上述推断，可以复原唐代的铭旌内容。如成王李仁墓志铭首题为“大唐故金吾大将军广益二州大都督上柱国成王墓志铭”，其铭旌应为“大唐金吾大将军广益二州大都督上柱国成王之柩”；嗣虢王李邕墓志铭首题为“唐故赠荆州大都督嗣虢王墓志”，其铭旌应为“唐赠荆州大都督嗣虢王之柩”；废太子李承乾墓志铭首题为“大唐故恒山愍王荆州诸军事荆州大都督墓志铭”，其铭旌应为“大唐恒山愍王荆州诸军事荆州大都督之柩”；新城长公主墓志铭首题为“大唐故新城长公主墓志铭”，其铭旌应为“大唐新城长公主之柩”；唐昭陵韦贵妃墓志铭首题为“大唐太宗文皇帝故贵妃纪国太夫人韦氏墓志铭”，其铭旌应为“大唐太宗文皇帝贵妃纪国太夫人韦氏之柩”；上官婉儿墓志铭首题为“大唐故婕妤上官氏墓志铭”，其铭旌应为“大唐婕妤上官氏之柩”；成王李仁之妃慕容氏墓志铭首题为“大唐故成王妃慕容氏墓志铭”，其铭旌应为“大唐成王妃慕容氏之柩”。

悬挂铭旌的竿，五品以上竿头为龙首，竿的长度与铭旌相同，且与品阶相对应。不论官阶高低，铭旌竿上均有套。据文献记载，在丧礼结束后，铭旌与志石一起置于墓门之后，然后封门、覆土。

7. 其他葬俗

（1）招魂葬

招魂葬是针对非正常死亡而又尸骨无存、丧失埋葬地点的人实行的葬制。据《大唐故恒山愍王荆州诸军事荆州大都督墓志铭》记载，李承乾埋葬之时，即与“妃苏氏招魂合祔”[④]。唐中宗赵后及睿宗刘后、窦后为武后所害，莫知瘗所，而招魂葬之。据《唐会要》卷三

---

① （唐）杜佑撰，王文锦、王永兴、刘俊文等点校：《通典》，中华书局，1988年，第2275页。

② 韬，本为弓袋、弓衣。此处意指铭旌竿上有套。

③ （唐）杜佑撰，王文锦、王永兴、刘俊文等点校：《通典》，中华书局，1988年，第3512页。

④ 昭陵博物馆：《唐李承乾墓发掘简报》，《文博》1989年第3期。

“皇后”条记载：“中宗皇后赵氏。天宝八载六月十五日追尊和思皇后。皇后初为英王妃，母常乐公主得罪，妃坐废，幽死于内侍省。中宗崩，将葬于定陵，莫知瘗所，将行招魂祔葬之礼。太常博士彭景直曰：‘招魂葬礼非古，不可备棺椁，置辒辌，宜据《汉书·郊祀志》，葬黄帝衣冠于桥山。’遂以皇后袆衣于陵所寝宫招魂，置衣魂舆，以太牢告祭，迁衣于寝宫御榻之右，覆以夷衾焉。”①《资治通鉴》卷二百一十记载，唐睿宗即位后，“追立妃刘氏曰肃明皇后，陵曰惠陵；德妃窦氏曰昭成皇后，陵曰靖陵。皆招魂葬于东都城南，立庙京师，号仪坤庙”②。又据《安禄山事迹》卷下记载，史思明葬安禄山时，因“不得其尸，与妻康氏并招魂而葬”③。高力士之父冯君衡早亡而不知葬所，其母于开元十七年（729年）去世时，即招魂合葬④。据《唐会要》等的记载来看，所谓招魂葬是以衣冠招魂而葬之。唐诗中也有关于招魂葬的咏叹，如张籍《征妇怨》云：“九月匈奴杀边将，汉军全没辽水上。万里无人收白骨，家家城下招魂葬。”⑤

（2）殉葬

殉葬主要发生在商周时期，以安阳殷墟商代大墓中有大量殉人最为著名，但春秋晚期以后便不再流行，唐代殉葬更属罕见，但也偶有发现。如在陕西凤翔县城南郊发现的唐墓，有大量的人殉现象。其中有34座殉葬墓，共计殉葬87人，殉葬者位于墓道、墓室、天井、墓主棺上，墓中殉人最多者达12人。殉葬者的人骨完整者16人，骨骼齐全但放置散乱的4人，是被砍杀和肢解的。无头骨而肢骨齐全的8人，是被砍头后埋葬的。还有头骨和肢骨不全的3人，是被腰斩、刖足的。有头骨而无肢骨者23人，是被砍头后埋葬的。其余殉人仅存部分骨骼，则是被肢解造成的。这些殉人与墓主同时埋葬，多随意抛置，不见棺木，显然不属于正常死亡。推测是异民族的战俘或奴婢一类的下层人。其年代被定在盛唐至中唐时期⑥。这一发现属于特殊例子，不能作为唐代葬俗的一般现象来对待。

一些归附唐王朝的其他民族的首领等，丧葬则采用本民族的习俗。如归附唐王朝的突厥可汗阿史那思摩（被赐姓李，也称李思摩）死后，以右武卫将军赠兵部尚书的身份陪葬昭陵，“仍任依蕃法烧讫，然后葬”⑦。

8. 纸钱的使用

纸钱（此处所言纸钱，是指用来祭祀鬼神的明器）的使用是中国古代葬俗中的一次重

---

① （宋）王溥：《唐会要》，上海古籍出版社，1991年，上册，第28、29页。

② （宋）司马光撰，（元）胡三省音注：《资治通鉴》，中华书局，1956年，第6661、6662页。

③ （唐）姚汝能撰，曾贻芬点校：《安禄山事迹》，中华书局，2006年，第110页。

④ 陕西省文物保护研究院编著、姜宝莲主编：《二十世纪五十年代陕西考古发掘资料整理研究》，三秦出版社，2015年，上册，第686—689页。

⑤ 《全唐诗》卷三八二，上海古籍出版社，1986年，第948页。

⑥ 雍城考古队　尚志儒、赵丛苍：《陕西凤翔县城南郊唐墓群发掘简报》，《考古与文物》1989年第5期。

⑦ 张沛：《李思摩墓志铭》，《昭陵碑石》，三秦出版社，1993年；吴刚主编：《全唐文补遗》（第3辑），三秦出版社，1996年，第399页。

要变革，对后世影响巨大，以至于在现代中国的丧葬习俗中仍然在延续。它一方面是节俭思想的具体反映，另一方面更说明纸的发明及普遍使用，对古代丧葬习俗也有一定影响。那么，它开始于何时又以什么方式产生影响呢？据《封氏闻见记》卷六《纸钱》记载："今代送葬为凿纸钱，积钱为山，盛加雕饰，舁以引柩。按，古者享祀鬼神，有圭璧币帛，事毕则埋之。后代既宝钱货，遂以钱送死。《汉书》称'盗发孝文园瘗钱'是也。率易从简，更用纸钱。纸乃后汉蔡伦所造，其纸钱魏、晋以来始有其事。今自王公逮于匹庶，通行之矣。凡鬼神之物，取其象似，亦犹涂车刍灵之类。古埋帛；今纸钱则皆烧之，所以示不知神之所为也。"[①]又据《新唐书》卷一百九《王玙传》记载："汉以来葬丧皆有瘗钱，后世里俗稍以纸寓钱为鬼事，至是玙乃用之。"[②]以纸钱为鬼神事，魏晋以来始有其事，唐代较为盛行。此可作为唐墓之中随葬铜钱数量大为减少的一个最好注脚。

众所周知，纸是西汉时期发明并经过东汉时期蔡伦改造，但在汉代纸的使用仍不普遍，汉简的大量发现就从侧面反映了这一问题。两汉时期厚葬之风盛行，特别是一些贵族墓葬更是如此。以各类钱币随葬在当时不仅普遍，而且数量巨大。往往以实用货币随葬，也有用泥质冥币随葬者。出于对墓葬安全的考虑，是两汉之后使用纸钱的契机。如《汉书》就记载了汉文帝陵所埋钱币被盗掘一事。这充分说明当时人已注意到厚葬给墓葬带来的不安全因素，于是在两汉之后，人们便"率易从简，更用纸钱"。魏晋南北朝时期墓葬中随葬实用货币的数量大为减少，与两汉时期形成鲜明对比，这一点也为《封氏闻见记》所载使用纸钱的开始年代提供了旁证。但由于纸钱在埋葬过程中就被焚烧了，所以通过考古发掘来证明纸钱的存在比较困难。从文献记载来看，纸钱与实用货币在形式上有所不同，而更接近东汉以来的"摇钱树"，在今陕西关中仍有这一丧葬习俗。又从现在的民俗来看，纸钱为沿途抛撒或焚烧，这为探讨古代纸钱如何使用提供了民俗学证据。值得庆幸的是，在新疆吐鲁番哈拉和卓唐M102中出土了纸钱（图2-2-2-56）[③]，其形状用纸剪成圆形方孔，每枚纸钱相连成一串，推测原来可能挂于器物之上而埋入墓葬。现今关中地区葬仪中使用的纸钱与之非常相似。

四、唐墓随葬品

唐墓中的随葬品，一般多来自于"凶肆"。所谓"凶肆"就是专门出售丧葬用明器的店铺。隋唐长安城东西市均有凶肆。据《李娃传》云，长安城东西市的凶肆曾在天门街（朱雀大街）决明器胜负优劣之事[④]。唐代别敕葬（敕葬）的随葬品，则主要来自甄官署。

① （唐）封演撰，赵贞信点校：《封氏闻见记校注》，中华书局，2005年，第60、61页。

② （宋）欧阳修、宋祁：《新唐书》，1975年，第4107页。

③ 新疆文物考古研究所编著：《吐鲁番阿斯塔那—哈拉和卓墓地：哈拉和卓卷》，文物出版社，2018年，图版二〇一。

④ （宋）李昉等：《太平广记》卷四百八十四，中华书局，1961年，第3985—3991页。

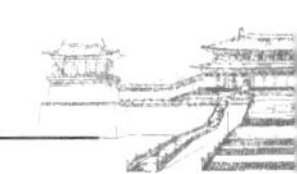

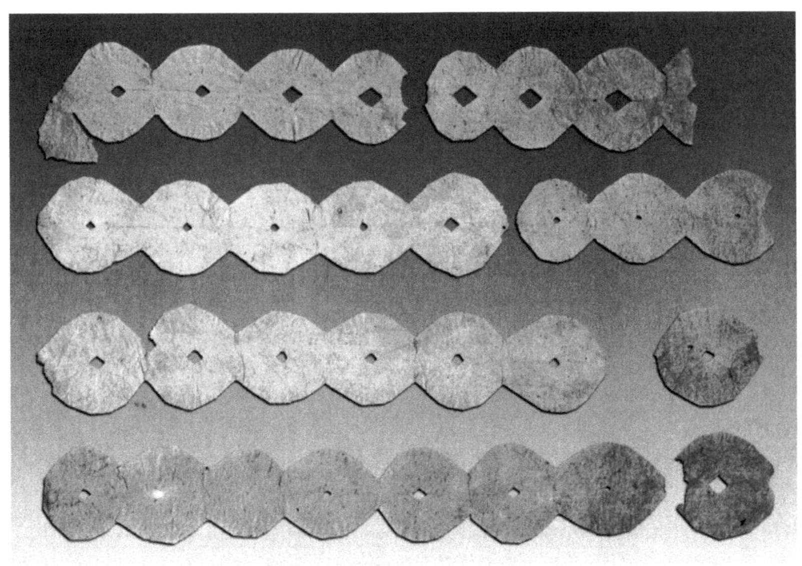

图2-2-2-56 新疆吐鲁番哈拉和卓唐M102出土纸钱

甄官署在东汉时期已设置，将作所属有前、后、中甄官令。晋有甄官署，历代沿置，隋属太府寺，唐属将作监。甄官署主要掌管烧制砖瓦、陶器，雕制石人、石兽、碾硙等物。据《唐六典》卷二十三记载："甄官署：令一人，从八品下；丞二人，正九品下；监左四人，从九品下。甄官令掌琢石、陶土之事；丞为之贰。凡石作之类，有石磬、石人、石兽、石柱、碑碣、碾硙，出有方土，用有物宜。凡砖瓦之作，瓶缶之器，大小高下，各有程准。凡丧葬则供其明器之属，别敕葬者供，余则私备。"①《旧唐书·职官志》记载："甄官署：令一人，从八品下。丞二人，正九品下。府五人，史十人，监作四人，从九品下。典事十八人。甄官令掌供琢石陶土之事。凡石磬碑碣、石人兽马、碾硙砖瓦、瓶缶之器、丧葬明器，皆供之。"②《新唐书·百官志三》记载："甄官署。令一人，从八品下；丞二人，正九品下。掌琢石、陶土之事；供石磬、人、兽、碑、柱、碾、硙、瓶、缶之器，敕葬则供明器。"③但具体的实施，则由掌管凶礼仪式及供丧葬之具的司仪署来执行。

（一）陶器

1. 日常生活用具

日常生活用具有罐、盘、瓶、盆、碗、灯盏等（图2-2-2-57、图2-2-2-58）。多为泥质灰陶，也有泥质红陶和细泥黄褐陶等。泥质灰陶质地坚硬，泥质红陶质地松软。制法多采用轮制，有的器物则采用手制如砚台。有的器物的附耳采用手制，然后黏接而成。器物腹部有轮

① （唐）李林甫等撰，陈仲夫点校：《唐六典》，中华书局，1992年，第597页。

② （后晋）刘昫等：《旧唐书》，中华书局，1975年，第1896页。

③ （宋）欧阳修、宋祁：《新唐书》，中华书局，1975年，第1274页。

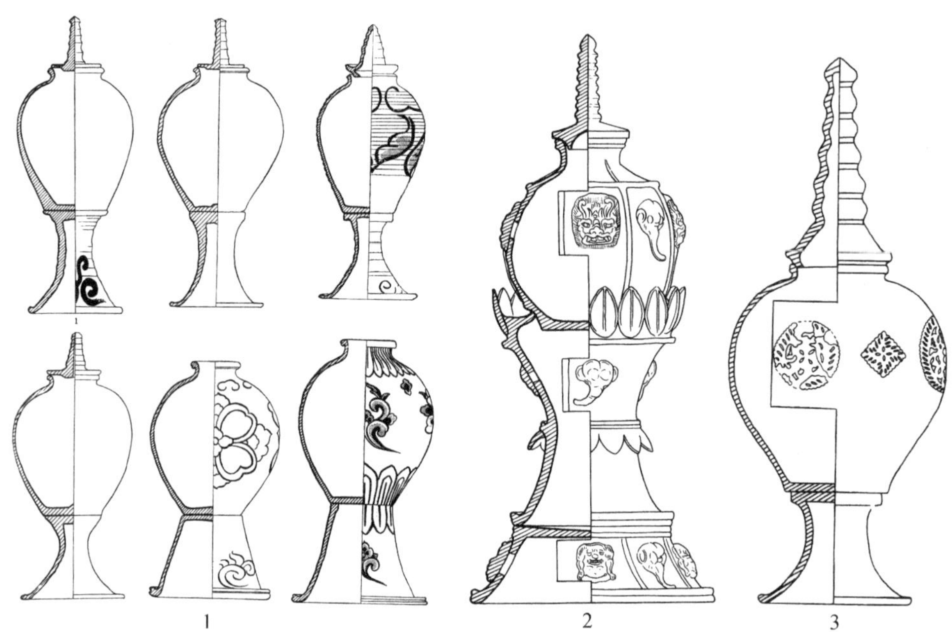

图2-2-2-57　唐墓出土的塔式罐

1. 西安郊区唐墓出土　2. 唐节愍太子墓出土　3. 宝鸡陇县原子头唐墓出土

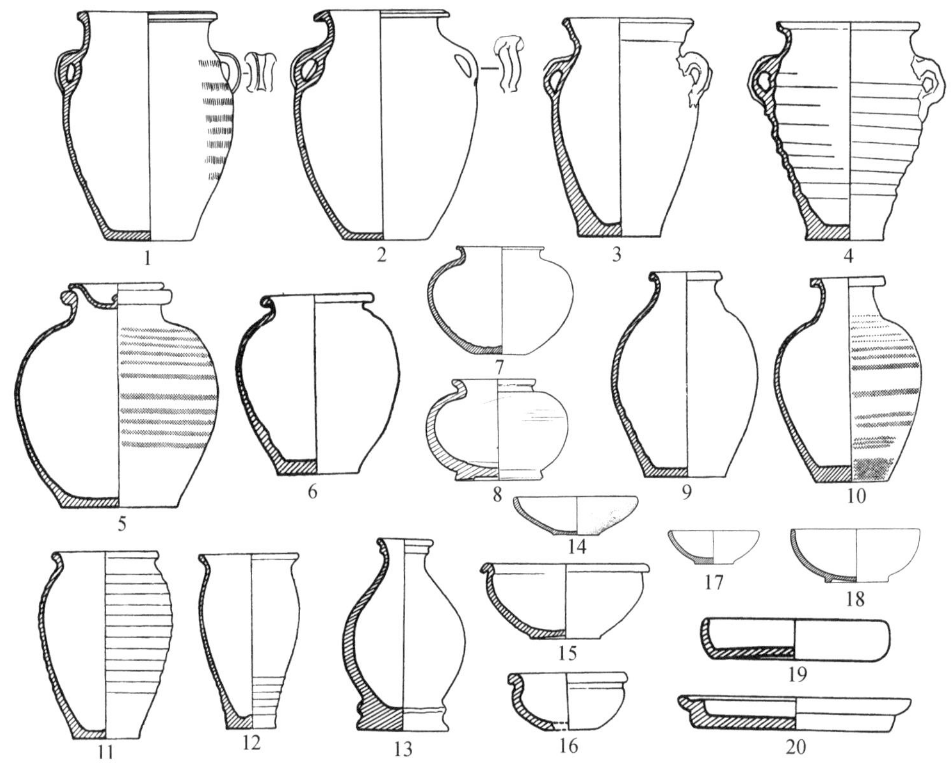

图2-2-2-58　唐墓出土的陶器

1—4. 双耳罐　5、6. 鼓腹罐　7、8. 扁腹罐　9、10. 小口长腹罐　11、12. 大口罐　13. 瓶　14. 灯盏　15、16. 盆　17、18. 碗　19、20. 盘

制过程中形成的暗纹，也有的呈瓦棱状凸棱。有的器物上还有彩绘。罐有塔式罐、双耳罐以及其他形制的罐，其中塔式罐在北方地区墓葬中常见，一般由盖、腹和底座三部分组成，上部为一带盖罐，底座呈中空的喇叭形，因其形状如覆钵塔而得名。有些塔式罐的造型华丽，其上彩绘莲花纹、宝相花纹等。有的塔式罐腹部贴塑四孝图，并题刻故事梗概，如陕西咸阳契苾明墓出土的绿釉四孝塔式罐（图2-2-2-59）[①]。有的塔式罐在腹部、底座表面贴塑兽面、象首等浮雕感强烈的附加装饰（图2-2-2-57，2）。有的甚至贴有剪纸，以之代替使用颜料绘画，

图2-2-2-59　唐契苾明墓出土绿釉四孝塔式罐

① 冀东山主编、董理分卷主编：《神韵与辉煌——陕西历史博物馆国宝鉴赏·陶瓷器卷》，三秦出版社，2006年，第80、81页。

如陕西陇县原子头唐墓出土的塔式罐上贴有剪纸（图2-2-2-57，3）[①]，这是目前所知的我国最早的剪纸实物。河南偃师唐恭陵哀皇后陵出土的两件陶罐之上，分别绘制三牛图和山水画（图2-2-2-60）[②]，则是比较罕见的例子。瓶一般略呈盘口状，细颈，椭圆形腹，平底。盘一般为圆形，腹部较浅，平底。碗口有侈口、敞口、直口之分，足有泥饼状、圈足等形状。盆多为敞口，深腹，平底。灯盏一般口微敛，腹壁较斜直或斜弧，小平底。

1

2

图2-2-2-60 河南偃师恭陵哀皇后陵出土彩绘陶罐

1. 绘制山水的陶罐 2. 绘制三牛图的陶罐

作为文房用具的砚（图2-2-2-61），在唐墓随葬品中常见。这种习俗自汉代已经出现，六朝时期盛行，并为唐代所继承。“风”字形砚较流行，其形如“风”字，两足。也有辟雍砚、动物形砚（主要为龟形），但数量不占主流。砚的制作一般为手制，采用淘洗过的细泥，胎质细腻，呈灰色、黄褐色等。

在一些等级较高的墓葬中，还出土有陶腰鼓。如唐李宪惠陵出土2件彩绘腰鼓，整体形状如哑铃，分别长35.5、39.7厘米，采用合模分制黏接而成，泥质红陶，中空，中部束腰，两端鼓身呈圆筒形。两端原来蒙有皮革鼓面，出土时已腐朽，仅残余铁箍圈等小构件。通身施白衣，其上彩绘团花状花卉图案（图2-2-2-62）[③]。

2. 模型明器

模型明器主要有井、仓、灶、磨、碓、牛及牛车、房屋建筑等（图2-2-2-63、图2-2-2-64）。多数为手制，个别为模制，以泥质灰陶为主。①井：方形，口部作出仿木结构，有的则

---

① 宝鸡市考古工作队、陕西省考古研究所编著:《陇县原子头》，文物出版社，2005年，第215、216页。

② 郭洪涛:《唐恭陵哀皇后墓部分出土文物》,《考古与文物》2002年第4期；〔日〕東京国立博物館、読売新聞社編集:《誕生中国文明》，読売新聞社、大広，2010年，第184頁，図版145。

③ 陕西省考古研究所编著:《唐李宪墓发掘报告》，科学出版社，2005年，第97、98页。

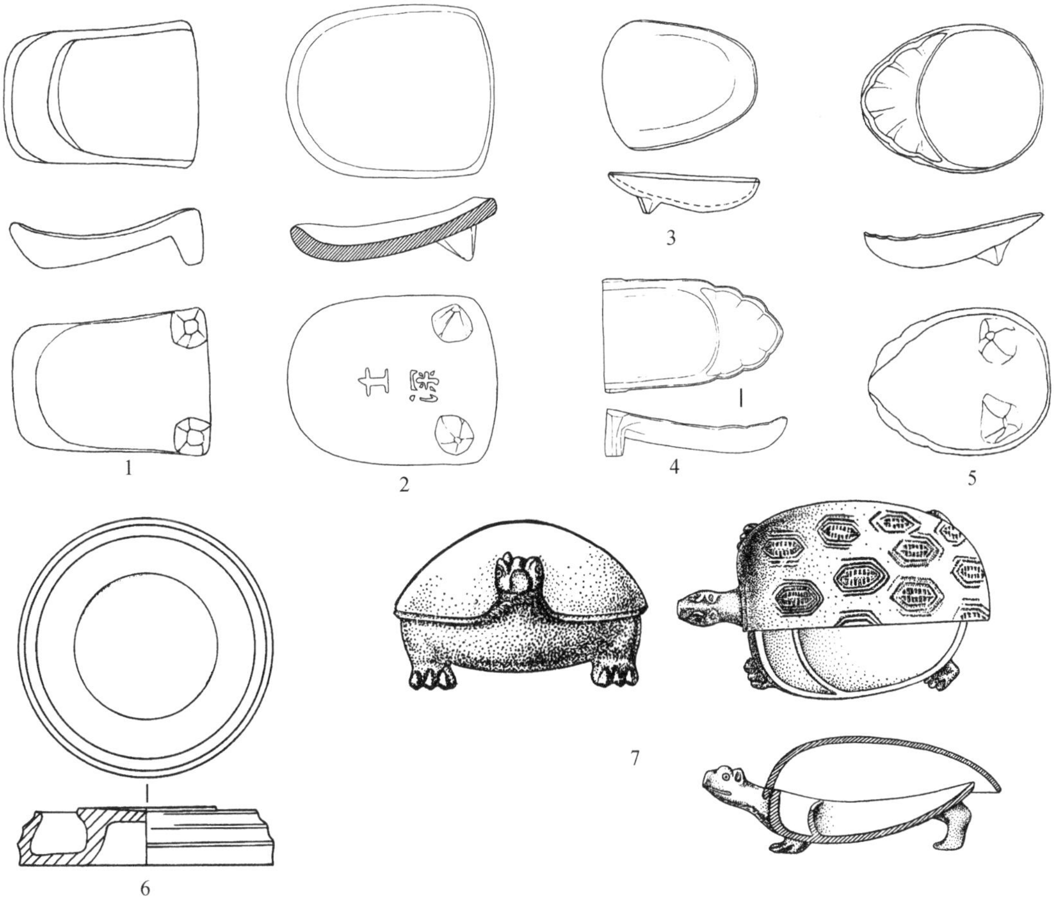

图2-2-2-61　唐墓出土的陶砚

1—5.“风”字形砚　6. 辟雍砚　7. 龟形砚

直接呈圆桶形。②仓：多为两面坡式建筑，正面上部开小窗，顶部有模拟屋顶的瓦垄、椽头等。③灶：灶台呈方形或两边呈弧形，中心有一圆形灶眼。正面有较低的挡火墙，火门为圆拱形。④磨：圆形，由上下两个磨盘组成。⑤践碓：为谷物加工工具。座板长方形，中部架一活动长柄，柄端系杵，其下为臼。⑥牛及牛车：采用模制加手工修整，车上有彩绘。⑦房屋建筑模型，即文献记载的园宅：山西长治唐大历六年（771年）王休泰墓出土一组由若干个院落组成的建筑模型，真实地再现了唐代院落的建筑布局[①]；陕西西安中堡村唐墓出土了一组三彩院落建筑模型，

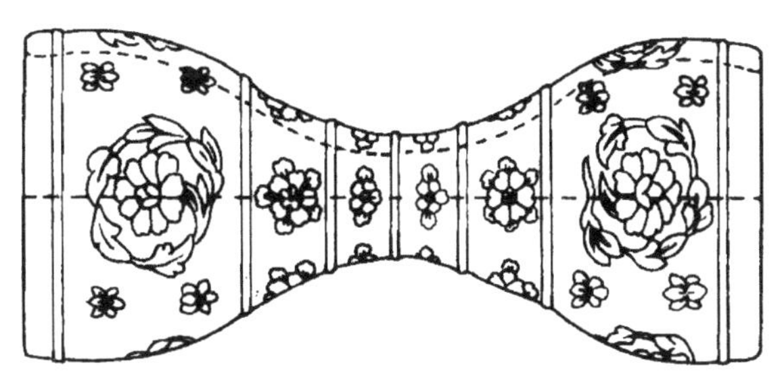

图2-2-2-62　唐李宪惠陵出土陶腰鼓

① 山西省文物管理委员会晋东南文物工作组：《山西长治唐王休泰墓》，《考古》1965年第8期。

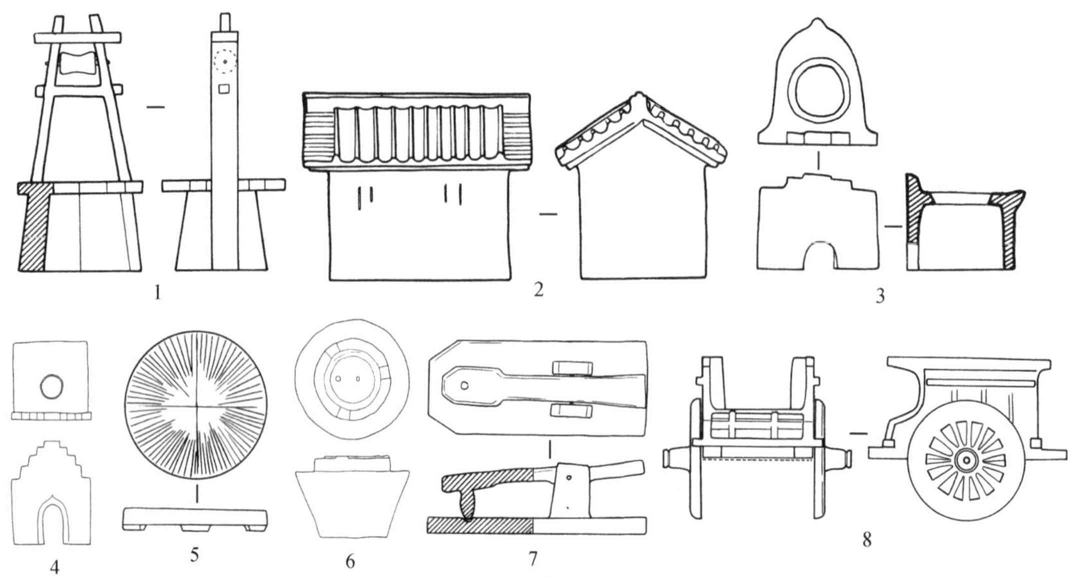

图2-2-2-63 唐墓中出土的陶模型明器

1. 井 2. 仓 3、4. 灶 5、6. 磨 7. 碓 8. 牛车

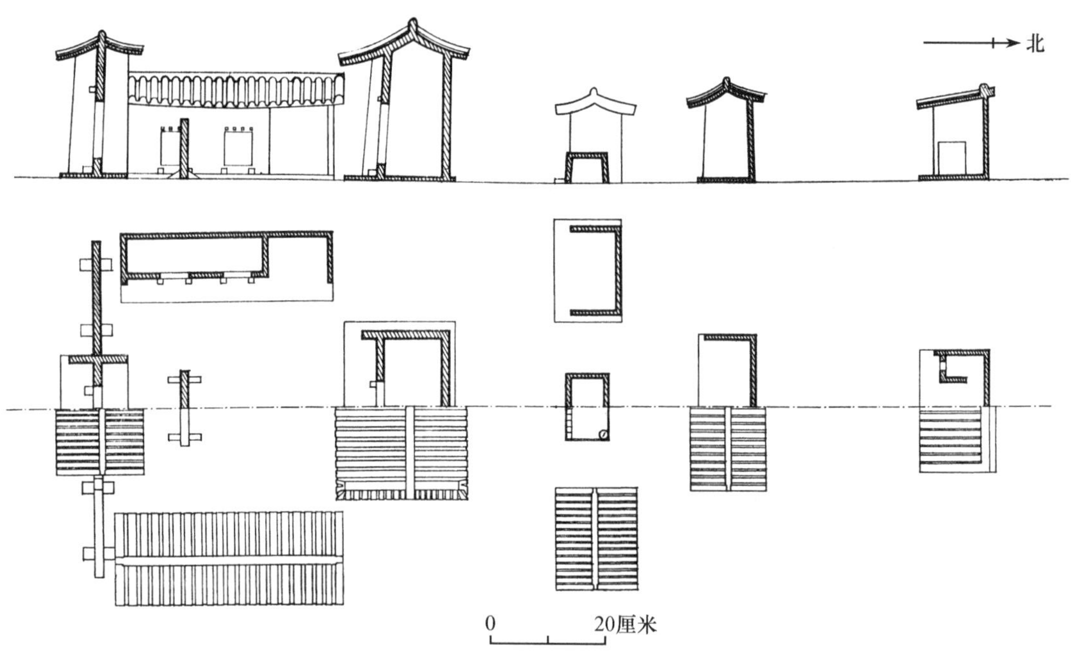

图2-2-2-64 山西唐王休泰墓出土陶院落总平、剖面图

也由若干座院落组成[①]；陕西西安灵昭也发现一组三彩院落建筑模型[②]。

① 陕西省文物管理委员会：《西安西郊中堡村唐墓清理简报》，《考古》1960年第3期。

② 西安市文物保护考古所编著、孙福喜主编：《西安文物精华·三彩》，世界图书出版西安公司，2011年，第114、115页，图版128。

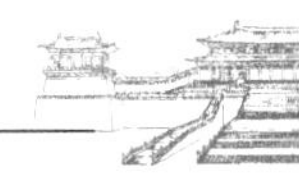

动物模型有羊、猪、狗、鸡、鸭、鹅以及骆驼、牛、马等，其中的马、牛、骆驼是唐代新出现的因素，是对汉代以来的动物模型种类的继承和发展。分泥质灰陶和泥质红陶两种，单模或合模制作而成。动物形象早晚变化不大，或站或卧，有的底部还有长方形托板。

三彩器是一种低温铅釉陶器，唐墓中出土的三彩器种类与其他陶器相类似，包括俑和各类器物。发现地域北至辽宁，南至广东，西至甘肃、宁夏一带，几乎遍布全国各地。

（二）陶俑

陶俑是唐代墓葬的主要随葬品之一，分为泥质红陶和泥质灰陶两种，均合模制作而成，表面施白色陶衣或者粉彩，有的贴金。种类多样，主要有镇墓兽、武士俑、天王俑、文武官吏俑、跪拜俑[①]、仪仗俑（分为骑马仪仗和站立仪仗，其中站立的仪仗俑包括铠甲仪仗俑、笼冠仪仗俑、幞头仪仗俑等）、男女侍俑、伎乐俑、百戏杂技俑、胡人俑（有些是以牵马或骆驼者的形象出现，有些则是以商人的形象出现）、昆仑俑、十二生肖俑、侏儒俑、墓龙以及骆驼俑、马俑等（图2-2-2-65—图2-2-2-71）。上述陶俑中的骑马俑包括象征仪仗的甲骑具装俑、笼冠或幞头骑马俑、鼓吹骑马俑，象征游乐的骑马狩猎俑，象征出行的骑马女俑等。骆驼俑多为胡人骑驼俑、骆驼驮载俑等，马俑主要为鞍马俑。在南方地区的唐墓中，还常见陶瓷的人面鸟、双翼兽俑（图2-2-2-72），其中人面鸟为人首鸟身，从南朝墓葬出土物上的题记来看，这类俑一为“千秋”，一为“万岁”；双翼兽为人首兽身状，带双翼，四足。在河北、山西一带墓葬所出镇墓兽与两京地区有一定差异，反映了地域性特征。有些陶俑之上还有题名，为了解俑的身份和性质提供了重要证据。如河南巩义市曾经发现9件墨书名称的陶俑[②]，其中5件男俑上书写“力士”“执砚”“从命”“奉言”“善来”，4件女俑上分别写有“春花”“芳树”“益智”“颜容（？）”。

唐墓中的镇墓兽、武士俑、天王俑变化明显，是具有断代意义的随葬品。如武则天至中宗时期，镇墓兽有两类：一类头有角，肩生翼，蹲坐，兽蹄；另一类面目狰狞，长鬣直竖，四肢舞动。天王俑分两类：一类脚踏卧兽，另一类脚踏俯卧式小鬼。此期镇墓兽也分为两类：一类蹲坐、兽蹄，长鬣耸立，肩附双翼，形象凶猛；另一类为头生角，握蛇，爪状足。玄宗时期，天王俑流行脚踏蹲坐式小鬼的样式。玄宗以后的镇墓兽，有相貌狰狞手握蛇者，制作简化草率。

关于镇墓兽、武士俑和天王俑，王去非认为它们就是唐代文献中所云的“当圹、当野、祖明、地轴”，在唐代称为“四神”，其中当圹、当野为镇墓俑即武士俑或者天王俑，祖明、地轴为镇墓兽[③]。兽面镇墓兽已经可以明确为“四神”中的“祖明”。如河南巩义康

---

① 跪拜俑，一种观点认为是唐代跪拜礼的反映，另一种则认为是镇墓神煞俑中的“仰观、伏听”。

② 傅永魁、周到：《河南省巩县出土的唐代书名陶俑》，《文物》1965年第5期。

③ 王去非：《四神、巾子、高髻》，《考古通讯》1956年第5期。又见徐苹芳：《唐宋墓葬中的“明器神煞”与“墓仪”制度——读〈大汉原陵秘葬经〉札记》，《考古》1963年第2期。

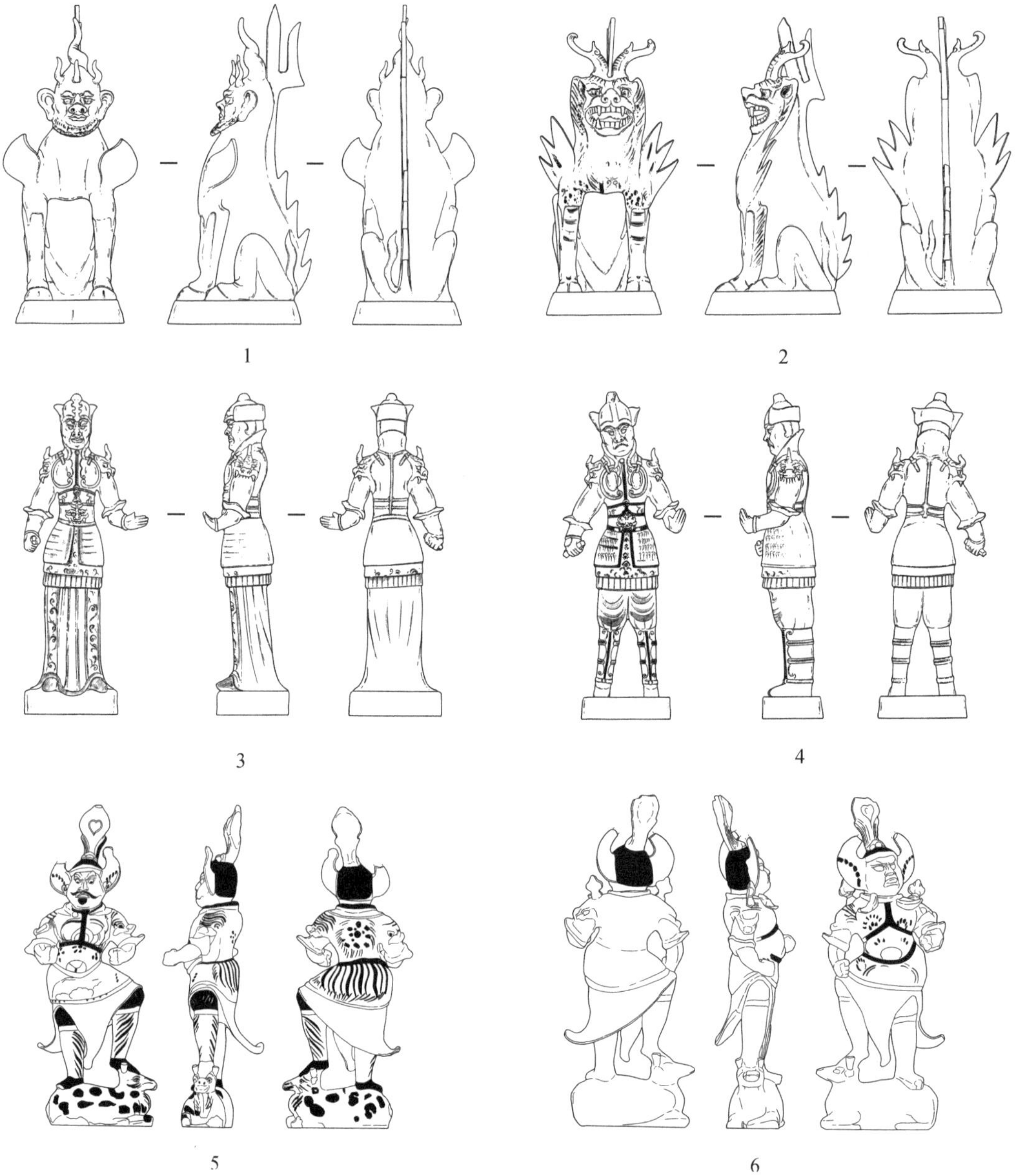

1

2

3

4

5

6

图2-2-2-65　唐墓中出土的镇墓俑

1、2. 镇墓兽（陕西华阴唐宋素墓出土） 3、4. 武士俑（陕西华阴唐宋素墓出土） 5、6. 天王俑（陕西凤翔唐墓出土）

店镇砖厂唐墓出土的兽面镇墓兽、巩义黄冶村南岭唐墓出土的兽面镇墓兽背面均墨书“祖明”二字[①]；陕西西安唐长安城醴泉坊唐三彩窑址曾采集到一片镇墓兽残片，其上刻划有“天宝四载……祖明”字样（图2-2-2-73）[②]。在此基础上，似可进一步推测人面镇墓兽为

① 张文霞、廖永民：《隋唐时期的镇墓神物》，《中原文物》2003年第6期。

② 陕西省考古研究院编著：《唐长安醴泉坊三彩窑址》，文物出版社，2008年，第129页，彩版一二四。

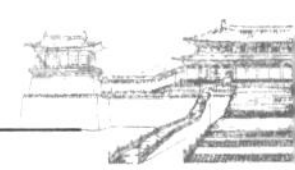

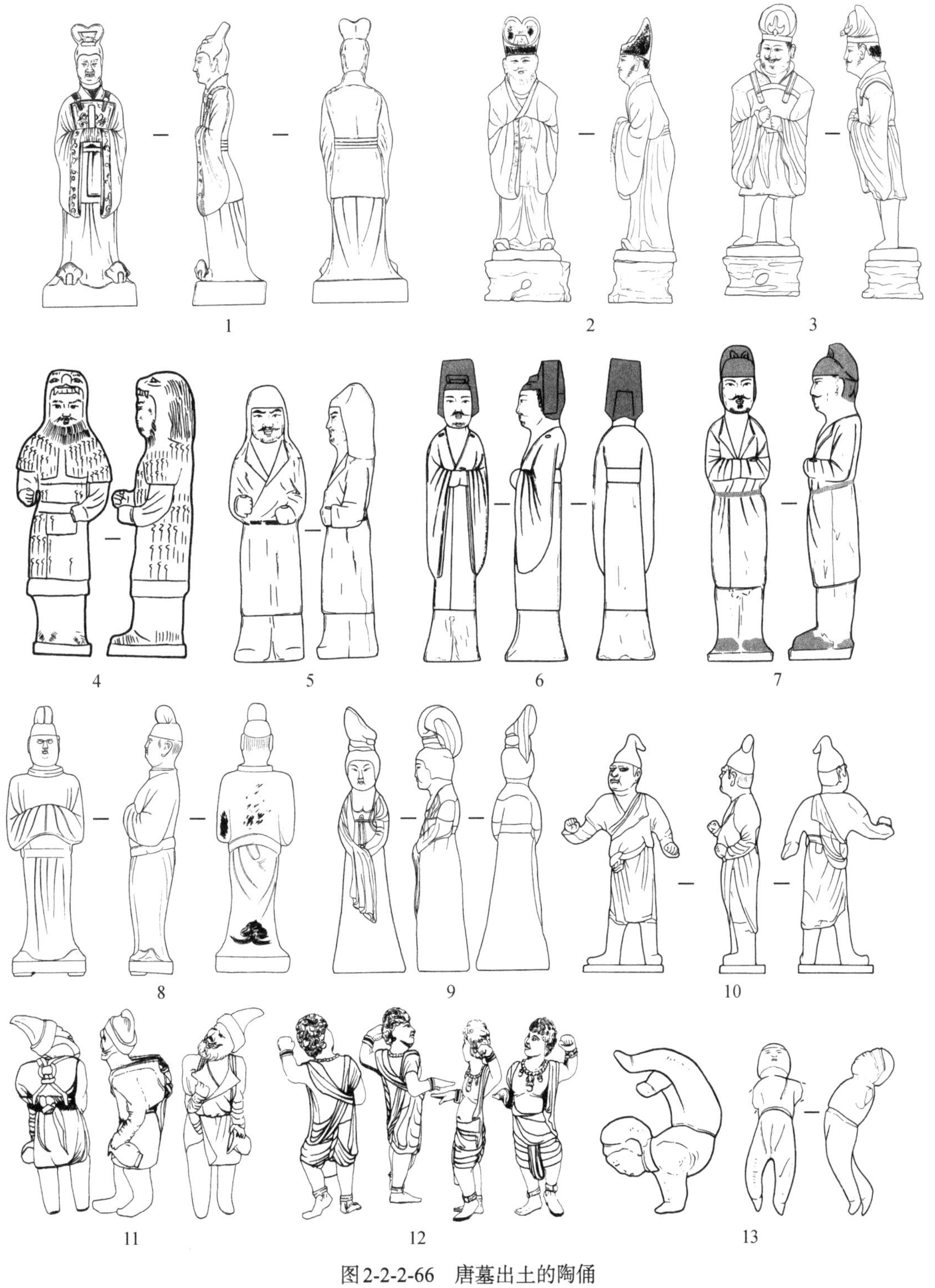

1 2 3

4 5 6 7

8 9 10

11 12 13

图2-2-2-66 唐墓出土的陶俑

1、2. 文官俑（陕西华阴唐宋素墓、唐金乡县主墓出土） 3. 武官俑（唐金乡县主墓出土） 4. 铠甲仪仗俑（唐节愍太子墓出土） 5. 风帽仪仗俑（唐新城长公主墓出土） 6. 笼冠俑（唐懿德太子墓出土） 7. 幞头仪仗俑（唐懿德太子墓出土） 8. 男侍俑（唐李宪惠陵出土） 9. 女侍俑（唐昭陵韦贵妃墓出土） 10、11. 胡人俑（唐李宪惠陵、陕西长武郭店唐墓出土） 12. 昆仑俑（陕西长武郭店唐墓出土） 13. 百戏杂技俑（唐金乡县主墓出土）

图2-2-2-67　唐墓中出土的陶俑

1. 甲骑具装仪仗俑（唐懿德太子墓出土） 2. 笼冠骑马仪仗俑（唐懿德太子墓出土） 3. 幞头骑马仪仗俑（唐懿德太子墓出土） 4、5. 骑马鼓吹仪仗俑（唐懿德太子墓、唐金乡县主墓出土） 6. 骑马狩猎俑（唐懿德太子墓出土） 7、8. 骑驼俑（唐金乡县主墓出土） 9. 骆驼驮载俑（河南巩义芝田唐墓出土） 10、11. 鞍马俑（河南巩义芝田唐墓出土）

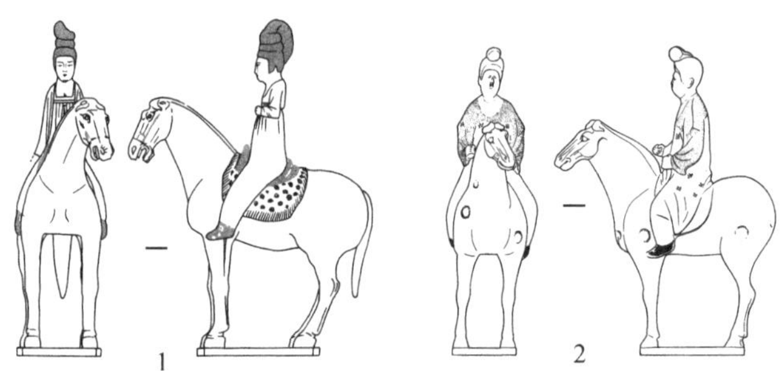

图2-2-2-68　唐墓中出土的骑马女俑

1. 唐新城长公主墓出土　2. 唐李宪惠陵出土

图2-2-2-69　陕西西安西郊唐俾失十囊墓出土乐舞俑群

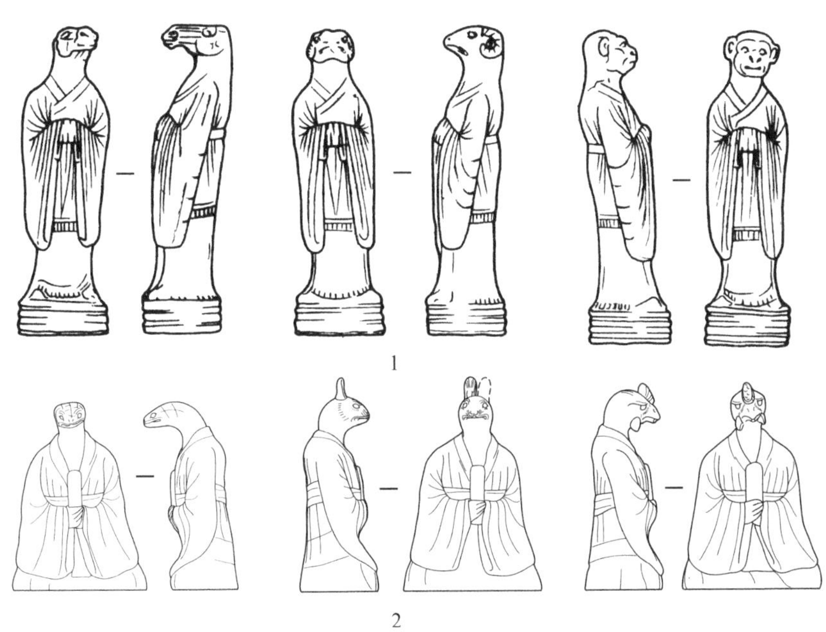

图2-2-2-70 唐墓中出土的十二生肖俑

1. 陕西西安陕棉十厂唐墓出土 2. 湖北武昌钵盂山M334出土

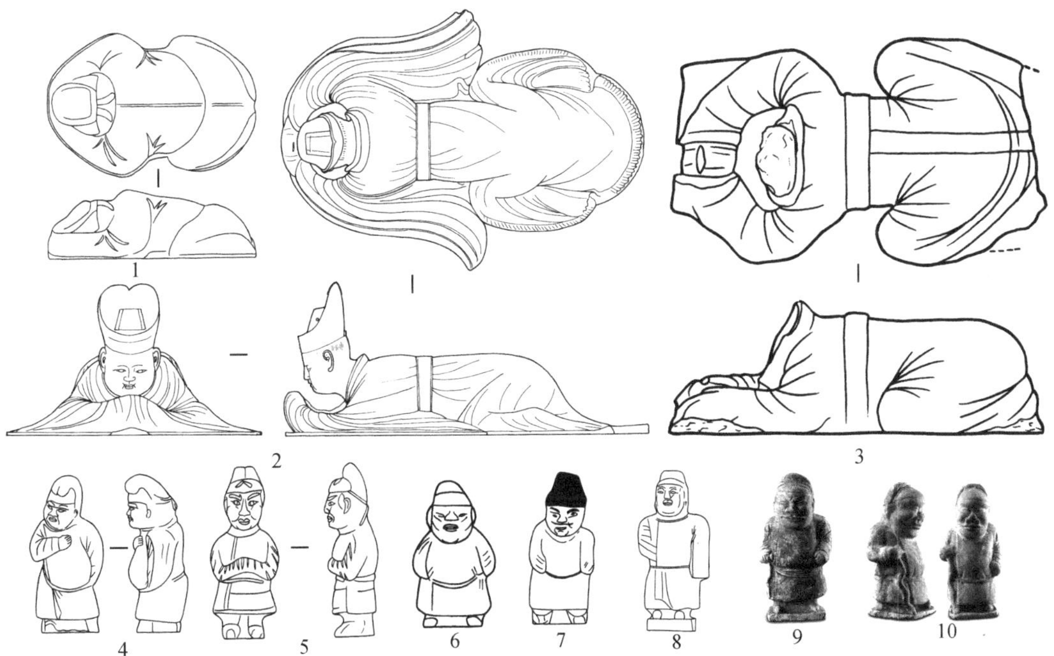

图2-2-2-71 唐墓中出土的跪拜俑、侏儒俑

1—3. 跪拜俑［河南巩义芝田唐墓（92HGZM4）出土、唐李宪惠陵出土、唐节愍太子墓出土］

4—7. 侏儒俑（河南巩义芝田88HGZM71、88HGZM51、92NGZM4、92HGNM36出土） 8—10. 侏儒俑（河南巩义孝义92HGSM1、陕西西安陕棉十厂唐墓、西安博物院藏）

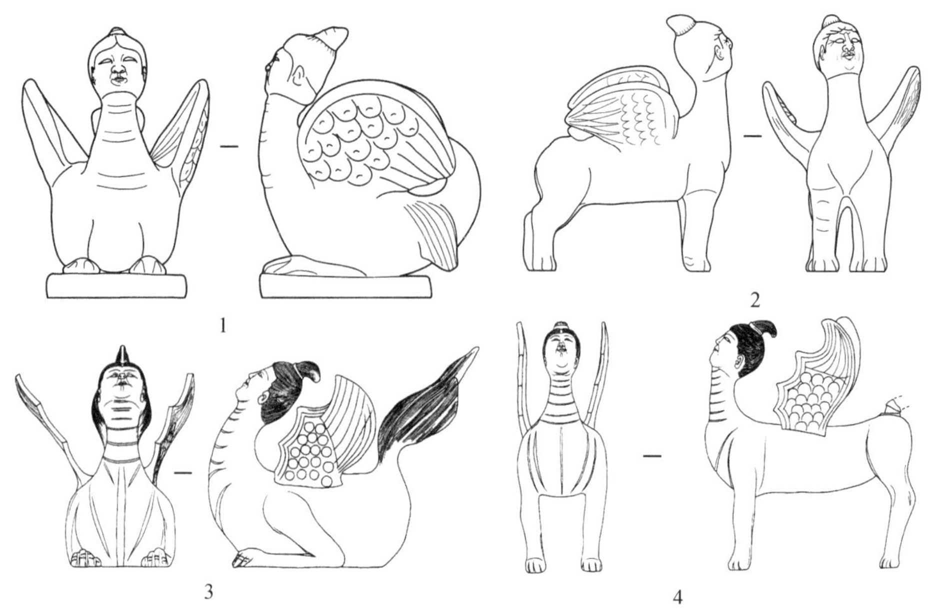

图2-2-2-72 唐墓中出土的人面鸟和双翼兽俑

1、3. 人面鸟（湖北武昌何家垅M439、湖南岳阳桃花山M4出土） 2、4. 双翼兽（湖北武昌何家垅M439、湖南岳阳桃花山M4出土）

图2-2-2-73 陕西西安唐长安城醴泉坊唐三彩窑址出土镇墓兽残片

“地轴”。在唐墓的甬道中，发现了较为完整的镇墓俑类组合，如陕西西安紫薇田园都市唐乾元三年（760年）M64发现者①，前排为天王俑；中排为镇墓兽，镇墓兽之间有一个塔式罐；后排为文武官俑、跪拜俑，跪拜俑居中，排列紧凑，是认识当时葬仪制度的重要参考资料。

墓龙也多有发现，一般呈双人首蛇身形，也有双龙首形（图2-2-2-74）。其身躯部分的形状多样，有的平直，有的拱起，有的缠绕成圆环状，有的曲折成“U”形。就发现地域而言，南方地区发现的数量较多，在河北、山西、陕西、河南等地也有一定发现。据湖北武昌唐墓的发现来看，双人首和双龙首的墓龙一般成对出现。

唐代在不同时期对于明器的数量、种类、高低、制作材料等都有明确规定（表四），可以看出明器在唐代前后的变化情况。

---

① 陕西省考古研究院刘呆运先生提供资料和照片。

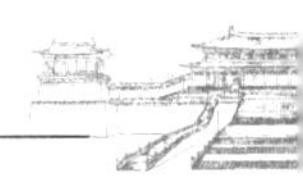

图2-2-2-74　唐墓中出土的墓龙

1. 湖北武昌柿子山M457出土　2. 唐昭陵韦贵妃墓出土　3、4. 湖北武昌钵盂山M334出土　5. 河南巩义第二造纸厂唐墓出土　6. 湖北武昌何家垅M439出土　7. 湖北武昌何家垅M76出土

表四　文献记载的明器数量及其高低限度的变化

文献及年代	三品以上	五品以上	九品以上	庶人	高低限度
《通典》卷一百八，开元二十年	90事	60事	40事		四神驼马及人不得尺余，音乐卤簿不过七寸。三品以上帐高六尺，方五尺；女子等不过三十人，长八寸；园宅方五尺，奴婢等不过二十人，长四寸。五品以上，帐高五尺五寸，方四尺五寸；音声仆从二十五人，长七寸五分；园宅方四尺，奴婢十六人，长三寸。六品以下，帐高五尺，方四尺，音声仆从二十人，长七寸；园宅方三尺，奴婢十二人，长二寸。若三品以上优厚料，则有三梁帐蚊幬，妇人梳洗帐，并准式
《唐六典》卷二十三，开元二十七年（成书年代）[①]	90事	60事	40事		当圹、当野、祖名、地轴、鞮马、偶人，其高各一尺；其余音声队与童仆之属，威仪、服玩，各视生之品秩所有，以瓦、木为之，其长率七寸

① 从内容来看，与《通典》卷一百八所记一致，当为开元二十年的规定。

续表

文献及年代	三品以上	五品以上	九品以上	庶人	高低限度
《唐会要》卷三十八《葬》，开元二十九年	70事	40事	20事	15事	皆以素瓦为之，不得用木及金、银、铜、锡。其衣不得用罗锦绣画。其下帐不得有珍禽奇兽，鱼龙化生。其园宅不得广作院宇，多列侍从
《唐会要》卷三十八《葬》，元和六年	90事	60事	40事	15事	瓦木为之，四神不得过一尺，余人物等不得过七寸，并不得用金银雕镂，帖毛发装饰
《唐会要》卷三十八《葬》，会昌元年	100事	70事	50事	25事	四神三品以上不得过一尺五寸，五品以上不得过一尺二寸，九品以上不得过一尺，庶人不得过七寸。其余三品以上不得过一尺，五品以上不得过八寸，九品以上不得过七寸，庶人不得过七寸

（三）木俑

木俑也是唐墓的重要随葬品，但由于埋藏环境等原因，绝大多数腐朽了，仅有部分墓葬出土有木俑。从残存的木俑来看，以木雕彩绘为主。其种类主要有仪仗俑、武士俑、镇墓兽、马俑、骑马俑等（图2-2-2-75）。虽然目前不能窥其组合的全貌，但应该与陶俑类似。在唐墓中还常见一些陶靴、陶云头履、陶线履等（图2-2-2-76），其上多有一小圆孔，

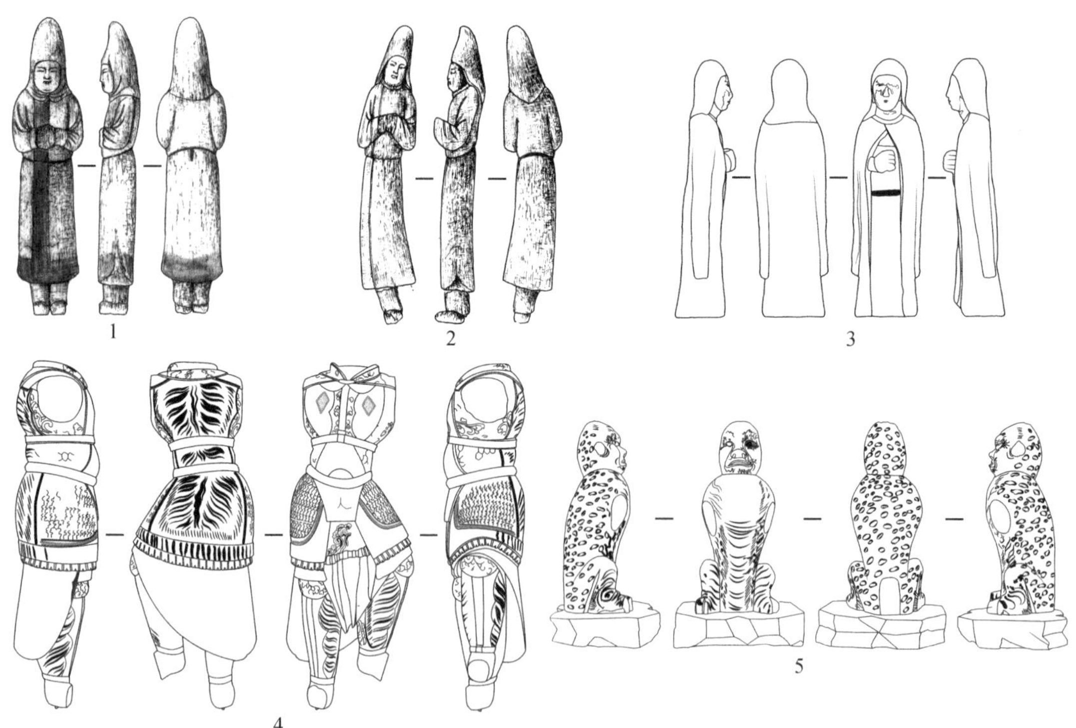

图2-2-2-75　唐墓出土的木俑

1、2. 仪仗俑（唐懿德太子墓出土） 3. 仪仗俑（甘肃武威天祝周吐谷浑慕容智墓出土）
4. 武士俑（甘肃武威天祝周吐谷浑慕容智墓出土） 5. 镇墓兽（甘肃武威天祝周吐谷浑慕容智墓出土）

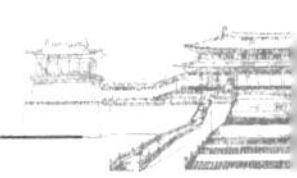

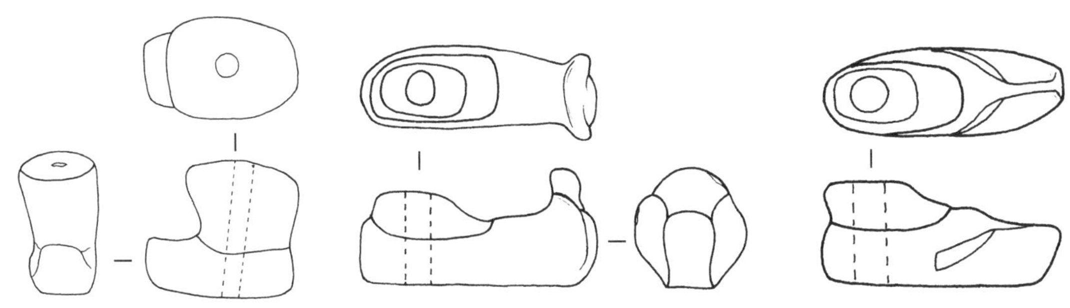

图2-2-2-76　唐昭陵韦贵妃墓出土陶靴、云头履、线履

出土时往往在其周围残存朽木痕迹。据此可知，这类陶靴、陶云头履、陶线履等，应该是随葬时在其上安插木俑身躯，而陶靴及履主要是为了增加上部木俑的稳定性。以木为明器，不仅见于典章制度，在一些人物传记及笔记中记载得较具体。如《旧唐书·李勣传》记载，李勣临终遗言："明器惟作马五六匹，下帐用幔皂为顶，白纱为裙，其中著十个木人，示依古礼刍灵[①]之义，此外一物不用。"[②]又如《酉阳杂俎前集》卷十三记载："刻木为屋舍、车马、奴婢、抵蛊等，周之前用涂车[③]、刍灵，周以来用俑。"[④]从这些记载可以看出，以木俑随葬还包含有依古礼之意。

（四）瓷器

随葬品中的瓷器主要有碗、碟、唾盂、钵、罐、执壶（注子）、细颈瓶、双龙柄壶、烛台、灯盏、高足盘、盏与盏托、盂、盒、砚、皮囊壶、围棋盘、双陆棋盘、几等（图2-2-2-77、图2-2-2-78）。这些瓷器的器形在南北方地区唐墓中均常见，只是釉色有所差异。也有一些地域性特征比较强烈的瓷器，如单管和多管插器则主要流行于福建地区唐墓。河北地区唐墓还常见瓷塔式罐。

（五）铜器

铜器是唐墓中重要的一类随葬品，但与陶瓷器相比较数量较少。主要有铜镜、钵、碗、盘（高足盘、三足盘、平底盘）、熨斗、烛台、装饰品（带具、钗、簪、耳环、戒指）、马具（镳、衔、镫、铃）、钱币（主要为开元通宝、乾封泉宝、乾元重宝）等，其中以铜镜最为常见。铜镜出土之时，有的放置在梳妆用的奁盒之内，有的则放置在死者的头部，有的铜镜则为两半，可能有其他象征意义。放置铜镜的奁盒，一般为漆盒，唐代

① 刍灵，指古代送葬时以茅草束扎成的人马，灵则是指神灵。

② （后晋）刘昫等：《旧唐书》，中华书局，1975年，第2489页。

③ 涂车，即泥车，古代送葬之用。随葬品中的陶牛车等即为此类。

④ （唐）段成式撰，曹中孚校点：《酉阳杂俎》，《唐五代笔记小说大观》，上海古籍出版社，2000年，上册，第650页。

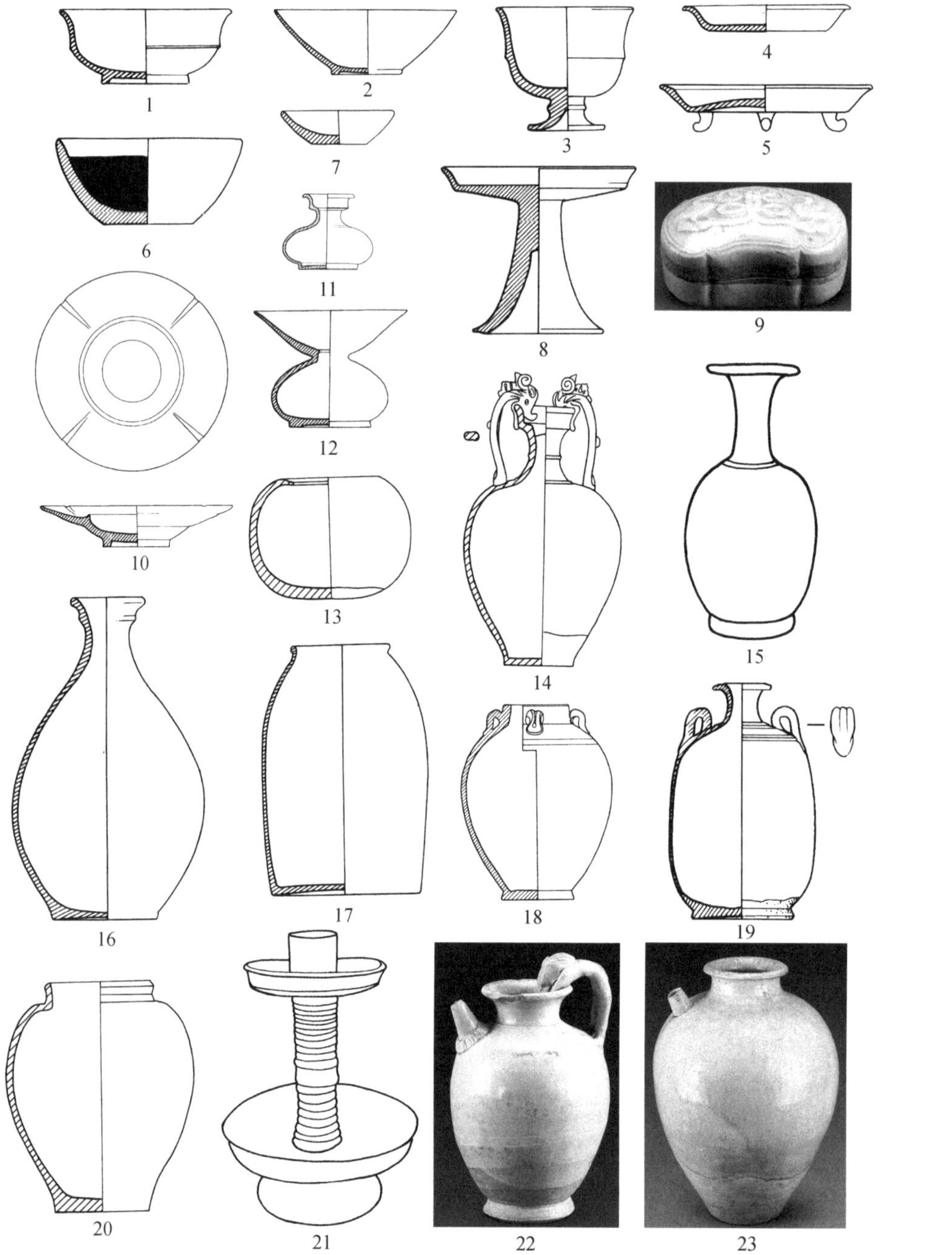

1 2 4 5 3 7 6 11 8 9 12 10 13 14 15 16 17 18 19 20 21 22 23

图2-2-2-77　唐墓出土的瓷器

1—5. 白瓷碗、青瓷碗、白瓷高足杯、白瓷平底盘、白瓷三足盘（唐节愍太子墓出土） 6、7. 黑瓷灯盏（唐李宪惠陵、唐懿德太子墓出土） 8. 白瓷高足盘（陕西西安康文通墓出土） 9. 白瓷盒（陕西西安曲江唐墓出土） 10. 白瓷盏托（河南偃师杏园唐M5013出土） 11、12. 白瓷唾盂（陕西西安唐牛相仁墓、河南偃师杏园唐M1819出土） 13. 白瓷盂（河南巩义88HGZM13出土） 14. 白瓷双龙柄壶（河南巩义92HGSM出土） 15. 白瓷细颈瓶（河南洛阳唐安菩墓出土） 16. 青瓷深腹罐（唐新城长公主墓出土） 17. 青瓷细颈瓶（唐新城长公主墓出土） 18. 白瓷四系罐（宁夏固原唐史索岩墓出土） 19. 黑瓷双系瓶（陕西西安唐曹延美墓出土） 20. 白瓷罐（河南巩义88HGZM38出土） 21. 白瓷烛台（河南洛阳唐安菩墓出土） 22. 白瓷执壶（陕西西安热电厂出土） 23. 白瓷带流罐（陕西西安灞桥洪庆乡出土）

图2-2-2-78 唐墓出土的瓷器

1. 白瓷辟雍砚（陕西西安东郊唐墓出土） 2. 白瓷高足杯（陕西西安东郊段伯阳墓出土） 3、4. 白瓷皮囊壶（陕西西安白家口、陕西西安东郊沙坡村出土） 5. 瓷围棋盘（湖南岳阳桃花山M4出土） 6. 瓷双陆棋盘（湖南岳阳桃花山M4出土） 7. 瓷几（湖南岳阳桃花山M4出土）

称为“镜奁”。在一些墓葬中还发现以铜制作而成的龙，或呈蹲坐状，或呈行走状。如北京史思明墓出土的铜蹲龙（图2-2-2-79,1）①；河南洛阳关林大道唐墓出土的鎏金行走铜龙（图2-2-2-79，2）②。

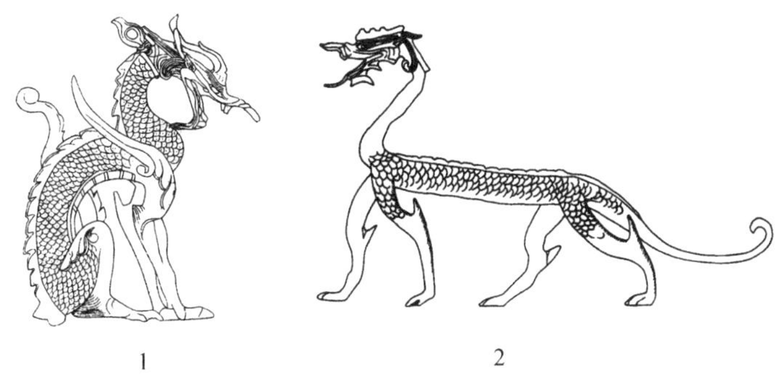

图2-2-2-79 唐墓中出土的铜龙

1. 北京史思明墓出土 2. 河南洛阳关林大道唐墓（C7M1724）出土

① 北京市文物研究所：《北京丰台唐史思明墓》，《文物》1991年第9期。徐苹芳先生认为元墓中出土的陶蹲龙完全就是《秘葬经》中所云的墓龙，由此似乎可以推测这种行走或者蹲踞状的铜龙，是唐代墓龙的另外一种形式。

② 洛阳市文物工作队：《洛阳关林大道唐墓（C7M1724）发掘简报》，《文物》2007年第4期。

（六）铁器

主要有釜、剪、刀、铧、熨斗、镜等，而以铁剪最为常见。另外，还有铁牛与铁猪（图2-2-2-80）、铁十二生肖等。《大唐新语》卷十三《记异》记载："铸铁为牛豕之状象，可以御二龙。玉润而洁，能和百神，寘之墓内，以助神道。"[①]主要见于中晚唐时期，当时藩镇割据，战争频仍，人们对现实社会极度失望，将希望寄托于未来。因此，以铁牛、铁猪作为随葬品，不但可以用来镇墓，而且寄托希望于将来，并求得子孙富贵。反映了人们对现实失望和无奈的心情。铁十二生肖俑在河南偃师杏园唐开元二十六年（738年）李景由墓就有出土（图2-2-2-81）[②]。

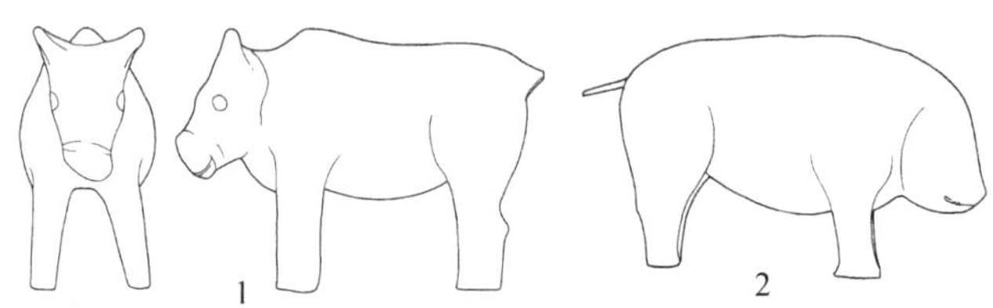

图2-2-2-80　唐墓中出土的铁牛与铁猪

1. 铁牛（河南偃师杏园唐M5013出土）　2. 铁猪（河南偃师杏园唐M9112出土）

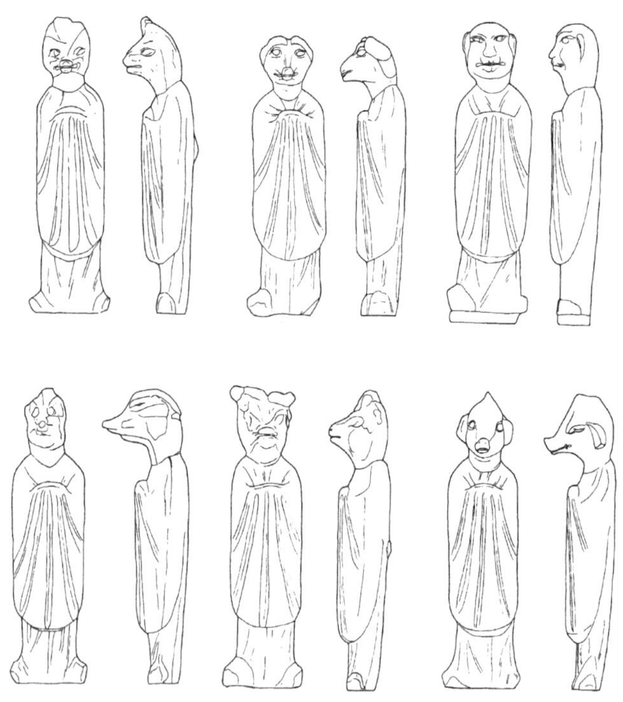

图2-2-2-81　河南偃师杏园唐李景由墓出土铁十二生肖俑

① （唐）刘肃撰，许德楠、李鼎霞点校：《大唐新语》，中华书局，1984年，第195页。

② 中国社会科学院考古研究所编著：《偃师杏园唐墓》，科学出版社，2001年，第145、146页。

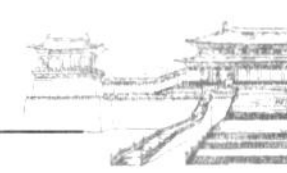

（七）金银器

尽管唐代曾经禁止“棺内禁金宝珠玉而敛”，但仍然在一些墓葬中发现了用以随葬的金银器，说明这种规定并未完全得到执行。作为唐墓中一类比较重要的随葬品，主要有杯、碗、盘、盒、罐等，其中以各类盒最为常见。

（八）墓志

唐墓中随葬墓志较普遍，不分贵贱，在贵族官僚以及平民墓葬都有发现。据《封氏闻见记》卷六《石志》记载：“古人葬者亦有石志，但不如今代贵贱通为之耳。”①这一点已经得到考古发掘的证实。随葬墓志之所以在当时流行，《封氏闻见记》卷六的记载很能说明问题：“(王)俭所著《丧礼》云：‘施石志于圹里，《礼》无此制。魏侍中缪袭改葬父母，制墓下题版文。原此旨，将以千载之后，陵谷迁变，欲后人有所闻知。其人若无殊才异德者，但纪姓名、历官、祖父、姻媾而已。若有德业，则为铭文。’”②一言以蔽之，欲名垂不朽而已。不论怎样，墓志为后世保留了大量珍贵史料，对历史学和考古学的研究都有重要意义。

墓志一般位于墓门之后的甬道中，也有的位于墓室与甬道的衔接处，和文献记载基本吻合。据《通典》卷一百三十九引《开元礼》云：“施铭旌志石于圹门之内，置设讫，掩户，设关鑰，遂复土三。”③《新唐书·礼乐十》亦记载：“施铭旌、志石于圹门之内，掩户，设关鑰，遂复土三。”④

唐代墓志一般呈方形，由盖和志石组成，以石质为主，也有砖、瓷等。石质墓志一般呈方形，盖呈盝顶，四面有斜刹并装饰线刻花纹，花纹内容主要为四神、十二生肖及各类花草、动物图案。志石侧面一般较粗糙，也有线刻花纹者（图2-2-2-82）。呈长方形的墓志也有发现，如高力士墓出土的墓志为横长方形，长112、宽78厘米⑤。还有一些墓志的形制比较罕见。如李寿墓出土龟形墓志，长160、宽96、高64厘米，是唐代墓志中不多见的形制⑥。有些墓志虽然整体不呈龟形，但局部以龟装饰，如河南荥阳后王庄唐墓出土的墓志志石呈方形，盖为盝顶式，盖顶中部高浮雕一龟⑦。对于这种龟形墓志，以往认为：“人们把墓志制作成以长寿著称的龟形，似在乞其永年，实则正是痛悼其短寿。”⑧也有学者认为，

---

①（唐）封演撰，赵贞信点校：《封氏闻见记校注》，中华书局，2005年，第57页。

②（唐）封演撰，赵贞信点校：《封氏闻见记校注》，中华书局，2005年，第56页。

③（唐）杜佑撰，王文锦、王永兴、刘俊文等点校：《通典》，中华书局，1988年，第3544页。

④（宋）欧阳修、宋祁：《新唐书》，中华书局，1975年，第453页。

⑤ 陕西省考古研究所：《唐高力士墓发掘简报》，《考古与文物》2002年第6期。

⑥ 陕西省博物馆、文管会：《唐李寿墓发掘简报》，《文物》1974年第9期。

⑦ 郑州市市文物考古研究院、荥阳市文物保护管理所：《荥阳后王庄唐墓发掘简报》，《中原文物》2007年第6期。

⑧ 梁白泉主编：《国宝大观》，上海文化出版社，1990年。

图2-2-2-82　唐上官昭容（婉儿）墓志

这种龟形墓志象征天地宇宙，是用墓志的外形反映古代的宇宙概念，有驱鬼辟邪、保佑平安的作用。只是由于其造价昂贵，或者对其古义不大明了，采用的人士较少[①]。

石墓志之外，砖墓志也有一定的发现，砖墓志或刻字，或朱书文字。还有一些瓷质墓志。目前所见的唐代瓷墓志多为越窑烧造，形制有砖形、碑形、罐形等。如浙江省博物馆藏证圣元年（695年）墓志、大和四年（830年）墓志、咸通七年（866年）墓志、光启三年（887年）墓志等（图2-2-2-83）[②]。

唐代墓志与隋代的不同表现在，志文标题下署撰者、书者姓名。志盖字体多为篆体，而志石内容则多为楷体。

（九）玉、石器

1. 玉、石册

唐墓中的玉、石册分为册文、谥册和哀册三类。册文主要记录死者生前被册封官职等的情况。谥册主要内容为对死者的谥号。哀册则表达对死者的哀悼之意。质地有玉、石之分。主要见于一些高等级墓葬之中。在《唐大诏令集》中有些玉册的内容被记录了下来，

---

① 赵超：《式、穹窿顶墓室与覆斗形墓志——兼谈古代墓葬中“象天地”的思想》，《文物》1999年第5期。关于龟象征天地，据《初学记》卷三十、《太平御览》卷九三一引《雒书》云：“灵龟者，玄文五色，神灵之精也。上隆象天，下平法地，能见存亡，明于吉凶。”参见李零：《中国方术考》，人民中国出版社，1993年。

② 浙江省博物馆编著：《浙江省博物馆典藏大系·瓷源撷粹》，浙江古籍出版社，2009年，第74、76、77页。

图2-2-2-83 唐墓中出土的瓷墓志

1. 武则天证圣元年（695年）碑形墓志 2. 唐大和四年（830年）砖形墓志 3. 唐咸通七年（866年）罐形墓志 4. 唐光启三年（887年）罐形墓志

可以和文献互相补充。

唐虢王李凤墓出土5块册书刻石，分别属于武德八年、贞观十二年、贞观十四年、显庆三年、麟德元年的册书①。唐临川公主墓也出土两件石刻册封诏书②。唐让皇帝李宪惠陵出土让皇帝和恭皇后的哀册各一套，均为汉白玉制作而成。其中让皇帝的哀册有完整者，两面打磨光滑，长28.6—28.8、宽2.8、厚1.2厘米。正面阴刻楷书，字口填金（图2-2-2-84）③。唐惠庄太子李㧑墓出土的哀册，为汉白玉制作而成，正面镌刻文字，字体为阴刻隶书，字内填金④。

图2-2-2-84 唐李宪惠陵出土哀册拓片

北京丰台史思明墓出土了44枚玉册，其中8枚较完整。包括谥册、哀册各1套。质地为汉白玉质，形制规整，均为长条形。每枚均刻字，最多11字，

① 富平县文化馆、陕西省博物馆、陕西省文物管理委员会：《唐李凤墓发掘简报》，《考古》1977年第5期。

② 陕西省文管会、昭陵文管所：《唐临川公主墓出土的墓志和诏书》，《文物》1977年第10期。

③ 陕西省考古研究所编著：《唐李宪墓发掘报告》，科学出版社，2005年，第225—240页。

④ 陕西省考古研究所编著：《唐惠庄太子李㧑墓发掘报告》，科学出版社，2004年，第34—39页。

行书体，字口填金。每枚上下两端1.5厘米处均有直径0.3厘米的小孔，以便编缀。玉册长28.4—28.6、宽2.8—3.2、厚1.2—2.1厘米[①]。

位于陕西省西安市临潼区的唐奉天皇帝齐陵出土了恭应皇后窦氏的谥册，汉白玉质，长28.5厘米，上下无钻孔，原来应该放置在匣之类的容器中[②]。

位于陕西省西安市临潼区的唐惠昭太子墓中出土的玉册，分为谥册和哀册两类，均为汉白玉质，形制相同，大小规格略有区别，通长28.2—28.5、宽2.8—3.1、厚1.1—1.2厘米。玉册两侧边近顶端和底端1.5厘米处，各有一个直径1厘米左右的穿孔，用以连缀玉册，但有的册下端仅有一个穿孔。玉册正面均镌刻楷书文字，镌工精细，其内填金。落款处文字较小，字数较多。册文可以和《唐大诏令集》卷二十八《册邓王为皇太子文》相互比较[③]。

2. 玉、石器

唐墓中所见的玉、石器主要为玉、汉白玉、滑石等质地，石器有石灯、石砚、石熏笼、石盒、滑石罐、滑石香炉、滑石盘、滑石杯、滑石盒等（图2-2-2-85，1—10）。在有些高等级的墓葬中，还发现汉白玉质的璋、圭、璧和组玉佩等（图2-2-2-85，11—14）。墓葬中的组玉佩大多数残缺不全，陕西西安长安区唐总章二年（669年）刘智夫妇合葬墓出土的2组组玉佩保存完整可以复原[④]，每组由2件珩、2件璜、1件冲牙、2件坠以及水晶珠组成。珩为花边云朵形或蝶形，大者位于佩最上部，小者位于佩中部；璜位于小珩两侧；冲牙上部为花边形，底部平直，位于佩中部下端；坠位于冲牙两侧。唐昭陵开元六年（718年）越王李贞墓出土的组玉佩也较为完整[⑤]。组玉佩与死者衣朝服而葬有关。

在一些墓葬之中还发现石俑和石马。如杨思勖墓发现的汉白玉武士俑（图2-2-2-86，1、2）[⑥]，郑仁泰墓还曾发现石俑和石马[⑦]，宁夏固原南郊水厂唐开元十二年（724年）唐刘静墓发现的汉白玉马、骆驼、天王俑、镇墓兽等（图2-2-2-86，3—8）[⑧]，西安建筑科技大学华清学院出土的石人、石马等。还有一些玉质装饰品，如钗、簪、梳背等。

（十）陀罗尼经咒

在一些中晚唐墓葬之中还随葬陀罗尼经咒，这类经咒一般放置在臂钏所附带的半圆

---

① 北京市文物研究所：《北京丰台唐史思明墓》，《文物》1991年第9期。

② 〔日〕齋藤龍一：《〈大唐王朝　女性の美〉展》，中日新聞社，2004年，第117頁，図版84-3。

③ 陕西省考古研究所秦陵工作站：《唐惠昭太子墓清理简报》，《考古与文物》1992年第4期。

④ 陕西省考古研究院、西北大学考古学系：《陕西西安唐刘智夫妇墓发掘简报》，《考古与文物》2016年第3期。

⑤ 昭陵文物管理所：《唐越王李贞墓发掘简报》，《文物》1977年第10期。

⑥ 中国社会科学院考古研究所编著：《唐长安城郊隋唐墓》，文物出版社，1980年，第73—78页。

⑦ 陕西省博物馆、礼泉县文教局唐墓发掘组：《唐郑仁泰墓发掘简报》，《文物》1972年第7期。

⑧ 宁夏文物考古研究所编著：《固原新区南塬墓地发掘报告》，文物出版社，2021年，第165—179页。

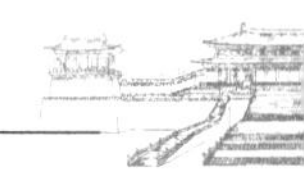

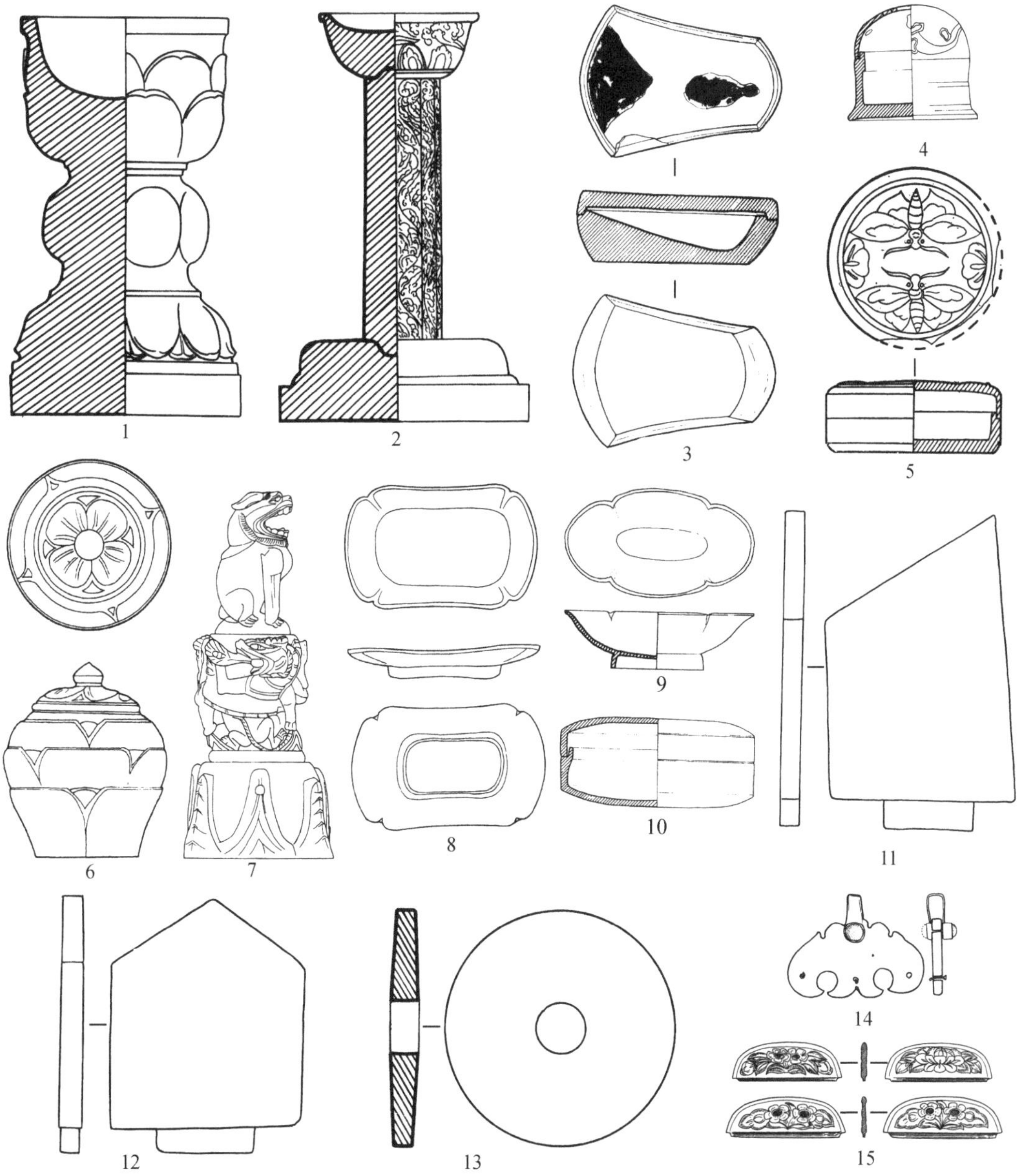

图2-2-2-85 唐墓中出土的玉石器

1、2. 石灯（唐节愍太子墓、唐惠庄太子墓出土） 3. 石砚（陕西西安唐曹延美墓出土） 4. 石熏笼（河南偃师杏园唐M954出土） 5. 滑石罐（河南偃师杏园唐M2954出土） 6. 滑石盘（河南偃师杏园唐M2954出土） 7. 滑石香炉（河南偃师杏园M1921出土） 8. 滑石盘（河南偃师杏园唐M2954出土） 9. 滑石四曲长杯（河南偃师杏园唐M1921出土） 10. 滑石盒（河南偃师杏园唐M1921出土） 11—14. 汉白玉的璋、圭、璧及玉珩（唐节愍太子墓出土） 15. 玉梳背（陕西西安茅坡唐M13出土）

形盒子或圆筒状铜盒中，或者手镯中。如陕西西安西郊一座唐墓出土的1件手写经咒绢画，边长26.5厘米，画面的中心部分内容为三眼八臂菩萨，菩萨的右下方为供养人。在其周围有墨书古梵文经咒十三行。绢画的边缘部分有以墨线绘的置于莲台上的宝瓶、法

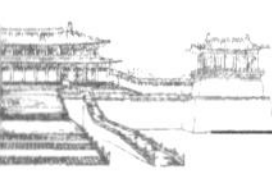

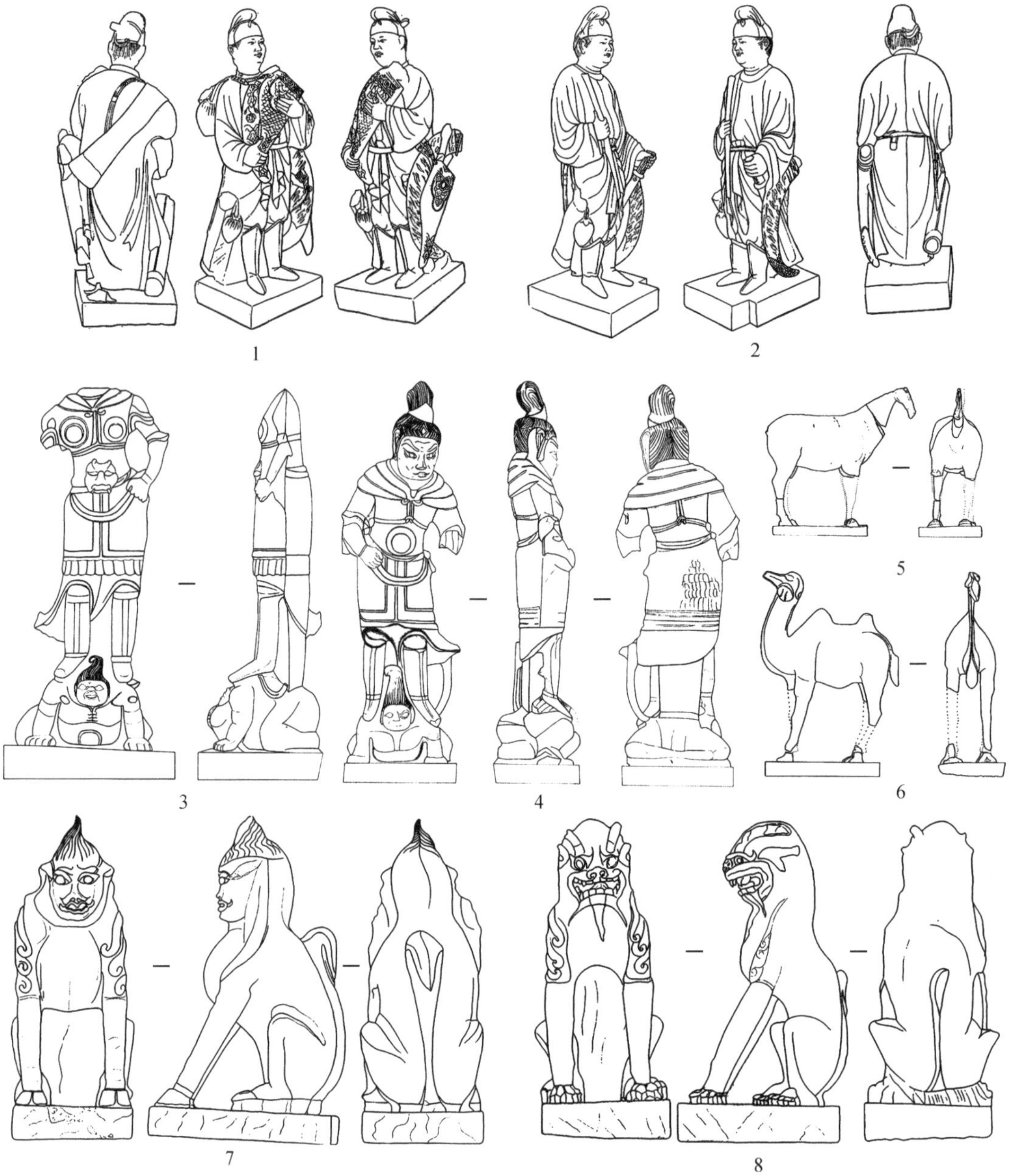

图2-2-2-86　唐墓中出土的汉白玉俑

1、2. 武士俑（陕西西安唐杨思勖墓出土） 3、4. 天王俑（宁夏固原南塬唐刘静墓出土） 5. 马俑（宁夏固原南塬唐刘静墓出土） 6. 骆驼俑（宁夏固原南塬唐刘静墓出土） 7、8. 镇墓兽（宁夏固原南塬唐刘静墓出土）

轮、法螺贝、宝幡等法器[①]；陕西西安长安区发现1件雕版印刷的经咒，长24.5、宽23.5厘米（图2-2-2-87，1）[②]；陕西凤翔唐M17中出土一幅丝绢织品上用毛笔绘、写而成的《经咒

① 陕西省博物馆　李域铮、关双喜：《西安西郊出土唐代手写经咒绢画》，《文物》1984年第7期。

② 西安碑林博物馆编、成建正主编：《西安碑林博物馆》，陕西人民出版社，2000年，第153页。

图》，经展开拓裱，为长方形，长约35、宽约29.5厘米。绢为草绿色，中心绘身披甲胄手执剑的天王，在其周围是用汉字书写的经文咒语，经咒之外画有佛手印和莲花相间的纹饰（图2-2-2-87，2）[①]；1944年，在四川成都唐墓出土1件唐印本“陀罗尼经咒”，出土时置于死者所戴手镯之内[②]。

1

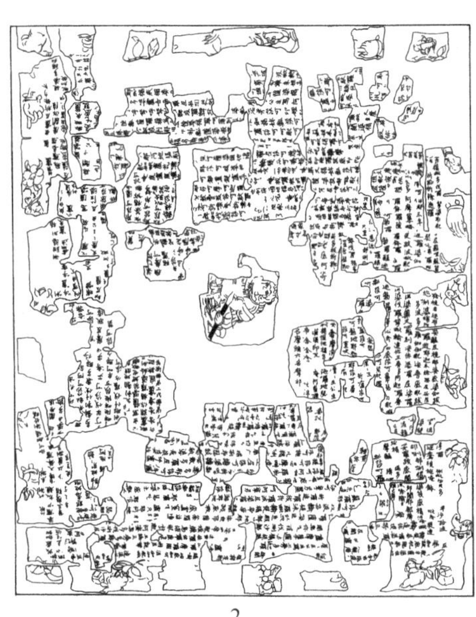

2

图2-2-2-87　唐代的陀罗尼经咒

1. 陕西西安长安区出土雕版印刷陀罗尼经咒　2. 陕西凤翔唐M17出土绢本陀罗尼经咒

为什么陀罗尼经咒要这样安置呢？据斯坦因在敦煌藏经洞发现的1件宋太平兴国五年（980年）六月二十五日雕版的纸画印本陀罗尼经咒上的“手记”云：“若有人持此神咒者，所在得胜。若有能书写带在头者，若在臂者，是人能成一切善事，最胜清净，常为诸天龙王之所拥护，又为诸佛菩萨之所忆念……”[③]这段话揭示了其安置方式及目的，旨在希望死者能够往生佛国净土（最胜清净），同时又能得到诸天龙王、佛、菩萨的保佑。

（十一）五方五精镇墓石

在唐墓之中，还有一种与道教有关的镇墓石偶有发现，分别以青、白、赤、黑、黄代表东、西、南、北、中五方五帝。这类镇墓石的形制与墓志相类似，也由盖和底石组

① 陕西省考古研究院、西北大学文博学院编著：《陕西凤翔隋唐墓——1983—1990年田野考古发掘报告》，文物出版社，2008年，第240、241页。

② 冯汉骥：《记唐印本陀罗尼经咒的发现》，《文物参考资料》1957年第5期。

③ 冯汉骥：《记唐印本陀罗尼经咒的发现》，《文物参考资料》1957年第5期；陕西省博物馆　李域铮、关双喜：《西安西郊出土唐代手写经咒绢画》，《文物》1984年第7期。

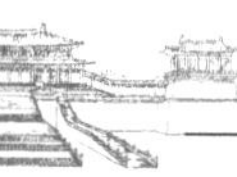

成一合。底石上刻有铭文，这些铭文采用道教特有的符篆，俗称“道士字”。一般一座墓葬之中随葬五方（东、西、南、北、中），分别刻写“东方玉篆（《东方安宝华林青灵始老九炁青天赤书玉篇真文》）”“西方玉篆（《西方七宝金门皓灵皇老七炁白天赤书玉篇真文》）”“南方玉篆（《南方梵宝昌阳丹灵真老三炁丹书赤书玉篇真文》）”“北方玉篆（《北门洞阴朔单郁绝五灵玄老五炁玄天赤书玉篇真文》）”“中央玉篆（《台上灵宝净明飞仙度人经法》）”。“东方玉篆”有符篆120个、“西方玉篆”有符篆136个、“南方玉篆”有符篆152个、“北方玉篆”有符篆120个、“中央玉篆”有符篆144个①。镇墓石在唐清源县主墓②、武三思墓③、昭成皇后窦氏墓④、阿史那忠墓⑤等都有所发现。

（十二）买地券

买地券，亦称为“墓别”“地券”，是中国古代以地契形式置于墓中的迷信物品，是为死者在地下世界购买土地用以安居的标志。系由买地契约演变而来。时代上从东汉至明清历代皆有，其所用材料因时代不同而有所变化。隋唐时期南北方地区均较流行。如湖南湘阴隋大业六年（610年）墓出土的长方形陶买地券，长34、宽16.1、厚2.3厘米。周边刻花纹，文字以细线为界格，竖写而成⑥。江苏镇江唐墓也曾出土买地券⑦。有的买地券以朱砂写成，如江苏武进隋墓出土一块朱砂买地券⑧。铁买地券在北方地区唐墓中较为流行，一般呈长方形铁片状，近些年来在陕西西安东郊和南郊发掘的唐墓中多有发现；在河南偃师杏园唐墓中曾经发现铁买地券6件⑨，锈蚀均较为严重，其中M1041出土者长30.5、宽15.5、厚0.5厘米。在新疆吐鲁番唐墓还出土有书写于纸上的买地券。

除以上常见的随葬品之外，还发现有玻璃花、蚌壳、海贝等器物。一些唐墓还出土有微型铅器，尺寸一般仅数厘米，器类未超出陶器的种类，有盘、碗、碟、熨斗、胡瓶、高足杯等，在一些报告或简报中有些往往被称为“铅泡”，但据其形状判断当是一种专用明器。

五、唐墓的分区与分期研究

在唐代，国家长期保持统一，各地经济、文化的发展水平比较接近。因此，在全国范

---

① 王育成：《中国古代道教奇异符铭考论》，《中国历史博物馆馆刊》1997年第2期（总第29期）。

② 陕西省文物管理委员会：《西安南郊庞留村的唐墓》，《文物参考资料》1958年第10期。

③ 李子春：《唐武三思之镇墓石》，《人文杂志》1958年第2期。

④ 王世和、楼宇栋：《唐桥陵勘察记》，《考古与文物》1980年第4期。

⑤ 陕西省文物管理委员会、礼泉县昭陵文管所：《唐阿史那忠墓发掘简报》，《考古》1977年第2期。

⑥ 熊传新：《湖南湘阴县隋大业六年墓》，《文物》1981年第4期。

⑦ 镇江博物馆：《江苏镇江唐墓》，《文物》1985年第2期。

⑧ 武进县文化局：《武进县湖塘乡南朝隋墓葬》，《中国考古学年鉴·1986》，文物出版社，1986年，第124页。

⑨ 中国社会科学院考古研究所编著：《偃师杏园唐墓》，科学出版社，2001年，第77、147页。

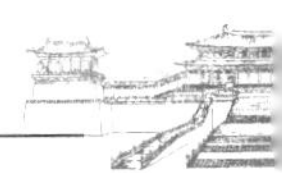

围内唐代墓葬呈现出大体一致的基本面貌，但也受自然条件、文化传统以及京畿与地方差异等的影响，各地还表现出一些地区性特征，在江南尤其突出。20世纪60年代初，学术界就提出了隋唐墓葬的分区问题。根据全国唐墓的发现状况，初步可将其划分为十一个区域，即西安地区、洛阳地区、山西河北地区、朝阳地区、四川地区、湖北地区、湖南地区、江苏浙江地区（以扬州地区为中心）、广东地区、福建地区和新疆地区。

（一）西安地区唐墓

1. 分期

西安地区唐墓数量最多，且不少有明确纪年，在唐墓研究中具有一定的典型性。与其邻近的陕西其他地区、河南、山西、甘肃乃至新疆吐鲁番等地发现的唐墓，虽也有一些地方性特点，但从全貌看都与西安地区十分相近。两京地区的唐墓，尤以对西安地区唐墓的研究最为充分。

学界自20世纪50年代即对西安地区唐墓的分期开始研究。1961年，曾将西安地区唐墓分为三期[①]。1966年，又有学者根据1955—1961年在西安郊区所发掘的175座隋唐墓葬资料，将其分为三期，并初步指出了长安地区隋唐墓的发展演变规律：第一期，隋至初唐（6世纪晚期至7世纪晚期），陶俑造型呆板，有些尚具有北朝的遗风；第二期，盛唐（7世纪晚期至8世纪中期），陶俑形象生动，装饰华丽。镇墓俑威武凶猛。女俑端庄丰腴，一反前期清瘦羸弱之态，具有显著的盛唐风格；第三期，中晚唐（8世纪中期至10世纪初期），陶俑趋于纤小繁缛，与盛唐时期迥然不同。女俑虽亦丰满肥胖，但显得臃肿[②]。有学者依据西安地区百余座隋唐墓葬形制的变化，将该地隋唐墓分为三期六段[③]：第一期前段，隋文帝时期；第一期后段隋炀帝时期；第二期前段自唐高祖至武则天时期；第二期后段自唐中宗至唐肃宗时期；第三期前段唐代宗至唐敬宗时期；第三期后段自唐文宗至唐僖宗时期。宿白在研究西安唐墓形制时将西安唐墓分为三期：第一期，高祖、太宗时期，即618—649年，属于唐代开创时期，墓葬各方面的情况和隋代相似，唐代特征尚未形成。第二期：高宗到玄宗时期，650—755年，属于唐代特征形成和发展时期。如果再细分，可以分作两个阶段，即高宗、武则天至睿宗时期（650—712年）为前一阶段；玄宗时期（712—755年）为后一阶段。前一阶段的重点是唐代特征的形成，后一阶段的重点是唐代特征的继续和发展。第三期：自肃宗至唐亡（756—907年），这一期时间虽长，但墓葬所反映的情况主要是因循、简化，清晰地勾画出唐代逐步衰落的景象[④]。本书在论述中采用宿白的三期说。

① 中国科学院考古研究所编著：《新中国的考古收获》，文物出版社，1961年，第97页。

② 中国科学院考古研究所编著：《西安郊区隋唐墓》，科学出版社，1966年，第88—90页。

③ 孙秉根：《西安隋唐墓葬的形制》，《中国考古学研究——夏鼐先生考古五十年纪念论文集（二）》，科学出版社，1986年，第151—190页。

④ 宿白：《西安地区的唐墓形制》，《文物》1995年第12期。

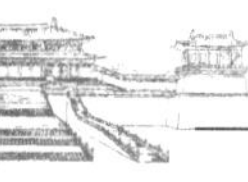

第一期：隋至高祖、太宗时期，即581—649年。隋墓和唐墓的各方面情况相似，唐代特征尚未形成，属于唐代特征的开创时期。流行方形或长方形单室土洞墓和砖室墓，墓室四壁通常较直而无弧度。大墓则盛行带长斜坡墓道、多天井、多小龛的形制。随葬陶俑一部分是表现家内生活的仆侍俑，另一部分为表现墓主人出行的仪仗俑。其中镇墓俑只有武士、镇墓兽，而无天王俑。武士俑身着铠甲，手执盾牌，呈直立状。镇墓兽一个人面，一个兽面，皆兽身，蹲坐、蹄足，无鬃毛、羽翼等装饰（图2-2-2-88）。到了贞观后期，武士俑不再持盾牌，个别的兽面镇墓兽肩部出现羽翼（图2-2-2-89）。其他人物俑体态清瘦，亭亭玉立而欠生动。

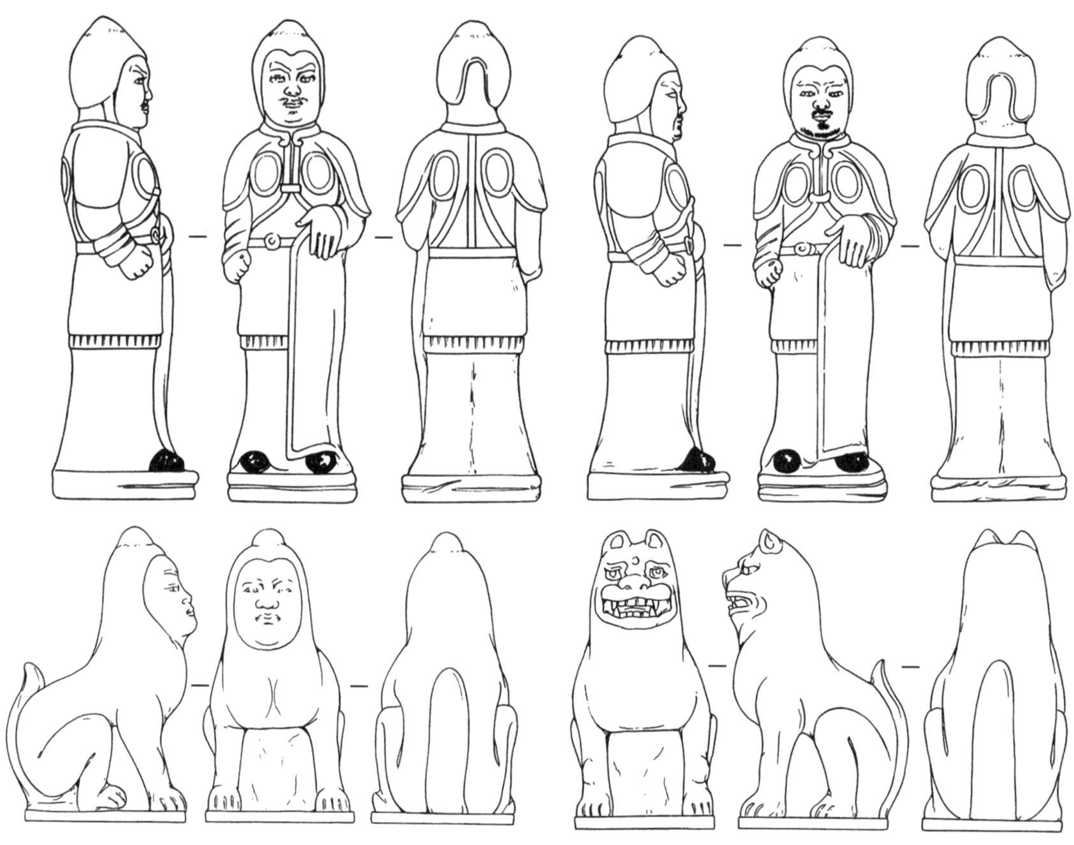

图2-2-2-88　唐贞观八年（634年）戴胄墓出土武士俑和镇墓兽

第二期：高宗到玄宗时期（650—755年），属于唐代特征形成和发展时期。如果再仔细区分，可以分为两个阶段，即高宗、武则天至睿宗时期（650—712年）为前一阶段；玄宗时期（712—756年）为后一阶段。前一阶段的重点是唐代特征的形成，后一阶段的重点是唐代特征的继续和发展。

高宗年间，单室砖室墓的墓室四壁稍向外弧出；前后室砖室墓开始出现，但它的前墓室面积比后墓室小、而与天井同大。武则天至中宗时期，单室土洞墓一般为纵长方形墓室，墓道与墓室在一条直线上，形成所谓直背刀形墓。这时的前后室砖室墓，如神龙年间

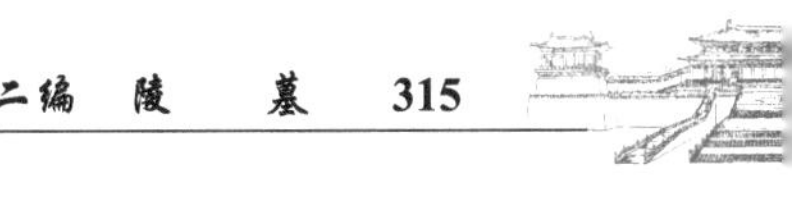

图2-2-2-89　唐贞观十七年（643年）王怜墓出土武士俑和镇墓兽

的懿德太子墓、永泰公主墓、章怀太子墓，前两者号墓为陵[①]，这三座墓葬具有长斜坡墓道、多天井、多小龛，前后室面积相近，前室面积比天井大得多，应是唐代前后室砖室墓的典型样式，而且墓内随葬品丰富，墓壁绘制大型出行图、狩猎图和打马毬图等壁画。开元以后，尚未发现有前后室砖室墓，最常见的仍是单室砖室墓和土洞墓。玄宗时期，单室砖室墓变化不大，单室土洞墓却有明显变化。这时的单室土洞墓，多为直背刀形墓和墓道偏于墓室一侧的曲背刀形墓，墓道长度逐渐缩短，天井及小龛数量减少，对墓室构筑却更加重视。有的墓葬使用了竖井与短斜坡相结合的墓道，有的墓葬墓室由规则长方形改呈梯形。墓内多随葬童仆俑和园宅、假山、建筑模型，突出炫耀其豪华优裕的家庭生活。

高宗前期，武士俑不再持盾牌，呈曲臂握拳状。镇墓兽发生了一些变化，往往在肩部塑出几根短而壮的鬃毛（图2-2-2-90）。唐高宗后期，武士俑延续前期特征，但天王俑开始出现并流行，通常为脚踏卧兽的样式。镇墓兽头上出现独角或双角，有的背部有戟状饰（图2-2-2-91、图2-2-2-92），这一分野大约在唐高宗乾封元年前后。其他人物俑仍体态清瘦，亭亭玉立。

① 号墓为陵，是唐代一种特殊的葬制，见于唐中宗神龙年间，之后未见。号墓为陵的懿德太子和永泰公主是中宗的子女，两人都是武则天统治时期的政治牺牲品，在李唐皇室恢复统治之后，将他们从洛阳迁葬并陪葬乾陵，采用这种特殊葬制更像一种宣言。从考古发掘和文献记载来看，号墓为陵有两层含义，一是在名称上将普通的墓葬称为陵；二是在随葬品及墓葬壁画等方面采用帝陵等级。

图2-2-2-90　唐高宗龙朔三年（663年）新城长公主墓出土武士俑和镇墓兽

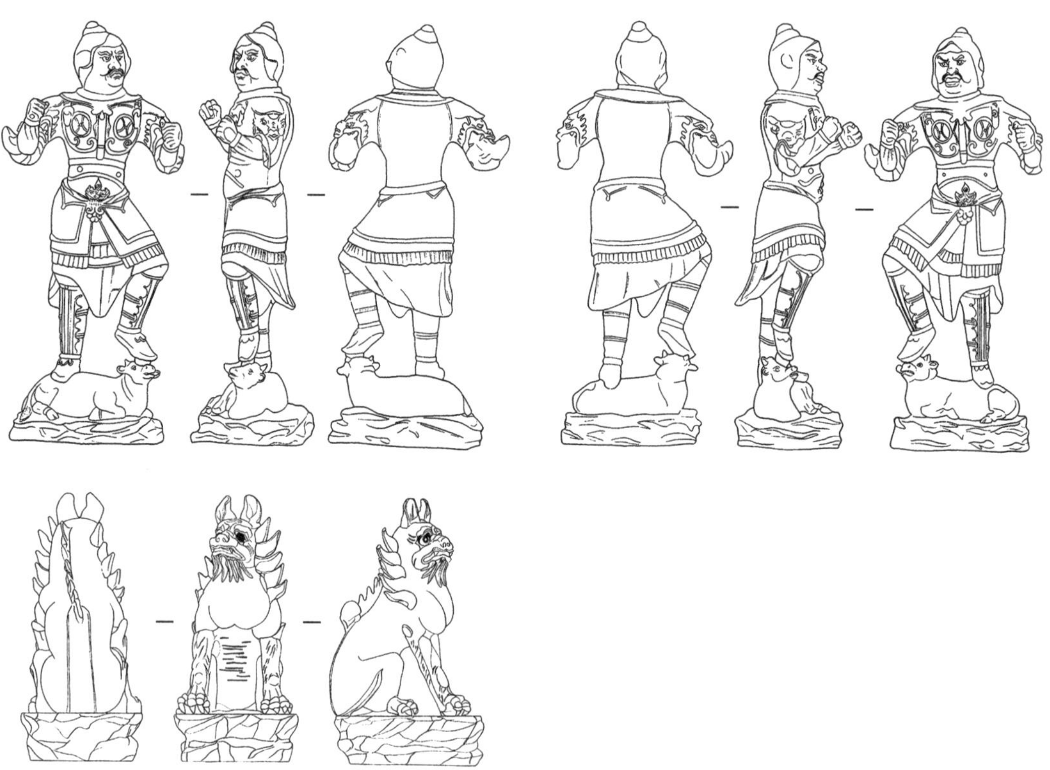

图2-2-2-91　唐高宗乾封元年（666年）昭陵韦贵妃墓出土天王俑和镇墓兽

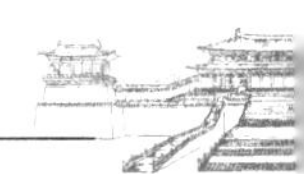

图2-2-2-92 唐高宗咸亨四年（673年）豆卢弘毅墓出土天王俑和镇墓兽

武则天至睿宗时期，武士俑仍然存在，天王俑分两类：一类延续前期的样式，脚踏卧兽；另一类脚踏俯卧式小鬼。镇墓兽，人面者兽蹄蹲坐，长鬣耸立，肩附双翼，形象较凶猛；兽面者头生角，握蛇，爪状足，肩附双翼，形象较为凶猛（图2-2-2-93—图2-2-2-96）。其他人物俑，造型匀称，胖瘦适中，体态生动。

玄宗开元时期，天王俑流行脚踏俯卧式小鬼。镇墓兽一类头有角，肩生翼，蹲坐，兽蹄；另一类面目狰狞，长鬣直竖，四肢舞动，手握蛇，脚踏怪兽，爪状足（图2-2-2-97）。其他人物俑，面颊丰腴，身躯肥胖，神态可掬。天宝时期，天王俑脚踏蹲坐式小鬼。镇墓兽呈斜跨站立，踩踏卧兽，爪足，头生角，肩生翼（图2-2-2-98、图2-2-2-99）。人物身段已欠匀称，应是陶俑制作艺术开始走向衰落的征兆。天宝以后，人物身段已经臃肿不堪，失去了此前的可爱。

第三期：自玄宗以后至唐亡（756—907年），这一时期时间虽长，但墓葬所反映的情况主要是因循、简化，清晰地勾画出唐代逐步衰落的景象。这一时期的单室砖室墓、单室土洞墓与前一期差别不大，但斜坡墓道更短，竖井式墓道流行，天井变小，带小龛的墓葬

图2-2-2-93　武则天垂拱三年（687年）诸葛芬墓出土天王俑和镇墓兽

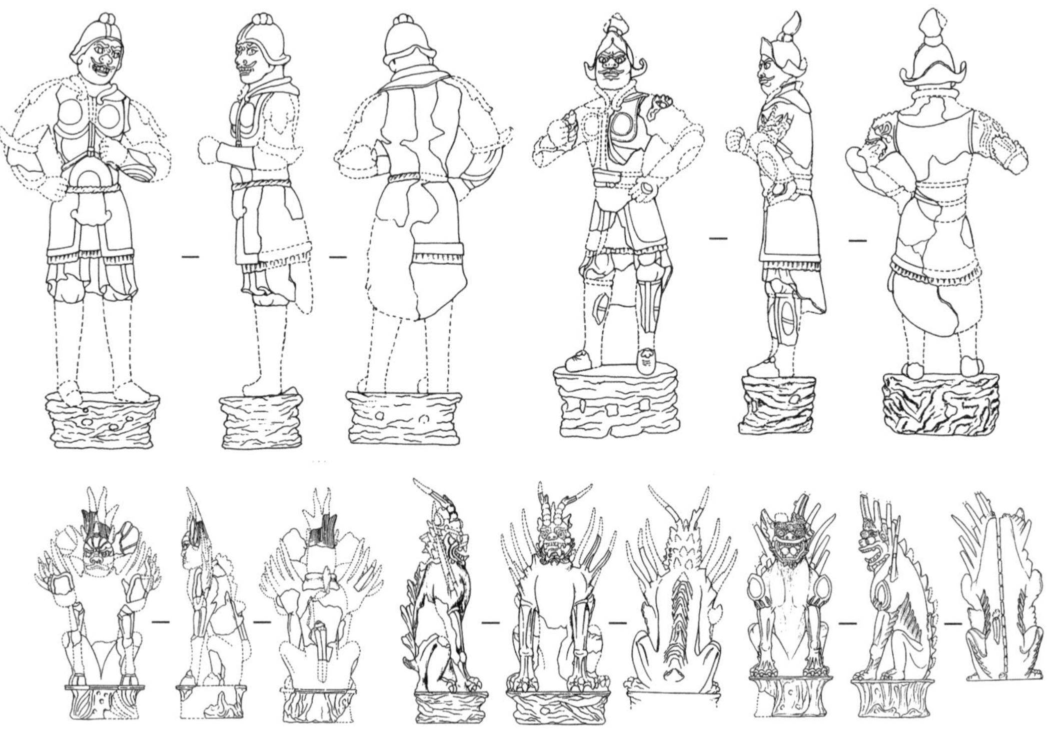

图2-2-2-94　唐中宗神龙二年（706年）懿德太子墓出土武士俑和镇墓兽

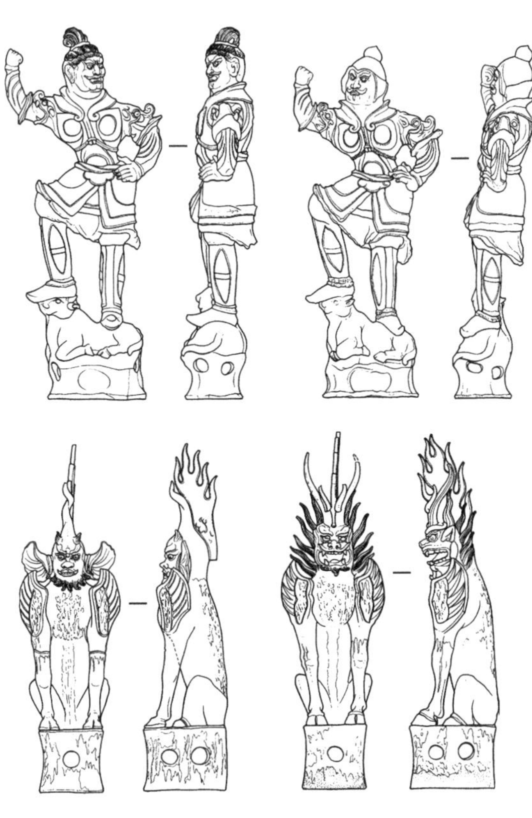

图2-2-2-95 唐中宗神龙二年（706年）阎识微墓出土天王俑和镇墓兽

图2-2-2-96 唐睿宗景云元年（710年）节愍太子墓出土天王俑和镇墓兽

较少，而且有的将小龛开在甬道壁上，还有的将小龛开于墓室四壁。德宗以后，各类墓葬普遍采用了竖井与短斜坡相结合的墓道，其竖井部分平面多呈梯形。约在宣宗前后，还出现一种折背刀形墓，这种墓由平面作梯形的竖井墓道和平面呈梯形的墓室两部分构成，是唐末富有特征的墓葬形制。这一时期，带小龛的墓，厚葬之风甚盛，多以金银锦绣为饰。元和（806—820年）以后陶俑减少。天王俑虽然模仿开元、天宝时期的样式，但个体卑

图2-2-2-97　唐开元十二年（724年）金乡县主墓出土天王俑和镇墓兽

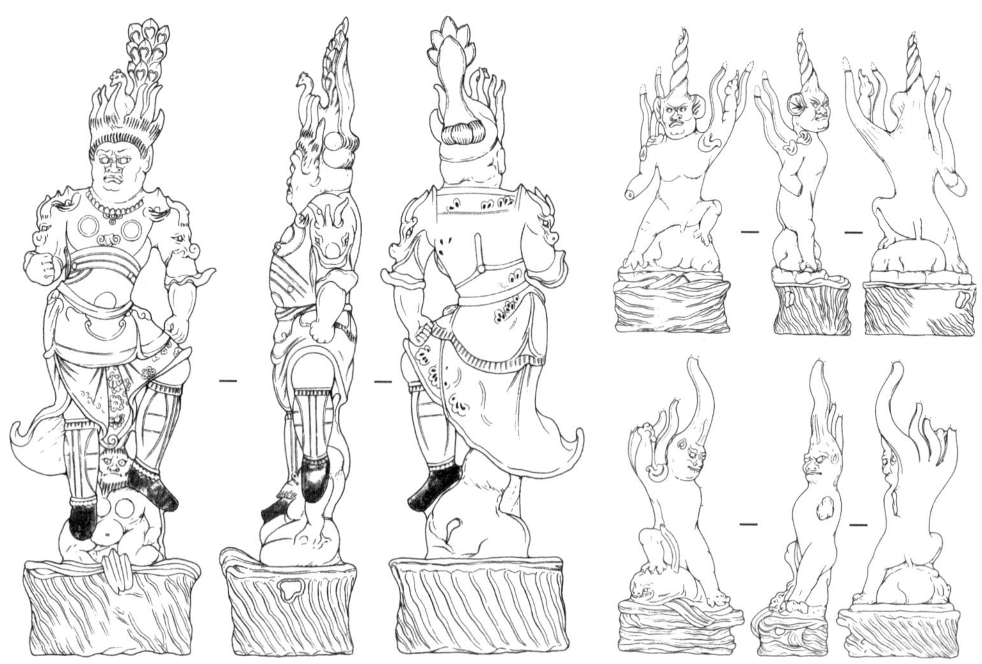

图2-2-2-98　陕西西安韩家湾唐天宝九年（750年）高夫人墓出土天王俑和镇墓兽

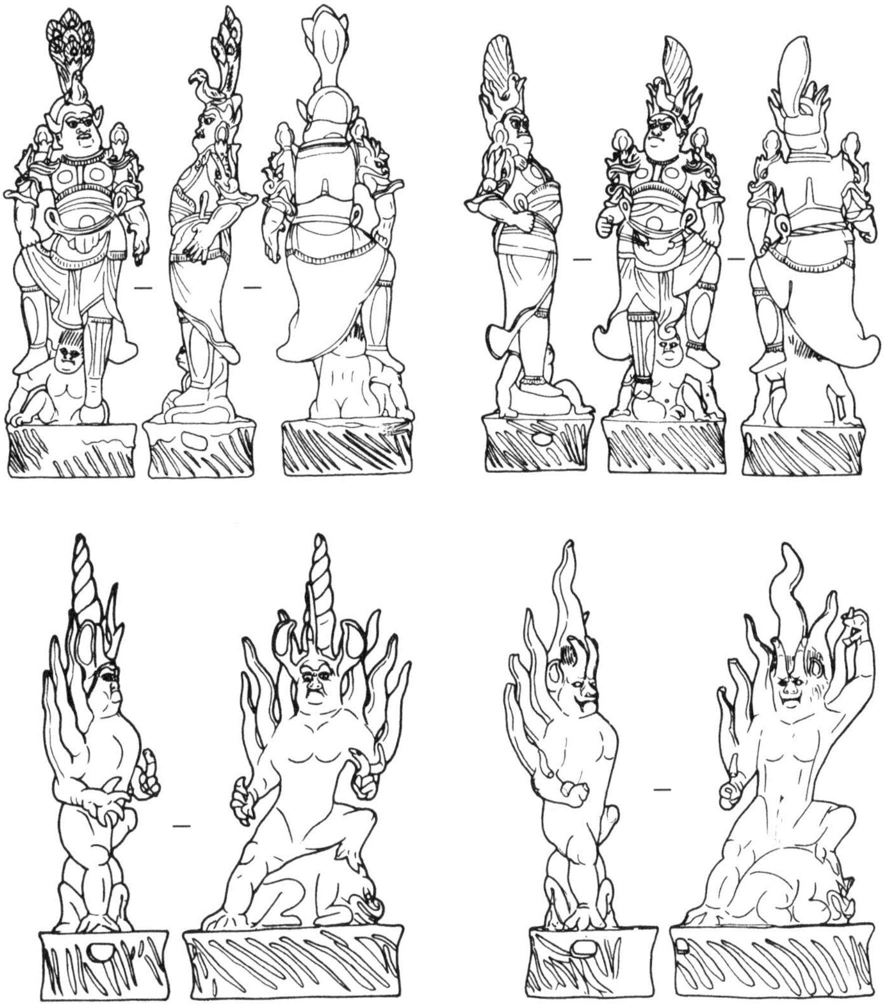

图2-2-2-99 陕西西安陕棉十厂唐天宝时期墓葬出土天王俑和镇墓兽

小，形制简化，不再威猛；镇墓兽人面与兽面区别不大，相貌狰狞，手握蛇，形制虽与天宝时期的类似，但制作简化草率（图2-2-2-100）。其他人物俑，虽模仿开元、天宝时期俑

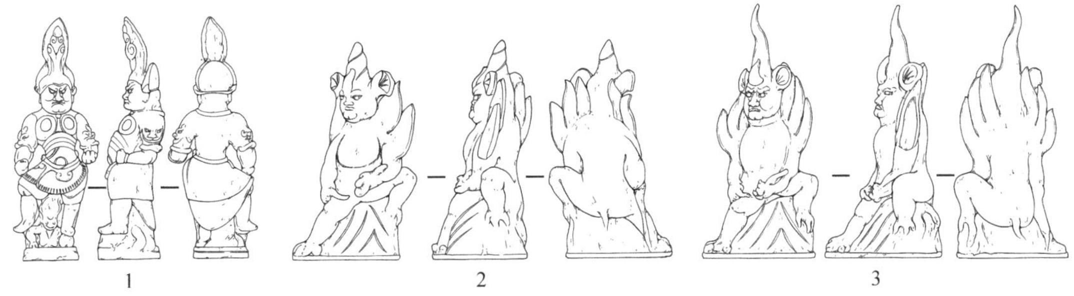

图2-2-2-100 唐贞元十三年（797年）大理正荀曾墓出土天王俑和镇墓兽

1. 天王俑 2. 人面镇墓兽 3. 兽面镇墓兽

的外形，但造型呆板，且过于肥胖臃肿。经常使用装饰华丽的绢衣木俑。表现墓主生前室内陈设的条幅式立鹤屏风画是墓室壁画的常见题材。

与分期相适应，各期的壁画风格，陶俑的类型和形象，陶瓷器、铜镜、墓志等随葬品的形制和花纹，也都呈现出相应的变化。在西安地区一些大型唐墓中，其石质棺椁的使用，壁画中仪仗队伍的构成，门前列戟的数目，大都同墓主生前的身份、地位相称，基本符合《唐六典》的规定。

2. 西安地区隋唐墓陶瓷器的发展演变

有学者根据20世纪80年代以前西安地区隋唐墓出土的陶瓷器，将西安地区隋唐墓中的陶瓷器的发展演变分为四期[①]：第一期隋（581—618年）；第二期唐高祖至武则天（7世纪至8世纪初），即初唐时期；第三期唐中宗至代宗时期（8世纪初至8世纪末），即盛唐时期；第四期中晚唐时期，即德宗至哀帝（8世纪末至10世纪初）。

（1）陶器

第一期陶器的出土数量很大，且都是生活实用品，塔式罐未见。无彩画现象，装饰仅在坯体成型过程中刻划一些花纹。陶质的井、仓、灶、磨等模型器较常见。第二期陶器出土数量仍然较大，但出现有的墓葬不用陶器随葬的现象。出陶器的墓葬在第一期为100%，而第二期只占87%。部分陶器有贴塑的花纹装饰。有的则为个体很小的明器。三彩器开始出现。陶质的灶、井、仓、磨、碓等模型器有一定数量的发现。第三期，出陶器的墓葬占91%，实用陶器大减，低劣陶器增多，彩绘陶器、三彩陶器、绞胎器等明显增多。第四期，随葬陶器的墓占30%，实用陶器更少，多是规格相似的明器。塔式罐很普遍，三彩陶器减少。

陶器形制在各期有一定的变化。塔式罐不见于第一期，第二期开始出现，以后各期均有生产。罐、瓶等类器物在第一期造型比较粗短，腹部圆鼓，胎体比较厚重，第二期变化不大。第三期器物的最大腹径在腹中上部，口径、腹径和底径的长度相差不大。第四期器物的各部分结构比例差别比较大，口径较小，腹径较大，底径最小，下腹较瘦长，线条比较优美。专门用于随葬的陶器造型不讲究，制作也粗糙。陶器中的釉陶和三彩器在第二期出现。第三期数量增多，种类丰富。第四期又消失。

（2）瓷器

瓷器包括青瓷、白瓷、酱釉瓷、绞釉瓷、绞胎瓷等。

青瓷在第一期出土数量多，釉色为深绿色，多数玻璃质感较强，胎体厚重，颗粒粗，可见到明显的砂粒和断裂痕迹。北方系统的产品较多。第二期数量也多，质量明显提高，胎体有变薄趋势，釉光也较莹润，来自南方的越瓷数量上升。第三、四期的青瓷数量继续增多，出土有比较成熟的典型越瓷或秘色瓷，如唐咸通五年（864年）张叔尊墓出土的长颈八棱瓶是其代表。

白瓷在隋唐墓葬中表现出数量和产地逐渐增多和广泛的特征。第一期数量不多，占比

---

① 李知宴：《西安地区隋唐墓葬出土陶瓷的初步研究》，《考古与文物》1981年第1期。

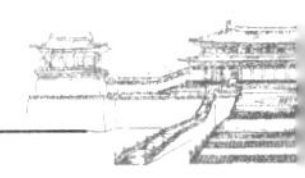

极小。第二期数量增多，如段伯阳墓（667年）出土有白瓷罐、白瓷瓶、胡人尊、高足钵、白瓷胡人头像等。总章元年（668年）李爽墓也是白瓷罐和盘同出。第三期白瓷的数量更多。第四期则各产地的白瓷都有。

酱釉瓷等发展演变表现出与白瓷相似的特征。第一期不见器物外面施黑釉、内壁施白釉的做法。第二期种类单调，只有酱黄釉瓷一种。第三期则出现了酱釉瓷等。第四期除上述种类的瓷器之外，还出现茶叶末釉、黑釉、花斑釉、油滴等。一些瓷质的小动物数量也逐渐增多，这与北方的鹤壁集窑、郏县的黄道窑、鲁山段店窑、禹县下白峪窑、铜川黄堡窑白瓷发展的情况一致。在这些窑址的调查中经常能采集到小狮、小虎、象首、小狗、小猫、金鱼、小人骑马等艺术作品。

各类瓷器的形制演变有一定的规律性。第一期的瓷罐类器物，一般为短颈，直口，腹部圆鼓，腹中部有一周粗壮的突棱，使腹部明显分为上下两部分，下腹瘦长，颈肩之间装饰复式双耳、四耳，或桥形耳，或两种耳相间排列，耳的高度与口沿一致。瓶、尊、壶、唾盂一类器物的口部多呈盘状或浅杯状，口微侈，颈部较长，肩部倾斜。龙柄双身壶为第一期所独有。总之，在第一期的瓷器造型上可以看到南北朝瓷器的一些特点。第二期有双龙柄单体壶，造型特点是底部较小，底下有圆饼状实足。还有葫芦形罐、盘、执壶、杯等，形小实用的器类较少。第三期，大型器较少，碗、盘、杯、盒、唾盂等实用器物增多。造型上，底部加宽，有的圈足又宽又矮，人们习惯性称为玉璧形底或玉璧形足①，便于使用时手拿方便，放下时平稳。第四期造型活泼，种类增多，碗、盘、杯、执壶、盏托成套出土，造型美观，如碗多呈花口形。这类形制多见于五代和北宋各个瓷系。

瓷器的装饰手法和艺术风格早晚之间也有发展演变。第一期的装饰手法常见划花、刻花、堆贴和捏塑等，既有十六国和北朝艺术的粗犷放达、遒劲有力、浑厚朴实的风格，又有新时代细腻、圆润的特点。花纹既有绳纹、凸棱、莲瓣、流云等中原文化的传统内容，又有葡萄纹、宝相花，以及来自波斯的联珠纹、忍冬纹等，表现了这一时期瓷器艺术在社会繁荣稳定的环境下，制瓷工艺本身的发展处在一个承上启下、开一代新风的关键时期。也表现了中西文化交流，吸收新的营养来创造新的艺术的特点。第二期与第一期装饰变化不大，但开始去掉繁缛的内容，追求简洁和线条的挺拔有力。第三期流行线刻和彩釉，内容有莲瓣、宝相花、蔓草、人物故事等。这与盛唐艺术中的“淡描”“线刻”等艺术的盛行是相通的。装饰效果写实性强，内容活泼多样。第四期瓷器的装饰内容有墨画、彩斑、釉下彩等，题材有小鸟、虫蝶、花卉、人物故事等，布局也较新颖。

3. 西安地区唐墓壁画

唐代较大墓葬一般绘有壁画，三品以上的大墓壁画内容更加丰富，时间上自初唐一直延续到中晚唐。壁画主要分布在墓道东、西、北壁；过洞拱券及东西壁、天井四壁、甬道东西壁及拱券；墓室四壁和穹隆顶上。随着墓葬象征宅邸的加剧，墓道作为宅院或宫殿大

① 对于玉璧形底或玉璧形足的叫法，有人认为不妥，应以“宽圈足”“窄圈足”等命名较妥。具体论述参见胡悦谦：《谈寿州瓷窑》，《考古》1988年第8期。

门的象征，在东西两壁绘青龙、白虎引导的仪仗出行及门吏；墓道北壁也即第一过洞南壁上部绘门楼；过洞象征过廊，天井象征院落。前部过洞、天井东西两壁绘仪卫、列戟或男侍；后部过洞天井绘内侍、侍女；甬道象征内宅之过道，东西两壁绘侍女或乐舞，拱券顶绘平棋图案，有的还绘制仙鹤、孔雀与凤凰。墓室象征主人起居室，四壁绘侍女、内侍、乐舞、屏风；墓室顶部象征天空，绘制天象。

壁画题材大致可以分为：①四神：青龙、白虎、朱雀、玄武（图2-2-2-101），有的还绘制有云中车马图以及飞天图。②狩猎、游乐：猎骑、架鹰、架鹞、驯豹、驯犬、打马毬等（图2-2-2-102）。③仪仗出行：仪仗、牛车、驼马等（图2-2-2-103、图2-2-2-104）。④宫廷及家居生活：宴饮、乐舞、屏风（题材有仕女、山水、鹤、十二生肖、树下人物等）、男女侍等（图2-2-2-105—图2-2-2-109）。有的还绘制墓主人坐像。⑤礼宾：鸿胪寺官员、外国及国内少数民族宾客（图2-2-2-110）。⑥建筑与身份等级：城阙、门楼及斗栱、枋、平棋、列戟等（图2-2-2-111—图2-2-2-113）。⑦天象：太阳与金乌、月亮与蟾蜍、银河、星斗等（图2-2-2-114）。⑧其他：有马厩、牛栏、农耕、杂役、寺院、道观、野外风景等（图2-2-2-115）。

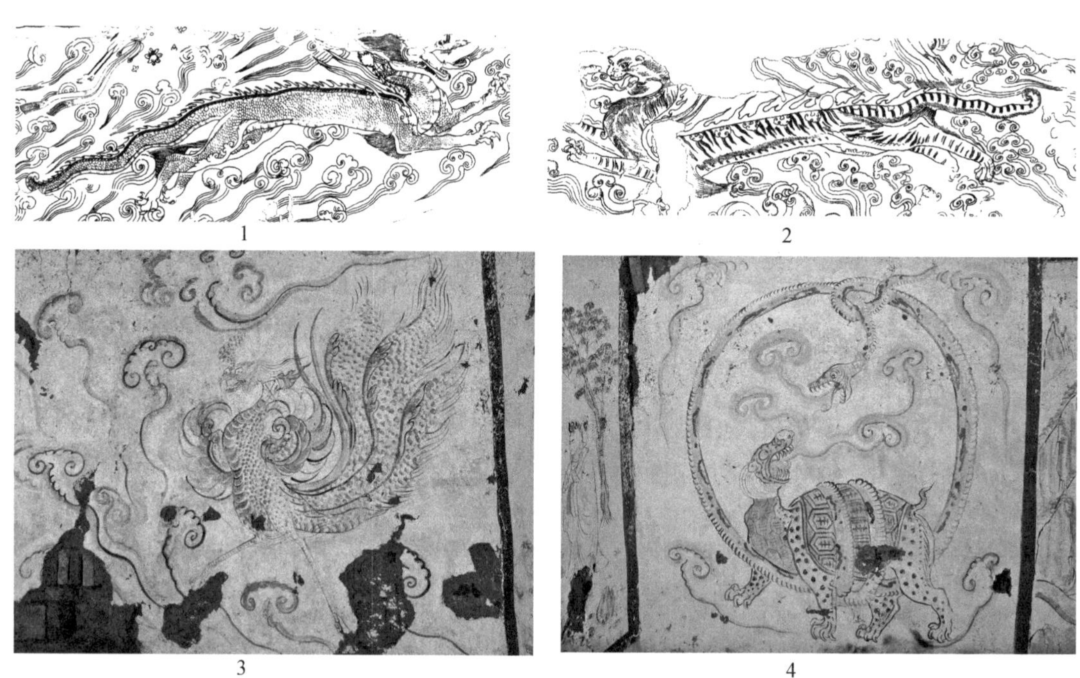

图2-2-2-101　唐墓壁画中的四神图

1、2. 青龙、白虎（唐李宪惠陵壁画）　3、4. 朱雀、玄武（唐韩休墓壁画）

唐墓壁画以人物为主，以简练的线描、鲜明的色彩，栩栩如生地描绘了各种人物形象。初唐时期的仕女具有清秀、修长的体态，其线条为铁线描。盛唐时期的仕女则大髻宽衣，丰厚为体。

唐墓壁画绘制已经达到成熟完善的程度，绘制工序大体分为墙壁处理、起稿、定

图2-2-2-102　唐墓壁画中的狩猎、游乐图

1. 唐嗣虢王墓前甬道东壁狩猎图　2. 唐懿德太子墓第二过洞东壁架鹰驯鹞图　3. 唐懿德太子墓第一过洞西壁驯豹图　4. 唐懿德太子墓第二过洞西壁架鹰驯犬图　5. 唐嗣虢王李邕墓壁画中的打马毬图

图2-2-2-103　唐懿德太子墓墓道东壁出行仪仗图

1

2

图2-2-2-104　唐墓壁画中的牛车出行图

1. 唐李震墓壁画中的牛车图　2. 唐阿史那忠墓壁画中的牛车图

图2-2-2-105　陕西西安南里王村唐墓壁画中的宴饮图

图2-2-2-106　唐李宪惠陵墓室东壁乐舞图

图2-2-2-107　唐韩休墓墓室东壁乐舞图

图2-2-2-108　陕西西安南里王村唐墓壁画中的仕女屏风图

稿、白描、填色等几个步骤。同一墓葬不同位置壁画的技艺、风格存在差异，反映出墓葬不同位置的壁画，分别由不同的工匠按计划承担绘制，一座墓葬的壁画应当是多人分工协作完成的结果。可以将唐墓的壁画绘制归纳为以下几个步骤：①将要绘制壁画的土、砖质壁面修平。②在壁面上可能涂有动物血或其他黏合剂。③在壁面上均匀地涂抹

图2-2-2-109　唐懿德太子墓第三过洞东、西壁的男侍、女侍图
1、2. 东壁　3、4. 西壁

图2-2-2-110　唐章怀太子墓壁画中的“客使图”

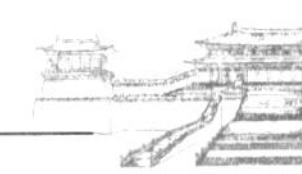

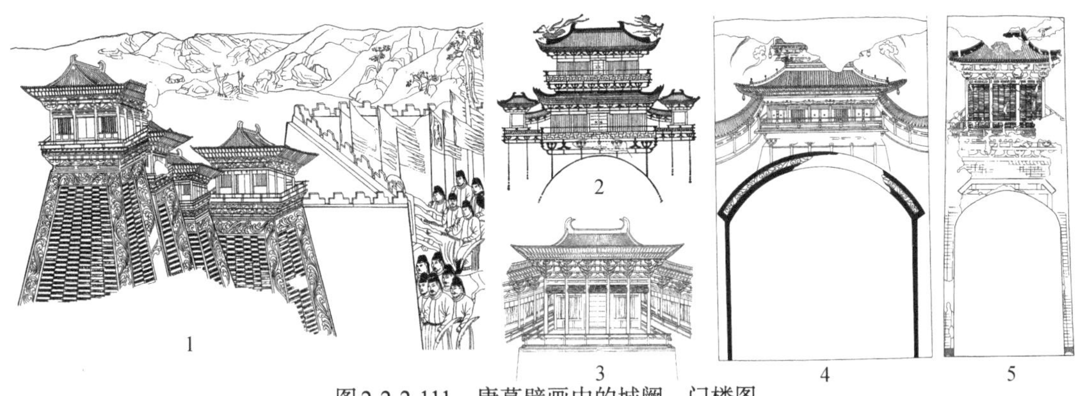

图2-2-2-111　唐墓壁画中的城阙、门楼图

1. 唐懿德太子墓墓道西壁城阙图　2. 唐李寿墓墓道北壁门楼图　3. 唐懿德太子墓墓道北壁门楼图
4. 唐昭陵韦贵妃墓墓道北壁门楼图　5. 唐李宪惠陵墓道北壁门楼图

图2-2-2-112　唐懿德太子墓第一天井东壁列戟图

图2-2-2-113　唐嗣虢王李邕墓过洞、天井列戟、木屋门卫图

草拌泥地仗①层，一般土质壁面的地仗较厚，砖质壁面为减小重量、保证地仗与砖面的黏合而较薄。④在地仗层上涂抹细腻坚硬的白灰层，其厚薄程度与墓葬规格匹配。一般皇室贵族和高官的墓葬壁画白灰层厚达0.6—0.8厘米，但仅刷白灰水不施白灰面之现象几乎未见。⑤为了防止墨迹洇散，在白灰面上往往刷涂明矾水，因此，在保存较好的壁画白灰层面上仍可见少许光泽。⑥待白灰层晾干之后，对壁画进行布局规划，一般以尖状物或树枝、赭石起稿，勾描轮廓，精画细部，填充色彩。

① 地仗：在绘制彩画之前，需要先在绘画之处用油灰、草拌泥等打底子，这个底子叫地仗，打底子的工序叫作地仗。根据绘画之处的表面粗糙程度和不同要求，需要做一道或几道地仗。

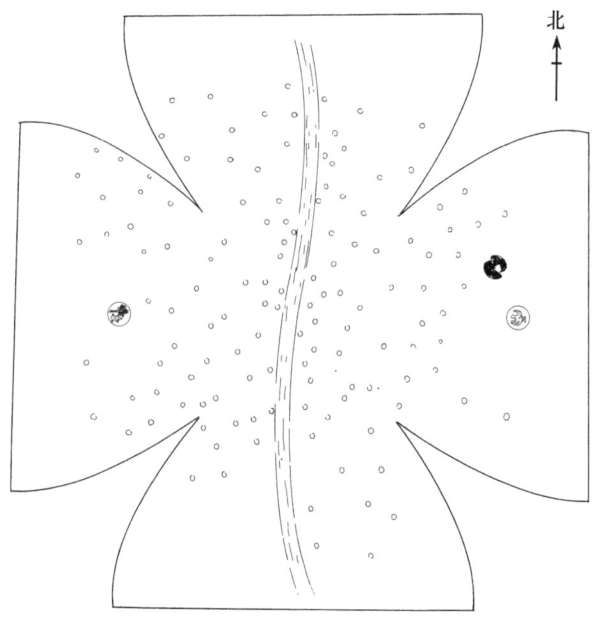

图2-2-2-114　唐懿德太子墓后室顶部天象展开图

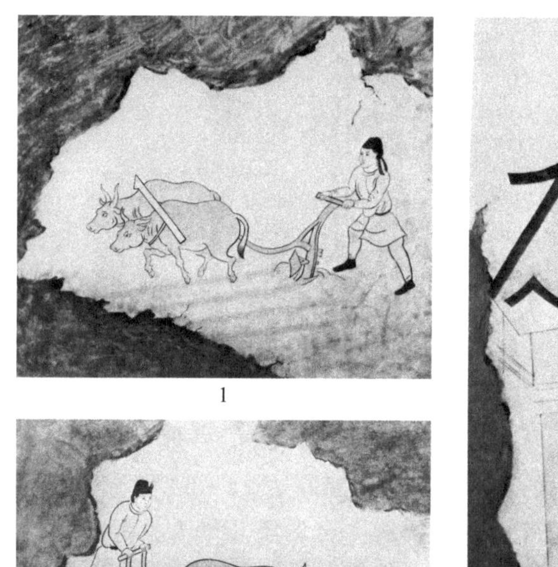

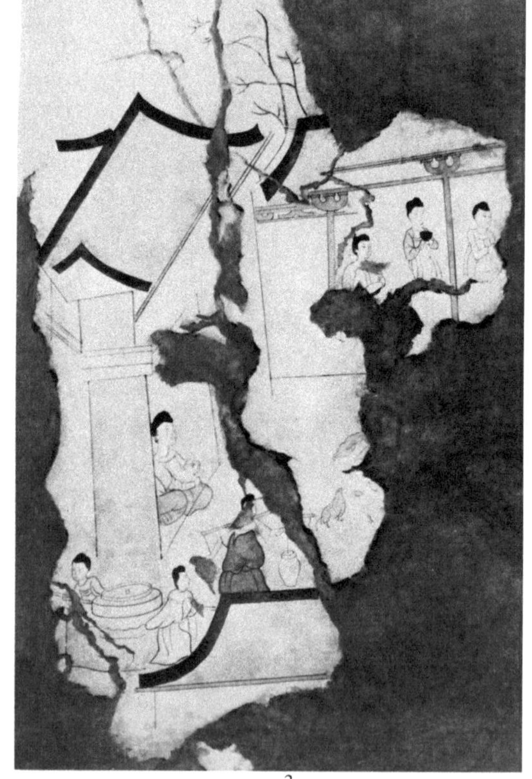

1　　2　　3

图2-2-2-115　唐淮安王李寿墓壁画
1. 犁地图　2. 耧播图　3. 杂役图

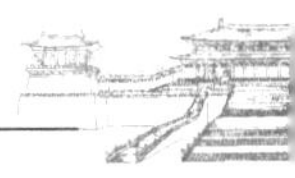

唐墓壁画常用的颜色有土红、石青、石绿、石黄、银朱、朱磦等。宫室画的枋、斗栱、柱采用了单线平涂的画法。人物衣饰采用晕染法，大型龙虎及图案花纹则运用叠晕的方法，层次分明，色调鲜明。特别是对多种矿物的调配，增强了色泽亮度和固定性能，在经历千余年以后，迄今颜色犹能保持鲜艳明快的效果。

根据壁画布局和内容的发展演变，大致可以分为五个阶段[①]。第一阶段，约为6世纪晚期至7世纪前期，布局和内容沿袭北朝旧制，墓道、天井和墓室3部分的画面分为上下两栏，全部壁面以最后一个天井为界分成两个单元，前面单元主要描绘墓主人外出游猎的场面，后面单元主要描绘墓主人的内宅生活及其附属建筑等。第二、三阶段，约为7世纪中期至8世纪前期，是唐代壁画特征开始出现和形成的时期，壁画都是单栏形式，全墓壁画布局趋向一元化。内容除各种出行仪卫外，出现影作仿木建筑结构，配合以男女侍从，使得墓葬看起来更像一座宅院。第三阶段游乐内容增多，其中有些题材受到中亚影响。第四阶段，约为8世纪中期至9世纪之初，墓道壁画趋向衰落，墓室壁画流行墓主人像和折扇式人物屏风画。第五阶段，约为9世纪初至10世纪初，是第四阶段壁画的简化，屏风画的内容以云鹤、翎毛取代了人物。

（二）洛阳地区唐墓

1983年开始钻探、发掘的杏园唐墓，共发现69座，墓主多为中下级官吏，墓葬多为中小型，其中37座出土有墓志。据纪年墓葬，时间最早者为长寿三年（694年），最晚者为中和二年（882年）。徐殿魁以这批墓葬资料为主要依据对洛阳地区隋唐墓进行了分期[②]，为洛阳地区隋唐墓分期建立了标准，改变了此前以西安地区隋唐墓分期代替洛阳地区的局面。依据墓葬形制和随葬品组合，可将洛阳地区隋唐墓划分为四期：即隋至初唐时期、盛唐时期、中唐时期、晚唐时期。

1. 隋至初唐时期

从隋文帝开皇元年（581年）至唐高宗永淳二年（683年）。墓葬形制以铲形墓为主，棺床靠近北壁之下者居多，墓室近方形，四壁向外弧出。随葬品组合按性质可以分为四组：第一组以镇墓兽或武士俑为代表；第二组为表现墓主人出行情况的牛车及仪仗俑群；第三组为表现家居生活情景的男、女侍俑和乐舞俑等；第四组为庖厨明器和家居器具模型。

镇墓兽蹲坐于近似三角形的平托板上。人面镇墓兽，脸稍上仰，大耳垂肩，表情和善，背有竖毛两簇。兽面镇墓兽，头部棕毛卷曲似狮，张口龇牙，用墨绘出眉、眼、鼻、嘴和胸毛。背有竖毛两簇。武士俑身披铠甲，头戴圆顶兜鍪，肩有重叠状披膊，身着明光铠，圆盆领，腰束带，下着裤，足蹬靴，左手按一狮面盾牌。在中型墓葬中极为普遍。据史籍记载，明光铠流行于北朝末年，盛行于隋及唐初。《唐六典》将明光铠列为甲制铠类

① 宿白：《西安地区唐墓壁画的布局与内容》，《考古学报》1982年第3期。

② 徐殿魁：《洛阳地区隋唐墓的分期》，《考古学报》1989年第3期。

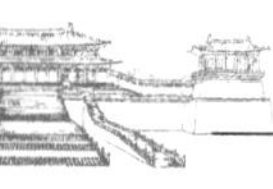

的第一种。在细部结构上，隋代的明光铠还可明显地分出早晚两段。较早的标本，胸背中心向左右分作两个大型圆护；较晚者自颔下居中纵束甲绊，至胸以下打结，然后左右横束到身后。纵束甲绊的两侧是两个大型圆护，这种形态一直延续到初唐。莲花座侍吏俑，在此期前后均极少见，只流行于隋至初唐时期。女侍俑造型变化比较明显，隋代女侍俑多作执炊、捧物状，头梳低平髻，身着长裙。初唐女侍俑，头已改梳螺髻、丫髻、单刀半翻髻、低矮双鬟髻，而且形体修长，细颈削肩，身着短袖长裙，与盛唐女侍俑十分接近。还有极个别的出土墓龙、仪鱼、人首鸟等。

2. 盛唐时期

从武则天光宅元年（684年）至唐玄宗开元二十三年（735年）。墓葬形制以单室土洞墓为主，墓道呈长斜坡状，甬道呈过洞式，墓门一般向南，墓志多摆放在甬道之内。墓室平面一般呈规则的竖长方形，甬道口开设在墓室南壁偏东处。出现墓道和墓室的一侧在一条直线上的刀形墓。

随葬品仍以四种组合为主体，镇墓兽比初唐时期凶猛，头上二角加长，头、肩部加饰的火焰状竖毛明显增加而且加长，下部置高台。眼、耳、鼻等细部更加形象逼真。有的贴金粉彩，胸领涂金，还有的胸部彩绘多层的宝相花。武士俑（天王俑），前期执盾武士俑及按盾的形象，此期均已不见，而出现了形象威武、两目圆睁的武士俑和面容狰狞的天王俑。在盔甲上也有很大改变，在圆顶兜鍪和尖顶兜鍪上都另加装饰。护耳外沿上翻，披膊饰呈龙首状，铠甲下摆处饰流苏，内衬长裙垂至靴面，整体造型上威武而秀美。女侍俑普遍为高髻、细颈、削肩的修长造型，面容比前期丰满。发髻基本淘汰了前期的低平髻，部分保留了单刀半翻髻，普遍盛行高螺髻、双鬟髻、博鬓抛髻。男侍俑冲破了前期呆板、单调的形象，面部的细致刻划使得其形象也极为生动。一些出行的牵马或骆驼俑多用胡人装束，头戴毡帽，身穿窄袖长衣，腰系皮囊包裹，制作十分精确。骑马男侍俑，头戴幞头，身穿大翻领窄袖长衣，下着裤，足蹬靴，双手牵缰，雕塑细腻，也为前期所不见。唐三彩出现并流行，并成为盛唐墓葬的一个显著特点。另外，实用的铜器、金银器增加。

3. 中唐时期

从唐玄宗开元二十四年（736年）至德宗贞元二十年（804年）。墓道缩短，出现竖井式墓道。墓室呈长方形，出现十二生肖壁龛。刀形墓比较流行，棺床位置靠近墓室西壁。

随葬品的组合特征，与前一期相比较有较大变化：①镇墓兽、武士俑（天王俑）以及着重表现墓主人身份的牛车仪仗俑群，天宝之后急剧减少，直到完全消失。②唐三彩急剧减少，仅个别墓葬之内偶见一些小件三彩模型或小型动物俑。陶俑一般火候较低，五官模糊不清。

镇墓兽两耳如扇，周身鬃毛减少，尾部无毛。天王俑面容狰狞，脚下踩小鬼，风帽套衣俑制作粗疏。此前习见的细颈、削肩女侍俑被体态臃肿的宽袖长衣俑所代替。发髻上的纷繁高髻演变成单调简朴的垂发梳髻。动物俑从前期的直立状演变为跪卧状，尺寸明显缩小，脚踏底板中空呈环状。十二生肖俑在这一期尚多见，形态以站立者居多，兽面人身，

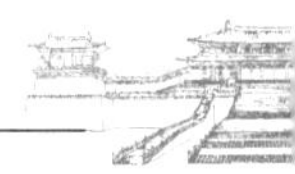

穿宽袖长袍，拱双手而立。大批实用铜器、金银器、瓷器被用来随葬。

4. 晚唐时期

从宪宗元和元年（806年）直至唐亡（907年）。墓葬形制和结构基本保持中唐时期的风格，如墓葬基本坐北向南，墓道、甬道衔接在墓室南壁偏东处，平面呈直背刀形，仍流行带台阶的斜坡墓道。墓葬形制多为长方形，四壁开挖12个壁龛的习俗仍在沿用。新出现晚唐墓葬中最富有代表性的梯形、双梯形墓。梯形墓是指墓室北宽南窄，双梯形墓是指墓室与墓道均北宽南窄。

小型砖室墓比较多见，墓室平面一般呈方形，四壁单砖叠砌，并微向外弧出，四角相互叠压，以穹隆顶居多，有的顶部则呈椭圆形，也有的近似覆斗形。

随葬品组合及特征：①前几期兴盛的随葬品如镇墓兽、武士俑、文官俑已经全部消失。个别墓葬之中出土少量半身侍俑，工艺极为简陋。②大量实用瓷器进入墓内，构成了随葬品的新内涵，包括白瓷碗、执壶、粉盒、唾盂等。尤其是一种矮胖带盖的白瓷罐普遍葬入墓内，成为随葬器物的主要器类。③铜匜、铜刀增多，铜钵减少。铜镜不但数量锐减，而且质量低劣，图案模糊。镜形以圆形为主，其次是方形和委角方形镜。前期的团花镜、瑞兽镜、绶带镜、金银平脱镜，这一时期仍用来随葬。甚至也用实用的铜印章随葬。④滑石器作为随葬品大量出现，其种类包括罐、盘、盏、盒、枕等。⑤用银筷、银勺、银钗等随葬更加普遍。⑥被视为镇邪压胜之物的铁牛、铁猪、铁犁等，在晚唐墓葬之内频频出现。晚唐的随葬品组合中出现的许多新器物与葬师的说教有关。唐末的战乱局面为葬师的迷信之说创造了社会环境，使之有了广泛的社会基础。据《大唐新语》卷十三《记异》条记载："铸铁为牛豕之状象，可以御二龙。玉润而洁，能和百神，寘之墓内，以助神道。"①

洛阳地区唐墓与长安地区墓葬一样，在大型墓葬中也绘制有壁画，壁画的布局及题材与长安地区基本一致。如唐安国相王（睿宗李旦）孺人唐氏、崔氏墓壁画，墓道两侧前部为青龙、白虎，后部为出行仪仗，墓道北壁上部绘门楼图，过洞、天井两壁绘武士、侍女等②。

（三）山西、河北地区

墓葬形制既有方形，也有圆形，其中的圆形墓葬与山东北朝时期墓葬以及辽宁朝阳地区的墓葬相似。从发现的数量而言，墓室平面以圆形为主，随葬品也与中原地区有一定差异。如常见的墓龙、人面鸟、仪鱼等，西安地区唐墓较为少见，表现出一定的地域性和地方特色。也有一些等级较高的大型墓葬采用石椁，如山西万荣发现的驸马薛儆墓，是一座大型单室砖室墓，由墓道、天井、过洞、甬道、壁龛和墓室组成。墓室砖砌，穹隆顶。葬

---

① （唐）刘肃撰，许德楠、李鼎霞点校：《大唐新语》，中华书局，1984年，第195页。

② 洛阳市第二文物工作队编：《唐安国相王孺人壁画墓发掘报告》，河南美术出版社，2008年。

具采用庑殿式石椁，其上线刻侍女人物、门、窗等图案①。此墓的形制和随葬品与长安地区唐墓表现出较强的一致性，应当与其驸马身份有关。在山西地区唐墓中还发现大量壁画，壁画以屏风画为主。

1. 墓葬形制

根据已知墓葬形制，可以分为圆形、长方形、弧方形等几种形制。一般多中小型墓葬，大型墓葬较少。

（1）圆形墓：一般由墓道、甬道和墓室三部分组成。墓室采用单砖平砌，呈圆形或近似圆形。如河北献县唐墓的墓室直径3.15米②。

（2）长方形墓：墓室平面呈长方形，有的四角呈圆弧形，或者三面外弧。例如，河北晋县（今晋州市）唐墓，墓室南北长2.8、东西宽1.7米。甬道南北长0.66、东西宽1.25米。墓室东西北三面外弧③。北京永定门外四路通赵悦墓，砖室，平面呈抹角长方形，由墓道、墓门、甬道和墓室四部分组成。墓室长4.55、宽3.8米④。

（3）弧方形墓：北京永定门外西罗园小区董庆长夫妇墓，墓室近似圆形，南北长4.25、宽0.45米，四角有仿木建筑结构，用砖砌出外凸的圆形角柱，东西两壁砌对称的直棂窗。室内西侧砌筑棺床，长1.8、宽1.6、高0.55米，略呈刀形⑤。

2. 壁画

一般是在墓室四壁和棺床边沿抹一层0.3—1厘米的白灰泥皮，在其上绘制壁画。墓室顶部绘挽结的花幔，日、月、星、辰和青龙、白虎、朱雀、玄武四神。四壁绘侍卫、侍女、女童、文吏、牛车、马夫、驼马人物和树下老人。其中的树下老人比较常见（图2-2-2-116）⑥。

3. 随葬品

随葬品主要有陶俑、模型明器、生活用具、瓷器、三彩器、铁器和钱币等。

（四）朝阳地区

朝阳是隋唐时期的营州，位于辽宁西南部，周围数十里唐墓比较密集，已经发掘的唐墓有150多座。这一地区的唐墓，除朝阳之外，还包括内蒙古东南部至河北北部一带。此区隋唐墓随葬品情况与两京地区无大的区别，唯朝阳唐墓所随葬的俑中，多为未经焙烧的泥俑。墓葬形制的最大特点，是墓室通常作圆形或半圆形，顶部呈圆形券顶，大墓墓室往

---

① 山西省考古研究所编著：《唐代薛儆墓发掘报告》，科学出版社，2000年。

② 王敏之、高良谟、张长虹：《河北献县唐墓清理简报》，《文物》1990年第5期。

③ 石家庄地区文物研究所：《河北晋县唐墓》，《考古》1985年第2期。

④ 北京市文物研究所：《北京近年发现的几座唐墓》，《文物》1992年第9期。

⑤ 北京市文物研究所：《北京近年发现的几座唐墓》，《文物》1992年第9期。

⑥ 《中国墓室壁画全集》编辑委员会编：《中国墓室壁画全集·2·隋唐五代》，河北教育出版社，2011年，第135—145页，图版一五〇—图版一六〇，说明文字参见第61—65页。

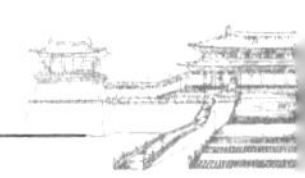

1　2　3　4

图2-2-2-116　山西太原南郊金胜村太原化工焦化厂唐墓壁画
1. 墓室东壁壁画　2. 墓室西壁壁画　3. 墓室南壁壁画　4. 墓室北壁壁画

往以砖墙隔成若干小室。如朝阳中山营子屯唐墓就分为四室。一般由长斜坡墓道、甬道、墓室三部分组成。也有方形单室砖室墓、船形单室砖室墓、竖穴土坑砖棺墓、竖穴土坑墓等形制。

1. 圆形墓

比较有代表性的有韩贞墓①、朝散大夫墓②、柴油机厂墓③等。天宝三载（744年）的韩贞墓，是一座由墓道、墓门、甬道、主室及左右侧室组成的墓葬。主室及侧室平面皆为圆形。主室后部设置棺床，其上安置尸骨两具，应为韩贞夫妇。棺床左前方放置陶瓷器多件，其中1件双耳罐内装有骨灰。右侧室空荡无物，左侧室后部设尸床，其上安置骨架

① 朝阳地区博物馆：《辽宁朝阳唐韩贞墓》，《考古》1973年第6期。

② 金殿士：《辽宁朝阳西大营子唐墓》，《文物》1959年第5期。

③ 辽宁省文物考古研究所：《辽宁省考古工作五十年》，《新中国考古五十年》，文物出版社，1999年，第105页。

1具。据推测，左耳室骨架、主室瓷罐中的骨灰，应为韩贞两个次子的。“朝散大夫”墓，由墓门、甬道、墓室组成。墓门及门墙保存较好，墓门上部呈圆拱形，起券三层，两侧门墙上影作两层方柱及斗栱，门顶也有斗栱一朵。甬道内安有石门，墓室直径达12.8米。墓室内以隔墙隔成相互连通的5个小室，最后面的小室安置墓主尸体，其余小室分别放置镇墓兽、陶俑、陶马，或铁鐎斗、铁锯、铁斧等。朝阳柴油机厂唐墓规模较大，砖筑，由长21米的斜坡墓道、4.5米长的甬道和直径7米的单室组成，出土80余件陶俑，有镇墓兽、武士俑、侍女俑、风帽俑、伎乐俑、骆驼俑、马俑等，在甬道壁龛还出土一男一女2件满施彩绘的石俑，男俑左手架海东青，右手提榼，女俑双手叉于胸前，有当地少数民族的特征[①]。有人根据石俑的发辫样式、体貌特征以及手持物、叉手礼等，推断石俑是据粟末靺鞨人的形象雕刻而成，对研究粟末靺鞨移居唐代营州（今辽宁朝阳）的历史有重要的参考价值[②]。

2. 船形墓

平面呈前宽后窄的单室船形，两侧壁外弧，券顶，多为砖筑，整体形状如一覆船。由墓门、短甬道和墓室组成，墓门之外的上方有挡土的翼墙。如朝阳市衬布总厂M2[③]，墓室砖筑，全长3.16、前宽1.26、中宽1.44、后宽0.36米。甬道长0.3、宽0.88—0.92米。门为拱形，高1.5米。

3. 方形墓

数量较少，多单室砖筑，墓室平面呈方形，由长斜坡墓道、甬道和墓室组成。如朝阳教学研究中心M3[④]，方形单室，出土了东罗马金币等遗物。

4. 竖穴土坑砖椁墓

在竖穴土坑之内，以砖砌筑平面呈梯形的椁室，底部铺砖，墓室狭窄，大小仅可容身。如朝阳市衬布总厂M3[⑤]，墓口全长2、前宽0.4、后宽0.26米。

5. 竖穴土坑墓

所见数量较少，平面呈长方形，随葬品较少。辽宁朝阳纺织厂M4[⑥]，墓室呈长方形，长2.5、宽1.4米。

---

① 辽宁省文物考古研究所、朝阳市博物馆:《辽宁朝阳市黄河路唐墓的清理》,《考古》2001年第8期。

② 姜念思:《辽宁朝阳市黄河路唐墓出土靺鞨石俑考》,《考古》2005年第10期。

③ 万欣、贾宗梁:《朝阳市衬布总厂的几座唐墓》,《辽宁考古文集》，辽宁民族出版社，2003年，第75—82页。

④ 辽宁省文物考古研究所:《辽宁省考古工作五十年》,《新中国考古五十年》，文物出版社，1999年，第105页；辽宁省文物考古研究所、朝阳市博物馆:《朝阳市博物馆》,《文物》1997年第11期。

⑤ 万欣、贾宗梁:《朝阳市衬布总厂的几座唐墓》,《辽宁考古文集》，辽宁民族出版社，2003年，第65—82页。

⑥ 辽宁省博物馆文物队:《辽宁朝阳隋唐墓发掘简报》,《文物资料丛刊》(6)，文物出版社，1982年，第86—101页。

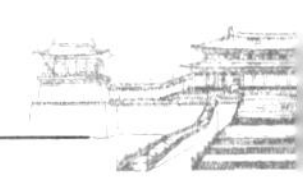

随葬品主要有双耳瓷罐、盘口瓷瓶、三彩三足罐、黄釉陶碗、彩绘带盖灰陶罐、灰陶碗、铜盘、铜镜、凫首铁鐎斗、铁釜以及三彩小狗、滑石狮等。其中的双耳瓷罐、彩绘带盖灰陶罐等是富有代表性的器物。陶俑（泥俑）有镇墓兽、仪仗、仆侍、模型明器等。其中的墓龙、仪鱼、观风鸟和跪拜俑等，与山西、河北地区墓葬所出者类似。个别墓葬中还出土有当地少数民族特点的石俑。

（五）四川地区

长江上游四川地区的唐墓发掘不多，也存在地区性差异。成都平原的墓葬以砖室墓为主，平面有长方形、梯形和“凸”字形几种，有的墓葬在两侧砌筑耳室，后壁砌筑壁龛。墓砖侧面模印奔兽、忍冬纹、小花纹、菱形纹等。随葬的陶瓷器主要有四耳罐、瓶、碗、灯等。未见陶瓷俑、动物模型等器物，金属器也较少见，主要为铜钱。四川东部万州发现的墓葬，以冉仁才墓为代表，该墓为平面呈“凸”字形的带墓道、甬道的单室砖室墓①。墓内绘制壁画，保存下来的壁画有甬道两壁的青龙、白虎和墓室顶部的天象图。随葬品主要有瓷俑、瓷器、瓷模型器及金属器、玉器等。墓葬特征反而与湖南、湖北地区相同，而与成都地区有所差异。特别是其中出土的跪坐兽首身着袍服双手持笏板的十二生肖瓷俑、人首鸟身瓷俑等，与两湖地区尤其接近。

在岷江上游的松潘一带发现的唐墓比较特殊，属于土著居民墓葬②。墓葬形制分为垒石墓和竖穴土坑墓。其中垒石墓的构筑方法是先挖一土坑，四壁垒石为室，底部铺石板或石块，置尸骨与随葬品于其中，然后填土，上用石块堆积成坟丘。随葬品主要有绳纹双耳罐、绳纹小口罐、小碟、细颈盘口壶、细颈壶等陶器，以及铁钗、铁带扣、铜扣饰、铜边饰、玛瑙珠和“开元通宝”钱等。从形制上而言，垒石墓似乎承袭了当地曾经盛行的石棺葬遗风，随葬品也有明显的土著文化因素，采用这种墓葬的土著居民和石棺葬民族有密切联系。随葬品中的盘口壶和“开元通宝”钱，则反映了土著居民与汉民族的交往，并接受了汉民族文化。同时，垒石为坟丘也与吐蕃早期的石丘墓比较接近。

（六）湖北地区

主要发现于武汉一带，这里是长江中游唐墓最多的地区之一。这一地区的唐墓基本上沿袭了六朝时期的传统，以竖穴土坑砖室墓为主，也有少量的竖穴土坑墓。砖室墓主要有墓道、甬道的券顶单室墓和前后室带耳室穹隆顶墓，墓室之内常设置较高的棺床、祭台、完善的排水设施、壁龛等附属结构。其中以花纹砖砌成的长方形券顶单室墓最为流行。随葬品有陶（瓷）质人物俑、陶动物模型、陶模型器和少量青瓷器。十二生肖俑出现较早，还有人面蛇身或龙首蛇身的墓龙、人面鸟和双翼兽等。青瓷器以生活用具为主，有高颈球

① 四川省博物馆：《四川万县唐墓》，《考古学报》1980年第4期。

② 中国社会科学院考古研究所四川工作队、松潘县文物管理所：《四川松潘县松林坡唐代墓葬的清理》，《考古》1998年第1期。

腹盘口壶、内饰叶纹的高足盘、实足小碗、蹄足圆形砚等。此外，还经常出土三彩人物俑、动物俑和器皿。

依随葬器物可将湖北唐墓分为早、晚两期。早期墓葬形制和随葬品仍然保留着浓厚的南朝遗风，稍晚的墓葬出土唐三彩；而晚期墓葬出土的盘口壶、瓷罐、唾盂，则表现出晚唐五代的形制特征。

湖北地区较大型的墓葬附建耳室，如郧县发现的李泰家族墓地和安陆发现的唐吴王妃杨氏墓，都是这一地区为数不多的大型墓葬①。它们都有一个共同特点，就是采用京畿地区常见的长斜坡墓道，有的还开挖天井，甬道和墓室部分均采用砖筑墓室和甬道绘制壁画。这些墓葬元素表明，它们采用了京畿地区高等级的墓葬样式，但由于地域因素如土质的直立性较差等，而无法满足修筑大型的长斜坡墓道多天井过洞的墓葬，但其形制和基本元素表现出明显的京畿地区墓葬样式。这与墓主人自京畿地区谪戍至此有着密切关系。

（七）湖南地区

湖南地区发掘的唐墓主要集中在长沙、常德、湘阴等地，仅长沙一地已发掘唐墓500余座。绝大多数是长方形竖穴土坑墓，少数为砖室墓，墓砖多素面。

土坑墓一般为长方形，墓室呈长方形，或者一端大一端小，墓口大于墓底；有些墓室前端（头部）留有生土二层台或挖出长方形、圆拱形小壁龛。如长沙发现的王清墓，为一长方形竖穴土坑，长4.08、宽2.08米。墓室正中有凸起5厘米高的棺床，棺床侧面挖有大小不等的小土穴，原来似乎有外椁的残迹。随葬品有瓷碗、瓷碟、瓷罐和墓志等。根据墓志砖刻，墓主人为王清，死于大和六年（832年）②。

砖室墓形制比较复杂，多长方形券顶单室墓，其次为前室较小的前后室墓（有的后室附建耳室）和两室并列的双室墓。在各类砖室墓中，墓室左、右、后三壁常砌出小壁龛，龛内置十二生肖俑或陶盏，墓室正中以砖砌筑长方形棺床、棺床与墓室之间留有排水道。筑墓所用之砖多青灰素面，仅极少数有纹饰。砖室墓的随葬品一般多于土坑墓，砖室墓中“凸”字形平面的两种砖室墓的随葬品尤其丰富，不但出土大量的陶瓷器，而且差不多都有各类陶俑随葬，应与墓主人的阶级和身份有直接关系。

随葬品以生活用品为主，常见施釉和不施釉的陶器，有壶、盘、碗、罐、水注等。也随葬陶文官俑、武士俑、伎乐俑、胡俑、十二生肖俑和陶马、骆驼等。釉陶多施黄褐釉或绿釉，少数墓中发现兼施紫、白、蓝三彩釉者。瓷器有青瓷、白瓷两类。部分墓葬出土人物俑、镇墓兽、动物及模型器。

从随葬器物看，湖南唐墓至少可分为前后两期。前后期墓葬中皆有砖室墓和土坑墓，

---

① 高仲达：《唐嗣濮王李欣墓发掘简报》，《江汉考古》1980年第2期；湖北省博物馆、郧县博物馆：《湖北郧县唐李徽、阎婉墓发掘简报》，《文物》1987年第8期；孝感地区博物馆、安陆县博物馆：《安陆王子山唐吴王妃杨氏墓》，《文物》1985年第2期。

② 周世荣：《略谈长沙唐王清墓与出土瓷器的窑口问题》，《考古》1985年第7期。

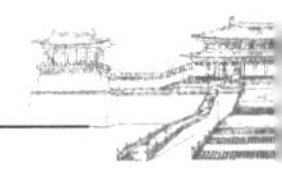

但砖室墓在前期居多，而土坑墓在后期居多。前期器物有高足杯、盘、重唇小罐、直口深腹碗、直颈盘口壶等。后期器物主要有重唇带盖罐、葵花形碗、敞口碗、肩部附加荷叶形的盘口壶等。前期釉陶器一般施淡绿色薄釉，并有冰裂纹；后期釉呈黄褐色或深绿色。前期瓷器为半陶半瓷的青釉器；后期则出土一种胎质厚重、颜色混浊、制作粗糙的白瓷。前期常见的陶俑有人面兽身和兽面镇墓兽、人面鸟身俑、武士俑、男女侍俑、女伎乐俑、胡俑等；铜镜多圆形，装饰海兽葡萄纹样。后期俑少见；铜镜流行委角方形镜、菱花镜。

（八）江苏、浙江地区（以扬州地区为中心）

江苏、浙江地区是长江下游唐墓分布最为集中的区域，已发掘唐墓在200座以上。上海发现的唐墓也与这一地区比较接近。墓葬形制主要有长方形、“凸”字形、鼓腰形、“十”字形等。

长方形墓葬分为竖穴土坑墓和长方形券顶单室砖室墓两种。砖室墓墓壁常常砌出小龛，墓室内设棺床，棺床与墓壁间留出一砖宽的空隙以排水，墓砖素面。随葬品以青瓷器为主，较晚的墓内曾出土白瓷器，有钵、盘、杯、盂、四系罐。另有灰陶盘口壶、罐、盆以及陶砚、铜镜等。随葬陶俑为男女侍俑、胡俑、十二生肖俑和陶马。中、晚唐时期两京地区的唐三彩已明显衰落，而扬州地区唐墓中常常随葬三彩器。根据考古发现，可以将江苏、浙江地区唐代墓葬分为三期[①]：

第一期，初唐时期。墓葬形制分砖室和土坑两类，砖室墓以单室为主，极个别为双室。单室墓按形制又可以分为长方形和“凸”字形。砖室墓一般用青砖砌筑，砖以素面为主，也有一些墓砖采用花纹砖。随葬品有镇墓兽、文吏、武士，人面鸟身俑和男女侍俑、家禽、家畜等。

第二期，唐中宗至唐德宗时期。以砖室墓和土坑墓为主，小型墓数量较多。砖室墓除前期流行的长方形、“凸”字形之外，新出现的形制有“十”字形、鼓腰形。除鼓腰形墓葬之外，其他各类砖室墓通常设耳室、壁龛，随葬品也比前期丰富。常见的有十二生肖俑、骆驼俑、胡人牵马俑、男女侍俑。随葬品中的瓷器以日用品为主，有盘口壶、罐、钵、碗、盒等。

第三期，即唐宪宗至唐亡。墓葬以砖室墓和土坑墓为主，小型墓数量较多。平面形制除长方形、“凸”字形、鼓腰形外，新出现了蝉形和船形墓葬，除个别墓葬还保留有耳室和壁龛之外，墓葬结构更趋向于简约。一些具有一定身份的官员的墓葬也是如此。例如，朝议郎行扬州大都督府法曹参军京兆韦署墓，其墓葬也仅长3.5米[②]。墓葬趋于简约反映了唐王朝走向衰落的情形。砖室墓的随葬品常见的金属器有铜镜、银镯、铜钱等；瓷器的形制和窑口更加丰富，有盘口壶、罐、瓶、执壶、碗、盘、唾盂、粉盒等。土坑墓除土坑木

① 邹厚本主编：《江苏考古五十年》，南京出版社，2000年，第350—361页。

② 朱江：《扬州唐墓清理》，《考古通讯》1958年第6期。

椁外，还有一种形制简单的平民墓，这些墓葬之内在人骨架周围甚至无法找到墓穴，随葬品极少甚至一无所有。

（九）广东地区

主要指北江流域及沿海地区，如韶关、英德、连江、广州、佛山、博罗、梅县等地。其墓葬形制、随葬器物，与本地区南朝以来的墓葬一脉相承。常见的墓葬形制有土坑墓、砖室墓两类，砖室墓又分为双室券顶砖室墓和单室券顶砖室墓，其中以单室券顶砖室墓的数量最多。

1. 形制

（1）单室券顶砖室墓，一般平面呈长方形，墓底铺砖，左右后三壁有的砌出小龛或以半砖突出壁面以置灯盏。墓底后部一般高于前部，在墓室后部设置有棺床，棺木纵置。随葬品摆放在墓室前部及后端。有的墓砖侧面还模印出网纹、叶脉状纹、卷草纹、纪年铭文、吉祥语等。

（2）双室券顶砖室墓，有的为前后室，后室底部高于前室；有的则由两个单室墓并列而成，二者共用一道隔墙，隔墙上设有通道将二墓沟通。墓砖有长方砖、刀形砖、弧形砖三种，分别用来砌筑墙壁和券顶。左右后三壁有的砌出小龛或以半砖突出壁面以置灯盏。有的墓砖侧面还模印出网纹、叶状纹等图案装饰。

（3）土坑墓，一般为就地挖成的窄小长方形竖穴墓坑，墓底有的置数块残砖作为葬具的支垫。

以上各类墓的随葬品一般只有两三件，以釉陶四耳或六耳罐、碗、盏等为主，瓷器少见，陶坛多出于沿海。个别墓葬出土少量陶俑。1987年，在广州唐墓中首次发现马、骆驼和人俑等3件三彩器，2020年在广州又发现唐代三彩壶，改写了以往两广地区不出三彩器的历史①。

高级官吏张九龄墓和张九皋墓，是广东地区规模最大的砖室墓，形制也与其他墓葬不同。以张九龄墓为例（图2-2-2-117）②，为带耳室的大型单室砖室墓，由甬道、耳室和主室三部分组成，甬道及耳室券顶，主室为四角攒尖式顶。主室近方形，长4.82、宽4.8、高3.5米，四壁厚度倍于常墓，且于四角砖砌三角形假柱。主室及甬道壁面涂抹白灰，绘有彩色壁画。棺床砖砌而成，平面呈长方形，设于主室中央。随葬品的数量远远超过同一地区的其他墓葬，这与张九龄“尚书右丞相赠荆州大都督”的身份相符合，同时也反映了其墓葬形制采用京畿地区的墓葬样式。

2. 分期

从出土墓志和墓砖上的纪年铭文来看，广东地区唐墓形制前后没有明显区别，但其随

---

① 黄宙辉、穗文考、邓勃：《惊喜！稀罕的唐三彩又现广州考古现场》，《羊城晚报》2020年12月11日。

② 广东省文物管理委员会、华南师范学院历史系：《唐代张九龄墓发掘简报》，《文物》1961年第6期；徐恒彬：《广东韶关罗源洞唐墓》，《考古》1964年第7期。

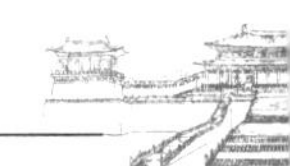

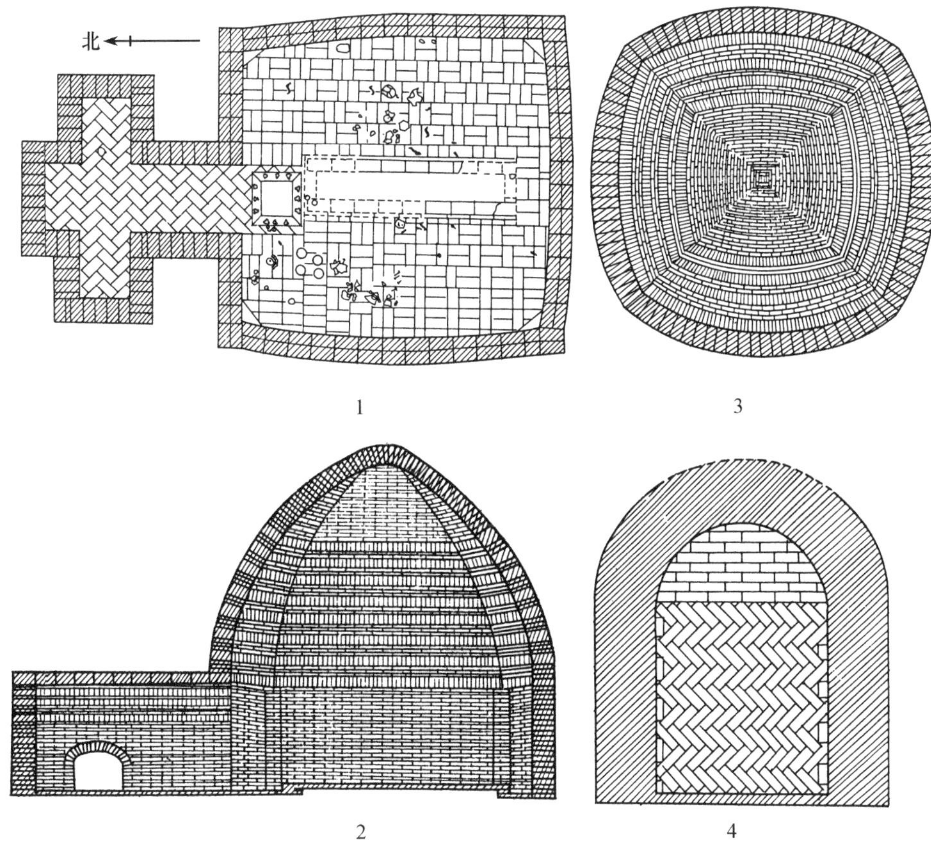

图2-2-2-117 广东广州唐开元二十九年（741年）唐张九龄墓

1. 平面图 2. 剖面图 3. 墓室仰视图 4. 封门正视图

葬品仍然有一定规律可循。据随葬器物中的四耳罐或六耳罐、碗、盏等的形制变化，可将该区墓葬分为前、中、后三期①：

（1）前期，大约相当于唐中宗以前的时期。器物形制与隋墓无明显区别。罐类器物体形修长，肩部圆鼓，中腹以下急剧收缩，底部向外撇出，具有较浓厚的南朝器物遗风。碗类有深腹碗、浅腹碗，前者器壁近直、饼形足，后者器壁上部稍外侈。盏也为深腹，壁较直。

（2）中期，大约相当于开元、天宝及以后的时期。罐类逐步变矮，高度与宽度即高宽比约略相等，底部外撇的现象消失。碗类口部日渐敞开，腹部越来越浅，实足器减少，圈足器增多。

（3）后期，大约相当于宣宗大中前后。罐类更加矮胖，其横宽甚至超过了器物高度。近海地区的晚唐墓中，还出现了一种类似中原地区墓葬中常见的塔式罐的器物——魂瓶，

① 段鹏琦：《唐代墓葬的发掘与研究》，《新中国的考古发现和研究》，文物出版社，1984年，第586、587页。

也称为陶坛。前、中期陶坛火候不高，釉层附着不牢，后期则近于瓷器。这种陶坛中发现有死者的骨灰，为探讨两广地区的火葬提供了重要的实物证据。

（十）福建地区

福建地区发现的唐墓主要集中在闽江下游的闽侯、福清，晋江流域的泉州、晋江、南安、安溪及九龙江流域的漳浦等地。

1. 墓葬形制

有土坑墓、砖室墓两种，以砖室墓居多。

土坑墓形制皆为长方形竖穴，发现数量较少。

砖室墓以带短甬道的长方形券顶单室墓最为常见，平面呈“凸”字形，墓底后部高于前部，后部置棺。墓葬规模一般在5米以上。两侧壁及后壁多砌出小壁龛，墓底全部铺砖，后部有砖砌棺床，棺床中央有长方形腰坑（图2-2-2-118）[①]。部分墓砖上模印有蕉叶等纹饰或文字。有的墓室两侧带耳室。如泉州西南郊发现了4座平面呈“凸”字形的墓葬，其中1号墓墓室通长5.1、宽0.8米，墓室顶部券顶。墓室后部砌筑有高8厘米的棺台，随葬品均放置在棺床之前和甬道之内[②]。惠安县上村唐墓，由墓室和甬道两部分组成，平面

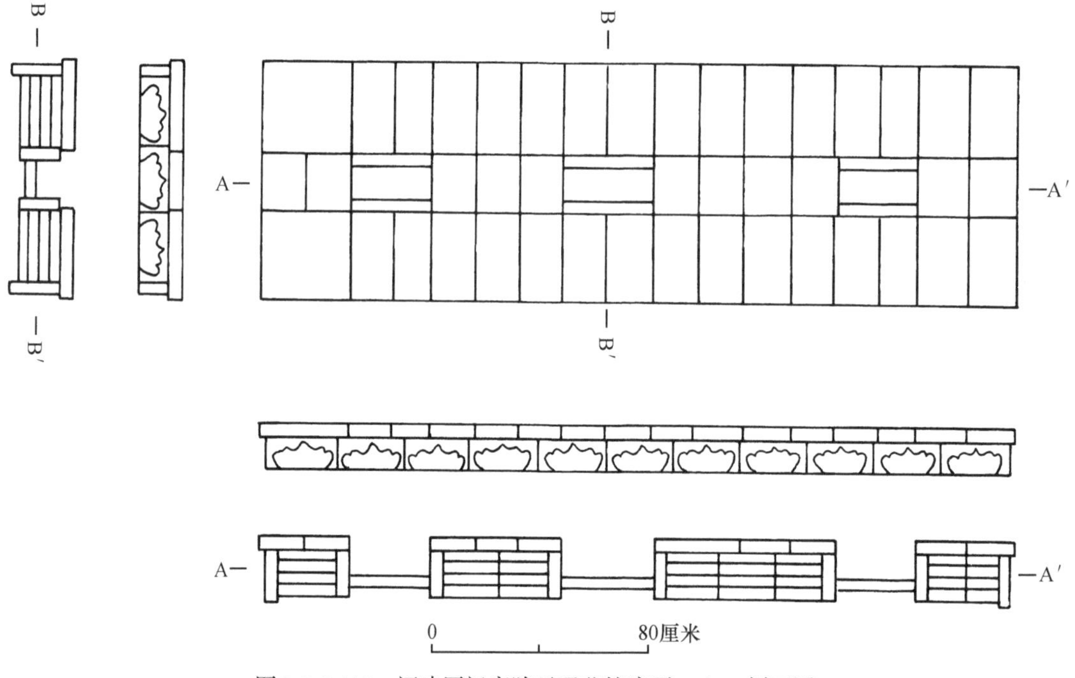

图2-2-2-118　福建厦门唐陈元通墓棺床平、立、剖面图

① 厦门文化遗产保护中心编著，靳维柏、郑东主编:《唐陈元通夫妇墓》，文物出版社，2016年，第21—23页。

② 泉州海外交通史博物馆、泉州市文物管理委员会:《福建泉州市西南郊唐墓清理简报》,《考古》1961年第12期。

呈“凸”字形，墓室顶部券顶，长4.11、宽1.85米，后部砌筑棺床。甬道长0.77、宽0.64米①。厦门发现的唐奉议郎歙州婺源县令陈元通夫妇墓②，采取异穴合葬，封土均呈龟背形，墓室平面均呈“凸”字形，砖筑单室，两侧砌筑小龛。陈元通墓长7.7—7.9米，其夫人汪氏墓长7.4—7.6米（图2-2-2-119）。随葬品包括砖石墓志、当地烧制的青瓷器、长沙窑褐绿彩瓷器、邢窑或者巩义窑白瓷、金银器、铜镜等，反映了唐代中晚期下级官吏墓葬的等级。还有一些刀形墓和多室墓。有些墓室壁面砌筑小龛。墓砖侧面常印植物纹和吉祥语。

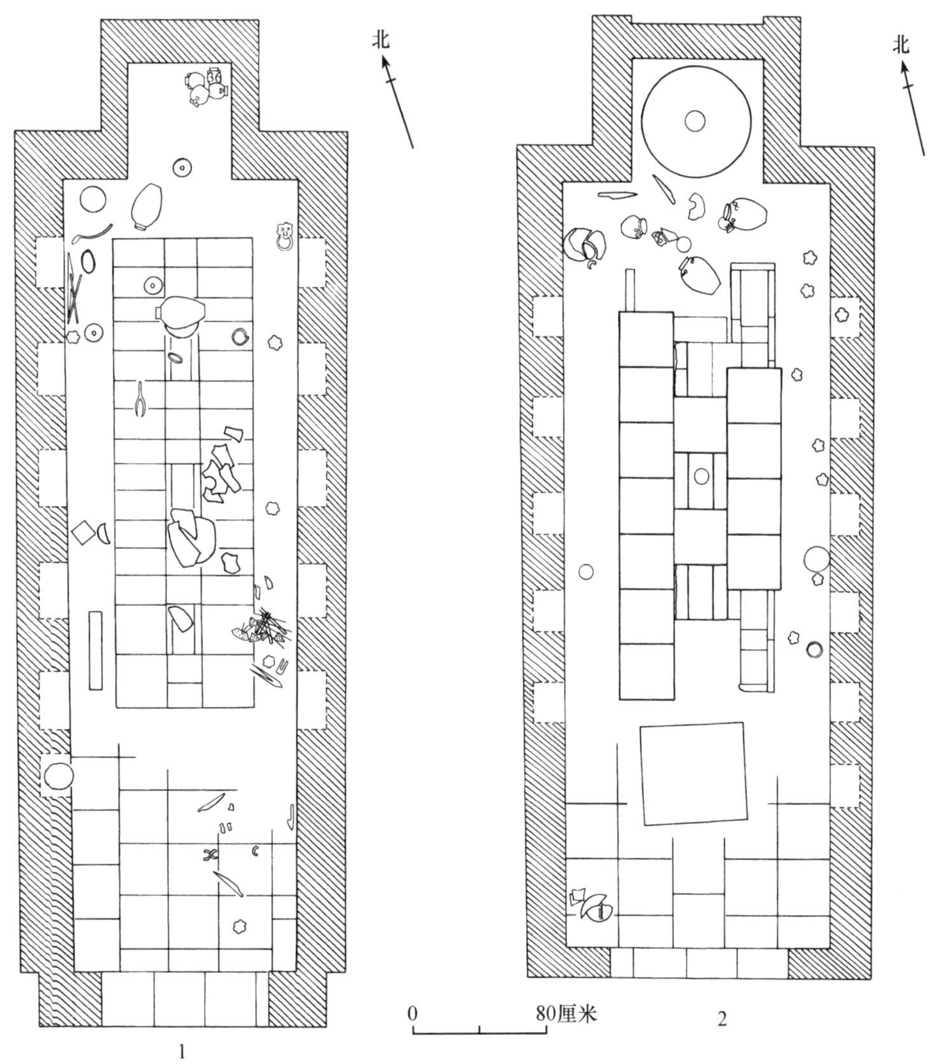

图2-2-2-119　福建厦门唐陈元通夫妇墓平面图
1. 陈元通墓　2. 陈元通夫人汪氏墓

① 泉州市文物管理委员会、惠安县博物馆：《福建惠安县上村唐墓的清理》，《考古》2004年第4期。

② 厦门文化遗产保护中心编著，靳维柏、郑东主编：《唐陈元通夫妇墓》，文物出版社，2016年。

2. 随葬品及分期

福建唐墓的随葬品以青瓷为主，多为生活用品，其典型器类有盘口壶、双耳或四耳罐、带座碗、五杯盘、灶、单管插器、椎形插器、虎子等。此外，在漳浦刘坂乡唐墓出土的40余件陶俑，造型别致，制法也和常见的俑不同。它们是先用含砂黏土打成长方形，然后刻出脸部、衣服、四肢的轮廓，焙烧之后表面再涂一层银灰色颜料，并以朱绘刻划俑的细部，其形象有男俑、女俑、“千岁老人”俑、动物和镇墓兽，还有人面龙身、人面鱼身、马头鱼身、鳖等俑。各墓随葬品数量不一，一般砖室墓随葬品较为丰富，少者十几件，多者数十件，少数随葬有金银器①。土坑墓随葬品数量少，一般只有两三件。

据随葬器物形制的变化，可将该区墓葬分为三期。

第一期：隋至唐初；第二期：初唐至中唐；第三期：晚唐时期。主要随葬品的变化特征表现如下：盘口壶、四耳罐前期形体浑圆，略显矮胖，后来逐渐增高，器身最宽处逐渐上移，到最晚一期移至肩部。双耳罐时间较早者，器体浑圆，平底，时间较晚者最宽处移至肩部，底部急收成高足。带座碗最初碗与托分开烧制，使用时将二者合在一起，托较平较大。大约从第二期开始，碗与托黏合后烧制，托的直径相对缩小，但高度不断增加。插器第一期时造型秀丽，底座大如盘，从第二期开始，器体越来越粗矮，盘形座日益缩小，甚至消失。碗壁逐渐外侈，到晚期流行浅腹敞口圈足碗。虎子体形由长逐渐变短。从第三期开始，新出现瓷执壶。

（十一）新疆地区

唐王朝的势力进入新疆地区是在唐代初年，贞观十三年（639年）唐太宗任命侯君集为交河道行军大总管，率军讨伐高昌。贞观十四年（640年）灭高昌后，建立西域都护府。后来吐蕃进入新疆，“安史之乱”以后，唐王朝对新疆一带的控制减弱。1959年以来，先后在阿斯塔那、哈拉和卓进行了多次发掘，清理了西晋、麴氏高昌和唐墓500多座，其主要研究成果以发掘简报和专题研究的形式发表。新疆地区发现的唐墓，主要集中在高宗武则天和玄宗时期，也即西州时期。

墓葬以土洞墓为主，墓道为长斜坡和阶梯式，墓室平面出现弧形，并向圆形演变，同时出现前后室墓、带甬道的墓及刀形墓。有的在墓道上开凿天井，有的在甬道两侧开凿壁龛。墓室顶部有圆弧形顶、纵券顶、横券顶、平顶和盝顶。较大型墓葬地面有不太显著的封土，主要用黄土和卵石稍加夯实而成。如哈拉和卓103号唐墓（图2-2-2-120）②。武则天长安以后的墓葬中，发现一批表现贵族生活的绢画，画面多用条幅式屏风，时间较早的以人物为主题，时间较晚的则偏重于描绘花鸟。如在阿斯塔那张氏家族墓地中的武则天长安三年（703年）230号唐墓出土的绢本乐舞图（图2-2-2-121）、唐玄宗开元三年（715年）

---

① 厦门文化遗产保护中心编著，靳维柏、郑东主编：《唐陈元通夫妇墓》，文物出版社，2016年，第40—44页。

② 新疆文物考古研究所编著：《吐鲁番阿斯塔那—哈拉和卓墓地：哈拉和卓卷》，文物出版社，2018年，第211页。

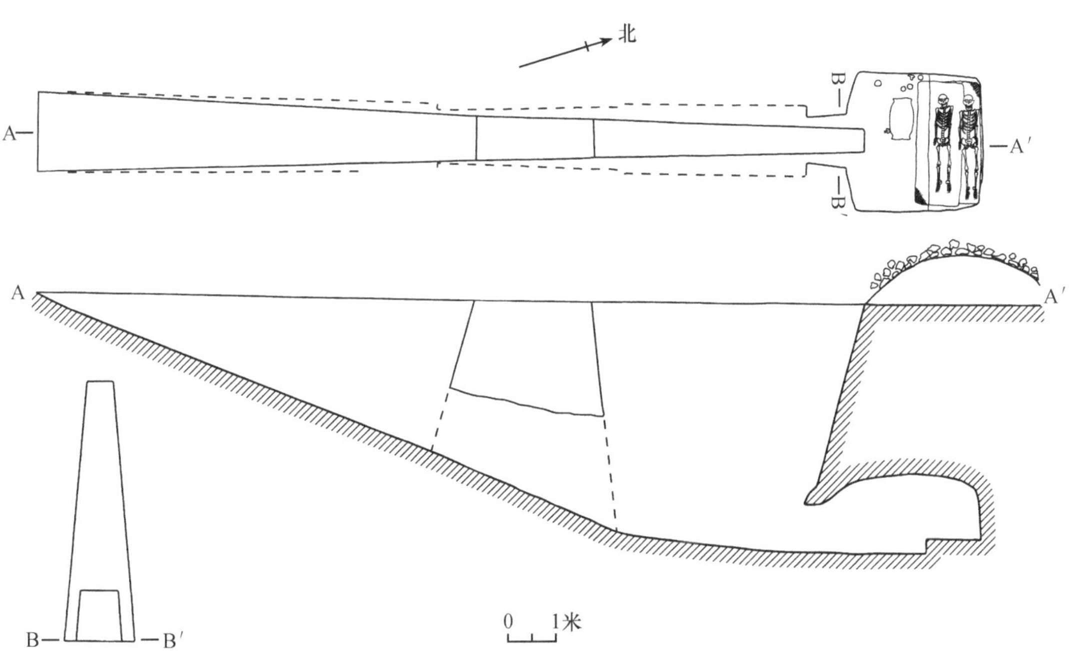

图2-2-2-120　新疆吐鲁番哈拉和卓103号唐墓平、剖面图

图2-2-2-121　新疆吐鲁番阿斯塔那230号唐墓出土绢本乐舞图

188号唐墓出土的八扇绢本牧马图（图2-2-2-122）、唐玄宗天宝三载（744年）187号唐墓出土的绢本贵妇对弈棋图及贵妇、侍女、双童图（图2-2-2-123）等①，哈拉和卓50号唐墓出土的纸本花鸟画（图2-2-2-124）②等。墓葬壁画也多为六扇屏风式，如阿斯塔那216号唐墓墓室后壁绘制的鉴诫图（图2-2-2-125，1）、阿斯塔那38号唐墓后室后壁绘制的树下人物图（图2-2-2-125，2）、阿斯塔那217号唐墓墓室后壁绘制的花鸟图（图2-2-2-125，3）等③。不论是绢画、纸画还是壁画，其风格、技法与同时期中原地区唐墓壁画相同。

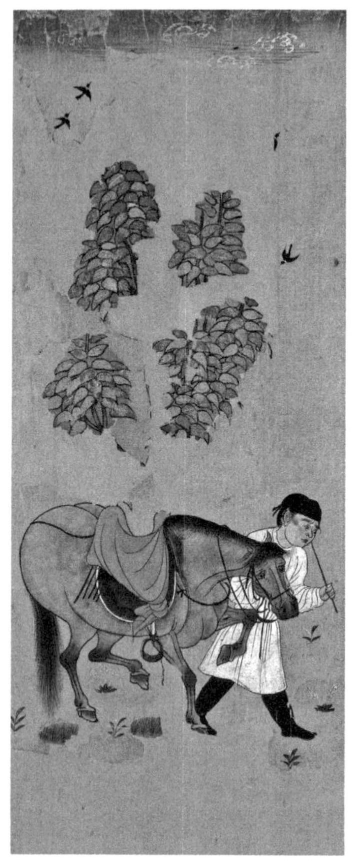

图2-2-2-122　新疆阿斯塔那188号唐墓出土八扇绢本牧马图（局部）

① 〔日〕東京国立博物館、NHK、NHKプロモーション編集：《日中国交正常化30周年記念特別展：シルクロード・絹と黄金の道》，NHK、NHKプロモーション，2002年，第62—67頁，図版44—49；〔日〕NHK、NHKプロモーション、産经新聞社編集：《新シルクロード展：幻の都 楼蘭から 永远の都 西安へ》，2005年，第118頁，図版66；新疆维吾尔自治区博物馆编：《中国博物馆丛书・第9卷・新疆维吾尔自治区博物馆》，文物出版社、株式会社讲谈社，1991年，图版155、图版156，说明文字参见第225页。

② 〔日〕東京国立博物館、NHK、NHKプロモーション編集：《日中国交正常化30周年記念特別展：シルクロード・絹と黄金の道》，NHK、NHKプロモーション，2002年，第70頁，図版52。

③ 《中国墓室壁画全集》编辑委员会编：《中国墓室壁画全集・2・隋唐五代》，河北教育出版社，2011年，第151页，图版一六六—图版一六八，说明文字参见第67—69页。

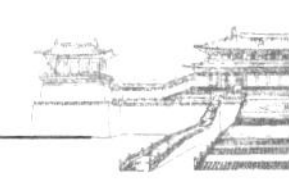

图2-2-2-123　新疆吐鲁番阿斯塔那187号唐墓出土绢本贵妇对弈棋图及贵妇、侍女、双童图

图2-2-2-124　新疆吐鲁番哈拉和卓50号唐墓出土纸本花鸟画

1

2

3

图2-2-2-125　新疆吐鲁番阿斯塔那唐墓壁画
1. 216号唐墓墓室后壁绘制的鉴诫图
2. 38号唐墓后室后壁绘制的树下人物图
3. 217号唐墓墓室后壁绘制的花鸟图

随葬品中此前流行的黑衣陶器减少，流行素面灰陶，且火候降低甚至不加焙烧，主要有罐、盘、杯、灯、盂、碗等。各种彩绘泥塑陶俑如天王（图2-2-2-126，1）、镇墓兽（图2-2-2-126，2、3）[①]、武士、文吏、女侍、百戏等明显增加，大都是草芯、泥胎，外施彩绘。随葬品中有伏羲女娲绢画（图2-2-2-127）[②]。墓志普遍采用砖志，还出现一些形制较大、文字较长的石墓志，如左憧憙墓志[③]，为方形，长35、宽34、厚4厘米，志文为楷书，阴刻方形界格，每格一字。志文为楷书，阴刻方形界格，每格一字。志文内容为："维大唐咸亨四年岁次□（戌）五月丁未朔廿二日，西州高昌县人左公墓志并序。君讳憧憙，鸿源发于戎卫，令誉显于鲁朝。德行清高，为人析表。财丰齐景，无以骄奢。意气凌云，声传异域。屈身卑己，立形修名。纯忠敦孝，礼数越常。以咸亨四年五月廿二日卒于私第，春秋五十有七。葬于城西原，礼（也）。呜呼哀哉！启斯墓殡。"从墓志形制、行文方式等来看，与西安地区发现的唐代墓志无大的差异。以大量的麻、毛、丝织品随葬是这一地区唐墓的一个特点，其中的绢、锦纹饰有联珠天马骑士纹、联珠鹿纹（图2-2-2-128，1）、联珠鸾鸟纹（图2-2-2-128，2）、联珠猪头纹（图2-2-2-128，3）[④]、小联珠对鸭纹、红地团花纹、彩条纹、龟甲"王"字纹、对鸟对兽纹、棋纹、狩猎纹等，它们的产地主要为中原、

---

① 新疆维吾尔自治区博物馆编：《中国博物馆丛书·第9卷·新疆维吾尔自治区博物馆》，文物出版社、株式会社讲谈社，1991年，图版118、图版125、图版126，说明文字参见第211、213、214页。

② 新疆维吾尔自治区博物馆编：《中国博物馆丛书·第9卷·新疆维吾尔自治区博物馆》，文物出版社、株式会社讲谈社，1991年，图版145，说明文字参见第222页；〔日〕東京国立博物館、NHK、NHKプロモーション編集：《日中国交正常化30周年記念特別展：シルクロード·絹と黄金の道》，NHK、NHKプロモーション，2002年，第58、59頁，図版41、図版42。

③ 张荫才：《吐鲁番阿斯塔那左憧憙墓出土的几件唐代文书》，《文物》1973年第10期。

④ 新疆维吾尔自治区博物馆编：《中国博物馆丛书·第9卷·新疆维吾尔自治区博物馆》，文物出版社、株式会社讲谈社，1991年，图版55—图版57，说明文字参见第183、184页。

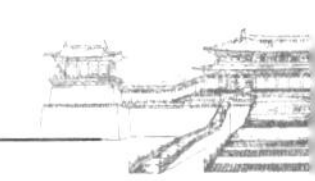

1

2

3

图2-2-2-126 新疆吐鲁番阿斯塔那唐墓出土泥塑彩绘镇墓俑

1. 206号墓出土 2. 224号墓出土 3. 216号墓出土

1

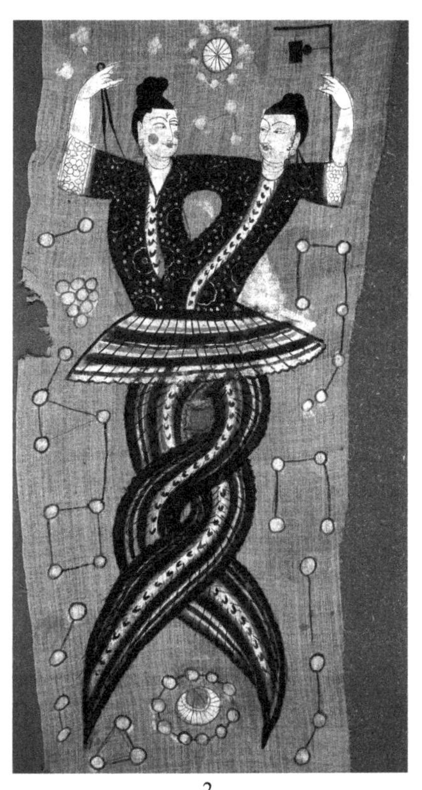

2

图2-2-2-127 新疆吐鲁番阿斯塔那唐墓出土伏羲女娲绢画

1. 40号墓出土 2. 76号墓出土

1

2

3

图2-2-2-128　新疆吐鲁番阿斯塔那唐墓出土织锦
1. 联珠鹿纹锦（332号墓出土） 2. 联珠鸾鸟纹锦（332号墓出土） 3. 联珠猪头纹锦（325号墓出土）

图2-2-2-129　新疆吐鲁番阿斯塔那206号或501号唐墓出土木质亭子模型

西域和中亚。出土的麻布不少有墨书题款，写有缴纳麻布的年月、州县、纳布人姓名等，对了解唐代的租庸调制是非常珍贵的资料。木质明器较多，有木构建筑明器（殿堂、亭子、假山、房屋）（图2-2-2-129）①、盘、罐、碗、梳、鸡、鸭、猪、围棋盘（图2-2-2-130，1）、双陆棋盘（图2-2-2-130，2）、琴及琴几（图2-2-2-130,3）、箭囊（图2-2-2-130,4）②等，个别木罐、盘上涂黑地、绘红花。钱币有“开元通宝”、波斯银币和拜占庭金币。绢质的假花也有出土，这在其他地区的唐墓极罕见。还有不少面点，如饺子、糕点和馕饼等（图2-2-2-131）③。

就葬俗而言，采用聚族而葬的方式，在茔区内用砾石筑出界限。家族墓地一般由一二座

---

① 〔日〕財団法人古代オリエント博物館、（株）旭通信社企画開発局編集：《中国新疆出土文物〈中国・西域シルクロード展〉》，株式会社旭通信社，1986年，図版95。

② 〔日〕東京国立博物館、NHK、NHKプロモーション編集：《日中国交正常化30周年記念特別展：シルクロード・絹と黄金の道》，NHK、NHKプロモーション，2002年，第99、100頁，図版85—87、89；〔日〕財団法人古代オリエント博物館、（株）旭通信社企画開発局編集：《中国新疆出土文物〈中国・西域シルクロード展〉》，株式会社旭通信社，1986年，図版95。

③ 中国历史博物馆編集：《中国历史博物馆——华夏文明史图鉴》（第二卷），朝华出版社，2002年，第73页，图版67。

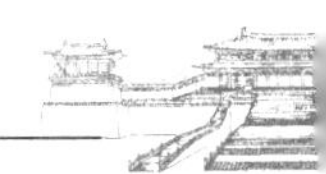

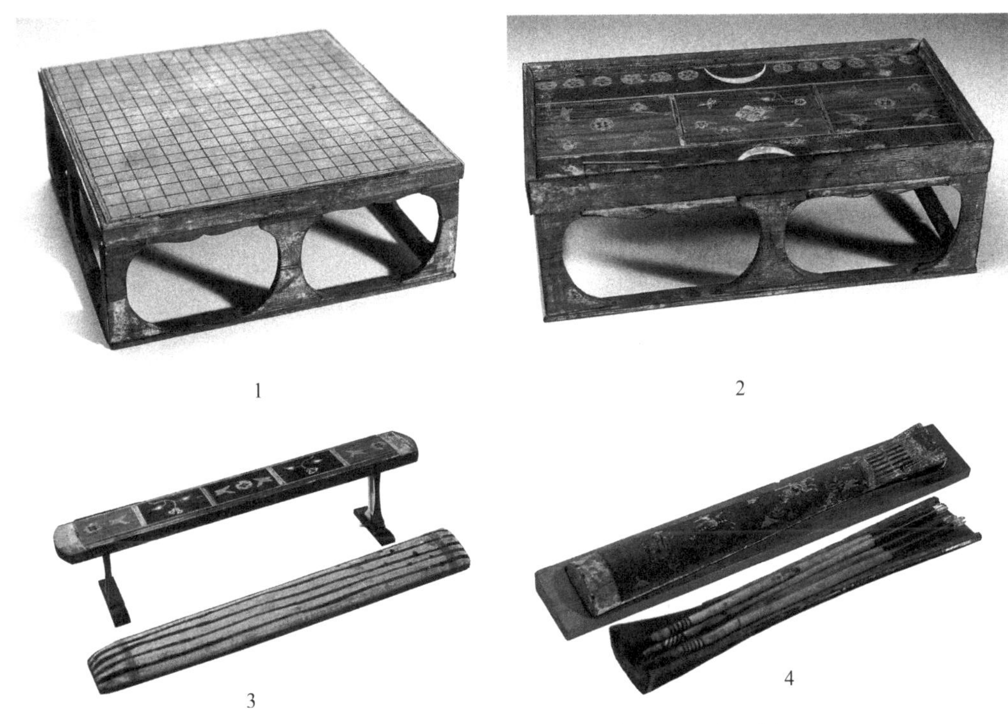

图2-2-2-130　新疆吐鲁番阿斯塔那唐墓出土木明器
1. 围棋盘（206号墓出土） 2. 双陆棋盘（206号墓出土）
3. 琴及琴几（206号墓出土） 4. 箭囊（188号墓出土）

或三五座墓组成，四周绕有较浅的兆沟，平面呈方形，边长约30米左右，一边留有神道入口。以合葬为主，尸体的安置主要采用筑台陈尸的方式，死者口中多含钱币。尸体穿纸鞋、戴纸帽，头部还普遍盖着织物覆面。还有招魂合葬的习俗，一般用草人代替死者。如在64TAM24主室内葬有一具女尸，其身边有一外缝麻布的草人，大小与成人躯体相当，应是夫亡尸体无存而采取的招魂合葬的习俗①。也有火葬者，如在64TAM34刀形墓中发现骨灰②。

图2-2-2-131　新疆吐鲁番阿斯塔那唐墓出土的饺子、点心

① 新疆维吾尔自治区博物馆:《吐鲁番县阿斯塔那—哈拉和卓古墓群发掘简报（1963—1965）》,《文物》1973年第10期。

② 新疆维吾尔自治区博物馆:《吐鲁番县阿斯塔那—哈拉和卓古墓群发掘简报（1963—1965）》,《文物》1973年第10期。

六、唐墓所反映的当时社会

利用资料丰富的唐墓资料研究当时的社会，是隋唐考古研究的一项重要内容。同一时期各类墓葬在规模、结构、随葬品等方面的显著差别，表现了墓主人地位和贫富的悬殊。各类墓葬早晚之间发生的变化，则大体可以反映唐王朝从兴盛走向衰落的大致过程。下面列举几个研究方面的例子。

1. 唐墓所反映的丧葬观和社会等级制度

属于统治阶层的王公贵族墓葬，在形制和布局上是模仿其生前住宅建造起来的，这也与中国古代“事死如生”的丧葬观念相一致。这在西安地区唐墓中得到了充分反映。如壁画墓常采用多天井、多过洞、多小龛的形制，并在墓道绘阙楼，过洞上方绘重楼建筑，在过洞、甬道两侧和墓室内壁绘出立柱、阑额、斗栱构成廊式建筑，这种形式应当是统治阶级生前豪华宅居的象征。同时，即使在统治阶级内部，由于官阶品位的高下有别，墓葬结构及所用葬具也有所不同。这种不同并非偶然，它不仅与埋葬制度有关，也是统治阶层内部森严的等级制度的生动体现。

2. 列戟制度

隋唐时期门庭列棨戟，是指有缯衣的木戟，因其上刷赤油，亦谓之油戟。棨戟由殳[①]演变而来，是古代官吏的仪仗，出行时作为前导，后亦列于门庭。如《古今注》卷上记载：“棨戟，殳之遗象也。《诗》所谓‘伯也执殳，为王前驱’。殳，前驱之器也，以木为之，后世滋伪，无复典刑。以赤油韬之，亦谓之油戟，亦谓之棨戟。公王以下通用之以前驱。”[②]《中华古今注》卷上记载：“戟以木为之。后世刻为，无复典刑，赤油韬之，亦谓之油戟，亦谓之棨戟，公王以下通用，以为前驱。唐五品（应为三品之误——笔者注）已上，皆施棨戟于门。”[③]唐墓壁画中的戟上画有丝织幡状物，戟柄部上端为红色，下部为黑色或暗红色，说明其上刷有油漆。关于唐代的列戟，文献多有记载。据《唐六典》卷十六“武器署”记载：“三品已上官合列棨戟者，并给焉。”[④]列戟制度是唐代社会等级制度的一项重要内容。《唐六典》卷四记载：“凡太庙、太社及诸宫殿门，东宫及一品已下、诸州门，施戟有差：凡太庙、太社及诸宫殿门，各二十四戟；东宫诸门，施十八戟；正一品门，十六戟；开府仪同三司、嗣王、郡王、若上柱国・柱国带职事二品已上及京兆・河南・太原府、大都督、大都护门，十四戟；上柱国・柱国带职事三品已上、中都督府、上州、上都护门，十二戟；国公及上护军・护军带职事三品，若下都督、中・下州门，各一十戟。”[⑤]已经发

① 古代以竹木制作而成的武器，长一丈二尺，顶端不以金属为刃，八棱而尖。

②（晋）崔豹撰，王根林校点：《古今注》，《汉魏六朝笔记小说大观》，上海古籍出版社，1999年，第232页。

③（五代）马缟撰，吴企明点校：《中华古今注》，中华书局，2002年，第86页。

④（唐）李林甫等撰，陈仲夫点校：《唐六典》，中华书局，1992年，第464页。

⑤（唐）李林甫等撰，陈仲夫点校：《唐六典》，中华书局，1992年，第116页。

现的唐墓壁画上所见列戟，虽然有的与墓主人的品级和地位不完全吻合，但却是现实社会列戟制度的影子，并对当时的列戟制度研究有一定的参考价值（表五）。

表五 唐墓壁画中所见的列戟统计一览表

墓名	身份	列戟架数（架）	列戟数量（竿）
李寿墓	开府仪同三司上柱国淮安郡王	2	14
永泰公主墓	公主	2	12
章怀太子墓	雍王、太子	2	14
懿德太子墓	太子	4（合为2幅）	49（多出1戟，应属误绘）
万泉县主墓	县主	2	10
惠庄太子墓	太子	2	18
新城长公主墓	长公主	2	12
嗣虢王李邕	嗣虢王	2	14
韦贵妃墓	贵妃	2	12
阿史那忠墓	右骁大将军（正三品）薛国公	2	12
苏君墓		2	10

3. 墓志中反映的唐代社会

墓志是广大北方地区唐墓的重要随葬品，志文中保存了不少涉及当时政治、经济、文化艺术及社会生活的历史资料。这些历史资料，往往可以纠正文献记载的某些错误或弥补历史文献的不足。以唐代长安地区出土墓志为基本材料开展的专题研究，是隋唐考古非常重要的一项研究内容。

其重点之一，是依据墓志所记死者籍贯考察唐代长安及其郊区的乡里制度。通过研究，逐步明确了长安城内部分里（坊）的位置、名称等，从而对唐代各个时期达官显贵的居住区域和长安城的繁荣情况，有了进一步的认识。同时还大致确定了长安郊区分属万年县、长安县的部分乡里的方位和范围。这些都为复原唐长安城提供了重要证据。

重点之二，是探讨有关唐代社会生活方面的一些问题：①在唐代贵族和官吏墓志中，上自皇室贵族，下至少数民族出身的官吏，几乎无例外地竞相夸耀门第，甚至有不惜冒充他人之姓或宁愿为他人之后者。有人认为这种风气的盛行，既受魏晋以来门阀制度的影响，也反映了唐代地主阶级在政治上的强烈要求和愿望。这充分说明唐朝统治阶级仍然重视族望，以便在政治上、社会上为自己捞取特权。②从一些显然属于宗教信徒的墓志看来，唐人对宗教的信仰是至为虔诚的。墓志所见的宗教信徒，既有贵族、官吏、宦者，也有外族、妇女和孩子，其中以信仰佛教者最多，其他宗教也有一定势力。男女佛教信徒多有一个佛名，表示为佛弟子。他们信仰佛教的动机多种多样，或因年老，感到“寂灭之无恒”“希超苦海”，或为求嗣，或为消灾免罪。一些外国人，寓居长安、洛阳等地，仍然信奉他们原来的宗教（如景教、袄教等），也有到中国后改信奉其他宗教的。③从墓志中还发现了择偶不讲行辈，盛行早婚、冥婚、纳妾，以及宦官多娶官吏之女为妻等有关唐代婚姻关系的实例。

重点之三，一些粟特人及质子墓志的发现，对于探讨其入华与华化，唐王朝与周边少数民族之间的关系、边疆治理等方面的研究有重要价值。

参考书目

［1］ 宿白：《西安地区唐墓壁画的布局和内容》，《考古学报》1982年第2期。

［2］ 新疆社会科学院考古研究所编：《新疆考古三十年》，新疆人民出版社，1983年。

［3］ 段鹏琦：《唐代墓葬的发掘与研究》，《新中国的考古发现和研究》，文物出版社，1984年。

［4］ 段鹏琦：《隋唐考古》，《中国大百科全书·考古学卷》，中国大百科全书出版社，1986年。

［5］ 孙秉根：《西安隋唐墓葬的形制》，《中国考古学研究——夏鼐先生考古五十年纪念论文集》（二），科学出版社，1986年。

［6］ 徐殿魁：《洛阳地区隋唐墓的分期》，《考古学报》1989年第3期。

［7］ 齐东方：《试论西安地区唐墓的等级制度》，《纪念北京大学考古专业三十周年论文集（1952—1982）》，文物出版社，1990年。

［8］ 权奎山：《中国南方地区隋唐墓葬的分区分期》，《考古学报》1992年第2期。

［9］ 宿白：《西安地区的唐墓形制》，《文物》1995年第11期。

［10］ 文物出版社编：《新中国考古五十年》，文物出版社，1999年。

［11］ 邹厚本主编：《江苏考古五十年》，南京出版社，2000年。

第三节　五代十国墓葬

一、五代墓葬

五代墓葬近年来多有发现，但与唐墓相比较，发现数量少，研究也比较薄弱。有明确纪年的五代墓葬，仅在河南的伊川和洛阳、河北、陕西等地有所发现。目前所知的五代墓葬，根据其形制可以分为带墓道的单室墓和前后室墓、竖穴土坑墓。随葬品的种类与晚唐时期墓葬变化不大，只是俑类少见。

1. 单室墓

墓室呈方形、长方形或圆形，有土洞墓，也有砖室墓。有的墓室之内有简单的仿木建筑结构。这类墓葬的数量在五代时期墓葬中所占比例较大。

河南洛阳发现的后梁高继蟾墓①，为土洞墓，由墓道、甬道、墓室组成。墓道为竖井式，长2.58、宽0.62—1.2、深7.2米。甬道为过洞式，宽1.2、进深1.9、高1.66米。墓室平面为长方形，拱形顶，长36、宽2米。墓内随葬器物93件，包括陶、瓷、铜、铁、银、

① 洛阳市文物工作队：《洛阳后梁高继蟾墓发掘简报》，《文物》1995年第8期。

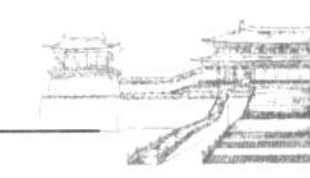

铅、石等质地的器物。其中五曲葵口青瓷碗和宽折沿平底青瓷盆，形制规整，为越窑产品。根据墓志，墓主人高继蟾葬于开平三年（909年）。

1956年，洛阳北郊邙山清理1座后晋墓，为土洞墓，长2.45、宽1.3米。墓内随葬白瓷碗、陶罐和陶砚各1件。其中砚的底部和右边刻有“天福二年（937）八月营造证之”等字样，其年代当不早于天福二年①。

1992年，河南洛阳铁路分局发现1座后周墓，为单室土洞墓，墓室平面呈梯形，东西横列，长4.7、宽2.8—3.4米。墓室顶部拱形，高3.4米。墓室四壁底部有高0.5、深0.1米的小龛13个。其中南壁两侧各2个，北壁5个，东、西两壁各2个。出土器物分别置于墓室中部、东南、西南角，有陶罐、瓷执壶、瓷托子、瓷盘、瓷碗、瓷尊、石盒、铁券和铜镜各1件，另有铜钱550枚②。

河南伊川发现的开运三年（946年）后晋墓③，为砖室墓，墓室平面呈圆形，有十二根砖柱，柱头上砌有简单的仿木建筑斗栱和屋檐等。两砖柱间，每隔一壁的壁面上砌筑直棂窗，两窗之间砌筑方龛或桌椅等，随葬品比较简单，出土有墓志。

2. 前后室墓

发现数量较少。有些大型墓石筑而成，室内绘有壁画，壁画风格与晚唐时期墓葬相似。

河北曲阳发现的五代王处直墓④，以青石砌筑而成，由墓道、墓门、甬道、前室、东西耳室、后室组成。自墓门到后室全长12.5米。墓门呈圆拱形，宽1.9、高2.95米。墓门顶部平砌二层条石与东侧护墙平齐。墓门用条石错缝平砌封堵，正面涂抹石灰，上部绘壁画。甬道呈正方形，南、北两端各有台阶连接墓门和前室。前室呈方形，长、宽均4.8米，高4.25米，墓壁至2.4米处开始收为拱顶，顶中央留一方孔，内填3块楔形石，上横置铁链，下连铁钩，铁钩下面吊一面铜镜，已毁。前室四壁共有14个长方形龛，其中墓门两侧下方各有一个，高0.97、宽0.37、进深0.2米，龛内原嵌有石刻浮雕。四壁上方有壁龛12个，每壁3个，高0.53、宽0.35、进深0.25米。北壁中龛为鼠，按顺时针方向放置12个汉白玉浮雕，头戴进贤冠，身穿交领阔袖袍服，或手持旌、梃、笏板，或手托十二生肖，或在身后浮雕十二生肖，表面施彩绘。前室四壁满绘壁画，内容有鹤、花卉等，顶部绘天象图。地面铺长方形条石，墓志置于前室中央。东西耳室位于前室靠前部，平面呈长方形，叠涩顶，有门和前室相通。后室东西壁南部下方镶嵌有汉白玉浮雕两块，东壁浮雕为奉侍图（图2-2-3-1，1），西壁浮雕为散乐图（图2-2-3-1，2）。

---

① 高祥发：《洛阳清理后晋墓一座》，《文物参考资料》1957年第11期。

② 洛阳市文物工作队：《洛阳发现一座后周墓》，《文物》1995年第8期。

③ 侯鸿钧：《伊川县窑底乡发现后晋墓一座》，《文物》1958年第2期。

④ 河北省文物研究所、保定市文物管理处编著：《五代王处直墓》，文物出版社，1998年。

1

2

图2-2-3-1　河北五代王处直墓后室石雕

1. 东壁南部奉侍图　2. 西壁南部散乐图

3. 竖穴土坑墓

1985年，河南洛阳东郊史家湾村发现1座后唐时期的长方形竖穴土坑墓，砖棺位于墓坑中央，以长方形青砖垒成。墓内出土1件瓷罐和1件雕印纸质陀罗尼经咒。经咒长38、宽29.5厘米，雕版印刷而成。丝质为麻纸，质地柔软，薄而半透明，韧性较强。经咒内容分两部分，右侧绝大部分为经文及画像，左侧为汉文题记①。

二、十国墓葬

十国墓葬也有发现，主要属于吴、南唐、吴越、闽、南汉、楚、前蜀、后蜀等国，这些墓葬都因其所在国的政权偏于一隅，地方性因素较浓。

1. 吴墓

在海州发现的吴大和五年（933年）王氏墓，是一座平面呈梯形的券顶砖室墓，全长7.7、宽2.8—2.12、高2.16—1.73米。墓室内有壁龛12个，是南方地区常见的一类墓型。

① 洛阳市文物工作队：《洛阳出土后唐雕印经咒》，《文物》1992年第3期。

出土物除木俑、金银饰品之外，还出土一批实用白瓷器[①]。规模较大的吴墓发现于江苏邗江蔡州，墓道为竖穴土坑，底部有一定的斜度。墓室为砖、石、木混筑而成，有前后两室和四个侧室，墓室全长14.2、宽10.68米。此墓早年被盗掘，随葬品残存男女木俑和各种神怪木俑40余件，以及底部镶银扣的葵边白瓷碗和白瓷盂，还有四弦四柱木琵琶等。推测墓主人是葬于吴乾贞三年（929年）的寻阳长公主[②]。

2. 南唐墓

南唐墓葬，主要有扬州平山堂升元二年（938年）墓、宝应泾河南唐墓、合肥保大四年（946年）汤氏墓、保大十一年（953年）姜氏墓、扬州邗江保大四年（946年）王氏墓和南通徐氏墓、江西九江保大十一年（953年）周一娘墓等。这些南唐墓多为长方形竖穴土圹拱券形单室砖室墓，个别的墓葬顶部为平顶，也有一部分前后室拱券形砖室墓，并且大都出土白瓷和木俑，有的木棺前附饰或前室随葬的木屋模型保存很好，特别是木屋（图2-2-3-2）[③]和木俑、买地券的出土，反映了一定的地域性因素。如合肥保大四年汤氏墓，为前后室砖室墓，顶部为拱券形，平面呈不规则梯形，全长4.35米，前室长1.19、宽1.2米，后室长2.9、宽0.44米。未被盗掘，遗物保存较好。前室安置木屋，两侧放有陶瓶2件、木俑5件，中间放有木胎漆碗1件。后室棺前有木俑2件、墨书木板买地券一方，棺盖上放置2件木俑，两侧各放置5件木俑，棺后放置2件釉陶罐，棺内为实用器物，有金银饰、漆盘、木梳、铁剪、铜镜以及天福元宝、鎏金开元通宝等[④]。江西九江县黄老乡大塘发现的南唐周一娘墓，为长方形竖穴单室砖室墓，顶部以石覆盖，平顶。墓室左、右、后三壁砌筑壁龛。随葬品22件，以青釉瓷器为主，有钵、碗、盘、壶和盏等，还有蜂蝶纹铜镜以及青石“地券文契”[⑤]。

图2-2-3-2 江苏宝应南唐墓出土木棺前附饰木屋

3. 楚国墓

五代十国时期的楚国是武安节度使马殷所建，907年他被后梁封为楚王，建都长沙。经马殷、马希广、马希萼和马希崇，共历45年，951年为南唐所灭。楚国墓葬在长沙地区

---

① 江苏省文物管理委员会：《五代——吴大和五年墓清理记》，《文物》1957年第3期。

② 扬州博物馆：《江苏邗江蔡庄五代墓清理简报》，《文物》1980年第2期。

③ 南京博物院、南京市文物保管委员会、江苏省文物管理委员会等合编：《江苏省出土文物选集》，文物出版社，1963年，图175。

④ 石谷风、马人权：《合肥西郊南唐墓清理简报》，《文物参考资料》1958年第3期。

⑤ 刘晓祥：《九江县五代南唐周一娘墓》，《江西文物》1991年第3期。

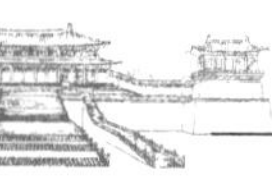

多有发现，目前已经发现的楚国墓葬达300座以上，都是竖穴土坑墓[①]。如1964年在湖南长沙发现41座[②]，都是平面呈长方形或略呈梯形的竖穴土坑墓，有的在墓室一端带台阶，有的在墓室一端开挖小壁龛。随葬品多为陶器，也有白瓷和铜镜、铁剪之类。陶器中以盘口瓶和多角罐最有特色，白瓷器中的葵花式盘、碗，与吴越、南唐墓中所出土的相同。

4. 后蜀墓

后蜀墓多为砖筑，以带长斜坡或长斜坡阶梯式墓道的多室墓较多，墓室之内有仿木建筑结构并绘制壁画，有的墓葬使用石棺、石棺床，其上有各种雕刻纹饰。墓葬地面有封土，从发现的情况来看，有覆斗形者。随葬品有各类陶俑和模型明器。

彭山广政十八年（955年）宋琳墓，前后室，后室两侧有侧室，石棺上雕刻四神，石棺座上雕刻伎乐和力士，随葬品有男女陶俑和神怪陶俑[③]。

成都张虔钊墓[④]和高晖墓[⑤]，都出土有石棺床和石棺，石棺上的雕刻都很精美。以张虔钊墓为例。该墓为拱券形砖室墓，长约27、宽5、高约4米。墓室呈长方形，墓前有一斜坡形阶梯式墓道，墓室分前、中、后三室。门外左右有一道八字墙，该墙尽头有一堵厚达1.7米的封门砖墙。前室呈长方形，长5.2、宽3.9米，左右各有一耳室，均长0.96、宽0.84、高2.1米。中室长约10.6、宽5米，左右两侧各有3个耳室及2个极浅的壁龛。前部的4个耳室较大，长约1.4、宽1.3、高2.6米。后部的2个耳室较小，长0.9、宽约0.8、高约1.2米。后室略呈正方形，长2.9、宽2.8米，左右两侧各有一极浅的拱形壁龛。墓室之内以红色砂石铺砌地面，前后两室地面均低于中室，内壁粉刷石灰，上涂赭色，原绘有壁画，已毁。棺床设在中室，用红色砂岩建成。呈须弥座式，长约6.9、宽3.6、高8.2米。床身四周有16个方柱，每边各4个，均刻力士像。力士均卷发、高鼻、锁眉、大嘴、鼓眼、赤足。有的右手叉腰，左手托棺，或左手叉腰，右手托棺。柱子之间镶嵌壶门，南北两侧各3面，东西两侧各5面，其内分别雕刻狮子、羊、马、鹿、獬豸、麒麟、貘等。出土有买地券、墓志、石缸、陶器等。据墓志，张虔钊死后被追赠太子太师。

孙汉韶墓地表有封土，略呈覆斗形，高约7米，夯筑而成，夯层平均厚15—20厘米。封土周围以砖砌筑加固墙，现仅残存一部分。墓室以砖砌筑，残长18.8米，分为前、中、后三室。前室前部被破坏，结构不清楚，券顶也已坍塌。平面呈梯形，两壁微外侈。残长5.1、残宽3.65、高4.6米。两壁各有一长方形小龛，长65—80、宽50、高约70厘米。中室长约10、宽3.8—4.3米，券顶已经坍塌，残高约4.8米。左右两壁各有2个对称的方形券顶耳室。中室内壁涂抹石灰，并绘有壁画，但仅存残迹。中室中部设置棺床，其构筑方法是先以黄土堆积成长方形土台，然后以红砂岩石板铺盖。棺床为须弥座形，长6.45、宽3.5、

---

① 湖南省文物考古研究所编著：《湖南古墓与古窑址》，岳麓书社，2004年。

② 湖南省博物馆：《湖南长沙市郊五代墓清理简报》，《考古》1966年第3期。

③ 四川省博物馆文物工作队：《四川彭山后蜀宋琳墓清理简报》，《考古通讯》1958年第8期。

④ 成都市文物管理处：《成都市东郊后蜀张虔钊墓》，《文物》1982年第3期。

⑤ 徐鹏章、陈久恒、何德滋：《成都北郊站东乡高晖墓清理简报》，《考古通讯》1955年第6期。

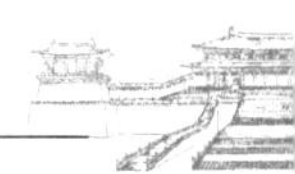

高约0.52米。棺床四周镶嵌石雕，方涩厚6厘米，阴刻牡丹花纹。雕刻仰莲。床脚方、罨涩也雕刻花纹。上下方涩之间嵌以石刻壸门。棺床四周边角有石柱，柱上雕抬棺力士像，每方石刻壸门之间均隔以抬棺力士石柱，围绕棺床四周。石柱高30、宽20厘米，正面雕刻力士像，两侧均凿含口，以嵌壸门石刻。力士或卷发披肩，或戴幞头，锁眉鼓眼，悬鼻大嘴，袒胸赤足，单腿跪地或盘坐，双手叉腰，以肩扛棺。壸门内雕刻的动物有狮、鹿、羊、象、虎等。棺床四周的浮雕石刻构图优美，人物形象刚劲有力，动物神态栩栩如生。后室略呈方形，长3.7、宽3米，左右两壁后部略向外敞，后壁受外力挤压，已经内凹成弧形，券顶高4.6米。墓室地面铺砖，呈前低后高的缓坡状。墓内出土墓志，知墓主人为“大蜀故守太傅乐安郡王赠太尉梁州牧赐谥忠简孙公（汉韶）”；陶俑包括武士俑、戴冠俑、侍俑、文俑、仆俑、匍匐俑以及鸡、狗等；陶建筑模型包括照壁、阁、过厅、亭、假山、素面墙、假山墙[①]。

5. 闽国墓

闽国墓在福建的泉州、永春各地均有发现，多随葬陶俑和神怪俑。福州莲花峰发现的刘华墓较为重要。刘华是南汉南平王的次女，闽国第三主王延钧的夫人，葬于后唐长兴元年（930年）。墓为前、后室，出土陶俑和神怪俑、石幢和陶瓷器等40余件[②]。永春发现的闽国墓，为长方形砖室券顶墓，长3.9、宽1.39、高1.4米。后壁有一“凸”字形龛，以置灯盏。出土器物有俑、唾盂、灯盏等陶瓷器、开元通宝等[③]。

---

① 成都市博物馆考古队：《五代后蜀孙汉韶墓》，《文物》1991年第5期。

② 福建省博物馆：《五代闽国刘华墓发掘报告》，《文物》1975年第1期。

③ 晋江地区文管会、永春县文化馆：《福建永春发现五代墓葬》，《文物》1980年第8期。

第三编

手工业遗址和重要遗物

第一章　瓷窑遗址和瓷器

第一节　瓷窑与瓷器概况

瓷器，是指以瓷土或瓷石为原料，经过配料、成型、干燥、焙烧等工艺流程制成的器物。烧成温度在1200℃以上。化学成分主要是氧化硅和氧化铝，并含有10%以内的氧化铁、氧化钛、氧化钙、氧化镁、氧化钾、氧化钠、氧化锰等。瓷胎烧结以后，质地致密，不吸水或吸水率极低，胎呈白色，较薄者又具有高度的透明度和一定的机械强度，击之有清脆的铿锵声。瓷釉透明，呈玻璃质层，不吸水。我国在3000年前的商代就烧制出了原始瓷器，东汉时期烧制出了真正的瓷器。经过魏晋南北朝时期，烧制瓷器的技术有了极大发展。隋唐时期的瓷窑遗址分布于河北、河南、陕西、山西、江苏、浙江、江西、湖南、安徽、广东、福建、四川等地，经过调查或发掘的窑址有数十处。隋代窑址已发现数处，说明当时北方的制瓷业有了较大发展。至唐代，制瓷业发展很快，成为一个独立的手工业部门，器物造型和装饰形成了自己独特的风格，生产规模和烧造地域都不断扩大。到了隋唐时期，瓷器基本形成了“南青北白”的局面。所谓“南青”是指以越窑为代表的南方青瓷系统，“北白”是指以邢窑为代表的北方白瓷系统。

所谓白瓷，是指胎和釉均为白色的瓷器。白瓷要求胎、釉含杂质比青瓷更少，其中铁的氧化物只占百分之一，或不含铁。按照现代科技的测定，如果釉料中的铁元素含量小于0.75%，烧出来的就会是白釉。古代白瓷的制作，并不是在釉料中加进白色呈色剂，而是选择含铁量较少的瓷土和釉料加工精制，使含铁量降低到最少的程度。这样在洁白的瓷胎上施以纯净的透明釉，以氧化火焰烧成，胎体白，釉层纯净而透明。中国白瓷大约在北朝时期出现，但质地较粗，烧结不成熟，有的釉色泛黄或泛灰。经过隋唐五代时期，白瓷技术日臻成熟，宋元明时期白瓷烧制工艺达到高峰。

此外，黄釉、黑釉等多种釉色的瓷器以及花釉瓷器的烧造也都达到了相当高的水平。生产青瓷最为有名的越州窑，在唐代有了更大的发展，瓷场迅速扩展，新窑大量涌现，窑址遍布浙江上虞、余姚、宁波一带。它的产品产量大、质量高，在唐五代以至北宋初期一直是青瓷生产的最大窑场。与越窑齐名的生产白瓷的是邢窑，邢窑遗址在河北省邢台市临城县。晚唐勃兴并取代邢窑成为白瓷主要产地的曲阳定窑在河北省保定市曲阳县。其余南北各地生产青、白瓷的窑址大都兼烧其他釉色的瓷器。如河南巩县（今巩义市）窑以白瓷为主兼烧黑釉瓷；密县西关窑、郏县黑虎洞窑、黄道窑烧白瓷又烧黄釉、黑釉瓷和花釉瓷；淮南寿州窑由烧青瓷改为烧黄釉瓷；陕西铜川窑兼烧青釉和黑釉瓷，而以烧黑釉瓷闻名于世。最早的釉下彩绘青瓷器是在江苏南京长岗村、大行宫三国吴至西晋的墓葬中出土

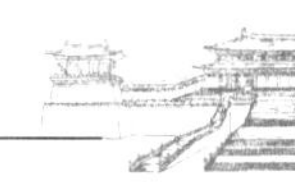

的釉下彩盘口壶[①]；邛窑在隋代开始烧制釉下彩瓷器[②]；长沙窑是以烧青瓷为主的窑，釉下彩瓷器是其特色，约在中唐以前开始烧制釉下彩瓷器[③]。釉下彩这一创新打破了青瓷色调单一的局面，丰富了瓷器的装饰艺术。

隋唐瓷窑北方仍用圆窑，越窑仍用龙窑。窑具在原已使用的锯齿形支托、三叉形支具和扁圆形垫饼的基础上，新出现了匣钵，至迟在晚唐时期的越窑和寿州窑中均已大量使用。使用匣钵为进一步提高产品质量、制造精细瓷器创造了条件。对隋唐时期瓷器的研究，着重在于探讨其造型、装饰、釉色等的特点及工艺水平。

参考书目

［1］ 中国硅酸盐学会主编：《中国陶瓷史》，文物出版社，1982年。

［2］《中国古陶瓷图典》编辑委员会编、冯先铭主编：《中国古陶瓷图典》，文物出版社，1998年。

第二节 隋代瓷窑

一、隋代瓷器的装饰工艺

隋代瓷器的装饰工艺一般采用刻花、划花、印花、贴花、戳印花、篦划纹等。

刻花，就是在尚未干透的器物坯体上用铁、竹等工具刻制花纹，然后施釉或直接入窑焙烧。刻花的刀法分“单入侧刀法”和“双入正刀法”，前者刀锋一侧深一侧浅，截面倾斜；后者刀锋两侧垂直。刻花线条有宽有窄，转折变化多样，兼有线和面的艺术效果。用刀直接在坯体上刻制，整体感强，装饰效果颇佳。

划花，就是在半干的坯体表面以竹、木、铁钎等工具浅刻出线状花纹，然后施釉直接入窑焙烧。用工具直接在坯体上划制，操作简单，整体感强。

印花，就是以带花纹的模印工具在未干的坯体上印出花纹，或者用有纹样的模子制坯，直接在坯体上留下花纹，然后入窑或施釉入窑烧制。印花规格统一，操作简单，节省工时，生产效率较高。

贴花，也称为“模印贴花”“塑贴花”“贴塑”。是将模印或捏塑的各种人物、动物、花卉、铺首等纹样的泥片用泥浆粘贴在已经成型的器物坯体表面，然后施釉入窑焙烧。贴花纹样一般生动逼真，具有较强的立体感和浮雕感。

---

① 易家胜：《南京出土的六朝早期青瓷釉下彩盘口壶》，《文物》1988年第6期；南京市博物馆：《六朝风采》，文物出版社，2004年，第45—48页，图版18、图版19。

② 陈显双、尚崇伟：《邛窑古陶瓷简论——考古发掘简报》，《邛窑古陶瓷研究》，中国科学技术大学出版社，2002年，第123—260页。

③ 长沙窑课题组编：《长沙窑》，紫禁城出版社，1996年，第230—232页。

二、隋代重要瓷窑

1. 安阳隋代瓷窑

安阳隋代瓷窑位于河南省安阳市北郊安阳桥附近，北临洹河，也称相州窑。窑址南北长350、东西宽约260米，面积达9万平方米。1974年发现并由河南省博物馆和安阳地区文化局进行了调查和试掘，出土了一批瓷器和窑具①。2006年8—12月，河南省文物研究所又进行了一次发掘，发掘面积383平方米，发现灰坑、灰沟、水井等遗迹，出土瓷器900余件②。发现的窑炉上大底小，略呈圆形，内径约1米，窑壁用耐火土建成，厚0.15米，残迹高1.1米。窑具均用耐火土制成，其中支烧具数量最多，形制复杂，有齿形、三岔形、筒形以及托环、支棒、垫环、垫饼、圈状支具等，说明其烧造技术已经相当先进。瓷器主要有碗、高足盘、高足杯、四系罐、钵形器、刻花壶形器、刻花瓶、器盖等，还发现有男侍俑、武士俑、文吏俑和骆驼等瓷塑，以及碓、房屋等各种明器，明器的装饰品也有发现。器胎较厚，胎体致密，胎质较为细腻，胎色灰白，烧结程度较高。器物表里施釉，器表施釉不到底，施釉一般薄而均匀，流釉现象不甚显著。釉色以青釉为主，白釉次之，其中的青釉呈青色透明玻璃质，光泽较强，常见的有青中带绿、青中带黄、青灰、青褐色等。因系叠烧，内底都留有支烧痕迹。同时，没有发现匣钵之类的窑具。因此，无论是青瓷还是白瓷，均为裸烧而成。有些瓷器上还有刻花、划花、印花、贴花装饰，纹饰题材以莲花瓣纹居多，也有忍冬纹、卷叶纹、草叶纹、水波纹等。

在河南省安阳市的北朝至隋代墓葬之中，出土了一些青瓷器，由于在造型、胎质、釉色以及装饰风格上与南方青瓷有较大的区别，因而被称为“北方青瓷”。安阳隋代相州青瓷窑的发现，证明了所谓“北方青瓷”至少有一部分是安阳窑的产品。该窑址发现的白瓷，有些器物形制还保留有北齐风格，为探讨早期白瓷的起源问题提供了珍贵资料。

2. 邢窑

隋代邢窑遗址位于河北省邢台市区以北、临城县双井村以南地段，包括邢台市区、内丘县、临城县、隆尧县等。主要分布于内丘县冯唐村、宋村以北，临城县祁村、双井村以南，内丘县西丘村以东，隆尧县双牌村以西的一条狭长地带。总面积约300平方千米。其中以内丘县西关一带瓷窑最为集中，烧制的瓷器质量最佳。

从对邢台隋代邢窑的发掘结果来看，出土的器物以釉色而言，分为三大类：白釉瓷、黑釉瓷、黄釉瓷，其中白釉瓷占七成以上。器类有碗、钵、壶、瓶、盂、罐、高足盘、瓦、高足尖顶桃形器等。其中碗、杯类器物占全部出土物的90%以上。碗、杯多斜直深腹，饼状足，口壁尖薄而下腹部及底足厚重，底足均削棱一周，饼足略有内凹，通体挺拔秀气。

---

① 河南省博物馆、安阳地区文化局:《河南安阳隋代瓷窑址的试掘》,《文物》1977年第2期。

② 河南省文物考古研究所:《文物考古年报（2006）》（内部资料）。

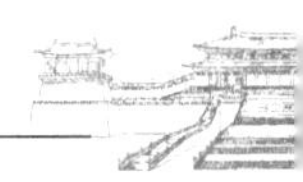

邢台瓷窑出土的遗物，产品以圆形器物为主。成型方法以轮制拉坯为主，辅助以捏制、黏接、旋削等技法。器足、肩、口等重点部位的加工都有固定程式，极为严谨。碗、杯、钵类产品是用轮制拉坯方法一次成型，半干时再对器物表面旋削修整。盘口壶、高足盘及各种带系的瓶、罐类产品，则是用轮制拉坯方法分段成型，然后再将各段黏接起来，等半干时再对外表施行修整。三系罐类器物肩部粘贴上去的桥形系，为双泥条合为一体，上端挤压在口沿下，下端双泥条叉开附贴于肩部，形成三孔鼎立的桥形系。

釉层玻璃质感强，釉面开细小纹片较为普遍。黄釉瓷器流釉现象较为突出，杯、碗口沿处由于釉汁下垂，显出浅淡色调。黑釉多呈棕红色，釉面光洁少有暗淡者，施釉方法基本上是蘸釉，而平底器如钵、小罐等由于外部无捉拿之处，故器物外壁施釉则采用刷釉之法，内部则辅助以荡釉。小罐器形较小，一般施釉较薄，少有积釉和流釉现象，但器物外壁多留有刷釉过程中釉点飞溅出釉区的痕迹。大型钵类产品施釉较厚，外壁釉层多为重复施釉，表现出明显的垂釉泪痕。一般施釉之前，在设计好的釉区内先施一层白色化妆土，但所见的所有黑釉瓷均不施化妆土，直接施釉于器物胎体上。高足盘仅见白釉与黄釉两种，化妆土仅施在盘体内外，盘底与足部未施，直接罩釉。瓦类仅见黑釉一类，施釉采用蘸釉。先将整个器物蘸满黑色釉汁，然后再将釉区以外的釉刮去。板瓦因使用在建筑上的位置不同，瓦面上施釉的部位也有变化。

考古发掘出土的窑具有使用时倒置的蘑菇状窑柱、口杯状窑柱、筒形匣钵、三叉形支架、四齿形支架、齿形垫具及垫圈等。

参考书目

［1］叶喆民:《隋唐宋元陶瓷通论》，紫禁城出版社，2003年。

［2］河北省邢台市文物管理处编著，石从枝、李军、李恩玮等主编:《邢台隋代邢窑》，科学出版社，2006年。

第三节　唐代南方瓷窑系统

一、越窑

1. 越窑的位置及沿革

越窑创烧于东汉，经过漫长岁月的发展，鼎盛于唐和五代，并形成了庞大的越窑体系。唐代越窑的制作作坊主要集中在上虞、余姚、宁波等地。随着瓷器质量的提高和需求的不断增加，瓷场迅速扩展，在诸暨、绍兴、镇海、鄞县（今鄞州区）、奉化、临海、黄岩等地相继建立瓷窑，形成一个庞大的瓷业市场。其中以上虞县（今上虞市）窑寺前、帐子山、凌湖、余姚市上林湖到慈溪湖、白洋湖一带最为繁荣。这些地方窑场林立，瓷器产量巨大，是唐五代到北宋的越窑大规模生产基地。在这一带发现了大量的瓷片堆积，以及刻有“大中四年（850年）”“龙德二年（922年）”的瓷罂和瓷墓志。9世纪中叶，越窑出现一器一匣钵的烧造方法，匣钵接口处涂釉封闭，烧好后打破匣钵取出器物。这样的烧造方法使得青瓷的胎质细腻，釉层均匀，色彩青绿，光润淡雅，如冰似玉，被唐人形容为“千峰翠色”。还有一些器物口沿镶金、银、铜，被称为“釦器”。上林湖在唐代设立“贡窑”专烧进贡瓷器，因此窑址出土了带“官样”二字的瓷片。越窑瓷器经常制作成水果和花朵形，轻巧美观，样式新颖，有荷花碗、荷叶碗、葵花口碗、阔口盘、瓜形壶、盏托等。越窑不仅烧制小型器，还烧制大型器物。通过对寺龙口越窑遗址的发掘，发现了越窑的宋代产品，这一发现改变了文献上记载的越窑消失于宋的说法。

2. 越窑的分期

越窑大体上可以分为初唐、中晚唐和五代三个时期。

初唐时期：基本上保持着南朝和隋代的风格，造型端正，胎体偏厚重，胎质灰白或浅灰，质地酥松，釉色青黄，容易剥落。产品种类和造型的变化不大。主要器型有执壶、凤头壶（亦称天鸡壶）、双柄龙首壶、唾盂等。一般器物都素面无纹。

中晚唐时期：在晚唐时期，创造和使用了匣钵，坯件装在匣钵内烧成，不再相互叠压和受烟火、灰砂的熏染，因而釉面光洁，色泽一致。瓷器胎质细腻，火候高，纹饰渐渐繁缛，并且把各种生活用具做成花、叶、瓜果的造型，出现了敞口碗、莲花碗、海棠式碗、荷叶式碗、荷叶式盘以及瓜棱形执壶。线条由粗向细发展，仿金银器、漆器的装饰技法增多。装饰题材以花卉为主，组成图案形，填以花草鱼虫、鸟兽人物等。

五代以后，又开始出现青灰、青绿等釉色。

3. 关于越窑与秘色瓷

唐代诗人陆龟蒙《秘色越器》云：“九秋风露越窑开，夺得千峰翠色来。”①关于越窑的秘色瓷是指什么样的越窑产品，大约从宋代开始就变得模糊不清，此后则愈来愈莫衷一是。秘色瓷这一称呼，根据宋人的解释是因吴越国钱氏命令越窑烧造供奉之器，庶民不得使用，故称“秘色”瓷。清代人评论“其色似越器，而清亮过之”。但往往都因为文献记载欠详，秘色瓷究竟为何种瓷器，长期以来未有圆满答案。在吴越国都城杭州和钱氏故乡临安县（今杭州市临安区）先后发掘了钱氏家族和重臣的墓葬7座，其中在杭州市郊玉皇山麓钱元瓘墓、施家山钱元玩妃吴月汉墓、临安区功臣山钱元玩墓中，虽然出土了一批具有代表性的秘色瓷，但人们却没有认识到它们就是秘色瓷。1987年，在陕西扶风法门寺塔基地宫出土了一批秘色瓷，才真正揭开了秘色瓷的真面目，为研究秘色瓷提供了标准器物。同时，由于法门寺塔基地宫封闭于唐咸通十五年（874年），表明秘色瓷至迟也在唐咸通年间已经开始烧造，而不是五代时期。法门寺塔基地宫出土的秘色瓷釉色以青绿为主，也有少量青黄釉，并出现了加金银饰的釦器，说明年代较早的秘色瓷既包括青绿釉，也包括青黄釉在内。器型有瓶、碗、盘、碟等。瓶为八棱形，小口，细长颈，颈与肩转

① 《全唐诗》卷六二九，上海古籍出版社，1986年，第1585页。

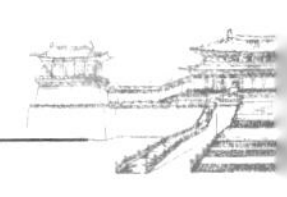

折处装饰三道弦纹，矮圈足，口径2.2、足径8、高21.5厘米。碗分为圆形和五花瓣口，腹分浅形和深形两种。浅形碗为圆形，平底内凹，底部留有一周支钉烧痕，口径22.4、底径9.5、高6.8厘米。深形碗为五花瓣口，圈足外撇，口径21.4、足径9.9、高9.4厘米。盘也为五花瓣形，平底内凹，底部留有一周支钉烧痕，口径20.1—25.2厘米（图3-1-3-1）。另

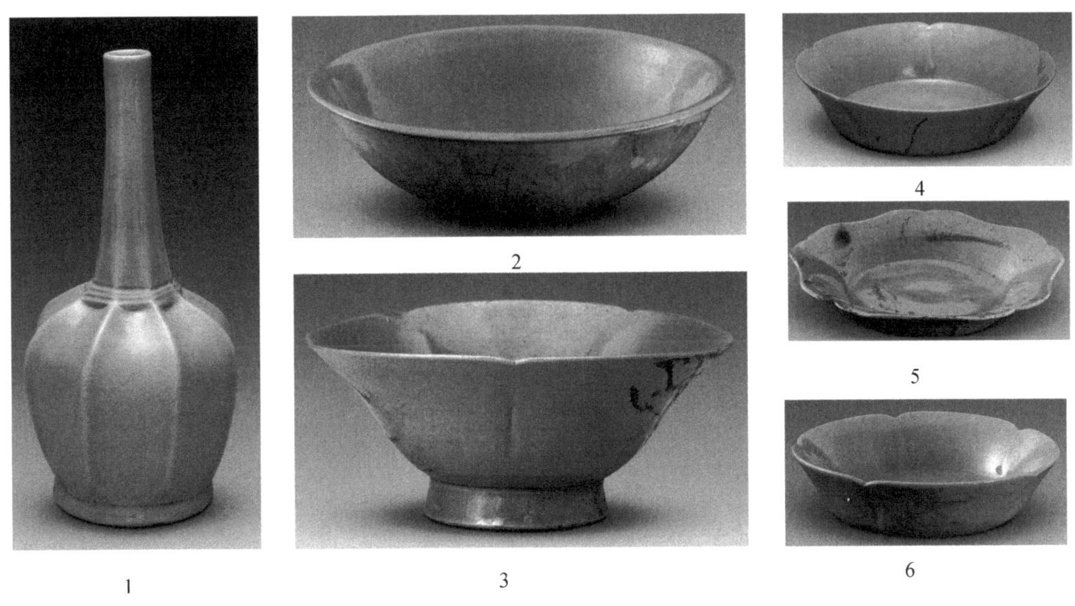

图3-1-3-1 陕西扶风法门寺塔基地宫出土秘色瓷
1. 八棱净瓶 2、3. 碗 4、5. 盘 6. 碟

外，还有2件漆平脱银釦秘色瓷碗。这些器物制作精美，以青绿釉为主，与陆龟蒙《秘色越器》诗中所描述的釉色相同。

秘色瓷的“秘色”虽然是指一种绿色，但秘色瓷绝不能单纯从釉色划分，因为青瓷的烧制往往是同窑不同色。这是由于釉的呈色除原料因素外，在很大程度上还取决于窑内火焰的不同与变化，而火焰控制又十分困难，所以青瓷釉色或深或浅，或淡或浓，不足为奇。根据法门寺塔基地宫出土的秘色瓷和文献记载，秘色瓷广义而言，就是指越窑青瓷；狭义而言，应当是指越窑青瓷中的精品。所以，浙江地区唐五代墓出土的越窑青瓷中，不仅少数青绿色釉器物可以确定为秘色瓷，而且多数青黄色釉的器物也应当属于秘色瓷范畴。当然，两种釉色相比，还是以青绿色为上，因此，才有了“千峰翠色”的诗句。唐代越窑青瓷是当时各地青瓷之冠，秘色瓷又是其中的佼佼者。

特别重要的是，在浙江慈溪上林湖后司岙发现了晚唐五代烧制秘色瓷的瓷窑遗址，对于秘色瓷的研究有重要意义。后司岙位于上林湖越窑遗址最核心区域，经过发掘的后司岙窑址编号为Y66，清理的堆积层主要位于窑炉西侧，时代主要为晚唐五代时期。该窑址发现的意义表现在：第一，清楚了晚唐五代时期最高质量的越窑青瓷窑场以龙窑为中心进行布局，西边是丰厚的废次品堆积，东边主要是作坊遗址，包括房址、釉料缸等。第二，确认了晚唐五代时期秘色瓷的基本面貌，其产品种类相当丰富（图3-1-3-2），拓宽了以往认

图3-1-3-2　浙江慈溪上林湖后司岙秘色瓷窑遗址出土秘色瓷器
1. 八棱净瓶　2. 执壶　3. 穿带瓶　4. 五瓣口盏　5. 盒　6. 钵　7. 高足长杯　8. 净瓶　9. 枕

识。器物胎质细腻纯净，制作规整，釉色天青，满釉，釉面莹润。其产品可与唐代法门寺塔基地宫、五代吴越国钱氏家族墓中所出者相对应。第三，明确了秘色瓷的生产工艺与兴盛过程。秘色瓷的出现与瓷质匣钵的使用密切相关（图3-1-3-3），瓷质匣钵之间使用釉封口，在烧成冷却过程中形成强还原气氛。发掘中出土多件“官”字款匣钵，说明贡御瓷器不计成本，精工制作。第四，根据地层中出土的有纪年标本，确认在唐大中（847—860年）前后开始生产秘色瓷，在唐中和（881—885年）前后达到兴盛。第五，证明秘色瓷是专门用于贡御的产品，提供了晚唐五代时期瓷器贡御方式的实例。1977年，在窑址北边

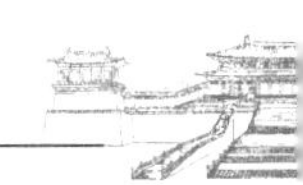

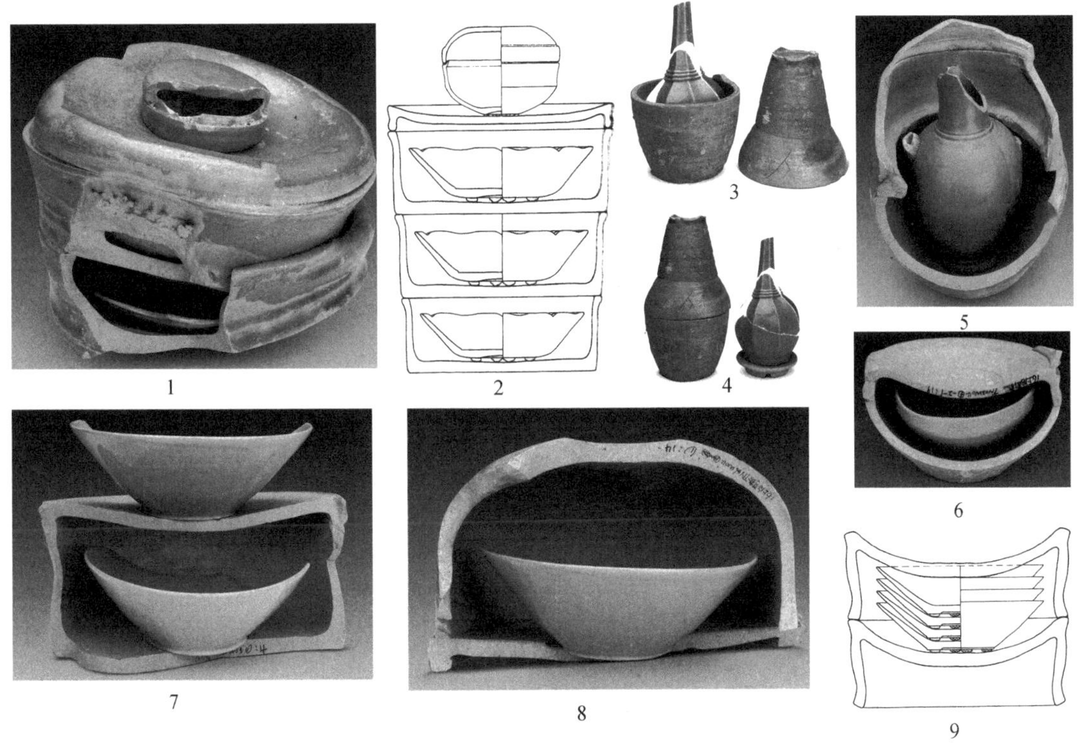

图3-1-3-3 浙江慈溪上林湖后司岙瓷窑遗址出土匣钵与瓷器的装烧
1、2. 匣钵与盒、盘 3、4. 匣钵与净瓶 5. 匣钵与执壶 6. 匣钵与钵 7—9. 匣钵与碗

的吴家溪一带出土有光启三年（887年）墓志罐1件，内有“光启三年岁在丁未二月五日，殡于当保贡窑之北山”等内容，与后司岙窑址位置暗合。可以确定后司岙是晚唐五代时期烧造宫廷用瓷的主要窑场，代表了这一时期的最高制瓷水平。第六，后司岙窑场开创的以天青色为特征的秘色瓷产品，不仅是制瓷史上的一大飞跃，同时成了此后高等级青瓷的代名词，影响到后代包括汝窑、南宋官窑、龙泉窑、高丽青瓷等一大批名窑的生产与整个社会的审美取向。

正是越窑的窑工们利用密封的匣钵，烧成了不同于以往的产品，他们为这种新产品起名为“秘色”，它既有青绿之色，又有珍奇、隐秘、神秘之意。因为窑工们只看到利用匣钵能使产品变得漂亮，但无从知道为何变得如此神奇，所以，“秘色”是当时窑工们的最朴素的想法，也可能最接近事实。

秘色瓷本身并不神秘，它是随着越窑使用匣钵而出现的，具体而言，是以上林湖的核心区域后司岙为中心烧制的专门用来贡御的产品。秘色瓷虽然最初是专指使用匣钵烧造出来的越窑产品，但随着时代的发展则变成了青瓷精品的代名词，以至于出现了高丽秘色、耀州秘色等称谓。可见，秘色瓷是当时最有影响力的名牌产品，瓷件修坯精细，釉面莹润，烧成优良。陆羽在《茶经》中就以当时人的审美标准，从饮茶的角度对各窑口生产的茶碗进行了评价，将越窑排在了诸青瓷窑之首，此后的古代文献时有赞美越窑的记载。如皮日休《茶瓯》云：“邢客与越人，皆能造兹器。圆似月魂堕，轻如云魂起。"[①]徐夤《贡余秘色茶盏》云："捩翠融青瑞色新，陶成先得贡吾君。"[②]五代时期的吴越国诸王，为了维系王室命脉，以其雄厚的经济实力，大量生产秘色瓷以进贡中原王朝，而且越来越精巧。另一方面，经济需求也是越窑发展的一大动力。政治与经济的共同追求，使越窑大量生产秘色瓷，而秘色器的生产使越窑走上了独步宇内的地位。

二、长沙窑

1. 长沙窑的位置及沿革

长沙窑位于湖南省长沙市望城区从铜官镇至石渚湖约5千米的范围之内。主要窑区分布在兰岸嘴、瓦渣坪、兰家坡一带。1957—1978年，湖南省文物管理委员会曾多次进行调查。1974年，长沙市文化局文物组对窑址进行了局部发掘，获得了两千多件遗物，其中有纪年的窑具和器物3件[③]。1983年，湖南省博物馆和长沙市文物工作队联合发掘了古城村窑址。发掘面积760平方米[④]。发掘者根据这次发掘资料指出，长沙窑兴起于"安史之乱"之际，兴盛于晚唐而衰于五代，五代时期的产品已经变得十分粗糙，至北宋时期便逐步为衡山窑所代替。学术界关于长沙窑的始烧年代有不同意见。有学者认为长沙窑始烧于初唐，甚至更早[⑤]；有学者认为始烧于盛唐[⑥]；也有学者根据调查资料，并与长沙及各地唐墓所出土的器物相比较，认为长沙窑创始于中唐，盛于晚唐，而终于五代[⑦]。长沙窑不见于记载，它的发现对研究中国古代陶瓷史具有重要价值。关于长沙窑的名称，见诸报告和研究文章的有"长沙窑""铜官窑""石渚窑""瓦渣坪窑"等，但目前通称为"长沙窑"。

2. 窑炉

长沙窑的窑炉为龙窑。一般依山傍水，系利用山丘坡度的自然形态挖沟建筑而成，以便充分利用窑炉坡度的自然抽力，而不需要较高的烟囱，窑内气流和温度便可自然上升。所发掘的窑炉往往经过多次修补，或在原来窑底的基础上不断改建。1983年发掘的谭家坡1号窑址是已发掘窑址中最完整的1座。总长41、最宽处3.5、最窄处2.8米。窑床斜坡式，坡度9°—23°，窑壁用青砖砌筑。整个窑分窑头、窑床、窑尾。窑头有火门、火膛、储火段、防雨棚、挡土墙。火膛长2.9、宽1.6米。火膛北有一段长7、宽3米、坡度为15°的窑床，可能是起防止火燃烧不够充分，甚至熄灭的作用的储火段。火门在火膛西侧近南壁处，宽0.7米，

---

① 《全唐诗》卷六一一，上海古籍出版社，1986年，第1548页。

② 《全唐诗》卷七一〇，上海古籍出版社，1986年，第1793、1794页。

③ 长沙市文物局文物组：《唐代长沙铜官窑址调查》，《考古学报》1980年第1期。

④ 长沙窑课题组编：《长沙窑》，紫禁城出版社，1996年。

⑤ 湖南省博物馆：《长沙瓦渣坪唐代窑址调查记》，《文物》1960年第3期。

⑥ 周世荣：《长沙唐墓出土瓷器研究》，《考古学报》1982年第4期。

⑦ 高至喜：《长沙铜官窑址》，《中国大百科全书·考古学》，中国大百科全书出版社，1986年，第62、63页；李辉柄：《唐代铜官窑瓷器》，《中国大百科全书·文物·博物馆》，中国大百科全书出版社，1993年，第530、531页。

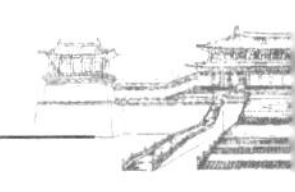

门外有一不规则的圆坑，火门外还有防雨棚、挡土墙。窑床从窑头7米处至窑尾4米处共长30米。东壁一个窑门，西壁三个窑门，窑门从外向内而下有二级台阶。窑尾长4、宽35米，末端为矩形烟囱，与窑床等宽。窑址填土中有破碎匣钵和青砖，底层出土大量排列有序的匣钵，每行110个，个体从下而上依次增大，个别匣钵内还有未取出的变形或废弃的瓷器。

3. 长沙窑的器物

长沙窑色釉和釉下彩瓷烧成温度约在1150—1200℃之间，吸水率为1.82%—6.63%。而唐代越窑瓷碗的烧成温度在1240℃，吸水率为0.21%；耀州窑瓷碗的烧成温度在1230℃，吸水率为5.19%；定窑瓷器的烧成温度在1300±20℃。也就是说，长沙窑的绝大部分产品实际上是一种瓷化程度不高的半陶半瓷制品，严格地说，是一种“炻石”。

长沙窑的瓷器样式之多，在唐代瓷窑之中非常少见。主要有壶（图3-1-3-4，1—3）、碗、罐、洗、盒、瓶、盘、碟、水注、盂、杯盏、盆、炉、枕、盏托、灯等。长沙窑烧造的瓷塑动物玩具也非常多，兽类主要有狮子、象、牛、羊、猪、狗、马，禽鸟类有鸡、鸭、鸽等，器身都有一个小圆孔，可以吹响，是埙一类的乐器。

4. 长沙窑的装饰工艺

长沙窑在装饰工艺方面有特殊成就。具有代表性的工艺技术是模塑贴花装饰、釉下彩绘等。特别是高温釉下彩这一新技术，开创了以绘画技法美化瓷器的先例。

模塑贴花装饰，主要贴在壶流和腹部，纹饰呈褐彩斑，然后施青釉。模印贴花的纹样有人物、狮子、葡萄、园林等。罐类多有双系，系的制作也属于模印贴花。彩斑有大圆斑和小圆斑之分，大圆斑又有褐色、褐绿色的区别，小斑点则多数为褐绿相间的组织纹饰。

由于长沙窑瓷器的胎质较粗，白度不高，所以器物成型后一般要在胎上涂一层化妆土，然后用铁和铜作呈色剂，绘花草、书写文字等，再用一层透明的青釉将呈色剂覆盖，烧造时经过化学反应，色剂从釉下显现出来，即所谓釉下彩绘。釉下彩绘以前被认为是长沙窑有历史意义的首创，但根据考古发掘资料，这种工艺的直接渊源可以追溯到东晋时期的湘阴窑，更早则出现在长江下游建康（今南京市）的三国吴至西晋的墓葬之中。长沙窑釉下彩绘初始之时纹饰比较简单，先出现釉下褐彩，然后发展成为褐绿两彩。釉下褐绿彩有两种：一为在坯上用褐绿彩直接画出纹饰，一为先在坯上刻画出纹饰轮廓线，再在线上填绘褐绿彩，最后施清釉。长沙窑釉下彩突破了青瓷的单一青色，使得各种纹样大量出现，丰富了唐代瓷器的装饰艺术。长沙窑的印花工艺出现于晚唐时期，印花主要见于盘、碗、碟等器的内底，纹样花卉居多，也有花鸟和云纹，一般多比较简练。模印贴花出现于中唐偏晚，多饰于壶、罐肩部及系部，题材有人物、鸟兽、园景、双鱼、椰枣、叶纹，纹饰凸起，罩以酱色圆斑。

最常见的纹饰有人物、婴戏、鸟、鱼、蝴蝶、立狮、荷花、葵花、葡萄等（图3-1-3-4，4—8）。不少器物带有墨书题记，内容最多的是诗歌和谚语，另外还有俗语、题记、款式。所题诗歌多为五言绝句，极少六言或七言绝句。字体多为行书，有少量草书，书写工具为毛笔，字为黑褐色，书写之后外罩青黄色釉。据不完全统计，仅诗歌就有70余首，其中一部分见于《全唐诗》，仅个别字句有所不同，如“万里人南去，三春雁北飞。不知何岁月，得与尔同归”“去岁无田种，今春乏酒财。恐他花鸟笑，佯醉卧池台”“君生我未

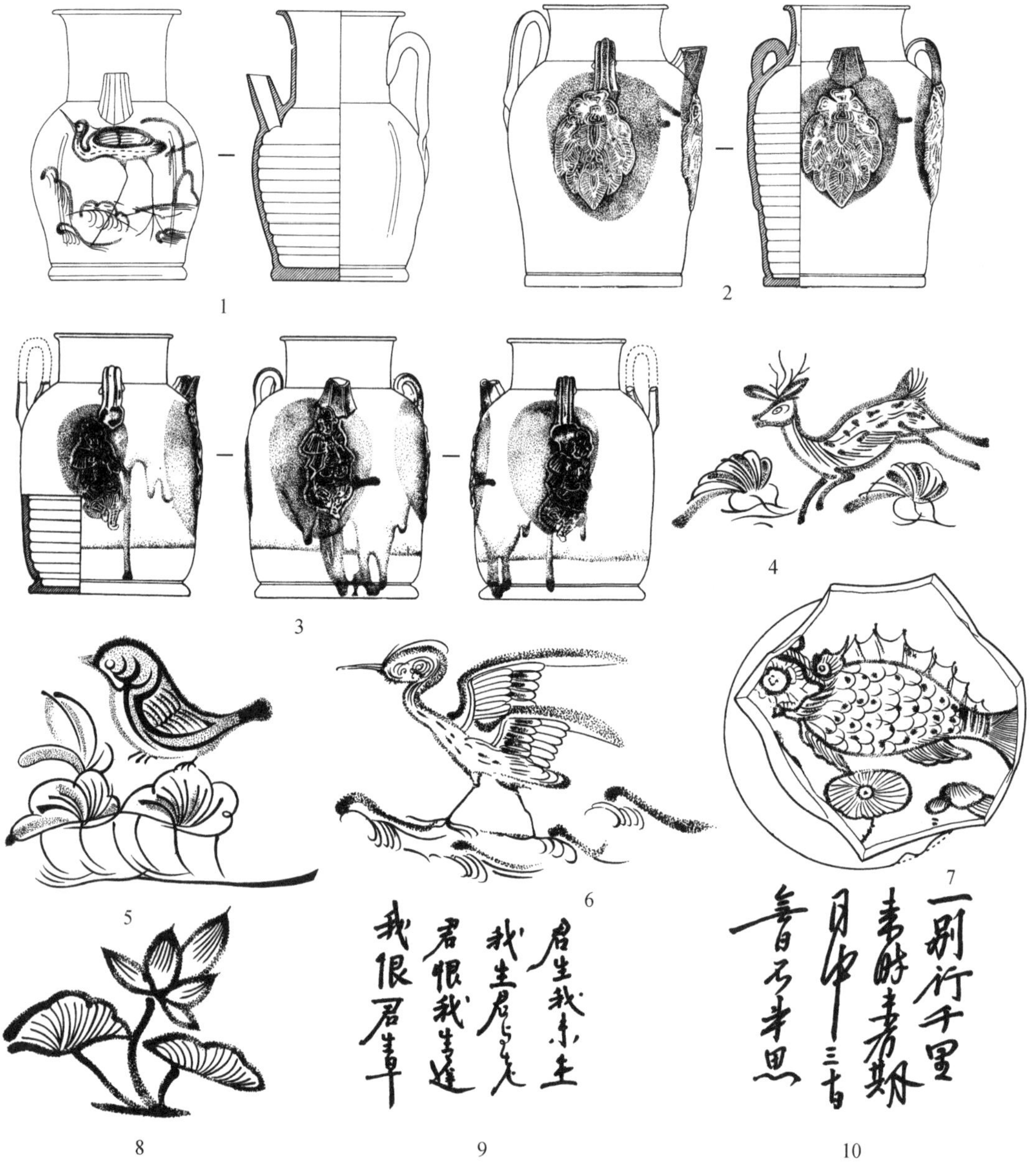

图3-1-3-4　长沙窑瓷器及纹饰

1. 釉下彩执壶　2. 贴塑花纹执壶　3. 贴塑人物执壶　4. 鹿纹　5、6. 鸟纹　7. 摩羯纹　8. 莲花纹　9、10. 诗歌

生，我生君已老。君恨我生迟，我恨君生早”“一别行千里，来时未有期。月中三十日，无夜不相思”（图3-1-3-4，9、10）。格言警句如“牛怀舐犊之恩”“雁有行列之次”“罗网之鸟悔不高飞”“悬钓之鱼悔不忍饥”“小人之浅志，道者，君子之深识”等。除诗句、格言警句之外，还有“茶碗”“油合”“陈家美春酒”等文字，用以表明器物用途。

5. 长沙窑主要器物的分期

发掘者将长沙窑分为四个发展时期。第一期，唐代宗及其以前，主要生产岳州窑类型

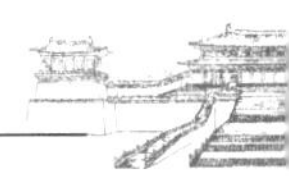

的青瓷碗碟，装饰技法中已经出现模印贴花，釉下彩绘数量很少。第二期，唐德宗及其以后的中唐时期，除单色的青釉、绿釉瓷器仍占相当的比重之外，更多的是釉下彩，模印贴花装饰仍在生产，彩绘包括青釉绿彩与褐彩、白釉绿彩与红彩等。具有特点的器物是釉下褐彩和白釉绿彩的喇叭口执壶。第三期，约为晚唐时期，长沙窑进入鼎盛期，产品的釉色主要以单色釉和彩绘为主。单色釉主要为青釉，也有绿釉及白釉等。彩绘主要为青釉，有釉下褐彩、釉下绿彩、釉下褐绿彩，还有白釉绿彩。特殊釉色有少量的"窑变红釉器"。在釉下彩瓷器中，以青釉釉下褐绿彩喇叭口八棱短流执壶为主。第四期，约为晚唐五代时期，虽然有青色、酱色、白色釉器物，但青釉釉下褐绿彩、青釉釉下绿彩、白釉绿彩等彩绘产品占绝对地位，其中以青釉釉下褐绿彩的喇叭口执壶居多。这一时期的生产虽兴旺，但胎、釉、装饰趋向粗陋，显示了衰落的局面。

6. 长沙窑的外销

长沙窑瓷器是唐代对外贸易的重要商品之一，在朝鲜半岛、日本、东南亚和西亚等地均有出土。瓷器上常见的釉下彩模印贴花胡人乐舞图、狮子图、椰枣、葡萄以及一些鸟鹊等，明显具有西亚风格，可能是为了产品的外销而特意设计的。

三、洪州窑

关于洪州窑，据《茶经》记载："碗，越州上，鼎州次，婺州次，岳州次，寿州、洪州次。……越州瓷、岳州瓷皆青，青则益茶。茶作白红之色。邢州瓷白，茶色红；寿州瓷黄，茶色紫；洪州瓷褐，茶色黑；悉不宜茶。"[①]罗湖窑址未发现之前，洪州窑所在地有三说：一为南昌，一为景德镇，一为弋阳。1979年及其以后对江西丰城罗湖地区窑址进行了发掘和调查[②]，解决了洪州窑的产地问题，所谓罗湖窑即洪州窑[③]。窑址面积达15000余平方米，堆积厚达6米。早在东汉晚期已经烧造出成熟的青瓷，东晋、南朝时期逐渐进入兴盛期并一直延续到中唐时期，晚唐五代时期衰落，前后烧造长达800余年。器形有碗、杯、盅、高足盘、钵等，釉色呈浅青微黄，多"蟹壳青"，还有酱褐色或黄褐色的盏、多系罐等。特别是在南朝早期地层中发现了芒口碗，将芒口碗的烧造历史从晚唐时期的定窑，提前到南朝早期。纹饰除莲瓣纹之外，碗口沿往往印一圈圆涡纹。南朝早期开始使用匣钵。至迟在隋代之时，洪州窑已开始烧造玲珑瓷[④]。

---

① （唐）陆羽撰，沈冬梅点校：《茶经校注》，中国农业出版社，2006年，第24页。

② 江西省历史博物馆、丰城县文物陈列室：《江西丰城罗湖窑发掘简报》，《中国古代窑址调查发掘报告集》，文物出版社，1984年，第73—93页；江西省文物考古研究所、北京大学考古学系、丰城市博物馆：《江西丰城洪州窑址调查报告》，《南方文物》1995年第2期。

③ 余家栋：《试析洪州窑》，《中国古代窑址调查发掘报告集》，文物出版社，1984年，第94—101页。

④ 玲珑瓷，是在未干的坯胎上设计图案，然后镂出米粒形状的通孔，用特制的釉填满，并施透明釉，在高温下一次烧成的瓷器。烧成后，镂空处明澈透亮而不洞穿。

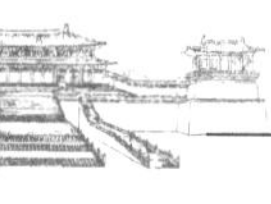

四、邛窑

邛窑位于四川省成都邛崃市。邛崃唐代属于邛州，故名邛窑。创烧于南朝，以固驿窑址为代表[①]。唐代达到极盛，以什坊堂（亦作十方堂、什方堂）窑址为代表[②]。该窑文献未载，20世纪30年代发现，引起学界注意。自20世纪50年代至80年代初，四川省博物馆等单位进行过多次调查，在什坊堂、尖子山、瓦窑山、西河乡及固驿等地均发现窑址。其中以什坊堂窑址面积最大，堆积最厚，最为典型。什坊堂窑址东西长530、南北宽210米，总面积11.13万平方米。曾在该窑址出土1件刻“贞元六年（790年）闰”铭文的匣钵，对研究邛窑使用匣钵的时间有重要的参考价值。1985—1989年，在唐代地层中又发现“先天二年（713年）”“贞元十八年（802年）”“乾□（符）四年（877年）”等纪年文字，为该窑盛烧于唐代提供了明确证据。

在什坊堂窑址曾发现9座窑炉，其中龙窑6座，马蹄形窑3座。龙窑为长条形斜坡式，倾斜度在7°—21°之间。窑体由火膛、窑床、烟道等部分组成。窑壁以条砖、匣钵混合砌筑，并以耐火黏土填缝。内壁用黏土涂抹，烧结层甚厚。如3号窑包1号窑炉，为斜坡式龙窑，长27.4、宽2.7—3.1米。马蹄形窑由窑门、火膛、窑床等部分组成。窑体前小后大，两壁微弧，后墙平直，窑门呈长方形。炉壁砖砌，底部铺条砖。内壁用耐火黏土涂抹，烧结层也很厚。如5号窑包4号窑炉，为马蹄形窑，长7.5、宽0.28—0.85米。窑具用耐火黏土烧制而成，有匣钵、垫座、垫环、垫条、支钉等。其中的垫环，也称环形托板，虽然这种窑具在隋代已出现，但在唐宋时期窑址中仅见于四川地区。窑址附近还发现作坊遗址，出土配料缸、石臼及各式印模等窑具。产品胎质以褐胎、红褐胎居多，砖红胎次之，黄白、灰白胎较少。釉色有20多种，以青为主，青中泛白、青中泛灰、青中泛黄、青中泛绿占相当数量，黄、米黄、芥子黄、绿、茶绿、粉绿、蓝、紫蓝、黄褐等釉色皆有发现，黑釉器为极少数。

器物种类丰富，有各式碗、盘、瓶、罐、钵等生活用具，文房用具，娱乐用具，人物、动物雕塑，佛教造像，还有少量建筑材料。特别是提梁罐，口大于底，罐身呈斜直形，在口沿上有弓形提梁，便于提携，在其他窑址极罕见。油灯较别致，灯碗为夹层，中空，可以注水以降低灯的热度，从而减少油的过热挥发，以达到省油的目的。这种灯为四川地区所特有，宋代仍继续烧造。宋陆游的《斋居纪事》和《老学庵笔记》中提到的“省

---

① 四川省文物管理委员会、四川省文物考古研究所、四川省邛崃县文物管理所：《四川邛崃县固驿瓦窑山古瓷窑遗址发掘简报》，《南方民族考古》（第3辑），四川科学技术出版社，1991年，第341—367页；陈显双、尚崇伟：《邛窑古陶瓷简论——考古发掘简报》，《邛窑古陶瓷研究》，中国科学技术大学出版社，2002年，第123—258页。

② 陈显双、尚崇伟：《邛窑古陶瓷简论——考古发掘简报》，《邛窑古陶瓷研究》，中国科学技术大学出版社，2002年，第123—232页。

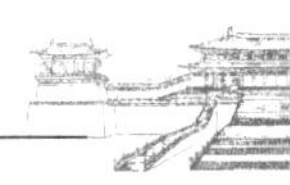

油灯”就是此类灯。如《老学庵笔记》记载：“《宋文安公[①]集》中有《省油灯盏》诗，今汉嘉有之，盖夹灯盏也。一端作小窍注清冷水于其中，每夕一易之。寻常盏为火所灼而燥，故速干。此独不然，其省油几半。邵公济牧汉嘉时，数以遗中朝大夫。按文安亦尝为玉津令，则汉嘉出此物几三百年矣。”[②]其形式与唐代邛窑的油灯大体相同。

邛窑的小瓷塑具有浓厚的地方特色。小雕塑有各种人物及动物，身体一般比较瘦小，但姿态都很传神。其中赤身露体的胖娃娃，四肢圆润，匍匐在地。杂技小俑则是双手着地，身体倒立，双腿微向后曲，将杂技艺人在倒立时用双腿后屈来取得平衡的动作形象地表达出来。小瓷塑一般施青釉、绿釉或褐釉，色釉也比较丰富。

器物的制作方法，除轮制、模制和手捏之外，雕琢成型也是广泛运用的方法。装饰技法有彩绘、印花、刻划花、贴花等，与长沙窑有不少共同之处。如罐腹饰以褐色大圆斑或褐绿大圆斑，钵形器外腹用褐绿彩绘花草纹样，大碗内底中心饰以褐绿彩绘纹饰等。釉下彩绘是什邡堂窑址的代表装饰技法，“邛三彩”就是因邛瓷的釉下三彩而得名。邛瓷的色彩多用黄、褐、绿、蓝、黑诸色，纹饰简练。装饰内容主要有花卉、云气、斑点、虫鸟等。

五、岳州窑

据《茶经》记载：“越州瓷、岳州瓷皆青，青则益茶。”[③]岳州窑址1952年发现，位于湖南省岳阳市湘阴县的窑头山、白骨塔、窑滑里。南朝宋划罗县一部设置湘阴县，隋开皇初并入岳阳县，不久又改岳阳为湘阴。唐武德初改天下诸郡为州，湘阴隶属岳州，武德八年并罗县入湘阴，湘阴南境在窑头山一带，未变更隶属关系，实为唐岳州属地。

岳州窑早在两晋、南朝时期已经开始烧造青瓷，隋唐之际盛烧。窑址堆积以唐五代时期的较厚，最厚处约4米。器皿以盘、碗为主，还有壶、罐、瓶等。胎灰白较薄，不如越窑致密。釉色以青绿釉最多，也有青黄色。釉层较薄，玻璃质很强，有细碎的冰裂纹，有的器物胎釉结合不好，容易剥釉。纹饰以莲花、卷草和几何纹居多，还有人物、鸳鸯、龙头、象首等。烧造时使用匣钵、垫饼、器托等窑具。五代时盘、碗的烧造工艺有较大改进，垫饼改为支钉，盘碗底部多留有支钉烧痕。

六、瓯窑

瓯窑不见于唐宋文献记载，但其制瓷成就远远超过婺州窑、洪州窑。其窑场主要分布在温州、永嘉、瑞安等地。其中窑场最为密集的是瓯江北岸的永嘉灶岩头到大坦坟山一带和温州的西山。唐代早中期的瓯瓷呈黄或淡黄色，釉易剥离。晚唐时期前后出现纯粹的青

---

① 宋文安公，即宋白，北宋翰林学士、文学家。

② （宋）陆游：《老学庵笔记》，《全宋笔记》第五编（八），大象出版社，2012年，第119页。

③ （唐）陆羽撰，沈冬梅点校：《茶经校注》，中国农业出版社，2006年，第24页。

色或青黄色，滋润如玉，胎釉结合紧密，极少有剥釉现象。胎呈灰白或淡灰色，釉层匀净。产品种类与越窑大体相同，惟器型略有差异。如唐代的敞口玉璧形底碗，腹壁作45°倾斜，较越窑为高。晚唐时期的碗、盘、壶、盏托等造型，以模仿花果造型为主。

七、寿州窑

寿州窑烧制的产品，在陆羽的《茶经》中排在越窑、鼎州窑、婺州窑、岳州窑之后，洪州窑之前，并指出“寿州瓷黄，茶色紫”①。1960年，在安徽省淮南上窑镇的管家咀、马家岗、余家沟及洞山地区的三座窑、徐家圩等地发现了寿州窑遗址。寿州窑始烧于隋，繁荣于唐，历时二百余年②。

唐代窑炉呈圆形，直径3米，窑室内排列有整齐的匣钵。依瓷坯的大小，一件匣钵装烧一件或数件。匣钵之间留有约8厘米的火路。普通瓷器则直接入烧，不用匣钵。

寿州窑的黄釉瓷，以余家沟窑烧造的为代表，有碗、盏、杯、执壶、枕、玩具和狮形器足等。烧造的窑具有匣钵、托钵、圆形多足支托、三角支托、三岔支托、四岔支托、印模和支棒等。

寿州窑的器物胎体厚重，质粗，甚坚硬，少有光泽，烧成温度在1150℃以上。胎土氧化铁含量约为3.56%—4.61%。器多平底，有的底心微凹。碗、盘一类器足部位用刀削去。钵类器物体形较高，敛口圆唇，腹壁微曲。执壶为唐代流行样式，喇叭形口、圆唇、长颈、带形曲柄，壶嘴为多棱形或圆柱形短嘴，平底。枕类器物作长方形，平底，棱角作圆形或方形。玩具有骑马俑。器物一般施化妆土，表层是透明的玻璃质釉，釉面光滑，器腹下部和底足露胎。釉厚者色浓，釉淡者色浅。开小片纹。釉为高温石灰釉，含钙量约为9.13%，着色剂为氧化铁，黄釉含量为6.97%。由于采用还原和氧化气氛的不同，釉色形成青黄两大系统，以黄为主，有蜡黄、黄绿、鳝鱼黄等。用蘸釉法上釉，釉层厚薄不匀，釉色浓淡不一。玻璃质釉与化妆土结合得不好，有剥离现象。

纹饰有：模印纹，是在未施釉之前，瓷胎尚未干之时，用印模直接压印在器胎上，呈现半浮雕纹饰，具体题材有几何纹、云龙纹、鸟兽纹等；模印贴花，为凸起的阳纹，形如浮雕，是胎坯未干之时，用泥（或釉）浆水将模制花纹贴在胎面上，压平吻合。个别贴花与胎面结合不紧，有随釉流动或脱落现象，题材有几何纹、鸟兽纹等；绹纹，制作成绳子形状的泥条，在胎坯尚未干时，用泥浆水将其贴在器物表面，组成各种纹样；戳印纹，为阴纹，在胎尚未干之时，用戳形花纹印模压印纹饰，有几何纹、叶纹等；刻划纹，在胎尚未干之时，用尖状刀形器进行刻划，题材有莲花纹、云气纹等；篦划纹，在胎坯未干时，用篦形器划成各种纹饰，题材有水波纹、云气纹等；附加凸弦纹，当胎坯拉成后，将预制的泥条附加在胎坯的表面，置于轮盘上旋转修整，顶端做成凹槽和双线并列；凹弦纹，为

---

① （唐）陆羽撰，沈冬梅点校：《茶经校注》，中国农业出版社，2006年，第24页。

② 胡悦谦：《谈寿州瓷窑》，《考古》1988年第8期。

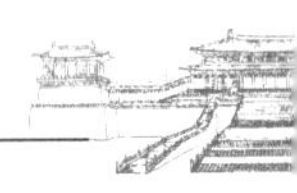

阴文，在旋削修坯之时，借助轮盘旋转的动力，在器胎上旋削成单线或双线的凹弦纹；漏花印纹，用薄兽皮预制各式图案花纹，在器胎未施瓷衣之前，将漏花印版贴在胎坯上，遂施白瓷衣，然后取下印版，胎上即形成漏花印纹，再施黄釉入窑烧制，便呈现出浓厚色彩的漏花印纹。黑釉瓷器，待施白色瓷衣后，将预制漏花印纹版贴上，施黑釉后取下印版入窑烧制，即成黑釉白色的漏花印纹。

寿州窑黄釉瓷的制作有轮制、模制和手制三种。圆形器物的坯体一般都用轮制；器物的柄和嘴则用模制，以瓷泥和釉料配成的浆水黏接在一起。玩具一般采用手制。

八、南窑

南窑遗址位于江西省景德镇乐平市接渡镇南窑村东北，发现龙窑2座、灰坑10个、灰沟1条、道路遗迹1条，揭露面积总计1013.5平方米，出土大批窑具和瓷片标本，重达数十吨。

南窑遗址文化层堆积厚，达1—3米，堆积最深超过5米，规模宏大，分布面积超过3万平方米。遗存丰富，包含了取土的白土塘、运输原料的江湖塘、溪坑、码头、储料池以及烧造产品的窑炉等反映制瓷工艺流程的作坊遗迹。全面揭露一条长达78.8米的龙窑遗迹，是迄今为止考古发掘的最长的唐代龙窑。尤为独特的是，该龙窑早期烧造时在窑床中段使用了方形减火坑的技术手法，为以往的龙窑所不见。

南窑是江西地区一处重要的独具风格、特色鲜明的唐代青瓷窑场，具有长沙窑风格，兼具洪州窑、越窑和河南鲁山窑的特点，部分产品外销。南窑始烧于中唐时期，盛于中晚唐时期，衰落于晚唐时期。南窑遗址是景德镇地区已知年代最早的瓷业遗存。

九、西村窑

位于广东省广州市西北，距离广州市中心约5千米，窑址在西村的中心皇帝冈。该窑创烧于晚唐时期，盛于五代至北宋时期。窑床为斜坡长条形的龙窑，长35米左右。窑具有圆筒形、漏斗形匣钵及垫饼、垫环等。并发现大量制瓷工具，如印花模范、铜匕等。产品胎质细腻，为白色瓷土，釉色以青色为主，并有绿、黑、酱、黄等釉色，质光润。器形有盘、杯、瓶、罐、壶、盒、小盂、枕、盏、小罐等，共发现15种之多。纹饰技法有刻、划、印、彩绘等。纹饰以花卉、草叶、云纹为主。青釉划黑花瓷器，釉色光润，纹饰苍劲有力，是此窑特有的产品，远销东南亚诸国。

参考书目

［1］ 中国硅酸盐学会主编：《中国陶瓷史》，文物出版社，1982年。

［2］ 文物编辑委员会编：《中国古代窑址调查发掘报告集》，文物出版社，1984年。

[3] 长沙窑课题组编：《长沙窑》，紫禁城出版社，1996年。

[4]《中国古陶瓷图典》编辑委员会编、冯先铭主编：《中国古陶瓷图典》，文物出版社，1998年。

[5] 浙江省文物考古研究所、北京大学考古文博学院、慈溪市文物管理委员会编著：《寺龙口越窑址》，文物出版社，2002年。

[6] 慈溪市博物馆编，谢纯龙主编：《上林湖越窑》，科学出版社，2002年。

[7] 浙江省文物考古研究所、慈溪市文物管理委员会办公室编著：《秘色越器——上林湖后司岙窑址出土唐五代秘色瓷器》，文物出版社，2017年。

第四节　唐代北方瓷窑系统

一、邢窑

邢窑以烧造白瓷而著名，这在文献中有较为详细的记载。陆羽《茶经》记载，"邢瓷类银""邢瓷类雪"①。李肇《唐国史补》卷下也记载："内丘白瓷瓯，端溪紫石砚，天下无贵贱通用之。"②皮日休《茶瓯》诗云："邢客与越人，皆能烧兹器。圆似月魂堕，轻如云魄起。枣花势旋眼，苹沫香沾齿。松下时一看，支公亦如此。"③但由于其窑址长期未被发现，引起一些学者的怀疑。1980年，河北临城邢瓷研制小组在调查古窑址时，在岗头村古窑址群中发现了一座唐代窑址，并在窑址附近发现了具有唐代风格的白瓷器物和窑具，这一发现正式解开了"邢窑之谜"，彻底消除了人们对邢窑的疑问④。通过调查得知，邢窑主要分布在河北临城、内丘两县交界的磁窑沟和临城境内的程村、解村、澄底、岗头、祁村、双井村一带，其中祁村窑烧制的白瓷与《茶经》所记载的特征相吻合，是典型的邢窑白瓷。邢窑白瓷的出现，改变了当时以青瓷为主导的局面，并对其他瓷窑产生了较大影响。由于内丘在唐武德五年（622年）改隶邢州，故名邢窑。继唐代邢窑址发现以后，又在内丘、临城发现了多处隋代白瓷器窑址，证明邢窑在隋代就已经开始烧造白瓷。1984年开始，又对从内丘县城至北大丰长约4.5千米范围内，暴露出窑具和瓷片的地带进行了调查⑤。通过这次调查进一步认识到，邢窑是以内丘为中心发展起来的，其烧造年代至迟从北朝时期已经开始，衰于晚唐五代时期。1987—1991年，在以前调查的基础上，又系统地进行了调查，

① （唐）陆羽撰，沈冬梅点校：《茶经校注》，中国农业出版社，2006年，第24页。

② （唐）李肇撰，曹中孚校点：《唐国史补》，《唐五代笔记小说大观》，上海古籍出版社，2000年，上册，第197页。

③ 《全唐诗》卷六一一，上海古籍出版社，1986年，第1548页。

④ 河北临城邢瓷研制小组：《唐代邢窑遗址调查报告》，《文物》1981年第9期。

⑤ 内丘县文物保管所：《河北省内丘县邢窑调查简报》，《文物》1987年第9期。

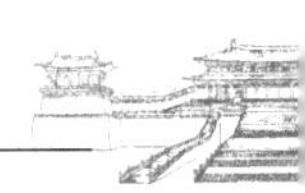

基本上搞清楚了邢窑遗址的分布范围、产品种类及时代特征①。

长期以来，人们一直认为邢窑瓷器的主要特征是白如雪，但从出土瓷片来看，釉色有白、青、黑、黄、褐酱等多种，还有三彩器。白釉又有粗细之分，且以粗者居多，细者占少数。这说明陆羽《茶经》中所描写的仅是邢窑瓷器中的精品，并不是邢窑瓷器的全貌。

邢窑的精细白瓷一般选用优质瓷土烧成，胎质坚实细腻，胎色洁白如雪，釉质莹润，有的薄如蛋壳，有的胎釉几乎不分，浑然一体，透明性能极佳，当是用还原焰烧成。一般器物纯白光亮，有的则白中微泛青。器型有盘、碗、杯、托子、瓶、壶、罐和执壶等。碗有多种形式，最多的为浅式敞口碗，碗身45°角斜出，口缘外部凸起一周，底平坦，底中心凹入，施釉，形如玉璧。内丘城关地区白瓷窑和临城祁村窑烧制的玉璧形底碗相同，并在碗底刻一“盈”字。在窑址发现的“盈”字款白瓷，为唐长安城大明宫遗址、青龙寺遗址等出土的“盈”字款白瓷提供了窑口出处。此外，还有敛口碗，分深浅两种。圈足窄于玉璧形底，也有平底者。又有碗口八出者，口缘作八瓣形，腹壁自外向内凹入四直线形成凹凸，圈足呈四瓣海棠形。托子为盘形，托口微高出盘面，矮圈足。临城祁村窑还出土1件皮囊壶，残高约16厘米，上部扁形，中间有提梁，流口残失，壶下部饱满，平底，左右两侧有线纹凸起，形如皮囊缝合痕，壶前后两面有三角形纹饰。执壶为喇叭形口，球形腹，一侧有短流，一侧有曲柄，平底。罐为芽唇口，颈极短，丰肩，肩以下逐渐收敛，平底。这些精细白瓷，确如《茶经》所云“白如雪”。

粗白瓷也以各式碗为多，还有执壶、枕等。粗瓷碗均敷化妆土，大碗多为平底，小碗多为玉璧形底，外部一般施釉不到底，采用叠烧方法，碗与碗之间垫以三角形支具，碗心多残留有支具烧痕。枕为长方形小枕，装饰褐色斑点，有的则装饰篦点纹。执壶器身稍高且瘦，平底。粗白瓷可以分为两类：一类胎质粗糙，呈灰白色，器底较厚；另一类则胎泥炼制较细，胎体致密，个别小气孔，一般不见夹砂现象，胎白色泛黄。器型较规整，表面旋削痕不大明显。为了掩饰白度不高的缺陷，均施化妆土，因胎质不同，化妆土厚度不一，但一般器外仅施口沿或上半部。黑釉器物有平底浅碗、唇口小罐、花口钵、双系罐等，胎体与釉均比较厚。褐色釉有敞口大碗，釉厚处呈黑色。

邢窑瓷器素以色白见称，历来不见邢窑瓷器有附加装饰的记载。但在邢窑遗址范围内却发现了一些用模印、划花和点彩等多种装饰技法进行装饰的白瓷标本，这些发现增进了人们对邢窑白瓷的认识。在调查过程中，还在窑址发现牛马骨骼及牙齿，可能当时在配制釉料时掺入少量动物骨灰。

邢窑使用的窑具主要有漏斗状匣钵、盘状匣钵、桶式匣钵、盒式匣钵、三角形支钉、圆形四齿支钉、垫圈等。

器物成型主要采用轮制和模制，兼用手制。一般器身采用轮制，系、鋬、足等用手制或模制，然后粘贴在器身上。有的器物则采用分段成型的方法。所发现的器物一般成型规

① 河北省文物研究所、内丘县文物保管所、临城县文物保管所：《邢窑遗址调查、试掘报告》，《考古学集刊》（第14集），文物出版社，2004年，第191—237页。

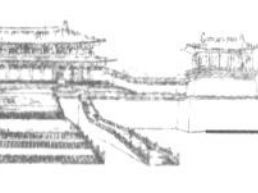

整，修坯细致，粗白瓷器外下部有刀削痕迹，口沿、底足切削整齐。细白瓷部分底足有均匀的同心圆旋削纹理，多数器物的旋削纹理被磨去。

邢窑的装烧方法主要有四种：①漏斗状匣钵咬口叠烧法。②浅盘状匣钵与深盘匣钵对口叠烧法。③三角形垫片叠烧法。④筒状匣钵笼罩叠烧法。大件器物采用单烧法，细白瓷多采用匣钵单件烧装，少数用桶式匣钵叠烧。瓷器和匣钵粘连而报废的现象极少见，说明当时工匠已能控制窑温，烧瓷工艺达到较高水平。

邢窑的衰落，除因为"地质构造条件比较复杂，开采条件困难，可采矿量无保证之外"，据《内丘县志》记载："大和九年（835年）洪水泛滥，城东迁焉。"五代时期战事频仍，大批劳动力被迫服役，田地荒芜，使得瓷土开发和制瓷手工业作坊无法维持，工匠们很可能向比较安定的地区转移。邢窑遭受自然灾害和战乱的破坏，从此一蹶不振，被迅速兴起的定窑所代替。

邢窑瓷器远销国外，在埃及的福斯特、印度河上游的婆罗米纳巴德等古代遗迹均发现邢窑的产品。在日本的平城京、平安京及其周围地区，韩国的庆州等地，都出土有邢窑瓷器。

二、定窑

定窑位于河北省保定市曲阳县涧磁村，在20世纪20年代就有中外学者前往调查，60年代考古工作者进行了调查与试掘①。定窑在晚唐五代时期已经初具规模，宋代以后形成独特风格，成为名窑之一。早期定窑烧白瓷，釉料含铁和钛，以木材为燃料，在还原气氛中以1300℃的高温烧成，釉色白中闪青，白度高，还有一定的透明性。定窑还烧制黄釉、黄绿釉瓷器。五代定窑与晚唐邢窑基本相同。窑具和烧制方法继承了邢窑的工艺技术，有漏斗形匣钵和桶状匣钵，三叉形支钉、椭圆形支圈及圆形垫饼。器物造型也与邢窑相似。器物成型以拉坯为主，一般胎薄细腻，制作精巧。碗为无釉的平底或玉璧形底，采用一钵一件的支烧法，器体与窑具之间有石英沙粒隔垫。五代定窑使用支圈间隔装在匣钵内覆烧，有的器物口部不挂釉，称芒口，同时器物外壁也有不美观的落灰。仿制金银器的碗、盘、杯，制作出三角形、四方、五方、椭圆形、折腰等形状的器物，除了圈足之外，采用内模压印方法。装饰比较简单，有花瓣纹、叶状纹等纹饰，有的器腹则呈瓜棱状。

五代窑炉的形制为马蹄形，长5.8、宽2.6米，由烟囱、窑室、火坑三部分组成，烟囱呈长方形，窑室方形，火坑半圆形，皆用耐火砖砌成，以泥涂抹砖面。火坑内有木炭屑，推测用木柴作为燃料。

五代时期是定窑重要的发展阶段，这个时期定窑的生产规模进一步扩大，烧制水平有所提高。五代地层发现的遗物中，黄釉、黄绿釉等粗瓷产品基本淘汰，白瓷比重显著增

---

① 河北省文化局文物工作队：《河北曲阳县涧磁村定窑遗址调查与试掘》，《考古》1965年第8期。

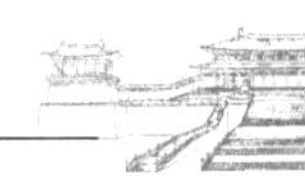

加，而且器物造型逐渐多样化，并开始出现题材简单但线条洗练的划花和剔花纹饰以及圈足满釉、口沿露胎的覆烧器物。这说明五代时期的定窑处于上承晚唐、下启北宋大发展的过渡时期。

三、黄堡窑

陆羽《茶经》中提到过鼎州窑瓷器，宋代文献中记载有耀州瓷，后来的古董收藏中又有“临汝窑”“北丽水”“北龙泉”“秦窑”等叫法。所有这些都和20世纪50年代开始调查发掘的陕西铜川黄堡窑有关。该窑址在20世纪90年代的发掘面积已达11500平方米，展现了原料配备、成型、修坯、装饰、施釉、晾干、装烧和成品等制瓷工序的全过程[①]。唐代黄堡窑位于陕西省铜川市王益区黄堡镇附近漆水河两岸，经过唐和五代两个发展期，为宋代耀州窑的繁荣奠定了基础。

（一）唐代黄堡窑

1. 作坊遗址

作坊遗址由分布在漆水河岸边、依崖挖成的8座瓷器作坊组成，除20号作坊为露天作坊外，其余均为窑洞式建筑，其用途各不相同，有的用作原料制备，有的用作器物成型，有的用作施釉，有的用作存放坯泥料。这些作坊遗址的发现，据其可分析产品分工和瓷器烧造组织、生产关系等方面的情况。其中的25号作坊由主室和侧室组成。主室平面呈长方形，面积38.14平方米，侧室面积9.65平方米。主室内有储水缸、火膛、工作平台、转盘轴坑，后部为石头铺底的练泥坑。侧室堆放有150件已经成型的执壶坯和大约20件盏。这个作坊主要从事执壶和盏的生产，主室用于练泥和成型，侧室用于储存坯件和施釉。4号作坊呈长方形，南北残长12.3、东西宽2.6—2.9米，残存面积33.38平方米。整个作坊分为前后室，中间有墙相隔，并有门相通。前室西南角有一堆已经成型的执壶坯。后室西南角有一方形火膛，中部有圆形转盘轴坑，北部安置2个大陶瓮和两堆坩埚。作坊内出土有“开元通宝”钱币和大量白、黑瓷片。后室用于器物制造时的拉坯成型，而后在前室晾坯。此作坊以生产白釉玉璧底碗和黑釉短流执壶为主，应属晚唐时期。8号作坊遗址残存面积21平方米，北壁偏西处有一烟囱，室内有许多罐、瓶坯件，有的挤压成团。据统计，黑瓷占出土瓷片80%以上，此作坊当以生产黑瓷为主。20号作坊是露天作坊，残存面积69.75平方米，保留有淘洗池、沉淀池、陶缸等遗迹与遗物。淘洗池用耐火砖砌筑而成，呈长方形，东西宽0.7、南北长1.55、深0.1—0.15米。沉淀池也为长方形，位于淘洗池之西，东西长1.5、南北宽0.65、深0.6米。南壁用耐火砖砌筑而成，其余三面则为土壁，底部尚存一层坩泥。在沉淀池周围环绕9个陶缸，陶缸三分之一埋入地下，周围用坩泥填塞，缸内

① 陕西省考古研究所编著：《唐代黄堡窑址》（全二册），文物出版社，1992年。

尚存细坩泥。这处露天作坊应当是专门备制泥料的场所。12号作坊室内平面呈长方形，地面上有一层细坩泥，室内分布有排列整齐的陶罐、瓷缸，应当是施釉的场所。7号作坊坐北朝南，窑洞内地面上有一层4厘米厚的坩泥，北部用石块平铺，可能是用于练泥和堆放坩泥的地方。东南角有2个匣钵。堆积中出土的黑色瓷片最多，可能以生产黑瓷为主。24号作坊室内平面呈长方形，主要生产黑瓷和茶末釉瓷，也兼烧三彩。作坊出土有石杵、石臼、转盘、各种模范和修坯装饰用具。

2. 窑炉遗址

黄堡窑遗址发现唐代窑炉遗址5座，根据其形制可以分为马蹄形和葫芦形两种，前者为半倒焰式窑，后者为横焰窑。

6号和28号窑，平面呈马蹄形，由窑门、燃烧室、窑室和烟囱组成。窑门至燃烧室的底部呈斜坡状。窑室平面呈扇状。两窑的结构基本相同，为馒头形半倒焰窑[①]，体积较大。6号窑的面积为10.95平方米，窑容量可达21.9立方米。以木柴为燃料。两窑以烧黑瓷为主，兼烧青瓷和茶末釉瓷。6号窑出土有罐、瓶、钵、盏。28号窑出土有执壶坯、盏、碗等。

12号窑平面为葫芦形，前、后室均为圆形，以耐火砖砌筑而成。前室直径0.9米，后室直径0.84米。前、后室之间有火道相连。烟囱在后室的后部，呈椭圆形，长0.36、宽0.24、残高0.28—0.34米。窑的规模较小，结构比较原始，属于横焰窑，只能小批量生产，或者进行产品试烧。窑门前有一处砖砌的操作场地。窑具有匣钵、耐火架板、支烧具、垫烧具。器物烧造时都是正烧，分为叠装、套装、单件装。

黄堡窑产品以青瓷为主，也烧白瓷、黑瓷，器物有餐具、酒具、茶具、照明具、化妆具、文房用具、药具、净瓶等。器物多为宽底足的玉璧底。青瓷胎较粗，呈灰色或灰白色，釉色泛白、泛黑、泛黄的较多。也有透明度较好的青瓷，颜色也比较纯正。装饰有刻花、贴花、印花。白瓷釉色纯白者较少，泛黄、泛灰者较多。黑釉瓷胎较厚重，釉色漆黑闪亮。如1972年在黄堡窑出土了1件黑釉瓷塔式盖罐，集中使用了雕、镂、堆、贴等技法，腹下部模印堆贴一周叶纹，下承以多边形底座，座上镂雕佛像及花卉。罐盖呈7级宝塔形，盖顶塑一小猴，形象生动，通高51.5厘米。它不仅是唐代北方黑釉瓷的杰出代表，而且也充分反映了黄堡窑的制瓷水平。黄堡窑还烧造黄瓷、茶末釉瓷、黑釉刻花添白瓷、花釉瓷、白釉绿彩瓷、白釉褐彩瓷、青釉白彩瓷、青釉褐彩瓷、素胎黑花瓷，种类丰富。制法有轮制、模制、捏塑。瓷器上有许多题刻文字，内容包括姓名、器

---

① 半倒烟窑，馒头窑的形制之一。其火膛呈半圆形或扇形，窑室左、右、后壁齐直、外弧或略外弧。窑室底部即窑床较平或略向后倾斜，火焰由火膛斜直喷向窑室顶部，由于设在后壁下部的排烟孔和烟囱的吸引，倒向窑室后半部，烟则由排烟孔进入烟囱，排出窑外。这种火焰流动方式的窑，称为“半倒焰窑”。半倒焰窑出现于西周晚期，此后流行。烧制陶器的，一般掏挖而成，设置一个或三个较小的烟囱。烧制瓷器的，一般以砖坯或砖砌筑而成，绝大多数在后壁外左右各设一个较粗大的烟囱，抽力大，便于提高温度。到了明代，开始出现全倒焰窑，也称倒焰窑。

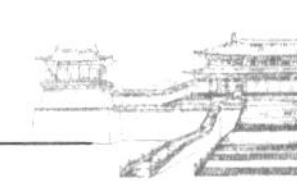

物编号、扎烧时的火位标记、年款、吉祥语等。姓名近20个，如“张缜自造”等等。年款有“大中”“元和”“咸通七年三月”等。根据题记和器物特征，唐代的产品应当主要属于中晚唐时期。

3. 器物成型与装饰题材

器物成型主要有轮制、模制和捏塑三种。圆形器物多采用轮制，一般在转盘上拉坯成型，如碗、盘、钵、盆等。所用转盘皆木质，转盘和立轴的连接部分已经出现专用的生铁铸件和耐磨的瓷质构件。模制器物主要有俑、狮子、骆驼、马、双鱼瓶等。模分为两半，人物多为前后模制，动物多为左右模制。铃铛则采用上下合模。器物的装饰手法有刻花、划花、印花、贴花、绘花等。施釉前一般先上一层化妆土，蘸釉法和涂釉法兼用，釉色有单彩、多彩、釉上彩、釉下彩等。装烧从盛唐时期开始，一律采用桶形匣钵装烧，大型器物往往采用2件匣钵相扣装烧，有些大型器物内还套烧小件器物，充分利用了匣钵内空间。窑具除匣钵外，还有三叉形支垫。

装饰题材有几何纹、植物纹和动物纹等几种。几何纹题材有三角纹、弦纹、方块纹、斜格纹、辐射纹、圆圈纹、圆点纹、串珠纹、五曲纹、六曲纹、七曲纹、连环纹等。植物纹题材有树木纹、折枝花纹①、朵花纹、卷草纹等。动物题材有龙、狮、牛等瑞兽；鸾鸟、凤凰、仙鹤、鸭等禽类；蝴蝶、飞蛾等昆虫；鱼、龟等水族。人物纹题材比较少见，仅有一幅婴戏图。

（二）五代黄堡窑

五代黄堡窑遗址发掘出土的瓷器共1941件，其中青瓷1641件，占84.5%；黑瓷92件，占4.7%；白瓷15件，占0.8%；茶叶末釉瓷10件，占0.5%；白釉褐彩、白釉绿彩瓷16件，占0.8%；素烧器167件，占8.6%。青瓷数量最多，占据了主导地位。青瓷器物主要为餐具、茶具和酒具，有杯、唾盂、盏、盏托、壶、人形壶、倒装壶、罐、套盒、盆、钵、盂、短颈瓶、五管瓶、长颈瓶、盘口瓶、葫芦瓶、净瓶、盘、碗、注碗、碟、盒、香薰、烛台、香墩、枕、拍鼓、灯、炉、擂钵、器盖、瓷塑等，造型丰富，品种齐全，日用器皿几乎应有尽有。其中碗、盘、盏、盏托、壶、盅、杯、碟为当时的大宗。

1. 生产工艺

工艺是指劳动者利用生产工具对各种材料进行加工处理，使之成为产品的操作方法。五代黄堡窑出土的各种瓷器，集中反映了当时工匠如何把普通陶瓷黏土制成精美瓷器的诸多技术和方法，与唐代相比有了长足的进步。

原料制备：考古发现有淘洗池、练泥池、陶缸等设施。说明在坩土矿石粉碎后，在石

---

① 折枝花纹，又称折枝、折枝花，是花卉绘画的一种表现形式。画花卉时不画全枝，只画连枝折下来的部分，故名。或者截取某种花草的一枝或者一部分作为装饰纹样。它是单独纹样的基本单位，可以单独使用，也可以连续使用，或配合虫鸟等应用。晚唐韩偓《已凉》诗云：“碧阑干外绣帘垂，猩血屏风画折枝。”

头砌成的淘洗池内用水进行淘洗，除去渣子和杂质，然后把溶在水中的泥浆舀入陶缸中，沉淀为胎泥，经过一定时间的陈腐，再把这种胎泥放在作坊内专门用砖砌成的练泥池内进行揉搓摔打，反复炼制，增加柔性。这一时期的瓷器，胎呈深浅不一的灰色，质地坚细，扣之有清脆的金属声。有些胎很薄，器物壁厚仅0.1—0.2厘米，一件口径13.9、高5.5厘米的碗，重仅150克，口沿上有多折曲线，曲线弯得还很深，足证当时胎泥可塑性相当好。

成型：圆形器皆在陶车上拉坯成型。圆形器上的一些附件，如壶的流、柄，则用合模的方法成型，然后再把它黏接在壶身上。一些小型器物，如盅、杯、壶盖等，多直接用模压制。发掘中出土了许多盅、杯、壶柄、壶盖的范模，足以证明当时这些小件器物是合模成型的。还有一些小型瓷塑用手和塑棒捏塑。坯体上的装饰，除刻花、划花以外，贴花也用模制成，然后再黏接上去。发掘中也出土了许多用于贴花、贴塑的模具。

施釉：五代黄堡窑出土的瓷器，成型后多在坯体表面施一层化妆土，遮盖缺陷，防止烧成中胎体中的铁点外溢。化妆土一般呈乳白色。施过化妆土后再罩釉，从出土标本观察，其效果甚佳，质量大为提高。当时施釉用蘸釉法，把制好的坯件浸入釉浆中，使坯体表面均匀地吸附一层釉，然后入窑烧成。五代时期多施满釉，足上裹釉；也有些足上施釉后再把釉擦去，烧成后足底有一周橘红色；还有一些器物足底刮釉，即施釉后用刀子再把足底的釉刮掉一周，但总体上足上裹釉的特点突出，这也是五代黄堡窑瓷器的显著特点之一。

装烧及支具：普遍使用匣钵进行装烧。匣钵有盘形、钵形、筒形、漏斗形等形状，其中以漏斗形匣钵数量最多，最为常见。已采用一钵一器单件装烧。相同的匣钵摞在一起，在窑室内垒成匣钵柱。既避免了明火直接烧烤、落灰落渣，也保护了坯件不受压力，能够比较均匀地受热。它是提高瓷器产品质量的重要措施。在支烧方面，用作支具的有垫饼、垫环和支垫。支垫有三岔形、圆形。支垫上的支钉有的三个，有的五个，数目不等，以三个支钉最多。支钉尖端尖锐的程度不一。在多数瓷器的外底都留下了支钉支烧的痕迹，较尖锐的支钉疤痕犹如芝麻大小。还有一些器物，如小碗，内外施满釉，圈足上裹釉，但不用三岔形支钉支烧，而用沙粒团支烧，在圈足上放置三团细小的沙粒，这也是五代黄堡窑的特点之一。

烧成：五代黄堡窑使用馒头形半倒焰窑，以柴为燃料。其结构和燃料均有利于造成还原气氛，有利于烧造青瓷。也有黑瓷、白瓷、茶叶末釉瓷、白釉绿彩、白釉褐彩等，其中青瓷占绝对优势。青瓷的釉色以青为主，又有淡青、天青、青绿、青黄、灰青之分。胎釉结合紧密，没有剥落现象，釉层均匀，釉面光滑，釉色莹润，大多有细密的开片，如冰似玉，有玻璃质感。当时，烧成过程中检验火候已普遍使用火照，火照多利用碗底做成，在碗底或旁边穿一小孔，以利于使用时随时勾取。作为火照使用的碗底上，也内外施满釉。从火照标本观察，火照的釉色烧得十分成功，它釉面光滑，釉层均匀，釉色莹润，有漂亮的开片。证明当时的火照（或称之为试片），不仅在烧窑的过程中用来测定窑炉内的温度，同时也用它来检查釉的熔融、烧结、呈色效果，既简便又经济实用。这是五代黄堡窑制瓷工人的一种发明和创造。

五代黄堡窑在装烧、支烧、烧成过程中已经形成了一整套比较严密的制度，积累了比

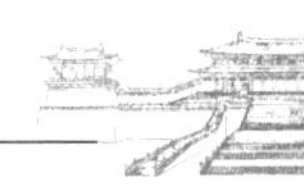

较丰富的经验。从工艺特征观察，五代黄堡窑的青釉瓷器，工艺比较先进，在北方地区居于领先地位，它可以和同一时期的越窑相媲美，它们是我国五代时期烧造青瓷质量最好的两处窑场。其工艺技术，为以后耀州窑的发展奠定了基础。

2. 装饰艺术

我国古代的瓷器，往往是科学与艺术相结合的一种产物，五代黄堡窑的瓷器也是如此。它不仅注重器物的造型、釉色，对器物的装饰也极为重视。一般器物成型后，或在成型过程中都要经过认真修饰，装饰手法多样，装饰纹样也丰富多彩。

装饰手法：流行划花、刻花、印花、贴塑、镂孔、剔花、绘花、雕塑等，手法十分丰富。划花最多，在坯体表面施过化妆土后用尖状工具划出各种纹样，然后再施釉入窑烧制。由于划花部位已没有化妆土，或比胎体表面略低一些，烧成后纹样部分釉层也比没有划过的地方要厚，使得釉面上出现釉色深浅不一的暗纹纹样，一般划过之处颜色深，没有划过之处颜色浅，界限分明。一般采用单线勾划，也有用复线划的，如擂钵内的篦划水波纹，往往采用五条或八条线一次划出。刻花有两种：一是直刀和斜刀相配合，采用一直一斜技法，直刀划线，斜刀剔泥，使所刻纹样显示出来；二是剔刻相结合，大刀阔斧将多余部分剔掉，犹如石刻中的减地刻，并使纹样本身立体化，施釉烧成后有强烈的浮雕感，这是最成功的刻法。刻花还往往刻划兼用，先用刀子刻出纹样轮廓，然后用划花的手法点上花蕊。印花多装饰在盅、盏托、壶盖一类小件器物的表面。小件器物均为模制，模内刻有各种纹样，当压模成型时纹样便印在了器物表面，然后再施釉烧制，五代黄堡窑的印花大部分是这样生产出来的。贴塑亦称贴花，是把模制的装饰物贴在坯件之上，然后统一施釉，入窑烧制。多装饰于杯、盏的内底和壶盖之上，主要为花鸟鱼虫等，制作精巧，造型生动。镂孔多装饰在盏托的托口和盘沿之下。一些套盒和香薰的底座上也有镂孔透雕装饰，它不仅能减轻器物重量，使其有轻巧感，而且有的形似壶门，有的如漏窗，也能增加美感。剔花是在器物成型以后，施化妆土，在坯体显著部位将纹样部分的化妆土剔掉，然后施釉，入窑烧制。这样烧成的器物有化妆土的地方釉色较暗，显示出暗纹纹样来，装饰特别，别有一种风采和韵味。绘花是在装饰白釉褐绿彩时，用毛笔蘸上彩料汁在瓷器胎表面绘出各种花草纹样，然后施釉烧制。雕塑也是五代黄堡窑所采用的装饰手法之一，不仅用来装饰器物，还用来制作一些瓷塑作品。

五代黄堡窑的装饰手法多种多样。当时的瓷器生产，有时只用一种装饰手法，有时则多种装饰手法并用，即使是同一件器物，在不同部位也会使用不同的装饰手法装饰不同的纹样。这些多层次的装饰，相互协调，构成一幅完美的图案，充分发挥了装饰的特点，收到了令人满意的效果。五代黄堡窑丰富的装饰手法，充分反映了当时人们对于装饰艺术的重视，也反映了当时制瓷工艺的发展和进步。因为瓷器的装饰手法和制瓷工艺密切相关，如胎的厚薄、胎泥的可塑程度、彩料的应用、釉的颜色等等，无一不和制瓷工艺有关，装饰手法的丰富多彩，足以证明当时制瓷工艺的进步。就青瓷而论，五代黄堡窑比唐代黄堡窑已经有了长足的进步。

装饰纹样：取材广泛，有几何纹、人物、动物、植物等。但以反映现实的题材占多数，而抽象的题材较少。前者如大量写实的人物、动物、植物花卉，后者只有几何纹样。几何纹，从最简单的直线、平行线、圆线、曲线，到比较复杂一些的三角形、菱形、多边形、五角形、八角形、米格纹、放射纹、弦纹、锯齿纹，当时都曾用来装饰瓷器，一般根据器物的造型、功能、部位，有选择地安排某种几何图形，装饰上去之后使人觉得协调，恰如其分，显示出其艺术魅力。人物纹有反映母子情深的白瓷子母俑，有塑成人形的青瓷壶。后者头作壶盖，双手持物作流，背后安条形曲柄，博衣宽袖，腰间束带，衣服上划有朵花纹样，姿势有跪有站，站者身微前倾，跪者更是毕恭毕敬。这种壶当为酒具，真是匠心独运。另外，还有天真活泼的攀枝童子、印花荷花童子，如青瓷壶盖上印有荷花，荷叶内躺着一个安详的童子，颇带有几分神话色彩。人物题材既写实又有浪漫色彩，个个都具有鲜明特点，活灵活现。动物题材比较普遍，有龙、凤、狮子、蝴蝶、飞鸟、鸭、鱼、龟、雁、狐狸、瑞兽等。动物除专门的瓷塑以外，有一部分器物的造型也呈动物形，如青瓷狮子香薰、青瓷鱼形瓶。青瓷狮子香薰座上刻满莲瓣纹，香薰盖塑成狮子的形象，中空，盖上后里外相通，既有实用价值，又有良好的装饰效果。青瓷鱼形瓶有两种，一种做成一条鱼的形状，一种做成四条鱼的形象，鱼头向上，鱼尾作底座，两侧有穿带的纽，每两条鱼中间还划有一枝花草纹，别有一番情趣。有些器物的部分构件也被做成动物的形象，如白釉褐彩鸡首壶的流被做成鸡首的样子，头上的冠、颈上的毛，形象逼真，作引颈啼鸣状，造型生动，构思巧妙。有些壶的流塑成蹲狮形象，狮子前爪紧扒在壶的肩上，颈上刻划鬃毛，造型生动，构思也很巧妙。有些器盖也做成动物的形状。青瓷杯和盏的内底多贴塑凤、鸟、鱼、龟、兽面等动物，姿态各异，造型生动。凤、鸟、蝴蝶等还装饰在壶盖和盏托上，也模印在一些器壁上。发掘中不仅出土了各种动物纹样的瓷器，也出土了许多刻各种动物纹样的印模，有些瓷片上的纹样和印模内所刻的纹样是相同的，证明有一部分纹样是用印模印上去的。五代黄堡窑的动物纹样，如飞鸟、蝴蝶、游鱼，多成双成对，具有诗情画意，为当时人们喜闻乐见，反映了当时人们对美好事物的向往与追求。植物花卉纹样最为丰富，有菊花、莲花、牡丹、朵花、枫叶、卷草、柳条编织纹等，多采用刻、划、印、雕、绘等多种手法，把这些人们喜爱的植物花卉装饰在瓷器上面，而且刻划得枝叶饱满，充满生机，富有精神。有些只用植物花卉进行装饰，有些则与人物、动物纹样互相配合组成一幅图案，如童子和折枝牡丹组成的攀枝童子；蝴蝶、莲瓣与卷草组成的图案；双凤与朵花、狮子与莲花、双凤双蝶与菊花等，采用多种题材来组织图案，但并非拼凑，而是紧密结合，主题明确，在瓷器装饰艺术方面取得了良好效果，充分反映了人们对自然界诸多美好事物的欣赏，表现出人（使用者）、器与自然和谐的氛围。

四、巩县窑

巩县窑窑址发现于1957年，主要分布在河南省郑州巩义市小黄冶、铁炉村、白乡等地，均以烧造白瓷为主，兼烧三彩及黄、绿、蓝等单色釉陶器，而烧制白瓷的年代比较长。白瓷的种类有碗、盘、壶、瓶、罐、枕等，而以碗、盘为主，尤其是碗类最多。巩县

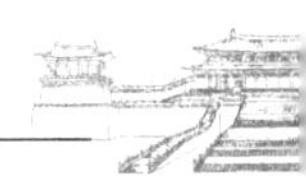

窑烧制白瓷是从唐初开始的，在武则天至唐玄宗时期达到盛期，陶器和瓷器的生产品种增加，开元、天宝年间以后逐渐下降。

五、鲁山段店窑

段店窑窑址位于距河南省平顶山市鲁山县9千米的梁洼乡段店村，发现于1950年，1980年又进行过一次调查[①]。1990年进行了发掘。窑址分布范围较广，南北长1000、东西宽60—120米，面积达10万平方米。窑址文化层堆积一般厚2米左右，最厚处堆积达5米。发现了炕房、窑炉、澄泥池等遗迹。炕房、窑炉砖砌，窑炉由工作室和燃烧室等组成。工作室内残留有烧煤的痕迹，澄泥池平面略呈方形，是在土坑之内用残匣钵或石块垒砌四壁。从地层堆积来看，大致可以分为唐、宋、金、元4个时期。创烧期在唐代，产品有黑瓷和花瓷，一般施釉较厚，釉色不甚纯净。花瓷是在黑釉上再点缀天蓝或月白色的斑点装饰，常见于瓶、罐、盘、碗、执壶和腰鼓等。

六、新密西关窑

新密西关窑窑址位于河南省郑州新密市新密老城西关。遗址中部有一座石桥，原名广济桥，后易名惠政桥。桥南叫菜园沟，桥北为碗窑沟，沟内流淌着一条季节性河流。从惠政桥向南、北各400米的范围之内，均属窑址范围，遗址面积约25万平方米。1961年发现，1993年进行了发掘。从发掘的结果来看，窑址遗存可以分为晚唐、五代、北宋3个时期，其创烧年代可能早于晚唐时期，下限不会晚于北宋中期。

窑炉由火膛、窑室和烟囱三部分组成。窑室呈长方形，南北宽3.4、进深2.5米，壁面用青砖垒砌，残高0.2米。两个烟囱位于窑室后部，通过3个烟道与窑室相通。烟囱平面呈圆形，口大底小，底径约1.5、残高1.2米。窑炉的结构和形状属于北方地区常见的馒头窑。

出土的窑具有漏斗状匣钵、直筒形匣钵、三角形支烧、环形垫圈和圆形垫饼等。唐代瓷器以白瓷为主，其次是青瓷，还有少量黑釉、酱釉、黄釉瓷等。主要器形有碗、盘、双耳壶、小壶、盒、枕、俑等，以碗、盘的数量最多。典型器物有白釉饼足碗、白釉璧底碗、白釉平底盖盒、青灰釉花边口沿碗、珍珠地划花鹦鹉枕等。五代以白瓷为主，其次为青、黑、酱色釉瓷，主要器形有碗、盘、洗、盒、瓶、罐、执壶等。典型器物有低圈足斜壁大碗、斜口斜腹矮圈足小碗、黄釉短流执壶、六出葵花碟、瓜棱碗等。新密西关窑属于民间窑场，所制瓷器比较粗糙，如使用的胎土不纯净，多用白色化妆土来弥补；施釉不均匀，多有流釉现象。但这里的珍珠地划花装饰比较有代表性，在晚唐时期地层中即有出

---

① 李辉柄、李知宴：《河南鲁山段店窑》，《文物》1980年第5期。

土，是目前所知道的最早应用珍珠地划花工艺的窑口。所谓珍珠地就是在白瓷胎上刻划动物、禽鸟或花卉时，于空白处戳印间隔一致、大小相若的小圆圈作为地纹。珍珠地上往往施以赭红色或黑褐色，与器表的白釉相互映衬，这种装饰工艺应当受到了唐代金银器鱼子纹地的影响。其中珍珠地禽鸟如鹦鹉、鸳鸯、鸭子和动物如羊、鹿等装饰图案，是该窑址最富有特色的装饰图案。

参考书目

［1］ 中国硅酸盐学会主编:《中国陶瓷史》，文物出版社，1982年。
［2］ 陕西省考古研究所编著:《唐代黄堡窑址》（全二册），文物出版社，1992年。
［3］ 陕西省考古研究所编著:《五代黄堡窑址》，文物出版社，1997年。
［4］《中国古陶瓷图典》编辑委员会编、冯先铭主编:《中国古陶瓷图典》，文物出版社，1998年。

第五节　其他陶瓷器

一、绞胎器

绞胎是唐代陶瓷的新工艺，在唐代以前尚未发现。绞胎，又称搅胎或绞泥，是把配好的深色和白色的瓷泥切成薄片，按照器物造型堆叠成雏形，然后放到刻好形体的陶范中挤压成型。柔软的色泥扭曲掺和，出现类似树木年轮的纹理或花岗岩纹理、羽状纹理、水波流云状纹理等，纹理变化多样。然后再罩以淡黄色铅釉或透明釉，经过800—900℃的温度烧成，属于低温铅釉陶的范畴。在陕西、河南等地的墓葬、寺院遗址中都有出土。关于绞胎器物的发明，有人认为似乎是模仿了漆器中的犀毗（亦作犀皮）[①]；有人认为是模仿了木器中的瘿器[②]；有人则指出它与西亚古陶器、罗马时代的玻璃器有相似之处[③]。

器物类别主要有杯、碗、盂、三足小盘、瓶、钵、长方形小枕等。杯多小型，杯身稍高或稍浅。碗有唐代习见的弦纹碗，口外敞，碗身浅而近于垂直，碗身中部凸起一条弦纹，圈足。三足小盘口沿平折，盘底平坦，下有三个矮小的乳足。长方形小枕流行于晚唐五代时期，其制法大致是把制好的绞胎坯泥切成薄片，然后黏合成型，阴干后将四角修圆，在背面挖一圆孔，最后施釉装坯入窑烧成。这种绞胎小枕传世品较多，流散到国外的也不少。一般在枕面上绞出团花图案，呈等边三角形之状排列，团花大体相同，构成一幅

① 中国硅酸盐学会主编:《中国陶瓷史》，文物出版社，1982年，第214页。
② 孙机:《绞胎器与瘿器》,《文物》1988年第12期。
③ 屈志仁:《绞胎、“绞釉”和流沙笺》,《上海博物馆集刊》（总第四期），上海古籍出版社，1987年，第252、253页。

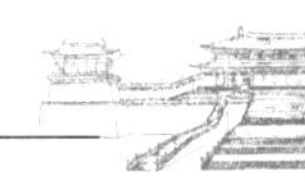

装饰性很强的图案。据考古调查，发现这种胶胎小枕上的绞胎部分，是将绞胎切片后粘贴于胎体之上，其做法如唐代的木画镶嵌工艺。这种小枕的烧制工艺与唐三彩相似，是先素烧坯件，烧成正品后，然后上淡黄色釉或透明釉复烧。上海博物馆收藏1件，枕面为三组团花，枕底刻“杜家花枕”四字；国内还有1件，底刻“裴家花枕”，可知这类瓷枕在唐代叫“花枕”。1972年，唐懿德太子墓出土的绞胎骑马狩猎俑，人马全部绞胎，是目前绝无仅有的绞胎器（图3-1-5-1）①。它的制作工艺比盘、杯、碗等圆形器物的难度要大得多。

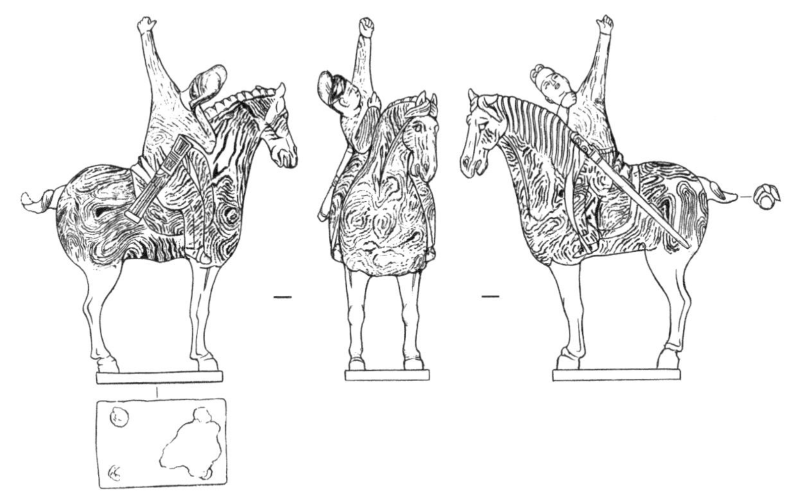

图3-1-5-1 唐懿德太子墓出土绞胎骑马狩猎俑

还有一种绞釉器，是指以绞釉技法装饰的器物。绞釉即在釉料中加入着色料适当搅动，在釉色尚未调匀时施于坯体之上烧成，釉面呈现出不规则的自然花纹，与绞胎器的装饰效果相同。

二、花釉瓷器

花釉是唐代瓷器的又一创造，它是在黑釉、黄釉、黄褐釉、天蓝釉或茶末釉上饰以天蓝或月白色斑点，斑点有的呈规则排列，有的则任意加上几点，有的又像波浪。它们都装饰在深色釉上，衬托出浅色彩斑，显得格外醒目。花釉瓷器常见的有各种罐、双系壶、花口或葫芦式瓶、三足盘、腰鼓，而以罐、壶为最多。罐类多双系，传世品以黑釉者居多，腹部多饰以天蓝或月白色斑点，黄褐釉者有的也饰以月白色斑点，但比较少见。罐高多在20—30厘米之间。也有不带系的大罐，罐体高大、丰肩，腹部比较丰满，分为天蓝釉和黑褐釉，上面饰以月白色大斑点，庄重雄伟。壶多双系，一面为短流，一面为曲柄，平底，

① 陕西省考古研究院、乾陵博物馆编著：《唐懿德太子墓发掘报告》，科学出版社，2016年，第208、209页。

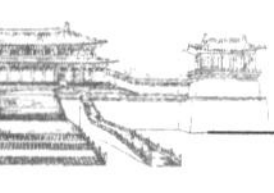

壶体饱满，轮廓线圆润，也以黑釉居多，间有茶末釉者，斑点多天蓝色，有的呈细条纹。花口胡瓶的体积较小，口呈三瓣形，带把，这种花口瓶唐代也有白瓷的，在三彩器中则比较常见。葫芦瓶较少见，上部小，下部大而圆，也有的上部呈花瓣形杯状，下部为饱满的圆形腹，这两种瓶的造型都很别致。腰鼓极罕见，在故宫博物院收藏1件。鼓形两头大，中腰纤细，鼓身有凸起的线状纹装饰，整器施黑色釉，饰以月白色大斑点。

20世纪60年代，在河南郏县黄道窑窑址首次发现了花釉标本。20世纪70年代以来又先后在河南鲁山、内乡、禹县及山西交城等地发现了四处花釉瓷产地。这五处窑址发现的花瓷，就釉色及斑点特色来看，可以分为两类：一类为黑色或黑褐色釉，饰以月白色或灰白色彩斑，器物有腰鼓和壶、罐；另一类为黑色、月白或钧蓝釉，饰以天蓝色细条纹彩斑，器物有壶、罐。前者在河南鲁山段店、禹县下白峪和山西交城三处都有标本发现，后者在河南郏县黄道和内乡二处都有出土。五处窑址出土的不同类型标本，对于辨认传世的花釉瓷器产地有很大帮助。

三、青花瓷器

青花瓷是指用钴料在瓷胎上绘画，然后施以透明釉，在1200℃以上的高温中一次烧成，呈现蓝色花纹的釉下彩瓷器。釉下彩绘工艺和以氧化钴为呈色剂是它的两个基本要素，在中国陶瓷器里独具一格。以往传统的认识，认为青花瓷的真正兴起是在元代以后。关于青花瓷的源头，有两种不同的观点：国内外一部分学者认为我国的青花瓷器受到了波斯影响，从原料到制作工艺都从波斯传入；另一种意见则主张青花瓷是中国的创造，至于使用进口钴料，那只是原料产地的问题，而不是瓷器的烧制问题。目前的考古发现与研究表明，烧制青花瓷需要的两个要素在唐代均已具备，所以，它在唐代出现并不是偶然的事情，而是瓷器烧制技术积累的必然结果。

唐代青花瓷最初发现于唐扬州城遗址（图3-1-5-2，1、2）。1975年，在江苏扬州唐城遗址发现1件瓷枕残片，枕面釉下彩绘菱形轮廓线，菱形四角各绘一圆形略如花朵纹样，菱形线内绘一小菱形轮廓线，空白处绘不规则的叶形纹饰，具有外国风格。枕面蓝色清晰，经测试，证明使用了钴原料。此后，在1983年又发现一批青花瓷片①，引起众多学者的讨论。青花瓷最初发现时，由于数量较少，引起了争论。但随着考古工作的不断进展，唐代地层中出土的青花瓷数量越来越多，对于唐代青花瓷的研究也越来越引起人们的重视。有人认为其产地是河南巩县窑，是因为巩县窑烧白瓷又烧三彩，三彩中有蓝彩和白釉蓝彩。经过对发现的唐代青花瓷胎进行化验，发现它们与河南巩县窑烧制的白瓷化学成

① 文化部文物局扬州培训中心：《扬州新发现的唐代青花瓷片概述》，《文物》1985年第10期；顾风、徐良玉：《扬州新出土两件唐代青花瓷碗残片》，《文物》1985年第10期；扬州博物馆：《扬州三元路工地考古调查》，《文物》1985年第10期；马富坤：《扬州发现的一件唐青花瓷片》，《文物》1985年第10期。

分非常接近。呈色剂是氧化钴，青花的原料也是从唐三彩的钴料彩发展而来，而且是从外国进口的。还有人认为唐青花瓷纹饰中有伊斯兰风格，这种异域风格是为满足国外市场需求而烧制的。也有人根据新疆出土的20余片唐代白地蓝花瓷片，认为出土唐代青花的扬州也出土波斯釉陶，从而推测唐代既然能输入波斯釉陶，自然也可能输入白地蓝花器。而那时西亚也有仿唐风格的器物，基于这些理由，提出了扬州出土的唐代青花可能来源于西亚。在郑州上街区峡窝唐M7出土2件保存完整的青花瓷塔式罐（图3-1-5-2，3、4）①，其中1件高达44厘米，罐体装饰步打图、"卐"字纹、绶带纹、牡丹纹等纹饰；另1件高达44.2厘米，装饰"卐"字纹、牡丹纹等纹饰。特别是在印尼勿里洞"黑石号"沉船中打捞出水

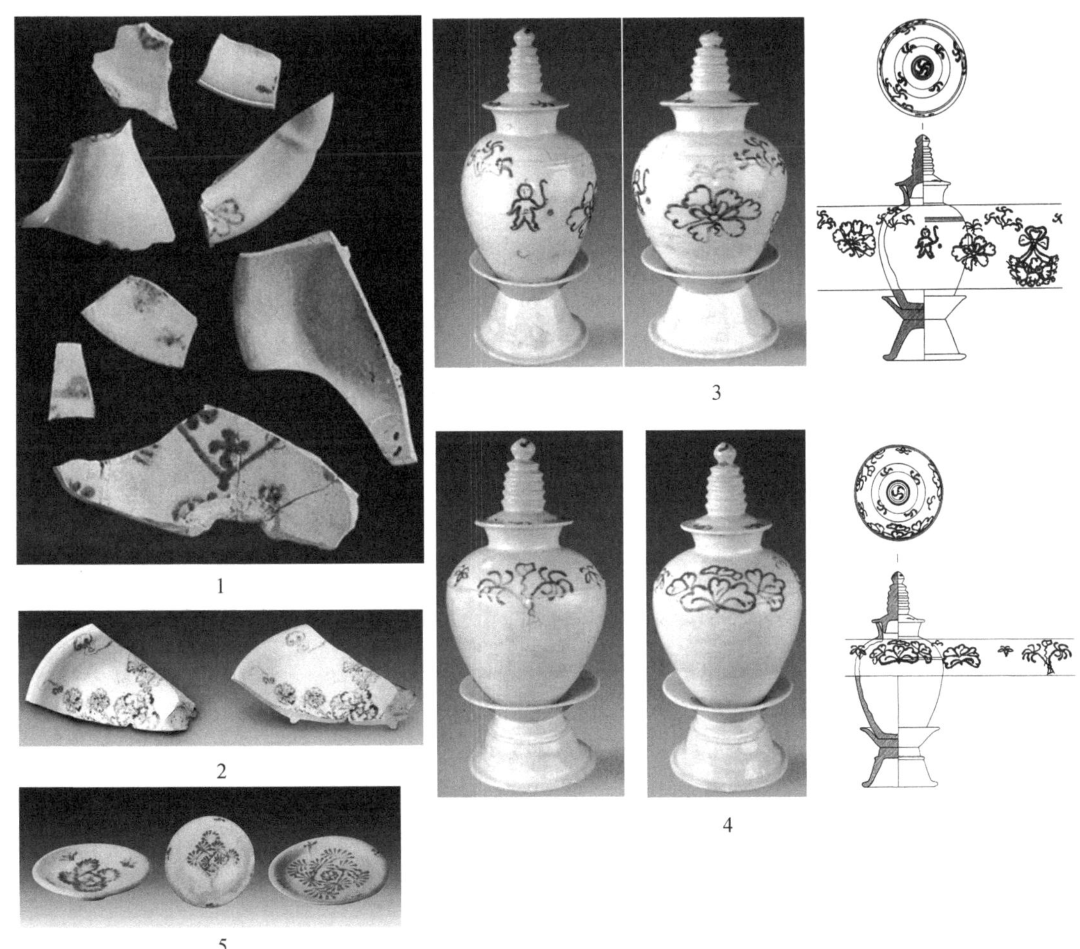

图3-1-5-2　唐代青花瓷

1、2. 江苏扬州唐扬州城遗址出土　3. 河南郑州上街峡窝唐M7出土
4. 河南郑州上街峡窝唐M7出土　5. 印尼勿里洞黑石号沉船出水

① 郑州市文物考古研究院、郑州市上街区文化新闻出版局：《郑州上街峡窝唐墓发掘简报》，《文物》2009年第1期。

了唐代青花瓷盘（图3-1-5-2，5）[①]，为青花瓷是唐代创烧和输出提供了重要证据。

在河南巩义白河窑遗址发现了唐代青花瓷片，其上的装饰与扬州城遗址出土和印尼勿里洞黑石号沉船出水的青花瓷片相同，为探讨唐代青花瓷的制造地提供了重要线索[②]。巩义黄冶窑址也发现了唐代青花瓷片及蓝彩白瓷，而出土青花瓷塔式罐的郑州上街区唐墓也距黄冶窑遗址仅19千米。综合来看，黄冶窑是另外一处唐代烧制青花瓷器的制造地。

四、黑釉瓷器

黑釉是古代瓷器的一种釉色，釉面呈黑色或黑褐色。黑釉的着色剂主要是氧化铁，还有少量或微量的锰、钴、铜、铬等。黑釉釉料分为石灰釉和石灰碱釉，唐代以前为石灰釉，唐代基本改为石灰碱釉。黑釉瓷最早见于浙江上虞、宁波的东汉窑址，而以东晋时期的浙江德清窑烧制的黑釉瓷最为成功。隋唐时期，北方地区烧造黑釉瓷比较普遍。如陕西的黄堡窑，山西的浑源泉窑，河南的巩县窑、密县窑、鲁山段店窑，河北的邢窑、定窑，山东的淄博窑等，都烧造黑釉瓷。其中黄堡窑是烧造黑釉瓷的重要窑口，黑釉瓷器类极其繁多，达50多种。主要有食器、酒器、茶具、水器、乐器、炊具、灯具、药具、文具、玩具等。常见擂钵、碗、钵、盒、灯和各式瓶、壶、罐。釉面漆黑闪亮，造型浑厚端庄，仅少数带有贴花、印花、划花装饰，大多朴素无纹。最能代表北方地区黑釉瓷水平的是黄堡窑烧制的黑釉塔式罐。

五、“官”字款和“新官”字款瓷器

在考古调查和发掘中，发现了一批在器物底部阴刻“官”或“新官”字款的瓷器。这类瓷器，除在浙江临安板桥五代墓中出土的1件青瓷罐在肩部刻有一“官”字不计而外，均为白釉瓷器。过去对于带“官”字款的白瓷产地主要有两种意见：一种认为是邢窑或定窑的产品，但邢窑遗址一直未见“官”字款白釉瓷器出土；另一种认为辽统治区域的“官”字款是辽代官窑产品，因为辽墓中发现的“官”字款白瓷较多，那些墓葬皆为辽代贵族墓，出土的白瓷壶又是辽代特有的器型。由于以往带“官”字款的瓷器只在河北曲阳涧磁村定窑遗址有发现，所以在研究“官”字款白釉瓷器时，人们更多地关注定窑。但2003年，在河北内丘步行街旧城改造中也发现了带“官”字款的白釉瓷器，说明邢窑是“官”字款瓷器生产的又一窑口[③]，改变并丰富了对“官”字款白釉瓷器的认识。内蒙古赤峰缸瓦

---

① 长沙市博物馆、湖南省考古学会长沙窑研究会编，王立华、李效伟主编：《海上丝绸之路的明珠——黑石号沉船唐代长沙窑瓷器展》（展览图录），第46页；郑州市文物考古研究所编著：《河南唐三彩与唐青花》，科学出版社，2006年，第434页，图版635、图版636。

② 国家文物局主编：《2007中国重要考古发现》，文物出版社，2008年，第108—111页。

③ 河北省文物研究所编著：《河北考古重要发现：1949～2009》，科学出版社，2009年，第260—263页。

窑辽代窑址中，也发现带“官”字款的匣钵。根据目前所见资料，可以肯定河北定州静志寺和净众院塔基地宫中出土的“官”“新官”字款的白瓷器是定窑产品，它们都是定窑瓷器中的精品。五代王处直墓[①]、河北定州贡院[②]等也发现了带有“新官”款的白釉瓷器，它们应该是五代至北宋初年的定窑产品。辽墓中出土的“官”“新官”字款白瓷器，可能既有定窑产品，也有辽代官窑产品。

1978年，在浙江临安钱宽墓中出土了13件带“官”和1件带“新官”字款的白瓷器，器形有盘、碗、杯、碟等，胎色洁白，质细坚致，釉色纯白光润。钱宽卒于唐乾宁二年（895年），葬于唐光化二年（899年），这批瓷器的年代在晚唐时期，较此前墓葬、遗址中发现的“官”字款瓷器的年代都早[③]，而且“官”字款与“新官”款共存，可见其属定窑产品的可能性较大。1985年，在陕西西安北郊火烧壁村（唐长安城安定坊）发现了33件带“官”字款的白瓷，主要为盘、碗，器口呈花瓣形，胎质细腻轻薄，釉色白中闪青，内外壁及底满釉，发现者认为属于晚唐时期的定窑产品[④]。在唐长安城大明宫太液池遗址发现了8件带“官”字款的白瓷碗底[⑤]，它们有可能是邢窑或定窑的产品，而它们是真正意义上的宫廷皇室使用过的器物。

六、“盈”字款瓷器

大盈库，是唐玄宗的私库。《新唐书·陆贽传》记载，唐德宗时“于行在夹庑署琼林、大盈二库，别藏贡物。贽谏，以为：‘琼林、大盈于古无传。旧老皆言：开元时贵臣饰巧以求媚，建言郡邑赋税，当委有司以制经用，其贡献悉归天子私有之……’帝悟，乃撤其署”[⑥]。

“盈”字款白瓷在唐长安城西明寺遗址和青龙寺遗址[⑦]、西安南郊刘家庄村东（唐长安城新昌坊西北隅）古井[⑧]等都有所发现。另外在青龙寺遗址曾出土1件“盈”字款白釉执

① 河北省文物研究所、保定市文物管理处编著：《五代王处直墓》，文物出版社，1998年，第41、42页。

② 张柏主编：《中国出土瓷器全集·3·河北》，科学出版社，2008年，第70页，图版70。

③ 浙江省文物考古研究所、浙江省博物馆、杭州市文物考古研究所等编著：《晚唐钱宽夫妇墓》，文物出版社，2012年。

④ 西安市文物保护考古所编著、孙福喜主编：《西安文物精华·瓷器》，世界图书出版西安公司，2008年，第86—91页，图版95。

⑤ 中国社会科学院考古研究所、日本独立行政法人文化财研究所奈良文化财研究所联合考古队：《唐长安城大明宫太液池遗址发掘简报》，《考古》2003年第11期。

⑥ （宋）欧阳修、宋祁：《新唐书》，中华书局，1975年，第4920页。

⑦ 中国社会科学院考古研究所编著：《青龙寺与西明寺》，文物出版社，2015年，第101、102、192、193页，图版三四，1，图版八三。

⑧ 尚民杰、程林泉：《西安南郊新发现的唐长安新昌坊“盈”字款瓷器及相关问题》，《文物》2003年第12期。

壶，底部有“大中十三年三月三日”等十八个字的墨书题记[①]。“盈”字款是“大盈”款的简化，是大盈库最后定型的标志性贡瓷款识。唐开元年间至唐中期，“盈”字款碗多为玉璧形足，唐中后期多为圈足。“盈”字款执壶、罐为平底，“盈”字款棱形杯、“盈・翰林”双款贡瓷，如果不是西安大明宫遗址出土“盈・翰林”双款罐[②]，还不能确认“翰林”款就是贡器，可见带“盈”“翰林”款的瓷器无疑都是入贡大盈库的贡瓷。而大明宫遗址出土的“盈・翰林”双款瓷罐与河北邢台煤田地质局唐墓出土的邢窑“盈”字款罐[③]非常相似。

“盈・翰林”早于单款“翰林”，当属唐玄宗开元年间前后，下限不会晚于天宝年间。唐天宝年间墓葬出土的“翰林”款罐，已无“盈”字只有简化后的“翰林”，这类“盈”字款的白釉瓷罐在西安东郊曾经有所发现[④]。唐中晚期至唐末的盘、碗多为圈足，早期的圈足宽，后期足变窄。

在对邢窑遗址进行发掘的过程中，发现了为数不少的带“大盈”“盈”“翰林”字款的碗底残片和执壶底残片[⑤]，为“大盈”“盈”“翰林”字款瓷器的产地提供了重要证据。由此可见，目前所见带“盈”字款等的唐代白釉瓷器的窑口即为邢窑。

第六节　隋唐五代瓷器的外销

隋唐五代时期是我国陶瓷史上重要的发展阶段，不仅制瓷工艺有了长足的进步，而且创新不断，制瓷的窑场数量和分布都有很大发展，直接为宋代陶瓷业的繁荣打下了基础。从窑址发现的范围来看，考古发现的隋代窑址只限于河北、河南、安徽、江西、浙江、湖南、四川等七省，而唐代则扩展到十余省，且发现的窑址数量也是隋代的5倍以上。另一个重要的事实是，至迟从9世纪初开始，我国的陶瓷已开始向国外输出。日本学者三上次男把这条运输瓷器的海上航路称为“瓷器之路”。关于唐代陶瓷输出的情况，史书失载，正是这些不朽的瓷片记录了这一历史事实。

1974年，在浙江宁波余姚江唐代出海口附近发现一艘沉船，船中和船体附近发现几百件越窑青瓷器和长沙窑青釉褐彩器及少数黑釉器等。与沉船同时发现的还有一块方砖，有

① 张柏主编：《中国出土瓷器全集・15・陕西》，科学出版社，2008年，第26页，图版26。

② 西安市文物保护考古所编著、孙福喜主编：《西安文物精华・瓷器》，世界图书出版西安公司，2008年，第81页，图版91。

③ 张柏主编：《中国出土瓷器全集・3・河北》，科学出版社，2008年，第59页，图版59。

④ 张柏主编：《中国出土瓷器全集・15・陕西》，科学出版社，2008年，第74、75页，图版74、图版75。

⑤ 内丘县文物保管所：《河北省内丘县邢窑调查简报》，《文物》1987年第9期；河北省文物研究所、内丘县文物保管所、临城县文物保管所：《邢窑遗址调查、试掘报告》，《考古学集刊》（第14集），文物出版社，2004年，第191—237页；河北省文物研究所编著：《河北考古重要发现：1949～2009》，科学出版社，2009年，第260—263页。

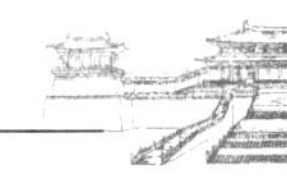

"乾宁五年（898年）"刻款，与瓷器的年代相符，从而证明这是一艘唐代沉船。在唐代，由海上去日本、朝鲜半岛的船多从明州（即宁波）出发，这艘沉船里的货物很可能就是准备在明州港转海去日本或朝鲜半岛时遭难沉没的。

1954—1969年，在日本玄海滩发现唐三彩碎片22片，经过复原，是一件唐三彩中常见的长颈贴花瓶。在日本奈良大安寺的金堂与讲堂之间的烧土层中也发现唐三彩陶器和绞胎陶枕，其中陶枕达30多件。1968年，在日本奈良县橿原市安部寺遗址西北出土了唐三彩兽足残片。正是在日本的奈良时期，日本工匠仿烧唐三彩，制作出了"奈良三彩"。在日本福冈县太宰府町通古货立命寺出土了越窑瓷器。在日本平城京的调查中，发现越窑青瓷。在日本奈良药师寺西僧房遗址发现了中国的白瓷、青瓷以及长沙窑的青瓷壶。在日本福冈县太宰府遗址附近筑野市大门出土1件青瓷壶，腹部呈瓜棱状，三处饰椭圆形褐绿斑。

在韩国曾经发现长沙窑的青褐釉彩贴花壶，壶上有"卞家小口，天下有名"字样，是典型的长沙窑器物。

在伊朗布什尔省重要的港口锡拉夫，出土了大量中国陶瓷片，其中引人注目的是唐代的白瓷和越窑青瓷。

伊拉克的萨麻拉，在883年（唐中和六年）成为废墟，在这里发现了来自中国的白瓷、青瓷和三彩器碎片，其中的青瓷片属于越窑产品。在伊拉克巴格达东南泰西封遗址附近的阿比耳他遗址，曾经采集到晚唐五代时期的越窑青瓷及白瓷。

埃及的福斯塔特城，13世纪初叶成为废墟，在这里发现了许多中国陶瓷碎片，日本学者小山富士从中拣选出600多片越窑青瓷，还有不少唐代白瓷和三彩器碎片。

中国唐代陶瓷经由"丝绸之路"运到中亚和西亚的为数不少。据1059年巴依巴基的记录，8世纪末至9世纪初，呼拉珊总督阿里·宾·伊萨曾向巴格达国王河论·拉西德进献了20件中国精美陶器和2000件一般陶器。这些陶器是用骆驼队从陆路运去。

尼夏普尔是呼拉珊的中心地（今伊朗东北部内沙布尔），也是东西交通的要冲，是伊斯兰时代的达希尔王朝、沙法维王朝（867—903年）首都，萨曼朝时期则是总督的居住地。这里也发现了长沙窑瓷器和晚唐时期越窑青瓷以及邢窑白瓷。

1998年9月至1999年6月，德国打捞公司在印尼勿里洞岛海域一块黑色礁石（Batu Hitam，意译为"黑石"）附近，发现一艘阿拉伯商船结构的唐代沉船，因为附近有黑色礁石，该艘沉船被命名为"黑石号"，有人对这艘沉船进行了复原并制作了模型（图3-1-6-1）[①]，可以使我们更加形象地认识当时航行在海上丝绸之路的运载工具。其中出水的67000余件中国陶瓷器，分别来自长沙窑、邢窑、越窑、巩县窑等，而长沙窑产品即达56500件，可见其在当时外销瓷器中所占的地位。另外，还出水了唐代的其他器物，计有10件金器、24件银器、30面铜镜、1件漆盘等。长沙窑产品中的瓷碗上带有"宝历二年（826年）七月十六日"铭，同时结合其他器物的特征，可以考证这艘沉船是9世纪上半叶途经勿里洞海域时，触到那块黑色礁石而沉没的。

---

① 长沙市博物馆、湖南省考古学会长沙窑研究会编，王立华、李效伟主编：《海上丝绸之路的明珠——黑石号沉船唐代长沙窑瓷器展》（展览图录），第32页。

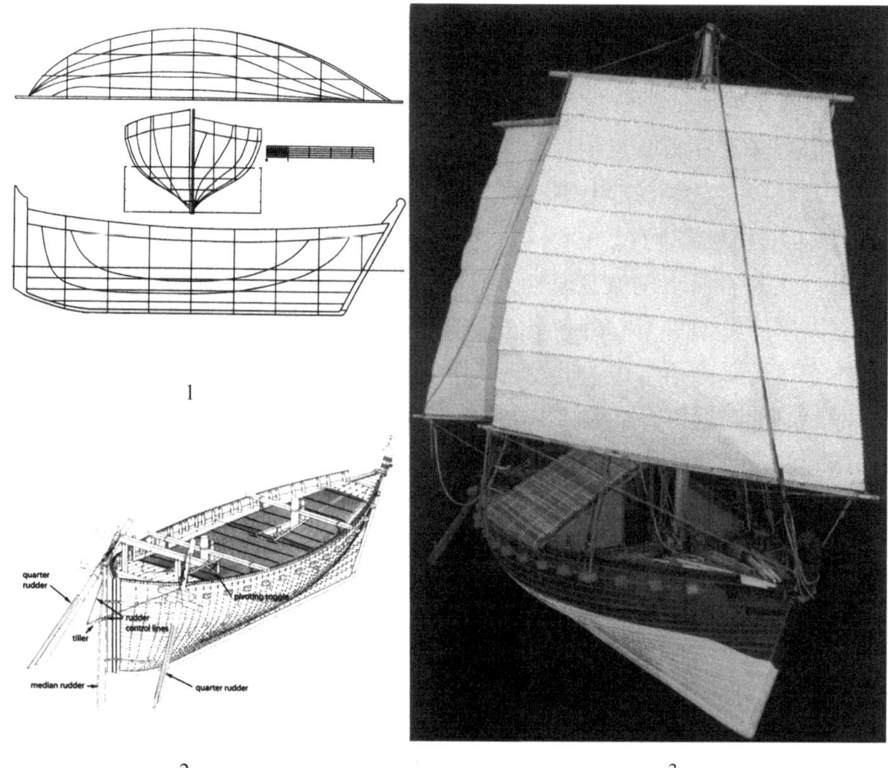

图3-1-6-1　印尼勿里洞黑石号沉船结构、复原和模型图
1. 船体结构图　2. 船体复原图　3. 船体模型图

参 考 书 目

［1］ 中国硅酸盐学会主编:《中国陶瓷史》，文物出版社，1982年。

［2］《中国古陶瓷图典》编辑委员会编、冯先铭主编:《中国古陶瓷图典》，文物出版社，1998年。

第二章　重要遗物

第一节　铜　　器

在以往的研究中，人们更多地关注了隋唐时期的铜镜，而对铜镜以外的其他铜器则相对研究较少。主要是由于铜器的出土数量较少所造成的。近年来的考古发现表明，隋唐时期的铜器不仅种类丰富，且制作精良，是隋唐时期重要的日常生活用品。本节主要叙述铜镜以外的各类铜容器，而将铜镜另辟一节（参见本章第二节）进行论述。在唐代铜器中，除过铜镜之外，金铜造像也是重要的一类，但由于其宗教性质所决定，将其放在宗教的遗迹和遗物部分进行论述。

唐代铜器的种类主要有盘、碗、杯等。唐天宝二年（743年），鉴真东渡日本，从扬州携带“铜瓶”“大铜盖”“中铜盘”“小铜盘”“一尺面铜叠”“少铜叠”等。鉴真之所以能够从扬州带走这么多的铜器，说明扬州当时是重要的铜器生产地。据《新唐书·地理志》记载，扬州土贡铜器。考古发掘的唐代铜器以素面为主，一般外表都经过打磨，光亮度很好。也有一些装饰华美的铜器，表面錾刻花纹或鎏金。

一、铜器种类

鐎斗：一般腹部为浅盆形或浅碗形，带流，底较平或略弧，下附三足，有长柄。主要流行于魏晋南北朝时期，至唐代已经衰落，发现数量较少，柄端呈鹅项鸭首状。河南偃师杏园唐开元二十九年（741年）M2603出土1件，在一侧有一桃形凸出，短流，柄端呈鹅项鸭首状，下附弧曲的三足，通高16.5厘米（图3-2-1-1，1）[①]。

提梁罐：鼓腹，平底，口沿部有提梁。河南偃师杏园唐M0535出土2件提梁罐[②]。两侧铆接环扣，并附加提梁。一件为钵形，口内敛，腹弧形，底略内凹（图3-2-1-1，2）。一件为直口，圆肩，斜弧腹，底略内凹。

执壶：又称注子。与同时期的陶瓷执壶造型一致，肩部一侧带流，相对的一侧有把，有的把上部铸造出芽状饰。如河南偃师杏园唐M1008出土1件，小口束颈，鼓腹，底微凹，柄安置于肩腹部，形状如弧曲花枝。壶嘴短小，呈六棱形。圆形盖，上附略呈球形的

---

① 中国社会科学院考古研究所编著：《偃师杏园唐墓》，科学出版社，2001年，第134、135页。

② 中国社会科学院考古研究所编著：《偃师杏园唐墓》，科学出版社，2001年，第64页。

图3-2-1-1　唐代铜器

1. 鐎斗（河南偃师杏园唐M2603出土） 2. 提梁罐（河南偃师杏园唐M0535出土） 3. 执壶（河南偃师杏园唐M1008出土） 4. 高足杯（河南巩义唐88HGZM66出土） 5. 长杯（江西瑞昌丁家山唐墓出土） 6、7. 盘（河南偃师杏园唐M1921、M1025出土） 8. 盆（河南偃师杏园唐M1710出土） 9. 钵（河南偃师杏园唐M1928出土） 10、11. 匜（河南偃师杏园唐M1819、M2954出土） 12. 烛台（河南偃师杏园唐M1008出土） 13. 熨斗（河南偃师杏园唐M5036出土） 14. 火炉（河南偃师杏园唐M2544出土） 15. 盒（陕西扶风法门寺塔基地宫出土） 16. 剑（湖北武昌桂子山唐M163出土） 17. 马镫（唐懿德太子墓出土） 18. 带具（河南巩义芝田88HGZM13出土）

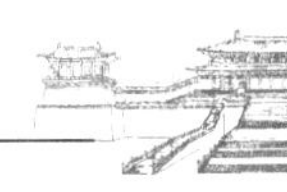

圆纽（图3-2-1-1，3）[①]；河南登封法王寺二号塔基地宫出土1件，高17.9厘米[②]。

高足杯：在隋唐时期的铜杯中，有些是仿金银器造型而制作的，以高足杯为代表。如湖南长沙隋墓出土的高足铜杯，敞口、深腹、喇叭形高圈足[③]；河南巩义芝田唐墓中出土的高足杯，深腹、喇叭形高圈足，高足中部有算盘珠式凸起（图3-2-1-1，4）[④]。它们的形制与西安何家村窖藏、沙坡村窖藏出土的银高足杯形制完全一致。

长杯：与同时期的金银器造型非常相似，有十二曲、八曲等造型，高喇叭形圈足。江西瑞昌丁家山唐墓出土1件十二曲铜高足杯（图3-2-1-1,5）[⑤]；江苏镇江中山路出土1件口腹呈八曲的铜高足杯。

盘：有圆形和菱花形等，有些带有三足，有些鎏银。如河南偃师杏园唐M1025和M1921分别出土1件，前者口径32.4厘米（图3-2-1-1，7），后者口径28厘米（图3-2-1-1，6）[⑥]；西安东郊黄河机械厂发现1件，圆形，圜底，通体鎏银，口径18.8、高4.1厘米[⑦]；陕西礼泉唐麟德元年（664年）郑仁泰墓出土1件菱花形铜盘[⑧]；辽宁朝阳韩贞墓中还发现有三足铜盘，足呈卷叶形[⑨]。唐代铜盘中有一种高足盘，形似豆，浅盘，高喇叭形圈足，发现数量较少，如郑仁泰墓出土的鎏金铜高足盘[⑩]。

盆：圆形，口沿外卷，平底。陕西西安秦川机械厂唐墓出土1件，口径22.5、高6厘米[⑪]；河南洛阳东明小区唐太和三年（829年）高秀峰墓出土1件，侈口，平底，口径22.3、高3.6厘米[⑫]；河南偃师杏园唐M1710出土1件，口径19.3厘米（图3-2-1-1，8）[⑬]。

钵：一般为敛口，鼓腹，平底、圜底或底部略内凹。发现数量多，分布地域广。如辽宁朝阳唐左才墓[⑭]、陕西西安东郊韦美美墓[⑮]、河南荥阳后王庄唐墓[⑯]、河南郑州上街区唐

---

① 中国社会科学院考古研究所编著：《偃师杏园唐墓》，科学出版社，2001年，第63页。

② 河南省文物考古研究所：《河南登封市法王寺二号塔地宫发掘简报》，《华夏考古》2003年第2期。

③ 湖南省博物馆：《长沙两晋南朝隋墓发掘报告》，《考古学报》1959年第3期。

④ 郑州市文物考古研究所编著：《巩义芝田晋唐墓葬》，科学出版社，2003年，第204、207页。

⑤ 瑞昌市博物馆：《江西瑞昌丁家山唐墓群清理简报》，《南方文物》1995年第3期。

⑥ 中国社会科学院考古研究所编著：《偃师杏园唐墓》，科学出版社，2001年，第206—208页。

⑦ 徐进：《西安东郊黄河机械厂唐墓清理简报》，《考古与文物》1992年第1期。

⑧ 陕西省博物馆、礼泉县文教局唐墓发掘组：《唐郑仁泰墓发掘简报》，《文物》1972年第7期。

⑨ 朝阳地区博物馆：《辽宁朝阳唐韩贞墓》，《考古》1973年第6期。

⑩ 陕西省博物馆、礼泉县文教局唐墓发掘组：《唐郑仁泰墓发掘简报》，《文物》1972年第7期。

⑪ 西安市文物管理处：《西安东郊秦川机械厂汉唐墓葬发掘简报》，《考古与文物》1992年第3期。

⑫ 洛阳市文物工作队：《洛阳市东明小区C5M1542唐墓》，《文物》2004年第7期。

⑬ 中国社会科学院考古研究所编著：《偃师杏园唐墓》，科学出版社，2001年，第63页。

⑭ 辽宁省博物馆文物队：《辽宁朝阳唐左才墓》，《文物资料丛刊》（6），文物出版社，1982年，第102—109页。

⑮ 呼林贵、侯宁斌、李恭：《西安东郊唐韦美美墓发掘记》，《考古与文物》1992年第5期。

⑯ 郑州市文物考古研究院、荥阳市文物保护管理所：《荥阳后王庄唐墓发掘简报》，《中原文物》2007年第6期。

墓[①]、河南偃师杏园唐M1928（图3-2-1-1，9）[②]等均有发现。

匜：形制如碗，口部有圆形、五曲葵形，一侧有较短的槽形流，圈足。素面者居多，表面一般都经过抛光处理，也有錾刻花纹及鎏金者。河南偃师杏园唐墓出土2件，其中M1819出土者为圆形，内底中心錾刻鸿雁花枝图案，四壁錾刻变形牡丹纹，外壁錾刻八组忍冬纹，表面鎏金。口径19.4、高6.4厘米（图3-2-1-1，10）；M2954出土者为五曲葵口形，口径20.2、高8厘米（图3-2-1-1，11）[③]。

壶：湖北安陆文化馆曾经征集到1件双耳葡萄纹铜壶，肩部双耳呈葡萄根状，腹部四周浮雕藤蔓，藤上有36片叶和12串葡萄，重11千克，高34厘米[④]。这种壶在唐代铜器中较罕见。

勺：发现数量多，一般为长柄圆形。有的柄端制作成鸟首形，这种勺被称为鹅项鸭头勺。

烛台：河南偃师杏园唐墓中出土2件，形制相同。其中M1008出土者由中柱、上盘、下盘、器座四部分相互套接而成。中柱呈空心圆柱状，下端扩展，有子母口，套接在喇叭形器座上。中柱的腰部有上下两道凸棱，以承接上盘和下盘。上盘与下盘均呈直壁平底状，中心有圆孔，相应地套接在中柱的上下凸棱上。上盘径15、下盘径22.7、圆柱上端口径65、底座直径20.5、通高34.8厘米（图3-2-1-1，12）[⑤]。

熨斗：一般为宽折沿，直腹，平底，扁长柄，柄端有一圆孔。1984年，广东韶关西河1号唐墓出土1件，口径16.4、柄长24.5厘米[⑥]；河南偃师杏园唐M5036出土1件，口沿錾刻有细线纹饰，长11.8厘米（图3-2-1-1，13）[⑦]。

盒：较少见。在陕西扶风法门寺塔基地宫出土1件，圆形，子母口，盖顶呈较平的圆弧形，腹壁较直，假圈足较矮。盖顶錾刻四朵云气纹，云气纹之间錾刻羯摩三钴纹。直径10.5、高4.9厘米（图3-2-1-1，15）[⑧]。

剪刀：为交股弹压式，发现数量较少。陕西凤翔唐墓中曾经发现1件，残长13.5厘米[⑨]。

火炉：较少见。河南偃师杏园唐M2544出土1件，器身呈圆筒形，下部略内收，底端

---

① 河南省文化局文物工作队：《郑州上街区唐墓发掘简报》，《考古》1960年第1期。

② 中国社会科学院考古研究所编著：《偃师杏园唐墓》，科学出版社，2001年，第63页。

③ 中国社会科学院考古研究所编著：《偃师杏园唐墓》，科学出版社，2001年，第205、206页。

④ 余从新：《湖北安陆发现唐双耳葡萄铜壶》，《文物》1983年第6期。

⑤ 中国社会科学院考古研究所编著：《偃师杏园唐墓》，科学出版社，2001年，第63、64页。

⑥ 广东省博物馆、香港中文大学文物馆合办：《广东出土晋至唐文物》，广东省博物馆、香港中文大学文物馆，1985年，第198页。

⑦ 中国社会科学院考古研究所编著：《偃师杏园唐墓》，科学出版社，2001年，第134、135页。

⑧ 陕西省考古研究院、法门寺博物馆、宝鸡市文物局等编著：《法门寺考古发掘报告》，文物出版社，2007年，上册，第208、209页。

⑨ 雍城考古队 尚志儒、赵丛苍：《陕西凤翔县城南郊唐墓群发掘简报》，《考古与文物》1989年第5期。

有“十”字形炉箅，两侧有系链，下附三足，系用扁平铜片铆接于炉身下端外侧。器表通体鎏金，錾刻有简单的花叶形花纹。口径10、高18.2厘米（图3-2-1-1，14）[①]。

装饰品：是隋唐时期铜器的重要种类，出土数量较大，主要有钗、簪、戒指等。如陕西西安郊区唐M201出土的蝶形发饰、簪、钗（图3-2-1-2，1、2、4、5），M521出土的钗（图3-2-1-2，3）等[②]。唐昭陵总章三年（670年）李勣墓出土的以铜珩、铜璜等组成的铜组佩较为罕见[③]。

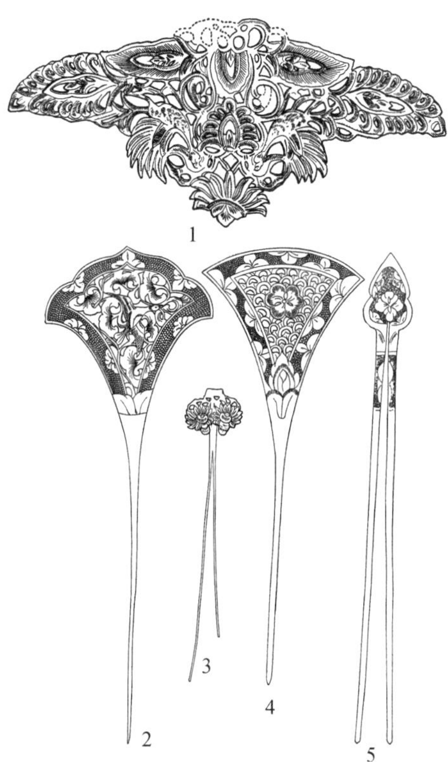

图3-2-1-2　唐代的铜发饰
1. 蝶形发饰（陕西西安郊区M201出土）
2、4. 簪（陕西西安郊区M201出土）
3、5. 钗（陕西西安郊区M521、M201出土）

带具：常见带扣、带銙、鉈尾等。据《旧唐书·舆服志》记载，文武三品以上用金玉带，四品、五品用金带，六品、七品用银带，八品、九品用鍮石带，庶人用铜铁带[④]。说明铜带具用于庶人这一级别。河南巩义芝田唐墓出土的铜带具比较完整，包括带扣、带銙、鉈尾等（图3-2-1-1，18）[⑤]。

马具：有马镫（图3-2-1-1，17）、马衔、马镳、杏叶等，而且多数出自墓葬，有些已经明器化，个体较小，表面鎏金。

剑：铜剑的发现数量较少。如湖北武昌桂子山唐M163出土1件，剑身有日月、星象、青龙、白虎、朱雀、玄武等纹饰（图3-2-1-1，16）[⑥]。

除日常生活用具和武器之外，隋唐时期的铜器中还有大量与宗教有关的器具，主要有以下几种：

梵钟：在隋唐时期的道观、佛寺中多有使用。如陕西富县宝室寺铜钟，铸于唐贞观三年（629年），重180千克，通高1.55、口径1.5米。肩部饰莲花，钟体上部饰飞天，中部饰朱雀，下部饰青龙并铸有铭文318字，是传世最早的唐代铜钟[⑦]。现藏西安碑林博物馆的

① 中国社会科学院考古研究所编著：《偃师杏园唐墓》，科学出版社，2001年，第205、207页。

② 中国科学院考古研究所编著：《西安郊区隋唐墓》，科学出版社，1966年，第77—79页。

③ 昭陵博物馆：《唐昭陵李勣（徐懋功）墓清理简报》，《考古与文物》2000年第3期。

④（后晋）刘昫等：《旧唐书》，中华书局，1975年，第1952、1953页。

⑤ 郑州市文物考古研究所编著：《巩义芝田晋唐墓葬》，科学出版社，2003年，第178页。

⑥ 湖北省文物考古研究所、湖北省博物馆、北京大学考古文博学院编著：《武昌隋唐墓》，上海古籍出版社，2021年，上册，第257、259页。

⑦ 姬乃军：《我国存世最早的唐钟——陕西富县宝室寺铜钟》，《考古与文物》1983年第1期；王永亮：《富县宝室寺铜钟》，《文博》1990年第3期。

景龙观钟，铸于唐景云二年（711年），又名景云钟。高2.47、腹围4.86、口径1.65米，重约6吨。周围铸有纹饰，纹饰自上而下分为3层，每层用蔓草纹带分为6格。格内分别铸出飞天、翔鹤、走狮、腾龙、朱雀、独角独腿牛等，在每格四角有四朵祥云。钟身正面有一段铭文，18行，每行17字，有14个空格，共计292字，是由唐睿宗撰文、书写的。钟用铜锡合金铸成，铸造时分为5段，共26块铸模，现仍可看到铸模痕迹①。

浮屠（塔）：陕西扶风法门寺塔基地宫出土1件，铸造成型，通体鎏金，现已脱落，造型精美，为唐代佛塔的研究提供了重要参考。由宝刹、浮屠、月台、基座组成。基座方形，其上有三层方形月台，最底层月台四周边沿有栏杆，栏杆上下段有宝珠、如意云头、葫芦状饰物；中层月台呈四级叠涩状，四周亦设栏杆，栏杆四周中部竖立二根望柱，柱顶有蹲狮；最上层月台侧面各有四个桃形壸门。最上层月台之上为铜浮屠，面阔、进深均为3间，顶似攒尖顶，有柱头斗栱、补间人字栱、阑额等仿木结构。当心间有两扇门，门中部有插杠，门外置金刚力士一对。从最底月台到当心间，有左、右阶，中间以丹墀分隔。浮屠四周亦设栏板，攒尖顶上有须弥座，座上有宝刹。宝刹下端有六重相轮，相轮上置华盖。盖上有十字相交的火焰背光，其上有双轮新月与日轮，刹尖高耸，最上为摩尼宝珠。通高53.5、座宽28.5、刹高23.5厘米（图3-2-1-3，1）②。

锡杖：《释氏要览》卷中记载："锡杖，梵云隙弃罗，此云锡杖，由振时作锡声故。《十诵》云声杖。《锡杖经》云，佛告比丘，汝等应受持锡杖。所以者何？过去、未来、现在诸佛皆执故。又名智杖，又名德杖，彰显智行功德本故。圣人之表帜贤士之明记道法之幢。迦叶白佛：何名锡杖？佛言：锡者，轻也，倚依是杖，除烦恼出三界故。锡，明也，得智明故。锡，醒也，醒悟苦空三界结使故。锡，疏也，谓持者与五欲疏断故。若二股六环，是迦叶佛制。若四股十二环，是释迦佛制。《三千威仪经》云，持锡不得入众，日中后不得复持，不得檐于肩上。《五百问》云，持锡有多事能警恶虫毒兽故。"③陕西扶风法门寺塔基地宫出土1件鎏金单轮六环铜锡杖，铸造成型。由杖首、杖执、杖鐏三部分组成。杖首为单轮呈桃形，其下每侧有锡杖环三枚，桃轮顶端有如意宝珠；八棱杖首杆端头有双层仰莲座，座上置四层宝珠。杖首下端有鼓形圈箍，便于嵌入木杖并与中部之杖执相连。杖执中间腰部有带凸棱的鼓形箍，两端为八棱铜管，与其下的杖鐏插入木杖相连。杖鐏亦呈鼓状，其上为八棱铜管。杖柄上刻铭为："僧弘志、僧海云、僧智省、僧义真、僧玄依、僧志坚、僧志共、沙弥愿思、弟子李甑、薛氏父王惟忠、母阿李为从实。"锡杖原通体鎏金，现已脱落。杖首高43、轮宽27、杖执高30、杖鐏高30、铜管径2厘米（图3-2-1-3，2）④。

---

① 马骥：《唐代景龙观钟》，《中国大百科全书·文物·博物馆》，中国大百科全书出版社，1993年，第534页。

② 陕西省考古研究院、法门寺博物馆、宝鸡市文物局等编著：《法门寺考古发掘报告》，文物出版社，2007年，上册，第205、206页。

③ （宋）道诚：《释氏要览》，《大正藏》（第54册），No.2127，第279页。

④ 陕西省考古研究院、法门寺博物馆、宝鸡市文物局等编著：《法门寺考古发掘报告》，文物出版社，2007年，上册，第208、209页。

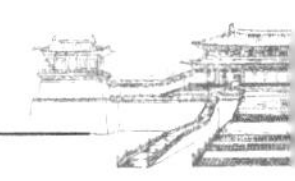

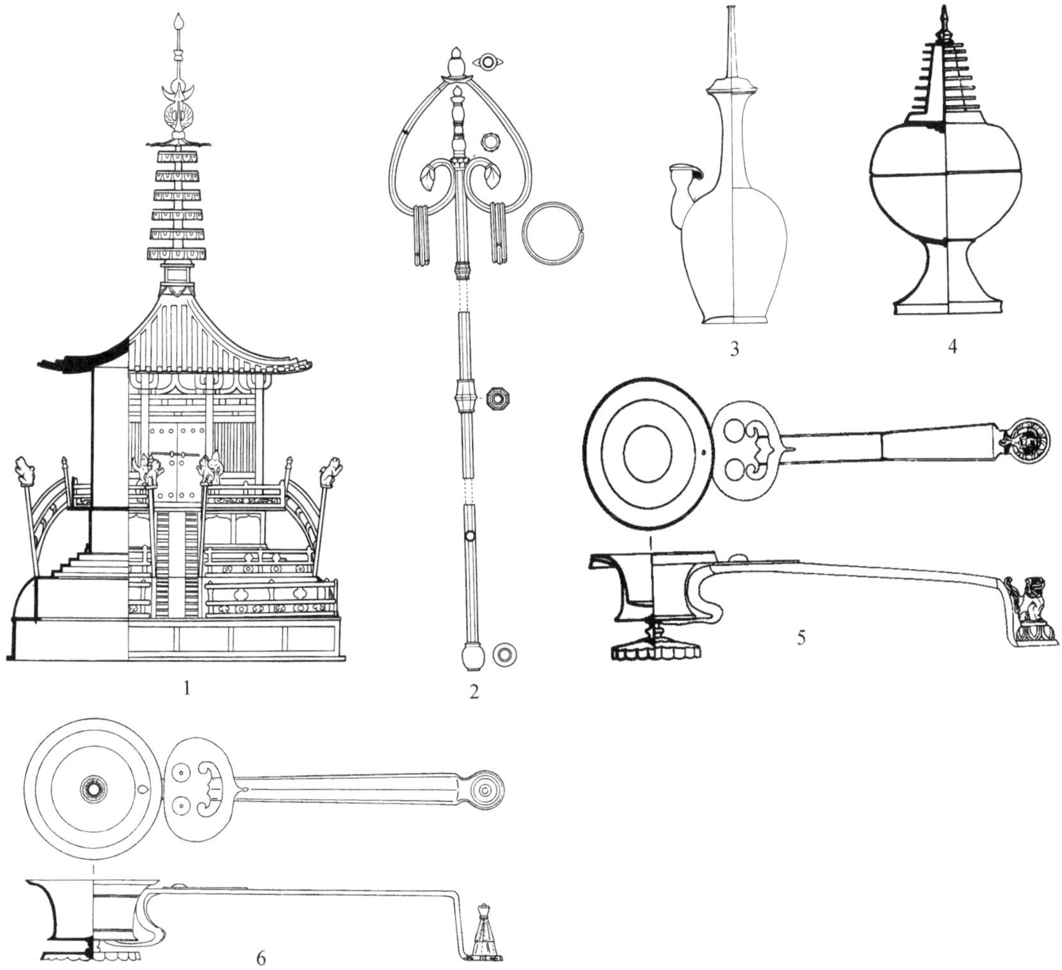

图3-2-1-3　唐代铜器

1. 浮屠（塔）（陕西扶风法门寺塔基地宫出土）　2. 锡杖（陕西扶风法门寺塔基地宫出土）
3. 净瓶（河南洛阳神会塔塔基地宫出土）　4. 香宝子（河南洛阳神会塔塔基地宫出土）
5、6. 手炉（河南洛阳神会塔塔基地宫、江西瑞昌出土）

净瓶：由瓶身和瓶盖两部分组成。瓶侈口，细长颈，垂肩，椭圆形，深腹，最大径在腹上部，圈足底微外撇，肩腹之间有一葫芦形流，流口有用合叶相连可以开启的盖，瓶盖为长管覆盆式，以子母口与瓶身扣合。在河南洛阳神会和尚塔塔基地宫出土1件，通高33.2厘米（图3-2-1-3，3）[①]。

香宝子：以往称为塔式盒等，近来有学者论证其为香宝子[②]。在河南洛阳神会和尚塔塔基地宫出土1件，由盖、身、座三部分组成。盖为塔式，上有九重相轮。身部为半球形，敞口，深腹，平底，与盖以子母口扣合。座呈喇叭形，用铆钉与身相钉合。全器通高

① 洛阳市文物工作队：《洛阳唐神会和尚身塔塔基清理》，《文物》1992年第3期。

② 扬之水：《莲花香炉和香宝子》，《文物》2002年第2期。

15.6、口径8.2厘米（图3-2-1-3，4）①。江西瑞昌也有类似发现②。

香炉：有三足、五足不等，浅盘，带盖，盖上有镂空以泄香气。这类香炉可称之为座式香炉。还有一种造型优美的手炉，一般后部为长柄，前部为带圈足的圆筒状炉身。如河南洛阳神会和尚塔塔基地宫中出土1件，由炉身、炉座、炉柄三部分组成，长柄末端有一蹲坐于莲花座上的鎏金狮子（图3-2-1-3,5）③。江西瑞昌也出土1件，其柄部末端为一塔形镇（图3-2-1-3，6）④。此类器物以往被称为长柄香炉、柄香炉、雀尾炉等。陕西扶风法门寺塔基地宫出土1件与之一致，但其上铭文明确称其为“手炉”⑤，为同类香炉的定名提供了重要证据。

图3-2-1-4　山西翼城县征集唐代铜牛车

除上述日常生活和宗教活动中较为常见的铜器之外，还有一些铜器较罕见。

铜牛车：在山西翼城发现的铜牛车，车长36.5、宽12.5、高23厘米，牛长23、宽10、高15厘米（图3-2-1-4）⑥。从其尺寸来看，应该是一件用于随葬的牛车模型，它为研究当时的牛车构造和铜器制作工艺水平提供了珍贵的资料。

虎符与鱼符：隋唐时期作为调兵遣将和身份标志的信物，主要有铜虎符、铜鱼符，考古发掘中虽罕见，但却对了解当时的符节制度有重要价值⑦。如1974年在甘肃平凉庄浪阳川乡刘家湾村葫芦河东岸的曹家源发现14枚铜虎符（图3-2-1-5）⑧；陕西历史博物馆收藏有4件隋代虎符⑨；唐长安城大明宫清思殿遗址出土铜鱼符1件，内侧刻“同均府左领军卫”，发掘者认为是出入宫门的

① 洛阳市文物工作队：《洛阳唐神会和尚身塔塔基清理》，《文物》1992年第3期。

② 张翊华：《析江西瑞昌发现的唐代佛具》，《文物》1992年第3期。

③ 洛阳市文物工作队：《洛阳唐神会和尚身塔塔基清理》，《文物》1992年第3期。

④ 张翊华：《析江西瑞昌发现的唐代佛具》，《文物》1992年第3期。

⑤ 陕西省考古研究院、法门寺博物馆、宝鸡市文物局等编著：《法门寺考古发掘报告》，文物出版社，2007年，上册，第188、189页。

⑥〔日〕東京国立博物館、NHK、NHKプロモーション編集：《宮廷の栄華：唐の女帝・則天武后とその時代展》，NHK、NHKプロモーション，1998年，第149頁，図版94。

⑦ 学界对虎符和鱼符多有研究，如尚民杰：《唐代的鱼符和鱼袋》，《文博》1994年第5期；孟宪实：《略论唐朝鱼符之制》，《敦煌吐鲁番研究》（第十七卷），上海古籍出版社，2017年，第59—73页等。

⑧ 王丽蓉、张海宏：《甘肃省庄浪县出土隋代虎符铭文考释》，《黄河・黄土・黄种人（华夏文明）》2022年第9期（下旬刊）；《平凉精品文物图鉴》编写组：《平凉精品文物图鉴》（内部资料），2007年，第114页。

⑨ 韩诣深：《几件隋代铜虎符的考释》，《考古与文物》2018年第3期。

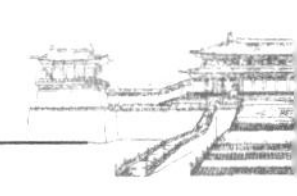

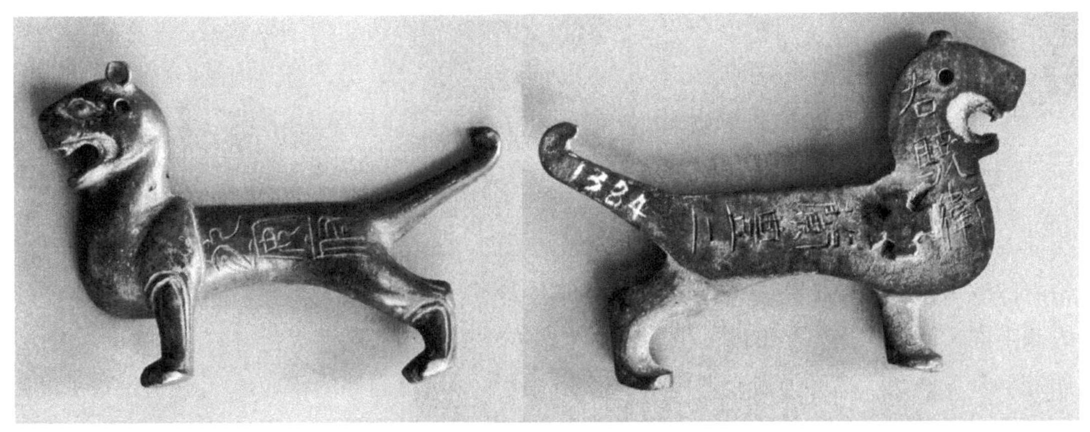

图3-2-1-5　甘肃庄浪出土隋代铜虎符

随身鱼符[①]；陕西西安咸阳机场唐咸亨五年（674年）杨全节墓出土的“左内府率”铜鱼符[②]；河南洛阳新区香山路唐墓出土1件铜鱼符（图3-2-1-6），长4.9、宽1.8厘米，为鱼符之右半，内侧阴刻楷书“司驭少卿崔万石”，“司”下铸一阴文“同”字，作为与左半合符时之卯，可知左半之“同”字为榫即阳文，鱼符头部腹侧表面阴刻楷书“合同”二字之半部[③]。合符之时，“同”字与“合同”二字均需相吻合；宁夏同心曾经发现1件铜鱼符，其内侧楷书阴刻“右豹韬卫悬泉府第二”[④]；山东济南市博物馆收藏1件铜鱼符，长5.6、宽2.1厘米，重25克，内侧面阴

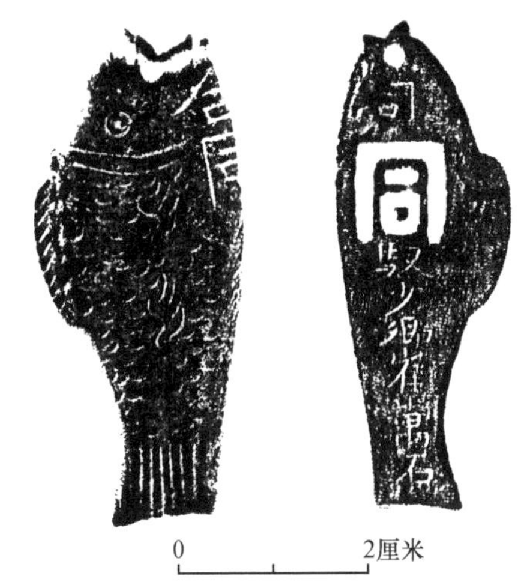

图3-2-1-6　河南洛阳崔万石墓出土铜鱼符

① 马得志：《唐长安城发掘新收获》，《考古》1987年第4期。笔者以为，清思殿遗址出土的鱼符应为折冲府兵符。据《资治通鉴》卷二百一十六记载：“府兵入宿卫者，谓之侍官，言其天子侍卫也。”（第6894页）该兵符发现于唐敬宗时期修建的大明宫清思殿遗址，不仅与文献记载的府兵入卫相吻合，也说明在中晚唐时期仍以府兵入卫。左右领军卫不仅作为大朝时的左右两厢的仪仗，立于威卫之下，而且守护皇城东、西面之助铺及京城、苑城诸门（《唐六典》，中华书局，1992年，第632—634页；《旧唐书》，中华书局，1975年，第1907页）。

② 国家文物局主编：《2021中国重要考古发现》，文物出版社，2022年，第154—161页。

③ 洛阳市文物考古研究院：《洛阳新区香山路唐墓发掘简报》，《洛阳考古》2016年第4期。关于司驭，据《唐六典》卷十七“太仆寺”条记载，龙朔二年（662年）将太仆寺改为司驭寺，咸亨中复旧。武则天光宅元年改为司仆寺，神龙元年复故。司驭少卿二人，从四品上。由于其官有二，所以鱼符之上刻姓名。《唐会要》云将司驾驭寺又改为太仆寺，是在咸亨元年（670年）。崔万石墓葬的年代当在这一时期。

④ 朱浒：《武周“右豹韬卫悬泉府第二”鱼符的发现与考释》，《形象史学》（2018上半年·总第十一辑），社会科学文献出版社，2019年，第67—73页。

刻楷书“右领军卫道渠府第五”[①]，为兵符；山东东营市历史博物馆收藏1件铜鱼符，长5.1、宽1.8厘米，内侧面阴刻楷书“九仙门外右神策军”[②]，为兵符，内侧面所铸“同”字为阳文；新疆焉耆汉—唐古城出土1件铜龟符，长4、宽2、厚0.4厘米，重22.5克，内侧铸一阴文“同”字[③]。

隋代铜虎符，鎏金，站立状，虎头部有一穿系圆孔。虎符腹部正面篆书阴刻折冲府名；脊部合符处篆书阴刻所属机构（某卫）的虎符编号，这部分刻字均为一半，以便在合符时能够与另一半相吻合；内侧楷书阴刻所属机构（某卫）的名称和折冲府编号。在虎符内侧上部还铸出“十”字形榫，推测另一半当有“十”字形卯，以便合符时“十”字形榫卯能够合在一起。从虎符的形制和刻字来看，勘验时不仅内侧的榫卯（“十”字形的凹凸）要吻合，而且虎脊合符处的文字也要吻合，比较严密，以防伪造。如甘肃平凉博物馆所藏的1件虎符腹部表面篆书阴刻“永安府”，内侧楷书阴刻“右翊卫永安四”，脊部合符处楷书阴刻“右翊卫铜虎符之四”诸字左半侧；陕西历史博物馆藏的1件虎符，虎符腹正面篆书阴刻“甘泉府”，侧面楷书阴刻“右武卫甘泉四”，脊部合符处楷书阴刻“右武卫铜虎符之四”诸字左半侧。目前所见隋代虎符都为左半，说明隋代虎符是颁左于外而留右于内，与唐代刚好相反。

据记载，隋恭帝义宁二年（618年）四月“停竹使符，颁银菟符（虎符）于诸郡”。唐高祖李渊即位之后，为避其祖父李虎名讳，即于武德元年（618年）九月“改银菟符为铜鱼符”[④]，将隋末颁布不足半年的银虎符改成了铜鱼符。武则天时改为龟符，唐中宗又复为鱼符[⑤]。符分左右两半，“藏其左而班其右，以合中外之契焉”[⑥]。字刻于符阴，内侧上部有一“同”字，“同”字分铸为阴阳用以合符时勘验。有的鱼符在鱼头腹侧阴刻“合同”之半，亦是为了合符时勘验。首有孔，可以系佩。唐代的鱼符分为兵符和随身鱼符，兵符为铜；随身鱼符是为了明贵贱，表身份，应征召，五品以上官员佩鱼符，太子用玉，亲王用金，庶官用铜。随身鱼符于唐高宗永徽二年（651年）开始使用，据《旧唐书》卷四十五记载：“高宗永徽二年五月，开府仪同三司及京官文武职事四品、五品，并给随身鱼。咸亨三年五月，五品以上赐新鱼袋，并饰以银。”[⑦]以后使用者范围逐渐扩大。随身鱼符皆刻

---

① 李晶：《唐代铜制鱼符》，《收藏家》1999年第6期。

② 李莉：《别致的唐代铜鱼符》，《寻根》2012年第5期。

③ 何休：《新疆焉耆汉—唐古城出土唐龟符》，《文物》1984年第10期。

④ （后晋）刘昫等：《旧唐书》，中华书局，1975年，第5、8、1954页。许多论著将618年4月“停竹使符，颁银菟符于诸郡”列为唐制，据文献记载，唐高祖于618年5月登基，那么此前4月颁布的银菟符不应该列为唐代，根据避讳原则，唐人不可能颁布银虎符，后来改虎符为鱼符证明了这一点。那么，618年4月所颁布者只能算作是隋代银虎符，是隋铜虎符的延续，只是改变了质地而已。

⑤ （后晋）刘昫等：《旧唐书》，中华书局，1975年，第1954页；（唐）李林甫等撰，陈仲夫点校：《唐六典》，中华书局，1992年，第253、254页。

⑥ （后晋）刘昫等：《旧唐书》，中华书局，1975年，第1847页。

⑦ （后晋）刘昫等：《旧唐书》，中华书局，1975年，第1954页。

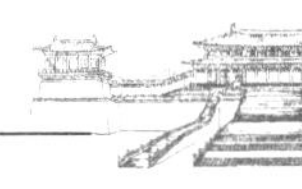

姓名，但所任官职仅一员时，则不刻姓名，且规定“刻姓名者，去官而纳焉；不刻者，传而佩之”[①]。前文列举的杨全节任太子左内府率（正四品上），而率仅一人，所以未刻姓名，他去官后鱼符可不上交，并最终以之随葬。鱼符套有鱼袋，五品以上鱼袋皆饰银。唐中宗神龙元年（705年），特许郡王、嗣王佩金鱼袋，并允许散官佩鱼符，散官佩鱼符自此而始。此前散官虽佩鱼袋，但不佩鱼符[②]。

唐高宗永徽五年（654年）之前，官员去任、致仕（退休）或薨亡时都要追收鱼符、去鱼袋。永徽五年（654年）下敕不追收薨亡官员的鱼符和鱼袋。据《唐会要》卷三十一记载：“（永徽）五年八月十四日敕：‘恩荣所加，本缘品命，带鱼之法，事彰要重。岂可生平在官，用为褒饰，才至亡没，便即追收。寻其始终，情不可忍。自今已后，五品已上有薨亡者，其随身鱼袋，不须追收。’”[③]《旧唐书·高宗本纪上》记载：“（永徽五年八月）辛亥，诏自今已后，五品已上有薨亡者，随身鱼并（‘并’字指鱼符和鱼袋都不须追收，《唐会要》则仅云鱼袋不须追收）不须追收。”[④]唐玄宗开元九年（721年），中书令张嘉贞又奏请允许致仕官员终身佩鱼符，去任官员可以佩鱼袋，并将之视为一种荣宠[⑤]，这比薨亡不予以追收更进了一步。崔万石任职于高宗时期，铜鱼符刻姓名而未被追收并以之随葬，是因他任从四品下的司驭少卿，同时可推知他在任时薨亡，而这两点恰与永徽五年敕令相吻合。

值得注意的是山东东营市历史博物馆所藏铜鱼符，据其刻字，可知为兵符。其内侧所铸“同”字为阳文，结合其形制，应是鱼符之左半，属于藏于内者。它在山东发现，应是从宫内散落民间。

鱼符之制也并非始于唐代，隋已有之，并且由木而铜。据《隋书·高祖本纪》记载，开皇九年（589年）“（闰月）丁丑，颁木鱼符于总管刺史，雌一雄一”，开皇十年（590年）“冬十月甲子，颁木鱼符于京官五品已上”，开皇十五年（595年）“五月丁亥，制京官五品已上，佩铜鱼符”[⑥]。隋代鱼符用来表明身份，并无兵符职能，当时的兵符是虎符。唐代时鱼符才兼具兵符和别身份明贵贱两种职能，同时也颁赐予周边诸国，作为交好的信物。

新疆焉耆汉—唐古城遗址出土的铜龟符，其年代当在武则天天授元年（690年）至唐中宗神龙元年（705年）之间。这一时期，焉耆是安西四镇之一，虽未云刻字事宜，但据文献记载，可推知其为兵符或随身龟符。《旧唐书》卷四十五记载：“天授元年九月，改内

---

① （后晋）刘昫等：《旧唐书》，中华书局，1975年，第1847页；（唐）李林甫等撰，陈仲夫点校：《唐六典》，中华书局，1992年，第253、254页。

② （后晋）刘昫等：《旧唐书》，中华书局，1975年，第1954页。

③ （宋）王溥：《唐会要》，上海古籍出版社，1991年，上册，第676页。

④ （后晋）刘昫等：《旧唐书》，中华书局，1975年，第73页。

⑤ （后晋）刘昫等：《旧唐书》，中华书局，1975年，第1954页。

⑥ （唐）魏徵、令狐德棻：《隋书》，中华书局，1973年，第33、35、40页。

外所佩鱼并作龟。久视元年十月，职事三品以上龟袋，宜用金饰，四品用银饰，五品用铜饰，上守下行，皆从官给。”[①]其内侧所铸阴文“同”字的使用方法与铜鱼符相一致。

有一些文献对于唐代使用鱼符的解释有误读和附会之嫌。据《朝野佥载·补辑》云：“汉发兵用铜虎符。及唐初，为银兔符，以兔子为符瑞故也。又以鲤鱼为符瑞，遂为铜鱼符以佩之。至伪周，武姓也，玄武，龟也，又以铜为龟符。”[②]这条史料误读误解了文献，文中将“银菟”误为“银兔”，“菟”与“兔”形似而误。实际上，唐人因避李虎讳，在书写与虎相关的文字时，皆言兽、於菟或省作菟，而不言虎，“菟”即虎也，而不是兔子。如魏徵所著《隋书·高祖纪下》记载：“（开皇）十七年冬十月丁未，颁铜兽符于骠骑、车骑府。”[③]文中的“铜兽符”实即为“铜虎符”；玄奘在《大唐西域记》卷三记萨埵太子舍身饲虎时，即不言虎而用“饲饿乌檡（即乌菟、於菟）”[④]。至于“以鲤鱼为符瑞，遂为铜鱼符以佩之”之说，则为附会之言。唐代使用鱼符，显然是因避李虎讳而延续了隋代鱼符之制而已。武则天喜好祥瑞，改鱼符为龟符，可能与其武姓有关。也可能与《唐六典》卷八的记载有关，其文云：“传符之制，太子监国曰双龙之符，左、右各十；京都留守曰麟符，左二十，其右一十有九；东方曰青龙之符，西方曰驺虞之符，南方曰朱雀之符，北方曰玄武之符，左四、右三。”[⑤]

金铜装班剑：唐昭陵总章三年（670年）李勣墓出土1件，木质，鎏金铜装（图3-2-1-7,1）[⑥]；陕西西安长安区唐总章二年（669年）刘智墓发现1件，鎏金铜装，长约1.15米（图3-2-1-7,2）[⑦]。唐代的班剑是皇帝大驾卤簿、皇太子卤簿中的仪仗用品。皇帝的大驾卤簿中，左右卫将军所统领的仪仗分为左右十二行，前四行左右“各执金铜装班剑，纁朱绶纷”，位于其后的左右两厢卤簿，亦有执班剑者[⑧]。皇太子卤簿中“左右翊卫二十四人。骑执班剑”[⑨]。据《宋史·仪卫六》记载：“班剑，本汉朝服带剑。晋以木代之，亦曰‘象剑’，

---

① （后晋）刘昫等：《旧唐书》，中华书局，1975年，第1954页。

② （唐）张鷟撰，赵守俨点校：《朝野佥载》，中华书局，1979年，第178页。据文中论述，生活在盛唐的张鷟不可能不知李唐避李虎讳这件事，更不可能把“菟”误为“兔”，而其中关于龟符的解释与武则天喜好祥瑞相符合，除此之外，此条文献中的其他内容均系后人误读误写的伪作，不能作为文献资料使用。据《朝野佥载·补辑》云，所辑补的这条资料见于明陶宗仪《说郛》卷二及宋程大昌《演繁露》卷十，而不见于更早的文献，显然是宋人和明人误读误解陈陈相因的结果。在现在的有些论著中将其作为论据解读鱼符，显然是不妥的，应该摒弃。

③ （唐）魏徵、令狐德棻：《隋书》，中华书局，1973年，第42页。

④ （唐）玄奘、辩机原著，季羡林等校注：《大唐西域记校注》，中华书局，2000年，上册，第317页。

⑤ （唐）李林甫等撰，陈仲夫点校：《唐六典》，中华书局，1992年，第253、254页。

⑥ 昭陵博物馆：《唐昭陵李勣（徐懋功）墓清理简报》，《考古与文物》2000年第3期。

⑦ 陕西省考古研究院、西北大学考古学系：《陕西西安唐刘智夫妇墓发掘简报》，《考古与文物》2016年第3期。

⑧ （宋）欧阳修、宋祁：《新唐书》，中华书局，1975年，第492页。

⑨ （唐）杜佑撰，王文锦、王永兴、刘俊文等点校：《通典》，中华书局，1988年，第2785页。

取装饰斑斓之义。鞘以黄质，紫斑文，金铜饰，紫丝绦帉鐍。”①结合文献记载，可知班剑为木剑金铜装。班剑不仅是皇帝大架卤簿、皇太子卤簿中的仪仗用品，而且还赏赐大臣作为丧葬礼仪之用，据《旧唐书·魏徵传》记载，魏徵去世后，“太宗亲临恸哭，废朝五日，赠司空、相州都督，谥曰‘文贞’，给羽葆鼓吹、班剑四十人”②。李勣墓、刘智墓等的考古发现表明，班剑也赐予大臣作为随葬品。

与班剑相对应，唐代还有仪刀。据《唐六典》卷十六记载：“今仪刀盖古班剑之类，晋、宋已来谓之御刀，后魏曰长刀，皆施龙凤环；至隋，谓之仪刀，装以金银，羽仪所执。”③如在皇帝的大驾卤簿中，左右卫将军所统领的仪仗分为左右十二行，第五行至第八行左右“各执金铜装仪刀，绿綟绶纷”，第九行至第十二行左右“各执银装仪刀，紫黄绶纷”，其后的左右两厢卤簿，亦有执仪刀者④。仪刀的形状见于唐陵石人手中所持者，其上装饰绶带，环首，刀身装饰花瓣形饰，其上刻有两个花瓣形铆钉。与之相似的器物在唐长安城大明宫遗址出土1件，长54厘米，鎏金龙首环，刀形无刃，有2个铜钉穿透器身。器身原嵌于木质外套之内，外套上部有带孔的鎏金花瓣形铜饰，与铁质器身以铜钉钉合；木外套也以铜钉与器身钉在一起；器身外套上部有椭圆形鎏金环⑤。据描述，这件器物应为文献中所云的仪刀，内铁外木，以铜钉将木外套和铁芯钉在一起，上部装饰鎏金铜花形饰，椭圆形铜环则与剑格相似，铜环首为鎏金龙形。从其结构来看，不能作为实战之用，只能作为仪仗之类。其铁芯木套不同于班剑的内为木外为金铜装，文献记载为“古之班剑之类”，虽然班剑与仪刀两者身部的材质

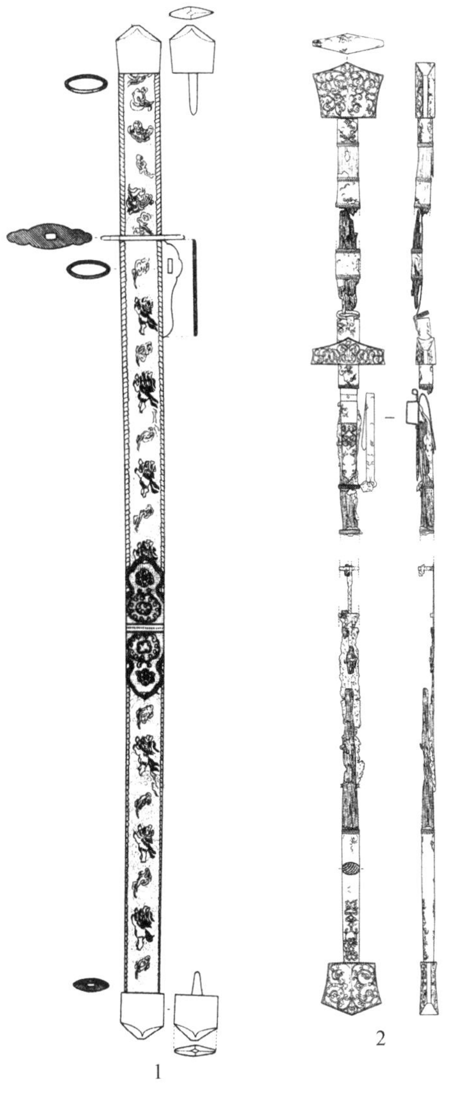

图3-2-1-7　唐代的班剑
1. 唐总章三年（670年）李勣墓出土　2. 唐总章二年（669年）刘智墓出土

① （元）脱脱等：《宋史》，中华书局，1985年，第3468页。
② （后晋）刘昫等：《旧唐书》，中华书局，1975年，第2561页。
③ （唐）李林甫等撰，陈仲夫点校：《唐六典》，中华书局，1992年，第461页。
④ （宋）欧阳修、宋祁：《新唐书》，中华书局，1975年，第492页。
⑤ 中国科学院考古研究所编著：《唐长安大明宫》，科学出版社，1959年，第18、19页，图版陆壹。

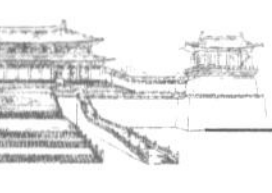

图3-2-1-8 唐长安城大明宫三清殿遗址出土鎏金铜龙首形仪刀环首

刚好相反，但确实相类似；龙首环也与文献所载“皆施龙凤环”较一致，也说明隋唐时期的仪刀环首部是一致的；其外部形制也与唐陵石人手持之仪刀相类似。就目前的发现来看，大明宫遗址发现的这件仪刀，是目前可以确认的较为完整的唐代仪刀实物。从其出土于大明宫北门玄武门门道中来看，可以想见当时发生了纷乱，连作为仪仗的仪刀都丢弃了，说明其纷乱的程度，推测可能是在唐末天祐元年（904年）朱全忠（朱温）逼迫唐昭宗迁都洛阳之时丢弃的。在大明宫三清殿遗址也出土了1件与上述器物相类似的铜质柄部，长7.8厘米（图3-2-1-8），为鎏金环首双龙缠绕形，器身铜质无刃，同出的还有鎏金铜泡钉、花瓣形饰等[①]。从其形制来看，当为仪刀的柄部。将两者结合起来看，唐代的仪刀内或为铁或为铜，外为木套，两者以铆钉钉合。至此，可以将作为仪仗用品的班剑、仪刀的构造、形制完全区别开来，两者虽同为仪卫之用，但其构造、形制不同。在陕西潼关税村隋墓壁画中，有手执仪刀的仪仗形象，仪卫手执仪刀中部，并将其举于胸前（图3-2-1-9）[②]，这显然可以作为使用仪仗的图像证据。

图3-2-1-9 陕西潼关税村隋墓壁画中执仪刀的仪仗

三梁进德冠：唐昭陵总章三年（670年）李勣墓发现1顶，冠径19.5、高23厘米（图3-2-1-10）[③]，这是目前所知年代最早的三梁进德冠。以鎏金铜片作骨架，外罩薄皮子，其上贴以薄皮革镂空的蔓草花纹。顶部有三道鎏金铜梁，两侧则有呈“品”字形排列的三对左右对称的中空花趺，上面一对花趺作贯簪导、穿发髻之用；下部前面一对花趺穿带系于颚下；下部后面一对花趺穿带系于头后打结。

① 马得志：《唐长安城发掘新收获》，《考古》1987年第4期；中国社会科学院考古研究所编著：《考古精华——中国社会科学院考古研究所建所四十年纪念》，科学出版社，1993年，第293页，图版2。

② 陕西省考古研究院编著：《潼关税村隋代壁画墓》，文物出版社，2013年，图四八。

③ 昭陵博物馆：《唐昭陵李勣（徐懋功）墓清理简报》，《考古与文物》2000年第3期。

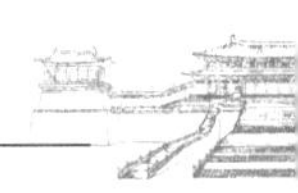

图3-2-1-10　唐总章三年（670年）李勣墓出土三梁进德冠及其纹饰
1. 三梁进德冠　2. 尾梁花纹　3. 后部铜片花纹　4. 前围花纹　5. 冠后花纹复原图

还有一些与丝绸之路相关的铜器发现，如宁夏西吉出土的铜骆驼壶，骆驼呈卧姿，长10.5、宽4.7、高6.7厘米（图3-2-1-11）①；甘肃山丹征集的铜胡人舞蹈俑②，通高13.5厘米，形象地展示了胡人的舞蹈姿态。

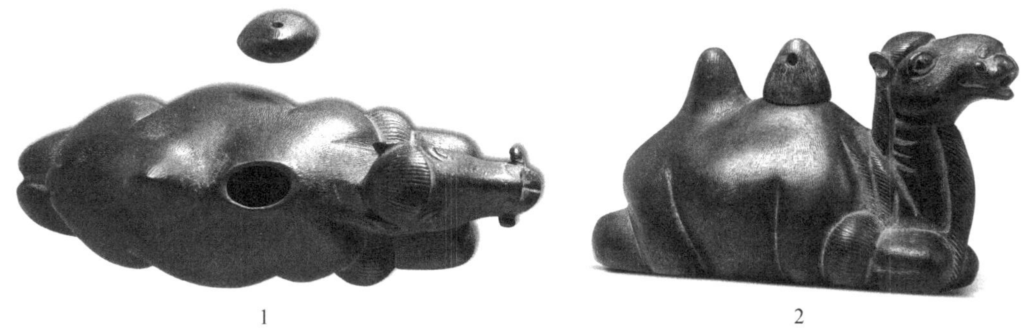

图3-2-1-11　宁夏西吉出土唐代铜骆驼壶
1. 俯视　2. 侧视

---

① 《丝绸之路——大西北遗珍》编辑委员会编著：《丝绸之路——大西北遗珍》，文物出版社，2010年，第118页，图版103。

② 甘肃省博物馆编、韩博文主编：《甘肃丝绸之路文明》，科学出版社，2008年，第143页，图版125；《丝绸之路——大西北遗珍》编辑委员会编著：《丝绸之路——大西北遗珍》，文物出版社，2010年，第131页，图版115。

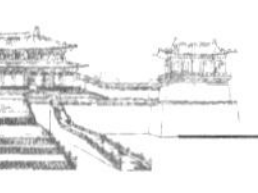

二、铜器的铸造地

据文献记载，唐代铜器主要出自扬州、润州、宣州、桂州和代州等地。扬州不仅是铜器的制造地，还是铜器的集散地。1975年，在扬州师范学院和江苏农学院发现了唐代的炉灶和简单的铸造设施[①]。炉灶形制可分为三类：第一类口小底大；第二类口大底小；第三类为圆筒形。作为生产工具的熔铸坩埚也有发现，大部分以较厚的夹砂粗陶和泥质陶制成，呈灰黑色圆筒状和杯状。筒状坩埚的底部似袋形，壁内有铜汗，壁外有釉泪。杯状坩埚底部呈尖状，无把手，口有流，较圆筒状坩埚要小。与坩埚一同发现的有铜矿石、炼渣、铜绿锈块等，推测较大圆筒形坩埚用以冶炼矿石，较小的杯状坩埚有流，大概用以浇注铜液。据《旧唐书·杨嗣复传》记载："今江淮已南，铜器成肆，市井逐利者，销钱一缗（即十串钱，每串千文），可为数器，售利三四倍。"[②]又据《旧唐书·韦坚传》记载，天宝时，韦坚聚集小斛底船二三百艘，排列在长安广运潭侧，每艘船上都署牌表州郡之名，给唐玄宗表演。如广陵郡船，船上陈列着锦、镜、铜器、海味，并戏唱"潭里船车闹，扬州铜器多"的民歌[③]。可见扬州生产的铜器非常有名。

1987年，通过对江苏南京江宁汤山镇东北的九华山铜矿遗址进行调查，确认该铜矿始开采于唐中期[④]。共发现上下相叠的5个古采矿场，矿场之间以曲尺形的竖井串通以便通风，矿场四周为纵横交错、层层叠压的井巷，用于运输和通风排水。这种巧妙地利用顶底板结构原理分层开矿的方法，对开掘技术要求很高，而且必须对矿床成因有所认识。当时的开采工具主要为铁锤、铁凿以及用于提升、运输的辘轳架和箩筐等。在矿址附近还发现了当时堆放弃石的场所和焙烤炉。这一铜矿遗址距离扬州较近，为进一步认识扬州作为当时的铸铜中心提供了重要证据。

三、铜器的装饰工艺

唐代铜器以素面抛光者为主，仅部分器表装饰花纹。这些花纹多将錾刻、镂空、鎏金等工艺相结合。一般先行錾刻，然后对錾刻纹样进行鎏金。有的器物之上还有用圆筒状錾刀錾刻出的密布器物表面的小圆圈纹，形如鱼子或珍珠，被称为鱼子纹或珍珠纹。从铜器的装饰工艺来看，与同时期的金银器制作工艺比较接近。

---

① 南京博物院、扬州博物馆、扬州师范学院发掘工作组：《扬州唐城遗址1975年考古工作简报》，《文物》1977年第9期。

② （后晋）刘昫等：《旧唐书》，中华书局，1975年，第4557页。

③ （后晋）刘昫等：《旧唐书》，中华书局，1975年，第3222、3223页。

④ 南京市博物馆、南京博物院、南京九华山铜矿：《南京九华山古铜矿遗址调查报告》，《文物》1991年第5期。

第二节 铜 镜

从世界范围来看，铜镜的出现以西亚和中国为早。中国最早的铜镜见于齐家文化，约为公元前2000年。据分析，从战国至隋唐时期的铜镜，一般平均含铜约70%、锡约24%、铅约5%，其他1%。与其他青铜器相比较，铜镜锡的含量较高，有利于使镜面光亮，便于映照。世界古代的铜镜，大体上可以分为两大体系：一是西亚、埃及、希腊、罗马的有柄镜，形制多为圆形，附有长柄；一是中国铜镜，多为圆形（唐代开始打破了单一的圆形镜的局面），镜子背部中央有纽，以穿绦带，没有柄，到了唐宋时期特别是宋代才流行有柄镜。

铜镜的考古学研究有相当广泛和重要的意义。各时代的铜镜都有其特征，有的还有纪年铭文，因此，在年代学上有特殊作用。对铜镜的形制、花纹、铭文等的研究，可以了解当时的铸造工艺、工艺美术、工官制度、商业关系、思想意识，甚至对外交往（中国古代铜镜就有许多流传到或影响了周边地区）等。因此，“镜鉴学”在考古学上已经成为一个专门学问。

隋唐时期是中国古代铜镜发展史上的一个重要阶段，这一时期的铜镜不仅种类非常丰富，而且装饰纹样多种多样。铜镜造型也与唐代以前以圆形镜为主有所不同，出现了各种新颖的造型，如菱花形、葵花形、方形、圆角方形、委角方形等，令人耳目一新。隋唐铜镜特别是唐代铜镜，将中国古代铜镜的制造推向了一个绚烂多彩的时期。

一、造型

隋唐时期以前也曾经发现过圆形以外的造型，如山东临淄西汉齐王墓陪葬坑中曾发现过一枚巨大的长方形铜镜①，但数量极少。唐代铜镜在造型上发生了划时代的变化，突破了以往以圆形为主的传统，出现了葵花形、菱花形、方形、圆角方形、委角方形、棱边形等新颖造型，开创了中国古代铜镜的崭新局面。

二、纹样

隋唐时期的铜镜装饰纹样主要有四神、人物、八卦、花鸟、狩猎、海兽葡萄、龙、凤衔绶等，根据其纹样可分为以下几类：

---

① 山东省淄博市博物馆：《西汉齐王墓随葬器物坑》，《考古学报》1985年第2期。

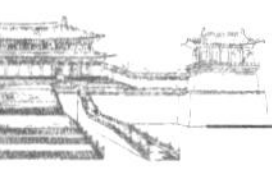

（一）四神十二生肖镜

四神镜：圆形，圆纽，纽座有柿蒂纹、兽纹、花瓣纹等。斜立二重齿纹圈或双线高圈分为内外二区，有的分为三区。内区布局有“规矩配置”即由大方格和“规矩”纹饰分成四区，每区布置四神中的一个。四方配置即在纽座外只有大方格或者无方格与“规矩”纹饰，但四神仍安置丁纽的四方。外区为铭文带。镜背分成三区的，内区为四神，中区为铭文带，外区为禽鸟瑞兽纹。边缘有素缘，也装饰三角锯齿纹、变形云纹、忍冬纹等。镜铭有“昭仁”“光流”“团团”“美哉”“阿房”“盘龙”“清圆”等。其流行年代主要为隋至唐武德、贞观年间。有的不分区，在镜背装饰四神，如陕西宝鸡博物馆收藏1面[①]。隋开皇九年（589年）宋忻墓中出土1面圆形四神镜，直径16.2厘米，制作精美（图3-2-2-1，1）[②]；陕西西安柴油机厂隋墓出土1面，直径19.5厘米（图3-2-2-1，2）[③]。

图3-2-2-1　四神十二生肖镜

1. 四神镜［陕西西安隋开皇九年（589年）宋忻墓出土］ 2. 四神镜（陕西西安柴油机械厂隋墓出土）
3. 四神十二生肖镜（陕西陇县原子头隋M10出土）

十二生肖镜：圆形，圆纽，联珠纹纽座。铭文为纽座铭，内容为“光正”。内区似为曲折盘绕的变形忍冬纹，外区由斜立双线分为十二格，每格内置一生肖，素宽缘。主要流行于隋和唐初期。

四神十二生肖镜：圆形，圆纽，纽座有联珠纹、柿蒂纹、花瓣纹等。内区配置四神，也作规矩配置和四方配置。外区配置十二生肖。变形云纹和点线纹缘。分三区者，中区为窄铭文带，铭文有“镕金”“炼形”“武德”等。如陕西陇县原子头隋M10出土1面，直径

① 高次若：《宝鸡市博物馆馆藏唐镜精粹》，《考古与文物》1993年第1期。

② 陕西省考古研究所隋唐室：《陕西长安隋宋忻夫妇合葬墓清理简报》，《考古与文物》1994年第1期。

③ 西安市文物保护考古所编著、孙福喜主编：《西安文物精华·铜镜》，世界图书出版西安公司，2008年，第76页，图版64。

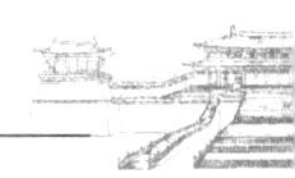

18.5厘米（图3-2-2-1，3）[①]。

（二）瑞兽镜

瑞兽铭带镜：圆形，圆纽，柿蒂纹、兽纹、联珠纹、花瓣纹及素面圆纽座。镜背一般以斜立二重齿纹圈或双线高圈分为内外两区，有的分为三区。内区瑞兽形态及配置有所不同，第一种瑞兽似虎似豹，行走跳跃，瑞兽配置于四方（图3-2-2-2，1）[②]。第二种兽似狐似狼，丰腴柔健，绕纽奔驰（图3-2-2-2，2—4）[③]。外区有铭文带，铭文有"昭仁""玉匣""灵山""窥庄""赏得""绝照""盘龙""仙山""光流""镜发""照日""炼形""有玉""团团""鉴若"等。分三区的铜镜主题纹饰除四兽外，还有不少八兽、六兽、五兽，

图3-2-2-2 隋唐时期的瑞兽镜

1. 陕西西安东郊韩森寨隋M153出土 2. 西安博物院藏 3. 陕西西安动力厂出土 4. 陕西西安雁塔区瓦胡同出土 5. 陕西永寿出土

---

① 宝鸡市考古工作队、陕西省考古研究所编著：《陇县原子头》，文物出版社，2005年，第219—221页。

② 陕西历史博物馆编：《千秋金鉴——陕西历史博物馆藏铜镜集成》，三秦出版社，2012年，第297页。

③ 西安市文物保护考古所编著、孙福喜主编：《西安文物精华·铜镜》，世界图书出版西安公司，2008年，第77—79页，图版65—图版67。

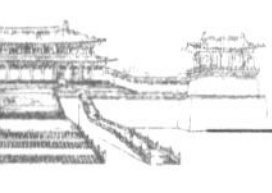

图3-2-2-3　瑞兽花草纹镜（陕西西安隋至唐初期墓出土）

外区为禽兽花草。边缘纹饰有三角锯齿纹、月牙纹、水波纹、几何点线纹等（图3-2-2-2，5）[①]。主要流行于隋、唐初期。

瑞兽花草纹镜：圆形，极少数为八出菱花形。内区瑞兽形象姿态同瑞兽铭带镜第二种，似狐似狼，丰腴柔健，绕纽奔驰。外区没有铭文带，主要装饰卷草、忍冬瑞兽、流云瑞兽、葡萄蔓枝、忍冬、点线等纹饰。三角锯齿纹缘（图3-2-2-3）[②]。菱花形镜的各菱边中为花枝蜂蝶纹。流行于唐高宗时期。

（三）瑞兽鸾鸟镜

第一种为圆形或菱花形、葵花形，圆纽。圆形镜分区，内区兽形似狮、二角兽、马、狐等，鸾鸟有的衔花枝，鸾兽之间配置流云或花枝，外区飞禽、花枝或鸾兽相间旋绕。流云或花枝纹缘（图3-2-2-4，1）[③]。菱花形、葵花形镜不分区，中心纹饰同前，边缘配置蜂蝶、花卉。

第二种，圆形或菱花形，圆纽。内区蔓茎曲折盘绕或以花枝分为四等份，其间分别配置鸾兽。结构疏密相间，纹饰流畅和谐。禽兽葡萄蔓枝或花鸟蛱蝶纹缘（图3-2-2-4，2、3）[④]。

1

2

3

图3-2-2-4　唐代的瑞兽鸾鸟镜

1. 陕西西安东郊韩森寨唐M79出土　2. 陕西西安出土　3. 河南偃师杏园唐M435出土

---

① 陕西历史博物馆编：《千秋金鉴——陕西历史博物馆藏铜镜集成》，三秦出版社，2012年，第298页。

② 孔祥星、刘一曼：《中国铜镜图典》，文物出版社，1992年，第517页。

③ 陕西历史博物馆编：《千秋金鉴——陕西历史博物馆藏铜镜集成》，三秦出版社，2012年，第384页。

④ 陕西历史博物馆编：《千秋金鉴——陕西历史博物馆藏铜镜集成》，三秦出版社，2012年，第385页；中国社会科学院考古研究所编著：《偃师杏园唐墓》，科学出版社，2001年，第71、72页。

（四）花鸟镜

主题纹饰为禽鸟和花枝，又有雀绕花枝镜、双鸾衔绶镜、双鸾镜等名称。据其图案配置方式，可以分为雀绕花枝镜、对鸟镜。

雀绕花枝镜：以菱花形居多，也有圆形、葵花形等。圆纽，内区纹饰布局系四只禽鸟同向排列绕纽，其间配置花枝。禽鸟有鸳鸯、雀、鹊、凫雁等，有的嬉戏浮游，有的展翅飞翔，有的静静而立。花枝叶多小折枝花，形式较为一致，画面简洁而清晰。菱花形镜的周边又配以蜂蝶花枝，与内区相映成趣（图3-2-2-5，1）①。

对鸟镜：主题纹饰结构基本上是二禽鸟左右相对，挟纽而立，纽的上下配置各种纹饰，图案组织变化丰富。禽鸟形态以鸾鸟展翅翘尾，口衔绶带最多。有的则不衔绶带，而是衔花枝瑞草。也有一些双鸾共衔绶带或花枝瑞草的图案。禽鸟爪下或踏花枝，或踩祥云。纽上下则配置有花枝、花苞、月亮、流云、山岳、禽鸟、花鸟等（图3-2-2-5，2）②。其流行年代大体在盛唐和中唐时期。

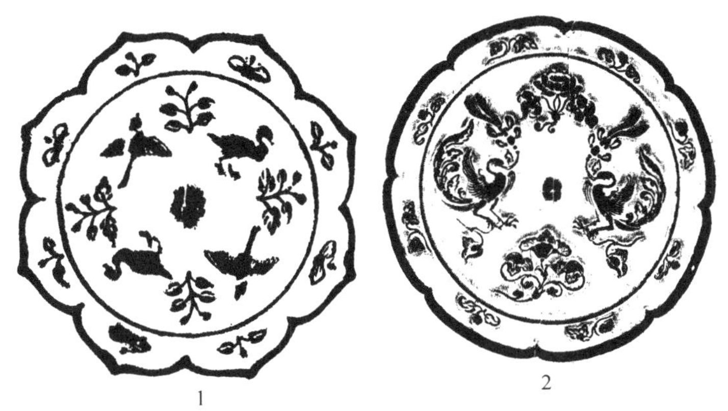

图3-2-2-5　花鸟镜

1.《中国铜镜图典》收录　2. 陕西陇县原子头唐M40出土

（五）瑞兽葡萄纹镜

瑞兽葡萄纹铜镜在唐代铜镜中最为引人注目，根据其装饰纹样可以分为三种。

葡萄蔓枝镜：圆形，圆纽，圆纽座。有的以高圈分成内外两区。内区由葡萄蔓枝叶实组成不同的形式。外区有的为铭文带，有的为连云纹、忍冬纹。有的内区为花叶纹，外区则为葡萄蔓枝叶实（图3-2-2-6，1）③。有的铜镜内区的葡萄蔓枝叶实伸枝展叶，蔓延到外区，整个镜背形成一个完整的画面。

---

① 孔祥星、刘一曼：《中国铜镜图典》，文物出版社，1992年，第551页。

② 宝鸡市考古工作队、陕西省考古研究所编著：《陇县原子头》，文物出版社，2005年，第220、223页。

③ 中国社会科学院考古研究所编著：《偃师杏园唐墓》，科学出版社，2001年，第68页。

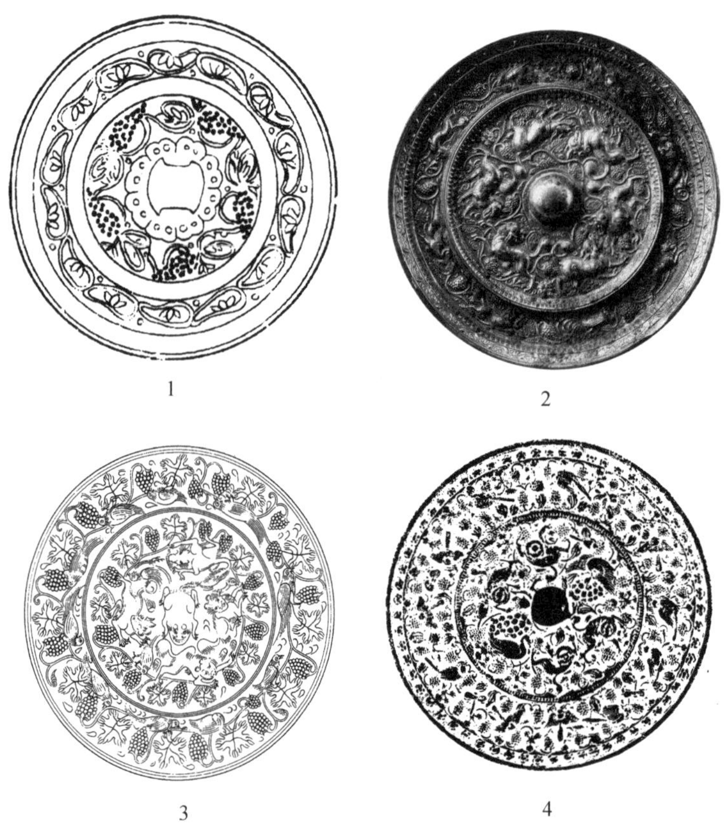

图3-2-2-6 唐代的瑞兽葡萄镜

1. 河南偃师杏园唐M1710出土 2. 陕西西安热电厂出土 3. 河南偃师杏园唐M1366出土 4. 上海博物馆藏

瑞兽葡萄镜：由瑞兽和葡萄蔓枝构成主题纹饰。其形式可以分为两种：第一种，圆纽，圆纽座。斜立二重锯齿纹圈、双线高圈将镜背分成内外两区。内区有四五个绕纽奔驰的瑞兽。瑞兽形象与瑞兽铭带镜第二种及瑞兽花草纹镜的瑞兽相同，只是兽之间出现了葡萄蔓枝叶实。外区为飞禽葡萄蔓枝叶实（图3-2-2-6，2）[①]。第二种，即所谓典型的瑞兽葡萄镜。多兽纽，高线圈分为内外两区，内区各种姿势的瑞兽攀援葡萄蔓枝叶实，形态及构图与第一种有明显区别。瑞兽数目多少不一，多者达十几个。有的枝叶伸展至界圈顶端或延伸到外圈，给人以支藤满院的感觉。外区葡萄蔓枝叶实、飞禽、蜂蝶相间。边缘纹饰有三叠云纹、流云纹、卷叶纹等。柔长的枝条、舒展的花叶、丰硕的果实与生动活泼的瑞兽、纷飞的禽鸟蜂蝶构成一幅充满活力的图案（图3-2-2-6，3）[②]。

瑞兽凤鸟葡萄镜：圆形，圆纽。联珠纹高圈分为内外两区。内区瑞兽葡萄纹，增加了鸾凤、孔雀等纹饰。其余则同前（图3-2-2-6，4）[③]。

---

① 西安市文物保护考古所编著、孙福喜主编：《西安文物精华·铜镜》，世界图书出版西安公司，2008年，第82页，图版70。

② 中国社会科学院考古研究所编著：《偃师杏园唐墓》，科学出版社，2001年，第66页。

③ 孔祥星、刘一曼：《中国铜镜图典》，文物出版社，1992年，第531页。

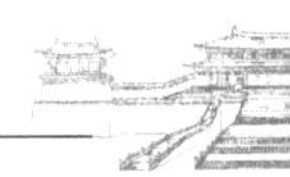

（六）瑞花镜

主题纹饰为花瓣、花叶、团花、花枝等。形制以葵花形最多，也有菱花形和圆形。

宝相花镜：圆形，圆纽，联珠纹和花瓣纹纽座。内区为同形的六朵团花，团花间缀以花叶纹。构图紧密华丽。

宝相花铭带镜：镜形、构图与宝相花镜基本相同，仅外区铭文带有“玉匣”“灵山”“炼形”“花发”等镜铭。分三区者，最外区有各种花纹。镜缘纹饰有三角锯齿纹和几何点线纹。流行于隋、唐初期。

菱花形宝相花镜：花瓣形纽座居多，座外两种不同形状的花瓣，六朵或八朵相间排列，花蕊花瓣端庄素雅，素缘。纹饰布局比较一致，花瓣都是图案化的宝相花。一种以纽为中心围成一朵花瓣，花瓣或放射布满镜背，组成完整的图案（图3-2-2-7，1）①，或仅绕纽，其外素地无纹。一种是在纽外或绕纽花瓣外，散点配置同形的六朵或八朵花瓣。边缘为蜂蝶花草（图3-2-2-7，2）②。

1　　2　　3

图3-2-2-7　唐代的瑞花镜及花枝镜

1、2.《中国铜镜图典》收录　3. 湖南华容出土

花枝镜：葵花形，圆纽或花瓣纽座。主题纹饰丰富，有的是枝叶丰茂的六株或八株花枝，蓓蕾初绽，彩蝶纷飞。有的是四朵大瑞花，或绽蕾怒放，或含苞待放，或鲜花展开（图3-2-2-7，3）③。

委角形花叶镜：圆纽，有的为花纽座。主题纹饰为蝶花或花叶，纹饰满布镜背，装饰技法一般为剔地，花纹显得粗糙。

瑞花镜的流行年代，除了宝相花铭带镜较早外，其他各型均在盛唐时期及其以后。如辽宁朝阳韩贞墓中出土1枚葵花形宝相花镜④。韩贞死于唐开元二十九年（741年），迁葬于天宝三年（744年）。

---

① 孔祥星、刘一曼：《中国铜镜图典》，文物出版社，1992年，第613页。

② 孔祥星、刘一曼：《中国铜镜图典》，文物出版社，1992年，第612页。

③ 孔祥星、刘一曼：《中国铜镜图典》，文物出版社，1992年，第639页。

④ 朝阳地区博物馆：《辽宁朝阳唐韩贞墓》，《考古》1973年第6期。

（七）神仙人物故事镜

在唐代的各类铜镜中，这类铜镜的装饰最为生动，有的是故事的一个情节，有的是刹那间动作的凝缩，有的是历史人物，有的则是神话传说，等等。

1. 狩猎纹镜

狩猎活动是唐代皇帝及贵族喜爱的活动。如淮安王李寿墓、章怀太子李贤墓中，都曾发现狩猎壁画。据《唐会要》卷二十八记载，贞观五年正月十三日，唐太宗偕蕃夷君长大狩于昆明池时，曾经对高昌王麹文泰说："大丈夫在世，乐事有三：天下太平，家给人足，一乐也；草浅兽肥，以礼畋猎，箭不妄中，二乐也；六合大同，万方咸庆，张乐高宴，上下欢洽，三乐也。今日王可从禽，明当欢宴耳。"[①]唐代狩猎纹铜镜数量不多。1963年在河南扶沟发现1面[②]；上海博物馆收藏1面[③]；河南偃师杏园唐M502出土1面（图3-2-2-8，1）[④]；陕西西安王家坟第90号唐墓出土1面[⑤]；陕西宝鸡博物馆收藏1面[⑥]。在欧美日的许多博物馆也收藏有此类铜镜。

唐代的狩猎纹铜镜中，还有一类比较少见的双鹰猎狐镜，没有人物形象，主要纹饰为鹰狩。如山西长治唐永昌元年（689年）崔拏墓出土1件[⑦]，圆角方形，直径12.2厘米，镜背装饰图案为两只飞翔的猎鹰和一只奔逃的狐狸。陕西韩城小金盆村唐代白氏家族墓中出土1面，委角方形，纹饰为双鹰，纹饰中却无被追逐的狐狸[⑧]。

2. 人物楼阁铜镜

此类铜镜在以往有关铜镜的各类论著中，均被认为是宋代之物，但在陕西西安南郊唐墓出土1面[⑨]，圆形，素宽沿，圆纽，直径12厘米。纹饰为树木、楼阁、桥及人物等。此类铜镜是否自唐已经开始流行，还需要考古发现来进一步证明。

3. 打马毬镜

马毬是唐代人非常喜爱的一项体育活动。关于它的传入，主要有两种看法：一种观点认为是从波斯传入中国的，另一种看法则认为从吐蕃传入中原[⑩]。唐代打马毬的场面，见于

---

① （宋）王溥：《唐会要》，上海古籍出版社，1991年，上册，第612页。

② 孔祥星、刘一曼：《中国古代铜镜》，文物出版社，1984年，第163页，图版五一，2；孔祥星、刘一曼：《中国铜镜图典》，文物出版社，1992年，第642页。

③ 孔祥星、刘一曼：《中国铜镜图典》，文物出版社，1992年，第643页。

④ 中国社会科学院考古研究所编著：《偃师杏园唐墓》，科学出版社，2001年，第71、74页。

⑤ 陕西省文物管理委员会：《西安王家坟村第90号唐墓清理简报》，《文物参考资料》1956年第8期。

⑥ 高次若：《宝鸡市博物馆馆藏唐镜精粹》，《考古与文物》1993年第1期。

⑦ 长治市博物馆　王进先：《山西长治市北郊唐崔拏墓》，《文物》1987年第8期。

⑧ 呼林贵、任喜来：《陕西韩城小金盆村唐代白氏家族墓清理记》，《考古与文物》1988年第4期。

⑨ 王育龙：《西安南郊唐韦君夫人等墓葬清理简报》，《考古与文物》1989年第5期。

⑩ 阴法鲁：《唐代西藏马毬戏传入长安》，《历史研究》1959年第6期；徐寿彭、王尧：《唐代马毬考略——藏族人民在体育上的贡献》，《中央民族学院学报》1982年第2期；傅大卣：《马上打球铜镜》，《文物天地》1991年第4期。

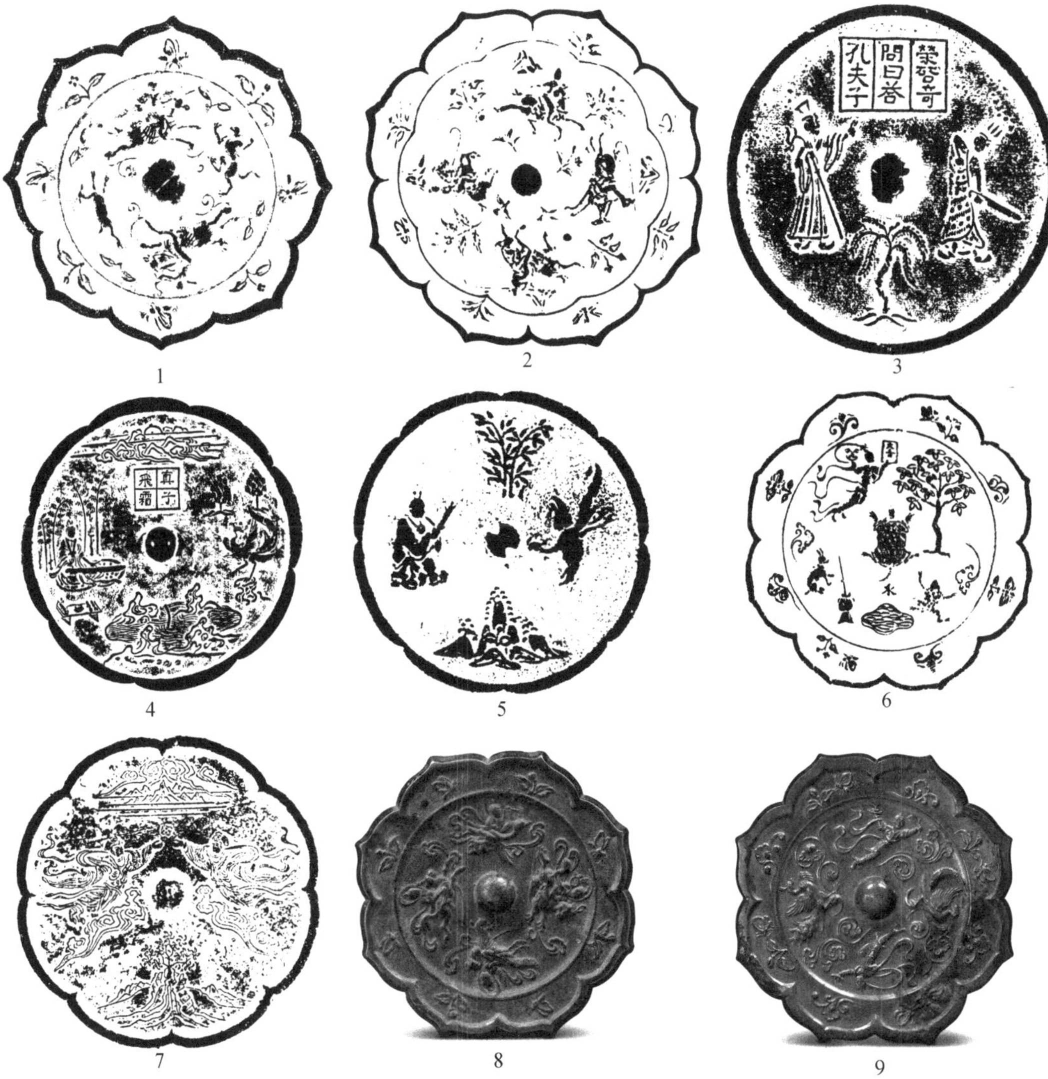

1　2　3

4　5　6

7　8　9

图3-2-2-8　唐代的神仙人物故事镜

1. 狩猎纹镜（河南偃师杏园唐M502出土）2. 打马毬镜（江苏扬州出土）3. 三乐镜（《中国铜镜图典》收录）
4. 真子飞霜镜（《中国铜镜图典》收录）5. 王子乔吹笙引凤镜（河南洛阳出土）6. 月宫故事镜（《中国铜镜图典》收录）
7. 飞仙镜［陕西西安东郊唐天宝四年（745年）墓出土］8. 仙人骑兽镜（陕西历史博物馆藏）
9. 飞天凤凰镜（陕西历史博物馆藏）

章怀太子墓壁画，在一些墓葬之中还出土有打马球的陶俑群。此类铜镜以菱花形为主，镜背主要装饰打马毬的场面，在安徽怀宁[①]、江苏扬州唐墓（图3-2-2-8，2）[②]等都曾出土此类铜镜，故宫博物院、上海博物馆也各收藏有一面。

① 怀宁县文物管理所　许文、金晓春：《安徽怀宁县发现唐人马球图铜镜》，《文物》1985年第3期。

② 吴炜：《扬州出土的唐代打马球铜镜》，《文物天地》1991年第4期；孔祥星、刘一曼：《中国铜镜图典》，文物出版社，1992年，第639页。

4. 三乐镜

有圆形、葵花形等，圆纽。纽一侧一人戴冠，左手前指，右手持杖。另一侧一人戴冠着裘，左手抚琴。纽上竖格中铸有“荣启奇（期）问曰答孔夫子”九字。纽下有一树。素沿（图3-2-2-8，3）[①]。镜铭的图案取材于《列子·天瑞》所载：“孔子游于太山，见荣启期行乎郕之野，鹿裘带索，鼓琴而歌。孔子问曰：‘先生所以乐，何也？’对曰：‘吾乐甚多：天生万物，唯人为贵。而吾得为人，是一乐也。男女之别，男尊女卑，故以男为贵；吾既得为男矣，是二乐也。人生有不见日月、不免襁褓者，吾既已行年九十矣，是三乐也。贫者士之常也，死者人之终也，处常得终，当何忧哉？”[②]镜背纹饰中持杖者应当为孔子，持琴者应当为荣启奇（期），纽下一树象征郕野。

5. 真子飞霜镜

有葵花、菱花形等。其构图不完全相同，有的纽一侧有竹林，竹林旁端坐一人，置琴于膝，前有案几，上置物什；另一侧树下凤凰起舞，纽下方有荷池，池中伸出硕大的荷叶，叶中有一龟，龟身与莲叶形成纽和纽座；上方为山云半月；云下田字格中铸“真子飞霜”（图3-2-2-8，4）[③]。有的上方无铭文，作祥云托月，飞鹤翱翔状。

关于此类铜镜铭文的含义，一般认为“真子者鼓琴之人，飞霜者其操（琴曲）名也”。钱坫认为，“真子当是人名，飞霜当是操名，但遍检书传及琴谱诸书皆不可得”。冯云鹏认为，“真子未详，或取其修真炼道之意，如南真夫人及元真之类。飞霜疑即元霜裴航遇云翘夫人，与诗云元霜尽见云英”[④]。朱江认为，“真子即真孝子的简称，飞霜当是古琴曲调十二操之一履霜操的别称，整个镜纹的内容则是尹伯奇放逐于野的喻意”[⑤]。孔祥星认为，“从真子飞霜镜表现的祥云、飞鹤、仙人等图案看，它所描绘的对象当是在民间流传较广的传说故事”[⑥]。田自秉等认为，“真子，是佛家之人。佛教以信顺佛法、继承佛业者为真子。但也有三种不同的解释：一是大乘菩萨为佛之真子；二是成就如是无量功德，一切皆是真子；三是于法信顺，堪绍佛业，故名真子。飞霜，则是古琴曲调名。琴曲有十二操，其中有‘履霜操’。据《琴操》记载，尹伯奇放逐于野，援琴鼓‘履朝霜兮采晨寒’，则云中所见应是早上日升而非月矣。此题材取戒借鉴之意”[⑦]。日本学界则称其为伯牙弹琴镜。

6. 王子乔吹笙引凤镜

葵花形。圆纽，纽一侧一人端坐，头戴冠，身着长衫，双手捧笙吹奏，另一侧为一鸾凤，振翅翘尾，一爪踏于云上。纽上方装饰祥云，并有松、竹，下方装饰仙山、瑶池，池

---

① 孔祥星、刘一曼：《中国铜镜图典》，文物出版社，1992年，第637页。

② 杨伯峻：《列子集释》，中华书局，1979年，第22、23页。

③ 孔祥星、刘一曼：《中国铜镜图典》，文物出版社，1992年，第629页。

④ 文中关于真子飞霜镜的前三种看法，参见孔祥星、刘一曼：《中国古代铜镜》，文物出版社，1984年，第160、161页。

⑤ 朱江：《也来谈谈扬州出土的唐代铜镜》，《文博通讯》1981年第4期。

⑥ 孔祥星、刘一曼：《中国古代铜镜》，文物出版社，1984年，第161页。

⑦ 田自秉、吴淑生、田青：《中国纹样史》，高等教育出版社，2003年，第256页。

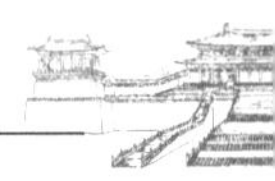

中荷花盛开。外区为花枝和飞鸟（图3-2-2-8，5）[①]。山东邹城收藏1枚，葵花形，纽上方铸一“光”字，直径18厘米[②]。

7. 月宫故事镜

有圆形、葵花形、菱花形等。月宫故事镜是根据我国的神话传说嫦娥奔月的故事为题材而制作的一类铜镜。有的镜背中间为一株大桂树，两侧分别为振袖飞翔、白兔捣药、蟾蜍跳跃的图案。有的则为桂树位于一侧，围绕镜纽装饰飞翔的嫦娥、桂树、蟾蜍、水池、捣药玉兔（图3-2-2-8，6）[③]。圆形月宫镜还有分内外区者，外区配置四神。嫦娥奔月的传说源远流长，据《淮南子·览冥篇》记载：“羿请不死之药于西王母，姮娥窃以奔月，怅然若丧，无以续之。”[④]又《初学记》卷一《天第一》所引《淮南子》云：“托身于月，是为蟾蜍，而为月精。”[⑤]说明嫦娥奔月后由美貌的仙女变成了丑陋的蟾蜍。唐人为了增强铜镜的美感，将嫦娥与蟾蜍并列装饰于镜背。（晋）傅咸《拟天问》记载：“月中何有？白兔捣药。”段成式的《酉阳杂俎前集》卷一记载：“旧言月中有桂、有蟾蜍，故异书言月桂高五百丈，下有一人常斫之，树创随合。人姓吴名刚，西河人，学仙有过，谪令伐树。”[⑥]

8. 飞仙镜

有菱花形、葵花形、方形等。作为主题纹饰的飞仙实际上是佛教造像及壁画中的飞天形象。有的为四仙人骑兽跨鹤，腾空飞翔，同向绕纽。有的为二仙骑兽，间以祥云仙山。所有的仙人都飘带舒卷，衬托出飘飘然的神情。另一类常见的题材是飞天。纽两侧祥云之上各有飞天，头戴宝冠，披帛下垂，各伸出一手平举于纽上，共持一物。纽下为山岳树木，纽上则远山重重，祥云缭绕。如陕西西安东郊唐天宝四年（745年）墓葬出土1面，八曲葵瓣形，直径25.3厘米（图3-2-2-8，7）[⑦]；陕西历史博物馆收藏的仙人骑兽镜、飞天凤凰镜等（图3-2-2-8，8、9）[⑧]。

另外，1987年，湖南长沙中南工业大学发现1座规模较大的晚唐墓，其中出土1枚“亚”字形即委角方形铜镜，其上有铭文“许由洗耳，巢父饮牛”[⑨]。以往此类铜镜均被认为属于宋代之物，这一发现可能将其提前到晚唐时期。是否如此，还有待于资料的公布和进一步研究。

---

① 孔祥星、刘一曼：《中国铜镜图典》，文物出版社，1992年，第636页。

② 胡新立、王军：《山东邹城古代铜镜选粹》，《文物》1997年第7期。

③ 孔祥星、刘一曼：《中国铜镜图典》，文物出版社，1992年，第626页。

④ 何宁：《淮南子集释》，中华书局，1998年，上册，第501、502页。

⑤ （唐）徐坚等著：《初学记》（第2版），中华书局，2004年，上册，第4页。

⑥ （唐）段成式撰，曹中孚校点：《酉阳杂俎》，《唐五代笔记小说大观》，上海古籍出版社，2000年，上册，第563页。

⑦ 孔祥星、刘一曼：《中国铜镜图典》，文物出版社，1992年，第616页。

⑧ 陕西历史博物馆编：《千秋金鉴——陕西历史博物馆藏铜镜集成》，三秦出版社，2012年，第440、441页。

⑨ 湖南省文物局：《1979年以来湖南省的考古发现》，《文物考古工作十年（1979—1989）》，文物出版社，1991年。

（八）盘龙镜

主要为葵花形。一般不分区，主题纹饰基本相似。龙昂扬，有的向左，有的向右，均张口舞爪。有的回首向纽，呈口吞纽状。少数有流云、花纹，缘上铸铭为“千秋”二字，是为庆祝唐玄宗生日“千秋节”而铸造（图3-2-2-9，1）①。广东韶关唐开元二十九年（741年）张九龄墓②、广东韶关西河唐墓③、河南偃师杏园唐墓（图3-2-2-9，2）④、湖北襄阳⑤分别出土1面。其流行年代主要在唐玄宗时期。

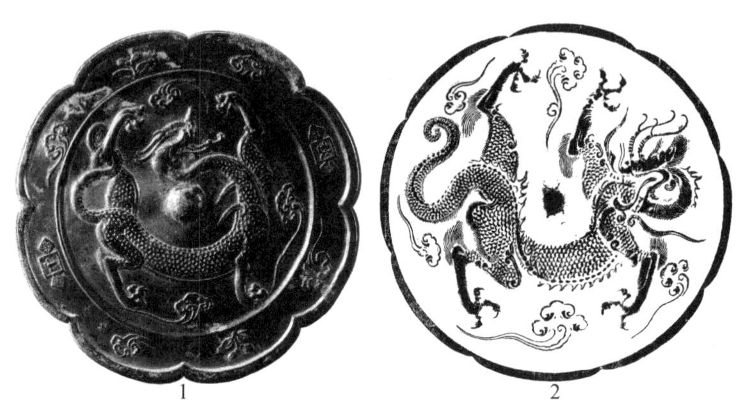

图3-2-2-9　唐代的盘龙镜

1. 陕西西安长安郭杜中纬出土　2 河南偃师杏园唐M2603出土

（九）“卐”字纹镜

在铜镜背面以镜纽为中心铸出一个双线“卐”字纹。有的在“卐”字纹中排列“永寿之镜”“太平万岁”四字，也有的则在“卐”字纹两侧配置“受岁”二字，主要流行于中晚唐时期。“永寿之镜”在唐开成三年（838年）墓中出土1面（图3-2-2-10，1）⑥；“太平万岁”铜镜在陕西西安灞桥区出土1面（图3-2-2-10，2）⑦。“卐”字在梵文中的意思为“吉祥万德之所集”。佛教认为它是出现在佛胸前的三十二瑞相之一，用作万德吉祥的标志。武

① 西安市文物保护考古所编著、孙福喜主编：《西安文物精华·铜镜》，世界图书出版西安公司，2008年，第78页，图版91。

② 广东省文物管理委员会、华南师范学院历史系：《唐代张九龄墓发掘简报》，《文物》1961年第6期。

③ 杨豪：《韶关西河唐墓发掘记》，《文物资料丛刊》（6），文物出版社，1982年，第134—136页。

④ 中国社会科学院考古研究所编著：《偃师杏园唐墓》，科学出版社，2001年，第139—141页。

⑤ 崔新社：《湖北襄樊近年拣选征集的铜镜》，《文物》1986年第7期。

⑥ 黄河水库考古队：《一九五六年河南陕县刘家渠汉唐墓葬发掘简报》，《考古通讯》1957年第4期。

⑦ 西安市文物保护考古所编著、孙福喜主编：《西安文物精华·铜镜》，世界图书出版西安公司，2008年，第129页，图版116。

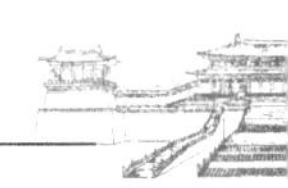

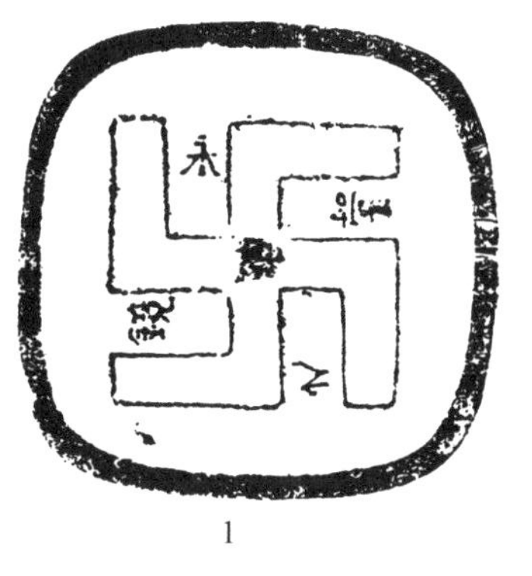
1

2

3

图3-2-2-10　唐代的"卐"字纹镜
1. 河南三门峡陕州区刘家渠唐墓出土　2. 陕西西安灞桥区出土　3. 河南偃师杏园唐M111出土

则天长寿二年（693年），规定其读音为"万"。在佛经中，也写作"卍"。如河南偃师杏园唐贞元十年（794年）墓出土1面（图3-2-2-10，3）[①]，委角方形。这些有纪年的"卐"字纹镜，为同类铜镜的断代提供了参考。

（十）八卦镜

八卦镜主要有八卦镜、八卦百炼镜、八卦十二生肖镜、八卦星相镜、八卦双鸾镜、八卦干支镜、铭文八卦十二生肖镜、八卦星象符箓镜。主要流行时间在8世纪中叶至10世纪初。

八卦镜，圆形或方形，圆纽或龟纽，圆纽则方座。八卦呈方折或呈圆形环绕配置。素缘（图3-2-2-11，1）[②]。

1

2

3

图3-2-2-11　唐代的八卦镜
1. 陕西西安东郊出土　2. 陕西西安东郊韩森寨出土　3. 河南偃师杏园唐M0954出土

① 中国社会科学院考古研究所编著：《偃师杏园唐墓》，科学出版社，2001年，第142、143页。

② 陕西历史博物馆编：《千秋金鉴——陕西历史博物馆藏铜镜集成》，三秦出版社，2012年，第432页。

八卦百炼镜，委角方形，圆纽。八卦方折环绕纽配置，其外有“精金百炼，有鉴思极，子育长生，形神相识”。

八卦十二生肖镜，圆形、葵花形。龟纽或兽纽，葵瓣座。一种八卦围于纽座外，其外环绕十二生肖，十二生肖形象写实，素缘（图3-2-2-11,2）[①]。一种布局分四区，从内向外分别为八卦、十二生肖、铭文带，素缘。铭文为“水银呈阴精，百炼得为镜，八卦寿像备，卫神永保命”。

八卦星象镜，圆形，分三区，内区为八卦和阴阳名铭，中区有八个同形符箓，相间八个道家语铭，外区有八个不同形符箓，相间八个星象（图3-2-2-11，3）[②]。

八卦双鸾镜，圆形、葵花形，素缘。内区双鸾振翅翘尾，挟纽而立，纽上下方图形象征天地，外区铸“上圆下方，象于天地，中列八卦，备著阴阳，辰星镇定，日月贞明，周流为水，以名四渎（江河淮济），内置连山，以旌五岳”四十字铭。

八卦干支镜，圆形，圆纽。分四区，从内到外分别为符箓、干支名、八卦，素宽缘。

（十一）素面铜镜

素面铜镜在隋唐墓葬中有不少发现，这些铜镜的形制有圆形、方形，背面光素无纹。其中有些铜镜应该是铸造之时就没有纹饰，但有些铜镜则可能是因为其背面原来以金银平脱、螺钿、贴金银等工艺装饰的装饰物脱落造成的。在发掘之时应该注意其相关迹象，以确定它们最初到底是不是素面镜。

（十二）四龙衔珠镜

陕西西安东郊黄河机械厂出土1面，呈八曲葵花形，圆纽，主题纹样为四条衔珠龙形纹图案[③]；河南偃师杏园唐墓出土1面[④]。此类铜镜有汉代铜镜的韵味，可视为仿汉镜。

（十三）特种工艺镜

隋唐时期铜镜中的特种工艺镜有螺钿镜、金银平脱镜、贴金银镜等。

1. 螺钿镜

镜背用漆贴螺蚌贝壳饰片构成纹饰的铜镜，其中以夜光蝶螺为最佳装饰材料。由许多饰片共同组成一幅完整画面，有的饰片镂空刻画，有的饰片雕刻细纹，再加上螺片本身光彩莹润，艺术效果较好，而且显得华贵。在以往的研究中，对唐代螺钿镜的认识，主要依

---

① 西安市文物保护考古所编著、孙福喜主编：《西安文物精华·铜镜》，世界图书出版西安公司，2008年，第127页，图版116。

② 中国社会科学院考古研究所编著：《偃师杏园唐墓》，科学出版社，2001年，第213页。

③ 西安市文物保护考古所编著、孙福喜主编：《西安文物精华·铜镜》，世界图书出版西安公司，2008年，第134页，图版121。

④ 中国社会科学院考古研究所编著：《偃师杏园唐墓》，科学出版社，2001年，第141、143页。

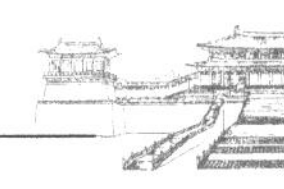

靠日本奈良宫内厅正仓院收藏的螺钿镜。现在，在国内的考古发掘中，装饰精美的唐代螺钿镜出土数量日益增多，而且出土地点明确，有些遗迹甚至年代明确，对于认识唐代螺钿镜的流行年代等具有重要意义。

螺钿人物镜：1955年出土于河南洛阳涧西矿山机械厂唐兴元元年（784年）M76，直径24厘米。圆形，圆纽。纽上方为一株花树，树梢一轮明月，树下蹲一猫，树两侧各一振翅翘尾鹦鹉。纽左侧端坐一人，手弹琵琶。右侧坐一人，手持酒杯，面前一铛一壶，背后站立一女，双手捧盒。纽下有仙鹤、水池。池内和池边有嬉戏的鸳鸯。画面空间错落地飞满了花瓣，人物刻画细致入微（图3-2-2-12，1）[①]。

螺钿盘龙镜：河南三门峡陕州区后川唐墓出土1面，圆形，直径22厘米，一飞龙昂扬飞腾，盘绕于云纹之中（图3-2-2-12，2）[②]。

螺钿花鸟镜：纽顶镶六曲形螺钿饰片。纽外围镶八瓣形花，并配以放射状花朵。主体花纹为团花、双飞鸟及折枝花，三种纹饰对称布局，花纹空间嵌有绿、蓝、红色宝石颗粒，制作精美。如陕西西安唐开元二十四年（736年）李倕墓出土1面，直径25厘米（图3-2-2-12，3）[③]；陕西西安红旗机械厂唐墓出土1面[④]。

2. 金银平脱镜

金银平脱之法是唐代盛行的工艺美术，用于各种器物的制作。据《酉阳杂俎前集》卷一记载："安禄山恩宠莫比，锡赍无数。"唐玄宗赏赐的金银平脱器物有：金平脱犀头匙箸、金银平脱隔馄饨盘、平脱着足叠子、银平脱破觚、银瓶平脱掏魁织锦筐、银平脱食台盘。杨贵妃赏赐的金银平脱器物有：金平脱妆具玉合（盒）、金平脱铁面碗[⑤]。可见金银平脱在唐代不仅流行，而且多用于装饰较为贵重的物品。

金银平脱镜的纹饰以漆粘贴金银花饰片构成。如陕西历史博物馆藏金银平脱天马鸾凤镜，圆形，直径30.1厘米，重2475克。纽高圆，纽座之外在缠枝花叶中配置两匹天马和两只飞凤，花瓣纹边缘（图3-2-2-12,4）[⑥]；陕西西安东郊韩森寨唐墓出土金银平脱四鸾衔绶镜，直径22.7厘米（图3-2-2-12,5）[⑦]；河南偃师杏园唐M5036出土1面金银平脱衔花枝

---

① 河南省文化局文物工作队第二队：《洛阳16工区76号唐墓清理简报》，《文物参考资料》1956年第5期；中国历史博物馆编著：《中国历史博物馆——华夏文明史图鉴》（第三卷），朝华出版社，2002年，第126页，图版125。

② 中国青铜器全集编辑委员会编：《中国青铜器全集·第16卷·铜镜》，文物出版社，2005年，第119页，图版一一七。

③ 陕西省考古研究院：《唐李倕墓发掘简报》，《考古与文物》2015年第6期。

④ 王九刚：《西安东郊红旗机械厂唐墓》，《文物》1992年第9期。

⑤ （唐）段成式撰，曹中孚校点：《酉阳杂俎》，《唐五代笔记小说大观》，上海古籍出版社，2000年，上册，第560页。

⑥ 刘向群：《唐金银平脱天马鸾凤镜》，《文物》1966年第1期。

⑦ 陕西历史博物馆编：《千秋金鉴——陕西历史博物馆藏铜镜集成》，三秦出版社，2012年，第449页。

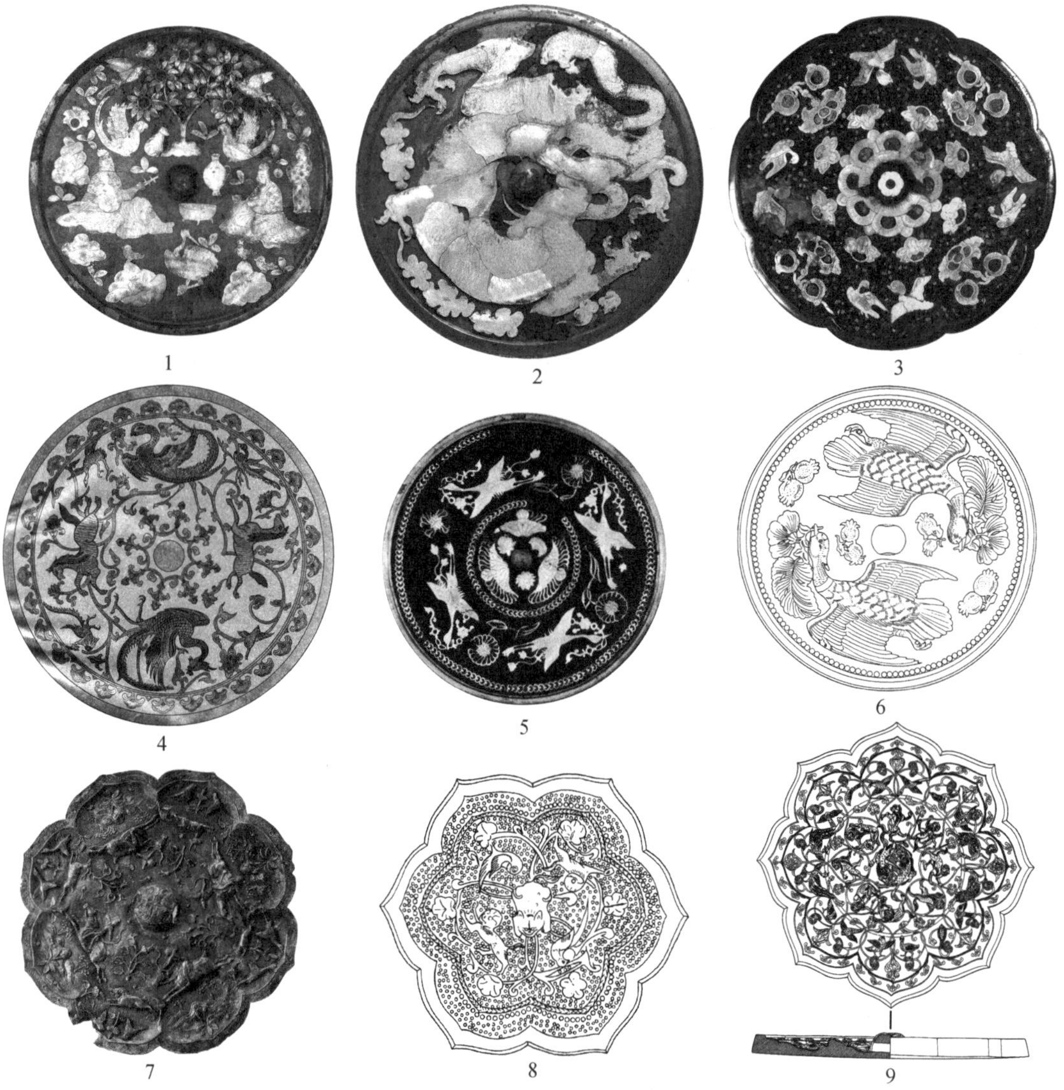

1 2 3
4 5 6
7 8 9

图3-2-2-12　唐代的特种工艺镜

1—3. 螺钿镜（河南洛阳涧西唐墓、河南三门峡陕州区后川唐墓、陕西西安李倕墓出土） 4—6. 金银平脱镜（陕西历史博物馆藏、陕西西安东郊韩森寨唐墓、河南偃师杏园唐M5036出土）
7—9. 贴金银镜（陕西西安东郊唐墓、河南偃师杏园唐M2603、陕西西安东郊马家沟阎识微墓出土）

对鸟镜，直径21厘米（图3-2-2-12，6）[①]。

3. 贴金贴银镜

亦称为金背镜、银背镜，根据铜镜背面所贴装饰的材质而定。背部贴银片或金片，其上刻出各种纹饰，或在镜背凸起纹饰上贴以金银片，有些银背鎏金。由于锤贴的金银片易于脱落，此类铜镜传世或出土数量较少。陕西西安西北国棉五厂唐M29、M65分别出

① 中国社会科学院考古研究所编著:《偃师杏园唐墓》，科学出版社，2001年，第137、138页。

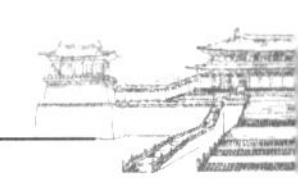

土1面，菱花形，直径分别为6.3、5.75厘米。均兽纽，前者背面贴鎏金银片，后者背面所贴银片未鎏金，其上錾刻鱼子纹地及各种鸟兽、花枝等①；陕西西安东郊唐墓出土1件脱落自贴银镜的银背，直径21厘米，八出菱花形，纹饰锤揲、錾刻而成，表面鎏金。题材有狩猎骑士、奔驰的动物、树木、山岳、花草等（图3-2-2-12，7）②；河南偃师杏园唐开元二十六年（738年）M2603出土1面六出菱花形贴银鸾鸟瑞兽镜（图3-2-2-12，8）③；陕西西安东郊唐神龙二年（706年）马家沟阎识微墓出土贴金镜，其上的花鸟纹极为华丽，是目前所见此类铜镜中的最精美者（图3-2-2-12，9）④，等等。

三、镜铭

以四言句为最多，五言句次之，都属于骈体文式。也有个别铭文纪年、叙事。在对铜镜的研究中，一般取前两个字作为铭文的简称。常见的镜铭内容有（表六）：

表六　隋唐铜镜铭文统计一览表

简称	内容
光正	光正随人，长命宜新
昭仁	昭仁昞德，益寿延年，至理贞壹，鉴保长全，窥妆益态，辩皂增研，开花散影，净月澄圆
窥妆	窥妆益态，韵舞鸳鸯，万龄永保，千代长存，能明能鉴，宜子宜孙
灵山	灵山孕宝，神使观炉，形圆晓月，光清夜珠，玉台希世，红妆应图，千娇集影，百福来扶
绝照	绝照览心，圆辉属面，藏宝匣而光掩，挂玉台而影见，鉴罗绮于后庭，写衣簪乎前殿
玉匣	玉匣盼开盖，轻灰拭夜尘，光如一片水，影照两边人。 玉匣初开镜，轻灰拭旧尘，光如一片水，影似两边人，吉
团团	团团宝镜，皎皎升台，鸾窥自舞，照日花开，临池满月，睹貌娇来
练形	练形神冶，莹质良工，如珠出匣，似月停空，当眉写翠，对脸转红，绮窗绣幌，俱含影中
仙山	仙山并照，智水齐名，花朝艳采，月夜流明，龙盘五瑞，鸾舞双情，传闻仁寿，始验销兵
兰闺	兰闺晼晼，宝镜团团，曾双比目，经舞孤鸾，光流粉黛，采散罗纨，可怜无尽，娇羞自看
赏得	赏得秦王镜，判不惜千金，非关欲照胆，特是自明心
镜发	镜发菱花，净月澄华
盘龙	盘龙丽匣，凤舞新台，鸾惊影见，日曜花开，团疑璧转，月似轮回，端形鉴远，胆照光来
光流	光流素月，质禀玄精，澄空鉴水，照迥凝清，终古永固，莹此心灵
照日	照日菱花出，临池满月生，官看巾帽整，妾映点妆成
镕金	镕金琢玉，图方写圆，质明采丽，菱净花鲜，龙盘匣里，凤舞台前，对影分咲（笑），看镜若妍

① 陕西省考古研究所编、吴镇烽主编：《陕西新出土文物选粹》，重庆出版社，1998年，第100、101页，图版99、图版100。

② 西安博物院编著：《西安博物院》，世界图书出版西安公司，2007年，第190页。

③ 中国社会科学院考古研究所编著：《偃师杏园唐墓》，科学出版社，2001年，第137、139页。

④ 西安市文物保护考古研究院：《西安马家沟唐太州司马阎识微夫妇墓发掘简报》，《文物》2014年第10期。

续表

简称	内容
花发	花发无冬夏，临台晓夜明，偏识秦楼意，能照点状成
有玉	有玉辞夏，惟金去秦，俱随掌故，共集鼎新，仪天写质，象日开轮，率舞鸾凤，奔走鬼神，长悬仁寿，天子万春
照心	照心宝镜，圆明难拟，影入四邻，形超七子，菱花不落，回风讵起，何处金波，非来匣里
天地	天地含气，日月贞明，写规万物，洞鉴百灵
美哉	美哉圆鉴，览物称奇，雕镌合矩，镕洗应规，仙人累莹，玉女时窥，恒娥是埒，服御攸宜。 美哉灵鉴，妙极神工，明疑积水，净若澄空，光金晋殿，影照秦宫，防奸集祉，应物无穷，悬书玉篆，永镂青铜
阿房	阿房照胆，仁寿悬宫，菱藏影内，月挂壶中，看形必写，望里如空，山魑敢出，冰质惭工，聊书玉篆，永镂青铜

除表中所列常见的镜铭之外，还有一些长篇镜铭。例如“唐武德鉴铭”云“武德五年岁次壬午八月十五日甲子，扬州总管府造青铜镜一面，充癸未年元正朝贡，其铭曰：上元启祚，灵鉴飞天，一登仁寿，于斯万年”[①]。上海博物馆藏月宫镜，其外圈铭文为“杨府吕氏者，其先出于吕公望，封于齐八百年，与周衰兴，后为权臣田儿所篡，子孙流迸家子（于）淮扬焉，君气高志精，代罕知者，心如明镜，曰：得其精焉。常云：秦王之镜，照（接中圈）胆照心，此盖有神，非良工所得。吾每见古镜极佳者，吾今所制，但恨不得，停之多年，若之停一二百年，亦可毛发无隐矣。蕲州刺史杜元志，好（接内圈）奇赏鉴之士，吾今为之造此镜，亦吾子之一生极思。开元十年五月五日铸成，东平郡吕神贤之词”[②]。

四、分期

有关隋唐时期铜镜的分期，目前主要有两种观点，其代表性人物分别是孔祥星和徐殿魁。

孔祥星将隋唐时期铜镜分作三期：①第一期为隋至唐高宗时期，流行四神十二生肖镜、瑞兽镜、团花镜，圆形镜最多，主题纹饰以灵异瑞兽为主。②第二期为武则天至唐德宗以前，此期以唐玄宗开元、天宝为界又分作前后两段。前段流行瑞兽葡萄镜、瑞兽鸾鸟镜、雀绕花枝镜，以圆形、菱花形镜为多，主题纹饰由瑞兽向花鸟纹样过渡。后段流行对鸟镜、瑞花镜、人物镜，葵形镜最多，主题纹饰以鸾鸟、花卉、人物为主。③第三期为唐德宗至晚唐时期，流行八卦镜、“卐”字纹镜和瑞花镜，“亚”字形和圆形镜盛行，主题纹饰多含宗教旨趣。此期流行的镜形和纹饰，标志着唐代铜镜从造型到主题花纹已发生了根本性变化。

徐殿魁根据河南偃师杏园纪年唐墓出土铜镜，对其进行分期编年，将隋唐时期铜镜分

① （清）董诰等编：《全唐文》卷九八八，中华书局，1983年，第10230页。

② 陈佩芬编著：《上海博物馆藏青铜镜》，上海书画出版社，1987年，第89页，说明文字第53页。

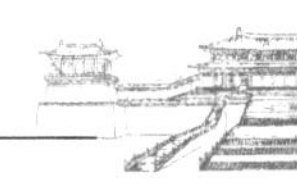

为四期。其具体内容如下：

第一期为隋至唐高宗时期，主要流行四神十二生肖镜、瑞兽镜、团花镜。这一时期的铜镜的特点有二：一是沿袭传统因素较多。如流行圆形镜形，布局拘束严谨，分区配置花纹，博局配置和纽外大方格，柿蒂纹或联珠纹纽座，主题纹饰以灵异瑞兽为主，铭文带及善颂善祷的内容等，而这些都是汉代以来铜镜的常见因素。二是各类铜镜共性多。三类铜镜主题纹饰虽然不同，但镜型、布局、纽座、铭文、边缘等方面有许多共同点，演变趋势也一致，较早多为博局配置，柿蒂纹和联珠纹纽座，吉祥语铭文带。较晚为绕纽配置，花瓣和素圆纽座，外区变化突出，有的还有铭文带，但有的铭文带已被葡萄蔓枝、卷草所代替。随着内区布局的开阔，瑞兽镜的兽形、四神镜的四神变得丰腴柔健，生动活泼，就连团花镜的团花也由紧密而变得逐渐松散，团花镜较少。

第二期为武则天至唐玄宗开元时期。这一时期的铜镜风格发生了重大变化，瑞兽逐渐退居次要地位，飞禽花枝逐渐居于主要地位。这三类铜镜的主题纹饰分别以瑞兽为主、瑞兽鸾鸟并重、飞禽花枝为主，而且无论内区外区的葡萄蔓枝、蔓茎花草、飞禽蜂蝶都不断增加。此期可分为前后两段，前段流行瑞兽葡萄镜、瑞兽鸾鸟镜、雀绕花枝镜，以圆形、菱花形镜为多，主题纹饰由瑞兽向花鸟纹样过渡。后段流行鸾鸟荷花镜、盘龙镜、飞仙镜、弦纹抛光镜及银壳金花镜等。

第三期为唐玄宗天宝时期至唐德宗时期，主要流行对鸟镜、瑞花镜、人物镜、盘龙镜。纹饰、形制多样，题材广泛，风格各异，各类铜镜共性较少，是唐代铜镜迅速变化的时期。鸾鸟纹饰已经完全居于主要地位，隋、唐初期的瑞兽形态已经完全消失，四神十二生肖虽然还在流行，但整个形态发生了变化。植物纹饰摆脱了附属配置的地位，形成了以瑞花、株花等花卉为主题的唐镜。反映神仙世界和现实世界的题材增加。镜形以葵花形镜最多，其主题纹饰以鸾鸟、花卉、人物为主。

第四期为宪宗时期至唐亡。流行八卦镜、“卐”字纹镜和瑞花镜，“亚”字形（圆角方形）和圆形镜盛行，主题纹饰多含宗教旨趣。此期流行的镜形和纹饰，标志着唐代铜镜从造型到主题花纹已发生根本性变化，是唐代铜镜制作工艺急剧衰退的时期。无论造型、纹饰、技法都与此前迥然不同，布局或繁缛或单调，表现手法也自成一体，或浅线细刻或剔地成纹，完全失去了盛唐时期铜镜的风貌。

五、唐代铜镜的铸造中心

据文献记载，唐代进贡铜镜的地区有三个：一是并州，据《新唐书・地理志》记载，贡铜镜和铁镜；二是扬州，据《新唐书・地理志》记载，扬州广陵郡作为大都督府，在其土贡中有“金、银、铜器、青铜镜”①。扬州不仅是隋唐时期重要的铜镜铸造中心，也是铜镜的重要市场；三是桂州，据《元和郡县图志》卷三十七“桂州”条记载：“开元贡：铜

① （宋）欧阳修、宋祁：《新唐书》，中华书局，1975年，第1051页。

镜四十四面。”[①]说明岭南道桂州也是重要的铜镜铸造地。

六、五代时期铜镜

五代时期铜镜与唐代铜镜相比较，已经明显衰退，处在唐宋时期铜镜的过渡期。无论是种类还是花纹装饰，都和唐代铜镜迥然不同。目前所知的五代时期铜镜主要有“都省铜坊镜”和“千秋万岁”镜。

都省铜坊镜：圆形，小纽。镜背素地，纽右一般铸“都省铜坊匠”，纽上铸一“官”字，纽左为匠人名字。如考古发现的“都省铜坊匠人谢昭”“都省铜坊匠人李成”“都省铜坊匠人倪成”“都省铜坊匠人房倧”（图3-2-2-13）[②]等。据《旧五代史·职官志》记载，所谓“都省”是指五代时期尚书省所辖丞、司，“铜坊”是指尚书省所辖官营铜业作坊，“官”表示其官营的性质。此类铜镜直径一般在18厘米左右。安徽合肥南唐墓出土1面，同墓出土的地券有“保大四年（946年）岁次丙午四月辛酉朔十二”的纪年[③]。

“千秋万岁”铭镜：委角方形，纽上下左右各铸一字，组成“千秋万岁”铭。江苏新海连市（现连云港市）杨吴大和五年（933年）墓出土1面[④]；江苏扬州湾头镇杨吴墓出土1面，“千秋万岁”为逆时针旋读，直径23.7厘米（图3-2-2-14）[⑤]。

图3-2-2-13　安徽合肥南唐保大十一年（753年）姜妹婆墓出土铜镜

图3-2-2-14　江苏扬州湾头镇杨吴墓出土“千秋万岁”铜镜

---

① （唐）李吉甫撰，贺次君点校：《元和郡县图志》，中华书局，1983年，下册，第918页。

② 中国历史博物馆编著：《中国历史博物馆——华夏文明史图鉴》（第三卷），朝华出版社，2002年，第221页，图版225。

③ 石谷风、马人权：《合肥西郊南唐墓清理简报》，《文物参考资料》1958年第3期。

④ 江苏省文物管理委员会：《五代——吴大和五年墓清理记》，《文物参考资料》1957年第3期。

⑤ 南京博物院、南京市文物保管委员会、江苏省文物管理委员会等合编：《江苏省出土文物选集》，文物出版社，1963年，图172。

参考书目

[1] 孔祥星、刘一曼:《中国古代铜镜》,文物出版社,1984年。

[2] 孔祥星、刘一曼:《中国铜镜图典》,文物出版社,1992年。

[3] 徐殿魁:《唐镜分期的考古学探讨》,《考古学报》1994年第3期。

[4] 孔祥星:《略论中国古代人物镜》,《文物》1998年第3期。

第三节 铁 器

铁器是当时社会生产力水平的标志,是隋唐时期一类重要的器物,但由于其发现之时多锈蚀不堪,所以往往被忽视,研究也不够深入。下面着重介绍隋唐时期铁器的种类。隋唐时期铁器可以分为日常生活用具、工具或武器、其他用品三大类。

一、日常生活用具

鐎斗:宽折沿,深腹,圜底,下附三蹄形足。一侧带槽形流或无流,曲柄,有的柄端呈鹅项鸭首状。如陕西西安东郊区秦川机械厂唐M16出土1件,柄端呈鹅项鸭首状,深腹,圜底,三足,一侧有流,柄长15、高19厘米①。辽宁辽阳韩贞墓出土1件,直口,圆唇,圜底,三足,柄端呈鹅项鸭首状,高19.8、口径11厘米②。

釜:一般敞口,宽折沿,圜底,下附三足,足呈三棱形或圆柱形,有的在口沿部有双立耳。如河南偃师杏园唐M5013出土1件,敞口,折沿,圜底,三足,口径15.8、高10.4厘米(图3-2-3-1,1);M1025出土1件,沿上立一对方形耳,其余同前,口径17.1、高14.4厘米(图3-2-3-1,2)③。还有一些铁釜,无三足。如河南洛阳唐睿宗贵妃豆卢氏墓出土2件,侈口,宽折沿,尖唇,腹微鼓,小平底,口径18.8、高10厘米④。

提梁罐:在陕西西安东郊唐开元廿年(732年)韦美美墓发现1件,直筒圜底,口沿两侧有对称的一对竖耳。圆形提梁上部突出,下部两端插入耳内。通高12.5厘米⑤。

镜:发现数量不多,锈蚀较为严重。在陕西西安东郊秦川机械厂唐墓中发现5面,均已残破不堪,其中在556号墓出土的直径12.3厘米⑥;陕西凤翔唐墓出土1面,锈蚀严重,

---

① 西安市文物管理处:《西安东郊秦川机械厂汉唐墓葬发掘简报》,《考古与文物》1992年第3期。

② 朝阳地区博物馆:《辽宁朝阳唐韩贞墓》,《考古》1973年第6期。

③ 中国社会科学院考古研究所编著:《偃师杏园唐墓》,科学出版社,2001年,第218、220页。

④ 洛阳市文工作队:《唐睿宗贵妃豆卢氏墓发掘简报》,《文物》1995年第8期。

⑤ 呼林贵、侯宁彬、李恭:《西安东郊唐韦美美墓发掘记》,《考古与文物》1992年第5期。

⑥ 西安市文物管理处:《西安东郊秦川机械厂汉唐墓葬发掘简报》,《考古与文物》1992年第3期。

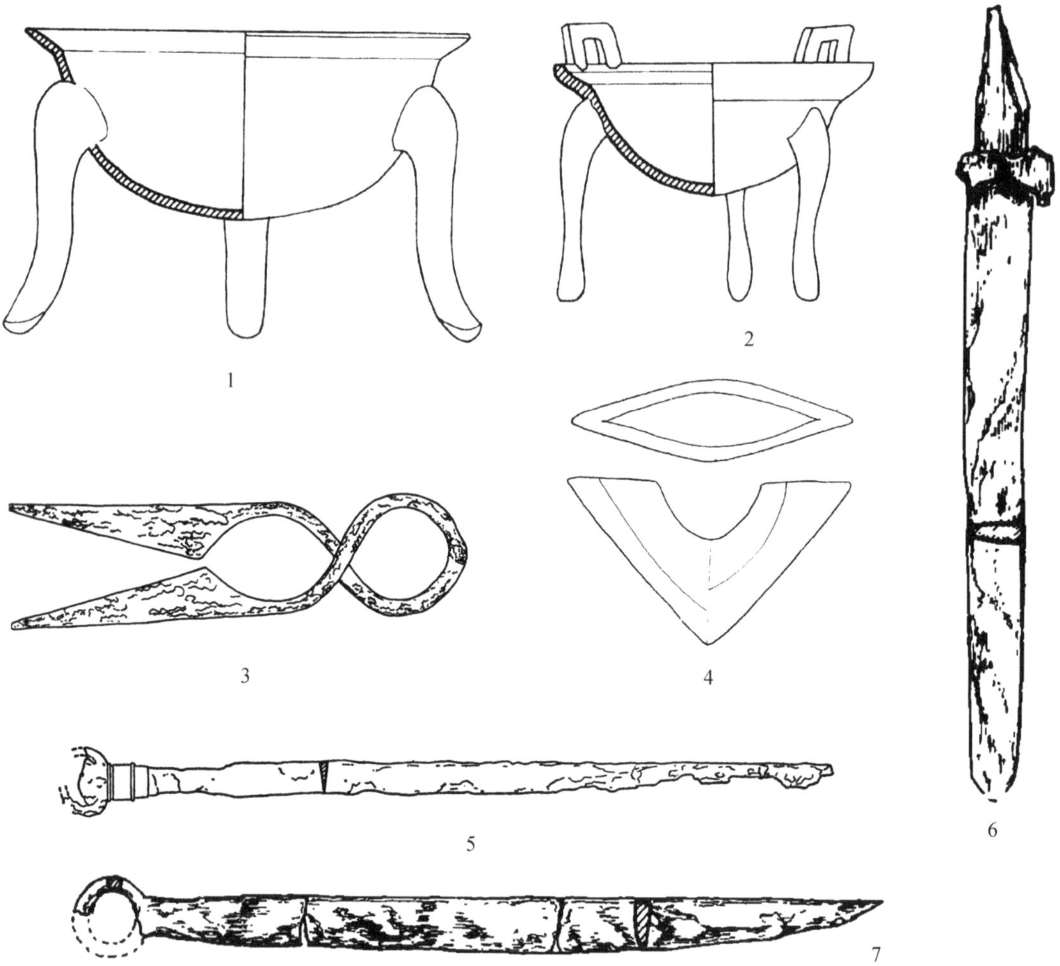

图3-2-3-1　唐代的铁器

1、2. 釜（河南偃师杏园唐M5013、M1025出土） 3. 剪（河南巩义芝田唐88HGZM71出土）
4. 铧（河南偃师杏园唐M2544出土） 5、6. 刀（陕西西安郊区唐M532出土、广东和平附城镇晚唐五代时期M1出土）
7. 剑（广东和平大坝镇晚唐五代时期M1出土）

圆形，直径15.3厘米①；河南巩义芝田唐88HGZM71出土1面，虽然锈蚀，但其形状保存较完好，直径18.6、厚0.3厘米（图3-2-3-2）②。

二、工具或武器

斧：一般呈上小下大的梯形，上部有一穿孔，单面刃或双面刃。如陕西高陵张卜唐墓

① 陕西省考古研究院、西北大学文博学院编著：《陕西凤翔隋唐墓——1983—1990年田野考古发掘报告》，文物出版社，2008年，第239页。

② 郑州市文物考古研究所编著：《巩义芝田晋唐墓葬》，科学出版社，2003年，第183页。

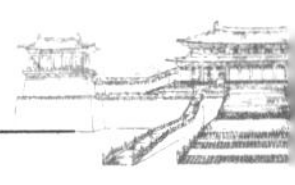

出土1件，通长9厘米[①]。

剪：多为交股弹压式，柄部曲成环形，一次铸成。如河南巩义芝田唐88HGZM71出土1件，长22.2厘米（图3-2-3-1,3）[②]。也有一些剪刀为铆接式。

镰：刃部为半月形，所发现者多数已残，形制与现代的镰刀近似。

铧：铧头呈三角形，銎孔呈菱弧形。如河南偃师杏园唐M2544出土1件（图3-2-3-1，4）[③]。

刀：一种为环首，单刃，刀身修长。有的在环首与刀身之间包饰铜片，并以铜环加固，出土之时有些刀身尚残留漆木鞘的痕迹。如陕西西安郊区唐M532中出土1件，残长79、身宽3厘米（图3-2-3-1，5）[④]；陕西西安长安区窦皦墓中出土水晶坠金字铁刀，直背，刃较直，宽茎，环首，包金，长84厘米，背上有一行错金小字[⑤]；广东和平晚唐五代墓出土1件，长55厘米（图3-2-3-1，6）[⑥]。另一类为直柄小刀，刀身前窄后宽，原来可能安有木质把柄。

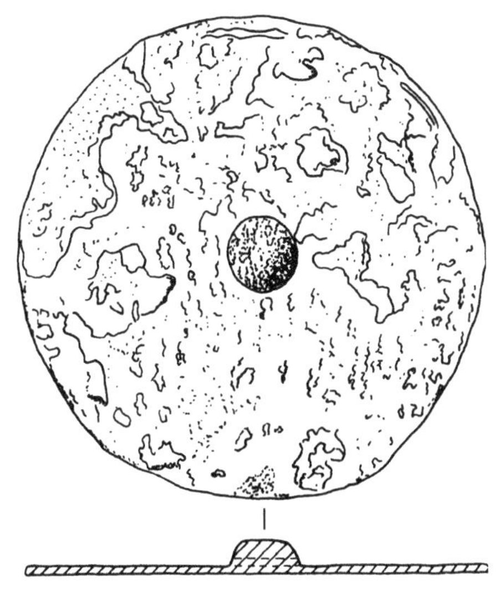

图3-2-3-2　河南巩义芝田唐88HGZM71出土铁镜

剑：隋唐时期墓葬中出土的铁剑数量较少。如在广东和平晚唐五代时期墓出土1把，单面刃，尖锋，有格，长41厘米（图3-2-3-1，7）[⑦]。

三、其他

铁俑：主要有铁猪、铁牛、铁十二生肖等，这些遗物在墓葬中出土有镇墓的含义。

沧州铁狮子：是五代时期铁器制造业的代表制作。高5.4、长5.3、宽3米左右，身披障泥，背负巨盆，前胸和臀部束带，带的两端分垂于两肩和胯部。透视毛发作波浪状，略有卷曲，昂首怒目，巨口大张，躯体矫健，四肢叉开，势如疾走。据《沧县志》记载："铁狮在旧州城内开元寺前。高一丈七尺，长一丈六尺。背负巨型仰莲座，头顶及项下各

① 陕西省考古研究所编著：《高陵张卜秦汉唐墓》，三秦出版社，2004年，第123页。

② 郑州市文物考古研究所编著：《巩义芝田晋唐墓葬》，科学出版社，2003年，第182、183页。

③ 中国社会科学院考古研究所编著：《偃师杏园唐墓》，科学出版社，2001年，第219页。

④ 中国科学院考古研究所编著：《西安郊区隋唐墓》，科学出版社，1966年，第81页。

⑤ 陕西省考古研究所编、吴镇烽主编：《陕西新出土文物选粹》，重庆出版社，1998年，第109页，图版108。

⑥ 广东省文物考古研究所、和平县博物馆：《广东和平县晋至五代墓葬的清理》，《考古》2000年第6期。

⑦ 广东省文物考古研究所、和平县博物馆：《广东和平县晋至五代墓葬的清理》，《考古》2000年第6期。

有‘狮子王’三字，右项及牙边皆有‘大周广顺三年（953年）铸’七字，左肋有‘山东李云造’五字，腹内牙内外字迹甚多，然漫灭不全，后有识者谓是金刚经文。”是按照分节叠铸法浇铸的。狮子腹内壁光滑，是以整块泥模为芯，外面有明显的范铸拼接痕迹及范铸时留下的气孔。范块尺寸的大小也不相同，如四肢和左、右肋部范块有13种规格。据统计，铁狮全身的范块，除爪、腹是一次浇铸，头部范块不明外，从小腿到脊背共分15节，344块。仰莲和圆座共分6节，65块。总计有外范409块。分节叠铸的方法和正定隆兴寺大慈悲菩萨的铸法相同，重约40吨以上①。

第四节　金　银　器

金银器是隋唐时期的重要遗物，研究较为充分，对了解当时的金属加工工艺、装饰工艺、中外文化交流等有重要意义。

一、隋唐时期金银器的重要发现

金银器皿制造，在隋唐时期是一个新兴的手工业部门，发展十分迅速。目前发现的隋唐金银器主要出自窖藏、佛寺塔基地宫和墓葬，而且以前两者为主。其中重要的发现有三次：陕西西安何家村窖藏、江苏镇江丹徒丁卯桥窖藏、陕西扶风法门寺塔基地宫。虽然隋代的金银器在隋代李静训墓、丰宁公主墓等有所发现，但无论从数量还是种类等方面，都无法与唐代相比，所以这里着重介绍一下唐代的金银器。

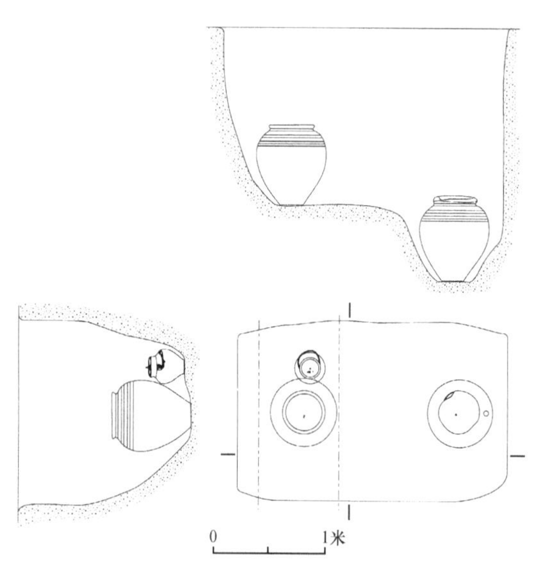

图3-2-4-1　陕西西安何家村窖藏平、剖面图

（一）何家村窖藏

1970年10月，在陕西西安南郊何家村即唐长安城兴化坊内发现一处唐代窖藏（图3-2-4-1），在两件高65、腹径60厘米的陶瓮和1件高30、腹径25厘米的大银罐中，贮藏了金银器、玉器、宝石、金石饰物、金银货币、银铤、银饼和药材等千余件。其中金银器物达265件，是唐代金银器的一次空前大发现②。

① 沧州地区文化局文物组 王敏之：《沧州铁狮子》，《文物》1980年第4期。

② 陕西省博物馆、文管会革委会写作小组：《西安南郊何家村发现唐代窖藏文物》，《文物》1972年第1期；陕西省博物馆、文管会钻探组：《唐长安城兴化坊遗址钻探简报》，《文物》1972年第1期。

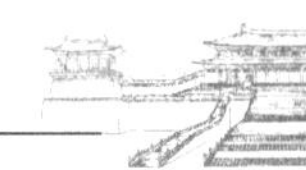

金银器中，饮食器有碗、盘、碟、杯、壶、羽觞等130件，药具有锅、盒、铛、瓯、石榴罐等49件，盛器有罐、盆、水器等14件，日用品有香炉、香囊、锁钥等32件，装饰物有钗、钏、铃铛等40件。

何家村金银器中有纪年铭记的，最迟是唐开元十九年（731年）“洊安庸调”银饼。但参考唐代石刻花纹及金银器形制，其上限可到7世纪中叶，下限可到8世纪中叶。属于7世纪中叶的金银器，有蔓草龙凤纹银碗、双狮纹莲瓣银碗、海兽纹云瓣银碗、狩猎纹高足银杯、人物八棱金杯、乐伎八棱金杯、掐丝团花金杯、双狮纹单柄金铛等多件。这些器物的装饰面，采用十二瓣划分手法，且多“S”形或“U”形瓣；器底有焊接的装饰圆片，尤其是八棱形器物的出现，显然受到波斯萨珊王朝银器工艺的影响，反映了初唐时期金银器的时代特征。

制造工艺有切削、抛光、焊接、铆、镀等。焊接有大焊、小焊、掐丝焊，技巧纯熟，焊缝不易发现。在一些盘、盒、碗等器物上，有明显的切削加工痕迹，起刀点和落刀点显著，刀口跳动亦历历可见。小金盘的螺纹同心度很强，纹路细密，盒的子扣系锥面加工，子母口接触密闭，很少见轴心摆动情况，证明当时切削加工已趋成熟，这是中国机械工业史上的重要发现。

窖藏中还出土了丹砂、紫石英、白石英、钟乳石等贵重药材和炼丹用的石榴罐、双耳护手银锅、单流折柄银铛、单流金铛及许多贮药盒、饮药用具，显示了唐代药物学的发展与成就，同时也反映了唐代炼丹的盛行，是研究中国医药史与化学史的重要资料。

有的金银器用墨书标明器物重量，反映了唐人金银器的管理方法，也为测定唐代衡制提供了可能。经测定，唐代每两平均数值为 42.798克，一大斤为684.768克。这是1949年以来唐大斤最精确的测定数据。

此外，出土的几种外国金银货币，如东罗马希拉克略时期（610—640年）金币、波斯萨珊王朝库思老二世（590—627年）银币、日本和铜开珍银币等，是中外文化交流和贸易的重要证据。

关于何家村窖藏金银器等埋入的年代，有诸多说法：一是发掘者所认为的“安史之乱”（755—763年）时埋入①；二是段鹏琦所认为的唐德宗时期（780—805年）埋入②；三是齐东方所认为的唐德宗建中四年（783年）“泾阳之变”时埋入③。

（二）丁卯桥窖藏

丁卯桥窖藏位于江苏镇江丹徒县（今丹徒区）丁卯桥南约300米处，1982年发现。窖藏距地表1.3米，系一直径1米、深约0.8米的土坑。坑内置一银质酒瓮，瓮内叠满各式银

① 陕西省博物馆、文管会革委会写作小组：《西安南郊何家村发现唐代窖藏文物》，《文物》1972年第1期。

② 段鹏琦：《西安南郊何家村唐代金银器小议》，《考古》1980年第11期。

③ 齐东方：《何家村遗宝的埋藏地点和年代》，《考古与文物》2003年第2期。

器，瓮西侧堆置有盒、盆、钗等银器。出土文物共960件，包括各式银器956件和角质梳4件。器类以银酒具为主，其中带葫芦形纽盖酒瓮1件，外底中部竖刻楷书："酒瓮壹口并盖镣[①]子等共重贰百陆拾肆两柒钱。"[②]

丁卯桥窖藏出土的唐代金银器包括烹调器、盛器、食器、饮器等，主要有银锅、带护耳提梁锅、银鎏金摩羯纹盆、银素面盆、鎏金四出腰形双鸾银盘、海棠形银盘、鎏金凤纹大银盒、鎏金四出鹦鹉纹银盒、鎏金鹦鹉纹圆银盒、鎏金蝴蝶形小银盒、鎏金四鱼纹小银盒、圆银盒、鎏金五曲形鹦鹉纹银碗、五曲形银碗、五出莲瓣形银碟、五出变体莲瓣形银托子、五曲形银高足杯、银执壶、银勺、银匕、银棒、银筋等，其中一些器物底部或圈足部位錾刻"力士"二字。

酒具中的鎏金龟负"论语玉烛"银筹筒、酒令筹及酒令旗等一套酒令用具，是研究唐代酒文化的重要资料。银筹筒作龟座背负一带盖圆筒，筒盖面有桃形纽，纽刻仰莲纹，盖面饰卷边荷叶，上刻两对鸿雁，间以流云、卷草纹。筒身上部正面长方框内刻双线"论语玉烛"4字，两侧分别饰龙凤，间以卷草，其下有内刻对鸟的4个壶门，筒身底部置双层仰莲瓣堆饰，刻花处通体鎏金。筹筒内置50枚酒令筹，每枚正面刻《论语》章句，下半段刻有酒令的"自饮""劝饮""处""放"4种内容。酒令旗1件，顶端作矛形，设缨饰，下置刻重圈形的曲边旗，长柄圆杆，柄上刻"力士"二字。

除各式酒具外，还出土鎏金银熏炉、鎏金人物银瓶、银钗、银镯及角梳等。其中的鎏金人物银瓶腹部刻孩童舞乐、说唱、对坐斗草三组人物图像，是用以盛药的药具。

从这批银器的造型、纹饰及其装饰手法来看，其时代应在晚唐时期，很可能是唐代润州的产品[③]。有学者认为它是一处作坊遗址[④]。关于"力士"二字，发掘者认为是器主的名字，推测是润州地方官吏为高力士制作的礼品[⑤]；孙机认为是当时对坚实之制品的一种美称[⑥]。

（三）法门寺塔基地宫

陕西扶风法门寺塔基地宫发现121件（组）金银器，还有保存完整的伊斯兰玻璃器，它们主要是唐代皇室施舍的供养品，属于皇家用品，其中有的錾刻"文思院"字样[⑦]。以往

---

① 原报告未释读出此字，应为"镣"，意为纯美的银子，这明显是对产品用银的美称，具有广告宣传的意味。

② 丹徒县文教局、镇江博物馆：《江苏丹徒丁卯桥出土唐代银器窖藏》，《文物》1982年第11期。

③ 陆九皋、刘建国：《丹徒丁卯桥出土唐代银器试析》，《文物》1982年第11期。

④ 齐东方：《丁卯桥和长辛桥唐代金银器窖藏刍议》，《文博》1998年第2期。

⑤ 丹徒县文教局、镇江博物馆：《江苏丹徒丁卯桥出土唐代银器窖藏》，《文物》1982年第11期。

⑥ 孙机：《从历史中醒来：孙机谈中国古文物》，生活·读书·新知三联书店，2016年，第371—375页。

⑦ 陕西省考古研究院、法门寺博物馆、宝鸡市文物局等编著：《法门寺考古发掘报告》，文物出版社，2007年。

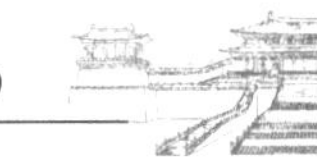

认为文思院的设置始于五代，但法门寺塔基地宫出土的金银器上多錾刻“文思院”，说明在晚唐时期“文思院”已经设置，它是为皇室生产金银器的专门机构。从器物上錾刻工名来看，当时不仅制作过程完善，而且有严密的生产组织系统。文思院为后世所沿袭，管辖机构众多，职能也日趋复杂化，但其掌金银珠玉制作的功能未变，明代之后废置。法门寺塔基地宫出土的金银器主要包括茶具、舍利函等。

二、金银器的加工和装饰工艺

鉴定表明，唐代制造金银器皿已综合使用钣金、浇铸、焊接、切削、抛光、铆、镀、锤打、刻凿等工艺，而且各项工艺都达到了很高水平。

范铸工艺：仿照青铜器的铸造工艺，先按照所要制作的器型制模翻范，然后将黄金熔液倒入范中铸造成器。范铸可分为一次性铸造和局部分铸等。

编累工艺：用细微的金银丝编织堆累成一定形状的器物或饰件，外观透空，精妙异常，常用此法制笼子、冠带或首饰。唐代称为“金丝结条”。如陕西扶风法门寺塔基地宫出土的《应从重真寺随真身供养道具及恩赐金银器物宝函等并新恩赐到金银宝器衣物帐》（以下简称《衣物帐》）中就记载“结条笼子一枚”，并有实物可相对照。

焊接工艺：分为大焊和小焊。大焊是通体加热，小焊是局部加热，使焊药熔化，把被焊部件和主体黏接牢固，焊药由银末、铜末和硼砂制成。焊接后对焊痕进行处理，一般不易觉察。

镌刻工艺：即镂空之法。对铸造、锤揲成型的器物，用尖利的工具按照预定的图案花纹进行雕刻，直至透空，形成玲珑剔透的纹样，在香囊、香炉等器物上常用。既可以起到装饰作用，又可以达到使香气外溢的实用效果。

锤揲工艺：先锤打金银为片状，再将片状金银放置在铁制的模具中锤打成各种器型。器物上凸起的花纹图案，有时与器物一次锤打而成，有时需要二次、三次模冲。用模具打制器物毛坯，经过剪边、磨棱、打光等工序，再进入錾刻程序。

掐丝、镶嵌：把黄金锤揲成均匀的扁丝，编织成花纹图案，再焊接在器物的表面上。然后将宝石、玻璃、珍珠等物嵌入。这种工艺在唐代被称为“金筐宝钿珍珠装”。如陕西扶风法门寺塔基地宫出土的《衣物帐》中就记载“真金函一枚，金筐宝钿珍珠装”，并有实物可相对照。同类金银器还有掐丝团花纹金杯等。

炸珠工艺：将熔化的黄金倒入竖立在水盆中的尖头木桩或萝卜头上，使其滑落在水中，利用金液和水温的差别，使金液分裂并结成大小不等的小金珠，然后经过筛选，按照所装饰器物部位的需要，以直径不一的金珠焊接出各类图案花纹。

錾花工艺：是在金银器表面进行装饰的工艺。一般用小锤熟练地打击各种大小不同的錾子，在金属表面上留下錾痕并形成各种花纹图案，从而达到装饰目的。唐代的錾子有60至70种之多。初、盛唐时期，工匠多用平刃长进方法錾刻，因此花纹线条光滑流畅。中晚唐时期，工匠多使用侧刃錾刻，使錾痕呈三角形，并用许多微小的三角形连续组成一条直线，所以线条不似唐代前期光滑。

抛光工艺：对金银器加工的最后工序，指抛光粗糙的器物表面。从抛光后留下的同心圆痕迹来看，唐代器物表面抛光时很可能已使用简单机械。

三、唐代金银器的分类

唐代金银器的种类多样（图3-2-4-2—图3-2-4-4），可以分为四大类：①餐饮用具：盘、碗、杯、匜、铛、茶托、瓮、壶、箸、勺、茶具（茶碾、茶罗、茶笼）等。②装饰品：钗、笄、簪、臂钏、戒指、带具等。③佛教用具：棺椁、函、锡杖、香炉、香宝子、阏伽瓶、如意、莲花等。④杂类：筹筒、酒令旗、唾壶、香囊、盒等。

唐代金银器绝大多数的造型受传统器型的影响，如碗、杯、盘等。还有一些器物在唐代以前即有制作，很可能中途失传，唐代又得以恢复，如圆球形银香囊，不仅代表了当时手工工艺的水平，而且充满了传奇色彩。在以往，它们往往被称为“熏球”“熏炉”“袖珍熏球”等，主要是根据其形状和功能命名。而陕西扶风法门寺塔基地宫出土的《衣物帐》明确称之为“香囊”，为还原此类器物的本来名称提供了重要证据。从文献记载来看，香囊的制作有悠久的历史，可能在汉代已经开始制作。据《西京杂记》卷一“巧工丁缓”条记载：“长安巧工丁缓者……作卧褥香炉，一名被中香炉。本出房风（也是汉代著名的巧工，生平无可考），其法后绝，至缓始更为之。为机环转运四周，而炉体常平，可置之被褥，故以为名。”[①]《一切经音义》卷七“香囊”条也记载：“《考声》云：香袋也。案香囊者，烧香圆器也。巧智机关，转而不倾，令内常平。集训云：有底袋也。”又云：“《考声》云：斜口香袋也。案香囊者，烧香器物也。以铜、铁、金银玲珑圆作，内有香囊，机关巧智，虽外纵横圆转而内常平，能使不倾。妃后贵人之所用也。”[②]据《旧唐书·杨贵妃传》记载，“安史之乱”爆发时，唐玄宗在西逃途中被逼迫缢杀杨贵妃，葬之于马嵬驿西道侧。“上皇自蜀还，令中使祭奠，诏令改葬。……上皇密令中使改葬于他所。初瘗时以紫褥裹之，肌肤已坏，而香囊仍在。”[③]这里所说的香囊就是考古发现的各类金属制作的圆形香囊，所以，才会出现肌肤坏而香囊存这样的事情。

在继承传统器物造型的同时，隋唐时期特别是唐代的金银器还出现了许多新样式。如仿生形状的器物，有龟形盒、蛤形盒等。同时，在加工金银器的过程中，还将器物的口部、腹部等部位，制作成菱花形、葵花形等。佛教用具中也出现大量金银制品，这些用具大都与当时的舍利瘗埋相关，这也是唐代新出现的器物种类。

有一些器物的造型受到外来文化的影响，如高足杯、多曲长杯、胡瓶、八棱带把杯、

---

① （晋）葛洪撰，周天游校注：《西京杂记校注》，中华书局，2020年，第57、58页。

② （唐）慧琳撰，徐时仪校注：《一切经音义三种校本合刊》（修订第二版），上海古籍出版社，2023年，第606、619页。

③ （后晋）刘昫等：《旧唐书》，中华书局，1975年，第2181页。

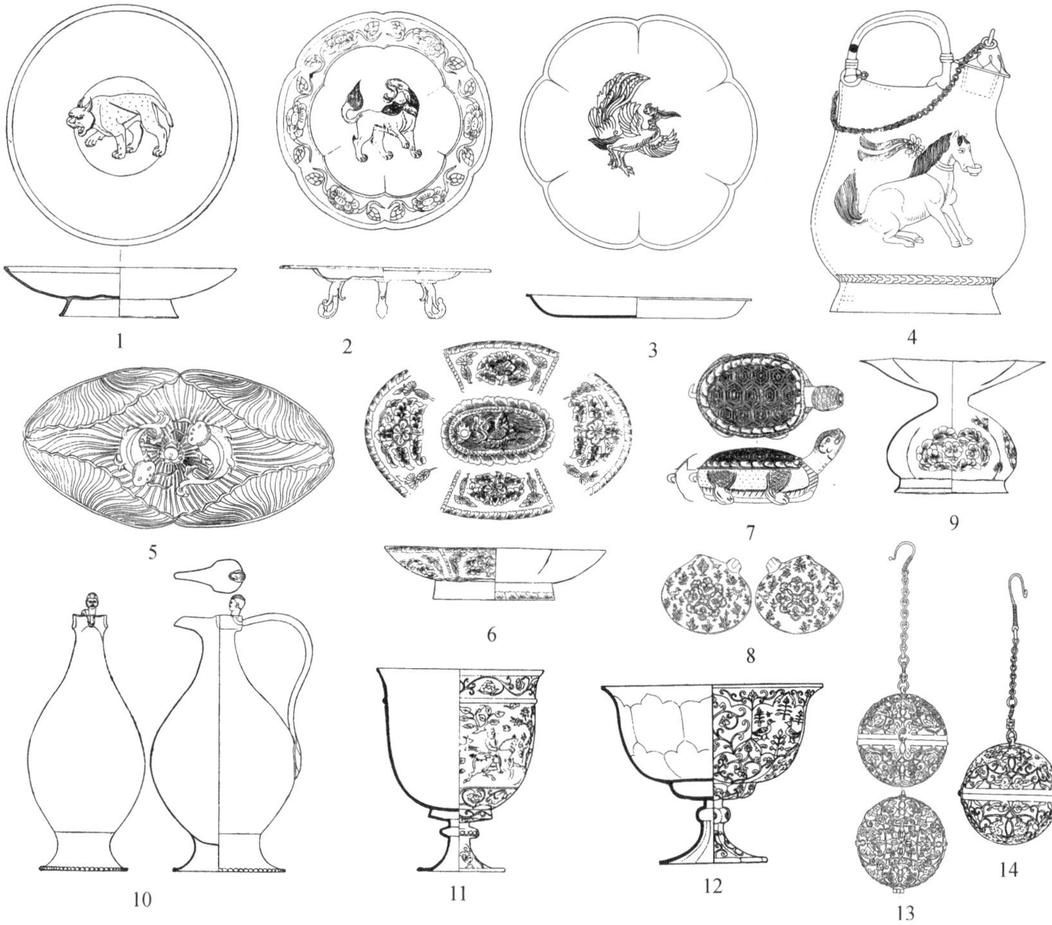

图3-2-4-2　唐代金银器

1—3. 银盘（内蒙古敖汉旗李家营子墓葬、陕西西安东郊八府庄窖藏、陕西西安何家村窖藏出土）
4. 舞马衔杯纹银壶（陕西西安何家村窖藏出土） 5. 银荷叶形杯（西安博物院藏） 6. 金四曲长杯（陕西西安市太乙路出土）
7. 龟形盒（陕西扶风法门寺塔基地宫出土） 8. 银蛤形盒（河南偃师杏园唐M2603出土）
9. 银渣斗（陕西西安新筑枣园村窖藏出土） 10. 银胡瓶（内蒙古敖汉旗李家营子墓出土）
11、12. 银高足杯［陕西西安沙坡村窖藏、西安东郊马家沟唐神龙二年（706年）阎识微墓出土］
13、14. 银香囊（陕西西安何家村窖藏、西安沙坡村窖藏出土）

腹部分瓣的碗等，分别受到东罗马、波斯萨珊王朝、粟特银器制作工艺的影响。

四、唐代金银器的分期

关于唐代金银器的分期有几种意见，虽然有所差异，但对唐代金银器发展规律的认识是一致的。齐东方将唐代金银器分为三期：第一期为唐高祖至唐玄宗前期，即8世纪中叶以前；第二期为唐玄宗后期，即8世纪中叶至8世纪末；第三期为唐宪宗至于唐末，即9世纪至10世纪初。

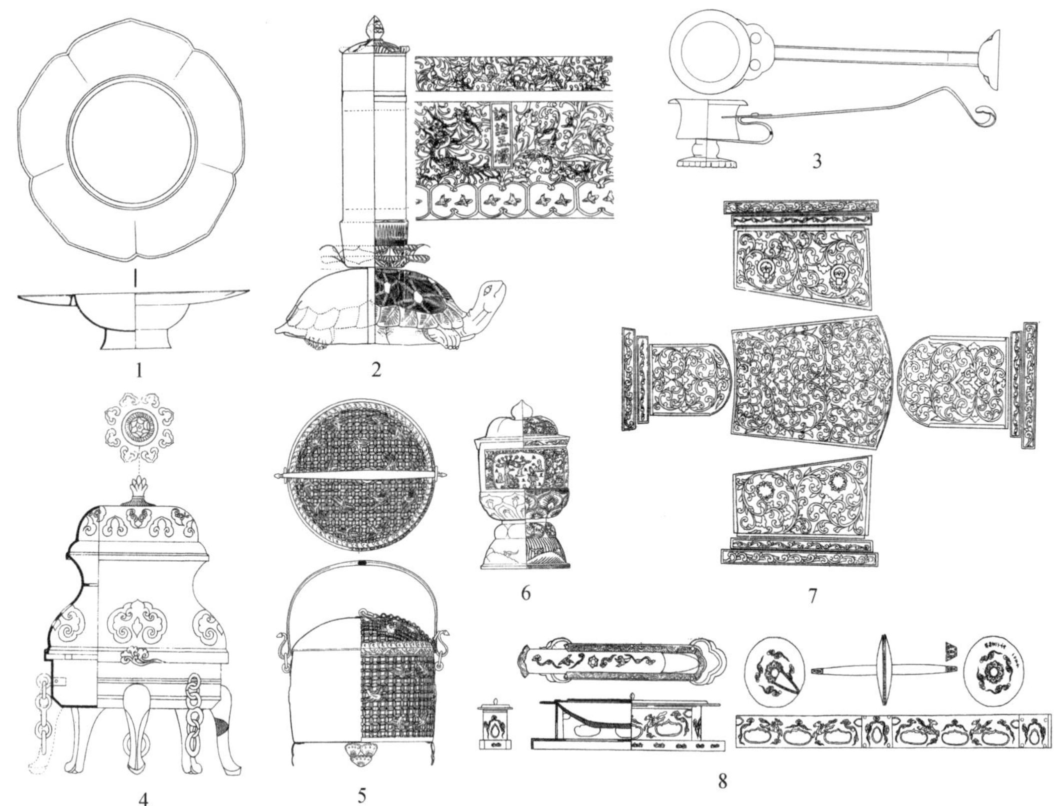

图3-2-4-3　唐代金银器

1. 银茶托（大明宫遗址出土） 2.“论语玉烛”银筹筒（江苏镇江丹徒丁卯桥窖藏出土）
3. 银手炉（陕西扶风法门寺塔基地宫出土） 4. 银香炉（江苏镇江丹徒丁卯桥窖藏出土）
5. 银笼子（陕西扶风法门寺塔基地宫出土） 6. 银香宝子（陕西扶风法门寺塔基地宫出土）
7. 银椁（甘肃泾川大云寺塔基地宫出土） 8. 银茶碾子、银锅轴（陕西扶风法门寺塔基地宫出土）

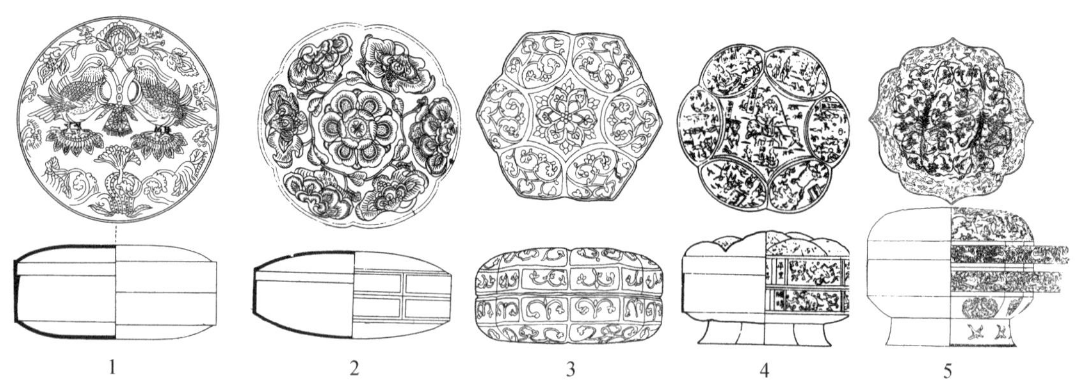

图3-2-4-4　唐代银盒

1、2. 陕西西安何家村窖藏出土 3. 河南偃师杏园唐M2603出土
4. 陕西西安交通大学窖藏出土 5. 江苏镇江丹徒丁卯桥窖藏出土

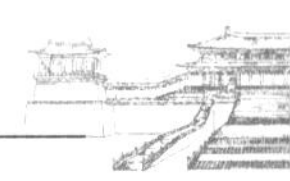

第一期，是唐代金银器飞速发展的时期，也是受外来文化影响最为强烈的时期。主要器类为高足杯、带把杯、分曲在五曲以上的多曲长杯和折腹碗，蛤形银盒也较为常见，还有壶、锅、铛、瓶等。其中的高足杯、带把杯、多曲长杯等在中国的传统器物中不见，应当是受东罗马、波斯萨珊王朝以及粟特等外来文化影响的结果。盘、盒类器物以圆形为主，也有一些呈菱花形，少量为葵花形。壶类器物多三足。纹饰盛行忍冬纹、缠枝纹、葡萄纹、联珠纹、绳索纹。花纹纤细茂密，多用满地装饰的手法。流行鱼子纹（也称珍珠纹）地，即在器物表面用圆筒状錾刀錾刻出细密的小圆圈，排列整齐，作为主要纹饰的底衬。还流行宝相花、卷云纹、云曲纹等，这类纹样多与器物的形制有关，即纹样的样式与器体造型相适应，宝相花一般装饰在圆形器物之上，卷云纹和云曲纹多作为边饰。器物虽小，但比较厚重。绝大多数器物采用锤揲工艺制成，器表一般先锤出凸凹变化的纹样轮廓，然后再錾刻花纹，许多银器通体鎏金。

第二期，是唐代金银器的成熟时期，已摆脱了外来文化的影响，完成了金银器的中国化。高足杯、带把杯、五曲以上的多曲长杯极少见到。新出现了各式壶，葵花形盘流行，各种器皿的平面多呈四曲或五曲形。忍冬纹、葡萄纹、三角纹、绳索纹、卷云纹、云曲纹基本消失。宝相花仍可见到，折枝纹、团花纹兴盛。纹样更为写实，分单元布局，留出更多的空白，显得疏朗大方。少数器物尚残留与西方金银器相似的地方，但不是直接来自西方金银器的影响，而是继承第一期器物的特点，并有所发展。器物的形制和纹样多为既不见于西方器物，也少见于中国传统器物的创新之作。

第三期，是唐代金银器的普及和多样化时期。器物种类大增，目前已知的唐代金银器中的茶具、香宝子、羹碗子、波罗子、蒲篮、温器、筹筒、龟盒、支架等，均属于这一时期。碗、盘、盒的形制也发生了很大变化，流行花口浅腹斜壁碗、四曲或五曲花形带圈足银盒、葵花形盘等。折枝纹、团花纹继续流行，并更加丰富多彩。折枝纹种类繁多，并以阔叶大花为特点。鸳鸯、鹦鹉、鸿雁、双鱼等成为人们喜爱的题材，同时出现荷叶、绶带纹、叶瓣纹、小花纹、半花纹作为主要边饰纹样。纹样自由随意，具有浓厚的生活气息。珍珠地纹小而浅，也比较稀疏。大型器物较多，但有些器物轻薄粗糙，錾刻的纹样清浅断续，刻铭器物增多。

参考书目

［1］镇江市博物馆、陕西省博物馆编：《唐代金银器》，文物出版社，1985年。

［2］韩伟编著：《海内外唐代金银器萃编》，三秦出版社，1989年。

［3］齐东方：《唐代金银器研究》，中国社会科学出版社，1999年。

［4］韩伟：《磨砚书稿：韩伟考古文集》，科学出版社，2001年。

［5］陕西历史博物馆、北京大学考古文博学院、北京大学震旦古代文明研究中心编著：《花舞大唐春——何家村遗宝精粹》，文物出版社，2003年。

［6］陕西省考古研究院、法门寺博物馆、宝鸡市文物局等编著：《法门寺考古发掘报告》，文物出版社，2007年。

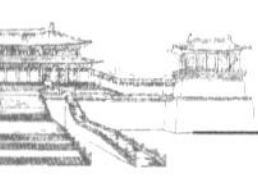

第五节　玺　　印

玺印即印章，上刻印文。中国古代称为“鉨（音xi）”，后作“玺”，亦称为“图章”。西周至春秋时期的古玺尚无可靠的例证发现，一般认为约起源于春秋末期。现在一般所言的古玺，绝大多数属于战国时期。当时的官、私印均称为玺。秦始皇统一六国之后，规定只有皇帝所用的称为玺，一般只称为印。其材质以铜质为多，亦有用金、银、骨、玉石、木、琉璃及琥珀等材料制作的。汉代及其以前，玺的用途主要是用于封发函件，在封泥上打出印文，以防私拆，并作为信验。私印除在日常生活中使用之外，还用于书画题识，而官印不仅用于公务，还是权力的象征。

隋唐时期，官印制度发生了重大变革，印绶制度被废除，官署署印出现，其掌管和移交形成一种新的制度。有人认为是由于简牍的完全废止，封泥不再使用，官印直接钤盖在纸面上[①]。所以，这一时期的官印印面边长增大至5厘米以上，纽制简化但大大加高，印文摒弃了传统的白文[②]，改用朱文[③]小篆。这一规范遂成为后世官印的模式，从而结束了长达八百余年的秦汉印系的统治，标志着隋唐印系的确立。北周武帝孝陵出土的金质麟纽“天元皇太后玺”（图3-2-5-1）[④]，长4.45、宽4.55、合纽通高4.7厘米，朱文小篆，等级高且制作精致，是由秦汉印系向隋唐印系过渡的珍贵实物资料。据《唐六典》卷八和《唐会要》卷五十六记载，隋代皇帝印玺沿用传统之制，仍称为“玺”，唐初因之。武则天延载元年（694年）更“玺”为“宝”，唐中宗神龙元年（705年）改“宝”为“玺”，唐玄宗开元元年（713年）改“玺”为“宝”，此后便成为定制[⑤]。

图3-2-5-1　北周武帝孝陵出土金质“天元皇太后玺”

有学者认为唐代已经废除封泥，但1958年，在大明

---

① 曹锦炎：《古代玺印》，文物出版社，2002年。

② 白文，是指碑碣、印章的阴文。因为所刻文字是虚（凹）的，所以拓印下来或钤盖下来的字是黑（红）地白字，与“阳文”“朱文”相对。

③ 朱文，也称为“阳文”，是指镌刻成凸状的印文。因为用阳文印章钤出的印文为朱色，故称为“朱文”，与“白文”相对。

④ 陕西省考古研究所、咸阳市考古研究所：《北周武帝孝陵发掘简报》，《考古与文物》1997年第2期；咸阳市文物事业管理局编：《咸阳市文物志》，三秦出版社，2008年，第33页，彩版五四。

⑤（唐）李林甫等撰，陈仲夫点校：《唐六典》，中华书局，1992年，第251页；（宋）王溥：《唐会要》，上海古籍出版社，1991年，下册，第1143、1144页。

宫遗址曾经发现了160多块封泥（图3-2-5-2）[①]，可以辨认的有“云南安抚使印”“歙州之印”“潭州都督府印”“睦州之印”“凤翔府印”“华州之印”等，封泥表面均抹光，绝大多数在印章处还有墨书字迹，印文的朱红色印泥还可以清楚地看到，墨书字迹多被红色印泥掩盖着，可见是先墨书，然后再钤印。墨书内容大多已不清楚，但有的仍可以看出“进酒壹瓶”“进奉五味食物”等，表明它们是各地官员进奉物品上的封泥，进奉物有酒、蜂蜜等，有的称为“五味”。墨书内容是进奉的时间、地点、物品名称、数量以及进奉者的官衔、姓名等，封泥之上的印文则为官印印鉴。2009年，又在大明宫太液池遗址之北发现了一批封泥，其中有“睦州之印”“硖州之印”等朱印封泥，其中“硖州之印”保存完整，这批封泥的性质与前述相同。这些发现说明，唐代给皇帝进奉物品时，仍然盖封泥并墨书作为凭证，它们也是地方官员每年照例向皇帝进奉本地土特产、珍奇异物的证据。这些进奉的饮食五味之物，由尚食局下的尚食奉御对其进行管理。据《唐六典》卷四云：“凡天下之珍异甘滋之物，多少之制，封检之宜，并载于尚食之职焉。”[②]又据《唐六典》卷十一记载：“凡天下诸州进甘滋珍异，皆辨其名数，而谨其储供。”[③]同时，宫城还设置有“口味库”用来储藏进奉之物，据《南部新书》卷癸记载：“长安大内有口味

图3-2-5-2　唐长安城大明宫西夹城遗址出土封泥

① 中国科学院考古研究所编著：《唐长安大明宫》，科学出版社，1959年，第42—47页，图版陆叁—图版柒贰；中国历史博物馆编著：《中国历史博物馆——华夏文明史图鉴》（第三卷），朝华出版社，2002年，第59页，图版50。

② （唐）李林甫等撰，陈仲夫点校：《唐六典》，中华书局，1992年，第128页。

③ （唐）李林甫等撰，陈仲夫点校：《唐六典》，中华书局，1992年，第324页。

库。乾符六年（879年），回禄[①]为灾，自后不置也。”[②]

一、隋代官印

迄今为止，能够确定为隋代官印的只有四方。其中故宫博物院收藏的“广纳戍印”，背款为“开皇十六年十月一日造”。天津艺术博物馆收藏有二方：“观阳县印”，背款为“开皇十六年十月五日造”；“桑乾镇印”，背款为“大业五年正月十一日造”。另一方为“崇信府印”，藏于日本岩手县立博物馆，背款为“大业十一年七月廿日造”。以上4印均为鼻纽，篆书印文有如六朝碑志的篆额。

二、唐代官印

传世的唐代官印数量较少，故宫博物院藏有“中书省之印”“唐安县之印”。日本岩手县立博物馆藏有“魏州之印”。上海博物馆藏有“齐王国司印”“平琴州之印”。唐代官印多为铜印，印面尺寸均超过5厘米，以5.5厘米见方者常见，合于唐制尚书省诸司印方二寸的制度。唐代官印以鼻纽为主，也存在杙纽、长方形纽、覆斗形纽、无纽等情形。印面文字大多用小铜条盘绕焊接而成，遇有枝笔，再用短铜条焊接。这是一种新工艺，可称为“焊接法”，也称为“掐丝法”“蟠条印”“条带印”等。一部分为直接铸造，但字口均极深。部分唐代官印还刻有印名背款或“上”字。铜印之外，唐代还有玉质官印，如河南灵宝出土的“东都尚书吏部之印”，玉印，印面5.7厘米见方，厚1.7厘米[③]。根据纽的形状和有无，可将唐代官印分为五类：

1. 鼻纽

鼻纽是指印的捉手在印背面凸起如鼻，其上有横向穿孔。1958年，浙江绍兴出土“会稽县印”，鼻纽铜印，印面5.5厘米见方。同出有方形盝顶铜印盒；1968年，浙江安吉出土“金山县印”，鼻纽铜印，印面5.5厘米见方。同出有方形盝顶铜印盒；1984年，广西隆安城厢出土“武夷县之印”，鼻纽铜印，背款阴刻楷书“武夷县之印”，印通高4.2厘米，印面5.5厘米见方。同出有盝顶印盒，呈四角攒尖式加宝珠顶，四面有心形镂孔，通高9.5、盒高4、边长6.6厘米[④]；1993年，陕西扶风出土“右武卫右十八车骑印”，鼻纽铜印，印面边长5.1厘米。

以上诸印印文系用焊接法焊接而成。也有直接铸造而成的鼻纽官印。如1973年，新疆吉木萨尔北庭都护府城遗址出土的“蒲类州之印”，鼻纽铜印，印面5.7厘米见方。此

---

① 回禄，火神名，此处借指火灾。
② （宋）钱易撰，黄寿成点校：《南部新书》，中华书局，2002年，第166页。
③ 郭敬书：《灵宝县发现唐“东都尚书吏部之印”》，《文物》1989年第7期。
④ 王克荣：《广西隆安县发现唐代铜官印》，《文物》1990年第10期。

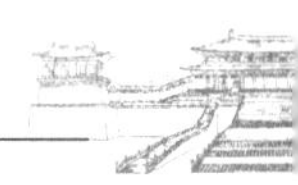

印不用焊接法，而是直接铸造而成，字面深度0.5厘米；1960年，在黑龙江宁安渤海国上京龙泉府遗址出土一方“天门军之印”，鼻纽铜印，背款楷书“天门军之印”，印面边长5.3厘米。其印文凸起较高，深达0.9厘米，也系铸造而成，有人指出其为渤海国遗物。此印风格与唐印一致，显然是效法唐印而为。

考古发掘中还发现了一些被追谥皇帝的印玺（谥宝），作为其身份的象征。如在陕西西安临潼区新丰镇唐奉天皇帝齐陵出土的“奉天皇帝之宝”“恭应皇后之宝”，均鼻纽，汉白玉质，白文篆书。“奉天皇帝之宝”边长10.7厘米，“恭应皇后之宝”边长10.1厘米（图3-2-5-3）[①]。齐陵是唐玄宗长子李琮之陵，他薨于唐天宝十一年（752年），赠靖德太子。唐肃宗至德元年（756年）追谥其兄长李琮为奉天皇帝、妃窦氏为恭应皇后，陵曰齐陵。在以往发现的被追册皇帝的陵墓中仅见玉册，齐陵不仅发现了玉册，还发现了象征其皇帝身份的印玺。皇帝有八宝，其中第四宝为“皇帝之宝，劳来勋贤则用之”[②]，李琮被追谥为“奉天皇帝”，所以印玺文为“奉天皇帝之宝”。这两方印玺的发现，对研究唐代的皇帝印玺及丧葬制度有重要价值。

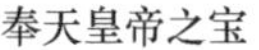

奉天皇帝之宝

恭应皇后之宝

图3-2-5-3　陕西西安临潼区新丰镇齐陵出土“奉天皇帝之宝”与“恭应皇后之宝”

在对唐长安城南郊圆丘遗址进行发掘时，还发现了盝顶鼻纽的陶印和石印，这些印的个体较大。陶印边长约15、高10厘米；石印边长约12、高11.5厘米（图3-2-5-4）。石印侧面阴刻花草纹饰，但均无印文，发掘者推测是皇帝在祭天过程中用来象征某一神祇[③]。

2. 杙纽

杙，木橛之意。带这类纽的铜印，在陕西西安发现两方[④]，印纽均为短矩形杙纽，一方为“保林县印”，印面边长5.45厘米（图3-2-5-5，1）；另一方为“千牛府印”，印背面阴刻一“上”字，印面边长4.6—4.7厘米（图3-2-5-5，2）。1976年，内蒙古巴林右旗

① 〔日〕齋藤龍一：《〈大唐王朝　女性の美〉展》，中日新聞社，2004年，第116、117頁，図版84-1、2。

② （唐）李林甫等撰，陈仲夫点校：《唐六典》，中华书局，1992年，第252页。

③ 中国社会科学院考古研究所西安唐城工作队：《陕西西安唐长安城圜丘遗址的发掘》，《考古》2000年第7期。

④ 西安市文物保护考古所编著、孙福喜主编：《西安文物精华·印章》，世界图书出版西安公司，2011年，第15、16页，图版39、图版40。

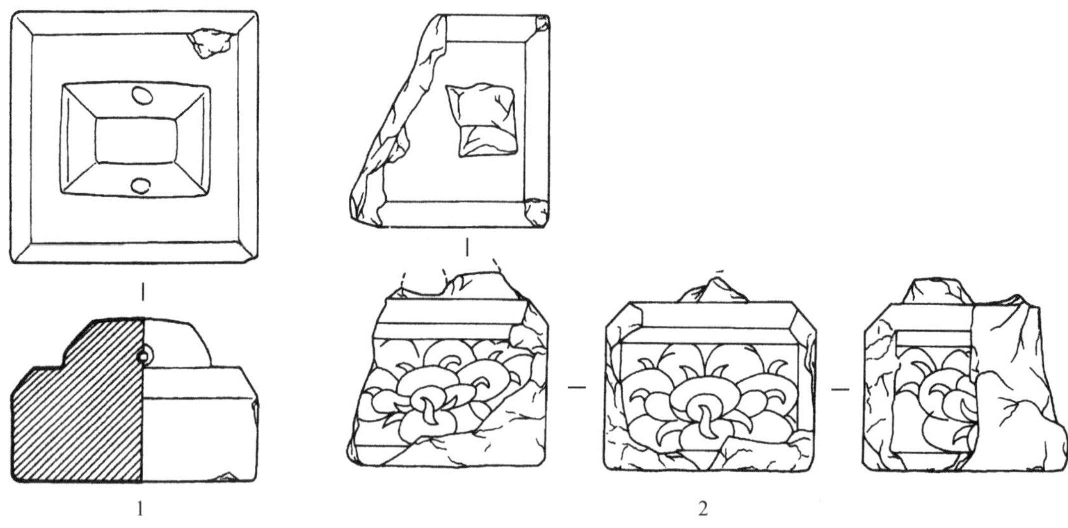

图3-2-5-4　唐长安城圜丘遗址出土陶印、石印

1. 陶印　2. 石印

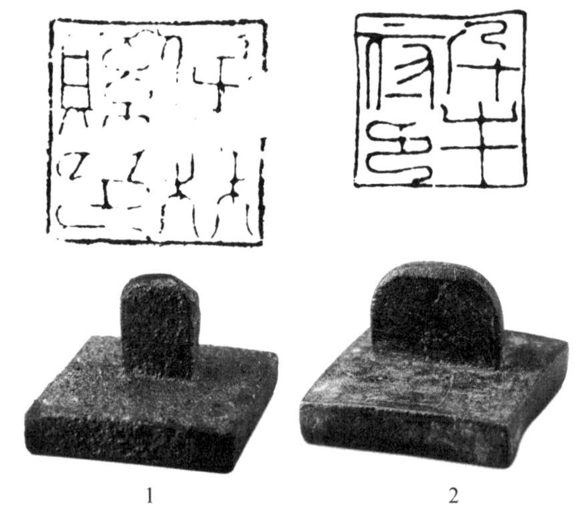

图3-2-5-5　唐代杙纽官印

1. 保林县印　2. 千牛府印

李家园子出土铜质“八作使印”，印面5.5厘米，印文凸起，高出减地约0.5厘米，印背作二层台，扁平杙纽。1982年征集的发现于洛阳河滩的铜“诸道盐铁转运使印”，印面边长6.1厘米。

在唐景云元年（710年）节愍太子墓中，曾经发现2枚铜方形器，杙纽，纽上有小圆孔。边长5.1、高1.4厘米（图3-2-5-6），无文字，底面经过打磨和修整[①]。从其形制来看，推测应为印章，可能是作为明器使用。

3. 长方形纽

纽呈长方形。如1985年，在安徽贵池灌口秋浦河滩先后发现三方铜印，印面边长均5.4厘米，扁长方形纽。一方为“宜春县印”，印背左上角镌刻一“上”字，边长5.4厘米；一方为“萍乡县印”，印背左上角镌刻一“上”字；一方为“豫州留守印”。其年代为唐武德元年（618年）至上元二年（761年）之间[②]。

① 陕西省考古研究所、富平县文物管理委员会编著：《唐节愍太子墓发掘报告》，科学出版社，2004年，第132、133页，图版三六，9。

② 赵建明：《安徽省贵池市发现三方唐代官印》，《文物》1995年第10期。

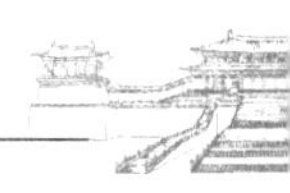

4. 覆斗形纽

纽似覆斗形。如1972年，河北隆化韩吉营西沟出土“契丹节度使印”，铜质鎏金。印背呈低矮的覆斗形，四周斜面上刻有4只狮子纹样。印背中间突起一弧形二层台，上铸一蹲坐鎏金狮子纽，高3厘米。印面为长方形，长6.5、宽6厘米，印文焊接而成（图3-2-5-7）[①]。

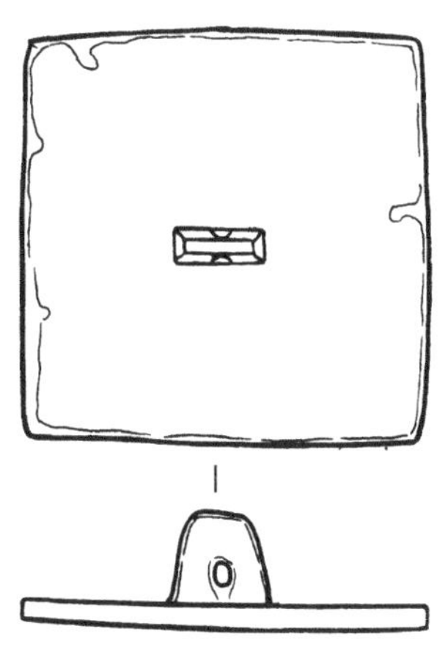

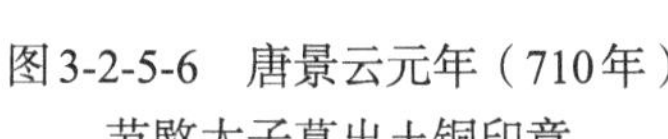

图3-2-5-6 唐景云元年（710年）节愍太子墓出土铜印章

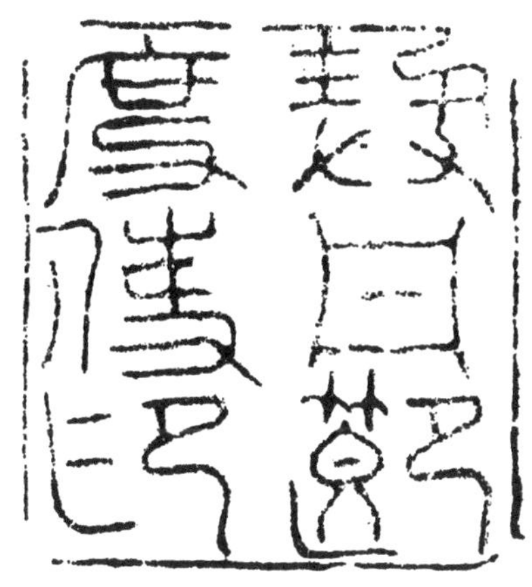

图3-2-5-7 契丹节度使印

5. 无纽

无纽印章也有一些发现。如1975年，甘肃甘南临潭牛头城古城堡遗址出土一方“蒲州之印”，泥质灰陶，无纽，背面墨书“蒲州之印”，印面边长5.5厘米。类似的陶质唐代官印也有传世品，如“尚书兵部之印”“相州之印”，均无纽，尺寸相似。1981年，在陕西榆林马合出土“夏州都督府之印”陶质两面印，背刻“银州之印”，印面边长5.5厘米。陕西西安发现两方陶质唐代官印，均无纽，阳文篆书[②]，一方为唐“万年县之印”，印面边长5.4厘米（图3-2-5-8，1）；另一方为唐

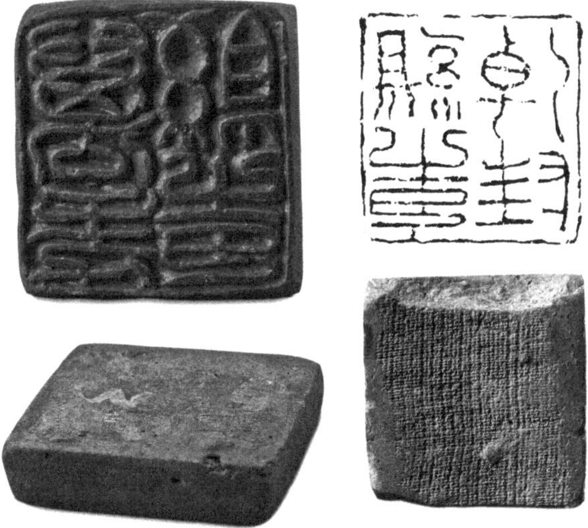

1 2

图3-2-5-8 唐代无纽官印
1. 万年县之印 2. 乾封县之印

① 隆化县文物管理所：《河北隆化县发现契丹节度使印》，《考古》1982年第4期。

② 西安市文物保护考古所编著、孙福喜主编：《西安文物精华·印章》，世界图书出版西安公司，2011年，第17页，图版42、图版43。

"乾封县之印"，边长5.56—5.58厘米（图3-2-5-8，2），背面有麻布纹，似用板瓦打磨篆刻而成。这类陶印均作朱文，印文书体蜿曲细劲，风格与铜印完全相同。这几方陶印显然不是实用之印，推测它们是作为随葬品使用的。

不仅印章的实物有所发现，钤印的印鉴也有大量发现，为了解唐代官印提供了重要资料。如新疆吐鲁番阿斯塔那墓出土的文书上钤有"西州之印"方形印鉴，边长约5厘米见方，阳文篆书两行。类似的发现还有"高昌都护府之印""西州都督府之印""高昌县之印""天山县之印""柳中县之印""蒲昌县之印"等印鉴（图3-2-5-9）[①]，其款式、大小基本相同，均约5厘米见方，阳文篆书。

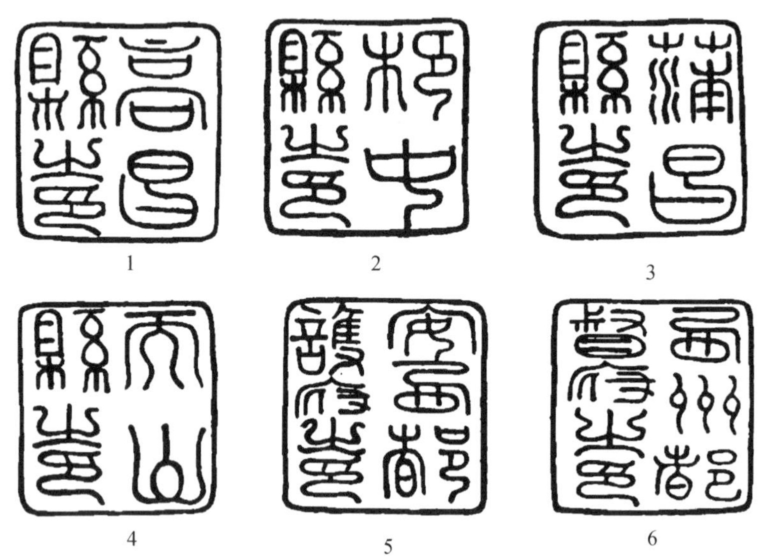

图3-2-5-9　唐代的官印印文

1. 高昌县之印　2. 柳中县之印　3. 蒲昌县之印　4. 天山县之印　5. 安西都护府之印　6. 西州都护府之印

三、唐代私印

唐代私人印章传世极少。有"世南""真卿"等印，但是否是世南、颜真卿之物，尚难以断定。1973年，河南洛阳铁路医院唐墓出土一方"武威习御（？）图书"铜印；1984年，河南偃师杏园唐会昌五年（845年）墓葬出土"渤海图书"铜印，印盒方形，盖略呈盝顶，上有宝塔形纽。印盒通高6.8、边长4.8厘米。印杙纽，长、宽、高均为3.8厘米（图3-2-5-10）[②]。这两方印都属于私人印章。"图书"是印章别称，"武威""渤海"是墓主

① 新疆维吾尔自治区博物馆、西北大学历史系考古专业：《1973年吐鲁番阿斯塔那古墓群发掘简报》，《文物》1975年7期。

② 中国社会科学院考古研究所编著：《偃师杏园唐墓》，科学出版社，2001年，第208、210页。

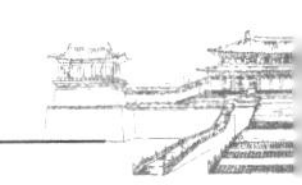

人籍贯。过去以为印称图书始于宋代，专门钤盖在收藏的书画之上，以表示书画为某人所有，如“内府图书之印”“归远图书之印”等。元代则泛称私人印章为图书。事实上，在南唐李氏收藏的图书上已经钤有“内殿图书”印，可见印章称为图书要早于宋代。上述两方唐印的发现，将印章称为图书的历史提前至唐代。

唐代的私印中还发现了闲章。如在唐长安城明德门遗址发现的一方闲章，石质，方形，无纽，边长2.5、高1.6厘米。两面为篆书印文，印文为白文，内容为“襟掩春风”“气含秋水”（图3-2-5-11）[①]。闲章一般镌刻成语或诗词，由秦汉时期的吉祥文字印章（吉语印）演变而来，一般钤盖在相关内容的书法或者绘画作品上。

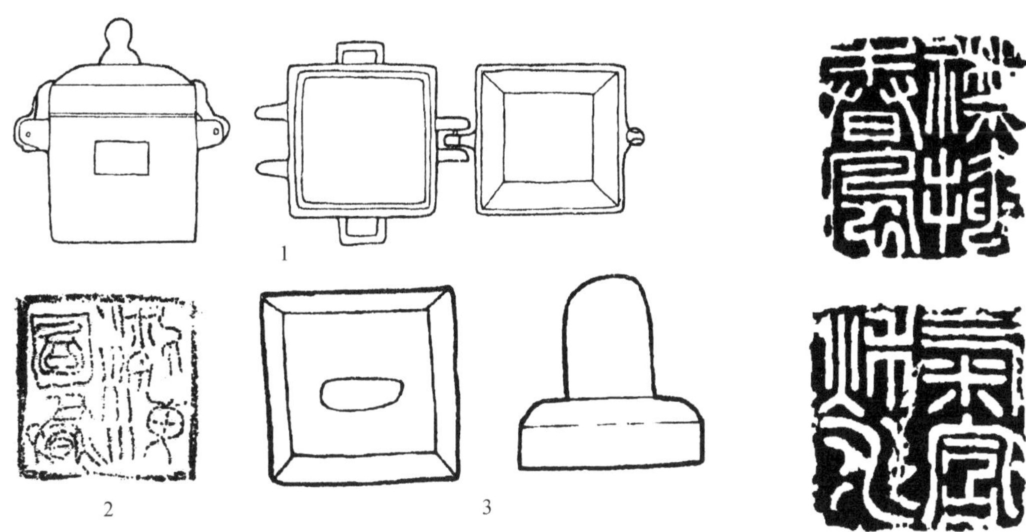

图3-2-5-10　河南偃师杏园唐墓出土“渤海图书”印
1. 印盒　2. 印文　3. 印章

图3-2-5-11　唐长安城明德门遗址出土唐代石质闲章

四、五代官印

五代印章的发掘品和传世品都较少。官印有前蜀王建墓中出土的“高祖神武圣文孝德明惠皇帝谥宝”玉印，龙纽，纽身贴金，印边刻四神纹，印文阴刻，印面长11.7、宽10.7厘米（图3-2-5-12）[②]。陕西西安曾经出土1方“陕虢防御都候朱记”铜印，杙纽，印面略呈长方形，长5.8、宽5.6厘米。

① 中国科学院考古研究所西安工作队：《唐代长安城明德门遗址发掘简报》，《考古》1974年第1期。

② 冯汉骥：《前蜀王建墓发掘报告》（第2版），文物出版社，2002年，第74—77页。

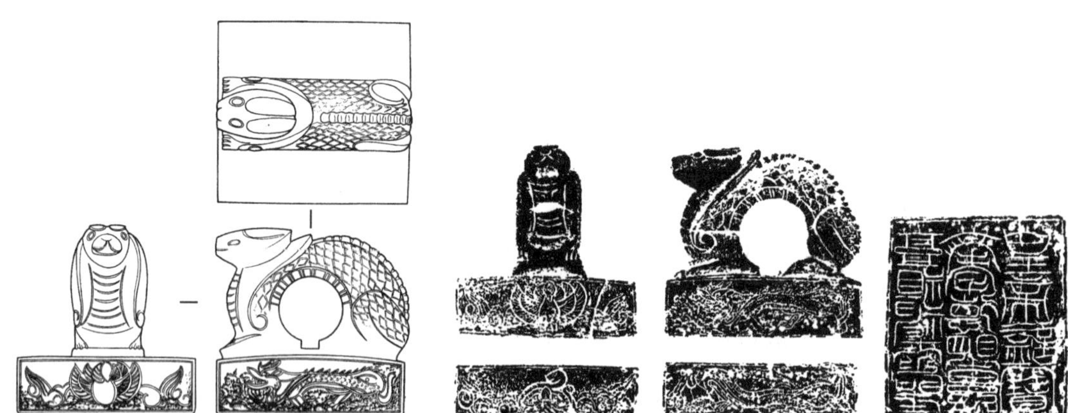

图3-2-5-12　前蜀王建墓出土“高祖神武圣文孝德明惠皇帝谥宝”玉印

参考书目

［1］曹锦炎：《古代玺印》，文物出版社，2002年。

第六节　漆　　器

隋唐时期，漆器制造工艺达到了空前水平，出现了用稠漆堆塑成的凸起花纹的堆漆；用贝壳裁切成物像，上施线刻，在漆面上镶嵌成花纹的螺钿器；用金银饰片镶嵌而成的金银平脱器，工艺超越前代，镂刻錾凿，精妙绝伦。夹纻造像是南北朝以来脱胎技法的继承和发展。剔红漆器在唐代出现。但由于考古发现的漆器大多已腐朽，完整器物不多，在发表的资料中对胎质报道也很少。隋唐时期的漆胎有木胎、竹胎及夹纻胎等几种。目前发现的唐代漆器以盒类器为主，另有盘、奁、碗、罐等。有的漆器还使用铜釦、银釦等。器物形制有方形、圆形、六曲葵瓣形等。有些漆器之上还有朱砂书写的文字，如河南三门峡陕州区姚懿墓中发现夹纻胎漆器，漆为黑红色，器底上有朱砂书写的“考四”“妣四”“孙敬”等①。湖北监利福田寺发现的唐代漆器保存较好，有碗、盘、盒、盂等。器胎的制作方法主要为：先用0.2厘米宽的薄杉木条，一圈圈卷制成器形，外贴麻布，然后髹漆②。隋唐时期，随着瓷器制造技术日臻成熟，漆器在很多情况下已让位于瓷器，所以，漆器逐渐地由日常生活用品向工艺美术品的方向发展，制作技法也日益精湛。

① 河南省文物研究所：《陕县唐代姚懿墓发掘报告》，《华夏考古》1987年第1期。

② 湖北荆州地区博物馆保管组：《湖北监利县出土一批唐代漆器》，《文物》1982年第2期。

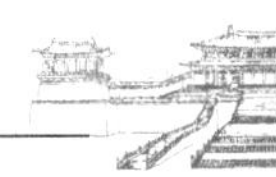

一、漆器的种类

目前所见的隋唐五代时期漆器种类主要有盆、盒、罐、盘、碗等。

1. 漆盆

漆盆的发现数量较少。江苏无锡唐墓中出土1件，为薄木胎，器壁内外髹以深酱红色漆。口径18.5、底径11.5、高3厘米①；河南郑州大岗刘唐墓中出土2件，形制相同，胎已炭化，内外髹褐色漆。敞口，平底。口径24、底径7.2、高6厘米②。

2. 漆盒

漆盒的发现数量较多，其形制也较为丰富多样，有菱花形、葵瓣形、半月形、圆形、方形、长方形、委角方形等，有些无纹饰，有些则以金银平脱工艺装饰纹样。如河南偃师杏园唐M1819出土1件六曲菱花形盒（图3-2-6-1，1），器表为红褐色，无纹饰；M4206出土1件半月形漆盒（图3-2-6-1，2），盖与器身为子母口，器表以金银平脱工艺装饰纹样，为一对鸳鸯休憩于折枝花中，外圈是一周联珠纹，器身侧面残留有石榴花纹样。长11.6、宽8、高2.6厘米；M4206出土1件圆形漆盒（图3-2-6-1，3），器表以金银平脱工艺装饰

图3-2-6-1 河南偃师杏园唐墓出土唐代漆盒

1. M1819出土 2、3. M4206出土 4. M2603出土

① 无锡市博物馆：《江苏无锡发现唐墓》，《文物资料丛刊》（6），文物出版社，1982年，第122—125页。

② 郑州市文物工作队：《郑州地区发现的几座唐墓》，《文物》1995年第5期。

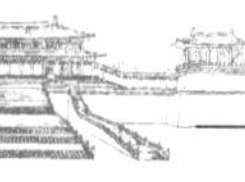

折枝花图案，侧面装饰石榴纹。盒最大径9.3、通高4厘米；M2603出土1件方形漆盒（图3-2-6-1，4），其上以金银平脱工艺装饰缠枝花图案。边长21、通高12厘米[①]。河南上蔡县贾庄唐墓出土1件六曲葵瓣形漆盒，为夹纻胎，黑褐色，无纹饰，直径12厘米[②]。河南上蔡县贾庄唐墓出土1件圆形漆盒，为夹纻胎，盒盖鼓起，黑褐色，无纹饰，直径12厘米[③]。1978年，湖北监利福田寺唐墓出土1件委角方形漆盒，髹黑漆，长25、宽17、高9厘米[④]。

3. 漆罐

发现数量不多。河南偃师杏园唐M902出土1件[⑤]，器表髹红褐色漆，口径14.4厘米。

4. 漆盘

器形与同时期的其他盘无大的区别，主要为圆形。如陕西商州隋墓出土木胎漆盘1件[⑥]，圆形，外黑内红，口径35、高3厘米；河南偃师杏园唐M1902出土1件[⑦]，圆形，直壁浅盘；甘肃武威天祝周天授二年（691年）慕容智墓出土1件[⑧]，木胎，内外髹黑漆，口径56、底径45、高8厘米，出土时其内放置有漆碗、银匙、银箸，应是一套餐饮具（图3-2-6-2）。

图3-2-6-2　甘肃武威天祝吐谷浑慕容智墓出土漆盘和银釦漆碗

5. 漆碗

陕西商州隋墓出土1件木胎漆碗[⑨]，内外均施黑漆，口径10、残高6厘米；河南偃师杏园唐墓出土11件漆碗[⑩]，其中7件平底，4件圈足；湖北监利福田寺唐墓出土1件四曲葵瓣碗[⑪]，圈足，髹黑漆，口径37.5、高12厘米。

有些漆碗在口沿装饰银釦等。如甘肃武威天祝周吐谷浑慕容智墓出土有银釦漆碗[⑫]，木

① 中国社会科学院考古研究所编著：《偃师杏园唐墓》，科学出版社，2001年，第149—151、231页。

② 河南省文化局、文物工作队：《河南上蔡县贾庄唐墓清理简报》，《文物》1964年第2期。

③ 河南省文化局、文物工作队：《河南上蔡县贾庄唐墓清理简报》，《文物》1964年第2期。

④ 湖北荆州地区博物馆保管组：《湖北监利县出土一批唐代漆器》，《文物》1982年第2期。

⑤ 中国社会科学院考古研究所编著：《偃师杏园唐墓》，科学出版社，2001年，第80、81页。

⑥ 王昌富：《商州市北周、隋代墓葬清理简报》，《考古与文物》1997年第4期。

⑦ 中国社会科学院考古研究所编著：《偃师杏园唐墓》，科学出版社，2001年，第79、80页。

⑧ 甘肃省文物考古研究所、武威市文物考古研究所、天祝藏族自治县博物馆：《甘肃武周时期吐谷浑喜王慕容智墓发掘简报》，《考古与文物》2021年第2期；甘肃省文物考古研究所编著：《王国的背影——吐谷浑慕容智墓出土文物》，文物出版社，2022年，第181页，图版18。

⑨ 王昌富：《商州市北周、隋代墓葬清理简报》，《考古与文物》1997年第4期。

⑩ 中国社会科学院考古研究所编著：《偃师杏园唐墓》，科学出版社，2001年，第80页。

⑪ 湖北荆州地区博物馆保管组：《湖北监利县出土一批唐代漆器》，《文物》1982年第2期。

⑫ 甘肃省文物考古研究所、武威市文物考古研究所、天祝藏族自治县博物馆：《甘肃武周时期吐谷浑喜王慕容智墓发掘简报》，《考古与文物》2021年第2期。

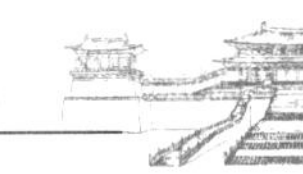

胎髹黑漆，外腹壁下部有折棱，其形制模仿了唐代金银器的折腹碗，同时又采用了汉代流行的在器物口沿镶嵌金属釦的做法，制作成银釦漆器。

二、装饰工艺

1. 金银平脱工艺

唐代金银平脱工艺发达，以金银平脱工艺装饰的漆器、铜镜等在考古发掘中常见，其工艺程序大体分为五个步骤[①]：①准备好要装饰器物的素胎，以及经锤揲或碾压而成的金箔、银箔。金银箔的厚度一般不到0.5毫米。②预先按照器胎的大小、形状及部位，设计出花卉、鸟兽或人物等纹样，再用各式各样小巧的平錾、圆錾、尖錾，按照图样将金银箔雕凿成所需纹样。③将雕凿成纹饰的金银箔用漆或胶平整地粘贴在器胎预先设计好的部位上。④在粘贴好的金银箔纹饰上髹漆，待漆阴干后，再次髹漆，如此反复多遍，直到油漆掩没粘贴的金银箔纹饰为止。⑤仔细打磨髹漆后的器胎，直到光滑细腻并露出金银箔纹饰为止。

河南洛阳北郊唐颍川陈氏墓出土1件银平脱漆方盒，经过修复，呈长方形，通体髹黑漆，在盒盖内外面、盒内底面及四壁外面，共有7幅银平脱图案。图案主要为缠枝葡萄纹和对凤、鹦鹉、十二生肖等[②]；河南郑州二里岗唐墓出土1件已腐朽的木胎漆盒，经复原为一边长21、高16.7厘米的方形漆盒，表面装饰金银平脱植物纹样[③]；河南上蔡贾庄唐墓出土的漆奁盒上装饰有银平脱花鸟、狮子纹样（图3-2-6-3，1）[④]；陕西陇县原子头唐M22出土大量錾刻精美的金银饰片（图3-2-6-3,2）[⑤]。考古发现的金银平脱漆器饰片，纹样精美，

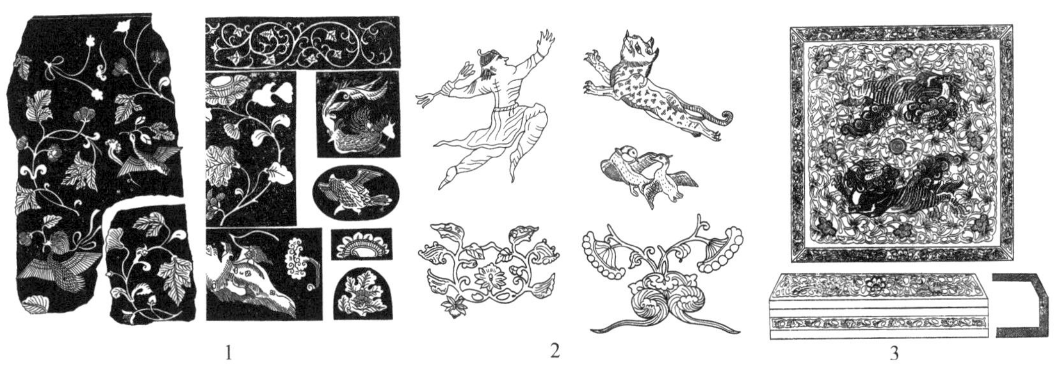

图3-2-6-3　唐五代漆器上的金银平脱纹样

1. 河南上蔡贾庄唐墓出土　2. 陕西陇县原子头唐M22出土　3. 前蜀王建墓出土镜奁

---

① 张广立、徐庭云：《漫话唐代金银平脱》，《文物》1991年第2期。

② 洛阳市文物工作队：《洛阳北郊唐颍川陈氏墓发掘简报》，《文物》1999年第2期。

③ 郑州市博物馆：《郑州二里岗唐墓出土平脱漆器的银饰片》，《中原文物》1982年第4期。

④ 河南省文化局文物工作队：《河南上蔡县贾庄唐墓清理简报》，《文物》1964年第2期。

⑤ 宝鸡市考古工作队、陕西省考古研究所编著：《陇县原子头》，文物出版社，2005年，第227—239页。

内涵丰富，有胡人狮子、花鸟纹、植物纹、动物纹、人物纹等。前蜀王建墓还出土有银平脱朱漆镜奁等金银平脱器（图3-2-6-3，3）[①]。

2. 螺钿工艺

浙江湖州飞英塔发现1件螺钿木胎漆经函，长方形盝顶，长40.3、宽20.8、高23厘米。通体髹黑漆，外表镶嵌螺钿，所用贝片大多为乳白色，少许略现彩色珠光。贝片外形割制精细，中间雕刻纹饰，镂空之处均以绿松石镶嵌。盖顶板饰宝相团花一朵，每朵由25片组成，3朵团花相连留下的空隙处，补以一花三叶图案。经函盖斜刹部分装饰华盖、飞天、狮子、大象等，以花鸟点缀。函身侧面均为佛像组合。宽面为一佛二弟子二菩萨二天王，两端分别为坐佛、狮子、大象与供养人，间以花鸟；两端横档装饰一佛二菩萨以及二供养菩萨、二飞天，以花草点缀其间[②]。江苏苏州瑞光寺发现的螺钿木胎漆经函，长35、宽12、高12.5厘米。其制作过程为：先在木胎之上漆灰，胶麻布，然后再漆灰，表面髹黑漆。经函上全部花纹、图案都是用螺钿装饰，在经函函面的螺钿纹饰中还镶嵌珠宝[③]。鉴真东渡日本时，曾带有“螺钿经函五十口”[④]，说明唐代的经函装饰螺钿者不在少数。

3. 剔红工艺

剔红，是我国古代漆器雕刻中的一个种类，也是雕漆工艺的一个重要门类，因这种器物的颜色呈朱砂红，故又称“雕漆红”“雕红漆”。它以金、银、铜、锡、木、竹、皮，甚至陶为胎坯，髹以朱砂漆，漆层多达数十道，甚至数百道，然后在厚厚的漆层上描以各种图案、纹饰，用刀具施以刺、铲、钩等工艺，将漆层雕刻成浮雕，再经干燥与打磨退光处理，就成了一件古朴凝重的雕漆艺术品。据文献记载，我国的雕漆源于唐代，但实物比较少见。

第七节 玻璃器

隋代玻璃器的出土数量较多，制作精致。数量较多的是西安郊区隋李静训墓出土的玻璃器皿，其中有高铅玻璃，也有钠钙玻璃，这批器物造型与当时的瓷器相似。唐代玻璃器继承隋代传统，高铅玻璃与钠钙玻璃并存。湖北郧县李泰墓出土的玻璃瓶是唐代玻璃的代表作。唐代寺院的塔基地宫还出土一些小型薄壁舍利瓶。隋唐时期还生产玻璃珠、玻璃笄、玻璃小佛像等。

---

① 冯汉骥：《前蜀王建墓发掘报告》（第2版），文物出版社，2002年，第59、60页。

② 湖州市飞英塔文物保管所：《湖州飞英塔发现一批壁藏五代文物》，《文物》1994年第2期。

③ 苏州市文管会、苏州博物馆：《苏州市瑞光寺塔发现一批五代、北宋文物》，《文物》1979年第11期；姚世英、陈晶：《苏州瑞光寺塔藏嵌螺钿经箱小识》，《考古》1986年第7期。

④〔日〕真人元开著，汪向荣校注：《唐大和上东征传》，中华书局，2000年，第47页。

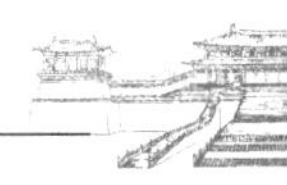

一、玻璃器的发现

隋唐时期中国制造的玻璃器皿，在墓葬、塔基地宫中多有发现。如陕西西安隋李静训墓出土玻璃瓶、罐、杯、蛋形器等（图3-2-7-1，1-5；图3-2-7-2，9）①；广西钦州久隆隋末唐初墓M1出土1件绿色高足玻璃杯（图3-2-7-1，6）②；陕西西安郊区隋M586出土1件绿色玻璃高足杯，含气泡较多，高6、口径5.1、足径2.7厘米③；宁夏固原史诃耽夫妇墓中发现小玻璃碗、喇叭形玻璃花、黄色玻璃花结等④；陕西西安临潼唐庆山寺塔基地宫出土2件玻璃舍利瓶，绿色透明，细颈鼓腹，壁薄如纸（图3-2-7-2，1）。同时还出土4件玻璃空心

图3-2-7-1　隋代的玻璃器

1、2. 杯（陕西西安隋李静训墓出土）3. 罐（陕西西安隋李静训墓出土）
4、5. 瓶（陕西西安隋李静训墓出土）6. 高足杯（广西钦州隋末唐初墓M1出土）

---

① 中国社会科学院考古研究所编著：《唐长安城郊隋唐墓》，文物出版社，1980年，第22、23页，图版一四；金维诺总主编、齐东方卷主编：《中国美术全集·金银器玻璃器》（二），黄山书社，2010年，第411—413页；中国美术全集编辑委员会编、杨伯达卷主编：《中国美术全集·工艺美术编10·金银玻璃珐琅器》，文物出版社，1996年，图版二二二—图版二二六，第67—69页。

② 广西壮族自治区文物工作队：《广西壮族自治区钦州隋唐墓》，《考古》1984年第3期；金维诺总主编、齐东方卷主编：《中国美术全集·金银器玻璃器》（二），黄山书社，2010年，第413页。

③ 中国科学院考古研究所编著：《西安郊区隋唐墓》，科学出版社，1966年，第83页，图版肆拾，2。

④ 宁夏回族自治区固原博物馆　罗丰编著：《固原南郊隋唐墓地》，文物出版社，1996年，第60、61页。

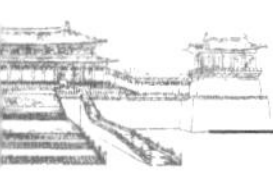

球，球径2—3.5厘米，绿色透明或褐色透明[①]；甘肃泾川大云寺地宫发现玻璃舍利瓶，高3厘米，无色透明，底微上凹[②]；湖北郧县唐李泰墓出土4件玻璃器皿，分别为2件黄色矮颈玻璃瓶、1件绿色玻璃瓶和1件绿色玻璃杯。其中的黄色矮颈玻璃瓶，透明度好。它们都采用无模吹制成型，口部火烧成圆形。器形较大，都是典型的中国器型。但玻璃成分却不相同，黄色矮颈瓶氧化铅含量高达64%，是高铅玻璃，而绿色玻璃瓶及玻璃杯则是钠钙玻璃，含有较多的钾和镁[③]。

二、玻璃器的种类

隋唐时期制造的玻璃器皿和各类装饰品，主要出土于塔基地宫和墓葬之中。按其种类可以分为容器、茶具、装饰品等几类。

1. 容器

玻璃瓶是隋唐时期玻璃器的代表作，其中一部分出土于墓葬，有碗、杯、盒、罐等，而大多数出土于佛教寺院的塔基地宫，主要作为舍利容器安置佛舍利。如陕西咸阳韩家村唐贞观二十二年（648年）窦诞墓出土的玻璃碗，其中1件绿色，3件蓝色（图3-2-7-2，2）[④]；陕西西安长安区韦曲凤栖原唐墓出土6件玻璃容器，包括高足杯、盂、瓶、杯（图3-2-7-3）[⑤]等。

2. 茶具

在陕西扶风法门寺塔基地宫出土一套茶具中的茶碗及茶托（图3-2-7-2，3）[⑥]，呈淡黄色，其造型与唐代流行的盏托完全一致，应当是唐代制造的玻璃精品，也是迄今所知的最早的国产玻璃茶具。

3. 装饰品

唐长安城西明寺遗址出土1件玻璃摩羯（图3-2-7-2，7），长4.9、厚0.15厘米[⑦]。纹饰阴线雕刻，腹有一孔，可能是为了便于佩挂；湖南长沙隋墓出土1枚蓝色玻璃戒指，直径2.2厘米（图3-2-7-2,8）[⑧]。用于装饰的玻璃花也多有发现，如唐新城长公主墓出土的玻璃花[⑨]等。

---

① 赵康民编著：《武周皇刹庆山寺》，陕西旅游出版社，2014年，第86—89页。

② 甘肃省文物工作队：《甘肃省泾川县出土的唐代舍利石函》，《文物》1966年第3期。

③ 安家瑶：《中国的早期玻璃器皿》，《考古学报》1984年第4期。

④ 陕西考古博物馆藏，笔者拍摄。

⑤〔日〕奈良県立橿原考古学研究所附属博物館編集：《大唐皇帝陵》，橿原考古学研究所付属博物館，2010年，第117—119頁，図版69—図版74。

⑥ 姜捷主编：《法门寺珍宝》，三秦出版社，2014年，第308页。

⑦ 中国社会科学院考古研究所编著：《青龙寺与西明寺》，科学出版社，2015年，第212页，图版九四，3。

⑧ 金维诺总主编、齐东方卷主编：《中国美术全集·金银器玻璃器》（二），黄山书社，2010年，第413页。

⑨ 陕西省考古研究所、陕西历史博物馆、礼泉县昭陵博物馆编著：《唐新城长公主墓发掘报告》，科学出版社，2004年，第66、67页。

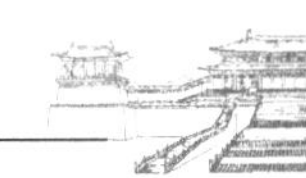

图3-2-7-2　隋唐时期的玻璃器

1. 瓶（陕西西安临潼唐庆山寺塔基地宫出土） 2. 碗（唐贞观二十二年窦诞墓出土）
3. 茶碗、托（陕西扶风法门寺塔基地宫出土） 4—6. 龙凤纹璧、佩（唐僖宗靖陵出土） 7. 摩羯（唐长安城西明寺遗址出土） 8. 戒指（湖南长沙隋墓出土） 9. 蛋形器（陕西西安隋李静训墓出土）

唐文德元年（888年）唐僖宗靖陵出土的玻璃璧、玻璃佩等（图3-2-7-2，4—6）①，分别在两面线刻龙凤纹，使用者身份是皇帝。这几件玻璃佩应该是作为唐僖宗的组佩而葬入的。文献记载，唐代皇帝的组佩主要以玉为主，靖陵出土的玻璃佩不仅增添了新资料，而且对认识玻璃器在皇帝丧葬中的使用问题有重要意义。

① 〔日〕奈良県立橿原考古学研究所附属博物館編集：《大唐皇帝陵展》，橿原考古学研究所付属博物館，2010年，第106、107頁。

图3-2-7-3　陕西西安长安区韦曲凤栖原唐墓出土玻璃器

三、玻璃器的工艺与用途

隋唐时期的玻璃器分为高铅玻璃和碱玻璃两种。文献中对玻璃器的用途也有记载，如作为酒器、食器、服药器、舍利容器等。据研究，当时输入的玻璃器多数作为食器和香料瓶，而国产玻璃器多为艺术观赏品和佛塔塔基地宫的舍利瓶。国产玻璃器原料费用高，退火问题没有解决好，无力与造价低廉、经久耐用的瓷器竞争，从而没有大量生产用于餐具等实用器[①]。

第八节　丝织与印染

隋唐时期是中国丝织史上一个光辉灿烂的时代，丝织品的织造和印染技术都有惊人的发展。在唐代以前，传统经锦的精品已达到与斜纹纬锦不易区别的境界，纬锦织法广泛普及，产量激增，已成为国内外市场上的畅销品。到唐代中期，丝织业空前繁荣，织锦不仅数量显著增加，而且涌现出一大批新工艺、新产品。如花鸟纹锦、彩条斜纹锦、晕间提花锦等等，花纹风格也为之一新。在武则天垂拱年间（685—688年）墓中还发现了双面锦和缂丝[②]

① 安家瑶：《中国的早期玻璃器皿》，《考古学报》1984年第4期。

② 缂丝，也叫“刻丝”。据《玉篇》云：“缂，织纬也。”由于织造的作品在图案与素地接合处微显高低，呈现一丝裂痕，犹如镂刻而成，故称“刻丝”。其成品正反两面如一，与苏绣双面绣有异曲同工之妙。是我国特有的将绘画移植于丝织品的特种工艺美术品。它既保存了原作的风格形状，同时又具备丝织物细腻动人的特点，艺术价值极高。可能产生于汉魏时期，实物出现于唐，盛于宋。织造时，以细蚕丝为经，以色彩丰富的蚕丝作纬。各种纬丝仅于图案花纹需要处与经丝交织，故纬丝不贯穿全幅，而经丝则纵贯织品。过去所说的“通经断纬”即指这一特点。唐代的缂丝产品在青海都兰、新疆吐鲁番和甘肃敦煌等地都曾有所发现。从唐代缂丝工艺来看，尚带有西域缂毛的风格，说明这种工艺是在中西方文化交流的基础上产生的。

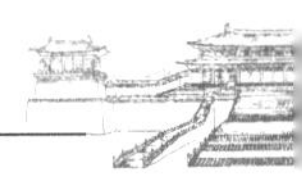

的实物标本。其他丝织品如绮、罗、绢、纱等，无不呈现出前所未有的高水平。唐王朝专门设置有织染署，管理纺织染作坊。同时，植物染料得到普遍应用。唐代纺织品在各地都有出土，其中以新疆、甘肃为最多，传世品则以日本正仓院所藏数量最丰。

新疆吐鲁番阿斯塔那墓群所出染色丝织物，各种色彩应有尽有，色泽鲜艳而均匀。染色丝织品中，染缬所占比例大，品种齐全，无论是单色还是套色染缬，都做到了染色纯正，花纹清晰，色调协调而美丽。从染缬标本的分析发现，唐代染缬很可能已经使用了纸质镂空花板。

一、纬锦

关于纬锦，新疆吐鲁番阿斯塔那M331曾经出土1件纬丝显花的瑞花几何纹锦，与高昌义和六年（唐武德二年，619年）的文书同出，说明它至迟也生产于初唐时期。其花纹也是初唐流行的样式，这一发现纠正了中国纬锦始于盛唐的说法。这件瑞花几何纹锦的花纹由成排的圆点和“十”字形四瓣花间隔横向排列。深蓝色地，大红、浅蓝、乳白色花。经密每厘米36根，纬密每厘米38根。纹、地均为右向三枚纬斜纹组织。实物长18.5、宽7.5厘米。保留有长17.3厘米的幅边，可以清楚地看见纬丝回梭绕在边经上的圈套。

织锦在唐代以前多由经丝显花，称为经锦。到唐代，织锦变经锦为纬丝显花，所以唐锦也称为纬锦。一般用多种色纬分段换梭法织锦，或用打纬器将纬丝打紧、打密，这样不仅使所织之锦色彩绚丽典雅，而且花纹突出，丰富多变。新疆出土的唐代纬锦数量较多，而经锦则为数较少，说明当时纬锦已经取代了经锦的地位。纬锦工艺的勃兴是织锦工艺发展到新阶段的标志。纬线显花的工艺，可以克服传统的经线显花不能随意变化花纹的缺陷。因为经线是固定在经轴上不能随时撤换的，而纬线只要随便改换不同色纬的织梭，就可以增加花纹色彩的变化，而且织造时还可以通过大纬线的运动增加纬密，使花纹织得更加细致精美。如1968年在新疆阿斯塔那北区唐M381出土的两件红地花鸟纹纬锦，其中1件长37、宽24.4厘米，经密每厘米52根，纬密每厘米96根，主题花纹由4组对称形写生花枝与牡丹花组合成团花，4只衔花的瑞雀在团花周围飞翔，4对蜜蜂穿插于花间。团花外面的空间有从岩石中长出的花卉及鹦鹉、山岳、如意云纹等。主题花横宽28.4厘米，两旁由宽3.6厘米的蓝地五彩花卉带作装饰。这件织锦纹纬由一组红色地纬及蓝、绿、黄、沉香四组彩色纹纬，与一组白色单丝地纬、一组白色双丝纹经交织的纬五重织物。地纹由红色地纬与单丝地经交织成1/2⤵左向25°变化缓斜纹。花纹用彩色纹纬与单丝地纬交织成1/2⤵左向25°变化缓斜纹。双丝纬只起花纹分割作用，在花纹轮廓边界把不应提起的纹纬压到织物反面，此时才能看到纹纬的浮点。在其他部位纹纬只被夹在织物表里层之间，起着使表层浮纬延伸浮长的作用。在该墓中发现了唐大历三年（768年）的文书，可知其年代在8世纪后半叶。

唐代纬锦装饰题材广泛，构图丰满，色彩鲜明富丽。归纳起来主要有以下几种：联珠团花窠纹，是由同样大小的圆形平排连接，圆环以联珠纹饰边，环内饰人物、动物等主题纹，环外空白处饰四面对称菱形瑞花；宝相花纹，是将自然形的花、叶用求心或放射的形式变化为装饰型花纹；串枝花，是将自然形的花、叶串在波状线的枝干上，可以无限长地向二方或四方延续连接；写生型花鸟纹；狩猎纹以及各种形式的几何纹①。

二、印染

中国古代印染织物的染色技术分为线染（染线）和匹染（染布）两类，都采用平染（染成一种颜色）和花染两种方法染成。花染是用某种方法使丝线、纱线、布帛的某些局部发生排染作用而留出花纹。花染最简单的方法是绞缬（也称扎染或撮晕缬）。在新疆吐鲁番阿斯塔那建元二年（344年）西凉墓中出土的绛地小方块花纹绞缬，制作方法是先在绢上定好花位，用针挑起花位处按照“十”字形折叠，并用线将其捆扎两圈，花位全部扎好后，经浸染、晾干、拆除结线而成。新疆阿斯塔那北区唐M117出土的棕色菱形格纹绞缬绢，是先将素绢叠折成条，再以针线按反向斜角来回缝刺，抽紧线结，水浸后染色而成。

蜡染在花染中广泛使用，是以蜜蜡、虫蜡、松蜡或树脂与脂肪混合在布帛上描绘花纹，再浸入染液浸染上色，然后水煮脱蜡即现花纹。蜡染花纹，结构严谨，线条凝练，装饰性强，民族特色鲜明。中国出土最早的蜡染织物是新疆民丰北大沙漠东汉合葬墓中发现的两块蜡染蓝地白花棉布，其上残存佛像、半裸的丰穰女神，底边有一条长龙、小鸟及兽纹的宽装饰带。南北朝时期，蜡染技术也应用于毛织品上。唐代用蜡染的绢制作的屏风，气派宏大，日本奈良正仓院藏树木象羊蜡染屏风，主题纹样简洁生动，造型丰富，配景细腻。蜡染丝绸也可以用来制作服装或其他生活实用品。

绞缬和蜡染都不用花板，属于染花工艺。采用花版的称为印花工艺。在春秋战国时期已经出现用印花版印花的双面印花苎麻布。西汉时期已经用凸纹版印版印刷藤蔓、然后用毛笔彩绘蓓蕾花穗叶片的印花敷彩纱绵袍，以及用三套色型版印制的金银泥印花纱。东汉时期出现印花绢，有的是用三套色型版印制的，还有阴阳合模的轧纹印花。至北朝时期，又发现用两块花纹相同的漏版对合，中间夹以对褶白布帛，在花纹漏孔注入染液或防染浆料，印成对称状花纹，称为夹缬。新疆吐鲁番阿斯塔那唐墓出土的狩猎纹绢，都是用夹缬法染制。日本正仓院保存的唐代各类夹缬屏风尤其著名②。

参考书目

［1］ 中国大百科全书总编辑委员会《文物·博物馆》编辑委员会、中国大百科全书出版社编辑部编：《中国大百科全书·文物·博物馆》，中国大百科全书出版社，1993年。

---

① 陈娟娟：《唐代纬锦》，《中国大百科全书·文物·博物馆》，中国大百科全书出版社，1993年，第531、532页。

② 黄能馥、陈娟娟：《中国古代印染织物》，《中国大百科全书·文物·博物馆》，中国大百科全书出版社，1993年，第783、784页。

第九节 唐 三 彩

一、唐三彩的概念

唐三彩是唐代三彩釉陶器的简称，以器表装饰绚烂夺目的彩釉为主要特征。属彩色低温铅釉陶，用普通陶土或瓷土作胎，用含铜、铁、钴、锰等元素的矿物作釉料着色剂，并在釉里加入大量炼铅熔渣和铅灰作助熔剂。釉面呈深绿、浅绿、翠绿、蓝、黄、白、赭、褐等多种颜色，但以黄、绿、白三色为主。以铅的氧化物作为助熔剂，可以降低釉料的熔融温度，增加釉面光亮度。胎质有红色陶胎和白色陶胎两类。前者以普通陶土为原料；后者则用瓷土烧成，烧成温度约900—1100℃，比瓷器略低。制作时，先在1100℃高温下进行素烧，然后取出挂釉，再以900℃的温度复烧。由于复烧时的温度比素烧时的温度低，所以器物一般不易变形。

据对洛阳唐三彩进行科学分析，器物所施黄、绿、褐、蓝等彩釉的化学成分是二氧化硅、二氧化钛、三氧化二铁、氧化钙、氧化镁、氧化钾、氧化钠和氧化铅。氧化铜在黄釉外的各种色釉中普遍存在。蓝釉中除上述化学成分外，还含有氧化锑、氧化钴。唐三彩的各种美丽釉色，正是利用不同金属呈色剂的特点及控制同一金属呈色剂的不同含量而获得的。

实际上，在20世纪以前的有关文献中，很少见到唐三彩的记载。唐三彩也不是由专家学者起的学名，而是在古董收藏者中间叫开的。1899年在修筑陇海铁路时，毁坏了洛阳附近的一批古代墓葬，从这些墓葬里发现了为数众多的唐三彩。它们被运到北京后，引起了王国维、罗振玉等学者和一些古董商、外国人的重视，于是，唐三彩之名蜚声于文物界[①]。

学界以往认为出土三彩器年代最早的纪年墓是唐麟德元年（664年）郑仁泰墓，该墓出土了1件蓝釉三彩盖纽，但这件所谓的“蓝釉三彩盖纽”实为青花瓷[②]。而西北大学长安校区麟德二年（665年）牛相仁墓出土的三彩瓶，才是目前所知最早的三彩器[③]。年代略晚的三彩器有唐上元二年（675年）李凤墓出土的三彩双联盘等。唐三彩繁荣于盛唐之时，“安史之乱”后，在两京地区迅速衰落，但在长江下游的扬州一带则有兴起的趋势。迄今

① 梅健鹰、李武英：《唐三彩》，《文物》1979年第2期；齐东方：《隋唐考古》，文物出版社，2002年；王小蒙：《两京地区唐三彩的发展及工艺特征》，《收藏》2018年第12期。

② 据郑仁泰墓的发掘简报描述，其中出土的三彩器应该是蓝彩青花瓷，不应归为三彩器，即它不是最早的唐三彩。

③ 西北大学文化遗产学院、陕西省考古研究院：《陕西西安长安区唐牛相仁墓发掘简报》，《考古与文物》2023年第1期。

所见三彩器包括专供丧葬用的各种俑类、模型器和生活用器，绝大多数出自墓葬。

二、唐三彩的制作程序

据研究，唐三彩的制作可以分为6个步骤[①]：①选料。三彩器非常注重造型和釉色，因此对于胎料的选择不精，胎质中含有石英颗粒等杂质。②成型。用模型、轮制及捏塑黏接的方法成型，为遮掩胎质粗糙，突出釉色，往往在成型后再罩化妆土。③素烧。将阴干的坯胎用1100℃左右温度烧成。④挂釉。按照事先设计的图案调配釉料上釉。⑤低温烧釉。各色釉在温度达到900℃时，釉汁熔融流动相互浸润形成斑斓的色彩。⑥开相。在不着釉的俑头部以朱涂唇，以墨画出眉毛、眼睛、髭须、头发等，以增强陶俑的神韵。

三、三彩窑址及作坊的发现

随着在墓葬和各类遗址中所发现的三彩器逐渐增多，人们对于三彩器用途的认识更加清晰，它们不仅作为随葬品使用，而且也是重要的日常生活用品，在寺院遗址所发现者，主要为寺院的供养品，有些则作为舍利的供养品而埋入地宫。两京地区即长安和洛阳出土的三彩器数量最多、最精美，其次为扬州，其他如山西、辽宁、安徽、湖北、湖南、广东、甘肃等省，也有一定数量的发现。在河南巩义小黄冶和白河乡、登封曲河窑、密县西关窑；陕西铜川王益区黄堡窑、西安西郊原民用机场即唐长安城醴泉坊遗址；河北内丘邢窑；山西浑源县界庄[②]等地均发现了烧制唐三彩的窑址，为解决各地所发现三彩器的窑口提供了证据。

1. 黄冶三彩窑址

位于河南省郑州巩义市站街镇大、小黄冶村附近，两村相距约2.5千米，窑址即散布在两村之间的黄冶河两岸的台地上。1976年以来，进行过多次调查和试掘，发现大量的窑具、模具和三彩器等。采集到的窑具有匣钵、三岔形支钉、六岔形支钉、三角形支钉、圆形垫饼等。有些支钉的岔头上还残留有三彩釉痕。模具种类繁多，有小马范、骑骆驼范、贴花范、团花和宝相花范等。在出土的唐三彩中，生活器皿和玩具占较大比例，而唐墓常见的三彩马、骆驼、镇墓兽等大型陶俑则很少见到，俑类多见玩具类小三彩俑[③]。

---

① 《中国古陶瓷图典》编辑委员会编、冯先铭主编：《中国古陶瓷图典》，文物出版社，1998年，第106页。

② 山西省考古研究所：《山西浑源县界庄唐代瓷窑》，《考古》2002年第4期。

③ 郭建邦、刘建洲：《巩县黄冶唐三彩窑址调查报告》，《河南文博通讯》1977年第2期；傅永魁：《河南巩县大、小黄冶村唐三彩窑址调查简报》，《考古与文物》1984年第1期；巩义市文管所：《巩义市大小黄冶唐代三彩器窑址调查》，《中原文物》1992年第4期；河南省文物考古研究院、中国文化遗产研究院、日本奈良文化财研究所编著：《巩义黄冶窑》，科学出版社，2016年。

2. 邢窑遗址

河北省邢台市内丘县邢窑遗址发现的唐三彩有三足炉、器座、盘、钵、杯等，胎质细腻，呈白色或淡红色。釉质莹润，流动性很强，釉层有极细的开片。器物按釉色可分三种：第一种施单色淡黄釉，第二种施单色深咖啡釉，第三种施赭黄、深绿、褐红、白等色釉，釉层凝厚，色调从浓到淡，融和绚丽，斑驳多彩①。

3. 唐长安城醴泉坊遗址

陕西省西安市西郊原民用飞机场即唐长安城醴泉坊发现了烧制唐三彩的陶窑遗址，出土了经过素烧的坯件，模具与支烧具，三彩器及其残片等，俑类有天王、文吏、仕女、动物等，器物有枕、碗、罐、瓶等。推测此处是唐长安城制造唐三彩的作坊②。

4. 黄堡窑遗址

在陕西省铜川市王益区黄堡窑遗址，发现了比较完整的三彩窑炉和作坊遗址。三彩作坊遗址1座，即第2号作坊。由7孔排成一排的窑洞构成，窑洞均坐北朝南，门向南开，平面呈长方形。作坊遗址东西长31.8、南北宽20米，面积约636平方米。第1孔窑洞位于最东部，南北长3.5、东西宽2.5—3.4米，面积10.32平方米。在紧靠东壁处有一火炕，平面长方形，南北长2、东西宽1.45—1.75米。炕的底部用自然石块砌筑，火炕门设在北面，火炕门内三股烟道均匀地分布在底部，烟道于东南角合为一股。在火炕门西侧还发现一个灶坑，灶内尚存煤炭3块。由于窑洞内有炕有灶，可能是看守人员或工匠休息、用餐之所。第2孔窑洞南北长6.5、东西宽1.85—2.3米，面积13.52平方米。两壁采用石块砌筑，进门处有踏步，室内地面有一层坩泥硬面，分布有匣钵、木盒及压坏的三彩灯坯等，可能是晾坯或施釉的场所。第3孔窑洞南北残长14.9、东西残宽2.35—2.95米，面积39.49平方米，是7孔窑洞中最大的。室内地面有一层厚达2—5厘米的坩泥踩踏面，室内残存有碗坯、狮子坯、盆坯、坩泥堆以及用来拉坯的转盘等，应当是进行拉坯成型、翻模、合模等成型之所，也是三彩釉的试烧之所。第4孔窑洞南北长9.6、东西宽2.4—2.55米，面积23.83平方米。在室内发现不少模具，当是合模成型之所。在室外西南角发现试烧三彩的小炉，可能在此进行三彩釉的试烧。第5孔窑洞南北长11.5、东西宽2.1—2.9米，面积28.75平方米。室内发现转盘坑的遗迹以及灯坯等，可能是生产灯坯的场所。第6孔窑洞南北残长9.86、东西宽2.49—2.55米，面积约24.77平方米。窑洞后半部的地面铺砌石块，其上放置了大量执壶坯、执壶流坯及个别缸坯、双耳托杯、烛台坯等，这里当是制作执壶坯件的作坊。第7孔窑洞南北残长7.25、东西宽2.5米，面积18.12平方米。室内发现转盘坑遗迹，窑洞后半部放置一层执壶坯，与第6孔窑洞相同，也是生产执壶的场所。

黄堡窑发现三彩窑址3座，即第10号、11号、14号窑址，平面均呈马蹄形，其中第10号窑址保存较好。平面呈马蹄形，东西长3.6、南北残宽2米。由窑门、火膛、窑室和

---

① 内丘县文物保管所：《河北省内丘县邢窑调查简报》，《文物》1987年第9期。

② 张国柱、李力：《西安发现唐三彩窑址》，《文博》1999年第3期；陕西省考古研究院编著：《唐长安醴泉坊三彩窑址》，文物出版社，2008年。

烟囱等部分组成。火膛用耐火砖砌筑而成，平面呈扇面形，底部呈斜坡状，长1.4、宽0.8—1.4、深0.36—0.48米。窑室也用耐火砖砌筑而成，与火膛相连，平面近长方形，长2.05、宽1.4—1.7、残高0.05米。两侧略外弧，窑室底面铺一层瓷土矿渣，已被烧成暗红色。矿渣上有圆形窑柱的痕迹，窑柱直径0.06米。烟囱设在窑室后部，用耐火砖砌一道砖墙与窑室相隔，其底部有4个烟道，通入烟囱。由于该窑的烟囱已无存，形制不明。从保存较好的14号窑的烟囱来看，在砖砌隔墙底部所保留的4个烟道分属2个烟囱。烟囱平面呈长方形，三面砖筑，一面土筑。14号窑的东侧烟囱平面长0.54、宽0.35、残高0.22米；西侧烟囱平面长0.54、宽0.37、残高0.37米。窑炉均为半倒焰式窑，其顶部近似圆馒头状，每座窑的容量约5立方米，一般采用木柴作为燃料。装窑时先在窑床上用圆形窑柱撑底，再在上面棚架多层耐火的薄板型大方砖，将制好的三彩坯件放置在上面。

在黄堡窑发现的三彩器种类丰富，模型器有牛车、建筑模型；动物俑类有马、骆驼、狮子、虎、狗、猴、鸡等；人物俑类有女俑、骑马俑、幞头俑；镇墓俑类有镇墓兽、武士；建筑构件类有三彩龙首、瓦当等；器物类有杯、碗、钵、盆、盏托、盒、炉、盘口瓶、双鱼瓶、净瓶、双耳罐、塔式罐、提梁罐、唾盂、烛台、枕、埙、执壶等。胎土一般为高岭土，胎质细腻，胎色发白，或白中泛红。釉色有赭、黄、绿、白、褐、黑等，有的为赭、黄、绿等单彩及黄、绿的二彩器，更多的则是三彩或三彩以上的多彩器。圆形器物一般采用转盘拉坯成型，陶塑制品多为模制，小型陶塑则为手捏而成。除施彩釉外，器物装饰还有划花、贴塑、局部勾画等手法。

四、唐三彩的种类

唐三彩主要出土于墓葬及宫殿遗址、民居遗址、寺院遗址中。墓葬出土的唐三彩是作为随葬品，后者出土的唐三彩主要是作为日常生活用具及寺院的供养品，还有一些则是建筑材料。唐三彩的造型吸收了金银器等的因素。据其用途可分为四类：

第一类为生活用器，主要有罐、炉、瓶、壶、钵、杯、盘、盆、碗、盂、盒、烛台、枕、杯盘、榻等（图3-2-9-1）。每种又分为若干种样式。其中的杯、盘常见，多由一个矮足盘和数个小杯组成。有些杯和盘在发现时往往黏在一起，可能是专门用作随葬品的。有些动物造型的器物也生动逼真，如河南安阳西郊刘庄唐墓出土的三彩鸳鸯盂[①]，口径8.6—9、长27、通高19.5厘米。形似昂首翘尾的鸳鸯，首、翅膀、尾部施黄、绿、白三色釉，色泽艳丽有光泽；在唐长安城大明宫太液池遗址出土有执壶、盆、枕、器盖等三彩器[②]，说明三彩器也为宫廷皇室所使用。

第二类为俑，主要分为镇墓俑、人物俑和动物俑。镇墓俑有武士俑、天王俑、镇墓

① 中国社会科学院考古研究所安阳工作队：《安阳西郊刘家庄唐墓》，《考古》1991年第8期。

② 中国社会科学院考古研究所、日本独立行政法人文化财研究所奈良文化财研究所联合考古队：《唐长安城大明宫太液池遗址发掘简报》，《考古》2003年第11期。

图3-2-9-1　唐代三彩器

1. 罐（河南洛阳关林唐墓出土） 2. 三足炉（河南洛阳朱家湾唐墓出土） 3. 扁壶（河南洛阳电话设备厂唐墓出土） 4. 凤首壶（陕西西安三桥镇蔺家村出土） 5. 瓶（河南巩义夹津口砖厂唐墓出土） 6. 净瓶（河南洛阳安菩墓出土） 7. 双龙柄瓶（河南巩义食品厂M1出土） 8. 四曲耳杯（河南巩义芝田88HGZM89出土） 9. 高足杯（河南巩义北窑湾M6出土） 10. 带耳杯（河南巩义芝田88HGZM13出土） 11. 曲瓣碗（河南洛阳伊川鸦岭乡贾寨村唐墓出土） 12. 孔雀杯（河南郑州市唐墓出土） 13. 鹅衔曲瓣杯（河南巩义出土） 14. 象首杯（陕西西安南郊出土） 15. 碗（唐永泰公主墓出土） 16. 三足盘（中国国家博物馆藏） 17. 杯盘（河南巩义孝北92HGSM1出土） 18. 烛台（河南巩义芝田92HGZM4出土） 19. 鸳鸯盂（河南博物院藏） 20. 唾壶（河南巩义芝田88HGZM66出土） 21. 榻（唐虢王李凤墓出土）

兽（图3-2-9-2）。人物俑有男女侍俑、牵马俑、文官俑、武官俑、胡俑、佛像、罗汉像、杂技俑等（图3-2-9-3）。动物俑有马、驴、骡、骆驼、猪、牛、羊、狗、鸡、鸭、狮子等

图3-2-9-2　三彩镇墓俑

1. 武士俑（陕西西安韦思谦墓出土）2. 天王俑（陕西西安郭杜唐M31出土）3、4. 镇墓兽（陕西郭杜唐M31出土）

图3-2-9-3　陕西西安郭杜唐M31出土三彩人物俑

1. 童子杂技俑　2. 文官俑　3. 武官俑　4. 胡人牵马俑

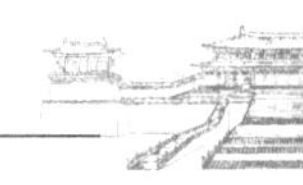

（图3-2-9-4）。动物俑的造型生动活泼，如陕西西安临潼唐庆山寺塔基地宫出土的一对三彩狮子①。

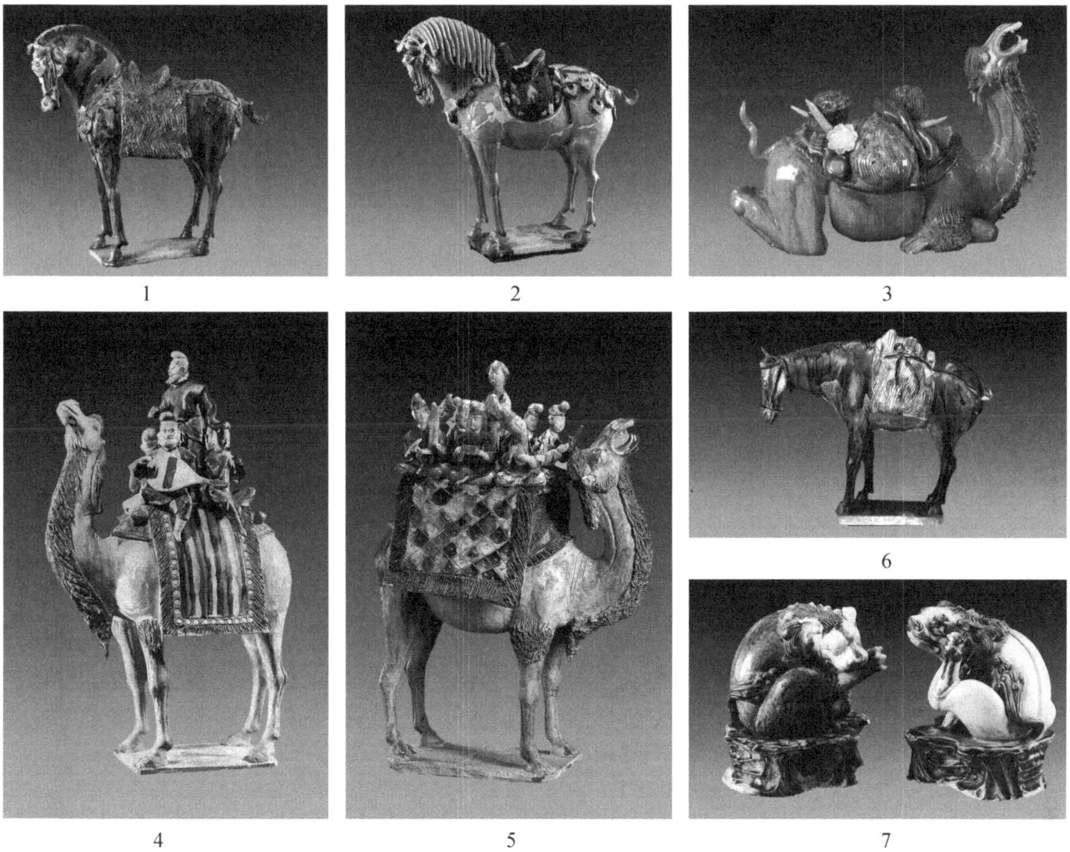

1　2　3

6

4　5　7

图3-2-9-4　三彩动物俑

1、2. 马（陕西西安郭杜唐M31出土）　3. 骆驼（陕西西安郭杜唐M31出土）
4、5. 骆驼载伎乐俑（陕西西安西郊南何村唐鲜于庭诲墓、西安西郊中堡村唐墓出土）
6. 骡（陕西西安莲湖区西安制药厂唐墓出土）　7. 狮子（陕西西安临潼庆山寺塔基地宫出土）

第三类为各种建筑模型器，主要有亭台楼阁，花园中堆砌的假山，各种仓房、房屋以及作为附属设施的厕所、车、柜等。1959年，在陕西西安中堡村唐墓发现一组建筑模型，由假山、八角亭、四角攒尖亭及悬山式房屋等组成（图3-2-9-5）②；在西安灵昭（图3-2-9-6）③、陕西铜川郊区唐墓（图3-2-9-7）④也分别出土了三彩建筑模型。

---

① 赵康民编著：《武周皇刹庆山寺》，陕西旅游出版社，2014年，第116—123页。

② 陕西省文物管理委员会：《西安西郊中堡村唐墓清理简报》，《考古》1960年第3期。

③ 西安市文物保护考古所编著、孙福喜主编：《西安文物精华·三彩》，世界图书出版西安公司，2011年，第114、115页。

④ 〔日〕京都文化博物館編集：《大唐長安展——京都のはるかな源流をたずねる》，京都文化博物館，1994年，第52頁，図版33。

图3-2-9-5　陕西西安中堡村唐墓出土建筑模型

图3-2-9-6　陕西西安灵昭出土三彩建筑模型

第四类是实用的建筑材料。三彩建筑材料主要有鸱吻、龙首形建筑构件、筒瓦和板瓦等。三彩鸱吻在唐华清宫遗址有所发现（图3-2-9-8，1）[①]；陕西铜川黄堡窑遗址发现1件龙

① 陕西省文物事业管理局　骆希哲编著：《唐华清宫》，文物出版社，1988年，第354页。

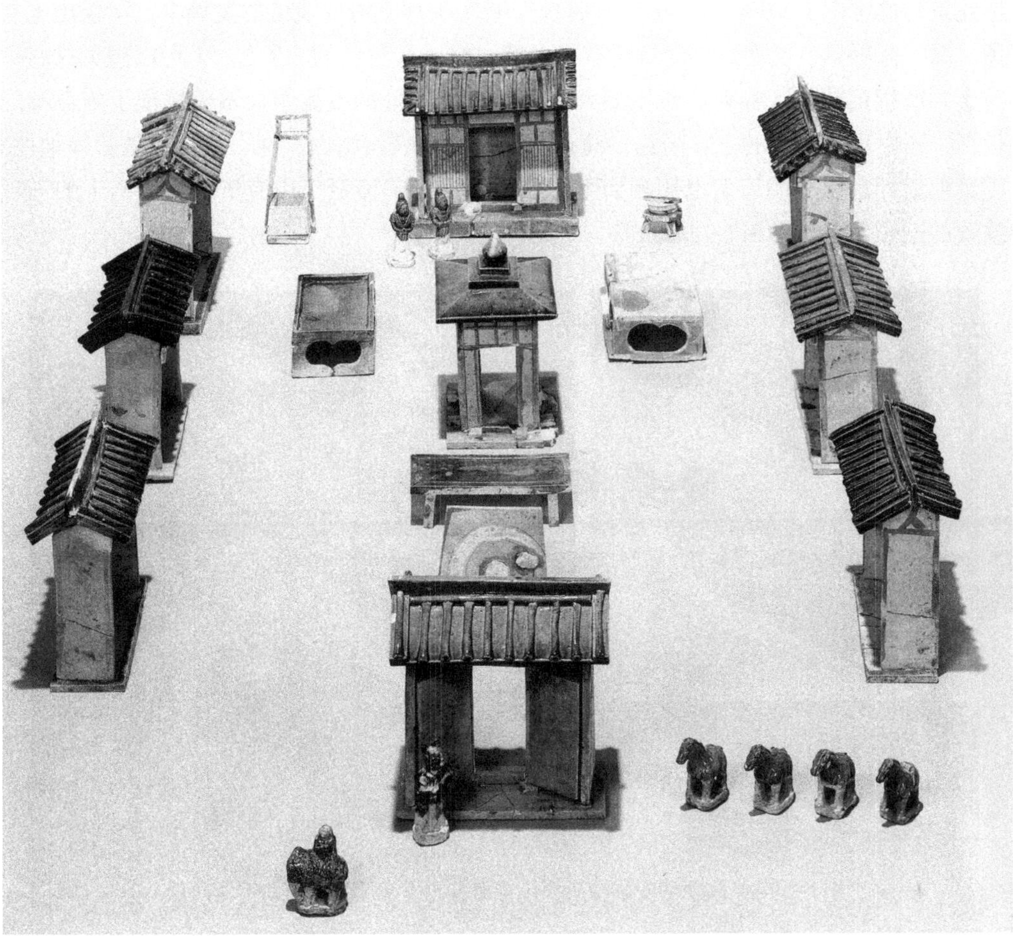

图3-2-9-7　陕西铜川郊区唐墓出土三彩建筑模型

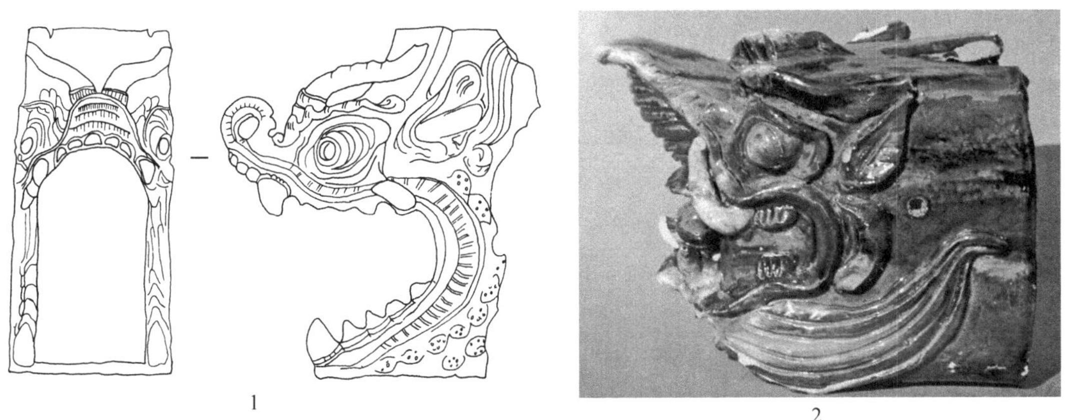

图3-2-9-8　三彩建筑材料
1. 唐华清宫遗址出土三彩鸱吻　2. 陕西铜川黄堡窑遗址出土三彩龙首形建筑构件

首形建筑构件（图3-2-9-8，2）[①]；在对唐长安城大明宫三清殿遗址的发掘中，不仅出土有很多黄、绿、蓝等单色琉璃瓦，而且还有很多黄、绿、蓝三色的三彩瓦[②]，可以想见这些宫殿建筑金碧辉煌的程度；在对唐长安城大明宫太液池遗址的发掘中，不仅发现了施黄釉的琉璃板瓦，还发现了少量的三彩筒瓦，筒瓦胎体白色，表面施白、绿、褐、孔雀蓝等釉色[③]。

其他诸如瓜果类的造型也栩栩如生。如陕西西安临潼唐庆山寺塔基地宫出土的三彩盘中放置的三彩南瓜（图3-2-9-9）[④]等。

图3-2-9-9　陕西西安临潼唐庆山寺塔基地宫出土三彩盘及三彩南瓜

五、唐三彩的流行年代

作为随葬品的唐三彩出现在唐高宗至唐玄宗时期（650—756年）。其出土的纪年墓按年代顺序有：西北大学长安校区唐麟德二年（665年）牛相仁墓、陪葬献陵的唐上元二年（675年）虢王李凤墓、西安东郊红庆村周长安三年（703年）独孤君妻元氏墓、唐神龙二年（706年）永泰公主墓和懿德太子墓、唐开元六年（718年）越王李贞墓以及西安西郊唐开元十一年（723年）鲜于庭海墓等。从纪年墓中发现的唐三彩来看，唐三彩至迟在唐高宗时已开始生产并很快发展起来。三彩生活用具的出现早于三彩俑。唐玄宗开元、天宝

① 陕西省考古研究所铜川工作站：《铜川黄堡发现唐三彩作坊和窑炉》，《文物》1987年第3期。

② 马得志：《唐长安城发掘新收获》，《考古》1987年第4期。

③ 中国社会科学院考古研究所、日本独立行政法人文化财研究所奈良文化财研究所联合考古队：《唐长安城大明宫太液池遗址发掘简报》，《考古》2003年第11期。

④ 临潼县博物馆：《临潼唐庆山寺舍利塔基精室清理记》，《文博》1985年第5期；赵康民编著：《武周皇刹庆山寺》，陕西旅游出版社，2014年，第114、115页。

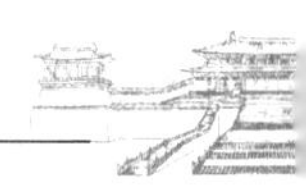

年间（713—756年）是烧制唐三彩的高峰时期，不仅产量大、质量高、色彩绚丽、造型多样，而且人体结构准确、形态逼真传神。天宝年间以后，唐三彩数量逐渐减少。在中晚唐时期，墓葬随葬品中的唐三彩几乎被瓷器所代替。

唐三彩的产生绝不是偶然的。自西汉中期开始出现棕色或绿色的单色釉陶，与此同时，西汉中晚期又开始出现复色釉陶，魏晋南北朝时期则出现了复烧工艺，还烧制出与唐三彩在外观上接近的二彩釉陶，如山西太原北齐娄睿墓中出土的二彩盂①。唐三彩本身也是多彩的意思，所以，唐三彩是经过不断地技术积累，并逐渐将复烧和多彩相结合的产物，并不是一蹴而就形成的。

六、唐三彩的外销及其影响

8世纪时，唐三彩作为一种商品，通过“丝绸之路”被运往亚非各国，在印度尼西亚、朝鲜半岛、日本、埃及等国都出土有唐三彩。9—10世纪，朝鲜、日本、波斯、埃及等国在唐三彩的启发下，成功地烧造出了具有本国特色的精美低温彩釉陶器，被称为“新罗三彩”“奈良三彩”“波斯三彩”等。

参考书目

［1］王仁波：《陕西省唐墓出土的三彩器综述》，《文物参考资料》（6），文物出版社，1982年。

［2］李知宴：《唐三彩生活用具》，《文物》1986年第6期。

［3］《中国古陶瓷图典》编辑委员会编、冯先铭主编：《中国古陶瓷图典》，文物出版社，1998年。

［4］河南省巩义市文物保护管理所编著：《黄冶唐三彩窑》，科学出版社，2000年。

［5］郑州市文物考古研究所编著：《河南唐三彩与唐青花》，科学出版社，2006年。

［6］陕西省考古研究院编著：《唐长安醴泉坊三彩窑址》，文物出版社，2008年。

［7］西安市文物保护考古所编著、孙福喜主编：《西安文物精华·三彩》，世界图书出版西安公司，2011年。

第十节　货币与度量衡

一、货币

隋唐时期的货币有五铢、开元通宝、乾封泉宝、乾元重宝等。隋统一后，隋文帝于开皇元年（581年）始铸隋五铢钱。唐高祖武德四年（621年）铸开元通宝，这是中国古代

① 山西省考古研究所、太原市文物考古研究所编著：《北齐东安王娄睿墓》，文物出版社，2006年，第133、134页，彩版一三七。

货币制度的转折点，具有划时代的意义。首先，铜钱上的货币单位不再标明重量单位铢、两等，而代之以“通宝”“元宝”，具有纯粹的货币符号的性质；其次，“开元通宝”以十枚为一两，逐步形成了以十钱为一两的衡量单位。

1. 隋五铢

据《隋书·食货志》记载，隋王朝建立后，隋文帝“以天下钱货轻重不等，乃更铸新钱。背面肉好，皆有周郭，文曰‘五铢’，而重如其文。每钱一千，重四斤二两。是时钱既新出，百姓或私有熔铸。（开皇）三年四月，诏四面诸关，各付百钱为样。从关外来，堪样相似，然后得过。样不同者，即坏以为铜，入官。诏行新钱已后，前代旧钱，有五行大布、永通万国及齐常平，所在用以贸易不止。四年，诏仍依旧不禁者，县令夺半年禄。然百姓习用既久，尚犹不绝。五年正月，诏又严其制。自是钱货始一，所在流布，百姓便之”①。

隋五铢，圆形方孔，有郭，宽边。“五”字交笔较直，“五”字左边与方孔相连处有一竖笔，为隋以前五铢所无。“铢”字的金字旁上部作三角形。标准的隋代五铢钱，直径2.5厘米，重3.4克，每千枚重四斤二两（图3-2-10-1，1）。小型的直径2.3厘米，重2.3克。隋五铢的发行，结束了南北朝时期货币的混乱局面，对当时社会的稳定和经济的发展起了重要作用。

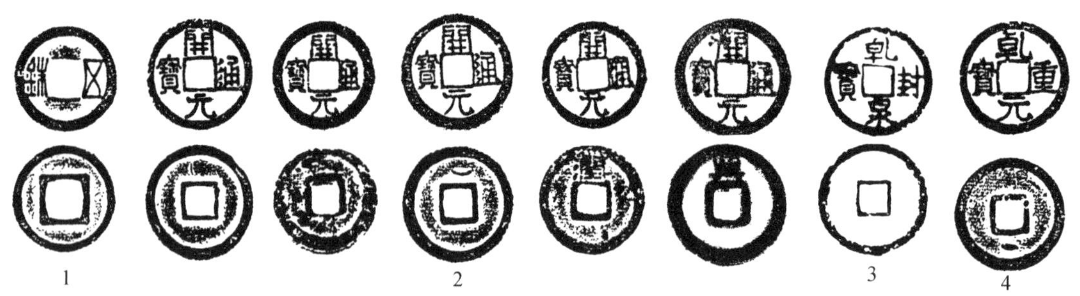

图3-2-10-1　隋唐时期的钱币

1. 隋“五铢”　2. 唐“开元通宝”　3. 唐“乾封泉宝”　4. 唐“乾元重宝”

2. 唐开元通宝

开元通宝，亦称“开通元宝”。据《通典》卷九《食货九》记载：“大唐武德四年，废五铢钱，铸‘开通元宝’钱。”②据《旧唐书·食货上》记载：“高祖即位，仍用隋之五铢钱。武德四年（621年）七月，废五铢钱，行开元通宝钱，径八分，重二铢四絫，积十文重一两，一千文重六斤四两。仍置钱监于洛、并、幽、益等州。秦王、齐王各赐三炉铸钱，右仆射裴寂赐一炉。敢有盗铸者身死，家口配没。”“初，开元钱之文，给事中欧阳询制词及

① （唐）魏徵、令狐德棻：《隋书》，中华书局，1973年，第691、692页。

② （唐）杜佑撰，王文锦、王永兴、刘俊文等点校：《通典》，中华书局，1988年，第199页。

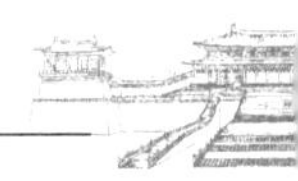

书，时称其工。其字含八分[①]及隶体，其词先上后下，次左后右读之。自上及左回环读之，其义亦通，流俗谓之开通元宝钱。及铸新钱，乃同流俗，‘乾’字直上，‘封’字在左。寻寤钱文之误，又缘改铸，商贾不通，米帛增价，乃议却用旧钱。”[②]《隋唐嘉话》卷下也称之为“开通元宝”，其文云：“今开通元宝钱，武德四年铸，其文欧阳询率更所书也。”[③]有学者还对考古发掘出土的开元通宝进行了分期，大体分为三个发展阶段[④]。

唐高祖武德四年至唐玄宗开元时期，即7世纪前期至8世纪中叶为第一阶段。主要流行唐武德四年开始铸造的开元通宝。这是一种优质货币，主要特征为：钱文深峻清晰，轮廓十分规整，铜质纯净，铸造精良。钱径2.4—2.5、孔径0.7、郭宽0.2厘米，重4.5克左右（图3-2-10-1，2）。这种铸造考究、模范一致的开元通宝钱，其铸造时期均在初唐时期。“开”字间架结构均呈三撇状。“宝”字瘦小，下边的“贝”部之内为两短横，不与左右两竖笔相连接。“通”字的走字边不是断开的四点，而是连在一起似水波，收笔之时向左上勾。“甬”部的字头扁，上笔开口较大，字也较瘦。唐高宗、武则天时期，个别钱币在文字上发生细微变化，如“通”字的走字边前三笔略显顿折。还有一种开元通宝，钱背有一直画隆起。唐麟德元年（664年）陕西礼泉郑仁泰墓出土1枚，故有这种直画痕的钱币始铸期不会晚于唐高宗时期，而且流行时间很长。唐高宗时期，还出现一种钱径2.2—2.3、郭宽0.15—0.2厘米，重约3克的开元通宝。此种开元小钱，不但钱文笔法和字体风格模仿初唐时期货币，而且正面钱文尚清晰，背部穿郭近平，但铜质差，容易锈蚀。很可能是唐高宗、武则天时期民间私铸的一种开元通宝钱，数量不多。

唐玄宗天宝至唐文宗开成年间，即8世纪中期至9世纪中期为第二阶段。这一阶段流通月痕开元通宝，即钱背有一月形隆起，形似指甲痕。河南偃师杏园天宝四年（745年）崔悦墓出土10枚，同一地点的唐天宝十三年（754年）郑夫人墓也出土1枚。月痕开元通宝的“元”字首横加长。“通”字的“走”字边前三笔呈似连非连的顿折状，“甬”部上笔开口较扁，整个字体显得比前期瘦长。“宝”字下边的“贝”部内中间两横加长，与左右两竖笔衔接，“贝”上的“尔”字部呈三竖道。月痕开元通宝在字体上已经失去端庄、匀称。钱径2.4—2.5、穿径0.7、郭宽0.2厘米，重4克左右。据考古发现，月痕开元通宝的铸造年代当在唐天宝初期。《唐会要》卷八十九记载：“郑虔《会粹》云：‘（欧阳）询初进蜡样，自文德皇后掐一甲迹，故钱上有掐文。’”[⑤]此说早已被大量考

---

① 八分，汉隶的别称。魏晋时期也称楷书为隶书，因此别称有波磔（指书法的右下捺笔。一说左撇曰波，右捺曰磔）的隶书为“八分”，以示区别。关于八分的解释，唐代张怀瓘《书断》引王愔之说：“字方八分，言有模楷。”又引萧子良之说：“饰隶为八分。”张怀瓘解释说：“若八字分散……名之为八分。”清代包世臣认为：“八，背也，言其势左右分布相背然也。”《唐六典》云：“四曰八分，谓《石经》碑碣所用。”同意张怀瓘之说者较多。

② （后晋）刘昫等：《旧唐书》，中华书局，1975年，第2094、2095页。

③ （唐）刘餗撰，程毅中点校：《隋唐嘉话》，中华书局，1979年，第53页。

④ 徐殿魁：《试论唐开元通宝的分期》，《考古》1991年第6期。

⑤ （宋）王溥：《唐会要》，上海古籍出版社，1991年，下册，第1925页。

古发现否定。还有一种小径月痕开元通宝，钱径2.3—2.35、穿径0.65、郭宽0.15—0.25厘米，应当是民间私铸钱币。

唐武宗会昌六年（846年）至唐亡（907年）为第三阶段。在这一阶段，据《新唐书·食货四》记载："及武宗废浮屠法，永平监官李郁彦请以铜像、钟、磬、炉、铎皆归巡院……许诸道观察使皆得置钱坊。淮南节度使李绅请天下以州名铸钱，京师为京钱，大小径寸，如开元通宝，交易禁用旧钱。"①于是，在唐武宗会昌六年（846年），下令各州郡自行铸钱，钱背加铸州名及钱监名。"益"（四川）、"京"（京兆府）、"洛"（洛阳）、"昌"（年号，扬州节度使李绅铸）、"蓝"（蓝田）、"襄"（襄州）、"荆"（江陵）、"越"（越州）、"宣"（宣州）、"洪"（江西）、"潭"（湖南）、"兖"（兖州）、"润"（润州）、"鄂"（湖北）、"平"（平州）、"兴"（兴元府）、"梁"（梁州）、"广"（广州）、"梓"（东川）、"福"（福州）、"丹"（丹州）、"桂"（郴州桂杨监）、"淮"（淮南道扬州）、"永"（江南道永州）、"并"（并州）等。大小轻重不一，一般径2.3厘米，重3.4—3.5克。及唐宣宗即位，"尽黜会昌之政，新钱以字可辨，复铸为像"②。

唐高宗时铸乾封泉宝，钱文旋读（图3-2-10-1，3）。据《新唐书·食货四》记载："乾封二年（666年），改铸'乾封泉宝'钱，径寸，重二铢六分，以一当旧钱之十。逾年而旧钱多废。明年，以商贾不通，米帛踊贵，复行开元通宝钱，天下皆铸之。"③唐肃宗时铸乾元重宝，钱文对读（图3-2-10-1，4）。据《旧唐书·食货上》记载："宝应元年（762年）四月，改行乾元钱以一当二，乾元重棱小钱，亦以一当二；重棱大钱，一以当三。寻又改行乾元大小钱，并以一当一。其私铸重棱大钱，不在行用之限。"④又据《新唐书·食货四》记载："代宗即位，乾元重宝钱以一当二，重轮钱以一当三，凡三日而大小钱皆以一当一。自第五琦更铸，犯法者日数百，州县不能禁止，至是人甚便之。其后民间乾元、重棱二钱铸为器，不复出矣。"⑤在考古发掘中，乾元重宝相对于开元通宝而言比较少见，可能与文献所记载的原因有关。文献中所云的乾元重棱钱，是指钱背有双重郭，外宽内窄。如在陕西凤翔唐墓出土3枚，其中2枚为重稜乾元重宝大钱（图3-2-10-2，1），1枚为重稜乾元重宝小钱（图3-2-10-2，2）⑥。

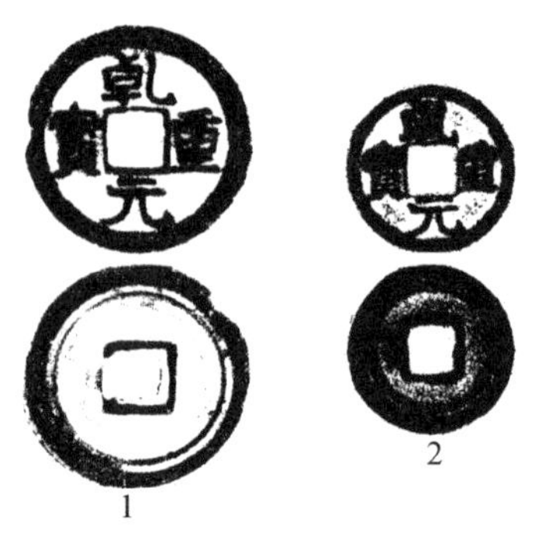

图3-2-10-2　陕西凤翔唐墓出土重棱乾元重宝

1. 重棱乾元重宝大钱　2. 重棱乾元重宝小钱

---

① （宋）欧阳修、宋祁：《新唐书》，中华书局，1975年，第1390、1391页。

② （宋）欧阳修、宋祁：《新唐书》，中华书局，1975年，第1391页。

③ （宋）欧阳修、宋祁：《新唐书》，中华书局，1975年，第1348页。

④ （后晋）刘昫等：《旧唐书》，中华书局，1975年，第2101页。

⑤ （宋）欧阳修、宋祁：《新唐书》，中华书局，1975年，第1387页。

⑥ 陕西省考古研究院、西北大学文博学院编著：《陕西凤翔隋唐墓——1983—1990年田野考古发掘报告》，文物出版社，2008年，第242、243页。

除铜质货币之外，还发现了金、银、鎏金开元通宝。如陕西西安何家村窖藏中出土30枚金开元通宝，421枚银开元通宝①；河南偃师杏园唐开元二十六年（738年）李景由墓出土2枚银开元通宝②；河南洛阳唐兴元元年（784年）墓还发现20枚鎏金开元通宝。这类钱币一般不作为流通货币，可能是用来赏赐或有其他特殊用途。合背开元通宝（即面背均铸钱文的开元通宝）在何家村窖藏中也有发现，属于特殊例子。铸造这些金银质地的开元通宝，如果不用于流通，也不受惩罚。据《唐律疏议》卷二十六《杂律》记载："若私铸金银等钱，不通于时用者，不坐。"③

除以上各类主要货币之外，据《新唐书·食货四》记载："史思明据东都，亦铸'得一元宝'钱，径一寸四分，以一当开元通宝之百。既而恶'得一'非长祚之兆，改其文曰'顺天元宝'。"④在江苏扬州东风砖瓦厂唐墓出土1枚得壹元宝，钱文为旋读，字体与开元通宝相似。直径3.6、穿径0.8厘米，背面铸仰月痕（图3-2-10-3）⑤。唐末还铸造过"咸和通宝"。这些钱币的发现量少，流行时间短。

图3-2-10-3 江苏扬州东风砖瓦厂唐墓出土"得壹元宝"

3. 五代货币

五代时期各地自行铸币，先后铸造的货币多达30多种。后周铸造有周元通宝，《新五代史·周世宗本纪》记载："（世宗）即位之明年（955年），废天下佛寺三千三百三十六。是时中国乏钱，乃诏毁天下铜佛以铸钱。"⑥钱文为"周元通宝"，对读，郭阔，铸造工整。钱径2.4—2.5厘米，重3.5—3.6克。背多有月纹或星月纹。除此而外，后梁曾铸"开平元宝""开平通宝"；后唐曾铸"天成元宝"；后晋曾铸"天福元宝""助国元宝""壮国元宝"⑦；后汉曾铸"汉元通宝"；前蜀曾铸"永平元宝""通正元宝""天汉元宝""乾德元宝""咸康元宝"；南唐曾铸"唐国通宝""大唐通宝""开元通宝"；后蜀曾铸铁钱；南汉曾铸铅钱；楚曾铸铅、铁钱；刘仁恭在幽州除铸铁钱"永安一百""永安一千"之外，还以胶泥制钱。闽国曾铸"开元通宝"，有大小钱，大钱用铜、铅、铁铸，钱文书体兼楷隶；小钱用铜、铅铸造。大铁钱径4厘米，重28.1克，背穿上铸巨星纹，或铸"闽"字，下有仰月纹。大铜钱径4厘米，重22.5克，背穿上铸巨星纹。小铅钱径2.3厘米，重约25克，背穿上部铸"闽"字。闽钱尚有"永隆通宝""天德通宝""天德重宝"，均为大钱，铁铸或铜铸。

---

① 陕西省博物馆、文管会革委会写作小组：《西安南郊何家村发现唐代窖藏文物》，《文物》1972年第1期。

② 中国社会科学院考古研究所编著：《偃师杏园唐墓》，科学出版社，2001年，第153页。

③ （唐）长孙无忌等撰，刘俊文点校：《唐律疏议》，中华书局，1983年，第480页。

④ （宋）欧阳修、宋祁：《新唐书》，中华书局，1975年，第1387页。

⑤ 张南、周长源：《扬州市东风砖瓦厂唐墓出土的文物》，《考古》1982年第3期。

⑥ （宋）欧阳修撰，（宋）徐无党注：《新五代史》，中华书局，2015年，第125、126页。

⑦ 关于"助国元宝""壮国元宝"，亦认为是辽代货币。

二、度量衡

隋代以北朝旧制统一度量衡，唐承隋制，每尺长约30厘米。根据《唐六典》卷六十六记载，唐代的度量衡分大小二制，小尺一尺二寸为一大尺（合今29.6厘米），三小斗为一大斗，三小两为一大两（合今40克）。官民日常用大制，调钟律、测晷之景、合汤药及冠冕之制用小制。据《唐六典》卷三记载："凡度以北方秬黍中者一黍之广为分，十分为寸，十寸为尺，一尺二寸为大尺，十尺为丈。凡量以秬黍中容一千二百为龠，二龠为合，十合为升，十升为斗，十斗为斛。凡权衡以秬黍中百黍为铢，二十四铢为两，三两为大两，十六两为斤。凡积秬黍为度、量、权衡者，调锺律，测晷景，合汤药及冠冕之制则用之；内、外官司悉用大者。"[①]又据《唐律疏议》卷二十六《杂律》规定，每年八月校正斛斗秤度，加盖印署后方准使用。凡不按规定进行校正、使用和私造不合格度量衡器具者，都要受到不同程度的处罚[②]。唐代宫廷常以镂刻十分精美的各种牙尺、木画紫檀尺赠送给王公大臣及各国使节，流传至今的有日本奈良宫内厅正仓院收藏的唐代拨镂牙尺。一般铜、铁尺也都刻有各式花纹。民间日常所用为木、竹尺，十分简陋，仅刻有寸的分度线，不用圆圈为尺星，与魏晋尺的形制明显有别。考古发掘中也出土了各类质地的隋唐尺子，将其列表如下（表七）：

表七 隋唐尺统计一览表

尺名	发现和收藏地点	质地	长度（厘米）	一尺合今长度（厘米）	装饰	年代	资料出处
人物花卉铜尺	故宫博物院藏	铜	29.67	29.67		隋至唐初	国家计量总局主编：《中国古代度量衡图集》，文物出版社，1981年
象牙尺	河南偃师M1435出土	象牙	29.5	29.5	用界格分为8格，每寸格内刻出纤细花鸟图案	唐	中国社会科学院考古研究所编著：《偃师杏园唐墓》，科学出版社，2001年
龙纹铜尺	1958年，湖北武昌何家垄唐墓出土，中国国家博物馆藏	铜	29.71	29.71		唐	国家计量总局主编：《中国古代度量衡图集》，文物出版社，1981年
镂牙尺	上海博物馆藏	牙	30.23	30.23		唐	同上
雕花木尺	1966年，新疆吐鲁番阿斯塔那44号唐墓出土，新疆维吾尔自治区博物馆藏	木	29	29		唐	同上
木尺	1973年，新疆吐鲁番阿斯塔那191号唐墓出土，新疆维吾尔自治区博物馆藏	木	29.3	29.3		唐	同上

① （唐）李林甫等撰，陈仲夫点校：《唐六典》，中华书局，1992年，第81页。
② （唐）长孙无忌等撰，刘俊文点校：《唐律疏议》，中华书局，1983年，第497页。

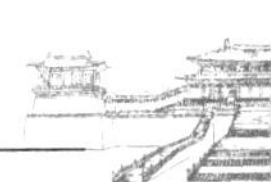

续表

尺名	发现和收藏地点	质地	长度（厘米）	一尺合今长度（厘米）	装饰	年代	资料出处
木尺	1973年，新疆吐鲁番阿斯塔那191号唐墓出土，新疆维吾尔自治区博物馆藏	木	29.5	29.5		唐	同上
鎏金铜尺	中国国家博物馆藏		30.4	30.4		唐	同上
铜尺	1956年，陕西西安郭家滩24号唐墓出土，陕西历史博物馆藏	铜	残长20.4	30.67		唐	同上
刻花铜尺	中国国家博物馆藏	铜	29.97	29.97		唐	同上
铜尺	1956年，陕西西安韩森寨出土，中国国家博物馆藏	铜	31	31		唐	同上
鎏金铜尺	1964年，河南洛阳涧西22号唐墓出土，洛阳博物馆藏	铜	24	30.81		唐	中国社会科学院考古研究所编著:《偃师杏园唐墓》，科学出版社，2001年
错银铁尺	故宫博物院藏	铁	残长16.4	30.6		唐	国家计量总局主编:《中国古代度量衡图集》，文物出版社，1981年
鎏金铜尺	河南郑州大岗刘唐墓	铜	残长24.85	32	两面皆以鱼子纹为地纹，装饰荷叶、荷花、山岳等	唐	《文物》1995年第5期
铜尺	河南三门峡庙底沟唐墓	铜	31	31	装饰有珍珠地双弧线	唐	河南省文物考古研究所编著:《三门峡庙底沟唐宋墓葬》，大象出版社，2006年
铜尺	河南三门峡印染厂唐墓（M82）	铜	30.8	30.8	完整，鎏金	唐	河南省文物考古研究院编:《三门峡市印染厂墓地》，中州古籍出版社，2017年
铜尺	1985年，陕西西安雁塔区南窑头村	铜	32	32	鎏金，錾刻花鸟	唐	吴中博物馆（吴文化博物馆）编:《长安——考古所见唐代生活与艺术》，上海古籍出版社，2022年
铜尺	2005年，西安傅村唐墓（M10）	铜	31.3	31.3	錾刻花纹和诗句（莫任针相向，还将正自持。一朝拥入手，方取令行时）	唐	《考古与文物》2010年第3期
铁尺	河南三门峡印染厂唐墓（M131）	铁	31	31	基本完整	唐	河南省文物考古研究院编:《三门峡市印染厂墓地》，中州古籍出版社，2017年

通过对唐尺的实物进行统计，唐代1尺约合30.3厘米。有学者认为，唐代一大尺约合29.6厘米；唐代一大尺约为一小尺的1.2倍，也即唐代一小尺约合24.75厘米①。

唐代规定，所铸“开元通宝”钱，每枚重二铢四絫，十枚重一两。此后，便把两以下的单位叫作钱，十钱为一两。经过唐宋两代，两、钱、分、厘十进位制逐渐取代了铢（24铢为1两）、絫（10絫为1铢）的非十进位制。

参 考 书 目

［1］ 国家计量总局主编：《中国度量衡集》，文物出版社，1981年。

［2］ 丘光明编著：《中国历代度量衡考》，科学出版社，1992年。

［3］ 徐殿魁：《试论唐开元通宝的分期》，《考古》1991年第6期。

第十一节　建筑材料及陶窑遗址

一、砖

砖是指以黏土烧制而成的建筑材料。主要用于砌筑宫殿、房屋、墓室、寺庙、堡垒、城墙等，世界上最早的砖可能出现在古代西亚的欧贝德文化时期，到苏美尔—阿卡德时代开始普及。在陕西蓝田新街仰韶文化晚期遗存发现了烧结而成的“砖”形器，这是中国目前所知的年代最早的烧结而成的“砖”，对研究砖类建筑材料的起源有重要意义②。在陕西周原周公庙西周时期遗址发现了不同类型的砖，还出现了空心砖，它们主要用来铺设地面。至战国时期用砖较为普遍，不仅铺设地面用砖，建筑上也大量用砖。砖的形状主要有方砖、长方形砖（俗称条砖）。

唐代的方砖主要用来铺设地面，在隋仁寿宫唐九成宫遗址、唐大明宫遗址、唐华清宫遗址以及隋唐洛阳城遗址等都有大量发现，其上模印精美的花纹装饰，主要为各类莲花纹、宝相花纹、葡萄瑞兽纹、绳纹、几何纹等（图3-2-11-1）。在甘肃敦煌佛爷庙湾唐墓中还发现一些模印葡萄纹、宝相花纹、忍冬纹的铺地方砖③。唐代方砖的规格一般约30厘米见方，厚约5厘米。如唐华清宫遗址出土的方砖边长32或31.5厘米，厚5厘米。

长方形砖则用来砌筑各类建筑，包括宫殿、墓葬、佛塔等。在长方形砖上常见手印及绳纹装饰。有些宫殿或城门建筑用砖还戳印有文字，包括制作地、人名、年号日月等（图3-2-11-2）。长方形砖的规格以唐华清宫遗址出土的为例，长32—34、宽15.5—17.8、厚6—8厘米。

---

① 王冠倬：《从一行测量北极高看唐代的大小尺》，《文物》1964年第6期。

② 陕西省考古研究院：《陕西蓝田新街遗址发掘简报》，《考古与文物》2014年第4期。

③ 甘肃省博物馆：《敦煌佛爷庙湾唐代模印墓砖》，《文物》2002年第1期。

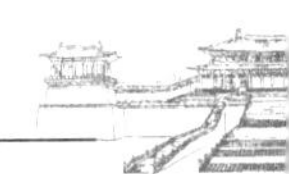

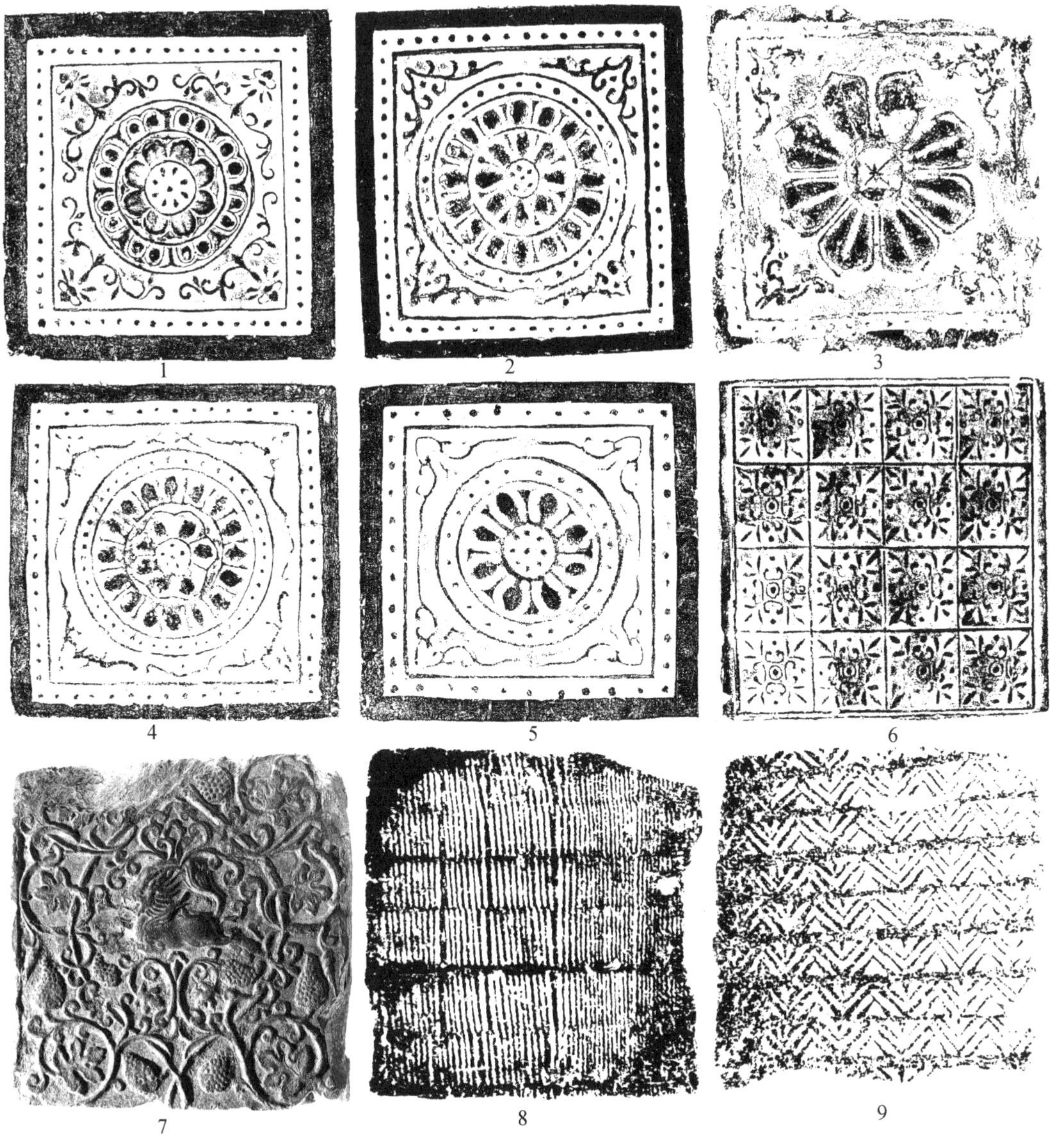

1 2 3 4 5 6 7 8 9

图3-2-11-1　唐代的方砖

1—5. 莲花纹方砖（隋唐洛阳城遗址出土） 6. 四出宝相花纹方砖（隋唐洛阳城遗址出土） 7. 葡萄狮子纹方砖（唐长安城大明宫遗址出土） 8. 绳纹方砖（唐华清宫遗址出土） 9. 几何纹方砖（唐华清宫遗址出土）

二、瓦

隋唐时期的瓦分为板瓦和筒瓦两种，均为泥质灰陶。板瓦背面一般为素面，内面为布纹。在有些瓦的背面，还戳印有工匠名、年号等，如唐华清宫遗址出土的板瓦背面戳印的"天九官瓦（天宝九年官瓦）"[①]。唐华清宫小汤遗址出土的板瓦，长42、窄边弦径20.5、弦

① 陕西省文物事业管理局　骆希哲编著:《唐华清宫》，文物出版社，1998年，第511、512页。

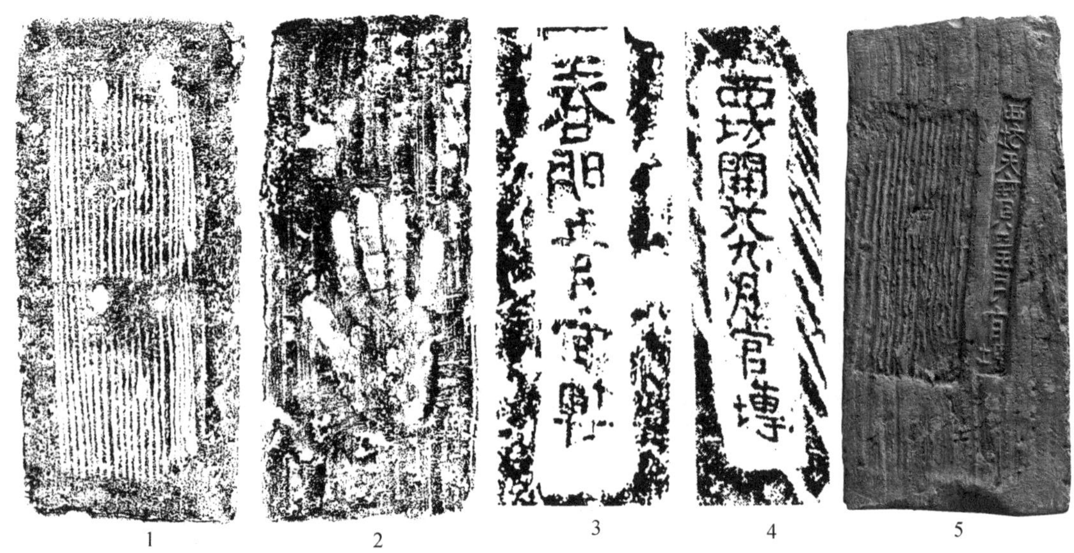

图3-2-11-2 唐代的长方形砖

1. 绳纹砖（隋唐洛阳城遗址出土） 2. 手印砖（隋唐洛阳城遗址出土）

3—5. 文字砖（唐长安城兴庆宫遗址出土、唐长安城明德门遗址出土、西安博物院藏）

高4、厚1.5厘米（图3-2-11-3，1）。筒瓦一般为二分之一切割，然后掰开。瓦头呈铲状，外表光滑，内面为布纹。唐华清宫小汤遗址出土的筒瓦，长33、外弦径12.6、厚2、瓦头长3.2厘米（图3-2-11-3，2）。在唐代建筑遗址中还常见一些带瓦当的筒瓦（图3-2-11-4）。

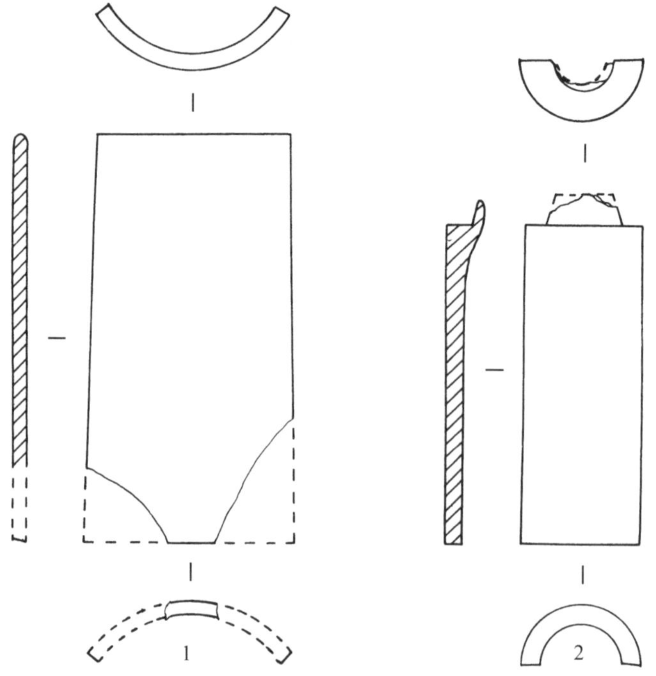

图3-2-11-3 唐华清宫小汤遗址出土的板瓦与筒瓦

1. 板瓦 2. 筒瓦

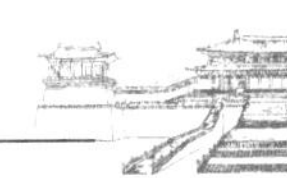

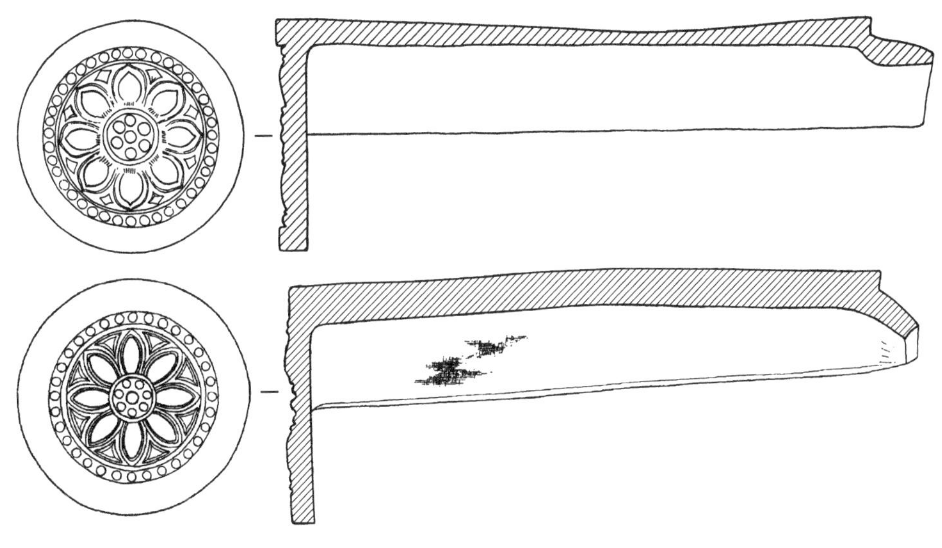

图3-2-11-4　隋唐洛阳城遗址出土带瓦当的筒瓦

在一些宫殿建筑或者寺院遗址中，还常见有一种外表油黑光亮的黑瓦，这种瓦在《营造法式》中被称为青棍（同混）瓦。唐代青棍瓦是采用表面磨光，通过油雾渗碳技术制作而成的一种瓦，这种技术在北朝时期已经出现。

考古发掘中还常见一种用于屋脊装饰的脊头瓦（也称脊头砖、兽面砖），一般用于装饰屋脊正脊及垂脊。形制多为纵长方形或方形，表面有凸起具有浮雕感的兽面或花草纹，有的四周还装饰有联珠纹（图3-2-11-5）。

图3-2-11-5　唐代的脊头瓦

1—3. 兽面脊头瓦（陕西礼泉唐昭陵北司马门遗址、西安唐长安城西明寺遗址、西安新城区火车站出土）
4. 花草脊头瓦（陕西西安唐长安城西明寺遗址出土）

三、瓦当

瓦当是古代建筑房檐筒瓦前的遮挡。最早的瓦当始见于西周时期，最初为半圆形，秦汉时演变为圆形。隋唐时期的瓦当以圆形为主，有学者将隋唐洛阳城遗址出土的隋唐瓦

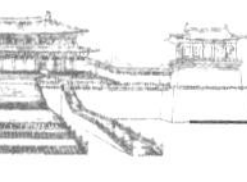

当，按照当面的纹饰将其分为莲花纹、乳钉纹、花草纹、星纹、异型纹等类型[①]。文字瓦当在隋唐已经近乎绝迹，仅见“长安宝庆寺”一种。隋唐时期特别盛行莲瓣纹瓦当，早期的莲瓣突起，而且莲瓣多为双瓣，晚期的逐渐低平，多为单瓣，而且莲瓣越晚越纤细，并出现了花草纹瓦当、兽面纹瓦当等（图3-2-11-6）。还有一部分装饰有佛像、菩萨等的瓦当，主要用于佛教建筑。

图3-2-11-6 唐代的瓦当

1—7. 莲花纹瓦当（唐长安城西明寺遗址出土） 8. 花草纹瓦当（唐长安城西明寺遗址出土）

四、鸱吻

鸱吻是中国古代建筑屋脊正脊两端的一种饰物。初作鸱尾之形，一说为蚩（一种海兽）尾之形，象征辟除火灾。后来式样改变，折而向上似张口吞脊，因名鸱吻，又称“龙吻”。

《隋唐嘉话》卷下记载：“（王右军《告誓文》）开元初年，润州江宁县瓦官寺修讲堂，匠人于鸱吻内竹筒中得之，与一沙门。”[②]《苏氏演义》卷上记载：“蚩者，海兽也。汉武帝作柏梁殿。有上疏者云：‘蚩尾水之精，能辟火灾，可置之堂殿。’今人多作鸱字，见其吻如鸱鸢，遂呼之为鸱吻。颜之推亦作此鸱。刘孝孙《事始》作此蚩。蚩尾既是水兽，作蚩尤之蚩是也。蚩尤铜头铁额，牛首牛耳，兽之形也，作鸱鸢字，即少意义。”[③]《唐会要》卷

① 陈良伟：《洛阳出土隋唐至北宋瓦当的类型学研究》，《考古学报》2003年第5期。

② （唐）刘餗撰，程毅中点校：《隋唐嘉话》，中华书局，1979年，第54页。

③ （唐）苏鹗撰，吴企明点校：《苏氏演义》，中华书局，2012年，第17页。

四十四记载："苏氏（即苏鹗）驳曰：'东海有鱼，虬尾似鸱，因以为名，以喷浪则降雨。汉柏梁灾，越巫上厌胜之法，乃大起建章宫，遂设鸱鱼之像于屋脊，画藻井之文于梁上，用厌火祥也。今呼为鸱吻，岂不误矣哉！'"[①]

鸱吻形象的变化大约发生在中唐时期[②]。中唐以前的鸱吻实际上是鸱尾，如唐太宗昭陵献殿遗址出土的鸱尾高150、宽77、底长104厘米，重150千克，可见其建筑之宏伟（图3-2-11-7,1）[③]；陕西麟游隋仁寿宫唐九成宫遗址出土的鸱尾（图3-2-11-7,2）[④]；唐大明宫遗址出土的鸱尾，通高113厘米（图3-2-11-7，3）[⑤]；唐华清宫遗址出土的鸱尾，通高52.4

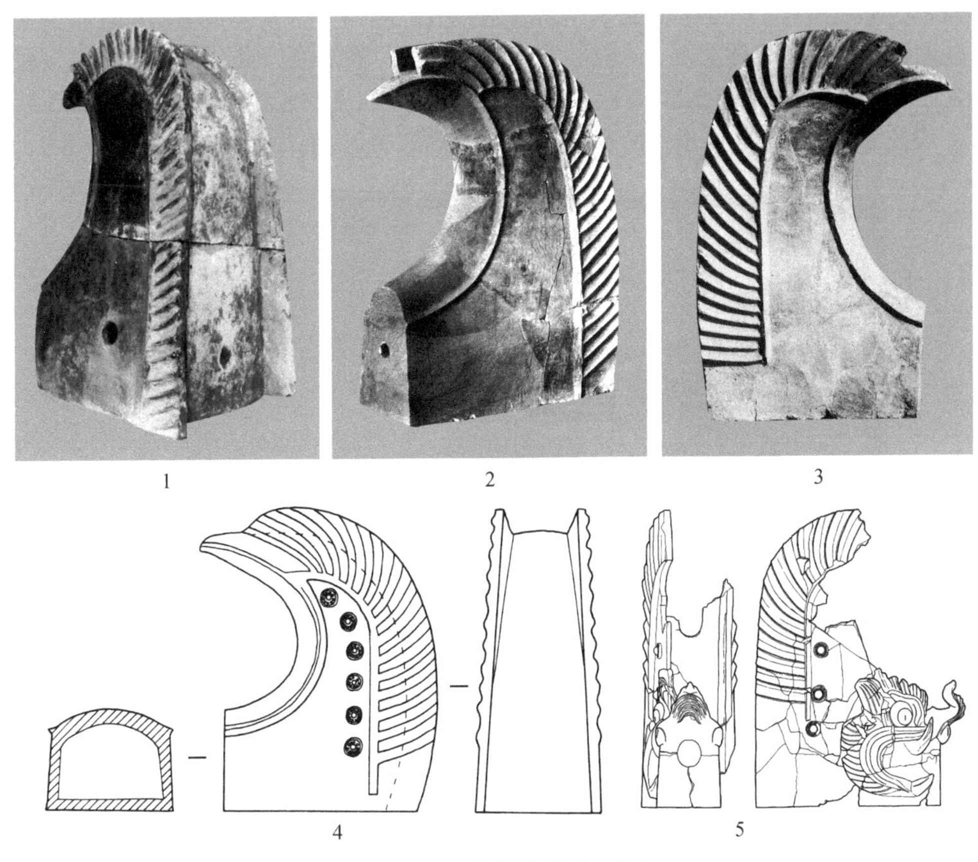

图3-2-11-7　唐代的鸱尾与鸱吻

1. 唐太宗昭陵献殿遗址出土陶鸱尾　2. 陕西麟游隋仁寿宫唐九成宫遗址出土鸱尾　3. 唐大明宫遗址出土鸱尾　4. 陕西临潼华清宫遗址出土鸱尾　5. 唐玄宗泰陵献殿遗址出土鸱吻

① （宋）王溥：《唐会要》，上海古籍出版社，1991年，上册，第928页。

② 祁英涛：《中国古代建筑的脊饰》，《文物》1978年第3期。

③ 陕西历史博物馆、昭陵博物馆合编：《昭陵文物精华》，陕西人民美术出版社，1991年，第80页。

④ 中国社会科学院考古研究所编著：《隋仁寿宫·唐九成宫：考古发掘报告》，科学出版社，2008年，图版七〇。

⑤ 中国社会科学院考古研究所编著：《考古精华——中国社会科学院考古研究所建所四十年纪念》，科学出版社，1993年，第294页，图版二四三，1。

厘米（图3-2-11-7,4）[①]。唐玄宗葬于唐广德元年（763年），其陵墓的献殿遗址出土的鸱吻（图3-2-11-7,5）[②]，呈兽首吞脊状，残高80厘米，说明763年前后是鸱吻形制变化的一个时间节点，对认识其形制从鸱尾向鸱吻转变，具有重要的断代意义。

五、石材

隋唐时期的建筑材料中，石材也是非常重要的一类，这类石材主要用于修建门额、门框砧石、门限、螭首、柱础、栏杆等。这类石材有的为素面，有的则往往有各类精美的浮雕、线刻纹饰，内容包括花卉、人物、瑞兽等。如陕西麟游隋仁寿宫唐九成宫37号殿址发现的素面覆盆式柱础（图3-2-11-8,1）[③]；唐华清宫遗址出土的莲花覆盆式柱础（图3-2-11-8,2）[④]；唐长安城明德门遗址出土的石门限上雕刻有精美的线刻花纹（图3-2-11-8，3）[⑤]等。

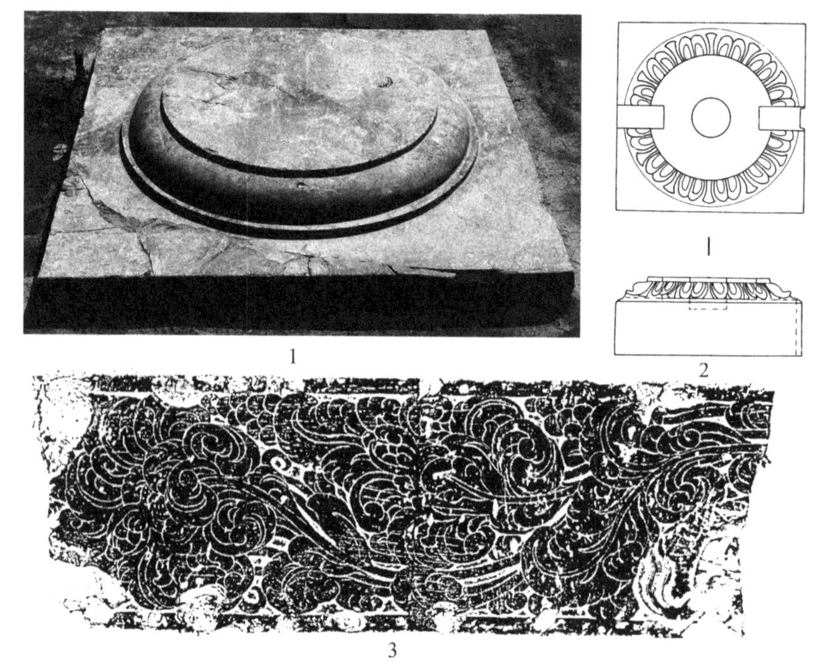

图3-2-11-8　石质建筑构件

1. 素面覆盖盆式柱础（隋仁寿宫唐九成宫遗址出土石柱础）　2. 莲花覆盆式柱础（唐华清宫遗址出土）
3. 石门限及其花纹装饰（唐长安城明德门遗址出土）

---

① 陕西文物事业管理局　骆希哲编著：《唐华清宫》，文物出版社，1998年，第79、81页。

② 陕西省考古研究院、蒲城县文物局：《唐玄宗泰陵陵园遗址考古勘探发掘简报》，《考古与文物》2011年第3期。

③ 中国社会科学院考古研究所编著：《隋仁寿宫·唐九成宫：考古发掘报告》，科学出版社，2008年，第63页，图版七。

④ 陕西文物事业管理局　骆希哲编著：《唐华清宫》，文物出版社，1988年，第354页。

⑤ 中国科学院考古研究所西安工作队：《唐代长安城明德门遗址发掘简报》，《考古》1974年第1期。

六、砖瓦窑址

隋唐时期的砖瓦窑址在隋唐长安城及洛阳城遗址有大量发现。当时的砖瓦窑采取就地取土烧砖的方式，这种做法不仅修建普通建筑时采用，而且修建皇宫、官府、寺院等也采用。就地取土烧造砖瓦，既可缩短工期，又可免去运输之劳。但可能由于就地取土影响到了城市规划和人们的生活，所以，唐玄宗时期对在城内穿掘为窑、穿坑取土等明令禁止。据《唐会要》卷八十六记载，唐玄宗于开元十九年六月下敕："京、洛两都，是惟帝宅，街衢坊市，因须修筑，城内不得穿掘为窑，烧造砖瓦。其有公私修造，不得于街巷穿坑取土。"①

隋唐时期的砖瓦窑一般为马蹄形半倒焰式馒头窑，由操作间、窑门、窑室、烟室几部分组成。窑门平面略呈长方形，立面呈梯形或上部呈圆弧的圆拱形。窑室底部平面呈梯形，左右两壁为弧线形，顶部为穹隆形。窑壁为挖掘而成。火膛位于窑室前部，比窑床低，底部平面呈梯形。烟室位于窑室后部，平面呈长方形，立面呈马蹄形，与窑室之间有一道生土隔墙，隔墙底部一般设有数个排烟道，中间排烟道是先在隔墙上挖一个开口，以便掏凿烟室，烟室挖好之后，再以砖将开口堵住，留出下部烟道，其余烟道则在隔墙底部直接挖成。烟囱位于烟室顶部，向后斜出，呈筒状。如河南洛阳定鼎北路东区发现的唐代砖瓦窑（图3-2-11-9）②。

经发掘的唐代砖瓦窑址，有些窑共用一个主操作通道，在主操作通道两侧分别对称开挖砖瓦窑，这种砖瓦窑址在陕西、河南都有发现。如河南洛阳定鼎北路东区发掘的砖瓦窑址，在主操作通道两侧分别对称开挖砖瓦窑，主操作道底部还开挖排水沟（图3-2-11-10）③；陕西富平桑园窑址是迄今考古发现的规模最大、数量最多、保存最好的唐代砖瓦窑群，窑址位于陕西省渭南市富平县宫里镇唐中宗李显定陵下宫西南侧，在0.9平方千米的范围内，探明13组近500座唐代砖瓦窑，每组窑群多者40—50座，少者数座，除少数平面分布为曲尺状外，大多呈两两相对、南北向排列，相对的两排窑之间为人工开挖并经过修整的主操作通道，口宽底窄。桑园窑址是专为修建唐陵服务的官营建材基地，对研究唐代砖瓦制作工艺、窑场管理、工匠制度等有重要意义④。

---

① （宋）王溥：《唐会要》，上海古籍出版社，1991年，下册，第1867页。

② 洛阳市文物考古研究院编著：《洛阳市定鼎北路唐宋砖瓦窑址考古发掘报告》，中州古籍出版社，2016年，第20页。

③ 洛阳市文物考古研究院编著：《洛阳市定鼎北路唐宋砖瓦窑址考古发掘报告》，中州古籍出版社，2016年，第10页。

④ 国家文物局主编：《2014中国重要考古发现》，文物出版社，2015年，第112—115页。

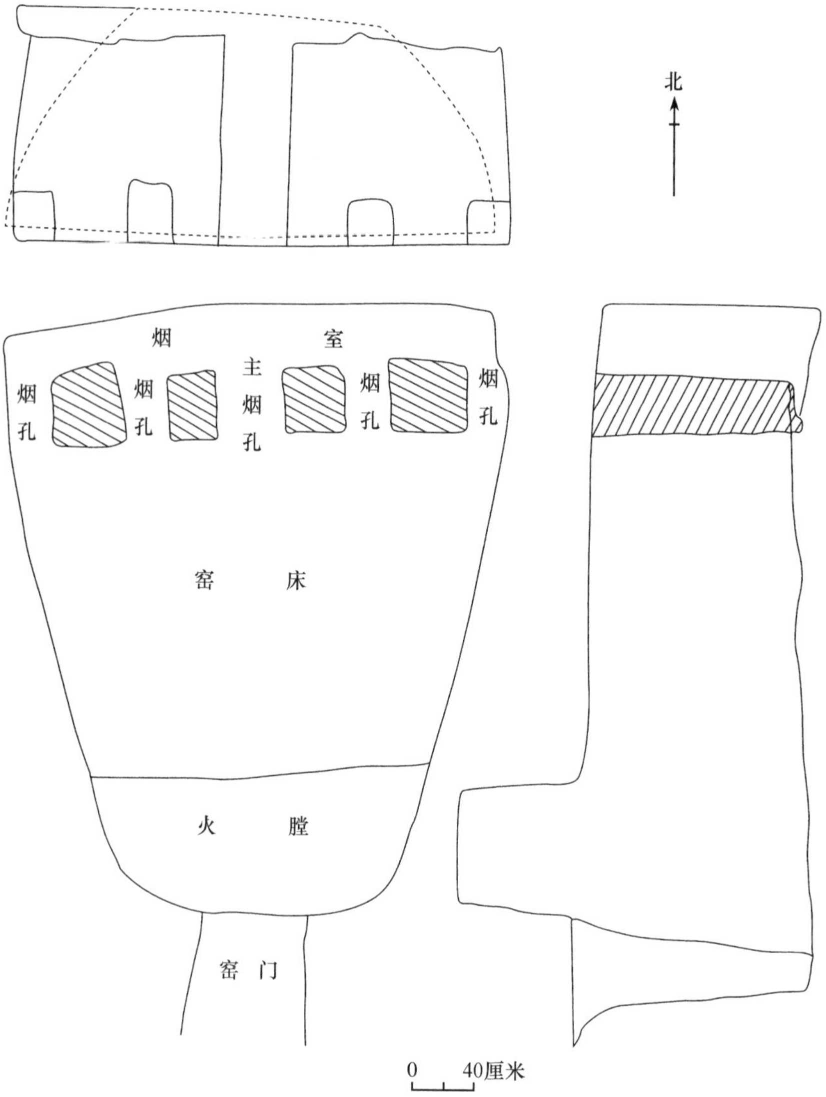

图3-2-11-9 河南洛阳定鼎北路东区唐代砖瓦窑平、剖面图

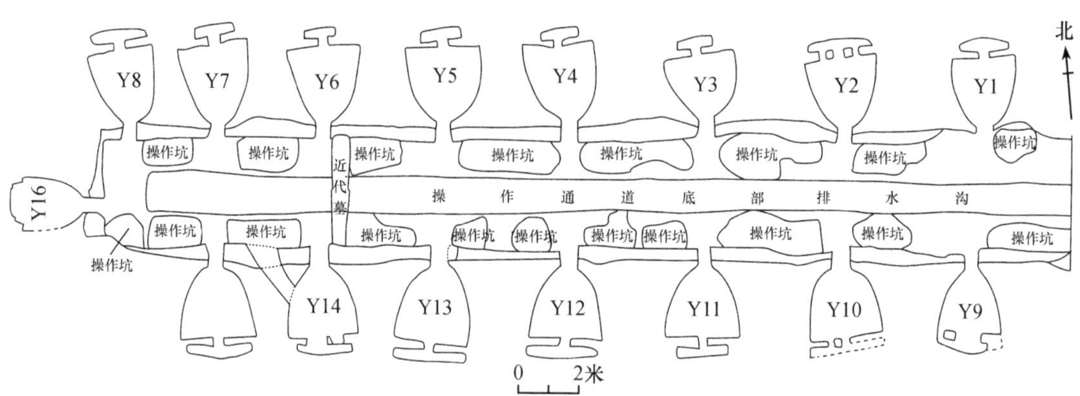

图3-2-11-10 河南洛阳定鼎北路东区唐代砖瓦窑平面分布图

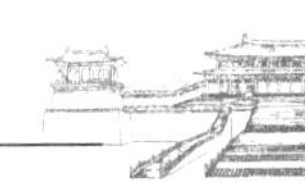

第十二节　其他遗物

一、隋唐时期的玉器

与秦汉时期相比较，考古发现的隋唐时期玉器，无论在数量还是种类上都有所减少，但也有自身的特点。从目前发现的隋唐时期玉器来看，以各类带具和装饰品为主，它们构成了隋唐时期玉器的基本特点。就目前对古代玉器的分类来看，隋唐时期的玉器仍然可以分为容器类、装饰类、葬玉和其他类。玉器在唐代人心目中仍然具有传统的认识，如陆羽《茶经》云："碗，越州上，鼎州次，婺州次，岳州次，寿州、洪州次。或者以邢州处越州上，殊为不然。若邢瓷类银，越瓷类玉，邢不如越一也；若邢瓷类雪，则越瓷类冰，邢不如越二也；邢瓷白而茶色丹，越瓷青而茶色绿，邢不如越三也。"[①]邢不如越，邢瓷类银，越瓷类玉，显然唐人认为玉在银之上，由此可见玉在唐人心目中的地位。

（一）容器

隋唐时期的玉容器，主要有碗、长杯、茶臼等，数量较少。但却出现了金玉合体器，常在玉碗口沿镶嵌金扣，成为金扣玉器，如陕西西安隋李静训墓出土玉碗镶嵌有金扣（图3-2-12-1，1）。西安何家村窖藏出土的玉八曲长杯（图3-2-12-1,2）[②]，是中亚、西亚一带流行的长杯与中国人喜爱的玉相结合的实物，其上装饰忍冬卷草纹。河南伊川鸦岭唐墓出土的玉茶臼是用来碾磨茶叶的，其功能类似于擂钵。随着佛教的发展和繁荣，出现了一种前所未有的玉棺，如陕西扶风法门寺塔基地宫出土了用于安置佛舍利的玉

图3-2-12-1　隋唐时期的玉器

1. 碗（陕西西安隋李静训墓出土） 2. 八曲长杯（陕西西安何家村窖藏出土） 3. 棺（陕西扶风法门寺塔基地宫出土） 4. 鹰首（唐大明宫遗址出土） 5. 龙首（唐长安城曲江池遗址出土）

① （唐）陆羽撰，沈冬梅校注：《茶经校注》，中国农业出版社，2006年，第24页。

② 陕西省文物局、上海博物馆编：《周秦汉唐文明》，上海书画出版社，2004年，第181页，图版123。

棺（图3-2-12-1，3）[①]。

唐代还有一些豹斑玉制作的容器，如河南洛阳关林59号唐墓出土1件豹斑玉罐，加工过程采用了简单的机械轮旋，高13、口径8.5、底径7厘米[②]。

（二）装饰类玉器

装饰类玉器是隋唐时期玉器的主要种类，其中包括玉带具、组玉佩、玉头饰、玉具剑饰件（首、格、璏、珌）、玉镯等。

隋唐时期的玉带具是最有代表性的装饰类玉器，带具之上雕琢胡人乐舞、胡人献宝、狮子等纹饰。在带具及玉佩的使用上还有一套完整的等级制度，成为身份的标志之一。据《旧唐书·舆服志》记载："诸珮，一品珮山玄玉，二品以下、五品以上，佩水苍玉。"[③]又据《旧唐书·舆服志》记载，唐上元元年（674年）下制："文武三品已上服紫，金玉带。四品服深绯，五品服浅绯，并金带。六品服深绿，七品服浅绿，并银带。八品服深青，九品服浅青，并鍮石带。庶人并铜铁带。"[④]《旧唐书·舆服志》记载："隋代帝王贵臣，多服黄文绫袍，乌纱帽，九环带，乌皮六合靴。百官常服，同于匹庶，皆著黄袍，出入殿省。天子朝服亦如之，惟带加十三环以为差异，盖取于便事。"[⑤]江苏扬州隋炀帝墓出土了十三环玉带，这是目前所知唯一的十三环玉带。陕西西安南郊南里王村唐窦皦墓出土的玉框宝钿带最为精美（图3-2-12-2）[⑥]，它是唐代金玉一体理念的代表作品，应该是墓主人生前的实用品。陕西西安唐大明宫遗址出土的镶金玉佩[⑦]，从其仅上端有孔来看，应该是组玉佩中的冲牙，其上嵌金，制作精致；从出土地点来看，应为皇室用品。

玉头饰主要有玉梳背、钗、簪及冠饰等。特别是其中的玉梳背出土数量较多，反映了唐代妇女以玉梳插头作为头饰的习惯。

玉具剑在唐代较少见，但也有发现，发现时仅残存构件。如唐昭陵开元六年（718年）越王李贞墓出土1件剑首（抑或为珌）[⑧]、开元二十九年（741年）唐让皇帝李宪墓出土1件玉剑格[⑨]、陕西西安临潼区唐元和七年（812年）惠昭太子墓出土1件玉剑首、1件玉

---

① 陕西省考古研究院、法门寺博物馆、宝鸡市文物局等编著：《法门寺考古发掘报告》，文物出版社，2007年，第249、250页，彩版二三六。

② 洛阳博物馆：《洛阳关林59号唐墓》，《考古》1972年第3期。

③ （后晋）刘昫等：《旧唐书》，中华书局，1975年，第1945页。

④ （后晋）刘昫等：《旧唐书》，中华书局，1975年，第1952、1953页。

⑤ （后晋）刘昫等：《旧唐书》，中华书局，1975年，第1951页。

⑥ 《丝绸之路——大西北遗珍》编辑委员会编著：《丝绸之路——大西北遗珍》，文物出版社，2010年，第148页，图版133。

⑦ 刘云辉编著：《北周隋唐京畿玉器》，重庆出版社，2000年，第37页，图版40。

⑧ 昭陵文物管理所：《唐越王李贞墓发掘简报》，《文物》1977年第10期。

⑨ 陕西省考古研究所编著：《唐李宪墓发掘报告》，科学出版社，2005年，第114、115页。

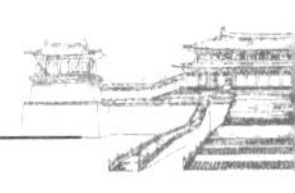

剑珌[①]等。陕西西安唐景云元年（710年）成王李仁墓出土的剑首和珌以石制成[②]，按照唐人有时也笼统地将汉白玉等制成的器物称为玉器来看，李仁墓出土者也应视为玉具剑。目前发现玉具剑的墓葬，其墓主人身份都较高，其中越王、成王为正一品，其余两位死后一个被谥为让皇帝，一个被谥为太子，都在一品以上。至于其剑身是否如班剑一样为木质，尚需进一步发掘证明。如果确为木质，那玉具剑应该也属于班剑性质，并进而推测玉具剑用于皇室贵族，金铜装班剑用于大臣，它们分别代表着两个社会等级。

图3-2-12-2　陕西西安南里王村唐窦皦墓出土玉带銙

（三）葬玉

隋唐时期的葬玉虽然继承了秦汉时期以来的传统，但葬玉的发现数量较少，主要有作为握的玉豚以及作为朝服葬的玉带具、组玉佩等。还有一些象征身份和地位的玉器，如圭、璋、璧等，在江苏扬州隋炀帝萧皇后墓曾出土1件玉璋[③]。

（四）其他玉器

考古发现的其他玉器，主要用于建筑或者其他装饰，如唐大明宫遗址出土的玉鹰首（图3-2-12-1，4）、唐长安城曲江池遗址出土的玉龙首（图3-2-12-1，5）[④]等。

（五）关于汉白玉

在有关唐代的文献中，也常将汉白玉称为“玉石”“珉玉”。如《长安志》卷十五记载：“朝元阁。天宝七载（748年），玄元皇帝见于朝元阁，即改名降圣阁。老君殿。朝元阁之南。玉石为老君像，制作精绝。”[⑤]这尊被称为“玉石”的老子造像，实际上是以汉白玉雕凿而成。其来源可能是幽州或者太白山，据《安禄山事迹》卷上记载：“天长节，禄山进山石功德及幡花香炉等，命于大同殿安置，朝夕礼谒焉。又进玉石天尊一铺，请于道

① 陕西省考古研究所、临潼县文物园林局编：《唐惠昭太子陵发掘报告》，三秦出版社，1992年，第6、7页。

② 中国科学院考古研究所编著：《西安郊区隋唐墓》，科学出版社，1966年，第82页，图版肆捌，2。

③ 南京博物院、扬州市文物考古研究所、苏州市考古研究所：《江苏扬州市曹庄隋炀帝墓》，《考古》2014年第7期。

④ 刘云辉编著：《北周隋唐京畿玉器》，重庆出版社，2000年，第38—42页。

⑤ （宋）宋敏求撰，辛德勇、郎洁点校：《长安志》，三秦出版社，2013年，第456页。

场所安置。玄宗置于内暖殿。”[①]又据《旧唐书·礼仪四》记载：“太清宫成，命工人于大白山采白石，为玄元圣容，又采白石为玄宗圣容，侍立于玄元皇帝之右。皆依王者衮冕之服。又于像设东刻白石为李林甫、陈希烈之形。及林甫犯事，又刻石为杨国忠之形，而瘗林甫之石。及希烈、国忠贬，尽毁瘗之。”[②]

除道教造像之外，还有大量的佛教造像被称为珉玉造像。所谓珉，是一种似玉的美石。从文献记载来看，珉玉不仅洁白，也可以为器，其质类于汉白玉。据《元和郡县图志》卷九记载：“（蔡州新息县）珉玉坑，在古息城东南五步，周围一百八十步，深三尺。其玉颜色洁白，堪为器物，隋朝官采用，贞观中亦令采取。其后为淮水所没。开元中，淮水东移，珉坑重出，其玉温润倍胜昔时，蔡州至今以为厥贡之首。”[③]

图3-2-12-3　隋唐洛阳城出土唐哀帝即位玉册

在一些遗址与高等级墓葬里常见哀册、谥册等，也以汉白玉雕刻而成，但文献中却称其为“玉册”。如隋唐洛阳城洛阳宫遗址发现的唐哀帝即位“玉册”，册长28.5厘米（图3-2-12-3）[④]；唐代让皇帝李宪惠陵出土的“玉册”等，都以汉白玉雕刻而成，有些字口填金。近年来，在考古发掘中还发现了直径达60厘米左右的汉白玉圆盘；陕西历史博物馆收藏1件六出菱花形三足汉白玉盘，直径24.5厘米（图3-2-12-4）[⑤]。还有一些属于印或镇之类，如陕西西安东郊卧龙巷出土的汉白玉兔镇（图3-2-12-5，1）、西安南郊西安航空学院出土的汉白玉兽形镇（图3-2-12-5，2）[⑥]等。由此可见，唐人所认为的玉中也包括一些质地精良的汉

① （唐）姚汝能撰，曾贻芬点校：《安禄山事迹》，中华书局，2006年，第80页。

② （后晋）刘昫等：《旧唐书》，中华书局，1975年，第927页。

③ （唐）李吉甫撰，贺次君点校：《元和郡县图志》，中华书局，1983年，上册，第240、241页。

④ 中国社会科学院考古研究所洛阳唐城工作队：《唐洛阳宫城出土哀帝玉册》，《考古》1990年第12期；中国社会科学院考古研究所编著：《考古精华——中国社会科学院考古研究所建所四十年纪念》，科学出版社，1993年，第310页，图版二五七。

⑤ 冀东山主编、韩建武分卷主编：《神韵与辉煌——陕西历史博物馆国宝鉴赏·玉杂器卷》，三秦出版社，2006年，第77页，图版29。

⑥ 〔日〕京都文化博物館編集：《大唐長安展——京都のはるかな源流をたずねる》，京都文化博物館，1994年，第153頁，図版132；冀东山主编、韩建武分卷主编：《神韵与辉煌——陕西历史博物馆国宝鉴赏·玉杂器卷》，三秦出版社，2006年，第76页，图版28。

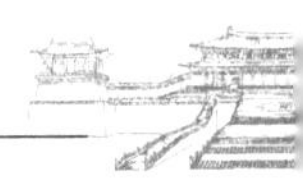

白玉，并在皇帝登基、王公贵族的丧葬等场合使用。

隋唐时期玉器的装饰纹样较为单一，主要见于带銙之上，以胡人乐舞等为主。此外，有些玉带銙则采用宝钿装饰。

图3-2-12-4　陕西历史博物馆藏三足汉白玉盘

1

2

图3-2-12-5　唐代的汉白玉镇

1. 陕西西安东郊卧龙巷出土兔镇　2. 陕西西安南郊西安航空学院出土兽形镇

二、隋唐时期的玛瑙器

隋唐时期的玛瑙器数量不多，主要见于陕西西安南郊何家村窖藏。其中的1件牛首玛瑙杯（来通；图3-2-12-6，1）、两件玛瑙长杯（图3-2-12-6，2、3）是代表性的玛瑙器[①]，这两类器物都是以西亚、中亚流行的来通、舟形长杯为模型制作而成的，制作精致，足以反映唐代对玛瑙的加工工艺水准，而且包含有中西文化交流的因素在内，使其显得尤其珍贵。陕西西安东郊韩森寨出土的玛瑙碗，口径13.5、高7.5厘米（图3-2-12-6，4）[②]，与前述两件玛瑙器的质地相似。浙江绍兴博物馆收藏的七曲银扣玛瑙碗[③]，也是重要的唐代玛瑙器。

① 陕西历史博物馆、北京大学考古文博学院、北京大学震旦古代文明研究中心编著：《花舞大唐春——何家村遗宝精粹》，文物出版社，2003年，第91—96页，图版8、图版9；陕西省文物局、上海博物馆编：《周秦汉唐文明》，上海书画出版社，2004年，第183页，图版125。

② 西安市文物保护考古所编著：《西安文物精华·玉器》，世界图书出版西安公司，2004年，第125页。

③ 笔者参观调查资料。

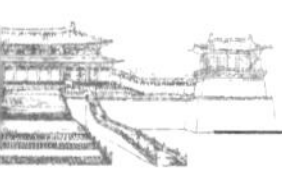

唐代在玛瑙器上还以金银平脱工艺进行装饰，如《安禄山事迹》卷上记载，杨贵妃赏赐安禄山的器物中就有小玛瑙盘、金平脱大玛瑙盘[①]。又据考古发现，唐代的金银平脱工艺还用于瓷器，如陕西扶风法门寺塔基地宫出土的秘色瓷碗即以金银平脱装饰瓷碗的内外壁面[②]。这说明金银平脱工艺在唐代应用较为广泛。

玛瑙器除上述容器外，还有为数不少的玛瑙装饰品，主要以各类玛瑙珠等为主。

三、隋唐时期的水晶、琥珀等

水晶器在唐代的各类遗迹中有不少的发现，主要为一些水晶制作而成的珠饰、水晶球等。如陕西扶风法门寺塔基地宫出土的水晶枕和水晶球（图3-2-12-7，1、2），后者可能是舍利的替代物[③]。还有一些较大型的水晶器，如陕西西安何家村窖藏出土的水晶八曲长杯（图3-2-12-7，3）[④]、陕西扶风法门寺塔基地宫出土的水晶椁（图3-2-12-7，4）[⑤]等。

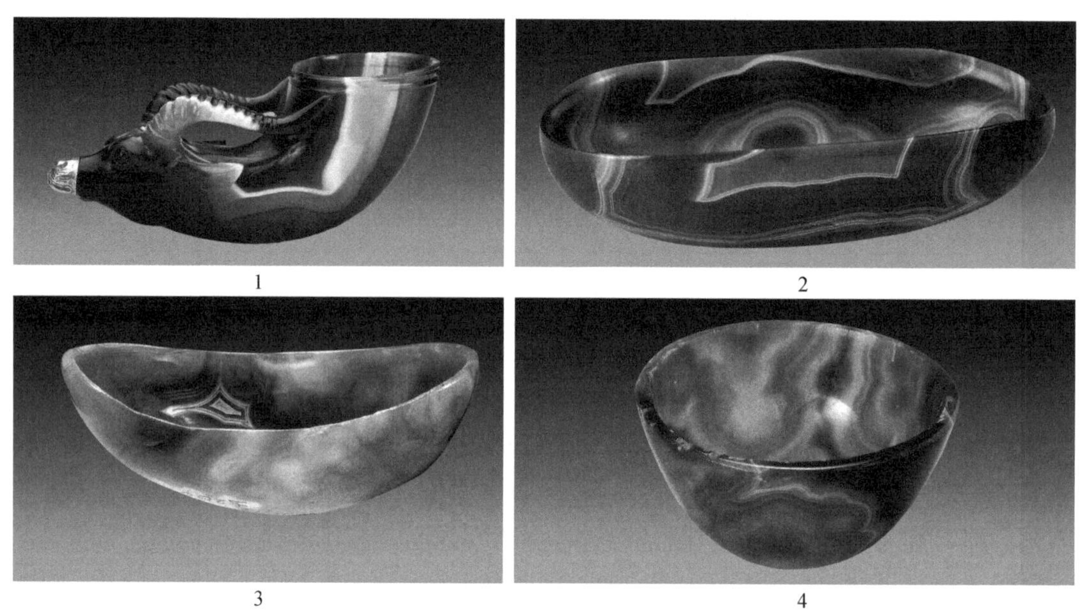

1　　2

3　　4

图3-2-12-6　唐代的玛瑙器

1. 牛首玛瑙来通（陕西西安何家村窖藏出土）　2、3. 玛瑙长杯（陕西西安何家村窖藏出土）　4. 玛瑙碗（陕西西安东郊韩森寨出土）

---

① （唐）姚汝能撰，曾贻芬点校：《安禄山事迹》，中华书局，2006年，第81页。

② 姜捷主编：《法门寺珍宝》，三秦出版社，2014年，第284页。

③ 姜捷主编：《法门寺珍宝》，三秦出版社，2014年，第314、315页。

④ 陕西省文物局、上海博物馆编：《周秦汉唐文明》，上海书画出版社，2004年，第185页，图版127。

⑤ 陕西省考古研究院、法门寺博物馆、宝鸡市文物局等编著：《法门寺考古发掘报告》，文物出版社，2007年，第248、249页，彩版二三三。

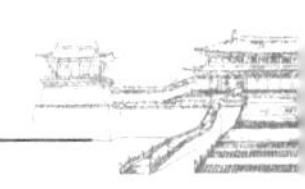

图3-2-12-7　唐代的水晶器

1. 枕（陕西扶风法门寺塔基地宫出土）2. 球（陕西扶风法门寺塔基地宫出土）
3. 八曲长杯（陕西西安何家村窖藏出土）4. 椁（陕西扶风法门寺塔基地宫出土）

琥珀，是由地质时期的植物树胶经石化而成的有机宝石，包裹有昆虫的尤为珍贵。其特点为非晶质，透明至半透明块体，呈不规则或泪滴状，色泽呈蜡黄至红褐色，也有白色，品质佳者可用来制作首饰和工艺品。中国的辽宁抚顺是优质的琥珀产地，而波罗的海沿岸则是世界琥珀的重要产地。在隋唐时期的遗迹中，琥珀饰件有一些发现，如在唐李倕墓出土了为数不少作为小型饰件的琥珀制品①；陕西扶风法门寺塔基地宫出土两只以红褐色琥珀雕刻而成的狮子，其中的走狮长4.3、高2厘米（图3-2-12-8，1）；蹲卧狮子长4.2、高3.2厘米（图3-2-12-8，2）②。

玳瑁，属于爬行纲，海龟科，其角质板可制作器物或装饰品。陕西扶风法门寺塔基地宫出土一组玳瑁“开元通宝”钱（图3-2-12-9）③，它们显然不是用于流通的货币，而是作为“七宝”之一用来供养佛指舍利的。玳瑁还用于制作容器，如鉴真东渡日本时，带有“玳瑁叠子八面”④。

① 陕西省考古研究院：《唐李倕墓发掘简报》，《考古与文物》2015年第6期。

② 姜捷主编：《法门寺珍宝》，三秦出版社，2014年，第312页。

③ 姜捷主编：《法门寺珍宝》，三秦出版社，2014年，第323页。

④ 〔日〕元开真人著，王向荣校注：《唐大和上东征传》，中华书局，2000年，第88页。

1

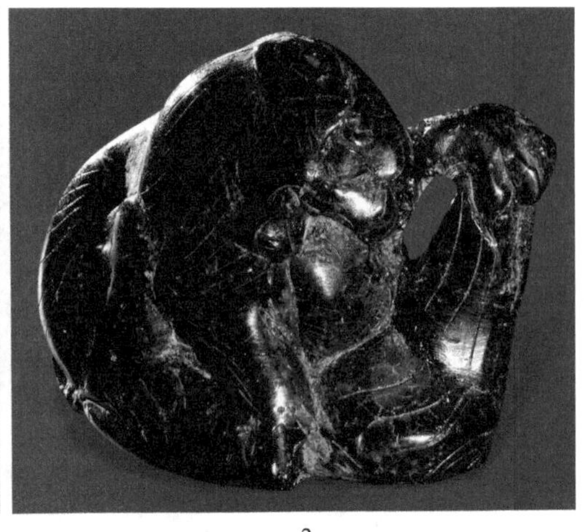
2

图3-2-12-8　陕西扶风法门寺塔基地宫出土琥珀狮子
1. 琥珀走狮　2. 琥珀卧狮

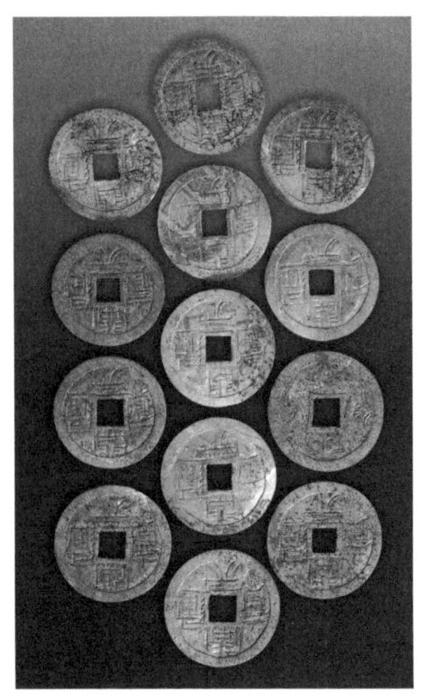
图3-2-12-9　陕西扶风法门寺塔基地宫出土玳瑁“开元通宝”钱

珷玞，亦作碔砆，是一种似玉的美石。陕西扶风法门寺塔基地宫出土1件珷玞石函（图3-2-12-10）[①]，因为有《衣物账》可与实物相互对照，使其成为珷玞的重要标本。

象笏。笏即朝笏，亦称“手版”，是古代大臣朝见时所持的狭长形板子，以象牙、竹木等制成，作为指画、记事之用。据《旧唐书·舆服志》记载：“文武百官皆执笏，五品以上，用象牙为之，六品以下，用竹木。”又载：“五品已上执象笏。三品已下（应为上——笔者注）前挫后直，五品已上前挫后屈。自有唐已来，一例上圆下方，曾不分别。六品已下，执竹木为笏，上挫下方。”[②]所谓挫，是指将棱角抹去，使之成为圆弧形。隋唐时期的象笏在考古发掘中亦有发现，如陕西西安东郊郭家滩隋开皇十六年（596年）罗达墓[③]、新疆阿斯塔那唐M100[④]各出土1件。罗达墓

① 陕西省考古研究院、法门寺博物馆、宝鸡市文物局等编著：《法门寺考古发掘报告》，文物出版社，2007年，第163、164、166页，彩版一二一—彩版一二六。

② （后晋）刘昫等：《旧唐书》，中华书局，1975年，第1931、1952页。

③ 冀东山主编、韩建武分卷主编：《神韵与辉煌——陕西历史博物馆国宝鉴赏·玉杂器卷》，三秦出版社，2006年，第181页，图版98。

④ 新疆维吾尔自治区文物局编、白建尧主编：《丝路瑰宝：新疆馆藏文物精品图录：英汉对照》，新疆人民出版社，2011年，第155页。

所出者长27.5、宽3.2厘米，上部呈圆弧形，下端两角抹去，底部平直，与文献记载的“五品已上前挫后屈”接近，应为隋制。阿斯塔那墓所出者长34、宽4.5、厚0.8厘米，上圆下直，则是依据唐制统一为“上圆下直”。

图3-2-12-10　陕西扶风法门寺塔基地宫出土珷玞石函

四、雕版印刷品

隋唐时期，随着文化的繁荣，读书识字的人增多，单靠抄写书本已很难满足社会需要。在这一历史背景之下，出现了雕版印刷术。隋唐时期的造纸术也有了很大进步，不同地区已经能造出各有地方特色的纸，为雕版印刷奠定了深厚基础。据《唐国史补》卷下记载：“纸则有越之剡藤苔笺，蜀之麻面、屑末、滑石、金花、长麻、鱼子、十色笺，扬之六合笺，韶之竹笺，蒲之白薄、重抄，临川之滑薄。又宋亳间有织成界格道绢素，谓之乌丝栏、朱丝栏，又有茧纸。”[①]对于唐五代时期的雕版印刷，向达、宿白等都有深入研究[②]。

雕版印刷术在隋末唐初已经发明，唐代初年的高僧玄奘曾用来印刷佛像，但使用还不普遍。据后唐冯贽《云仙散录》“印普贤像条”引《僧园逸录》云：“玄奘以回锋纸印普贤象，施于四众，每岁五驮无余。”[③]元稹在唐长庆四年（824年）为白居易的《白氏长庆集》作序时云，白居易的诗歌“二十年间，禁省、观寺、邮堠、墙壁之上无不书，王公、妾妇、牛童、马走之口无不道，至于缮写模勒，衒卖于市井，或持之以交酒茗者，处处皆是”[④]。文中的“模勒”即刻印。也有认为“模勒”是勾勒之意，“亦即影摹书写，与雕版印刷本无关系”[⑤]。唐文宗太和九年（835年），冯宿《禁版印时宪书奏》中说：“准敕禁断印历日版。剑南两川及淮南道，皆以版印历日鬻于市。每岁司天台未奏颁下新历，其印历已满天下，有乖敬授之道。”[⑥]由此可见，雕版印刷的历日在中晚唐时期已广泛流传。

---

① （唐）李肇撰，曹中孚校点：《唐国史补》，《唐五代笔记小说大观》，上海古籍出版社，2000年，上册，第197页。

② 向达：《唐代刊书考》，《唐代长安与西域文明》，生活·读书·新知三联书店，1957年，第117—135页；宿白：《唐宋时期的雕版印刷》，文物出版社，1999年，第1—11页。

③ （后唐）冯贽编，张力伟点校：《云仙散录》（第2版），中华书局，2008年，第107页。也有人认为这条史料不可靠。

④ （清）董诰等编：《全唐文》卷六五三，中华书局，1983年，第6644页。

⑤ 辛德勇：《唐人模勒元白诗非雕版印刷说》，《历史研究》2007年第6期。

⑥ （清）董诰等编：《全唐文》卷六二四，中华书局，1983年，第6300、6301页。

现存有纪年的最早雕版印刷品，是藏于英国伦敦大英图书馆的唐咸通九年（868年）王阶印造的《金刚般若波罗蜜经》（图3-2-12-11）[1]。经卷高约0.3、长约5米，由7个印页黏结而成。卷首是一幅扉画，后面是《金刚经》正文，图画和文字刻印精美，刀法娴熟，足证当时的印刷技术已很成熟，这说明在这以前至少已经经历了百年以上的发展过程。现存的唐代印刷品实物还有唐乾符四年（877年）历书和唐中和二年（882年）历书等。1944年，在四川成都望江楼附近唐墓出土的龙池坊卞家印刷贩卖的《陀罗尼经》[2]，是国内现存的最早印本。

凡欲讀經先念淨口業真言一遍
脩唎 脩唎 摩訶脩唎 脩脩唎 娑婆訶
奉請除灾金剛 奉請辟毒金剛 奉請黄随求金剛
奉請白淨水金剛 奉請赤聲金剛 奉請定除厄金剛
奉請紫賢金剛 奉請大神金剛
金剛般若波羅蜜經
如是我聞一時佛在舍衛國祇樹給孤獨園與大
比丘衆千二百五十人俱尒時世尊食時着衣持
鉢入舍衛大城乞食於其城中次第乞已還至本處
飯食訖収衣鉢洗足已敷座而坐時長老須菩提在大

图3-2-12-11　唐咸通九年（868年）雕版印刷的《金刚般若波罗蜜经》

唐末，印刷术已经流行于东川、西川、淮南、江南、浙东、江西和东都等地。出版的字书有《玉篇》、韵书有《唐韵》，其他则多为历书、佛经、咒本和阴阳杂记、占梦、相宅、九宫五纬之类的术数书。如黄巢占领长安时随唐僖宗逃往成都的柳玭，他在其《柳氏家训》中云："中和三年（883年）癸卯夏，銮舆在蜀之三年也，余为中书舍人，旬休，阅书于重城之东南，其书多阴阳杂记、占梦相宅、九宫五纬之流。又有字书小学，率雕板，印纸浸染，不可尽晓。"[3]又如《唐语林》卷七记载："僖宗入蜀。太史历本不及江东，而市有印货者，每差互朔晦，货者各征节候，因争执。"[4]由此可见，成都在唐末已是雕版印刷

① 〔日〕西岡康宏、宮崎法子編集：《世界美術大全集・東洋編・第8巻・明》，小学館，1999年，第335頁，挿図215。

② 冯汉骥：《记唐印本陀罗尼经咒的发现》，《文物参考资料》1957年第5期。

③ （宋）薛居正等：《旧五代史》卷四十三，中华书局，1976年，第589页，明宗纪注引。

④ （宋）王谠撰，周勋初整理：《唐语林》，《全宋笔记・第三编》（二），大象出版社，2008年，第264页。

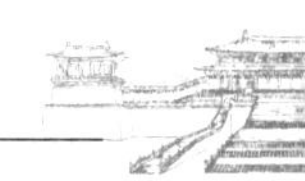

的一大中心，一些书肆大量出售雕版印刷的历日等书籍。唐长安城的雕版印刷品在敦煌藏经洞也曾发现，被斯坦因窃去的1件佚失纪年的印本残历，其上保存有“上都东市大刁家大印”字样，上都即长安，应该是晚唐长安东市刁家所印历日[①]。印刷术发明以后，从我国逐渐传播到全世界，是我国古代人民对世界文化的伟大贡献。

五、儒家典籍——石经

（一）开成石经

石经始刻于唐文宗大和七年（833年），开成二年（837年）完成，故称“开成石经”，又称《唐石经》（图3-2-12-12）[②]，是规模浩大的国家文化工程，原立于唐长安城务本坊国子监内。五代后梁时，始迁石经于唐尚书省西南。宋元祐五年（1090年）移到府学北墉，即今西安碑林博物馆。清代以前所刻石经甚多，唯开成石经保存最为完好，是研究中国经书历史的重要资料。

唐初，经学大师贾公彦、孔颖达订正史籍。唐文宗太和四年（830年），翰林侍讲学士郑覃上奏唐文宗：“经籍讹谬，博士相沿，难为改正。请召宿儒奥学，校定六籍，准后汉故事，勒石于太学，永代作则，以正其阙。”[③]石经于唐太和七年（833年）始刻，计刻《周易》《尚书》《毛诗》《周礼》《仪礼》《礼记》《春秋左氏传》《春秋谷梁传》《春秋公羊传》《论语》《尔雅》等12种儒家经典160卷，114块经碑。每石两面刻经，共刻经文650252字。每通经碑高约2.16、面宽约0.93米[④]。下设方座，中插经碑，上置碑额，通高约3米。1949年以前，“碑林管理委员会”去碑额平列成现存形式。开成石经的版面格式与汉魏石经不同，每碑分为上下8栏，每栏约刻37行，每行刻10字，均自右至左，从上而下先表后里雕刻经文。经文由艾居晦、陈玠等书，每一篇经文的标题为隶书，经文为楷书，刻字端正清晰，按经篇次序衔接，卷首篇题俱在其中，一石衔接一石，故不易混乱。

唐石经的排列情况已不可考。自宋代移至现存处，皆坐北朝南，中留缺口断开为东西两厢。东厢石经次序，由南至北，折向西行，旋向外侧，计57石，自《周易》卷一起，有《尚书》《毛诗》《周礼》《仪礼》《礼记》，至“五经文字序列”及“九经字样”。西厢

---

① 宿白：《唐宋时期的雕版印刷》，文物出版社，1999年，第4页。

② 赵力光编著：《风雨沧桑九百年：图说西安碑林（珍藏版）· 碑石（中唐—民国）》，西北大学出版社，2017年，第67页；西安碑林博物馆编、成建正主编：《西安碑林博物馆》，陕西人民出版社，2000年，第47页。

③ （后晋）刘昫等：《旧唐书》，中华书局，1975年，第4490页。

④ 关于每通经石的尺寸，数据颇不相同，如《中国大百科全书 · 考古学》记为：高1.8、面宽0.8米（1986年，第251页）；《风雨沧桑九百年：图说西安碑林（珍藏版）· 碑石（中唐—民国）》记为：高约2.16、面宽约0.93米（2017年，第67页）；《西安碑林博物馆》记为：高2.16、面宽0.97米（2000年，第47页）。

1

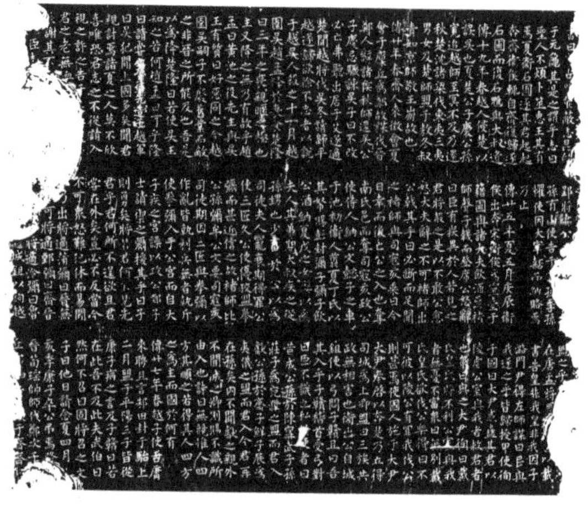
2

无咎何謂也子曰君子進德脩業忠信所以進德也脩辭立其誠所以居業也知至至之可與幾也知終終之可與存義也是故居上位而不驕在下位而不憂故乾乾因其時而惕雖危无咎矣九四曰或躍在淵无咎何謂也子曰上下无常非爲邪也進退无恒非離羣也君子進德脩業欲及時也故无咎九五曰飛龍在天利見大人何謂也子曰同聲相應同氣相求水流溼火就燥雲從龍風從虎聖人作而萬物覩本乎天者親上本乎地者親下則各從其類也上九曰亢龍有悔何謂也子曰貴而无位高而无民賢人在下位而无輔是以動而有悔也潛龍勿用下也見龍在田時舍也終日乾乾

子學以聚之問以辯之寬以居之仁以行之易曰見龍在田利見大人君德也九三重剛而不中上不在天下不在田故乾乾因其時而惕雖危无咎矣九四重剛而不中上不在天下不在田中不在人故或之或之者疑之也故无咎夫大人者與天地合其德與日月合其明與四時合其序與鬼神合其吉凶先天而天弗違後天而奉天時天且弗違而況於人乎況於鬼神乎亢之爲言也知進而不知退知存而不知亡知得而不知喪其唯聖人乎知進退存亡而不失其正者其唯聖人乎

䷁坤下坤上 坤元亨利牝馬之貞君子有攸往先迷後得主利西南得朋東北喪朋安貞吉彖曰至哉坤元萬

3

图3-2-12-12　唐开成石经及经文拓片

1. 开成石经陈列外景　2.《春秋左氏传》石经局部　3.《周易》石经局部

石经的次序，亦如东厢，自《春秋左氏传》《春秋公羊传》《春秋谷梁传》《孝经》《论语》《尔雅》，至“呈进状子”等，亦57石，整齐有序。

（二）蜀石经

五代后蜀主孟昶于广政七年（944年），用楷书刻《易经》《书经》《毛诗》《三礼》《左传》《论语》《孝经》《尔雅》等十经于成都。后来宋人又补刻《公羊》《谷梁》《孟子》《尚书》。蜀石经经文下有双行小字的注，这为历代石经所仅有。南宋时，蜀石经是经书的通行本。1938年，在四川成都出土蜀石经残石数十方，现大都存于四川、重庆的博物馆中。

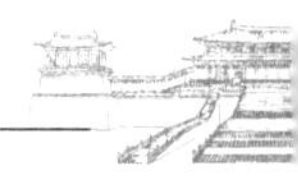

六、书法作品的重要发现

唐代是中国书法艺术发展的高峰，真草篆隶在这一时期都出现了彪炳史册的代表性人物，还出现了“欧”“柳”“颜”三体楷书。代表性书法家的作品，其载体以神道碑、墓志以及其他碑刻为主，有些则以拓本流传，为人所重者往往是其代表性的成熟作品。但不论从书法艺术的发展历史，还是某个书法家本人的成长历史来看，都有一个逐渐成熟的过程。唐代许多书法家的作品如墓志和碑刻，或因埋于墓内，或因历史的变迁而淹没于地下，或因其他原因而灰飞烟灭，这导致一些书法作品为世人所不知，近年来的考古新发现填补了这一缺憾，其中比较重要的有三次发现：一是颜真卿书丹的《大唐故朝议郎行绛州龙门县令上护军元府君夫人罗氏（婉顺）墓志铭》（图3-2-12-13），书写于唐天宝六年（747年）[①]，是颜真卿39岁时作品，与其晚年作品的风格不同；二是柳公权撰写并书丹

图3-2-12-13　唐颜真卿书《罗婉顺墓志》

① 陕西省考古研究院：《陕西咸阳唐代元大谦、罗婉顺夫妇墓发掘简报》，《考古与文物》2021年第2期。

的《大唐故通议大夫守左散常侍致仕上柱国赐紫金鱼袋赠户部尚书严公（公贶）墓志铭并序》（图3-2-12-14），书写于唐大中四年（850年）[①]，是柳公权晚年即71岁时的书法作品；三是柳公权书写的《唐故开府赠扬州大都督杨公神道之碑》。这些发现的意义在于，它们不仅出土地点明确，而且纪年明确，可以观察书法家本人的书法在不同阶段的特点。与此同时，由于考古发掘出土的墓志、碑刻还与其他历史信息相关联，可以将其置于当时的社会背景下，从而更深刻地认识这些书法作品的价值，而不是单纯地欣赏其艺术性。

图3-2-12-14　唐柳公权书《严公贶墓志》

① 陕西省考古研究院：《陕西西安长安区唐严公贶、卢淑墓发掘简报》，《考古与文物》2023年第2期。

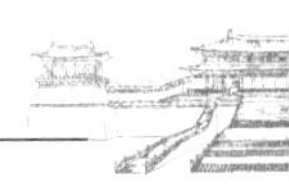

七、隋唐时期的水上交通运输工具——船

隋唐时期的交通工具可以分为水路和陆路两大类，陆路交通运输主要为车马，在唐代的随葬品和各类壁画资料中常见。水路交通运输主要为船，隋唐时期的船在山东、江苏、安徽等地均有发现。

1975年秋，在山东平度发现隋代双体木船（图3-2-12-15，1）[①]。该船是由两条宽0.62—1.05米的“U”形独木舟联成的双体船，船体残长20.24米，两舟结合后共宽2—2.82米。结合部位使用了铁钉，船体外侧附加有翼形板。船身使用的木材主要为金缕梅科枫香木以及少量樟木。这是我国发现的时代较早的双体木船实例。

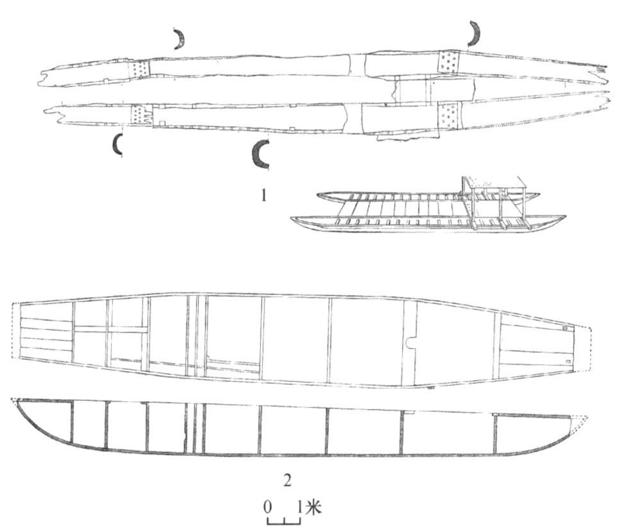

图3-2-12-15　隋唐时期的木船
1. 山东平度发现的隋代双体木船　2. 江苏如皋发现的唐代木船

1973年6月上旬，在江苏如皋县（今如皋市）蒲西乡十九村发现一艘唐代木船（图3-2-12-15，2）[②]。船共分9个舱，第一舱为船首，残长2.3、宽1.93米；第二舱长2.86、宽2.48米；第三、四、五舱各长2.1、各宽2.58米，是全船较大的几个舱，隔舱板内部互通，船舱上盖板已经朽烂，但盖板上覆盖的竹篷痕迹犹存。第六、七、八舱可能是供居住的生活舱。第六舱长1.1、宽2.4米；第七舱长0.96、宽2.2米；第八舱长1、宽2米。第六、七舱之间为舱门，第七、八舱舱底铺有木板，可能是床铺，各舱舱板上均有盖板和竹篷，均已腐朽。第七舱底发现瓷碗三只，瓷钵两个，兽骨两块。第九舱为尾舱，残长1.5、宽1.6米，船舵已不存。从整个船的结构来看，船身窄而长，隔舱多，容积大，船舱及底部均以铁钉钉成“人”字缝，其中填石灰桐油，严密坚固。舱面覆盖板和竹篷，单桅杆。从船的长、宽、深度计算，大约是一只载重20吨的运输船。船身所用材料为松木；桅杆所用材料为杉木，出土时桅杆已断，仅残存1米。是了解当时造船技术的重要资料，也可说是“沙船”船型木船的早期形态。

另外，在安徽淮北柳孜县大运河故道南侧发现8艘唐代沉船，并重点发掘了其中的3艘。1号船为木板结构，平面呈长方形，船底板和尾部保存较好，尾舵完整。尾舱横梁上有3个格档，放入舵柄可改变航向。2号船为一整棵大木雕凿而成的独木舟，3号船仅存半个帮板和与其相连的一段底板，在运河内发现如此多沉船尚属首次。

① 山东省博物馆、平度县文化馆：《山东平度隋船清理简报》，《考古》1979年第2期。

② 南京博物院：《如皋发现的唐代木船》，《文物》1974年第5期。

第四编
石窟寺等遗迹和遗物

第一章　石窟寺考古及其他

第一节　石窟寺考古学

一、中国石窟寺考古学研究的理论和方法

（一）石窟寺的概念

石窟寺，是指在河畔山崖开凿的佛教寺庙，简称石窟。由于石窟开凿之处往往洞窟密集，故也有“千佛洞”“万佛洞”之称。中国的佛教石窟与佛教一样，渊源于印度，大约始于3世纪左右。盛于5—8世纪，最晚的可到16世纪。中国的石窟以开凿于岩石之上者为主，如山西大同云冈石窟、河南洛阳龙门石窟等，这类石窟的造像以雕刻为主；一部分开凿于砾岩地区，如甘肃敦煌莫高窟等，这类石窟以塑绘为主；有的石窟寺则以土坯垒砌而成，数量较少，也以绘塑为主，如新疆吐鲁番的柏（亦作伯）孜克里克石窟。

相对于寺庙、宫殿等土木结构的建筑，石窟在战乱中更容易保存下来，正如道宣在《集神州三宝感通录》卷中所云：“古来帝宫，终逢煨烬。若依立之，效尤斯及，又用金宝，终被毁盗。乃顾眄山宇，可以终天。……就而斫窟，安设尊仪，或石或塑，千变万化。”①所以石窟寺对佛教考古的研究显得尤为重要。

在印度，最早的石窟是开凿于公元前3世纪的阿旃陀石窟，它位于印度马哈拉施特拉邦奥兰加巴德文达雅山的悬崖峭壁上，距离山谷底部76米。它不仅是印度开凿最早的石窟，而且也是佛教石窟的开山之作。印度石窟的开凿可分为早、晚两期。早期从公元前1世纪至公元2世纪，相当于沙多匹诃那朝时期；晚期从公元5世纪至8世纪，相当于笈多王朝及其以后一段时间。

那么，佛教徒为什么要开凿石窟？主要有以下几个原因：

（1）对于佛教传布者而言，通过开凿石窟，塑佛像或绘画，能够形象地宣传佛教教义，可以使“观者听，听者悟”“进可以击心，退可以招劝”，与艰涩难懂的佛教教义比较起来更容易为大众所接受，且具有更大的吸引力，因而容易得到信仰者的支持，特别是统治阶级的提倡和支持，从而获得开凿石窟所需要的资金。

（2）对于佛教信仰者而言，花上一些钱财开凿洞窟，塑佛画像，不仅幻想自己得到百倍千倍的报答，使自己往生无量佛国，而且还企盼惠及子孙后代。如《法苑珠林》卷

① （唐）道宣：《集神州三宝感通录》，《大正藏》第52册，No.2106，第417页。

五十五引《上品大戒经·校量功德品》云："施佛塔庙，得千倍报。布施沙门，得百倍报。"[①]该书又引《智慧本愿戒上品经》云："日别施散佛僧中食，塔寺一钱以上，皆二万四千报，功多报多。世世贤明，玩好不绝。七祖皆得入无量佛国。"[②]这样的廉价交换，自然会得到信仰者支持。

（二）什么是石窟寺考古学

在对石窟寺进行考古学研究时，要遵循考古学的原则。所谓石窟寺考古学，简单而言，就是利用考古学的方法对石窟寺遗迹进行研究。考古学最基本的方法就是地层学和类型学。要利用考古学方法进行石窟寺研究，必须遵循四个程序：

（1）考古学的清理和记录。要对石窟寺考古学进行研究，首先要对石窟寺进行忠实的、客观的和科学的清理和记录，即所谓考古学的清理和记录，它相当于考古学的发掘记录，记录的程度要达到一旦石窟寺全部废毁后，能根据记录恢复石窟寺原貌。这个标准是相当严格的。对石窟寺进行记录时要测绘连续的平、立、剖面图，石窟内各壁立面和壁画实测图，窟顶实测仰视图，窟前木结构和遗址图，佛像实测和等高实测图，石窟解剖图或轴测投影图。对佛教造像的记录，要包括正视、左右侧视、后视和俯视。

（2）对洞窟、造像和壁画的类型组合与题材的研究。从事石窟寺考古学记录的同时，特别是完成以后，便要对石窟寺进行类型学的研究。石窟寺考古类型学的研究包括：洞窟形制、造像壁画的题材与组合布局，造像的风格技法和细部纹饰。这些内容组成了中国石窟寺考古学的类型学研究的主体。

洞窟性质决定洞窟的形制，其形制主要有：窟内立中心塔柱的塔庙窟、无中心塔柱的佛殿窟、主要为僧人生活起居和禅行的僧房窟、塔庙窟内设坛置像的佛坛窟、塔庙窟和佛殿窟中雕塑大型佛像的大像窟、僧房窟中专为禅行的小型禅窟（罗汉窟）、小型禅窟组成的禅窟群、瘗窟、涅槃窟等九大类。

窟内的布局和造像、壁画的题材组合，皆因窟的形制而不同。因此，窟形在中国石窟寺考古类型学研究中是基础。但要注意因为后世改建石窟，而造成的窟形与造像壁画题材的不相符合之处。一般而言，造像和壁画题材之间的组合是统一的。不同时代有不同的题材组合，题材与组合上的不协调反映着时代上的或教派上的变化。造像壁画的风格和技法，最具有时代特征，是石窟寺考古类型学的重要组成部分。美术史学家与考古学家对造像壁画的研究角度是不同的，前者着重艺术分析，后者则除了注意佛像的外貌和技法之外，还要探求雕塑绘画佛像时的模式和比例。模式是造像的人体体型依据，印度、中亚和中国都不相同，中国各地区也有差异。比例则是造像时所规定的各部位的比例尺度。细部的变化包括造像的雕刻技法、壁画的渲染技术、服饰、建筑家具等的形式变化，还包括装饰花纹图案和边饰花纹的变化等。类型学中的题材与组合的研究，与考古学记录是同时进

---

① （唐）释道世著，周叔迦、苏晋仁校注：《法苑珠林校注》（四），中华书局，2003年，第1670页。

② （唐）释道世著，周叔迦、苏晋仁校注：《法苑珠林校注》（四），中华书局，2003年，第1670页。

行的，在深入分析研究中，还要反复对比核查。

（3）石窟寺分区与分期的研究。分区是对我国不同地区的石窟寺，根据其类型的特点，主要是洞窟形制和主体造像的差异来进行分区。分期则是对一个石窟群的若干洞窟进行排年，并区分这个石窟群在发展历史上的阶段性。还可对某一地区的石窟寺进行分期。分期要建立在对每一座洞窟，或某一地区的石窟类型学研究的基础上。

（4）关于社会历史、佛教史和艺术史的综合研究。在以上三个研究程序之后，中国石窟寺的研究必须升华到对社会历史、佛教史和艺术史等的研究，这是中国考古学学科发展的必然规律，中国石窟寺考古学也不能例外。

隋唐时期是继南北朝时期之后，中国开凿石窟寺的又一个高峰时期，目前的石窟寺中，有相当一部分是这一时期的作品，其中最具代表性的有敦煌莫高窟、龙门石窟。前者以壁画和泥塑闻名，后者则以石雕著称。

（三）中国石窟寺的分区与分期

根据洞窟形制和主要造像的差异，宿白将中国境内的石窟分为新疆地区、中原北方地区、南方地区和西藏地区四大地区①。

1. 新疆地区

分布在自喀什向东的塔里木盆地北沿路线上，比较集中的有三个区域：①古龟兹区。在今库车、拜城一带。主要石窟有拜城境内的克孜尔石窟、库车境内的克孜尔尕哈石窟、库木吐喇石窟。其中克孜尔石窟规模最大，开凿最早，大约开凿于3世纪，四五世纪是其盛期，最晚的洞窟大约属于8世纪。其他三处，开凿的时间都比克孜尔石窟晚，衰落时间可能迟到11世纪。②古焉耆区。在今焉耆回族自治县七个星镇一带，开凿时间约在5世纪。③古高昌地区。在今吐鲁番附近。主要石窟有吐峪沟石窟、柏（亦作伯）孜克里克石窟。吐峪沟早期石窟约开凿于5世纪。柏孜克里克石窟主要是9世纪以后回鹘高昌时期的遗迹，最晚的洞窟有可能迟到13世纪。

新疆地区的石窟多塔庙窟、大像窟和僧房窟、禅窟以及不同形制洞窟组成的洞窟组合，也有少量的禅窟群。5世纪以后，方形佛殿窟数量增多，出现了佛坛窟。焉耆、吐鲁番一带还有洞窟前面接砌土坯前堂和用土坯砌筑的洞窟。这些不同形制的洞窟，除一般僧房窟外，窟内都绘有壁画，绝大部分原来还安置有塑像。6世纪以前绘塑内容主要有释迦、交脚弥勒和表现释迦的本生、佛传、因缘等图像，6世纪出现了千佛。8世纪以来，中原北方地区盛行的阿弥陀净土以及其他净土，还有一些密教形象，都逐渐传播到这里，壁画布局和绘画技法也较为显著地接受了中原北方石窟的影响。

2. 中原北方地区

指新疆以东、黄河流域以北，以及长城内外的广大地区。这个地区石窟数量多，内容

---

① 宿白：《中国石窟寺考古》，《中国石窟寺研究》，文物出版社，1996年，第16—20页。

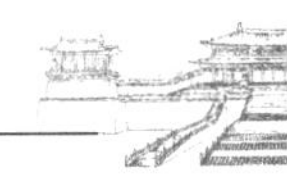

复杂，是中国石窟遗迹的主要部分。可细分为4个小区。

（1）河西区。甘肃黄河以西各县沿南山的地段，大都分布有数量不等的石窟。其中延续时间长、洞窟数量多的是敦煌莫高窟。莫高窟现存最早的石窟开凿于5世纪，陆续兴建到14世纪。莫高窟以东的重要石窟有安西榆林窟、玉门昌马石窟、酒泉文殊山石窟、甘南金塔寺石窟和武威天梯山石窟等。武威天梯山石窟有可能是历史上有名的凉州石窟的遗迹。

（2）甘南黄河以东区。主要石窟有永靖炳灵寺石窟、天水麦积山石窟、固原须弥山石窟、庆阳平定川石窟、庆阳南北石窟寺。固原、庆阳石窟始凿于6世纪；永靖、天水石窟始凿于5世纪，其中炳灵寺石窟第169窟无量寿佛龛有西秦建弘元年（420年）题记，是中国现存窟龛有明确纪年的最早一处。

（3）陕西区。少数窟开凿于6世纪，如陕西安塞云岩寺石窟、大佛寺石窟。主要石窟都开凿于6世纪以后，如7世纪开凿的彬州大佛寺石窟、铜川耀州区药王山摩崖造像和石窟，8世纪开凿的富县石泓寺石窟，11—12世纪开凿的黄陵万佛寺、延安万佛洞、志丹城台等石窟。陕西石窟是中原北方地区晚期石窟较集中的一处。

（4）晋豫及其以东区。以5—6世纪北魏皇室贵族开凿的大同云冈石窟和龙门石窟、巩县石窟为主流，延续此主流的重要石窟有6世纪开凿的邯郸响堂山石窟和6—7世纪开凿的太原天龙山石窟。5—6世纪开凿的义县万佛堂石窟、渑池鸿庆寺石窟、济南黄花岩石窟和7世纪初开凿的安阳宝山石窟，也都与上述这批主流石窟有密切关系。晋豫及其以东地区石窟的承袭关系比较清楚，也充分表现了佛教石窟逐步东方化的具体过程，因此，这个地区的石窟在全国占有重要地位。此区开凿较晚的石窟，有6—8世纪开凿的益都云门山石窟、驼山石窟，11世纪开凿的巴林左旗洞山石窟、前后昭庙石窟，13—14世纪开凿的内蒙古鄂托克旗阿尔寨（百眼窑）石窟和15—16世纪开凿的平顺宝岩寺石窟。

中原北方地区石窟中，河西和甘宁黄河以东两区多塑像和壁画，陕西、晋豫及其以东两区多雕刻。4个小区中，除个别石窟之外，多杂有摩崖龛像。中原北方地区窟龛的发展演变，大体可以分为四期：

第一期即5—6世纪，是这个地区开凿石窟的盛期。多大像窟、佛殿窟、塔庙窟，也有少数禅窟和禅窟群。主要造像有三世佛、释迦、交脚弥勒、释迦多宝对坐像、千佛和思惟像，其次有本生、佛传、维摩文殊对坐像。七佛、无量寿（阿弥陀）、倚坐弥勒和观世音、骑象的普贤等出现较晚。

第二期即7—8世纪，主要盛行佛殿窟、大像窟，较晚出现佛坛窟。除释迦造像外，阿弥陀、弥勒、药师等净土图像和观音像逐渐复杂起来，出现了地藏像，密教形象也开始盛行。

第三期即9—10世纪，石窟开凿渐趋衰落，石窟形制摹拟地上佛殿日益显著，佛坛后面凿出了背屏，窟前接建木构堂阁开始流行。窟内壁画盛行排列多种经变的新形式。佛龛两侧流行文殊、普贤相对的布局。文殊似受到更多重视，敦煌莫高窟、富县石泓寺石窟都出现了“文殊窟”。对观世音的崇拜更为普遍，许多地点出现了观世音的各种变相。天王

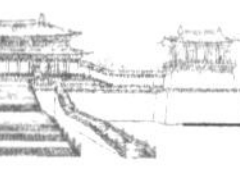

形象也在此时逐渐盛行。

第四期即11世纪以后，开凿石窟的地点越来越少。造像题材除前期习见者之外，罗汉群像逐渐盛行，还出现了罗汉群像和佛传结合的场面。布袋和尚及儒释道合流的造像也在石窟中出现，庆阳平定川石窟中1095年雕造的“三教诸佛”，是现知中原北方地区这类题材的最早实例。13世纪太原天龙山开凿了全真道教石窟。13—14世纪，甘肃敦煌莫高窟、安西榆林窟开凿了藏传密教的“秘密堂”。16世纪初开凿的平顺宝岩寺石窟出现了水陆道场的连续浮雕，这里有的洞窟内外全部雕出了仿木结构，石窟摹拟地上佛殿的做法，年代愈晚愈突出。

3. 南方地区

指长江流域及其以南地区。这个地区石窟数量不多，布局分散，除个别地点外，摩崖龛像多于开凿洞窟。凿于5—6世纪之际的南京栖霞寺石窟和新昌剡溪大佛，原来前部都接有木构殿阁。广元一带6世纪的石窟，形制多属佛殿窟，有少量的塔庙窟。这一时期的主要造像除释迦外，多无量寿（阿弥陀）和弥勒坐像，还有释所宝对坐像。自8世纪以后，四川岷江、重庆嘉陵江流域诸窟龛盛行倚坐弥勒、净土变相和各种观世音像。10—11世纪多雕刻地藏或罗汉群像。11世纪大足石篆山出现了最早的儒释道三教石窟。12世纪大足大湾造像内容更为庞杂，除佛传、经变、观世音等形象外，还有祖师像和藏传密教形象。杭州西湖沿岸的窟龛开凿于10—14世纪，13世纪末以前多雕阿弥陀、观世音和罗汉像，13世纪以后多雕藏传密教形象。开凿于9—13世纪的大理剑川钟山石窟都是佛殿窟，9世纪主要造像有弥勒和阿弥陀，10世纪以后主要造像有观世音、毗沙门天王和密教的八大明王，最具有地方特色的是以南诏王及其眷属为主像的窟龛。赣州通天岩有12世纪雕造的罗汉龛像，这里摩崖题刻甚多，1093年的题刻是其中有明确纪年的最早一处。

4. 西藏地区

西藏地区石窟多不具造像的僧房窟和禅窟。摩崖龛像分布较广，题材多释迦、弥勒、千佛、十一面观音和各种护法形象，并多附刻六字真言。以上窟像的雕凿时间，大都在10世纪以后，即藏传佛教所谓的后弘期。拉萨药王山是西藏窟龛较集中的一处：山南侧密布摩崖龛像；东麓的查拉路甫石窟，是现知唯一一座吐蕃时期开凿的塔庙窟，塔柱四面各开一座佛龛，窟壁雕像多后世镌补，该窟右上方凿出附有石床的僧房窟。在拉萨、山南、日喀则、阿里等地，许多靠近小丘的寺院附近多凿有僧房窟和禅窟，使用时间一直延续到近代。

参考书目

[1] 宿白：《中国石窟寺考古》，《中国石窟寺研究》，文物出版社，1996年。

[2] 徐苹芳：《中国石窟寺考古学的创建历程——读宿白先生〈中国石窟寺研究〉》，《文物》1998年第2期。

[3] 李裕群：《古代石窟》，文物出版社，2003年。

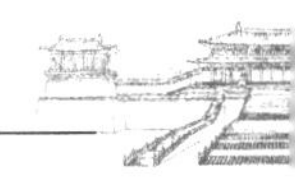

［4］ 马世长：《中国佛教石窟考古文集》，商务印书馆，2014年。

［5］ 李裕群：《中国石窟寺》，科学出版社，2022年。

二、重要石窟

（一）敦煌莫高窟

莫高窟，俗称千佛洞，位于甘肃省酒泉敦煌市东南25千米鸣沙山东麓的断岩之上，坐西朝东，前临宕泉，面对三危山。是敦煌石窟①群体中的代表性窟群。晋时曾称为仙岩寺，十六国前秦之时正式称为莫高窟。其后，隋末唐初曾称为崇教寺，元代称为皇庆寺，清末又称雷音寺。但这些都是在某一个较短的时期内以一窟一寺之名代替整个莫高窟。根据碑刻记载，创始于前秦建元之世，此后的北魏、西魏、北周、隋、唐、宋、西夏、元代均有大规模营建或修缮，现编号的洞窟有492个。敦煌莫高窟开窟造像的全盛期在隋唐时期，现存隋唐洞窟300多个，占洞窟总数的60%。

关于敦煌莫高窟始凿时间，目前有三种说法：①据第159窟前室北壁晚唐时期墨书《莫高窟记》，莫高窟始建于西晋末年；②据伯2691《沙州地志》，洞窟始建于东晋永和九年（353年）；③据武则天圣历元年（698年）《李君②修莫高窟佛龛碑》记载，前秦建元二年（366年）沙门乐僔始凿第一窟。三说并存，但通常多采用前秦建元二年说。

1. 敦煌莫高窟形制

（1）隋代

隋代的窟形主要继承了早期“人”字坡③中心柱形石窟和覆斗形石窟的形制（图4-1-1-1，1、2）。个别中心柱石窟将中心柱改为须弥山的形式，石窟平面呈方形，中心柱下面为方坛，中心柱上部呈倒塔形直通窟顶，塔四龙环绕，以象征须弥山，窟顶前部为“人”字坡，后部为平棋，莫高窟隋代第302（图4-1-1-1，3）、303窟等均属于此类形式。这一时期最为典型的窟形是平面呈方形的覆斗顶窟，也称倒斗形窟。隋代之时，在这种窟的正壁开凿一龛的形式虽仍流行，但已出现在南、西、北三壁各凿一龛的形式，即三壁三龛的窟形，而且龛体加深，龛下沿较以前升高。龛口、龛顶近于长方形，龛内平面有的呈“凸”字形。

（2）唐代

唐代的窟形主要有覆斗顶方形平面的一龛窟、佛坛窟、中心柱窟、大像窟、影窟等，既有对前期的继承，也出现了一些新因素。

覆斗顶方形平面的一龛窟，在唐代各时期普遍使用，有前室（图4-1-1-2，1—3）。这种窟形比较稳定，变化主要在细部。如龛，唐代前期的龛形多为敞口形或方形，唐代后期

---

① 敦煌石窟，是敦煌莫高窟、西千佛洞、安西榆林窟、东千佛洞、水峡口下洞子石窟，甘肃肃北蒙古族自治县的五个庙石窟、一个庙石窟，玉门昌马石窟等的总称。

② 李君，即李义，字克让。

③ “人”字坡，也称为“人”字披，两者通用。

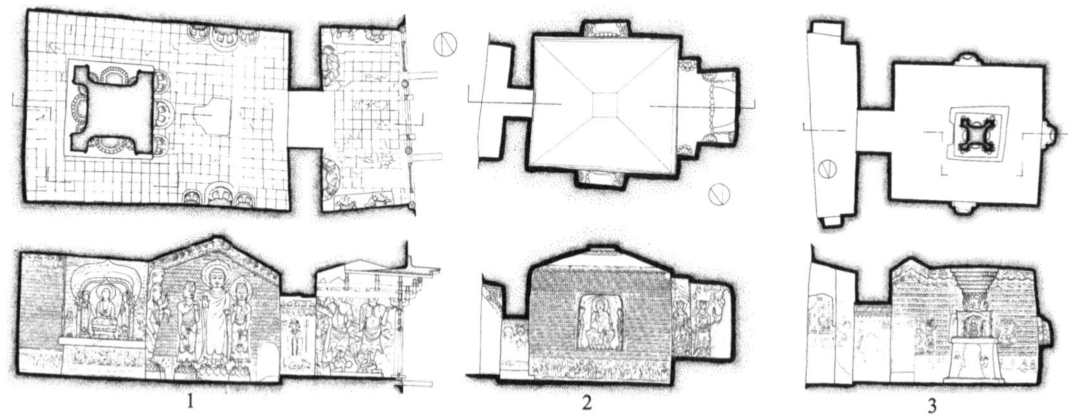

图4-1-1-1　敦煌莫高窟隋代石窟形制
1. 中心柱窟（敦煌莫高窟隋第427窟） 2. 覆斗顶石窟（敦煌莫高窟隋第420窟）
3. 倒须弥山式中心柱窟（敦煌莫高窟隋第302窟）

多为帐形龛，这是对唐代现实生活中的模仿。帐形龛的盝顶部装饰平棋，四面坡处画尊像、史迹画、图案等，壁面有模仿现实生活的屏风画，是唐代后期的典型龛形。唐代前期造像组合多为一佛二菩萨二弟子二天王，像下均设台座。唐代后期帐形龛内底面又外加一倒"凹"字形低坛，造像均置于坛上，造像组合中多了二力士，为一铺九身。尽管唐代开凿的一龛窟占主流，但仍有一部分石窟继承了此前的覆斗顶三龛式窟，在三壁之上开凿三龛（图4-1-1-2，4）。

佛坛窟，由覆斗顶方形一龛窟演变而来，出现于唐代后期。其形制的主要特征是用佛坛代替了方形一龛窟的壁龛，并将原龛中的佛像移到了佛坛上（图4-1-1-2，5）。这种窟还有一种变化了的样式，即在佛坛上加背屏同窟顶连接起来，这种形式一直延续到五代、宋时期。

中心柱窟，虽然是对北朝和隋代流行的中心柱窟的继承，但与以前的形制有所不同。表现在中心柱变为方形柱体，往往只在正面开凿一个深龛，有的甚至不开龛（图4-1-1-2，6）。这标志着中心柱窟在敦煌莫高窟已经进入尾声。

大像窟，又称大佛窟。开凿大像在唐代比较普遍，如河南洛阳龙门奉先寺卢舍那大佛，陕西彬县大佛寺大佛，宁夏固原须弥山5号窟，甘肃敦煌莫高窟第130(图4-1-1-2，7)、96窟，永靖炳灵寺171号大佛，四川则更多。一般平面较简单，空间立一高大的佛像，像依山凿成，后通隧道，窟前多木构建筑。

涅槃窟，以涅槃像为主体的洞窟，佛像侧卧，前无遮挡，故平面一般均呈横长方形。莫高窟的涅槃窟只有第158、148两窟（图4-1-1-2，8、9），均为唐代开凿。

影窟，也称为影堂。一般指绘塑高僧真容的纪念性洞窟。在莫高窟现存影窟7座，时代自中唐时期至于五代、宋时期。影窟一般多附属于主窟，主要位于主窟前室或甬道两侧。洞窟面积大者七八平方米，小者不及1平方米，平面近似方形，顶部为覆斗顶，或平顶，或穹隆顶，正壁绘塑高僧像，其余壁面绘画。如藏经洞就是利用高僧洪巩䛒的影窟收

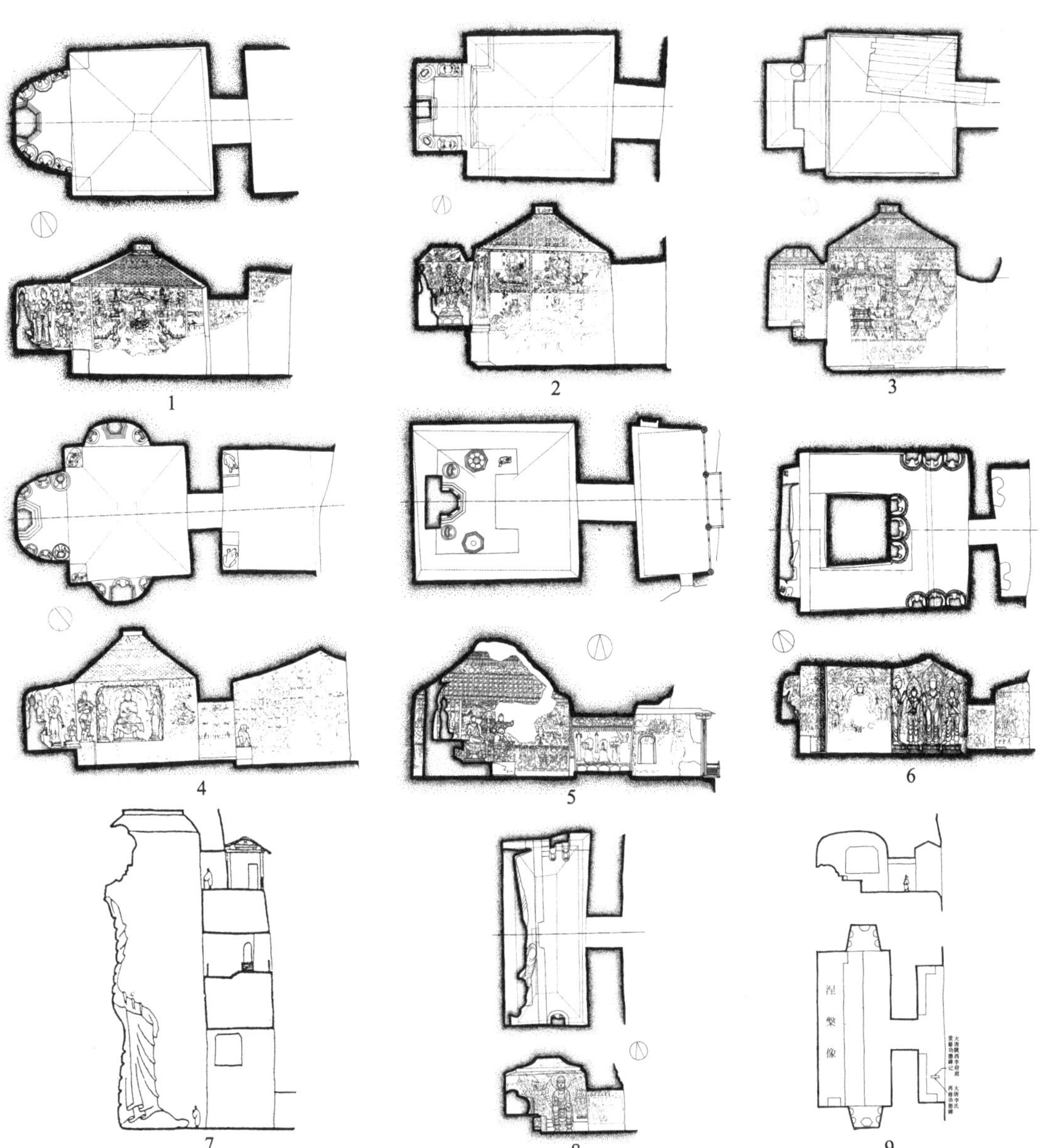

图4-1-1-2　敦煌莫高窟唐代的石窟形制

1—3. 方形一龛窟（敦煌莫高窟唐第45窟、第97窟、第361窟） 4. 三壁三龛式窟（敦煌莫高窟唐第384窟） 5. 佛坛窟（敦煌莫高窟唐第196窟） 6. 中心柱窟（敦煌莫高窟唐第332窟） 7. 大像窟（敦煌莫高窟唐第130窟） 8、9. 涅槃窟（敦煌莫高窟唐第158窟、第148窟）

藏了大量珍贵文物。

唐代的龛形有所变化，前期平面多作梯形，龛顶上仰，龛口向左右敞开，便于展示龛内塑像。后期平面作横长方形，盝形顶。龛内有倒“凹”字形低坛，坛上置塑像。唐代前期出现的大像窟高在30米以上，其后室平面近于方形，靠正壁为一身石胎泥塑大依坐佛像，像两侧和后部凿出供绕行巡礼的隧道。甬道的上方凿出2—3米的采光用的大明窟。前室原来建有窟檐式的多层木构建筑。唐代后期出现的新窟形，一是方形平面的覆斗顶窟，壁面不开凿佛龛，在窟内中部设置方形佛坛。二是盝形顶涅槃窟，其平面呈横长方形，后部凿出通窟宽的涅槃台，其上塑涅槃佛像。唐代有的洞窟在甬道两侧或前室两侧开凿小耳室。

2. 隋唐时期莫高窟的塑像和壁画

（1）塑像

隋唐塑像风格由于政治的统一而与中原地区更趋一致，塑造形体和刻画人物性格的艺术技巧进一步提高，题材内容增多，出现了前代不见的高大塑像。塑像组合主要为一佛二弟子二菩萨或一佛二弟子四菩萨。个别洞窟在塑像组合上增加了二力士、四天王像。还出现了一佛二菩萨为一组的立像或三组鼎足而立的九身立像题材。隋代塑像额宽颐广，面型方圆，头大，腿部一般较短，体形健壮，较为写实。

唐代塑像主要是一佛二弟子二菩萨二天王或再加二力士的一铺七身或九身的组合方式。还有七佛像、供养菩萨像和高僧像等。同时出现了高大的塑像，如武则天延载二年（695年）开凿的第96窟“北大像”，高35.2米（图4-1-1-3）；唐开元年间开凿的第130窟“南大像”，高27米。唐大历十一年（776年）李大宾营造的第18窟，主尊为涅槃像，长15米，像后站立七十二身弟子像，各呈悲容，神态不一，是莫高窟最大的一组彩塑群像。

图4-1-1-3　敦煌莫高窟初唐时期第96窟弥勒像

（2）壁画

隋唐壁画题材丰富，场面宏伟，色彩瑰丽。人物造型、敷彩晕染和线描技巧都达到了空前的水平。隋代的壁画正值北朝向唐代过渡的阶段，除沿用原有的一些题材外，新出现了经变画。所谓经变画，亦称经变、变或变相，属于佛画种类之一。就广义而言，凡依据佛经于纸帛、寺壁、石窟等处绘制之画，皆可称之为“变”。但现在一般所言的经变画，既有别于本生故事画、因缘故事画、佛传故事画，又有别于单身尊像，而是专指将某一部乃至几部有关佛经之主要内容组织成首尾完整、主次分明的大幅壁画。南朝时已经出现“经变”“变”之称，但实物今已无存。在敦煌莫高窟晚唐时期第156窟南顶有妙法莲华经变题榜，稍晚的第12窟保留有法华变、东方药师净土变、西方净土变、报恩经变、维摩居士变等题榜，这些题榜是现今“经变画”或“经变”一词之所据，也是画史之佐证。其主要目的是通过绘画的形式来宣扬佛教。除经变画之外，还有变文等。隋代的经变画一般画面较小，内容也相对简单，主要有西方净土变、东方药师变、维摩诘经变、法华经变等。

唐代的壁画题材也主要为各类经变画，前后期题材和布局有所不同。唐前期的内容主要有观无量寿经变、阿弥陀经变、东方药师变、维摩诘经变（图4-1-1-4）、弥勒经变、法华经变等。布局方式是每壁一幅经变，同一窟内的题材种类不多。后期经变画题材增多，新出现了金刚经变、金光明经变、华严经变、劳度叉斗圣变等。多种经变绘于一窟，是后期的一个重要特点。如第85窟，经变种类多达15种之多。此外，还有与经变画相配合的屏风画、佛教感应故事画、瑞像图以及历史人物画等。唐代还出现了如意轮观音、不空羂索观音等密教题材壁画。供养人像在北朝时期为数寸小像，到唐代变为二三尺乃至等身高的巨像，而且多占据甬道两壁或窟内显著位置，这是耐人寻味的变化。唐后期的第156窟内绘有张议潮出行图和宋国夫人出行图，在横幅长卷式的壁画上，仪仗、音乐、舞蹈、随

图4-1-1-4　敦煌莫高窟第103窟维摩诘经变中的文殊与维摩诘

从护卫等布满画面，组成浩浩荡荡的出行行列，开创了莫高窟绘制为个人歌功颂德壁画的先例，以后的曹议金出行图和榆林窟慕容氏出行图都受到其影响。唐前期壁画中净土内容的经变画占很大比重，反映了往生思想在世俗信徒中的广泛影响。后期经变画种类增多，正是唐代佛教宗派林立，各有所崇的写照。

（二）龙门石窟

龙门石窟位于河南省洛阳市城南13千米的伊水两岸的山崖间，这里青山对峙，伊水北流，犹如天然门阙，故称“伊阙”（图4-1-1-5）。开创于北魏迁都洛阳（494年）前后，历经东西魏、北齐、隋、唐，北宋仍有续凿。在南北长约1千米的东、西山上，现有窟龛2100多个，佛像10万余尊，碑文题记3600多品，佛塔40余座。其中北魏时期窟龛约占三分之一，唐代造像几乎占三分之二。唐代开窟造像时间最长、规模最大、题材内容最为丰富，其造像可分为三期：

第一期：唐太宗至唐高宗时期，为初唐时期造像形式的探索和确立期。所开凿的大窟主要有唐贞观十五年（641年）前后完成的宾阳南、北洞及后来开凿的潜溪寺。石窟多具前后室，前室为券顶，后室为马蹄形，穹隆顶，莲花藻井①。造像列于后壁，布局为一佛二弟子二菩萨二天王（力士）或一佛二弟子二菩萨，天王、力士多为浮雕。立像为阿弥陀佛和弥勒佛。多数为纪年佛龛。佛装主要为双领下垂式大衣，其次为通肩衣。菩萨戴宝冠，袒上身或着内衣，斜披络腋，中间结带，帔帛横过胸腹之间两道。佛座以低圆覆莲座和束腰八角座为主。造像身躯挺直，少曲线。龛像题材基本与大窟造像相同，阿弥陀佛增多，释迦佛减少；倚坐佛装弥勒佛增多，已无交脚弥勒菩萨。观世音菩萨的比例也增多。唐永徽六年（655年）开始出现“优填王像”。龛像组合主要为一佛二菩萨和一佛二弟子二菩萨。

宾阳南洞正壁5尊大像是魏王李泰为亡母长孙氏做功德而建造，完工于唐贞观十五年（641年）。主尊阿弥陀佛面相方圆，眉高、眼大、唇厚，颈上有三环纹，身着双领下垂式袈裟，内着偏衫，胸下束带，衣纹用圆线条表示，结跏趺坐于叠涩束腰方形台座上，袈裟衣纹披覆于台座前，中间部分呈同心圆状。二菩萨头戴高宝冠，额际露出发纹，面相方圆，颈部也有三环纹，身体直立，胸腹部较平，颈系项圈，身挂粗大的璎珞和帔帛，下穿长裙，裙角垂于圆莲座上。这些都是典型的初唐时期造像。

潜溪寺在龙门西山北部，洞高9.3、宽9.5、深6.7米。穹隆顶，莲花藻井，主像为一

---

① 藻井：藻井一词最早见于汉赋。它是一种顶部呈穹隆状的天花，天花的每一方格即为一井，又因其饰以花纹、雕刻和彩画，故名藻井。它一般用于高等级的建筑如佛殿或神殿，以及帝王之宫殿，普通建筑不得使用。如唐代明确规定，非王公之居，不施重拱藻井。藻井的形制有四方、八方、圆形等，式样复杂，各层之间使用斗栱，雕刻精致，具有很强的装饰性。有的藻井不施用斗栱，而以木板层层相叠，也很简洁美观。

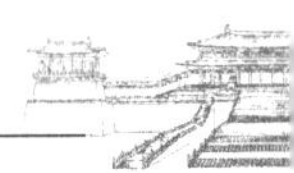

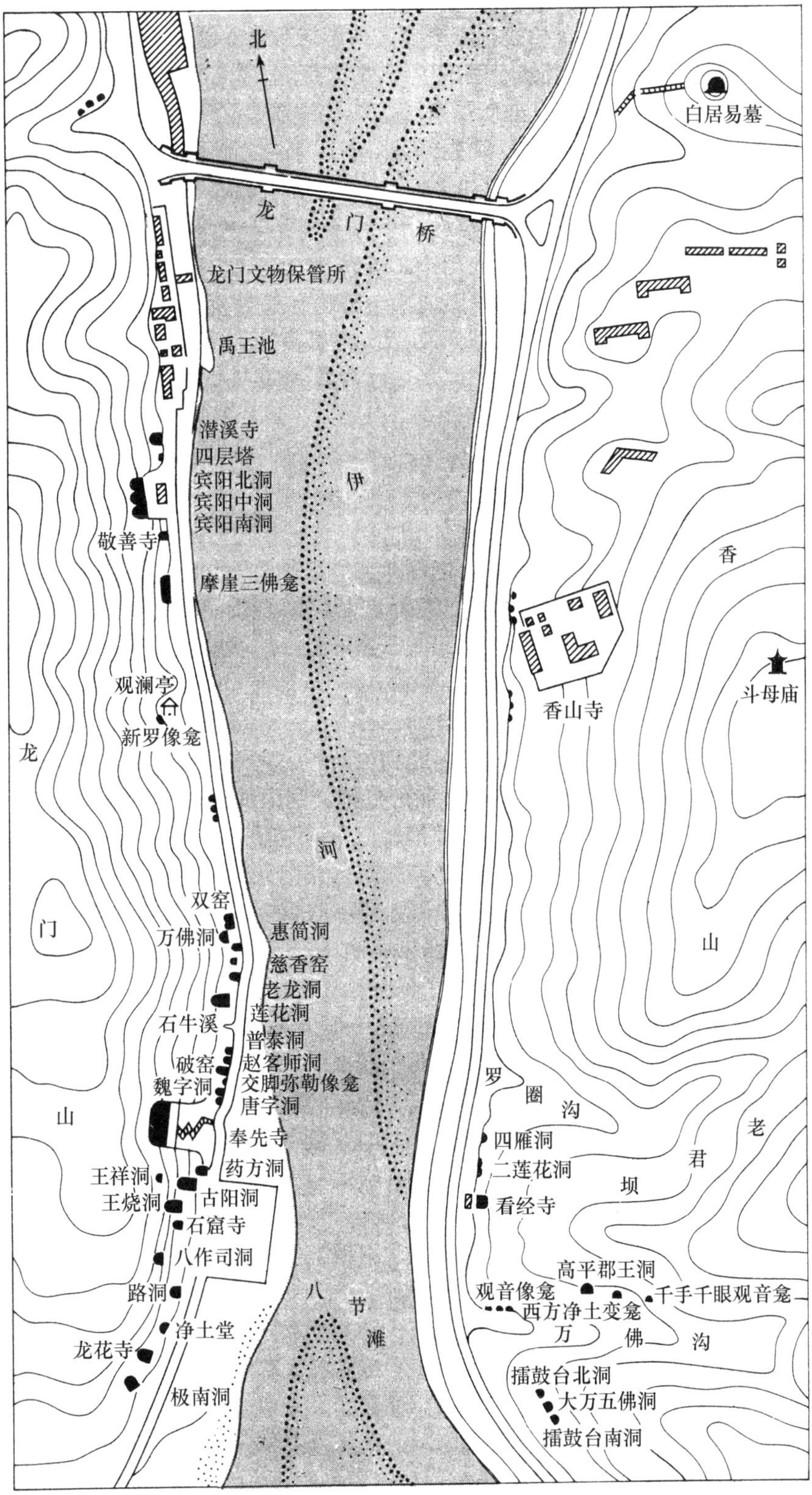

图4-1-1-5　河南洛阳龙门石窟平面布局示意图

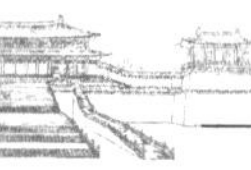

佛二弟子二菩萨二天王。本尊阿弥陀佛身裹褒衣博带式袈裟，袒胸结跏趺坐于叠涩须弥方座上，面部饱满，静穆自若。立于覆莲束腰座上的观世音、大势至二胁侍菩萨，造型敦厚，比例适度，线条流畅，仪态文静，是唐代龙门石窟大型菩萨造像中最为优美者。护法天王身披铠甲，足踏夜叉，造型威武雄壮。

第二期：唐代造像代表形式的形成时期，约自武则天亲政至武周时期，是龙门石窟开窟造像和艺术成就的鼎盛时期。这一时期有纪年的大中型窟龛较多，其中以唐咸亨四年（673年）完工的惠简洞，唐上元二年（675年）完工的奉先寺卢舍那摩崖像龛（图4-1-1-6），唐永隆元年（680年）完成的万佛洞以及东山大万五千佛龛、万佛沟高平郡王洞为代表。西山摩崖三窟、极南洞和东山看经寺等，也开凿于这一时期。

图4-1-1-6　河南洛阳龙门石窟奉先寺卢舍那大佛

窟龛形制基本为前室平顶，后室为抹角方形圆顶。周壁凿出坛床，布置列像，不再是后壁列像。一铺九尊像的组合较多，主像占据的位置缩小，门外雕刻力士。周延载元年（694年）的净土洞，为方形平顶窟。造像为一铺十一尊像，左右壁雕“九品往生”经变内容。这些内容都是石窟布局的新变化，随着对佛像崇拜信仰的变化，造像题材也随之变化，阿弥陀佛日益增多，反映了净土宗是当时洛阳流行的主要佛教宗派。武则天时期一种主要的列像窟，就是净土崇拜的石窟。一铺九尊像的组合方式，是龙门石窟唐代净土窟的基本形式。此外，以奉先寺卢舍那佛为主像的华严宗，以地藏菩萨为主像的三

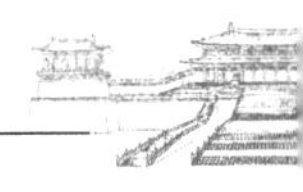

阶教，雕刻西土二十五祖的大万五千佛龛、雕刻西土二十九祖的看经寺所代表的禅宗，也都在当地流行。

奉先寺是为唐高宗及武则天开凿的大摩崖像龛，位于西山南部山腰处，不仅是龙门石窟中规模最大、最具代表性的摩崖龛像，也是唐代雕刻艺术的瑰宝。佛龛进深38—40、南北宽30—33米。凿有大卢舍那佛、弟子、菩萨、天王、力士等11尊造像。主佛卢舍那佛高达17.14米，面相丰满圆润，神态安详宁静。头饰螺纹发髻，身披通肩袈裟，结跏趺坐于束腰须弥座上。卢舍那佛意译为“净满”，是大乘佛教所说的报身佛。弟子迦叶严谨持重，阿难文静虔诚。文殊、普贤二菩萨身饰宝珠瓔珞，华贵端庄，表情矜持。二天王身披戎装甲胄，足踏夜叉，威武有力。二力士上身袒露，下着战袍，面目狰狞。二供养人梳双角发髻，身着长裙，足穿云头履，温文雅静。群像布局严谨，刀法圆熟，是龙门造像的突出代表，也反映了唐代极盛时期雕刻艺术的高度成就。在卢舍那佛佛座左侧束腰部位，有唐玄宗开元十年（722年）补刻的《河洛上都龙门山之阳大卢舍那像龛记》：“大唐高宗天皇大帝之所建也。佛身通光座高八十五尺，二菩萨七十尺，迦叶、阿难、金刚神王各高五十尺。粤以咸亨三年壬申之岁四月一日，皇后武氏助脂粉钱二万贯。奉敕检校僧西京实际寺善道禅师，法海寺主惠暕法师，大使、司农寺卿韦机，副使、东面监、上柱国樊立刚（元则），支料匠李君瓒、成仁威、姚师积等，至上元二年乙亥十二月三十日毕功，调露元年自己卯八月十五日，奉敕于大像南置大奉先寺，简召高僧行解兼备者二七人，阙即续填，创基住持，范法、英律而为上首。至二年正月十五日，大帝书额。”[①]由题记可知，工程的主持人是司农寺卿韦机，奉命检校这一工程的是净土宗大师善导和西京法海寺惠暕，完工于唐上元二年（675年），曾经由武则天以皇后身份“助脂粉钱两万贯”，并率群臣参加卢舍那佛的开光仪式。

万佛洞是为唐高宗、武则天及其诸子开凿的另一大窟，凿成于唐永隆元年（680年）十一月。窟内方形平顶，分前后室。后室高5.8、宽6.9米，主像阿弥陀佛在后室正壁，题材为一佛二弟子二菩萨二天王和二供养人。前室深2.2、宽4.9米，南北两壁满雕1.5万尊佛像，窟门外侧雕刻二力士。

看经寺位于东山万佛沟北侧，是龙门石窟最大的一个洞窟。窟为平顶方形，进深13.9、宽11.2、高8.3米。现窟内东、南、北三壁浮雕罗汉像29尊，与《历代三宝记》云“西国二十九代”相合，应当是佛教中所谓的“二十九祖”，其开凿年代在武则天时期。这时的佛像主要着通肩衣，其次为双领下垂式大衣。菩萨多袒上身或斜披络腋，帔帛自两肩垂于体侧，双手牵动外扬。大裙中间开衩，两角尖长。佛座以束腰仰覆圆莲座为主。造像肌体丰腴，身姿婀娜，颇具曲线美。

第三期：大约自唐中宗神龙年间至唐德宗贞元年间（705—805年），为唐代造像代表形式由成熟转向衰退的时期，造像规模和数量远不如前两期。石窟形制大多数为方形平顶

① 温玉成：《〈河洛上都龙门山之阳大卢舍那像龛记〉注释》，《中原文物》1984年第3期。

窟，前室比第二期宽大。造像组合主要为一铺九尊像。纪年像题材中，弥勒像锐减，阿弥陀、地藏、观音较多。密宗造像在此期盛行。佛装仅通肩袈裟一种，菩萨多袒上身，手中托各种法器造像形体已稍显滞重，较第一、二期已经大为逊色。

龙门石窟不仅有精美的佛教造像，也留下了著名的书法作品。在龙门石窟宾阳中洞与南洞之间崖壁上的《伊阙佛龛之碑》，是标准的初唐时期楷书。碑螭首、龟趺，高约3.65、宽1.9米，刻于唐贞观十五年（641年）。碑文由岑文本撰写，是唐太宗第四子李泰为其死去的母亲文德皇后长孙氏造像的一篇发愿文，楷书，32行，每行51字，唐初四大书法家之一的褚遂良书丹，字迹清秀端庄，劲健有力，既有北朝书法之遗风，又兼有清秀俊逸之异趣。

（三）安西榆林窟

安西榆林窟位于甘肃省酒泉市瓜州县城南约70千米处。洞窟开凿在榆林河东西两岸的峭壁上，现存洞窟41个，其地俗称“万佛峡”。因为与敦煌莫高窟相邻，有时也列入泛称的“敦煌石窟”之内。大约始凿于北魏时期，在唐、五代、宋、西夏、元各时期均有建造。洞窟形制大体有3种：①中心柱窟。为敦煌北朝时期习见的窟形，现存3例均被后代改建。②平面呈方形或长方形的覆斗顶窟，见于唐、五代、宋、西夏、元各个时期。唐、宋窟中，有些凿出与左右毗邻洞窟连通的前室和长甬道，这种形式为其他石窟所少见。元代则多平面呈方形的单室窟，中央佛坛变为圆形或八角形。③平面呈椭圆形，顶为穹隆形的大像窟。仅存第6窟一例。

洞窟壁画的题材内容和艺术风格，大多与莫高窟同时期的洞窟相同，但也有别具特色的作品。属于中唐时期（吐蕃占领瓜州、沙州时期）的第25窟，主室内的弥勒变和西方净土变，构图完整，场面宏伟。骑狮的文殊、乘象的普贤和南北天王像，形象传神生动，线描纯熟流畅，色彩鲜艳如新。该窟壁画是唐代后期绘画的杰作。

（四）广元皇泽寺和千佛崖

分布在四川省广元市城西1千米和城北4千米的嘉陵江西岸。皇泽寺现存石窟、摩崖造像34处，包括南北朝、隋、唐、宋等历代造像。千佛崖现存窟龛400余个、造像7000余躯，南北朝、隋、唐、宋、元、明相继在此凿建，以唐代居多。这两个石窟，是南方地区非常重要的石窟。

皇泽寺旧名乌奴寺，因广元为武则天出生地，后人改名为皇泽寺。寺后现存石窟主要有中心柱窟、大佛窟、五佛亭和则天殿等。中心柱窟中立3层塔柱，窟室左、右和后壁各凿龙首圆拱龛，中为一佛二弟子二菩萨，佛坐高方座，头光处刻九佛；菩萨颈刻肌纹两道，腰部稍曲，长发披肩。龛上浮雕千佛。据造像特征，判断时代约为北朝末至初唐。大佛窟为最大一窟，阿弥陀立像高约4米，左右高浮雕二弟子二菩萨二力士，像后为半圆雕天龙八部像。造像雄健富丽，为初唐时期雕刻的代表之作。

千佛崖石窟，据清咸丰四年（1854年）的石刻题记，全崖造像总数有一万七千余躯，

1935年修川陕公路时毁坏达半数以上。现存窟区南北长200余米，最高处距地面约40米。窟龛重叠密布，多者13层。洞窟主要为佛殿窟，也有少量中心柱窟，主要洞窟有大佛洞、藏佛洞、卧佛洞等。大佛洞位于千佛崖南段中部下层，高、宽在5米以上，前部崩塌，正壁刻一立佛二弟子二菩萨像，左右壁各有一立菩萨，具有北朝造像风格，为此崖最早洞窟之一。藏佛洞位置稍上，为一方形平顶小窟，三壁各开一圆拱形龛，中设一佛二菩萨，佛坐于低方座，通肩衣，施禅定印，舟形背光处刻七佛和六飞天，立菩萨双手交叉腹前。造型古拙，同于北朝作品。从上述两窟造像，可看出中原北方石窟的影响。南段中部的大云古洞外壁，有唐开元十年（722年）“行孟州大都督府长史韦抗功德”题记。卧佛洞为一方形平顶窟，中刻涅槃佛像，像后为娑罗双树、交龙柱。后壁雕刻二树，树侧刻十弟子及棺。右壁在焚棺下雕刻戴风帽者9人，旁雕刻挽发髻妇女7人。该窟约开凿于唐代。此外，还有少量密宗造像，如下层的四臂观音及毗卢洞，毗卢洞中设大坛，上坐戴宝冠、袒右肩、颈饰项圈的毗卢舍那佛，两侧为二弟子二菩萨二力士，坛后凿直通窟顶的背屏。背屏和镂空透雕技法的采用，是此处石窟的一个特点。

（五）库木吐喇石窟

位于新疆维吾尔自治区阿克苏地区库车市西南约30千米处，“库木吐喇”维吾尔语意为“沙漠中的烽火台”。窟群分布在渭干河东岸的山麓或断崖上，分南北两区，相距约3千米。北区洞窟较为集中，已经编号的洞窟为80个，窟形和壁画保存较完好的不到半数。南区（又称沟口区）洞窟分散在河东岸和几条山谷内，编号者32个，保存较好者不足10窟。石窟的始凿年代没有确切记载，根据现存洞窟判断，其始凿年代及延续年代均晚于克孜尔石窟，两者的年代交错相接。库木吐喇石窟大体可分为早、中、晚三期。

1. 早期洞窟

年代约在5—7世纪。洞窟形制主要是中心柱窟和方形窟两种。中心柱窟平面作长方形，主室多为纵券形顶，正壁两侧凿有通道分别连接后室或后甬道。中心柱正壁凿1大龛或四壁各凿1龛。方形窟平面为正方形或长方形，有的后部设方形低坛，窟顶为穹隆形。新发现的南区第20、21窟，是两个相毗邻的平面呈正方形或者横长方形的穹隆顶石窟（图4-1-1-7）。第21窟平面呈横长方形，后部地面有高0.7米的方形坛基，门道两侧各凿1圆拱形龛。方形坛上佛像已损毁，坛正面两侧各塑1尊狮子。门道右侧龛中，发现完好无损的禅定印坐佛1身，像下高座前塑双狮，是龟兹地区诸石窟中唯一保存完好的塑像。该龛后壁、侧壁的众魔怖佛壁画保存也较完好。早期壁画的题材内容，

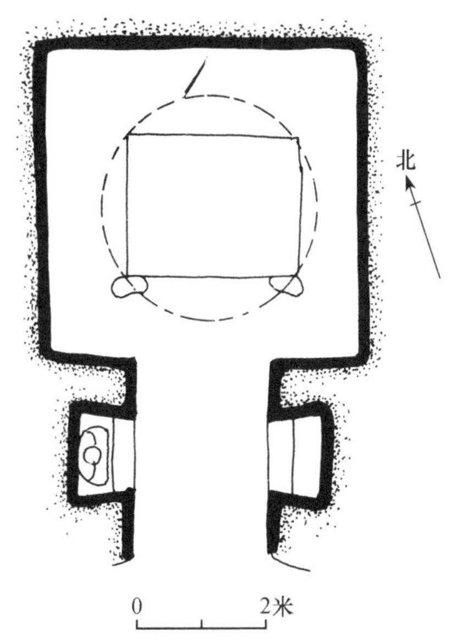

图4-1-1-7　新疆库车库木吐喇石窟沟口区第20窟平面图

中心柱主室券顶中脊多为日天、月天、金翅鸟、立佛等组成的天象图。券顶侧壁是以菱形山峦为背景的佛本生故事或因缘故事画。主室侧壁多画方形构图的因缘佛传，后室绘有以涅槃为中心的佛传壁画。方形窟的穹隆顶分割成条幅状，画立佛或菩萨（图4-1-1-8）。侧壁多画佛传故事。早期洞窟的形制、壁画题材布局、人物形象和绘画风格，均与克孜尔石窟中期洞窟接近，具有显著的特色。

图4-1-1-8　新疆库车库木吐喇石窟沟口区第21窟顶部

2. 中期洞窟

年代约为8—9世纪。洞窟形制主要是中心柱窟和方形窟，方形窟顶也多作纵券形。在壁画题材和绘画风格上，此期出现了新因素：即除延续具有龟兹本地特色的早期洞窟外，还出现了和中原地区唐代石窟相似的洞窟。后者的中心柱窟主室两侧壁为通壁一铺的大幅经变。内容有药师变、净土变等，其构图方式、人物形象、线描技法及敷彩特点等，和敦煌石窟唐代同类内容的壁画有惊人的相似之处。榜题也都用汉文书写。窟顶多画莲花、团花、云头等中原式图案。中心柱窟甬道、后室侧壁有立佛、立菩萨像，像旁榜题用汉文书写“南无阿弥陀佛”“南无救苦救难观世音菩萨”等。头戴幞头，身着盘领

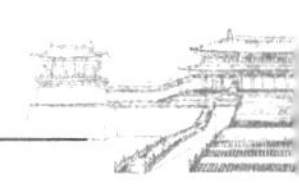

窄袖长袍的汉族供养人像与龟兹供养人像也判然有别。这类洞窟中还出现了当时中原地区流行的千手千眼观音等密宗形象。库木吐喇石窟中原题材和风格的绘画，表明中原佛教艺术对龟兹产生过强烈影响，并曾有不少来自内地的画工在窟内创绘壁画。文献记载龟兹地区有信仰大乘佛教的汉僧和汉寺，现窟内或崖壁上尚保存有内地汉人、汉僧的题名刻字。

3. 晚期洞窟

年代约在10—11世纪或稍晚。已进入衰落期，但仍有若干重要遗存。回鹘时期开凿的洞窟是重要的资料。北区75窟，是平面呈方形的平顶小窟。正壁画一持钵高僧坐像，像下有汉文墨书经文一方。高僧两侧及其下部，有天道、人道、阿修道、饿鬼道、畜生道、地狱道等六道画面，榜题上有汉文题字。左右侧壁下方为供养人行列，其中一列世俗男女供养人像，身着回鹘装，榜题用汉文书写“骨禄思力”等回鹘人题名。北区第79窟，系利用一个方形穹隆顶窟重绘而成。窟中央有方形柱状高坛，其正壁画回鹘僧人和世俗信徒供养像。窟门右侧前壁画世俗男女供养人像一列，均着典型的回鹘衣冠。像旁用汉文和回鹘文并列书写题名，像上方又有龟兹文题名。汉文题名中有“颉利思力公主”等字样。三种不同民族的文字合璧书写供养人榜题，是前所未见的重要发现。它不仅为洞窟断代提供了可靠依据，也为龟兹文使用下限年代的研究提供了宝贵资料。

（六）须弥山石窟

须弥山石窟位于宁夏回族自治区固原市西北55千米的须弥山东麓。始凿于北魏时期，历经北周、隋、唐诸时期，而以唐代开窟造像最多，主要分布在相国寺、桃花洞和大佛楼三区，其中以相国寺最为集中。洞窟类型主要有大像窟、方形窟、中心柱窟等，另外还有瘗窟、影窟等。主要题材有三佛、药师弥勒、地藏、密教的八臂观音等。造像组合以一铺九身为主要形式，即一佛二弟子二菩萨二天王二力士，是典型的唐代造像组合方式。造像特点表现为，面相丰颐，上身较短，下身修长，有的比例甚至达到1∶2。造像均施以彩绘，有的则先敷以织物，再施彩绘。

1. 大像窟

现存两窟。1号窟平面方形，敞口，窟高约8.6米。窟内后壁设坛，坛上雕刻高约5米的立佛像。佛右手托药钵，应当是药师佛。足下踩仰覆莲座。5号窟平面呈马蹄形，敞口，穹隆顶。面宽15.4、进深16.5、高21.5米。现窟内地面有柱础残迹，壁面有梁、枋、椽孔，推测原来有木构建筑。

2. 方形窟

方形窟是须弥山唐窟的主要窟形。顶呈覆斗式或平顶，周壁设坛基，坛上列像，有的则四壁开龛，龛内雕像。典型的洞窟有第54、62、68、69、71、72窟等。第54窟有前室，平顶，两侧开圆拱龛各一。主室覆斗顶，三壁设低坛，坛侧刻出壶门。北壁一佛二弟子二菩萨，东壁一倚坐佛二菩萨一力士一舒腿佛一狮子，西壁造像风化，似与东壁对称。塑像经后代彩绘，但里层残存原来的彩绘。第62窟有前室，门外雕刻二力士，主室平面呈方形，穹隆顶，正壁开三龛，左右壁二龛。正壁中龛较大，圆拱形，龛内为一倚坐佛二弟子二菩萨。两侧为尖拱小龛，内各雕一菩萨像。南壁西龛主尊为倚坐菩萨像，东龛为天王像，右手叉腰，左手执戟，身着甲胄，脚下踏夜叉。北壁西龛主尊为八臂菩萨，舒右腿，脚踏莲花，东龛为天王。第64窟平面呈方形，覆斗顶，三壁设坛，呈倒“凹”字形。坛上三壁一铺十一身。正壁主尊结跏趺坐，六角形须弥座，两侧各一弟子。东西壁由内向外为菩萨、天王、力士、舒相菩萨、蹲狮。前壁两侧各一龛，龛内似为比丘像，已经风化。第69窟平面呈方形，覆斗顶，三壁设低坛。三壁三佛。北壁为一结跏趺坐佛与二弟子；东壁为一倚坐佛二菩萨一力士一蹲狮；西壁为一结跏趺坐佛二菩萨一力士一蹲狮。前壁两侧各开凿一龛，像已残。窟内雕像肢体均粘一层麻布，其上施彩绘，似为仿漆器技法。第71窟平面呈方形，平顶。正壁雕一佛二弟子，东壁保存较好，为天王、菩萨、菩萨、力士组合，较为特殊。第72窟平面呈方形，覆斗顶，三壁设低坛。三壁共一铺九身造像，正壁为一倚坐佛二弟子二菩萨，两侧壁分别为一天王一力士。

3. 中心柱窟

中心柱窟仅第105窟一例。分前后室，前室上部崖面有“人”字形排水沟，窟前有木构建筑遗迹。主室平面呈方形，平顶，前后壁均开一窟门，前壁窟门侧壁凿方孔，推测原来安装有木门。主室两侧各开凿二龛，北壁西侧龛为一接引佛，东侧龛及南壁二龛均雕一佛二菩萨。中心柱四壁四龛，正壁龛力主尊倚坐佛，南壁龛为半跏趺坐菩萨，北壁为地藏菩萨，西壁为结跏趺坐佛。窟内有“大中三年□月九日”等题记。

4. 涅槃窟

涅槃窟仅第75窟一例。平面呈长方形，平顶。正壁有涅槃台，台上雕涅槃像，头南脚北，侧壁无雕刻。

（七）乐山大佛

乐山大佛位于四川省乐山市城东凌云山西壁栖鸾峰之岷江、青衣江、大渡河三江汇流处。大佛依山临江而凿，是世界现存最大的一尊摩崖石佛，有“山是一尊佛，佛是一座山”之誉。大佛由僧人海通始凿于唐玄宗开元初年（713年）。唐贞元初（785年），剑南西川节度使韦皋俸钱五十万继续营造，至贞元十九年（803年）才最后雕凿完成，历时90年。像前原建有13层（也有7层之说）重楼，名大佛阁或大像阁，宋易名为天宁阁或凌云阁，明末毁于兵燹。现大佛摩崖龛壁尚存有数十个大小不等的方圆形榫孔及九曲栈道遗迹。大佛为弥勒倚坐像，面西，螺发，面相端庄，身躯比例适度，衣饰流畅，两手抚膝，双足下垂，踏莲花上。佛通高71米，头高14.7、头宽10米，眼长3.3米，眉长3.7米，鼻长5.6米，耳长7米，肩宽28米，手指长8.3米，脚背宽8.5米（图4-1-1-9）。大佛两侧岩壁沙锅有部分石龛造像，保存较好的有两龛，其中一龛内的“西方极乐图”雕刻精细，造型生动。

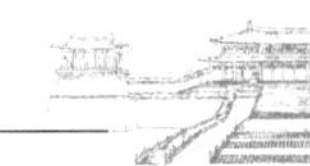

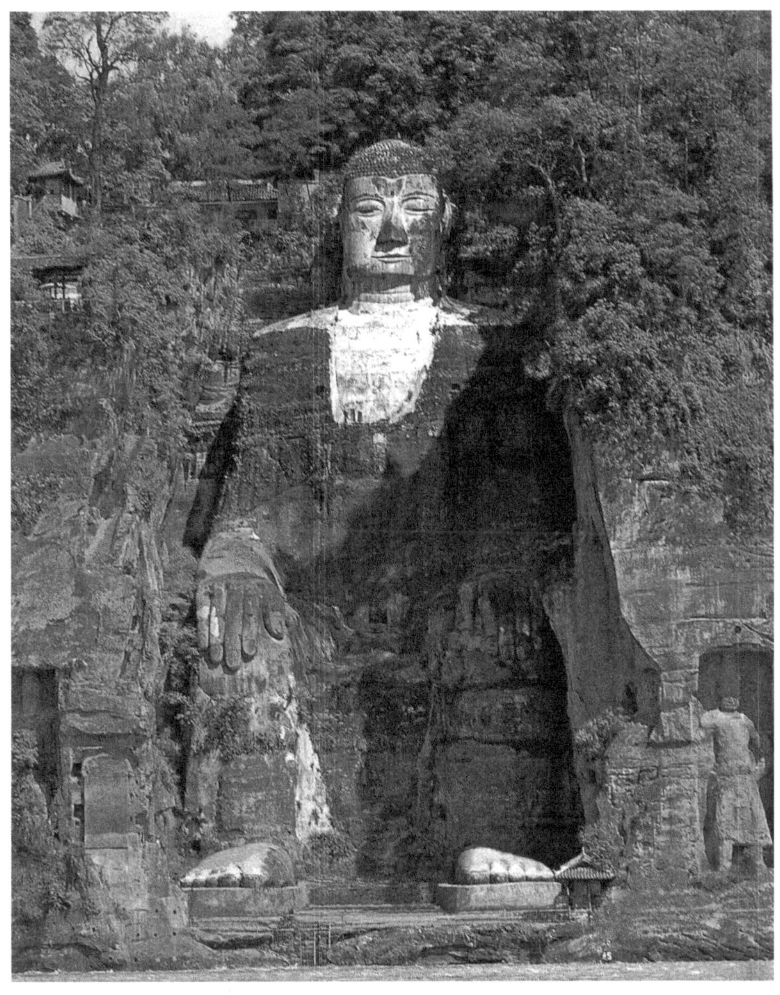

图4-1-1-9　四川乐山城东凌云山摩崖造像（乐山大佛）

参考书目

［1］敦煌文物研究所编：《中国石窟·敦煌莫高窟》（第一—五卷），文物出版社、株式会社平凡社，1981—1987年。

［2］马世长《敦煌石窟》、丁明夷《龙门石窟》、杨泓《经幢》，参见《中国大百科全书·考古学》，中国大百科全书出版社，1986年。

［3］龙门文物保管所、北京大学考古系编著：《龙门石窟》（第一—二卷），文物出版社、株式会社平凡社，1991—1992年。

［4］敦煌研究院编著：《中国石窟·安西榆林窟》，文物出版社、株式会社平凡社，1997年。

［5］李永宁《隋代敦煌石窟艺术》、史苇湘《初唐敦煌石窟艺术》、史苇湘《盛唐敦煌石窟艺术》、李永宁《中唐敦煌石窟艺术》、李永宁《晚唐敦煌石窟艺术》、段文杰《五代敦煌石窟艺术》，参见季羡

林主编：《敦煌学大辞典》，上海辞书出版社，1998年。
[6] 李裕群：《古代石窟》，文物出版社，2003年。
[7] 马世长：《中国佛教石窟考古文集》，商务印书馆，2014年。
[8] 敦煌研究院主编：《敦煌石窟全集》，同济大学出版社，2016年。
[9] 段文杰：《敦煌石窟艺术研究》，甘肃人民出版社，2017年。
[10] 李裕群：《中国石窟寺》，科学出版社，2022年。

第二节 寺院布局

佛教约在公元1世纪前后由印度传入中国内地，随之便出现了佛寺。当时，中国的建筑体系业已形成，匠师们已经积累了丰富的技术和艺术经验，并且已建造过许多祭祀礼仪建筑和高层楼阁。佛教建筑包括佛寺、佛塔、石窟寺等，从一开始就受到传统因素影响，与佛教中国化的进程相适应，佛寺的中国特色也逐渐加强。

佛寺建筑采取了中国传统建筑的院落式布局。寺中的单体建筑除了某些砖石结构的塔外，也大都采取了木构建筑方式，而砖石塔也大多模仿木构建筑的形象。这说明佛寺建筑在整体上和世俗建筑没有太大区别。事实上，除殿堂中的佛像、宗教陈设、壁画和装饰的宗教题材之外，佛寺建筑本身与宫殿、衙署、住宅等十分相似。这一方面是由于中国建筑传统体系力量的强大和它的高度适应性，同时也取决于中国佛教自身的因素。人们认为佛寺是佛国净土的缩影，象征着佛的住所，在这里应当体现出平和与宁静，于是那种尺度近人、含蓄内向、充溢着理性精神的中国木构建筑及群体组合方式，自然也就成了佛寺建筑的蓝本。

早期佛寺已经开始采用院落式布局，布局主要有两种形式：①以塔为中心，在大型的新建佛寺中居多。隋代佛寺仍然沿用早期以塔为中心的布局。②以佛殿为中心，与一般世俗建筑没有多大差别，主要见于中小型佛寺或由官署、住宅改建而成的佛寺。

隋代的佛寺布局基本继承了前期的特点，寺院布局主要有两种形式，一是以佛塔为主要建筑的布局形式，一般多采用前塔后殿式；二是采用以殿堂为主的形式，这类佛寺文献著录者较少，但常见于敦煌莫高窟的隋窟壁画。经过考古发掘的隋代佛寺遗址以山西永济普救寺为代表①，结合文献记载和考古发掘，可知该寺创建于北齐末年隋代初年，虽然在唐宋及以后不断改建，但普救寺西部遗址仍然保留了创建初期前塔后殿的布局形式，据考古发掘结果可以复原（图4-1-2-1）。其中塔基规模较大，四周有回廊，形成塔院，塔院后部为佛殿。普救寺的布局样式与隋唐长安城隋代灵感寺（青龙寺）的布局样式基本一致。

唐代及其以后，佛教更重视义理，满足于宣讲义理的需要，以佛殿和法堂等殿堂建筑为主的布局盛行，寺内不一定有佛塔，即使有也常常建在寺院后部或中轴线以外的别院。

---

① 柴泽俊：《普救寺原状考》，《文物季刊》1989年第1期。

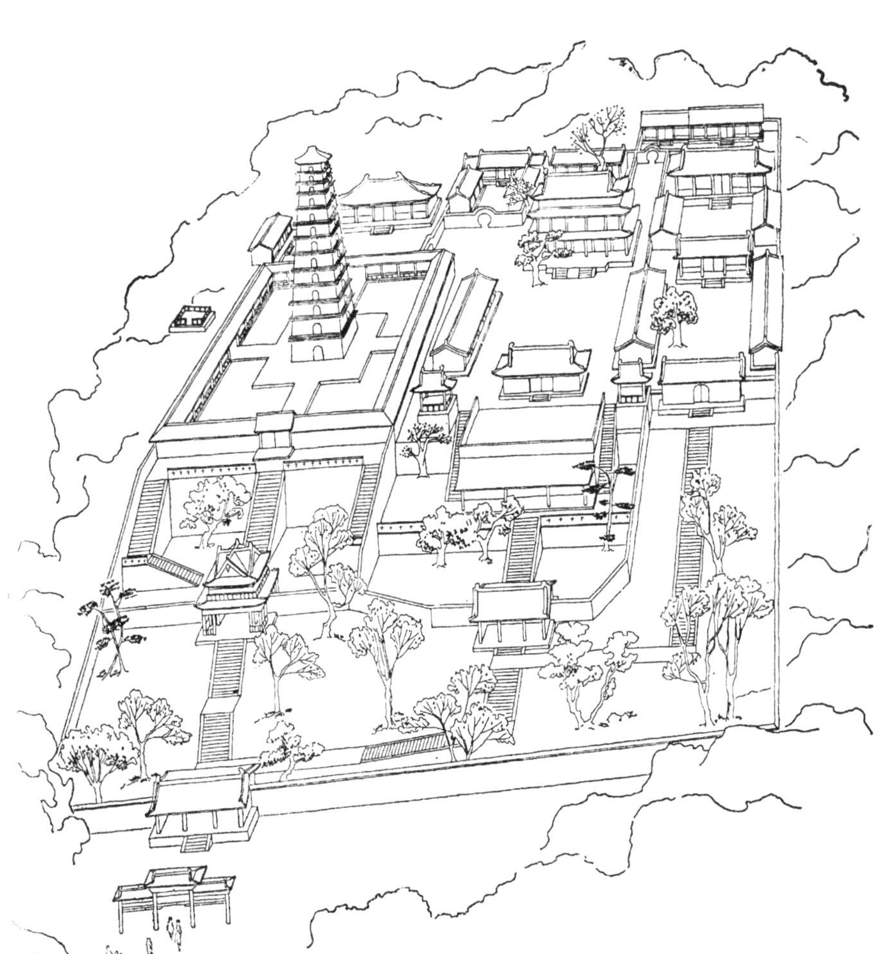

图4-1-2-1　山西永济普救寺复原透视图

唐长安城的寺院有数百座，一般规模都比较大，有的占有一坊之地，规模宏伟，甚至“僭拟宫殿”。唐代高僧、南山律宗创始人道宣撰写了《关中创立戒坛图经》(图4-1-2-2，1)、《中天竺舍卫国祇洹图经》(图4-1-2-2，2) ①，对寺院的基本布局进行了描述，而且都附有图，可惜几经辗转，这些图已经散佚。尽管如此，据文字记载仍可对其进行复原。从复原图可以看出，道宣所描述的寺院有理想的成分，与初唐时期寺院的实际情形有一定差距，但由于道宣在当时佛教界的地位和影响，两图经对当时寺院建造的影响是不可忽视的。已经发掘的青龙寺、西明寺等隋唐寺院的遗址，其平面布局已从以塔为中心向多重院落的形式发展，西明寺就是代表。早期寺院布局以洛阳北魏永宁寺为代表，该寺布局以塔为中心，为前塔后殿式，塔处于中心地位。唐代寺院出现多种布局形式，多重院落的布局形式是其中重要的一种。其特点为：①主体建筑居中，有明显的纵中轴线。由三门（象征“三

① 傅熹年主编：《中国古代建筑史·第二卷·三国、两晋、南北朝、隋唐、五代建筑》，中国建筑工业出版社，2001年，第478—489页。

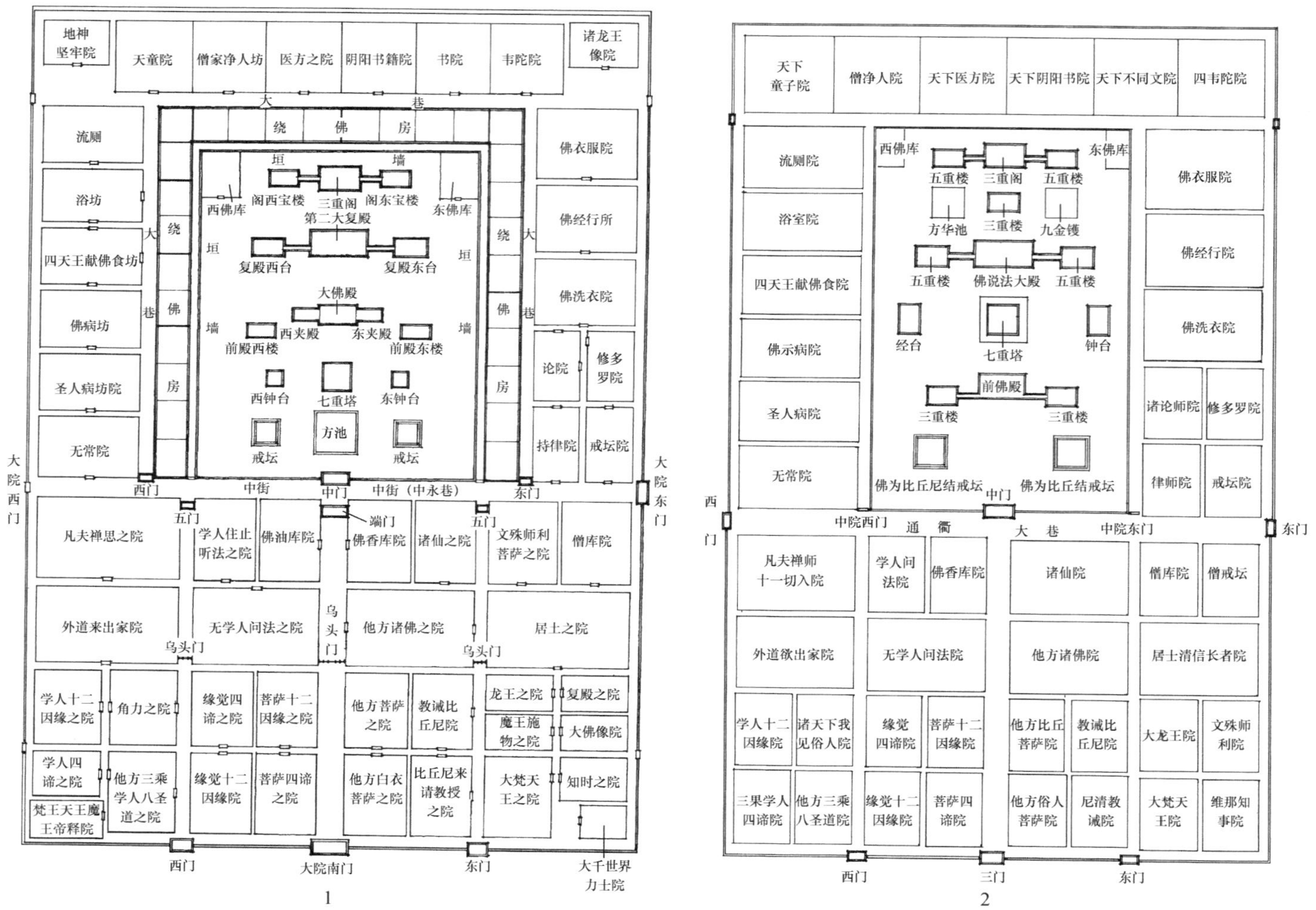

图 4-1-2-2　唐代寺院模式图

1. 唐道宣《关中创立戒坛图经》中的寺院模式　2. 唐道宣《中天竺舍卫国祇洹寺图经》中的寺院模式

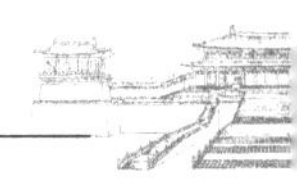

解脱”，也称山门）开始，纵列几重殿阁。中间以回廊连成几进院落。②在主体建筑两侧，仿宫廷宅第廊院式布局，排列若干小院。各院之间也以回廊联结，每个院落各有其特殊用途，如净土院、经院、库院等。而且院落数较多，如章敬寺有48院，五台山大华严寺有15院。主体与附属建筑的回廊常绘壁画，成为画廊。③塔的位置由全寺中心逐渐变得独立。大殿前则常用点缀式的左右并立但不太大的实心双塔，或于殿前、殿后、中轴线外置塔院。僧人墓塔常于寺外别立塔林。这与当时的佛教逐渐趋向对教理经义的重视并开始不重视拜塔与绕塔经行有关。④石窟寺窟檐大量出现，且由石质仿木建筑结构转向实质的木建筑结构。⑤唐代寺院俗讲、说因缘带有民俗文化娱乐性质，佛寺中出现戏场，则更加具有公共文化性质。⑥寺院经济大发展，生活区扩展，不但有供僧徒生活的僧舍、斋堂、库、厨等，有的大型佛寺还有磨坊、菜园等。许多佛寺出租房屋供俗人居住，带有客馆性质。

唐代青龙寺，原为隋代灵感寺，位于唐长安城新昌坊东南隅，即今西安市南部铁炉庙村北高地。原范围应占全坊的四分之一，东西长约530、南北宽约250余米，因历代破坏，南部遗迹不存。发掘前，青龙寺遗址尚存北部东西长500、南北宽100—200米的一段高地，约为原面积的二分之一。寺东部地势最高，未发现建筑遗迹，可能是文献所指的园林部分。已发掘的部分是位于寺址西部的两座院落和北部正中的北门遗址。两座院落中，居西一院又称塔院，有早晚两期建筑遗迹。早期建筑遗迹由中山门、塔、佛殿三部分组成；晚期建筑遗迹包括佛殿、回廊和东西配房。晚期佛殿建在早期殿址上，回廊环绕四周，其中南廊叠压在早期的中山门址上，东西配房位于殿址两侧（图4-1-2-3）。早

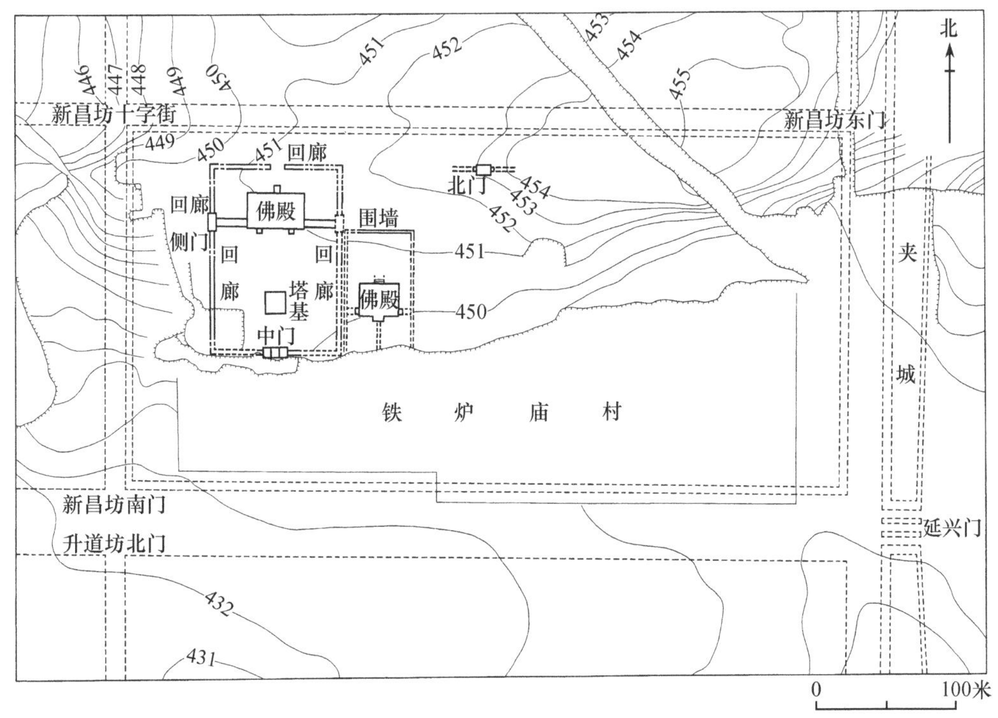

图4-1-2-3　陕西西安青龙寺遗址平面图

期建筑为隋代寺院，毁于唐武宗灭佛之时，晚期建筑属于唐宣宗再次恢复起来的青龙寺。居东一院，仅残存一座佛殿遗址和部分院落。而佛殿基址也是早晚两期遗址叠压在一起，其时代应当与塔院早晚两期建筑相对应。寺周围尚残存部分围墙遗迹，北墙中部有北山门基址一座。

唐长安城延康坊西南部的西明寺遗址也经过考古发掘，发掘出自南而北排列着的三座佛殿基址，佛殿由回廊和廊房相连接，构成三进相对独立的院落（图4-1-2-4）。

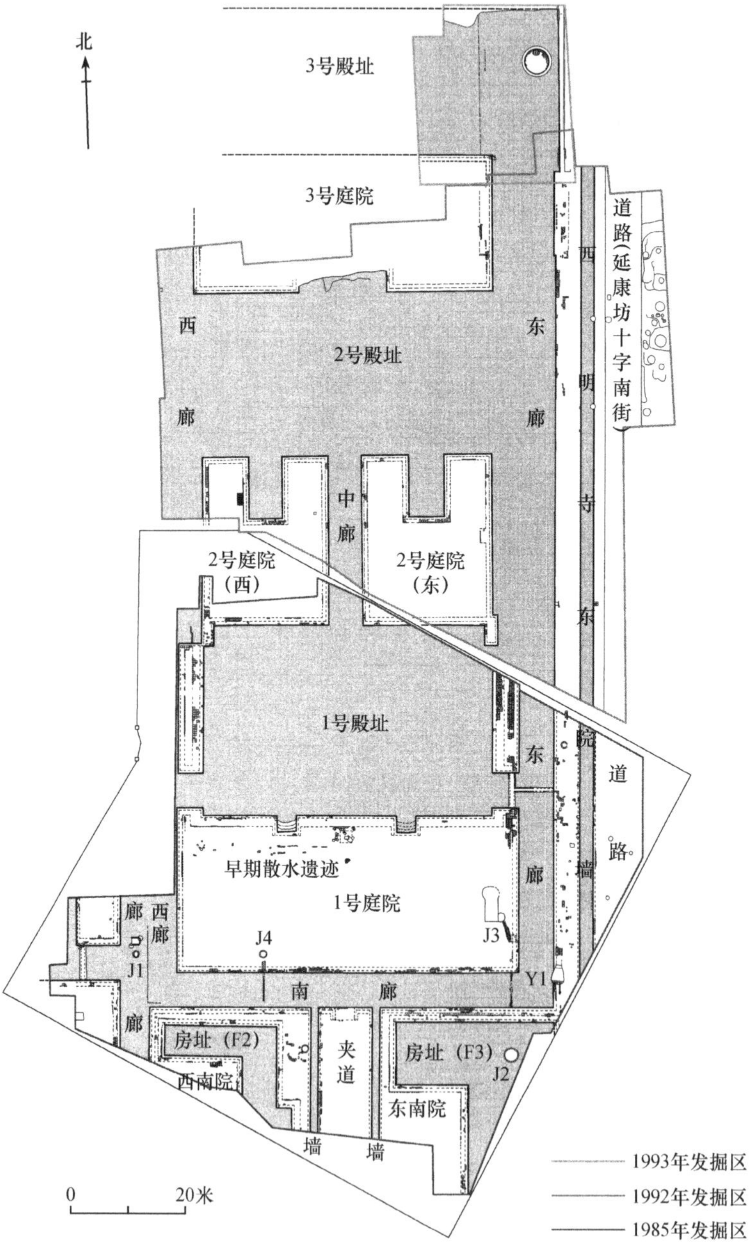

图4-1-2-4　陕西西安西明寺遗址平面图

从考古发掘的结果来看，青龙寺、西明寺的建筑皆由若干结构严谨的院落组成，已经与洛阳北魏永宁寺的布局有很大差异。

参 考 书 目

［1］ 宿白：《隋代佛寺布局》，《考古与文物》1997年第2期。
［2］ 萧默主编：《中国建筑艺术史》（上、下），文物出版社，1999年。
［3］ 傅熹年主编：《中古代建筑史·第二卷·三国、两晋、南北朝、隋唐、五代建筑》，中国建筑工业出版社，2001年。
［4］ 中国社会科学院考古研究所：《青龙寺与西明寺》，文物出版社，2015年。

第三节　塔与塔基地宫

隋唐时期，佛道两教都非常活跃。中国南北各地现仍保存的石窟寺，大多包括隋唐时期的洞窟。考古工作者对石窟寺、佛塔已进行了不少调查，研究也较为深入。各地的一些隋唐时期寺院遗址也经过考古发掘，而以塔基地宫的发掘较多。

一、隋唐五代时期的塔

塔起源于印度，是供奉或收藏佛舍利、佛像、佛经、僧人尸骨等的高型点式建筑，又称“佛塔”“宝塔”等。中国古代根据梵文“stupa”和巴利文“thupo”音译为“窣堵波”“塔婆”，简称“塔”，也常称为“浮图”“浮屠”“佛图”等。窣堵波的原意为“坟”或“宗庙”。释迦牟尼涅槃后，各地弟子筑坟分藏其舍利以为纪念，窣堵波遂成为佛教建筑的一种形式。东汉末年至三国之际，丹阳人笮融“大起浮图，上累金槃，下为重楼”，是文献中有关中国造塔的最早记载，从文献描述的特征推测其所造的塔当为楼阁式。如湖北襄阳樊城菜越三国墓葬出土的佛塔模型就在楼阁之上加上塔刹[①]，这一发现验证了上述推测。

印度的塔由台基、覆钵、宝匣、相轮四部分组成，为实心建筑。中国的塔一般由地宫、塔基、塔身、塔顶和塔刹组成，地宫藏舍利，位于塔基正中地面以下。塔基包括基台和基座。塔刹在塔顶之上，通常由须弥座、仰莲、覆钵、相轮和宝珠组成。也有在相轮之上加宝盖、圆光、仰月和宝珠的塔刹。隋唐时期的佛塔主要有楼阁式、密檐式、单层塔等几种形制。

1. 楼阁式塔

从中国固有的楼阁发展而来，仅顶部有堵波式的刹。最初为木塔，完全按照木结构原

① 襄樊市文物考古研究所：《湖北襄樊樊城菜越三国墓发掘简报》，《文物》2010年第9期。

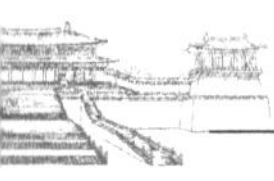

则建造。到了唐代，砖、石结构的塔逐渐增多，而且都不同程度地仿木塔而修建，塔身每层都砌出柱、额、门、窗的形式。各层宽度和高度自下而上逐层减小，楼层开辟门窗，可以登临眺望。现存的唐代楼阁式塔，平面基本上呈方形，而五代、辽宋时期的楼阁式塔，却几乎是八角形或六角形平面。这种变化应当主要与木塔结构做法的改变有关。平面由方形转变为八角形、六角形，显然可以消除结构中最为薄弱的转角部分，从而使应力分布更为均匀。推测这种变化可能自唐代中期开始，五代时期开始流行。到唐代为止，砖塔为单层塔壁，楼板和扶梯均为木制；塔身多用方形或八角柱支承，柱间仅有阑额；仅有简单的台基，无基座；砖、石塔不砌出平坐，五代时期以后才开始砌出平坐。慈恩寺塔，平面为正方形，高64.1米，底层方台比唐代略有增大，东西长45.9、南北长48.8米，塔身底层每边长约27.3米。塔的外观仿楼阁型，整体造型简洁端庄。每层均有砖砌倚柱，将墙面分隔成5至7间。各层用砖砌筑叠涩出檐。底层当心间开有券门，四面券门内石门额上有精美的唐代线刻佛像。其上各层为券窗。又如华严寺杜顺和尚塔，修建于唐贞观十五年（641年），塔基方形，高约21米，为七层楼阁式塔（图4-1-3-1）。

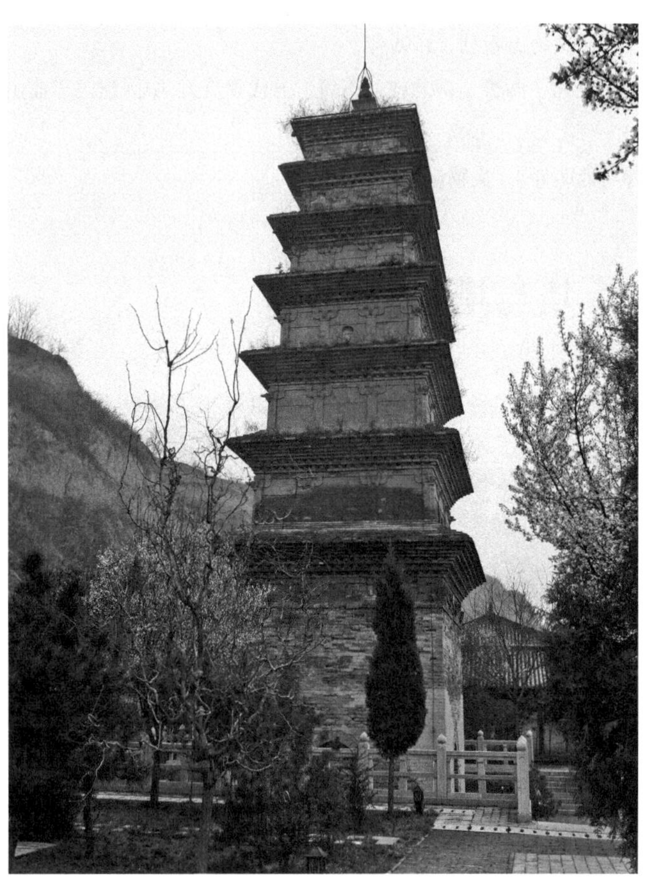

图4-1-3-1　陕西西安长安区华严寺杜顺和尚塔
（笔者拍摄）

2. 密檐式塔

塔的底层最高，从第二层起层高度骤然降低，形成层檐密接的形式。唐代的密檐式塔为方形平面，叠涩出檐，逐层收分，外轮廓呈梭形，单层塔壁，木楼板上设木梯以供攀登。荐福寺塔（小雁塔），是唐代密檐式塔的代表作。塔平面为方形，底层每面11.83米，下有砖砌高台。现存13层，残高约43米。除砖塔之外，还有为数众多的小型密檐式石头塔。如河南安阳灵泉寺唐代双石塔就是其中保存较完好的例子。双石塔的东塔通高5米，西塔通高5.56米，平面均呈方形，上部为九层叠涩出檐，塔下部为须弥座式（图4-1-3-2）[①]。

① 河南省古代建筑保护研究所：《宝山灵泉寺》，河南人民出版社，1991年，第8—11、131、138页。

图4-1-3-2　河南安阳灵泉寺唐代密檐式双石塔立面图

1. 东侧石塔　2. 西侧石塔

楼阁式塔与密檐式塔既有共同点，也有不同之处。共同点主要有平面均呈方形，各层用叠涩出檐等。主要区别表现在：①楼阁式塔的层数大都不超过七层，而密檐式塔的层数往往在七层以上；②楼阁式塔的各层层高一般自下而上依次递减，而密檐式塔则是底层特高，上部各层层高骤减；③楼阁式塔的塔身表面通常隐出柱、枋、斗栱等木构件的形象，而密檐式塔多无此类表现；④楼阁式塔的塔身从下向上斜直收分，各层出檐的外缘连线是一条直线，与木构佛塔相同，而密檐式塔的塔身则采用曲线卷杀[①]。

3. 单层塔

早期的单层塔为石造，平面呈四方形，仅有台基，不筑基座。唐代开始出现平面呈八角形或六角形的单层塔，用条砖叠涩砌双层须弥基座，束腰部分做壶门。隋唐时期的此类

① 傅熹年主编：《中国古代建筑史·第二卷·三国、两晋、南北朝、隋唐、五代建筑》，中国建筑工业出版社，2001年。

塔多空心，唐代以后则多为实心砌体。如位于山东省济南市历城区柳埠镇青龙山麓的神通寺四门塔，塔身以青石砌筑，单层方形，通高15.04米，底部边长7.4米。四面各有一拱券门。塔檐叠涩出挑石板5层，后反叠23层构成四角攒尖顶，四条垂脊略呈弧形，以露盘、山华、蕉叶、相轮组成塔刹。塔内正中有石砌塔心柱，立于方形基座上，柱顶四周用16根三角形石梁与四壁搭接，承托拱板与塔顶。塔心柱四面各有坐佛1尊，面对四门。在塔顶内的石板上刻有“大业七年（611年）造”字样[①]，是研究同类塔的典型实例。

二、塔基地宫形制

自佛教传入中国后，瘗埋舍利便已开始。到了隋代，隋文帝在全国先后修建了110余座舍利塔。这些舍利塔的塔基地宫有些已被发现，有些则被后代改建。唐代也有数量不少的新修舍利塔，它们的地宫也有发现。目前所知的隋唐时期塔基地宫可以分为三种类型。

（1）竖穴式：陕西西安东郊区清禅寺、陕西铜川耀州区神德寺、陕西蓝田、江苏句容等塔基地宫。

（2）单室：一般为正方形或长方形，砖筑，宫室前有短甬道。代表性的有甘肃泾川大云寺、天水永安寺，陕西西安临潼庆山寺（图4-1-3-3）、周至法王寺等佛寺遗址发现的塔基地宫。这些塔基地宫平面呈正方形，砖筑，券顶，门向南，门前有短甬道，甬道两壁及地宫壁面绘壁画。地宫多采用石门，宫门上部施半圆形门楣，刻香炉、宝盖和飞天。门内两侧石壁上刻天王、力士。

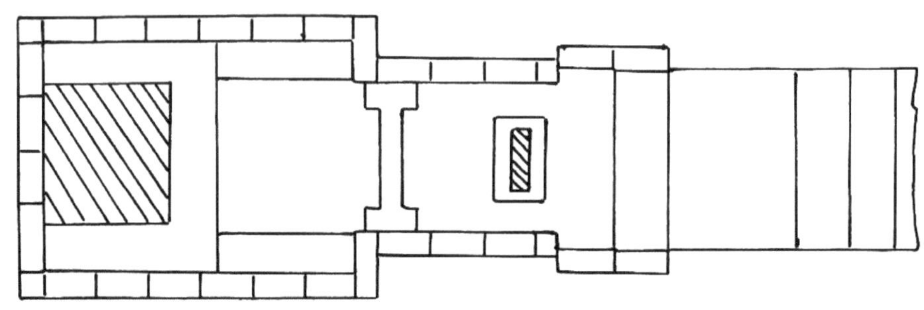

图4-1-3-3　陕西西安临潼唐庆山寺塔基地宫平面示意图
（笔者摹绘）

（3）多室：以陕西扶风法门寺地宫为代表，至目前为止，也仅发现这一处。由踏步慢道、平台、隧道、前室、中室、后室及秘龛组成（图4-1-3-4）。总长21.12米。地宫由石灰石、大理石构筑，内壁全部刷成黑色，采用石门。

---

① 于廷：《四门塔》，《文物》1978年第4期。

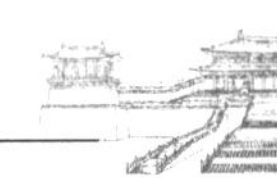

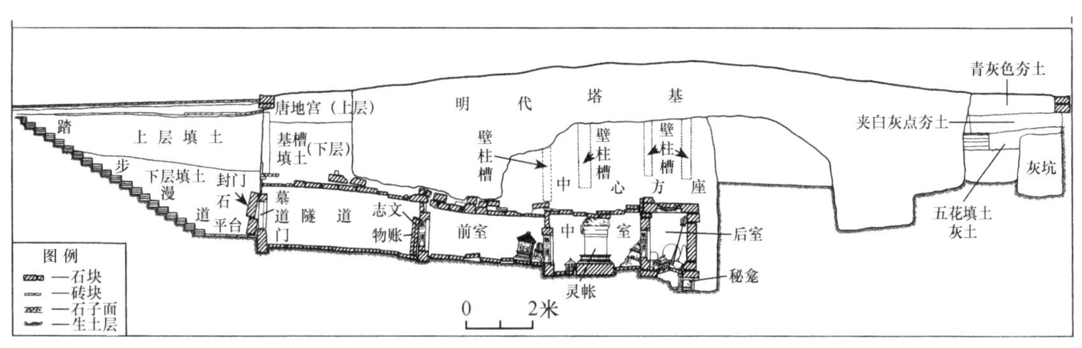

图4-1-3-4　陕西扶风法门寺塔基地宫剖面图

第四节　大殿及其遗存

一、木构佛殿遗存

唐代的佛殿建筑主要模仿当时的皇家宫殿建筑修建而成，大多为木构建筑。从其屋顶来看，分为庑殿顶和歇山顶。目前国内可以确认的木构佛殿建筑主要有：山西五台南禅寺大殿和佛光寺大殿、山西平顺天台庵大殿，这三处大殿提供了中晚唐时期木构建筑的真实标本。

1. 南禅寺大殿

南禅寺位于山西省忻州市五台县西南20千米的李家庄西侧土岗上。1953年，文物普查时发现了寺中的唐代大殿。寺坐北朝南，周围群山环绕，东西长51.3、南北宽60米，面积3078平方米。寺内主要建筑有山门、东西配殿、正殿，是一座四合院式的建筑群。正殿三楹，是我国现存最早的唐代木构建筑，其他东西配殿等皆为明清重建。寺的创建年代不详，重建于唐德宗建中三年（782年）。寺内大殿西缝平梁下保存有唐人墨书题记："因旧名时大唐建中三年（782年）岁次壬戌月居戊申丙寅朔庚午日癸未时重修殿法显等谨志"，是大殿重建年代之重要证据，比佛光寺大殿早75年。殿内塑像与殿宇同时建造，是敦煌之外稀有的中唐时期塑像。唐会昌五年（845年）灭法，佛寺大都毁坏，而南禅寺因规模较小，处地偏僻，且州府县志和佛教经籍均不见载，从而幸免于难。后在宋、元、明、清时期虽有一些维修和装绘，两厢配殿和山门均经重葺，但唐代大殿的规制结构和殿内唐代塑像都依旧保存下来。

大殿为单檐歇山顶，平面呈正方形，面阔、进深各三间，通面阔11.75、进深10米（图4-1-4-1）。殿前有月台，前檐明装板门两扇，两次间安破子棂窗。殿四周施檐柱12根，西山施抹楞方柱3根，皆为创建时的原物，余皆圆柱。柱底以自然青石料做基础，一般长宽60—70厘米，最宽可达82厘米，最窄也有53厘米，厚度19—22厘米，顶面与地面平齐。三面檐墙皆为土坯垒砌，内外抹白灰，前檐以砖砌墙，留券洞露出门窗。各柱微向内

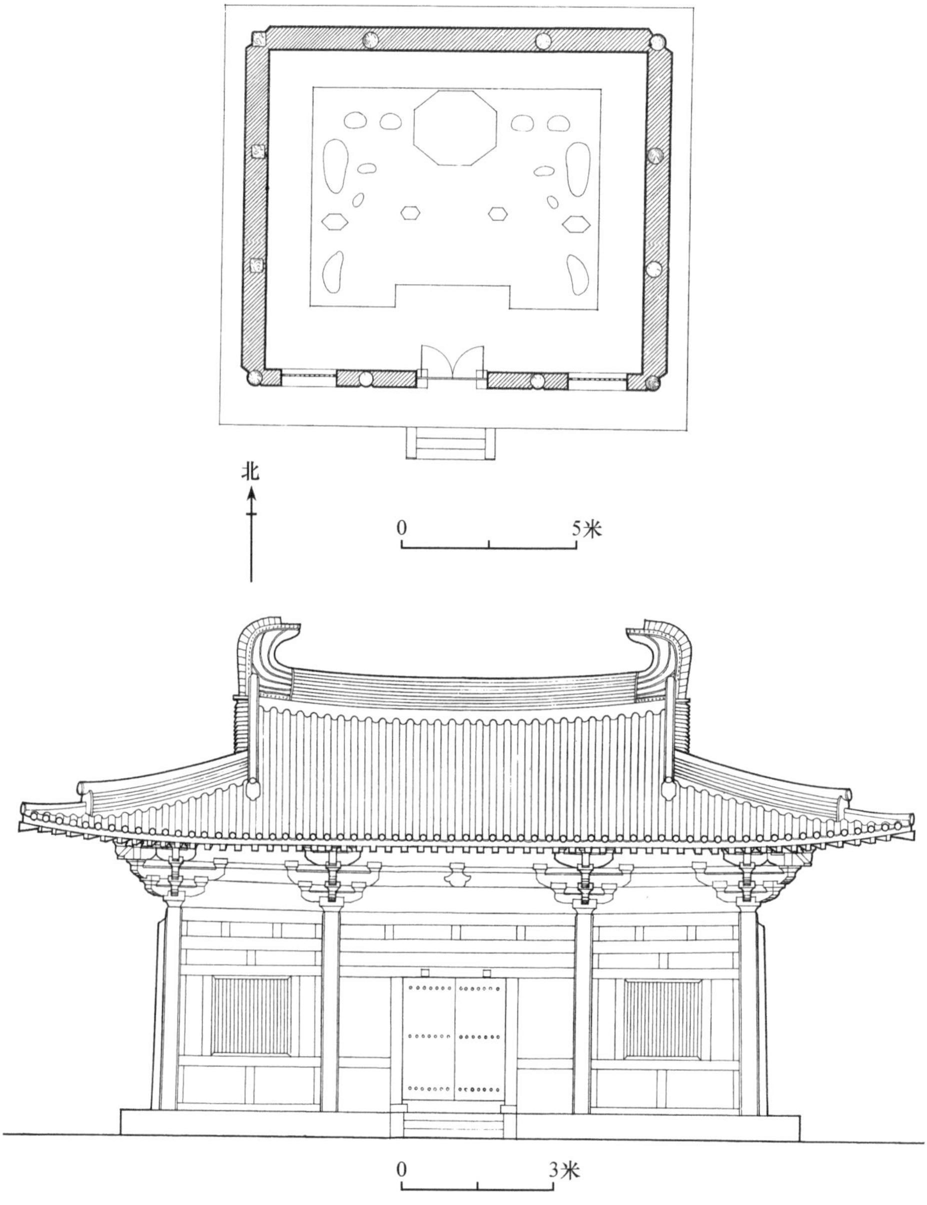

图4-1-4-1　南禅寺平、立面图

倾，角柱增高，“侧脚”“生起”显著。除明间及四角露明外，其余各柱都埋在墙身内。柱间用阑额相连，转角处阑额不出头，无普拍枋，唐代特征显著。殿内无金柱和天花板。通长的两根四椽栿横架于前后檐柱之上，栿上施缴背榑，通达前后檐外，再上为驼峰、大斗、捧节令栱，承托平梁和脊榑。平梁两端施托脚斜撑，其上用大叉手承托脊榑，不用驼峰与侏儒柱。这种构造是汉唐期间的古制，五代以后不复见。梁架两山施丁栿，转角处仅设搭牵一道，承椽枋与平榑相交之点，用直斗承托。梁栿形制皆为月梁式。檐柱上施斗栱承托屋檐，无补间铺作，古制犹存。柱头斗栱五铺作，双抄单栱偷心造，前后檐华栱两跳

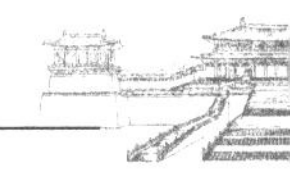

皆足材。第二华跳系四椽栿伸至檐外制成，缴背伸出檐下砍成耍头，与令栱搭交承替木和撩檐平槫。两山斗栱上耍头，是丁栿外端。转角处施45°斜栱、令栱制成鸳鸯交首栱。柱头泥道栱上，叠架柱头枋两层，下层隐刻慢栱，上层置驼峰、皿板、散斗承压槽枋。各栱卷杀皆分为五瓣，每瓣微向内倾，这种做法曾经见于北齐、隋时期石窟窟檐和墓葬雕刻斗栱之上，建筑实物中此为仅见之例。

大殿之内以砖砌筑一长方形佛坛，长8.4、宽6.3、高0.7米，约占大殿室内面积的二分之一。佛坛三面砌须弥座，束腰壶门内砖雕花卉、动物，形象生动，刀法简洁。坛面以方砖铺砌，坛上彩塑泥像17尊，皆为唐代塑像。塑像以释迦牟尼佛居中，两边依次排列二弟子、二菩萨、骑狮的文殊与蛮奴、骑象的普贤与拂菻。其次为侍立菩萨、天王。释迦之前，有二尊胡跪[①]在莲花座上的供养菩萨、二尊侍立童子。释迦结跏趺坐于高1.48米的八角形束腰须弥座上，像高2.48米，总高将近4米，衬以插入檩间的雕花背光板，在不高的佛殿之内，取得了主像高大的艺术效果。其他侍立的弟子、菩萨，身高都在2米左右。天王稍高一些，但又比文殊、普贤矮一些。童子像仅高1米，而且双足踩在砖砌地面以下。各像比例适度，面形丰满端秀，神态自若，体态柔和，与敦煌莫高窟唐代塑像如出一辙[②]。

2. 佛光寺大殿

佛光寺大殿位于山西省忻州市五台县豆村镇东北五台山西麓的佛光寺内。建于唐宣宗大中十一年（857年），是现存体量最大、技术水平最高的唐代木构建筑，大殿汇集当时的建筑、雕塑、绘画、书法诸艺术于一堂。1937年，被中国营造学社梁思成率领的调查队所发现。寺内尚有北朝末年修建的祖师塔，与大殿同时建的经幢和金天会十五年（1137年）建的文殊殿等重要建筑。在大殿最右边的梁上和经幢上，写有或刻有"佛殿主女弟子宁公遇"，经幢上还刻有"大中十一年（857年）"字样。正如梁思成在追忆发现时所说："假定经幢石柱是大殿建成后不久就竖立起的，整个建筑的日期就可以近似地确定。"

大殿向西，高踞土崖之上，面阔7间，宽34米；进深4间，深17.66米。正面开5门2窗，上覆单檐庑殿顶（图4-1-4-2）[③]，由住在长安的宁公遇出资，为当权的大宦官王守澄祈福而建。可知寺虽然远在五台，却和当时政权的最高核心人物有关，此殿极有可能是由长安匠师设计或监造的。殿的木构架属于唐宋时期的殿阁型构架，特点是由上、中、下3层叠加而成，这是用于最高级建筑的构架形式。最下为柱网，柱头间用阑额相连，构成屋身骨架。中层是在内外两圈柱网上重叠四、五层木枋，形成两圈井干构造的方框，称为槽。

---

① 胡跪，也称为互跪，指一腿跪一腿半蹲的跪姿。双膝跪于地的跪姿则称为长跪。宋道诚《释氏要览》卷中云："天竺之仪也。谓左右两膝互跪著地，故释子皆右膝。若言胡跪，音讹也。"

② 山西省古建筑保护研究所　柴泽俊、刘宪武：《南禅寺》，《文物》1980年第11期；祁英涛、柴泽俊：《南禅寺大殿修复》，《文物》1980年第11期；刘敦桢主编：《中国古代建筑史》（第二版），中国建筑工业出版社，1984年，第133页；傅熹年主编：《中国古代建筑史·第二卷·三国、两晋、南北朝、隋唐、五代建筑》，中国建筑工业出版社，2001年，第491—494页。

③ 刘敦桢主编：《中国古代建筑史》（第二版），中国建筑工业出版社，1984年，第137—139页。

再在内外圈相对各柱之间上方架斗栱和梁，把两圈槽连成有较大刚性的整体，用它保持整个木构架的稳定，并传递屋顶重量。上层是在槽上叠合成三角形屋架，其特殊之处是用三角形构架——叉手承托脊榛，唐代以后的建筑很少采用这种做法。大殿木构架所用标准木枋高3.05米，称为枋，枋的十五分之一称为“分”（读份）。明间柱高和面阔都是250分，与宋代《营造法式》的规定一致，证明“以材为祖”的模数制设计方法在9世纪中期已经成熟。在外形比例上，室内天花顶高恰为柱高的2倍，出檐为檐高的二分之一，证明当时建筑的外观和室内空间也是按一定比例设计的。

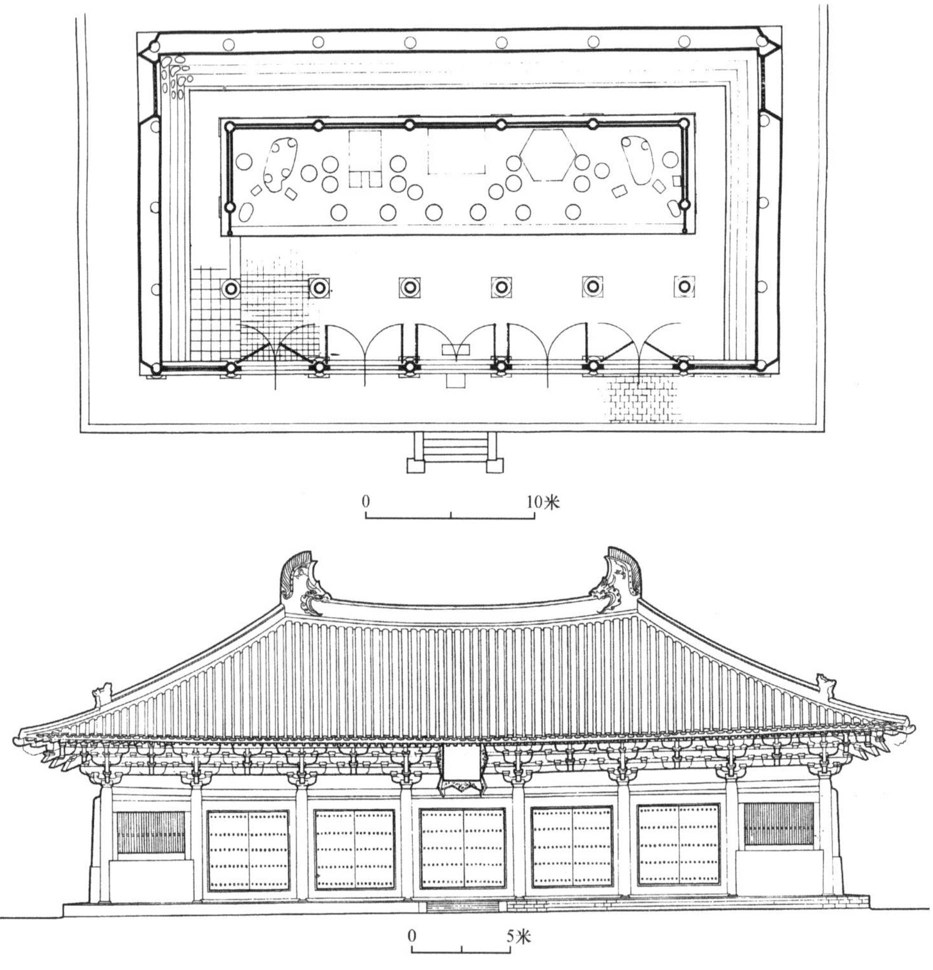

图4-1-4-2 佛光寺大殿平、立面图

殿内设置宽5间、高0.74米的凹形佛坛，其上安置35尊塑像。中央主像为释迦、弥勒、阿弥陀佛三尊坐像，左右分别是骑狮的观音像和骑象的普贤像，分别由蛮奴和拂菻牵引，还有一童子像。不同于习见的文殊、普贤组合，这是因为五台山为文殊菩萨道场，文殊遂不出现佛侧所致。观音菩萨冠有化佛，服饰奇特，胸前作如意云头，两乳为螺旋

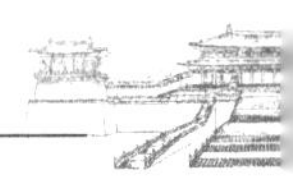

纹，云头复肩，两袖翻卷如火焰形。神情安详，舒眉展眼，领戴璎珞，腕有宝环。三尊主像面颊丰满，眉毛弯弧，口鼻端正，唐风显著。释迦与弥勒螺发，阿弥陀佛则为直发。释迦、阿弥陀佛台座前的衣纹，弥勒、阿弥陀佛胸腹间的衣纹带结，都是常见的唐代样式。另有胁侍、供养菩萨，胁侍菩萨腰部呈“S”形，微向前倾，腹部微凸，供养菩萨均在高蒂莲花台座上，一蹲一跪，均垂双辫，形象生动逼真。佛坛两端为天王像，执剑披甲，威武而无狰狞之相。在佛坛左端还建有佛殿施主宁公遇像，而住持高僧愿诚之像则位于对称的佛坛右端，是珍贵的唐代真人塑像。虽经历代装銮，仍不失为唐代雕塑精品。在佛座背后和拱眼壁上还残留有唐宋时期的壁画，梁底有建殿时的题名，门上有唐、五代时期题字①。

3. 平顺天台庵大殿

天台庵位于山西省长治市平顺县城东北25千米处的实会乡王曲村。该寺东依凤凰山，西临漳水，与对岸潞城宋代源起寺遥遥相对。寺建于村中一土丘上，四周砌筑虎皮墙护坡，总平面呈长方形。大殿坐北朝南，平面呈方形，单檐歇山顶。面阔、进深均3间，面阔、进深均为7.08米。明间面阔3.14米，两次间及山面次间均为1.97米。前檐当心间辟版门，两次间辟窗，余皆为砖墙，版门、窗均为后人添补。天台庵大殿的柱子只有檐柱一种，均埋于墙体之内，无内柱，平柱高2.42米，角柱高2.45米。柱础均采用不规则的青石做成，一般长度在60—70厘米，厚度在30厘米以上，柱础顶面高出殿内地平面约30厘米。殿内佛像与神龛不存。天台庵大殿虽然无明确的纪年，但从平面到立面以及内部构架形式，均与五台山南禅寺大殿相似，无论是从基础的素土夯实，檐柱的比例，柱头铺作的制作方法，还是屋架举折，翼角飞椽的排布，处处显示着唐代建筑风格。又从大殿当心开间的材分值，每架椽的水平长度，屋架举折趋势、大殿的科学性和柱高、铺作高、总举高等三者之间的比例关系等都与五台山佛光寺大殿相似。所以，大殿的主要木构架为晚唐时期。寺内还存唐碑1通，但碑文已经模糊不清②。

二、隋唐时期的佛教遗物

（一）金铜造像

金铜造像是指用铜或青铜铸造，表面鎏金的可以移动的佛教造像，间或亦指镀金锤揲像。包括佛、菩萨、弟子、天王、力士、诸天等形象。隋代的金铜造像多有由北朝向唐代过渡的特点。一般两肩宽厚，胸部隆起，面相饱满，着褒衣博带式佛装。上身比例略大，

① 傅熹年主编：《中国古代建筑史·第二卷·三国、两晋、南北朝、隋唐、五代建筑》，中国建筑工业出版社，2001年，第495—499页。

② 山西省古代建筑保护研究所 王春波：《山西平顺晚唐建筑天台庵》，《文物》1993年第6期；傅熹年主编：《中国古代建筑史·第二卷·三国、两晋、南北朝、隋唐、五代建筑》，中国建筑工业出版社，2001年，第499页。

形体缺少变化。陕西西安雁塔区八里村出土隋开皇四年（584年）董钦造鎏金铜造像，为一佛二菩萨二力士，各有背光，还有香炉和二狮子（图4-1-4-3）[①]。美国波士顿美术馆藏隋开皇十三年（593年）金铜造像，高达76.5厘米，采用简洁的圆刀手法，像后配双树，题材为一佛二弟子二菩萨二力士及狮子、香炉（图4-1-4-4）[②]。

图4-1-4-3　陕西西安雁塔区八里村出土隋开皇四年（584年）董钦造鎏金铜造像

图4-1-4-4　美国波士顿美术馆藏隋开皇十三年（593年）造像

唐代及其以后，由于佛教进入到以建立宗派、传译佛经、发展寺院经济为主的新阶段，单纯的金铜、石佛教造像较之前有所减少，木雕、铁铸造像渐次流行。即使在这种历

① 西安市文物保护考古所编著、孙福喜主编：《西安文物精华·佛教造像》，世界图书出版西安公司，2010年，第96—99页，图版89。

② 〔日〕百橋明穗、中野徹編集：《世界美術大全集·東洋編·第4巻·隋·唐》，小学館，1997年，第171頁，図版136。

史背景下，仍发现了为数不少的造型精美的唐代金铜造像，如陕西西安莲湖区土门李家村出土的鎏金阿弥陀三尊造像（图4-1-4-5）[①]。有些发现不仅数量多，而且铸造精美。如陕西西安临潼纸李通灵寺遗址和邢家村窖藏中发现了579件鎏金铜佛像[②]。从其题材来看，与同时代的石窟、壁画中的造像题材相一致，造像风格也是如此。

图4-1-4-5 陕西西安莲湖区土门李家村出土鎏金阿弥陀三尊造像

（二）锤揲佛像

所谓锤揲佛像，是将金铜薄片在金属模范上锤压而成，又称金薄像。据《一切经音义》卷九十记载："锤鍱，上坠追反，今取去声。下音叶，即隐起金鍱佛像也。或熟铜隐镂刻成像，以金镀饰。或真金鍱、银鍱隐起而成，装作檀龛，是此功德也。"[③]此种像起源较早，曾经流行于西域一带。东晋时期出现，主要流行于唐代，主要用来装饰佛龛等。据《法显传》记载，东晋安帝隆安五年（401年）到达西域南道于阗国的法显，看到于阗"城西七八里有僧伽蓝，名王新寺。作来八十年，经三王方成。可高二十五丈，雕文刻镂，金银覆上，众宝合成。塔后作佛堂，庄严妙好，梁柱、户扇、窗牖，皆以金薄"[④]。锤揲佛像的实物见于唐长安城西明寺遗址[⑤]、陕西临潼邢家村窖藏[⑥]等。

---

① 西安市文物保护考古所编著、孙福喜主编：《西安文物精华·佛教造像》，世界图书出版西安公司，2010年，第126、127页，图版125。

② 临潼县博物馆：《陕西临潼邢家村发现唐代鎏金铜造像窖藏》，《文物》1985年第4期。

③（唐）慧琳撰，徐时仪校注：《一切经音义》，《一切经音义三种校本合刊》（修订第二版），上海古籍出版社，2023年，第2066、2067页。

④ 东晋沙门释法显撰，章巽校注：《法显传校注》，上海古籍出版社，1985年，第14页。

⑤ 中国社会科学院考古研究所西安唐城工作队：《唐长安西明寺遗址发掘简报》，《考古》1990年第1期。

⑥ 临潼县博物馆：《陕西临潼邢家村发现唐代鎏金铜造像窖藏》，《文物》1985年第4期。

（三）刻经

镌刻石经的根本思想来源于佛教的末法思想，而大规模镌刻佛教经典的直接诱因，是缘于北魏太武帝拓跋焘和北周武帝宇文邕在位时的禁佛之举。当时的僧人面对禁佛，发动护法运动，其情形大致可分为两类：一是据理力争，取得朝廷宽容；二是埋藏寺中的佛像、经书，达到保护的目的。与此同时，佛教徒纷纷模仿儒家镌刻石经之例，或刻经于石柱，或刻经于石幢，或刻经于石板，藏于石洞或寺院中。镌刻佛教石经的活动在北齐时期已经盛行，如河南安阳小南海石窟①、山东泰山经石峪②、河北邯郸南响堂石窟和北响堂石窟③等都发现刻经。隋代之时，尽管隋文帝大力提倡佛教，下令修复毁废寺院，鼓励民间写经造像，但北周武帝灭佛的记忆犹新，所以，佛教徒仍把隋代看作末法期，继续刻经。因此，隋唐的刻经活动也非常盛行。

1. 河南宝山灵泉寺大住圣石窟刻经

位于河南省安阳市宝山寺西侧，由隋初高僧灵裕在开皇九年（589年）主持开凿，为一中型石窟。窟形呈方形，覆斗顶。长宽均在3米以上，在三壁开三龛。龛较深，凿入壁内。北壁雕刻一坐佛一弟子一菩萨，据题记坐佛是卢舍那佛。东壁是一坐佛一弟子一菩萨，坐佛为结跏趺坐，据题记坐佛是弥勒佛。西壁是一坐佛二菩萨，据题记坐佛是阿弥陀佛。沿袭了东魏、北齐时期卢舍那、弥勒、阿弥陀佛三尊像的特殊组合。在3个大龛龛侧都刻出规整的小坐佛龛，小坐佛旁都有题名，根据题名和窟前开窟铭记，可知小坐佛分别是七佛和三十五佛。在正龛底部基座的前面，刻出八神王，有树神王、火神王、风神王等。在窟前室东壁，刻出“世尊去世传法圣师”共计24位，称为二十四祖，每一位圣师旁有题榜及简单传记。窟内外选刻多部佛经。主要有《胜鬘经》《法华经·分别功德品》《摩诃摩耶经》《大集经·月藏分·法灭尽品》《二十五佛名经》《三十五佛名经》《五十三佛名经》等。

2. 房山石经

全称为《房山云居寺石刻佛教大藏经》。在末法思想影响下，隋代幽州智泉寺僧人静琬依据佛说“诸法无常”的教理，相信佛法分为三个时期：正法时期（佛教兴起）、像法时期（演变时期）、末法时期（衰退时期）。鉴于北魏太武帝（拓跋焘）和北周武帝（建德年间两次废佛，静琬担心书写的经文难以久存，故与其师慧思发愿在房山刻经，静琬于唐贞观八年（634年）曾经刻碑题记简述其缘由。

从隋大业年间开始刻经，至唐贞观年间已刻经100余碑，唐代共刻石经100余部，400余万字，藏于小西天9个洞中。五代时期停止，辽代又重新刊刻。目前共计发现碑石15000余块。地面上仍有很多碑石、题刻。石经中有大量题记，6000余则，有明确纪年

---

① 河南省古代建筑保护研究所：《河南安阳灵泉寺石窟及小南海石窟》，《文物》1988年第4期。

② 安廷山：《泰山石经》，齐鲁书社，2003年。

③ 赵立春、卢合亭：《响堂山石窟刻经及其书法艺术》，《文物春秋》1992年第1期。

者，唐代354则，辽代919则。房山石经已由中国佛教协会整理成房山云居寺石刻佛教大藏经。静琬从隋大业年间至唐贞观年间的30余年间，先后刻了《法华经》《涅槃经》《维摩经》《胜鬘经》《金刚经》《华严经》等百余碑。静琬死后，其弟子继承其遗志，并得到皇室和地方官吏的资助，续刻有《大品般若经》《楞伽阿跋多罗宝经》《胜天王般若经》《大乘大集地藏十轮经》等。武则天时期，又续刻了《金刚经》《佛说当来变经》《弥勒下生成佛经》《观弥勒上生兜率经》等。唐开元、天宝年间，以新翻译的佛经4000卷为底本，继续刊刻，住持僧惠暹、玄法等刻《有心经》《佛说恒水流树经》《佛说摩达国王经》《正法念处经》《大般若经》《大集经日藏分》等。晚唐时期刻有《大般若经》《妙法莲华经》《梵网经》《大乘流传诸有经》《药师琉璃经》《造塔功德经》（图4-1-4-6）[①]等。有唐一代，共刻经百余部，400余万言，分藏于小西天九洞中。五代时期因为战乱，刻经陷于停顿。辽圣宗时主要补刻了《大般若经》，辽兴宗时以契丹藏为底本，刻了《大宝积经》《放光般若经》《陀罗尼集经》等87帙，161部，656卷，共1000余石。辽大安九年（1093年）后，通理大师主持刻了《首楞严经》《菩萨地持经》《大智度论》《显扬圣教论》等69部，443卷，小碑4000余石。金代前期除继续前代刻经之外，还刻了《镌葬藏经总数题字目录》等记载刻经的刻

图4-1-4-6　房山石经的晚唐时期刻经

① 中国佛教协会编：《房山云居寺石经》，文物出版社，1978年，图版四八。

石，金代后期则刻了宋辽两代新译佛经。辽金两代刻石主要藏于压经塔下。元明时期虽然仍有刻经，但已处于尾声。

房山石经总计15061石，其中完好的经石14621石（洞外尚有重要碑铭82石），共刻佛经约1025种，900多部，3000多卷。分别藏于小西天9洞和压经塔下。9洞位于白带山山腰中，南北向，除雷音洞为开放式外，其余8洞均以石门封闭，其内叠压藏经版。雷音洞面积最大，正面开门辟窗，中间以4根八角形石柱支撑洞顶岩石，石柱各面雕像，共1056躯，故称千佛柱，年代属隋代。洞内呈不规则方形，每面约10米左右。静琬最初所刻石经146块就镶嵌在四面壁上。压经塔即南塔，位于云居寺西南，为八角十一层辽式密檐塔。现塔已被拆毁，辽道宗所刻的大碑、通理所刻的全部经碑和金刻石经（除《大教王经》外）10082片，均出于此塔地穴。

石刻中保留了约6051则题记，有明确纪年者1467则，其中唐代有354则，辽代有919则。题记反映了幽州范阳郡、涿州等地经济和各行业的组织情况，也涉及官爵升迁、州郡文武官员升降、郡邑省并等方面的内容，是不可多得的第一手资料。

3. 河北曲阳八会寺隋代刻经龛

八会寺刻经龛位于河北省保定市曲阳县西羊平村西北约100米的少容山顶。1935年，刘敦桢对其进行过调查[①]。1993年，又进行了调查[②]。刻经龛位于一石屋之内，石屋用略加修整的石片层层堆垒而成，平面呈长方形，南北9.4、东西9.55、高3米。南壁中央辟券门，屋顶覆以大石板，石板之上又堆垒数层石片，外观略呈圆拱形。石屋内正中是利用一块青灰色巨石，四面开龛雕凿而成的刻经龛。石屋是后世为保护此经龛而建，晚于经龛的始凿年代。巨石平面略呈方形，南北长3.75—4.05、东西宽3.33—3.5、高2—2.4米。四面凿出长方形龛，南、北、西壁各1龛，东壁2龛，各龛内正面及两侧面阴刻佛经。共刻完整的佛经5部，有《佛垂涅槃略说教戒经》《妙法莲华经·观世音菩萨普门第廿五》《佛说弥勒成佛经》《现在贤劫千佛名经》《五十三佛名》，另有《佛说决定毗尼经》《三十五佛名》《佛说佛名经》等不完整的佛经。刻经年代上限为隋开皇十三年（593年），下限不晚于隋大业三年（607年）。

4. 风峪石经

《风峪石经》全称《晋祠藏风峪华严石经》，又略称《华严石经》，当地人称《风洞石经》[③]。石经位于山西省太原市晋源区晋源镇乱石滩龙山脚下的晋源果树场果窖处。据《元一统志》记载，在已毁的晋阳故城西1.5千米的风峪口，金元时期就有石经藏院。1995年，在这部石经的风洞遗址以南偏东100多米处，发现了后唐长兴元年（930年）刻的《金刚经幢》一通，幢上题记涉及此处“置石经藏，造《华严经》一部八十卷”之事，也有“经荒沙汰，毁损伤残”等记载。藏经的风洞基本呈方形，边长约9米，四壁砌砖，中部设石

① 刘敦桢：《河北省西部建筑调查纪略》，《中国营造学社汇刊》第五卷第四期，1935年。

② 刘建华：《河北曲阳八会寺隋代刻经龛》，《文物》1995年第5期。

③ 王鸿宾、胡春英：《〈风峪石经〉初探》，《文物季刊》1999年第2期。

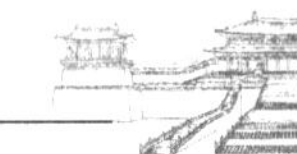

质中心柱支撑洞顶，洞顶呈穹隆形。中心柱底部呈须弥座，其上有一石雕坐佛，背倚中心柱，面对风洞口。《华严经》刻石即有序地环列在中心柱周围以及风洞四周。

石经首尾完整地镌刻了武周时期所译80卷《华严经》，每卷分卷之上、卷之下两石，全部石经数应为160通。连同补刻、复刻之石，则应略多于此数。石经无盖、无座、无雕饰，高低参差，宽厚不一，多为高1米以上的方形刻石，也有少数五面、六面或八棱形石柱。现存十一卷以前的石刻多有武周时期新造字。有些刻石末尾或顶面镌刻题名或题记，未见具体刻石年款和刻家姓名。《风峪石经》是唐译《华严经》最古老的石刻祖本，刻经几乎与译经同步，为佛经研究提供了重要资料。

5. 安岳卧佛院刻经

安岳卧佛院位于四川省资阳市安岳县卧佛镇卧佛村，以形体巨大的释迦牟尼涅槃塑像为主，包括其他造像共计1600多躯，唐代刻经洞15个，尚未刻经的经洞40余个，窟龛总编号达142个[①]。

所刻佛经以《大般涅槃经》为主，其次是《妙法莲华经》《佛名经》《金光明经》，再次是《大方便佛报恩经》《维摩诘经》《般若波罗蜜多心经》《修多罗般若波罗蜜经》《金刚般若波罗蜜经》《佛顶尊胜陀罗尼经》《阿弥陀经》《禅密要经》《佛说禅法略出》《佛说禅秘要经》《摩诃般若波罗蜜经》等。刻经的部、卷、品的数目繁多，初步查得有71个。

其中46号窟左壁刻有大唐东京大敬爱寺释静泰撰写的《一切经论目序》和《一切经论目》。《一切经论目序》之后是《一切经论目》，把佛教自东汉传入我国后，从汉桓帝时的世安、世高翻译的《人所从经》一卷，到唐玄奘所翻译的《般若灯论》十五卷，这五百余年中佛经作品全部列入，每部佛经还标明经论名称，部、卷数，单本或重翻数，作者、译者姓名，时代年号等。为研究佛教典籍的传入、译出及保存情况提供了宝贵资料。

6. 龙门石窟刻经

龙门石窟也有一些刻经。如唐龙朔三年（663年）常才所刻的《金刚经》；周天授元年（690年）至长安四年（704年）擂鼓台中洞所刻的《付法藏因缘传》《佛说阿弥陀经》《六门陀罗尼经》；周如意元年（692年）莲花洞中史延福所刻的《金刚波罗蜜多经》等。

7. 陕西淳化金川湾石窟刻经

金川湾石窟位于陕西省咸阳市淳化县石桥乡金川湾村西，冶峪河南岸山岩上。洞窟坐南向北，依崖开凿，刻有与三阶教有关的佛经。东壁刻经分11层，刻经4部，自下而上依次为：信行禅师撰《明诸经中对根浅深发菩提心法》《明诸大乘修多罗内世间出世间两阶人发菩提心同异法》《〈大集月藏分经〉略抄出》以及《大方广十轮经》。西壁自下而上依次为：信行禅师撰《七阶佛名经》《金刚般若波罗蜜经》《如来示教胜军王经》《妙法莲华经》[②]。金川湾石窟8部刻经中有4部为信行禅师所撰，对研究隋唐时期三阶教有重要意义。

---

① 彭家胜：《四川安岳卧佛院调查》，《文物》1988年第8期。

② 赵荣、雷德侯主编：《中国佛教石经·陕西省·第一卷》，中国美术学院出版社，2020年，第2—21页。

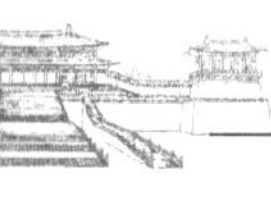

（四）经幢

经幢一般可以分为幢座、幢身、幢顶三部分，分别雕刻，然后再垒建成整体。幢座多是覆莲花座状，下设须弥座。幢身呈柱状，多为八面体，上面雕刻经文或佛像等，有的幢身又分为若干段，上面的柱径小于下面的柱径，中间用大于柱身的宝盖相接。盖上一般刻模拟丝织品的帐幔、飘带、花绳等图案，幢顶一般刻成仿木建筑的攒尖顶，顶端托有宝珠。幢上所刻佛经主要为《佛顶尊胜陀罗尼经》。阎文儒认为幢的形制“一是根据中国从汉代起在亭四角屋或寺门旁安置桓表（华表）形象；一是仿塔的形制而简单一些”[①]。陈明达则认为，幢与佛寺中的灯幢有关，幢最初的原物是在立竿上加丝织物制成，石幢则是以浮雕的形式对其加以表现[②]。据《佛顶尊胜陀罗尼经》记载，佛告天帝，若将此经书写于幢上，则幢影映在人身上，其上尘埃落在人身上，即可不为罪垢污染。也有少数刻心经、楞严经等。有极少数刻道德经的幢。刻经所用文字一般是汉字，个别用少数民族文字。

经幢创于初唐时期，盛于唐宋时期。唐代经幢的结构比较简单，一般幢身只有一段，最多两段。现存纪年最早的唐永昌元年（689年）八月幢，下半部已残断，仅存高1.36米的幢身。比较简单的幢以陕西陇县的唐开元十六年（728年）幢为代表，幢高2.1米，幢座是方形石基上的宝装覆莲座。幢体为八边形，刻佛顶尊胜陀罗尼经，经文下刻纪年等。幢顶也作八边形，每边刻一尖拱龛，龛内有一尊坐佛。原来可能有宝珠顶，但已经遗失。比较复杂的幢，可以五台山佛光寺的大中十一年（857年）及乾符四年（877年）幢为代表，幢身分两段，下段长而粗，上段短而细，中间隔以雕垂幔、飘带的宝盖。顶部为上顶宝珠的攒尖顶。石幢不仅立在与佛教有关的建筑之前，也立于墓前。受佛教经幢的影响，唐代还出现了景教经幢。

（五）石灯

石灯，又称灯台，由于其上镌刻经咒，故也称为炬幢。唐代石灯一般安置在寺内的佛殿或经堂前居中位置，由底座、柱身和燃灯室组成。底座一般采用莲座、须弥座或两者相结合的方式。柱身呈八角形或圆形。燃灯室平面多呈方形、六角形或八角形，外观类似单层中空的小室或小塔，且不同程度地模仿木构建筑，雕刻有立柱、阑额、斗栱及瓦顶等。有的上面刻《佛说施灯功德经》和《佛顶尊胜陀罗尼经》，兼有灯和幢的功能。有的则无经咒类内容。现存最早的石灯是山西太原童子寺北齐石灯。唐代石灯在河北曲阳、山西长子县慈林山法兴寺、陕西西安唐长安城青龙寺遗址、陕西乾县西湖村石牛寺、黑龙江渤海上京龙泉府遗址（渤海国上京兴隆寺）等地各存1座。

河北曲阳唐代石灯[③]，修建于周延载元年（694年）。自下而上由基座、盘龙柱、托盘、

① 阎文儒：《石幢》，《文物》1959年第8期。
② 陈明达：《石幢辩》，《文物》1960年第2期。
③ 张立方：《河北曲阳县唐代石灯》，《文物春秋》1990年第2期。

顶部构成。通高3.2米。底部为方形石座，其表面雕刻覆莲瓣，基座的前后两侧均刻有铭文。基座上安置盘龙柱。灯室门窗系四块白石雕刻而成，檐下刻出仿木建筑结构，室顶为宝珠形。

山西长子县慈林山法兴寺也有石灯1座，青石质，高2.4米，其下部为须弥座，上部安置圆形仰莲八角攒尖式灯室，顶安置山花蕉叶宝珠顶。其上题记云："大历八年（773年）岁次癸丑十一月朔十九日庚寅清信士董希璿……于此寺敬造长明灯台一所。"[①]从题记来看，石灯也叫"长明灯"。

陕西西安唐长安城青龙寺遗址出土的灯台残段为八角柱形，形制系仿经幢而制。八面均刻经文。前半部分摘刻北齐天竺三藏那连提耶舍翻译的《佛说施灯功德经》，其中有些短句为现行的经文中所无；后半部分刻不空翻译的《佛顶尊胜陀罗尼念诵仪轨法》，最后一行刻"大和五年（831年）杜文秀奉为国及法界众生建灯台一所正月八日立"[②]。

图4-1-4-7　陕西乾县西湖村石牛寺唐代石灯

黑龙江渤海上京龙泉府遗址石灯，残高6米。底座为八棱形须弥座与莲花座相结合，柱身略呈圆形，柱身上部有一仰莲座，莲座之上为八角形灯室，顶部为八角攒尖式，顶部中心安置相轮。灯室以上部分形如一小塔。

陕西乾县西湖村石牛寺石灯，现藏于西安碑林博物馆。白石质，高1.93米，灯座以类似博山炉的群山做底座，灯身由四条盘旋上升的蟠龙相互缠绕构成，其上为八角托盘和圆形仰莲座，灯室为方形攒尖顶式，顶置山花蕉叶（图4-1-4-7）[③]。

西安碑林博物馆收藏1件雕刻华丽的石灯台，呈八棱形，其上图像雕刻精美[④]。从其形制来看，应该是石灯灯擎部分。

① 酒冠五：《山西慈林山法兴禅寺》，《文物参考资料》1958年第11期。

② 中国社会科学院考古所西安唐城队：《唐长安青龙寺遗址》，《考古学报》1989年第2期。

③ 西安碑林博物馆编、成建正主编：《西安碑林博物馆》，陕西人民出版社，2000年，第142页。

④ 葛承雍：《燃灯祈福胡伎乐——西安碑林藏盛唐佛教"燃灯石台赞"艺术新知》，《文物》2017年第1期。

第二章　道教的遗迹与遗物

隋唐时期道教遗迹与遗物的调查工作，目前还不够充分，但也有一些重要发现。

一、河北易县龙兴观遗址的调查

龙兴观是唐代北方地区著名的道观，历经宋、元、明诸代，清末以后废弃。在遗址最南端存有白石质唐开元二十六年（738年）《道德经》经幢一座（图4-2-0-1），其上的《道德经》经文是依据唐开元二十一年（733年）唐玄宗注本镌刻，对研究老子《道德经》是一份有价值的资料[①]。还出土了一些道士墓志，为探讨道士的埋葬制度提供了重要资料。

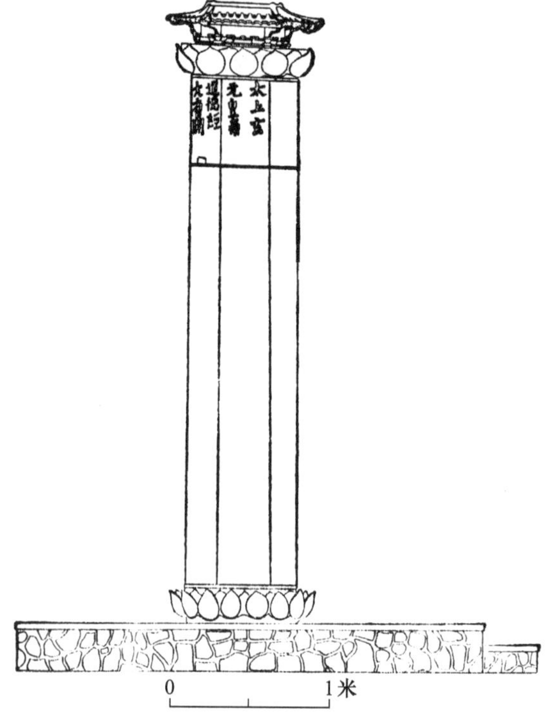

图4-2-0-1　河北易县龙兴观《道德经》经幢实测图

二、华清宫老君殿与朝元阁遗址

老君殿遗址是国内仅见的、目前保存最为完整的道教遗址，是骊山上的主要建筑之一，为华清宫内唐代皇家内道场。据《长安志》卷十五记载："朝元阁。天宝七载（748年），元（玄）元皇帝见于朝元阁，即改名降圣阁。老君殿。朝元阁之南。玉石为老君像，制作精绝。"[②]老君殿所立老君造像，高1.9米，现藏西安碑林博物馆（图4-2-0-2）[③]。遗址平面呈南北向长方形，由主殿、回廊、东西亭台、前庭、后院及前后山门组成，面积1953.72平方米。主殿位于中心偏北处，平面呈东西向长方形，东西长21.75、南北宽17.2米，台基高0.83米，面积374.1平方米，殿基四周以条砖包砌。殿基四周有5个莲花纹方砖踏道，东西北三面各一，南面有二，供拜祭者上下出入。南、北山门均由莲花纹方砖踏道、

---

① 河北省博物馆、河北省文物管理处：《河北易县龙兴观遗址调查记》，《文物》1973年第11期。

② （宋）宋敏求撰，辛德勇、郎洁点校：《长安志》，三秦出版社，2013年，第456页。

③ 西安碑林博物馆编、成建正主编：《西安碑林博物馆》，陕西人民出版社，2000年，第120页。

门道、台基组成[①]。

朝元阁遗址也进行了发掘，揭露出夯土高台、主体建筑、东西踏道、北廊房、东西廊房、西侧附属廊房等唐代遗迹，并清理了叠压在唐代遗址上方的晚期建筑基址。朝元阁是把山顶原有地貌修整成一座现存高度达6米的夯土高台，以高台为中心布置主体建筑、东西踏道、北廊房、东西廊房、西侧附属廊房五个部分。出土了保存相对较好的木地栿、壁柱等唐代木构实物，其建筑布局及构造为研究盛唐时期木构建筑技术提供了实物资料。遗址出土有“北六官泉”和“六官泉南”铭文的板瓦，其中“六官泉”被认为是唐天宝六载（747年）、官窑烧制、用于修建温泉宫的省称，北、南则表示方位。

图4-2-0-2　唐华清宫遗址出土老君造像

三、鹿邑太清宫遗址

1997年4月，对河南鹿邑太清宫遗址进行了发掘。鹿邑是老子故里，东汉桓帝时就在此建老子庙，唐天宝二年（743年）改名太清宫，又称前宫，是祭祀老子之地。其北500米有后宫，是祭祀老子母亲之处。遗址中分布有唐、宋、金等时期的建筑基址。前宫尚立有唐开元十三年（725年）唐玄宗御书镌刻《道德经注碑》，后宫也立有宋大中祥符七年（1014年）宋真宗亲谒太清宫并御撰御书并篆额的《先天太后赞碑》。在后宫遗址还发掘出金泰和元年（1201年）《太清宫庙产碑》。这些发现表明，太清宫在唐宋时期，一些皇帝都曾亲自到该地祭祀老子[②]。

四、芮城五龙庙正殿

五龙庙正殿位于山西省运城市芮城县龙泉村，原名广仁庙，其正殿建于9世纪上半

① 陕西省文物事业管理局　骆希哲编著：《唐华清宫》，文物出版社，1998年。

② 河南省文物考古研究所：《河南省文物考古工作五十年》，《新中国考古五十年》，文物出版社，1999年，第268页。

叶。据目前的研究，认为其初建于唐元和三年（808年），唐大和六年（832年）重建，是目前仅存的一座唐代木构道教建筑[①]。其结构属于厅堂型，规模不大。台基高1.06米，单檐歇山灰瓦顶，面阔11.58米，5间6柱；进深4.94米，3间4柱，共有檐柱16根，无内柱。柱为圆形直柱，角柱有明显生起和侧脚，柱间架阑额，无普拍枋。柱头斗栱的大斗上挑出两层华栱，下层华栱后尾承托四椽栿，上层华栱四椽栿伸出外檐部分做成，在栱头上横放替木承托挑檐槫。四椽栿两端立托脚，平梁两端立叉手。这种梁架在宋式建筑中称为“四架椽屋通檐用二柱”，是小型厅堂的常用做法。构架用材为20.5厘米×15.5厘米，栔高15.5厘米，约相当于宋代五等材。

五龙庙正殿在唐代以后经过改建和重修，其外观已经不能反映唐代建筑风貌，但在研究唐代屋架结构上颇有价值：①唐代称歇山顶为“厦两头”，此殿两山结构简单，是“厦两头”的实例。②此殿在列柱中线以上的横栱，由一令栱一素枋为一组，重叠两层组成，保留了盛唐时期以前的做法。③托脚和叉手的斜度相近，基本可以连成直线，是研究叉手和托脚演变的重要实例。

五、四川剑阁鹤鸣山道教石刻

鹤鸣山在剑阁城东约1.5千米处，唐代时在此处建有重阳亭，李商隐曾撰《剑州重阳亭铭并序》，现碑石尚存。鹤鸣山道教石刻，是目前国内保存较好的一处道教窟龛，自20世纪初即受到中外学者的关注。日本人常盘大定和关野贞编《中国文化史迹》图谱时，曾经收录有鹤鸣山石刻的两幅图版，解说为四川剑州重阳寺的“天部像”。20世纪50年代以后，有学者对鹤鸣山道教石刻进行了概括介绍[②]。鹤鸣山现存道教造像窟龛共编18号。其中1—5号分布在长51、高5米，距离地面高0.2—0.5米的青石崖壁上，由北向南排列。6—18号均为小龛，分别刻于两方单体青石之上[③]。

1号龛：遭到严重破坏，龛口、龛楣已无存。仅天尊雕像上半身保存尚完好，残高1.13米。面相丰满，袍服衣纹宽松，交领内衣的结带垂于胸前，袍袖宽肥下垂。头后有头光，头光原刻有圆形星纹，现仅存右侧1颗。

2号窟：窟口为拱形顶，窟顶为穹隆顶。进深1.13、宽1.72、高2.07米。窟内后壁3尊主像已经无存，窟内侧壁浮雕护法神像。后壁居中尚存浮雕的头光和背光。头光圆形，中心为花朵图案，外以双重联珠纹组成边饰。背光呈尖顶宝珠形，平素无纹。背光两侧各浮雕4个护法神将，各分两排，前排两人露出上半身，后排两人仅露头部。神将面相圆润，均束发无冠，束发带的额前部分及两侧均饰周绕联珠纹的圆形摩尼宝珠，身披明光铠。这

① 傅熹年主编：《中国古代建筑史·第二卷·三国、两晋、南北朝、隋唐、五代建筑》，中国建筑工业出版社，2001年，第540页；贺大龙：《山西芮城广仁王庙唐代木构大殿》，《文物》2014年第8期。

② 王家祐、丁祖春：《四川道教摩崖石刻造像》，《四川文物》1986年第1期。

③ 剑阁县文管所 母学勇：《四川剑阁鹤鸣山道教石刻》，《文物》1991年第2期。

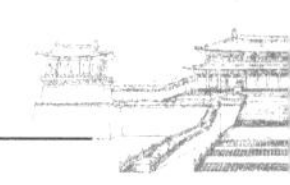

些浮雕的刀法圆润，雕工细致，面相虔诚，具有较强的艺术感染力。窟外两侧均有浮雕，在窟门左右两侧柱上各雕一立姿侍者，着宽袖长袍，双手拱于胸前持圭形笏板，面相虔诚，侍立左右。

3号龛：拱形，高2.01、宽1.11、进深0.34米。龛内雕天尊立像，高1.91米，体态匀称，外披长袍，内衣交领，带结垂于胸前，袍袖宽肥下垂。足登履，露出于衣裾之下，下踏重瓣仰莲莲台。头戴莲瓣形冠，面相圆润适度，头后壁面浮雕尖顶宝珠形头光，内心刻圆环，周围刻5颗圆形星纹。左手上扬，右手下垂。

4号龛：龛口长方形，龛内顶拱形。高2.5、宽1.42、进深0.23米。内雕天尊立像，高2.13米。造像特征与3号龛相似，但不如前者体态修长匀称，而显得有些矮肥臃肿，头大、冠高而身躯较短。头光中刻5颗圆形星纹。

鹤鸣山道教石刻，虽有道教自身特点，但也有受佛教艺术影响的痕迹，如天尊像的态势、头光、背光及足踏的莲台等，都显示出佛教的影响。至于护法神像的形貌，也与佛教造像艺术中护法天王的造型特征相似。窟前雕刻护法狮子，也仿自佛教艺术。这表明唐代道教艺术与佛教艺术有着密切联系。

六、其他

唐代道教遗物还有金铜造像。道教金铜造像受了佛教金铜造像的影响，反映了佛道之间相争而又互相影响、融合的事实。如山西平陆出土鎏金一铺三尊造像[①]；河北河间发现2件老君造像，在1件足床上有刻铭“敬造黄道像一铺供养”[②]；陕西西安西郊出土的一铺三尊金铜造像，鎏金，高10.6厘米（图4-2-0-3）[③]。

图4-2-0-3　陕西西安西郊出土金铜老子造像

① 平陆县博物馆：《山西平陆县出土一批隋唐佛道铜造像》，《考古》1987年第1期。

② 王敏之、何占通：《河北河间出土隋唐鎏金铜造像》，《文物》1991年第2期。

③〔日〕京都文化博物館編集：《大唐長安展——京都のはるかな源流をたずねる》，京都文化博物館，1994年，第112頁，图版96。

第三章　敦煌学与吐鲁番文书

第一节　藏经洞与敦煌学

藏经洞，又称敦煌石室、鸣沙石室，今编号第17窟，位于第16窟甬道北壁（图4-3-1-1）。建于唐大中五年至唐咸通三年（851—862年），是晚唐时期河西都僧统洪䛒的影窟。平面近于长方形，覆斗形窟顶。北壁贴壁修建长方形禅床式低坛，坛上塑洪䛒像。北壁画菩提树二，枝叶相接，以示洪䛒在菩提树下习禅。菩提树左侧画比丘尼一，双手持对凤团扇。菩提树右侧画近事女一，一手持杖（图4-3-1-2）[①]。西壁嵌有大中五年洪䛒告身碑一通。11世纪初叶，位于莫高窟的三界寺僧人移洪䛒塑像于他窟，将该寺收藏的大量佛经、佛画、法器以及其他宗教、社会文书等，秘密藏于窟中，砌墙封闭窟口，并于壁面饰以壁画，故而俗称"藏经洞"。关于藏经洞的封闭年代与原因，几十年来，众说纷纭。归纳起来，代表性的意见有二，一为避难说，一为废弃说。

避难说首先由伯希和提出，他的根据是：①藏经洞所出卷本题记年号最晚者为北宋太平兴国（976—983年）及北宋至道（995—997年）年间。②所出卷本中无一西夏文本。③窟内所藏至为凌乱，各种卷本、画幅、法器等物，杂沓堆置。由是推论藏经洞的封闭年

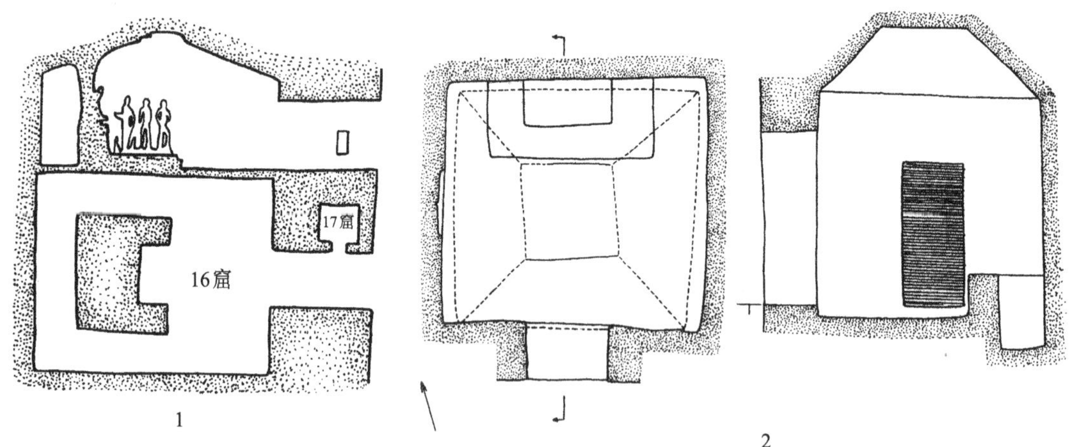

图4-3-1-1　甘肃敦煌莫高窟第17窟（藏经洞）平、剖面图

1. 第16窟与第17窟位置关系示意图　2. 第17窟平、剖面示意图

① 敦煌文物研究所编：《中国石窟·敦煌莫高窟》（第四卷），文物出版社、株式会社平凡社，1987年，图版126—图版128。

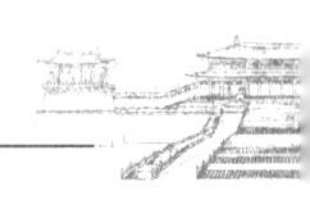

1

2

3

图4-3-1-2 敦煌莫高窟第17窟（藏经洞）塑像及壁画
1. 北壁西侧 2. 北壁前塑像 3. 北壁东侧

代必在1035年西夏“侵略敦煌，寺僧闻警，仓促窖藏书画。寇至僧歼，后遂无知窖处者”之时。此后罗振玉、姜亮夫等也持此说。白滨根据藏经洞中所出有纪年的写本最晚一件写于北宋咸平五年（1002年），而此后直至1036年西夏占领敦煌的三十余年间，再未发现一件有纪年的写本，由是推论藏经洞的封闭年代在北宋咸平年间或稍后的年代里。他认为1014年曹贤顺继任归义军节度使后，为防备战争危及瓜、沙二州，开始在瓜、沙二州寺院中进行准备活动，诸如采取收藏寺院遗书的措施也是可能的，而这种收藏活动从藏经洞的收藏情形与遗书所涉及的年代、范围来看，也绝非短期内仓促所为。避难说中的另一观点是殷晴提出来的黑韩王朝（喀喇汗王朝）威胁说。黑韩王朝信奉伊斯兰教，毁灭佛教。北宋绍圣年间（1094—1097年），黑韩王朝请求攻打西夏，得到宋朝赞许。殷晴据此史实，推论藏经洞的封闭是由于沙州僧人得此消息后，为了防备黑韩王朝的破坏而采取的保护措施。荣新江也持此说，但他把时间提前到1006年于阗佛教王国灭于黑韩王朝。于阗与沙州有姻亲关系，在970年之时，于阗国王曾致函其舅归义军节度使曹元忠，请求发兵援助抵抗黑韩王朝。当于阗陷落后，大批于阗人东逃至沙州，带来了黑韩王朝毁灭佛教的可怕消息，促使三界寺僧人将该寺多年收藏的大量佛经、佛画以及其他宗教、社会文书，秘藏于洪䛒影窟。由于黑韩王朝并未马上东进，所以封存活动是主动而有秩序地进行的，并在封好的窟门上饰以壁画，以致当事者离开人世后被人们长期遗忘。

废弃说首先由斯坦因提出。他根据窟内所藏一些包裹皮中发现的一批相当数量的汉文碎纸块、带木轴残经卷、木轴、丝带、布包皮、丝织品做的还愿物、绢画残片、画幡木网架藏等，认为这些东西是从敦煌各寺院中收集起来的神圣废弃物，藏经洞就是堆放这些废弃物的场所。日本藤枝晃沿着这个思路，进一步提出公元一千年左右，由于中原印版佛经

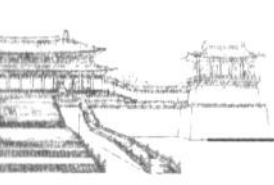

西传至沙州，致使先前使用的写本佛经变成“神圣废物”而被弃置封藏。日本土肥义和也从此说。方广锠又根据藏经洞未发现完整的大藏经与金银字大藏经，假设在曹氏政权的某一年，敦煌各寺院进行了一次寺院藏书大清点，结果将一批残破无用的经卷、过时的文书、废纸、幡画、多余的佛像等，集中封存于藏经洞。年深日久，就逐渐被人们遗忘。

清光绪二十六年（1900年）（一说是清光绪二十五年），道士王元箓在清除第16窟甬道的积沙时，偶然发现甬道北壁有一小窟，“内藏释典充宇，铜佛盈座”“见者惊为奇观，闻者传为神物”。由于清政府的腐败无能，致使出土文物流散世界各地，至今确切数目不详。其中文献约在五万件以上，文献种类约在五千至六千种之间，百分之九十左右是佛教文书，非佛教类文书不足百分之十，包括官府文书、文学作品、启蒙读物等。写本文字除大量汉文写本之外，还有藏文、于阗文、粟特文、梵文、回鹘文、突厥文、龟兹文写本。此外，还有若干铜佛、法器、幡、幢、绢纸画、壁画小样和画具等文物。瑰宝问世，即遭厄运。自1907年至1915年，斯坦因、伯希和、橘瑞超、吉川小一郎、奥登堡等人，纷至沓来，以谎言加白银向王道士骗购三万余件文书及大部分绢、纸画和其他文物，现存伦敦、东京、圣彼得堡等地。劫余部分大约万余件文书和少量文物，主要收藏在中国国家图书馆，其他省市博物馆、图书馆也有少量散存。

其内容涉及中国古代的政治、经济、军事、历史、哲学、宗教、民族、语言、文学、艺术、科学技术等方面。写本和木刻本使用的语言文字，除汉文外，还有大量藏文及古代西域语言。这是人类近代史上一次重大发现，中、日、欧、美的学者争相从不同的角度从事这方面的研究，由此形成了一门新兴的学科，这就是敦煌学。

第一个使用敦煌学这个名词的是中国学者陈寅恪。他在为陈垣的《敦煌劫余录》一书所写的序中说：“敦煌学者，今日世界学术之新潮流也。自发见以来，二十余年间，东起日本，西迄法英，诸国学人，各就其治学范围，先后咸有所贡献。”这个名词从此就沿用下来。敦煌学最初研究的对象主要集中在新发现的文书及相关问题上，后来研究范围逐渐扩大，凡与石窟所发现的文献以及敦煌石窟建筑、绘画、雕塑、壁画以至于敦煌的历史文化等相关问题，都成了敦煌学的研究对象，成为一门综合性的学科。

与敦煌学密切相关的是吐鲁番学。从20世纪初开始，东西方许多国家的一些所谓的探险家在中国的新疆吐鲁番地区从事盗掘活动，盗掘出大量的文献和文物，许多国家的学者从事这方面的研究，取得了显著的成绩。这一学问被称为吐鲁番学。它也是一门综合性质的学问，因两者关系密切而不可分，有时候合称敦煌吐鲁番学。

敦煌和吐鲁番都是丝绸之路上的重镇，而丝绸之路又是古代东西方文化交流的大动脉，对于它的研究是当今世界最引人注目的学问之一，有极重要的意义。在我国清代后期就已经开始注重对西北史地的研究，藏经洞的发现更为这一风气助长了声威。自藏经洞发现以来，中国学者从事这一研究的人接踵而起，叶昌炽、罗振玉首开其端，整理遗籍，撰写论文，做出了可喜的成绩。他们实际上走在欧、美、日学者的前面。五四运动以后，刘复、向达、王重民等亲赴英法，了解那里收藏的敦煌遗书（亦称敦煌卷子），抄回了一些残卷。王国维、陈寅恪等撰写了一些开拓性的文章。罗培常、姜亮夫等语言学家也做出了

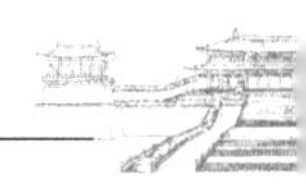

自己的贡献。胡适对神会和尚的研究也自有其意义。同时编纂敦煌遗书目录的工作取得了很大进展。陈垣的《敦煌劫余录》则达到了很高的水平。敦煌壁画的临摹工作也取得了很大成就，张大千、常书鸿等著名画家临摹的作品，在国内外引起了重视。近几十年来，中国敦煌学的研究又大大地向前迈进了一步。季羡林对敦煌学研究内容的价值进行了系统而概括的论述[①]：

（1）对研究中国历史和地理具有重要价值。在敦煌和吐鲁番新发现的史料，给中国本来已经丰富的史料增添了异样的光彩，弥补了以前想不到的空白。例如，在唐代，吐蕃乘“安史之乱”之机占领了敦煌，到了唐大中二年（848年），张议潮驱逐吐蕃镇将，归唐后受赐号为归义军节度使。其后张氏归义军和曹氏归义军相继统治敦煌地区，大约一直延续到党项取敦煌。张、曹两氏统治敦煌前后达二百年。这一段历史牵扯到民族文化的交流问题，都是过去所不详者，依据敦煌出土的文献才得以清楚。

敦煌遗书中保存了一部分官私档案，也即所谓的官私文书。有些是作为图书资料保存的，有的则是作为旧纸把背面当作书写材料。敦煌出土的官私文书约一千件。如英藏敦煌文书中保存了1件唐景云二年（711年）七月九日唐睿宗答复沙州刺史能昌仁表文的敕书原件（S. 11287），敕书钤印有“中书省之印”，中间大字墨书一敕字。敦煌还有一些律、令、格、式的抄件。唐代文书分为“官文书”和“私文书”。有关土地制度的文献使人们了解到均田制度的细节。一些户籍、差科簿、契约、社司转帖等，可以帮助了解徭役、兵役等制度。许多文书还反映了唐代的烽燧制度、借贷制度、氏族制度、官制以及储粮情况。许多关于唐律的文书，可以和现存的唐律进行对照。水部式则记载了水利管理条例。

属于“官文书”的有符、牒、状、帖、榜文、判辞、公验、过所、度牒、告身、籍帐以及官府往来文书等。籍帐，是指户籍、记帐、手实、差科簿等与户籍、田土、公课有关的文书。在敦煌文书中，还发现与户部、度支、金部、刑部、比部、兵部、敦煌郡县有关的文书，也发现与军制、市制、屯田、水利、驿传与长行马、会计等有关的文书。

属于“私文书”的有契券、转帖、书牍等。契券中又有租地契、佃地契、借贷契、雇作人契等。此外，还有遗书、分产书、什物书、放良书、放妻书、悼文、邈真赞、碑志、私家帐历等。

还有许多社会史的史料，使人们可以了解到唐代的物价、劳动力的价值、僧尼的生活、服饰、食品、游乐情况，甚至喜庆宴会、婚丧嫁娶等一些社会习俗。

（2）对于研究中国文学的价值。敦煌藏经洞发现的资料，对研究中国古代文学的影响，超过其他方面。首先是变文的发现。所谓变文就是将韵文和散文混合在一起用于说唱的通俗文学体裁，有人把它归入俗讲。至于为什么叫变文，中外学者至今尚无一致的意见。变文的内容大体上可以分为两类：一类为佛教故事，比如《降魔变文》《地狱变》等，其中有很多都是写本。一类是中国历史上的故事，比如《舜子至孝变文》《王昭君变

① 季羡林：《敦煌学》，《敦煌学大辞典》，上海辞书出版社，1998年，第17—20页。

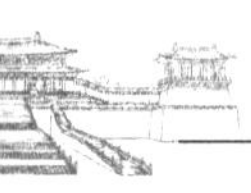

文》等。这种新文体此前人们却一无所知，它实际上开辟了宋代“话本”的先河。其次是诗歌。如韦庄的《秦妇吟》在其全集中未收入，却发现于敦煌藏经洞，诗中保存了许多晚唐时期农民起义的史料，对研究唐代文学和历史都有极大帮助。属于通俗文学范畴的还有辞赋、歌曲、俚曲、小说等。长篇叙事歌曲《董永行孝》《大汉三年季布骂阵词文》《晏子赋》《韩朋赋》等，都是新发现的文学史料。

另外一个重要内容就是敦煌歌辞，过去常称为曲子词。任二北认为，所谓“曲子词”主要是指晚唐五代时期文人的词作，其含义偏狭，以至于初唐、盛唐、中唐时期的歌辞和一些来自民间的曲调歌辞都不能包含在内，因此不如称之为歌辞更为合适。敦煌歌辞均为手抄的写本歌辞。其时代上起盛唐下迄五代。有5篇为温庭筠、欧阳炯、李杰等人的作品，其余主要来自民间。比较重要的发现是《云谣集杂曲子》(斯1441、伯2838)，简称《云谣集》。它编选了30首作品，所用的调名有《浣溪沙》《破阵子》《风云归》《天仙子》《竹枝子》等，从调名和题材来看，都属于盛唐时期作品。因此，这部词集无疑要早于传世的《花间集》和《尊前集》，是研究词的起源、形式以及内容等的宝贵资料。

变文是敦煌遗书中文学资料的一部分，它是唐代说唱文学的一种主要形式。关于变文的“变”，学者们解释不一，有的认为即转变、变化之意，其含义主要是从某一种题材变为另一种题材，如依据佛经改变为说唱文，或依据史籍改变为说唱文。变文的特点是语言通俗、接近口语、有说有唱、韵白结合。变文最早出现于佛寺，与寺院的“俗讲”密切相关。佛教传入我国后，僧人为了宣讲佛法，便开始了讲经说法的活动。但传统的讲解佛经文义，道理玄虚而且枯燥无味，不受广大群众欢迎。为了能招徕听众，僧人便从佛经中摄取一些有故事情节和饶有趣味的内容加以发挥，并采取一种通俗的宣讲方式，这样便出现了“俗讲”这种文学形式。从这一点看，变文实际上就是当时僧人的俗讲底本。后来俗讲这种形式进一步发展，首先在题材上冲破宗教的束缚，由说唱佛经故事扩大到说唱民间故事和历史故事。演唱者也由僧人扩大到民间艺人，表演场地也随之从寺院扩大到变场、讲席、戏场等地。变文的内容和形式也随着俗讲的这种变化而变化。但变文这种为广大群众所喜闻乐见的文学形式，却被看作是伤风败俗，因此在宋真宗时期被明令禁止，从此便逐渐湮没无闻。敦煌遗书发现之后，人们才得以睹其真面目。

在敦煌遗书的文学资料中，属于讲唱文学的还有话本小说。话本即说话人的“底本”。“说话”这种艺术形式在隋代已经产生，在唐代已十分受群众喜爱。话本与变文的不同表现在变文说唱并重、韵白结合，而话本则是以说为主，很少韵文，或全无韵文。在内容上已经完全摆脱佛教的束缚，可以自由地描写世俗故事和民间故事。话本主要有《唐太宗入冥记》《韩擒虎话本》《庐山远公话》等。这些话本虽然技巧还不够成熟，但人物情节、创作方法都有一定的艺术特色，而且语言上摆脱了骈俪繁缛的文风，创造出一种文白兼用、通俗易懂的文学语言，为后代话本小说的发展开拓了道路。由于话本小说中大量运用了民间口语，保存了不少方言俗语，所以对研究唐代语言也很有价值。

通俗文学过去不大为研究文学史者所注意，甚至被摒弃于文学史之外。在诗歌和散文方面，我们的先民确实有极其辉煌的成就，但他们的作品毕竟不能代表中国文学史的全

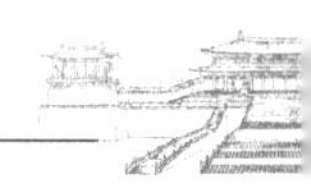

部。事实上，许多正统文学都是在通俗文学的基础上发展而来的。敦煌藏经洞的发现，使人们对这一点的认识更加清楚了。

（3）对于考古学和艺术史的研究价值。敦煌石窟及藏经洞中的壁画、绢画、雕塑、书法、石窟建筑、音乐、舞蹈等，内容丰富，数量巨大。就题材而言，既有佛教题材，也有世俗内容，还有山水画。在这些画面上，人物和事物多样，有采果、伐木、耕作、捕鱼、取水、操舟、角抵、习射、修塔、建屋、扫除、肩舆、贸易、背纤、守卫、收获、场谷、游泳、屠场、挤奶、车、马、车夫、马夫、武士、力士、农民、小贩、小市民、各种植物、野兽等。从中可以看出当时人的生活实况。从时代而言，从六朝一直到宋、元各时期的作品，在这里都能找到，对于研究中国艺术和艺术史都具有重要的意义。还有许多乐器、乐谱和舞蹈的图像，也非常重要。同时，石窟建筑本身也是古建筑学的重要研究对象。

（4）对于研究语言学、音韵学的价值。敦煌藏经洞中保存了一些同中国语言学和音韵学有关的古籍残卷，比如《字宝碎金》《俗物要名林》《千字文》等。在敦煌遗书中常常可以碰到一些俗字和俗语，对研究中国文字、语言的发展和演变有重要意义，在别的文献中是找不到的。一些音义的书和韵书，如玄应和慧林的《一切经音义》残卷、陆法言的《切韵》残本等，也都很有价值。藏经洞还发现一些少数民族语言的卷子，如古藏文、窣利文、西夏文、于阗文、龟兹文、回鹘文等，都有重大意义。古藏文遗书不但保留了藏族的材料，而且还能用来补正汉文《尚书》等古籍。在新疆发现的古代民族语言也有回鹘文、吐火罗文、于阗文、窣利文。回鹘文残卷中保存了大量有关政治、经济、宗教、哲学、文学、艺术的材料。于阗文和窣利文都属于伊朗语系。吐火罗文的发现为印欧语系比较语言学提出了新问题，促进了这一门学问的发展。

（5）对于宗教问题的研究价值。首先是佛教。敦煌地区佛教流行，僧尼在人口中占有不小的比例，寺庙也很多。寺庙在经济上自主独立，役使人数不少，有的还放高利贷。在藏经洞发现的文献中，佛经占了百分之九十左右。多数是手写本，少数为刻本，有的还有题记。有的佛经已经失传，有的译本与现在不同。佛经中最多的是《妙法莲华经》《大般若波罗蜜多经》《金刚经》《金光明经》《维摩诘经》等，这些都是僧尼日常念诵的佛经。这些古老的写本和刻本，对于研究佛经版本有一定价值。藏经洞中道教的经典也不少，如《太玄真一本际经》等。其中最引人注目的是老子的《道德经》以及《老子道德经序诀》《老子道德经义疏》、河上公简注和释文等。此外还有一些佛道争衡的材料。也有儒家经典，如《孝经》、北齐写本《春秋左传集解》和唐写本《春秋谷梁传集解》《尚书》《论语》等。这些都对古籍校勘有重大的价值。还有一些过去曾经一度流行过而现已绝迹的摩尼教和祆教的经典，引起了中外学者的极大兴趣。他们利用这些新资料，写出了一些很重要的文章，讨论这些宗教在中亚一带和中国新疆及内地流传的情况，弥补了宗教史研究的一些空白。

敦煌遗书中还有少量的摩尼教、景教与祆教的资料。摩尼教是3世纪时，由波斯人摩尼所创立的宗教，唐代传入中国。我国文献中虽然对此有记载，但都十分简略，难以使人

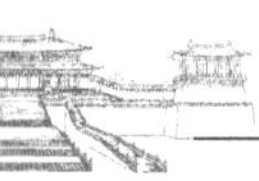

知其全貌。如《佛祖统纪》卷三十九中曾讲："延载元年，波斯人拂多诞持二宗经伪教来朝。"此拂多诞是何人，二宗经伪教为何教，过去人们一直无法确定。又如《册府元龟》卷九百七十一载："开元七年，吐火罗支汗那王帝赊，上表解天文人大慕，其人智慧幽深，问无不知。伏乞天恩唤取慕，亲问臣者事意及请教法，知其人有如此之艺能，望请令其供养，并置一法堂，依本教供养。"其中所讲大慕为何人，其教法如何，后人一直不得而知。直到敦煌藏经洞摩尼教典籍被发现后，上述这些问题才得以明了。特别是现在分藏在伦敦和巴黎的一份原题为《摩尼光佛教法仪略》的卷子（斯3969和伯3884），详细记载了摩尼教的起源、教主摩尼的形象、该教的主要典籍、教团的等级结构、寺院制度、教义等，对于全面了解摩尼教很有帮助。如此卷第四部分"五阶仪"中介绍教团结构时讲道："第一,十二慕，译云承德教道者；第二，萨婆塞，译云侍法者，亦号拂多诞。"据此，便可知《佛祖统纪》卷三十九和《册府元龟》卷九百七十一所载是有关摩尼教的事情，为研究摩尼教传入中国的情况提供了重要资料。

林悟殊通过对《摩尼光佛教法仪略》等摩尼教残卷进行了深入研究，搞清了一系列关于摩尼教传入中国后的情况。这些文章有《〈摩尼教残经一〉原名之我见》《摩尼教〈下部赞〉汉译年代之我见》《唐代摩尼教与中亚摩尼教团》。如他指出《摩尼教残经一》（北图"宇"56号）原名可能叫《证明过去因果经》，武则天时已经在中国流行。《摩尼光佛教法仪略》是唐开元十九年（731年）时，由来自中亚摩尼教团的传教士奉唐玄宗之诏写的一份全面介绍该教情况的材料。《摩尼教残经三》的原名是《下部赞》（斯2659），为大历以后译成汉文的摩尼教经典，是当时中国的摩尼教徒举行宗教仪式时用的赞美诗。这些残经卷表明，唐代流行的摩尼教，并不是直接来自该教发祥地古波斯西部巴比伦一带的教团，而是来自独立的正在佛教化的中亚教团，而且该教传入中国后，其佛教化程度进一步加深，从仅仅使用一些佛教用语发展到干脆直录佛典经文，以与佛教同宗自居，甚至把自己的教主及所崇拜的神都称为佛，终于和佛教浑然一体。

景教是古代基督教的一个支派。5世纪时由叙利亚人聂斯脱利创立，又称聂斯脱利派。因其学说与当时流行的基督教教义不相一致，遂被谴责为异端。聂斯脱利本人被放逐，其教徒逃亡到波斯。后来该教由波斯传播到中亚，并于唐贞观九年（635年）由叙利亚人阿罗本传入中国，此后便在中国流行。到唐武宗灭佛时，又与佛教、摩尼教、袄教等一道被禁止。关于景教在唐代的流行情况，文献记载颇为缺乏，直到明天启五年（1625年）在长安发现了《大秦景教流行中国碑》后才略知一二。根据该碑文所说："太宗文皇光华启运，明圣临人。大秦国有上德，曰阿罗门，占青云而载真经，望风律以驰艰险。贞观九祀，至于长安。帝使宰臣房玄龄总仗西郊，宾迎入内。翻经书殿，问道禁闱。深知正真，特令传授。"据此可知，唐代景教已经有中文译本流传，但究竟如何，不得而知。敦煌遗书中有七卷有关景教的资料，即《大秦景教三威蒙度赞》（伯3874）、《尊经》（伯3874）、《一神论》《序听迷诗所经》《志玄安乐经》《宣元始本经》《大秦景教大圣通真归法赞》（以上几卷均藏于日本）。这些材料对于研究和了解景教的教义及其在中国的流行情况很有帮助。如《尊经》末尾的跋文中有这样一段文字："谨按诸法目录，大秦本教经都五百二十

部，并是贝叶梵音，唐太宗皇帝贞观九年，西域大德僧阿罗本界于中夏，并奏上本音，房玄龄、魏徵宣译奏言。后召本教大德景净，译得以上三十部卷，余大数俱在皮夹，犹未翻译。”可以看出，当时阿罗本等人携至中土的景教文献共计520部，译为汉文的30部。经研究，这些经卷在译成汉文之后也采用了一些佛道用语，但内容却仍然保留了景教特色。

（6）对于研究古代科技和其他方面的价值。除了政治、经济、社会情况以外，还有关于科技方面的资料。藏经洞中发现的《本草》残卷，医方残卷；天文历算的书籍有二十四气七曜历日。从藏经洞写本使用的纸张还可以看出中国古代造纸、潢纸（染纸）、印刷术的进展。中国是最早发明印刷术的国家，北宋沈括详细地记录了活字印刷的情况。实际上，雕版印刷始于唐代后期，如敦煌藏经洞保存了的唐代咸通九年（868年）刻印的《金刚般若波罗蜜经》，是世界上现存有明确纪年的最早的印刷物。它刻印精美和娴熟的程度，说明在此前至少已经历了大约一百年的发展过程。中国书籍的装帧是由卷轴到册页的演变过程，从敦煌文献也可以清楚地反映出来。简册、卷轴、蝴蝶装①、裱褙装的书籍在这里都能找到，有的写本用的是朱丝栏或乌丝栏等，有的书中有朱墨点校，从这里都能看到唐代书籍的样式。还有一些绢、量器、军器，形象地说明了当时社会的生产水平。

（7）对研究中外文化交流史的价值。敦煌石窟的存在本身就是中外文化交流的结果。没有中外文化交流，就没有敦煌，它是文化交流的见证者。敦煌、吐鲁番和新疆其他地区是文化交流的孔道，沿着“丝绸之路”，文化交流的痕迹，像石窟、古庙、古城到处可见。在建筑、石窟艺术和雕塑、壁画等的风格上，到处可见外来文化的影响以及中外文化交流的痕迹。在敦煌藏经洞发现的梵文本《心经》，在吐鲁番地区也发现了大量梵文佛经写本，其中也有文学作品，如佛教大诗人马鸣的著作，在印度已经散佚，它的发现弥补了印度梵文文学史上的一个空白。莫高窟壁画上的玻璃器皿，有的也表现出萨珊的艺术风格，说明西亚地区的玻璃器已经输入中国。新发现的丝织品上也有波斯风格的图案。这都说明了东西方文化互相影响的情况。在敦煌藏经洞中还发现了唐代新罗僧人慧超的《往五天竺国传》。他由海路到达印度，后从陆路返回，经新疆一带回到中国。其著作受到了研究中西文化交流史的学者的高度重视。中外僧人的旅行记录数目不少，有的已经散佚，有的保存到现在。

参考书目

［1］ 马世长：《关于敦煌藏经洞的几个问题》，《文物》1978年第12期。

［2］ 胡戟、傅玫：《敦煌史话》，中华书局，1995年。

［3］ 季羡林：《敦煌学》，《敦煌学大辞典》，上海辞书出版社，1998年。

［4］ 姜伯勤：《敦煌遗书》，《敦煌学大辞典》，上海辞书出版社，1998年。

① 蝴蝶装：书籍装潢的一种。一般是把有字的纸面相对折叠，将中缝的背口，用糨糊粘连，再以厚纸包裹作为书面，翻阅书籍时，展开如蝴蝶的双翅，故名。

第二节　吐鲁番文书

吐鲁番文书的发现，与敦煌文书有所不同，其偶然成分很少。吐鲁番地区干旱少雨，气候干燥，墓葬和城址、石窟内所埋藏的文书，大多保存完好，发现与否只是个时间问题。但吐鲁番地下宝库究竟何时开启，吐鲁番文献究竟何时发现，目前学术界的意见不一。主要有二说：

第一种为传统观点。1898年俄国克列门兹到吐鲁番考察和盗掘时发现。克列门兹曾任沙俄考古学会会长。1898年，他到吐鲁番考察，曾经盗掘多处遗址和墓葬，获得不少汉文、梵文及其他少数民族文字书写的古代文书和石刻。1899年10月14日，在罗马举行第十二届“国际东方学者会议”时，俄国突厥学家拉德洛夫介绍了克列门兹在吐鲁番的盗掘活动及所获文书，引起西方学者注意。一些学者呼吁俄国政府及有关机构支持克列门兹的工作。拉德洛夫趁机向大会倡议，建立一个国际协会以促进这项工作，结果他的提案被通过。1902年，在德国汉堡举行第十三届“国际东方学者会议”时，该国际协会被正式定名为“中亚远东历史学、考古学、语言学、民族学国际学会”，总部设在俄国圣彼得堡，其中央委员会被定名为“俄国委员会”。1903年2月，该委员会被沙皇批准，并得到政府资助。实际上，由于拉德洛夫的介绍，不仅俄国，其他东西方列强，也都已将盗掘的注意力集中到了吐鲁番。可以说，克列门兹的发现，对于后来吐鲁番文献被盗掘起到了推波助澜的作用。

第二种为近年来的新观点。认为始于1882年《凉王沮渠安周造寺功德碑》的发现。传统的观点认为，该碑是在1902—1903年间，由德国格伦德尔率领的普鲁士第一次吐鲁番探险队，于高昌故城的一所废弃寺院（即德国人所编号的M寺）里发现，并运回柏林的。但新近出版的柯昌泗著作，谓该碑实际是“光绪壬午”（1882年）出土于火州故城（高昌故城）。1902年冬，格伦威德尔率领的德国第一次吐鲁番探险队在胜金口进行发掘时，听到碑石的消息，从当地挖宝人手中买下，然后运回柏林。但无论怎样，首先发现吐鲁番文献的人，是当地的土著居民则毫无疑问。

吐鲁番文书的盗掘，规模有大小之别。规模较大者，始于前述俄国考察队，然后是德国、日本、英国的考察队和探险队。规模较小者，除了当地人之外，还有来自内地的各类人士。

俄国考察队最早到吐鲁番盗掘。主要有三次：第一次是在1898年，即由俄国科学院派遣，克列门兹率领，考察高昌故城、盗掘阿斯塔那墓葬、测绘柏孜克里克千佛洞，获得了一些汉文文书和几件梵文、回鹘文印本佛典，还发现了不少带有中亚婆罗谜文和回鹘文题记的壁画。后来出版了一部《1898年圣彼得堡俄国科学院吐鲁番考察报告》。第二次在1906—1907年间，由俄国皇家地理学会派遣，科卡诺夫斯基率领，这次未进行发掘，但在考察古代遗址时，收集了一些出土文献，其中包括9件汉文文书、1件梵文写本、2件藏文

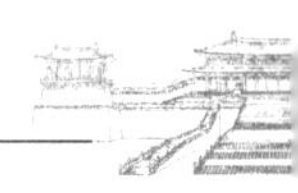

写本和印本、1件蒙古文印本、3件回鹘文写本、2件汉文和回鹘文双语文书，以及几件粟特文摩尼教文书。第三次在1909—1910年间，由俄国委员会派遣，奥登堡率领，考察和部分盗掘了胜金口、阿斯塔那、高昌故城、交河故城、柏孜克里克等众多墓葬和遗址，获得很多梵文和回鹘文写本。

德国考察队到吐鲁番盗掘共有三次：第一次在1902—1903年间，由柏林民俗学博物馆委托，印度艺术史专家格伦威德尔率领，在胜金口、木头沟及高昌故城进行了多次盗掘，获得了44箱古代艺术品和出土文书。出土文书包括汉文、梵文、藏文、突厥文、回鹘文、蒙古文写本和印本，出版了一部《1902—1903年亦都护城及周围地区考古工作报告》。第二次在1904—1905年间，由德国皇家派遣东方考古专家勒柯克率领。他们除了重返前次发掘的遗址，还到达吐峪沟、柏孜克里克，一面考察，一面盗掘，获得了200箱古代艺术品和出土文书。据说出土文书包括24种文字拼写的17种语言的文书，发表了一篇名为《普鲁士皇家第一次新疆吐鲁番考察队的缘起、行程及收获》的简报。第三次在1906—1907年间，仍由德国皇家派遣，格伦威德尔、勒柯克率领。他们由库车、焉耆进入吐鲁番，沿途考察和盗掘，获得了200多箱古代艺术品和出土文书，出版了一部《新疆古希腊化遗迹考察——德国第二、三次吐鲁番考察报告》。在1913—1914年间，还由勒柯克率领探险队进行过一次盗掘。此次盗掘行动虽然也到过吐鲁番，但重点却是库车。盗掘的文物、文书分三批，第一批103箱，第二批138箱，第三批159箱，吐鲁番文书不多。

日本探险队对吐鲁番的盗掘也有三次。第一次是在1903—1904年间，由西本愿寺大谷光瑞委托，渡边哲信、堀贤雄率领，盗掘了阿斯塔那和哈拉和卓的墓葬，获得了一些文书。第二次是在1908—1909年间，仍由大谷光瑞派遣，橘瑞超、野村荣三郎率领，不仅重返前次盗掘的墓葬，还到木头沟、吐峪沟、交河故城、柏孜克里克等遗址进行了广泛调查和盗掘，获取了大量出土文书。第三次是在1912—1913年间，仍由大谷光瑞派遣，吉川小一郎、橘瑞超率领，他们盗掘了不少墓葬，获取了不少文书。但这三次探险，由于成员多是年轻僧侣，缺乏基本的考古学知识，都没有整理出报告，仅发表了一些游记。

英国探险队最后到达吐鲁番，虽然仅一次，但准备很充分，收获也不少，这就是斯坦因的第三次中亚探险（1913—1915年）。在这次探险中，他沿着丝绸之路的南路北进，经和田、尼雅、楼兰、敦煌、居延，于1914—1915年间再次来到吐鲁番，在阿斯塔那、丫头沟、吐峪沟、高昌故城、交河故城等进行了一系列的调查和盗掘。其中，仅在阿斯塔那就盗掘墓葬34座。斯坦因的此次吐鲁番探险，获取了不少文书，其中绝大部分盗自阿斯塔那墓葬。后来出版了《亚洲腹地——在中亚、甘肃和东部伊朗考察的详细报告》。

我国学者对吐鲁番进行科学的发掘始于20世纪二三十年代。黄文弼作为斯文赫定、徐旭生率领的西北科学考察团的成员，于1928年和1930年先后两次到过吐鲁番，并以交河地区为中心，发掘了众多墓葬，获得了大批墓砖。此外，还从当地人手中购得一些文书。这些成果都反映在其代表作《塔里木盆地考古记》一书之中。出于建设需要，新疆维吾尔自治区自50年代中期到70年代中期对吐鲁番古墓葬和遗址进行了多次发掘，收获丰富。1956年，对交河故城、寺院及雅尔湖古墓进行发掘时，获得几方墓砖；1965年对安乐故城进行清理，获得一些古籍、佛经和少数民族文字写本；1959—1975年对阿斯塔那、哈拉和卓及乌尔塘、交河故城等地的古墓葬和遗址进行13次大规模清理和发掘，共计清理和发掘墓葬500座，遗址1处，其中1座墓葬出土了木简，还出土了大量墓志和墓砖。

1975年以后，又进行了多次清理和发掘，收获颇丰。1976年对采坎5座墓葬进行清理，获得1方墓砖；1976年对阿拉沟东口古堡进行发掘，获得20多件文书；1979年对阿斯塔那2座墓葬进行发掘，获得一些文书；1980—1981年，对柏孜克里克千佛洞进行清理，获得800多件古籍、佛经和少数民族文字写本；1981年对吐峪沟千佛洞进行清理，获得几件文书和古籍写本；1984年，对哈拉和卓村东唐北庭副都护高耀墓进行发掘，发现墓志一合；1994—1996年，中日合作对交河故城沟西墓葬进行发掘，获得较多文书和墓志；2004年以来，在新疆吐鲁番阿斯塔那发现墓志、衣物疏等不同质地的文书；2010年以来，在新疆吐鲁番吐峪沟石窟先后发掘8次，出土了汉文、粟特文、藏文、回鹘文、婆罗米文、古叙利亚文等文书，内容包括佛经、世俗文字、古书注本、古叙利亚文的摩尼教文书等；2012年，在新疆吐鲁番胜金口石窟出土了一批纸文书，包括汉文、回鹘文和吐蕃文文书，其中汉文文书多与佛教有关。

另外，2019—2021年，在新疆尉犁克亚克库都克唐代烽燧遗址出土780余件文书，有授勋告身、账单、私人信札、书籍册页、文学作品等，内容涉及军事、政治、经济、文学诸多方面。

参考书目

[1] 季羡林主编：《敦煌学大辞典》，上海辞书出版社，1998年。

[2] 王素：《敦煌吐鲁番文献》，文物出版社，2002年。

第五编
边疆地区的考古学遗存

第一章　渤海遗迹与遗物

唐代渤海国是以粟末靺鞨部为主体，并结合靺鞨诸部及其他民族，在我国东北及俄罗斯沿海州和朝鲜北部等地区所建立起来的唐王朝统治下的封建地方政权（698—926年）。王室姓大，初称震国，也叫靺鞨。唐先天二年（713年），唐玄宗册封其创立者大祚荣为“左骁卫大将军、渤海郡王、领忽汗州都督”，自此去靺鞨之号，专称渤海。渤海建国期间，其君主历来受到唐王朝的册封，积极学习和吸收唐王朝的典章制度和中原地区的先进文化与生产技术，最终发展成为“海东盛国”。全盛时，“地有五京、十五府、六十二州”。926年，契丹攻占扶余城，并乘胜进军至上京城，渤海最后的王大諲譔被迫出降而国亡。前后历15王，约229年。

渤海城址、墓葬以及遗物表明，渤海与唐王朝保持着密切的联系。其遗迹与遗物主要为城址和墓葬，其分布区域主要集中在牡丹江、海浪河中下游、绥芬河中上游。

第一节　渤 海 城 址

渤海城址中较重要的有渤海前期都城旧国城（今吉林省延边敦化市敖东城），渤海后期五京中的上京龙泉府城（今黑龙江省牡丹江宁安市东京城）、东京龙原府城（今吉林省延边珲春市八连城）、中京显德府城（今吉林省延边和龙市西古城）及黑龙江省牡丹江东宁市城子古城，该城形制同上京龙泉府相似，被认为是渤海率宾府辖下的一座州城。

一、旧国城

在以往，学界普遍认为，渤海国最初建都的旧国城城址，即今吉林省延边敦化市东南、南邻牡丹江的敖东城。自20世纪50年代以来，通过调查，该城的基本情况已经究明。城墙土筑，由内外两城组成。外城平面呈长方形，东西长约400、南北宽约200米；城墙仅存西、北、南三面，残高1.5—2.5米。南墙中部有城门，宽约6米，外有瓮城遗迹。内城位于外城的中央偏西处，平面呈正方形，边长约80米，南门与外城南门相对，外有水沟环绕。城内发现有建筑基址等[①]。

---

① 单庆麟：《渤海旧京城址调查》，《文物》1960年第6期；王承礼：《吉林敦化牡丹江上游渤海遗址调查记》，《考古》1962年第11期。

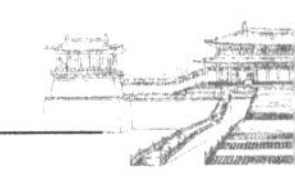

但据2002—2003年的发掘，从地层上证明这座城址的构筑年代为金代，而不是以往所说的渤海早期，而且发掘区内堆积物的年代与城墙的年代一致①。那么，文献中的渤海早期都城——旧国城的具体所在得重新探讨和寻找。

二、中京城

唐天宝时期，渤海国迁都至显州，即中京显德府。经过多年调查和研究，可以确定吉林省延边和龙市西古城址为其遗址。在20世纪30年代，日本人鸟山喜一、藤田亮策曾经到此考察。20世纪70年代以来，曾经多次进行调查和发掘，进一步探明了城址的基本情况。城址分内外两城，外城东西宽630、南北长730、周长2720米。城墙系夯筑而成，底宽13—17、上宽1.5—4、高1.5—2.5米，最高处可达4.5米。城门遗址发现2处，位于城的南北中轴线上，一处在南墙中部，宽约15米；另一处在北墙中部，宽14米。城外有壕沟遗迹。内城位于中部偏北处，南北长310、东西宽190米，中轴线及其两侧分布有5座宫殿基址，出土各种建筑材料。

三、东京龙原府城

东京龙原府城位于吉林省延边珲春市西约6千米，俗称八连城或半拉城、八垒城等。20世纪30年代，日本人鸟山喜一、藤田亮策曾经到此考察。1942年，日本人斋藤甚兵卫对城址进行了发掘，编写了《半拉城》报告。20世纪80年代以来，吉林延边博物馆等单位曾经多次进行勘察，进一步探明了城址原貌及保存状况。其外郭城四面城墙多已无存，内城及宫城保存较好，均为夯土筑成，城墙宽约6米，残高1米多。内城北城墙长712、东城墙746、南城墙701、西城墙735米，四面城墙中部各开一门，城墙外约6米处有护城河遗迹。宫城位于中部偏北，平面呈长方形，宫墙夯土筑成，内有宫殿基址，东西宽218、南北长318、周长1072米。宫城南墙至内城南墙之间以墙隔为东西两区，其东西两侧又隔为两区。宫城北墙与内城北墙之间为一区。如此，共有八座城相连，故称八连城。城南发现有寺院遗址，当是原来建于外郭城之内的寺院。

四、上京龙泉府城

上京城遗址位于黑龙江省牡丹江宁安市渤海上京龙泉府，是目前已经发掘的最重要的渤海城址，也是经过科学勘察和发掘的渤海都城遗址。唐天宝末年，渤海国迁都至上京龙泉府，后曾一度迁往东京龙原府，不久又迁回上京，直到渤海国灭亡，上京为都时间最

---

① 吉林大学边疆考古研究中心、吉林省文物考古研究所：《吉林敦化市敖东城遗址发掘简报》，《考古》2006年第9期。

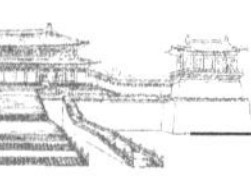

长。因其地理位置在北方，故称上京。城西临忽汗河（今牡丹江），所以又称忽汗城、忽汗王城，也有渤海王城之名。和内地的隋唐时期城址一样，也是一座封闭式城市。外郭城平面呈长方形，四面共设10门。宫城居全城北部中央，宫城前为朱雀大街，是全城的中轴线。由南北大街4条和东西大街5条构成规整的里坊区。坊皆作长方形，四面筑坊墙（图5-1-1-1）。

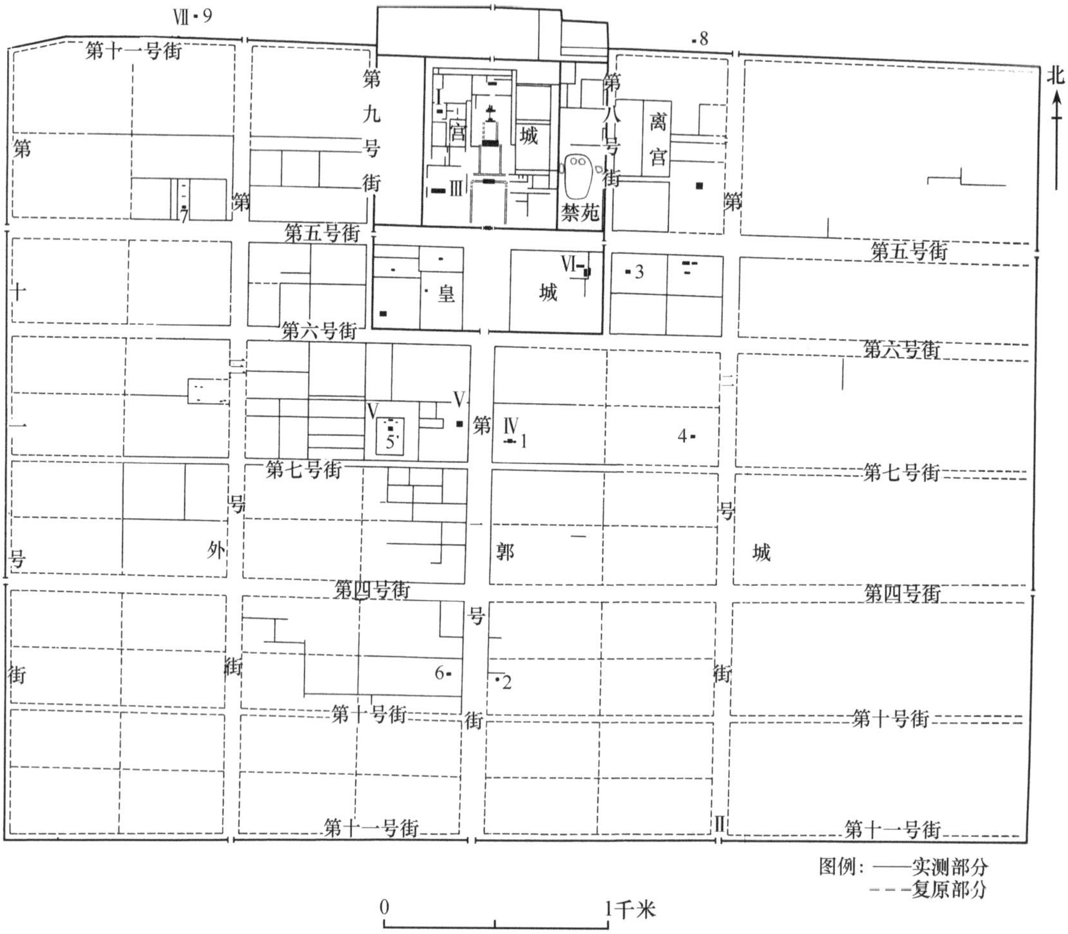

图5-1-1-1　渤海国上京龙泉府城遗址平面图

1—9. 佛寺遗址　Ⅰ—Ⅶ. 本次发掘的遗迹

20世纪初，先后有日本人白鸟库吉、鸟山喜一和俄国人包诺索夫等对该城址进行过调查。1933—1934年间，日本东亚考古学会原田淑人、滨田耕作等对城址进行过发掘，1939年出版了《东京城》一书。1963—1964年间，中国和朝鲜联合考古队也曾在此发掘，其成果和收获主要反映在1971年朝鲜出版的《渤海文化》和1997年中国出版的《六顶山与渤海镇》中。1981—1984年间、1990年，黑龙江文物考古部门又进行了发掘。

1. 外郭城

上京龙泉府城的形制和平面布局都模仿了隋唐长安城。外郭城平面呈东西向长方形，

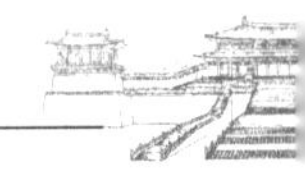

东城墙3358.5、南城墙4586、西城墙3398、北城墙4946米，周长16288.5米。据调查，外郭城城墙的修筑可能有四种情况：一是以石为基，其上筑土夯成；二是两侧砌石，中间土筑；三是内侧土筑，外侧砌石；四是土筑。墙基宽14—18、上宽1—3、厚约2.4米。外有城壕，宽约3米。

共设置10座城门，南北两面各3座，东西两面各2座，位置对称。除正南门可能有3个门道之外，其余各门仅有1个门道，宽度约5.5米。郭城南墙上东门经过发掘，为单门道，进深东侧为6.4、西侧为6.1米，宽度南端为5.5、北端为5.4米。门道两侧的门墩，西侧长6.1、宽3.6米；东侧长6.4、宽3.2米。在门道内发现有柱础石，推测城门建筑面阔5间，进深3间，属于在中层架平座的楼阁式建筑。城内共发现9条街道，5条为南北向，4条为东西向。居中的1条南北向大街，自正南城门通至宫城的南门，可比拟唐长安城的中轴线，称为“朱雀大街”，其宽度为110米，将全城分为东西两城。其余大街的宽度可分为92、78、65、34—28米四个等级。所有街道都系土筑，全街呈直线状，没有任何偏斜和曲折。街道两侧是否有排水沟，未能探查清楚。

各条大街纵横交叉，将全城分为许多规整的长方形区域，其间设坊。各坊有石砌围墙，坊的内部又有墙垣将全坊分隔成若干部分或若干院落。坊墙经过发掘，系用大小、形状不同的自然石块叠砌，并在其间掺土筑成。墙宽为1.1米，其基础部分里外又各加铺一排石块，使其宽度约增加到1.8米。

各坊东西长度相近，一般在465—530米之间，但南北宽度则分为大、小两种，大坊为350—370米，小坊则为235—265米。大坊分布在宫城、皇城两侧，小坊分布在“朱雀大街”两侧。这一点与隋唐长安城的里坊分布特点相一致。宫城两侧各坊，有的三面临街，有的两面临街。皇城两侧各坊，有的四面临街，有的三面临街，“朱雀大街”两侧各坊，都是两面临街。各坊不临街的一面或两面，以单墙与邻坊隔开。

2. 皇城

皇城和宫城总体为南北向长方形，南北长约1390、东西宽约1050米。周围筑石墙，皇城和宫城仅一街之隔，街宽92米，穿过皇城的东、西门，直达外郭城的东、西门，有如长安城宫城和皇城之间的横街。

皇城，也称紫禁城，平面呈横长方形，东面447、南面1045、西面454、北面1050米，周长2996米。东、南、西三面围墙多已夷平，仅有残迹可寻。北面围墙保存较好，系用石块砌成，如同宫城的围墙。

皇城共有3座门，即东门、西门和南门。北门经过钻探，为单门道，宽约5.2米。南门位于皇城南面围墙正中，相当于长安城的朱雀门，有3个门道。

皇城之内可分为东区、西区、中区3部分。东区与中区之间、西区与中区之间，各有一道石砌的南北向墙垣相隔。东区长413、宽355米，发现3个院落遗址。西区与东区的位置对称，范围大小也与东区相当，发现5个院落遗址。东、西区可能为官署之所在，分为左右两院，当与渤海官制之有左右三部六司有关。中区在东、西区之间，宽222米，未探出建筑遗迹，也未发现瓦片等遗物，当初可能为广场，并兼为宫城南门和皇城南门之间的通道。

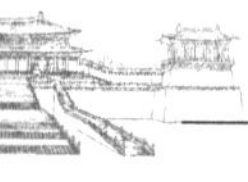

3. 宫城

城北部中央是宫城，平面呈规整的长方形，东、西宫墙各长720米，南、北宫墙各长620米，周长约2680米。城墙为玄武岩石块砌筑而成，残高3—5米，墙体残堆基宽8—10米，表面用多层沙泥抹平。宫城的四角修建有角楼。在宫墙的东、西、北三面，有禁苑等附属部分，各部分除借用宫墙之外，另筑围墙，形成了宫城的外围。外围东面900、南面1050、西面940、北面1096米，周长3986米。

宫城正南门俗称“五凤楼”，相当于唐长安城太极宫的“承天门”，也称为“午门”，正中的墩台实心无门，在其两侧各设一门道。墩台平面呈长方形，东西长42、南北宽27、高5.2米，两端各有一凸出部分作为门道的墩台。其建筑方法是用一层砂土加一层鹅卵石夯筑而成，夯层厚0.15—0.16米。墩台南北两侧以石砌筑两道墙，南壁用条石砌筑，北壁除隅石为正方形外，其余都是块石砌筑，墙体略有收分。墩台之上残存45个大础石，东西10排，即面阔9间，如果除去回廊，为面阔7间；南北7排，即进深6间，如果除去回廊，即进深4间。础石在放置之前，先在墩台上挖深1.5米、直径稍大于础石的坑，坑内填3块大石块，然后将础石放置其上。础石均为覆盆式，直径0.74—0.76米，其中一部分础石只凿出半边覆盆，并在础石之间发现用白灰抹墙的迹象。墩台西侧的门道经过发掘，其两侧均砌有墩台，东侧墩台与五凤楼的实心墩台建在一起，西侧墩台东西宽10、南北长12、现高5米。门墩用玄武岩石块砌成，上部有收分，四壁抹有四层白灰面，是不同时期涂抹上去的。墩台之间为门道，进深12、宽5米，用厚0.3米左右的大块不规则形玄武岩石铺装地面。门道内有两道石门限，相距2.85米。每道门限分东西两段，每段长1.25、厚0.15、高0.27米，两段门限间距2.2米。在两道门限各自的中间，各有一个长0.3、宽0.1、残高0.15米的石柱，俗称“将军柱”。门道两侧的墙与地面垂直，壁上留有清晰的立柱痕迹，每侧15根，东西对称。其建筑方式为两壁立排叉柱的木构过梁式建筑。在五凤楼前5米处，还发现护城壕，其走向为东西向，剖面呈梯形，上宽下窄，上宽2.5、底宽1.65、深1.8米。壕沟壁面经过修整，底部铺鹅卵石，鹅卵石下面有一层厚约5厘米的白灰，将鹅卵石黏结在一起，应当是有目的地铺设而成的，而且可能是环城开挖。宫城按其功能规划可分为中、东、西三区。

中区内有5座大殿，自南而北排列在中轴线上，俗称“五重殿”。前两殿即1、2号殿址规模最大，基坛砌石，并装饰石雕螭头，地面铺宝相花纹方砖，应为举行典礼和朝会之处。石柱础上置绿釉陶柱座，屋顶铺灰瓦，兼用绿釉瓦，屋脊置绿釉鸱尾和兽头。后三殿即3、4、5号遗址，规模较小，应为寝殿，有炕道、烟囱等取暖设施。在东区发现4个院落遗址，西区发现3个院落遗址，它们均位于“五重殿”的左右两侧，可能是嫔妾和内侍等人的住所以及厨房、仓库之类。

西区的一处寝殿遗址经过发掘，是一座建在台基上的瓦顶建筑物，房屋分为3间，自西向东互相连接，周围有回廊。在台基南面的东部和西部，各有一个铺砖地面，略如台阶。在台基的北面有一条通道，通往后院。除南面以外，其他三面的廊都有墙，墙面粉刷白灰，洁白光滑。房屋的墙壁也粉刷白灰，并有彩绘。台基呈长方形，东西长28.95、南

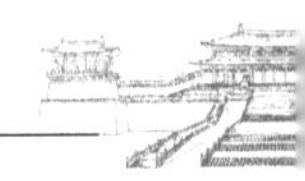

北宽17.31米，用沙土和黄褐色土交叠夯筑而成，夯层厚40厘米。台基的四周用规整的长方形石条镶砌。台基的表面铺一层沙土，即为屋内的地面。台基的周围设有用砖铺砌的散水。整个寝殿之内共设7个灶，4个在屋内，3个在廊内。所有灶的烟道都用土坯砌成，内壁涂抹一层草拌泥土，外壁涂抹细泥黄沙，再用白灰粉刷。除北廊东部和西部的2个灶的烟道为单独1条之外，其余的烟道都是2条并列，形成1个炕，宽约1.2—1.4米，其上用大小不等的石板铺盖，表面非常光滑。在殿的北面，有2个烟囱，东西两侧各1个，位置对称。东屋和北廊东部的灶的烟道，汇合后通往东侧烟囱。中屋、西屋和北廊西部的灶的烟道，汇合后通往西侧烟囱。西廊的灶的烟道，如何与烟囱相通，情况不明。烟囱基座近方形，如东侧的南北长5.3、东西宽5米；西侧的南北长5.45、东西宽5.5米。底部系夯土筑成，上部用石块叠砌，四周有砖砌散水。底部较大，往上逐渐收缩。烟囱前部都有呈斜坡状的过道，系用夯土筑基，东西两壁粉刷白灰，其上用石块砌成两条烟道。在过道南端的烟道上，发现有用板瓦覆盖，然后再用石板铺盖的结构。

宫城北、东、西三面的附属部分也进行了调查和发掘。东面的附属部分，自南至北长722米，自东至西宽213米，当为禁苑所在。其北部约占禁苑面积的三分之一弱（南北长203米），被墙单独隔成一个院落。其南部有水池、假山等遗迹。水池平面呈椭圆形，南北长190、东西宽约110、深约1.5米。池内偏北处有两个亭子状建筑的遗迹。水池的北岸有一处较大的建筑物遗址，两侧有曲廊。水池偏北的东、西两侧，各有1座假山，是用挖池掘出的土堆成的。东假山略呈东西向椭圆形，长约40、宽约30、高约4—5米。西假山呈南北向椭圆形，南北长50、东西宽30、高4—5米。宫城西面的附属部分，南北长722、东西宽220米，与宫城东面的附属部分对称，内部地面平坦，也未见有墙垣、房基等遗迹。宫城北面的附属部分，东西长847、南北宽215米，其西面和北面是借用外郭城的城墙，在靠近东端处有南北向墙垣。在这一部分东面，又有一近长方形的区域，东西长204、南北宽172米，其北面和东面是借用外郭城的城墙，内部偏南处有两道东西向的墙垣。宫城的北面和西面附属部分，可能是卫兵和各种工役的所在之区。

在上京城内、城外佛寺甚多，已经发现的佛寺有9座，其中7座佛寺在城内，2座佛寺在城外。城内的7座佛寺分布在7个不同的坊中。城外2座佛寺，分别在北墙东门和北墙西门的西北方。城内遍布佛寺的布局特点，与隋唐长安城相似。

五、南城子古城

古城遗址位于上京龙泉府东北约90千米处，即黑龙江省牡丹江市东北约20千米，俗称南城子古城。20世纪70年代，经过调查得知，城址平面呈南北向长方形，南北长580、东西宽450、周长2060米。城墙大部分为夯筑而成，一部分为土石混筑。城外有城壕，城内有土台遗迹。与城址相对的牡丹江左岸发现一道就地取土采石修筑的边墙。城内发现较多渤海时期的建筑基址和大量渤海遗物。调查者认为南城子古城为渤海所辖之渤州城[①]。

六、大城子古城

大城子古城位于黑龙江省牡丹江东宁市约5千米的绥芬河南侧，是较典型的渤海城址。1972年，经过黑龙江省博物馆勘察，城址平面呈东西向长方形，北墙中段外凸。城墙夯筑而成，北墙1365、东墙460、南墙1290、西墙460米，城墙残高2—6米。城角有角楼遗迹，西墙北段有瓮城遗址。城外有护城河遗迹，深约2—3米。城中部偏北有土台遗迹。结合有关文献记载，推测其为率宾府城址[②]。

七、渤海村落遗址

1977年，在黑龙江省东宁县团结村发掘了渤海时期的村落遗址。清理出4座小型房址，面积一般在15平方米左右。房屋为半地穴式，屋顶系由南向北降低的一面坡式，门向南。房屋之内有石砌的火炕，平面呈曲尺形，一端连灶，另一端为出烟处，立有烟囱[③]。这一发现，可以帮助认识渤海平民的住宅形式和生活状况。

八、渤海边墙

1979—1984年，先后经过5次调查，在黑龙江省牡丹江市与海林市东北部交界处的牡丹江左岸，发现1道渤海边墙，长100余里，土石修筑，墙体一般厚在5—7米，现存高度2米左右，俗称“小长城”[④]。这是一条重要的军事防御线，其功能与长城相似。

第二节　渤 海 墓 葬

渤海墓葬主要分布在吉林、黑龙江境内的牡丹江、海兰江及绥芬河流域。现已调查、发掘的渤海墓，集中于吉林敦化敖东城和黑龙江宁安东京城附近。较重要的有吉林敦化六顶山墓群，黑龙江海林山嘴子墓群，海林北站西山及头道河子的三处墓地，宁安大牡丹屯、三灵屯和大朱屯渤海墓，以及吉林敦化六顶山贞惠公主墓、延边朝鲜族自治州和

---

① 刘晓东、罗葆森、陶刚：《渤海国渤州考》，《北方文物》1987年第1期。

② 张太湘：《大城子古城调查记》，《文物资料丛刊》(4)，文物出版社，1981年，第223—226页。

③ 黑龙江省博物馆、黑龙江省文物考古工作队：《黑龙江文物考古三十年主要收获》，《文物考古工作三十年(1949—1979)》，文物出版社，1979年，第117页。

④ 牡丹江市文物管理站：《牡丹江边墙调查简报》，《北方文物》1986年第3期。

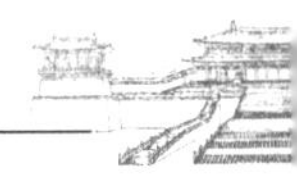

龙渤海贞孝公主墓。

渤海墓葬沿袭高句丽传统，以石块和石板为主要建筑材料，地面上有封土。一般墓葬的墓室平面为长方形，有的近方形，以石块或石板砌筑四壁和盖顶。大型墓则由墓道、甬道、墓室三部分构成，以石板或青砖砌墓壁，也用石板盖顶。葬具用木棺。墓内除一次葬骨架外，常于墓室一隅堆放数个以至十数个个体的散乱人骨，后者应是二次葬的骨殖。随葬品通常只有一至数件陶器和铜铁带具，少数墓葬有小件鎏金或金质装饰品。前、后期墓葬形制无大的区别，时代特征明显的器物是陶器。前期墓葬所出陶器作灰褐色或黑褐色，火候较低；后期墓葬出土的陶器作灰色，火候甚高。山嘴子墓群还出土唐三彩式绿釉陶器。已发掘的六顶山渤海墓和山嘴子渤海墓可以作为渤海前、后两期墓葬的代表。大城子渤海墓葬也是非常重要的发现。

一、六顶山渤海墓群

六顶山渤海墓群距离吉林省延边朝鲜族自治州敦化市城南约5千米，墓地分为东西两区，共有80余座，现已发掘其中的32座。既有合葬墓，也有迁葬墓。各墓出土人骨大多在2具以上，多者达10具。

墓葬形制可以分为三种类型：①封土土坑墓。使用木棺，或间或使用木棺，火葬。②封土小石棺木。一般为挖浅穴于地下，四壁以熔岩石块叠砌，上盖石板。③封土石室墓。墓葬按规模，可以分为大、中、小三型：

1. 大型墓

墓室一般长2.5米以上，宽2米以上，均设有门道，门道长宽多在1米以上。有的墓葬还设置墓道。墓室底部多数铺石块一层，有的则铺青砖、白垩、木炭、黄纱等。如渤海第三代国王大钦茂的次女贞惠公主墓，卒于渤海宝历四年（777年），宝历七年（780年）葬于今六顶山。墓顶有圆丘形封土堆，墓室平面呈长方形，长2.8—2.94、宽2.66—2.84、高2.68米。四壁以熔岩和玄武岩逐层交错排列，平砌而成，顶作抹角叠涩藻井，以大石板盖顶，甬道修于南壁中部，长1.74、宽1.1、高1.4米。甬道前有墓道，长11、宽2.45米。墓道和墓室均铺砖（图5-1-2-1）。甬道出土有截尖圭形花岗岩质墓志1方和石狮子2件。墓志通高90、宽49、厚29厘米，正面阴刻楷书汉字，21行725字，其中234余字已斑驳难辨。墓志记述了贞惠公主是渤海国第三代王文王大钦茂（738—793年）之次女，宝历四年（777年）卒，宝历七年（780年）陪葬珍陵。碑文语言流畅，用典较多，说明渤海贵族汉文娴熟，并有较高的文学造诣。出土器物有玉璧、鎏金铜饰件、铁钉、铁环，陶器有长颈瓶、盂、重唇长腹罐、碗、钵等，石质文物有石狮子等[①]。从贞惠公主墓出土的石墓志和石狮子，可以看出渤海墓葬受到了唐代中原地区葬制的影响。同时，其墓室顶部的砌筑方法又受到高句丽墓葬的影响。

① 王承礼：《敦化六顶山渤海墓清理发掘记》，《社会科学战线》1979年第3期。

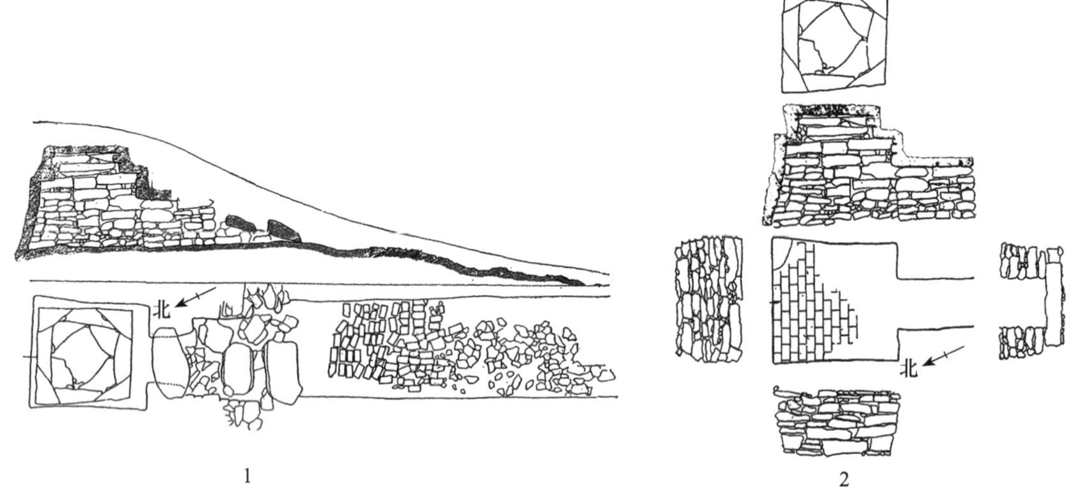

图5-1-2-1　唐渤海贞惠公主墓平、剖面图
1. 墓葬整体平、剖面图　2. 墓室平、剖面图

2. 中型墓

墓室比大型墓葬要小，一般长在2—3米之间，宽在1—2米之间。墓顶结构不清楚。也设短甬道，其长度一般多在1米以下，宽度没有超过1米者。葬具多用木棺，有的墓底置二三排垫棺石，每墓葬1人或多人。

3. 小型墓

墓室比较狭小，长1米多至2米多，宽度均不及1米。不设甬道，无棺木。随葬器物极少，仅出土有陶片、陶器和几件铜饰件，有的墓则一无所有。

六顶山墓地大中小三种墓葬，似乎不具有时代先后的意义，应当是墓主人身份有别的表示，即三种类型的墓葬可能代表了渤海贵族中的不同等级。

二、龙头山渤海墓

渤海贞孝公主墓位于吉林省延边朝鲜族自治州和龙市龙水乡龙海村西龙头山上，用砖和石板修筑而成，由墓道、墓门、甬道、墓室和地面塔等部分组成。塔已毁，仅存塔基。墓南北长15、东西宽7米。墓室平面呈长方形，南北长3.1、东西宽2.1米，四壁以青砖砌筑，地面以方砖对缝铺砌，上抹白灰。在墓室中部砌有棺床，棺床用长方形砖砌筑，南北长2.4、东西宽1.45、高约0.4米，上面及四周以白灰抹平（图5-1-2-2）。甬道内出土截尖圭形花岗岩质碑形墓志一方，高105、宽58、厚26厘米，汉字楷书阴刻，18行728字（图5-1-2-3）。在甬道和墓室之东、西、北壁均绘制壁画，题材有武士、内侍、伎乐、侍从等，人像圆脸朱唇，面庞丰腴，头戴幞头或系抹额，着红、青、黄、紫、赭色圆领袍，腰束革带，足踏靴或麻鞋（图5-1-2-4）。贞孝公主墓出土的铜带銙和鎏金带銙与唐代中原地

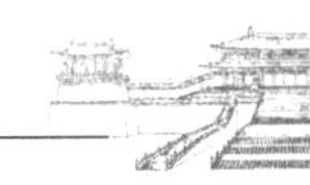

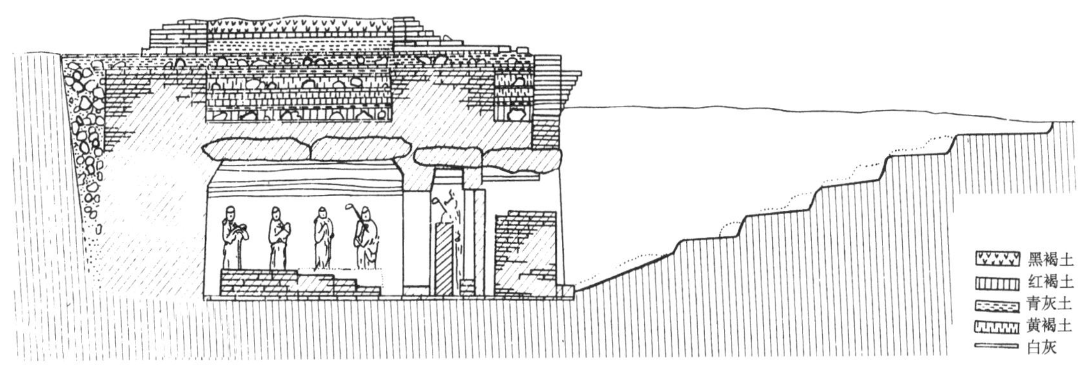

图5-1-2-2　唐渤海贞孝公主墓剖视图

区的带銙相似，汉文墓志和绘画也具有浓厚的唐文化色彩，反映了渤海文化同唐文化的密切联系①。

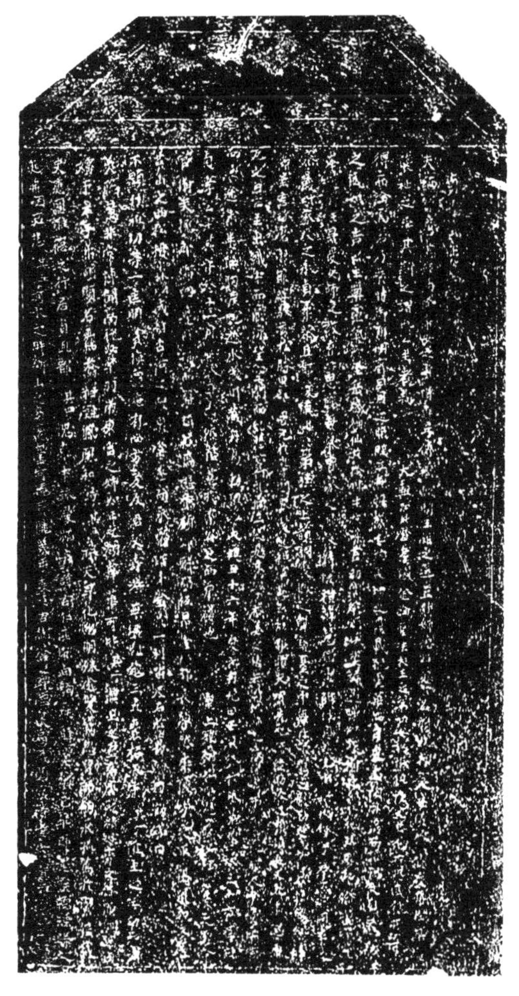

图5-1-2-3　唐渤海贞孝公主墓石墓志

三、大城子渤海墓

位于黑龙江省牡丹江东宁市大城子的渤海墓葬均为积石墓，按其规模可分为中、小两型。

中型墓葬以大城子1号墓为代表，用河卵石垒砌而成，上部已经被扰乱，墓门在南壁正中。墓室每边长3米左右，基本呈正方形。沿墓室四壁内侧有20厘米厚的土围墙，用黄沙和黏土混合筑成，表面涂抹白灰。在北壁南侧40厘米处又有一厚10厘米左右的土墙，墓室北部有一个单独的窄槽。墓内发现16具骨架，其中北侧的窄槽内有6具二次葬的骨架，并随葬一小陶罐。墓室东部有3具骨架，已被火烧，十分零乱。在其下面叠压有2具未被火烧的人骨架。墓室最底部有3具完整的人骨架，头向南，仰身直肢。二次葬的死者和墓主人应是同一家族成员。

小型墓为长方形，四壁砌以巨石，墓顶

① 延边朝鲜族自治州博物馆：《渤海贞孝公主墓发掘清理简报》，《社会科学战线》1982年第1期；国家文物局主编：《中国文物地图集·吉林分册》，中国地图出版社，1993年，第138、139、217页。

1

2

3

图5-1-2-4 唐渤海贞孝公主墓墓室壁画
1. 西壁南起第1人 2. 西壁南起第2人 3. 西壁南起第3、4人

以石板平铺。葬式一般为仰身直肢葬，头顶一端（北端）均有二次葬骨架3—5具，随葬品极少。

渤海墓葬有的于冢上作屋，或于冢上筑塔。前者或由勿吉遗俗[①]演变而来，又与中原文化结合而形成类似享殿的建筑，而冢上筑塔当是受佛教的影响。另外，在黑龙江宁安虹鳟鱼场渤海墓群发现祭坛遗迹，其平面呈长方形，长6.7—7、宽5.4、残高0.35米。地面建筑外用玄武岩砌筑，内有长方形坑，四角有柱洞，坑南北长3.26、东西宽2.45、深0.33米。柱洞直径15—20、深20厘米。

四、渤海王陵

1991年，在黑龙江宁安三陵找到了渤海王陵的埋葬区。从发掘的2号、4号墓来看，渤海王陵为大型石室墓，由墓道、甬道、墓室组成。墓室顶部结构为抹角叠涩藻井。墓道填土中埋葬有陶兽头和兽足、铁镞、蚌壳和陶盆等器物。在甬道两侧、墓室四壁和顶部绘制壁画，题材内容分为花卉和人物两大类，人物图案均为女性。采用合葬方式，墓室之内发现10余具人骨骼。出土遗物有三彩器等[②]。

---

① 据《魏书·勿吉国传》记载："其地下湿，筑城穴居，屋形似冢，开口于上，以梯出入。"参见（北齐）魏收：《魏书》，中华书局，1974年，第2220页。

② 黑龙江省文物管理局：《黑龙江省考古五十年》，《新中国考古五十年》，文物出版社，1999年，第132、133页。

参考书目

[1] 中国社会科学院考古研究所编著:《新中国的考古发现和研究》，文物出版社，1984年。

[2] 中国社会科学院考古研究所编著:《六顶山与渤海镇》，中国大百科全书出版社，1997年。

[3] 朱国忱、朱威:《渤海遗迹》，文物出版社，2002年。

[4] 吉林省文物考古研究所、吉林大学边疆考古研究中心、珲春市文物管理所编著:《八连城——2004—2009年度渤海国东京故址田野考古报告》，文物出版社，2014年。

第二章　南诏遗迹与遗物

隋末唐初，在今云南省大理市的洱海周围及哀牢山、无量山北部地区，分布有乌、白蛮众多部族和部落，其中有六个势力最大的乌蛮部落，《新唐书》称为“六诏”（诏之意即王），即蒙舍、蒙巂、浪穹、邆赕、施浪和越析[①]。也称“八诏”，即在六诏之上再增加和、石桥二诏。蒙舍诏原居蒙舍（今云南省大理白族自治州巍山县西北），地处各诏之南，故又称南诏。649年，蒙舍诏首领细奴逻建“大蒙国”，自称“奇嘉王”，臣属于唐，遣使入贡。武则天时，其子逻盛亲自入朝。在六诏之中，蒙舍诏人口较多，军事力量较强，经济也较发达，再加上得到了唐王朝的支持，使其具有统一六诏的条件和可能。738年，唐玄宗封蒙舍诏首领皮逻阁为云南王，赐名蒙归义。皮逻阁在唐王朝扶持下，统率蒙舍诏统一了其他五诏，建立南诏国。六诏之外，洱海周围还居住着许多小部落，被统称为河蛮。他们为了抵御别的部落的侵袭，在洱海沿岸筑起一些较大的村邑，太和城就是其中之一。皮逻阁在统一南诏的前一年（737年），征服了河蛮，占据了太和城。皮逻阁在基本统一了洱海地区诸部落之后，便于唐开元二十七（739年）迁居太和城。902年，权臣郑买嗣杀南诏王瞬化真，夺取王位，另建政权，南诏亡。自649年细奴逻称王到灭亡，前后共254年，传13主。

第一节　南诏重要遗址

南诏时期重要遗迹主要为分布在今云南省境内的南诏城址，比较重要的有太和城、阳苴咩城、龙口城、大厘城（以上均在今云南省大理白族自治州境内）、邓川城、白崖城（今云南省大理白族自治州弥渡县白崖镇）、拓东城（今云南省昆明市）。其中以太和城和阳苴咩城最为重要。其他诸城，或是统治者居住的城堡（如白崖城），或为拱卫首府的要塞和堡垒（如龙口城、龙尾城、邓川城）。

南诏城址大多分布在山顶或山坡上，只有少数建于平地，其军事、政治意义远大于经济意义。一般面积不大，城墙的修筑往往巧妙地利用地理形势。位于山坡者城墙走向多依山势，并将墙外山坡削为直壁；位于平地者，常临溪河而建，以溪河为天堑。建筑方法和建筑材料都与内地唐代建筑有相近之处，如城墙以夯土筑成，建筑物下筑一大土台基，使

---

① 另一说见《资治通鉴》卷二百一十四《唐纪三十・玄宗开元二十六年（738年）》，六诏为蒙舍、蒙越、越析、浪穹、样备、越澹。

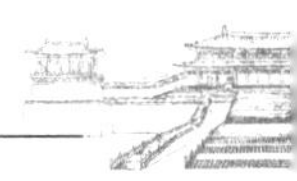

用莲花纹瓦当、卷云纹滴水等[①]。

一、德源城（邓川城）

德源城位于云南省大理白族自治州剑川县邓川旧城东北1千米，传为蒙舍诏统一之前遼赕诏咩罗皮所建。城址建在山岗上，背依大山，西凭深堑，东临弥苴河。城墙周长约1.2千米，依山势夯筑而成，面积仅3000平方米。城内有一土台，长、宽均约50米，高约1米，土台上下分布有南诏布纹厚瓦及陶片，当是一座建筑基址。

二、太和城与五指山遗址

唐玄宗开元年间，蒙舍诏兼并五诏，建南诏国，以太和城为都，是皮罗阁至异牟寻迁都（唐大历十四年，779年）前的南诏都城，至大历末前后凡40余年。元以后废弃。

1. 太和城

太和城遗址位于云南省大理市东南约8千米的太和村西苍山的缓坡地带。蛮语“和”之意为山坡，“太和”即因成建于大山坡上而得名。据《蛮书》卷记载：“大和城去阳苴咩城一十五里。巷陌皆垒石为之，高丈余，连延数里不断。城中有大碑，阁罗凤清平官郑蛮利之文。”[②]城址平面呈钟形，开口东向洱海，自西向东依次为卫城（金刚城）、上城、下城（图5-2-1-1）。20世纪60年代以来，考古工作者曾对该城址进行了多次调查，尤以近年来的发掘收获最大[③]。现存南北两道城墙，二者相距约1200米，夯土筑成，南墙长3350、北墙长3220米。东隔墙呈弧形，南北长1670米，将太和城分为上下两城。

内城位于上城西南部，坐西向东，东西长210、南北宽150米。在其西部有南北长110、宽50米的夯土台基，为南诏早期的宫殿建筑基址。考古发现有莲花纹瓦当、带字瓦等，其中有“廿七年”字样，应为唐玄宗开元二十七年（739年），与《旧唐书·南诏蛮》所载“（开元）二十七年，徙居大和城”相吻合。内城之东北、草帽街南北干道西侧立有颂扬阁罗凤功绩的《南诏德化碑》。

金刚城位太和城北的鹤顶峰上，平面呈不规则的椭圆形，其南北两侧与城墙相连，周长约1000米。城的东门、南门均设有瓮城，城内筑有多道城墙，明显具有军事制高点性质。城内有夯土台基，南诏避暑宫大约就修建在台基之上。该城是747年增修太和城时修筑的，适值唐王朝赐南诏《金刚经》，所以称为“金刚城”。

---

① 汪宁生：《云南考古》，云南人民出版社，1980年，第147、148页；段鹏琦：《隋唐考古》，《中国大百科全书·考古学》，中国大百科全书出版社，1986年，第503页；中国社会科学院考古研究所编著：《新中国的考古发现和研究》，文物出版社，1984年，第628、629页。

② （唐）樊绰撰，向达校注：《蛮书校注》（第2版），中华书局，2023年，第116页。

③ 国家文物局主编：《2021中国重要考古发现》，文物出版社，2022年，第162—166页。

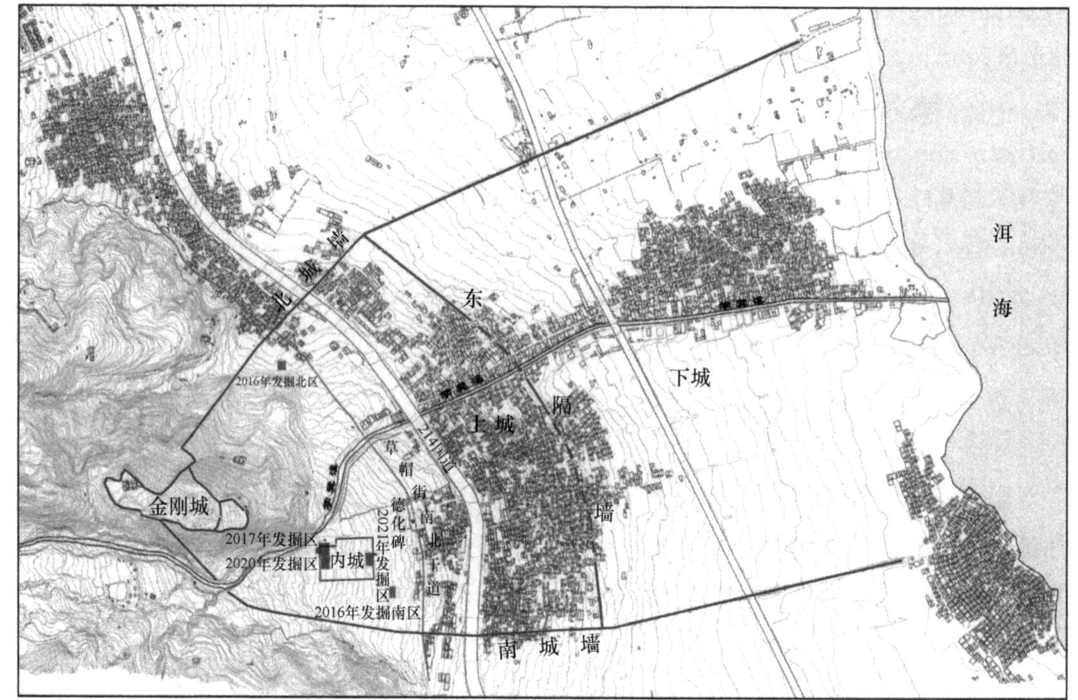

图5-2-1-1　南诏太和城平面布局图

2. 五指山遗址

五指山遗址位于云南省大理市太和街道阳南村西，北距太和城600米。遗址的主体遗存为南诏时期，发现有建筑基址14座、夯土台基2处、砖瓦窑2座以及大量的附属建筑物、各类遗物。经过发掘的建筑遗址有南诏早期的塔基、高低错台及移柱造的建筑，同时还发现佛像、经幢、善业泥印模、塔模、香炉及带字瓦等佛教遗物①。这些发现表明五指山遗址是南诏太和城的寺庙建筑群。

一号建筑基址坐西向东，东西长41.5、南北宽20.6米，其布局为前后两进式院落结构，前后院落围成两个前后衔接而又独立的空间。自西向东为大殿、天井、中门、南北阙台、前院平台、大门，南北两侧有南北廊道。大殿为长方形，面阔三间，宽9.9米；进深三间，进深11.6米。地面铺绿釉方砖。大殿分为高低错落的两台，高差1.3米，为形制独特的内外堂式建筑。大殿之前以碎瓦叠砌为月台，之后有排水沟环绕。大殿东向洱海，正对洱海东侧独立山体（红山）。

二号建筑基址为塔基，坐北向南，平面呈“回”字形。塔基居中，以石块及红黏土垒砌而成，南北长4.6、东西宽4.1米。外围墙为石墙，南北长8.6、东西宽8.8米。前面带有曲尺形踏步。围墙、石塔、曲尺形踏步整体构成一个带回廊的独立塔院，回廊地面以残砖和石块铺砌。

① 国家文物局主编：《2020中国重要考古发现》，文物出版社，2021年，第130—136页。

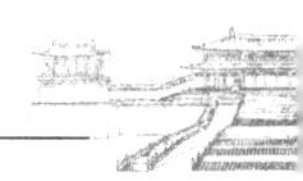

三号建筑基址坐西向东，东西长33.5、南北宽28米，由大殿及南北两侧的朵殿、南北廊道、天井、门廊等部分组成一个独立院落。大殿居中，平面略呈“凸”字形，面阔12、进深11.7米。大殿正中有台阶，殿内磉墩排列不规则，地面斜铺方形青砖。大殿南北两侧有方形朵殿，朵殿边长4.8米，北朵殿正铺绿釉方砖。三号建筑基址下叠压有两座南诏早期砖瓦窑，窑室平面为马蹄形，较宽的一端留有烟道。釉陶经幢为空心八面体，直径15厘米，表面施黄釉，幢顶有“唵阿罗般石（若）那□尼”，幢身刻有佛顶尊胜陀罗尼神咒及含有“嵯耶”字样的经文。出土釉陶香薰盖为八瓣莲花形，镂排烟孔，表面及内壁均刻有梵文。遗址东部是南诏时期生产砖瓦建材及釉陶器的窑场。

三、阳苴咩城

唐大历十四年（779年），异牟寻将南诏都城由太和城迁至阳苴咩城[①]。唐末，郑氏灭南诏，建大长和国；五代时期，又相继有赵氏建大天兴国、杨氏建大义宁国及段氏大理，均以此为都。至南宋末，元灭大理（1253年），设大理路军民总管府。城址在云南省大理市区及郊区，在梅溪南岸尚存北城墙遗迹，西起苍山中和峰，东至大理旧城西北角。城墙以石块和土垒成，长约1000米，残高4—5、基宽6—8、顶宽1米。据《蛮书》卷五记载，有南北城门，两城门相对[②]。

四、白崖城遗址

位于云南省大理白族自治州弥渡县白崖镇西1千米的山坡上。城墙夯筑而成，平面呈不规则椭圆形，周长1700米。城中有土台，为南诏宫室基址。传说此城是专门用于收容被南诏征服了的诸部落首领。

五、龙口城与龙尾城

洱海和苍山之间是一个狭长的冲积平原，出于军事防御的考虑，南诏在这一狭长地带的北、南两侧各筑有一座具有军事要塞性质的小城——龙口城和龙尾城，以扼守要冲。龙口城位于洱海北端上关西山坡上，是南诏的军事重镇，修建于737年。据《蛮书》卷五记载：“开元二十五年蒙归义（即皮逻阁）逐河蛮，夺据大和城。后数月，又袭破咩罗皮，取大厘城，仍筑龙口城为保障。”[③]龙口城只有南北两道城墙，各长约800米，均依山崖而

① 《旧唐书》作“阳苴咩”，《新唐书》作“羊苴咩”，《蛮书》作“阳苴哶”。据《辞海》“哶”为“咩”的异体字。此处从《旧唐书》。

② （唐）樊绰撰，向达校注：《蛮书校注》（第2版），中华书局，2023年，第118页。

③ （唐）樊绰撰，向达校注：《蛮书校注》（第2版），中华书局，2023年，第115页。

建，夯筑而成，最高处10米，加上陡峻的山势，险要无比。龙口城后来又称龙首关。

《蛮书》卷五载："龙尾城，阁罗凤所筑。萦抱玷苍南麓数里，城门临洱水下。"[①]龙尾城遗址在今云南省大理市下关镇，20世纪60年代尚可见其土筑的南城墙，北城墙已无迹可寻[②]。

六、西山坝城址

位于今云南省保山腾冲市西约2千米西山坝的缓坡上，经云南省文物考古研究所等于1994—1996年的三次调查、勘探，探明该城址为内外两重结构。内城平面近正方形，周长860米，面积4.6万平方米。南、北、西三面城墙略高于今地面，东城墙则已被辟为耕地，但残留宽约10米的墙基。外城呈长方形，地表仅略存东城墙、南城墙东段及西城墙北段，余均破坏严重，仅地下残存宽约30米的墙基，面积50万平方米。内外城的城墙均系夯土筑成，夯层厚约8—12厘米，分为板夯和棍夯。内城城墙夯筑结实坚固，夯窝密集，排列有序，而外城城墙质量稍差，夯窝稀疏。外城中有数条宽度在10—20米的纵横大道通往城外，路面铺火山石。城内外发现大型建筑遗址数处，为南诏至大理国时期的边陲重镇[③]。

七、建筑遗迹

云南的巍山地区是南诏蒙氏的故乡。在巍山的巄屿山顶，曾经发掘了一处南诏时期的建筑遗址，推测其为一处南诏宫殿建筑遗址。建筑遗址的台基保存较好，出土了许多带有南诏文字的瓦片、莲花纹瓦当、花砖、勾滴和鸱尾等，在很多瓦上都印有南诏的"白文"。其形制和纹饰都是模仿唐代中原地区的做法，说明了中原地区文化对南诏的影响。

八、南诏、大理窑址

在云南省大理市下关苗圃山发现18座陶窑，均为在土山坡上挖洞筑窑室，由挡火墙、火膛、窑室、烟道、分烟孔等几部分组成，窑室之外有排水沟。从出土的砖瓦来看，不少上面模印有文字，模印文字与南诏、大理国时期城址、房屋建筑遗址中出土者相同，有的上面有"官"字字样，说明这里可能是官窑[④]。为了解当时烧制砖瓦的技术提供了重要资料。

---

① （唐）樊绰撰，向达校注：《蛮书校注》（第2版），中华书局，2023年，第117页。

② 据向达校注《蛮书》云，龙口城为龙尾城之误。也即龙口城与龙尾城是同一座城。如此，则历史上只有龙尾城，而没有龙口城，备一说于此。参见（唐）樊绰撰，向达校注：《蛮书校注》（第2版），中华书局，2023年，第117页。

③ 何金龙：《腾冲西山坝南诏至大理国时期城址》，《中国考古学年鉴·1997》，文物出版社，1999年，第229、230页。

④ 云南省文物考古研究所：《云南省文物考古五十年》，《新中国考古五十年》，文物出版社，1999年，第410页。

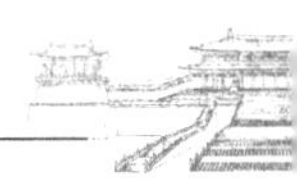

第二节 南诏墓葬、石窟与遗物

一、南诏墓葬

据《蛮书》卷八记载："西爨及白蛮死后，三日内埋殡，依汉法为墓。稍富室广栽杉松。蒙舍及诸乌蛮不墓葬。凡死后三日焚尸，其余灰烬，掩以土壤，唯收两耳。南诏家则贮以金瓶，又重以银为函盛之，深藏别室，四时将出祭之。其余家或铜瓶铁瓶盛耳藏之也。"①这说明，在南诏统治下的不同部族，其葬俗分为两种：一是依汉法为墓，二是盛行火葬。

以往发现的火葬墓年代都在元明时期，云南曲靖珠街八塔台等地火葬墓的发现，为文献记载找到了证据，显得尤其重要。八塔台共发现304座火葬墓，墓坑均为竖穴土坑，多圆形，亦有椭圆形、长方形。葬具一般多用陶罐。其中的第一种罐敛口、双腹，罐盖有塔刹形纽，罐下置须弥座形器座，整体形如塔。第二种罐与第一种基本相同，一般无座，腹部外凸，下部饰浮雕莲瓣纹。两型陶罐之内多置一小罐，未烧化的人骨大部分放在小罐中。人骨多点朱，或朱书梵文，骨骼之下置海贝、料珠、铜片、纺织品等。外罐之内则放置长方形铁片、稻谷及少量骨骼。这两种陶罐的时代属于南诏、大理国时期②。

二、石窟

属于南诏时期的石窟主要有剑川石钟山石窟，它位于云南省大理白族自治州剑川县西南沙溪的石钟山。石窟始凿于南诏国王劝丰祐时代，终于段氏大理国中期，为相沿近300年的古代白族石窟艺术。石窟分散在沙登村、石钟寺和狮子关三处。

沙登村石窟，古名沙退，古道两旁的山石上有石刻5处，分别雕出弥勒佛、阿弥陀佛、天王及塔，其中塔仅有轮廓，未竣工。在第1窟有题记11行54字，其内开凿有6个龛，第2—4龛皆刻佛像，第2龛刻阿弥陀佛和弥勒佛，并有天启十一年（841年）七月题记，天启为南诏十世国王昭成王劝丰祐（824—859年）的年号。第2窟刻阿嵯耶观音像，旁有8种佛塔浮雕；第3窟刻一佛二菩萨；第4窟刻广目天王和多闻天王像；第5窟刻有梵僧带犬化缘像，称"酒醉鬼像"。沙登村后的佛龛浅而无饰，佛旁无菩萨或弟子像。佛头都是螺状高髻，面部圆满，具有盛唐时期风格。

石钟寺石窟，有8窟。第1窟当地称为"阿秧白"，传为女性生殖崇拜。从佛龛的配制

① （唐）樊绰撰，向达校注：《蛮书校注》（第2版），中华书局，2023年，第216页。

② 王大道：《云南曲靖珠街八塔台古墓群发掘简报》，《云南考古文集——庆祝云南省文物考古研究所成立十周年》，云南民族出版社，1998年，第357—363页。

可以看出，其原来为一佛二菩萨，其中佛像损坏后为后人所镌刻，该窟顶部有盛德四年（1179年）的墨书题记。第2窟雕刻观音菩萨像，左右各有一胁侍，右胁侍捧盒，左胁侍持瓶，雕刻技法非常娴熟。第3窟最大，长11.64米，雕有释迦、弟子、八大明王、多闻天王和增长天王。第4窟有3龛，中为维摩诘像。第5窟中刻释迦像，左右为文殊、普贤。第6窟刻一佛。第7窟雕刻一王者像，头戴圆锥形王冠，传为南诏王阁罗凤。第8窟中坐一王者，传为南诏王异牟寻，左右侍从5人。王者和侍从的冠服是研究南诏服饰制度的珍贵资料。8个窟中各有墨书题记或石刻题记，年代最早的是大理国段智兴盛德四年（1179年）。此后有元至元、至正、宣光，明永乐、永历年间的题记。第2、4窟外面，还有两处藏文题记。石钟寺雕像的时代，第5、6窟与沙登村同时；第3窟佛像下雕出须弥座，两侧雕二弟子立像、八大明王及二天王，第2窟观音菩萨头戴宝冠，其年代应当晚于沙登村。至于王者和后妃雕像，在技法和风格上均与第2窟同，应为同一时期作品。

狮子关石窟，共三处。一处刻一人束带，着靴，戴耳环，旁镌“波斯国人”四字。一处也刻梵僧带犬化缘像，也有盛德四年（1179年）题记。另一窟雕刻王者和后妃像，像后屏障绘出红、绿色的帐幔。王者衣涂黄色，后妃着绿衣。屏障上部两侧，分别雕出日、月，日中墨绘一乌，月中墨绘桂树，均为雕刻。两像正中有题榜。

三、遗物

《南诏德化碑》在云南省大理市西南太和村西南，其地即南诏太和城遗址。此碑最早见于唐人樊绰的《蛮书》。碑高3.9、宽2.4米。碑文因残损过甚，行数不详，每行约90字。记述了南诏政权建立初期的一系列重要事实。如统一五诏、西爨内乱、天宝年间的战争、归附吐蕃、西开寻传（今云南省德宏傣族景颇族自治州境）、南通骠国（今缅甸境）、筑拓东城（今云南省昆明市）。记录详尽，是研究南诏历史的第一手资料。碑阴职官题名存41行，提供了南诏初期职官制度和许多民族参加南诏政权的情况，补充了文献的不足。碑文作者过去被认为是郑回（后改名郑蛮利），但据文中自叙，应为汉人王蛮盛，仕南诏为清平官（相当于宰相）。

参考书目

[1] 汪宁生:《云南考古》，云南人民出版社，1980年。

[2] 文物编辑委员会编:《文物考古工作三十年（1949—1979）》，文物出版社，1979年。

[3] 中国社会科学院考古研究所编著:《新中国的考古发现和研究》，文物出版社，1984年。

[4] 中国大百科全书总编辑委员会《考古学》编辑委员会、中国大百科全书出版社编辑部编:《中国大百科全书·考古学》，中国大百科全书出版社，1986年。

[5] 文物编辑委员会编:《文物考古工作十年（1979—1989）》，文物出版社，1991年。

第三章　吐蕃遗迹与遗物

吐蕃是7世纪初至9世纪中叶藏族在我国青藏高原所建立的边疆民族政权。史称藏族为西羌之属，在青藏高原分为许多部落，从事畜牧和农业。约在隋时雅隆部落联盟发展成奴隶制政权。其君称为赞普，相称为大论、小论。629年，松赞干布继承赞普位，降服苏毗、羊同等部落，统一青藏高原，建都逻些（今西藏自治区拉萨市）。开展与唐、天竺、泥婆罗的广泛交往，引进先进的封建文化，创立文字，厘定法律、职官、军事制度，统一度量衡，建立以赞普为中心的奴隶制中央集权国家。后击败吐谷浑、党项，并娶唐宗室女文成公主为妻，与唐建立了和亲关系，并遣弟子入长安求学，接受汉族先进的生产技术和文化。8世纪后期，赤松德赞时，趁唐发生安史之乱之机，攻占陇右、河西和西域。9世纪中叶，吐蕃政权土崩瓦解。

第一节　吐蕃赞普墓

相当于唐代的各代吐蕃赞普墓，位于西藏自治区山南市琼结宗山（亦作穷结宗山）对面的山麓上，也称为藏王墓、藏王陵。对吐蕃赞普墓的调查与研究，在18世纪之时，一些外国人已经开始实地考察吐蕃赞普墓。1948年意大利学者杜齐进行了考察，1950年发表了《藏王陵考》一文。此后，英国人黎吉生也进行了实地考察，著有《西藏早期墓地及八—九世纪西藏的装饰艺术》，绘制出第一张吐蕃赞普墓分布图，确定了其中10座赞普墓的墓主人。1989—1992年间、2012—2013年间，通过对吐蕃赞普墓进行了一次全面勘测、调查与试掘，又有了新认识[①]。首先，赞普墓可以分为东西两区即木惹（穆日山）陵区和东嘎口（顿卡达）陵区，陵区东西长约2500、南北宽约1500米，面积约350万平方米；其次，吐蕃赞普墓不是以前所说的16座，而是26座[②]。

西陵区的陵墓共计有16座，半数以上规模较大，保存状况好于东区，但多数曾遭盗掘。一般认为1号陵埋葬的是松赞干布，位于琼结河边，是整个陵区中位置最北的一座。地理坐标为北纬29º01′08.8″，东经91º40′43.1″，海拔3891米。封土呈覆斗形，呈东北西南走向，底部接近正方形，长130、宽124米；顶部长95、宽67米；现存高度18米。顶部中

① 王仁湘、赵慧民、刘建国等：《西藏琼结吐蕃王陵的勘测与研究》，《考古学报》2002年第4期。

② 据统计，目前在两个陵区确认的吐蕃王陵已达26座。参见四川大学中国藏学研究所、西藏自治区文物保护研究所、山南地区文物局：《西藏琼结县藏王陵1号陵陵垣的试掘》，《考古》2016年第9期。

央修建寺庙一座，庙壁上有以藏文标注的吐蕃赞普陵位说明。通过试掘，在1号陵封土西北发现了与封土底边平行的石砌垣墙，宽0.8—1米，复原高约1.1米。墙体基础建在原生河相砂砾层上，墙体两侧以条形石块砌垒，中部则以不规则石块填垒，没有明显规律。石块之间以泥土黏合，黏合层厚约2—5厘米。砌墙石块多为灰色块状页岩，大小约在10—30厘米之间，少数有加工修整痕迹。石块相互错缝，内外搭砌，显示出成熟的毛石墙砌筑技术①。

东陵区共有10座，位于西陵区的东北方向约1千米处，主要埋葬松赞干布之前的吐蕃先君先王和意外死亡的赞普、王子。封土保存情况较差，多数已经被盗掘，封土中央还保留有盗坑遗迹，有的封土大半已被掘平。与西陵区相比较，东陵区赞普墓规模小，封土低矮。多数修建在东嘎沟的河床上，洪水冲刷也使其遭到很大破坏。东陵区的赞普墓从分布范围来看，排列不整齐，间距不等，有的分布集中，有的则较为分散。

吐蕃赞普墓的封土据其平面可分为方形和梯形两种，整体呈覆斗形，以前所说的圆形并不存在。较大规模的封土边长在100米以上，高出地面约10米以上。位于西陵区的赤德松赞墓规模最大，其封土呈方形，边长 140、残高14.7米。赞普墓的封土一般以土石分层夯筑，在侧面可以明显看到夯层。

吐蕃赞普墓选择背山面水的地形，诸陵左右排列，有可能是受了汉人葬制的影响。地面遗物仅存1座赤松德赞纪功碑和1对石狮。赤德松赞纪功碑位于赤赞德松墓东36米处，1984年9月清理出碑下龟趺②。赤德松赞是吐蕃第39代赞普，798—815年在位。碑通高7.18米，由碑首、碑身、碑座三部分组成（图5-3-1-1），均以榫卯连接。碑首为莲座宝珠，碑首底部四角对称浮雕4个飞天，飞天之间减地浮雕升云图案。两侧中央浮雕太阳和月亮。碑身高5.6米，正面横排古藏文59行，两侧为减地浮雕云中升龙图案。同时，新发现古藏文碑文12行，其中记载赤德松赞卒于“雄”地，其陵谓“结钦吹”③，与藏文史料《贤者喜宴》所载赤德松赞卒于“扎普”有所不同。还发现了长期埋于地下的龟形碑座，龟下为基座，与龟为一块整石。龟高0.84、长2.02、宽1.86米，头部微露，四足收拢，背部遍布六角形龟甲纹，中有脊。石座长2、宽1.9米。在附近一座陵墓前立有石狮1对，面向封土，高1.55米，形象生动。碑的造型及石狮均与中原地区唐代石碑、石狮风格相一致，充分反映了唐王朝和吐蕃之间紧密的文化联系。

根据文献记载，赞普墓一般分为九室或五室，随葬品有金、银、宝石及丝绸皮革制

① 四川大学中国藏学研究所、西藏自治区文物保护研究所、山南地区文物局：《西藏琼结县藏王陵1号陵陵垣的试掘》，《考古》2016年第9期。

② 西藏文管会文物普查队：《赤德松赞墓碑清理简报》，《文物》1985年第9期。

③ 碑文汉译为：……大菩提……昔圣明之时，广行福德，昌明圣教之宏恩……圣神驾下，深谋远虑，命令严峻。国势烜赫，遍具福德，盛于往昔……是尽人皆知。四方大小诸王，亦被臣服……令至四方，普遍从命……大小诸王……各自之诸忠臣……奉献……等财物……如此作人间之主。崩于雄……之地，谓其陵为结钦吹。

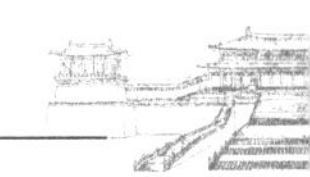

图5-3-1-1　唐吐蕃赤德松赞墓墓碑及底座花纹

品，有的还供奉佛像。《国王遗教》记载，藏王墓"墓内九格，中央置赞普尸体，涂以金，墓内装满财宝"。

第二节　吐 蕃 墓 葬

一、西藏地区的吐蕃墓葬

吐蕃时期墓葬遍布西藏全区，共发现墓地40余处，墓葬3000余座。比较集中的地区有东部的昌都地区、中部的拉萨和林芝地区、南部的山南地区。这几个地区的墓葬分为三个类型：相皮类型、杜布类型和普努沟类型。其中的普努沟类型吐蕃墓葬的年代相当于吐蕃时期（6—9世纪）[①]。

普努沟类型墓葬主要分布于西藏南部的吐蕃发祥地山南地区，拉萨等地区的部分石棺墓也归入这一类型。这一类型墓地中，以大中型墓葬常见，也有一些小型墓葬。大墓一般位于墓地高处，居高临下，小墓分布在其前部及两旁。大型墓葬一般有封土，其形制以梯

① 西藏自治区文物管理委员会：《概述近十年的西藏文物考古工作》，《文物考古工作十年（1979—1989）》，文物出版社，1990年。

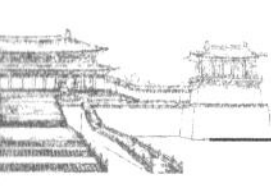

形常见，也有方形、“亚”字形、塔形、圆形等。其中圆形又可以分为圆锥形和馒头形。大中型墓一般在封土外筑有夯土围墙。小型墓的封土多为土石混合堆成。从试掘得知，部分小型墓的封土有梯形石筑边框。

墓穴分土坑和竖穴石坑两大类，形状为方形或圆形。个别墓穴之内有二层台和耳室。有的中型墓带有墓道。葬具均为长方形石棺，以石片或石块构筑，无底板，长约1米。有一些石坑内无葬具，尸骨和随葬品直接埋入石坑。葬式有单人屈肢葬和双人屈肢葬，可能还有二次葬。出土随葬品比较丰富，有磨制石器、陶器、木器、铜器、铁器以及青稞、荞麦等。陶器为夹砂红陶，多素面，少数腹部饰压印纹。器类以罐为主，大口，卷沿，鼓腹，圜底，是典型的“球形罐”。有带流器和带耳器，耳呈宽带状。有的大中型墓前还发现祭祀坑和殉马坑。祭祀坑为圆形竖穴，穴壁以石块叠筑，底有石棺，出土羊、兔骨及陶器等。殉马坑为长方形竖穴土坑，内出马骨和陶片等。大型墓地中还发现房屋遗迹及石碑、石狮等。

1991年，对西藏洛扎县吉堆吐蕃墓地进行了调查和试掘，共计48座，均为夹石夯土建筑，封土为梯形覆斗状①。墓群布局以M1为中心，其余墓葬散布在M1周围。M1在墓群中规模最大，位置最高。封土高7米，底部长46、宽44米，顶面长34、宽34米。墓前有7层石砌平台，每层平台长46、宽2.5米。平台两侧有表面垒积石块的祭祀坑11个。祭祀坑分别为长方形和圆形两种，长方形坑一般长约1.9、宽约0.8米，圆形坑一般直径约1米。试掘了3个祭祀坑，其中有驴、牦牛、马的肢骨及完整的野兽骨架。其中M25封土堆高3米，底部长19、宽10米；顶部长8、宽6米。墓室保存完整，封土下为“日”字形石砌边框，边框长7、宽6、高2.3、框墙厚0.4米。边框之下为石砌的圆形穹隆顶墓室。墓室直径1.8、高2米，墓室一侧有一低矮短小的甬道，长0.7、宽0.5、高0.5米，甬道口用两块长石板封堵。墓室内清理出1具成年人男子骨架和1匹马的骨架，并有1件破碎的皮革木胎马鞍。

二、青海地区的吐蕃墓葬

1. 乌兰吐蕃墓葬

青海乌兰泉沟一号吐蕃壁画墓②。墓葬修筑于一座独立山丘的斜坡之上。墓葬形制为带墓道的长方形砖木混合结构多室墓。墓道东向，长约11米。墓圹平面大致为方形，长10、宽8、深10米。墓坑填土中殉葬一武士，唐代文献中称之为“共命人”。仰身直肢葬式，腰佩箭囊，肩侧有木弓遗迹，足部有殉葬羊骨，身下及周边铺设大石块为葬具。墓顶由

---

① 何强：《西藏吉堆吐蕃墓地的调查与分析》，《文物》1993年第2期。

② 中国社会科学院考古研究所、海西蒙古族藏族自治州民族博物馆、乌兰县文体旅游广电局：《青海乌兰县泉沟一号墓发掘简报》，《考古》2020年第8期。

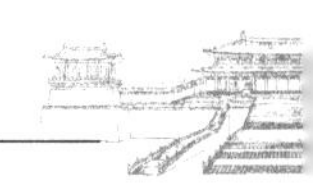

1—2层方形柏木搭建而成。其上堆有1米厚的大石块和0.5米厚的碎石；墓门外竖3根柏木桩封堵，门框内又横插5根方形柏木桩封堵，防盗措施相当严密。

墓室由前室、后室和两个侧室组成。前室为砖室，后室及两侧室为柏木砌成，前室和后室均绘壁画，内容有武士牵马迎宾、宴饮舞乐、狩猎放牧、宫室帐居、山水花卉等内容。墓顶绘有各类珍禽异兽、祥龙飞鹤、日月星辰等图像。前后室内中央各立一根八棱彩绘莲花纹立柱。后室内发现大量彩绘漆棺构件，应该为双棺，棺表面髹黑漆，再施彩绘，内容有骑马行进人物、兽面、飞鸟、花卉、云团及几何图案等。人骨堆积散乱，其中至少有2具骨骸，推测应为夫妻合葬墓。随葬品有丝织物残片、金银带饰、铜筷子、铜饰件、铁器残块、漆木盘、陶罐残片、玻璃珠、粮食种子和动物骨骼等。

后室西侧木椁外墓底坑壁上，发现一处封藏的暗格，内置一长方形木箱，箱内端放一件珍珠冕旒龙凤狮纹鎏金王冠和一件镶嵌绿松石四曲錾指金杯，木箱下铺有粮食种子。鎏金王冠前后各饰一对翼龙，两侧各饰一立凤，后侧护颈饰双狮，周身镶嵌绿松石、蓝宝石、玻璃珠等，冠前檐缀以珍珠冕旒。供奉和珍藏的意味突出，可见是墓主人生前最为珍视的、兼具神圣性的重要物品。錾指金杯有四曲杯体和方形圈足，装饰富丽，技艺精湛，融合唐、中亚和吐蕃之风于一体。

该墓是青藏高原首次发现的唐吐蕃时期壁画墓。壁画墓在汉文化区非常流行，但在青藏高原极为罕见，尤其是吐蕃统治时期墓葬壁画并不流行，显示了该墓葬的与众不同之处。其绘画技法受到了中原的影响，图像内容又兼具青藏高原游牧民族特色，具有很高的史料价值和艺术价值。

彩绘漆棺也是迄今为止青藏高原首次发现的独特葬具装饰形式。青海地区多见彩绘木棺，而中原内地多见无彩绘的漆棺，这具彩绘漆棺是不同文化融合的产物。由于制漆技术和原材料所限，青藏高原制作大件漆木器具是极其不易的事情，这也暗示了该墓葬具有非同一般的级别。

墓葬内设置密封的暗格，尚无先例。鎏金王冠显示墓主人很可能与吐蕃时期当地的王室有密切关系，曾经拥有极高地位，其背后也一定隐藏着一段辉煌灿烂的过往，充满了传奇色彩和想象空间。由此推知，唐吐蕃时期在柴达木盆地北缘地区可能设置有高级别的行政和军事建制。迄今为止中国境内历代王冠极少出土，均被盗扰严重，或保存极差难以复原。墓葬内暗格的独特设置，可见造墓者用心之良苦。

据出土物特征和壁画内容风格，推测该墓年代在唐吐蕃时期，^{14}C测年为8世纪。这时吐蕃已占领青海地区，并以之为大本营，与唐朝在临近的河西走廊和新疆地区展开角逐。柴达木盆地北缘地处青海丝绸之路战略要冲，扼吐蕃通唐和中亚之门户。吐谷浑和吐蕃统治时期丰厚的财富积累和文明的发展，以及唐朝和中亚地区源源不断的文化输入，对青海地区多民族文化的形成产生了重要的影响。该墓的发现，对探讨唐蕃文化融合的进程和青海丝绸之路的文化交流具有重要意义。

2. 海西州郭里木吐蕃木棺画

青海海西州郭里木曾经发现一些吐蕃木棺，其上多绘制反映吐蕃习俗的棺画，对了解

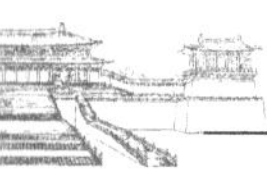

吐蕃习俗和葬礼有重要参考价值。棺画两面的内容丰富，其中一面为会盟图，棺画题材包括猎鹿驱牛、驮运赴盟、拂庐宴饮、客射牦牛、男女野合等；另一面为葬礼图，题材包括灵帐举哀、多玛超荐[①]、送鬼祈福、牛马献祭、踞地拜谒、葬吉宴饮[②]。前挡板为朱雀，后挡板则为玄武，还有花鸟图案。

第三节　吐蕃重要遗物及其他

吐蕃时期，因会盟、纪功、述德、祭祀、封诰的需要，竖立了一批石碑，并铸造了一批有铭文的铜钟。20世纪80年代考古工作者还对拉萨附近的石窟进行了调查。

一、唐蕃会盟碑

唐蕃会盟碑位于西藏自治区拉萨市大昭寺门前，建于唐穆宗长庆三年（823年），亦即彝泰九年（吐蕃赞普可黎可足年号），是吐蕃赞普可黎可足为纪念唐穆宗长庆元年至二年间（821—822年）的唐蕃会盟而建。碑上刻唐穆宗与吐蕃赞普可黎可足结立舅甥之谊，汉蕃社稷如一，结立大和盟约的盟文节目，故称为"唐蕃会盟碑"或"长庆会盟碑""舅甥和盟碑"。藏语称为"祖拉康多仁"，即"大昭寺前之碑"之意。由于碑座早年埋于地下，形制不明，仅可从罗布尔新宫壁画和西藏文管会收藏的唐卡[③]中得知为龟形。1985年，西藏文管会清理出唐蕃会盟碑的碑座，证实碑座呈龟形，石龟高0.86、长2、宽1.5米。头部微露，四足收拢，背部雕六角形龟甲纹。石龟下为长方形石基座，与石龟为一块整石雕成，长1.68、宽1.4、高0.1米（图5-3-3-1）[④]。

碑高4.78、宽0.95、厚0.5米。上有盝顶宝珠石盖。碑身四面刻字。正面刻汉藏文两体对照的盟文，各占碑面一半。右刻汉文，正书6行，存464字。左刻藏文，横书77行。盟约规定彼此不为寇敌，不举兵革，不相侵谋封境，不相掠夺人口。碑左右两侧刻唐朝和

① 多玛超荐为吐蕃葬俗，由"鸟冠虎带"的苯教师制作假人假物作为死者亡灵的替身，并由苯教师念诵咒语超度，称为多玛供。郭里木吐蕃木棺画上的执笔画衣的人物表示在制作假人假物，举袖向天的蓝衣人应表示的是在念诵咒语的动作。他们头额上的小冠，标明了他们苯教师的身份。

② 许新国：《郭里木乡吐蕃墓葬棺板画研究》，《西陲之地与东西方文明》，北京燕山出版社，2006年，第300—322页；罗世平：《天堂喜宴——青海海西州郭里木吐蕃棺板画笺证》，《文物》2006年第7期。

③ 唐卡，即藏语"卷轴画"的音译，根据制作方法和材料可以分为"国唐"（丝绢绣织而成）和"止唐"（以颜料绘画而成）两大类。"止唐"多用矿物颜料与骨胶调和在织物之上绘画而成，常挂于寺庙殿堂或宗教活动中。唐卡是在松赞干布时期兴起的一种新颖绘画艺术，具有鲜明的民族特点、浓郁的宗教色彩和独特的艺术风格，历来被藏族人民视为珍宝。

④ 西藏文管会文物普查队：《唐蕃会盟碑碑座出土》，《文物》1985年第9期。

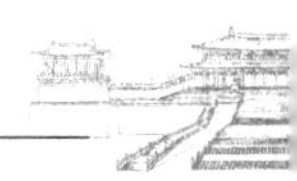

吐蕃参加此次盟会的官员职衔名单，左侧唐官18人，右侧蕃官17人，亦为汉藏文两体对照。碑背面刻藏文78行，叙述唐蕃舅甥二主结约盟会的始末。因吐蕃赞普松赞干布、弃隶缩赞先后与唐朝文成公主、金城公主联姻，所以碑文中吐蕃赞普可黎可足自称为甥，称唐穆宗为舅。该碑是汉、藏历史上的一件珍贵文物，它不仅是唐蕃关系的重要史料，也是研究汉藏对音的好材料，碑文中的年号“彝泰”也是目前所知的唯一的吐蕃年号。

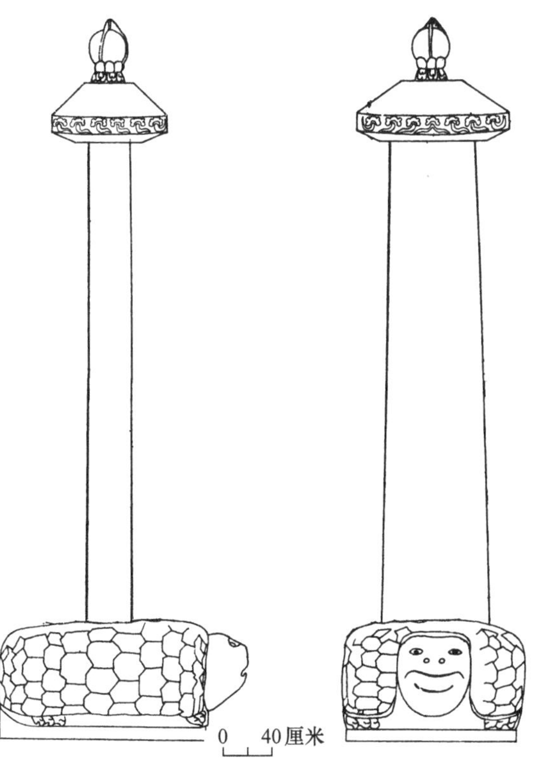

图5-3-3-1　唐蕃会盟碑正、侧视图

二、恩兰·达扎路恭纪功碑

纪功碑在拉萨布达拉山对面，立于吐蕃赞普墀松德赞时期（742—797年），为表彰当时的重要大臣、七大论之一的达扎路恭的功绩而竖立。碑身方柱形，北、东、南三面均为藏文楷书。北侧68列，东侧16列，南侧174列，碑文至今大部分尚可辨认。

三、大唐天竺使之铭

1990年6月，在西藏自治区靠近尼泊尔边境的吉隆县阿瓦呷英山嘴西北至东南走向的崖壁上发现[①]。摩崖题记是先在崖壁上修凿出平整光洁的崖面，再于其上镌刻文字。题记正文位置面宽81.5、残高53厘米，下半部因修建水渠被破坏，阴刻楷书24行，共存222字。估计原来每行30—40字。题记正中题额为一行阳文“大唐天竺使之铭”，每字间以阴刻方框相间。题记记录了唐显庆三年（658年）王玄策出使天竺的情况。王玄策是唐洛阳人，曾经三次出使印度，是中外交流史上十分重要的人物，所写《中天竺国行记》（又名《王玄策行传》《王玄策西国行传》等）一书虽散佚，但在《释迦方志》《法苑珠林》等唐人著作中多被引用，保留了一些残篇断章。他首次开通了一条新的国际通道——吐蕃尼婆罗道。这条道路从西藏西南部越过喜马拉雅山，进入加德满都谷地经尼婆罗进入印度。这

① 西藏自治区文管会文物普查队：《西藏吉隆县发现唐显庆三年〈大唐天竺使出铭〉》，《考古》1994年第7期；郭声波：《〈大唐天竺使之铭〉之文献学研识》，《中国藏学》2004年第3期。

条新路线的开通，对于加强汉藏、藏尼之间的友好往来经济文化交流，曾经起到过重要作用。

摩崖题记的发现意义十分重要，首先，它为解决内地、吐蕃、尼婆罗这条国际通道南段的具体走向、出口位置等长期悬而未解的问题，提供了可靠的实物依据；其次，能够补充王玄策出使印度的若干史实；第三，确认了吉隆在吐蕃时期在对外交通中所占的重要位置。

四、查拉路甫石窟

查拉路甫石窟位于西藏自治区拉萨市布达拉宫西南15千米的药王山东侧，距离地面高约20余米，洞口向东。1984年，西藏自治区文物管理委员会文物普查队对此窟进行了调查[①]。石窟依山开凿，为支提式（中心柱）石窟。平面呈不规则长方形，洞口高2.56、宽4.45—5.45、深5.5米，面积27平方米。洞内有中心柱，中心柱与洞壁之间形成回廊，宽0.75—1.3米（图5-3-3-2）。窟内共有造像71尊，除两尊为泥塑外，其余均为石像。题材有释迦牟尼、阿弥陀佛、弥勒菩萨、左右胁侍菩萨、迦叶、阿难、金刚力士、三世佛；僧人有莲华生[②]、喜饶扎巴[③]、尼玛次[④]；历史人物有松赞干布、文成公主、尺尊公主、吞米桑布扎、禄东赞。吐蕃人原信仰钵教，松赞干布时佛教开始传入，后发展成为主要宗教。

关于查拉路甫石窟的开凿年代，据藏文文献《贤者喜宴》记载，松赞干布的藏族妃子“茹雍妃，在查拉路甫雕刻大梵天等佛像……历十三年圆满完成”。其时当在7世纪，以后又不断开凿，故出现8世纪僧人莲华生和11世纪宁玛派代表人物喜饶扎巴等造像。

有人认为，查拉路甫石窟的造像风格与我国其他地区的石窟造像差异较大，而与印度犍陀罗风格十分接近。据史书记载和当地传说，此石窟是由尼泊尔工匠开凿的，而当时尼泊尔佛教艺术与印度佛教艺术一致。过去一般认为我国石窟艺术起源于印度，由印度北部经过我国新疆、甘肃传入内地。查拉路甫石窟的造像艺术风格表明，由尼泊尔至西藏是石窟艺术传入我国的另一途径。也有人认为，查拉路甫石窟受到中原地区的影响。

---

① 西藏文管会文物普查队:《拉萨查拉路甫石窟调查简报》,《文物》1985年第9期。

② 莲华生，藏名贝玛琼涅，原是乌苌国（今巴基斯坦印度河上游及其支流斯瓦特一带）的王子，后出家为僧，在藏语中也称其为乌苌大德或乌苌大师。8世纪中叶，应吐蕃赞普墀松德赞之请入藏传布密教，并被后来的西藏密宗宁玛派（红派）尊为祖师，而且也受西藏喇嘛教其他各派的敬奉。同时，他还协助了藏地最早的佛教寺院桑鸢寺的奠基工作，并参加了开光典礼。在藏五十余年，约在802年返回故土。

③ 喜饶扎巴（1014—1074年），西藏佛教宁玛派代表人物之一。

④ 尼玛次，“尼玛”是藏语“太阳”，“次”是“抓”之意。传说尼玛次是古代印度的一位能人，他曾抓下天上的几个太阳。

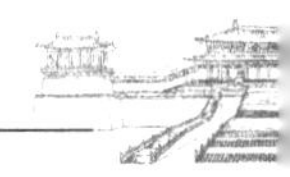

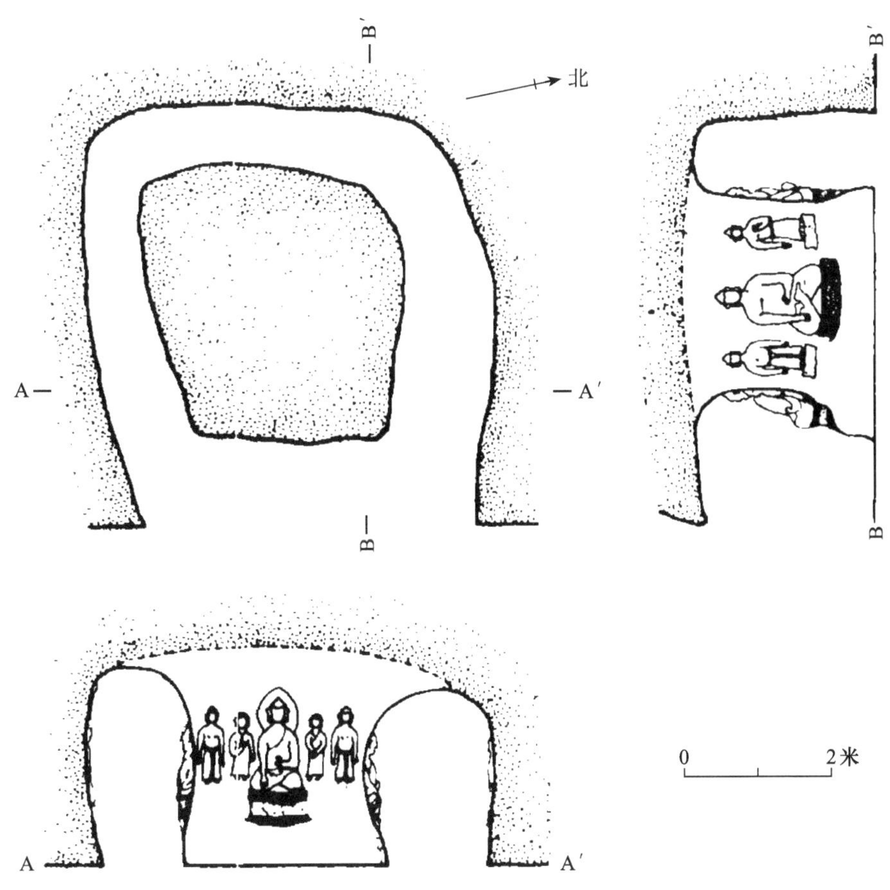

图5-3-3-2　西藏拉萨查拉路甫石窟平、剖面图

参考书目

[1] 王毅：《藏王墓——西藏文物闻见记（七）》，《文物》1961年第4、5期。

[2] 徐苹芳：《唐蕃会盟碑》，《中国大百科全书·考古学》，中国大百科全书出版社，1986年。

[3] 宿白：《藏王墓》，《中国大百科全书·考古学》，中国大百科全书出版社，1986年。

[4] 青海省文物考古研究所：《青海近十年考古工作的收获》，《文物考古工作十年（1979—1989）》，文物出版社，1991年。

[5] 童明康：《藏王墓》，《中国大百科全书·文物·博物馆》，中国大百科全书出版社，1993年。

[6] 霍巍：《试论吐蕃王陵——琼结藏王墓地研究中的几个问题》，《西藏考古》（第1辑），四川大学出版社，1994年。

[7] 许新国：《都兰热水血渭吐蕃大墓》，《中华人民共和国重大考古发现》，文物出版社，1999年。

[8] 王仁湘、赵慧民、刘建国等：《西藏琼结吐蕃王陵的勘测与研究》，《考古学报》2002年第4期。

[9] 中国社会科学院考古研究所编著：《藏王陵》，文物出版社，2006年。

第四章　吐谷浑墓葬的发掘

第一节　慕 容 智 墓

唐代吐谷浑遗迹的发掘主要为墓葬。2019年，在甘肃省武威市天祝藏族自治县岔山发现的吐谷浑慕容智墓[①]，为了解唐吐谷浑的“大可汗陵”提供了重要线索。

慕容智墓坐北向南，由封土、长斜坡墓道及壁龛、封门、甬道、墓室组成，墓葬平面呈刀形，墓室砖筑（图5-4-1-1）。墓道北壁绘门楼图，墓室顶部绘制天象图。地面有圆丘形封土，底部直径大于15米，高约3米。墓门前有殉葬的整匹马和整只羊，反映鲜卑习俗的殉牲葬俗。甬道及墓室内随葬有彩绘陶、漆木、石、铜、铁、金银器及革制和丝麻织品等220余件（组）。其中陶器有彩绘罐、素面双耳罐、盆及彩绘人俑、骑马俑、狗、羊、鸡等，木器有木雕彩绘武士俑、镇墓兽、男女侍俑及带帷帐的大型床榻、门、胡床（图5-4-1-2）、马鞍、屋、乐器模型等，部分髹漆，有漆盘、漆碗等。铜器有锁、各构件上的饰件、勺、箸及“开元通宝”。铁器有甲胄。金银器主要为胡瓶、腰带饰、节约及革带

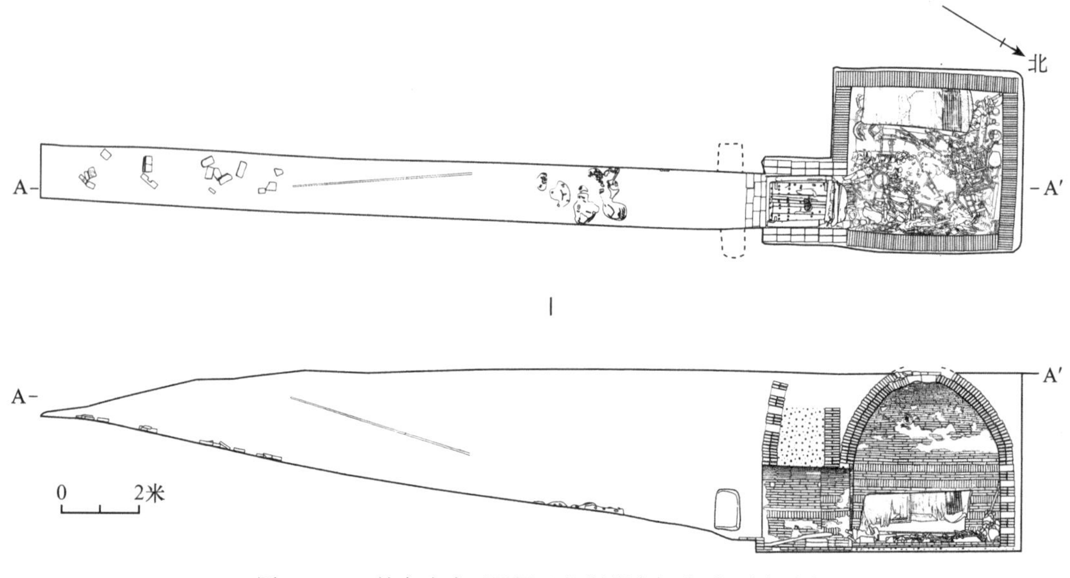

图5-4-1-1　甘肃武威天祝周吐谷浑慕容智墓平、剖面图

---

① 甘肃省文物考古研究所、武威市文物考古研究所、天祝藏族自治县博物馆：《甘肃武周时期吐谷浑喜王慕容智墓发掘简报》，《考古与文物》2021年第2期；甘肃省文物考古研究所编著：《王国的背影——吐谷浑慕容智墓出土文物》，文物出版社，2022年。

饰。革制品主要为箭箙、腰带、方盒等。丝织品数量较多，主要覆盖于棺盖上、铺于棺床上及床榻帷帐上。

木棺保存完好，盖面呈弧形，前高后低，采用榫卯套合与铁钉钉合相结合的方式。棺座为平面呈“目”字形的框架结构。长2.55、前端宽0.945、高1.19米，后端宽0.76、高1.05米（图5-4-1-3）。在木棺上覆盖有大量丝织品，目前所知的有黄地大象纹锦等（图5-4-1-4）。

图5-4-1-2　甘肃武威天祝周吐谷浑慕容智墓出土木胡床

墓志位于甬道正中，上篆书“大周故慕容府君墓志”。侧面阴刻缠枝纹图案和已经失佚的吐谷浑文字（图5-4-1-5）。志文显示，墓主为“大周故云麾将军守左玉钤卫大将军员外置喜王”慕容智，因病于周天授二年（691年）薨，终年42岁。墓志载其系吐谷浑国末代统治者，唐敕封拔勤豆可汗、青海国王慕容诺曷钵第三子。

慕容智墓的发掘对研究吐谷浑王族谱系，了解吐谷浑政权发展历史、唐王朝与吐谷浑政治军事关系，以及丝绸之路民族关系史、物质文化史具有重要价值。

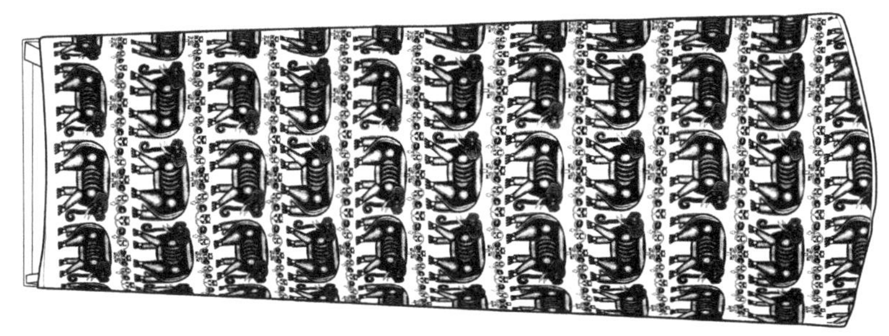

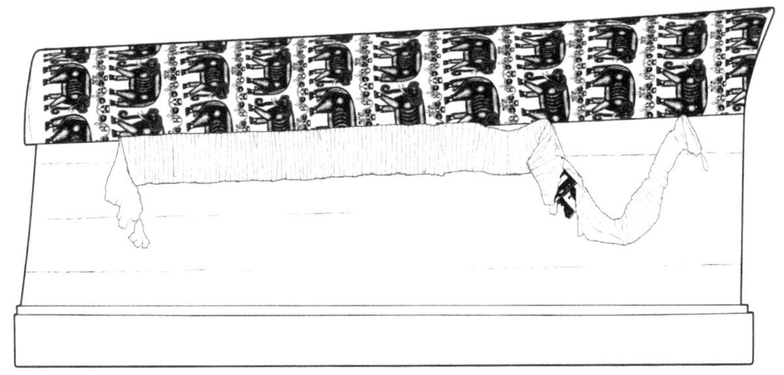

图5-4-1-3　甘肃武威天祝周吐谷浑慕容智墓出土木棺

图5-4-1-4　甘肃武威天祝周吐谷浑慕容智墓木棺盖上的黄地大象纹锦及其图案复原

1　　2　　3

图5-4-1-5　甘肃武威天祝周吐谷浑慕容智墓出土墓志

1. 志盖　2. 墓志　3. 墓志侧面文字

第二节　都兰吐谷浑墓

青海都兰热水墓群，位于青海省海西蒙古族藏族自治州都兰县热水乡境内，有300多座。这批墓葬经过发掘，初步证明它们是唐吐蕃时期的吐谷浑墓葬。

一、20世纪80年代的发掘

1983—1985年间，在青海都兰热水血渭草原发掘了吐蕃时期墓葬25座，被认为是吐

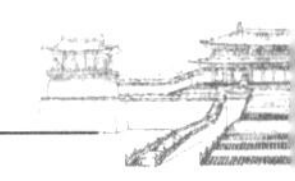

蕃统治下的吐谷浑墓葬①。其中发现大墓1座。该墓上部为双层梯形封土，高30米，底部基座宽160米。该墓是利用小山包砌筑而成，建筑方法为：先将小山包顶部削平，并在中间部位开挖墓穴，然后将小山包四周铲削成正方形，在其周围附砌石墙，石墙之上铺直径10—20厘米的穿木，穿木之间灌注砂石泥浆，直至与墓室顶部平齐。然后再层层夯土形成封土堆。在封土顶部以下深5米处，发现1座动物陪葬墓，深至11米处发现2座陪葬墓。大墓由墓门、中室、东室、西室、后室组成，墓室四壁垒砌石墙，各室之间以石墙相隔并由回廊相连接。墓室顶部用大柏木板覆盖。该墓早年被盗掘，但仍然出土了大量丝绸和彩绘帐篷木骨构件、木器、金银器残件等。大墓东面有一条壕沟；南面的平地发现1个大型祭坛，祭坛上分布有陪葬遗迹，共发现27个圆形祭祀坑和5条祭祀沟，整个分布范围长30、宽50多米。圆形祭祀坑中分别殉葬牛、马、狗等动物及巨石等，陪葬沟中殉葬有87匹肢体完整的马，规模宏大，比较罕见。其余为中小型墓葬，墓顶有封土堆。均为先开挖竖穴土坑，再在墓内用石块砌筑四壁，有的还在石墙内加衬木板。墓室平面呈“凸”字形或“中”字形，墓道短小，顶上覆盖木板。

二、2018年血渭一号墓（阿柴王墓）的发掘

2018年血渭一号墓，它是迄今为止青藏高原发掘的结构最完整、布局最清晰的高等级墓葬②。该墓为木石结构多室墓，由地上和地下两部分组成（图5-4-2-1）。

1. 地上墓园建筑

地上为墓园建筑，与《旧唐书·吐蕃传》中的“于墓上起大室，立土堆，插杂木为祠祭之所”③相吻合。地上墓园平面呈方形，东西33、南北31米，由茔墙、封土、回廊、祭祀建筑组成。茔墙平地起建，基础石砌，上部为土坯垒砌而成，在北墙、西墙均发现有排水口。茔墙之内有覆斗形封土，封土四周由土坯包砌，东西26.57、南北24.78米。回廊介于茔墙与封土之间，是围绕封土的通道，北茔墙东端有供出入的门址。墓园东北隅茔墙外侧发现祭祀建筑，由两座石砌房址（编号F1、F2）组成，房址平面均呈长方形。一号房址东西10.9、南北9.84米，北墙开门，门外侧有曲尺形石砌照壁，房址内发现五块羊肩胛骨堆放在一起，房间还有插入地面的木柱，初步推测或与墓葬祭祀相关。二号房址东西5.58、南北5.53米，位于一号房址西北侧，东墙开门。

2. 地下墓葬结构

墓葬地下部分为由木石构建的五室结构，由墓道、殉马坑、照墙、甬道、墓门、墓

① 青海省文物考古研究所：《青海近十年考古工作的收获》，《文物考古工作十年（1979—1989）》，文物出版社，1991年，第332、333页；许新国：《都兰热水血渭吐蕃大墓》，《中华人民共和国重大考古发现》，文物出版社，1999年。

② 中国社会科学院考古研究所、青海省文物考古研究所：《青海都兰县热水墓群2018血渭一号墓》，《考古》2021年第8期。

③ （后晋）刘昫等：《旧唐书》，中华书局，1975年，第5220页。

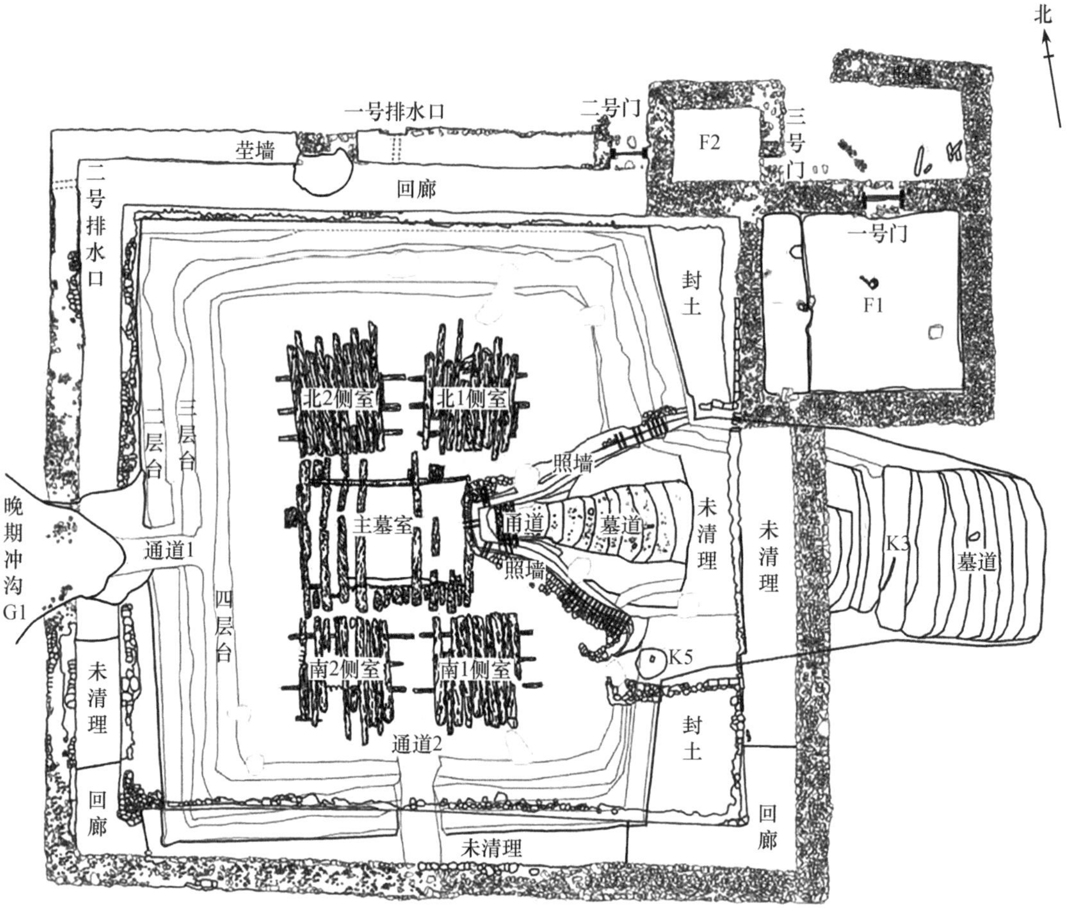

图5-4-2-1　青海都兰2018年血渭一号墓平面图

圹、二层台、殉牲坑、三层台、砾石层、四层台、墓室组成。

墓道位于墓圹东侧，呈台阶状，墓道两侧有生土二层台，墓门与墓道之间为甬道，甬道为石砌的平顶结构，顶上平铺有双层棚木，其上有土坯垒成的照墙。墓道内的殉马坑呈南北长条状，南北长6.6、东西宽1—1.13米，坑内殉有六匹公马。

墓圹平面梯形，与封土不完全重合，墓圹西、南二壁有通道，墓圹四壁有内收的四个生土台阶，台阶均不太规整，上铺青石碎块。在四层台上，整个墓圹内平铺有0.4米厚的砾石层，推测为防盗设施。在墓圹填土中发现殉人和殉牲坑，殉牲坑平面呈东西长方形，四壁由土坯垒砌，由三根立柱和一根横梁搭建成空间，顶上平铺有棚木，坑内出土了黄牛、牦牛、绵羊、羚羊、岩羊、马鹿等动物骨骼，殉牲分层堆放，底层放置有一把木鞘铁剑。

照墙位于墓道与墓圹之间，平面呈不规则形，基础砌石，石层间有穿木，基础之上由土坯垒砌，内收三层台，每层间均铺有穿木。

墓室为木石结构，由一个主墓室和四个侧室组成，各室平面均呈长方形，平顶。顶上

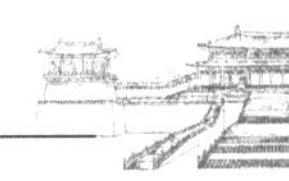

平铺棚木。主室四壁石砌，平面呈长方形，东西长6.8、南北宽4.25米，砌石中间平铺有木梁。主室东西两壁各保存四个木质替木，其中东壁墓门北侧还保存有立柱。主室设有东西向红砂岩棺床，放置棺椁。棺木上有彩绘和贴金。主室内绘有壁画，多已剥落，局部保存有白灰地仗和黑红彩。室内发现分属两个个体的人骨。

侧室位于主室的南北两侧，每侧各有两室。与主室间以过道相连，过道内设有木门，侧室平面呈东西长方形，东西长3.4、南北宽2.4米。侧室间有隔墙，侧室底部有木地栿，四角及各壁中间均有立柱和替木支撑顶部的过梁。北2侧室发现有架空的木床，出土大量的皮革、织物。各墓室内被盗洞扰乱严重。

3. 出土物

2018年血渭一号墓出土物丰富，有金银器、铜器、铁器、漆木器、皮革、玉石器、玻璃器及纺织品等1000余件。墓道及甬道随葬大量的绿松石、金箔、镶嵌绿松石的金象、彩绘人形木牌、金包木等，殉马坑内有颈带，系织物与银牌组合，还有大量的黑白石片，共计500余件。主墓室内随葬金、银、铁、漆木、皮革、玉石、海螺等质地的器物。金器有金胡瓶、錾指杯、金链子、带饰、革带饰、杏叶等；银器有银印章1枚；铜器有容器、铠甲片、各构件上的铜饰等；铁器有铁甲胄；漆器有漆盘、甲片等；木器以马鞍、小型斗栱模型为主；玉石器有装饰的玛瑙、琉璃珠、水晶和大量的黑白石片等。

4. 墓葬年代与墓主人身份

根据墓室出土的金器、丝织物等遗物的特征，并结合出土棚木进行测年，知其年代约在8世纪中期（744±35年）。其中的银印章形制属于吐蕃时期，印章印面中央是一个骆驼纹，周围有狮子、鸟、马等动物纹，两个边缘有一行古藏文，汉语意为“外甥阿柴王之印”，“阿柴（A—Za）”是吐蕃人对吐谷浑的称呼。从而得知血渭一号墓的墓主人，是吐蕃统治时期的吐谷浑王阿柴王。吐蕃为了对吐谷浑进行控制，长期保持王室的联姻，从而形成了特殊的“甥舅关系”，这枚印章不仅印证了其他出土文献的记载，而且表明了墓主人的身份与族属。根据敦煌吐蕃经卷中的《阿柴纪年（残卷）》记载，吐蕃墀邦公主嫁给吐谷浑王，其子是莫贺吐浑可汗。文献记载与墓葬的测年基本吻合，同时也与墓葬出土人骨的年龄比较吻合，为墓主人有可能是莫贺吐浑可汗提供了重要证据。

该墓为热水墓群发现的结构最完整、体系最清晰、墓室最复杂的高等级墓葬，是研究古代青藏高原丧葬制度和宗教观念等的重要资料。部分随葬品的工艺与装饰图案带有浓郁的西亚波斯萨珊王朝和中亚粟特等的风格，证明都兰地区在东西方文化交流中曾经发挥了桥梁和枢纽作用。这些重要发现，对研究7世纪晚期至8世纪末的唐吐蕃时期青藏高原东部的丧葬习俗、唐王朝与少数民族的关系、丝绸之路的交通路线、物质文化等具有重要价值。

第六编
中外文化交流的遗迹和遗物

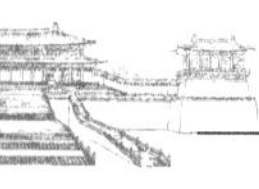

中外文化交流的考古主要是通过在国内各地发现的外国遗物来进行研究：一是通过对遗迹遗物的研究进一步阐述中外文化交流的内容及历史影响；二是通过遗物发现的地点来恢复古代的交通线，也就是近年国内外所关注的“丝绸之路”的研究。

关于中国境内“丝绸之路”的具体路线，文献虽有记载，但有些地段不很明确。外来遗物在各地点的发现，证明了不同历史时期交通线的变化。从长安到河西有南北两路：南路经扶风、天水、兰州至武威；北路经彬县（今陕西省咸阳市彬州市）、平凉、固原至武威。出敦煌或安西，在新疆境内分南、中、北三路西行，南路经若羌、于田、和田至喀什；中路经哈密、吐鲁番、焉耆、库车至喀什；北路则自哈密，经吉木萨尔、伊宁西去。从河西至新疆是汉唐时期以来通西域的主要路线。

北方草原路是从新疆哈密经内蒙古额济纳旗（汉代居延）东至河套，沿北魏六镇，经山西大同（北魏之平城和辽金的西京）至朝阳（十六国之龙城，北魏、唐之营州）。这是横贯欧亚大陆的一条很重要的交通线，特别是在北魏和辽尤为繁荣，是沟通中亚、西亚乃至东北亚、朝鲜等地的动脉。

海上交通线的开辟不迟于陆路。广州、泉州、宁波（明州）和扬州是古代著名港口。广州是秦汉时期至近代经久不衰的外贸口岸，汉魏六朝时期以来，自广州北上取官路经英德、曲江，翻大庾岭，经赣州、九江至南京（建康）；或过骑田岭，经郴州（桂阳）、长沙（临湘）至江陵或鄂城。

在这三条路沿线分别发现了由海外输入的镶嵌玻璃珠、蚀花肉红石髓珠，焊堆掐丝工艺的多面金珠，镶嵌宝石、青金石和金刚石的戒指、项链等首饰，金银器、玻璃器、伊斯兰釉陶器、波斯锦和东罗马、波斯萨珊王朝、阿拉伯的金银币等。中国发现的这些海外遗物多出于有纪年的墓葬和塔基中，对于研究国外收藏的无明确年代的同类遗物是极好的比较资料。陕西扶风法门寺唐咸通十五年（874年）塔基地宫出土的玻璃器，就是世界上年代确切的早期伊斯兰玻璃的标准器。

西南方的中外交通路线考古也有重要发现。西藏吉隆县阿瓦呷英山口摩崖上发现的唐显庆三年（658年）《大唐天竺使之铭》碑文阴刻楷书24行，残存220字左右，记载唐使王玄策率刘嘉宾、贺守一等出使天竺，历尽险阻，经“小杨同”过吉隆时的勒石记事。这是王玄策第二次出使天竺时所刻。这块碑刻证明了王玄策两次出使天竺皆取道西藏，经尼泊尔至印度，是极其重要的发现。

隋唐五代时期，中国的国际交往非常活跃。除同相邻的朝鲜、日本、越南保持密切的关系外，还通过丝绸之路到达帕米尔高原以西至地中海沿岸的广大中亚、西亚及欧洲地区；通过“海上丝绸之路”扩大了同北部湾以西直至埃及沿海国家的联系。

隋唐时期，“丝绸之路”为中国和伊朗以及中亚、西亚各国的文化交流起了巨大的作用。从吐鲁番出土的丝织品中看到，在丝织业高度发达的唐代，曾积极采用中亚、西亚人喜爱的纹样，织出了大量的联珠对鸟对兽纹、联珠猪头纹、联珠骑士纹锦等，同传统丝织品一起输出国外，满足了西方市场的需要。和纺织品一同输出的商品还有瓷器、铜镜等。如在乌兹别克斯坦撒马尔罕以及伊朗、约旦、叙利亚境内都发现了中国的瓷器和铜镜。中

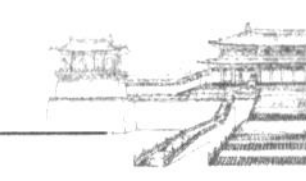

亚、伊朗、伊拉克、叙利亚境内还发现了唐三彩。印度尼西亚、菲律宾、巴基斯坦、埃及等国不止一处发现了唐至五代时期的中国瓷器，印度尼西亚、苏丹、埃及也有唐三彩出土。这些珍贵遗物，都是中国和亚非各国文化交往的见证。

参考书目

[1] 全国哲学社会科学规划考古学科研小组:《中国考古学的研究现状与发展趋势》,《文物季刊》1998年第4期。

第一节　外来宗教的遗迹与遗物

一、景教遗物

景教是古代基督教的一支，因继承聂斯脱利的宗教主张，故又名聂斯脱利派（NESTORIANISM）。时人谓之波斯教、波斯经教、大秦教、景教等，与摩尼教、袄教并称三夷教。聂斯脱利原为君士坦丁堡的大主教，因为主张基督教具有神和人的双重属性，被正统派斥为异端并处以死刑，其信徒逃亡东方，由叙利亚进入波斯，组织迦勒迪教会，约在唐太宗贞观九年（635年）由叙利亚人阿罗本传入中国。其传入的路线是由阿姆河南的大夏经过巴克达山，越葱岭，入塔什库尔干到于阗，后取玄奘之归途而至长安。关于景教名称的由来，史无明载，可能是音译。景教传入之后，唐太宗就下诏在长安城义宁坊建立波斯寺，唐玄宗天宝四年（745年）改名为大秦寺。唐高宗时，又于各州置景教寺。景教在这一时期得以传播，但到了唐会昌五年（845年），唐武宗灭佛时，对于景教也进行了打击，景教在中原地区便趋于灭绝。

从目前发现的景教资料来看，当时信仰这一宗教的信众都是来自波斯和中亚的胡人①。景教传入中国以后，受佛教的影响很大，无论从经文的字句，以及名词，乃至于日常用语，大都仿效佛教经典及佛教通用名词。如《大秦景教流行中国碑》中称景教教堂为“寺”，称景教主教为“僧”或“大德”等。

1. 大秦景教流行中国碑

《大秦景教流行中国碑》建立于唐建中二年（781年），由大秦寺僧景净述，朝议郎前行台州司士参军吕秀严撰书。碑文颂扬景教在中国传播流行的盛况，是研究唐代景教的珍贵资料。明天启五年（1625年）出土，地点有三种说法：一为陕西周至；一为长安（今西安）；一为长安与周至之间。出土之后被移至西安府城西的金胜寺，1907年移入今西安碑林。

① 罗炤:《洛阳新出土〈大秦景教宣元至本经及幢记〉石幢的几个问题》,《文物》2007年第6期。

碑全高约2.8、宽约0.85、厚约0.16米。碑额题“大秦景教流行中国碑”，额上刻立于莲花座之上的十字架。碑背面无字。正面下部及左右两侧用叙利亚文和汉文合刻70名景教僧的名字及职衔（图6-0-1-1）。正面碑文正书32行，行62字，分为序、颂两部分。序中记述唐贞观九年（635年）大秦景教僧阿罗本至长安，贞观十二年在长安义宁坊建大秦寺。高宗时准于诸州置景教寺院。玄宗时令宁国等五王在寺内建坛场，又送五圣写真安置寺内，还令景教僧去兴庆宫作功德，唐玄宗亲题寺榜。唐肃宗时在灵武等五郡重立景教寺院。唐代宗时，每逢诞辰对景教僧赐香颁馔。唐德宗时任景教僧伊斯为朔方节度副使，协助郭子仪于戎马军中，伊斯出资重修寺院，发扬景教。此碑被发现以后，不但为中国学者所注意，也引起了外国传教士的兴趣，但欧洲曾经有人怀疑它的真实性。19世纪初，曾经有人偷运此碑出国，但未能得逞。随着研究工作的深入，该碑的学术价值愈来愈显得重要。

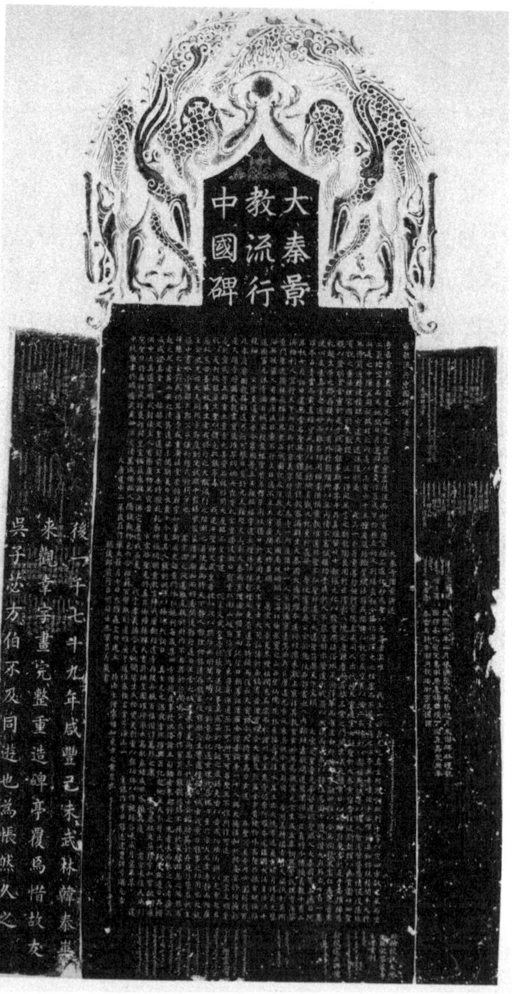

图6-0-1-1　大秦景教流行中国碑及碑文拓片

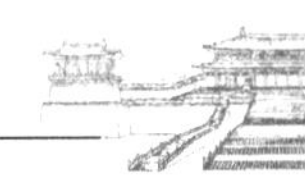

经释读，碑上的古叙利亚文内容为：“希腊纪元一千零九十二年，已故吐火罗国巴里黑城僧密里斯（Milis）之子，克姆丹（Kumdan）王城大僧，及总教主叶俟布锡德（Yesbusid）建立此碑。刻救世主之训诫，先代授中国皇帝之教言，俾垂不朽。”[①]碑文中的古叙利亚文称中国为秦尼斯坦（Tzinisthan）、长安为克姆丹（Kumdan）、洛阳为撒拉哈（Saragh）。

2. 景教经幢

在河南洛阳发现1件《大秦景教宣元至本经及幢记》[②]。经幢为一不规整的八棱（面）石柱，以石灰岩质上等青石制成。顶端凸起一圆形石榫，其下为一圆形石盘，石榫位于石盘中央，石盘与幢体之间环凿一上沿圆弧形、下沿为平直斜坡的凹槽。幢体8面，每面宽14—16、残高60—85厘米不等。第一、八面下部各有一处宽6—7、高2.5厘米的残痕，似经人为打击所致。幢体下部截面为一平滑斜面，极似机械切割而成，实因洛阳周围地区的山岩均为水成岩，幢体上、下两部分分属两个斜向沉积岩层，其间的“水线”间隙经外力打击截然断裂，形成平滑截面。这件残经幢为原幢体的上半部，其上原应有幢顶，幢体上方的圆形石盘即为承托幢顶、石榫即为连接幢顶所造。幢体之下原应有幢座。经幢第一至三面、第五至七面上部雕刻两组、共六方图像。各方图像高13.3—14.2、宽12.8—15厘米。两组图像均以十字架为中心，第二面上部的十字架比较华丽，在中心部位和四端都精细雕刻装饰图案；第六面的十字架相对质朴，没有雕刻任何装饰图案。第一、第三面上部各雕刻一男相“飞天”，均面向第二面的十字架伸臂瞻礼。两“飞天”头顶梳高耸发髻，额前发际系宝饰冠带。左“飞天”发髻后梳，额前宝饰为椭圆形花蕊，冠带两端飘带及肩腋间帔帛在头部上方与身后不对称地飞扬。右“飞天”发髻横向环梳，额前宝饰为双环桃尖形，冠带两端飘带及肩腋间帔帛在头部上方与身后对称飘飞。细部差异精微，工艺极为考究（图6-0-1-2）。

经幢第五至七面上部雕刻的第二组图案，是以第六面的十字架为中心，第五、七面雕刻二女相“飞天”。左“飞天”（第五面）右手上方为一颗宝石，右“飞天”（第七面）左手握一朵莲花，分别面向十字架奉献、礼拜。此二“飞天”形象与龙门石窟的唐代佛教飞天几乎完全相同，均束高髻，裸上身，腰系短裙，双腿半裸，裙摆飘于腿间，数条帔帛在身体上方呈半圆形飞舞，仅一条帔帛在身下横飘。图像下方，第一面雕刻“祝曰”和“清净阿罗诃／清净大威力／清净（下残）”两行文字；第二至第四面及第五面第1行雕刻《大秦景教宣元至本经》，每面刻字6行；第五面第2行至第八面雕刻《大秦景教宣元至本经幢记》，每面亦刻字6行，仅第八面刻字4行（此面似将初刻文字凿摩，现存之字疑为建幢之时或稍后改刻的）。

据《经幢记》记载，此幢建于唐宪宗元和九年（814年），原竖立在一位自中亚移居洛阳、殁后葬于洛阳某地的“安国安氏太夫人神道”。造者为其“承家嗣嫡”亲子。十五年

① 张星烺编注：《中西交通史料汇编》（第1、4册），华文出版社，2018年，第175、1118页。

② 罗炤：《洛阳新出土〈大秦景教宣元至本经及幢记〉石幢的几个问题》，《文物》2007年第6期。

图6-0-1-2　河南洛阳出土景教经幢

后，又于唐文宗大和三年（829年）“迁举”，但未说明迁于何处。

经幢的第一至四面为正面、阳面，第五至八面为背面、阴面；一至四面刻的是经文，五至八面刻的是与女性丧主有关的《经幢记》。这些情况可能决定了，第一、三面上部的图像为男性，第五、七面上部的图像为女性。张乃翥认为，“这似乎隐含着当时东来景教兼有阴阳二元崇拜的信条”①。罗炤认为，这两组男、女性分别组合的图像，形象近似于佛教造像中的飞天，功用则介于飞天与供养人之间，可能尚不足以达到“崇拜信条”的高度②。它们的身份究竟是什么，是否属于基督教的天使，还有待于进一步深入研究。

经幢上雕刻的两组图像，是唐朝景教最重要的美术作品。以往我们只能看到西安《大秦景教流行中国碑》额上雕刻的十字架及其下部莲座和两旁的祥云、花朵，虽然雕刻精致，但整幅图案较小。洛阳经幢上的图像不仅场面大、形象多，而且雕刻工艺精细，形象之庄重与线条之飞动浑然融为一体，可以领略到更加丰富的景教美术形式和内容。

3. 高昌景教壁画

德国探险队曾经在高昌附近发掘一座景教寺院遗址，并发现了一幅描绘复活节前的星期日之祭祀场景的壁画。这幅壁画被认为具有唐风，大约在9世纪晚期。画面上部中间有一匹棕色马的两只前蹄。图上只保留了骑士的左脚，套在黄色（金黄色）的马镫里。画面左侧，马的前边站着一高大而不寻常的男人——耶稣，他的黑色卷发颇有希腊晚期艺术绘

---

① 张乃翥：《跋河南洛阳新出土的一件唐代景教石刻》，《西域研究》2007年第1期。

② 罗炤：《洛阳新出土〈大秦景教宣元至本经及幢记〉石幢的几个问题》，《文物》2007年第6期。

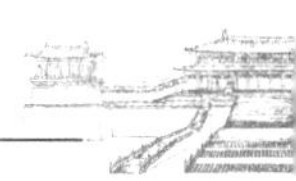

画中的特征。他身穿直达脚面的绿色长衫，上身还披有带皱褶的宽大红外套。很显然，画家先画了绿色长衫，尔后才在其上加画了罩衣。因此，当罩衣的红色逐渐脱落之后，下边的绿色又显露出来。两脚画得笨拙，穿有笨重的黑鞋。他左手提着一个金黄色的香炉，此种形式的香炉，在其他任何地方的壁画与细密画上都没有出现过。从香炉中飘出的烟雾用一束向上飘浮的波浪状线条表示，升至高处变成螺旋状烟云。右手捧着一个黑色的碗状物体，被认为是一个圣水钵（葡萄酒杯）。他面前站着三个人。其中前两个男人是彼得、约翰，靠右边的第三人是女人——玛丽亚，每个人都举着一根带有叶子的棕榈树枝。他们的服装很奇特，除了女人的衣服外，其他两人的服装在其他高昌壁画与绢画上都从未出现过。它是很长的单色长衫，最前边那个人穿棕色的，第二个人穿青灰色的，看来没有系腰带。但在长衫外面披无领长袖大衣——这件衣着十分引人注目——将它轻松地披在肩头，直垂到膝盖处。第一个人的大衣为青灰色，第二个人的为棕色。可从大衣上宽大的三角形翻领处，看到两件大衣都是红色衬里。第一个男人头戴棕色帽子，像是缠头布，左耳后边可看到黑色头发。第二个则不同，戴一顶很大的钝锥黑色便帽。两人都穿浅棕色的鞋。最右边那个女人身穿绿色长袖短上衣，只达上半身的一半；下身系遮盖两脚的长裙；肩头轻披棕色的披肩或围巾，从右肩直垂到大腿中部，从左肩飘到胸前。浓密的黑发在头顶梳成圆球形，看来在后颈还挽了很大的发髻（图6-0-1-3）①。

二、摩尼教的遗迹与遗物

摩尼教是3世纪在波斯兴起的一个世界性宗教，因创始人摩尼而得名，也称为明教。摩尼本人生于216年，卒于277年。他出生在古波斯首都泰锡封附近的玛第奴的一个贵族家庭，精通天文、善绘画、会幻术，从小受到基督教派的影响。24岁时创立了摩尼教。摩尼教的思想是在吸收祆教、佛教和基督教等教教义的基础上形成的。基本教义为“二宗三际论”，“二宗”指光明与黑暗，亦即善和恶。“三际”指初际、中际和后际，即过去、现在和未来。光明与黑暗指世界的两个本原，三际是说世界发展过程中的三个阶段。初际之时天地未分，光明与黑暗各殊，势均力敌；中际之时，黑暗来侵光明；后际之时，光明与黑暗各归本位。现时处于中计，人应助光明斗黑暗。教徒应当制欲，不茹荤，不饮酒，不祭祖，白衣白冠，死则裸葬。摩尼教自3—7世纪从波斯本土西传至叙利亚、小亚细亚、埃及和北非，又从北非传至罗马并进入西班牙半岛。向东则越过葱岭，经中亚传入中国。

据《佛祖统纪》卷三十九及卷五十四均记载，武则天延载元年（694年），“波斯国人拂多诞（原注：西海大秦国人）持《二宗经》伪教来朝”②。说明至迟在武则天延载元年，摩尼教已得到当时朝廷的承认和许可，可以在内地公开传播了。但唐玄宗时期曾经予以禁

① 〔德〕勒柯克著，赵崇民译，吉宝航校定：《高昌——吐鲁番古代艺术珍品》，新疆人民出版社，1998年，第58页，图版7；〔日〕羽田亨著，耿世民译：《西域文明史概论》，中华书局，2005年。

② （南宋）志磐：《佛祖统纪》，《大正藏》第49册，No.2035，第369、474页。

图6-0-1-3　新疆吐鲁番出土景教壁画

断，据《通典》卷四十云："开元二十年（732年）七月敕：'末摩尼法，本是邪见，妄称佛教，诳惑黎元，宜严加禁断。以其西胡等既是乡法，当身自行，不须科罪者。'"[①]唐大历年间，回鹘使者与摩尼教僧人来到长安，唐代宗为其置大云光明寺。据《唐会要》卷十九记载："回鹘可汗王令明教僧进法入唐。大历三年六月二十九日，敕赐回鹘摩尼，为之置寺，赐额为大云光明。六年正月，敕赐荆、洪、越等州各置大云光明寺一所。"[②]此后的唐德宗至唐武宗会昌三年（843年）以前，摩尼教均受到礼遇。

唐武宗会昌三年，摩尼教遭到了毁灭性打击。据《大宋僧史略》卷下"大秦末尼（摩尼）"条云："大历三年六月，敕回纥置寺，宜赐额大云光明之寺。六年正月，又敕荆越洪等州，各置大云光明寺一所。武宗会昌三年敕：'天下摩尼寺并废入宫。'京城女摩尼七十二人死。及在此国，回纥诸摩尼等配流诸道，死者大半。"[③]在长安的日本僧人圆仁亲眼目睹了摩尼教在当时受到打击的情况，他在《入唐求法巡礼行记》卷三中写道："(会昌

① （唐）杜佑撰，王文锦、王永兴、刘俊文等点校：《通典》，中华书局，1988年，第1103页。
② （宋）司马光撰，（元）胡三省音注：《资治通鉴》，中华书局，1956年，第7638页胡三省注引。
③ （宋）赞宁：《大宋僧史略》，《大正藏》第54册，No.2126，第253页。

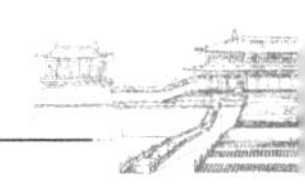

三年）四月中旬，敕下，令煞天下摩尼师。剃发，令着袈裟，作沙门形而煞之。摩尼师即回鹘所崇重也。”①

现代意义上的摩尼教研究，即作为一个独立领域或独立学科的摩尼教的研究，发端于20世纪初吐鲁番的重大考古发现。其中所发现和出土的摩尼教遗迹与遗物，尤其是数以千计的摩尼教写经残片的出土和确认，使摩尼教的研究形成了一个国际性热潮。在敦煌藏经洞发现的3部唐写本汉文摩尼教残经，从而确认了摩尼教曾经在唐代流行。这3部残经，均被收入《大正新修大藏经》卷五十四，分别被命名为《波斯教残经》《摩尼光佛教法仪略》《摩尼教下部赞》。近年来，在考古调查中发现并确认了一批摩尼教石窟。

摩尼教石窟主要集中在吐鲁番一带。20世纪初，德国人在吐鲁番一带发现了数千件佛教与摩尼教的写本、旗幡和其他遗物，但仅确认了四五个摩尼教石窟。在20世纪80年代，在吐鲁番柏孜克里克石窟曾经发现回鹘文摩尼教《美味经》写本残卷②。中国学者晁华山对吐鲁番地区的三个石窟群进行研究，大体确认摩尼教石窟39个，主要分布在：吐峪沟11个，柏孜克里克19个，胜金口9个。在已经发现的高昌石窟中，许多初建时为摩尼教石窟，后来改建为佛教石窟。在改建的过程中，原来的摩尼教石窟壁面用白灰浆覆盖，改绘佛教题材。现在有些石窟的白灰浆层脱落之处，均露出了初建时的摩尼教壁画痕迹。有的画有粗红网格线，有的写有摩尼教榜文，有的写有帕提亚（汉代典籍中所称的安息）文和回鹘文摩尼教赞辞，有的则绘有礼赞生命树图（图6-0-1-4，1），有的还绘有波斯摩尼教信徒。其中柏孜克里克石窟第38号窟是明显的摩尼教石窟，壁画中绘有一座摩尼教寺院建筑图，寺院为五重台式建筑，寺前有台阶。其中一层台有五个殿堂，即指摩尼教寺院的五堂：经图堂、斋讲堂、礼忏堂、教授堂、病僧堂。在主室正壁绘生命树与死亡树交叉图（图6-0-1-4，2）。这两株树分别代表光明王国和黑暗王国，两株树主干两次交叉并由下向上分成三段，表示“三际”即初际、中际、后际。整幅画象征着摩尼教的“二宗三际论”。在窟两侧壁绘有宝树果园图（图6-0-1-4，4），其中的大果树枝叶繁茂，硕果累累，树下绘斋讲的高师。这些果树都是摩尼教文献和写本中所说的生命树。摩尼和耶稣经常被绘成生命树。摩尼教教团也常以长满果实的树表示，每个果实即象征教团的一员。树下高师身后燃起五股光焰，表明是摩尼教高级信徒。在阿拉伯文献中，记载有摩尼见萨珊国王时双肩闪闪发光。

在胜金口北端有两座摩尼教寺院，称为南寺和北寺。北寺规模宏大，左右宽约40米，上下高约12米，从寺前地面到最高处窟顶共有五层平台，其中第三层平台是主要平台，主要洞窟有五个就建在这个平台上。在主室正壁绘生命树与死亡树交叉图。生命树枝叶繁茂，死亡树枝叶枯槁。两侧壁绘宝树果园图，果树下有斋讲的摩尼教高师。在平台中心北侧的第2窟是个纵长方形窟，主室正壁绘两株宝树，两侧壁绘宝树果园图，券腹绘葡萄树图。从北寺布局的来看，与敦煌发现的《摩尼光佛教法仪略》有关摩尼教寺院部分所讲的

① 〔日〕圆仁撰，顾承甫、何泉达点校：《入唐求法巡礼行记》，上海古籍出版社，1986年，第160页。

② 吐鲁番地区文物管理所：《柏孜克里克千佛洞遗址清理简记》，《文物》1985年第8期。

摩尼寺由五堂构成相一致，五堂即经图堂、斋讲堂、礼忏堂、教授堂、病僧堂。南寺也有五层平台，洞窟开凿于下方两层平台，上方的三层平台在实用上并无必要，只是为了符合摩尼教寺院规范而建造，由此可以认为南寺也是一座摩尼教寺院。

在吐鲁番石窟群中画有“七重宝树神使图”（图6-0-1-4，3）的洞窟有4个。每列七株生命树象征摩尼教最基本的七部大经，也象征摩尼、耶稣、光明王国。这七部大经也是摆渡信徒到达彼岸世界的航船。礼拜、观想这些宝树，也就具有超度和解脱的意义。宝树树冠中被召唤出的白衣天使和树下莲花中被召唤出的白衣仙女，表现“中际”阶段诸神使，即大明尊召唤出的善母（生命母）和先意（初人），以及后来被召唤出的惠明使（化身美女）。壁画中男女天神均着白衣，是摩尼教崇尚白色的表现。在画七重宝树神使图的4个石窟中，还有其他多种题材的壁画，如大量的常荣宝树、七宝香池、日月宫图、行者观想及题榜文字、观想阴阳人等，也都属于摩尼教题材。

图6-0-1-4　新疆吐鲁番摩尼教石窟壁画

1. 礼赞生命树　2. 生命树与死亡树、宝树果园图　3. 七重宝树神使图　4. 宝树果园图

摩尼教的寺院遗址，德国人格伦威德尔曾在吐鲁番高昌故城“可汗堡”外南部发现1处，他编号为K。这座寺院遗址位于一个小高台地上，是一个约75米见方的庭院，有4组建筑群：北部是一些带圆顶的小庭堂，庭堂两侧是带有拱顶的小房间；东部是一些塌毁了的房间，其中1间是圆屋顶，这间房子中出土了许多写本卷子；西部是1间大圆屋顶的房屋，只有6米见方；南部有南北向排列的3间房子，占地东西宽约15米，南北长约30米。所有建筑都装饰有壁画，有的还贴有金箔，有的地面上还铺有白色石膏。勒柯克根据敦煌发现的摩尼教经卷解释为：东部那间是经图堂，因为这里发现了大量经卷文书。经图堂之西的圆顶大厅可能是备讲堂，大厅中有一幅大型壁画，其中的中心人物是摩尼，摩尼画得比周围那些“上帝选中的圣徒”都高大（图6-0-1-5）。

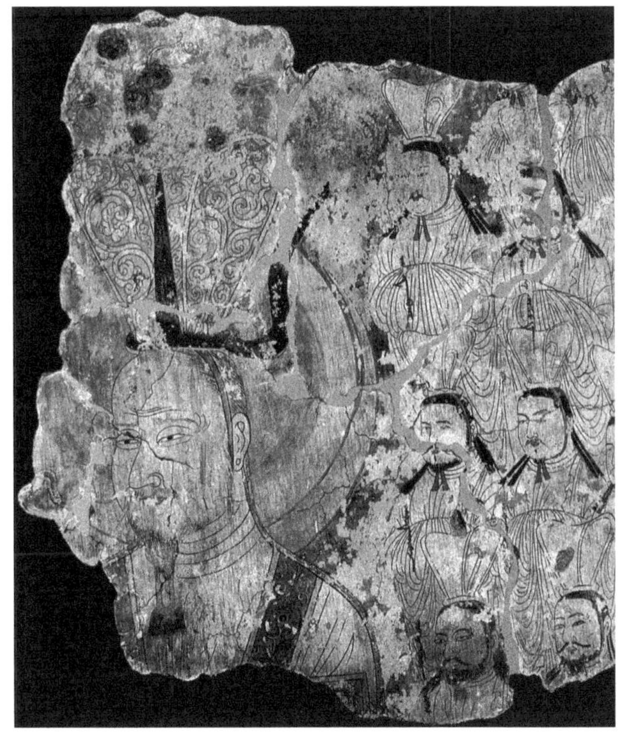
图6-0-1-5　新疆吐鲁番摩尼教壁画

在高昌故城现存中城的西部城墙南端，也有1处摩尼教遗址。该寺院酷似一个大型的砌体，中央竖立1座塔，塔上有一些拱顶式建筑。南侧是一条阶梯道路，北侧是一个圣殿。圣殿中有绘画装饰。因为寺院中出土了大量摩尼教经文写本，所以很容易认定为摩尼教寺院。但是，在这座摩尼教寺院的壁画上面覆盖有重绘上去的佛教壁画。

吐鲁番的摩尼教石窟兴建于6世纪末期，到10世纪末被封闭，接着又被改建为佛教寺院。在吐峪沟只有礼忏堂被改建和重绘，至于斋讲堂，由于其建筑、壁画有较多的佛教形式而未被改动。柏孜克里克斋讲堂壁画被白色灰浆覆盖后成为无壁画的佛教窟。礼忏堂和其他大多数无壁画窟则被改建重绘成佛堂。胜金口北寺礼忏堂重绘后成为佛堂，但斋讲堂和教授堂的壁画因无碍佛教而被保留下来。其改建或重绘的原因是983年，回鹘王太子下令拆毁摩尼寺的壁画和塑像，并改建为佛寺。回鹘人抛弃了他们信仰了200多年的摩尼教而皈依了佛教。

摩尼教石造像，在福建晋江万山峰苏内村草庵摩尼教遗址发现一尊（图6-0-1-6），属于元代雕刻。草庵建于元顺帝至元五年（1339年），内有摩尼造像，称“摩尼光佛”。造像浮雕于紧靠正厅后壁的岩石上，其周围深刻一直径1.98米的圆圈，圈内摩尼光佛结跏趺坐在莲花座上，身高1.52、宽0.83米，全身两侧射出一道道光芒。造像面部圆润，眉弯隆起，散发披肩，下颌之下有两条长须。身着宽袖袍，襟结下垂扣上圆圈，双手掌心向上置于膝上，神态庄严。面、身、手分别利用岩石不同的自然色调，赋予造像一种神化色彩①。该造像的时代虽晚至元代，但仍然是世界现存最早、也是唯一的摩尼教石造像，对研究摩尼教及其在中国的传播历史，具有重要价值。

三、祆教遗迹与遗物的发现

祆教即古代波斯的琐罗亚斯德教。公元前6世纪，由波斯人琐罗亚斯德创建。因为该

① 国家文物局主编：《中国文物地图集·福建分册》，福建省地图出版社，2007年，第362页，图版192；国家文物局编：《海上丝绸之路》，文物出版社，2014年，第173页。

图6-0-1-6　福建晋江草庵摩尼像

教拜火，以火光代表至善之神，故又称为拜火教。同时，该教还拜日月星辰，故又名祆教。3世纪时，波斯萨珊王朝将其定为国教，一时在西亚、中亚地区盛行。7世纪时，大食统治波斯后，伊斯兰教流行，迫使祆教徒大批东移。祆教传入中原的时间，学术界一般认为是在6世纪，即波斯邻近的滑国于516年通梁之时，但祆教传入西域应当早于这一时间。

祆教的主要经典是《阿维斯陀》，其教义是神学上的一神论和哲学上的二元论。所谓二元论是指自然界有光明和黑暗两种力量，前者崇拜众善神，后者崇拜各种恶灵。它们各自都有创造的力量，并各自组织了自己的阵营，进行长期较量和斗争，光明终于战胜了黑暗。

祆教认为，在光明和黑暗、善与恶的对峙中，人有决定自己命运的自由意志。祆教还把人的活动概括为思想、语言和行为三类，在每一类中又分为善恶两种，并把三善、三恶与天堂、地狱的说教结合起来。从善者可以逐步进入天堂。祆教主张善恶报应，在理论和逻辑上必然承认灵魂转世和末日审判。祆教认为，火是阿胡拉·玛兹达的儿子。火的清净、活力、光辉象征了神的绝对和至善，因此，火是人们所见的正义之眼，对火的礼赞也是教徒的首要任务。祆教视水、火、土为神圣，故葬礼只能实行天葬或鸟葬。

在近年来的考古发掘中，发现了南北朝至隋唐时期的为数不少祆教遗物。如陕西西安北郊北周安伽墓、史君墓石椁上的雕刻，甘肃天水发现的隋末唐初石棺床上的雕刻，山西太原隋虞弘墓石椁上的雕刻等，都与祆教有关。这为深入研究祆教提供了重要的实物资料。1955年西安发现的唐咸通十五年（874年）苏谅妻马氏墓志，用汉文和巴列维文合刻[①]，也是研究唐代祆教的重要资料。

四、伊斯兰教

伊斯兰教为阿拉伯人穆罕默德所创。在唐代，广州等地有许多信奉伊斯兰教的阿拉

① 陕西省文物管理委员会：《西安发现晚唐祆教徒的汉、婆罗钵文合璧墓志——唐苏谅妻马氏墓志》，《考古》1964年第9期；作铭：《唐苏谅妻马氏墓志跋》，《考古》1964年第9期。

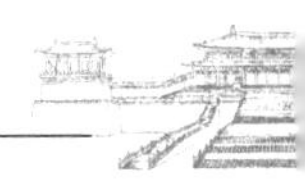

伯人留居，相传穆罕默德的舅父赛德·伊本·阿比瓦加的墓葬就在广州。751年的怛逻斯之战，高仙芝所率唐军为大食所败，两万多人被俘。被俘的唐人杜环在大食留居十年，他在返唐后所著的《经行记》中，记述了伊斯兰教的情况，这是我国有关伊斯兰教的最早记录。

关于伊斯兰教传入中国的年代，有各种说法，如隋开皇年间（七年和十九年）、大业年间（三年和四年），唐武德年间、贞观年间（二年和六年）、永徽二年等。据陈垣研究，除唐永徽二年之说外，其余说法均是明代或清代才开始提出来的错误的说法。只有唐永徽二年之说，新、旧《唐书》都有大食派遣使者的记载，比较可信。但也有人指出，唐永徽二年派遣使者，是国际交往关系，而非传教关系。夏鼐认为，伊斯兰教的传入可能是在唐永徽时期或稍后，只是现下无法确定是哪一年①。

参考书目

［1］ 陈垣：《回回教入中国史略》，《东方杂志》第25卷第1号。

［2］ 夏鼐：《西安唐墓出土阿拉伯金币》，《考古》1965年第8期。

［3］ 徐苹芳：《大秦景教流行中国碑》，《中国大百科全书·考古学》，中国大百科全书出版社，1986年。

［4］ 晁华山：《寻觅埋没千年的东方摩尼寺》，《中国文化》（第八期），生活·读书·新知三联书店，1993年。

［5］ 白化文：《本世纪关于摩尼教遗迹遗物的第三次重大发现》，《中国文化》（第八期），生活·读书·新知三联书店，1993年。

［6］ 晁华山：《初寻高昌摩尼寺的踪迹》，《考古与文物》1993年第1期。

［7］ 周菁葆、邱陵：《丝绸之路宗教文化》，新疆人民出版社，1998年。

［8］ 全国哲学社会科学规划考古学科研小组：《中国考古学的研究现状与发展趋势》，《文物季刊》1998年第4期。

［9］〔德〕勒柯克著，赵崇民译，吉宝航校定：《高昌——吐鲁番古代艺术珍品》，新疆人民出版社，1998年。

［10］ 葛承雍：《唐韵胡音与外来文明》，中华书局，2006年。

第二节　外来货币的发现和研究

隋唐五代时期的外国钱币，在考古发掘中有大量发现，其种类包括有波斯萨珊王朝银币、东罗马金币、阿拉伯金币以及日本的和同开珍银钱和铜钱，其中以波斯萨珊王朝银币数量最多。这些外国货币，主要用作随葬品、口含、宗教活动中的施舍品等。在河西走廊一带可能还曾经用作流通，据《隋书·食货志》记载，北周之时，“河西诸郡，或用西域

① 夏鼐：《西安唐墓出土阿拉伯金币》，《考古》1965年第8期。

金银之钱，而官不禁"[①]。文献中虽然说的是北周之事，隋代初年应该也是如此，直到"（开皇）五年正月，诏又严其制。自是钱货如一，所在流布，百姓便之"[②]。

一、波斯萨珊王朝银币的发现

波斯在安息王朝时期（前248—227年），便与我国发生了交通关系。中国史书如《史记》《汉书》《后汉书》等，称其为安息国，并描述了其国情。如《史记·大宛列传》记载，安息国"以银为钱，钱如其王面，王死辄更钱，效王面焉"[③]。波斯萨珊王朝兴起后，中国史书如《魏书》《周书》《旧唐书》《新唐书》等，改称其为波斯国，记载其曾派遣使者与我国交聘，并多次提到波斯萨珊王朝使用银币的情况。玄奘在《大唐西域记》卷一一称其为"波剌斯国"，并云其"货用大银钱"[④]。波斯萨珊王朝银币一般为圆形，或略近圆形，正面铸出王的肖像，背面则为拜火教祭坛，坛上有火焰。火焰的两侧为五角星（或六角星）和新月。祭坛的两侧各有相对而立的祭司一人。右侧祭司的背后有表示铸造地点的铭文，这种标出铸造地点的做法始于发拉哈朗（Varhran）五世（420—439年）。左侧祭司的背后有时有表示铸造时间的铭文，有的则无铭文，标出纪年的做法始于卑路斯（459—484年）登基后的第三年。波斯银币的单位是"德拉克麦（drachm）"，平均每枚重4克左右（图6-0-2-1）。

波斯萨珊王朝银币在中国境内多有发现，发现地点主要有新疆的乌恰、库车、吐鲁番，甘肃的敦煌，陕西铜川、西安、咸阳，青海的西宁，宁夏的固原，内蒙古的呼和浩特，河北的定州，河南的三门峡陕州区、洛阳，山西的太原，湖北的安陆，广东的英德、曲江等地，大多分布在丝绸之路（包括海上丝绸之路）沿线以及国内交通干线附近。包括了波斯4世纪初至7世纪中期先后12个王（沙普尔二世至叶兹底格德三世）的铸币，而以库思老二世银币最多。当时，波斯银币在中东、近东、东欧同东罗马金币一样是国际通用货币，但在中国发现的波斯萨珊王朝银币之上多有穿孔，因此不一定作为流通货币使用。夏鼐认为，新疆发现的一部分波斯萨珊王朝银币或曾作为流通货币使用过，另一部分以及其他地方出土的则是墓葬随葬品、礼佛的施舍品或是古钱和外币爱好者的收藏品。还有一些出土状况不明的波斯萨珊王朝金币[⑤]。现将属于隋唐时期波斯萨珊王朝银币的发现状况统计如下（表八）：

---

① （唐）魏徵、令狐德棻：《隋书》，中华书局，1973年，第691页。

② （唐）魏徵、令狐德棻：《隋书》，中华书局，1973年，第692页。

③ （汉）司马迁：《史记》，中华书局，1959年，第3162页。

④ （唐）玄奘、辩机原著，季羡林等校注：《大唐西域记校注》，中华书局，2000年，下册，第938页。

⑤ 子亮、马骥：《西安发现波斯萨珊王朝金币》，《陕西钱币研究文集》（第五期），2004年；姜宝莲、郭明卿、梁晓青：《关于陕西发现波斯萨珊金、银币的研究》，《文博》2008年第2期。

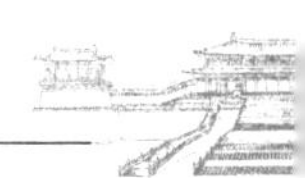

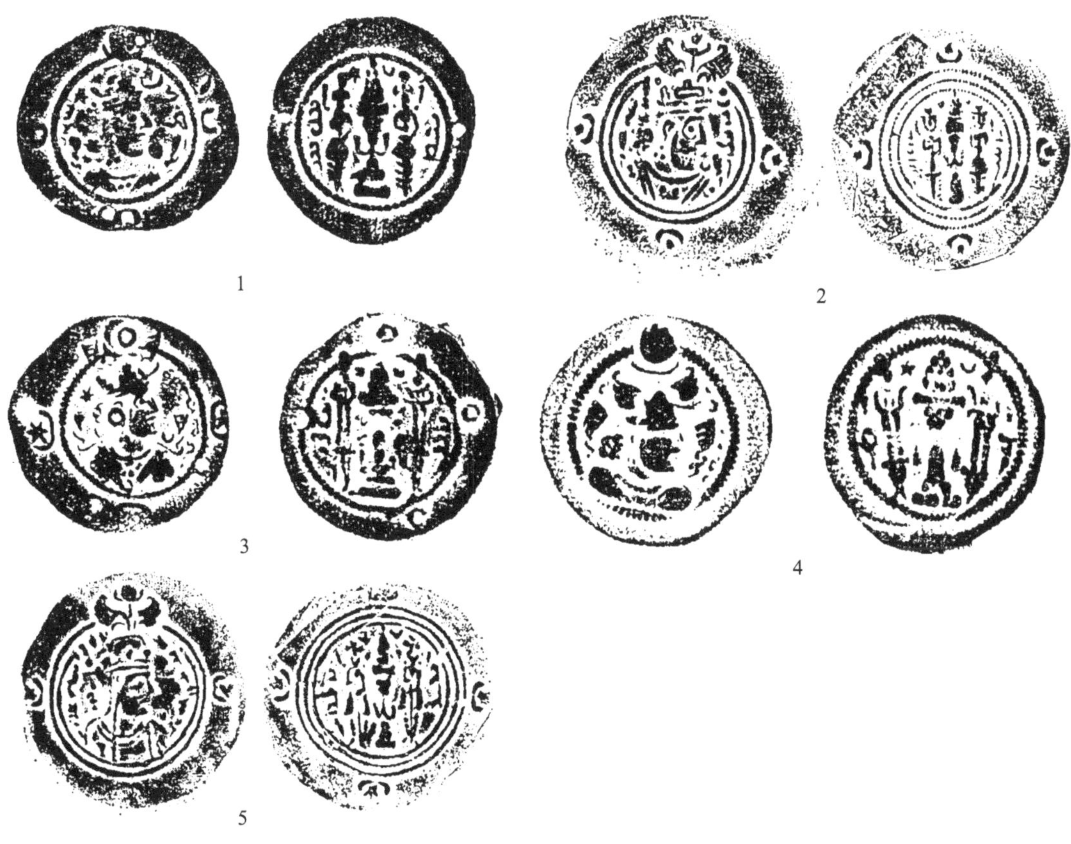

图6-0-2-1　波斯萨珊王朝银币

1. 库思老一世银币　2. 库思老二世银币　3. 卡瓦德一世银币　4. 卑路斯银币　5. 布伦女皇银币

表八　波斯萨珊王朝银币出土统计一览表

序号	出土年份（年）	出土地点	埋藏时间	总数量（枚）	银币年代及各自的数量（枚）
1	1915	新疆阿斯塔那古墓	7世纪	3	荷马斯德四世1、库思老二世1、未知1
2	1915	新疆吐鲁番高昌古城	约7世纪	1	未确定
3	1928	吐鲁番雅尔湖古墓	7世纪	1	库思老二世
4	1928	新疆库车苏巴什	约8世纪	1	库思老二世式样
5	1955	河南洛阳北邙山岳家村30号唐墓①	7世纪	17	卑路斯16、卡瓦德1
6	1955	陕西西安近郊唐M007・M30	7世纪	2	库思老二世1枚、仿萨珊者1枚
7	1956	河南三门峡陕州区刘家渠隋刘伟墓	584年	2	库思老一世
8	1956	新疆吐鲁番雅尔湖墓，T6、T56	7世纪	2	库思老二世

① 霍宏伟、程永建：《洛阳岳家村30号唐墓出土波斯萨珊朝银币》，《四川文物》2006年第2期。

续表

序号	出土年份（年）	出土地点	埋藏时间	总数量（枚）	银币年代及各自的数量（枚）
9	1957	陕西西安张家坡隋410墓（即后来的213号墓）	约6世纪	1	卑路斯
10	1957	陕西西安隋李静训墓	608年	1	卑路斯
11	1958	山西太原金胜村唐M5	7世纪末	1	库思老二世（有一鸟形印）
12	1959	新疆乌恰山中	7世纪后半叶	850	其中库思老一世2、库思老二世567、“库思老二世样式”阿拉伯币281
13	1959—1960	新疆吐鲁番阿斯塔那古墓	6—7世纪	10	库思老二世5、叶兹底格德三世2、锈蚀不清楚者3
14	1965	陕西西安长安区天子峪唐塔基①	7—8世纪初	7	库思老二世6、布伦女王1
15	1965	内蒙古呼和浩特	唐	4	卡瓦德一世1、库思老一世3
16	1967	新疆吐鲁番阿斯塔那M363	8世纪	1	叶兹底格德三世
17	1967	新疆吐鲁番阿斯塔那M77	7—8世纪中叶	1	库思老二世
18	1969	新疆吐鲁番阿斯塔那M118	7—8世纪中叶	1	库思老二世
19	1970	西安何家村窖藏	8世纪中叶	1	库思老二世
20	1970	陕西铜川耀州区神德寺隋舍利塔基	604年	3	卑路斯1、卡瓦德一世1、库思老一世1
21	1972	新疆吐鲁番阿斯塔那M149	约7—8世纪	1	库思老二世
22	1973	新疆吐鲁番阿斯塔那M206	约7—8世纪	1	库思老二世
23	1980	湖北安陆王子山唐吴王妃杨氏墓②	7世纪前半叶	15	卑路斯
24	1987	宁夏固原隋史射勿墓③	隋大业五年（605年）	1	卑路斯。有圆形穿孔，位于头部，可能为口含
25	1988	甘肃敦煌莫高窟北区第222窟④	隋末唐初	1	卑路斯。随葬品
26	2003—2004	宁夏固原南塬北区唐M15⑤	唐	1	卑路斯。随葬品
27	2004	新疆吐鲁番阿斯塔那墓地西区M396⑥	唐	1	库思老二世。随葬品

① 朱捷元、秦波：《陕西长安和耀县发现的波斯萨珊朝银币》，《考古》1974年第2期。

② 孝感地区博物馆、安陆县博物馆：《安陆王子山唐吴王妃杨氏墓》，《文物》1985年第2期。

③ 宁夏回族自治区固原博物馆 罗丰编著：《固原南郊隋唐墓地》，文物出版社，1996年，第16页。

④ 彭金章、沙武田：《敦煌莫高窟北区洞窟清理发掘简报》，《文物》1998年第10期；彭金章、沙武田：《试论敦煌莫高窟北区出土的波斯银币和西夏钱币》，《文物》1998年第10期。

⑤ 宁夏文物考古研究所编著：《固原南塬汉唐墓地》，文物出版社，2009年，第58页。

⑥ 吐鲁番学研究院：《新疆吐鲁番阿斯塔那墓地西区2004年发掘简报》，《文物》2014年第7期。

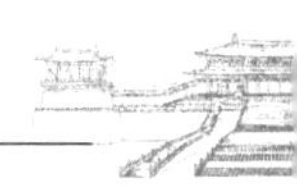

续表

序号	出土年份（年）	出土地点	埋藏时间	总数量（枚）	银币年代及各自的数量（枚）
28	2012	陕西西安金浮沱小学M5[①]	唐	1	库思老二世。随葬品

注：表中未注出资料出处者，均参见夏鼐：《中国最近发现的波斯萨珊朝银币》，《考古学报》1957年第2期；夏鼐：《综述中国出土的波斯萨珊朝银币》，《考古学报》1974年第1期

二、东罗马金币的发现

东罗马帝国别称拜占庭。395年，罗马帝国分裂为东西两个政权，东罗马帝国占据了巴尔干半岛、小亚细亚、叙利亚、巴勒斯坦、埃及、美索不达米亚及外高加索等广阔的地域，由于东罗马的首都君士坦丁堡是在希腊古城拜占庭的基础上发展起来的，所以通常又将东罗马称作拜占庭帝国。拜占庭占据了中东、近东大片地区，与东方交往密切，在东晋及南北朝的史籍中，以拂菻、蒲林、普岚、伏卢尼知名。不同汉语译名的出现，是由于东罗马帝国的名称（Rum）是通过西亚、中亚的语言转译而来的，在汉语转译过程中，因时代和所转译的语言不同造成的。6世纪后半叶，以争夺丝绸之路贸易为中心，拜占庭与突厥汗国往来频繁，进一步密切了与东方的关系。

东罗马金币在隋唐时期以前的墓葬中就有出土，如河北赞皇东魏李希宗夫妇合葬墓发现3枚，分别为狄奥多西斯二世（408—450年）、查士丁一世（518—527年）和查士丁尼一世（527—565年）舅甥共治时（527年）所铸造[②]。在隋唐时期遗址或墓葬中发现的东罗马金币共10余枚。

列（利）奥一世时期（457—474年）的金币。内蒙古土默特右旗毕克镇东北水磨沟口水库工地出土1枚，是罗马帝国币制改革后的金币“索里得”，可能是隋唐时期或稍早之时，掩埋死去的商人时被埋入地下的[③]。

安那斯泰喜埃斯时期（491—518年）的金币。陕西商州隋墓出土1枚[④]；西安市文物库房收藏有3枚，编号为130号的金币1966年出土于西安南郊西何家村，编号为168号者1979年发现于西安市西郊劳动南路，编号为30号者系收集[⑤]。

查士丁尼一世时期（527—565年）的金币。在宁夏固原九龙山唐M33出土1枚（图6-0-2-2，1），出土时置于尸骨手中，应当是作为手握使用的[⑥]。

---

① 西安市文物保护考古研究院：《西安金浮坨小学汉、唐墓发掘简报》，《文博》2016年第2期。

② 石家庄地区革委会文化局文物发掘组：《河北赞皇东魏李希宗墓》，《考古》1977年第6期；夏鼐：《赞皇李希宗墓出土的拜占廷金币》，《考古》1977年第6期。

③ 内蒙古文物工作队、内蒙古博物馆：《呼和浩特市附近出土的外国金银币》，《考古》1975年第3期。

④ 王昌富：《商州市北周、隋代墓葬清理简报》，《考古与文物》1997年第4期。

⑤ 王长启、高曼：《西安新发现的东罗马金币》，《文博》1991年第1期。

⑥ 宁夏文物考古研究所编著：《固原九龙山汉唐墓葬》，文物出版社，2012年，第128页。

查士丁二世时期（565—578年）的金币。金币正面为皇帝胸像，头戴冠，右肩扛短矛，左手持盾；金币背面为双翼胜利女神，女神右手持长柄十字架，左手托地球，地球上有一小十字架。在宁夏固原唐史道洛墓出土1枚[①]；固原九龙山隋M4出土1枚，作为口含置于死者口中[②]；陕西咸阳底张湾隋独孤罗墓出土1枚[③]；陕西咸阳飞机场贺若氏墓出土1枚（图6-0-2-2，2），作为口含置于死者口中[④]。

福克斯时期（602—610年）的金币。1981年，河南洛阳安菩墓出土1枚（图6-0-2-2，3），出土时作为握手握在死者右手中[⑤]。

希拉克略时期（610—640年）的金币。陕西西安何家村窖藏出土1枚（图6-0-2-2，4）[⑥]；山西太原果树厂出土1枚，直径2.4厘米，重3.3克[⑦]；辽宁朝阳双塔区唐墓出土1枚，直径2厘米，重4.4克，其上有一圆形钻孔[⑧]。

图6-0-2-2　隋唐时期的东罗马金币

1. 查士丁尼一世金币（宁夏固原九龙山唐M33出土）2. 查士丁二世金币（陕西咸阳独孤罗夫人贺若氏墓出土）3. 福克斯金币（河南洛阳安菩墓出土）4. 希拉克略金币（陕西西安何家村窖藏出土）

---

① 原州联合考古队编著：《唐史道洛墓》，文物出版社，2014年，第136—138页，彩版四一。

② 宁夏文物考古研究所：《宁夏固原九龙山隋墓发掘简报》，《文物》2012年第10期。

③ 夏鼐：《咸阳底张湾隋墓出土的东罗马金币》，《考古学报》1959年第3期；陈志强：《咸阳底张湾隋墓出土拜占廷金币的两个问题》，《考古》1996年第6期。

④ 负安志：《陕西长安县南里王村与咸阳飞机场出土大量隋唐珍贵文物》，《考古与文物》1993年第6期。

⑤ 洛阳市文物工作队：《洛阳龙门唐安菩夫妇墓》，《中原文物》1982年第3期。

⑥ 陕西省博物馆、文管会革委会写作小组：《西安南郊何家村发现唐代窖藏文物》，《文物》1972年第1期。

⑦ 太原市文物考古研究所：《山西太原晋源镇三座唐壁画墓》，《文物》2010年第7期；太原市文物局：《太原馆藏文物精华》，山西经济出版社，2015年，第191页。

⑧ 辽宁省文物考古研究所、朝阳市博物馆：《朝阳双塔区唐墓》，《文物》1997年第11期。

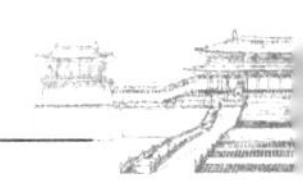

东罗马金币或其仿制品在考古发掘中也有不少发现。如1972年发掘的新疆吐鲁番阿斯塔那188号墓出土1枚，出土时含在尸骨口中[①]；在宁夏固原唐史道洛墓、史铁棒墓、史索岩墓、史诃耽墓各出土1枚[②]；陕西西安东郊唐贞观十四年（640年）陈感意墓中出土1枚，该枚仿制品系仿制安那斯泰喜埃斯时期（491—518年）时期的货币[③]；陕西西安西郊曹家堡唐墓出土1枚[④]；陕西西安土门唐高宗或武则天时期的墓葬出土1枚，是拜占庭希拉克略时期（610—641年）金币的仿制品，大约于7世纪中叶铸于中亚细亚，由阿拉伯人所仿制[⑤]。

三、阿拉伯金币的发现

阿拉伯金币在新疆曾有发现，但多为本地所仿制，且仿制的时间较晚。1964年在西安西窑头村1座中晚期唐墓出土3枚阿拉伯金币（图6-0-2-3），直径1.9、厚0.1厘米，重4.2—4.3克[⑥]。它们同属伊斯兰古币“第纳尔”，为中古阿拉伯奥梅雅王朝（亦称倭马亚王朝，即文献中的“白衣大食”）所铸，这是中国境内目前发现的时代最早的一批伊斯兰铸币[⑦]。其中最早的1枚铸于奥梅雅王朝第5位回教主阿布达·马立克在位时期，即回历83年（武则天长安二年，702年）；第2枚铸于回历100年（唐玄宗开元六年至七年，718—719年）；最晚的1枚铸于奥梅雅王朝最后的回教主马尔凡第二时期，即回历129年（唐玄宗天宝五年至六年，746—747年）。同类货币，2013年在河北涿州的一座唐墓之中也出土了1枚[⑧]，其形制、文字与西安唐墓中出土的一致。

四、日本货币的发现

1970年10月，在西安何家村窖藏中出土5枚日本和同开珍银钱（图6-0-2-4）[⑨]；和同开珍铜钱曾出于渤海上京龙泉府城址。和同开珍银钱和铜钱铸于日本奈良朝元明天皇和

---

① 李征：《新疆阿斯塔那三座唐墓出土珍贵绢画及文书等文物》，《文物》1975年第10期。

② 宁夏回族自治区固原博物馆　罗丰编著：《固原南郊隋唐墓地》，文物出版社，1996年。

③ 西安市文物管理处：《西安东郊清理的两座唐墓》，《考古与文物》1992年第5期。

④ 张海云、廖彩梁、张铭惠：《西安市西郊曹家堡唐墓清理简报》，《考古与文物》1986年第2期。

⑤ 夏鼐：《西安土门村唐墓出土的拜占廷式金币》，《考古》1961年第8期。

⑥ 陕西省文物管理委员会：《西安市西窑头村唐墓清理记》，《考古》1965年第8期；冀东山主编、韩建武分卷主编：《神韵与辉煌——陕西历史博物馆国宝鉴赏·玉杂器卷》，三秦出版社，2006年，第139—141页，图版72。

⑦ 夏鼐：《西安唐墓出土阿拉伯金币》，《考古》1965年第8期。

⑧ 王雪农、杨卫东：《涿州唐墓出土阿拉伯帝国倭马亚王朝金币》，《中国钱币》2015年第1期。

⑨ 陕西省博物馆、文管会革委会写作小组：《西安南郊何家村发现唐代窖藏文物》，《文物》1972年第1期。以前读为“和同开宝”，而在日本传世的大量衣物帐中，“珍”与“宝”共存，不存在省略笔画之说。

1

2

3

图6-0-2-3　陕西西安西窑头村唐墓出土阿拉伯金币

1. 回历83年铸　2. 回历100年铸　3. 回历129年铸

图6-0-2-4　陕西西安何家村窖藏出土“和同开珍”银钱

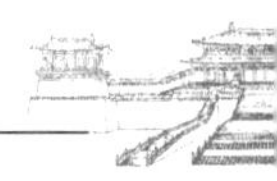

铜元年（708年），都是日本当时的流通货币，但次年即废。西安所出土的和同开珍银钱，可能是遣唐使带到中国来的。而渤海上京龙泉府出土的和同开珍铜钱，则可能是遣渤海使所带去的。

参考书目

[1] 夏鼐:《西安唐墓出土阿拉伯金币》,《考古》1965年第8期。

[2] 夏鼐:《中国最近发现的波斯萨珊朝银币》,《考古学报》1957年第2期。又见夏鼐:《夏鼐文集》，社会科学文献出版社，2000年。

[3] 夏鼐:《综述中国出土的波斯萨珊朝银币》,《考古学报》1974年第1期。又见夏鼐:《夏鼐文集》，社会科学文献出版社，2000年。

[4] 徐苹芳:《丝绸之路考古论集》，上海古籍出版社，2017年。

第三节 外来玻璃器的发现

一、萨珊玻璃或东罗马玻璃器

萨珊玻璃是指波斯萨珊王朝时期伊朗高原生产的玻璃器，它是在罗马玻璃的影响下发展起来的。目前在中国境内发现的隋唐时期可以确定为萨珊玻璃器的有3批①：陕西西安清禅寺地宫出土1件贴花凸纹绿色玻璃瓶（图6-0-3-1，1）②；西安何家村唐代窖藏发现的凸圈纹玻璃杯（图6-0-3-1，2），无色透明，稍微泛黄绿色，口沿下有一道凸弦纹，腹部有八组纵三环纹③；河南洛阳关林唐M118出土的细颈玻璃瓶（图6-0-3-1，3）④，是东罗马后期或伊斯兰初期的香水瓶，在伊朗3至7世纪的玻璃器皿中经常出现。以上3件都属于钠钙玻璃，而陕西西安清禅寺地宫出土的玻璃瓶装饰、西安何家村唐代窖藏中出土的玻璃杯装饰尤具萨珊玻璃风格。陕西西安临潼庆山寺塔基地宫出土1件玻璃瓶（图6-0-3-1，4）⑤，颈部缠贴一道阳弦纹，腹部两条折纹互错，形成菱形网目状纹，可能是西亚或东罗马产品。

据研究，在敦煌莫高窟壁画中，可以见到85件玻璃器皿的图像，其中可以认定为波斯萨珊王朝或东罗马输入的玻璃器皿为69件，占总数的80%，可见外来玻璃器皿在当时

---

① 安家瑶:《中国的早期玻璃器皿》,《考古学报》1983年第2期。

② 郑洪春:《西安东郊隋舍利墓清理简报》,《考古与文物》1988年第1期。

③ 陕西历史博物馆、北京大学考古文博学院、北京大学震旦古代文明研究中心编著:《花舞大唐春——何家村遗宝精粹》，文物出版社，2003年，第101页，图版12。

④ 金维诺总主编、齐东方卷主编:《中国美术全集·金银器玻璃器》(二)，黄山书社，2010年，第415页。

⑤ 赵康民编著:《武周皇刹庆山寺》，陕西旅游出版社，2014年，第88页。

很受人们青睐[①]。

图6-0-3-1 隋唐时期的波斯萨珊王朝玻璃器

1. 贴花凸纹绿色玻璃瓶（陕西西安东郊隋清禅寺塔基地宫出土） 2. 凸圈纹玻璃杯（陕西西安何家村窖藏出土） 3. 细颈玻璃瓶（河南洛阳关林唐M118出土） 4. 网目纹玻璃瓶（陕西西安临潼庆山寺塔基地宫出土）

二、伊斯兰玻璃器

8—10世纪，伊斯兰玻璃制造业在伊朗高原、阿拉伯半岛及北非一带达到了相当高的制作水平。属于这一时期的伊斯兰玻璃器在中国已有发现。

在扬州一处唐代中晚期住宅遗址出土了一批伊斯兰玻璃残片[②]。有鼓腹水瓶、香料瓶、胆形瓶、直筒杯、碗或盘等器类。这些玻璃残片胎体都很薄，仅厚1毫米，而且分属很多

① 安家瑶：《莫高窟壁画上的玻璃器皿》，《敦煌吐鲁番文献研究论集》（第2辑），北京大学出版社，1983年，第425—464页。

② 扬州城考古队中国社会科学院考古研究所、南京博物院、扬州市文化局：《江苏扬州市文化宫唐代建筑基址发掘简报》，《考古》1994年第5期。

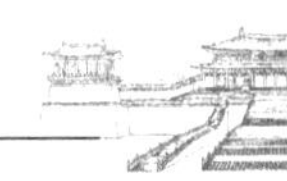

个体，无可复原者。这种现象与伊斯兰玻璃的制造经常将玻璃片运到很远的地方，然后再进行熔融加工成成品有关。扬州出土的这批玻璃残片可能是阿拉伯伊斯兰世界运来的破碎玻璃，准备在扬州进行加工的[①]。另一批重要的发现见于陕西扶风法门寺塔基地宫，共计出土完整的伊斯兰玻璃器18件，这批玻璃器被认为产于伊拉克[②]，其中有瓶、盘、杯等，而以盘占绝大多数（图6-0-3-2、图6-0-3-3）[③]。

图6-0-3-2　陕西扶风法门寺塔基地宫出土伊斯兰玻璃器

1. 盘口细颈淡黄色玻璃瓶　2. 罂粟纹黄色玻璃盘　3. 八瓣团花纹蓝色玻璃盘　4. 四瓣花蓝色玻璃盘　5. 十字团花蓝色玻璃盘　6. 八瓣团花蓝色玻璃盘　7. 枫叶纹蓝色玻璃盘　8. 枫叶纹描金蓝色玻璃盘　9. 素面圈足浅蓝色玻璃盘　10. 素面蓝色玻璃盘　11. 菱形双环纹直筒玻璃杯

---

①　安家瑶：《玻璃考古三则》，《文物》2000年第1期。

②　阿卜杜拉·马文宽：《伊斯兰世界文物在中国的发现与研究》，宗教文化出版社，2006年，第1—26页。

③　陕西省考古研究院、法门寺博物馆、宝鸡市文物局等编著：《法门寺考古发掘报告》，文物出版社，2007年，上册，第211—220页；安家瑶：《玻璃考古三则》，《文物》2000年第1期；姜捷主编：《法门寺珍宝》，三秦出版社，2014年，第296—309页；韩伟：《法门寺地宫出土琉璃器皿》，《磨砚书稿：韩伟考古文集》，科学出版社，2001年，第246—257页。

图6-0-3-3　陕西扶风法门寺塔基地宫出土伊斯兰玻璃器
1、2. 直筒杯　3. 弦纹蓝色玻璃盘　4. 蓝色玻璃瓶

盘口细颈淡黄色玻璃瓶：口径4.7、底径3.6、高21.3、壁厚0.4—0.45、底厚0.1—1厘米，重405克。淡黄色，质地透明，有细小而密集的气泡。盘口细颈，溜肩，长圆腹，圈足，足底有疤痕，说明系无模吹塑而成。颈部有一道凸棱，肩部有一周黑色饼状堆贴，腹下部则为黑色水滴状堆贴，这些装饰在罗马玻璃工艺中常见。

罂粟纹黄色玻璃盘：口径14、高2.5—2.8、壁厚0.3、底厚0.5厘米，重84克。黄色，盘壁内外光洁，口沿平折且外侈，浅腹，圆唇，平底，无模吹塑而成。底部有因为使用铁棒而形成的小凹底，盘心因此微凸，口沿以黑釉绘了11个连弧，盘心以黑釉绘有折枝罂粟一株，色彩对比强烈，装饰效果明显。

八瓣团花纹蓝色玻璃盘：口径20、高3.2、壁厚0.2—0.3、底厚0.4—0.9厘米，重270克。蓝色，透明度高，有小气泡，盘壁内外光洁，口沿平折且外侈，浅腹，尖圆唇，无模吹塑而成。盘内为刻花装饰，中心为圆圈，围绕中心的第一重为四片尖叶组成的“十”字形四出花，又在四出花之余白刻出第二重四片尖叶，第三重则刻出八片尖叶，形成一朵大团花。团花外有两个同心圆圈，圆圈外装饰一周连弧面，圈内刻出细密的平行线作为团花的底衬。

四瓣花蓝色玻璃盘：口径20、高2.2、壁厚0.2、底厚0.3—0.6厘米，重250克。深蓝

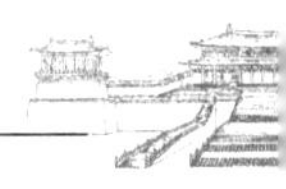

色，透明度高，有小气泡，壁内外光洁。口微侈，圆唇，无模吹塑而成，底部外有使用铁棒的疤痕，盘心微凸。盘心刻出正方形，其内以斜平行线相交成菱形方格，并刻出细线间隔方块，有明暗相间的效果。再以正方形的每边作为底边，刻出四枚尖瓣，形成“十”字形四瓣团花。每个尖瓣内刻花叶一片，外绕忍冬纹样。十字花之余白处，则刻忍冬折枝一株。底纹全刻成细碎的斜平行线，突出了主题装饰。

十字团花纹蓝色玻璃盘：口径18、高2、壁厚0.2、底厚0.5厘米，重150克。深蓝色，内外光洁，透明度高，有气泡，出土时有较厚的淡黄色风化层。无模吹塑而成，底外心有铁棒疤痕。口沿平折，圆唇，直浅腹，平底，盘心微凸。盘内装饰为两重结构，中心圆形之内以十字花四等分，每等分之内刻一五叶瓣，瓣尖指向十字交点。在圆圈外均匀分布三角纹，三角之内填以花叶为蕊。余白之处刻细密的平行线纹。

八瓣团花描金蓝色玻璃盘：口径15、高2、壁厚0.15、底厚0.2厘米，重141克。深蓝色，透明度高，有小气泡，出土时有淡黄色风化层。口沿外侈，圆唇，浅腹，平底。无模吹塑而成，底部外有使用铁棒的疤痕，盘心微凸。盘内底装饰刻花，中心有圆形描金规范，内刻一朵八瓣花纹；圆形规范之外有一周波纹状环，在内外的波谷中，各刻有类似忍冬的花头一朵；最外层为两个同心圆组成的描金图案。三重结构装饰的余白之处，均刻出细密斜平行线纹予以填充。

枫叶纹蓝色玻璃盘：口径16、高2.1、壁厚0.15、底厚0.4—0.8厘米，重130克。深蓝色，透明度高，出土时有淡黄色风化层。有气泡，盘内微凸，直口尖唇，浅腹，平底。无模吹塑而成，底外心有铁棒疤痕。盘内装饰三重结构纹饰，中心为以枫叶为花蕊的圆形四出团花，外围菱形框，最外层为以半圆面装饰边饰的同心圆环，余白刻有水波纹或平行线纹。

枫叶纹描金蓝色玻璃盘：口径16、高2、壁厚0.15、底厚0.4—0.8厘米，重135克。深蓝色，透明度高，出土时有淡黄色风化层。有小气泡，盘内微凸，口沿外侈，圆唇，浅腹，平底。无模吹塑而成，底外心有铁棒疤痕。盘内装饰三重结构纹饰，中心为四瓣花，其外为一周描金波纹环，环弧内的八个波尖上刻出八枚向心式枫叶，并在四瓣花波纹环之余白处，填充单叶或三叶装饰，最外层为绹索纹环。纹饰之外，均有描金同心圆环各一，在装饰的余白处均刻出细密的平行线填充。

素面圈足浅蓝色玻璃盘：口径18.5、高2.7、壁厚0.2、底厚0.4厘米，重115克。浅蓝色，透明度高，有气泡，无模吹塑而成，底外心有铁棒疤痕。侈口，圆唇，盘壁斜收向下，盘心凸起较高，圈足，器壁内外光素无纹。与之相同的1件，口径15、高2.2厘米，重60克。

素面蓝色玻璃盘：口径16、高2.1、壁厚0.4、底厚0.48—0.6厘米，重137克。深蓝色透明，质地光洁，并闪烁出蓝紫色彩虹，出土时有淡黄色风化层，无模吹塑而成，底外心有铁棒疤痕。口微侈，圆唇，浅腹，小平底，盘心微凸，盘内有两个同心圆圈。形制相同的另外1件，口径16、高2.2厘米，重145克。

弦纹蓝色玻璃盘：淡蓝色，透明，有气泡，出土时有淡黄色风化层。无模吹塑而成，底外心有铁棒疤痕。侈口，圆唇，浅直腹，平底，盘心凸起，盘内有弦纹。1件口径16、高2.2厘米，重145克。另1件口径16、高2.2厘米，重130克。

玻璃杯：共发现3件。其中1件为菱形双环纹直筒玻璃杯，口径7.8、高8.5、壁厚0.2—0.5、底厚0.3—0.6厘米，重130克。淡黄色，透明度高，有气泡，下部有白色风化层，无模吹塑而成，底部有使用铁棒痕迹。口微敛，尖唇，直筒深腹，平底，杯心微凸，腹部有四组装饰。每组两侧各以一行扁联珠为界，置双环为中心的菱形于其中，菱形上下均饰“品”字状排列的凸圈纹。这些装饰均系玻璃杯吹塑成型尚未冷却时，在壁外用热玻璃条缠贴而成，是典型的缠贴玻璃工艺。另2件杯形制基本相同，均为素面直筒状，其中1件口径9.3、高4.8厘米，重70克。淡黄稍泛绿色，透明度高，系无模吹塑而成，杯内底有缠贴的圆环。另1件稍残，口径9、高4.2厘米，重65克。

素面圜底细颈蓝玻璃瓶：深蓝色，细颈，圜底，出土时残破严重，采取无模吹塑而成。口径1.3、腹径7.67、高14.7厘米，重39克。

根据装饰工艺特点，这批玻璃器可分为五类，第一类为黄色透明的贴花盘口瓶和素面圜底细颈蓝玻璃瓶，无模吹制成型。使用了地中海东岸伊斯兰早期流行的贴丝和贴花等热加工装饰工艺。第二类为6件刻纹蓝玻璃盘，使用了刻纹冷加工工艺。刻纹以枝、叶、花为主题，运用葡萄叶纹、葵花纹、枝条纹、绹索纹等装饰手段，再加上菱形纹、十字纹、三角纹、正弦纹等几何纹饰，构成了繁富华丽的图案。刻纹玻璃工艺与贴丝、贴花工艺一样，都是伊斯兰玻璃工匠从罗马继承的工艺，在伊斯兰早期曾盛行一时，但鲜有完整器物传世。法门寺塔基地宫出土的玻璃盘不仅完整无损，而且属于唐僖宗的供奉品，在唐咸通十五年（874年）正月埋入地宫，纪年确切，学术价值较高。尤其是其中的两件描金刻纹玻璃盘，至为罕见，填补了对伊斯兰玻璃器认识的空白。第三类为1件印纹直筒杯，无色透明，壁面由五组花纹装饰而成，使用了模吹印花工艺，这种工艺源自罗马，但伊斯兰模吹玻璃器器壁较厚，且底部多带粘棒疤痕。印纹直筒杯的形制和纹饰在伊斯兰早期玻璃器中常见。第四类是1件釉彩罂粟纹黄色玻璃盘。釉料彩绘是玻璃装饰工艺的一种，它是将易熔玻璃配上适量矿物颜料，研磨成细颗粒，加上黏合剂和填充料混合后，涂绘在玻璃制品的表面，然后加热而成。一般认为伊斯兰釉彩玻璃的烧制在12—15世纪，9世纪的釉彩玻璃少见，所以这件伊斯兰早期的釉彩玻璃就更显其珍贵。第五类为素面玻璃器。玻璃器易碎难存，传世品外很难见到完整的出土器物，法门寺塔基地宫出土的早期伊斯兰玻璃器，不仅为唐朝对外文化交流提供了宝贵的资料，而且丰富了对伊斯兰早期玻璃工艺的认识。

参考书目

[1] 安家瑶：《中国的早期玻璃器皿》，《考古学报》1983年第2期。

[2] 安家瑶：《试探中国近年出土的伊斯兰早期玻璃器》，《考古》1990年第12期。

[3] 韩伟：《法门寺地宫出土琉璃器皿》，《磨砚书稿：韩伟考古文集》，科学出版社，2001年。

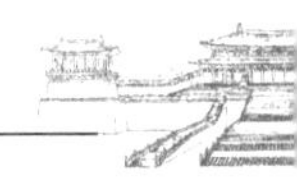

［4］陕西省考古研究院、法门寺博物馆、宝鸡市文物局等编著：《法门寺考古发掘报告》，文物出版社，2007年。
［5］姜捷主编：《法门寺珍宝》，三秦出版社，2014年。

第四节　波斯釉陶器、西方金银器及铜器等的发现

一、波斯釉陶器

中国境内先后发现了若干批波斯釉陶器，主要集中在扬州和两广、福建地区，这些波斯釉陶的发现为中外文化交流提供了非常重要的资料。

1965年，在江苏扬州出土了1件绿釉陶壶（图6-0-4-1，1）①，壶高38厘米，颈肩之间联结着对称弯曲的双系，纹饰以波浪纹为主，衬以弦纹。颈部刻以不规则的波浪纹，两圈纹饰之间饰一道突起的宽弦纹，紧靠波浪纹饰两道旋削纹。在肩部也刻以两周不规则的波浪纹和两道旋削的弦纹。通体内外壁施翠绿色釉，至器底有流釉现象，底足微露土黄色胎，胎质较疏松，吸水率较高，但胎釉结合较紧密，无剥釉现象，腹部出现几处粘釉。陶壶系轮制而成，腹部有一道道旋削的明显痕迹。旋削的弦纹和刻划波浪纹深处凝结着深绿色釉，这样在壶腹形成了一圈翠绿色釉间隔一圈深绿色釉的装饰，使整个壶体颜色活泼而不平淡，给人以鲜明、稳重和美观之感②。此外，扬州唐城遗址的中、晚唐时期地层中还屡次发现波斯釉陶碎片，如扬州文化宫出土了151件属于波斯釉陶器的残片，器形主要为壶、罐；胎体厚重，质地疏松，胎色多呈淡黄色；纹饰有凸弦纹、波浪纹、联珠纹等；釉以绿色为主，包括淡绿、翠绿、墨绿、蓝绿等；通体施釉，有流釉痕；釉层厚0.3—0.5厘米，浑浊不透明，胎釉结合不好，有剥落现象；器物口沿有支钉痕，或为覆烧，或为对口烧③。

1989年以来，在广西桂林、容县10余处不同地点也发现了波斯陶器④。1997年，在广东广州中山四路文化局信德文化广场出土一批波斯釉陶片，陶片呈绿釉偏蓝色，胎质疏松，釉色均匀。由于破坏严重，所出陶片不能复原。其中1件的形制为直口，短颈，颈腹部附耳，耳紧贴器身，无孔，瓶体修长，上广下收，小平底，肩腹部贴装饰附加对纹，与下面要叙述的刘华墓所出釉陶相似⑤。

福建福州莲花峰五代后唐刘华墓出土了3件波斯釉陶器。刘华是南汉南平王的次女，

① 国家文物局编：《海上丝绸之路》，文物出版社，2014年，第76页。
② 周长源：《扬州出土古代波斯釉陶器》，《考古》1985年第2期。
③ 中国社会科学院考古研究所、南京博物院、扬州市文物考古研究所编著：《扬州城——1987—1998年考古发掘报告》，文物出版社，2010年，第176页，图版一二四，1。
④ 李铧、封绍柱、周华：《广西出土的波斯陶及相关问题探讨》，《文物》2003年第11期。
⑤ 全洪：《广州出土海上丝绸之路遗物源流初探》，《华南考古》（1），文物出版社，2004年。

闽国第三主王延钧的夫人，葬于后唐长兴元年（930年）。3件孔雀蓝釉陶罐，敛口、广腹、小底，肩部有3或4个耳环，腹部贴饰半圆弧条纹或平行的绳纹，高达74.5—78.2厘米（图6-0-4-1，2、3）①。这种釉陶罐的器形、釉色和腹部贴饰的纹饰，都与伊朗发现的9至10世纪所谓伊斯兰式样的釉陶罐相同。

图6-0-4-1　唐、五代时期的波斯釉陶
1. 江苏扬州出土　2、3. 福建福州五代时期刘华墓出土

近年来，在唐长安城醴泉坊遗址发现了波斯釉陶残片，这批波斯釉陶可能与当时居住在醴泉坊的波斯人有着密切关系，可能是他们将其带到长安的。

通过对扬州出土的波斯釉陶进行分析，可知波斯釉陶胎质很疏松，吸水率高达30%。胎的烧成温度在1070±20—1150±20℃之间。釉的流动点温度在1100℃，与胎的烧成温度接近，说明波斯釉陶采用一次烧成工艺。波斯釉陶的陶胎氧化钙含量高达17%左右，氧化锰含量高达6%—7%，这样的化学成分组成在中国古代陶瓷中极为罕见。波斯釉陶都施绿釉，色调深浅不一。通过成分对比，可知波斯釉陶在化学组成上与中国传统陶瓷釉差别很大。中国的高温釉属于氧化钙釉系统，低温釉属于铅釉系统，而波斯釉陶属于钠钙系统，这类釉在化学组成上的最大特点是氧化钠含量特别高，高达6.7%—10.8%，这在中国传统的陶瓷中从未见到过。通过显微镜观察，波斯釉陶的釉层中存在着大量气泡和残余石英晶体。釉层中的气泡有不少上升到釉层表面处破裂，并在劈裂处留下破裂口。通过测定得知，波斯釉陶的高温黏度系数比铅釉要大，所以，波斯釉陶的釉流动性较差。波斯釉陶在釉面上留下的破裂口未能填平，就与这类釉的高黏度系数有关②。

中国境内发现的波斯釉陶器当来自伊朗，且很可能是通过海上丝绸之路输入的。

---

① 福建省博物馆：《五代闽国刘华墓发掘报告》，《文物》1975年第1期；中国历史博物馆编著：《中国历史博物馆——华夏文明史图鉴》（第三卷），朝华出版社，2002年，第230页，图版228；国家文物局编：《海上丝绸之路》，文物出版社，2014年，第62页。

② 周长源、张浦生、张福康：《扬州出土的古代波斯釉陶研究》，《文物》1988年第12期。

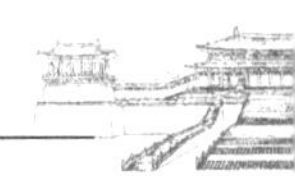

二、西方金银器

西方金银器输入中国从汉代已经开始，如西汉齐王墓出土的凸瓣纹银盒[①]；甘肃靖远发现的东罗马鎏金银盘[②]；山西大同北魏封和突墓出土的波斯萨珊王朝狩猎纹银盘[③]；大同北魏城址发现的多曲银长杯[④]；宁夏固原北周李贤墓出土的鎏金人物纹胡瓶[⑤]；广东遂溪南朝窖藏出土的粟特银碗[⑥]等。随着“丝绸之路”的进一步繁荣，隋唐时期输入的外来金银器在数量上明显增多。

隋李静训墓出土金项链（图6-0-4-2，1），原产于巴基斯坦或阿富汗一带，同墓出土的金手镯（图6-0-4-2，2）原产于印度[⑦]。1963年，陕西西安南郊沙坡村窖藏出土的鹿纹银碗（图6-0-4-3），腹部呈“U”形瓣状，在口沿下刻有粟特文字，意为“祖尔万神之奴仆”，可知是粟特祆教徒使用的器物[⑧]。内蒙古敖汉旗李家营子出土的银胡瓶、银盘、银带把水器[⑨]，其中的银胡瓶、银盘为粟特银器，而银带把水器有人认为是突厥器物[⑩]，有人则认为是粟特器物[⑪]。陕西西安曲池村窖藏出土的八曲银碗可能也是粟特银器[⑫]。

唐代金银器皿受到了诸多外来因素的影响，这些外来因素可以归纳为粟特、萨珊、罗马—拜占庭等三个系统，同时唐代金银器皿还有印度、贵霜、嚈哒、突厥及阿拉伯等多种文化因素[⑬]。

三、西方铜器

西方铜器在隋唐时期发现较少。代表性的器物有陕西西安临潼庆山寺塔基地宫出

---

① 山东省淄博市博物馆：《西汉齐王墓随葬器物坑》，《考古学报》1985年第2期。

② 甘肃省博物馆　初师宾：《甘肃靖远新出东罗马鎏金银盘略考》，《文物》1990年第5期。

③ 大同市博物馆　马玉基：《大同市小站村花圪塔台北魏墓清理简报》，《文物》1983年第8期。

④ 孙培良：《略谈大同市南郊出土的几件银器和铜器》，《文物》1977年第9期。

⑤ 宁夏回族自治区博物馆、宁夏固原博物馆：《宁夏固原北周李贤夫妇墓发掘简报》，《文物》1985年第11期。

⑥ 遂溪县博物馆：《广东遂溪县发现南朝窖藏金银器》，《考古》1986年第3期。

⑦ 中国社会科学院考古研究所编著：《唐长安城郊隋唐墓》，文物出版社，1980年，第16—18页，图版一；熊存瑞：《隋李静训墓出土金项链、金手镯的产地问题》，《文物》1987年第10期。

⑧ 西安市文物管理委员会：《西安市东南郊沙坡村出土一批唐代银器》，《文物》1964年第6期；齐东方：《唐代金银器研究》，中国社会科学出版社，1999年，第333—339页。

⑨ 敖汉旗文化馆：《敖汉旗李家营子出土的金银器》，《考古》1978年第2期。

⑩ 孙机：《论近年内蒙古出土的突厥与突厥式金银器》，《文物》1993年第8期。

⑪ 齐东方：《唐代金银器研究》，中国社会科学出版社，1999年，第325、326页。

⑫ 西安市文物保护考古所编著、孙福喜主编：《西安文物精华·金银器》，世界图书出版西安有限公司，2012年，第47页，图版45。

⑬ 齐东方、张静：《唐代金银器皿与西方文化的关系》，《考古学报》1994年第2期。

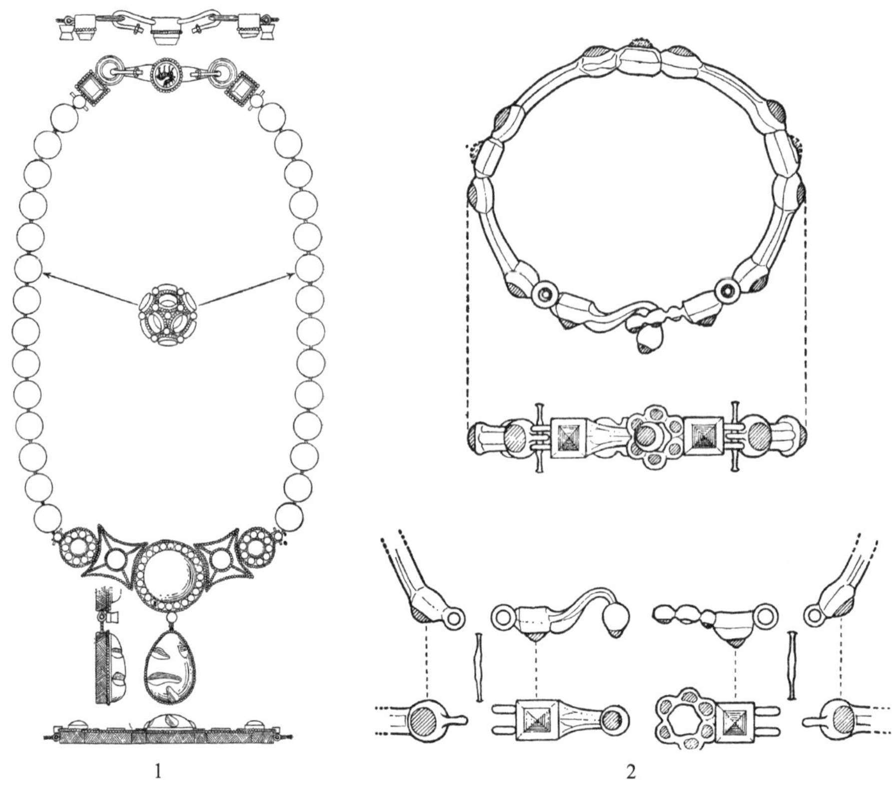

图6-0-4-2 陕西西安隋大业四年（608年）李静训墓出土金项链及金手镯
1. 金项链 2. 金手镯

土的人面铜胡瓶，高29.5厘米，凤首龙柄，喇叭形圈足，细颈有凸弦纹三道，腹部为六个高浮雕人面（图6-0-4-4）①。发掘者认为是印度产品，也有人认为是中亚产品②。铜瓶的人面特征与西北印度尤其是克什米尔地区造像的特征非常接近，而环绕腹部铸出六个人面的做法，可能源自印度教中对多首多臂神的崇拜，推测这位六头神很可能是湿婆之子、战神室建陀。制作铜瓶采用的是铜锌合金（黄铜），也即文献中所云的鍮石③。在唐长安城西市遗址发掘中也出土了来自中亚或西亚的铜盘。

四、青金石

青金石是一种以蓝色为基调的宝石，主要有天蓝、深蓝、浅蓝、绿蓝等颜色，还有一

① 临潼县博物馆：《临潼唐庆山寺舍利塔基精室清理记》，《文博》1985年第5期。

② 孙机：《建国以来西方古器物在我国的发现与研究》，《文物》1999年第10期；徐苹芳：《考古学上所见中国境内的丝绸之路》，《丝绸之路考古论集》，上海古籍出版社，2017年，第21页。

③ 李雨生、李健西、牛江涛：《陕西临潼唐庆山寺上方舍利塔基出土铜壶研究》，《考古》2018年第11期。

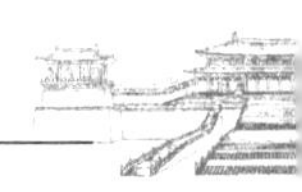

图6-0-4-3　陕西西安南郊沙坡村唐代窖藏出土鹿纹银碗

图6-0-4-4　陕西西安临潼庆山寺塔基地宫出土人面铜胡瓶

类是在抛光面上出现满布繁星似的金点。它不产于我国，主要产于阿富汗、巴基斯坦等地。

镶嵌青金石的戒指在魏晋南北朝时期墓葬已有多次发现。如河北赞皇东魏李希宗墓出土的1件金戒指，重11.5克，其上镶嵌蓝灰色青金石，并刻一周围绕联珠纹的鹿纹[①]；宁夏固原北周李贤夫妇合葬墓出土1件，戒指呈环状，戒面正中镶嵌一块圆形蓝灰色青金石，圆形石面上阴刻一人双手举一弧状物，弧圈两端各垂一囊状物。戒指最大外径2.4、内径1.75、青金石戒面直径0.8厘米[②]。隋唐时期的遗迹中也曾发现镶嵌青金石的戒指或项链。如内蒙古土默特右旗毕可齐镇发现1枚[③]、宁夏固原唐史诃耽墓出土1枚[④]，陕西西安隋李静训墓出土的金项链上也镶嵌有青金石[⑤]。这些镶嵌于器物上的青金石应当是从阿富汗、巴基斯坦这一带输入的。

---

① 石家庄地区革委会文化局文物发掘组：《河北赞皇东魏李希宗墓》，《考古》1977年第6期。

② 宁夏回族自治区博物馆、宁夏固原博物馆：《宁夏固原北周李贤夫妇墓发掘简报》，《文物》1985年第11期。

③ 内蒙古文物工作队、内蒙古博物馆：《呼和浩特市附近出土的外国金银币》，《考古》1975年第3期。

④ 宁夏回族自治区固原博物馆　罗丰编著：《固原南郊隋唐墓地》，文物出版社，1996年，第61页。

⑤ 中国社会科学院考古研究所编著：《唐长安城郊隋唐墓》，文物出版社，1980年，第16、17页，图版一。

第五节　语言文字资料

在考古发掘或调查中，外来语言文字资料也有发现，为研究隋唐时期的中外文化交流提供了第一手资料。

一、粟特文字

粟特文字在北周时期来华粟特人墓葬中就有发现，如陕西西安北周史君墓发现的粟特文和汉文双语刻成的类似墓志的石刻[①]。敦煌吐鲁番文书中以粟特文书写的经文也有大量发现。1963年，西安南郊沙坡村窖藏出土的鹿纹银碗，腹部呈分瓣形，口沿下刻有粟特文字，意为“祖尔万神之奴仆”[②]；在新疆吐鲁番柏孜克里克石窟第21窟曾发现8件粟特文佛经写本。其中一幅残卷长268、宽26厘米，内容为《摩诃般若陀罗尼经》，残存墨书粟特文134行，中间绘制伎乐图像（图6-0-5-1）[③]。

二、巴列维文

1955年，在陕西西安发现的苏谅妻马氏（849—874年）墓中出土的汉文和中古波斯文字巴列维文书写的墓志（图6-0-5-2），书体采用草体，苏谅夫妻二人都是祆教徒[④]。墓志的巴列维文内容为：“此乃已故王族，出身苏谅（家族）之左神策骑兵之长的女儿马昔师，于已故伊嗣俟二四〇年，及唐朝之二六〇年，常胜君王崇高之咸通十五年，（波斯阳历）十二月五日建卯之月于廿六（岁）死去。（愿）其（住）地与阿胡拉·马兹达及天使们同在极美好的天堂里。祝福。”[⑤]

波斯萨珊王朝被阿拉伯人灭亡之后，有些王室或贵族等流寓长安。苏谅是波斯萨珊王

---

① 西安市文物保护考古研究院编著、杨军凯著：《北周史君墓》，文物出版社，2014年，第45—51页。

② 西安市文物管理委员会：《西安市东南郊沙坡村出土一批唐代银器》，《文物》1964年第6期；齐东方：《唐代金银器研究》，中国社会科学出版社，1999年，第333—339页。

③ 吐鲁番地区文物管理所：《柏孜克里克千佛洞遗址清理简记》，《文物》1985年第8期；〔日〕東京国立博物館、NHK、ＮＨＫプロモーション編集：《日中国交正常化30周年記念特別展〈シルクロード・絹と黄金の道〉》，NHK、NHKプロモーション，2002年，第160頁，図版153。

④ 陕西省文物管理委员会：《西安发现晚唐祆教徒的汉、婆罗钵文合璧墓志——唐苏谅妻马氏墓志》，《考古》1964年第9期；作铭：《唐苏谅妻马氏墓志跋》，《考古》1964年第9期。

⑤ 〔日〕伊藤义教：《西安出土汉、婆合璧墓志婆文语言学的试释》，《考古学报》1964年第2期；刘迎胜：《唐苏谅妻马氏汉、巴列维文墓志再研究》，《考古学报》1990年第3期。

图6-0-5-1　新疆吐鲁番柏孜克里克石窟出土粟特文写经

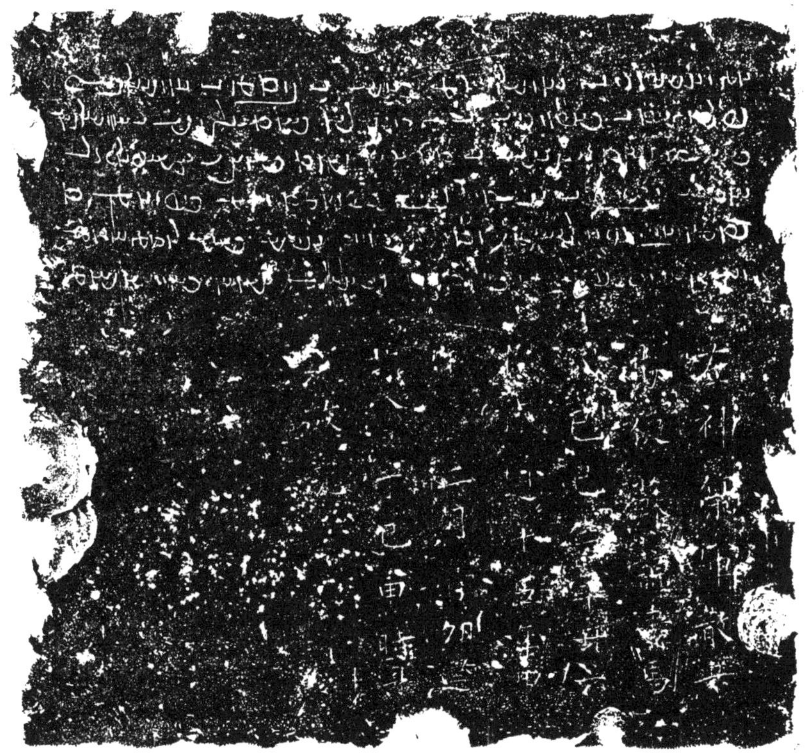

图6-0-5-2　苏谅妻马氏墓志

朝的显族之一，其父亲或祖父是流亡中土的贵族。据文献记载，唐贞元三年（787年）曾将唐天宝末年以来滞留京师的酋长、王子、使者等，凡不愿归国者约四千人，编入左右神策军，酋长为牙将，王子、使者为散兵马使或押牙，其余皆为卒[①]。马氏的丈夫苏谅身份为“神策军散兵马使”，应该是那些“王子、使者”的后裔。

河南偃师杏园唐M1920出土1枚金戒指，镶嵌的紫水晶上刻有文字，日本东大寺教学执事森本公诚认为所刻文字为巴列维语（中古波斯文），自右而左连缀，意为“好极啦”“奇妙无比”等[②]。

三、阿拉伯文字

江苏扬州东风砖瓦厂肖家山工地A区发现1座唐代木棺墓，其中出土1件青釉绿彩背水瓷扁壶，高17、宽3、厚9厘米。正面为一组阿拉伯文，背面饰云气纹。经过释读，该壶上的阿拉伯文字为“真主最伟大”[③]；陕西西安西窑头村唐墓出土的3枚阿拉伯金币的两面都有库法体阿拉伯文，引用《可兰经》字句，并说明其铸造年代。其中1枚的正面中央所引《可兰经》经文内容为：“安拉（真主）之外无神，他是独一无二的。”正面边缘一周内容为：“穆罕默德是安拉的使者。安拉以中正的道和真理的教派遣了他，必定使他战胜一切宗教。”背面中央内容为：“安拉是唯一的。安拉是永劫的。他不生育，也不被生。”背面边缘内容为：“以安拉的名义，这第纳尔铸于八十又三年（702年）。”其余2枚除铸造年代略有不同外，其他内容基本相同[④]。

第六节　外来移民及边疆地方政权王族后裔的墓葬及墓志

一、外来移民及其后裔墓葬的发掘

（一）粟特人与鱼国人墓葬

目前，粟特人墓葬及其宗教问题，形成了研究热点，而研究热点的形成是伴随着一系列重要发现而产生的。隋唐时期之前的粟特人墓葬如北周安伽墓、史君墓等，引起了学术界的关注。隋唐时期外来移民的墓葬的主要发现有：山西太原虞弘墓、甘肃天水粟特人墓

① （宋）司马光撰，（元）胡三省音注：《资治通鉴》，中华书局，1956年，第7492、7493页；（宋）欧阳修、宋祁：《新唐书》，中华书局，1975年，第5169页。

② 中国社会科学院考古研究所河南二队：《河南偃师市杏园村唐墓的发掘》，《考古》1996年第12期。

③ 朱江：《扬州出土的唐代阿拉伯文背水瓷壶》，《文物》1983年第2期。

④ 夏鼐：《西安唐墓出土阿拉伯金币》，《考古》1965年第8期。

葬、宁夏固原和盐池粟特人墓地、洛阳安菩墓等，都为这一研究提供了丰富的资料。从这些外来移民的墓葬来看，其葬制和葬俗汉化较深，但也保留有其本民族特色的一面，是两者相结合的产物。关于其汉化的问题，20世纪60年代时学者们就已充分认识到了，并生动地指出："如果没有墓志出土，单从墓葬形制和随葬器物上来看，简直找不出他们和汉人贵族墓的区别。"①墓葬形制多采用关中地区隋唐时期墓葬的形制；随葬品主要为隋唐时期墓葬所习见的陶瓷器、陶俑、汉文或者汉蕃文字书写的墓志，这些随葬品的葬入是其华化的重要标志之一；有的葬具较为特殊，有屏风石榻、石椁等，其上所雕内容也多反映其生活习惯和宗教信仰。

山西太原隋虞弘墓为单室砖室墓，坐东北向西南。由墓道、甬道、墓门、墓室组成。总长13.65米。墓道呈缓坡状，北低南高，坡度为15°，残长8.5米。墓道底部宽2、上部宽2.15米。甬道砖砌，长1.25、宽0.8米，砖墙厚0.34米，砌法为三顺一丁，顺砖为四组，丁砖三组。墓门和甬道同宽。墓室平面呈弧边方形，以砖壁内侧弧边中部计算，南北长3.8、东西长3.9米，砖壁厚0.34米，砌法也为三顺一丁。墓砖壁表面无灰泥。墓室地面为取平的黄褐色原生土，仅在四周墓壁下用砖平铺一层，呈方形框，以作为砖壁基础，弧形砖壁就砌在这方形砖基上。葬具为汉白玉石椁，置于墓室中部偏北处。外观呈仿木构三开间、歇山顶式殿堂建筑，由长扁方体底座、中部墙板和歇山顶三大部分组成，每一部分又由数块或十几块汉白玉石组成，全高2.17米。石椁之上雕刻或绘制生活场景、狩猎场景等图案，内容比较复杂，人物皆深目高鼻，须髯浓密，体现了西域文化风情（图6-0-6-1）。墓室出土5根八棱柱，4根为雕绘，1根仅有彩绘，花纹相同。另发现5个覆莲柱础。未见棺木遗痕和任何木器遗痕，也不见棺钉，似未用木棺。人骨被扰乱，散见于椁内、墓室等处，多成碎渣。鉴定为一男一女。出土遗物主要有虞弘及夫人墓志、石人俑、石灯台、残陶俑等80余件。残陶俑有马及其他家畜、家禽等模型明器。石灯座及灯盏为汉白玉质，灯座侧面浅浮雕仰覆莲。石人俑共16件，用汉白玉和砂石雕琢而成，分为侍从俑、伎乐

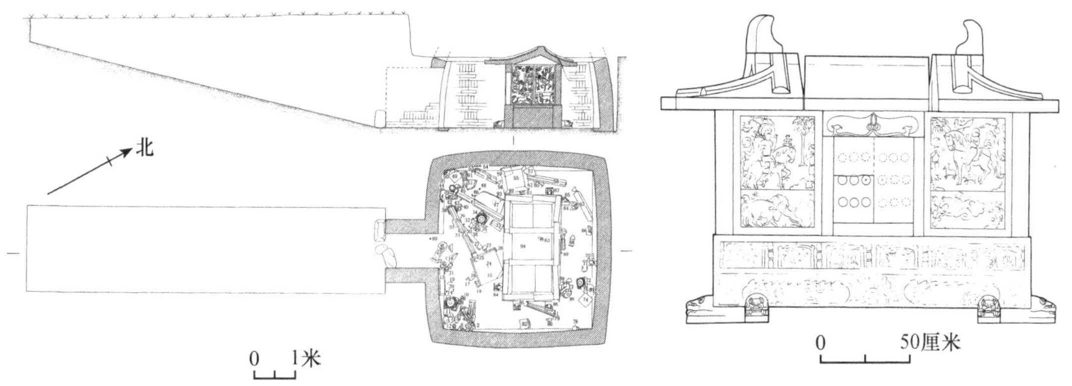

图6-0-6-1　山西太原隋虞弘墓平、剖面图及石椁

① 中国科学院考古研究所编著：《新中国的考古收获》，文物出版社，1962年，第99页。

俑和拄剑俑三类。虞弘为中亚鱼国人，推测鱼国位于中亚阿姆河、锡尔河流域及附近地区，与安国、史国不会很远①。

甘肃天水粟特人墓葬，为竖井式墓道单室砖室墓。其中带屏风的石榻，由17块雕刻纹饰的条石和8块素面条石组成（图6-0-6-2）。雕刻纹饰主要有男乐伎、神兽、狩猎、宴饮、出行、泛舟等场面，还有亭台楼阁、水榭花园等建筑以及一些自然风景。男乐伎所持乐器有笙、钹、曲颈琵琶、洞箫、腰鼓和竖箜篌，皆束发戴冠，身着圆领紧袖左衽绯衣。雕刻纹饰采用平面减地雕刻技法，其上饰以金彩、红彩，有的贴金。棺床之前还有石雕坐部伎乐，身着圆领紧袖左衽长袍，束腰带，深目高鼻，所持乐器有横笛、贝蠡、排箫、笙、琵琶。随葬品则有黄釉鸡首壶、烛台、石枕、金钗、铜镜和墓志②。

安元寿墓位于陕西省咸阳市礼泉县赵镇新寨村东，北距昭陵约11千米，1972年发

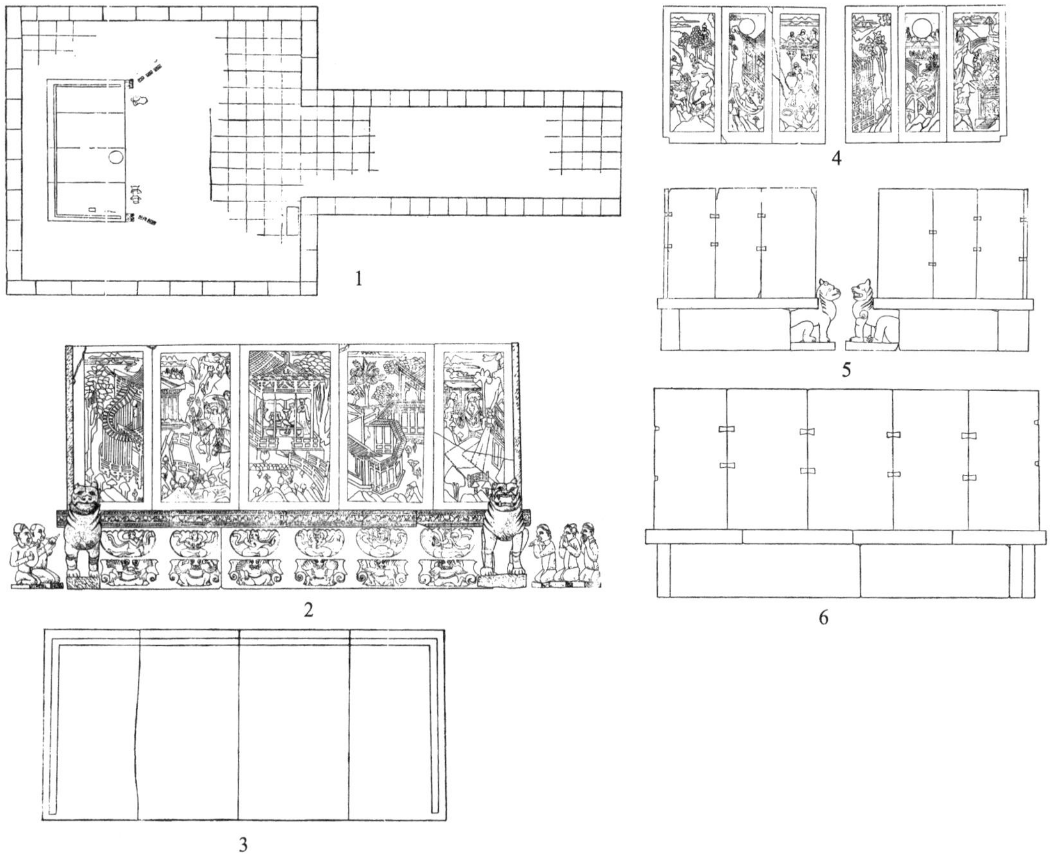

图6-0-6-2　甘肃天水粟特人墓葬、石棺床及屏风

1. 墓葬平面图　2. 石棺床及屏风正视图　3. 石棺床床面　4. 两侧屏风正视图　5. 石棺床左右侧视图　6. 石棺床后视图

---

① 山西省考古研究所、太原市文物考古研究所、太原市晋源区文物旅游局编著：《太原隋虞弘墓》，文物出版社，2005年。

② 天水市博物馆：《天水市发现隋唐屏风石棺床墓》，《考古》1992年第1期。

掘①。他是姑臧（今甘肃武威）人，西域安国人后裔。唐武德五年（622年）即以勇武追随李世民，入秦王府为右库直。唐高宗时历任右骁卫郎将、左监门卫中郎将、右骁卫将军、右威卫将军等。唐永淳二年（683年）病亡，年77岁，“特令陪葬昭陵”。墓葬封土为圆锥形，直径17、高8米。墓葬为长斜坡墓道前后室砖室墓，全长60.2米，墓道长17、宽2.6米。有5个天井、5个过洞，采用石墓门，前后甬道和墓室均砖筑。过洞之内绘制壁画，壁画内容为侍女、男侍、男童等人物。后室有砖砌棺床。出土随葬品100多件，以各类陶俑、三彩俑及模型明器为主。

宁夏固原粟特人墓地共发现比较明确的粟特人墓葬10余座，均为昭武九姓的史国人，属于家族墓地。墓葬均为单室墓，由封土、长斜坡墓道、天井、过洞、甬道和墓室等组成，有些墓葬在墓道、天井和墓室绘有壁画，仅隋史射勿墓壁画保存较好，其余因脱落而不明。墓道绘执刀武士和执笏文吏，墓室之内绘各式侍女，上身着紧身窄袖衣，下身着齐腰条纹长裙，为关中地区隋唐时期墓葬所习见。随葬品有陶瓷器、陶俑、铜镜、鎏金铜器、“开元通宝”、玻璃器等。还出土有波斯萨珊王朝银币、东罗马金币和仿制的东罗马金币。其中一座墓中还出土了由护额、眉、眼、鼻、唇、颌、鬓等金饰件组成的金覆面②。

宁夏盐池发现了6座粟特人墓葬，形制结构基本一致，均为依山开凿而成的石室墓，上部无封土。墓道开凿于山丘缓坡处，底部平整，墓门开凿于山丘横断面上。墓室呈长方形或方形，后壁或两侧开凿小龛，室内后部开凿有石棺床。这种构筑墓室的做法不见于中原地区，反映了地域和族属的特点，也为唐墓形制增添了新内容。仅1座墓使用木棺，其余墓葬未见葬具，有的则直接将尸骨陈放于石棺床之上或壁龛之内。葬式有单人葬、双人合葬，还有多具尸骨葬于一室的现象，最多者达十余具。说明粟特人入华后有聚族而葬的习俗。M3出土一方墓志，可知墓主人姓何，为昭武九姓（粟特人）的何国人。随葬品因遭盗掘或自然破坏等原因，所存不多，主要为木制的镇墓兽及男女俑等。较有特点的是两扇石门上各线刻一胡人在圆形舞筵之上舞蹈（图6-0-6-3），这种舞蹈被认为是胡旋舞③。

洛阳龙门唐安菩夫妇墓，为单室砖室墓，由墓道、石墓门、甬道和墓室四部分组成。墓门为青石质结构。安菩原为西域“昭武九姓”之一的安国大首领，归唐后封为定远将军。随葬三彩和单色釉器100多件，以及陶器、瓷器、铜钱和铜镜等。还出土1枚东罗马福克斯金币（602—610年）④。

康比比墓，位于陕西省西安市西郊莲湖区三桥镇贺家村，为长斜坡墓道双天井单室砖室墓，棺床砖筑，墓葬水平长约15米，采用石墓门。墓主人康比比是粟特人，葬于唐开元四年（716年）。墓中出土天王俑、镇墓兽等43件（组），其中天王俑踩踏5个小鬼。甬道和墓室绘制壁画，墓室东壁绘一幅简单的乐舞图，东壁北侧绘制坐于树下的奏乐者，坐

---

① 昭陵博物馆：《唐安元寿夫妇墓发掘简报》，《文物》1988年第12期。

② 宁夏回族自治区固原博物馆　罗丰编著：《固原南郊隋唐墓地》，文物出版社，1996年。

③ 宁夏回族自治区博物馆：《宁夏盐池唐墓发掘简报》，《文物》1988年第9期。

④ 洛阳市文物工作队：《洛阳龙门唐安菩夫妇墓》，《中原文物》1982年第3期。

图6-0-6-3　宁夏盐池唐粟特人墓石门纹饰拓片

具为藤座，其身后站立人物；画面中央是身躯较小的舞蹈人物；东壁南侧绘制身躯略显肥胖持杖坐于藤座之上的女性，面对奏乐和舞蹈者，正在欣赏乐舞，其身后站立一侍者，此人可能就是墓主人康比比的形象[①]。从树下奏乐来看，所表现的是室外乐舞。

（二）突骑施王子墓

突骑施王子光绪墓位于陕西省西安市西郊大庆路西段，东距唐长安城2.5千米。墓葬坐北朝南，为斜坡墓道单室砖室墓，由墓道、甬道和墓室三部分组成。随葬品有胡人俑、跪拜俑、女侍俑、钱币等。出土墓志一合，志盖篆书"唐故突骑施王子志铭"。志文简约地记载了墓主人为突骑施王子光绪，为交河公主之孙、奉德可汗之子，"少自绝域质于京师，缅慕华风遂袭冠带"，亡于唐代宗永泰元年（765年），唐永泰二年葬于长安县承平原[②]。为研究唐王朝与突骑施的关系及唐代质子制度提供了重要资料。

（三）奚国质子热瓌墓

奚国质子热瓌墓位于陕西省西安市西郊昆明路立交南侧，为长斜坡墓道单室砖室墓，

① 根据陕西省考古研究院苗轶飞先生提供的相关图像和文字资料信息写成。

② 西安市文物保护考古研究院：《西安西郊唐突骑施奉德可汗王子墓发掘简报》，《文物》2013年第8期。

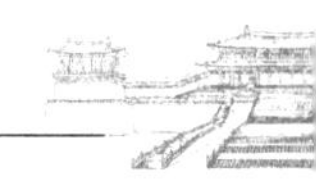

墓道残存一部分，封门、甬道、墓室保存较好，墓室方形，四壁外弧，长宽为3.55—3.95米。其墓葬形制与同时期的三品官墓葬相一致，符合志盖所云“右武卫将军（从三品）”的身份。随葬品有作为仪仗的风帽俑、男女侍俑、家畜家禽模型、瓷罐和塔式罐、墓志等[①]。志盖阴刻篆书“大唐故奚质子右武卫将军热瓌墓志铭”，志文简约叙述了热瓌在唐为“右武卫将军员外置宿卫右羽林军上下”，即热瓌以是右武卫将军员外的身份隶属于右羽林军，右羽林军驻守大明宫九仙门外，是北司之一，羽林军的主要职责是朝会、皇帝大驾行幸时为仪仗，同时也值班守卫宫城、宫殿等。作为一种制度，质子入唐后，多被授官宿卫。“置宿卫右羽林军上下”指热瓌宿卫右羽林军分番上下即值班守卫，于唐开元十八年（730年）卒。热瓌墓的发现为研究唐王朝与奚的关系及对东北边疆的治理、唐代质子制度提供了重要资料。

二、边疆地方政权王族后裔的墓葬

高昌麴氏家族后裔墓葬，在河南和陕西均有发现。

（一）麴庆墓

麴庆墓位于河南省安阳市樾龙台小区，葬于隋开皇十年（590年），墓葬为带长斜坡墓道的单室砖室墓，全长9.68米。坐北向南，平面呈“甲”字形，由墓道、甬道、墓门、墓室、石床等组成。

墓道为斜坡式，长3.3、宽1.1—1.57米；甬道长2.4、宽1.4米，甬道南部东西壁各有两个壁龛，壁龛内各立1位石质持剑武士俑；墓室平面近方形，四壁外弧，南北长3.58、东西宽3.5米；石墓门由门额、门颊、门扉、门限、门砧等构成；墓室地面铺砖，四壁砖砌，二层平一层丁结构垒砌，墙残存最高1.8米。

围屏石榻位于墓室北部，由榻、座和围屏组成。榻由三块青石组成。座长方形，由汉白玉制，有壸门。汉白玉围屏七块，背部为一块独版，东西各三块。石床雕刻有图案，图案纹饰有彩绘和贴金，脱落较为严重。榻侧刻有团莲和忍冬纹；围屏图案分十二单元，刻有墓主日常生活场景和宗教典故；座的图案最为精美，有瑞兽、神像、圣火坛等，图案具有祆教和佛教风格，这也与文献记载的麴氏高昌“俗事天神，兼信佛法”相吻合。石床前立一块石屏风。石屏风前后均有阴线雕刻。四边刻一周联珠纹，正面刻有题记，右下角为驷驾出行图，左侧为歇山顶楼阁建筑和花草树木。甬道口放置麴庆及夫人韩氏的墓志两合。

麴庆为陇西麴氏子孙，生前曾为北齐平阳王府参军事，迁司马、振威将军，亡于隋开皇十年（590年），葬于相州相县灵泉乡。麴庆夫人韩氏为昌黎夏城人。墓室内未见人骨架，随葬品较为丰富，有日用瓷器、素烧瓷模型、素烧瓷俑、素烧瓷镇墓兽、石俑等各类

---

① 西安市文物保护考古研究院：《西安市唐故奚质子热瓌墓》，《考古》2014年第10期。

文物共计130余件[①]。

（二）麹嗣良夫妇合葬墓

麹嗣良夫妇合葬墓位于陕西省咸阳市周陵镇崔家村，地面原有封土和兆沟。封土现仅存底部少量堆积，平面呈圆形，直径约20米。兆沟平面呈长方形，南北长107、东西宽72米。墓葬位于兆沟内偏西北处，坐北朝南，南北水平总长38.9米。形制为长斜坡墓道多天井单室砖室墓，墓室平面呈刀形。由墓道、5个过洞、5个天井、6个壁龛、砖封门、甬道、墓室等部分组成。6个壁龛分别位于第一、二、三过洞的东西两壁下方，均以条砖封口。除第三过洞下壁龛为平顶、口部呈横长方形外，其余均为拱顶洞式结构。墓葬为砖封门，平砖错缝砌筑，仅存少量砌砖。甬道较长，南呈斜坡状，北部较平缓。甬道砖砌，砖面涂白灰。墓室偏于西侧，近方形，仅残存几块铺地砖，未见人骨及葬具。

墓道西壁从南向北依次绘奔犬、托盘侍者、白虎、牛车、出行队伍。墓道东壁从南向北依次绘凤鸟、托盘侍者、青龙、驼、马、出行队伍。牛车图像包括驾车人、牛、车、随车侍从等，与唐麟德元年（664年）郑仁泰墓牛车图像构图基本一致。出行队伍最前方侍者体型高大，面部表情严肃，鼻子尖长，身着圆领红色长服。墓道两壁多处壁画可见狗的形象，体型细长，或奔跑，或低首前行，或仰头张望。墓道西壁南端奔犬绘得最为细致，浑身涂红。

天井和过洞处壁面，第一、第二天井下仅残存部分壁画。第一天井东西两壁绘制人物图像。第二天井两壁下各绘一株树木。西壁树木叶片呈五瓣状，边缘为锯齿状，叶脉清晰可见，推测为无花果树。东壁树木无主干，自底端画出多个分枝，枝叶茂盛。叶片为尖椭圆形，叶尖发红，未见果实，初步判断其为石榴树。

甬道两侧壁绘有侍女、飞鸟、花草山石等。其中东壁侍女图像保存较完整。侍女头梳双螺髻，脸庞圆润，双颊微红。内着红色圆领衣衫，外着翻领黄色长服，下着束口条纹裤，足蹬红色尖头线履。右臂屈于胸前，左臂下垂于体侧，手执一物，双脚呈外“八”字站立。侍女北侧上部为一长尾飞鸟图像。墓室四壁破坏严重，仅底部残存少量白灰地仗。

随葬器物共53件（组），多发现于壁龛内，有陶俑、陶动物、铁剑、铜饰、瓷碗、墓志等。两合墓志分别发现于甬道和墓室入口处。墓主人麹嗣良，字承嘉，麹氏高昌后裔。生于唐显庆五年（660年），武则天圣历元年（698年）卒于东都正俗里，武则天久视元年（700年）葬于咸阳北原。官居四品，以清勤著称。其曾祖文泰，祖智湛，父崇裕，在新、旧《唐书·高昌传》均有载，并载墓主伯父为麹昭。夫人史氏，河南洛阳人，生于唐龙朔二年（662年），唐开元十二年（724年）卒于京兆务本里，唐开元十四年（726年）祔葬于咸阳北原。史氏曾祖统，祖大奈，父仁彦。其祖见载于《旧唐书·突厥传》。志文中关于其父仁彦的记载，可补史之缺。两人共育三子，嗣子玄纵。幼子玄鉴，出家学金仙之道。

唐贞观十四年（640年）高昌灭亡后，其王室成员迁至长安，但他们在长安的生活情

① 国家文物局主编：《2020中国重要考古发现》，文物出版社，2021年，第125—129页。

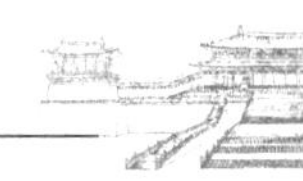

况及死后的埋葬地，一直未能了解，唐麴嗣良夫妇墓及其墓志的发现，为解决这些问题提供了重要资料①。

三、隋唐时期外来移民的墓志

隋唐时期的社会风气比较开放，文化交流频繁，长期在中原居住的各国人士数以万计。向达已有深入研究②。经发掘出土或传世的唐代墓志中，其主人有一部分是定居中国的外国人，还包括一些已汉化了的外来移民后裔，如陕西西安出土的唐咸通十五年（874年）苏谅妻马氏墓志中所言的苏谅就是这么一个人物。在定居中原的外来移民中，以活动于“丝绸之路”上的粟特人为多，他们即是中国古代史籍所记载的“昭武九姓”，他们对中西文化交流曾有过重要贡献，同时也反映了唐王朝的世界性。正如有学者总结的那样，唐王朝的世界性表现在：允许外国人入境居住；允许外国人参政为官；重用蕃将统军；法律地位平等；保护贸易通商；允许通婚联姻；文化开放繁荣；衣食住行混杂；允许外国僧侣传教；留学人员云集③。

自20世纪以来，中国境内陆续发现了大量外来移民的墓志，以“昭武九姓”及其子孙的墓志为主，这些人的身份有使节、商人等，为研究当时的中外文化交流、外来移民在中国的生活以及通婚等问题提供了珍贵资料。据文献记载，来到中国的粟特人多以国名为姓，出现了康、史、米、安、何、曹、石、穆等姓氏。如唐贞观年间康阿达墓志、唐贞观二十一年康婆墓志，这些康姓人是康国人；唐永贞元年米继芬墓志，米氏是米国人；唐永徽四年何盛墓志、唐调露二年何磨诃墓志、唐大和四年何文哲墓志等，这些何姓人均为何国人。唐永徽四年安延墓志、唐神龙元年安思节墓志、唐景龙三年安菩墓志（图6-0-6-4）④，这些安姓人是安国人或安国人后裔。唐开元十一年（723年）曹明照墓志，称其为“金河贵族，父兄归化”，可见其原为曹国人。唐贞元十三年（797年）八月十九日石崇俊墓志，“祖讳芬，本国大首领散将军”，说明他是石国人。这些来到中国的外国人都定居中原，他们的墓志志文对了解当时中西交通与唐代社会民族状况有参考价值。

来自西域定居中原的粟特人，侧重于内部通婚即在昭武九姓之间通婚。如何文哲、何进滔均娶妻康氏，何弘敬之母康氏，安怀妻康氏，曹凉妻安氏等，都是内部通婚的例子。这说明来华的昭武九姓虽然在许多方面已经华化，但在婚姻问题上仍然保留着互相联姻的习俗。同时，粟特人与汉人联姻者也不乏实例，特别是散居内地者更易胡汉联姻，且在法律上得到唐王朝许可。据《唐律疏议》卷八记载，“诸蕃人所娶得汉妇女为妻妾，并不得

① 国家文物局主编：《2019中国重要发现》，文物出版社，2020年，第149—152页。

② 向达：《唐代长安与西域文明》，生活·读书·新知三联书店，1957年，第1—126页。

③ 葛承雍：《论唐朝的世界性》，《唐韵胡音与外来文明》，中华书局，2006年，第12—25页。

④ 洛阳市文物考古研究院编著，程永建、周立主编：《洛阳龙门唐安菩夫妇墓》，科学出版社，2017年，第164—167页。

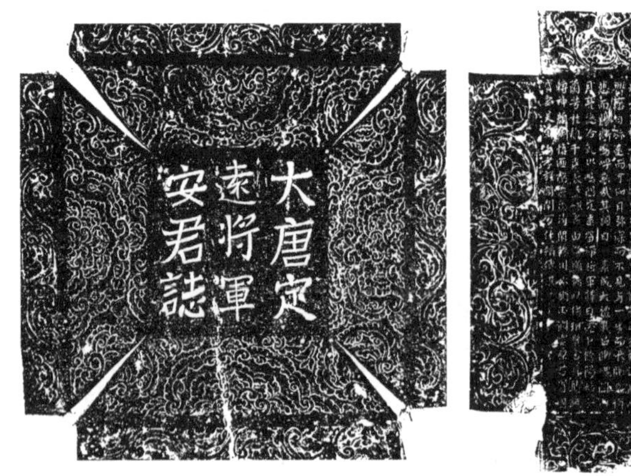

图6-0-6-4　河南洛阳龙门出土安菩墓志

将还蕃内”[①]。《唐会要》卷一百“杂录”条记载：“贞观二年（628年）六月十六日敕：‘诸蕃使人所娶得汉妇女为妾者，并不得将还蕃。’”[②]这条敕令并没有禁止胡汉联姻，只是规定不得将所娶的汉族女子带走。

阿罗憾墓志，出土于河南洛阳，志文已经漫漶（图6-0-6-5）[③]。阿罗憾是波斯国人，波斯国大酋长，唐高宗显庆年间（656—661年）曾任拂林国诸蕃招慰大使，并于拂林西界立碑。后定居洛阳。在唐为右屯卫大将军、上柱国，爵封金城郡开国公。唐景云元年（710年）去世，年95岁，葬于洛阳建春门外。对于阿罗憾的身份，学界以往据其名字的音译，有人认为是犹太人，有人认为是景教徒，但墓志中并未涉及其宗教活动，仅据名字的音译而推断其族属和宗教信仰，显得证据不足，所以，也引起一些学者的反对。

西北大学博物馆收藏的井真成墓志（图6-0-6-6），是目前所知唯一的与日本遣唐使相关的墓志，引起中日两国学术界的极大关注。

除上述考古发现及传世文物之外，见于文献记载的外来移民的数量也不在少数，不仅有粟特人，还有来自印度、新罗等地的高僧，充分反映了当时中外文化交流的繁荣。与这些外来移民的墓葬和墓志的发现相对应，唐墓出土的各种胡人俑，生动形象地再现或者模拟了当时人群互动和文化交流的情景。甚至在湖南望城长沙窑遗址还发现了装饰夫妇图像的瓷器残片，被认为是异国情侣形象[④]。其中的男子为八字须，连腮胡，具有明显的胡人特征；女子则为典型的唐代仕女形象。男女呈半侧面对坐，笔者以为所要表达的可能是当时胡汉联姻的情景。

① （唐）长孙无忌等撰，刘俊文点校：《唐律疏议》，中华书局，1983年，第178页。

② （宋）王溥：《唐会要》，上海古籍出版社，1991年，下册，第2134页。

③ 中国历史博物馆编著：《中国历史博物馆——华夏文明史图鉴》（第三卷），朝华出版社，2002年，第64页，图55。

④ 长沙窑课题组编：《长沙窑》，紫禁城出版社，1996年，第116页，图版170。

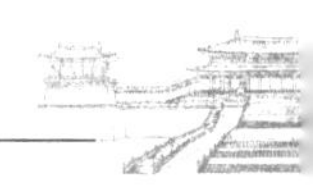

图6-0-6-5　阿罗憾墓志拓片

图6-0-6-6　井真成墓志

参考书目

[1] 向达：《唐代长安与西域文明》，生活·读书·新知三联书店，1957年。
[2] 卢兆荫：《何文哲墓志考释——兼谈隋唐时期在中国的中亚何国人》，《考古》1986年第9期。

第七节　国外发现的受隋唐文化影响的遗迹与遗物

文化交流是一种双向活动，不仅在国内发现有大量外来遗物，在国外出土的隋唐文物也不在少数，同时还发现了受隋唐文化影响的遗迹与遗物。

一、对日本的影响

隋唐都城的设计对日本都城有很大影响。日本建于7世纪后半叶至8世纪后半叶的藤原京、难波京、平城京（图6-0-7-1）、长冈京、平安京（图6-0-7-2），其平面均呈长方形，以南北中轴线贯穿城市正中，于轴线北端置宫城，轴线左右两侧对称地布置里坊，显然模仿了唐长安、洛阳的设计思想。隋唐时期，中国精美的手工艺品也通过遣唐使等带往日本。在日本奈良宫内厅正仓院还珍藏着数以千计的隋唐文物，大都是当年遣唐使带回的，有金银器、玻璃器、漆木器、铜器、丝织品等，器类有度量衡器、乐器、佛具等。日本的奈良三彩，也是模仿唐三彩的工艺技术烧成的铅釉陶器，但其色彩偏暗或偏绿，釉色也较单调，不如唐三彩绚烂多彩。

二、对朝鲜半岛的影响

隋唐时期，中国和朝鲜半岛的关系更加密切，不仅中国的天文、历法、医书和雕版印刷术传入新罗，新罗的绘画、雕塑和音乐也受到中国影响。韩国庆州石窟庵的石佛和菩萨像（751—770年），与唐代佛教造像风格十分接近，明显受到唐代佛教造像艺术的影响。与之相对应，在龙门石窟西山珍珠泉南洞龛楣上刻有“新罗像龛”4字[①]。由于佛教在新罗相当流行，不但国人多信奉佛教，而且有不少新罗僧侣来到中国，新罗像龛就是他们在龙门开窟造像时留下的遗迹。

新罗挂陵位于韩国庆州南12千米，相传因为修建陵墓时底部冒水，不得已将棺木挂起来进行埋葬，所以称为挂陵。墓主人是新罗第38代国王元圣王金敬信（785—798年在位）。陵墓呈圆锥形（图6-0-7-3），底部周长70、直径21.9、高7.7米。在坟丘四周镶嵌石

---

① 李玉昆：《龙门杂考》，《文物》1980年第1期。

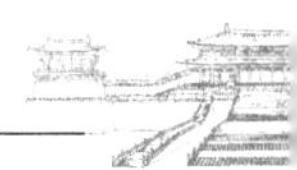

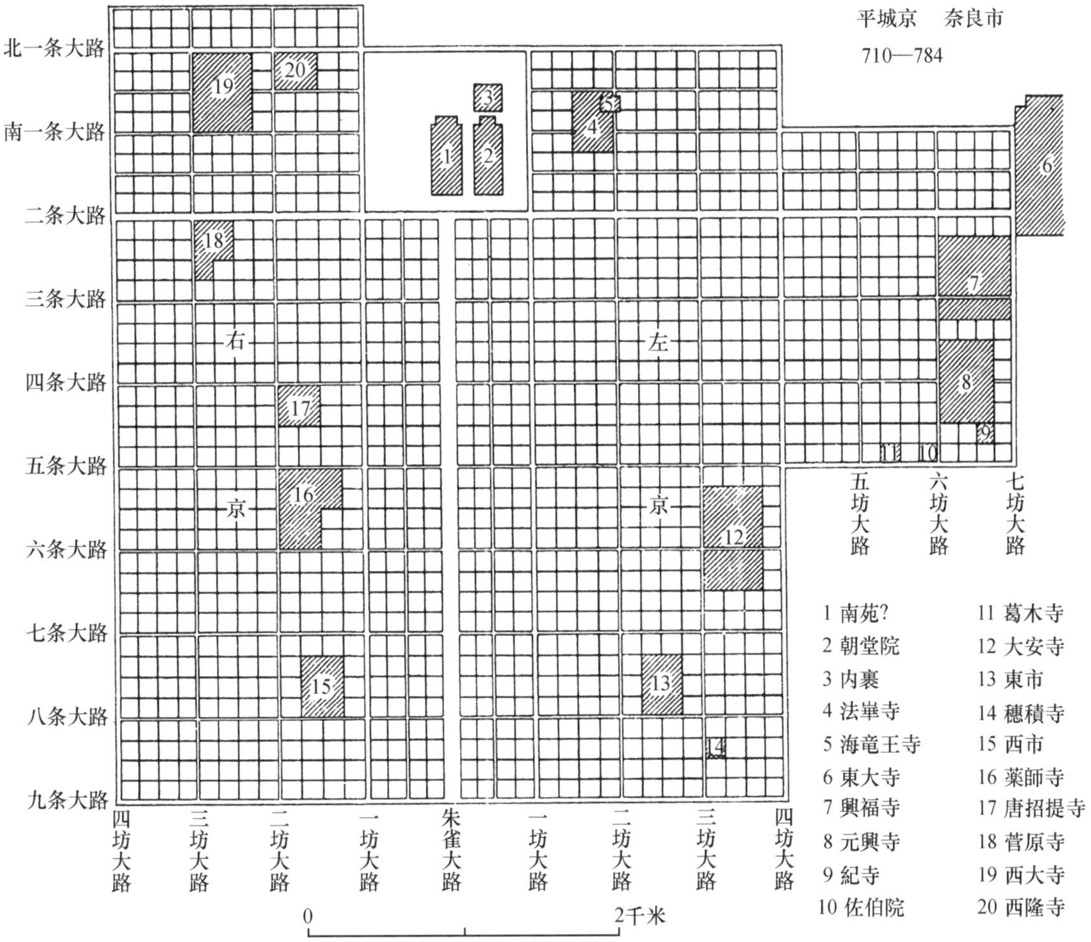

平城京 奈良市
710—784

北一条大路
南一条大路
二条大路
三条大路
四条大路
五条大路
六条大路
七条大路
八条大路
九条大路

右京 左京

四坊大路 三坊大路 二坊大路 一坊大路 朱雀大路 一坊大路 二坊大路 三坊大路 四坊大路 五坊大路 六坊大路 七坊大路

1 南苑?
2 朝堂院
3 内裏
4 法華寺
5 海竜王寺
6 東大寺
7 興福寺
8 元興寺
9 紀寺
10 佐伯院
11 葛木寺
12 大安寺
13 東市
14 穗積寺
15 西市
16 薬師寺
17 唐招提寺
18 菅原寺
19 西大寺
20 西隆寺

0 2千米

图6-0-7-1 日本奈良平城京平面图

雕十二生肖（图6-0-7-4），陵前神道两侧列置石刻（图6-0-7-5），自外向内依次为一对石柱、一对武臣、一对文臣、两对石狮子，而武臣有胡人的面貌特征（图6-0-7-6）。挂陵的构筑、陵前列置石刻的做法，明显受到唐代帝陵影响。

三、对中亚、西亚的影响

中国输出的商品还有瓷器和铜镜等。如中亚的乌兹别克斯坦撒马尔罕以及伊朗、伊拉克、约旦、叙利亚境内都发现了中国的瓷器和铜镜。中亚及西亚的伊朗、伊拉克、叙利亚境内还发现了唐三彩。

7—8世纪，在粟特地区流通的货币中，有仿唐的青铜圆形方孔钱，其正面为昭武九姓的王徽、族标，背面为王名、称号。在吉尔吉斯斯坦阿克·贝希姆城址北部发掘出土的铜钱中，也有圆形方孔的仿唐铜钱，一面为粟特文字，一面为蛇形符标。因为钱币中有突骑

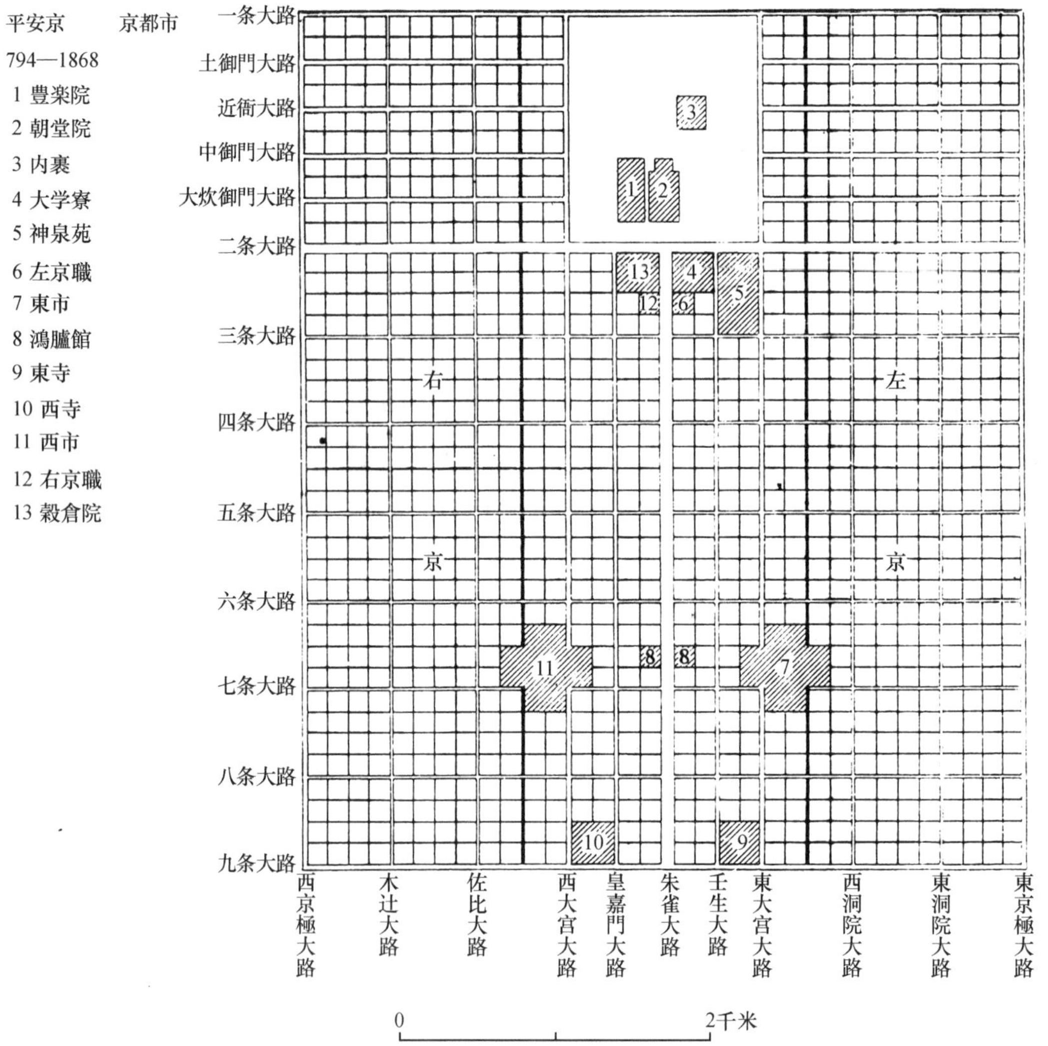

平安京　京都市
794—1868
1 豊楽院
2 朝堂院
3 内裹
4 大学寮
5 神泉苑
6 左京職
7 東市
8 鴻臚館
9 東寺
10 西寺
11 西市
12 右京職
13 穀倉院

一条大路
土御門大路
近衛大路
中御門大路
大炊御門大路
二条大路
三条大路
四条大路
五条大路
六条大路
七条大路
八条大路
九条大路

右京
左京

西京極大路　木辻大路　佐比大路　西大宮大路　皇嘉門大路　朱雀大路　壬生大路　東大宮大路　西洞院大路　東洞院大路　東京極大路

0　2千米

图6-0-7-2　日本京都平安京平面图

施可汗钱字样，所以也有一些学者称这种铜钱为突骑施币①。同时，在粟特人活动的地区，还出土了唐代的“开元通宝”“大历通宝”等②。

2006年，在吉尔吉斯斯坦碎叶城遗址出土1件铜龟符，长4.2、宽2.1、厚不足0.5厘米，重16.6克。腹侧铸一阴文“同”字，侧面有“合同”二字之半，字样。龟符从上至下，由右至左，阴刻楷书文字为“左豹韬卫翊府右郎将员外置石沙陁（陀的异体字）”。这件龟符是石沙陁个人的随身龟符③。碎叶城遗址位于吉尔吉斯斯坦北部托克马克西南8千米

① 林梅村：《从突骑施钱看唐代汉文化的西传》，《文物》1993年第5期。

② 王仲殊：《论汉唐时代铜钱在边境及国外的流传》，《考古》1998年第12期。

③ 孟宪实：《唐碎叶故城出土“石沙陀龟符”初探》，《西域文史》（第十辑），科学出版社，2015年，第81—91页，图版3。

图6-0-7-3　新罗挂陵坟丘

图6-0-7-4　新罗挂陵坟丘四周镶嵌的十二生肖

图6-0-7-5　新罗挂陵神道石刻（东侧）

图6-0-7-6　新罗挂陵神道西侧武臣像

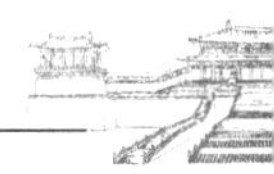

的阿克·贝希姆废墟[①]，因北临碎叶水（今楚河）而得名。自唐贞观二十二年底（649年1月）至唐开元七年（719年），曾以碎叶、龟兹、于阗、疏勒为安西四镇，碎叶是安西四镇之一。唐开元七年，突厥十姓可汗居碎叶，改以焉耆为四镇之一。据《旧唐书·王方翼传》记载，唐高宗调露元年（679年），检校安西都护府王方翼“筑碎叶镇城，立四面十二门，皆屈曲作隐伏出没之状，五旬而毕。西域诸胡竞相来观，因献方物”[②]。在该城址还曾经出土过1尊唐代造像和1通唐代残碑，其上题记为：“安西副都护、镇压十姓使、上柱国杜怀宝，上为天子□□□下为□□□考妣见□□使□法界众生，普愿平安，获其冥福，敬造一佛二菩萨。”[③]据《旧唐书·则天皇后本纪》记载：“载初元年（689年）……有沙门十人伪撰《大云经》，表上之，盛言神皇受命之事。制颁于天下，令诸州各置大云寺，总度僧千人。”[④]据考证，杜怀宝造像很可能就立于武则天时期修建的碎叶镇大云寺[⑤]，碎叶城遗址发现的残碑是裴行俭于碎叶城所立之纪功碑[⑥]。

2011年，在蒙古国东戈壁省赛因山达市东南30—40千米处发现了1件唐代铜鱼符，长5、最大宽1.8厘米，重15.87克。上部有一圆孔。圆孔下为铸造的阴文“同”字，勘验时以便与留内的阳文“同”字相吻合。“同”字下楷书阴刻“中郎霫莫遂州长史合蜡”。在鱼符腹侧楷书阴刻“合同”二字。据考证，其年代约在唐开元九年（721年）到唐开元十八年（730年）之间，其中莫遂州史料未载，可能是唐王朝在霫的无若莫部中设立的羁縻州，为唐王朝东北边疆的治理提供了重要资料[⑦]。

2011年，在吉尔吉斯斯坦碎叶城遗址发现铜鱼符1件，长5.2厘米，重18克。上部有一圆孔，圆孔下为铸造的阴文“同”字，内侧阴刻楷书“突骑施国第三”。据《唐会要》卷一百“杂录”条记载：“故事，西蕃诸国通唐使处，悉置铜鱼。雄雌相合，各十二只，皆铭其国名，第一至十二，雄者留在内，雌者付本国。如国使正月来者，赍第一鱼，余月准此，闰月赍本月而已，校其雌雄合，乃依常礼待之。差谬，则推按闻奏。至开元一十六年十一月五日，鸿胪卿举旧章奏曰：‘近缘突骑施背叛，蕃国铜鱼，多有散失。望令所司复给。’”[⑧]所谓雄雌，指鱼符的左半和右半，其内侧所铸“同”字留内者为阳文、颁外者为

① 张广达：《碎叶城今地考》，《北京大学学报》1979年第5期。

② （后晋）刘昫等：《旧唐书》，中华书局，1975年，第4802、4803页。

③ 周伟洲：《吉尔吉斯斯坦阿克别希姆遗址出土唐杜怀宝造像题铭考》，《唐研究》（第6卷），北京大学出版社，2000年，第383—394页。

④ （后晋）刘昫等：《旧唐书》，中华书局，1975年，第120、121页。

⑤ 荣新江：《唐代西域的汉化佛寺系统》，《龟兹文化研究》（第1辑），天马出版有限公司，2005年，第130—137页。

⑥ 周伟洲：《吉尔吉斯斯坦阿克别希姆遗址出土残碑考》，《边疆民族历史与文物考论》，黑龙江教育出版社，2000年，第307—313页。

⑦ 徐驰：《蒙古国新见唐代鱼符考》，《丝绸之路考古》（第6辑），科学出版社，2022年，第144—153页。

⑧ （宋）王溥：《唐会要》，上海古籍出版社，1991年，下册，第2133、2134页。

阴文，以便于勘验时能够吻合。“突骑施国第三”铜鱼符的出土，验证了文献记载的真实性。同时也证明了当时西域诸国承认自己的藩属国地位，并接受唐王朝颁赐的官职，领受鱼符。突骑施在唐开元之时，与唐王朝的关系时好时坏[①]，正如文献所载，突骑施苏禄“诡猾，不纯臣于唐，天子羁系之，进号忠顺可汗。其后阅一二岁，使者纳贽，帝以阿史那怀道女为交河公主妻之”[②]。结合文献及突骑施奉德可汗子光绪墓葬来看，唐王朝通过派遣使节招抚、和亲［唐开元五年或十年，以阿史那怀道女为交河（金河）公主嫁于苏禄］，以及让突骑施派遣质子以及颁鱼符的手段，安抚突骑施并与之交好。尽管如此，突骑施仍于唐开元十五年与吐蕃攻安西，也即文献中所云的突骑施叛唐。这件“突骑施国第三”铜鱼符出土于碎叶，其颁布时间当在突骑施尚未叛唐之时。据《封突骑施苏禄顺国公制》记载：“仍封顺国公，食邑三千户，余如故。并赐锦袍、钿带、鱼袋七事，仍充金方道经略大使，所司备礼册拜。”[③]又据《资治通鉴》卷二百一十二记载：“(开元七年冬，十月）壬子，册拜突骑施苏禄为忠顺可汗。”[④]由此可知，赐苏禄“锦袍、钿带、鱼袋七事”在唐开元七年（719年）。据《旧唐书》卷四十五记载：“高宗永徽二年五月，开府仪同三司及京官文武职事四品、五品，并给随身鱼。咸亨三年五月，五品以上赐新鱼袋，并饰以银。”[⑤]从这一记载来看，佩随身鱼符与鱼袋是相对应的，唐开元七年赐突骑施苏禄“鱼袋”时自然也赐了鱼符，由此推测，碎叶城发现的这件“突骑施国第三”鱼符可能就是这一年颁赐的，其他如唐开元二十八年赦免突骑施可汗吐火仙的《授吐火仙可汗等官爵制》则未涉及鱼符或鱼袋之事[⑥]。但由于突骑施唐开元十五年叛唐，唐王朝不得不于唐开元十六年重新向西域诸国颁发鱼符。表面上看仅仅是重新颁发鱼符，实际上是唐王朝对西域诸国关系的重整。据记载，唐开元十五年之后，突骑施不断袭扰唐王朝，如唐开元二十三年（735年）突骑施“寇北庭及安西拨换城”[⑦]。唐开元二十六年，突骑施内乱，唐玄宗命碛西节度使盖嘉运召集突骑施、拔汗那以西诸国，突骑施吐火仙可汗据碎叶城和黑性可汗尔微特勒据怛逻斯城拒唐；唐开元二十七年，盖嘉运破二城，擒获二可汗，威震西陲，依附于突骑施者皆内附并请徙于安西；唐开元二十八年盖嘉运入朝献捷，唐玄宗赦免了吐火仙，并以之为金吾大将军[⑧]。至唐天宝十载（751年）春正月，安西节度使高仙芝入朝，献所擒突骑施可

① 参见葛承雍：《新出土〈唐故突骑施王子志铭〉考释》，《文物》2013年第8期；周伟洲：《〈唐故突骑施王子志铭〉补考》，《中国历史地理论丛》2014年第29卷第1辑。

② （宋）欧阳修、宋祁：《新唐书》，中华书局，1975年，第6067页。

③ （清）董诰等编：《全唐文》卷二一，中华书局，1983年，第253页。

④ （宋）司马光撰，（元）胡三省音注：《资治通鉴》，中华书局，1956年，第6737页。

⑤ （后晋）刘昫等：《旧唐书》，中华书局，1975年，第1954页。

⑥ （清）董诰等编：《全唐文》卷二四，中华书局，1983年，第278页。

⑦ （宋）司马光撰，（元）胡三省音注：《资治通鉴》，中华书局，1956年，第6812页。

⑧ （宋）司马光撰，（元）胡三省音注：《资治通鉴》，中华书局，1956年，第6834、6838、6839、6841页。

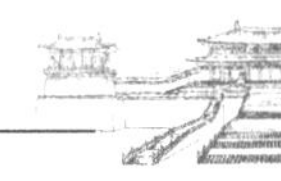

汗、吐蕃酋长、石国王、朅师王[①]。这说明此前高仙芝已经击破突骑施，并擒获其可汗，时间约在唐天宝九载高仙芝先后击破朅师和石国之时[②]。

第八节　其 他 发 现

一、黄泗浦遗址

黄泗浦遗址位于江苏省苏州张家港市杨舍镇庆安村与塘桥镇滩里村交界处，现北距长江约14千米，是唐宋时期长江下游一处重要的港口集镇遗址。经过十多年的考古工作，发掘了唐宋时期的河道，河道内发现大量的砖瓦瓷片堆积以及木桥遗迹，说明黄泗浦作为港口曾有的繁华及在江南地区重要的历史地位，是目前长江下游港口型遗址中的重要发现[③]。

“黄泗浦”最早见于日本真人元开撰写于779年的《唐大和上东征传》，其中详细记载了唐天宝十二年（753年）鉴真和尚第六次从“黄泗浦”东渡日本的过程：“和上于天宝十二载十月十九日戌时，从龙兴寺出，至江头乘船。下时，有二十四沙弥悲泣赶来，白和上言：‘大和上今向海东，重觐无由我，今者最后请予结缘。’乃于江边为二十四沙弥授戒。讫，乘船下至苏州黄泗浦。”[④]考古发掘佐证了“黄泗浦”在唐代即为出海港口。该遗址诸多唐代遗迹的揭露和大量遗物的出土，为鉴真从黄泗浦东渡启航提供了可靠的考古学资料。

黄泗浦遗址发现的唐宋时期寺院，可能与鉴真和尚第六次东渡的地点有关，是较为重要的新发现，也是目前长江下游港口型遗址的重要发现。黄泗浦遗址的发掘，为中外文化交流、海陆交通路线及海岸线变迁等研究提供了新资料。

二、克亚克库都克烽燧遗址

关于烽燧，《后汉书·光武帝纪一下》记载：“（建武十二年）遣骠骑大将军杜茂将众郡施刑屯北边，筑亭候，修烽燧。”李贤注曰：“《前书音义》曰：‘边方备警急，作高土台，台上作桔皋，桔皋头有兜零，以薪草置其中，常低之，有寇即燃火举之，以相告，曰烽。又多积薪，寇至即燔之，望其烟，曰遂。昼则燔遂，夜乃举烽。’《广雅》曰：‘兜零，笼也。’”[⑤]修建烽燧是中国古代治理边疆、维护国家领土安全的重要措施，同时也维护着

① （宋）司马光撰，（元）胡三省音注：《资治通鉴》，中华书局，1956年，第6904页。
② （宋）司马光撰，（元）胡三省音注：《资治通鉴》，中华书局，1956年，第6898、6901页。
③ 国家文物局主编：《2011中国重要考古发现》，文物出版社，2012年，第144—149页。
④ 〔日〕真人元开著，汪向荣校注：《唐大和上东征传》，中华书局，2000年，第85页。
⑤ （南朝宋）范晔撰，（唐）李贤等注：《后汉书》，中华书局，2012年，第60页。

东西方交流的畅通。傅筑夫认为，“所谓通西域的丝路，实际上是在亭障遍地、烽墩林立和烟火相接的严密保护下才畅通无阻的”[①]。可见烽燧在边疆治理和东西方交流中的重要性。克亚克库都克烽燧遗址的发掘充分证明了唐代维护边疆安全的能力，反映了东西方交流畅通的情景。

克亚克库都克烽燧遗址位于新疆维吾尔自治区巴音郭楞蒙古自治州尉犁县东南90千米的荒漠地带，是孔雀河烽燧遗址群中的一座。孔雀河烽燧遗址群由11座烽燧组成，沿孔雀河北岸，呈东西向分布在库尔勒至营盘古城之间长约150千米的范围内。2019—2021年，在克亚克库都克烽燧遗址发掘出土各类遗物1230余件（组），分为陶、铜、铁、木、漆、纸、皮、草、纺织品等，其中包含有纸文书、木牍786件，为研究烽燧制度及丝绸之路的路线提供了重要资料。据测年，初步推断克亚克库都克烽燧是安西四镇之一焉耆镇下的“沙堆烽”[②]，为防范吐蕃而修筑。

孔雀河烽燧群东线的军事防线，可能称为“楼兰路”。克亚克库都克烽燧则驻守“楼兰路”沿途，是唐武周至开元年间在西域设置的一处游奕所机构驻地，其职能是驻守和看护“楼兰路”的军事防线，管理沿线的若干烽铺。烽燧遗址包括烽体、居址和地上木桩排遗迹。烽体平面呈方形，立面呈梯形，底边长9.4、残高约5.6米。烽体建筑结构内外有别，外部采用土坯垒砌，内部为土层与芦苇层叠筑，由三层或四层土坯夹铺一层芦苇草，中部夹放胡杨立木垒砌而成。烽体南、西两面发现护墙残迹，由土坯垒砌而成。烽体西约10米的高地为居址，为3间以“减地留墙法”筑成的半地穴式房屋，与烽燧一起形成了结构完整、功能齐备的综合性军事设施。烽体南约15米处的平滩地上遗存有一排高出地面、呈南北向直线排列的木桩，推测其应该为“虎落”遗迹。

纸文书中记载有临河烽、马铺烽、沙堆烽、黑河铺、猪泉谷铺、榆林镇、通海镇、掩耳守捉、于术守捉、焉耆守捉、安西都护府等。木牍保存完整、字迹清晰，内容主要记载烽铺与游弈所之间的计会交牌、平安火制度，其中“计会交牌”木牍为国内首次发现。内容包括游奕、马铺、土河、地听、平安火等军事防御和信息传递的手段。这些文字内容，都可与杜佑《通典·兵五》[③]所载相对应：

游奕，“于军中选骁果、谙山川、泉井者充，常与烽、铺、土河计会（商量、安排、统筹之意）交牌，日夕逻候于亭障之外，捉生问事，其副使、子将，并久军行人，取善骑射者兼”。

马铺，“每铺相去三十里，于要路山间，牧马两匹，与游奕计会。有事警急，烟尘入境，则奔驰报探”。

---

① 傅筑夫：《中国封建社会经济史》（第2卷），人民出版社，1982，第439页。

② 新疆维吾尔自治区文物考古研究所：《新疆尉犁县克亚克库都克唐代烽燧遗址》，《考古》2021年第8期。

③（唐）杜佑撰，王文锦、王永兴、刘俊文等点校：《通典》，中华书局，1988年，第3901、3902页。

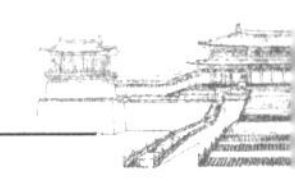

土河，“于山口贼路，横断道，凿阔二丈，深二尺，以细沙散土填平，每日检行，扫令净平，人马入境，即知足迹多少”。

平安火，是一种报警措施。“每晨及夜平安，举一火；闻警，固举二火；见烟尘，举三火；见贼，烧柴笼。如每晨及夜，平安火不来，即烽子为贼所捉。一烽六人，五人为烽子，知更刻，观视动静；一人为烽率，知文书、符牒、转牒。”

地听，侦察敌方动态的一种方法。据文献记载，地听有两种办法：一是枕胡禄（亦作胡鹿、胡簏 、胡簶，盛装箭矢之器具）而听。据《太平御览》卷三三一引唐李靖《卫公兵法》云：“令人枕空胡禄卧，有人马行三十里外，东西南北，皆响见于胡禄中，名曰‘地听’，以先防备。”[①] 二是穿井蒙瓮而听。据《通典·守拒法》记载：“地听，于城内八方穿井，各深二丈，以新罂用薄皮裹口如鼓，使聪耳者于井中托罂而听，则去城五百步内悉知之。”[②] 克亚克库都克烽燧遗址通过发掘，未见深井，说明其地听采用的是“枕胡禄而听”。

克亚克库都克烽燧遗址出土的文书、木牍等，文书包括授勋告身、账单、私人信札、书籍册页、文学作品等，其中包括记载康览延军功的文书、《韩朋赋》等。文书详细记录了孔雀河沿线各级军事设施名称，填补了历史文献中关于唐代军镇防御体系记载的空白，内容涉及军事、政治、经济、文学诸多方面内容，为了解丝路沿线的军事管理制度和戍边将士的边塞生活提供了第一手资料，并实证了唐王朝对西域的有效治理和当地各民族对中华文明的认同。

① （宋）李昉等：《太平御览》，中华书局，1960年，第1519页。（唐）杜佑《通典》卷一百五十二《兵五·守拒法》所引与之相同，但未云是《卫公兵法》，参见（唐）杜佑撰，王文锦、王永兴、刘俊文等点校：《通典》，中华书局，1988年，第3902页。

② （唐）杜佑撰，王文锦、王永兴、刘俊文等点校：《通典》，中华书局，1988年，第3897页。

参考书目

一、著作类（以出版年代为序）

［1］ 向达：《唐代长安与西域文明》，生活·读书·新知三联书店，1957年。

［2］ 黄文弼：《塔里木盆地考古记》，科学出版社，1958年。

［3］ 文物编辑委员会编：《文物考古工作三十年（1949—1979）》，文物出版社，1979年。

［4］ 中国硅酸盐学会主编：《中国陶瓷史》，文物出版社，1982年。

［5］ 黄文弼：《新疆考古发掘报告（1957—1958）》，文物出版社，1983年。

［6］ 孔祥星、刘一曼：《中国古代铜镜》，文物出版社，1984年。

［7］ 中国社会科学院考古研究所编著：《新中国的考古发现和研究》，文物出版社，1984年。

［8］ 刘敦桢主编：《中国古代建筑史》（第二版），中国建筑工业出版社，1984年。

［9］ 茅以升主编、唐寰澄副主编：《中国古桥技术史》，北京出版社，1986年。

［10］中国大百科全书总编辑委员会《考古学》编辑委员会、中国大百科全书出版社编辑部编：《中国大百科全书·考古学》，中国大百科全书出版社，1986年。

［11］ 张永禄：《唐都长安》，西北大学出版社，1987年。

［12］ 文物编辑委员会编：《文物考古工作十年（1979—1989）》，文物出版社，1991年。

［13］ 北京市文物研究所编：《中国古代建筑辞典》，中国书店，1992年。

［14］ 孔祥星、刘一曼：《中国铜镜图典》，文物出版社，1992年。

［15］ 国家文物局教育处编：《佛教石窟考古概要》，文物出版社，1993年。

［16］ 长沙窑课题组编：《长沙窑》，紫禁城出版社，1996年。

［17］ 宿白：《中国石窟寺研究》，文物出版社，1996年。

［18］ 孙机：《中国圣火》，辽宁教育出版社，1996年。

［19］ 史念海主编：《西安历史地图集》，西安地图出版社，1996年。

［20］ 梁思成：《中国雕塑史》，百花文艺出版社，1997年。

［21］ 李斌城、李锦绣、张泽咸等编：《隋唐五代社会生活史》，中国社会科学出版社，1998年。

［22］ 季羡林主编：《敦煌学大辞典》，上海辞书出版社，1998年。

［23］《中国古陶瓷图典》编辑委员会编、冯先铭主编：《中国古陶瓷图典》，文物出版社，1998年。

［24］ 文物出版社编：《新中国考古五十年》，文物出版社，1999年。

［25］ 齐东方：《唐代金银器研究》，中国社会科学出版社，1999年。

［26］ 萧默主编：《中国建筑艺术史》（上、下），文物出版社，1999年。

［27］ 宿白：《唐宋时期的雕版印刷》，文物出版社，1999年。

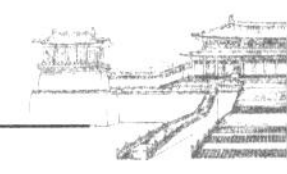

[28] 夏鼐：《夏鼐文集》（上、中、下），社会科学文献出版社，2000年。
[29] 杨鸿勋：《宫殿考古通论》，紫禁城出版社，2001年。
[30] 韩伟：《磨砚书稿：韩伟考古文集》，科学出版社，2001年。
[31] 傅熹年主编：《中国古代建筑史·第二卷·三国、两晋、南北朝、隋唐、五代建筑》，中国建筑工业出版社，2001年。
[32] 曹锦炎：《古代玺印》，文物出版社，2002年。
[33] 齐东方：《隋唐考古》，文物出版社，2002年。
[34] 朱国忱、朱威：《渤海遗迹》，文物出版社，2002年。
[35] 曲英杰：《古代城市》，文物出版社，2003年。
[36] 叶喆民：《隋唐宋元陶瓷通论》，紫禁城出版社，2003年。
[37] 罗丰：《胡汉之间："丝绸之路"与西北历史考古》，文物出版社，2004年。
[38] 沈从文、王孖：《中国服饰史》，陕西师范大学出版社，2004年。
[39] 尚刚：《隋唐五代工艺美术史》，人民美术出版社，2005年。
[40] 辛德勇：《隋唐两京丛考》（第2版），三秦出版社，2006年。
[41] 葛承雍：《唐韵胡音与外来文明》，中华书局，2006年。
[42] 翦伯赞主编：《中国史纲要》（增订本·上、下），北京大学出版社，2006年。
[43] 马世长、丁明夷：《中国佛教石窟概要》，文物出版社，2009年。
[44] 王巍总主编：《中国考古学大辞典》，上海辞书出版社，2014年。

二、重要论文与报告（以发表、出版年代为序）

[1] 南京博物院编著：《南唐二陵》，文物出版社，1957年。
[2] 夏鼐：《中国最近发现的波斯萨珊朝银币》，《考古学报》1957年第2期。
[3] 夏鼐：《综述中国出土的波斯萨珊朝银币》，《考古学报》1974年第1期。
[4] 中国社会科学院考古研究所编著：《唐长安城郊隋唐墓》，文物出版社，1980年。
[5] 安家瑶：《中国的早期玻璃器皿》，《考古学报》1984年第4期。
[6] 孙秉根：《西安隋唐墓葬的形制》，《中国考古学研究——夏鼐先生考古五十年纪念论文集（二）》，科学出版社，1986年。
[7] 陕西省考古研究所编著：《唐代黄堡窑址》（全二册），文物出版社，1992年。
[8] 宿白：《隋唐城址类型初探（提纲）》，《纪念北京大学考古专业三十周年论文集（1952—1982）》，文物出版社，1990年。
[9] 陕西省考古研究所、临潼县文物园林局编：《唐惠昭太子陵发掘报告》，三秦出版社，1992年。
[10] 宁夏回族自治区固原博物馆 罗丰编著：《固原南郊隋唐墓地》，文物出版社，1996年。
[11] 中国社会科学院考古研究所编著：《六顶山与渤海镇》，中国大百科全书出版社，1997年。
[12] 陕西省考古研究所编著：《五代黄堡窑址》，文物出版社，1997年。
[13] 陕西省文物事业管理局 骆希哲编著：《唐华清宫》，文物出版社，1998年。

[14] 全国哲学社会科学规划考古学科调研组:《中国考古学的研究现状与发展趋势》,《文物季刊》1998年第4期。

[15] 山西省考古研究所编著:《唐代薛儆墓发掘报告》,科学出版社,2000年。

[16] 邹厚本主编:《江苏考古五十年》,南京出版社,2000年。

[17] 陈安利:《唐十八陵》,中国青年出版社,2001年。

[18] 孟凡人:《交河故城形制布局特点研究》,《考古学报》2001年第4期。

[19] 中国社会科学院考古研究所编著:《偃师杏园唐墓》,科学出版社,2001年。

[20] 冯汉骥:《前蜀王建墓发掘报告》(第2版),文物出版社,2002年。

[21] 西安市文物保护考古所　王自力、孙福喜编著:《唐金乡县主墓》,科学出版社,2002年。

[22] 浙江省文物考古研究所、北京大学考古文博学院、慈溪市文物管理委员会编著:《寺龙口越窑址》,文物出版社,2002年。

[23] 王仁湘、赵慧民、刘建国等:《西藏琼结吐蕃王陵的勘测与研究》,《考古学报》2002年第4期。

[24] 郑州市文物考古研究所编著:《巩义芝田晋唐墓葬》,科学出版社,2003年。

[25] 阎文儒:《中国石窟艺术总论》,广西师范大学出版社,2003年。

[26] 慈溪市博物馆编,谢纯龙主编:《上林湖越窑》,科学出版社,2002年。

[27] 陕西省考古研究所、富平县文物管理委员会编著:《唐节愍太子墓发掘报告》,科学出版社,2004年。

[28] 陕西省考古研究所编著:《唐惠庄太子李㧑墓发掘报告》,科学出版社,2004年。

[29] 陕西省考古研究所、陕西历史博物馆、礼泉县昭陵博物馆编著:《唐新城长公主墓发掘报告》,科学城版社,2004年。

[30] 陕西省考古研究所编著:《唐李宪墓发掘报告》,科学出版社,2005年。

[31] 宝鸡市考古工作队、陕西省考古研究所编著:《陇县原子头》,文物出版社,2005年。

[32] 山西省考古研究所、太原市文物考古研究所、太原市晋源区文物旅游局编著:《太原隋虞弘墓》,文物出版社,2005年。

[33] 河北省邢台市文物管理处编著,石从枝、李军、李恩玮等主编:《邢台隋代邢窑》,科学出版社,2006年。

[34] 广东省文物考古研究所编著:《乳源泽桥山六朝隋唐墓》,文物出版社,2006年。

[35] 陕西省考古研究院、法门寺博物馆、宝鸡市文物局等编著:《法门寺考古发掘报告》,文物出版社,2007年。

[36] 中国社会科学院考古研究所编著:《隋仁寿宫・唐九成宫:考古发掘报告》,科学出版社,2008年。

[37] 张柏主编:《中国出土瓷器全集》,科学出版社,2008年。

[38]《中国墓室壁画全集》编辑委员会编:《中国墓室壁画全集・2・隋唐五代》,河北教育出版社,2011年。

[39] 浙江省文物考古研究所、浙江省博物馆、杭州市文物考古研究所等编著:《晚唐钱宽夫妇墓》,文物出版社,2012年。

[40] 陕西省考古研究院编著:《唐嗣虢王李邕墓发掘报告》,科学出版社,2012年。

[41] 陕西省考古研究院编著:《潼关税村隋代壁画墓》,文物出版社,2013年。

[42] 国家文物局编:《海上丝绸之路》,文物出版社,2014年。

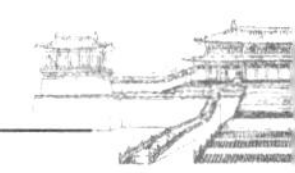

[43] 中国社会科学院考古研究所编著：《隋唐洛阳城：1959—2001年考古发掘报告》，文物出版社，2014年。
[44] 原州联合考古队编著：《唐史道洛墓》，文物出版社，2014年。
[45] 中国社会科学院考古研究所编著：《青龙寺与西明寺》，文物出版社，2015年。
[46] 程旭主编、陕西历史博物馆编：《皇后的天堂：唐敬陵贞顺皇后石椁研究》，文物出版社，2015年。
[47] 陕西省考古研究院、顺陵文物管理所编著：《唐顺陵》，文物出版社，2015年。
[48] 方孝廉、商青芳、史家珍主编，洛阳市文物考古研究院编著：《隋唐洛阳城天堂遗址发掘报告》，科学出版社，2016年。
[49] 河南省文物考古研究院、中国文化遗产研究院、日本奈良文化财研究所编著：《巩义黄冶窑》，科学出版社，2016年。
[50] 陕西省考古研究院、乾陵博物馆编著：《唐懿德太子墓发掘报告》，科学出版社，2016年。
[51] 山西省考古研究所编著：《太原沙沟隋代斛律彻墓》，科学出版社，2017年。
[52] 程永建、周立主编，洛阳市文物考古研究院编著：《洛阳龙门唐安菩夫妇墓》，科学出版社，2017年。
[53] 陕西省考古研究院、昭陵博物馆编著：《唐昭陵韦贵妃墓发掘报告》，科学出版社，2017年。
[54] 新疆文物考古研究所编著：《吐鲁番阿斯塔那—哈拉和卓墓地：哈拉和卓卷》，文物出版社，2018年。
[55] 陕西省考古研究院编著：《西安长安区韩家湾墓地发掘报告》，三秦出版社，2018年。
[56] 湖北省文物考古研究所、湖北省博物馆、北京大学考古文博学院编著：《武昌隋唐墓》（全二册），上海古籍出版社，2021年。

三、古典文献

[1]（唐）杜佑撰，王文锦、王永兴、刘俊文等点校：《通典》，中华书局，1988年。
[2]（唐）李林甫等撰，陈仲夫点校：《唐六典》，中华书局，1992年。
[3]（唐）韦述撰，辛德勇辑校：《两京新记辑校》，中华书局，2020年。
[4]（唐）杜宝撰，辛德勇辑校：《大业杂记辑校》，中华书局，2020年。
[5]（唐）樊绰撰，向达校注：《蛮书校注》（第2版），中华书局，2023年。
[6]（后晋）刘昫等：《旧唐书》，中华书局，1975年。
[7]（宋）欧阳修、宋祁：《新唐书》，中华书局，1975年。
[8]（宋）司马光撰，（元）胡三省音注：《资治通鉴》，中华书局，1956年。
[9]（宋）宋敏求：《唐大诏令集》，商务印书馆，1959年。
[10]（宋）宋敏求：《长安志》，《宋元方志丛刊》（第一册），中华书局，1990年。
[11]（宋）宋敏求撰，辛德勇、郎洁点校：《长安志》，三秦出版社，2013年。
[12]（宋）王溥：《唐会要》，上海古籍出版社，1991年。
[13]（宋）程大昌撰，黄永年点校：《雍录》，中华书局，2002年。

［14］（元）李好文撰，辛德勇、郎洁点校：《长安志图》，三秦出版社，2013年。
［15］（元）骆天骧撰，黄永年点校：《类编长安志》，中华书局，1990年。
［16］（清）徐松辑，高敏点校：《河南志》（第2版），中华书局，2012年。
［17］（清）徐松撰，李健超增订：《最新增订唐两京城坊考》，三秦出版社，2019年。

1. 唐长安城大明宫丹凤门复原图
（西安市文物保护考古研究院辛龙、张博先生提供）

2. 隋唐长安城圆丘遗址
（西安市曲江区文物局张播先生提供）

3. 唐长安城慈恩寺大雁塔
（西安市曲江区文物局张播先生提供）

4. 陕西蒲城唐让皇帝李宪惠陵远景
（《唐李宪墓发掘报告》，彩版一）

5. 陕西西安咸阳机场二期张氏家族墓地M92及兆沟
［《留住文明——陕西“十一五”期间基本建设考古重要发现（2006—2010）》，第189页］

6. 陕西西安咸阳机场二期张氏家族墓地M92兆沟内十二生肖出土情景
（陕西省考古研究院刘呆运先生提供）

图版二

1. 墓园和庐墓图
（甘肃安西榆林窟五代第19窟甬道北壁目连经变，《中国石窟艺术·榆林窟》，第90页，图版57）

2. 陕西咸阳底张村唐先天元年（712年）唐玄宗外祖父窦孝谌墓发掘现场图
［《留住文明——陕西“十一五”期间基本建设考古重要发现（2006—2010）》，第192页］

3. 陕西西安紫薇田园都市唐墓（M64）出土天王俑、镇墓兽、文武官吏俑、跪拜俑的位置关系图（左自南向北，右自北向南）
（陕西省考古研究院刘呆运先生提供）

4. 石墓门
［陕西三原唐贞观五年（631年）淮安王李寿墓出土，《西安碑林博物馆》，第85页］

5. 陶胡人骑驼俑
（陕西西安东郊韩森寨红旗电机厂唐墓出土，《西安文物精华·陶俑》，第129页，图版172）

6. 陶加彩女俑
（陕西西安西北政法大学南校区唐墓出土，《西安文物精华·陶俑》，第132页，图版175）

1. 陶昆仑俑
［陕西礼泉唐麟德元年（664年）郑仁泰墓出土，《神韵与辉煌——陕西历史博物馆国宝鉴赏·陶俑卷》，第116页，图版75］

2. 陶加彩乐舞俑
［河南孟津周大足元年（701年）岑氏墓出土，《特別展〈遣唐使と唐の美術〉》，第86页，图版51］

3. 陶十二生肖俑
（西安理工大学曲江校区唐墓出土，《大唐皇帝陵展》，第138—140页，图版87—图版98）

4. 黄粉色绢花
（新疆吐鲁番阿斯塔那唐M187出土，《丝路瑰宝：新疆馆藏文物精品图录：英汉对照》，第43页）

5. 木雕彩绘着衣女俑
（新疆吐鲁番阿斯塔那唐M206出土，《中国博物馆丛书·第9卷·新疆维吾尔自治区博物馆》，图版120、图版121）

图版四

1. 胡人备马图

［唐昭陵乾封元年（666年）韦贵妃墓第一天井东壁，《唐昭陵韦贵妃墓发掘报告》，彩版二三，1］

2. 山石风景图

［陕西富平唐景云元年（710年）节愍太子李重俊墓墓道东壁，《壁上丹青：陕西出土壁画集》（下），第286页，图版2］

3. 树下仕女屏风图

［唐开元十二年（724年）萧仲豫墓墓室西壁，西安市文物保护考古研究院辛龙先生提供］

4. 树下仕女图

［唐开元十二年（724年）萧仲豫墓墓室北壁，西安市文物保护考古研究院辛龙先生提供］

5. 乐舞图

［陕西富平唐开元二十六年（738年）嗣鲁王李道坚墓墓室东壁北侧，《中国墓室壁画全集·2·隋唐五代》，第132页，图版一三四］

6. 仙鹤屏风图

［陕西西安唐会昌二年（842年）郭仲文墓墓室，西安市文物保护考古研究院郭永淇、辛龙先生提供］

1. 邢窑白瓷一组
［陕西西安隋大业元年（605年）李裕墓出土，《留住文明——陕西“十一五”期间基本建设考古重要发现（2006—2010）》，第195页］

2. 相州窑瓷器一组
［河南安阳隋开皇十年（590年）麹庆墓出土，《2020中国考古重要发现》，第127页］

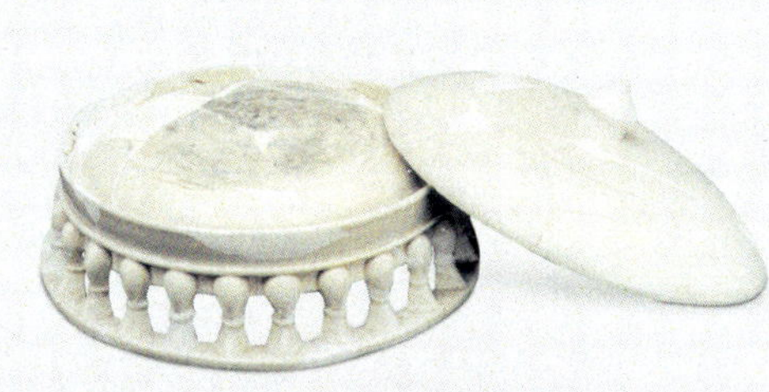

3. 白釉辟雍瓷砚
［陕西礼泉唐贞观十七年（643年）长乐公主墓出土，《咸阳市文物志》，第34页，彩版五五］

4. 白釉瓷凤首壶
（河北曲阳涧磁村唐墓出土，《中国出土瓷器全集·3·河北》，第34页，图版34）

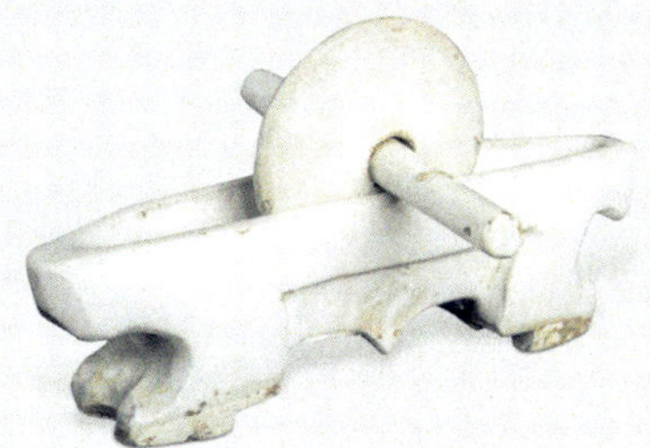

5. 白釉瓷茶碾
（河北曲阳涧滋村唐墓出土，《中国出土瓷器全集·3·河北》，第35页，图版35）

6. 白釉瓷渣斗
（陕西西安咸阳机场唐M7124出土“官”字款瓷渣斗，《2021中国考古重要发现》，第159页）

图版六

1. 长沙窑口青釉绿彩穿带扁壶
（江苏扬州东风砖瓦厂唐墓出土，《中国出土瓷器全集·7·江苏、上海》，第76页，图版76）

2. 长沙窑青釉褐绿彩双系罐
（江苏扬州唐城遗址出土，《中国出土瓷器全集·7·江苏、上海》，第77页，图版77）

3. 唐青花瓷盘
（江苏扬州万家福二期工程出土，《韫玉凝晖：扬州地区博物馆藏文物精粹》，第43页，图版28）

4. 黑釉瓷塔式罐
（陕西铜川王益区黄堡窑遗址出土，《中国出土瓷器全集·15·陕西》，第88页，图版88）

5. 绞胎盒
（陕西西安东郊陕西钢厂出土，《神韵与辉煌——陕西历史博物馆国宝鉴赏·陶瓷器卷》，第72、73页，图版45）

6. 海兽葡萄铜镜
（河南洛阳出土，《洛镜铜华：洛阳铜镜发现与研究》，第230页，图版193）

1. 海兽葡萄铜镜
（河南洛阳矿山机械厂西区唐M1出土，《洛镜铜华：洛阳铜镜发现与研究》，第231页，图版194）

2. “千秋”盘龙铜镜
（陕西西安长安区郭杜中纬工地出土，《西安文物精华·铜镜》，第91页，图版78）

3. 打马毬铜镜
（河南洛阳伊川城关大庄唐M3出土，《洛镜铜华：洛阳铜镜发现与研究》，第259页，图版228）

4. 螺钿铜镜
（日本奈良宫内厅正仓院藏，《第六十七回正倉院展》，第14页，图版1）

5. 螺钿铜镜
［陕西西安唐开元二十四年（736年）李倕墓出土，《唐李倕墓：考古发掘、保护修复研究报告》，第137页，图40］

6. 金背铜镜
［陕西西安灞桥唐神龙二年（706年）阎识微墓出土，《西安文物精华·铜镜》，第88页，图版76］

图版八

1. 银背铜镜

［陕西西安唐开元二十四年（736年）李倕墓出土，《唐李倕墓：考古发掘、保护修复研究报告》，第136页，图38］

2. 金银平脱铜镜

［河南洛阳周长安三年（703年）汝州郏城县令张盈墓出土，《洛镜铜华：洛阳铜镜发现与研究》，第296页，图版266］

3. 铜胡人舞蹈俑

（甘肃山丹征集，《甘肃丝绸之路文明》，第143页，图版125）

4. 铜昆仑装饰

（广东高州良德唐墓出土，《广东出土晋至唐文物》，第102、188、189页）

5. 鎏金嵌琉璃铜蹀躞带

［陕西西安高阳原唐墓出土，《留住文明——陕西“十一五”期间基本建设考古重要发现（2006—2010）》，第197页］

1. 左内府率铜鱼符
（陕西西安咸阳机场唐全节墓出土，《2021中国考古重要发现》，第159页）

2. 冠饰
[陕西西安唐开元二十四年(736年)李倕墓出土,《唐李倕墓: 考古发掘、保护修复研究报告》,第226页,图44]

3. 舞马衔杯鎏金银壶
（陕西西安何家村窖藏出土,《花舞大唐春——何家村遗宝精粹》,第239—243页,图版64）

4. 鎏金银杯
（陕西西安何家村窖藏出土，《花舞大唐春——何家村遗宝精粹》，第66—73页，图版3）

5. 三足银罐
[陕西西安唐开元二十四年（736年）李倕墓出土，《唐李倕墓：考古发掘、保护修复研究报告》,第172页,图9]

6. 银胡瓶
[甘肃天祝周天授二年(691年)慕容智墓出土,《王国的背影——吐谷浑慕容智墓出土文物》,第138、139页,图版30]

图版一〇

1. 鎏金银香囊
（陕西扶风法门寺塔基地宫出土，《法门寺考古发掘报告》，彩版六七）

2. 金银丝结条茶笼子
（陕西扶风法门寺塔基地宫出土，《法门寺考古发掘报告》，彩版七〇）

3. 金开元通宝
（陕西西安何家村窖藏出土，《神韵与辉煌——陕西历史博物馆国宝鉴赏·玉杂器卷》，第132、133页，图版68）

4. 三彩骆驼驮载伎乐俑
（陕西西安鲜于庭海墓出土，《唐长安城郊隋唐墓》，彩版二）

5. 三彩骆驼驮载伎乐俑
（陕西西安中堡村唐墓出土，《神韵与辉煌——陕西历史博物馆国宝鉴赏·陶俑卷》，第150、151页，图版99）

1. 三彩女坐俑
（陕西西安东郊王坟村唐M90出土，《〈大唐王朝 女性の美〉展》，第80、81页，图版39）

2. 三彩抱鸭形壶女俑
［山西长治唐景云元年（710年）李度墓出土，《〈大唐王朝 女性の美〉展》，第78、79页，图版38］

3. 三彩骆驼俑
［河南洛阳唐景龙三年（709年）安菩墓出土，《洛阳龙门安菩夫妇墓》，第48、49页］

4. 三彩马俑
（河南洛阳关林唐墓出土，《特别展〈遣唐使と唐の美術〉》，第98页，图版59）

5. 三彩钱柜
（陕西西安东郊王家坟村唐M90出土，《神韵与辉煌——陕西历史博物馆国宝鉴赏·陶瓷器卷》，第76页，图版47）

图版一二

1. 三彩来通形凤首杯

（陕西历史博物馆藏，《神韵与辉煌——陕西历史博物馆国宝鉴赏·陶瓷器卷》，第70页，图版43）

2. 三彩来通形象首杯

（陕西西安南郊唐墓出土，《神韵与辉煌——陕西历史博物馆国宝鉴赏·陶瓷器卷》，第71页，图版44）

3. 三彩灯

（河南洛阳吉利小区唐墓出土，《河南唐三彩与唐青花》，第188页，图版224）

4. 三彩塔式罐

（陕西西安中堡村唐墓出土，《神韵与辉煌——陕西历史博物馆国宝鉴赏·陶瓷器卷》，第76—79页，图版48）

5. 三彩罐

（河南洛阳关林唐墓出土，《洛阳文物精粹》，第198、199页，图版52）

6. 蓝釉净瓶

（河南洛阳出土，《河南唐三彩与唐青花》，第120页，图版92）

1. 唐代红牙拨镂尺和蓝牙拨镂尺

（日本奈良宫内厅正仓院藏，《第三十八回正倉院展》，第20、21页，图版5、图版6；《第六十三回正倉院展》，第28、29页，图版9）

2. 猪头纹锦

（新疆吐鲁番阿斯塔那唐M225出土，《中国博物馆丛书·第9卷·新疆维吾尔自治区博物馆》，图版57）

3. 红地穿花鸟纹锦

（新疆吐鲁番阿斯塔那唐M381出土，《中国★美の十字路展》，第229页，图版119）

4. 狩猎纹印花绢

（新疆吐鲁番阿斯塔那唐M191出土，《中国★美の十字路展》，第231页，图版198）

图版一四

1. 宝相花纹锦云头鞋
（新疆吐鲁番阿斯塔那唐M381出土，《丝路瑰宝：新疆馆藏文物精品图录：英汉对照》，第42页）

2. 树下双鹿夹缬屏风
（日本奈良宫内厅正仓院藏，《第六十五回正倉院展》，第22页，图版6）

3. 树下羊纹蜡缬屏风
（日本奈良宫内厅正仓院藏，《第六十九回正倉院展》，第24页，图版5）

4. 滑石香炉
（河南偃师杏园唐M1921出土，《偃师杏园唐墓》，彩版12）

5. 镶金玉佩
（陕西西安大明宫遗址出土，《北周隋唐京畿玉器》，第37页，图版40）

6. 组玉佩
［陕西西安长安区唐总章二年（669年）刘智夫妇合葬墓出土，《留住文明——陕西"十一五"期间基本建设考古重要发现》，第196页；《考古与文物》2016年第3期，第30页］

1. 玉握

［陕西西安唐开元二十四年（736年）李倕墓出土，《唐李倕墓：考古发掘、保护修复研究报告》，第69页，图108、图109］

2. 象笏

［陕西西安东郊郭家滩隋开皇十六年（596年）罗达墓出土，《神韵与辉煌——陕西历史博物馆国宝鉴赏·玉杂器卷》，第181页，图版98］

3. 象笏

（新疆吐鲁番阿斯塔那唐M100出土，《丝路瑰宝：新疆馆藏文物精品图录：英汉对照》，第155页）

4. 唐阎立本《职贡图》

［《中国美术全集·卷轴画》（一），第36、37页］

5. 金项链

［陕西西安隋大业四年（608年）李静训墓出土，《唐长安城郊隋唐墓》，彩版一］

6. 东罗马希拉克略时期金币

（陕西西安何家村窖藏出土，《花舞大唐春——何家村遗宝精粹》，第104页，图版15）

1. 波斯萨珊王朝库思老二世银币
（陕西西安何家村窖藏出土，《花舞大唐春——何家村遗宝精粹》，第103页，图版14）

2. 宝石印章
［宁夏固原唐总章二年（669年）史诃耽墓出土，《丝绸之路——大西北遗珍》，第151页，图版139］

3. 白瓷胡人头像
［陕西西安唐乾封二年（667年）段伯阳墓出土，《神韵与辉煌——陕西历史博物馆国宝鉴赏·陶瓷器卷》，第85页，图版53］

4. 釉下褐绿彩异国情侣像
（湖南望城长沙窑遗址出土，《长沙窑》，图版170）

5. 奈良三彩瓶
（日本奈良宫内厅正仓院藏，《第六十四回正倉院展》，第47、48页，图版21）

6. 奈良三彩罐
（日本奈良平城京遗址出土，《大唐皇帝陵展》，第124—127页，图版80，1）